三国志

记载中国三国时代的断代史

李楠／主编

辽海出版社

肆

吴主传（二）

【原文】

黄武元年春正月，陆逊部将军宋谦等攻蜀五屯，皆破之，斩其将。三月，鄱阳言黄龙见。蜀军分据险地，前后五十余营，逊随轻重以兵应拒，自正月至闰月〔1〕，大破之，临阵所斩及投兵降首数万人。刘备奔走，仅以身免。

【注释】

〔1〕闰月：六月。

【译文】

黄武元年正月，陆逊的部将宋谦等人攻打蜀国的五个兵营，都攻破了，并杀了守将。三月，鄱阳传说黄龙出现。蜀军分别占据了险要地区，前后设兵营五十多个，陆逊根据战斗任务的大小用兵抵抗，从正月到六月，彻底打败了蜀军，在战场上被杀和放下武器投降的士兵有几万人。刘备逃跑，仅他本人没有被俘。

【原文】

初，权外托事魏，而诚心不款。魏欲遣侍中辛毗、尚书桓阶往与盟誓，并征任子，权辞让不受。秋九月，魏乃命曹休、张辽、臧霸出洞口，曹仁出濡须，曹真、夏侯尚、张郃、徐晃围南郡。权遣吕范等督五军，以舟军拒休等，诸葛瑾、潘璋、杨粲救南郡，朱桓以濡须督拒仁。时扬、越蛮夷多未平集，内难未弭，故权卑辞上书，求自改厉，“若罪在难除，必不见置，当奉还土地民人，乞寄命交州，以终余年”。文帝报曰：“君生于扰攘[1]之际，本有纵横之志，降身奉国，以享兹祚[2]。自君策名已来，贡献盈路。讨备之功，国朝仰成。埋而掘之，古人之所耻。朕之与君，大义已定，岂乐劳师远临江汉？廊庙之议，王者所不得专；三公上君过失，皆有本末。朕以不明，虽有曾母投杼之疑，犹冀言者不信，以为国福。故先遣使者犒劳，又遣尚书、侍中践修前言，以定任子。君遂设辞，不欲使进，议者怪之。又前都尉浩周劝君遣子，乃实朝臣交谋，以此卜君，君果有辞，外引隗嚣遣子不终，内喻窦融守忠而已。世殊时异，人各有心。浩周之还，口陈指麾，益令议者发明众嫌，终始之本，无所据杖，故遂俯仰从群臣议。今省上事，款诚深至，心用慨然，凄怆动容。即日下诏，敕诸军但深沟高垒，不得妄进。若君必效忠节，以解疑议，登身朝到，夕召兵还。此言之诚，有如大江”！权遂改年，临江拒守。冬十一月，大风，范等兵溺死者数千，余军还江南。曹休使臧霸以轻船五百、敢死万人袭攻徐陵，烧攻城车，杀略数千人。将军全琮、徐盛追斩魏将尹卢，杀获数百。十二月，权使太中大夫郑泉聘刘备于白帝，始复通也。然犹与魏文帝相往来，至后年乃绝。是岁改夷陵为西陵。

【注释】

〔1〕扰攘：吵闹混乱的暴动、纷乱。

〔2〕兹祚（zīzuò）：福泽。

【译文】

当初，孙权假托归附魏国，但在内心上却很不诚恳。魏国想要派侍中辛毗、尚书桓阶前往东吴与孙权结盟立誓，并要求孙权的儿子去做人质，孙权百般推辞不接受。秋天九月，魏国就命令曹休、张辽、臧霸出兵洞口，曹仁出兵濡须坞，曹真、夏侯尚、张郃、徐晃围攻南郡。孙权派吕范等人总督五路大军，以水军抵御曹休等人，以诸葛瑾、潘璋、杨粲等人援救南郡，任命朱桓以濡须督的身份抗击曹仁。当时扬、越夷民大多还没有平定，内患没有消除，所以孙权恭敬地向魏文帝上书，请求允许改悔罪过，书中说：“如果我的罪行难以除去，不能被你赦免，我理当奉还土地和人民，请求寄身在交州，度过还剩下的生命”。魏文帝回复说：“您生在天下大乱之际，本来就有纵横驰骋天下的大志，能屈身奉事魏国，长期享有福泽。从您被册封为吴王以来，进献贡品的使者不停地奔走于道路。讨伐刘备的功业，魏国是仰仗着您才取得成功。像狐狸那样埋掘不定，古人也以为是可耻的。我与您君臣的名分已经确定，难道会乐于使军队劳苦远征江汉吗？朝廷讨论军国大事，做君主的也不能独断专行；三公上表报奏您的错误过失，都是有根有据的。我自知不贤明，虽然像曾参的母亲怀疑儿子那样，但还是希望大臣们所说的话都是不真实的，并把它看做是国家的幸事。所以我先派使者去犒劳您，又派遣尚书、侍中来跟您实现先前的誓言，并来与您商定送太子做人质一事。您却借口推辞，不想让太子前来，议论的大臣们都觉得很奇怪。又让前都尉浩周劝你送太子前来，这实际上是大臣们共同的意见，以此来试探您的诚意如何，您果真借口推辞了。对外援引隗嚣，说他虽然送儿子给光武帝做人质却终于背叛的事例，对内比喻窦融，表白自己虽不送儿子做人质却能做到忠守不渝。世道和时代不同了，人们也会各有打算。浩周回来后，亲口陈述您的意见，越发让议事的大臣们发现了您所做的许多可疑的事，您所谓始终奉事魏国的保证，没有任何依据，所以我就只好同意了大臣们的意见。现在看了您所上的表，诚恳而深刻，内心非常感慨，以致伤感动容。当时即下诏书，命令各路军队只能深挖战壕，高筑壁垒，不能轻举妄动。如果真想表现出忠义和忠诚，来解除大家对您的疑虑，孙登早上来到魏国京都做人质，晚上我就下令让军队撤回。我这些话的诚意，就如同长江一样不可改变”。孙权于是改了年号，沿着长江防备魏军的进攻。冬天十一月，起了大风，吕范等部队的兵士被淹死了几千人，其余的军队就撤回了江南。曹休派臧霸率轻便的战船五百艘、敢死队一万人偷袭徐陵，烧掉了攻城的战车，杀掉了几千人。将军全琮、徐盛追杀魏将尹卢，斩杀俘获了几百人。十二月，孙权派太中大夫郑泉在白帝城拜访刘备，蜀、吴两国又开始恢复关系。然而孙权与魏文帝之间还互相有使者往来，到后年才断绝了关系。这一年，孙权改夷陵为西陵。

【原文】

二年春正月，曹真分军据江陵中州。是月，城江夏山。改四分，用乾象历。三月，曹仁遣将军常彫等，以兵五千，乘油船，晨渡濡须中州。仁子泰因引军急攻朱桓，桓兵拒之，遣将军严圭等击破彫等。是月，魏军皆退。夏四月，权群臣劝即尊号〔1〕，权不许。刘备薨于白帝。五月，曲阿言甘露降。先是戏口守将晋宗杀将王直，以众叛如魏，魏以为蕲春太守，数犯边境。六月，权令将军贺齐督麋芳、刘邵等袭蕲春，邵等生虏〔2〕宗。冬十一月，蜀使中郎将邓芝来聘。

【注释】

〔1〕尊号：指即帝位。

〔2〕生虏：活捉。

【译文】

黄武二年正月，曹真拨出一部分军队占据了江陵中州。这一月，孙权在江夏山筑城墙。废用四分历，使用乾象历。三月，曹仁派将军常彫等人，率兵五千，乘坐油船，早晨渡到濡须坞附近的江心小岛。曹仁的儿子曹泰趁机领兵急攻朱桓，朱桓率兵抵抗，派将军严圭等击败了常雕等部。这一月，魏军全部撤退。夏天四月，孙权的大臣们劝他称帝，孙权没有答应。刘备死于白帝城。五月，曲阿宣称喜降甘露。先前，戏口守将晋宗杀掉了将军王直，率领兵众投降魏国，魏国任用他为蕲春太守，屡次侵犯吴国边境。六月，孙权命令将军贺齐率领麋芳、刘邵等人袭击蕲春，刘邵等人活捉了晋宗。冬天十一月，蜀国派中郎将邓芝来东吴访问修好。

【原文】

三年夏，遣辅义中郎将张温聘〔1〕于蜀。秋八月，赦死罪。九月，魏文帝出广陵，望大江，曰“彼有人焉，未可图〔2〕也”，乃还。

【注释】

〔1〕聘：访问。

〔2〕未可图：不能谋取。图，谋取。

【译文】

黄武三年夏天，孙权派辅义中郎将张温访问蜀国。秋天八月，赦免死罪。九月，魏文帝出巡广陵，远远望着长江，叹息说：“吴国有能人在那里，不能谋取啊”！于是回返。

【原文】

四年夏五月，丞相孙邵卒。六月，以太常顾雍为丞相。皖口言木连理[1]。冬十二月，鄱阳贼彭绮自称将军，攻没诸县，众数万人。是岁地连[2]震。

【注释】

〔1〕木连理：木：树木。连理：长连理枝。树木长连理枝。

〔2〕连：接连。

【译文】

黄武四年夏天五月，丞相孙邵去世。六月，任命太常顾雍为丞相。皖口一带传言树木长连理枝。冬十二月，鄱阳贼寇彭绮自称将军，攻陷了几个县，有兵士几万人。这年连续发生地震。

【原文】

五年春，令曰：“军兴日久，民离农畔[1]，父子夫妇，不能相恤，孤甚愍[2]之。今北虏缩窜，方外无事，其下州郡，有以宽息。是时陆逊以所在少谷，表令诸将增广农亩。权报曰：“甚善。今孤父子亲自受田，车中八牛以为四耦，虽未及古人，亦欲与众均等其劳也”。秋七月，权闻魏文帝崩，征江夏，围石阳，不克而还。苍梧言凤凰见。权分三郡恶地十县置东安郡，以全琮为太守，平讨山越。冬十月，陆逊陈便宜，劝以施德缓刑，宽赋息调。又云：“忠谠之言〔3〕，不能极陈，求容小臣，数以利闻”。权报曰：“夫法令之设，欲以遏恶防邪，儆戒〔4〕未然也，焉得不有刑罚以威小人乎？此为先令后诛，不欲使有犯者耳。君以为太重者，孤亦何利其然，但不得已而为之耳。今承来意，当重咨谋，务从其可。且近臣有尽规之谏，亲戚有补察之箴，所以匡君正主明忠信也。《书》载‘予违汝弼，汝无面从’，孤岂不乐忠言以自裨补邪？而云‘不敢极陈’，何得为忠谠哉？若小臣之中，有可纳用者，宁得以人废言而不采择乎？但谄媚取容，虽暗亦所明识也。至于发调者，徒以天下未定，事以众济。若徒守江东，修崇宽政，兵自足用，复用多为？顾坐自守可陋耳。若不豫调，恐临时未可便用也。又孤与君分义特异，荣戚〔5〕实同，来表云不敢随众容身苟免，此实甘心所望于君也”。于是令有司尽写科条，使郎中褚逢赍以就逊及诸葛瑾，意所不安，令损益之。是岁，分交州置广州，俄复旧。

【注释】

〔1〕农畔（pàn）：田界。借指田间。

〔2〕愍（mǐn）：怜悯；哀怜。

〔3〕忠谠（dǎng）之言：忠诚正直的言辞。

〔4〕儆（jǐng）戒：告诫人使注意改正缺点错误。

〔5〕荣戚：喜乐与忧虑。

【译文】

黄武五年春天，孙权下令说："战争已经打了很多年了，百姓们离开了农田，不能从事耕种，父子夫妇长期分离，不能够相互体贴抚恤，我很怜悯他们。如今北方的敌人已经退缩逃窜，国家没有战争，要下命令给各州郡，对百姓采取宽容安息的政策"。这时陆逊因为驻守的地方缺粮，上表请求孙权让各位将领广开农田。孙权回复说："非常好。现在我们父子亲自接受分配农田，车府中的八头牛可以组成四对拉四张犁耕种，虽然赶不上古代君主圣贤，我也想与大家均田平等"。秋七月，孙权听说魏文帝曹丕去世，就征讨江夏郡，包围了石阳，没能攻取，撤兵回返。苍梧郡听说出现了凤凰。孙权分三郡还未开发的十个县设置东安郡，任命全琮为太守，去平定讨伐山越族的叛乱。冬天十月，陆逊上表向孙权陈述对国家有利该办的事情，劝孙策施德政，减轻刑罚，减少田赋，停止征收户税。又说："忠诚之言，不能尽量陈说，而谄媚求容的小人，多次听说他们得逞"。孙权回复说："设置法令，就是要用来阻恶防邪，防患于未然，怎么可能不设置刑罚以威服小人呢？这是先有法令制约，然后才依法制裁，是不想在社会上产生犯人。你认为刑罚太重的部分，施行这样的重刑，对我又有什么好处？只是不得已才这样去做罢了，现在接受你的意思，应当重新商定谋划，务必使法令合理适当。常在左右的大臣应尽力提出规劝的意见，亲属也应提出补察得失的建议，用以纠正君主的过失，表明自己的忠实信义。《尚书》上说：‘我有过失，你必须纠正我；不要我错了，你也跟着服从。’我难道不愿意听取忠实诚恳的话来弥补自己的欠缺吗？而你却说‘不敢全部陈说’又怎能算是忠实诚恳的规劝呢？如果地位低下的臣民中，有可采纳的意见，难道也因为这个人不重要而轻视人的言论而不采纳吗？如果是谄媚讨好的行为，即使像我这么愚昧的人，也能识别清楚。至于征发户税的问题，只是因为天下还没有平定，事业必须靠大家的支持才能成功。如果只是守住江东，只是着重推行仁政，兵力自然足够，还要增多干什么？只是固守江东，不求进取是要被人鄙薄的。如果不预先征收户税，恐怕临时征用就不那么容易了。我和你名分虽然不同，但荣辱悲喜实在是一样的。来表中说，你不愿意随众人用那种不正当的手段以求免祸，这确实是我真心希望你所做的”。于是孙权便下令主管官吏写好全部的法令条款，派郎中褚逢去送给陆逊和诸葛瑾过目，凡是他们感到有什么不妥当的地方，就让他们增删修改。这一年，孙权分交州地方设置广州，不久又撤销广州，仍为交州。

【原文】

六年春正月，诸将获彭绮。闰月，韩当子综以其众降魏。

七年春三月，封子虑为建昌侯。罢东安郡。夏五月，翻阳太守周鲂伪叛[1]，诱魏将曹休。秋八月，权至皖口，使将军陆逊督诸将大破休于石亭。大司马吕范卒。是岁，改合浦为珠官郡。

【注释】

〔1〕伪叛：诈降。

【译文】

黄武六年正月，众将俘获彭绮。十二月，韩当的儿子韩淙率领他的部属投降了魏国。

黄武七年三月，孙权封儿子孙虑为建昌侯，撤销了东安郡。夏天五月，鄱阳太守周鲂假装背叛东吴，引诱魏将曹休。秋天八月，孙权来到皖口，派将军陆逊指挥众将在石亭大败曹休。吴国大司马吕范去世。这一年，孙权将合浦郡改名为珠官郡。

【原文】

黄龙元年春，公卿百司皆劝权正尊号。夏四月，夏口、武昌并言黄龙、凤凰见。丙申，南郊即皇帝位，是日大赦，改年，追尊父破虏将军坚为武烈皇帝，母吴氏为武烈皇后，兄讨逆将军策为长沙桓王。吴王太子登为皇太子。将吏皆进爵加赏。初，兴平中，吴中童谣曰："黄金车，班兰耳，昌门，出天子"。五月，使校尉张刚、管笃之辽东。六月，蜀遣卫尉陈震庆权践位。权乃参分天下，豫、青、徐、幽属吴，兖、冀、并、凉属蜀。其司州之土，以函谷关为界，造为盟曰：“天降丧乱，皇纲失叙，逆臣乘衅，劫夺国柄，始于董卓，终于曹操，穷凶极恶，以覆四海，至今九州幅裂，普天无统，民神痛怨，靡所戾止[1]。及操子丕，桀逆遗丑，荐作奸回，偷取天位。而叡么么，寻丕凶迹，阻兵盗土，未伏厥诛。昔共工乱象而高辛行师，三苗干度而虞舜征焉。今日灭叡，禽其徒党，非汉与吴，将复谁任？夫讨恶剪暴，必声其罪，宜先分裂，夺其土地，使士民之心，各知所归。是以《春秋》晋侯伐卫，先分其田以畀宋人，斯其义也。且古建大事，必先盟誓，故《周礼》有司盟之官，《尚书》有告誓之文，汉之与吴，虽信由中，然分土裂境，宜有盟约。诸葛丞相德威远著，翼戴本国，典戎在外，信感阴阳，诚动天地，重复结盟，广诚约誓，使东西士民咸共闻知。故立坛杀牲，昭告神明，再歃加书[2]，副之天府。天高听下，灵威棐谌，司慎司盟，群神群祀，莫不临之。自今日汉、吴既盟之后，戮力一心，同讨魏贼，救危恤患，分灾共庆，好恶齐之，无或携贰。若有害汉，则吴伐之；若有害吴，则汉伐之。各守分土，无相侵犯。传之后叶，克终若始。凡百之约，皆如载书，信言不艳，实居于好。有渝此盟，创祸先乱，违贰不协，慆慢天命，明神上帝是讨是督，山川百神是纠是殛，俾坠[3]其师，无克祚国。于尔大神，其明鉴之”！秋九月，权迁都建业，因故府不改馆，征上大将军陆逊辅太子登，掌武昌留事。

【注释】

〔1〕靡所戾止：没有止境。

〔2〕再歃（shà）加书：写下联盟誓约。

〔3〕俾（bǐ）坠：丧失。

【译文】

黄龙元年春天，公卿大臣和各主管长官都劝孙权正式称帝。夏四月，夏口、武昌都传言黄龙凤凰出现。丙申月，孙权在南郊正式登基为帝。这天大赦，更改年号。追谥死去的父亲破虏将军孙坚为武烈皇帝，母亲吴氏为武烈皇后，哥哥讨逆将军孙策为长沙桓王，立吴王太子孙登为皇太子。将军官吏都晋升爵位，增加奖赏。当初，汉献帝兴平年间，吴中一带有童谣说："黄金车，五色的耳，大开昌门，出天子"。五月，孙权派校尉张刚、管笃去辽东。六月，蜀国派卫尉陈震来庆贺孙权登上帝位。孙权与蜀国使者商议平分天下，豫、青、徐、幽四州属于吴，兖、冀、并、凉四州属于蜀。司州的土地，以函谷关为界，分别属于吴、蜀两国。制定盟书说："皇天降下灾难，汉室的皇统失去了正常的秩序，叛逆之臣趁机篡取国家大权，从董卓开始，到曹操结束，他们穷凶极恶，作乱天下，致使中国四分五裂，天下没有统一，人民痛苦和怨恨，没有止境。曹操的儿子曹丕擅权，倒行逆施，屡次作恶，篡夺了皇位。曹叡这个微不足道的小丑，踏着曹丕行恶的足迹，倚仗兵力窃据大片国土，至今未能伏法就诛。从前共工作乱而被尧帝兴师问罪，三苗违犯法度而被虞舜征讨。如今消灭曹叡，擒拿他的党徒，除了蜀汉和吴国，还有谁能承担这样的重任？讨伐凶恶，消除残暴，一定要声讨他们的罪行。应该先分割他们的领土，夺取他的土地，让百姓和士人都能明确认识自己的归向。所以《春秋》中记载晋文公讨伐卫国，首先是把卫国的土地分给宋国人，我们正要遵从《春秋》的原则。而且古代建立伟大的功业，一定要先结盟立誓，所以，《周礼》中就有主管盟约及其礼仪的官职，《尚书》中就有‘告’、‘誓’一类的文章。蜀汉和吴国，虽然相互诚实信任完全是出于内心，但是分割魏国的土地，还是应当立盟约。诸葛亮丞相的德行和声望远近闻名，他辅助拥戴幼主，在外主持军国大事，道义诚信感动了天地乾坤。我们重新缔结盟约，加深诚意来信守誓言，使东吴和西蜀的人民能全部知晓。所以设立祭坛，宰杀牲畜，明确地告知神明，歃血盟誓，把副本交藏两国天府。上天虽高，也能听取下情，神灵的威力，也能帮助诚心的实现。司慎、司盟和诸位神灵，无不光临受祭。从今日蜀、吴结盟之后，齐心合力，共同讨伐魏贼，扶危救难，有祸同当，共庆胜利，好恶一致，没有二心。如果有人危害蜀汉，那么吴国就讨伐他；如果有人危害吴国，那么蜀汉就讨伐他。各自守卫好自己的封土，互不侵犯。传于后代，始终如一。凡是各项盟约，都按照盟书记载的原则办理。诚信的语言不加华丽的修饰，我们的真心是两国的友好。如果谁背弃盟约，首先制造灾祸，存有二心，不协同一致，怠慢天命，神明的上帝就会讨罚他、督察他，山川的诸神就会举发他、诛灭他，使他丧失民众，帝位不得久长。神灵啊，请明察吧”！秋天九月，孙权从武昌迁都到建业，就住在原来的府第里不再建筑新的宫殿，征召上大将军陆逊辅佐太子孙登基，掌管迁都后武昌的留守职事。

【原文】

二年春正月，魏作合肥新城。诏立都讲祭酒，以教学诸子。遣将军卫温、诸葛直将甲士万人浮海求夷洲及洲。洲在海中，长老传言秦始皇帝遣方士徐福将童男童女数千人入海，求蓬莱神山及仙药，止[1]此洲不还。世相承有数万家，其上人民，时有至会稽货布，会稽东县人海行，亦有遭风流移至洲者。所在绝远，卒不可得至，但得夷洲数千人还。

三年春二月，遣太常潘濬率众五万讨武陵蛮夷。卫温、诸葛直皆以违诏无功，下狱诛。夏，有野蚕成茧，大如卵。由拳野稻自生，改为禾兴县。中郎将孙布诈降以诱魏将王淩，淩以军迎布。冬十月，权以大兵潜伏于阜陵俟之，濬觉而走。会稽南始平言嘉禾生。十二月丁卯，大赦，改明年元也。

嘉禾元年春正月，建昌侯虑卒。三月，遣将军周贺、校尉裴潜乘海之辽东。秋九月，魏将田豫要击[2]，斩贺于成山。冬十月，魏辽东太守孙渊遣校尉宿舒、阆中令孙综称藩于权，并献貂马。权大悦，加渊爵位。

【注释】

〔1〕止：停止，此处作定居讲。

〔2〕要击：中途拦截加以袭击。

【译文】

黄龙二年正月，魏国修筑合肥新城。孙权下诏设立都讲祭酒，以便教育几个儿子。派遣将军卫温、诸葛直率领穿铠甲的兵士一万人航行海上寻求夷洲（今台湾）和洲。洲在海中，老年人传说秦始皇派遣方士徐福率童男童女几千人到海上，寻找蓬莱仙山和仙药，定居在洲上不愿回来。世代相传现在已有几万户人家，洲的百姓，时常有到会稽一带买卖布匹的，会稽东部地区的百姓航海，也有遇到大风漂流到洲上的。洲极远，卫温等人终究没能到那儿，只俘获了几千夷洲人回来。

黄龙三年二月，孙权派太常番濬率兵五万征讨武陵的蛮夷。卫温、诸葛直都因违背命令，办事没有成效而被投入监狱诛杀而死。夏天，有野蚕作茧大小如鸡蛋一样大。由拳县自然生长禾稻，于是改由拳县为禾兴县。中郎将孙布假装投降以引诱魏将王淩，王淩率兵迎接孙布。冬天十月，孙权率大兵潜伏在阜陵等候王淩，王淩发觉后率兵逃走。会稽郡南始平县传说生长出嘉禾。十二月二十九日，发布大赦的命令，改第二年为嘉禾元年。

嘉禾元年春正月，建昌侯孙虑去世。三月，孙权派将军周贺、校尉裴潜由海路到辽东。秋天九月，魏将田豫半路拦截，在成山斩杀了周贺。冬天十月，魏国辽东太守公孙渊派校尉宿舒、阆中令孙综向孙权自称藩属，还进献貂皮和骏马。孙权非常高兴，加封公孙渊爵位。

【原文】

二年春正月，诏曰："朕以不德，肇受元命，夙夜兢兢，不遑[1]假寝。思平世难，救济黎庶，上答神祇，下慰民望。是以眷眷，勤求俊杰，将与戮力，共定海内。苟在同心，与之偕老。今使持节督幽州领青州牧辽东太守燕王，久胁贼虏，隔在一方，虽乃心于国，其路靡缘。今因天命，远遣二使，款诚显露，章表殷勤，朕之得此，何喜如之！虽汤遇伊尹，周获吕望，世祖未定而得河右，方之今日，岂复是过？普天一统，于是定矣。《书》不云乎，'一人有庆，兆民赖之'。其大赦天下，与之更始，其明下州郡，咸使闻知。特下燕国，奉宣诏恩，令普天率土备闻斯庆"。三月，遣舒、综还，使太常张弥、执金吾许晏、将军贺达等将兵万人，金宝珍货，九锡备物，乘海授渊。举朝大臣，自丞相雍已下皆谏，以为渊未可信，而宠待太厚，但可遣吏兵数百护送舒、综，权终不听。渊果斩弥等，送其首于魏，没其兵资。权大怒，欲自征渊，尚书仆射薛综等切谏乃止。是岁，权向合肥新城，遣将军全琮征六安，皆不克还。

【注释】

〔1〕不遑：无暇，没有闲暇。

【译文】

嘉禾二年正月，孙权下诏书说："我自以为没有崇高的道德，自承受天命即帝位以来，日夜操劳国事，就连不脱衣服小睡一会儿的时间也没有。很想平定世上的祸乱，救济百姓，对上报答神灵，对下宽慰人民。因而念念不忘，不断地访求俊杰人才，将与他们通力合作，共同平定天下。如果能同心协力，我要与他们团结到老。现在使持节督都幽州军事、兼任青州牧的辽东太守、燕王公孙渊，长期被曹魏逼迫，远隔在辽东一方，虽然诚心向往吴国，但道路却一直没有开通。现在他顺应天命，从遥远的地方派遣两个使者前来，显示了自己的忠心诚恳，奏章中也表达了深厚的情义，我得到这样的表彰，还能有什么喜悦能超过它呢？即使是商汤得到伊尹、周文公得到吕望、光武帝未平定天下时而先得河右五郡，跟今天我的心情相比，又怎么能超过呢？普天下统一，现在算是肯定了。《尚书》不是说过吗，'君主一人有了可庆贺的事情，亿万臣民都得到幸福'。我要大赦天下，让那些罪人悔过自新，重新做人，命令下达州郡，让百姓们都知道。特别下诏书给燕国，让他们恭恭敬敬地宣扬这道诏令所给予臣民的恩典，让普天下民众都知道这个喜讯"。三月，送宿舒、孙综回辽东，并派太常张弥、执金吾许晏、将军贺达等人率兵万人，携带金银财宝珍奇异物，还有“九锡”的全部礼品，乘船渡海送给公孙渊。满朝文武，从丞相顾雍到以下的人都规劝孙权，认为公孙渊不可信，对他的恩宠礼遇太过分了，只要派一般官吏和几百兵士护送宿舒、孙综回去就可以了，孙权都不听从。后为，公孙渊果然杀了张弥等人，把他们的头送到魏国，没收了他们的兵器和物品。孙权大怒，想亲自征讨公孙渊，尚书仆射薛综等人极力劝谏，才劝阻了。这一年，孙权向合肥新城进军，派将军全琮征讨六安，都没有取胜，就撤军回来了。

【原文】

三年春正月，诏曰：“兵久不辍，民困于役，岁或不登[1]。其宽诸逋[2]，勿复督课”。夏五月，权遣陆逊、诸葛瑾等屯江夏、沔口，孙韶、张承等向广陵、淮阳，权率大众围合肥新城。是时蜀相诸葛亮出武功，权谓魏明帝不能远出，而帝遣兵助司马宣王拒亮，自率水军东征。未至寿春，权退还，孙韶亦罢。秋八月，以诸葛恪为丹阳太守，讨山越。九月朔，陨霜伤谷。冬十一月，太常潘濬平武陵蛮夷，事毕，还武昌。诏复曲阿为云阳，丹徒为武进。庐陵贼李桓、罗厉等为乱。

四年夏，遣[3]吕岱讨桓等。秋七月，有雹。魏使以马求易珠玑、翡翠、玳瑁，权曰：“此皆孤所不用，而可得马，何苦而不听其交易”？

五年春，铸大钱，一当五百。诏使吏民输铜，计铜畀直。设盗铸之科。三月，武昌言甘露降于礼宾殿。辅吴将军张昭卒。中郎将吾粲获李桓，将军唐咨获罗厉等。自十月不雨，至于夏。冬十月，彗星[4]见于东方。鄱阳贼彭旦等为乱。

六年春正月，诏曰："夫三年之丧，天下之达制，人情之极痛也；贤者割哀以从礼，不肖者勉而致之。世治道泰，上下无事，君子不夺人情，故三年不逮孝子之门。至于有事，则杀礼以从宜，要而处事。故圣人制法，有礼无时则不行。遭丧不奔非古也，盖随时之宜，以义断恩也。前故设科，长吏在官，当须交代，而故犯之，虽随纠坐，犹已废旷。方事之殷，国家多难，凡在官司，宜各尽节，先公后私，而不恭承，甚非谓也。中外群僚，其更平议，务令得中，详为节度"。顾谭议，以为"奔丧立科，轻则不足以禁[5]孝子之情，重则本非应死之罪，虽严刑益设，违夺必少。若偶有犯者，加其刑则恩所不忍，有减则法废不行。愚以为长吏在远，苟不告语，势不得知。比选代之间，若有传者，必加大辟，则长吏无废职之负，孝子无犯重之刑"。将军胡综议，以为"丧纪之礼，虽有典制，苟无其时，所不得行。方今戎事军国异容，而长吏遭丧，知有科禁，公敢干突，苟念闻忧不奔之耻，不计为臣犯禁之罪，此由科防本轻所致。忠节在国，孝道立家，出身为臣，焉得兼之？故为忠臣不得为孝子。宜定科文，示以大辟，若故违犯，有罪无赦。以杀止杀，行之一人，其后必绝"。丞相雍奏从大辟。其后吴令孟宗丧母奔赴，已而自拘于武昌以听刑。陆逊陈其素行，因为之请，权乃减宗一等，后不得以为比，因此遂绝。二月，陆逊讨彭旦等，其年，皆破之。冬十月，遣卫将军全琮袭六安，不克。诸葛恪平山越事毕，北屯庐江。

赤乌元年春，铸当千大钱。夏，吕岱讨庐陵贼，毕，还陆口。秋八月，武昌言麒麟见。有司奏言麒麟者太平之应[6]，宜改年号。诏曰："间者赤乌集于殿前，朕所亲见。若神灵以为嘉祥者，改年宜以赤乌为元"。群臣奏曰："昔武王伐纣，有赤乌之祥，君臣观之，遂有天下，圣人书策载述最详者，以为近事既嘉，亲见又明也"。于是改年。步夫人卒，追赠皇后。初，权信任校事吕壹，壹性苛惨，用法深刻。太子登数谏，权不纳，大臣由是莫敢言。后壹奸罪发露伏诛，权引咎责躬[7]，乃使中书郎袁礼告谢诸大将，因问时事所当损益。礼还，复有诏责数诸葛瑾、步骘、朱然、吕岱等曰："袁礼还，云与子瑜、子山、义封、定公相见，并以时事当有所先后，各自以不掌民事，不肯便有所陈，悉推之伯言、承明。伯言、承明见礼，泣涕恳恻，辞旨辛苦，至乃怀执危怖，有不自安之心。闻此怅然，深自刻怪。何者？夫惟圣人能无过行，明者能自见耳。人之举措，何能悉中，独当己有以伤拒众意，忽不自觉，故诸君有嫌难耳；不尔，何缘乃至于此乎？自孤兴军五十年，所役赋凡百皆出于民。天下未定，孽类犹存，士民勤苦，诚所贯知。然劳百姓，事不得已耳。与诸君从事，自少至长，发有二色，以谓表里足以明露，公私分计，足用相保。尽言直谏，所望诸君，拾遗补阙[8]，孤亦望之。昔卫武公年过志壮，勤求辅弼[9]，每独叹责。且布衣韦带，相与交结，分成好合，尚污垢不异。今日诸君与孤从事，虽君臣义存，犹谓骨肉不复是过。荣福喜戚，相与共之。忠不匿情，智无遗计，事统是非，诸君岂得从容而已哉！同船济水，将谁与易？齐桓诸侯之霸者耳，有善管子未尝不叹，有过未尝不谏，谏而不得，终谏不止。今孤自省无桓公之德，而诸君谏诤[10]未出于口，仍执嫌难。以此言之，孤于齐桓良优，未知诸君于管子何如耳？久不相见，因事当笑。共定大业，整齐天下，当复有谁？凡百事要所当损益，乐闻异计，匡所不逮”。

【注释】

〔1〕登：谷物成熟。

〔2〕逋：拖欠。

〔3〕遣：派遣。

〔4〕彗星：绕太阳运行的一种星体。后曳长尾，呈云雾状，俗称扫帚星。旧谓彗星主除旧布新，其出现又为重大灾难的预兆。

〔5〕禁：受得住，耐久。

〔6〕应：征兆。

〔7〕引咎责躬：主动承担错误的责任并作自我批

评。同“引咎自责”。

〔8〕拾遗补阙：引申为弥补缺漏。

〔9〕辅弼（bì）：亦作“辅拂”，辅助。

〔10〕谏诤（zhèng）：照直说出人的过错，叫人改正。

【译文】

嘉禾三年春天正月，孙权下诏书说：“战争长期不停，百姓苦于沉重的赋税徭役，有时年景还很不好，作物没有收成。要宽缓百姓各种拖欠的租税，不要再催促征收”。夏天五月，孙权派陆逊、诸葛瑾等人率兵驻扎在江夏、沔口，孙韶、张承等人进军广陵、淮阳，孙权率大兵包围合肥新城。这时，蜀丞相诸葛亮率兵进攻武功，孙权认为魏明帝不可能率军到南方打仗，可是，魏明帝却派兵援助司马懿抵御诸葛亮，自己亲自率水军东征。魏明帝还没到寿春，孙权就退兵回返建业，孙韶也停止进攻广陵。秋天八月，孙权任命诸葛恪为丹阳太守，讨伐山越。九月初一，天降严霜，冻坏稻谷。冬天十一月，太常潘濬平定武陵少数民族地区，平定武陵后，返回武昌。孙权下诏书恢复曲阿县为云阳县，丹徒县为武进县。庐陵的贼寇李桓、罗厉等人发动叛乱。

嘉禾四年夏天，孙权派吕岱讨伐李桓等人。秋天七月，有冰雹。魏国使者请求用马换取珠宝、翡翠、玳瑁，孙权说：“这些都是我不用的东西，却能换取战马，何苦不听任他们来交易呢”？

嘉禾五年春天，孙权铸造大钱，一枚抵五百小钱。下诏让官吏百姓交纳铜，按铜的重量付钱。还设立了禁止私铸货币的法律条文。三月，武昌传言甘露将降在礼宾殿。辅吴将军张昭去世。中郎将吾粲擒获了李桓，将军康咨俘获了罗厉等人。从去年十月开始不下雨，直到今年夏天。冬十月，彗星在东方出现。鄱阳贼寇彭旦等人叛乱。

嘉禾六年正月，孙权下诏书说："儿子守孝三年，这是天下通行的制度，也是人最悲痛的感情的表示；贤明的人抑制个人的哀情而来服从国家的大礼，不孝顺的人也勉力做到服丧三年。天下太平，圣贤之道通畅，上下无事，君子就不会去剥夺人之常情，因此三年不登孝子的家门。至于有国事时，就要减少丧礼来顺从国事，穿着丧服也要来处理国事。所以圣人制定礼法，有礼制而不按时宜变通，也是行不通的。遇到丧事而不奔丧，这是不遵守古礼，但应顺从事宜，以国家大义为重而舍个人的哀情。以前特地设置条例，官吏在职的，遇到丧事，必须办理交代手续，有明知故犯的，要立即举报治罪，可是这样的法令从未认真执行过。现在正是国家多事多难的时候，凡在职的官吏，应该各自为国尽忠节，先公后私，不严格奉行朝廷所制定的法令，可以说是非常错误的。朝廷内外的大臣，请重新商议此事，务必让这方面的法令合情合理，详细地制定出条例"。顾谭发表意见，认为："为奔丧立法，轻了则不能禁止孝子奔丧的强烈要求，重了刚离职奔丧本不是死罪，如果增设严刑，违背规定而去奔丧的一定会很少。如果偶有违法的，加重对他的处罚，在情义上来说于心不忍，减轻处罚则法令废弛不能施行。我认为官吏在远方任职，假如不通知，他一定不会知道。在选择接替人选期间，如果有奔丧犯法的，一定处以死刑，这就使官吏没有怠忽职守的罪责，孝子也不会犯重罪受到严刑惩处”。将军胡综发表意见，认为：“丧事的礼仪虽有典章法度，如果不根据特殊情况灵活变通，也是行不通的。现在正当战争期间，因此处理军政与一般国事应有所区别，官吏遇到丧事，明知有法令条例，却公然触犯，假如唯一考虑孝子不去奔丧所带来的耻辱，而不考虑做臣子犯法的罪责，这就是条例禁令本来太轻所造成的。大臣们以忠义为国，以孝道立家，已经献身做了臣子，怎么还能兼顾家庭？所以要做忠臣就不能做孝子。应该制出法令条文，用死刑来告诫臣子，如果有故意违法法令的，有罪就绝不能赦免。用死刑来制止臣子犯死罪，处置一个人，那以后这种行为就一定会绝迹”。丞相顾雍奏请孙权同意违法奔丧按死刑处置。这以后吴县县令孟宗违法奔母亲丧，事后在武昌自己拘禁自己听候惩罚。陆逊向孙权陈述孟宗的平时行为，并借机为之求情，孙权于是给孟宗减刑一等，并申明下不为例，由此违法奔丧的事就绝迹了。二月，陆逊讨伐彭旦等人，这一年，把他们都打败了。冬天十月，派卫将军全琮袭击六安，没有攻克。诸葛恪平定山越的叛乱后，向北驻扎在庐江郡。

赤乌元年春天，孙权铸造了币值一千枚小钱的大钱。夏天，吕岱讨伐庐陵贼寇，结束后，返回陆口。秋天八月，武昌传言出现麒麟。有关官吏上奏说麒麟是天下太平的征兆，应该改年号。孙权下诏书说：“近来红色乌鸦聚集在殿前，我亲眼所见。如果神灵以为是吉祥的事，那改年号就用赤乌元年吧”。群臣奏请说：“过去周武王伐纣，有红乌鸦的吉祥征兆，君臣们见到了它，于是就拥有了天下，圣人在书策上记载的最为详尽，因为像近来的这件事已经很吉祥了，何况又是亲自明明白白地看见的”。于是就改年号。步夫人去世，追赠为皇后。当初，孙权信任校事吕壹，吕壹本性苛刻残忍，执法严酷。太子孙登屡次进谏劝说，孙权都不采纳，大臣们于是都不敢再说了。后来吕壹奸邪的罪恶被揭露，依法处死，孙权引咎自责，就派中书郎袁礼向诸位大将致歉，询问政事应该有什么改变。袁礼回来，孙权又下诏书责备诸葛瑾、步骘、朱然、吕岱等人说：“袁礼回来，说已与子瑜、子山、义封、定公见了面，并征询了对当前朝政缓急先后的意见，每个人都以不主管民事为借口，不肯陈述自己的意见，全部推给伯言和承明两人。伯言、承明见了袁礼，伤心流泪，说的话很沉痛，甚至还怀着恐惧的心理，有不自安的表现。我听说这些后，很不痛快，深深责怪自己。这是什么原因呢？只有圣人能够没有过失，聪明人也不过能自己省察罢了。人的行为举止，怎么能够正确适中呢，自以为正确拒绝别人的意见，一时没有觉悟，所以各位才产生了疑虑烦难，要不，怎么竟然会到这种地步呢？从我起兵五十年来，所征用的财物全部出自于百姓。天下还未平定，敌人还存在，士兵民众非常辛苦，我确实是很清楚的。然而有劳于百姓，这实在是不得已呀！与诸位共事，从少到长，头发都花白了，可以说内心与行为相互间都是非常清楚不过了，从公私两方面考虑，足以能相互信任。你们把意见说完，直率地规劝我，这是我有望于你们的，指出我的不足，弥补我的过失，也是我所期望你们的。从前，卫武公才超过青壮年时期，便尽力地寻求辅佐的大臣，每每独自叹息责备自己。而且，布衣和皮带，互相交结，有时分开，有时好合，污秽尘垢也不离弃。如今诸君与我共事，虽有君臣的名分存在，但实际上可以说骨肉至亲也不过如此。尊荣幸福，喜怒哀乐，我们都要共同享受和承担。忠诚相待就不要隐瞒真情，贡献智慧就不要有半点保留，事关大是大非便应该有统一认识，你们难道还能安闲自在、应付了事吗？我们如同同舟共济，谁还能改变呢？齐桓公是诸侯中的霸主，他有善行，管仲没有不赞同的，而有过错管仲又没有不规劝，规劝而不采纳，就规劝不止。如今我自问自己没有齐桓公的德行，但你们对我卢直的劝告还没有从口中说出，却就表现出疑虑和困难。以此看来，我跟齐桓公相比好多了，不知你们与管仲相比怎么样呀？很久不相见，因为以前的事，所以同你们做一次笑谈。共同建立帝王大业，使天下统一，应当还有谁呢？凡事应当有所改进和变革，我都乐于听到不同意见，用以纠正我考虑不周之处”。

【原文】

二年春三月，遣使者羊衜、郑胄、将军孙怡之辽东，击魏守将张持、高虑等，虏得男女。零陵言甘露降。夏五月，城沙羡。冬十月，将军蒋秘南讨夷贼。秘所领都督廖式杀临贺太守严纲等，自称平南将军，与弟潜共攻零陵、桂阳，及摇动[1]交州、苍梧、郁林诸郡，众数万人。遣将军吕岱、唐咨讨之，岁余皆破。

三年春正月，诏曰："盖君非民不立，民非谷不生。顷者以来，民多征役，岁又水旱，年谷有损。而吏或不良，侵夺民时，以致饥困。自今以来，督军郡守，其谨察非法，当农桑时，以役事[2]扰民者，举正以闻"。夏四月，大赦，诏诸郡县治城郭，起谯楼，穿堑发渠，以备盗贼。冬十一月，民饥，诏开仓廪以赈贫穷。

【注释】

〔1〕摇动：使动乱。

〔2〕役事：劳役之事。

【译文】

赤乌二年春天三月，孙权派使者羊衜、郑胄、将军孙怡到辽东，袭击魏守将张持、高虑等人，俘获了不少男女人口。零陵郡宣称说喜降甘露。夏天五月，修筑沙羡城。冬天十月，将军蒋秘向南讨伐夷族的叛乱者。蒋秘部下的都督廖式杀了临贺太守严纲等人，自称是平南将军，与他弟弟廖潜共同进攻零陵、桂阳郡，并使交州、苍梧、郁林各郡发生了动乱，追随的兵众几万人。孙权派遣将军吕岱、康咨讨伐他们，用了一年多时间将他们全部打败。

赤乌三年春天正月，孙权下诏书说："君主没有百姓就不能在位，百姓没有五谷就不能生存。近年以来，百姓的赋税徭役很多，年成又遇水旱灾害，粮食欠收。而官吏有的品质不良，侵占百姓务农的时间，以致造成饥荒困苦。从今以后，督军郡守，要从严查处违法行为，在农桑重要时节，凡是以服役的事侵扰百姓的人，要列举查处、纠正的情况上报”。夏天四月，大赦天下，下诏命令各郡县整治城郭，修筑望楼，挖通护城河，用来防备盗贼。冬天十一月，百姓饥荒，孙权下诏命令打开粮仓来赈济贫穷的百姓。

【原文】

四年春正月，大雪，平地深三尺，鸟兽死者大半。夏四月，遣卫将军全琮略[1]淮南，决芍陂，烧安城邸阁，收其人民。威北将军诸葛恪攻六安。琮与魏将王淩战于芍陂，中郎将秦晃等十余人战死。车骑将军朱然围樊，大将军诸葛瑾取柤中。五月，太子登卒。是月，魏太傅司马宣王救樊。六月，军还。闰月，大将军瑾卒。秋八月，陆逊城邾。

五年春正月，立子和为太子，大赦，改禾兴为嘉兴。百官奏立皇后及四王，诏曰：“今天下未定，民物劳瘁，且有功者或未录，饥寒者尚未恤，猥[2]割土壤以丰子弟，崇爵位以宠妃妾，孤甚不取。其释此方议”。三月，海盐县言黄龙见。夏四月，禁进献御，减太官膳。秋七月，遣将军聂友、校尉陆凯以兵三万讨珠崖、儋耳。是岁大疫，有司又奏立后及诸王。八月，立子霸为鲁王。

六年春正月，新都言白虎见。诸葛恪征六安，破魏将谢顺营，收其民人。冬十一月，丞相顾雍卒。十二月，扶南王范旃遣使献乐人及方物。是岁，司马宣王率军入舒，诸葛恪自皖迁于柴桑。

【注释】

〔1〕略：夺取。

〔2〕猥（wěi）：苟且。

【译文】

赤乌四年春天正月，天降大雪，平地雪深三尺，鸟兽死了大半。夏天四月，孙权派遣卫将军全琮攻夺淮南，挖开芍陂水库，烧掉安城的粮仓，收掳了那里的百姓。城北将军诸葛恪进攻六安。全琮与魏将王淩在芍陂交战，中郎将秦晃等十多人战死。车骑将军朱然围攻樊城，大将军诸葛瑾攻占柤中。五月，太子孙登去世。这一月，魏国太傅司马懿解救樊城。六月，军队撤回。闰月，大将军诸葛瑾去世。秋天八月，陆逊修筑邾县城墙。

赤乌五年春天正月，孙权立儿子孙和为太子，大赦天下，改禾兴县为嘉兴县。百官上奏请求册立皇后和四王，孙权下诏说："现在天下还没有平定，百姓劳苦，况且有功的人有的还没有录用，饥寒的人还没有得到抚恤，就分封土地来使子弟富裕，提高爵位来宠幸妃妾，我认为很不可取。你们放弃这个建议吧"。三月，海盐县传有黄龙出现。夏天四月，禁止进献贡品，减少供应皇帝的膳食。秋天七月，派遣将军聂友，校尉陆凯率兵三万讨伐珠崖、儋耳。这一年，瘟疫大流行，主管官员又上奏请求册立皇后和众王子。八月，孙权立儿子孙霸为鲁王。

赤乌六年春天正月，新都传说有白虎出现。诸葛恪出征六安，攻破魏将谢顺的营地，收掳了那里的百姓。冬天十一月，丞相顾雍去世。十二月，扶南王范旃派遣使者进献歌舞艺人和当地特产。这一年，司马宣王率军到达舒县，诸葛恪从皖城迁移到柴桑。

【原文】

七年春正月，以上大将军陆逊为丞相。秋，宛陵言嘉禾生。是岁，步骘、朱然等各上疏云："自蜀还者，咸言欲背盟与魏交通，多作舟船，缮治城郭。又蒋琬守汉中，闻司马懿南向，不出兵乘虚以掎角之，反委汉中，还近成都。事已彰灼，无所复疑，宜为之备"。权揆[1]其不然，曰："吾待蜀不薄，聘享盟誓，无所负之，何以致此？又司马懿前来入舒，旬日便退，蜀在万里，何知缓急而便出兵乎？昔魏欲入汉川，此间始严，亦未举动，会闻魏还而止，蜀宁可复以此有疑邪？又人家治国，舟船城郭，何得不护？今此间治军，宁复欲以御蜀邪？人言苦不可信，朕为诸君破家保之"。蜀竟自无谋，如权所筹[2]。

八年春二月，丞相陆逊卒。夏，雷霆犯宫门柱，又击南津大桥楹[3]。茶陵县鸿水溢出，流漂居民二百余家。秋七月，将军马茂等图逆，夷三族。八月，大赦。遣校尉陈勋将屯田及作士三万人凿句容中道，自小其至云阳西城，通会市，作邸阁。

【注释】

〔1〕揆（kuí）：度，揣测。

〔2〕筹（chóu）：谋划。

〔3〕楹（yíng）：柱子。

【译文】

赤乌七年春天正月，任命上大将军陆逊为丞相。秋天，宛陵传说有嘉禾生长。这一年，步骘、朱然等分别上疏说：“从蜀国回来的人，都说蜀国要背叛盟约与魏国交往，制造了许多船，修治城郭，而且蒋琬驻守汉中，听说司马懿向南进兵，他不出兵乘虚夹击敌人，反而放弃汉中，撤兵返回成都。事实已经很明显了，没有什么可以再怀疑的，我们应当为此做好准备”。孙权考虑不会这样，他说：“我对待蜀国不薄，派人访问，进献礼品结盟立誓，没有对不起的地方，怎么有这样的情况呢？再说司马懿不久前领兵入舒县，十来天就撤退了，蜀国在万里之外，怎么知道东南危急就出兵西北呢？以前魏国准备入侵汉中，我们这里刚开始戒备，也没有出兵的行动，正好听到魏国退回去就停止支援配合了，蜀国难道可以因此对我们有怀疑吗？而且，人家治理国家，舟船城郭，怎么能不修缮保护呢？现在我们这里训练军队，难道也是想用来抵御蜀国吗？别人的话很不可信，我可以用破毁身家担保这件事”。蜀国终究没有阴谋，正如孙权所预料的一样。

赤乌八年春天二月，丞相陆逊去世。夏天，雷电击中了皇宫的门柱，又击中了南津大桥的桥柱，茶陵县洪水泛滥，冲走居民二百多家。秋天七月，将军马茂等人图谋叛逆，诛灭三族。八月，大赦天下，派遣校尉陈勋带领屯田及服役的兵士三万人开凿句容中路运河，从小其至云阳西城，便利商贩集会与货物贸易，建造粮仓。

【原文】

九年春二月，车骑将军朱然征魏柤中，斩获千余。夏四月，武昌言甘露降。秋九月，以骠骑将军步骘为丞相，车骑将军朱然为左大司马，卫将军全琮为右大司马，镇南将军吕岱为上大将军，威北将军诸葛恪为大将军。

十年春正月，右大司马全琮卒。二月，权适南宫。三月，改作太初宫，诸将及州郡皆义作〔1〕。夏五月，丞相步骘卒。冬十月，赦死罪。

【注释】

〔1〕义作：义务劳动。

【译文】

赤乌九年春天二月，车骑将军朱然征讨魏国的柤中，斩杀及俘获一千多人。夏天四月，武昌传说天降甘露。秋天九月，孙权任命骠骑将军步骘为丞相，车骑将军朱然为左大司马，卫将军全琮为右大司马，镇南将军吕岱为上大将军，威北将军诸葛恪为大将军。

赤乌十年春天正月，右大司马全琮去世。二月，孙权以南宫为正寝。三月，改建太初宫，诸将及州郡官员都参加义务劳动。夏天五月，丞相步骘去世。冬天十月，赦免死刑犯。

【原文】

十一年春正月，朱然城江陵。二月，地仍震。三月，宫成。夏四月，雨雹，云阳言黄龙见。五月，鄱阳言白虎仁。诏曰："古者圣王积行累善，修身行道，以有天下，故符瑞应之，所以表德也。朕以不明，何以臻兹〔1〕？《书》云'虽休勿休'，公卿百司，其勉修所职，以匡〔2〕不逮"。

十二年春三月，左大司马朱然卒。四月，有两乌衔鹊堕东馆。丙寅，骠骑将军朱据领丞相，燎鹊以祭。

十三年夏五月，日至，荧惑入南斗，秋七月，犯魁第二星而东。八月，丹阳、句容及故鄣、宁国诸山崩，鸿水溢。诏原逋责〔3〕，给贷种食。废太子和，处故鄣。鲁王霸赐死。冬十月，魏将文钦伪叛以诱朱异，权遣吕据就异以迎钦。异等持重，钦不敢进。十一月，立子亮为太子。遣军十万，作堂邑涂塘以淹北道。十二，魏大将军王昶围南郡，荆州刺史王基攻西陵。遣将军戴烈、陆凯往拒之，皆引还。是岁，神人授书，告以改年、立后。

【注释】

〔1〕臻兹：得到上天的表彰。

〔2〕匡（kuāng）：纠正。

〔3〕逋责：犹欠债。

【译文】

赤乌十一年春天正月，朱然修筑江陵城。二月，多次发生地震。三月，太初宫改建完毕。夏天四月，下冰雹，云阳传说黄龙出现。五月，鄱阳传说有白虎不伤人。孙权下诏说："古代圣王积累德行善事，修养身心，实行仁道，因而才占有天下，所以吉祥的征兆就来应验，这是用来表彰高尚的品德的，我还不圣明，怎么能得到上天的表彰呢？《尚书》上说：'虽然这是善事，但不要满足这种善事。'公卿百官，还是努力完成自己的职责，帮助我纠正那些不足的事"。

赤乌十二年春天三月，左大司马朱然去世。四月，有两只乌鸦叼着喜鹊坠死在东宫。九日，骠骑将军朱据兼任丞相，烘烤喜鹊以祭神。

赤乌十三年夏天五月，夏至这天，荧惑星入南斗星群。秋天七月，荧惑星在干犯了北斗星的第二颗星后向东方运行。八月，丹阳、句容以及故鄣、宁国的一些山崩塌，洪水泛滥。孙权下诏免去拖欠的赋税，借给百姓种子、粮食。孙权废太子孙和，让他居住在故鄣。鲁王孙霸被赐死。冬天十月，魏将文钦以伪装叛变来引诱朱异，孙权派吕据到朱异那儿以便迎接文钦。朱异等人都很谨慎持重，文钦不敢前来。十一月，孙权立儿子孙亮为太子，派兵十万修筑堂邑的涂塘水库，使北方到建业的大路完全淹没。十二月，魏大将军王昶围攻南郡，荆州刺史王基进攻西陵，孙权派遣将军戴烈、陆凯前往抵御，王昶、王基都撤兵回归。这一年，神人授予天书，告诉孙权要更改年号，册立皇后。

【原文】

太元元年夏五月，立皇后潘氏，大赦，改年。初临海罗阳县有神，自称王表。周旋民间，语言饮食，与人无异，然不见其形。又有一婢，名纺绩。是月，遣中书郎李崇赍辅国将军罗阳王印绶迎表。表随崇俱出，与崇及所在郡守令长谈论，崇等无以易。所历山川，辄遣婢与其神相闻。秋七月，崇与表至，权于苍龙门外为立第舍，数使近臣赍酒食往。表说水旱小事，往往有验。秋八月朔，大风，江海涌溢，平地深八尺，吴高陵松柏斯拔，郡城南门飞落。冬十一月，大赦。权祭南郊还，寝疾。十二月，驿征大将军恪，拜为太子太傅。诏省徭役，减征赋，除民所患苦。

二年春正月，立故太子和为南阳王，居长沙；子奋为齐王，居武昌；子休为琅邪王，居虎林。二月，大赦，改元为神凤。皇后潘氏薨。诸将吏数诣王表请福，表亡去。夏四月，权薨，时年七十一，谥曰大皇帝。秋七月，葬蒋陵。

【译文】

太元元年夏天五月，立皇后潘氏，大赦天下，改年号。当初，临海郡罗阳县有神人，自称王表。他周旋于民间，语言饮食，跟常人没有差别，但却看不见他的形体。他还有一个婢女，名叫纺绩。这一月，孙权派遣中书郎李崇带着辅国将军罗阳王的印绶迎接王表。王表跟随李崇一起出来，与李崇以及所经过地方的郡守县令谈论，李崇等人不能驳难改变他的说法。经过的山河，总是派婢女向那神人报告。秋天七月，李崇与王表到达建业。孙权在苍龙门外给他修建了宅第，多次让身边的大臣送酒食去。王表预言一些降雨天旱等小事，往往都能应验。秋天八月初一，大风猛刮，长江大海暴涨，平地水深八尺，吴郡高陵的松柏全都被拔起，郡城的南门意外地坍落。冬天十一月，大赦天下。孙权祭祀南郊返回后，生病卧床。十二月，用驿使传书召大将军诸葛恪回来，授为太子太傅。又下诏减省徭役，减免田税，废除百姓感到愁苦的法令。

太元二年春天正月，孙权立原来的太子孙和为南阳王，居住长沙；儿子孙奋为齐王，居住武昌；儿子孙休为琅邪王，居住虎林。二月，大赦天下，改年号为神凤。皇后潘氏去世。各位将军和官吏多次到王表那儿去请求保佑，王表逃走。夏天四月，孙权去世，时年七十一岁，加谥号为大皇帝。秋天七月，安葬于蒋陵。

【评曰】

孙权能委屈自身，忍受屈辱，任用有才能的人，尊崇有计谋之士，有勾践那样的奇才，是英雄中的俊杰。所以能独占江南，成就与魏、蜀鼎立三分天下的大业，但他生性猜忌多疑，杀人十分果断，到了晚年，就更加严重。以至于听信谗言，滥施暴行，亲生的儿子有的被废，有的被杀，这难道就是所谓要留下远大的谋略来安全地保护子孙的人吗？他的后代衰落，终于造成国家覆亡，未必不是由于这些原因。

三嗣主传

孙亮，字子明，权少子也。权春秋高，而亮最少，故尤留意。姊全公主常谮太子和子母，心自不安。因倚权意，欲豫自结，数称述全尚女，劝为亮纳。赤乌十三年，和废，权遂立亮为太子，以全氏为妃。

太元元年夏，亮母潘氏立为皇后。冬，权寝疾，征大将军诸葛恪为太子太傅，会稽太守滕胤为太常，并受诏辅太子。明年四月，权薨，太子即尊号。大赦，改元。是岁，于魏嘉平四年也。

闰月，以恪为帝太傅，胤为卫将军领尚书事，上大将军吕岱为大司马，诸文武在位皆近爵班赏，冗官加等。冬十月，太傅恪率军遏巢湖，城东兴。使将军全端守西城，都尉留略守东城。十二月朔丙申，大风雷电，魏使将军诸葛诞、胡遵等步骑七万围东兴。将军王昶攻南郡，毋丘俭向武昌。甲寅，恪以大兵赴敌。戊午，兵及东兴，交战，大破魏军，杀将军韩综、桓嘉等。是月，雷雨，天灾武昌端门。改作端门，又灾内殿。

二年春正月丙寅，立皇后全氏，大赦。庚午，王昶等皆退。二月，军还自东兴，大行封赏。三月，恪率军伐魏。夏四月，围新城，大疫，兵卒死者大半。秋八月，恪引军还。冬十月，大飨。武卫将军孙峻伏兵杀恪于殿堂。大赦，以峻为丞相，封富春侯。十一月，有大鸟五见于春申，（明年改）元。

五凤元年夏，大水。秋，吴侯英谋杀峻，觉，英自杀。冬十一月，星茀于斗牛。

二年春正月，魏镇东大将军毌丘俭、前将军文钦以淮南之众西入，战于乐嘉。闰月壬辰，峻及骠骑将军吕据、左将军留赞率兵袭寿春，军及东兴，闻钦等败。壬寅，兵进于橐皋，钦诣峻降，淮南余众数万口来奔。魏诸葛诞入寿春，峻引军还。二月，及魏将军曹珍遇于高亭，交战，珍败绩。留赞为诞别将蒋班所败于菰陂，赞及将军孙楞、蒋脩等皆遇害。三月，使镇南将军朱异袭安丰，不克。秋七月，将军孙仪、张怡、林恂等谋杀峻，发觉，仪自杀，恂等伏辜。阳羡离里山大石自立。使卫尉冯朝城广陵，拜将军吴穰为广陵太守，留略为东海太守。是岁大旱。十二月，作太庙，以冯朝为监军使者，督徐州诸军事。民饥，军士怨畔。

太平元年春二月朔，建业火。峻用征北大将军文钦计，将征魏。八月，先遣钦及骠骑吕据、车骑刘纂、镇南朱异、前将军唐咨军自江都入淮、泗。九月丁亥，峻卒，以从弟偏将军綝为侍中，武卫将军，领中外诸军事，召还据等。闻綝代峻，大怒。己丑，大司马吕岱卒。壬辰，太白犯南斗，据、钦、咨等表荐卫将军滕胤为丞相，綝不听。癸卯，更以胤为大司马，代吕岱驻武昌。据引兵还，欲讨綝。綝遣使以诏书告喻钦、咨等，使取据。冬十月丁未，遣孙宪及丁奉、施宽等以舟兵逆据于江都。遣将军刘丞督步骑攻胤。胤兵败夷灭。己酉，大赦，改年。辛亥，获吕据于新州。十一月，以綝为大将军、假节，封（永康侯）。孙宪与将军王惇谋杀綝。事觉，綝杀惇，迫宪令自杀。十二月，使五官中郎将刁玄告乱于蜀。

二年春二月甲寅，大雨，震电。乙卯，雪，大寒。以长沙东部为湘东郡，西部为衡阳郡，会稽东部为临海郡，豫章东部为临川郡。夏四月，亮临正殿，大赦，始亲政事。綝所表奏，多见难问，又科兵子弟年十八已下十五已上，得三千余人，选大将子弟年少有勇力者为之将帅。亮曰："吾立此军，欲与之俱长。"日于苑中习焉。

五月，魏征东大将军诸葛诞以淮南之众保寿春城，遣将军朱成称臣上疏，又遣子靓、长史吴纲诸牙门子弟为质。六月，使文钦、唐咨、全端等步骑三万救诞。朱异自虎林率众袭夏口，夏口督孙壹奔魏。秋七月，綝率众救寿春，次于镬里。朱异至自夏口，綝使异为前部督，与丁奉等将介士五万解围。八月，会稽南部反，杀都尉。鄱阳、新都民为乱，廷尉丁密、步兵校尉郑胄、将军钟离牧率军讨之。朱异以军士乏食引还，綝大怒，九月朔己巳，杀异于镬里。辛未，綝自镬里还建业。甲申，大赦。十一月，全绪子祎、仪以其母奔魏。十二月，全端、怿等自寿春城诣司马文王。

三年春正月，诸葛诞杀文钦。三月，司马文王克寿春，诞左右战死，将吏已下皆降。秋七月，封故齐王奋为章安侯。诏州郡伐宫材。自八月沈阴不雨四十余日。亮以綝专恣[illegible]常全尚，将军刘丞谋诛綝。九月戊午，綝以兵取尚，遣弟恩攻杀丞于苍龙门外。召大臣会宫门，黜亮为会稽王，时年十六。

孙休字子烈。权第六子。年十三，从中书郎射慈、郎中盛冲受学。太元二年正月，封琅邪王，居虎林。四月，权薨，休弟亮承统。诸葛恪秉政，不欲诸王在滨江兵马之地，徙休于丹杨郡。太守李衡数以事侵休，休上书乞徙他郡，诏徙会稽。居数岁，梦乘龙上天，顾不见尾，觉而异之。孙亮废，己未，孙綝使宗正孙楷与中书郎董朝迎休。休初闻问，意疑，楷、朝具述綝等所以奉迎本意。留一日二夜，遂发。十月戊寅，行至曲阿，有老公干休叩头曰："事久变生，天下喁喁，愿陛下速行。"休善之。是日进及布塞亭。武卫将军恩行丞相事，率百僚以乘舆法驾迎于永昌亭，筑宫。以武帐为便殿，设御座。己卯，休至，望便殿止住，使孙楷先见恩。楷还，休乘辇进，群臣再拜称臣。休升便殿，谦不即御坐，止东厢。户曹尚书前即阶下赞奏，丞相奉玺符。休三让，群臣三请。休曰："将相诸侯咸推寡人，寡人敢不承受玺符。群臣以次奉引，休就乘舆。百官陪位，綝以兵千人迎于半野，拜于道侧。休下车答拜。即日，御正殿，大赦，改元。是岁，于魏甘露三年也。

永安元年冬十月壬午，诏曰："夫褒德赏功，古今通义。其以大将军綝为丞相、荆州牧，增食五县。武卫将军恩为御史大夫、卫将军、中军督，封县侯。威远将军（授）为右将军、县侯。偏将军干杂号将军、亭侯。长水校尉张布辅导勤劳，以布为辅义将军，封永康侯。董朝亲迎，封为乡侯。"又诏曰：

“丹杨太守李衡，以往事之嫌，自拘有司。夫射钩斩袪，在君为君，遣衡还郡，勿令自疑。”己丑，封孙皓为乌程侯，皓弟德钱唐侯，谦永安侯。

十一月甲午，风四转五复，蒙雾连日。綝一门五侯皆典禁兵，权倾人主。有所陈述，敬而不违，于是益恣。休恐其有变，数加赏赐。丙申，诏曰：“大将军忠款内发，首建大计以安社稷。卿士内外，咸赞其议，并有勋劳。昔霍光定计，百僚同心，无复是过。亟案前日与议定策告庙人名，依故事应加爵位者，促施行之。”戊戌，诏曰：“大将军掌中外诸军事，事统烦多。其加卫将军御史大夫恩侍中，与大将军分省诸事。”壬子，诏曰：“诸吏家有五人三人兼重为役，父兄在都，子弟给郡县吏，既出限米，军出又从，至于家事无经护者，朕甚愍之。其有五人三人为役，听其父兄所欲留，为留一人，除其米限，军其不从。”又曰：“诸将吏奉迎陪位在永昌亭者，皆加位一级。”顷之，休闻綝逆谋，阴与张布图计。十二月戊辰腊，百僚朝贺，公卿升殿，诏武士缚綝，即日伏诛。己巳，诏以左将军张布讨奸臣，加布为中军督。封布弟惇为都亭侯，给兵三百人，惇弟恂为校尉。

诏曰：“古者建国，教学为先，所以道世治性，为时养器也。自建兴以来，时事多故，吏民颇以目前趋务，去本就末，不循古道。夫所尚不惇，则伤化败俗。其案古置学官，立五经博士，核取应选，加其宠禄，科见吏之中及将吏子弟有志好者，各令就业。一岁课试，差其品第，加以位赏。使见之者乐其荣，闻之者羡其誉。以敦王化，以隆风俗。”

二年春正月，震电。三月，备九卿官，诏曰：“朕以不德，托于王公之上，夙夜战战，忘寝与食。今欲偃武修文，以崇大化。推此之道，当由士民之赡。必须农桑。《管子》有言：‘仓凛实，知礼节；衣食足，知荣辱。’夫一夫不耕，有受其饥；一妇不织，有受其寒。饥寒并至而民不为非者，未之有也。自顷年已来，州郡吏民及诸营兵，多违此业，皆浮船长江，贾作上下，良田渐废，见谷日少，欲求大定，岂可得哉？亦由租入过重，农人利薄，使之然乎？今欲广开田业，轻其赋税，差科强羸，课其田亩，务令优均。官私得所，使家给户赡，足相供养。则爱身重命，不犯科法，然后刑罚不用，风俗可整。以群僚之忠贤，若尽心于时，虽太古盛化，未可卒致，汉文升平，庶几可及。及之则臣主俱荣，不及则损削侵辱，何可从容俯仰而已？诸卿尚书，可共咨度，务取便佳。田桑已至，不可后时。事定施行，称朕意焉。

三年春三月，西陵言赤乌见。秋，用都尉严密议，作浦里塘。会稽郡谣言王亮当还为天子，而亮宫人告亮使巫祷祠，有恶言。有司以闻，黜为候官侯，遣之国。道自杀，卫送者伏罪。以会稽南部为建安郡，分宜都置建平郡。

四年春五月，大雨，水泉涌溢。秋八月，遣光禄大夫周奕、石伟巡行风俗，察将吏清浊，民所疾苦，为黜陟之诏。九月，布山言白龙见。是岁，安吴民陈焦死，埋之，六日更生，穿土中出。

五年春二月，白虎门北楼灾。秋七月，始新言黄龙见。八月壬午，大雨震电，水泉涌溢。乙酉，立皇后朱氏。戊子，立子䴙为太子，大赦。冬十月，以卫将军濮阳兴为丞相，廷尉丁密、光禄勋孟宗为左右御史大夫。休以丞相兴及左将军张布有旧恩，委之以事，布典宫省，兴关军国。休锐意于典籍，欲毕览百家之言，尤好射雉。春夏之间常晨出夜还，唯此时舍书，休欲与博士祭酒韦曜、博士盛冲讲论道艺。曜、冲素皆切直，布恐入侍，发其阴失，令己不得专，因妄饰说以拒遏之。休答曰："孤之涉学，群书略遍。所见不少也；其明君暗主，奸臣贼子，古今贤愚成败之事，无不览也。今曜等人，但欲与论讲书耳，不为从曜等始更受学也。纵复如此，亦何所损？君特当以曜等恐道臣下奸变之事，以此不欲令入耳。如此之事，孤已自备之。不须曜等然后乃解也。此都无所损，君意特有所忌故耳。"布得诏陈谢，重自序述，又言惧妨政事。休答曰："书籍之事，患人不好，好之无伤也。此无所为非，而君以为不宜，是以孤有所及耳。政务学业，其流各异，不相妨也。不图君今日在事，更行此于孤也。良所不取。"布拜表叩头，休答曰："聊相开悟耳，何至叩头乎？如君之忠诚，远近所知。往者所以相感，今日之巍巍也。《诗》云：'靡不有初，鲜克有终。'终之实难，君其终之。"初休为王时，布为左右将督。素见信爱，及至践阼，厚加宠待，专擅国势，多行无礼，自嫌瑕短，惧曜、冲言之，故尤患忌。休虽解此旨，心不能悦，更恐其疑惧，竟如布意，废其讲业，不复使冲等人。是岁使察战到交阯调孔爵、大猪。

六年夏四月，泉陵言黄龙见。五月，交阯郡吏吕兴等反，杀太守孙谞。谞先是科郡上手工千余人送建业，而察战至，恐复见取，故兴等因此扇动兵民，招诱诸夷也。冬十月，蜀以魏见伐来告。癸未，建业石头小城火，烧西南百八十丈。甲申，使大将军丁奉督诸军向魏寿春，将军留平别诣施绩于南郡，议兵所向，将军丁封、孙异如沔中，皆救蜀。蜀主刘禅降魏问至，然后罢。吕兴既杀孙谞，使使如魏，请太守及兵。丞相兴建取屯田万人以为兵。分武陵为天门郡。

七年春正月，大赦。二月，镇军陆抗、抚军步协、征西将军留平、建平太守盛曼，率众围蜀巴东守将罗宪。夏四月，魏将新附督王稚浮海入句章，略长吏（赏林）及男女二百余口。将军孙越徼得一船，获三十人。秋七月，海贼破海盐，杀司盐校尉骆秀。使中书郎刘川发兵庐陵。豫章民张节等为乱，众万余人。魏使将军胡烈步骑二万侵西陵，以救罗宪，陆抗等引军退。复分交州置广州。壬午，大赦。癸未，休薨，时年三十，谥曰景皇帝。

孙皓字元宗，权孙，和子也。一名彭祖，字皓宗。孙休立，封皓为乌程侯，遣就国。西湖民景养相皓当大贵，皓阴喜而不敢泄。休薨，是时蜀初亡，而交阯携叛，国内震惧，贪得长君。左典军万彧昔为乌程令，与皓相善，称皓才识明断，是长沙桓王之畴也，又加之好学，奉遵法度，屡言之于丞相濮阳兴、左将军张布。兴、布说休妃太后朱，欲以皓为嗣。朱曰："我寡妇人，安知社稷之虑。苟吴国无陨，宗庙有赖可矣。"于是遂迎立皓，时年二十三。改元，大赦。是岁，于魏咸熙元年也。

元兴元年八月，以上大将军施绩、大将军丁奉为左右大司马，张布为骠骑将军，加侍中，诸增位班赏，一皆如旧。九月，贬太后为景皇后，追谥父和曰文皇帝，尊母何为太后。十月，封休太子𩅦为豫章王，次子汝南王，次子梁王，次子陈王，立皇后滕氏。皓既得志。粗暴骄盈，多忌讳，好酒色，大小失望。兴、布窃悔之。或以谮皓，十一月，诛兴、布。十二月，孙休葬定陵。封后父滕牧为高密侯，舅何洪等三人皆列侯。是岁，魏置交阯太守之郡。晋文帝为魏相国，遣昔吴寿春城降将徐绍、孙彧衔命赍书。陈事势利害，以申喻皓。

甘露元年三月，皓遣使随绍、彧报书曰："知以高世之才，处宰辅之任，渐导之功，勤亦至矣。孤以不德，阶承统绪。思与贤良共济世道，而以壅隔未有所缘，嘉意允著，深用依依。今遣光禄大夫纪陟、五宫中郎将弘璆宣明至怀。"绍行到濡须，召还杀之。徙其家属建安，始有白绍称美中国者，故也。夏四月，蒋陵言甘露降，于是改年大赦。秋七月：皓逼杀景后朱氏，亡不在正殿，于苑中小屋治丧，众知其非疾病，莫不痛切。又送休四子于吴小城，寻复追杀大者二人。九月，从西陵督步阐表，徙都武昌，御史大夫丁固、右将军部诸葛靓镇建业。陟、璆至洛，遇晋文帝崩，十一月，乃遣还。皓至武昌，又大赦。以零陵南部为始安郡，桂阳南部为始兴郡。十二月，晋受禅。

宝鼎元年正月，遣大鸿胪张俨、五官中郎将丁忠吊祭晋文帝。及还，俨道病死。忠说皓，曰："北方守战之具不设，弋阳可袭而取。"皓访群臣，镇西大将军陆凯曰："夫兵不得已而用之耳，且三国鼎立已来，更相侵伐，无岁宁居。今强敌新并巴蜀，有兼土之实，而遣使求亲，欲息兵役，不可谓其求援于我。今敌形势方强，而欲徼幸求胜，未见其利也。”车骑将军刘纂曰：“天生五才，谁能去兵？谲诈相雄，有自来矣。若其有阙，庸可弃乎？宜遣间谍，以观其势。”皓阴纳纂言，且以蜀新平。故不行，然遂自绝。八月，所在言得大鼎，于是改年，大赦。以陆凯为左丞相，常侍万彧为右丞相。冬十月，永安山贼施但等聚众数千人，劫皓庶弟永安侯谦出乌程，取孙和陵上鼓吹曲盖。比至建业，众万余人。丁固、诸葛靓逆之于牛屯，大战。但等败走。获谦，谦自杀。分会稽为东阳郡，分吴、丹杨为吴兴郡。以零陵北部为邵陵郡。十二月，皓还都建业，卫将军滕牧留镇武昌。

二年春，大赦。右丞相万彧上镇巴丘。夏六月，起显明宫，冬十二月，皓移居之。是岁，分豫章、庐陵、长沙为安成郡。

三年春二月，以左右御史大夫丁固、孟仁为司徒、司空。秋九月，皓出东关，丁奉至合肥。是岁，遣交州刺史刘俊、前部督脩则等人击交阯。为晋将毛炅等所破，皆死。兵散还合浦。

建衡元年春正月，立子瑾为太子，及淮阳、东平王。冬十月，改年，大赦。十一月，左丞相陆凯卒。遣监军虞汜、威南将军薛珝、苍梧太守陶璜由荆州，监军李勖、督军徐存从建安海道，皆就合浦击交阯。

二年春，万彧还建业。李勖以建安道不通利，杀导将冯斐，引军还。三月，天火烧万余家，死者七百人。夏四月，左大司马施绩卒。殿中列将何定曰："少府李勖枉杀冯斐，擅彻军退还。"勖及徐存家属皆伏诛。秋九月，何定将兵五千人上夏口猎。都督孙秀奔晋。是岁，大赦。

三年春正月晦，皓举大众出华里，皓母及妃妾皆行，东观令华核等固争，乃还。是岁，汜、璜破交阯，禽杀晋所置守将，九真、日南皆还属。大赦，分交址为新昌郡。诸将破扶严，置武平郡。以武昌督范慎为太尉。右大司马丁奉、司空孟仁卒。西苑言凤凰集，改明年元。

凰皇元年秋八月，征西陵督步阐。阐不应，据城降晋。遣乐乡都督陆抗围取阐，阐众悉降。阐及同计数十人皆夷三族。大赦。是岁，右丞相万彧被谴忧死，徙其子弟于庐陵。何定奸秽发闻，伏诛。皓以其恶似张布，追改定名为布。

二年春三月，以陆抗为大司马。司徒丁固卒。秋九月，改封淮阳为鲁，东平为齐，又封陈留、章陵等九王，凡十一王，王给三千兵。大赦。皓爱妾或使人至市劫夺百姓财物，司市中郎将陈声，素皓幸臣也，恃皓宠遇，绳之以法。妾以诉皓，皓大怒，假他事烧锯断声头，投其身于四望之下。是岁，太尉范慎卒。

三年，会稽妖言章安侯奋当为天子。临海太守奚熙与会稽太守郭诞书，非论国政。诞但白熙书，不白妖言，送付建安作船。遣三郡督何植收熙，熙发兵自卫，断绝海道。熙部曲杀熙，送首建业，夷三族。秋七月，遣使者二十五人分至州郡，科出亡叛。大司马陆抗卒。自改年及是岁，连大疫。分郁林为桂林郡。

天册元年，吴郡言掘地得银，长一尺，广三分，刻上有年月字。于是大赦，改年。

天玺元年，吴都言临平湖自汉末草岁壅塞，今更开通。长老相传此湖塞，天下乱，此湖开，天下平。又于湖边得石函，中有小石，青白色，长四寸，广二寸余，刻上作皇帝字。于是改年，大赦。会稽太守车浚、湘东太守张咏不出算缗，就在所斩之，徇首诸郡。秋八月，京下督孙楷降晋。鄱阳言历阳山石文理成字，凡二十，云“楚九州渚，吴九州都。扬州士，作天子。四世治，太平始。”又吴兴阳羡山有空石，长十余丈，名曰石室，在所表为大瑞。乃遣兼司徒董朝、兼太常周处至阳羡县，封禅国山。（明年改）元，大赦，以协石文。

天纪元年夏，夏口督孙慎出江夏、汝南，烧略居民。初，驺子张俶多所谮白，累迁为司直中郎将，封侯，甚见宠爱。是岁，奸情发闻，伏诛。

二年秋七月，立成纪、宣威等十一王，王给三千兵，大赦。

三年夏，郭马反。马本合浦太守脩允部曲督。允转桂林太守，疾病，住广州。先遣马将五百兵至郡安抚诸夷。允死，兵当分给，马等累世旧军，不乐离别。皓时又科实广州户口，马与部曲将何典、王族、吴述、殷兴等因此恐动兵民，合聚人众，攻杀广州督虞授。马自号都督交、广二州诸军事、安南将军，兴广州刺史，述南海太守。典攻苍梧，族攻始兴。八月。以军师张悌为丞相，牛渚都督何植为司徒。执金吾滕循为司空，未拜，转镇南将军，假节领广州牧，率万人从东道讨马，与族遇于始兴，未得前。马杀南海太守刘略，逐广州刺史徐旗，皓又遣徐陵督陶浚将七千人从西道，命交州牧陶璜部伍所领及合浦、郁林诸郡兵，当与东西军共击马。

有鬼目菜生工人黄耇家，依缘枣树，长丈余，茎广四寸，厚三份。又有买菜生工人吴平家，高四尺，厚三分，如枇杷形，上广尺八寸，下茎广五寸，两边生叶绿色。东观案图，名鬼目作芝草，买菜作平虑草，遂以耇为侍芝郎，平为平虑郎，皆银印青绶。

冬，晋命镇东大将军司马伷向涂中，安东将军王浑、扬州刺史周浚向牛渚，建威将军王戎向武昌，平南将军胡奋向夏口，镇南将军杜预向江陵，龙骧将军王浚，广武将军唐彬浮江东下，太尉贾充为大都督，量宜处要，尽军势之中。陶浚至武昌，闻北军大出，停驻不前。

初，皓每宴会群臣，无不咸令沉醉。置黄门郎十人，特不与酒。侍立终日，为司过之吏。宴罢之后，各奏其阙失，迕视之咎，谬言之愆，罔有不举。大者即加威刑，小者辄以为罪。后宫数千，而采择无已。又激水入宫，宫人有不合意者，辄杀流之。或剥人之面，或凿人之眼。岑昏险谀贵幸，致位九列，好兴功役，众所患苦。是以上下离心，莫为皓尽力。盖积恶已极，不复堪命故也。

四年春，立中山、代等十一王，大赦。浚、彬所至，则土崩瓦解，靡有御者。预又斩江陵督伍延，浑复斩丞相张悌、丹杨太守沈莹等，所在战克。

三月丙寅，殿中亲近数百人叩头请皓杀岑昏，皓惶愦从之。戊辰，陶濬从武昌还，即引见。问水军消息，对曰：“蜀船皆小，今得二万兵，乘大船战，自足击之。”于是合众，授濬节钺，明日当发，其夜众悉逃走。而王濬顺流将至，司马伷、王浑皆临近境。皓用光禄勋薛莹、中书令胡冲等计，分遣使奉书于濬、伷、浑，曰：“昔汉室失统，九州分裂，先人因时，略有江南，遂分阻山川，与魏乖隔。今大晋龙兴，德覆四海。暗劣偷安，未喻天命。至于今者，猥烦六军。衡盖路次，远临江渚，举国震惶，假息漏刻。敢缘天朝含弘光大，谨遣私署太常张夔等奉所佩印绶，委质请命，惟垂信纳。以济元元。”

壬申，王濬最先到。于是受皓之降，解缚焚榇，延请相见。伷以皓致印绶于己，遣使送皓，皓举家西迁，以太康元年五月丁亥集于京邑。四月甲申，诏曰：“孙皓穷迫归降，前诏待之以不死，今皓垂至，意犹愍之，其赐号为归命侯。进给衣服车乘，田三十顷，岁给谷五千斛，钱五十万，绢五百匹，绵五百斤。”皓太子瑾拜中郎，诸子为王者，拜郎中。五年，皓死于洛阳。

【评曰】

孙亮童孺无贤辅，其替位不终，必然之势也。休以旧爱宿恩，任用兴、布，不能拔近良才，改弦易张。虽志善好学，何益救乱乎？又使既废之亮不得其死，友于之义薄矣。皓之淫刑所滥，陨毙流黜者，盖不可胜数。是以群下人人惴恐，皆日日以冀，朝不谋夕。其荧惑、巫祝，交致祥瑞，以为至急。昔舜、禹躬稼，至圣之德。犹或矢誓众臣，予违女弼，或拜昌言，常若不及。况皓凶顽，肆行残暴，忠谏者诛，谗谀者进，虐用其民，穷淫极侈。宜腰首分离，以谢百姓。既蒙不死之诏，复加归命之宠，岂非旷荡之恩，过厚之泽也哉！

刘繇太史慈士燮传

刘繇，字正礼，东莱牟平人也。齐孝王少子封牟平侯，子孙家焉。繇伯父宠，为汉太尉。繇兄岱，字公山，历位侍中，兖州刺史。

繇年十九，从父韪为贼所劫质。繇篡取以归，由是显名。举孝廉，为郎中，除下邑长。时郡守以贵戚托之，遂弃官去。州辟部济南，济南相中常侍子，贪秽不循，繇奏免之。平原陶丘洪荐繇，欲令举茂才。刺吏曰："前年举公山。奈何复举正礼乎？"洪曰："若明使君用公山于前，擢正礼于后，所谓御二龙于长涂，骋骐骥于千里，不亦可乎？"会辟司空掾，除侍御史，不就。避乱淮浦，诏书以为扬州刺史。时袁术在淮南，繇畏惮，不敢之州。欲南渡江，吴景，孙贲迎置曲阿。术图为僭逆，攻没诸郡县。繇遣樊能、张英屯江边以拒之。以景、贲术所授用，乃迫逐使去。于是术乃自置扬州刺史，与景、贲并力攻英、能等，岁余不下。汉命加繇为牧，振武将军，众数万人。孙策东渡，破英、能等。繇奔丹徒，遂泝江南保豫章，驻彭泽。笮融先至。杀太守朱皓，入居郡中。繇进讨融，为融所破，更复招合属县，攻破融，融败走入山。为民所杀。繇寻病卒，时年四十二。

笮融者，丹杨人。初聚众数百，往依徐州牧陶谦。谦使督广陵、彭城运漕，遂放纵擅杀，坐断三郡委输以自入。乃大起浮图祠，以铜为人，黄金涂身，衣以锦采，垂铜槃九重，下为重楼阁道，可容三千余人。悉课读佛经，令界内及旁郡人有好佛者听受道，复其他役以招致之，由此远近前后至者五千余人户。每浴佛，多设酒饭，布席于路，经数十里，民人来观及就食且万人，费以巨亿计。曹公攻陶谦，徐土骚动，融将男女数万口，马三千匹，走广陵，广陵太守赵昱待以宾礼。先是，彭城相薛礼为陶谦所逼，屯秣陵。融利广陵之众，因酒酣杀昱，放兵大略，因载而去。过杀礼，然后杀皓。

后策西伐江夏，还过豫章，收载繇丧，善遇其家。王朗遗策书曰："刘正礼昔初临州，未能自达，实赖尊门为之先后。用能济江成治，有所处定。践境之礼，感分结意，情在终始。后以袁氏之嫌，稍更乖刺。更以同盟，还为仇敌，原其本心，实非所乐。康宁之后，常愿渝平更成，复践宿好。一尔分离，款意不昭，奄然殂陨，可为伤恨。知敦以厉薄，德以报怨，收骨育孤，哀亡愍存，捐既往之猜。保六尺之托，诚深恩重分，美名厚实也。昔鲁人虽有齐怨，不废丧纪，《春秋》善之，谓之得礼，诚良史之所宜借，乡校之所叹闻。正礼元子，致有志操，想必有以殊异。威盛刑行，施之以恩，不亦优哉！"

繇长子基，字敬舆。年十四，居繇丧尽礼，故吏馈饷，皆无所受。姿容美好，孙权爱敬之。权为骠骑将军，辟东曹掾，拜辅义校尉、建忠中郎将。权为吴王，迁基大农。权尝宴饮，骑都尉虞翻醉酒犯忤，权欲杀之，威怒甚盛，由基谏争，翻以得免。权大暑时，尝于船中宴饮，于船楼上值雷雨，权以盖自覆，又命覆基，余人不得也。其见待如此。徙郎中令。权称尊号，改为光禄勋，分平尚书事。年四十九卒。后权为子霸纳基女，赐第一区。四时宠赐，与全、张比。基二弟，铄、尚，皆骑都尉。

太史慈，字子义，东莱黄人也。少好学，仕郡奏曹史。会郡与州有隙，曲直未分，以先闻者为善。时州章已去，郡守恐后之，求可使者。慈年二十一，以选行，晨夜取道，到洛阳，诣公车门，见州吏始欲求通。慈问曰："君欲通章耶？"吏曰："然。"问："章安在？"曰："车上。"慈曰："章题署得无误耶？取来视之。"吏殊不知其东莱人也，因为取章，慈已先怀刀，便截败之。吏踊跃大呼，言"人坏我章"！慈将至车间，与语曰："向使君不以章相与，吾亦无因得败之，是为吉凶祸福等耳，吾不独受此罪。岂若默然俱出去，可以存易亡，无事俱就刑辟。"吏言："君为郡败吾章，已得如意，欲复亡为？"慈答曰："初受郡遣，但来视章通与未耳。吾用意太过，乃相败章。今还，亦恐以此见谴怒，故俱欲去尔。"吏然慈言，即日俱去。慈既与出城，因遁还通郡章。州家闻之，更遣吏通章，有司以格章之故不复见理，州受其短。由是知名，而为州家所疾。恐受其祸，乃避之辽东。

北海相孔融，闻而奇之，数遣人讯问其母，并致饷遗。时融以黄巾寇暴，出屯都昌，为贼管亥所围；慈从辽东还，母谓慈曰："汝与孔北海未尝相见，至汝行后，赡恤殷勤，过于故旧，今为贼所围，汝宜赴之。"慈留三日，单步径至都昌。时围尚未密，夜伺间隙，得入见融，因求兵出斫贼。融不听，欲待外救，未有至者，而围日逼。融欲告急平原相刘备，城中人无由得出，慈自请求行。融曰："今贼围甚密，众人皆言不可，卿意虽壮，无乃实难乎？"慈对曰："昔府君倾意于老母，老母感遇，遣慈赴府君之急，固以慈有可取，而来必有益也。今众人言不可，慈亦言不可，岂府君爱顾之义，老母遣慈之意耶？事已急矣，愿府君无疑。"融乃然之。于是严行蓐食，须明，便带鞬摄弓上马，将两骑自随，各作一的持之，开门直出。外围下左右人并惊骇，兵马互出。慈引马至城下堑内，植所持的各一，出射之。射之毕，径入门。明晨复如此，围下人或起或卧。慈复植的，射之毕，复入门。明晨复出如此，无复起者，于是下鞭马直突围中驰去。比贼觉知，慈行已过，又射杀数人，皆应弦而倒，故无敢追者。遂到平原，说备曰："慈，东莱之鄙人也，与孔北海亲非骨肉，比非乡党，特以名志相好，有分灾共患之义。今管亥暴乱，北海被围，孤穷无援，危在旦夕。以君有仁义之名，能救人之急。故北海区区，延颈恃仰，使慈冒白刃，突重围，从万死之中自托于君，惟君所以存之。"备敛容答曰："孔北海知世间有刘备邪！"即遣精兵三千人随慈。贼闻兵至，解围散走。融既得济，益奇贵慈，曰："卿吾之少友也。"事毕，还启其母，母曰："我喜汝有以报孔北海也。"

扬州刺史刘繇与慈同郡，慈自辽东还，未与相见，暂渡江到曲阿见繇，未去，会孙策至。或劝繇可以慈为大将军，繇曰："我若用子义，许子将不当笑我邪?"但使慈侦视轻重。时独与一骑卒遇策。策从骑十三，皆韩当、宋谦、黄盖辈也。慈便前斗，正与策对。策刺慈马，而揽得慈项上手戟，慈亦得策兜鍪。会两家兵骑并各来赴，于是解散。

慈当与繇俱奔豫章，而遁于芜湖，亡入山中，称丹杨太守。是时，策已平定宣城以东，惟泾以西六县未服。慈因进住泾县，立屯府，大为山越所附。策躬自攻讨，遂见囚执。策即解缚，捉其手曰："宁识神亭时邪？若卿尔时得我云何?"慈曰："未可量也。"策大笑曰："今日之事，当与卿共之。"即署门下督，还吴授兵，拜折冲中郎将。后刘繇亡于豫章，士众万余人未有所附，策命慈往抚安焉。左右皆曰："慈必北去不还。"策曰："子义舍我，当复与谁?"饯送昌门，把腕别曰："何时能还"答曰："不过六十日。"果如期而反。

刘表从子磐。骁勇，数为寇于艾、西安诸县。策于是分海昏、建昌左右六县，以慈为建昌都尉，治海昏，并督诸将拒磐。磐绝迹，不复为寇。

慈长七尺七寸，美须髯，猿臂善射。弦不虚发。赏从策讨麻保贼. 贼于屯里缘楼上行詈，以手持楼棼，慈引弓射之，矢贯手著棼，围外万人莫不称善。其妙如此。曹公闻其名，遗慈书，以箧封之。发省无所道，而但贮当归。孙权统事，以慈能制磐，遂委南方之事。年四十一，建安十一年卒。子享，官至越骑校尉。

士燮字威彦，苍梧广信人也。其先本鲁国汶阳人，至王莽之乱，避地交州。六世至燮父赐，桓帝时为日南太守。燮少游学京师，事颍川刘子奇，治《左氏春秋》，察孝廉，补尚书郎，公事免官。父赐丧阕后，举茂才，除巫令，迁交阯太守。

弟壹，初为郡督邮，刺史丁宫征还京都。壹侍送勤恪，宫感之，临别谓曰："刺史若待罪三事，当相辟也。"后宫为司徒，辟壹。比至，宫已免，黄琬代为司徒，甚礼遇壹。董卓作乱，壹亡归乡里。交州刺史朱符为夷贼所杀，州郡扰乱。燮乃表壹领合浦太守。次弟徐闻令䵋领九真太守，䵋弟武，领南海太守。

燮体器宽厚，谦虚下士，中国士人往依避难者以百数，耽玩《春秋》，为之注解。陈国袁徽与尚书令荀彧书曰："交阯士府君既学问优博，又达于从政，处大乱之中，保全一郡，二十余年疆场无事，民不失业，羁旅之徒，皆蒙其庆。虽窦融保河西，曷以加之?，官事小阕，辄玩习书传，《春秋左氏传》尤简练精微，吾数以咨问《传》中诸疑，皆有师说，意思甚密。又《尚书》兼通古今，大义详备。闻京师古今之学，是非忿争，今欲条《左氏》、《尚书》长义上之。"其见称如此。

燮兄弟并为列郡，雄长一州，偏在万里，威尊无上。出入鸣钟磬，备具威仪，笳箫鼓吹，车骑满道。胡人夹毂焚烧香者常有数十。妻妾乘辎軿，子弟从兵骑，当时贵重，震服百蛮，尉他不足逾也。武先病没。

朱符死后，汉遣张津为交州刺史，津后又为其将区景所杀，而荆州牧刘表遣零陵赖恭代津。是时，苍梧太守史璜死，表又遣吴巨代之，与恭俱至。汉闻张津死，赐燮玺书曰：“交州绝域，南带江海，上恩不宣，下义壅隔，知逆贼刘表又遣赖恭窥看南土，今以燮为绥南中郎将，董督七郡，领交阯太守如故。”后燮遣吏张旻奉贡诣京都。是时，天下丧乱，道路断绝。而燮不废贡职。特复下诏拜安远将军，封龙度亭侯。

后巨与恭相失，举兵逐恭，恭走还零陵。建安十五年，孙权遣步骘为交州刺史。骘到，燮率兄弟奉承节度，而吴巨怀异心，骘斩之。权加燮为左将军。建安末年，燮遣子廞人质，权以为武昌太守，燮、壹诸子在南者，皆拜中郎将。燮又诱导益州豪姓雍闿等，率郡人民使遥东附，权益嘉之，迁卫将军，封龙编侯，弟壹偏将军，都乡侯。燮每遣使诣权，致杂香细葛，辄以千数，明珠、大贝、流离、翡翠、玳瑁、犀、象之珍，奇物异果，蕉、邪、龙眼之属，无岁不至。壹时贡马凡数百匹。权辄为书，厚加宠赐，以答慰之。燮在郡四十余岁，黄武五年，年九十卒。

权以交阯县远，乃分合浦以北为广州，吕岱为刺史。交阯以南为交州，戴良为刺史。又遣陈时代燮为交阯太守。岱留南海，良与时俱前行到合浦。而燮子徽自署交阯太守，发宗兵拒良。良留合浦。交阯桓邻，燮举吏也，叩头谏徽使迎良，徽怒，笞杀邻。邻兄治子发又合宗兵击徽，徽闭门城守，治等攻之数月不能下，乃约和亲，各罢兵还。而吕岱被诏诛徽，自广州将兵昼夜驰入，过合浦，与良俱前。壹子中郎将匡与岱有旧，岱署匡师友从事，先移书交阯，告喻祸福，又遣匡见徽，说令服罪，虽失郡守，保无他忧。岱寻匡后至，徽兄祗，弟干、颂等六人肉袒奉迎。岱谢令复服，前至郡下。明旦早施帐幔，请徽兄弟以次入，宾客满坐。岱起，拥节读诏书，数徽罪过，左右因反缚以出，即皆伏诛，传首诣武昌。壹、䵋、匡后出。权原其罪，及燮质子廞，皆免为庶人。数岁，壹、䵋坐法诛。廞病卒，无子，妻寡居。诏在所月给俸米，赐钱四十万。

【评曰】

刘繇藻厉名行，好尚臧否。至于扰攘之时，据万里之士，非其长也。太史慈信义笃烈，有古人之分。士燮作守南越，优游终世，至子不慎，自贻凶咎。盖庸才玩富贵而恃阻险，使之然也。

妃嫔传

孙破虏吴夫人，吴主权母也。本吴人，徙钱唐，早失父母。与弟景居。孙坚闻其才貌，欲娶之。吴氏亲戚嫌坚轻狡，将拒焉，坚甚以惭恨。夫人谓亲戚曰："何爱一女以取祸乎？如有不遇，命也。"于是遂许为婚，生四男一女。

景常随坚征伐有功，拜骑都尉。袁术上景领丹杨太守，讨故太守周昕，遂据其郡。孙策与孙河、吕范依景，合众共讨泾县山贼祖郎。郎败走。会为刘繇所迫，景复北依术，术以为督军中郎将，与孙贲共讨樊能、于麋于横江，又击笮融、薛礼于秣陵。时策被创牛渚，降贼复反，景攻讨，尽禽之。从讨刘繇，繇奔豫章，策遣景、贲到寿春报术。术方与刘备争徐州，以景为为广陵太守。术后僭号。策以书喻术，术不纳，便绝江津，不与通，使人告景。景即委郡东归，策复以景为丹扬太守。汉遣议郎王誧衔命南行，表景为扬武将军，领郡如故。

及权少年统业，夫人助治军国，甚有补益。建安七年，临薨，引见张昭等，属以后事，合葬高陵。

八年，景卒宫，子奋授兵为将，封新亭侯，卒。子安嗣，安坐党鲁王霸死。奋弟祺嗣，封都亭侯，卒。子纂嗣。纂妻即滕胤女也，胤被诛，并遇害。

吴主权谢夫人，会稽山阴人也。父煚，汉尚书郎、徐令。权母吴，为权聘以为妃，爱幸有宠。后权纳姑孙徐氏，欲令谢下之，谢不肯，由是失志。早卒。后十余年，弟承拜五官郎中，稍迁长沙东部都尉、武陵太守，撰《后汉书》百余卷。

吴主权徐夫人，吴郡富春人也。祖父真，与权父坚相亲，坚以妹妻真，生琨。琨少仕州郡，汉末扰乱，去吏，随坚征伐有功，拜偏将军。坚薨，随孙策讨樊能、于麋等于横江，击张英于当利口。而船少，欲驻军更求。琨母时在军中，谓琨曰："恐州家多发水军来逆人，则不利矣，如何可驻邪？宜伐芦苇以为泭，佐船渡军。"琨具启策，策即行之。众悉俱济，遂破英，击走笮融、刘繇，事业克定。策表琨领丹杨太守，会吴景委广陵来东，复为丹杨守。琨以督军中郎将领兵，从破庐江太守李术，封广德侯，迁平虏将军。后从讨黄祖，中流矢卒。

琨生夫人，初适同郡陆尚。尚卒，权为讨虏将军在吴，聘以为妃，使母养子登。后权迁移，以夫人妒忌，废处吴。积十余年，权为吴王及即尊号，登为太子，群臣请立夫人为后，权意在步氏，卒不许。后以疾卒。兄矫，嗣父琨侯，讨平山越，拜偏将军，先夫人卒，无子。弟祚袭封，亦以战功至（于）芜湖督、平魏将军。

吴主权步夫人，临淮淮阴人也。与丞相骘同族。汉末，其母携将徙庐江，庐江为孙策所破，皆东渡江，以美丽得幸于权，宠冠后庭。生二女，长曰鲁班，字大虎，前配周瑜子循，后配全琮。少曰鲁育，字小虎，前配朱据，后配刘纂。

夫人性不妒忌，多所推近，故久见爱待。权为王及帝，意欲以为后，而群臣议在徐氏，权依违者十余年，然宫内皆称皇后，亲戚上疏称中宫。及薨，臣下缘权指，请追正名号，乃赠印绶，策命曰："惟赤乌元年闰月戊子，皇帝曰：呜呼皇后，惟后佐命，共承天地。虔恭夙夜，与朕均劳。内教修整，礼义不愆。宽容慈惠，有淑懿之德。民臣悬望，远近归心。朕以世难未夷，大统未一，缘后雅志，每怀谦损。是以于时未授名号，亦必谓后降年有永，永与朕躬对扬天休。不寤奄忽，大命近止。朕恨本意不早昭显，伤后殂逝，不终天禄。愍悼之至，痛于厥心。今使使持节丞相（醴陵亭侯雍）奉策授号，配食先后。魂而有灵，嘉其宠荣。呜呼哀哉！"葬于蒋陵。

吴主权王夫人，琅邪人也。夫人以选入宫，黄武中得幸，生（孙）和，宠次步氏。步氏薨后，和立为太子，权将立夫人为后，而全公主素憎夫人，稍稍谮毁。及权寝疾。言有喜色，由是权深责怒，以忧死。和子皓立，追尊夫人曰大懿皇后，封三弟皆列侯。

吴主权王夫人，南阳人也。以选人宫，嘉禾中得幸，生（孙）休。及和为太子，和母贵重，诸姬有宠者，皆出居外。夫人出公安，卒，因葬焉。休即位，遣使追尊曰敬怀皇后，改葬敬陵。王氏无后，封同母弟文雍为亭侯。

吴主权潘夫人，会稽句章人也。父为吏，坐法死。夫人与姊俱输织室，权见而异之，召充后宫。得幸有娠，梦有以龙头授己者，已以蔽膝受之，遂生（孙）亮。赤乌十三年，亮立为太子，请出嫁夫人之姊，权听许之。明年，立夫人为皇后。性险妒容媚，自始至卒，谮害袁夫人等甚众。权不豫，夫人使问中书令孙弘吕后专制故事。侍疾疲劳，因以羸疾，诸宫人伺其昏卧，共缢杀之，托言中恶。后事泄，坐死者六七人。权寻薨，合葬蒋陵。孙亮即位，以夫人姊婿谭绍为骑都尉，授兵。亮废，绍与家属送本部庐陵。

孙亮全夫人，全尚女也。（尚）从祖母公主爱之，每进见辄与俱。及潘夫人母子有宠，全主自以与孙和母有隙，乃劝权为潘氏男亮纳夫人，亮遂为嗣。夫人立为皇后，以尚为城门校尉，封都亭侯，代滕胤为太常、卫将军，进封永平侯，录尚书事。时全氏侯有五人，并典兵马。其余为侍郎、骑都尉，宿卫左右，自吴兴，外戚贵盛莫及。及魏大将诸葛诞以寿春来附，而全怿、全端、全祎、全仪等并因此际降魏。全熙谋泄见杀，由是诸全衰弱。会孙綝废亮为会稽王，后又黜为候官侯。夫人随之国，居候官，尚将家属徙零陵，追见杀。

孙休朱夫人，朱据女，休姊公主所生也。赤乌末，权为休纳以为妃。休为琅邪王，随居丹杨。建兴中，孙峻专政，公族皆患之。全尚妻即峻姊。故惟全主祐焉。初，孙和为太子时，全主谮害王夫人，欲废太子，立鲁王，朱主不听，由是有隙。五凤中，孙仪谋杀峻，事觉被诛。全主因言朱主与仪同谋，峻枉杀朱主。休惧，遣夫人还建业，执手泣别。既至，峻遣还休。太平中，孙亮知朱主为全主所害，问朱主死意？全主惧曰："我实不知，皆据二子熊、损所白。"亮杀熊、损。损妻是峻妹也，孙綝益忌亮，遂废亮，立休。永安五年，立夫人为皇后。休卒，群臣尊夫人为皇太后，孙皓即位月余，贬为景皇后。称安定宫。甘露元年七月，见逼薨，合葬定陵。

孙和何姬，丹杨句容人也。父遂，本骑士。孙权尝游幸诸营，而姬观于道中，权望见异之，命宦者召入，以赐子和。生男，权喜。名之曰彭祖，即皓也。太子和既废，后为南阳王，居长沙。孙亮即位，孙峻辅政。峻素媚事全主，全主与和母有隙，遂劝峻徙和居新都，遣使赐死，嫡妃张氏亦自杀。何姬曰："若皆从死，谁当养孤？"遂拊育皓及其三弟。皓即位，尊和为昭献皇帝，何姬为昭献皇后，称升平宫，月余，进为皇太后。封弟洪永平侯，蒋溧阳侯，植宣城侯。洪卒，子邈嗣，为武陵监军，为晋所杀。植官至大司徒。吴末昏乱，何氏骄僭，子弟横放，百姓患之。故民讹言"皓久死，立者何氏子"云。

孙皓滕夫人，故太常胤之族女也。胤夷灭，夫人父牧，以疏远徙边郡。孙休即位，大赦，得还，以牧为五官中郎。皓既封乌程侯，聘牧女为妃。皓即位，立为皇后，封牧高密侯，拜卫将军，录尚书事。后朝士以牧尊戚，颇推令谏争。而夫人宠渐衰，皓滋不悦，皓母何恒左右之。又太史言，于运历，后不可易，皓信巫觋，故得不废，常供养升平宫。牧见遣居苍梧郡，虽爵位不夺，其实裔也，遂道路忧死。长秋官僚，备员而已，受朝贺表疏如故。而皓内诸宠姬，佩皇后玺绂者多矣。天纪四年，随皓迁于洛阳。

【评曰】

《易》称"正家而天下定"。《诗》云："刑于寡妻，至于兄弟，以御于家邦”。诚哉，是言也！远观齐桓，近察孙权，皆有识士之明，杰人之志，而嫡庶不分，闺庭错乱，遗笑古今，殃流后嗣。由是论之，惟以道义为心、平一为主者，然后克免斯累邪！

宗室传

孙静字幼台，坚季弟也。坚始举事，静纠合乡曲及宗室五六百人以为保障，众咸附焉。策破刘繇，定诸县。进攻会稽，遣人请静，静将家属与策会于钱唐。是时太守王朗拒策于固陵，策数渡水战，不能克。静说策曰："朗负阻城守，难可卒拔。查渎南去此数十里，而道之要径也，宜从彼据其内，所谓攻其无备、出其不意者也。吾当自帅众为军前队，破之必矣。"策曰："善。"乃诈令军中曰："顷连雨水浊，兵饮之多腹痛，令促具罂缶数百口澄水。"至昏暮，罗以然火诳朗，便分军夜投查渎道，袭高迁屯。朗大惊。遣故丹杨太守周昕等帅兵前战。策破昕等，斩之，遂定会稽。表拜静为奋武校尉，欲授之重任，静恋坟墓宗族，不乐出仕，求留镇守。策从之。权统事，就迁昭义中郎将，终于家。有五子，皓、瑜、皎、奂、谦。皓三子：绰、超、恭。超为偏将军。恭生峻。绰生綝。

瑜字仲异，以恭义校尉始领兵众。是时宾客诸将多江西人，瑜虚心绥抚，得其欢心。建安九年，领丹杨太守，为众所附，至万余人。加绥远将军。十一年，与周瑜共讨麻、保二屯，破之。后从权拒曹公于濡须，权欲交战，瑜说权持重，权不从，军果无功。迁奋威将军，领郡如故，自溧阳徙屯牛渚。瑜以永安人饶助为襄安长，无锡人颜连为居巢长，使招纳庐江二郡，各得降附。济阴人马普笃学好古，瑜厚礼之，使二府将吏子弟数百人就受业，遂立学官，临飨讲肄。是时诸将皆以军务为事，而瑜好乐坟典，虽在戎旅，诵声不绝。年三十九，建安二十年卒。瑜五子：弥、熙、耀、曼、纮。曼至将军，封侯。

孙皎字叔朗，始拜护军校尉，领众二千余人。是时曹公数出濡须，皎每赴拒，号为精锐。迁都护征虏将军，代程普督夏口。黄盖及兄瑜卒，又并其军。赐沙羡、云杜、南新市、竟陵为奉邑。自置长吏。轻财能施，善于交结，与诸葛瑾至厚。委庐江刘靖以得失，江夏李允以众事，广陵吴硕、河南张梁以军旅，而倾心亲待，莫不自尽。皎尝遣兵候获魏边将吏美女以进皎，皎更其衣服送还之，下令曰："今所诛者曹氏，其百姓何罪？自今以往，不得击其老弱。"由是江淮间多归附者。尝以小故与甘宁忿争，或以谏宁，宁曰："臣子一例，征虏虽公子，何可专行侮人邪！吾值明主，但当输效力命，以报所天，诚不能随俗屈典矣。"权闻之，以书让皎曰："自吾与北方为敌，中间十年，初时相持年小，今者且三十矣。孔子言'三十而立'，非但谓五经也。授卿以精兵，委卿以大任，都护诸将于千里之外，欲使如楚任昭奚恤，扬威于北境。非徒相使逞私志而已。近闻卿与甘兴霸饮，因酒发作，侵陵其人，其人求属吕蒙督中。此人虽粗豪，有不如人意时，然其较略大丈夫也。吾亲之者，非私之也。我亲爱之，卿疏憎之。卿所为每与吾违，其可久乎？夫居敬而行简，可以临民；爱人多容，可以得众。二者尚不能知，安可董督在远，御寇济难乎？卿行长大，特受重任，上有远方瞻望之视，下有部曲朝夕从事，何可恣意有盛怒邪？人谁无过，贵其能改，宜追前愆，深自咎责。今故烦诸葛子瑜重宣吾意。临书摧怆，心悲泪下。”皎得书，上疏陈谢，遂与宁结厚。后吕蒙当袭南郡，权欲令皎与蒙为左右部大督。蒙说权曰：“若至尊以征虏能，宜用之。以蒙能，宜用蒙。昔周瑜、程普为左右部督，共攻汇陵，虽事决于瑜，普自恃久将，且俱是督，遂共不睦，几败国事，此目前之戒也。”权寤，谢蒙曰：“以卿为大督，命皎为后继。”禽关羽，定荆州，皖有力焉。建安二十四年卒。权追录其功，封子胤为丹杨侯。胤卒，无子。弟晞嗣。领兵，有罪自杀，国除。弟咨、弥。仪皆将军，封侯。咨羽林督，仪无难督。咨为滕胤所杀，仪为孙峻所害。

孙奂字季明。兄皎既卒，代统其众，以扬武中郎将领江夏太守。在事一年，遵皎旧迹，礼刘靖、李允、吴硕、张梁及江夏闾举等，并纳其善。奂讷于造次而敏于当官，军民称之。黄武五年，权攻石阳，奂以地主，使所部将军鲜于丹帅五千人先断淮道。自帅吴硕、张梁五千人为军前锋，降高城，得三将。大军引还，权诏使在前住，驾过其军，见奂军陈整齐，权叹曰：“初吾忧其迟钝，今治军，诸将少能及者，吾无忧矣。”拜扬威将军，封沙羡侯。吴硕、张梁皆裨将军，赐爵关内侯。奂亦爱乐儒生，复命部曲子弟就业，后仕进朝廷者数十人。年四十，嘉禾三年卒。子承嗣，以昭武中郎将代统兵，领郡。赤乌六年卒，无子，封承庶弟壹奉奂后，袭业为将。孙峻之诛诸葛恪也，壹与全熙、施绩攻恪弟公安督融，融自杀。壹从镇南迁镇军，假节督夏口。及孙綝诛滕胤、吕据，据、胤皆壹皆之妹夫也，壹弟封又知胤、据谋，自杀。綝遣朱异潜袭壹。异至武昌，壹知其攻己，率部曲千余口过将胤妻奔魏。魏以壹为车骑将军、仪同三司，封吴侯，以故主芳贵人邢氏妻子。邢美色妒忌，下不堪命，遂共杀壹及邢氏。壹入魏（黄初）三年死。

孙贲字伯阳；父羌字（圣壹），坚同产兄也，贲早失二亲，弟辅婴孩，贲自赡育，友爱甚笃。为郡督邮守长。坚于长沙举义兵，贲去吏从征伐。坚薨，贲摄帅余众，扶送灵柩。后袁术徙寿春，贲又依之。术从兄绍用会稽周昂为九江太守，绍与术不协，术遣贲攻破昂于阴陵。术表贲领豫州刺史，转丹杨都尉，行征虏将军，讨平山越。为杨州刺史刘繇所迫逐，因将士众还住历阳。顷之，术复使贲与吴景共击樊能、张英等，未能拔。及策东渡，助贲、景破英、能等，遂进击刘繇。繇走豫章。策遣贲、景还寿春报术，值术僭号，署置百官。除贲九江太守。贲不就，弃妻孥还江南。时策已平吴、会二郡，贲与策征庐江太守刘勋、江夏太守黄祖，军旋，闻繇病死，过定豫章，上贲领太守，后封都亭侯。建安十三年，使者刘隐奉诏拜贲为征虏将军，领郡如故。在官十一年卒。子邻嗣。

邻年九岁，代领豫章，近封都乡侯。在郡垂二十年，讨平叛贼，功绩修理。召还武昌，为绕帐督。时太常潘浚掌荆州事，重安长陈留舒燮有罪下狱，浚尝失燮，欲置之于法。论者多为有言，浚犹不释。邻谓浚曰："舒伯膺兄弟争死，海内义之，以为美谈，仲膺又奉国旧意。今君杀其子弟，若天下一统，青盖北巡，中州士人必问仲膺继嗣，答者云潘承明杀燮，于事何如？"浚意即解，燮用得济。邻迁夏口沔中督、威远将军，所居任职。赤乌十二年卒。子苗嗣。苗弟旅及叔父安、熙、绩，皆历列位。

孙辅字国仪，贲弟也，以扬武校尉佐孙策平三郡。策讨丹杨七县，使辅西屯历阳以拒袁术，并招诱余民，鸠合遗散。又从策讨陵阳，生得祖郎等。策西袭庐江太守刘勋，辅随从，身先士卒，有功。策立辅为庐陵太守，抚定属城，分置长吏。迁平南将军，假节领交州刺史。遣使与曹公相闻，事觉，权幽系之。数岁卒。子兴、昭、伟、昕，皆历列位。

孙翊字叔弼，权弟也，骁悍果烈，有兄策风。太守朱治举孝廉，司空辟。建安八年，以偏将军领丹杨太守，时年二十。后卒为左右边鸿所杀，鸿亦即诛。

子松为射声校尉、都乡侯。黄龙三年卒。蜀丞相诸葛亮与兄瑾书曰："既受东朝厚遇，依依于子弟。又子乔良器，为之恻怆。见其所与亮器物，感用流涕。"其悼松如此，由亮养子乔咨述故云。

孙匡字季佐，翊弟也。举孝廉茂才，未试用，卒。时年二十余。子泰，曹氏之甥也，为长水校尉。嘉禾三年，从权围新城，中流矢死。泰子秀为前将军、夏口督。秀公室至亲，握兵在外，皓意不能平。建衡二年，皓遣何定将五千人至夏口猎。

先是，民间佥言秀当见图，而定远猎，秀遂惊，夜将妻子亲兵数百人奔晋。晋以秀为骠骑将军、仪同三司，封会稽公。

孙韶字公礼。伯父河，字伯海，本姓俞氏，亦吴人也。孙策爱之，赐姓为孙，列之属籍，后为将军，屯京城。

初，孙权杀吴郡太守盛宪，宪故孝廉妫览、戴员亡匿山中，孙翊为丹杨，皆礼致之。览为大都督督兵，员为郡丞。及翊遇害，河驰赴宛陵，责怒览、员，以不能全权，令使奸变得施。二人议曰："伯海与将军疏远，而责我乃耳。讨虏若来，吾属无遗矣。"遂杀河，使人北迎扬州刺史刘馥，令住历阳，以丹阳应之。会翊帐下徐元、孙高、傅婴等杀览、员。

韶年十七，收河余众，缮治京城。起楼橹，修器备议御敌。权闻乱，从椒丘还，过定丹杨，引军归吴。夜至京城下营，试攻惊之，兵皆乘城传檄备警，欢声动地，颇射外人，权使晓喻乃止。明日见韶，甚器之。即拜承烈校尉，统河部曲，食曲阿、丹徒二县，自置长吏，一如河旧。后为广陵太守、偏将军。权为吴王，迁扬威将军，封建德侯。权称尊号，为镇北将军。韶为边将数十年，善养士卒，得其死力。常以警疆场远斥候为务，先知动静而为之备，故鲜有负败。青、徐、汝、沛颇来归附，淮南滨江屯候皆彻兵远徙，徐、泗、江、淮之地，不居者各数百里。自权西征，还都武昌，韶不进见者十余年。权还建业，乃得朝觐。权问青、徐诸屯要害，远近人马众寡，魏将帅姓名，尽具识之，有问咸对。身长八尺，仪貌都雅。权欢悦曰："吾久不见公礼，不图进益乃尔。"加领幽州牧、假节。赤乌四年卒。子越嗣，至右将军，越兄楷武卫大将军、临成侯，代越为京下督。楷弟异至领军将军，奕宗正卿，恢武陵太守。天玺元年，征楷为宫下镇骠骑将军。初永安贼施但等劫皓弟谦，袭建业，或白楷二端不即赴讨者，皓数遣诘楷。楷常惶怖，而卒被召，遂将妻子亲兵数百人归晋，晋以为车骑将军，封丹杨侯。

孙桓字叔武，河之子也。年二十五，拜安东中郎将，与陆逊共拒刘备。备军众甚盛，弥山盈谷，桓投力奋命。与逊戮力，备遂败走。桓斩上（兜）（夔）道，截其径要。备逾山越险，仅乃得免，忿恚叹曰："吾昔初至京城，桓尚小儿，而今迫孤乃至此也！"桓以功拜建武将军，封丹徒侯，下督牛港，作横江坞，会卒。

【评曰】

夫亲亲恩义，古今之常。宗子维城，诗人所称。况此诸孙，或赞兴初基，或镇据边陲，克堪厥任，不忝其荣者乎！故详著云。

顾诸葛步传

张昭字子布，彭城人也。少好学，善隶书，从白侯子安受《左氏春秋》，博览众书，与琅邪赵昱、东海王朗俱发名友善。弱冠察孝廉，不就。与朗共论旧君讳事，州里才士陈琳等皆称善之。刺史陶谦举茂才，不应，谦以为轻己，遂见拘执。昱倾身营救，方以得免。汉末大乱，徐方士民多避难扬土，昭皆南渡江。孙策创业，命昭为长史、抚军中郎将，升堂拜母，如比肩之旧，文武之事，一以委昭。昭每得北方士大夫书疏，专归美于昭，昭欲嘿而不宣则惧有私，宣之则恐非宜，进退不安。策闻之，欢笑曰："昔管仲相齐，一则仲父，二则仲父，而桓公为霸者宗。今子布贤，我能用之，其功名独不在我乎！"，

策临亡，以弟权托昭，昭率群僚立而辅之。上表汉室，下移属城，中外将校，各令奉职，权悲感未视事，昭谓权曰："夫为人后者，贵能负荷先轨，克昌堂构，以成勋业也。方今天下鼎沸，群盗满山，孝廉何得寝伏哀戚，肆匹夫之情哉？"乃身自扶权上马，陈兵而出，然后众心知有所归。昭复为权长

史，授任如前。后刘备表权行车骑将军，昭为军师。权每田猎，常乘马射虎，虎常突前攀持马鞍。昭变色而前曰：“将军何有当尔？夫为人君者，谓能驾御英雄，驱使群贤，岂谓驰逐于原野，校勇于猛兽者乎？如有一旦之患，奈天下笑何？”权谢昭曰：“年少虑事不远，以此惭君。”然犹不能已，乃作射虎车，为方目，间不置盖，一人为御，自于中射之。时有逸群之兽，辄复犯车，而权每手击以为乐。昭虽谏争，常笑而不答。魏黄初二年，遣使者邢贞拜权为吴王。贞入门，不下车。昭谓贞曰：“夫礼无不敬，故法无不行。而君敢自尊大，岂以江南寡弱，无方寸之刃故乎！”贞即遽下车。拜昭为绥远将军，封由拳侯。权于武昌，临钓台，饮酒大醉。权使人以水洒群臣曰：“今日酣饮，惟醉堕台中，乃当止耳。”昭正色不言，出外车中坐。权遣人呼昭还，谓曰：“为共作乐耳，公何为怒乎？”昭对曰：“昔纣为糟丘酒池长夜之饮，当时亦以为乐，不以为恶也。”权默然。有惭色，遂罢酒。

初，权当置丞相，众议归昭。权曰：“方今多事，职统者责重，非所以优之也。”后孙邵卒，百寮复举昭，权曰：“孤岂为子布有爱乎？领丞相事烦，而此公性刚，所言不从，怨咎将兴，非所以益之也。”乃用顾雍。

权既称尊号，昭以老病，上还官位及所统领。更拜辅吴将军，班亚三司，改封娄侯，食邑万户。在里宅无事，乃著《春秋左氏传》解及《论语》注。权尝问卫尉严畯：“宁念小时所暗书不？”畯因诵《孝经》“仲尼居”。昭曰：“严畯鄙生，臣请为陛下诵之。”乃诵“君子之事上”，咸以昭为知所诵。

昭每朝见，辞气壮厉，义形于色，曾以直言逆旨，中不进见。后蜀使来，称蜀德美，而群臣莫拒，权叹曰："使张公在坐，彼不折则废，安复自夸乎？"明日，遣中使劳问，因请见昭。昭避席谢，权跪止之。昭坐定，仰曰："昔太后、桓王不以老臣属陛下，而以陛下属老臣，是以思尽臣节，以报厚恩。使泯没之后，有可称述，而意虑浅短，违逆盛旨，自分幽沦，长弃沟壑，不图复蒙引见，得奉帷幄。然臣愚心所以事国，志在忠益，毕命而已。若乃变心易虑，以偷荣取容，此臣所不能也。"权辞谢焉。

权以公孙渊称藩，遣张弥、许晏至辽东拜渊为燕王。昭谏曰："渊背魏惧讨，远来求援，非本志也。若渊改图，欲自明于魏，两使不反，不亦取笑于天下乎？"权与相反复，昭意弥切。权不能堪，案刀而怒曰："吴国士人入宫则拜孤，出宫则拜君，孤之敬君，亦为至矣，而数于众中折孤，孤尝恐失计。"昭熟视权曰："臣虽知言不用，每竭愚忠者，诚以太后临崩，呼老臣于床下，遗诏顾命之言故在耳。"因涕泣横流。权掷刀致地，与昭对泣。然卒遣弥、晏往。昭忿言之不用，称疾不朝。权恨之，土塞其门，昭又于内以土封之。渊果杀弥，晏。权数慰谢昭，昭固不起，权因出过其门呼昭，昭辞疾笃。权烧其门，欲以恐之，昭更闭门户。权使人灭火，住门良久，昭诸子共扶昭起，权载以还宫，深自克责。昭不得已，然后朝会。

昭容貌矜严，有威风，权常曰："孤与张公言，不敢妄也。"举邦惮之。年八十一，嘉禾五年卒。遗令幅巾素棺，敛以时服。权素服临吊，谥曰文侯。长子承已自封侯，少子休袭爵。

昭弟子奋年二十，造作攻城大攻车，为步骘所荐。昭不愿曰："妆年尚少，何为自委于军旅乎？"奋对曰："昔童汪死难，子奇治阿，奋实不才耳，于年不为少也。"遂领兵为将军，连有功效，至（平州）都督，封乐乡亭侯。

承字仲嗣，少以才学知名，与诸葛瑾、步骘、严畯相友善。权为骠骑将军，辟西曹掾，出为长沙西部都尉。讨平山寇，得精兵万五千人。后为濡须都督、奋威将军，封都乡侯，领部曲五千人。承为人壮毅忠谠，能甄识人物，拔彭城蔡款、南阳谢景于孤微童幼，后并为国士，款至卫尉，景豫章太守。又诸葛恪年少时，众人奇其英才。承言终败诸葛氏者，元逊也。勤于长进，笃于物类，凡在庶几之流，无不造门，年六十七，赤乌七年卒，谥曰定侯。子震嗣。初，承丧妻，昭欲为索诸葛瑾女，承以相与有好，难之，权闻而劝焉，遂为婿。生女，权为子和纳之。权数令和修敬于承，执子婿之礼。震诸葛恪诛时亦死。

休字叔嗣，弱冠与诸葛恪、顾谭等俱为太子登僚友，以《汉书》授登。从中庶子转为右弼都尉。权常游猎，迨暮乃归，休上疏谏戒，权大善之，以示于昭。及登卒后，为侍中，拜羽林都督，平三典军事，迁扬武将军。为鲁王霸友党所谮，与顾谭、承俱以芍陂论功事，休、承与典军陈恂通情，诈增其伐，并徙交州。中书令孙弘佞伪险诐，休素所忿，弘因是谮诉，下诏书赐休死，时年四十一。

顾雍字元叹，吴郡吴人也。蔡伯喈从朔方还，尝避怨于吴，雍从学琴书。州郡表荐，弱冠为合肥长，后转在娄、曲阿、上虞，皆有治迹。孙权领会稽太守，不之郡，以雍为丞，行太守事，讨除寇贼，郡界宁静，吏民归服，数年，入为左司马。权为吴王，累迁大理、奉常，领尚书令，封阳遂乡侯，拜侯还寺，而家人不知，后闻乃惊。

黄武四年，迎母于吴。既至，权临贺之，亲拜其母于庭，公卿大臣毕会，后太子又往庆焉。雍为人不饮酒，寡言语，举动时当。权尝叹曰："顾君不言，言必有中。"至饮宴欢乐之际，左右恐有酒失而雍必见之，是以不敢肆情。权亦曰："顾公在坐，使人不乐。"其见惮如此。是岁，改为太常。进封醴陵侯，代孙邵为丞相，平尚书事。其所选用文武将吏各随能所任，心无适莫。时访逮民间，及政职所宜，辄密以闻。若见纳用，则归之于上，不用，终不宣泄。权以此重之，然于公朝有所陈及，辞色虽顺而所执者正。权尝咨问得失，张昭因陈听采闻，颇以法令太稠，刑罚微重，宜有所蠲损。权默然，顾问雍曰："君以为何如？"雍对曰："臣之所闻，亦如昭所陈。"于是权乃议狱轻刑。久之，吕壹、秦博为中书，典校诸官府及州郡文书。壹等因此渐作威福，遂造作榷酤障管之利，举罪纠奸，纤介必闻，重以深案丑诬，毁短大臣，排陷无辜，雍等皆见举白，用被谴让。后壹奸罪发露，收系廷尉。雍往断狱。壹以囚见，雍和颜色，问其辞状，临出，又谓壹曰："君意得无欲有所道？"壹叩头无言。时尚书郎怀叙面詈辱壹，雍责叙曰："官有正法，何至于此！"

雍为相十九年，年七十六，赤乌六年卒。初疾微时，权令医赵泉视之。拜其少子济为骑都尉。雍闻，悲曰："泉善别生死，吾必不起，故上欲及吾目见济拜也。"权素服临吊，谥曰肃侯。长子邵早卒，次子裕有笃疾，少子济嗣，无后，绝。永安元年，诏曰："故丞相雍，至德忠贤，辅国以礼，而侯统废绝。朕甚愍之。其以雍次子裕袭爵为醴陵侯，以明著旧勋。"

邵字孝则，博览书传，好乐人伦。少与舅陆绩齐名，而陆逊、张敦、卜静等皆亚焉。自州郡庶几及四方人士，往来相见，或言议而去，或结厚而别，风声流闻，远近称之。权妻以策女。年二十七，起家为豫章太守。下车祀先贤徐孺子之墓。优待其后。禁其淫祀非礼之祭者。小吏资质佳者，辄令就学，择其先进，擢置右职，举善以教，风化大行。初，钱唐丁谞出于役伍，阳羡张秉生于庶民。乌程吴粲、云阳殷礼起乎微贱，邵皆拔而友之，为立声誉。秉遭大丧，亲为制服结绖。邵当之豫章，发在近路，值秉疾病，时送者百数。邵辞宾客曰："张仲节有疾，苦不能来别，恨不见之，暂还与诀，诸君少时相待。"其留心下士，惟善所在，皆此类也。谞至典军中郎，秉云阳太守，礼零陵太守，粲太子少傅。世以邵为知人。在郡五年，卒官，子谭、承云。

谭字子默，弱冠与诸葛恪等为太子四友，从中庶子转辅正都尉。赤乌中，代恪为左节度。每省簿书，未尝下筹，徒屈指心计，尽发疑谬，下吏以此服之。加奉车都尉。薛综为选曹尚书，固让谭曰："谭心精体密，贯道达微，才照人物，德允众望，诚非愚臣所可越先。"后遂代综。祖父雍卒数月，拜太常，代雍平尚书事。是时鲁王霸有盛宠，与太子和齐衡，谭上疏曰："臣闻有国有家者，必明嫡庶之端，异尊卑之礼，使高下有差，阶级逾邈，如此则骨肉之恩生，觊覦之望绝。昔贾谊陈治安之计，论诸侯之势，以为势重，虽亲必有逆节之累，势轻，虽疏必有保全之祚。故淮南亲弟，不终飨国，失之于势重也。吴芮疏臣，传祚长沙，得之于势轻也。昔汉文帝使慎夫人与皇后同席，袁盎退夫人之座，帝有怒色。及盎辨上下之仪，陈人彘之戒，帝既悦怿，夫人亦悟。今臣所陈，非有所偏，诚欲以安太子而便鲁王也。"由是霸与谭有隙。时长公主婿卫将军全琮子寄为霸宾客，寄素倾邪，谭所不纳。先是，谭弟承与张休俱北征寿春，全琮时为大都督，与魏将王凌战于芍陂，军不利，魏兵乘胜陷没五营将（秦儿），军，休、承奋击之。遂驻魏师。时琮群子绪、端亦并为将，因敌既住，乃进击之。凌军用退。时论功行赏。以为功驻敌之功大，退敌之功小。休、承并为杂号将军，绪、端偏裨而已。寄父子益恨，共构会谭。谭坐徙交州，幽而发愤，著《新言》仁十篇。其《知难篇》盖以自悼伤也。见流二年，年四十二，卒于交阯。

承字子直，嘉禾中与舅陆瑁俱以礼征。权赐丞相雍书曰："贵孙子直，令问休休，至与相见，过于所闻，为君嘉之。"拜骑都尉，领羽林兵。后为吴郡西部都尉，与诸葛恪等共平山越，别得精兵八千人，还屯军章阬，拜昭义中郎将，入为侍中。芍陂之役，拜奋威将军，出领京下督。数年，与兄谭，张休等惧徙交州，年三十七卒。

诸葛瑾字子瑜，琅邪阳都人也。汉末避乱江东。值孙策卒，孙权姊婿曲阿弘咨见而异之，荐之于权，与鲁肃等并见宾待。后为权长史，转中司马。建安二十年，权遣瑾使蜀通好刘备，与其弟亮俱公会相见，退无私面。

与权谈说谏喻，未尝切愕，微见风彩，粗陈指归。如有未合，则舍而及他，徐复托事造端，以物类相求，于是权意往往而释。吴郡太守朱治，权举将也，权曾有以望之，而素加敬，难自诘让，忿忿不解。瑾揣知其故，而不敢显陈，乃乞以意私自问，遂于权前为书，泛论物理，因以己心遥往忖度之。毕，以呈权，权喜，笑曰："孤意解矣。颜氏之德，使人加亲，岂谓此耶？"权又怪校尉殷模，罪至不测。群下多为之言，权怒益甚，与相反复，推瑾默然。权曰："子瑜何独不言？"瑾避席曰："瑾与殷模等遭本州倾覆，生类殄尽。弃坟墓，携老弱，披草莱，归圣化，在流隶之中，蒙生成之福，不能躬相督厉。陈答万一，至令模孤负恩惠，自陷罪戾。臣谢过不暇，诚不敢有言。"权闻之怆然，乃曰："特为君赦之。"

后从讨关羽，封宣城侯，以绥南将军代吕蒙领南郡太守，住公安。刘备东伐吴，吴王求和，瑾与备笺曰："奄闻旗鼓来至白帝，或恐议臣以吴王侵取此州，危害关羽，怨深祸大，不宜答和，此用心于小，未留意于大者也。试为陛下论其轻重，及其大小。陛下若抑威损忿，暂省瑾言者，计可立决，不复咨之于群后也。陛下以关羽之亲何如先帝？荆州大小孰与海内？俱应仇疾，谁当先后？若审此数，易于反掌。时或言瑾别遣亲人与备相闻，权曰："孤与子瑜有死生不易之誓，子瑜之不负孤，犹孤之不负子瑜也。"黄武元年，迁左将军，督公安，假节，封宛陵侯。

虞翻以狂直流徙，惟瑾屡为之说。翻与所亲书曰：“诸葛敦仁，则天活物，比蒙清论，有以保分。恶积罪深，见忌殷重，虽有祁老之救，德无羊舌，解释难冀也。”

瑾为人有容貌思度，于时服其弘雅。权亦重之，大事咨访。又别咨瑾曰：“近得伯言表，以为曹丕已死，毒乱之民，当望旌瓦解，而更静然。闻皆选用忠良，宽刑罚，布恩惠，薄赋省役，以悦民心，其患更深于操时。孤以为不然。操之所行，其惟杀伐小为过差，及离间人骨肉，以为酷耳。至于御将，自古少有。丕之于操，万不及也。今睿之不如丕，犹丕不如操也。其所以务崇小惠，必以其父新死，自度衰微，恐困苦之民一朝崩沮，故强屈曲以求民心，欲以自安住耳，宁是兴隆之渐邪！闻任陈长文、曹子丹辈，或文人诸生，或宗室戚臣，宁能御雄才虎将以制天下乎？夫威柄不专，则其事乖错。如昔张耳、陈馀，非不敦睦。至于秉势，自还相贼，乃事理使然也。又长文之徒，昔所以能善守者，以操笮其头，畏操威严，故竭心尽意，不敢为非耳。逮丕继业，年已长大，承操之后，以恩情加之，用能感义。今睿幼弱，随人东西，此曹等辈，必当因此弄巧行态，阿党比周，各助所附。如此之日，奸谗并起，更相陷怼，转成嫌贰。一尔已往，群下争利，主幼不御。其为败也焉得久乎？所以知其然者，自古至今，安有四五人把持刑柄，而不离刺转相蹄啮者也！强当陵弱，弱当求援，此乱亡之道也。子瑜，卿但侧耳听之，伯言常长于计校，恐此一事小短也。”

权称尊号，拜大将军、左都护，领豫州牧。及吕壹诛，权又有诏切磋瑾等，语在《权传》。瑾辄因事以答，辞顺理正。瑾子恪，名盛当世，权深器异之；然瑾常嫌之，谓非保家之子，每以忧戚。赤乌四年，年六十八卒，遣命令素棺敛以时服，事从省约。恪已自封侯，故弟融袭爵。摄兵业驻公安，部曲吏士亲附之。疆外无事，秋冬则射猎讲武，春夏则延宾高会，休吏假卒，或不远千里而造焉。每会辄历问宾客，各言其能，乃合榻促席，量敌选对，或有博弈，或有摴蒱，投壶弓弹，部别类分，于是甘果继进，清酒徐行，融周流观览，终日不倦。融父兄质素，虽在军旅，身无采饰；而融锦罽文绣，独为奢绮。孙权薨，徙奋威将军。后恪征淮南，假融节，令引军入沔，以击西兵。恪既诛，遣无难督施宽就将军施绩、孙壹、全熙等取融。融卒闻兵士至，惶惧犹豫，不能决计，兵到围城，饮药而死，三子皆伏诛。

步骘字子山，临淮淮阴人也。世乱，避难江东，单身穷困。与广陵卫旌同年相善，俱以种瓜自给，昼勤四体，夜诵经传。

会稽焦征羌，郡之豪族，人客放纵。骘与旌求食其地，惧为所侵。乃共修刺奉瓜，以献征羌。征羌方在内卧，驻之移时，旌欲委去。骘止之曰："本所以来，畏其强也。而今舍去，欲以为高，只结怨耳。"良久，征羌开牖见之，身隐几坐帐中，设席致地，坐骘、旌于牖外，旌愈耻之，骘辞色自若。征羌作食，身享大案，殽膳重沓，以小盘饭与骘、旌，惟菜茹而已。旌不能食，骘极饭致饱乃辞出。旌怒骘曰："何能忍此?"骘曰："吾等贫贱，是以主人以贫贱遇之，固其宜也，当何所耻?”

孙权为讨虏将军，召骘为主记。除海盐长，还辟车骑将军东曹掾。建安十五年，出领鄱阳太守。岁中，徙交州刺史、立武中郎将。领武射吏千人，便道南行。明年，追拜使持节、征南中郎将。刘表所置苍梧太守吴巨阴怀异心，外附内违。骘降意怀诱，请与相见，因斩徇之，威声大震。士燮兄弟，相率供命，南土之宾，自此始也。益州大姓雍闿等杀蜀所署太守正昂，与燮相闻，求欲内附。骘因承制遣使宣恩抚纳，由是加拜平戎将军，封广信侯。

延康元年，权遣吕岱代骘，骘将交州义士万人出长沙。会刘备东下，武陵蛮夷蠢动，权遂命骘上益阳。备既败绩，而零、桂诸郡犹相惊扰，处处阻兵，骘周旋征讨，皆平之。黄武二年，迁右将军、左护军，改封临湘侯。五年，假节，徙屯沤口。

权称尊号，拜骠骑将军，领冀州牧。是岁，都督西陵。代陆逊抚二境，顷以冀州在蜀分，解牧职。时权太子登驻武昌，爱人好善，与骘书曰：“夫贤人君子，所以兴隆大化，佐理时务者也。受性暗蔽，不达道数，虽实区区欲尽心于明德，归分于君子，至于远近士人，先后之宜，犹或缅焉，未之能详。《传》曰：‘爱之能勿劳乎？忠焉能勿诲乎？’斯其义也，岂非所望于君子哉！”骘于是条于时事业在荆州界者，诸葛瑾、陆逊、朱然、程普、潘浚，斐玄、夏侯承，卫旌，李肃、周条、石干十一人。甄别行状，因上疏奖劝曰：“臣闻人君不亲小事，百官有司各任其职。故舜命九贤，则无所用心，弹五弦之琴，咏南风之诗，不下堂庙而天下治也。齐桓用管仲，被发载车，齐国既治，又致匡合。近汉高祖揽三杰以兴帝业，西楚失雄俊以丧成功，汲黯在朝，淮南寝谋。郅都守边，匈奴窜迹。故贤人所在，折冲万里，信国家之利器，崇替之所由也。方今王化未被于汉北，河、洛之滨尚有僭逆之丑，诚揽英雄拔俊任贤之时也。愿明太子重以经意，则天下幸甚。”

后中书吕壹典校文书，多所纠举，骘上疏曰：“伏闻诸典校擿抉细微，吹毛求瑕，重案深诬，辄欲陷人以成威福。无罪无辜，横受大刑，是以使民跼天蹐地，谁不战慄？昔之狱官，惟贤是任，故皋陶作士，吕侯赎刑，张、于廷尉，民无冤枉，休泰之祚，实由此兴。今之小臣，动与古异，狱以贿成，轻忽人命，归咎于上，为国速怨，夫一人吁嗟，王道为亏，甚可仇疾。明德慎罚，哲人惟刑，书传所美。自今蔽狱，都下则宜谘顾雍，武昌则陆逊、潘濬，平心专意，务在得情，骘党神明，受罪何恨？”又曰：“天子父天母地，故宫室百官，动法列宿。若施政令，钦顺时节，官得其人，则阴阳和平，七曜循度。至于今日，官寮多阙，虽有大臣，复不信任，如此天地焉得无变？故频年枯旱，亢阳之应也。

又嘉禾六年五月十四日，赤乌二年正月一日及二十七日，地皆震动。地阴类，臣之象，阴气盛故动，臣下专政之故也。夫天地见异，所以警悟人主，可不深思其意哉！”又曰：“丞相顾雍。上大将军陆逊、太常潘濬，忧深责重，志在竭诚，夙夜兢兢，寝食不宁，念欲安国利民，建久长之计，可谓心膂股肱，社稷之臣矣。宜各委任，不使他官监其所司，责其成效，课其负殿。此三臣者，思虑不到则已，岂敢专擅威福欺负所天乎？”又曰：“悬赏以显善，设刑以威奸，任贤而使能，审明于法术，则何功而不成，何事而不辨，何听而不闻，何视而不睹哉？若今郡守百里，皆各得其人，共相经纬，如是，庶政岂不康哉！窃闻诸县并有备吏，吏多民烦，俗以之弊。但小人因缘衔命，不务奉公而作威福，无益视听，更为民害，愚以为可一切罢省。”权亦觉悟，遂诛吕壹。骘前后荐达屈滞，救解患难，书数十上。权虽不能悉纳，然时采其言，多蒙济赖。

赤乌九年，代陆逊为丞相，犹诲育门生，手不释书。被服居处有如儒生。然门内妻妾服饰奢绮，颇以此见讥。在西陵二十年，邻敌敬其威信。性宽弘得众，喜怒不形于声色，而外内肃然。

十（一）年卒，子协嗣，统骘所领，加抚军将军。协卒，子玑嗣侯。协弟阐，继业为西陵督，加昭武将军，封西亭侯，凤皇元年，召为绕帐督。阐累世在西陵，卒被征命，自以失职，又惧有谗祸，于是据城降晋，遣玑与弟璿诣洛阳为任，晋以阐为都督西陵诸军事、卫将军、仪同三司，加侍中，假节领交州牧，封宜都公。玑监江陵诸军事、左将军。加散骑常侍，领庐陵太守，改封江陵侯；璿给事中、宣威将军，封都乡侯。命车骑将军羊祜、荆州刺史杨肇往赴救阐。孙皓使陆抗西行，祜等遁退。抗陷城，斩阐等，步氏泯灭，惟璿绍祀。

颍川周昭著书称步骘及严畯等曰：“古今贤士大夫所以失名丧身倾家害国者，其由非一也，然要其大归，总其常患，四者而已。急论议一也，争名势二也，重朋党三也，务欲速四也。急论议则伤人，争名势则败友，重朋党则蔽主，务欲速则失德，此四者不除，未有能全也。当世君子能不然者，亦比有之，岂独古人乎！然论其绝异，未若顾豫章、诸葛使君、步丞相、严卫尉、张奋威之为美也。《论语》言‘夫子恂恂然善诱人’，又曰‘成人之美，不成人之恶’，豫章有之矣。‘望之俨然，即之也温，听其言也厉’，使君体之矣。‘恭而安，威而不猛’，丞相履之矣。学不求禄，心无苟得，卫尉，奋威蹈之矣。此五君者，虽德实有差，轻重不同，至于趣舍大检，不犯四者，俱一揆也。昔丁谞出于孤家，吾粲由于牧坚，豫章扬其善，以并陆、全之列，是以人无幽滞而风俗厚焉。使君、丞相、卫尉三君，昔以布衣俱相友善，诸论者因各叙其优劣。

初，先卫尉，次丞相，而后有使君也。其后并事明主，经营世务，出处之才有不同，先后之名须反其初，此世常人所决勤薄也。至于三君分好，卒无亏损，岂非古人交哉！又鲁横江昔杖万兵，屯据陆口，当世之美业也，能与不能，孰不愿焉？而横江既亡，卫尉应其选，自以才非将帅，深辞固让，终于不就。后徙九列，迁典八座，荣不足以自曜，禄不足以自奉。至于二君，皆位为上将，穷富极贵。卫尉既无求欲，二君又不称荐，各守所志。保其名好。孔子曰：‘君子矜而不争，群而不党。’斯有风矣。又奋威之名，亦三君之次也，当一方之戍，受上将之任，与使君、丞相不异也。然历国事，论功劳，实有先后；故爵位之荣殊焉。而奋威将处此，决能明其部分，心无失道之欲，事无充诎之求。每升朝堂，循礼而动，辞气謇謇，罔不惟忠。叔嗣虽亲贵，言忧其败，蔡文至虽疏贱，谈称其贤。女配太子，受礼若吊，慊忾之趋，惟笃人物，成败得失，皆如所虑，可谓守道见机，好古之士也。若乃经国家，当军旅，于驰骛之际，立霸王之功，此五者未为过人。至其纯粹履道，求不苟得，升降当世，保全名行，邈然绝俗，实有所师。故粗论其事，以示后之君子。周昭者字恭远，与韦曜、薛莹、华核并述《吴书》，后为中书郎，坐事下狱，核表救之，孙休不听，遂伏法云。

【评曰】

张昭受遗辅佐，功勋克举，忠謇方直，动不为己。而以严见惮，以高见外，既不处宰相，又不登师保，从容闾巷，养老而已，以此明权之不及策也。顾雍依杖素业，而将之智局，故能究极荣位。诸葛瑾、步骘并以德度规检见器当世，张承、顾邵虚心长者，好尚人物，周昭之论，称之甚美，故详录焉。谭献纳在公，有忠贞之节。休、承修志，咸庶为善。爱恶相攻，流播南裔，哀哉！

张严程阚薛传

张纮字子纲，广陵人。少游学京都，还本郡，举茂才，公府辟，皆不就，避难江东。孙策创业，遂委质焉。表为正议校尉，从讨丹扬，策身临行陈，纮谏曰："夫主将乃筹谟之所自出，三军之所系命也，不宜轻脱。自敌小寇，愿麾下重天授之姿，副四海之望，无令国内上下危惧。"

建安四年，策遣纮奉章至许宫，留为侍御史。少府孔融等皆与亲善。曹公闻策薨，欲因丧伐吴。纮谏，以为乘人之丧。既非古义，若其不克，成仇弃好，不如因而厚之。曹公从其言，即表权为讨虏将军，领会稽太守。曹公欲令纮辅权内附，出纮为会稽东部都尉。后权以纮为长史，从征合肥。权率轻骑将往突敌，纮谏曰："夫兵者凶器，战者危事也。今麾下恃盛壮之气，忽强暴之虏，三军之众，莫不寒心，虽斩将搴旗，威震敌场，此乃偏将之任，非主将之宜也。愿抑贲、育之勇，怀霸王之计。"权纳纮言而止。既还，明年将复出军，纮又谏曰："自古帝王受命之君，虽有皇灵佐于上，文德播于下，亦赖武功以昭其勋。然而贵于时动，乃后为威耳。今麾下值四百之厄，有扶危之功，宜且隐息师徒，广开播殖，任贤使能，务崇宽惠，顺天命以行诛，可不劳而定也。”于是遂止不行。

纮建计宜出都秣陵，权从之。令还吴迎家，道病卒。临困，授子靖留笺曰：“自古有国有家者，咸欲修德政以比隆盛世，至于其治，多不馨香。非无忠臣贤佐暗于治体也，由主不胜其情，弗能用耳。夫人情惮难而趋易，好同而恶异，与治道相反。《传》曰：‘从善如登，从恶如崩’，言善之难也。人君承奕世之基，据自然之势，操八柄之威，甘易同之欢，无假取于人；而忠臣挟难近之术，吐逆耳之言，其不合也，不亦宜乎！（虽）则有衅，巧辩缘间，眩于小忠，恋于恩爱，贤愚杂错，长幼失叙，其所由来，情乱之也。故明君悟之，求贤如饥渴。受谏而不厌，抑情损欲，以义割恩，上无偏谬之授，下无希冀之望。宜加三思，含垢藏疾，以成仁覆之大。”时年六十卒。权省书流涕。

纮著诗赋铭诔十余篇。子玄，官至南郡太守、尚书。玄子尚，孙皓时为侍郎，以言语辩捷见知，擢为侍中、中书令。皓使尚鼓琴，尚对曰：“素不能。”敕使学之。后宴言次说琴之精妙，尚因道“晋平公使师旷作清角，旷言吾君德薄，不足以听之。”皓意谓尚以斯喻己，不悦。后积他事下狱，皆追此为诘，送建安作船。久之，又就加诛。初，纮同郡秦松字文表，陈端字子正，并与纮见待于孙策，参与谋谟。各早卒。

严畯字曼才，彭城人也。少耽学，善《诗》、《书》、三

《礼》，又好《说文》。避乱江东，与诸葛瑾、步骘齐名友善。性质直纯厚，其于人物，忠告善道，志存补益。张昭进之于孙权，权以为骑都尉、从事中郎。及横江将军鲁肃卒，权以畯代肃，督兵万人，镇据陆口。众人咸为畯喜。畯前后固辞："朴素书生，不闲军事，非才而据，咎悔必至。"发言慷慨，至于流涕，权乃听焉，世嘉其能以实让。权为吴王，及称尊号，畯尝为卫尉，使至蜀，蜀相诸葛亮深善之。不畜禄赐，皆散之亲戚知故，家常不充。广陵刘颖与畯有旧，颖精学家巷，权闻征之，以疾不就。其弟略为零陵太守，卒官，颖往赴丧，权知其诈病，急驿收录。畯亦驰语颖，使还谢权。权怒废畯，而颖得免罪。久之，以畯为尚书令，后卒。畯著《孝经传》、《潮水论》，又与裴玄、张承论管仲、季路。皆传于世。玄字彦黄，下邳人也，亦有学行，官至太中大夫。问子钦齐桓、晋文、夷、惠四人优劣，钦答所见，与玄相反复，各有文理。钦与太子登游处，登称其翰采。

程秉字德枢，汝南南顿人也。逮事郑玄，后避乱交州，与刘熙考论大义，遂博通五经。士燮命为长史。权闻其名儒，以礼征，秉既到，拜太子太傅。黄武四年，权为太子登娉周瑜女，秉守太常，迎妃于吴，权亲幸秉船，深见优礼。既还，秉从容进说登曰："婚姻人伦之始，王教之基，是以圣王重之，所以率先众庶，风化天下，故《诗》美《关雎》，以为称首。愿太子尊礼教于闺房，存《周南》之所咏，则道化隆于上，颂声作于下矣。"登笑曰："将顺其美，匡救其恶，诚所赖于傅君也。"病卒官。著《周易摘》、《尚书驳》、《论语弼》，凡三万余言。秉为傅时，率更令河南征崇亦笃学立行云。

阚泽字德润，会稽山阴人也。家世农夫，至泽好学，居贫无资，常为人佣书，以供纸笔，所写既毕，诵读亦遍。追师论讲，究览群籍，兼通历数，由是显名。察孝廉，除钱唐长，迁郴令。孙权为骠骑将军，辟补西曹掾；及称尊号，以泽为尚书。嘉禾中，为中书令，加待中。赤乌五年，拜太子太傅，领中书如故。泽以经传文多，难得尽用，乃斟酌诸家，刊约《礼》文及诸注说以授二宫，为制行出入及见宾仪，又著《乾象历注》以正时日。每朝廷大议，经典所疑，辄谘访之。以儒学勤劳，封都乡侯。性谦恭笃慎，宫府小吏，呼召对问，皆为抗礼。人有非短，口未尝及，容貌似不足者，然所闻少穷。权常问："书传篇赋，何者为美?"释欲讽喻以明治乱，因对贾谊《过秦论》最善，权览读焉。初，以吕壹奸罪发闻，有司穷治，奏以大辟，或以为宜加焚裂，用彰元恶。权以访泽，泽曰："盛明之世，不宜复有此刑。"权从之。又诸官司有所患疾，欲增重科防，以检御臣下，泽每曰："宜依礼、律"，其和而有正，皆此类也。六年冬卒，权痛惜感悼，食不进者数日。泽州里先辈丹杨唐固亦修身积学，称为儒者，著《国语》、《公羊》、《穀梁传》注，讲授常数十人。权为吴王，拜固仪郎，自陆逊、张温、骆统等皆拜之。黄武四年尚书仆射，卒。

薛综字敬文，沛郡竹邑人也。少依族人避地交州，从刘熙学。士燮既附孙权，召综为五官中郎（将），除合浦、交阯太守。

时交土始开，刺史吕岱率师讨伐，综与俱行，越海南征，及到九真。事毕还都，守谒者仆射。西使张奉于权前列尚书阚泽姓名以嘲泽，泽不能答。综下行酒，因劝酒曰：“蜀者何也？有犬为独，无犬为蜀，横目苟身，虫入其腹。”奉曰：“不当复列君吴邪？”综应声曰：“无口为天，有口为吴，君临万邦，天子之都。”于是众坐喜笑，而奉无以对。其枢机敏捷，皆此类也。吕岱从交州召出，综惧继岱者非其人，上疏曰：“昔帝舜南巡，卒于苍梧。泰置桂林、南海、象郡，然则四国之内属也，有自来矣。赵佗起番禺，怀服百越之君，珠宫之南是也。汉武帝诛吕嘉，开九郡，设交阯刺史以镇监之。山川长远，习俗不齐，言语同异，重译乃通。民如禽兽，长幼无别，椎结徒跣，贯头左衽，长吏之设，虽有若无。自斯以来，颇徙中国罪人杂居其间，稍使学书，粗知言语，使驿往来，观见礼化。及后锡光为交阯，任延为九真太守，乃教其耕梨，使之冠履；为设媒官，始知聘娶；建立学校，导之经义。由此已降，四百余年，颇有似类。自臣昔客始至之时，珠崖除州县嫁娶，皆须八月引户，人民集会之时，男女自相可适，乃为夫妻，父母不能止。交阯糜泠、九真都庞二县，皆兄死弟妻其嫂，世以此为俗，长吏恣听，不能禁制。日南郡男女倮体，不以为羞。由此言之，可谓虫豸，有腼面目耳。然而土广人众，阻险毒害，易以为乱，难使从治。县官羁縻，示令威服，田户之租赋，裁取供办，贵致远珍名珠、香药、象牙、犀角、玳瑁、珊瑚、琉璃、鹦鹉、翡翠、孔雀、奇物，充备宝玩，不必仰其赋入，以益中国也。然在九甸之外，长吏之选，类不精核。汉时法宽，多自放恣，故数反违法。珠崖之废，起于长吏睹其好发，髡取为髮。及臣所见，南海黄盖为日南太守，下车以供设不丰，挞杀主薄，仍见驱逐。九真太守儋萌为妻父周京作主人，并请大吏，酒酣作乐。功曹番歆起舞属京，京不肯起，歆犹迫强，萌忿杖歆，亡于郡内。歆弟苗帅众攻府，毒矢射萌，萌至物故。交阯太守士燮遣兵致讨，卒不能克。又故刺史会稽朱符，多以乡人虞褒、刘彦之徒分作长吏，侵虐百姓，强赋于民，黄鱼一枚收稻一斛，百姓怨叛，山贼并出，攻州突郡。符走入海，流离丧亡。次得南阳张津，与荆州牧刘表为隙，兵弱敌强，岁岁兴军，诸将厌患，去留自在。津小检摄，威武不足，为所陵侮，遂至杀没。后得零陵赖恭，先辈仁谨，不晓时事。表又遣长沙吴巨为苍梧太守。巨武夫轻悍，不为恭服。（所取）（辄）相怨恨，逐出恭，求步骘。是时津故将夷廖、钱博之徒尚多，骘以次锄治，纲纪适定，会仍召出。吕岱既至，有士氏之变。越军南征，平讨之日，改置长吏，章明王纲，威加万里，大小承风。由此言之，绥边抚裔，实有其人。牧伯之任，既宜清能，荒流之表，祸福尤甚。今日交州虽名粗定，尚有高凉宿贼；其南海、苍梧、郁林、珠官四郡界未绥，依作寇盗，专为亡叛逋逃之薮。若岱不复南，新刺史宜得精密，检摄八郡，方略智计，能稍稍以渐（能）治高凉者，假其威宠，借之形势，责其成效，庶几可补复。如但中人。近守常法，无奇数异术者，则群恶日滋，久远成害。故国之安危，在于所任，不可不察也。窃惧朝廷忽轻其选，故敢竭愚情，以广圣思。”

黄龙三年，建昌侯虑为镇军大将军，屯半州，以综为长史，外掌众事，内授书籍。虑卒，入守贼曹尚书，迁尚书仆射。时公孙渊降而复叛，权盛怒，欲自亲征。综上疏谏曰：“夫帝王者，万国之元首，天下之所系命也。是以居则重门击柝以戒不虞，行则清道案节以养威严，盖所以存万安之福，镇四海之心。昔孔子疾时，托乘桴浮海之语，季由斯喜，拒以无所取才。汉元帝欲御楼船，薛广德请刎颈以血染车。何则？水火之险至危，非帝王所宜涉也。谚曰：‘千金之子，坐不垂堂。’况万乘之尊乎？今辽东戎貊小国，无城池之固，备御之术，器械铢钝，犬羊无政，往必禽克，诚如明诏。然其方土寒埆，谷稼不殖，民习鞍马，转徙无常。卒闻大军之至，自度不敌，鸟惊兽骇，长驱奔窜，一人匹马，不可得见。虽获空地，守之无益，此不可一也；加又洪流滉瀁，有成山之难，海行无常，风波难免，倏忽之间，人船异势。虽有尧、舜之德，智无所施，贲、育之勇，力不得设，此不可二也；加以郁雾冥其上，咸水蒸其下，善生流肿，转相洿染，凡行海者，稀无斯患，此不可三也。天生神圣，显以符瑞，当乘平丧乱，康此民物；嘉祥日集，海内垂定，逆虏凶虐，灭亡在近。中国一平，辽东自毙，但当拱手以待耳。今乃违必然之图，寻至危之阻，忽九州之固,，肆一朝之忿，既非社稷之重计，又开辟以来所未尝有，斯诚群僚所以倾身侧息，食不甘味，寝不安席者也。”惟陛下抑雷霆之威，忍赫斯之怒，遵乘桥之安，远履冰之险，则臣子赖祉，天下幸甚。”时群臣多谏，权遂不行。

正月乙未，权敕综祝祖不得用常文，综承诏，卒造文义，信辞粲烂。权曰：“复为两头。使满三也。”综复再祝，辞令皆新，众咸称善。赤乌三年，徙选曹尚书。五年，为太子少傅，领选职如故。六年春，卒。凡所著诗赋难论数万言，名曰《私载》，又定《五宗图述》、《二京解》，皆传于世。

子玥，官至威南将军，征交阯还，道病死。玥弟莹，字道言，初为秘府中书郎，孙休即位，为散骑中常侍。数年，以病去官。孙皓初，为左执法，迁选曹尚书，及立太子，又领少傅。建衡三年，皓追叹莹父综遗文，且命莹继作。莹献诗曰："惟臣之先，昔仕于汉，奕世绵绵，颇涉台观。暨臣父综，遭时之难，卯金失御，邦家毁乱。适兹乐土，庶存孑遗，天启其心，东南是归。厥初流隶，困于蛮垂，大皇开基，恩德远施。特蒙招命，拯擢泥污，释放巾褐，受职剖符。作守合浦，在海之隅，迁入京辇，遂升机枢。枯瘁更荣，绝统复纪，自微而显，非愿之始。亦惟宠遇，心存足止，重值文皇，建号东宫，乃作少傅，光华益隆。明明圣嗣，至德谦崇，礼遇兼加，惟渥惟丰。哀哀先臣，念竭其忠，洪恩未报，委世以终。嗟臣蔑贱，惟昆及弟，幸生幸育，托综遗体。过庭既训，顽蔽难启。堂构弗克，志存耦耕。岂悟圣朝，仁泽流盈。追录先臣，愍其无成，是济是拔，被以殊荣。玥忝千里，受命南征，旌旗备物，金革扬声。及臣斯陋，实暗实微，既显前轨，人物之机。复傅东宫，继世荷辉，才不逮先，是忝是违。乾德博好，文雅是贵，追悼亡臣，冀存遗类。如何愚胤，曾无仿佛！瞻彼旧宠，顾此顽虚，孰能忍愧，臣实与居。夙夜反侧，克心自论，父子兄弟，累世蒙恩，死惟结草，生誓杀身，虽则灰陨，无报万分。"是岁，何定建议凿圣谿以通江淮，皓令莹督万人往，遂以多盘石难施功，罢还，出为武昌左部督，后定被诛，皓追圣谿事，下莹狱，徙广州。右国史华核上疏曰：“臣闻五帝三王皆立史官，叙录功美，垂之无穷。汉时司马迁、班固，咸命世大才，所撰精妙，与六经俱传。大吴受命，建国南土。大皇帝末年，命太史令丁孚、郎中项峻始撰《吴书》。孚、峻俱非史才，其所撰作，不足纪录。至少帝时，更差韦曜、周昭、薛莹、梁广及臣五人，访求往事，所共撰立，备有本末。昭、广先亡，曜负恩蹈罪，莹出为将，复以过徙，其书遂委滞，讫今未撰奏。臣愚浅才劣，适可为莹等记注而已，若使撰合，必袭孚、峻之迹，惧坠大皇帝之元功，损当世之盛美。莹涉学既博，文章尤妙，同寮之中，莹为冠首。今者见吏，虽多经学，记述之才，如莹者少，是以慺慺为国惜之。实欲使卒垂成之功，编于前史之末。奏上之后，退填沟壑，无所复恨。”皓遂召莹还，为左国史。顷之，选曹尚书同郡缪祎以执意不移，为群小所疾，左迁衡阳太守。既拜，又追以职事见诘责，拜表陈谢。因过诣莹，复为人所白，云祎不惧罪，多将宾客会聚莹许，乃收祎下狱，徙桂阳，莹还广州。未至，召莹还，复职。是时法政多谬，举措烦苛，莹每上便宜，陈缓刑简役，以济育百姓，事或施行。迁光禄勋。

天纪四年，督军征皓，皓奉书司马伷、王浑、王浚请降，其文，莹所造也。莹既至洛阳，特先见叙，为散骑常侍，答问处当，皆有条理。太康三年卒。著书八篇，名曰《新议》。

【评曰】

张纮文理意正，为世令器，孙策待之亚于张昭，诚有以也，严、程、阚生，一时儒林也。至畯辞荣济旧，不亦长者乎！薛综学识规纳，为吴良臣。及莹纂蹈，允有先风，然于暴酷之朝，屡登显列，君子殆诸。

周瑜传

【原文】

周瑜字公瑾，庐江舒人也。从祖父景，景子忠，皆为汉大尉。父异，洛阳令。

瑜长壮有姿貌。初，孙坚兴义兵讨董卓，徙[1]家于舒。坚子策与瑜同年，独相友善，瑜推道南大宅以舍策，升堂拜母，有无通共。瑜从父尚为丹阳太守，瑜往省之。会策将东渡，到历阳，驰书报瑜，瑜将兵迎策。策大喜曰：“吾得卿，谐[2]也”。遂从攻横江、当利，皆拔之。乃渡江击秣陵，破笮融、薛礼，转下湖孰、江乘，进入曲阿，刘繇奔走，而策之众已数万矣。因谓瑜曰：“吾以此众取吴会平山越已足。卿还镇丹阳”。瑜还。顷之，袁术遣从弟胤代尚为太守，而瑜与尚俱还寿春。术欲以瑜为将，瑜观术终无所成，故求为居巢长，欲假涂东归，术听之。遂自居巢还吴。是岁，建安三年也。策亲自迎瑜，授建威中郎将，即与兵二千人，骑五十匹。瑜时年二十四，吴中皆呼为周郎。以瑜恩信著于庐江，出备牛渚，后领春谷长。顷之，策欲取荆州，以瑜为中护军，领江夏太守，从攻皖，拔之。时得桥公两女，皆国色也。策自纳大乔。瑜纳小乔。复进寻阳，破刘勋，讨江夏，还定豫章、庐陵，留镇巴丘。

【注释】

〔1〕徙：迁移。

〔2〕谐：配合得当。

【译文】

周瑜字公瑾，庐江郡舒县人。他的堂祖父周景，以及周景的儿子周忠，都是汉朝的太尉。父亲周异，是洛阳县令。

周瑜身材修长，体格健壮，容貌俊美。当初，孙坚组织义兵讨伐董卓，把家迁移到了舒县。孙坚的儿子孙策与周瑜同年，两人非常友好。周瑜把大路南边的一所大宅院让给孙策居住，还常去后堂拜见孙策的母亲，各种生活用品也都互通有无。周瑜的叔父周尚任丹阳太守，周瑜去看望他，恰巧碰上孙策准备东渡大江，到了历阳，孙策写信告诉周瑜，周瑜带兵迎接孙策。孙策非常高兴地对周瑜说："我有了您，事情就能成功了"。于是周瑜就跟随孙策去攻打横江、当利，都攻克了。接着又渡江进攻秣陵，打败笮融、薛礼，转而又攻下湖孰、江乘，进入曲阿，刘繇败走。这时孙策的人马发展到了几万人，他对周瑜说：“我用这几万人马攻取吴郡和会稽两郡，平定山越，已经足够，你还是回去镇守丹阳吧”。周瑜就回到丹阳。不久，袁术派遣他的堂弟袁胤替代周尚任丹阳太守，周瑜和周尚都回到寿春。袁术想要任命周瑜为部将，但是周瑜料想袁术最终不会有什么成就，所以只请求担任居巢县长，目的是想顺道回归江东，袁术也听凭他。周瑜便经居巢回到了吴郡，这一年是建安三年。孙策亲自来迎接周瑜，任命他为建威中郎将，随即调给他兵车二千，马五十匹。这时，周瑜仅二十四岁，吴郡的人都称呼他为周郎。孙策因为周瑜恩德信义著称于庐江，便派他防守牛渚，后又兼任春谷县长。不久，孙策又要攻取荆州，任命周瑜为中护军，兼任江夏太守。周瑜跟随孙策攻打皖县，也攻克了。这时得到桥公两个女儿，都是天姿国色的美人。孙策自己便娶了大乔，周瑜娶了小乔。接着又进军寻阳，打败了刘勋，讨伐江夏郡，回兵时又平定了豫章、庐陵二郡，孙策派周瑜留守巴丘。

【原文】

五年，策薨，权统事。瑜将兵赴丧，遂留吴，以中护军与长史张昭共掌众事。十一年，督孙瑜等讨麻、保二屯，枭其渠帅，囚俘万余口，还备宫亭。江夏太守黄祖遣将邓龙将兵数千人入柴桑，瑜追讨击，生虏龙送吴。十三年春，权讨江夏，瑜为前部大督。

其年九月，曹公入荆州，刘琮举众降，曹公得其水军，船步兵数十万，将士闻之皆恐。权延见群下，问以计策。议者咸曰："曹公豺虎也，然托名汉相，挟天子以征四方，动以朝廷为辞，今日拒之，事更不顺。且将军大势可以拒操者，长江也。今操得荆州，奄有其地，刘表治水军，蒙冲斗舰，乃以千数，操悉浮以沿江，兼有步兵，水陆俱下，此为长江之险，已与我共之矣。而势力众寡，又不可论。愚谓大计不如迎之"。瑜曰："不然。操虽托名汉相，其实汉贼也。将军以神武雄才，兼仗父兄之烈，割据江东，地方数千里，兵精足用，英雄乐业，尚当横行天下，为汉家除残去秽。况操自送死，而可迎之耶？请为将军筹之：今使北土已安，操无内忧，能旷日持久，来争疆埸，又能与我校胜负于船楫间乎？今北土既未平安，加马超、韩遂尚在关西，为操后患。且舍鞍马，仗舟楫，与吴越争衡，本非中国所长，又今盛寒，马无藁草，驱中国士众远涉江湖之间，不习水土，必生疾病。此数四者，用兵之患也，而操皆冒行之。将军禽操，宜在今日。瑜请得精兵三万人，进住夏口，保为将军破之"。权曰："老贼欲废汉自立久矣，徒忌二袁、吕布、刘表与孤耳。今数雄已灭，惟孤尚存，孤与老贼，势不两立。君言当击，甚与孤合，此天以君授孤也"。

【译文】

建安五年，孙策去世，由孙权统领政务。周瑜领兵前来吊唁，便留在了吴郡，以中护军的身份与长史张昭一同掌管军政大事。建安十一年，他率领孙瑜等人征讨麻、保二屯，将这二屯的首领斩首示众，俘虏了一万多人，然后回兵防守官亭。江夏太守黄祖派遣部将邓龙带领几千人马攻入柴桑，周瑜追击，活捉了邓龙送到吴郡。建安十三年春天，孙权讨伐江夏郡，周瑜担任前部大督。

这年的九月，曹操攻入荆州，刘琮全军投降。曹操到了他的水军，水军、步兵一下子发展到了几十万人，东吴的将士听了都非常惊恐。孙权召集部下，询问商议对策。大家都议论说："曹操是豺虎一样的人，但他凭借汉朝丞相的名义，挟制天子，以皇帝的名义来征服天下，动辄就说是朝廷的旨意，如今要是抗拒他，事情就会更加不利。况且以将军您现在所处的形势来说，所能够抗拒曹操的，不过就是长江。现在曹操已经占领了荆州，刘表训练水军，蒙冲斗舰竟然要以千来计数，曹操将战舰全部沿江摆开，还有着精锐的步兵，能从水陆两路一起沿江东下，所谓的长江天险，曹操现在已经与我们共同有了。而且，敌众我寡，十分悬殊，实在不能相提并论。因此我等认为，从大局计较不如去向他投降"。周瑜说："你们说的不对，曹操虽然假借汉朝丞相的名义，其实是奸贼。将军您神明威武而又具备雄才大略，又依仗着父兄们的功业，割据江东，土地方圆几千里，兵马精良，粮草充足，各路英雄豪杰们又都愿意建功立业，您应当横行天下，为汉朝铲除奸邪，消灭祸害。况且曹操自己来送死，难道还应该去迎接他吗？允许我为您分析谋划一下：即使现在北方的局势已经完全稳定，曹操没有后顾之忧，能和我们旷日持久地争夺疆土，但是否能够和我们在水战中争胜负呢？何况现在北方的局势并没有完全稳定，加上马超、韩遂还在关西威胁着曹操的后方，这是曹操的后患。况且曹操舍弃鞍马，凭仗舟船与我们吴越较量，这本来就不是他们的长处。目前又处于严寒季节，没有草料喂养军马，驱使中原的士兵来到南方江湖潮湿的地方打仗，水土不服，必然发生疾病。这四个方面，都是用兵之大忌，而曹操都冒犯了。将军想要捉拿曹操，现在就是最好的时机。我请求率领精兵三万，进驻夏口，保证为将军击破曹操”。孙权说：“曹操这个老贼想废除汉室自立为帝，已经蓄谋已久了，只是顾忌袁绍、袁术、吕布、刘表和我罢了，现在前面强有力的几个人都已被消灭了，只有我还在，我和那老贼，势不两立。你刚才说应当去抗击他，与我的想法非常一致，这正是老天让你来帮助我呀”！

【原文】

时刘备为曹公所破，欲引南渡江，与鲁肃遇于当阳，遂共图计，因进住夏口，遣诸葛亮诣权。权遂遣瑜及程普等与备并力逆曹公，遇于赤壁。时曹公军众已有疾病，初一交战，公军败退，引次江北。瑜等在南岸。瑜部将黄盖曰：“今寇众我寡，难与持久。然观操军船舰首尾相接，可烧而走也”。乃取蒙冲斗舰数十艘，实以薪草，膏油灌其中，裹以帷幕，上建牙旗[1]，先书报曹公，欺以欲降。又豫备走舸[2]，各系大船后，因引次俱前。曹公军吏士皆延颈观望，指言盖降。盖放诸船，同时发火。时风盛猛，悉延烧岸上营落。顷之，烟炎张天，人马烧溺死者甚众，军遂败退，还保南郡。备与瑜等复共追。曹公留曹仁等守江陵城，径自北归。瑜与程普又进南郡，与仁相对，各隔大江。兵未交锋，瑜即遣甘宁前据夷陵。仁分兵骑别攻围宁。宁告急于瑜，瑜用吕蒙计，留凌统以守其后，身与蒙上救宁。宁围既解，乃渡屯北岸，克期大战。瑜亲跨马阵，会流矢中右胁，疮甚，便还。后仁闻瑜卧未起，勒兵就阵。瑜乃自兴，案行军营，激扬吏士，仁由是遂退。

【注释】

〔1〕牙旗：旗竿上饰有象牙的大旗。多为主将主帅所建，亦用作仪仗。

〔2〕舸（gě）：大船。

【译文】

这时，刘备被曹操打败，想要带兵南撤过江，与鲁肃在当阳相遇，便共同谋划对付曹操的计策，因而进驻夏口，刘备委派诸葛亮去拜见孙权。孙权立即派周瑜、程普与刘备合力迎击曹操，两军在赤壁相遇。这时，曹操军中已发生疾病，刚一交战，曹军就败退了，退驻江北。周瑜等军队驻扎在南岸，两军对峙。周瑜的部将黄盖献计说："如今敌众我寡，难以与他们长久相持。我观察到曹军的战舰都是首尾相连，连在一起，可以用火攻的办法烧毁战舰"。周瑜采纳了他的建议，调来几十艘战舰，船内装满柴草，浇上膏油，用帷幕遮盖伪装，上面立起牙旗，先让黄盖写信给曹操，欺骗说要向他投降。又准备了一些轻便快疾的小船，分别系在大船后面，依次向前驶去。曹军官兵都伸长脖子在北岸观看，指着船队说，黄盖投降来了。黄盖命令放开前面的大船，同时点起火来。这时，风势猛烈，大火蔓延烧到了岸上的曹军营寨，顷刻之间，浓烟滚滚，火焰冲天，曹军人马被烧死淹死的不计其数，曹军败退，回师保守南郡。刘备和周瑜又合力追击，曹操留下曹仁等人驻守江陵城，自己则回北方去了。周瑜和程普又进军南郡，与曹仁隔江对峙。两军还没有交战，周瑜就派遣甘宁前去占据了夷陵。曹仁抽调出一部分步兵和骑兵去围攻甘宁。甘宁向周瑜告急，周瑜采用了吕蒙的计策，留下凌统镇守后方，他亲自和吕蒙一起解救甘宁。甘宁的围困被解除后，周瑜的军队便渡江驻扎于北岸，约定日期与曹仁的军队大战。周瑜亲自骑马进击敌阵，被乱箭射中右胸，伤势非常严重，只好退回。曹仁听到周瑜卧床不起的消息后，便率兵士上阵，前来挑战。周瑜带伤到军营中巡察，鼓励激扬将士的士气，因此曹仁便撤退了。

【原文】

权拜瑜偏将军，领南郡太守。以下隽、汉昌、刘阳、州陵为奉邑，屯据江陵。刘备以左将军领荆州牧，治公安。备诣京见权，瑜上疏曰："刘备以枭雄之姿，而有关羽、张飞熊虎之将，必非久屈为人用者。愚谓大计宜徙备置吴，盛为筑宫室，多其美女玩好，以娱其耳目，分此二人，各置一方，使如瑜者得挟与攻战，大事可定也。今猥割土地以资业之，聚此三人，俱在疆埸，恐蛟龙[1]得云雨，终非池中物也”。权以曹公在北方，当广擥英雄，又恐备难卒制，故不纳。

是时刘璋为益州牧，外有张鲁寇侵，瑜乃诣京见权曰：“今曹操新折衄[2]，方忧在腹心，未能与将军连兵相事也。乞与奋威俱进取蜀，得蜀而并张鲁，因留奋威固守其地，好与马超结援。瑜还与将军据襄阳以蹙[3]操，北方可图也”。权许之。瑜还江陵，为行装，而道于巴丘病卒，时年三十六。权素服举哀，感恸左右。丧当还吴，又迎之芜湖，众事费度，一为供给。后著令曰：“故将军周瑜、程普，其有人客，皆不得问”。初瑜见友于策，太妃又使权以兄奉之。是时权位为将军，诸将宾客为礼尚简，而瑜独先尽敬，便执臣节。性度恢廓，大率为得人，惟与程普不睦。

【注释】

〔1〕蛟龙：古代传说的两种动物，居深水中。相传蛟能发洪水，龙能兴云雨。

〔2〕折衄（nǜ）：折损，挫败。

〔3〕蹙（cù）：逼迫；追逼。

【译文】

孙权委任周瑜为偏将军，兼任南郡太守。用下隽、汉昌、刘阳、州陵作为他的奉邑，驻守在江陵。刘备当时以左将军的身份兼任荆州牧，府治设在公安。刘备到京口拜见孙权时，周瑜上疏孙权说：“刘备的资质有如凶猛的枭鸟，又有关羽、张飞这样熊虎般的猛将，他一定不会长久屈服为人所用。我认为，从大局考虑，现在最好的计策是让刘备迁移到吴郡，给他修建最豪华的宫室，多送给他一些美女宝玩，使他享受声色之乐，再把关羽和张飞分开，各处一方，让他们与我们一起作战，大事就可以定了。如今轻率地割让土地来资助他们，让这三个人聚在一起，又都在边界疆场，恐怕就像是蛟龙得到了云雨，终究不是池中之物啊”。孙权因为曹操占据北方，应当广为招纳英雄人才，又唯恐刘备一时难以制伏，所以没有采纳周瑜的意见。

当时，刘璋担任益州牧，外有张鲁侵扰，周瑜就到京口拜见孙权，他说：“现在曹操刚刚战败，正有心腹之忧，不能和将军您对阵作战。请允许我和奋威将军一起进取蜀地，取得蜀地同时吞并张鲁，然后让奋威将军留在那里坚守，好与马超结成联盟。我回来再与将军占据襄阳来逼迫曹操，就可以谋取北方了”。孙权同意了这个计划。周瑜回到了江陵准备行装，然而却在路过巴丘时病逝了，年仅三十六岁。孙权穿上丧服哀悼，感动了左右的人。当周瑜的灵柩运回吴郡时，薛综又亲自到芜湖迎接，举办丧事的所有费用，也全部拨款供给。后来又颁布命令说：“已故周瑜、程普将军的所有田客，都不要求他们交纳税赋和服徭役”。当初周瑜被孙策友好，孙策的母亲又让周瑜以兄长之礼尊奉他。那时候孙权的职位还是个将军，各位将领和宾客对他的礼节还简易，而唯有周瑜首先对他十分尊敬，遵循君臣的礼节。周瑜的性情开朗，气度宽宏，大抵能得人心，只是与程普不太和睦。

【原文】

瑜少精意[1]于音乐，虽三爵之后，其有阙误，瑜必知之，知之必顾，故时人谣曰："曲有误，周郎顾"。

瑜两男一女。女配太子登。男循尚公主，拜骑都尉，有瑜风，早卒。循弟胤，初拜兴业都尉，妻以宗女，援兵千人，屯公安。黄龙元年，封都乡侯，后以罪徙庐陵郡。赤乌二年，诸葛瑾、步骘连名上疏曰："故将军周瑜子胤，昔蒙粉饰，受封为将，不能养之以福，思立功效，至纵情欲，招速罪辟。臣窃以瑜昔见宠任，入作心膂，出为爪牙，衔命出征，身当矢石，尽节用命，视死如归，故能摧曹操于乌林，走曹仁于郢都，扬国威德，华夏是震，蠢尔蛮荆，莫不宾服，虽周之方叔，汉之信、布，诚无以尚也。夫折冲扞难之臣，自古帝王莫不贵重，故汉高帝封爵之誓曰'使黄河如带，太山如砺，国以永存，爰及苗裔'；申以丹书，重以盟诅，藏于宗庙，传于无穷，欲使功臣之后，世世相踵，非徒子孙，乃关苗裔，报德明功，勤勤恳恳，如此之至，欲以劝戒后人，用命之臣，死而无悔也。况于瑜身没而未久，而其子胤降为匹夫，益可悼伤。窃惟陛下钦明稽古，隆于兴继，为胤归诉，乞匄余罪，还兵复爵，使失旦之鸡，复得一鸣；抱罪之臣，展其后效"。权答曰："腹心旧勋，与孤协事，公瑾有之，诚所不忘。昔胤年少，初无功劳，横受精兵，爵以侯将，盖念公瑾以及于胤也。而胤恃此，酗淫自恣[2]，前后告喻，曾无悛改。孤于公瑾，义犹二君，乐胤成就，岂有已哉？迫胤罪恶，未宜便还，且欲苦之，使自知耳。今二君勤勤援引汉高河山之誓，孤用恧然。虽德非其畴，犹欲庶几，事亦如尔，故未顺旨。以公瑾之子，而二君在中间，苟使能改，亦可患乎"！瑾、骘表比上，朱然及全琮亦俱陈乞，权乃许之。会胤病死。

瑜兄子峻，亦以瑜元功为偏将军，领吏士千人。峻卒，全琮表峻子护为将。权曰："昔走曹操，拓有荆州，皆是公瑾，常不忘之。初闻峻亡，仍欲用护，闻护性行危险，用之适为作祸，故便止之。孤念公瑾，岂有已乎"？

【注释】

〔1〕精意：精心钻研。

〔2〕自恣（zì）：放纵自己，不受约束。

【译文】

周瑜年少时曾精心钻研过音乐，即使酒过数巡之后，乐曲有什么差错，他知道了肯定能听出来。听出来后就必定加以评说，所以当时有人编了歌谣说："曲有误，周郎顾"。

周瑜有两个儿子一个女儿。女儿许配给太子孙登。儿子周循娶了公主，被任命为骑都尉，他有周瑜的风度气质，很年轻就去世了。周循的弟弟周胤，初任兴业都尉，朝廷把宗室的女儿嫁给他，领兵一千，驻扎在公安。黄龙元年，封为都乡侯，后来因为犯罪而被流放到庐陵郡。赤乌二年，诸葛瑾、步骘联名上疏孙权说："已故周瑜将军的儿子周胤，过去承蒙褒扬，受封为将，他不能修养惜福，不思立功报效国家，而是放纵情欲，很快招来罪罚。我们私下考虑到周瑜过去曾被主上您宠爱信任，在朝廷时是您的心腹重臣，出征时又是得力勇猛的将领，受命出去征讨，身当弓箭礌石，尽忠献身，视死如归，所以在乌林能够打败曹操，在郢都能击退曹仁，显扬国家的威力，炫耀主上的美德，整个华夏为之震动，愚昧的荆蛮莫不称臣归附。即使是周朝的方叔，汉朝的韩信、英布，实在无法超过他。能够打败敌人解救国家危难的大臣，自古以来的帝王没有对他们不敬重的，所以汉高祖在封爵的誓词中说：'纵使黄河细如衣带，泰山已变成磨刀石，国家还要永存他的功业，一直传到子子孙孙。'他用丹砂书写誓词，又举行了隆重的盟誓仪式，将誓词藏在宗庙中，让它永远流传下去，要使功臣的后代，世世继承，不仅仅是子孙，甚至关联到遥远的后代，报答和表彰臣下的功德，像这样勤恳真诚到极点，目的是要劝戒后人，使为国献身建功的臣子，死而无悔。何况现在周瑜刚去世不久，而他的儿子周胤却已经被降为普通平民，这就更加令人痛心哀伤了。我们私下认为，陛下圣明，遵循并发扬古代道德，因此我们为周胤求情，请求赦免他未服完的罪罚，赐还兵权，恢复他的爵位，使已经失却晨旦的公鸡，重新鸣叫起来，负罪的臣子，展观后效"。孙权回答说："我心腹的老功臣，与我同心协力共事的，周瑜是其中之一，我内心确实不能忘怀。过去周胤年少，还没有功勋，无端领受精兵，封侯拜将，就是因为念及周瑜的功绩而给予他的后代的。而周胤却依仗着这些，沉湎于酒色，为所欲为，前后几次告诫劝喻他，都不肯悔改。我和周瑜的友情就如同与你们二位一样，期望着周胤能有所成就的心情，怎么可能会有止境呢？迫于周胤犯罪行为比较严重，未便即行召还，想让他经受一些艰苦，使他自己知罪改正罢了。如今你们二位诚恳地援引汉高祖封爵的誓词，我感到很惭愧，虽然功德不能与汉高祖相提并论，还想和他靠近。这件事就是这样，所以没有听从你们的建议。作为周瑜的儿子，又有你们二位在中间说情，如果他能够改正的话，又有什么可担心的呢”？诸葛瑾、步骘的奏章刚呈上去，朱然和全琮又上奏章来为周胤说情，孙权于是就同意了。恰在这时，周胤因病去世了。

周瑜的侄子周峻，也因为周瑜立下的功绩而被任为偏将军，领兵一千。周峻死后，全琮上奏章请求孙权任命周峻的儿子周护为将领。孙权说：“过去赶跑曹操，开拓荆州，都是周瑜的功劳，我时刻不会忘记他的。最初听到周峻去世，我曾经想起用周护，但我听说周护性格急躁品行狠毒，用他正好是祸害他，所以我就打消这个念头。我怀念周瑜，哪有止境吗”？

【评曰】

周瑜为人刚柔相济、文武双全，又有无可挑剔的优秀品格和雄韬伟略，加之上天又特别偏爱给了他俊美的外貌，内外皆秀又风度翩翩，实为三国时期最为完美的人物。用一句话形容周瑜实在是再合适不过了，他可谓人如其名：周瑜就像他的名字一般如瑾似瑜，是一块完美无瑕的美玉。

鲁肃传

【原文】

鲁肃字子敬，临淮东城人也。生而失父，与祖母居。家富于财，性好施与[1]。尔时天下已乱，肃不治家事，大散财货，摽卖田地，以赈穷弊结士为务，甚得乡邑欢心。

周瑜为居巢长，将数百人故过候肃，并求资粮。肃家有两米，各三千斛，肃乃指一与周瑜，瑜益知其奇也，遂相亲结，定侨、札之分。袁术闻其名，就署东城长。肃见术无纲纪，不足与立事，乃携老弱将轻侠少年百余人，南到居巢就瑜。瑜之东渡，因与同行，留家曲阿。会祖母亡，还葬东城。

【注释】

〔1〕施与：给予恩惠、财物等。

【译文】

鲁肃字子敬，临淮东城人。出生不久就失去了父亲，跟从祖母一起生活。家庭富裕多财，生性喜好施舍。那时天下已经大乱，鲁肃不治理家事，大量散发家中钱财货物，标价出卖田土，把救济穷困、到处结交读书人作为急务，很得四下乡邻的欢心。

当时，周瑜正任居巢县长，他率领几百人专门去拜访鲁肃，并请求资助粮食。鲁肃家有两仓米，每囤有三千斛，鲁肃用手指一仓送给了周瑜。周瑜就更加知道他与众不同了，于是就与他亲近结交，友情就像公孙侨、季札一般。袁术听到他的名声，就任命他为东城县长。鲁肃见袁术没有礼法制度，不值得为他办事，就带领族中老弱亲属和有侠气的少年一百多人，往南来到居巢投奔周瑜。周瑜东渡长江时，鲁肃与他同行，把家属留在曲阿。恰逢他的祖母去世，回来便将灵柩送回东城安葬。

【原文】

刘子扬与肃友善，遗肃书曰："方今天下豪杰并起，吾子姿才，尤宜今日。急还迎老母，无事滞于东城。近郑宝者，今在巢湖，拥众万余，处地肥饶，庐江间人多依就之，况吾徒乎？观其形势，又可博集，时不可失，足下速之"。肃答然其计。葬毕还曲阿，欲北行。会瑜已徙肃母到吴，肃具以状语瑜。时孙策已薨，权尚住吴，瑜谓肃曰："昔马援答光武云'当今之世，非但君择臣，臣亦择君'。今主人亲贤贵士，纳奇录异，且吾闻先哲秘论，承运代刘氏者，必兴于东南，推步事势，当其历数，终构帝基，以协天符[1]，是烈士攀龙附凤驰骛之秋。吾方达此，足下不须以子扬之言介意也"。肃从其言。瑜因荐肃才宜佐时，当广求其比，以成功业，不可令去也。

权即见肃，与语甚悦之。众宾罢退，肃亦辞出，乃独引肃还，合榻对饮。因密议曰："今汉室倾危，四方云扰，孤承父兄余业，思有桓文之功。君既惠顾，何以佐之"？肃对曰："昔高帝区区欲尊事义帝而不获者，以项羽为害也。今之曹操，犹昔项羽，将军何由得为桓文乎？肃窃料之，汉室不可复兴，曹操不可卒除。为将军计，惟有鼎足江东，以观天下之衅。规模如此，亦自无嫌。何者？北方诚多务也。因其多务，剿除黄祖，进伐刘表，竟长江所极，据而有之，然后建号帝王以图天下，此高帝之业也"。权曰："今尽力一方，冀以辅汉耳。此言非所及也"。张昭非肃谦下不足，颇訾毁之，云肃年少粗疏，未可用。权不以介意，益贵重之，赐肃母衣服帏帐[2]，居处杂物，富拟其旧。刘表死，肃进说曰："夫荆楚与国邻接，水流顺北，外带江汉，内阻山陵，有金城之固，沃野万里，士民殷富，若据而有之。此帝王之资也。今表新亡，二子素不辑睦，军中诸将，各有彼此。加刘备天下枭雄，与操有隙，寄寓于表，表恶其能而不能用也。若备与彼协心，上下齐同，则宜抚安，与结盟好；如有离违，宜别图之，以济大事。肃请得奉命吊表二子，并慰劳其军中用事者，及说备使抚表众，同心一意，共治曹操，备必喜而从命。如其克谐，天下可定也。今不速往，恐为操所先”。权即遣肃行。到夏口，闻曹公已向荆州，晨夜兼道。比至南郡，而表子琮已降曹公，备惶遽奔走，欲南渡江。肃径迎之，到当阳长坂，与备会，宣腾权旨，及陈江东强固，劝备与权并力。备甚欢悦。时诸葛亮与备相随，肃谓亮曰“我子瑜友也”，即共定交。备遂到夏口，遣亮使权，肃亦反命。

【注释】

〔1〕天符：谓天廷的诏命。

〔2〕帏帐：帷帐。

【译文】

刘子扬与鲁肃的交情很深，他写信给鲁肃说：“当今天下豪杰并起，以你的资质才干，尤其适宜于今日。你还是赶快回去迎接老母亲，不要滞留在东城。现今有个叫郑宝的人，在巢湖拥有兵众一万多人，他占据着富饶的地区，庐江郡的许多人都去投奔他，何况我们这些人呢？观察他的形势，还可集聚更多的人，时不可失，你应该尽快到他那儿去”。鲁肃回信答应了他的计划。安葬完祖母后返回曲阿，想要北上。这时适逢周瑜把鲁肃的母亲接到吴郡，鲁肃便把详情都告诉了周瑜。当时孙策已经去世，孙权还住在吴郡，周瑜对鲁肃说：“过去马援回答光武帝说：‘当今时代，不仅君主可以选择臣下，臣下也同样可以选择君主。’现在东吴主人亲近信任有贤德有知识的人，接纳录用有奇才异能之士，况且我听说先前哲人的秘论，秉承天命替代刘氏政权的人，必定兴起在东南，根据天象来推测形势，正反映了历数的变化，也得出终会在东南缔造出帝王基业的结果。现在正是有识之士攀龙附凤、奔驰建功的时候。我现在明白了这个道理，你根本不必把刘子扬的话放在心上”。鲁肃听从了周瑜的话。周瑜便推荐说，鲁肃具备辅助君主治理国家的才能，认为应当广为招致像鲁肃这样有才能的人，不能让他们离去。

孙权立即接见了鲁肃，谈话后，孙权非常喜悦。众宾客告退后，鲁肃也告辞出来，孙权却单独挽留了他，两人同席对饮起来。孙权与鲁肃秘密商议说：“当今汉朝廷如大厦将倾，岌岌可危，四方纷乱如风起云涌，我继承了父兄创立的基业，想建立齐桓公、晋文公那样的功业。你既然前来关心我，将怎么帮助我”？鲁肃回答说：“过去汉高祖想忠心耿耿地尊崇侍奉义帝而没有成功，这是因为项羽捣乱。如今的曹操，就像过去的项羽，将军您又怎么能做到像齐桓公、晋文公那样呢？我私下里估计，汉朝廷已不可能复兴，曹操也不可能一下子就被除掉。为将军考虑，只有占据江东以形成三足鼎立之势，来观察天下形势的变化。天下形势的格局就是如此，也用不着顾忌。为什么呢？北方实在是多有变故。趁着北方多事而混乱的机会，除掉黄祖，讨伐刘表，占据长江流域全境，然后称帝建号，以图进一步夺取天下，这就是汉高祖那样的事业”。孙权说："我如今在一方尽力，只是希望辅佐汉朝廷罢了，你说的这些是我没想到的"。张昭责怪鲁肃不够谦虚，多次诋毁他，说他年少而又粗疏无能，不能重用。然而孙权并不因此而在意，反而更加器重鲁肃，并赐给鲁肃母亲衣服、帷帐及日常用品，如同他家过去一样富有。

刘表死后，鲁肃献计说："荆州与我们吴国接邻，水流向北，外与长江、汉水相连，内有山陵阻隔，如同金城一般坚固，还有万里肥沃的土地，士人和百姓殷实富足，如果能够占有它，这是帝王的根基。现在刘表刚刚死去，他的两个儿子向来就不和睦，军队中的众将领也因此分成了两派。加上刘备是天下豪杰人士，与曹操有矛盾，寄住在刘表那里，刘表忌妒他的才能而不重用他。如果刘备与他们关系融洽，同心协力，我们就该安抚他们，与他们结盟；如果他们之间各有异心，我们就该另想办法，以成就大事。我请求允许奉您的命令去向刘表的两个儿子吊唁，并且慰劳他们军队中的将领，说服刘备去安抚刘表的部下，同心一意，共同对付曹操，刘备一定会高兴地接受我们的意见。这件事如果成功了，天下就可以平定。现在还不速去荆州，恐怕被曹操抢先一步"。孙权立即派遣鲁肃前去。到了夏口，听说曹操已向荆州进军。他日夜兼程，等到了南郡，刘表的儿子刘琮已向曹操投降，刘备仓皇逃跑，准备南渡长江。鲁肃直接去迎刘备，到了当阳县的长坂坡，与刘备会见，转达了孙权的意图，并陈述了江东吴国的强大巩固，劝刘备和孙权合作，共同对付曹操，刘备非常高兴。这时诸葛亮正跟随着刘备，鲁肃对诸葛亮说："我是你哥哥诸葛瑾的朋友"。

两人当即做了朋友。刘备就到夏口驻扎，派遣诸葛亮出使拜见孙权，鲁肃也与他一起回吴国复命。

【原文】

会权得曹公欲东之间，与诸将议，皆劝权迎之，而肃独不言。权起更衣，肃追于宇下，权知其意，执肃手曰："卿欲何言"？肃对曰："向察众人之议，专欲误将军，不足与图大事。今肃可迎操耳，如将军，不可也。何以言之？今肃迎操，操当以肃还付乡党，品其名位，犹不失下曹从事，乘犊车，从吏卒，交游士林，累官故不失州郡也。将军迎操，欲安所归？愿早定大计，莫用众人之议也"。权叹息曰："此诸人持议，甚失孤望；今卿廓开大计，正与孤同，此天以卿赐我也"。

【译文】

这时正逢孙权得到曹操将要东进的消息，就与将领们商议。大家都劝孙权迎降曹操，唯有鲁肃一言不发。孙权起身去上厕所，鲁肃追到屋檐下，孙权知道他的意思，就握着他的手说："你想说什么"？鲁肃回答说："我刚才观察众人的议论，简直是要害将军，不值得和他们谋划大事。现在鲁肃我可以去迎降曹操，而将军您却不能。为什么这样说呢？如果我现在去迎降曹操，曹操会把我送回故乡，评定我的名气和地位，还能做个下曹从事，乘坐牛车，带着吏卒，和士大夫们交游，积功提升也少不了做州郡的长官。可是将军您要迎降曹操，想要有什么结果呢？希望将军早定大计，不要采纳众人的意见”。孙权叹道：“这些人的议论，令我大失所望；现在你献给我的意见却正合我意，这是老天把你赐给我的。”

【原文】

时周瑜受使至鄱阳，肃劝追召瑜还。遂任瑜以行事，以肃为赞军校尉，助画方略。曹公破走，肃即先还，权大请诸将迎肃。肃将入阁拜，权起礼之，因谓曰：“子敬，孤持鞍下马相迎，足以显卿未”？肃趋进曰：“未也”。众人闻之，无不愕然。就坐，徐举鞭言曰：“愿至尊威德加乎四海，总括九州，克成帝业，更以安车软轮征肃，始当显耳”。权抚掌欢笑。后备诣京见权，求都督荆州，惟肃劝权借之，共拒曹公。曹公闻权以土地业备，方作书，落笔于地。

【译文】

这时周瑜接受任务去了鄱阳，鲁肃劝孙权赶紧召回周瑜。于是任命周瑜主管此事，让鲁肃担任赞军校尉，帮助谋划计策。结果曹操在赤壁大败逃走，鲁肃先返回吴郡，孙权请众将领去迎接他。鲁肃要入殿门拜见孙权，孙权起身和他行礼，便对他说：“子敬，我扶鞍下马迎接你，足以使您显耀么”？鲁肃小跑着向前说：“没有”。众人听到这话，无不显出惊愕的样子。等大家都坐下以后，鲁肃缓慢地举起马鞍说道：“我希望将军的武威恩德遍及四海，拥有九州，完成帝王的大业，再用安车软轮来召我，这才算是显耀啊”！孙权听后，拍着手掌，喜笑颜开。后来刘备进京口拜见孙权，请求主管荆州，只有鲁肃劝孙权将荆州借给刘备，共同抵御曹操。曹操听说孙权以荆州的土地资助刘备，当时他正在写信，笔都掉在了地上。

【原文】

周瑜病困，上疏曰："当今天下，方有事役，是瑜乃心夙夜所忧，愿至尊先虑未然，然后康乐。今既与曹操为敌，刘备近在公安，边境密迩，百姓未附，宜得良将以镇抚之。鲁肃智略足任，乞[1]以代瑜。瑜陨踣之日，所怀尽矣"。即拜肃奋武校尉，代瑜领兵。瑜士众四千余人，奉邑四县，皆属焉。令程普领南郡太守。肃初住江陵，后下屯陆口，威恩大行，众增万余人，拜汉昌太守、偏将军。十九年，从权破皖城，转横江将军。

先是，益州牧刘璋纲维颓弛，周瑜、甘宁并劝权取蜀，权以咨备，备内欲自规，乃伪报曰："备与璋托为宗室，冀凭英灵，以匡汉朝。今璋得罪左右，备独竦惧[2]，非所敢闻，愿加宽贷。若不获请，备当放发归于山林"。后备西图璋，留关羽守，权曰："猾虏乃敢挟诈"！及羽与肃邻界，数生狐疑，疆埸纷错，肃常以欢好抚之。备既定益州，权求长沙、零、桂，备不承旨，权遣吕蒙率众进取。备闻，自还公安，遣羽争三郡。肃住益阳，与羽相拒。肃邀羽相见，各驻兵马百步上，但诸将军单刀俱会。

肃因责数羽曰："国家区区本以土地借卿家者，卿家军败远来，无以为资故也。今已得益州，既无奉还之意，但求三郡，又不从命"。语未究竟，坐有一人曰："夫土地者，惟德所在耳，何常之有"！肃厉声呵之，辞色甚切。羽操刀起谓曰："此自国家事，是人何知"！目使之去。备遂割湘水为界，于是罢军。

【注释】

〔1〕乞：求。

〔2〕竦（sǒng）惧：恐惧。竦，通"悚"。

【译文】

周瑜病危，上疏孙权说："当今天下，正是混乱多事的时候，这是我内心日夜所忧虑的事，希望陛下先考虑还没有发生的事情，然后才能安逸享乐。现在既然已与曹操为敌，刘备又近在公安，边境紧密相连，附近的百姓还没有归附，应该用良将来压镇安抚。鲁肃的智谋才略足以胜任，我请求让他来替代我的职务。我死时，内心就没有再牵挂的事了"。于是孙权立即任命鲁肃为奋武校尉，接替周瑜统率军队。周瑜部下的四千多士卒，四个县的奉邑，都划归鲁肃。孙权又任命程普兼任南郡太守。鲁肃起初驻扎在江陵，以后又驻扎在长江下游的陆口，威严和恩惠普遍深入施行，部队增加到一万多人，被任命为汉昌郡太守、偏将军。建安十九年，鲁肃跟从孙权攻破皖城，又升迁为横江将军。

在此以前，益州牧刘璋法纪纲常废弛，周瑜、甘宁一同劝孙权攻取蜀，孙权就此事询问刘备，刘备心中替自己打算，于是假意回报说道："我与刘璋同是皇族后代，希望凭借先人的英灵，以匡佐挽救汉室。现在刘璋得罪了您，我内心惊恐不安，不敢设想，希望您宽恕刘璋。如果将军不答应我这个请求，刘备我只好披散头发，归隐山林"。后来刘备向西进军夺取刘璋的领地，留下关羽镇守荆州，孙权说："狡猾的家伙竟然敢使用奸诈术"！等到关羽与鲁肃的辖区接邻，多次产生猜疑，互不信任，疆界也交错纷杂，鲁肃常用友好的态度来安抚。刘备拿下益州以后，孙权便要求他归还长沙、零陵、桂阳三郡，刘备不答应，孙权派吕蒙率军进攻夺取三郡。刘备听说后，亲自带兵回到公安，派遣关羽去争夺三郡。鲁肃驻兵于益阳，与关羽对峙。鲁肃邀请关羽相见，各自所率兵马都留在百步之外，只请主将单刀相会。鲁肃责问关羽道："我们国家诚心诚意地将土地借给你们，是因为贵方兵败，远道而来，没有土地作依靠的缘故。如今你们已经得到益州，既然没有奉还荆州的意思，我们就只求你们归还三郡，你们也不同意"。话还没有说完，在座的有一个就插话说："说到土地，应该由有德的人来占有，哪有常属一方的"？鲁肃大声地斥责他，言语脸色非常严厉。关羽拿刀站起身来对那个人说："这是国家的大事，你这个人又知道什么"？同时用眼睛示意让那个人离去。刘备就划湘水为界，于是两国罢兵。

【原文】

肃年四十六，建安二十二年卒。权为举哀，又临其葬。诸葛亮亦为发哀。权称尊号，临坛，顾谓公卿曰：“昔鲁子敬尝道此，可谓明于事势矣”。

【译文】

鲁肃于建安二十二年去世，死时四十六岁。孙权为他举办丧事，又亲自前往吊丧。诸葛亮也为鲁肃去世表示哀悼。后来孙权称帝时，来到祭坛前，回头对公卿大臣们说：“过去鲁肃曾经对我说过今天的事，真可谓是明白天下大势呀”！

【原文】

肃遗腹子淑既壮，濡须督张承谓终当到至。永安中，为昭武将军。都亭侯、武昌督。建衡中，假节，迁夏口督。所在严整，有方干。凤皇三年卒。子睦袭爵，领兵马。

【译文】

鲁肃的遗腹子鲁淑长大成人后，濡须督张承认为鲁淑最终能得到很高的地位。永安年间，鲁淑任昭武将军，封为都亭侯，又任武昌督。建衡年间，被授予符节，升任为夏口督。他在任上时严明整肃，有谋略才干。凤凰三年去世。儿子鲁睦承袭了爵位，率领军队。

【评曰】

鲁肃是三国时期儒将的典范。他有智有勇，堪与周瑜媲美，若论高瞻远瞩，深谋远虑，恐较周瑜还略胜一筹。因为在曹、刘、吴三家鼎立纷争的局势中，唯独鲁肃始终不渝地坚持孙刘联盟，这是因为他看到了联盟的维持与巩固，关系到江东生死存亡的长远利益，这是他目光远大的过人之处。他的才智与功绩证明了他是江东最杰出的政治家、军事家和外交家。

吕蒙传

【原文】

吕蒙字子明，汝南富陂人也。少南渡，依姊夫邓当。当为孙策将，数讨[1]山越。蒙年十五六，窃随当击贼，当顾见大惊，呵叱不能禁止。归以告蒙母，母恚欲罚之，蒙曰："贫贱难可居，脱误有功，富贵可致。且不探虎穴，安得虎子"？母哀而舍之。时当职吏以蒙年小轻之，曰："彼竖子何能为？此欲以肉喂虎耳"。他日与蒙会，又蚩[2]辱之。蒙大怒，引刀杀吏，出走，逃邑子郑长家。出因校尉袁雄自首，承间为言，策召见奇之，引置左右。

数岁，邓当死，张昭荐蒙代当，拜别部司马。权统事，料诸小将兵少而用薄者，欲并合之。蒙阴赊贳[3]，为兵作绛衣行縢，及简日，陈列赫然，兵人练习，权见之大悦，增其兵。从讨丹阳，所向有功，拜平北都尉，领广德长。

从征黄祖，祖令都督陈就逆以水军出战。蒙勒前锋，亲枭就首，将士乘胜，进攻其城。祖闻就死，委城走，兵追禽之。权曰："事之克，由陈就先获也"。以蒙为横野中郎将，赐钱千万。

是岁，又与周瑜、程普等西破曹公于乌林，围曹仁于南郡。益州将袭肃举军来附，瑜表以肃兵益蒙，蒙盛称肃有胆用，且慕化远来，于义宜益不宜夺也。权善其言，还肃兵。瑜使甘宁前据夷陵，曹仁分众攻宁，宁困急，使使请救。诸将以兵少不足分，蒙谓瑜、普曰："留淩公绩，蒙与君行，解围释急，势亦不久，蒙保公绩能十日守也"。又说瑜分遣三百人柴断险道，贼走可得其马。瑜从之。军到夷陵，即日交战，所杀过半。敌夜遁去，行遇柴道，骑皆舍马步走。兵追蹙击，获马三百匹，方船载还。于是将士形势自倍，乃渡江立屯，与相攻击，曹仁退走，遂据南郡，抚定荆州。还，拜偏将军，领寻阳令。

鲁肃代周瑜，当之陆口，过蒙屯下。肃意尚轻蒙，或说肃曰："吕将军功名日显，不可以故意待也，君宜顾之"。遂往诣蒙。酒酣，蒙问肃曰："君受重任，与关羽为邻，将何计略以备不虞"？肃造次应曰："临时施宜"。蒙曰："今东西虽为一家，而关羽实熊虎也。计安可不豫定"？因为肃画五策。肃于是越席就之，拊其背曰："吕子明，吾不知卿才略所及乃至于此也"。遂拜蒙母，结友而别。

【注释】

〔1〕讨：讨伐，征讨。

〔2〕蚩（chī）：古同“嗤”，讥笑。

〔3〕赊（shē）贳（shì）：亦作“賒貰”。犹赊贷。

【译文】

吕蒙字子明，汝南郡富陂县人。少年时南渡长江，依附姐夫邓当。邓当是孙策的部将，多次讨伐山越族。吕蒙十五六岁时私自跟随邓当去攻击敌军，邓当看见吕蒙，大吃一惊，大声呵斥他，也不能阻止。回来后邓当将这件事告诉了吕蒙的母亲，他母亲非常生气，想处罚他，吕蒙说：“贫贱的生活难以维持，万一我从军立功，就能得到富贵。再说，不到虎穴里，怎么能得到虎子呢”？他的母亲怜惜他的志向而宽恕了他。当时邓当部下一个官吏认为吕蒙年纪小而轻视他，有一日说：“吕蒙那小子有什么能耐？这是想拿肉来喂虎而已”。与吕蒙相见，又侮辱他。吕蒙非常愤怒，拔出刀就杀了那个小吏，逃到同乡郑长家里躲避起来。后来又通过校尉袁雄出来自首，袁雄趁机为他向孙策求情，孙策召见吕蒙，觉得他不平凡，便把他安置在身边。

几年后，邓当去世，张昭举荐吕蒙代替邓当，任命为别部司马。孙权主事时，考虑到一些小将兵员少而费用不足，要合并他们。吕蒙暗中借了一笔钱，为士兵们做了大红色的衣服和绑腿，等到检阅的那天，操练时，吕蒙的部队队列整齐威武，孙权见了非常高兴，于是就给吕蒙增补了兵员。吕蒙跟随孙权讨伐丹阳，屡建战功，孙权提升他为平北都尉，兼任广德县长。

跟从孙权征讨黄祖，黄祖命令都督陈就率领水军迎战。吕蒙冲锋在前，亲自将陈就斩首，将士们乘胜进攻黄祖的城池。黄祖听说陈就被杀了，就弃城逃跑，兵士们追击捉到了他。孙权说："这次战事的成功，是由于先斩获了陈就"。于是晋升吕蒙为横野中郎将，赏赐钱一千万。

这一年，吕蒙又与周瑜、程普等人在西边乌林打败曹操，在南郡围困曹仁。益州将领袭肃率领全军前来归附东吴，周瑜上表建议将袭肃的部队增补给吕蒙，吕蒙盛称袭肃有胆略才干，况且他仰慕教化远来归附，从道义上讲，应该增加他的兵员，而不应该夺取他的兵员。孙权认为吕蒙说得很对，就把部队归还给了袭肃。周瑜派遣甘宁前去占领夷陵，曹仁分派一部分部队进攻甘宁，甘宁被围困，情况危急，使派遣使者请求援助。众将领认为兵力不足不能分配，吕蒙对周瑜、程普说："凌公绩留守，我与你们去解救甘宁，按这种形势，估计时间不会太久，我保证凌公绩能坚守十天"。又劝说周瑜分派三百人去用木柴阻断险路，敌人逃跑时可得到他们的马匹。周瑜听从了吕蒙的建议。部队到了夷陵，当天就与曹仁交战，杀伤敌人过半。敌人乘夜逃跑，半路上遇到用木柴阻塞的道路，骑兵们丢下马徒步逃走。吴军紧跟追击，缴获马三百匹，编成船队把马载回。于是将士们气势倍增，就渡江建立据点，进攻敌人，曹仁后退逃走，吴军又占据了南郡，安抚平定了荆州。吕蒙回京后，被提升为偏将军，兼任寻阳县令。

鲁肃代替周瑜后，要去陆口，路上经过吕蒙的军营。鲁肃心中还有些轻视吕蒙，有人劝说鲁肃说："吕将军功名日益显赫，不能用老眼光看待他，您应当去看看他"。于是鲁肃就去拜访吕蒙。酒喝到酣畅时，吕蒙问鲁肃说："您受重任，与关羽邻接，将要采取何种策略"？鲁肃匆忙回答说："临时看情况办"。吕蒙说："现在吴和蜀虽然是一家，但关羽实在是个如熊虎一样的将领，怎么不预定计谋呢"？因此给鲁肃策划了五条计策。于是鲁肃越席走到吕蒙身边，拍着他的背说："吕子明，我真没想到你的才能谋略竟达到了如此程度"。就去拜见吕蒙的母亲，与他结成朋友才告别。

【原文】

时蒙与成当、宋定、徐顾屯次比近，三将死，子弟幼弱，权悉以兵并蒙。蒙固辞，陈启顾等皆勤劳国事，子弟虽小，不可废也。书三上，权乃听。蒙于是又为择师，使辅导之，其操心率如此。

魏使庐江谢奇为蕲春典农，屯皖田乡，数为边寇。蒙使人诱之，不从，则伺隙袭击，奇遂缩退，其部伍孙子才、宋豪等，皆携负老弱，诣蒙降。后从权拒曹公于濡须，数进奇计，又劝权夹水口立坞，所以备御甚精，曹公不能下而退。

曹公遣朱光为庐江太守，屯皖，大开稻田，又令间人招诱鄱阳贼帅，使作内应。蒙曰："皖田肥美，若一收孰，彼众必增，如是数岁，操态见矣，宜早除之”。乃具陈其状。于是权亲征皖，引见诸将，问以计策。蒙乃荐甘宁为升城督，督攻在前，蒙以精锐继之。侵晨进攻，蒙手执枹鼓，士卒皆腾踊自升，食时破之。既而张辽至夹石，闻城已拔，乃退。权嘉其功，即拜庐江太守，所得人马皆分与之，别赐寻阳屯田六百户，官属三十人。蒙还寻阳，未期而庐陵贼起，诸将讨击不能禽，权曰：“鸷鸟累百，不如一鹗”。复令蒙讨之。蒙至，诛其首恶，余皆释放，复为平民。

【译文】

当时吕蒙的军营与成当、宋定、徐顾的军营靠近，这三位将军战死之后，子弟幼弱，孙权想把他们的军队全部合并给吕蒙。吕蒙坚决推辞，并上书说，徐顾等将军都为国家的事情辛勤操劳，他们的子弟虽然还小，但不能废弃。三次上书，孙权才答应了。于是吕蒙又给这三位将军的子弟选择老师，辅导教育他们。他为人操心办事，大都是这样。

魏国派庐江人谢奇任蕲春典农都尉，在皖县屯垦田地，多次侵犯边境。吕蒙派人去引诱他投降，他没有答应。吕蒙就寻找机会袭击他，谢奇退缩，他的部下孙子才、宋豪等人都扶老携幼，向吕蒙投降。后来吕蒙又跟随孙权在濡须抗击曹操，屡次进献奇计，又劝孙权在濡须口建立船坞，防御敌人的器械做得很精细，曹操攻占不下就退回去了。

曹操委派朱光为庐江太守，驻扎在皖县，大力开垦稻田，吕蒙又支使间谍引诱招降鄱阳贼兵的首领，让他们做内应。吕蒙说："皖县的田地肥沃，如果一旦稻谷成熟收割，他们的兵员一定会增加，这样几年下来，曹操的势态便形成了，应该早点除掉他们"。就详细地陈述了该地的情况。于是孙权亲自率兵征讨皖县，召见各位将领，询问用什么计策。吕蒙就推荐甘宁任升城督，在前线督攻，吕蒙用精锐部队跟上。凌晨时分开始进攻，吕蒙亲自手执槌击鼓，士卒们兴奋异常，奋勇登城，到了吃早饭时，就攻破了皖县。随后张辽进军到夹石，听说皖县城已被攻克，就退兵回去了。孙权嘉奖吕蒙的功劳，任命他庐江太守，缴获的兵卒和车马都分给了他，另外又赐给他寻阳屯田客六百人，下属官吏三十人。吕蒙回到寻阳，没到一半，庐陵的贼寇作乱，诸将领征伐攻击没能擒获，孙权说："鸷鸟上百只，也不如一只大鹏"。又命令吕蒙讨伐贼寇。吕蒙到了庐陵，杀掉了贼寇的首领，其余的人都被释放，仍为平民。

【原文】

是时刘备令关羽镇守，专有荆土，权命蒙西取长沙、零、桂三郡。蒙移书二郡，望风归服，惟零陵太守郝普城守不降。而备自蜀亲至公安，遣羽争三郡。权时住陆口，使鲁肃将万人屯益阳拒羽，而飞书召蒙，使舍零陵，急还助肃。初，蒙既定长沙，当之零陵，过酃，载南阳邓玄之，玄之者郝普之旧也，欲令诱普。及被书当还，蒙秘之，夜召诸将，授以方略，晨当攻城，顾谓玄之曰："郝子太闻世间有忠义事，亦欲为之，而不知时也。左将军在汉中，为夏侯渊所围。关羽在南郡，今至尊身自临之。近者破樊本屯，救酇，逆为孙规所破。此皆目前之事，君所亲见也。彼方首尾倒悬，救死不给，岂有余力复营此哉？今吾士卒精锐，人思致命，至尊遣兵，相继于道。今子太以旦夕之命，待不可望之救，犹牛蹄中鱼，冀赖江汉，其不可恃亦明矣。若子太必能一士卒之心，保孤城之守，尚能稽延旦夕，以待所归者，可也。今吾计力度虑，而以攻此，曾不移日，而城必破，城破之后，身死何益于事，而令百岁老母，戴白受诛，岂不痛哉？度此家不得外问，谓援可恃，故至于此耳。君可见之，为陈祸福”。玄之见普，具宣蒙意，普惧而听之。玄之先出报蒙：“普寻后当至”。蒙豫敕四将，各选百人，普出，便入守城门。须臾普出，蒙迎执其手，与俱下船。语毕，出书示之，因拊手大笑。普见书，知备在公安而羽在益阳，惭恨入地。蒙留孙皎，委以后事，即日引军赴益阳。刘备请盟，权乃归普等，割湘水，以零陵还之。以寻阳、阳新为蒙奉邑。

师还，遂征合肥，既撤兵，为张辽等所袭，蒙与凌统以死扞卫。后曹公又大出濡须，权以蒙为督，据前所立坞，置强弩万张于其上，以拒曹公。曹公前锋屯未就，蒙攻破之，曹公引退。拜蒙左护军、虎威将军。

鲁肃卒，蒙西屯陆口，肃军人马万余尽以属蒙。又拜汉昌太守，食下隽、刘阳、汉昌、州陵。与关羽分土接境，知羽骁雄，有并兼心，且居国上流，其势难久。初，鲁肃等以为曹公尚存，祸难始构，宜相辅协，与之同仇，不可失也，蒙乃密陈计策曰："令征虏守南郡，潘璋住白帝，蒋钦将游兵万人循江上下，应敌所在，蒙为国家前据襄阳，如此，何忧于操，何赖于羽？且羽君臣矜其诈力，所在反覆，不可以腹心待也。今羽所以未便东向者，以至尊圣明，蒙等尚存也。今不于强壮时图之，一日僵仆[1]，欲复陈力，其可得邪"？权深纳其策，又卿复与论取徐州意，蒙对曰："今操远在河北，新破诸袁，抚集幽、冀，未暇东顾。徐土守兵，闻不足言，往自可克。然地势陆通，骁骑所骋，至尊今日得徐州，操后旬必来争，虽以七八万人守之，犹当怀忧。不如取羽，全据长江，形势益张"。权尤以此言为当。及蒙代肃，初至陆口，外倍修恩厚，与羽结好。

后羽讨樊，留兵将备公安、南郡。蒙上疏曰："羽讨樊而多留备兵，必恐蒙图其后故也。蒙常有病，乞分士众还建业，以治疾为名。羽闻之，必撤备兵，尽赴襄阳。大军浮江，昼夜驰上，袭其空虚，则南郡可下，而羽可擒也"。遂称病笃，权乃露檄召蒙还，阴与图计。羽果信之，稍撤兵以赴樊。魏使于禁救樊，羽尽擒禁等，人马数万，托以粮乏，擅取湘关米。权闻之，遂行，先遣蒙在前。蒙至寻阳，尽伏其精兵中，使白衣摇橹，作商贾人服，昼夜兼行，至羽所置江边屯候，尽收缚之，是故羽不闻知。遂到南郡，士仁、麋芳皆降。蒙入据城，尽得羽及将士家属，皆抚慰，约令军中不得干历人家，有所求取。蒙麾下士，是汝南人，取民家一笠，以覆官铠，官铠虽公，蒙犹以为犯军令，不可以乡里故而废法，遂垂涕斩之。于是军中震栗，道不拾遗。蒙旦暮使亲近存恤耆老，问所不足，疾病者给医药，饥寒者赐衣粮。羽府藏财宝，皆封闭以待权至。羽还，在道路，数使人与蒙相闻，蒙辄厚遇其使，周游城中，家家致问，或手书示信。羽人还，私相参讯，咸知家门无恙，见待过于平时，故羽吏士无斗心。会权寻至，羽自知孤穷，乃走麦城，西至漳乡，众皆委羽而降。权使朱然、潘璋断其径路，即父子俱获，荆州遂定。

【注释】

〔1〕僵仆：死亡。

【译文】

这时，刘备仍让关羽镇守荆州，孙权命令吕蒙领兵向西攻取长沙、零陵、桂阳三郡。吕蒙传递文书给长沙、桂阳二郡，二郡守将望风归降东吴，只有零陵太守郝普守城不降。刘备亲自从西蜀来到公安，派遣关羽争夺这三个郡。当时孙权驻扎在陆口，派遣鲁肃率领一万人驻扎在益阳抵御关羽，用紧急文书召令吕蒙，让他舍弃零陵，急速返回益阳援助鲁肃。当初，吕蒙平定长沙郡之后，要去零陵郡，经过酃县时，南阳人邓玄之与他同车，邓玄之是郝普的老朋友，吕蒙想让他诱郝普投降。接到孙权的信后，吕蒙将来信秘而不宣，夜里召集手下将领，布置计谋策略，早晨攻打零陵城，又对邓玄之说：“郝子太知道世间有忠义之事，也想这样做，可是不识时机。左将军刘备在汉中，被夏侯渊所围困。关羽在南郡，现在我主孙权也亲自到了南郡。近来攻破了樊城军营，解散了酃县，关羽已被孙规打败，这都是最近发生的事，您是亲眼所见的。他们现在正是首尾倒悬，救命都来不及，难道还有余力再营救零陵吗？如今我军都是精锐部队，人人都想拼命作战，主上孙权正调遣兵力，沿路不绝。如今子太的性命朝夕难保，而等待望不到的救兵，就像牛脚印积水中的鱼，想依赖长江、汉水的救济，这事的不可靠也是很明了的。子太如果能使士卒齐心，能坚守孤城，勉强延些时日，以等待以后有所投靠，这还可以，问题是现在我集中兵力全心全意来攻城，要不了多少时间，就一定会破城，城破之后，自己死了又有什么益处？而让百岁老母，满头白发也遭诛杀，岂不痛心吗？我猜想郝普得不到外面的消息，认为援军可靠，所以才到了今天这个地步。您可以去见他，为他陈述祸福的实况”。邓玄之去见郝普，详细地叙述了吕蒙的意见，郝普由于惧怕而听从了。邓玄之先出城向吕蒙汇报，说明郝普随后就会来到。吕蒙预先告诉四位将领，各挑选一百人，等郝普一出城，立即进去据守城门。不一会郝普出了城，吕蒙迎上去执手问候，和他一起下到船上。寒暄完毕，取出孙权写的信给郝普看，拍手大笑。郝普看了信，这才知道刘备驻扎在公安，关羽驻扎在益阳，距离自己并不远，自觉惭愧，无地自容。吕蒙留下孙皎，把善后事宜委托给他，便率领军队赶赴益阳。刘备请求与孙权和好结盟，孙权于是归还了郝普等人，划分湘水为界，把零陵还给了刘备。又以寻阳、阳新作为吕蒙的封邑。

收兵回来，就去征讨合肥，撤军途中，被张辽等人袭击，吕蒙与凌统拼死保卫孙权。后来曹操又向濡须大举进军，孙权任命吕蒙为都督，据守以前所建的堡坞，在上面设置一万把强弩，以抵御曹操。在曹操军队的前锋安营未稳之际，吕蒙出兵击败了他们，曹操率军退了回去。孙权任命吕蒙为左护军、虎威将军。

鲁肃死后，吕蒙西向驻守陆口，鲁肃的军队一万多人全部归属吕蒙统率。又任他为汉昌太守，享受下隽、刘阳、汉昌、州陵四县的租税。与关羽的辖境相邻，吕蒙知道关羽骁勇雄健，有兼并东吴的野心，同时关羽所占的土地又处于东吴的上游，结盟和好，分土而治的形势很难持久。起初，鲁肃等人认为曹操还在，对双方都构成威胁，应该互相帮助同仇敌忾，不可失去这个盟友。吕蒙却秘密向孙权陈述计策说："让征虏将军孙皎守南郡，潘璋驻守白帝城，蒋钦率领游动兵力一万人，沿长江上下游动，随时应付各处敌人，吕蒙为国家据守前沿襄阳，这样的话，曹操有什么可忧？又有什么可依赖关羽的呢？而且关羽君臣，依仗他们自己的欺骗手段和武力，在许多问题上都反复无常，不能够把他们当做心腹。如今关羽所以没有向东出兵的原因，是因为至尊您的圣明，吕蒙等人还活着的缘故。若不在我们正强壮时谋取他们，一旦我们死去，再想要用力，还能办得到吗"？孙权采纳了他的全部计策，又顺便和他商议起攻取徐州的意图，吕蒙回答说："如今曹操在黄河以北，新近打破了袁熙、袁尚等人，安抚平定了幽州、冀州，没有空暇顾及东面。徐州境内防守的兵士，听说力量微不足道，我军前往，自然可以攻克。然而徐州的地势是一片通达的陆地，是骁勇的骑兵驰骋的地方，至尊您今日得到徐州，十天内曹操就会来争夺，虽然用七八万人来坚守它，还是值得忧虑。不如攻取关羽，占据全部长江流域，那样我方形势就会更加壮大”。孙权认为他的这些分析很得当。等到吕蒙代替鲁肃领兵，初到陆口驻扎，表面上加倍给予关羽恩惠与关羽友好交往。

后来关羽征讨魏国的樊城，留下部分兵力驻守公安、南郡。吕蒙上疏说：“关羽讨伐樊城而留下很多守兵，必定是害怕我袭击他后方的缘故。我时常生病，可以以治病为名，分一部分兵士和我一起回建业。关羽听说这消息后，就会撤掉守兵，全部开赴襄阳。那时，我们的大军走水路，乘船昼夜逆流而上，袭取他的空虚所在，那么就可夺得南郡，擒获关羽”。上完奏章以后，吕蒙便声称病重，孙权就用不封口的文书征召吕蒙回建业，暗中与他商议计策。关羽果真相信了，逐渐撤掉南郡的兵力开赴樊城。魏国派于禁救樊城，关羽全部俘虏了于禁等人，抓获了数万人马。又以缺粮为借口，擅自取用湘关的粮食。孙权听到这个消息，就发兵先派遣吕蒙在前面先行。吕蒙到了寻阳，将精兵全部埋伏在大船中，让人穿上白衣装作老百姓的样子摇橹驾船，船中坐的人做商人打扮，昼夜兼程，来到关羽设置在江边的哨所，将哨所中的兵士全部俘虏，捆绑起来，因此，关羽没有听到吕蒙进军的消息。于是吕蒙便来到南郡，蜀将士仁和南郡太守麋芳都投降了。吕蒙进占了江陵城，俘获了关羽和其他将士的全部家眷，对他们进行了安抚慰问，下令军中不得干扰冒犯百姓，不能索要任何财物。吕蒙部下一个兵士，是汝南人，拿了居民家一个斗笠，用来覆盖铠甲，铠甲虽然是公物，吕蒙还是认为他犯了军令，不能够以同乡的关系而废除法令，于是流着泪杀了他。于是军中震惊，道路上有什么丢弃的东西，都没人敢捡取。吕蒙早晚让亲近的将士慰问抚恤老人，问他们缺少什么，生病的看病给药，等待孙权处理。关羽在返回江陵的路途中，多次派人到吕蒙这里探问，吕蒙则很优厚地款待关羽的使者，让他们周游城中，一家家致意问候，家属中有人亲自给作战士兵们写信。关羽的使者返回后，将士们私下互相探询，都知道家中平安无事，受到的待遇比以前更好，所以关羽的将士们都没有斗志。不久以后，孙权紧跟着来到了江陵，关羽知道自己势单力薄，就逃往麦城，再往西到了漳乡，众士兵都抛弃关羽投降孙权。孙权派遣朱然、潘璋从小路拦截，把他们父子二人擒获了，荆州便平定下来。

【原文】

以蒙为南郡太守，封孱陵侯，赐钱一亿，黄金五百斤。蒙固辞金钱，权不许。封爵未下，会蒙疾发，权时在公安，迎置[1]内殿，所以治护者万方，募封内有能愈蒙疾者，赐千金。时有针加，权为之惨戚，欲数见其颜色，又恐劳动，常穿壁瞻之，见小能下食则喜，顾左右言笑，不然则咄[2]，夜不能寐。病中瘳，为下赦令，群臣毕贺。后更增笃，权自临视，命道士于星辰下为之请命。年四十二，遂卒于内殿。时权哀痛甚，为之降损。蒙未死时，所得金宝诸赐尽付府藏，敕主者命绝之日皆上还，丧事务约。权闻之，益以悲感。

【注释】

〔1〕置：安置。

〔2〕咄：叹息。

【译文】

孙权任命吕蒙为南郡太守，封为孱陵侯，赐钱一亿，黄金五百斤。吕蒙坚决推辞所赐黄金和钱，孙权不允许。封爵令还没有下达，适逢吕蒙的病发作了，孙权当时在公安，就把吕蒙接来，安置在自己住的内殿，用了各种药方给他治病，悬赏国内能治好吕蒙病的人赏给黄金一千斤。时时用针刺疗伤，孙权为吕蒙的疼痛而难受，想经常去探望他的病情如何，又怕劳动烦恼惊动了他，常在墙壁上凿洞来看他，看到他稍微能进食，心中就感到高兴，对左右的人就有说有笑，如果吕蒙情况不好，就叹息不止，以致夜间睡不着觉。吕蒙病稍好一些，孙权就为他下赦令，群里都来庆贺。后来吕蒙病情加重，孙权亲自到病榻前探望，命令道士在夜晚的星辰下为吕蒙祈求延寿。四十二岁时，吕蒙死于内殿。当时孙权非常悲痛，为他减乐损膳。吕蒙没死之前，把孙权赏赐给自己的金银珠宝全部交给府库，命令主管的人在他死后全部上交，并嘱咐丧事务必简约。孙权听说了这些事情，更加悲哀伤感。

【原文】

蒙少不修书传，每陈大事，常口占为笺疏。常以部曲事为江夏太守蔡遗所白，蒙无恨意。及豫章太守顾邵卒，权问所用，蒙因荐遗奉职佳吏，权笑曰：“君欲为祁奚邪”？于是用之。甘宁粗暴好杀，既常失蒙意，又时违权令，权怒之，蒙辄陈请：“天下未定，斗将如宁难得，宜容忍之”。权遂厚宁，卒得其用。

蒙子霸袭爵，与守冢三百家，复田五十顷。霸卒，兄琮袭侯。琮卒，弟睦嗣。

孙权与陆逊论周瑜、鲁肃及蒙曰：“公瑾雄烈，胆略兼人，遂破孟德，开拓荆州，邈焉难继，君今继之。公瑾昔要子敬来东，致达于孤，孤与宴语，便及大略帝王之业，此一快也。后孟德因获刘琮之势，张言方率数十万众水步俱下。孤普请诸将，咨问所宜，无适先对，至子布、文表，俱言宜遣使修檄迎之，子敬即驳言不可，劝孤急呼公瑾，付任以众，逆而击之。此二快也。且其决计策意，出张、苏远矣。后虽劝吾借玄德地，是其一短，不足以损其二长也。周公不求备于一人，故孤忘其短而贵其长，常以比方邓禹也。又子明少时，孤谓不辞剧易，果敢有胆而已。及身长大，学问开益，筹略奇至，可以次于公瑾，但言议英发不及之耳。图取关羽，胜于子敬。子敬答孤书云：‘帝王之起，皆有驱除，羽不足忌。’此子敬内不能办，外为大言耳，孤亦恕之，不苟责也。然其作军屯营，不失令行禁止，部界无废负，路无拾遗，其法亦美也”。

【译文】

吕蒙少年时读书不多，每次陈述大事，常常口授书札和奏章。曾经因为自己部下的事被江夏太守蔡遗弹劾，吕蒙没有怨恨他的意思。豫章太守顾邵死后，孙权询问吕蒙用谁接替，吕蒙因而荐举蔡遗，认为他是忠于职守的好官吏，孙权笑着："你想当祁奚吗"？于是任用蔡遗。甘宁脾气粗暴好滥杀人，既常常使吕蒙不满意，又时常违背孙权的命令，孙权很生气，吕蒙总是求情说："天下还没有平定，甘宁这样的猛将很难得，应该宽容他"。孙权于是厚待甘宁，终于发挥了他的作用。

吕蒙的儿子吕霸继承了爵位，又赐给守护坟墓的人三百家，免除租税的田地五十顷。吕霸死后，他的哥哥吕琮承袭了爵位。吕琮死后，他弟弟吕睦继承了爵位。

孙权与陆逊谈论周瑜、鲁肃和吕蒙时说："周瑜勇猛刚烈，胆略过人，因而能够打败曹操，开拓荆州，功业高远，真是难以找到接替他的人，而您现在继承了他。周瑜过去邀请鲁肃到东吴，推荐给我，我和他饮酒交谈，他一开始就提出了统一天下建立帝王之业的谋略，这是第一大快事。后来曹操凭借刘琮降兵的势力，公开扬言要率领数十万人由水陆两路一起东下。我请了所有将领，询问应该用什么办法对付，没有谁回答，甚至张子布、文表两人都说应该修书派遣使者迎接曹操，鲁肃立即予以反驳，劝我急速召回周瑜，交付重兵给他，去迎击曹操，这是第二件大快事。况且他定下的计谋，策划的方略，远远超过了张仪、苏秦；后来他虽然劝我借给刘备荆州之地，是一大短处，但不足以损害他的两大长处。周公说对人不要求全责备，所以我也忘掉他的短处而敬重他的长处，常把他比为邓禹。吕蒙年少时，我只看到他不畏劳苦，果敢而且有胆量而已；到他长大以后，学问增长，运筹谋略出奇到极点，可以说是仅次于鲁肃，只是言谈议论的才气英发赶不上周瑜而已。设谋攻取关羽，胜过了鲁肃。鲁肃在给我的回信中说：‘帝王的兴起，都有人为他驱除祸患，对关羽不必顾忌。’这是鲁肃内心不能设法处治，表面上又说大话罢了，我也宽恕了他，不随便责备。然而他统率军队，能做到令行禁止，在他的辖区内没有荒于职守的官员，路不拾遗，他的法度也是很完善的”。

【评曰】

吕蒙孝顺母亲，举国皆知，鲁肃、甘宁皆敬拜其母，因为他们都佩服吕蒙。他义结同僚，助涂顾等抚育孤儿，又宏量不计较与蔡遗、甘宁间的私怨，反而在主上之前替其作美言。他于军务倥偬之际，仍勤于修学读书，并致诸实用，俾成一代名将之资。他忠于孙吴，对孙权尽心力筹谋；勇斩陈就，破黄祖、朱光；智擒郝普、关羽。这些都是名将吕蒙的毕生点滴。

甘宁传

【原文】

甘宁字兴霸，巴郡临江人也。少有气力，好[1]游侠，招合轻薄少年，为之渠帅。群聚相随，挟持弓弩，负毦带铃，民闻铃声，即知是宁。人与相逢，及属城长吏，接待隆厚者乃与交欢；不尔，即放所将夺其资货，于长吏界中有所贼害，作其发负，至二十余年。止不攻劫，颇读诸子，乃往依刘表，因居南阳，不见进用，后转托黄祖，祖又以凡人畜之。

于是归吴。周瑜、吕蒙皆共荐达，孙权加异，同于旧臣。宁陈计曰："今汉祚日微，曹操弥，终为篡盗。南荆之地，山陵形便，江川流通，诚是国之西势也。宁已观刘表，虑既不远，儿子又劣，非能承业传基者也。至尊当早规之，不可后操图之。图之之计，宜先取黄祖。祖今年老，昏耄[2]已甚，财谷并乏，左右欺弄，务于货利，侵求吏士，吏士心怨，舟船战具，顿废不修，怠于耕农，军无法伍。至尊今往，其破可必。一破祖军，鼓行而西，西据楚关，大势弥广，即可渐规巴、蜀”。权深纳之。张昭时在坐，难曰：“吴下业业，若军果行，恐必致乱”。宁谓昭曰：“国家以萧何之任付君，君居守而忧乱，奚以希慕古人乎”？权举酒属宁曰：“兴霸，今年行讨，如此酒矣，决以付卿。卿但当勉建方略，令必克祖，则卿之功，何嫌张长史之言乎”！权遂西，果禽祖，尽获其士众。遂授宁兵，屯当口。

【注释】

〔1〕好：喜爱，喜好。

〔2〕耄（mào）：年老。

【译文】

甘宁字兴霸，巴郡临江人。年轻时有气力，喜爱游侠，招集一批轻薄少年，做了他们的首领。他们常成群结队聚在一起，手拿弓弩，背负箭羽，马带铃铛，百姓一听到铃声，就知道是甘宁来了。在路上碰上人，以至所属县城的官员，接待周到就与他们结交欢娱；否则，就放任他所带领的轻薄少年强夺别人的财产，对县中的长官也有所伤害，使他们因废职而获罪。到了二十多岁，停止这种举动不抢劫之后，甘宁读了不少诸子百家的著作，于是去依附刘表，就住在南阳。不被刘表晋升任用，后来又转而依附黄祖，黄祖又以普通人对待他。

于是，甘宁就归附了吴国。周瑜、吕蒙共同推荐，孙权也看重他，待他同旧臣一样。甘宁献计说："如今汉朝的国运日益衰微，曹操更加骄傲专横，终会篡夺帝位。南方荆州之地，山势便利，江河畅通，实在是我们吴国西边的好地方。我观察刘表，他考虑问题并不长远，儿子更加无能，不是能继承传授基业的人。主上应当尽早谋取荆州，不能落在曹操的后面。图谋他的计划，第一步应该先拿下黄祖。黄祖如今年老，昏聩糊涂到了极点，资财粮食也都缺乏，身边的人又欺骗愚弄他，贪图钱财，侵夺官吏士兵，官吏兵士心中怨恨，战船及各种作战器具，破损而不加修理，农事耕种被荒疏，军无法规。您今带兵前去，必定能够获胜。一旦打败黄祖军队，大张旗鼓向西进军，在西面占据楚关，势力更加扩大，就可以逐渐谋取巴蜀了"。孙权十分赞许他的意见。当时张昭在坐，他诘难说："吴国目前形势危惧，若是军队真的出征，必定要导致大乱"。甘宁对张昭说："国家把萧何那样的重任交给您，您留驻防守而怕出乱子，您用什么来追慕古人呢"？孙权举起酒杯嘱咐甘宁说："兴霸，今年出征讨伐，就如这杯酒，决定交付给你。你只管努力筹划谋略，使我们必定打败黄祖。那么这就是你立下的大功，又何必顾虑张长史所说的话呢"？孙权于是向西进军，果然擒获了黄祖，俘虏了他的全部兵士。于是授予甘宁一支军队屯驻当口。

【原文】

后随周瑜拒破曹公于乌林。攻曹仁于南郡，未拔，宁建计先径进取夷陵，往即得其城，因入守之。时手下有数百兵，并所新得，仅满千人。曹仁乃令五六千人围宁。宁受攻累日，敌设高楼，雨射城中，士众皆惧，惟宁谈笑自若。遣使报瑜，瑜用吕蒙计，帅诸将解围。后随鲁肃镇益阳，拒关羽。羽号有三万人，自择选锐士五千人，投县上流十余里浅濑，云欲夜涉渡。肃与诸将议。宁时有三百兵，乃曰："可复以五百人益吾，吾往对之，保羽闻吾咳唾，不敢涉水，涉水即是吾禽"。肃便选千兵益宁，宁乃夜往。羽闻之，住不渡，而结柴营，今遂名此处为关羽濑。权嘉宁功，拜西陵太守，领阳新、下雉两县。后从攻皖，为升城督。宁手持练，身缘城，为吏士先，卒破获朱光。计功，吕蒙为最，宁次之，拜折冲将军。后曹公出濡须，宁为前部督，受敕出斫敌前营。权特赐米酒众肴，宁乃料赐手下百余人食。食毕，宁先以银碗酌酒，自饮两碗，乃酌与其都督。都督伏，不肯时持。宁引白削置膝上，呵谓之曰："卿见知于至尊，孰与甘宁？甘宁尚不惜死，卿何以独惜死乎"？都督见宁色厉，即起拜持酒，通酌兵各一银碗。至更二时，衔枚出斫敌。敌惊动，遂退。宁益贵重，增兵二千人。

宁虽粗猛好杀，然开爽有计略，轻财敬士，能厚养健儿，健儿亦乐为用命。建安二十年，从攻合肥，会疫疾，军旅皆已引出，唯车下虎士千余人，并吕蒙、蒋钦、凌统及宁，从权逍遥津北。张辽觇望知之，即将步骑奄至。宁引弓射敌，与统等死战。宁厉声问鼓吹何以不作，壮气毅然，权尤嘉之。

宁厨下儿曾有过，走投吕蒙。蒙恐宁杀之，故不即还。后宁赍礼礼蒙母，临当与升堂，乃出厨下儿还宁。宁许蒙不杀。斯须还船，缚置桑树，自挽弓射杀之。毕，敕船人更增舸缆，解衣卧船中。蒙大怒，击鼓会兵，欲就船攻宁。宁闻之，故卧不起。蒙母徒跣[1]出谏蒙曰："至尊待汝如骨肉，属汝以大事，何有以私怒而欲攻杀甘宁？宁死之日，纵至尊不问，汝是为臣下非法"。蒙素至孝，闻母言，即豁然意释，自至宁船，笑呼之曰："兴霸，老母待卿食，急上"！宁涕泣歔曰："负卿"。与蒙俱还见母，欢宴竟日。

宁卒，权痛惜之。

【注释】

〔1〕跣（xiǎn）：光着脚，不穿鞋袜。

【译文】

以后，甘宁又随周瑜在乌林抵抗击败了曹操。在南郡攻打曹仁，没能攻克，甘宁建议先直接进军攻取夷陵，他率军前往便拿下了这座城池，于是入城驻守。这时他手上只有几百兵士，加上新得到人员，也仅满一千人。曹仁便命令五六千人围攻甘宁。甘宁连日受攻，敌人架设高楼，飞箭像雨点般射进城中，兵士们都非常害怕，唯独甘宁谈笑自如。他派人将情况报告周瑜，周瑜采用吕蒙的计策，率众将领来解围。以后甘宁又随鲁肃镇守益阳，抵抗关羽的进攻。关羽号称有三万人马，亲自挑选精锐兵士五千人，赴向益阳资水上游十多里的浅滩处，说要在夜里涉水渡河。鲁肃便与众将领商议此事。甘宁当时只有三百兵士，便说：“可再给我增加五百兵士，我前去对付关羽，保证关羽一听见我咳嗽的声音，就不敢渡河，渡过河就会被我军捉拿”。鲁肃便挑选了一千兵士加给甘宁，甘宁便连夜前往资水。关羽听说甘宁来了，就停下不再渡河，扎下营寨，如今就把这个地方叫做关羽濑。孙权嘉奖甘宁的功劳，任他为西陵太守，兼任阳新、下雉两县县令。以后甘宁随同孙权进攻皖县，担任登城统帅。甘宁手持练绳，攀登城墙，在兵士前面，终于攻破了皖县城池，俘获了朱光。评议战功，吕蒙最大，甘宁第二，被任为折冲将军。后来曹操出兵濡须，甘宁为前部督，受命出击敌人的前锋部队。孙权专门赏赐米酒和很多菜肴，甘宁便将这些酒菜分赐给手下一百多人吃。吃完后，甘宁先用银碗斟酒，自己喝了两碗，才斟酒给他的都督。都督伏下身子，不肯立即接酒碗。甘宁拿过一把雪白的刀放在膝上，呵斥都督说：“你被主上信任，与我相比怎样？我尚且不惜生命，你为什么偏偏怕死呢”？都督见甘宁满脸怒气，立即起身行礼端酒，并给兵士们通通斟上一银碗酒。到了二更时，大家口里衔着竹枚，出击杀敌。敌人惊动，终于败退。甘宁的地位更加贵重，又给他增加了二千兵员。

甘宁虽然鲁莽凶猛好冲杀，但性格开朗，心中具有谋略，轻视钱财，敬重士人，能厚待英勇善战的人，壮士也乐意为他效命。建安二十年，他跟随孙权进攻合肥，正逢疾病流行。军队已全部撤出，只有车下虎士一千多人和吕蒙、蒋钦、凌统及甘宁，跟随孙权在逍遥津的北边。张辽通过侦察得知这一情况，立即率步、骑兵突然杀到。甘宁拉弓射敌，与凌统等人拼死战斗。甘宁厉声问为什么不击鼓助战，豪壮之气刚毅坚决，鲜明地表现出来，孙权尤为赞许。

甘宁厨房中一个仆人曾有过错，逃走投奔吕蒙。吕蒙怕甘宁把仆人杀了，有意不马上送还。以后甘宁带着礼物来拜见吕蒙的母亲，正当进入内室拜见吕蒙母亲的时候，才送出那个仆人还给甘宁。甘宁答应吕蒙不杀仆人。过了一会儿回到船上，甘宁将仆人绑在桑树上，亲自拉开弓箭射死了仆人。完事后，甘宁命令船上人再增加几根船缆，自己则脱下衣服躺在船上。吕蒙大怒，擂鼓集合士兵，要上船攻杀甘宁。甘宁听说后，故意躺在船上不起来。吕蒙的母亲光着脚出来劝吕蒙说："主上待你如同骨肉，把军国大事托付给你，哪里能因为私怨而就想攻杀甘宁？甘宁若是死了，纵然主上不责问，你作为臣下这么去做也是非法的"。吕蒙一向最孝顺，听了母亲的话，豁然醒悟，怒意顿时消释，他独自来到甘宁船上，笑着招呼甘宁说："兴霸，老母亲等你吃饭呢，赶快上来"！甘宁流着泪哽咽着说："是我辜负了你啊"！于是甘宁与吕蒙都回来见吕蒙母亲，欢宴一整天。

甘宁死后，孙权感到悲痛惋惜。

【评曰】

甘宁性情急躁，易于激动，发怒时动辄要打人甚至杀人，而且有时不完全听孙权的命令。但他勇敢坚毅，豪爽开朗，足智多谋，器重人才，轻财好施，关心部属，士兵乐于从命。孙权善于用人，“不求备于一人”，能“忘其短而用其长”。在孙权手下，甘宁发扬了自己的优点和长处，成为三国时代有名的“斗将”。

凌统传

【原文】

凌统字公绩，吴郡余杭人也。父操，轻侠有胆气，孙策初兴，每从征伐，常冠军履锋。守永平长，平治山越，奸猾敛[1]手，迁破贼校尉。及权统军，从讨江夏。入夏口，先登，破其前锋，轻舟独进，中流矢死。

统年十五，左右多称述者，权亦以操死国事，拜统别部司马，行破贼都围，使摄父兵。后从击山贼，权破保屯先还，余麻屯万人，统与督张异等留攻围之，克日当攻。先期，统与督陈勤会饮酒，勤刚勇任气，因督祭酒，陵轹一坐，举罚不以其道。统疾其侮慢，面折不为用。勤怒詈[2]统，及其父操，统流涕不答，众因罢出。勤乘酒凶悖，又于道路辱统。统不忍，引刀斫勤，数日乃死。及当攻屯，统曰："非死无以谢罪"。乃率厉士卒，身当矢石，所攻一面，应时披坏，诸将乘胜，遂大破之。还，自拘于军正。权壮其果毅，使得以功赎罪。

后权复征江夏，统为前锋，与所厚健儿数十人共乘一船，常去大兵数十里。行入右江，斩黄祖将张硕，尽复船人。还以白权，引军兼道，水陆并集。时吕蒙败其水军，而统先搏其城，于是大获。权以统为承烈都尉，与周瑜等拒破曹公于乌林，遂攻曹仁，迁为校尉。虽在军旅，亲贤接士，轻财重义，有国士之风。

又从破皖，拜荡寇中郎将，领沛相。与吕蒙等西取三郡，反自益阳，从往合肥，为右部督。时权彻军，前部已发，魏将张辽等奄至津北。权使追还前兵，兵去已远，势不相及，统率亲近三百人陷围，扶扞权出。敌已毁桥，桥之属者两版，权策马驱驰，统复还战，左右尽死，身亦被创，所杀数十人，度权已免，乃还。桥败路绝，统被甲潜行。权既御船，见之惊喜。统痛亲近无反者，悲不自胜。权引袂拭之，谓曰："公绩，亡者已矣，苟使卿在，何患无人"？拜偏将军，倍给本兵。时有荐同郡盛暹于权者，以为梗概大节有过于统，权曰："且令如统足矣"。后召暹夜至，时统已卧，闻之，摄衣出门，执其手以入。其爱善不害如此。

统以山中人尚多壮悍，可以威恩诱也，权令东占且讨之，命敕属城，凡统所求，皆先给后闻。统素爱士，士亦慕焉。得精兵万余人，过本县，步入寺门，见长吏怀三版，恭敬尽礼，亲旧故人，恩意益隆。事毕当出，会病卒，时年四十九。权闻之，拊床起坐，哀不能自止，数日减膳，言及流涕，使张承为作铭诔〔3〕。

二子烈、封，年各数岁，权内养于宫，爱待与诸子同，宾客进见，呼示之曰："此吾虎子也"。及八九岁，令葛光教之读书，十日一令乘马，追录统功，封烈亭侯，还其故兵。后烈有罪免，封复袭爵领兵。

【注释】

〔1〕敛：收束，约束。

〔2〕詈（lì）：骂，责骂。

〔3〕铭诔（lěi）：铭和诔。泛指记述死者经历和功德的文章。

【译文】

凌统字公绩，吴郡余杭人。父亲凌操，轻生任侠，有胆量。孙策刚起兵时，凌操常常跟随征战，每每行军走在前充当先锋。代理永平县长时，他平定管理山越人，奸诈狡猾之徒收敛了手脚，被提升为破贼校尉。到了孙权统帅军队，便跟随他讨伐江夏。攻入夏口时，冲在最前面，打败敌人前锋部队，乘轻舟领先前进，被飞箭射死。

凌统这年十五岁，周围有很多人称赞他，孙权也因凌操为国牺牲，任命凌统为别部司马，代理破贼都尉，让他代理父亲带兵。后来跟随孙权平讨山贼，孙权攻取保屯后先期回师，剩下麻屯的一万敌人，让凌统与都督张异等人留下围攻，并约定好进攻的日期。在此之前，凌统与领军陈勤一起饮酒，陈勤刚愎而任性，他担任宴会的祭酒官，欺凌满座，举酒罚酒都不按规矩。凌统痛恨陈勤的欺侮轻慢，当面斥责他，不被采纳。陈勤怒骂凌统及凌统的父亲凌操，凌统流泪不作回答，众人因此罢席。陈勤趁着酒性蛮不讲理，又在路上侮辱凌统。凌统忍无可忍，拔刀砍了陈勤。几天之后陈勤便死了，等到将要攻打麻屯的时候，凌统说："我不战死，无法赎我杀陈勤之罪"。便督率激励士卒，亲自冒着箭矢和石头出击，所攻打的一面，很快被攻破，众将领乘胜进军，终于大获全胜。回师后，他亲自到军正那儿自首。孙权认为他的果敢和坚毅非常了不起，使他得以将功赎罪。

以后孙权再次征讨江夏，凌统担任前锋，与他平日厚待的士兵几十人共乘一条船，常常在本部大军前面几十里。船进入右江，斩杀了黄祖的将领张硕，俘获全部敌船上的人。凌统回来向孙权汇报情况，孙权领军加速前进，水陆两路一起进攻。当时吕蒙打败了黄祖的水军，而凌统又率先攻占了江夏城，于是大获全胜。孙权任凌统为承烈都尉，与周瑜等人在乌林抵御并打败了曹操，继而又攻打曹仁，升为校尉。凌统即使身在军旅之中，也能够亲近结交贤明之士，轻视钱财，看重道义，具有国士的风尚。

凌统又随孙权攻破皖县，被任命为荡寇中郎将，兼任沛郡相。与吕蒙等人向西攻取了三郡，从益阳返回，又随孙权前往合肥，任右部督。这时，孙权开始撤军，先头部队已经出发，魏将张辽等人却突然带军杀到逍遥津北面。孙权派人想追回先头部队，但部队离开已很远，势难相救，凌统率领亲兵三百人冲入敌人重围，保护孙权突围而去。敌人已毁坏了桥梁，桥的连接处只剩下两块木板，孙权驱马疾奔冲过桥，凌统又回返再战，手下人全部战死，他自己也身负创伤，被他杀死的有几十个敌人，估计孙权已经脱险，他才回来。但桥坏路断，凌统只好披甲潜入水中隐蔽前进。孙权回到船上后，看见凌统，十分惊喜。凌统痛惜自己的亲兵没有一个生还，悲伤得控制不住自己。孙权拉起袖子为凌统擦泪，对他说："公绩，死的人已经死了，只要您活着，又为何要怕没有人呢"？便任命凌统为偏将军，加倍授给兵力。当时有人向孙权推荐凌统同郡人盛暹，认为盛暹的气概节操，超过凌统，孙权说："只要让他像凌统这样就够了"。后来晚上召见盛暹，当时凌统已躺下，听说盛暹来了，便穿好衣服出门，拉着盛暹的手进屋。凌统爱才而不妒嫉就是这样。

凌统认为山里人大多强壮剽悍，可以用恩威并施的办法来诱导他们，孙权便命令他到东部各县去招募乃至征讨，又命令各所属城镇官员，凡是凌统所求助的都先供给再上报。凌统向来爱护兵士，兵士也都仰慕他。凌统得到精兵一万多人，经过他故乡余杭县，步入官府大门，见了县吏执版三拜，恭恭敬敬，礼节周到，对亲戚朋友，恩情更加隆重。事情办完将要出发时，不巧因病去世，时年四十九岁。孙权听说这消息后，捶床坐起，哀痛不能自止，令张承为他写了祭文和铭文表示哀悼。

凌统的两个儿子凌烈、凌封，年龄都才几岁，孙权将他们收养在宫中，爱护相待就如同对待自己的几个儿子一样，每有宾客进见，便招呼他俩给客人看，说：“这是我的两个虎子”。到了他们八九岁时，让葛光教他们读书，十天让他们骑一次马。孙权追记凌统的战功，封凌烈为亭侯，交还他父亲过去带领的军队。后来凌烈犯罪，被免掉爵位和职务，凌封又继承爵位，统领军队。

【评曰】

凌统十五岁时便追随在孙权左右，为人刚正英勇，武艺上更是得到了其父凌操的亲传，虽在军旅，却亲贤接士，轻财重义，有国士之风。

张昭传

【原文】

张昭字子布，彭城人也。少好学，善隶书，从白侯子安受《左氏春秋》，博览众书，与琅邪赵昱、东海王朗俱发名友善。弱冠察孝廉，不就，与朗共论旧君讳事，州里才士陈琳等皆称善之。刺史陶谦举茂才，不应，谦以为轻己，遂见拘执。昱倾身营救，方以得免。汉末大乱，徐方士民多避难扬土，昭皆南渡江。孙策创业，命昭为长史、抚军中郎将，升堂拜母，如比肩之旧，文武之事，一以委昭。昭每得北方士大夫书疏，专归美于昭，昭欲嘿而不宣则惧有私，宣之则恐非宜，进退不安。策闻之，欢笑曰："昔管仲相齐，一则仲父，二则仲父，而桓公为霸者宗。今子布贤，我能用之，其功名独不在我乎"！

【译文】

张昭字子布，彭城人。少年时喜欢学习，擅长书写隶书，跟着白侯子安学习《左氏春秋》，博览群书，和琅邪人赵昱、东海人王朗同时出名并且关系友好。成年后被举荐为孝廉，他没有接受，与王朗在一起讨论过去君主避讳的问题，州里的才士陈琳等人都很赞赏他的见解。刺史陶谦推举他为茂才，他不应召，陶谦认为他轻视自己，就把他抓了起来。赵昱竭尽全力营救，他才得以放出。东汉末年，天下大乱，徐州一带的士人百姓多到扬州去避难，张昭等人也南渡长江。孙策创立基业，任命张昭担任长史、抚军中郎将，与他一起登堂拜见张昭老母，就像他已是多年一起的老朋友，军政大事，全部交付给张昭。张昭常常收到北方士大夫的书信，他们都把功劳单独归于张昭。张昭想隐藏不让人知道，担心有人说他有见不得人的事，让人知道又担心不妥当，进退两难，很是不安。孙策听说后，非常高兴地笑着说："从前管仲任齐桓公相国，人家齐桓公一次说请示仲父，二次说请示仲父，而齐桓公依然被争霸天下的人尊崇为首。如今张子布很贤能，我能够重用他，他的功名就难道不归功于我吗"？

【原文】

策临亡，以弟权托昭，昭率群僚立而辅之。上表汉室，下移属城，中外将校，各令奉职。权悲感未视事，昭谓权曰："夫为人后者，贵能负荷先轨，克昌堂构，以成勋业也。方今天下鼎沸，群盗满山，孝廉何得寝伏哀戚，肆匹夫之情哉"？乃身自扶权上马，陈兵而出，然后众心知有所归。昭复为权长史，授任如前。后刘备表权行车骑将军，昭为军师。权每田猎[1]，常乘马射虎，虎尝突前攀持马鞍。昭变色而前曰：“将军何有当尔？夫为人君者，谓能驾御英雄，驱使群贤，岂谓驰逐于原野，校勇于猛兽者乎？如有一旦之患，奈天下笑何”？权谢昭曰：“年少虑事不远，以此惭君”。然犹不能已，乃作射虎车，为方目，间不置盖，一人为御，自于中射之。时有逸群之兽，辄复犯车，而权每手击以为乐。昭虽谏争，常笑而不答。魏黄初二年，遣使者邢贞拜权为吴王。贞入门，不下车。昭谓贞曰：“夫礼无不敬，故法无不行。而君敢自尊大，岂以江南寡弱无方寸之刃故乎”！贞即遽下车。拜昭为绥远将军，封由拳侯。权于武昌，临钓台，饮酒大醉。权使人以水洒群臣曰：“今日酣饮，惟醉堕台中，乃当止耳”。昭正色不言，出外车中坐。权遣人呼昭还，谓曰：“为共作乐耳，公何为怒乎”？昭对曰：“昔纣[2]为糟丘酒池长夜之饮，当时亦以为乐，不以为恶也”。权默然，有惭色，遂罢酒。初，权当置丞相，众议归昭。权曰：“方今多事，职统者责重，非所以优之也”。后孙邵卒，百寮复举昭，权曰：“孤岂为子布有爱乎？领丞相事烦，而此公性刚，所言不从，怨咎将兴，非所以益之也”。乃用顾雍。

【注释】

〔1〕田猎：狩猎。

〔2〕纣：中国商代最后的君主，相传是暴君。

【译文】

孙策临终前，把弟弟孙权托付给张昭。张昭拥立孙权为主公并辅佐他。给汉室上了奏章报告皇帝，给所属各县发布了公文，命令内外的将校武官，让他们各自忠于职守。孙权因为悲痛伤感而没有处理政事，张昭对他说：“作为人主的继承人，贵在能够担负起先辈的遗业，使之兴隆昌盛，以成就伟大的功业。当今天下动荡，群盗遍于山野，您怎么能卧床哀伤，发泄普通人的感情呢”？于是张昭亲自扶孙权上马，排列兵士警卫而出，这样才使人们在心里感到有了归属。张昭仍然担任孙权的长史，授予的职权和过去一样。后来刘备上表任命孙权兼任车骑将军，张昭为军师。孙权每次打猎，常骑马射虎，曾经有只老虎突然冲过来，跳到跟前抓住孙权的马鞍。张昭神色大变，他上前对孙权说：“将军您怎么能这样做？作为人君，是说他能够驾驭英雄，指挥贤能的人，哪里是说他在原野上奔驰追逐，与猛兽较量能力吗？如果一旦发生意外，被天下人耻笑，又怎么办呢”？孙权向张昭表示歉意说：“我年轻，考虑事情不深远，这件事让我很惭愧”。然而孙权仍然不能停止打猎，就做了一辆射虎车，在车上开了方孔，周围虽有隔栏但没安车盖，让一个人给他驾车，他自己在车里从方孔往外射箭。不时有离群的野兽，又来攻击车辆，而孙权常常用手击打野兽为乐。张昭虽然竭力劝说，他却常常笑而不答。魏黄初二年，魏国派使者邢贞任命孙权为吴王。邢贞入宫门时不下车。张昭对邢贞说：“礼节没有不恭敬，所以刑法也没有不施行的。可是，你胆敢妄自尊大，难道是认为江南人少势弱，没有方寸小刀的缘故”？邢贞急忙下车。又任命张昭为绥远将军，封由拳侯。孙权在武昌时，面对钓台，饮酒大醉，他让人用水泼洒群臣说：“今天痛饮，只有醉倒在台上，才能停止”。张昭表情严肃，一言不发，起身走到外面，在车里坐着。孙权派人把他叫回来，对他说：“只是为了大家在一起作乐罢了，您为什么生气呢”？张昭回答说：“从前殷纣王把酒糟堆成山，美酒盛满池，通宵达旦长饮，当时也认为是作乐，并不认为是坏事啊”！孙权沉默不语，面露愧色，就撤去了酒宴。起初，孙权决定设置丞相一职，大家倾向于张昭担任此职。孙权说：“当今天下多事，执掌统理工作的人责任重大，这不是优待他的途径”。后来丞相孙邵去世，百官又推举张昭。孙权说：“我哪里是对子布吝啬这个职位呢？丞相的事务繁杂，而他这个人性情刚烈，他说的话不照办，就会产生怨恨，担任丞相不是对他有好处的事情”。于是任用了顾雍为丞相。

【原文】

权既称尊号，昭以老病，上还官位及所统领。更拜辅吴将军，班亚三司，改封娄侯，食邑万户。在里宅无事，乃著《春秋左氏传》解及《论语》注。权尝问卫尉严：“宁念小时所暗书不”？因诵《孝经》“仲尼居”。昭曰：“严鄙生，臣请为陛下诵之”。乃诵“君子之事上”，咸以昭为知所诵。

昭每朝见，辞气壮厉，义形于色，曾以直言逆旨，中不进见。后蜀使来，称蜀德美，而群臣莫拒，权叹曰："使张公在坐，彼不折则废，安复自夸乎"？明日，遣中使劳问，因请见昭。昭避席谢，权跪止之。昭坐定，仰曰："昔太后、桓王不以老臣属陛下，而以陛下属老臣，是以思尽臣节，以报厚恩，使泯没之后，有可称述，而意虑浅短，违逆盛旨，自分幽沦，长弃沟壑，不图复蒙引见，得奉帷幄。然臣愚心所以事国，志在忠益，毕命而已。若乃变心易虑，以偷荣取容，此臣所不能也"。权辞谢焉。

【译文】

孙权称帝后，张昭因为年老多病，交还了官位以及所统领的部队。孙权又拜他为辅吴将军，地位仅次于三公，又改封为娄侯，给予万户的食邑。张昭在家闲居无事，就著述《春秋左氏传解》和《论语注》。孙权曾经问卫尉严说："你还记得小时候熟读的书吗"？严就背诵了《孝经》的"仲尼居"一节。张昭说："严是个浅陋的书生，我请求为陛下背诵"。于是背诵"君子之事上"一章，众人都认为张昭知道应该背诵什么。

张昭每次上朝，言辞亢直声气雄烈，正气形于颜色。他曾经因为直言而违逆了孙权的意旨，一度不去进见孙权。后来蜀国使者到来，称颂蜀国的德政美好，而群臣却没有人能够与他辩驳，孙权感叹说："假如张公在座，那个使者不是被折服，就会感到丧气，哪里再敢自我吹嘘呢"？第二天，孙权派宫中使臣去慰问张昭，并请张昭和他会面。见面时张昭离开席位向孙权赔罪，孙权挺直身子阻止了他，张昭坐定后，抬头说：

“从前太后、桓王不把老臣托付给陛下，而把陛下托付给老臣，因此我想竭尽臣子的节操，来报答厚恩，使我在辞世之后，有可让后人称道的地方。但我的识见思虑不够深远，违背了陛下圣明的意旨，自以为会受冷落而沉沦，将永远弃于沟壑之中，没想到又蒙受召见，得以在朝廷侍奉陛下。然而我这颗愚陋的心是用来服务国家的，以苟取荣华富贵，这是我所不能做的”。孙权向张昭表示了歉意。

【原文】

权以公孙渊称藩，遣张弥、许晏至辽东拜渊为燕王，昭谏曰：“渊背魏惧讨，远来求援，非本志也。若渊改图，欲自明于魏，两使不反，不亦取笑于天下乎”？权与相反复，昭意弥切。权不能堪，案刀而怒曰：“吴国士人入宫则拜孤，出宫则拜君，孤之敬君，亦为至矣，而数于众中折孤，孤尝恐失计”。昭熟视权曰：“臣虽知言不用，每竭愚忠者，诚以太后临崩，呼老臣于床下，遗诏顾命之言故在耳”。因涕泣横流。权掷刀致地，与昭对泣。然卒遣弥、晏往。昭忿言之不用，称疾不朝。权恨之，土塞其门，昭又于内以土封之。渊果杀弥、晏。权数慰谢昭，昭固不起，权因出过其门呼昭，昭辞疾笃。权烧其门，欲以恐之，昭更闭户。权使人灭火，住门良久，昭诸子共扶昭起，权载以还宫，深自克责。昭不得已，然后朝会。

昭容貌矜严，有威风，权常曰：“孤与张公言，不敢妄也”。举邦惮之。年八十一，嘉禾五年卒。遗令幅巾素棺，敛以时服。权素服临吊，谥曰文侯。长子承已自封侯，少子休袭爵。

【译文】

孙权因为公孙渊向吴国称臣，就派张弥、许晏到辽东任命公孙渊为燕王。张昭劝谏说："公孙渊背叛魏国，害怕受到讨伐，才远道来向我们求援，称臣并不是他本来的意愿。如果公孙渊改变意图，想向魏国表白自己，两位使者就回不来了，这不是要被天下人所取笑吗"？孙权与他反复论辩，而张昭辞意更加坚决，孙权无法忍受，手按着刀愤怒地说："吴国的官员士人入宫则向我拜见，出宫则拜您，我对您的敬重，也算到了极点了，而您屡次在众人面前顶撞我，我常常担心要失虑控制不住自己了"。张昭久久地盯着孙权说："我虽然知道我的话不会被采用，但我还常常竭尽愚忠的原因，确实是因为太后临终前，把我叫到床前留下诏书，那遗言嘱托的话语总是在我耳边回响"。说着，他泪流满面。孙权把刀扔在地上，与张昭相对而泣。然而孙权最终还是派张弥、许晏去了辽东。张昭对所说不被采用而感到气愤，声称有病不再上朝。孙权也恼恨他，用土把张昭大门堵塞，张昭又在里面用土把门封死。公孙渊果然杀了张弥和许宴。孙权多次向他赔罪，张昭坚决不出来。孙权出宫到张昭家门喊他相见，他推辞说病势沉重。孙权放火烧他家的大门，想吓他一吓，而张昭又把内室的门关闭。孙权让人灭了火，在他门前站了很久，张昭的几个儿子一起把张昭搀扶起来，孙权用车把他带回宫里，深深地责备了自己。张昭不得已，这以后又参加朝会。

张昭的容貌端庄严肃，有威风，孙权常说："我和张公谈话，不敢随便"。整个国家的人都敬畏他。嘉禾五年，张昭八十一岁时去世。留下遗嘱，让后人用一幅缣布给他束发，用简朴的棺材，以平常穿的衣服装殓。孙权身穿白色丧服亲临吊唁，谥为文侯。长子张承已经被封侯，由小儿子张休继承爵位。

【原文】

昭弟子奋年二十，造作攻城大攻车，为步骘所荐。昭不愿曰："汝年尚少，何为自委于军旅乎"？奋对曰："昔童汪死难，子奇治阿，奋实不才耳，于年不为少也"。遂领兵为将军，连有功效，至半州都督，封乐乡亭侯。

承字仲嗣，少以才学知名，与诸葛瑾、步骘、严相友善。权为骠骑将军，辟西曹掾，出为长沙西部都尉。讨平山寇，得精兵万五千人。后为濡须都督、奋威将军，封都乡侯，领部曲五千人。承为人壮毅忠谠，能甄识[1]人物，拔彭城蔡款、南阳谢景于孤微童幼，后并为国士，款至卫尉，景豫章太守。

又诸葛恪年少时，众人奇其英才，承言"终败诸葛氏者，元逊也"。勤于长进，笃于物类，凡在庶几之流，无不造门。年六十七，赤乌七年卒，谥曰定侯。子震嗣。初，承丧妻，昭欲为索诸葛瑾女，承以相与有好，难之，权闻而劝焉，遂为婿。生女，权为子和纳之。权数令和修敬于承，执子婿之礼。震诸葛恪诛时亦死。

【注释】

〔1〕甄识：辨识。

【译文】

张昭弟弟的儿子张奋二十岁时，制造了攻城用的大攻车，被步骘所推荐。张昭不满意，说："你年纪还小，为什么要投身于军队呢"？张奋回答说："从前鲁国的童子汪骐为国殉难，齐国的子奇能治理东阿，我的确没什么本事，比年龄却不算小了"。他于是领兵做了将军，接连建立功勋，官至半州都督，被封为乐乡亭侯。

张承字仲嗣，少年时因才学而出名，和诸葛瑾、步骘、严畯相处得很好。孙权任骠骑将军时，征召他为西曹掾，出任长沙西部都尉。征讨平定了山越的贼寇，他得到精兵一万五千人。后来任濡须都督、奋威将军，封都乡侯，领有部曲五千人。张承为人豪壮坚毅，忠诚正直，能够鉴识人物，从孤苦守微的幼童中培养提拔了彭城的蔡款和南阳的谢景，后来两人都成了国家的杰出人才，蔡款官至卫尉，谢景为豫章太守。

另外诸葛恪年轻时，众人对他的杰出才能十分惊异，张承却说最终使诸葛氏败落的就是诸葛恪。他勤奋进取，对待士人十分厚道，凡属于有才学的人，他没有不登门拜访的。享年六十七岁，赤乌七年去世，谥号为定侯。儿子张震继承爵位。当初，张承的妻子死了，张昭打算替他求娶诸葛瑾的女儿，张承因为与诸葛瑾彼此往来有交情，对这事感到很为难。孙权听说后就劝说他，于是他就成了诸葛瑾的女婿。生了个女儿，孙权给儿子孙和娶了她。孙权多次让孙和对张承要恭敬，要遵守女婿的礼节。张震在诸葛恪被害时也死了。

【评曰】

三国时期的名士张昭不仅是东吴的开国元勋，而且其眼力、学识、胆识、威望都堪称东吴文臣之首。他为人刚直不阿，宁折不弯，多年兢兢业业，为东吴诸君主所赞赏。

阚泽传

【原文】

阚泽字德润，会稽山阴人也。家世农夫，至泽好学，居贫无资，常为人佣书，以供纸、笔，所写既毕，诵读亦遍。追师论讲，究览[1]群籍，兼通历数，由是显名。察孝廉，除钱唐长，迁郴令。孙权为骠骑将军，辟补西曹掾，及称尊号，以泽为尚书。嘉禾中，为中书令，加侍中。赤乌五年，拜太子太傅，领中书如故。

泽以经传文多，难得尽用，乃斟酌诸家，刊约《礼》文及诸注说以授二宫，为制行出入及见宾仪。又著《乾象历注》以正时日。每朝廷大议，经典所疑，辄咨访之。以儒学勤劳，封都乡侯。性谦恭笃慎[2]，宫府小吏，呼召对问，皆为抗礼。人有非短，口未尝及，容貌似不足者，然所闻少穷。权尝问："书传篇赋，何者为美"？泽欲讽喻以明治乱，因对贾谊《过秦论》最善，权览读焉。初，以吕壹奸罪发闻，有司穷治，奏以大辟，或以为宜加焚裂，用彰元恶。权以访泽，泽曰："盛明之世，不宜复有此刑"。权从之。又诸官司有所患疾，欲增重科防，以检御臣下，泽每曰"宜依礼、律"，其和而有正，皆此类也。六年冬卒，权痛惜感悼，食不进者数日。

泽州里先辈丹杨唐固亦修身积学，称为儒者，著《国语》《公羊》《谷梁传》注，讲授常数十人。权为吴王，拜固议郎，自陆逊、张温、骆统等皆拜之。黄武四年为尚书仆射，卒。

【注释】

〔1〕究览：深研博览。

〔2〕笃慎：厚重谨慎。

【译文】

阚泽字德润，会稽郡山阴人。家里世代务农，到阚泽时，他很喜好学习，当时家里贫穷没有钱，便常常受雇替别人抄书，以此换来纸笔的费用，抄完书后，他也将抄写的书全部诵读完了。他又寻求老师讨论，深研博览各种书籍，又通晓历法天文，因此出了名。被推举为孝廉，授官为钱塘县县长，又升任郴县县令。孙权任骠骑将军时，征召他补任西曹掾；到孙权称帝号后，又任命他为尚书。嘉禾年间，阚泽任中书令，加授侍中。赤乌五年，任太子太傅，仍旧兼任中书令。

阚泽认为经传文字繁多，很难全部用得上，便斟酌推敲各家之说，删节《礼》的文字和各家的注释去为两宫王子讲授，替他们拟定了出入和同宾客会见的礼仪，又著有《乾象历注》来校正时日。每当朝廷议论大事，遇到经典中有疑难之处，都向他咨询。因为他对儒学的辛勤研究，被封为都乡侯。他性情谦虚恭敬，厚道谨慎，不论宫廷或官府的小官，召来问话时，他都施以平等的礼节。人家有短处，他口里未曾说及，表情就显示出自己有不足的样子，逐渐地，非议之声便没有了。孙权曾问他说："书传诗赋，哪一篇为好"？阚泽想用讽谏比喻来说明治乱之道，就回答说贾谊的《过秦论》最好，孙权便阅读了这篇文章。当初，由于吕壹的奸邪罪行被揭露上报，主管部门彻底追究，严加惩治，奏请对他处以大辟之刑，有人认为应施用火烧车裂之刑，用来昭示元凶的罪恶。孙权就此征询阚泽的意见，阚泽说："盛隆清平的社会，不应再有这种刑法"。孙权听从了他的意见。另外，各官署都存在一些隐祸和弊端，孙权想增加法律条令和处罚，来约束控制臣下，阚泽每次都说"应当按照礼仪和刑律来处理"。他平和而有原则的个性，都像这类情况。赤乌六年冬天阚泽去世，孙权痛惜哀，几天吃不下饭。

阚泽的同州前辈丹杨人唐固，也修养自身，积累学行，被称为儒者。著有《国语》《公羊》《谷梁传》注，常有几十人听他讲授学问。孙权为吴王时，任唐固为议郎，陆逊、张温、骆统等人，都拜见他。黄武四年任尚书仆射，后去世。

【评曰】

三国时期东吴的阚泽，德才兼备，性情谦恭笃慎，追师论讲，究览群籍，兼通历数，是当时的著名学者。

虞翻传

【原文】

虞翻字仲翔，会稽余姚人也，太守王朗命为功曹。孙策征会稽，翻时遭父丧，衰诣府门，朗欲就之，翻乃脱衰入见，劝朗避策。朗不能用。拒战败绩，亡走浮海。翻追随营护，到东部候官，候官长闭城不受，翻往说之，然后见纳。朗谓翻曰：“卿有老母，可以还矣”。翻既归，策复命为功曹，待以交友之礼，身诣翻第。

【译文】

虞翻字仲翔，会稽郡余姚人，会稽太守王朗任命他为功曹。孙策征讨会稽时，虞翻正逢父亲的丧期，穿着丧服来到郡府门前，王朗想出来迎接他，他便脱下丧服进去拜见，劝王朗避开孙策。王朗没有采用他的建议，迎战孙策而遭到失败，漂海逃跑。虞翻追随保护王朗，逃到东部候官县，候官县县长关闭城门不让他们进去，虞翻前去劝说，才被接纳。王朗对虞翻说：“您家里有老母，可以回去了”。虞翻回到会稽以后，孙策又任命他为功曹，用朋友的礼节来对待他，亲自到他家中拜访。

【原文】

策好驰骋游猎，翻谏曰：“明府用乌集之众，驱散附之士，皆得其死力，虽汉高帝不及也。至于轻出微行，从官不暇严〔1〕，吏卒长苦之。夫君人者不重则不威，故白龙鱼服，困于豫且，白蛇自放，刘季害之，愿少留意”。策曰：“君言是也。然时有所思，端坐悒悒，有裨谌〔2〕草创之计，是以行耳”。

【注释】

〔1〕暇严：无暇戒备。

〔2〕裨谌（bìshèn）：春秋时期郑国政治家子产的幕僚。

【译文】

孙策喜欢骑马狩猎，虞翻劝谏说：“您动用仓促集合起来的部队，驱使那些散乱归附的士人，都能得到他们拼死效力，即使是汉高祖也不如您。至于轻易地便装出行，随从官员来不及戒严，官兵们常常以此为苦。统治人的人不庄重严肃就没有威势。所以白龙化为鱼，就会被豫且射中眼睛；白蛇放纵自己，刘邦杀死了它。希望您稍加注意”。孙策说：“您的话是对的。但我常常有些想法，坐在家里感到忧闷，就像裨谌谋划事情那样，因此出去走走”。

【原文】

翻出为富春长。策薨，诸长吏并欲出赴丧，翻曰：“恐邻县山民或有奸变，远委城郭，必致不虞”。因留制服行丧。诸县皆效之，咸以安宁。后翻州举茂才，汉召为侍御史，曹公为司空辟，皆不就[1]。

翻与少府孔融书，并示以所著《易注》。融答书曰：“闻延陵之理乐，睹吾子之治《易》，乃知东南之美者，非徒会稽之竹箭也。又观象云物，察应寒温，原其祸福，与神合契，可谓探赜穷通者也”。会稽东部都尉张纮又与融书曰：“虞仲翔前颇为论者所侵，美宝为质，雕摩益光，不足以损”。

孙权以为骑都尉。翻数犯颜谏争，权不能悦，又性不协俗，多见谤毁，坐徙丹杨泾县。吕蒙图取关羽，称疾还建业，以翻兼知医术，请以自随，亦欲因此令翻得释也。后蒙举军西上，南郡太守麋芳开城出降，蒙未据郡城而作乐沙上，翻谓蒙曰：“今区区一心者麋将军也，城中之人岂可尽信，何不急入城持其管籥乎”？蒙即从之。时城中有伏计，赖翻谋不行。关羽既败，权使翻筮之，得《兑》下《坎》上，《节》，五爻变之《临》，翻曰：“不出二日，必当断头”。果如翻言。权曰：“卿不及伏羲，可与东方朔为比矣”。

魏将于禁为羽所获，系在城中，权至释之，请与相见。他日，权乘马出，引禁并行，翻呵禁曰：“尔降虏，何敢与吾君齐马首乎”！欲抗鞭击禁，权呵止之。后权于楼船会群臣饮，禁闻乐流涕，翻又曰：“汝欲以伪求免邪”？权怅然[2]不平。

【注释】

〔1〕就：就职。

〔2〕怅然：因不如意而感到不痛快。

【译文】

虞翻出任富春县县长。孙策去世时，县中诸多地位较高官员都想去奔丧。虞翻说：“我担心邻县山越或许会有奸贼作乱，我们远离城郭，必然会招致意外”。于是他留在城中，穿上丧服守丧。其他各县都仿效这种做法，因此都平安无事。后来虞翻被所在州府推举为秀才，汉朝廷召他为侍御史，曹操当了司空，征召他去做官，他都不去任职。

虞翻给少府孔融写信，并将自己所著的《易注》送给他看。孔融回信说：“听说延陵弟子研习音乐，又看了您对《周易》的研究，才知道东南地区的精美之处，不仅仅是会稽的竹箭啊。您还观察星云天象，观察并顺应寒暑的变化，推究祸福的根源，都与玄妙莫测的事理相符合，可谓探索深奥地理、通晓奥秘的杰作”。会稽东部都尉张纮写信给孔融说：“虞仲翔以前多被评论者所非难，但他资质卓越像美玉一样，越是雕琢磨砺，越是光彩夺目，任何非难都不足以损害他”。

孙权任命虞翻为骑都尉。虞翻多次冒犯孙权的尊严，进谏规劝力争，孙权不高兴。虞翻秉性不合世俗，常遭人人毁谤，因罪被流放丹杨泾县。吕蒙计划攻取关羽，佯称有病而回到了建业，他以虞翻兼通医术为由，请求让虞翻跟随自己，也是想以此使虞翻得以解脱。后来吕蒙率领大军西上代蜀，南郡太守麋芳打开城门出来投降。吕蒙没有进占郡治城邑据守，却在城外沙地上娱乐庆贺，虞翻对吕蒙说：“如今真心投降的只有麋将军一人，城里的人怎能都相信，为什么不迅速进去控制这座城池呢”？吕蒙当即采纳了他的建议。当时城里确有埋伏袭击的阴谋，幸亏采纳虞翻建议，阴谋才没有得逞。关羽被打败后，孙权让虞翻占筮命运，虞翻占得“兑”下“坎”上，这是“节”卦，第五爻又由阳变阴为“临”卦，虞翻说：“不出两天，关羽一定会掉脑袋”。后来的情况果然如虞翻所说。孙权说：“您比不上伏羲，但可以和东方朔相比了”。

魏国将领于禁被关羽擒获，关押在江陵城中，孙权入城后释放了他，请他前来相见。后来有一天，孙权骑马出游，带着于禁并马而行，虞翻大声呵斥于禁说：“你是投降的俘虏，怎么敢与我们的君主并驾齐驱呢”？说着他举鞭就想抽打于禁，孙权呵斥制止了他。后来孙权在楼船上召集群臣宴饮，于禁听到音乐声流下了眼泪。虞翻又说：“您想用假象求得赦免吗”？孙权听后愤懑不平。

【原文】

权既为吴王，欢宴之末，自起行酒，翻伏地阳[1]醉，不持；权去，翻起坐。权于是大怒，手剑欲击之，侍坐者莫不惶遽，惟大司农刘基起抱权谏曰：“大王以三爵之后手杀善士，虽翻有罪，天下孰知之？且大王以能容贤畜众，故海内望风，今一朝弃之，可乎”？权曰：“曹孟德尚杀孔文举，孤于虞翻何有哉”！基曰：“孟德轻害士人，天下非之。大王躬行德义，欲与尧、舜比隆，何得自喻于彼乎”？翻由是得免。权因敕左右：“自今酒后言杀，皆不得杀”。

翻尝乘船行，与麋芳相逢，芳船上人多欲令翻自避，先驱曰：“避将军船”！翻厉声曰：“失忠与信，何以事君？倾人二城，而称将军，可乎”？芳阖户不应而遽避之。后翻乘车行，又经芳营门，吏闭门，车不得过。翻复怒曰：“当闭反开，当开反闭，岂得事宜邪”？芳闻之，有惭色。

翻性疏直，数有酒失。权与张昭论及神仙，翻指昭曰：“彼皆死人，而语神仙，世岂有仙人邪”！权积怒非一，遂徙翻交州。虽处罪放，而讲学不倦，门徒常数百人。又为《老子》《论语》《国语》训注，皆传于世。

【注释】

〔1〕阳：古同“佯”，假装。

【译文】

孙权做了吴王后，在一次欢宴将要结束时，他亲自起身劝饮斟酒，虞翻趴在地上装醉，不端酒杯。孙权离开后，他又起身坐好。孙权因此非常愤怒，举剑就要杀死他，陪坐的人无不惊慌恐惧，只有大司农刘基起身抱住孙权劝解道："大王在喝醉之后要杀有名望的人，即使虞翻有罪，但天下人又有谁知道他的罪过呢？况且大王因为能容纳贤士蓄养普通的人，所以四海之内都仰望大王的风采，如今一下子丢掉这些，值得吗"？孙权说："曹操尚且杀了孔融，我对虞翻又有什么顾虑的"？刘基说："曹操随意杀害了才德之士，天下人都非议他。大王亲自实行道德仁义，想和尧、舜相媲美，怎么能去类比曹操呢"？虞翻因此免于被杀。孙权于是告诫左右侍从，从今以后，凡是他酒后说杀的，都不得杀。

虞翻曾经乘船出行，与麋芳相遇。麋芳船上人大多想让虞翻自己回避，开道的人喊道："回避将军的船"！虞翻厉声说道："失去忠贞与诚信，凭什么事奉君主？倾覆了人家两座城池，还要口称将军，有道理吗"？麋芳关上门不应声，急忙避开了虞翻。后来虞翻乘车出行，又经过麋芳的军营大门，营中军官关闭了营门，虞翻的车过不去。虞翻又愤怒地说："应该关门时却打开，应该开门时反而关上，难道合乎常理吗"？麋芳听了这话，显出羞惭的神色。

虞翻天性疏朗耿直，多次因酒醉而犯下过错。孙权与张昭谈到神仙，虞翻手指张昭说："那些都是死人，而你却说是神仙，世上难道有仙人吗”？孙权积压的怒气已不是一次，于是就把虞翻流放到交州。虽然处在获罪流放的境地，但虞翻却依然讲学不倦，学生常常多达几百人。他还为《老子》《论语》《国语》作注释，都流传于世。

【原文】

初，山阴丁览，太末徐陵，或在县吏之中，或众所未识，翻一见之，便与友善，终咸显名。

【译文】

起初，山阴人丁览，太末人徐陵，有的只是普通的县吏，有的还不为一般人们所了解，虞翻一见他们，就和他们很友好，最后他们都名声显赫。

【原文】

在南十余年，年七十卒。归葬旧墓，妻子得还。

【译文】

虞翻在南方十几年，七十岁时去世。尸骨运回余姚祖坟安葬，妻子儿女也得以返回故里。

【原文】

翻有十一子，第四子汜最知名，永安初，从选曹郎为散骑中常侍，后为监军使者，讨扶严，病卒。汜弟忠，宜都太守；耸，越骑校尉，累迁廷尉，湘东、河间太守；昺，廷尉，尚书，济阴太守。

【译文】

虞翻有十一个儿子，第四个儿子虞汜最出名。永安初年，他从选曹郎升任散骑中常侍，后来当了监军使者，参加讨伐扶严时，因病去世。虞汜的弟弟虞忠，任宜都太守；虞耸，任越骑校尉，多次提升至廷尉、湘江、河间太守；虞昺，任廷尉尚书、济阴太守。

【评曰】

虞翻才高志远，生性疏直，屡次直言进谏，不畏君王之言。虽然常有失君臣之礼的行为，然十分注重封建礼教，尤其崇尚一臣不事二君的忠君思想。

程黄韩蒋周陈董凌徐潘丁传

程普字德谋，右北平土垠人也。初为州郡吏，有容貌计略，善于应对。从孙坚征伐，讨黄巾于宛、邓，破董卓于阳人，攻城野战，身被创夷。坚薨，复随孙策在淮南，从攻庐江，拔之，还俱东渡。策到横江、当利，破张英、于麋等。转下秣陵、湖孰、句容、曲阿，普皆有功，增兵二千，骑五十匹。进破乌程、石木、波门、陵传、余杭，普功为多。策入会稽，以普为吴郡都尉，治钱唐。后徙丹扬都尉，居石城。复讨宣城、泾、安吴、陵阳、春谷诸贼，皆破之。策尝攻祖郎，大为所围，普与一骑共蔽扞策，驱马疾呼，以矛突贼，贼披，策因随出。后拜荡寇中郎将，领零陵太守，从讨刘勋于寻阳，进攻黄祖于沙羡，还镇石城。

策薨，与张昭等共辅孙权，遂周旋三郡，平讨不服。又从征江夏，还过豫章，别讨乐安。乐安平定，代太史慈备海昏，与周瑜为左右督，破曹公于乌林，又进攻南郡，走曹仁。拜裨将军，领江夏太守，治沙羡，食四县。先出诸将，普最年长，时人皆呼程公。性好施与，喜士大夫。周瑜卒，代领南郡太守。权分荆州与刘备，普复还领江夏，迁荡寇将军，卒。权称尊号，追论普功，封子咨为亭侯。

黄盖字公覆，零陵泉陵人也。初为郡吏，察孝廉，辟公府。孙坚举义兵，盖从之。坚南破山贼，北走董卓，拜盖别部司马，坚薨，盖随策及权，擐甲周旋，蹈刃屠城。诸山越不宾，有寇难之县，辄用盖为守长。石城县吏，特难检御，盖乃署两掾，分主诸曹。教曰："令长不德，徒以武功为官，不以文吏为称。今贼寇未平，有军旅之务，一以文书委付两掾，当检摄诸曹，纠擿谬误。两掾所署，事入诺出，若有奸欺，终不加以鞭杖，宜各尽心，无为众先。"初皆怖威，夙夜恭职。久之，吏以盖不视文书，渐容人事。盖亦嫌外懈怠，时有所省，各得两掾不奉法数事。乃悉请诸掾吏，赐酒食，因出事诘问。两掾辞屈，皆叩头谢罪。盖曰："前已相敕，终不以鞭杖相加，非相欺也。"遂杀之。县中震慄。后转春谷长，寻阳令。凡守九县，所在平定。迁丹杨都尉，抑强扶弱，山越怀附。

盖姿貌严毅，善于养众。每所征讨，士卒皆争为先。建安中，随周瑜拒曹公于赤壁，建策火攻，语在瑜传。拜武锋中郎将。武陵蛮夷反乱，攻守城邑，乃以盖领太守。时郡兵才五百人，自以不敌，因开城门，贼半入，乃击之。斩首数百，余皆奔走，尽归邑落。诛讨魁帅，附从者赦之。自春讫夏，寇乱尽平，诸幽邃巴、醴、由、诞邑侯君长，皆改操易节，奉礼请见，郡境遂清。后长沙益阳县为山贼所攻，盖又平讨。加偏将军，病卒于官。

盖当官决断，事无留滞，国人思之。及权践阼，追论其功，赐子柄爵关内侯。韩当字义公，辽西令支人也。以便弓马有膂力，幸于孙坚，从征伐同旋，数犯危难。陷敌擒虏，为别部司马。及孙策东渡，从讨三郡，迁先登校尉，授兵二千，骑五十匹。从征刘勋，破黄祖，还讨鄱阳，领乐安长，山越畏服。后以中郎将与周瑜等拒破曹公，又与吕蒙袭取南郡，迁偏将军，领永昌太守。宜都之役，与陆逊、朱然等共攻蜀军于涿乡，大破之，徙威烈将军，封都亭侯。曹真攻南郡，当保东南。在外为帅，厉将士同心固守，又敬望督司，奉遵法令，权善之。黄武二年，封石城侯，迁昭武将军，领冠军太守，后又加都督之号。将敢死及解烦兵万人，讨丹杨贼，破之。会病卒，子综袭侯领兵。

其年，权征石阳，以综有忧，使守武昌，而综淫乱不轨。权虽以父故不问，综内怀惧，载父丧，将母家属部曲男女数千人奔魏。魏以为将军，封广阳侯。数犯边境，杀害人民，权常切齿。东兴之役。综为前锋，军败身死，诸葛恪斩送其首，以白权庙。

蒋钦字公奕，九江寿春人也。孙策之袭袁术，钦随从给事。及策东渡，拜别部司马，授兵。与策同旋，平定三郡，又从定豫章。调授葛阳尉，历三县长，讨平盗贼，迁西部都尉。会稽冶贼吕合、秦狼等为乱，钦将兵讨击，遂禽合、狼，五县平定，徙讨越中郎将，以经拘、昭阳为奉邑。贺齐讨黟贼，钦督万兵，与齐并力，黟贼平定。从征合肥，魏将张辽袭权于津北，钦力战有功，迁汤寇将军，领濡须督。后召还都，拜津右护军，典领辞讼。权尝入其堂内，母疏帐缥被，妻妾布裙。权叹其在贵守约，即敕御府为母作锦被，改易帷帐，妻妾衣服悉皆锦绣。

初，钦屯宣城，尝讨豫章贼。芜湖令徐盛收钦屯吏，表斩之，权以钦在远不许，盛由是自嫌于钦。曹公出濡须，钦与吕蒙持诸军节度。盛常畏钦因事害己，而钦每称其善。盛既服德，论者美焉。

权讨关羽，钦督水军入沔。还，道病卒。权素服举哀，以芜湖民二百户、田二百顷，给钦妻子。子壹封宣城侯，领兵拒刘备有功，还赴南郡，与魏交战，临陈卒。壹无子，弟休领兵，后有罪失业。

周泰字幼平，九江下蔡人也。与蒋钦随孙策为左右，服事恭敬，数战有功。策入会稽，署别部司马，授兵。权爱其为人，请以自给。策讨六县山贼，权住宣城，使士自卫，不能千人，意尚忽略，不治围落，而山贼数千人卒至。权始得上马，而贼锋刃已交于左右，或斫中马鞍，众莫能自定。惟泰奋激，投身卫权，胆气倍人，左右由泰并能就战。贼既解散，身被十二创，良久乃苏。是日无泰，权几危殆，策深德之，补春谷长。后从攻皖，及讨江夏，还过豫章，复补宜春长，所在皆食其征赋。

从讨黄祖有功。后与周瑜、程普拒曹公于赤壁，攻曹仁于南郡。荆州平定，将兵屯岑。曹公出濡须，泰复赴击，曹公退。留督濡须，拜平虏将军。时朱然、徐盛等皆在所部，并不伏也。权特为案行至濡须坞，因会诸将，大为酣乐。权自行酒到泰前，命泰解衣，权手自指其创痕，问以所起。泰辄记昔战斗处以对，毕，使复服，欢宴极夜。其明日，遣使者授以御盖。于是盛等乃伏。后权破关羽，欲进图蜀，拜泰汉中太守、奋威将军，封陵阳侯。黄武中卒。子邵以骑都尉领兵。曹仁出濡须，战有功，又从攻破曹休，进位裨将军，黄龙二年卒。弟承领兵袭侯。

陈武字子烈，庐江松滋人。孙策在寿春，武往修谒，时年十八，长七尺七寸，因从渡江征讨，有功，拜别部司马。策破刘勋，多得庐江人，料其精锐，乃以武为督，所向无前。及权统事，转督五校。仁厚好施，乡里远方客多依托之。尤为权所亲爱，数至其家。累有功劳，进位偏将军。建安二十年，从击合肥，奋命战死。权哀之，自临其葬。子脩有武风，年十九，权召见奖厉，拜别部司马，授兵五百人。时诸新兵多有逃叛，而脩抚循得意，不失一人。权奇之，拜为校尉。建安末，追录功臣后，封脩都亭侯，为解烦督。黄龙元年卒。

弟表，字文奥，武庶子也。少知名，与诸葛恪、顾谭、张休等并侍东宫，皆共亲友。尚书暨艳亦与表善，后艳遇罪，时人咸自营护，信厚言薄，表独不然，士以此重之。徙太子中庶子，拜翼正都尉。兄脩亡后，表母不肯事脩母，表谓其母曰：“兄不幸早亡，表统家事，当奉嫡母。母若能为表屈情承顺嫡母者，是至愿也；若母不能，直当出别居耳。”表于大义公正如此。由是二母感寤雍穆。表以父死敌场，求用为将，领兵五百人。表欲得战士之力，倾意接待，士皆爱附，乐为用命。时有盗官物者，疑无难士施明。明素壮悍，收考极毒，惟死无辞，廷尉以闻。权以表能得健儿之心，诏以明付表，使自以意求其情实。表便破械沐浴，易其衣服，厚设酒食，欢以诱之。明乃首服，具列支党。表以状闻。权奇之，欲全其名，特为赦明，诛戮其党。迁表为无难右部督，封都亭侯，以继旧爵。表皆陈让，乞以传脩子延，权不许。嘉禾三年，诸葛恪领丹杨太守，讨平山越，以表领新安都尉，与恪参势。初，表所受赐复人得二百家，在会稽新安县。表简视其人，皆堪好兵，乃上疏陈让，乞以还官，充足精锐。诏曰："先将军有功于国，国家以此报之，卿何得辞焉?"表乃称曰："今除国贼，报父之仇，以人为本。空枉此劲锐以为僮仆，非表志也。"皆辄料取以充部伍。所在以闻，权甚嘉之。下郡县，料正户羸民以补其处。表在官三年，广开降纳，得兵万余人。事捷当出，会鄱阳民吴遽等为乱，攻没城郭，属县摇动，表便越界赴讨，遽以破败，遂降。陆逊拜表偏将军，进封都乡侯，北屯章阬。年三十四卒。家财尽于养士，死之日，妻子露立，太子登为起屋宅。子敖年十七，拜别部司马，授兵四百人。敖卒，脩子延复为司马代敖。延弟永，将军，封侯。始施明感表，自变行为善，遂成健将，致位将军。

董袭字元代，会稽余姚人，长八尺，武力过人。孙策入郡，袭迎于高迁亭，策见而伟之，到署门下贼曹。时山阴宿贼黄龙罗、周勃聚党数千人，策自出讨，袭身斩罗、勃首，还拜别部司马，授兵数千，迁扬武都尉。从策攻皖，又讨刘勋于寻阳，伐黄祖于江夏。策薨，权年少，初统事，太妃忧之，引见张昭及袭等，问江东可保安否，袭对曰："江东地势，有山川之固，而讨逆明府，恩德在民。讨虏承基，大小用命，张昭秉众事，袭等为爪牙，此地利人和之时也，万无所忧。”众皆壮其言。鄱阳贼彭虎等众数万人，袭与淩统、步骘、蒋钦各别分讨。袭所向辄破，虎等望见旌旗，便散走，旬日尽平，拜威越校尉，迁偏将军。

建安十三年，权讨黄祖。祖横两蒙冲挟守沔口，以栟闾大绁系石为矴，上有千人，以弩交射，飞矢雨下，军不得前。袭与淩统俱为前部，各将敢死百人，人被两铠，乘大舸船，突入蒙冲里。袭身以刀断两绁，蒙冲乃横流，大兵遂进。祖便开门走，兵追斩之。明日大会，权举觞属袭曰：“今日之会，断绁之功也。”

曹公出濡须，袭从权赴之，使袭督五楼船住濡须口。夜卒暴风，五搂船倾覆，左右散走舸，乞使袭出。袭怒曰：“受将军任，在此备贼，何等委去也，敢复言此者斩!”于是莫敢干。其夜船败，袭死。权改服临殡，供给甚厚。

甘宁字兴霸，巴郡临江人也。少有气力，好游侠，招合轻薄少年，为之渠帅；群聚相随，挟持弓弩，负毦带铃，民闻铃声，即知是宁。人与相逢，及属城长吏，接待隆厚者乃与交欢；不尔，即放所将夺其资货，于长吏界中有所贼害，作其发负。至二十余年。止不攻劫，颇读诸子。乃往依刘表，因居南阳，不见进用，后转托黄祖，祖又以凡人畜之。

于是归吴。周瑜、吕蒙皆共荐达，孙权加异，同于旧臣。宁陈计曰：“今汉祚日微，曹操弥憍，终为篡盗。南荆之地，山陵形便，江川流通，诚是国之西势也。宁已观刘表，虑既不远。儿子又劣，非能承业传基者也。至尊当早规之，不可后操。图之之计，宜先取黄祖。祖今年老，昏耄已甚，财谷并乏，左右欺弄，务于货利，侵求吏士，吏士心怨。舟船战具，顿废不修，怠于耕农，军无法伍。至尊今往，其破可必。一破祖军，鼓行而西，西据楚关，大势弥广，即可渐规巴、蜀。”权深纳之。张昭时在坐，难曰：“吴下业业，若军果行，恐必致乱。”宁谓昭曰：“国家以萧何之任付君，君居守而忧乱，奚以希慕古人乎?”权举酒属宁曰：“兴霸，今年行讨，如此酒矣，决以付卿。卿但当勉建方略，令必克祖，则卿之功，何嫌张长史之言乎。”权遂西，果禽祖，尽获其士众。遂授宁兵，屯当口。

后随周瑜拒破曹公于乌林。攻曹仁于南郡，未拔。宁建计先径进取夷陵，往即得其城，因入守之。时手下有数百兵，并所新得，仅满千人。曹仁乃令五六千人围宁。宁受攻累日，敌设高楼，雨射城中，士众皆惧，惟宁谈笑自若。遣使报瑜，瑜用吕蒙计，帅诸将解围。后随鲁肃镇益阳，拒关羽。羽号有三万人，自择选锐士五千人，投县上流十余里浅濑，云欲夜涉渡。肃与诸将议。宁时有三百兵，乃曰：“可复以五百人益吾，吾往对之，保羽闻吾欬唾，不敢涉水，涉水即是吾禽。”肃便选千兵益宁，宁乃夜往。羽闻之，住不渡，而结柴营，今遂名此处为关羽濑。权嘉宁功，拜西陵太守，领阳新、下雉两县。后从攻皖，为升城督。宁手持练，身缘城，为吏士先，卒破获朱光。计功，吕蒙为最，宁次之，拜折冲将军。

后曹公出濡须，宁为前部督，受敕出斫敌前营。权特赐米酒众殽，宁乃料赐手下百余人食。食毕，宁先以银碗酌酒，自饮两碗，乃酌与其都督。都督伏，不肯时持。宁引白削置膝上，呵谓之曰："卿见知于至尊，孰与甘宁？甘宁尚不惜死，卿何以独惜死乎？"都督见宁色厉，即起拜持酒，通酌兵各一银碗。至二更时，衔枚出斫敌。敌惊动，遂退。宁益贵重，增兵二千人。

宁虽粗猛好杀，然开爽有计略，轻财敬士，能厚养健儿，健儿亦乐为用命。建安二十年，从攻合肥，会疫疾，军旅皆已引出，唯车下虎士千余人。并吕蒙、蒋钦、凌统及宁，从权逍遥津北。张辽觇望知之，即将步骑奄至。宁引弓射敌，与统等死战。宁厉声问鼓吹何以不作，壮气毅然，权尤嘉之。宁厨下儿曾有过，走投吕蒙。蒙恐宁杀之，故不即还，后宁赍礼礼蒙母，临当与升堂，乃出厨下儿还宁。宁许蒙不杀。斯须还船，缚置桑树，自挽弓射杀之。毕，敕船人更增舸缆，解衣卧船中。蒙大怒，击鼓会兵，欲就船攻宁。宁闻之，故卧不起。蒙母徒跣出谏蒙曰："至尊待汝如骨肉，属汝以大事，何有以私怒而欲攻杀甘宁？宁死之日，纵至尊不问，汝是为臣下非法。"蒙素至孝，闻母言，即豁然意释，自至宁船，笑呼之曰："兴霸，老母待卿食，急上！"宁涕泣歔欷曰："负卿。"与蒙俱还见母，欢宴竟日。

宁卒，权痛惜之。子瑰，以罪徙会稽，无几死。凌统字公绩，吴郡余杭人也。父操，轻侠有胆气。孙策初兴，每从征伐，常冠军履锋。守永平长，平治山越，奸猾敛手，迁破贼校尉。及权统军，从讨江夏，入夏口，先登，破其前锋，轻舟独近，中流矢死。

统年十五，左右多称述者，权亦以操死国事，拜统别部司马。行破贼都尉，使摄父兵。后从击山贼，权破保屯先还，余麻屯万人。统与督张异等留攻围之，克日当攻。先期，统与督陈勤会饮酒，勤刚勇任气，因督祭酒，陵轹一坐，举罚不以其道。统疾其侮慢，面折不为用。勤怒詈统，及其父操，统流涕不答，众因罢出。勤乘酒凶悖，又于道路辱统。统不忍，引刀斫勤，数日乃死。及当攻屯，统曰："非死无以谢罪。"乃率厉士卒，身当矢石，所攻一面，应时披坏，诸将乘胜，遂大破之。还，自拘于军正。权壮其果毅，使得以功赎罪。

后权复征江夏，统为前锋，与所厚健儿数十人共乘一船，常去大兵数十里。行入右江，斩黄祖将张硕，尽获船人。还以白权，引军兼道，水陆并集。时吕蒙败其水军，而统先搏其城，于是大获。权以统为承烈都尉，与周瑜等拒破曹公于乌林，遂攻曹仁，迁为校尉。虽在军旅，亲贤接士，轻财重义，有国士之风。又从破皖，拜汤寇中郎将，领沛相。与吕蒙等西取三郡，反自益阳，从往合肥，为右部督。时权彻军，前部已发，魏将张辽等奄至津北。权使追还前兵，兵去已远，势不相及，统率亲近三百人陷围，扶扞权出。敌已毁桥，桥之属者两版，权策马驱驰，统复还战，左右尽死，身亦被创，所杀数十人，度权已免，乃还。桥败路绝，统被甲潜行。权既御船，见之惊喜。统痛亲近无反者，悲不自胜。权引袂拭之。谓曰："公绩，亡者已矣，苟使卿在，何患无人？"拜偏将军，倍给本兵。时有荐同郡盛暹于权者，以为梗概大节有过于统，权曰：

"且令如统足矣。"后召暹夜至。时统已卧，闻之，摄衣出门，执其手以入。其爱善不害如此。

统以山中人尚多壮悍，可以威恩诱也。权令东占且讨之，命敕属城，凡统所求，皆先给后闻。统素爱士，士亦慕焉。得精兵万余人，过本县，步入寺门，见长吏怀三版，恭敬尽礼，亲旧故人，恩意益隆，事毕当出，会病卒，时年四十九。权闻之，拊床起坐，哀不能自止，数日减膳，言及流涕，使张承为作铭诔。二子烈、封，年各数岁，权内养于宫，爱待与诸子同，宾客进见，呼示之曰："此吾虎子也。"及八九岁，令葛光教之读书，十日一令乘马，追录统功，封烈亭侯，还其故兵，后烈有罪免，封复袭爵领兵。

徐盛字文响，琅邪莒人也。遭乱，客居吴，以勇气闻。孙权统事，以为别部司马，授兵五百人，守柴桑长，拒黄祖。祖子射，尝率数千人下攻盛。盛时吏士不满二百，与相拒击，伤射吏士千余人。已乃开门出战，大破之。射遂绝迹不复为寇。权以为校尉、芜湖令。复讨临城南阿山贼有功，徙中郎将，督校兵。

曹公出濡须，从权御之。魏尝大出横江，盛与诸将俱赴讨。时乘蒙冲，遇迅风，船落敌岸下。诸将恐惧，未有出者。盛独将兵，上突斫敌，敌披退走，有所伤杀。风止便还，权大壮之。及权为魏称藩，魏使邢贞拜权为吴王。权出都亭候贞，贞有骄色，张昭既怒，而盛忿愤。顾谓同列曰："盛等不能奋身出命，为国家并许、洛，吞巴、蜀，而令吾君与贞盟，不亦辱乎！"因涕泣横流。贞闻之，谓其旅曰："江东将相如此，非久下人者也。”

后迁建武将军，封都亭侯，领庐江太守，赐临成县为奉邑。刘备次西陵，盛攻取诸屯，所向有功。曹休出洞口，盛与吕范、全琮渡江拒守。遭大风，船人多丧，盛收余兵，与休夹江。休使兵将就船攻盛，盛以少御多，敌不能克，各引军退。迁安东将军，封芜湖侯。后魏文帝大出，有渡江之志，盛建计从建业筑围。作薄落，围上设假楼，江中浮船。诸将以为无益，盛不听，固立之。文帝到广陵，望围愕然，弥漫数百里，而江水盛长，便引军退。诸将乃伏。

黄武中卒。子楷，袭爵领兵。潘璋字文珪，东郡发干人也。孙权为阳羡长，始往随权。性博荡嗜酒，居贫，好赊酤，债家至门，辄言后豪富相还。权奇爱之，因使召募，得百余人，遂以为将。讨山贼有功，署别部司马。后为吴大市刺奸，盗贼断绝，由是知名，迁豫章西安长。刘表在荆州，民数被寇，自璋在事，寇不入境。比县建昌起为贼乱，转领建昌，加武猛校尉，讨治恶民，旬月尽平，召合遗散，得八百人，将还建业。合肥之役，张辽奄至，诸将不备，陈武斗死，宋谦、徐盛皆披走。璋身次在后，便驰进，横马斩谦、盛兵走者二人，兵皆还战。权甚壮之，拜偏将军，遂领百校，屯半州。

权征关羽，璋与朱然断羽走道，到临沮，住夹石。璋部下司马马忠禽羽，并羽子平、都督赵累等。权即分宜都（至）、秭归二县为固陵郡，拜璋为太守、振威将军，封溧阳侯。甘宁卒，又并其军。刘备出夷陵，璋与陆逊并力拒之，璋部下斩备护军冯习等，所杀伤甚众，拜平北将军、襄阳太守。

魏将夏侯尚等围南郡。分前部三万人作浮桥，渡百里洲上。诸葛瑾、杨粲并会兵赴救，未知所出，而魏兵日渡不绝。璋曰："魏势始盛，江水又浅，未可与战。"便将所领，到魏上流五十里，伐苇数百万束，缚作大筏，欲顺流放火，烧败浮桥。作筏适毕，伺水长当下，尚便引退。璋下备陆口。权称尊号。拜右将军

璋为人粗猛，禁令肃然，好立功业，所领兵马不过数千，而其所在常如万人。征伐止顿，便立军市，他军所无，皆仰取足。然性奢泰，末年弥甚，服物僭拟。吏兵富者，或杀取其财物，数不奉法，监司举奏，权惜其功而辄原不问。嘉禾三年卒。子平，以无行徙会稽。璋妻居建业，赐田宅，复客五十家。

丁奉字承渊，庐江安丰人也。少以骁勇为小将，属甘宁、陆逊、潘璋等。数随征伐，战斗常冠军。每斩将搴旗，身被创夷。稍迁偏将军。孙亮即位，为冠军将军，封都亭侯。

魏遣诸葛诞、胡遵等攻东兴，诸葛恪率军拒之。诸将皆曰："敌闻太傅自来，上岸必遁走。"奉独曰："不然。彼动其境内，悉许、洛兵大举而来，必有成规，岂虚还哉？无恃敌之不至，恃吾有以胜之。"及恪上岸，奉与将军唐咨、吕据、留赞等，俱从山西上。奉曰："今诸军行迟，若敌据便地，则难与争锋矣。"乃辟诸军使下道，帅麾下三千人径进。时北风，奉举帆二日至，遂据徐塘。天寒雪，敌诸将置酒高会，奉见其前部兵少，相谓曰："取封侯爵赏，正在今日！"乃使兵解铠著胄，持短兵。敌人从而笑焉，不为设备。奉纵兵斫之，大破敌前屯。会据等至，魏军遂溃。迁灭寇将军，进封都亭侯。魏将

文钦来降，以奉为虎威将军，从孙峻至寿春迎之，与敌追军战于高亭。奉跨马持矛，突入其陈中，斩首数百，获其军器。进封安丰侯。

太平二年，魏大将军诸葛诞据寿春来降，魏人围之。遣朱异、唐咨等往救，复使奉与黎斐解围。奉为先登，屯于黎浆，力战有功，拜左将军。孙休即位，与张布谋，欲诛孙綝，布曰："丁奉虽不能吏书，而计略过人，能断大事。"休召奉告曰："綝秉国威，将行不轨，欲与将军诛之。"奉曰："丞相兄弟友党甚盛，恐人心不同，不可卒制，可因腊会，有陛下兵以诛之也。"休纳其计，因会请綝，奉与张布目左右斩之。迁大将军，加左右都护。永安三年，假节领徐州牧。六年，魏伐蜀，奉率诸军向寿春，为救蜀之势。蜀亡，军还。

休薨，奉与丞相濮阳兴等从万彧之言，共迎立孙皓，迁右大司马、左军师。宝鼎三年，皓命奉与诸葛靓攻合肥。奉与晋大将石苞书，构而间之，苞以征还。建衡元年，奉复帅众治徐塘，因攻晋穀阳。穀阳民知之，引去，奉无所获。皓怒，斩奉导军。三年，卒。奉贵而有功，渐以骄矜。或有毁之者，皓追以前出军事，徙奉家于临川。奉弟封，官至后将军，先奉死。

【评曰】

"凡此诸将，皆江表之虎臣，孙氏之所厚待也。以潘璋之不修，权能忘过记功，其保据东南，宜哉！陈表将家支庶，而与胄子名人比翼齐衡，拔萃出类，不亦美乎！"

朱治朱然吕范朱桓传

朱治字君理，丹杨故鄣人也。初为县吏，后察孝廉，州辟从事，随孙坚征伐。中平五年，拜司马。从讨长沙、零、桂等三郡贼周朝、苏马等。有功，坚表治行都尉。从破董卓于阳人，入洛阳。表治行督军校尉，特将步骑，东助徐州牧陶谦讨黄巾。会坚薨，治扶冀策，依就袁术。后知术政德不立，乃劝策还平江东。时太傅马日磾在寿春，辟治为掾，迁吴郡都尉。是时吴景已在丹杨，而策为术攻庐江。于是刘繇恐为袁、孙所并，遂构嫌隙。而策家门尽在州下，治乃使人于曲阿迎太妃及权兄弟。所以供奉辅护，甚有恩纪。治从钱唐欲进到吴，吴郡太守许贡拒之于由拳，治与战，大破之。贡南就山贼严自虎，治遂入郡，领太守事。策既走刘繇，东定会稽。权年十五，治举为孝廉。后策薨，治与张昭等共尊奉权。

建安七年，权表治为（九真）太守，行扶义将军，割娄、由拳、无锡。毗陵为奉邑，置长吏。征讨夷越，佐定东南，禽截黄巾余类陈败、万秉等。黄武元年，封毗陵侯，领郡如故。

二年，拜安国将军，金印紫绶，徙封故鄣。权历位上将，及为吴王，治每进见，权常亲迎。执版交拜，飨宴赠赐，恩敬特隆，至从行吏，皆得奉贽私觌，其见异如此。

初，权弟翊，性峭急，喜怒快意，治数责数，谕以道义。权从兄豫章太守贲，女为曹公子妇，及曹公破荆州，威震南土，贲畏惧，欲遣子入质。治闻之，求往见贲，为陈安危，贲由此遂止。权常叹治忧勤王事。性俭约，虽在富贵，车服惟供事。权优异之，自令督军御史典属城文书，治领四县租税而已。然公族子弟及吴四姓多出仕郡，郡吏常以千数，治率数年一遣诣王府。所遣数百人，每岁时贡献御，权答报过厚。是时丹杨深地，颇有奸叛，亦以年向老，思恋土风，自表屯故鄣，镇扶山越。诸父老故人，莫不诣门，治皆引进，与共饮宴，乡党以为荣。在故鄣岁余，还吴。黄武三年卒，在郡三十一年，年六十九。

子才，素为校尉领兵，既嗣父爵，迁偏将军。才弟纪，权以策女妻之，亦以校尉领兵。纪弟纬、万岁，皆早夭。才子琬，袭爵为将，至镇西将军。朱然字义封，治姊子也，本姓施氏。初治未有子，然年十三，乃启策乞以为嗣。策命丹杨郡以羊酒召然，然到吴，策优以礼贺。

然尝与权同学书，结恩爱。至权统事，以然为馀姚长，时年十九。后迁山阴令，加折冲校尉，督五县。权奇其能，分丹杨为临川郡，然为太守，授兵二千人。会山贼盛起，然平讨，旬月而定。曹公出濡须，然备大坞及三关屯，拜偏将军。建安二十四年，从讨关羽，别与潘璋到临沮禽羽，迁昭武将军，封西安乡侯。

虎威将军吕蒙病笃。权问曰："卿如不起，谁可代者？"蒙对曰："朱然胆守有余，愚以为可任。"蒙卒，权假然节，镇江陵。黄武元年，刘备举兵攻宜都。然督五千人与陆逊并力拒备。然别攻破备前锋，断其后道，备遂破走。拜征北将军，封永安侯。

魏遣曹真、夏侯尚、张郃等攻江陵，魏文帝自住宛，为其势援，连屯围城。权遣将军孙盛督万人备州上，立围坞，为然外救。郃渡兵攻盛，盛不能拒，即时欲退，郃据州上围守，然中外断绝。权遣潘璋、杨粲等解而围不解。时然城中兵多肿病，堪战者裁五千人。真等起土山，凿地道，立楼橹临城，弓矢雨注，将士皆失色，然晏如而无恐意，方厉吏士，伺间隙攻破两屯。魏攻围然凡六月日，未退。江陵令姚泰领兵备城北门，见外兵盛，城中人少，谷食欲尽。因与敌交通，谋为内应。垂发，事觉，然治戮泰。尚等不能克，乃彻攻退还。由是然名震于敌国，改封当阳侯。

六年，权自率众攻石阳，及至旋师，潘璋断后。夜出错乱，敌追击璋，璋不能禁。然即还住拒敌，使前船得引极远，徐乃后发。黄龙元年，拜车骑将军、右护军、领兖州牧。顷之，以兖州在蜀分，解牧职。嘉禾三年，权与蜀克期大举，权自向新城，然与全琮各受斧钺，为左右督。会吏士疾病，故未攻而退。

赤乌五年，征柤中，魏将蒲忠、胡质各将数千人，忠要遮险隘。图断然后，质为忠继援。时然所督兵将先四出，闻问不暇收合，便将帐下见兵八百人逆掩。忠战不利，质等皆退。九年，复征柤中，魏将李兴等闻然深入，率步骑六千断然后道，然夜出逆之，军以胜反。先是，归义马茂怀奸，觉诛，权深忿之。然临行上疏曰："马茂小子，敢负恩养。臣今奉天威，事蒙克捷，欲令所获，震耀远近，方舟塞江，使足可观，以解上下之忿。惟陛下识臣先言，责臣后效。"权时抑表不出。然既献捷，群臣上贺，权乃举酒作乐，而出然表曰："此家前初有表，孤以为难必，今果如其言，可谓明于见事也。"遣使拜然为左大司马、右军师。

然长不盈七尺，气候分明。内行修洁，其所文采，惟施军器，余皆质素。终日钦钦，常在战场，临急胆定。尤过绝人。虽世无事，每朝夕严鼓，兵在营者，咸行装就队。以此玩敌，使不知所备，故出辄有功。诸葛瑾子融，步骘子协，虽各袭任，权特复使然总为大督。又陆逊亦本，功臣名将存者惟然，莫与比隆。寝疾二年，后渐增笃，权昼为减膳。夜为不寐，中使医药口食之物，相望于道。然每遣使表疾病消息，权辄召见，口自问讯。入赐酒食，出送布帛。自创业功臣疾病，权意之所钟，吕蒙、凌统最重，然其次矣。年六十八，赤乌十二年卒，权素服举哀，为之感恸。子绩嗣。绩字公绪，以父任为郎，后拜建忠都尉。叔父才卒，绩领其兵，随太常潘濬讨五溪，以胆力称。迁偏将军营下督，领盗贼事，持法不倾。鲁王霸注意交绩，尝至其廨，就之坐，欲与结好，绩下地住立，辞而不当。然卒。绩袭业，拜平魏将军，乐乡督。

明年，魏征南将军王昶率众攻江陵城，不克而退。绩与奋威将军诸葛融书曰："昶远来疲困，马无所食，力屈而走，此天助也。今追之力少，可引兵相继，吾欲破之于前，足下乘之于后，岂一人之功哉，宜同断金之义。"融答许绩。绩便引兵及昶于纪南，纪南去城三十里，绩先战胜而融不进，绩后失利。权深嘉绩，盛责怒融，融兄大将军恪贵重，故融得不废。初绩与恪、融不平，及此事变，为隙益甚。建兴元年，迁镇东将军。

二年春，恪向新城，要绩并力，而留置半州，使融兼其任。冬，恪、融被害，绩复还乐乡，假节。太平二年，拜骠骑将军。孙綝秉政，大臣疑贰，绩恐吴必扰乱，而中国乘衅，乃密书结蜀，使为并兼之虑。蜀遣右将军阎宇将兵五千，增白帝守，以须绩之后命。永安初，迁上大将军、都护督，自巴丘上迄西陵，元兴元年，就拜左大司马。初，然为治行丧竟，乞复本姓，权不许，绩以五凤中表还为施氏，建衡二年卒。

吕范字子衡，汝南细阳人也。少为县吏，有容观姿貌。邑人刘氏，家富女美，范求之。女母嫌，欲勿与，刘氏曰："观吕子衡，宁当久贫者邪？"遂与之婚。后避乱寿春，孙策见而异之，范遂自委昵，将私客百人归策。时太妃在江都，策遣范迎之。徐州牧陶谦谓范为袁氏觇候，讽县掠考范，范亲客健儿篡取以归。时唯范与孙河常从策，跨涉辛苦，危难不避，策亦亲戚待之，每与升堂饮宴于太妃前。后从策攻破庐江，还俱东渡，到横江、当利，破长英、于麋，下小丹杨、湖孰，领湖孰相。策定秣陵、曲阿，收笮融，刘繇余众，增范兵二千，骑五十匹。后领宛陵令，讨破丹杨贼，还吴，迁都督。

是时下邳陈瑀自号吴都太守，住海西，与强族严白虎交通。策自将讨虎，别遣范与徐逸攻瑀于海西，枭其大将陈牧。又从攻祖郎于陵阳，太史慈于勇里。七县平定，拜征虏中郎将，征江夏，还平鄱阳。策薨，奔丧于吴。后权复征江夏，范与张昭留守。曹公至赤壁，与周瑜等俱拒破之，拜裨将军，领彭泽太守，以彭泽、柴桑、历阳为奉邑。刘备诣京见权，范密请留备。后迁平南将军，屯柴桑。

权讨关羽，过范馆。谓曰："昔早从卿言，无此劳也。今当上取之，卿为我守建业。"权破羽还，都武昌，拜范建威将军，封宛陵侯，领丹杨太守，治建业，督扶州以下至海，转以溧阳、怀安、宁国为奉邑。曹休、张辽，臧霸等来伐，范督徐盛、全琮、孙韶等，以舟师拒休等于洞口。迁前将军，假节，改封南昌侯。时遭大风，船人覆溺，死者数千，还军，拜扬州牧。

性好威仪，州民如陆逊、全琮及贵公子，皆修敬虔肃，不敢轻脱。其居处服饰，于时奢靡，然勤事奉法，故权悦其忠，不怪其侈。初策使范曲主财计，权时年少，私从有求，范必关白，不敢专许，当时以此见望。权守阳羡长，有所私用，策或料覆，功曹周谷辄为傅著薄书，使无谴问。权临时悦之，及后统事，以范忠诚，厚见信任，以谷能欺更簿书，不用也。

黄武七年，范迁大司马，印绶未下，疾卒。权素服举哀，遣使者追赠印绶。及还都建业，权过范墓呼曰："子衡！"言及流涕，祀以太牢。范长子先卒，次子据嗣。据字世议。以父任为郎，后范寝疾，拜副军校尉，佐领军事。范卒，迁安军中郎将。数讨山贼，诸深恶剧地，所击皆破、随太常潘浚讨五溪，复有功。朱然攻樊，据与朱异破城外围，还拜偏将军。入补马闲右部督，迁越骑校尉。太元元年，大风，江水溢流，渐淹城门，权使视水，独见据使人取大船以备害。权嘉之，拜荡魏将军。权寝疾，以据为太子右部督。太子即位，拜右将军。魏出东兴，据赴讨有功。明年，孙峻杀诸葛恪，迁据为骠骑将军，平西宫事。五凤二年，假节，与峻等袭寿春，还遇魏将曹珍，破之于高亭。太平元年，帅师侵魏，未及淮，闻孙峻死，以从弟綝自代，据大怒，引军还，欲废綝。綝闻之，使中书奉诏，诏文钦、刘纂，唐咨等使取据，又遣从兄虑以都下兵逆据于江都。左右劝据降魏，据曰："耻为叛臣。"遂自杀。夷三族。

朱桓字休穆，吴郡吴人也。孙权为将军，桓给事幕府，除馀姚长。往遇疫疠，谷食荒贵，桓分部良吏，隐亲医药，飧粥相继，士民感戴之。迁汤寇校尉，授兵二千人，使部伍吴、会二郡，鸠合遗散，期年之间，得万余人。后丹杨、鄱阳山贼蜂起，攻没城郭，杀略长吏，处处屯聚。桓督领诸将，周旋赴讨，应皆平定。稍迁裨将军，封新城亭侯。

后代周泰为濡须督。黄武元年，魏使大司马曹仁步骑数万向濡须，仁欲以兵袭取州上，伪先扬声欲东攻羡溪；桓分兵将赴羡溪，既发，卒得仁进军拒濡须七十里间。桓遣使追还羡溪兵，兵未到而仁奄至。时桓手下及所部兵，在者五千人，诸将业业，各有惧心，桓喻之曰："凡两军交对，胜负在将，不在众寡。诸君闻曹仁用兵行师，孰与桓邪？兵法所以称客倍而主人半者，谓俱在平原。无城池之守，又谓士众勇怯齐等故耳。

今人既非智勇，加其士卒甚怯，又千里步涉，人马罢困，桓与诸军。共据高城，南临大江，北背山陵，以逸待劳，为主制客，此百战百胜之势也。虽曹丕自来，尚不足忧，况仁等邪！”桓因偃旗鼓，外示虚弱，以诱致仁。仁果遣其子泰攻濡须城，分遣将军常雕督诸葛虔、王双等，乘油船别袭中洲。中洲者，部曲妻子所在也。仁自将万人留橐皋，复为泰等后拒。桓部兵将攻取油船，或别击雕等，桓等身自拒泰，烧营而退，遂枭雕，生虏双，送武昌，临陈斩溺死者千余。权嘉桓功，封嘉兴侯，迁奋武将军，领彭城相。

黄武七年，鄱阳太守周鲂谲诱魏大司马曹休，休将步骑十万至皖城以迎鲂。时陆逊为元帅，全琮与桓为左右督，各督三万人击休。休知见欺，当引军还，自负众盛，邀于一战。桓进计曰：“休本以亲戚见任，非智勇名将也。今战必败，败必走。走当由夹石、挂车，此两道皆险阨，若以万兵柴路，则彼众可尽。而休可生虏，臣请将所部以断之。若蒙天威，得以休自效，便可乘胜长驱，近取寿春，割有淮南，以规许、洛，此万世一时，不可失也。”权先与陆逊议，逊以为不可，故计不施行。

黄龙元年，拜桓前将军，领青州牧，假节。嘉禾六年，魏庐江主簿吕习请大兵自迎，欲开门为应。桓与卫将军全琮俱以师迎。既至，事露，军当引还。城外有溪水，去城一里所，广三十余丈，深者八九尺，浅者半之，诸军勒兵渡去，桓自断后。时庐江太守李膺整严兵骑，欲须诸军半渡，因迫击之。及见桓节盖在后，卒不敢出，其见惮如此。是时全琮为督，权又令偏将军胡综宣传诏命，参与军事。琮以军出无获，议欲部分诸将，有所掩袭。桓素气高，耻见部伍，乃往见琮，问行意，感激发怒，与琮校计。琮欲自解，因曰："上自令胡综为督，综意以为宜尔。"桓愈恚恨，还乃使人呼综。综至军门，桓出迎之，顾谓左右曰："我纵手，汝等各自去。"有一人旁出，语综使还。

桓出，不见综，知左右所为，因斫杀之。桓佐军进谏，刺杀佐军，遂托狂发，诣建业治病。权惜其功能，故不罪。使子异摄领部曲，令医视护，数月复遣还中洲。权自出祖送，谓曰："今寇虏尚存，王涂未一，孤当与君共定天下，欲令督五万人专当一面，以图进取，想君疾未复发也。"桓曰："天授陛下圣姿，当君临四海，猥重任臣，以除奸逆，臣疾当自愈。"

桓性护前，耻为人下，每临敌交战，节度不得自由，辄嗔恚愤激。然轻财贵义，兼以强识。与人一面，数十年不忘，部曲万口，妻子尽识之。爱养吏士，赡护六亲，俸禄产业，皆与共分。及桓疾困，举营忧戚。年六十二，赤乌元年卒。吏士男女，无不号慕。又家无余财，权赐盐五千斛以周丧事。子异嗣。

异字季文，以父任除郎，后拜骑都尉，代桓领兵，赤乌四年，随朱然攻魏樊城，建计破其外围，还拜偏将军。魏庐江太守文钦营住六安，多设屯寨，置诸道要，以招诱亡叛，为边寇害。异乃身率其手下二千人，掩破钦七屯，斩首数百，迁扬武将军。权与论攻战，辞对称意。权谓异从父骠骑将军据曰："本知季文定，见之复过所闻。十三年，文钦诈降，密书与异，欲令自迎。异表呈钦书，因陈其伪，不可便迎。权诏曰：“方今北土未一，钦云欲归命，宜且迎之。若嫌其有谲者，但当设计网以罗之，盛重兵以防之耳。”乃遣吕据督二万人，与异并力，至北界，钦果不降。建兴元年，迁镇南将军。是岁魏遣胡遵、诸葛诞等出东兴，异督水军攻浮梁，坏之，魏军大破。太平二元年，假节，为大都督，救寿春围，不解。还军，为孙綝所枉害。

【评曰】

朱治、吕范以旧臣任用，朱然、朱桓以勇烈著闻，吕据、朱异、施绩咸有将领之才，克绍堂构。若范、桓之越隘，得以吉终，至于据、异无此之尤而反罹殃者，所遇之时殊也。

陆逊传

【原文】

陆逊字伯言，吴郡吴人也。本名议，世江东大族。逊少孤，随从祖庐江太守康在官。袁术与康有隙，将攻康，康遣逊及亲戚还吴。逊年长于康子绩数岁，为之纲纪门户。

孙权为将军，逊年二十一，始仕[1]幕府，历东西曹令史，出为海昌屯田都尉，并领县事。县连年亢旱，逊开仓谷以振贫民，劝督农桑，百姓蒙赖。时吴、会稽、丹杨多有伏匿，逊陈便宜，乞与募焉。会稽山贼大帅潘临，旧为所在毒害，历年不禽。逊以手下召兵，讨治深险，所向皆服，部曲已有二千余人。鄱阳贼帅尤突作乱，复往讨之，拜定威校尉，军屯利浦。

权以兄策女配逊，数访世务，逊建议曰："方今英雄棋峙，豺狼窥望，克敌宁乱，非众不济。而山寇旧恶，依阻深地。夫腹心未平，难以图远，可大部伍，取其精锐”。权纳其策，以为帐下右部督。会丹杨贼帅费栈受曹公印绶，扇动[2]山越，为作内应，权遣逊讨栈。栈支党多而往兵少，逊乃益施牙幢，分布鼓角，夜潜山谷间，鼓噪而前，应时破散。遂部伍东三郡，强者为兵，羸者补户，得精卒数万人，宿恶荡除，所过肃清，还屯芜湖。

【注释】

〔1〕仕：做官。

〔2〕扇动：煽动；鼓动。

【译文】

陆逊字伯言，吴郡吴县人。本名叫议，世代都是江东有声望地位的大族。陆逊年幼时就死了父亲，跟随堂祖父庐江太守陆康到他的任所生活。袁术与陆康有仇，准备进攻陆康，陆康便让陆逊和亲属们回吴县。陆逊年龄比陆康的儿子陆绩大几岁，就替陆康管理家族事务。

孙权做将军时，陆逊二十一岁，便开始在将军府任职，历任东西曹令史，又出任海昌县屯田都尉，同时兼管县里的政务。县里连年大旱，陆逊就开仓救济贫民，鼓励并督促百姓耕织生产，使百姓蒙受利益。当时吴郡、会稽、丹杨有很多人因躲避赋役隐藏在山林中，陆逊向孙权陈述有利国家而又切实可行的建议，请求招募这些人。会稽郡山越匪盗头目潘临，一直是这个地区的大祸害，多年未能捕获他。陆逊率部下新招的兵士，讨伐这些藏身于偏远险峻地区的贼寇，所到之处，贼寇无不降服，部队已发展到二千多人。鄱阳郡的贼寇头目尤突作乱，陆逊又前往征讨，被授予定威校尉，军队驻扎在利浦。

孙权将哥哥孙策的女儿许配给陆逊，就当前的大事多次征询他的看法，陆逊建议说："当今英雄豪杰各据一方，凶暴敌人正伺机想吞并我们，要战胜敌人，平定祸乱，没有众多的人马是不能成功的。山越的贼寇与我们以往就有怨恨，现在又依据深山险阻。我们的内乱还没有平定，就难以图谋向外发展，应该大规模扩充队伍，搜捕山贼从中选取精锐的人手"。孙权采纳了他的建议，任命他为帐下右都督。适逢丹杨的匪首费栈接受了曹操的任命，煽动山越人作乱，为曹操做内应，孙权派陆逊去讨伐费栈。费栈的党羽很多，而前往讨伐的兵力很少，陆逊就增设了很多军旗，分散布置了战鼓、号角，夜里潜伏在山谷中，突然鼓角齐鸣，兵士们呐喊着冲入敌阵，匪兵即时溃散。于是陆逊将东三郡的军队加以整编，强壮的当兵，羸弱的补充民户，这样，得到了几万精锐兵士，长期的祸患全部荡除干净，军队所到之处，再也没有贼寇作乱，陆逊回师驻扎芜湖。

【原文】

会稽太守淳于式表逊枉取民人，愁扰所在。逊后诣都，言次，称式佳吏，权曰："式白君而君荐之，何也"？逊对曰："式意欲养民，是以白逊。若逊复毁式以乱圣听，不可长也"。权曰："此诚长者之事，顾人不能为耳"。

吕蒙称疾诣[1]建业，逊往见之，谓曰："关羽接境，如何远下，后不当可忧也"？蒙曰："诚如来言，然我病笃"。逊曰："羽矜其骁气，陵轹于人。始有大功，意骄志逸，但务北进，未嫌于我，兼相闻病，必益无备。今出其不意，自可禽制。下见至尊，宜好为计"。蒙曰："羽素勇猛，既难为敌，且已据荆州，恩信大行，兼始有功，胆势益盛，未易图也"。蒙至都，权问："谁可代卿者"？蒙对曰："陆逊意思深长，才堪负重，观其规虑，终可大任。而未有远名，非羽所忌，无复是过。若用之，当令外自韬隐，内察形便，然后可克"。权乃召逊，拜偏将军右部督，代蒙。

逊至陆口，书与羽曰："前承观衅[2]而动，以律行师，小举大克，一何巍巍[3]！敌国败绩，利在同盟，闻庆拊节，想遂席卷，共奖王纲。近以不敏，受任来西，延慕光尘，思禀良规"。又曰："于禁等见获，遐迩欣叹，以为将军之勋足以长世，虽昔晋文城濮之师，淮阴拔赵之略，蔑以尚兹。闻徐晃等步骑驻旌，窥望麾葆。操猾虏也，忿不思难，恐潜增众，以逞其心。虽云师老，犹有骁悍。且战捷之后，常苦轻敌，古人杖术，军胜弥警，愿将军广为方计，以全独克。仆书生疏迟，忝所不堪，喜邻威德，乐自倾尽，虽未合策，犹可怀也。倘明注仰，有以察之"。羽览逊书，有谦下自托之意，意大安，无复所嫌。逊具启形状，陈其可禽之要。权乃潜军而上，使逊与吕蒙为前部，至即克公安、南郡。逊径进，领宜都太守，拜抚边将军，封华亭侯。备宜都太守樊友委郡走，诸城长吏及蛮夷君长皆降。逊请金银铜印，以假授初附。是岁建安二十四年十一月也。

逊遣将军李异、谢旌等将三千人，攻蜀将詹晏、陈凤。异将水军，旌将步兵，断绝险要，即破晏等，生降得凤。又攻房陵太守邓辅、南乡太守郭睦，大破之。秭归大姓文布、邓凯等合夷兵数千人，首尾西方。逊复部旌讨破布、凯。布、凯脱走，蜀以为将。逊令人诱之，布帅众还降。前后斩获招纳，凡数万计。权以逊为右护军、镇西将军，进封娄侯。

【注释】

〔1〕诣：到。

〔2〕衅：缝隙，感情上的裂痕。

〔3〕巍巍：崇高伟大。

【译文】

会稽太守淳于式上表奏陆逊违法掠取百姓，扰乱了所辖地区，使百姓愁苦不堪。陆逊后来到京都进见孙权，言谈之间称赏淳于式是个好官，孙权问道："淳于式告你的状而你却推举他，为什么呢"？陆逊回答说："淳于式意在保养民力，所以告发我。如果我再诋毁他来混淆陛下的视听，这种做法不可啊"！孙权说："这实在是厚道人的行为，只是别人做不到罢了"。

吕蒙托词有病要去建业，经过芜湖时，陆逊前去拜见他，问吕蒙道：“关羽屯驻在我国边境，您怎么远离防区东下，以后不会有后顾之忧吗”？吕蒙回答说：“的确如你所说，但我的病很重”。陆逊说：“关羽自恃他的勇气，欺压别人。刚刚获得巨大成功，意气骄横，志向狂妄，只顾向北进攻魏国，对我国不存戒心，如果他听说您病了，一定更不防备，现在我们出其不意地进攻他，定能够将他擒拿制伏。您见到主上，应好好计议策划”。吕蒙说：“关羽一向勇猛，本来就很难对付，而且他已占据了荆州，广施恩信，再加之他刚刚立有大功，胆量和威势越发大了起来，不容易打他的主意”。吕蒙到了京都，孙权问他：“谁可以代替您呢”？吕蒙回答说：“陆逊思虑深远，有担当重任的才能，我看他的智谋筹划，最终可以承担击败关羽的重任，而他还不太出名，不是关羽所忌怕的人，没有人再比他更合适的了；倘若任用他，应让他对外不露锋芒，而在暗中观察形势，这样就能打败关羽”。孙权便召见陆逊，任命他为偏将军右部督，代替吕蒙。

陆逊来到陆口，写信给关羽说：“以前承你观察对方的破绽，伺机行动，按照法度掌军用兵，轻而易举，便大获全胜，是何等的威风伟大！敌国溃败，同盟获益，听到喜讯，不觉拍节叫好，想您乘着这个机会，完成席卷天下的大业，共同辅佐朝廷，维持纲纪。最近我受命西来此地，我非常仰慕您的风采，想受到你善意的教诲”。又说：“于禁等人被您俘获，远近对您都钦佩赞叹，认为将军您的功勋足以永垂于世，即便是当年晋文公参与城濮之战的军队，淮阴侯韩信攻取赵国的谋略，也没能超过将军的功绩。听说徐晃等人以少量的骑兵驻扎，窥测您的动向。曹操是个狡猾的敌人，愤怒起来就不顾后果，恐怕会暗中增兵，来达到他的目的。虽说敌军驻扎已久，但还有一些勇猛强悍的将领。而且，打了胜仗之后，往往会产生轻敌思想。古人依仗兵法，军队取胜后更加警惕，希望将军多方采取措施，来保全您独有的战功。我是一介书生，粗疏迟钝，被任命到这个岗位，深感无以胜任。我十分高兴与您为邻，对您的威望和德行非常钦佩，乐于尽抒愚见。我所说的虽然不能合乎您的计谋，但心情是可以理解的”。关羽看了陆逊的信，认为他态度谦卑，有仰赖自己的意思，因此大为放心，不再有所戒备。陆逊把这些情况详细报告孙权，指出可以擒获关羽的要点。孙权于是悄悄派兵西上，任陆逊与吕蒙为先锋，迅速攻占了公安和南郡。陆逊径直前进，兼任宜都太守，被授予抚边将军，封为华亭侯。刘备任命的宜都太守樊友弃城逃走，所属各城的长官及蛮夷头领都纷纷投降。陆逊请求发给金银铜印，以给那些刚刚投降归附的人授官职。这年是建安二十四年十一月。

陆逊派将军李异、谢旌等人率三千兵士，进攻蜀将詹晏和陈凤。李异统领水军，谢旌统领步兵，断绝险要，很快打败詹晏等人，陈凤被擒投降。接着又进攻蜀国房陵太守邓辅和南乡太守郭睦，大败他们。秭归大族文布、邓凯等纠合蛮夷士兵几千人，勾结西蜀。陆逊又部署谢旌攻破文布、邓凯，文布、邓凯逃脱，蜀国任命他们为将军。陆逊派人去引诱他们，文布率军又回来投降。陆逊前后斩杀、俘虏、招降的，总共有几万人。孙权任命他为右护军、镇西将军，提升封号为娄侯。

【原文】

时荆州士人新还，仕进或未得所，逊上疏曰：“昔汉高受命，招延英异，光武中兴，群俊毕至，苟可以熙隆道教者，未必远近。今荆州始定，人物未达，臣愚楼楼，乞普加覆载抽拔之恩，令并获自进，然后四海延颈，思归大化”。权敬纳其言。

黄武元年，刘备率大众来向西界，权命逊为大都督、假节，督朱然、潘璋、宋谦、韩当、徐盛、鲜于丹、孙桓等五万人拒之。备从巫峡、建平连围至夷陵界，立数十屯，以金锦爵赏诱动诸夷，使将军冯习为大督，张南为前部，辅匡、赵融、廖淳、傅肜等各为别督，先遣吴班将数千人于平地立营，欲以挑战。诸将皆欲击之，逊曰：“此必有谲，且观之”。

备知其计不可，乃引伏兵八千，从谷中出。逊曰：“所以不听诸君击班者，揣之必有巧故也”。逊上疏曰：“夷陵要害，国之关限，虽为易得，亦复易失。失之非徒损一郡之地，荆州可忧。今日争之，当令必谐。备干天常，不守窟穴而敢自送，臣虽不材，凭奉威灵，以顺讨逆，破坏在近。寻备前后行军，多败少成，推此论之，不足为戚。臣初嫌之水陆俱进，今反舍船就步，处处结营。察其布置，必无他变。伏愿至尊高枕，不以为念也”。诸将并曰："攻备当在初，今乃令入五六百里，相衔持经七八月，其诸要害皆以固守，击之必无利矣"。逊曰："备是猾虏，更尝事多，其军始集，思虑精专，未可干也。今住已久，不得我便，兵疲意沮，计不复生，犄角此寇，正在今日"。乃先攻一营，不利。诸将皆曰："空杀兵耳"。逊曰："吾已晓破之之术"。乃敕各持一把茅，以火攻，拔之。一尔势成，通率诸军同时俱攻，斩张南、冯习及胡王沙摩柯等首，破其四十余营。备将杜路、刘宁等穷逼请降。备升马鞍山，陈兵自绕。逊督促诸军四面蹙之，土崩瓦解，死者万数。备因夜遁，驿人自担烧铙铠断后，仅得入白帝城。其舟船器械、水步军资，一时略尽，尸骸漂流，塞江而下。备大惭恚，曰："吾乃为逊所折辱，岂非天邪"。

【译文】

当时，荆州流亡的士人刚刚回来，有的人还没有得到适当的安置，陆逊上疏说："过去汉高祖登位，招揽延用优异的人才，光武帝中兴，大批杰出的人才都去归附，只要可以使政教昌明，不必区分远近亲疏。如今荆州刚平定，那些有名望才德的人还没有显达，我恭敬诚恳地请求您普遍给予供养提拔的恩德，使他们都获得晋升的机会，然后天下人就会引颈倾慕，都想来接受深远的教化"。孙权认真地采纳了他的意见。

黄武元年，刘备亲率大军来攻吴国西部边界，孙权任命陆逊为大都督、假节，率领朱然、潘璋、宋谦、韩当、徐盛、鲜于丹、孙桓等部队五万人马抵御刘备。刘备的军营从巫峡、建平，一直连接到夷陵边界，一共设立了几十个营寨，以金银、锦缎、爵位等赏赐来引诱这一带的蛮夷。让将军冯习为大都督，张南为前锋，辅匡、赵融、廖淳、傅彤等人各任分支部队的都督。先派吴班带领几千人在平地上建营驻扎，想以此挑动吴军出战。吴军各将领都主张进攻，陆逊说："蜀国此举必有诈谋，且看看再说吧"。刘备知道自己的计谋行不通，就带领八千名伏兵，从山谷中出来。陆逊说："我所以不让各位攻吴班，是因为揣测蜀军定有诡诈"。陆逊给孙权上疏说："夷陵是要害地区，是国家的大门，虽然容易占取，但也容易失去。失去夷陵，不仅只是损失一个郡的土地，而且整个荆州就要令人担忧了。如今我们争夺此地，务必获得成功。刘备干犯天理，不防守他的老巢，竟敢自己来送死。我虽然没有什么才能，但仰仗陛下的声威，以顺讨逆，胜利就在眼前。回顾刘备前后带兵作战的情况，总是败多胜少，由此推论，不足为虑。我起初担心他水陆并进，如今他却弃船而以步兵作战，处处连结军营，我观察他的军事部署，肯定没有什么别的变化。我希望陛下高枕无忧，不必挂念"。众将领都说："进攻刘备应在当初，如今已让他深入吴境五六百里，相互对峙也已经七八个月，他的要害关口都已严密防守，这时进攻他们必定对我军不利"。陆逊说："刘备是个狡诈的敌人，经历过的事情很多，他的军队刚集结时，考虑精当周密，用心专一，是不能轻易进犯他。如今他驻扎已久，没有占到我们的便宜，军队疲惫，士气颓丧，他也无计可施。夹击敌人，正应当在现在这个时候"。陆逊先出兵进攻蜀军的一处营寨，失利了。众将领都说："这是白白地损失兵力"。陆逊说："我已经掌握了打败敌人的办法"。于是命令士兵每人各拿一把茅草，用火攻的办法取了敌军营寨。一待这种形势形成，陆逊便率领各军同时进攻，斩张南、冯习及胡王沙摩柯等人，攻破敌军四十多处营寨。刘备的将领杜路、刘宁等人被打得走投无路，被迫请求投降。刘备登上马鞍山，布置军队防守。陆逊督促各军四面逼攻，蜀军土崩瓦解，死者上万。刘备乘夜逃脱，驿站里的人挑了兵士扔下的铙钹、铠甲，在隘口放火焚烧，以截断追兵的道路，刘备才得以逃入白帝城。他的船只兵器和水军步兵的军需物资，一下子损失殆尽，士兵的尸体随水漂流而下，塞满了江面。刘备十分羞惭和愤恨，说："我竟然被陆逊挫败、侮辱，这难道不是天意吗"？

【原文】

又魏江夏太守逯式兼领兵马，颇作边害[1]，而与北旧将文聘子休宿不协[2]。逊闻其然，即假作答式书云："得报恳恻，知与休久结嫌隙，势不两存，欲来归附，辄以密呈来书表闻，撰众相迎。宜潜速严，更示定期"。以书置界上，式兵得书以见式，式惶惧，遂自送妻子还洛。由是吏士不复亲附，遂以免罢。

六年，中郎将周祗乞于鄱阳召募，事下问逊。逊以为此郡民易动难，安，不可与召，恐致贼寇。而祗固陈取之，郡民吴遽等果作贼杀祗，攻没诸县，豫章、庐陵宿恶民并应遽为寇。逊自闻，辄讨即破，遽等相率降，逊料得精兵八千余人，三郡平。

时中书典校吕壹，窃弄权柄，擅[3]作威福，逊与太常潘濬同心忧之，言至流涕。后权诛壹，深以自责，语在权传。

时谢渊、谢厷等各陈便宜，欲兴利改作，以事下逊。逊议曰："国以民为本，强由民力，财由民出。夫民殷国弱，民瘠国强者，未之有也。故为国者，得民则治，失之则乱，若不受利，而令尽用立效，亦为难也。是以《诗》叹'宜民宜人，受禄于天'。乞垂圣恩，宁济百姓，数年之间，国用少丰，然后更图"。

【注释】

〔1〕害：危害。

〔2〕不协：不和。

〔3〕擅：超越职权，自作主张。

【译文】

魏国的江夏太守逯式，兼管当地的军事，常常为害边境，但他与魏国的老将文聘的儿子文休素来不和。陆逊得知这一情况，就假造给逯式的回信说："收到了你态度恳切的来信，听说您与文休久结仇怨，势不两立，准备来投诚归附，我立即以秘密呈报的方式把您的来信上报朝廷，并集合人马迎接您。你应当暗中迅速整装待发，再告知来归附的确切时间"。将这封信放置在边界上，逯式的博士拾信后拿给逯式看，逯式惊惶恐惧，于是亲自送妻子儿女返回洛阳。从此，逯式属下的官兵都不再亲近依附他，最终被罢免官职。

嘉禾六年，中郎将周祗请示在鄱阳郡招募，孙权将此事下达征询陆逊的意见。陆逊认为这个郡民众容易动乱，难以安分守己，不应该招募，恐怕成为贼寇。但周祗坚持要求招募，郡民吴遽等人果然作乱，杀了周祗，并攻占了几个县城，豫章郡、庐陵一贯作恶的百姓，都响应吴遽当了叛匪。陆逊听说后，立即征讨并打败了他们，吴遽等人相继投降，陆逊选得精兵八千多人，三郡平定。

当时，中书典校吕壹窃据要职，滥用权力，擅自决定刑赏。陆逊和太常潘濬对此都很忧虑，谈到这件事时以至于流泪。后来孙权杀了吕壹，并深深以此自责，有关内容记载在孙权传中。

当时，谢渊、谢厷等人各自陈述对国家有利的建议，想为国家兴办一些有益的事业，改变原来的做法，孙权将此事下发陆逊审议。陆逊议论说："国家以人民为根本，国家强盛取决于人民的力量，财富来自人民的生产。人民富足而国家贫弱，人民贫弱而国家强盛，从来未曾有过这样的事。所以治理国家的人，得民心就安定，失民心就会混乱不堪。如果不让人民受益得到，却想让他们尽力效劳，实在是很难做到的。因此《诗经》上慨叹'君主的德政适宜于人民，适宜于官吏，就会得到上天赐予的幸福'。请求陛下将圣明的恩德施给百姓，来安定和赈济百姓，几年之后，国家的财力稍稍丰裕了，然后再做打算”。

【评曰】

刘备被天下人称为英雄，当时的人都畏惧他，陆逊年轻时，威势名声并不显著，却挫败了刘备。至于陆逊忠诚恳切周到，忧劳国事以致身死，可算是国家的栋梁之臣了。陆逊忠正诚信，谋划干练，很有他父亲的风范，世代被人赞美，具有应有的美德，可说是能完成先辈事业的人了。

张骆陆吾朱传

陆绩字公纪，吴郡吴人也。父康，汉末为庐江太守。绩年六岁，于九江见袁术。术出橘，绩怀三枚，去，拜辞堕地，术谓曰："陆郎作宾客而怀橘乎？"绩跪答曰："欲归遗母。"术大奇之。孙策在吴，张昭、张纮、秦松为上宾，共论四海未泰，须当用武治而平之，绩年少末坐，遥大声言曰："昔管夷吾相齐桓公，九合诸侯，一匡天下，不用兵车。孔子曰：'远人不服，则修文德以来之。'今论者不务道德怀取之术，而惟尚武，绩虽童蒙，窃所未安也。"昭等异焉。

绩容貌雄壮，博学多识，星历算数无不该览。虞翻旧齿名盛，庞统荆州令士，年亦差长，皆与绩友善。孙权统事，辟为奏曹掾，以直道见惮，出为郁林太守，加偏将军，给兵二千人。绩既有躄疾，又意在儒雅，非其志也。虽有军事，著述不废，作《浑天图》，注《易》释《玄》，皆传于世。豫自知亡日，乃为辞曰："有汉志士吴郡陆绩，幼敦《诗》、《书》，长玩《礼》、《易》受命南征，遘疾遇厄，遭命不幸，呜呼悲隔！”又曰：“从今已去，六十年之外，车同轨，书同文，恨不及见也。”年三十二卒。长子宏，会稽南部都尉，次子睿，长水校尉。

张温字惠恕，吴郡吴人也。父允，以轻财重士，名显州郡，为孙权东曹掾。卒。温少修节操，容貌奇伟。权闻之，以问公卿曰：“温当今与谁为比？”大（司）农刘基曰：“可与全琮为辈。”太常顾雍曰：“基未详其为人也。温当今无辈。”权曰：“如是，张允不死也。”征到延见，文辞占对，观者倾竦，权改容加礼。罢出，张昭执其手曰：“老夫托意，君宜明之。”拜议郎、选曹尚书，徙太子太傅，甚见信重。

时年三十二，以辅义中郎将使蜀。权谓温曰：“卿不宜远出，恐诸葛孔明不知吾所以与曹氏通意，（以）故屈卿行。若山越都除，便欲大构于蜀。行人之义，受命不受辞也。”温对曰：“臣入无腹心之规，出无专对之用，惧无张老延誉之功，又无子产陈事之效。然诸葛亮达见计数，必知神虑屈申之宜，加受朝廷天覆之惠，推亮之心，必无疑贰。”温至蜀，诣阙拜章曰：“昔高宗以谅闇昌殷祚于再兴，成王以幼冲隆周德于太平，功冒溥天，声贯罔极。今陛下以聪明之姿，等契往古，总百揆于良佐，参列精这炳耀，遐迩望风，莫不欣赖。吴国勤任旅力，清澄江浒，愿与有道平一宇内，委心协规，有如河水，军事兴烦，使役乏少，是以忍鄙倍之羞，使下臣温通致情好。陛下敦崇礼义，未便耻忽。臣自（入）远境，及即近郊，频蒙劳来，恩诏辄加，以荣自惧，悚怛若惊。谨奉所赍函书一封。”蜀甚贵其才。还，顷之，使入豫章部伍出兵，事业未究。

权既阴衔温称美蜀政，又嫌其声名大盛，众庶炫惑，恐终不为己用，思有以中伤之，会暨艳事起，遂因此发举。艳字子休，亦吴郡人也，温引致之，以为选曹郎，至尚书。艳性狷厉，好为清议，见时郎署混浊淆杂，多非其人，欲臧否区别，贤愚异贯。弹射百僚，核选三署，率皆贬高就下，降损数等，其守故者十未能一，其居位贪鄙，志节污卑者，皆以为军吏，置营府以处之。而怨愤之声积，浸润之谮行矣。竞言艳及选曹郎徐彪，专用私情，爱憎不由公理。艳、彪皆坐自杀。温宿与艳、彪同意，数交书疏，闻问往还，即罪温。权幽之有司，下令曰："昔令召张温，虚己待之，既至显授，有过旧臣，何图凶丑，专挟异心！昔暨艳父兄，附于恶逆，寡人无忌，故近而任之，欲观艳何如。察其中间，形态果见。而温与之结连死生，艳所进退。皆温所为头角，更相表里，共为腹背，非温之党，即就疵瑕，为之生论。又前任温董督三郡，指撝吏客及残余兵，时恐有事，欲令速归，故授棨戟，奖以威柄。乃便到豫章，表讨宿恶，寡人信受其言。特以绕帐、帐下、解烦兵五千人付之。后闻曹丕自出淮、泗，故豫敕温有急便出。而温悉内诸将，布于深山，被命不至。赖丕自退。不然，已往岂可深计，又殷礼者，本占候召，而温先后乞将到蜀，扇扬异国，为之谭论。又礼之还，当亲本职，而令守尚书户曹郎，如此署置，在温而已。又温语贾原，当荐卿作御史，语蒋康，当用卿代贾原，专衒贾国恩，为己形势。揆其奸心，无所不为。不忍暴于市朝，今斥还本郡，以给厮吏。呜呼温也，免罪为幸！"

将军骆统表理温曰："伏惟殿下，天生明德，神启圣心，招髦秀于四方，署俊乂于宫朝。多士既受普笃之恩，张温又蒙最隆之施。而温自招罪谴，孤负荣遇，念其如此，诚可悲疚。然臣周旋之间，为国观听，深知其状，故密陈其理。温实心无他情，事无逆迹，但年纪尚少，镇重尚浅，而戴赫烈之宠，体卓伟之才，亢臧否之谭，效褒贬之议。于是务势者妒者宠，争名者嫉其才，玄默者非其谭，瑕衅者讳其议，此臣下所当详辨，明朝所当究察也，昔贾谊，至忠之臣也，汉文，大明之君也，然而绛、灌一言，贾谊远退。何者？疾之者深，谮之者巧也。然而误闻于天下，失彰于后世，故孔子曰：'为君难，为臣不易'也。温虽智非从横，武非虓武，然其弘雅之素，英秀之德，文章之采，论议之辨，卓跞冠群，炜晔曜世，世人未有及之者也。故论温才即可惜，言罪则可恕。若忍威烈以赦盛德，有贤才以敦大业，固明朝之休光，四方之丽观也。国家之于暨艳，不内之忌族，犹等之平民，是故先见用于朱治，次见举于众人，中见任于明朝，亦见交于温也。君臣之义，义之最重，朋友之交，交之最轻者也。国家不嫌于艳为最重之义，是以温亦不嫌与艳为最轻之交也。时世宠之于上，温窃亲之于下也。夫宿恶之民，放逸山险，则为劲寇，将置平土，则为健兵，故温念在欲取宿恶，以除劲寇之害，而增健兵之锐也。但自错落，功不副言。然计其送兵，以比许晏，数之多少，温不减之。用之强羸，温不下之。至于迟速，温不后之，故得及秋冬之月，赴有警之期，不敢忘恩而遗力也。温之到蜀，共誉殷礼，虽臣无境外之交，亦有可原也。境外之交，谓无君命而私相从，非国事而阴相闻者也。若以命行，既修君好，因叙己情，亦使臣之道也。故孔子使邻国，则有私觌之礼。季子聘诸夏，亦有燕谭之义也。古人有言，欲知其君，观其所使，见其下之明明，知其上之赫赫。温若誉礼，能使彼叹之，诚所以昭我臣之多良，明使之得其人，显国美于异境，扬君命于他邦。是以晋赵文子之盟于宋也，称随今于屈建。楚王孙圉之使于晋也，誉左史于赵鞅。亦向他国之辅，而叹本邦之臣，经传美之以光国，而不讥之以外交也。王靖内不忧时，外不趋事，温弹之不私，推之不假，于是与靖遂为大怨，此其尽节之明验也。靖兵众之势，干任之用，皆胜于贾原、蒋康，温尚不容私以安于靖，岂敢卖恩以协原、康邪？又原在职不勤，当事不堪，温数对以丑色，弹以急声。若其诚欲卖恩作乱，则亦不必贪原也。凡此数者，校之于事既不合，参之于众亦不验。臣窃念人君虽有圣哲之姿，非常之智，然以一人之身御兆民之众，从层宫之内，瞰四国之外，昭群下之情，求万机之理，犹未易周也，固当听察群下之言，以广聪明之烈。今者人非温既殷勤，臣是温又契阔，辞则俱巧，意则俱至，各自言欲为国，谁其言欲为私，仓卒之间，犹难即别。然以殿下之聪睿，察讲论之曲直。若潜神留思，纤粗研核，情何嫌而不宣，事何昧而不昭哉？温非亲臣，臣非爱温者也，昔之君子，皆抑私忿，以增君明。彼独行之于前，臣耻废之于后，故遂发宿怀于今日。纳愚言于圣听，实尽心于明朝，非有念于温身也。”权终不纳。

后六年，温病卒。二弟祇、白，亦有才名，与温俱废。骆统字公绪，会稽乌伤人也。父俊，官至陈相。为袁术所害。统母改适，为华歆小妻，统时八岁，遂与亲客归会稽，其母送之，拜辞上车，面而不顾，其母泣涕于后。御者曰：“夫人犹在也。”统曰：“不欲增母思，故不顾耳。”事适母甚谨。时饥荒，乡里及远方客多有困乏，统为之饮食衰少。其姊仁爱有行，寡归无子，见统甚哀之，数问其故。统曰：“士大夫糟糠不足，我何心独饱！”姊曰：“诚如是，何不告我，而自苦若此?”乃自以私粟与统，又以告母，母亦贤之，遂使分施，由是显名。

孙权以将军领会稽太守，统年二十，试为乌程相，民户过万，咸叹其惠理。权嘉之，召为功曹，行骑都尉，妻以从兄辅女。统志在补察，苟所闻见，夕不待旦。常劝权以尊贤接士，勤求损益，飨赐之日，可人人别进。问其燥湿，加以密意。诱谕使言，察其志趣。令皆感恩戴义，怀欲报之心。权纳用焉。出为建忠中郎将，领武射吏三千人，及凌统死，复领其兵。

是时征役繁数，重以疫疠。民户损耗，统上疏曰：“臣闻君国者，以据疆土为强富，制威福为尊贵。曜德义为荣显，永世胤为丰祚。然财须民生，强赖民力，威恃民势，福由民殖，德俟民茂。义以民行，六者既备，然后应天受祚，保族宜邦。《书》曰：‘众非后无能胥以宁，后非众无以辟四方’。推是言之，则民以君安，君以民济，不易之道也。今强敌未殄，海内未乂，三军有无已之役，江境有不释之备，征赋调数，由来积纪，加以殃疫死丧之灾，郡县荒虚，田畴芜旷，听闻属城，民户浸寡，又多残老，少有丁夫，闻此之日，心若焚燎。思寻所由，小民无知，既有安土重迁之性，且又前后出为兵者，生则困苦无有温饱，死则委弃骸骨不反，是以尤用恋本畏远，同之于死。每有征发，羸谨居家重累者先见输送。小有财货，倾居行赂，不顾穷尽。轻剽者则迸入险阻，党就群恶。百姓虚竭，嗷然愁扰，愁扰则不营业，不营业则致穷困，致穷困则不乐生，故口腹急，则奸心动而携叛多也。又闻民间，非居处小能自供，生产儿子，多不起养，屯田贫兵，亦多弃子。天则生之，而父母杀之。既惧干逆和气，感动阴阳。且惟殿下开基建国，乃无穷之业也。强邻大敌非造次所灭，疆场常守非期月之戍，而兵民减耗，后生不育。非所以历远年，致成功也。夫国之有民，犹水之有舟，停则以安，扰则以危，愚而不可欺，弱而不可胜，是以圣王重焉，祸福由之，故与民消息，观时制政。方今长吏亲民之职，惟以办具为能，取过目前之急，少复以恩惠为治，副称殿下天覆之仁，勤恤之德者。官民政俗，日以彫弊，渐以陵迟，势不可久。夫治疾及其未笃，除患贵其未深，愿殿下少以万机馀闲，留神思省，补复荒虚，深图远计，育残馀之民，阜人财之用，参曜三光，等崇天地。臣统之大愿，足以死而不朽矣。”权感统言，深加意焉。

以随陆逊破蜀军于宜都，迁偏将军。黄武初，曹仁攻濡须，使别将常雕等袭中洲，统与严圭共拒破之，封新阳亭侯，后为濡须督。数陈便宜，前后书数十上，所言皆善，文多故不悉载。尤以占募在民间长恶败俗，生离叛之心，急宜绝置，权与相反覆，终遂行之。年三十六，黄武七年卒。陆瑁字子璋，丞相逊弟也。少好学笃义。陈国陈融、陈留濮阳逸、沛郡蒋纂、广陵袁迪等，皆单贫有志。就瑁游处，瑁割少分甘，与同丰约。及同郡徐原，爰居会稽，素不相识，临死遗书，托以孤弱，瑁为起立坟墓，收导其子，又瑁从父绩早亡，二男一女，皆数岁以还，瑁迎摄养，至长乃别。州郡辟举，皆不就。时尚书暨艳盛明臧否，差断三署。颇扬人暗昧之失，以显其谪。瑁与书曰："夫圣人嘉善矜愚，忘过记功，以成美化。加今王业始建，将一大统，此乃汉高弃瑕录用之时也，若令善恶异流，贵汝颍月旦之评，诚可以厉俗明教，然恐未易行也。宜远模仲尼之泛爱，中则郭泰之弘济，近有益于大道也。"艳不能行，卒以致败。

嘉禾元年，公车征瑁，拜议郎、选曹尚书。孙权忿公孙渊之巧诈反复，欲亲征之，瑁上疏谏曰："臣闻圣王之御远夷，羁縻而已，不常保有，故古者制地，谓之荒服，言慌惚无常，不可保也。今渊东夷小丑，屏在海隅，虽托人面，与禽兽无异。国家所为不爱货宝远以加之者，非嘉其德义也，诚欲诱纳愚弄，以规其马耳。渊之骄黠，恃远负命，此乃荒貊常态，岂足深怪？昔汉诸帝亦尝锐意以事外夷，驰使散货，充满西域，虽时有恭从，然其使人见害，财货并没，不可胜数。今陛下不忍悁悁之忿，欲越巨海，身践其土，群臣愚议，窃谓不安。何者？北寇与国，壤地连接，苟有间隙，应机而至。夫所以越海求马，曲意于渊者，为赴目前之急，除腹心之疾也；而更弃本追末，捐近治远，忿以改规，激以动众，斯乃猾虏所愿闻，非大吴之至计也。又兵家之术，以功役相疲，劳逸相待，得失之间，所觉辄多。且沓渚去渊，道里尚远，今到其岸，兵势三分，使强者进取，次当守船，又次运粮，行人虽多，难得悉用。加以单步负粮，经远深入，贼地多马，邀截无常。若渊狙诈，与北未绝，动众之日，唇齿相济。若实孑然无所凭赖，其畏怖远迸，或难卒灭。使天诛稽于朔野，山虏承间而起，恐非万安之长虑也。”权未许。

瑁重上疏曰：“夫兵革者，固前代所以诛暴乱，威四夷也，然其役皆在奸雄已除，天下无事，从容庙堂之上，以馀议议之耳。至于中夏鼎沸，九域槃互之时，率须深根固本，爱力惜费，务自休养，以待邻敌之阙，未有正于此时，舍近治远，以疲军旅者也。昔尉佗叛逆，僭号称帝，于时天下乂安，百姓殷阜，带甲之数，粮食之积，可谓多矣，然汉文犹以远征不易，重兴师旅，告喻而已。今凶桀未殄，疆场犹警，虽蚩尤，鬼方之乱，故当以缓急差之，未宜以渊为先。愿陛下抑威住计，暂宁六师，潜神嘿规，以为后图，天下幸甚。”权再览瑁书，嘉其词理端切，遂不行。

初，瑁同郡闻人敏见待国邑，优于宗脩，惟瑁以为不然，后果如其言。赤乌二年，瑁卒。子喜亦涉文籍，好人伦，孙皓时为选曹尚书。

吾粲字孔休，吴郡乌程人也。孙河为县长，粲为小吏，河深奇之。河后为将军，得自选长吏，表粲为曲阿丞，迁为长史，治有名迹。虽起孤微，与同郡陆逊、卜静等比肩齐声矣。孙权为车骑将军，召为主簿，出为山阴令，还为参军校尉。

黄武元年，与吕范、贺齐等俱以舟师拒魏将曹休于洞口。值天大风，诸船绠绁断绝，漂没著岸，为魏军所获，或覆没沉溺，其大船尚存者，水中生人皆攀缘号呼，他吏士恐船倾没，皆以戈矛撞击不受。粲与黄渊独令船人以承取之，左右以为船重必败。粲曰："船败，当俱死耳！人穷，奈何弃之。"粲、渊所活者百余人。

还，迁会稽太守，召处士谢谭为功曹，谭以疾不诣，粲教曰："夫应龙以屈伸为神，凤皇以嘉鸣为贵，何必陷形于天外，潜鳞于重渊者哉？"粲募合人众，拜昭义中郎将，与吕岱讨平山越，入为屯骑校尉、少府，迁太子太傅。遭二宫之变，抗言执正，明嫡庶之分，欲使鲁王霸出驻夏口，遣杨竺不得令在都邑。又数以消息语陆逊，逊时驻武昌，连表谏争。由此为霸、竺等所谮害，下狱诛。

朱据字子范，吴郡吴人也。有姿貌膂力，又能论难。黄武初，征拜五官郎中，补侍御史。是时选曹尚书暨艳，疾贪污在位，欲沙汰之。据以为天下未定，宜以功覆过，弃瑕取用，举清厉浊，足以沮劝，若一时贬黜，惧有后咎。艳不听，卒败。

权咨嗟将率，发愤叹息，追思吕蒙、张温，以为据才兼文武，可以继之，自是拜建义校尉，领兵屯湖孰。黄龙元年，权迁都建业，征据尚公主，拜左将军，封云阳侯。谦虚接士，轻财好施，禄赐虽丰而常不足用。嘉禾中，始铸大钱，一当五百。后据部曲应受三万缗，工王遂诈而受之，典校吕壹疑据实取，考问主者，死于杖下，据哀其无辜，厚棺敛之。壹又表据吏为据隐，故厚其殡。权数责问据，据无以自明，藉草待罪。数月，典军吏刘助觉，言王遂所取，权大感寤，曰："朱据见枉，况吏民乎？"乃穷治壹罪，赏助百万。赤乌九年，迁骠骑将军。遭二宫构争，据拥护太子，言则恳至，义形于色，守之以死，遂左迁新都郡丞。未到，中书令孙弘谮润据，因权寝疾，弘为诏书追赐死，时的五十七。孙亮时，二子熊、损各复领兵，为全公主所谓，皆死。永安中，迫录前功，以熊子宣袭爵云阳侯，尚公主。孙皓时，宣至骠骑将军。

【评曰】

“虞翻古之狂直，因难免乎末世，然权不能容，非旷宇也。陆绩之于扬《玄》，是仲尼之左丘明，老聃之严周矣；以瑚琏之器，而作守南越，不亦贼夫人欤！张温才藻俊茂，而智防未备，用致艰患。骆统抗明大义，辞切理至，值权方闲不开。陆瑁笃义规谏，君子有称焉。吾粲、朱据遭罹屯蹇，以正丧身，悲夫！

陆逊传

陆逊字伯言，吴郡吴人也。本名仪，世江东大族。逊少孤，随从祖庐江太守康在官。袁术与康有隙，将攻康，康遣逊及亲戚还吴。逊年长于康子绩数岁，为之纲纪门户。

孙权为将军，逊年二十一。始仕幕府，历东西曹令史，出为海昌屯田都尉，并领县事。县连年亢旱，逊开仓谷以振贫民，劝督农桑，百姓蒙赖。时吴、会稽、丹杨多有伏匿，逊陈便宜，乞与幕焉。会稽山贼大帅潘临，旧为所在毒害，历年不禽。逊以手下召兵，讨治深险，所向皆服，部曲已有二千余人。鄱阳贼帅尤突作乱，复往讨之，拜定威校尉，军屯利浦。

权以兄策女配逊，数访世务。逊建议曰："方今英雄棋跱，豺狼规望，克敌宁乱。非众不济，而山寇旧恶，依阻深地。夫腹心未平，难以图远，可大部伍，取其精锐。"权纳其策，以为帐下右部督。会丹杨贼帅费栈受曹公印绶，扇动山越，为作内应，权遣逊讨栈。栈支党多而往兵少，逊乃益施牙幢，分布鼓角，夜潜山谷间，鼓噪而前，应时破散。遂部伍东三郡，强者为兵，羸者补户，得精卒数万人，宿恶荡除，所过肃清，还屯芜湖。

会稽太守淳于式表逊枉取民人，愁扰所在。逊后诣都，言次，称式佳吏。权曰："式白君而君荐之，何也？"逊对曰："式意欲养民，是以白逊。若逊复毁式以乱圣听，不可长也。"权曰："此诚长者之事，顾人不能为耳。"吕蒙称疾诣建业，逊往见之。谓曰："关羽接境，如何远下，后不当可忧也？"蒙曰："诚如来言，然我病笃。"逊曰："羽矜其骁气，陵轹于人。始有大功，意骄志逸，但务北进，未嫌于我，有相闻病，必益无备。今出其不意，自可禽制。下见至尊，宜好为计。"蒙曰："羽素勇猛，既难为敌，且已据荆州，恩信大行，兼始有功，胆势益盛，未易图也。"蒙至都，权问："谁可代卿者？"蒙对曰："陆逊意思深长，才堪负重，观其规虑，终可大任。而未有远名，非羽所忌，无复是过。若用之，当令外自韬隐，内察形便，然后可克。"权乃召逊，拜偏将军右部督代蒙。逊至陆口，书与羽曰："前承观衅而动，以律行师，小举大克，一何巍巍！敌国败绩，利在同盟，闻庆拊节，想遂席卷，共奖王纲。近以不敏，受任来西，延慕光尘，思廪良规。"又曰："于禁等见获，遐迩欣叹，以为将军之勋足以长世，虽昔晋文城濮之师，淮阴拔赵之略，蔑以尚兹。闻徐晃等少骑驻旌，窥望麾葆。操猾虏也，忿不思难，恐潜增众，以逞其心。虽云师老，犹有骁悍。且战捷之后，常苦轻敌，古人杖术，军胜弥警，愿将军广为方计，以全独克。仆书生疏迟，忝所不堪。喜邻威德，乐自倾尽。虽未合策，犹可怀也。倘明注仰，有以察之。"

羽览逊书，有谦下自托之意，意大安，无复所嫌。逊具启形状，陈其可禽之要。权乃潜军而上，使逊与吕蒙为前部，至即克公安、南郡。逊径进，领宜都太守，拜抚边将军，封华亭侯。备宜都太守樊友委郡走，诸城长吏及蛮夷君长皆降。逊请金银铜印，以假授初附。是岁建安二十四年十一月也。

逊遣将军李异、谢旌等将三千人，攻蜀将詹晏、陈凤。异将水军，旌将步兵，断色险要，即破晏等，生降得凤。又攻房陵太守邓辅、南乡太守郭睦，大破之。秭归大姓文布、邓凯等合夷兵数千人，首尾西方。逊复部旌讨破布、凯。布凯脱走，蜀以为将。逊令人诱之，布帅众还降。前后斩获招纳，凡数万计。权以逊为右护军、镇西将军，进封娄侯。时荆州士人新还，仕进或未得所，逊上疏曰："昔汉高受命，招延英异，光武中兴，群俊毕至，苟可以熙隆道教者，未必远近。今荆州始定，人物未达，臣愚慺慺，乞普加覆载抽拔之恩。令并获自进，然后四海延颈，思归大化。"权敬纳其言。

黄武元年，刘备率大众来向西界，权命逊为大都督、假节，督朱然、潘璋、宋谦、韩当、徐盛、鲜于丹、孙桓等五万人拒之。备从巫峡、建平连围至夷陵界，立数十屯，以金锦爵赏诱动诸夷，使将军冯习为大督，张南为前部，辅匡，赵融、廖淳、傅彤等各为别督，先遣吴班将数千人于平地立营，欲以挑战。诸将皆欲击之，逊曰："此必有谲，且观之。"备知其计不可，乃引伏兵八千，从谷中出。逊曰："所以不听诸君击班者，揣之必有巧故也。"逊上疏曰："夷陵要害，国之关限，虽为易得，亦复易失。失之非徒损一郡之地，荆州可忧。今日争之，当令必谐。备干天常，不守窟穴，而敢自送。臣虽不材，凭奉威灵，以顺讨逆，破坏在近。寻备前后行军，多败少成。推此论之，不足为戚。臣初嫌之，水陆俱进，今反舍船就步，处处结营，察其布置，必无他变。伏愿至尊高枕，不以为念也。”诸将并曰：“攻备当在初，今乃令人五六百里，相衔持经七八月，其诸要害皆以固守，击之必无利矣。”逊曰：“备是猾虏，更尝事多，其军始集，思虑精专，未可干也。今住已久，不得我便，兵疲意沮，计不复生，掎角此寇，正在今日。”乃先攻一营，不利。诸将皆曰：“空杀兵耳。”逊曰：“吾已晓破之之术。”乃敕各持一把茅，以火攻拔之。一尔势成，通率诸军同时俱攻，斩张南、冯习及胡王沙靡柯等首，破其四十余营。备将杜路、刘宁等穷逼请降。备升马鞍山，陈兵自绕。逊督促诸军四面蹙之，土崩瓦解，死者万数。备因夜遁，驿人自担烧铙铠断后，仅得入白帝城。其舟船器械，水步军资，一时略尽，尸骸漂流，塞江而下。备大惭恚，曰：“吾乃为逊所折辱，岂非天邪！”

初，孙桓别讨备前锋于夷道，为备所围，求救于逊。逊曰：“未可。”诸将曰：“孙安东公族，见围已困，奈何不救？”逊曰：“安东得士众心，城牢粮足，无可忧也。待吾计展，欲不救安东，安东自解。”及方略大施，备果奔溃。桓后见逊曰：“前实怨不见救，定至今日，乃知调度自有方耳。”当御备时，诸将军或是孙策时旧将，或公室贵戚，各自矜恃，不相听从。逊案剑曰：“刘备天下知名，曹操所惮，今在境界，此强对也。诸君并荷国恩，当相辑睦，共剪此虏，上报所受，而不相顺，非所谓也。仆虽书生，受命主上。国家所以屈诸君使相承望者，以仆有尺寸可称，能忍辱负重故也。各在其事，岂复得辞！军令有常，不可犯矣。”及至破备，计多出逊，诸将乃服。权闻之，曰：“君何以初不启诸将违节度者邪?”逊对曰：“受恩深重，任过其才。又此诸将或任腹心，或堪爪牙，或是功臣，皆国家所当与共克定大事者。臣虽驽懦，窃慕相如、寇恂相下之义，以济国事。”权大笑称善，加拜逊辅国将军，领荆州牧，即改封江陵侯。

又备既住白帝，徐盛、潘璋、宋谦等各竞表言备必可禽，乞复攻之。权以问逊，逊与朱然、骆统以为“曹丕大合士众。外托助国讨备，内实有奸心，谨决计辄还”。无几，魏军果出，三方受敌也。备寻病亡，子禅袭位，诸葛亮秉政，与权连和。时事所宜，权辄令逊语亮，并刻权印，以置逊所。权每与禅、亮书，常过示逊，轻重可否，有所不安，便令改定，以印封行之。

七年，权使鄱阳太守周鲂谲魏大司马曹休。休果举众入皖，乃召逊假黄钺，为大都督，逆休。休既觉知，耻见欺诱，自恃兵马精多，遂交战。逊自为中部，令朱桓、全琮为左右翼，三道俱近，果冲休伏兵，因驱走之，追亡逐北，径至夹石，斩获万余，牛马骡驴车乘万辆，军资器械略尽。休还，疽发背死。诸军振旅过武昌，权令左右以御盖覆逊，入出殿门。凡所赐逊，皆御物上珍，于时莫与为比。遣还西陵。

黄龙元年，拜上大将军、右都护。是岁，权东巡建业，留太子，皇子及尚书九官，征逊辅太子，并掌荆州及豫章三郡事，董督军国。时建昌侯虑于堂前作斗鸭栏，颇施小巧。逊正色曰："君侯宜勤览经典以自新益，用此何为？"虑即时毁彻之。射声校尉松于公子中最亲，戏兵不整，逊对之髡其职吏。南阳谢景善刘廙先刑后礼之论，逊呵景曰："礼之长于刑久矣，廙以细辩而诡先圣之教，皆非也。君今侍东宫，宜遵仁义以彰德音，若彼之谈，不须讲也。"逊虽身在外，乃心于国。上疏陈时事曰："臣以为科法严峻，下犯者多。顷年以来，将吏罹罪，虽不慎可责，然天下未一，当图近取，小宜恩贷，以安下情。且世务日兴，良能为先，自非奸秽人身，难忍之过，乞复显用，展其力效。此乃圣王忘过记功，以成王业。昔汉高舍陈平之愆，用其奇略，终建勋祚，功垂千载。夫峻法严刑，非帝王之隆业；有罚无恕，非怀远弘规也。"

权欲遣偏师取夷州及朱崖，皆以咨逊，逊上疏曰："臣愚以为四海未定，当须民力，以济时务。今兵兴历年，见众损减，陛下忧劳圣虑。忘寝与食，将远规夷州，以定大事，臣反覆思惟。未见其利，万里袭取，风波难测，民易水土，必致疾疫，今驱见众，经涉不毛，欲益更损，欲利反害。又珠崖绝险，民犹禽兽，得其民不足济事，无其兵不足亏众。今江东见众，自足图事，但当畜力而后动耳。昔桓王创基，兵不一旅，而开大业。陛下承运，拓定江表。臣闻治乱讨逆，须兵为威，农桑衣食，民这本业，而干戈未戢，民有饥寒。臣愚以为宜育养士民，宽其租赋，众克在和，义以劝勇，则河渭可平，九有一统矣。"权遂征夷州，得不补失。及公孙渊背盟，权欲往征。逊上疏曰："渊凭险恃固，拘留大使，名马不献，实可仇忿。

蛮夷猾夏，未染王化，鸟窜荒裔，拒逆王师，至令陛下爱赫斯怒，欲劳万乘泛轻越海，不虑其危而涉不测。方今天下云扰，群雄虎争，英豪踊跃，张声大视。陛下以神武之姿，涎膺期运，破操乌林，败备西陵，禽羽荆州，斯三虏者当世雄杰。皆摧其锋。圣化所绥，万里草偃，方荡平华夏，总一大猷。今不忍小忿，而发雷霆之怒，违垂堂之戒，轻万乘之重，此臣之所惑也。臣闻志行万里者，不中道而辍足；图四海者，匪怀细以害大。强寇在境，荒服未庭，陛下乘桴远征，必致窥阛，戚至而忧，悔之无及。若使大事时捷，则渊不讨自服；今乃远惜辽东众之与马，奈何独欲捐江东万安之本业而不借乎？乞息六师，以威大虏，早定中夏，垂耀将来。”权用纳焉。

嘉禾五年，权北征。使逊与诸葛瑾攻襄阳。逊遣亲人韩扁赍表奉报，还。遇敌于沔中，钞逻得扁。瑾闻之甚惧。书与逊云：“大驾已旋，贼得韩扁，具知吾阔狭。且水干，宜当急去。”逊未答，方催人种葑豆，与诸将栾棋射戏如常。瑾曰：“伯言多智略，其当有以。”自来见逊，逊曰：“贼知大驾以旋，无所复慽，得专力于吾。又已守要害之处，兵将意动，且当自定以安之，施设变术，然后出耳。今便示退，贼当谓吾怖，仍来相蹙，必败之势也。”乃密与瑾立计，令瑾督舟船，逊悉上兵马，以向襄阳城。敌素惮逊，遽还赴城。瑾便引船出，逊徐整部伍，张拓声势，步趋船，敌不敢干。军到白围，托言住猎，潜遣将军周峻、张梁等击江夏新市、安陆、石阳，石阳市盛，峻等奄至，人皆捐物入城。城门噎不得关，敌乃自斫杀己民。然后得阖。斩首获生，凡千余人。其所生得，皆加营护，不令兵士干扰侵侮。将家属来者，使就料视。若亡其妻子者，即给衣粮，厚加慰劳，发遣令还，或有感慕相携而归者。邻境怀之，江夏功曹赵濯、弋阳备将裴生及夷王梅颐等，并帅支党来附逊。逊倾财帛，周赡经恤。又魏江夏太守逯式兼领兵马，颇作边害。而与北旧将文聘子休宿不协。逊闻其然。即假作答式书云："得报恳恻，知与休久结嫌隙，势不两存，欲来归附，辄以密呈来书表闻，撰众相迎。宜潜速严，更示定期。"以书置界上，式兵得书以见式，式惶惧，遂自送妻子还洛。由是吏士不复亲附，遂以免罢。

六年，中郎将周祗乞于鄱阳召募，事下问逊。逊以为此郡民易动难安，不可与召。恐致贼寇。而祗固陈取之，郡民吴遽等果作贼杀祗，攻没诸县。豫章、庐陵宿恶民并应遽为寇。逊自闻，辄讨即破，遽等相率降，逊料得精兵八千余人，三郡平。时中书典校吕壹，窃弄权柄，擅作威福。逊与太常潘濬同心忧之，言至流涕。后权诛壹，深以自责，语在权传。

时谢渊、谢厷等各陈便宜，欲兴利改作，以事下逊。逊议曰："国以民为本，强由民力，财由民出。夫民殷国弱，民瘠国强者，未之有也。故为国者，得民则治，失之则乱，若不受利，而令尽用立效，亦为难也。是以《诗》叹'宜民宜人，受禄于天'。乞垂圣恩，宁济百姓，数年之间，国用少丰，然后更图。"

赤乌七年，代顾雍丞相，诏曰："朕以不德。应其践运，王涂未一，奸宄充路，夙夜战惧，不遑鉴寐。惟君天资聪睿，明德显融，统任上将，匡国弥难。夫有超世之功者，必应光大之宠；怀文武之者，必荷社稷之重。昔伊尹隆汤，吕尚翼周，内外之任，君实兼之。今以君为丞相，使使持节守太常傅常授印绶。君其茂昭明德，修乃懿绩，敬服王命，绥靖四方。于乎！总司三事，以训群寮，可不敬欤，君其勖之！其州牧都护领武昌事如故。”先是，二宫并阙，中外职司，多遣子弟给侍。全琮报逊，逊以为子弟苟有才，不忧不用，不宜私出以要荣利。若其不佳，终为取祸。且闻二宫势敌，必有彼此，此古人之厚忌也。琮子寄，果阿附鲁王，轻为交构。逊书与琮曰：“卿不师日磾，而宿留阿寄，终为足下门户致祸矣。”琮既不纳，更以致隙。及太子有不安之仪，逊上疏陈：“太子正统，宜有磐石之固，鲁王藩臣，当使宠秩有差，彼此得所，上下获安。谨叩头流血以闻。”书三四上，及求诣都，欲口论适庶之分，以匡得失。既不听许，而逊外生顾谭、顾承、姚信，工以亲附太子，枉见流徙。太子太傅吾粲坐数与逊交书，下狱死。权累遣中使责让逊，逊愤恚致卒，时年六十三。家无余财。

初，暨艳造营府之论，逊谏戒之，以为必祸。又谓诸葛恪曰：“在我前者，吾必奉之同升；在我下者，则扶持之。今观君气陵其上，意蔑乎下。非安德之基也。”又广陵杨竺少获声名，而逊谓之终败。劝竺兄穆令与别族。其先睹如此。长子延早夭，次子抗袭爵。孙休时，追谥逊曰昭侯。抗字幼节，孙策外孙也。逊卒时，年二十，拜建武校尉，领逊众五千人，送葬东还，诣都谢恩，孙权以杨竺所白逊二十事问抗，禁绝宾客，中使临诘，抗无所顾问，事事条答，权意渐解。赤乌九年，迁立节中郎将，与诸葛恪换屯柴桑。抗临去，皆更缮完城围，葺其墙屋，居庐桑果，不得妄败。恪入屯，俨然若新。而恪柴桑故屯，颇有毁坏，深以为惭。太元元年，就都治病。病差当还。权涕泣与别，谓曰：“吾前听用谗言，与汝父大义不笃，以此负汝。前后所问，一焚灭之，莫令人见也。”建兴年元年，拜奋威将军。太平二年，魏将诸葛诞举寿春降，拜抗为柴桑督，赴寿春，破魏牙门将偏将军，迁征北将军。永安二年，拜镇军将军，都督西陵，自关羽至白帝。三年，假节。孙皓即位，加镇军大将军，领益州牧。建衡二年，o大司马施绩卒，拜抗都督信陵、西陵、夷道、乐乡、公安诸军事，治乐乡。

抗闻都下政令多阙，忧深虑远。乃上疏曰：“臣闻德均则众者胜寡，力侔则安者制危，盖六国所以兼并于强秦，西楚所以北面于汉高也。今敌跨制九服，非徒关右之地。割据九州，岂但鸿沟以西而已。国家外无连国之援，内非西楚之强，庶政陵迟，黎民未乂。而议者所恃，徒以长川峻山，限带封域，此乃守国之末事，非智者之所先也。臣每远惟战国存亡之符，近览刘氏倾覆之衅，考之曲籍，验之行事，中夜抚枕，临餐忘食。昔匈奴未灭，去病辞馆。汉道未纯，贾生哀泣，况臣王室之出，世荷光宠，身名否泰，与国同慽，死生契阔，义无苟且，夙夜忧怛，念至情惨。夫事君之义犯而勿欺，人臣之节匪躬是殉，谨陈时宜十七条如左。”十七条失本，故不载。

时何定弄权，阉官预政。抗上疏曰：“臣闻开国承家，小人勿用，靖谮庸回，唐书攸戒，是以雅人所以怨刺，仲尼所以叹息也。春秋已来，爰及秦、汉，倾覆之衅，未有不由斯者也。小人不明理道，所见既浅，虽使竭情尽节，犹不足任，况其奸心素笃，而憎爱移易哉？苟患失之，无所不至。今委以聪明之任，假以专制之威，而冀雍熙之声作，肃清之化立，不可得也。方今见吏，殊才虽少，然或冠冕之胄，少渐道孝；或清苦自立，资能足用。自可随才授职，抑黜群小，然后俗化可清，庶政无秽也。”

凤皇元年，西陵督步阐据城以叛，遣使降晋。抗闻之，日部分诸军，令将军左奕、吾彦、蔡贡等径赴西陵。敕军营更筑严围，自赤谿至故市，内以围阐，外以御寇，昼夜催切，如敌以至，众甚苦之。诸将咸谏曰：“今及三军之锐，亟以攻阐，比晋救至，阐必可拔。何事于围，而以弊士民之力乎？”抗曰：“此城处势既固，粮谷又足，且所缮修备御之具，皆抗所宿规。今反身攻之，既非可卒克，且北救必至，至而无备，表里受难，何以御之？”诸将咸欲攻阐，抗每不许。宜都太守雷谭言至恳切，抗欲服众，听令一攻。攻果无利，围备始合。晋车骑将军羊祜率师向江陵，诸将咸以抗不宜上。抗曰：“江陵城固兵足，无所忧患。假令敌没江陵，必不能守，所损者小。如使西陵槃结，则南山群夷皆当扰动，则所忧虑，难可而竟也。吾宁弃江陵而赴西陵，况江陵牢固乎？”初，江陵平衍，道路通利，抗敕江陵督张咸作大堰遏水，渐渍平中，以绝寇叛。祜欲因所遏水，浮船运粮，扬声将破堰以通步军。抗闻，使咸亟破之。诸将皆惑，屡谏不听。祜至当阳。闻堰败，乃改船以车运，大费损功力。

晋巴东监军徐胤率水军诣建平，荆州刺史杨肇至西陵。抗令张咸固守其城；公安督孙遵巡南岸御祜；水军督留虑、镇西将军朱琬拒胤。身率三军，凭围对肇。将军朱乔、营都督俞赞亡诣肇。抗曰："赞军中旧吏，知吾虚实者，吾常虑夷兵素不简练，若敌攻围，必先此处。"即夜易夷民，皆以旧将充之。明日，肇果攻故夷兵处，抗命旋军击之，矢石雨下，肇众伤死者相属。肇至经月。计屈夜遁。抗欲追之，而虑阐畜力项领，伺视间隙，兵不足分，于是但鸣鼓戒众，若将追者。肇众凶惧，悉解甲挺走，抗使轻兵蹑之，肇大破败，祜等皆引军还。抗遂陷西陵城，诛夷阐族及其大将吏，自此以下，所请赦者数万口。修治城围，东还乐乡，貌无矜色，谦冲如常，故得将士欢心。

加拜都护。闻武昌左部督薛莹征下狱。抗上疏曰："夫俊乂者，国家之良宝，社稷之贵资。庶政所以伦叙，四门所以穆清也。故大司农楼玄、散骑中常侍王蕃、少府李勖，皆当世秀颖，一时显器，既蒙初宠，从容列位，而并旋受诛殛，或圮族替祀，或投弃荒裔。盖《周礼》有赦贤之辟，《春秋》有宥善之义。

《书》曰："与其杀不辜，宁失不经。"而蕃等罪名未定，大辟以加，心经忠义，身被极刑，岂不痛哉！且已死之刑，固无所识，至乃焚烁流漂，弃之水滨，惧非先王之正典，或甫侯之所戒也。是以百姓哀耸，士民同戚。蕃、勖永已，悔亦靡及，诚望陛下赦召玄出，而顷闻薛莹卒见逮录。莹父综纳言先帝，傅弼文皇，及莹承基，内厉名行，今之所坐，罪在可宥。臣惧有司未详其事，如复诛戮，益失民望，乞垂天恩，原赦莹罪，哀矜庶狱，清澄刑网，则天下幸甚！

时师旅仍动，百姓疲弊。抗上疏曰：“臣闻《易》贵随时，《传》美观衅，故有夏多罪而殷汤用师，纣作淫虐而周武授钺。苟无其时，玉台有忧伤之虑，孟津有反旆之军。今不务富国强兵，力农畜谷，使文武之才效展其用，百揆之署无旷厥职。明黜陟以厉庶尹，审刑赏以示劝沮，训诸司以德。而抚百姓以仁，然后顺天乘运，席卷宇内，而听诸将徇名，穷兵黩武，动费万计，士卒彫瘁，寇不为衰，而我已大病矣！今争帝王之资，而昧十百之利，此人臣之奸便，非国家之良策也。昔齐、鲁三战，鲁人再克而亡不旋踵。何则？大小之势异也。况今师所克获，不补所丧哉？且阻兵无众，古之明鉴，诚宜暂息进取小规，以畜士民之力，观衅伺隙，庶无悔吝。”

二年春，就拜大司马、荆州牧。

三年夏，疾病。上疏曰：“西陵、建平，国之蕃表，既处下流，受敌二境。若敌泛舟顺流，舳舻千里，星奔电迈，俄然行至，非可恃援他部以救倒县也。此乃社稷安危之机，非徒封疆侵陵小害也。臣父逊昔在西垂陈言，以为西陵国之西门，虽云易守，亦复易失。若有不守，非但失一郡，则荆州非吴有也。如其有虞，当倾国争之。臣往在西陵，得涉逊迹，前乞精兵三万，而（至）者循常，未肯差赴。自步阐以后，益更损耗。今臣所统千里，受敌四处，外御强对，内怀百蛮，而上下见兵财有数万，羸弊日久，难以待变。臣愚以为诸王幼冲，未统国事，可且立傅相，辅导贤姿，无用兵马，以妨要务。又黄门竖宦，开立占募，兵民怨役，逋逃入占。乞特诏简阅，一切料出，以补疆场受敌常处，使臣所部足满八万，省息众务，信其赏罚，虽韩、白复生，无所展巧。若兵不增，此制不改，而欲克谐大事，此臣之所深慽也。若臣死之后，乞以西方为属。愿陛下思览臣言，则臣死且不朽。”

秋遂卒，子晏嗣。晏及弟景、玄、机、云、分领抗兵。晏为裨将军、夷道监。天纪四年，晋军伐吴，龙骧将军王浚顺流东下。所至辄克，终如抗虑。景字士仁，以尚公主拜骑都尉，封毗陵侯，既领抗兵，拜偏将军、中夏督，澡身好学，著书数十篇也。二月壬戌，晏为王浚别军所杀。癸亥，景亦遇害，时年三十一。景妻，孙皓适妹，与景俱张承外孙也。

【评曰】

“刘备天下称雄，一世所惮，陆逊春秋方壮，威名未著，摧而克之，罔不如志。予既奇逊之谋略，又叹权之识才，所以济大事也。及逊忠诚恳至，忧国亡身，庶几社稷之臣矣。抗贞亮筹干，咸有父风，奕世载美，具体而微，可谓克构者哉！

吴主五子传

孙登字子高，权长子也。魏黄初二年，以权为吴王。拜登东中郎将，封万户侯，登辞侯不受。是岁，立登为太子。选置师傅，铨简秀士，以为宾友。于是诸葛恪、张休、顾谭、陈表等以选入。侍讲诗书，出从骑射。权欲登读《汉书》，习知近代之事，以张昭有师法，重烦劳之，乃令休从昭受读，还以授登。登待接寮属，略用布衣之礼，与恪、休、谭等或同舆而载，或'共帐而寐。太傅张温言于权曰："夫中庶子官最亲密，切问近对，宜用隽德。"于是乃用表等为中庶子。后又以庶子礼拘，复令整巾侍坐。黄龙元年，权称尊号，立为皇太子，以恪为左辅，休右弼，谭为辅正，表为翼正都尉，是为四友。而谢景、范慎、刁玄、羊衜等皆为宾客，于是东宫号为多士。

权迁都建业。征上大将军陆逊辅登镇武昌，领宫府留事。登或射猎，当由径道，常远避良田，不践苗稼，至所顿息，又择空间之地，其不欲烦民如此。尝乘马出，有弹丸过，左右求之。有一人操弹佩丸，咸以为是，辞对不服，从者欲捶之，登不听，使求过丸，比之非类，乃见释。又失盛水金马盂，觉得其主，左右所为，不忍致罚，呼责数之，长遣归家，敕亲近勿言。后弟虑卒，权为之降损，登昼夜兼行，到赖乡，自闻，即时召见。见权悲泣，因谏曰："虑寝疾不起，此乃命也。方今朔土未一，四海喁喁，天戴陛下，而以下流之念，减损太官殽馔，过于礼制，臣窃忧惶。"权纳其言，为之加膳。住十余日，欲遣西还，深自陈乞，以久离定省，子道有阙，又陈陆逊忠勤，无所顾忧，权遂留焉。嘉禾三年，权征新城，使登居守，总知留事。时年谷不丰，颇有盗贼，乃表定科令，所以防御，甚得止奸之要。

初，登所生庶贱，徐夫人少有母养之恩，后徐氏以妒废处吴，而步夫人最宠。步氏有赐，登不敢辞，拜受而已。徐氏使至，所赐衣服，必沐浴服之。登将拜太子。辞曰："本立而道生，欲立太子，宜先立后。"权曰："卿母安在？"对曰："在吴。"权默然。立凡二十一年，年三十三卒，临终，上疏曰："臣以无状，婴抱笃疾，自省微劣，惧卒陨毙。臣不自惜，念当委离供养，埋胔后土，长不复奉望宫省，朝覲日月，生无益于国，死贻陛下重慽，以此为哽结耳，世闻死生有命，长短自天，周晋、颜回有上智之才，而尚夭折，况臣愚陋，年过其寿，生为国嗣，没享荣祚，于臣已多，亦何悲恨哉！方今大事未定，逋寇未讨，万国喁喁，系命陛下，危者望安，乱者仰治。愿陛下弃忘臣身，割下流之恩，修黄老之术，笃养神光，加羞珍膳，广开神明之虑，以定无穷之业。则率土幸赖，臣死无恨也。皇子和仁孝聪哲，德行清茂，宜早建置，以系民望。

诸葛恪才略博达，器任佐时。张休、顾谭、谢景，皆通敏有识断，入宜委腹心，出可为爪牙。范慎，华融矫矫壮节，有国士之风。羊道辩捷，有专对之材。刁玄优弘，志履道真。裴钦博记，翰采足用。蒋脩、虞翻，志节分明。凡此诸臣，或宜廊庙，或任将帅，皆练时事，明习法令，守信固义，有不可夺之志。此皆陛下日月所照，选置臣官，得与从事，备知情素，敢以陈闻。臣重惟当今方外多虞，师旅未休，当厉六军，以图进取。军以人为众，众以财为宝，窃闻郡县颇有荒残，民物凋弊，奸乱萌生，是以法令繁滋，刑辟重切，臣闻为政听民，律令与时推移，诚宜与将相大臣详择时宜，博采众议，宽刑轻赋，均息力役，以顺民望。陆逊忠勤于时，出身忧国，謇謇在公，有匪躬之节。诸葛瑾、步骘、朱然、全琮、朱据、吕岱、吾粲、阚泽、严畯、张承、孙怡忠于为国，通达治体。可令陈上便宜，蠲除苛烦，爱养士马，抚循百姓。

五年之外，十年之内，远者归复，近者尽力，兵不血刃，而大事可定也。臣闻'鸟之将死其鸣也哀，人之将死其言也善'，故子囊临终，遗言戒时，君子以为忠，岂况臣登，其能已乎？愿陛下留意听采，臣虽死之日，犹生之年也。"既绝而后书闻，权益以摧感，言则陨涕。是岁，赤乌四年也。谢景时为豫章太守，不胜哀情，弃官奔赴，拜表自劾。权曰："君与太子从事，异于他吏。"使中使慰劳，听复本职，发遣还郡。谥登曰宣太子。

子璠、希，皆早卒，次子英，封吴侯。五凤元年，英以大将军孙峻擅权，谋诛峻，事觉自杀，国除。谢景者字叔发。南

阳宛人。在郡有治迹，吏民称之，以为前有顾劭，其次即景。数年卒官。’

孙虑字子智，登弟也。少敏惠有才艺，权器爱之。黄武七年，封建昌侯。后二年，丞相雍等奏虑性聪体达，所尚日新，比方近汉，宜进爵称王，权未许。久之，尚书仆射存上疏曰：“帝王之兴，莫不褒崇至亲，以光群后，故鲁卫于周，宠冠诸侯，高帝五王，封列于汉，所以藩屏本朝，为国镇卫。建昌侯虑禀性聪敏，才兼文武，于古典制，宜正名号。陛下谦光，未肯如旧，群寮大小，咸用于邑。方今奸寇恣眼，金鼓未弭，腹心爪牙，惟亲与贤。辄与丞相雍等议，咸以虑宜为镇军大将军，授任偏方，以光大业。”权乃许之，于是假节开府，治半州，虑以皇子之尊，富于春秋，远近嫌其不能留意。及至临事，遵奉法度，敬纳师友，过于众望。年二十，嘉禾元年卒。无子，国除。

孙和字子孝，虑弟也。少以母王有宠见爱，年十四。为置宫卫，使中书令阚泽教以书艺。好学下士，甚见称述。赤乌五年，立为太子，时年十九。阚泽为太傅，薛综为少傅，而蔡颖、张纯、封俌、严维等皆从容侍从。是时有司颇以条书问事，和以为奸妄之人，将因事错意，以生祸心，不可长也，表宜绝之。又都督刘宝白庶子丁晏，晏亦白宝。和谓晏曰：“文武在事，当能几人，因隙构薄，图相危害。岂有福哉?”遂两释之，使之从厚。常言当世士人宜讲修术学，校习射御，以周世务，而但交游博弈以妨事业，非进取之谓。后群寮侍宴，言及博弈。以为妨事费日而无益于用，劳精损思而终无所成，非所以进德修业，积累功绪者也。且志士爱日惜力，君子慕其大者，高山景行，耻非其次。夫以天地长久，而人居其间，有白驹过隙之喻，年齿一暮，荣华不再。凡所患者，在于人情所不能绝，诚能绝无益之欲以奉德义之涂，弃不急之务以修功业之基，其于名行，岂不善哉？夫人情犹不能无嬉娱，嬉娱之好，亦在于饮宴琴书射御之间，何必博弈，然后为欢！乃命侍坐者八人，各著论以矫之。于是中庶子韦曜退而论奏。和以示宾客。时蔡颖好弈，直事在署者颇敩焉，故以此讽之。

是后王夫人与全公主有隙。权尝寝疾，和祠祭于庙。和妃叔父张休居近庙，邀和过所居。全公主使人觇视，因言太子不在庙中，专就妃家计议，又言王夫人见上寝疾，有喜色。权由是发怒，夫人忧死，而和宠稍损，惧于废黜。鲁王霸觊觎滋甚，陆逊。吾粲、顾谭等数陈适庶之义，理不可夺，全寄、杨竺为鲁王霸支党，谮诉日兴。粲遂下狱诛，谭徙交州。权沈吟者历年，后遂幽闭和。于是骠骑将军朱据、尚书仆射屈晃率诸将吏泥头自缚，连日诣阙请和。权登白爵观见，甚恶之，敕据、晃等无事忩忩。权欲废和立亮，无难督陈正、五营督陈象上书，称引晋献公杀申生，立奚齐，晋国扰乱。又据、晃固谏不止。权大怒，族诛正、象，据、晃牵入殿，杖一百，竟徙和于故鄣，群司坐谏诛放者十数。众咸冤之。

太元二年正月，封和为南阳王，遣之长沙。四月，权薨，诸葛恪秉政。恪即和妃张之舅也。妃使黄门陈迁之建业上疏中宫，并致问于恪。临去，恪谓迁曰：“为我达妃，期当使胜他人。”此言颇泄。又恪有徙都意，使治武昌宫，民间或言欲迎和。及恪被诛，孙峻因此夺和玺绶，徙新都。又遣使者赐死。和与妃张辞别，张曰："吉凶当相随，终不独生活也。"亦自杀，举邦伤焉。

孙休立，封和子皓为乌程侯，自新都之本国。休薨，皓即阼，其年追谥父和曰文皇帝，改葬明陵，置园邑二百家，令、丞奉守。后年正月，又分吴郡、丹杨九县为吴兴郡，治乌程，置太守，四时奉祠。有司奏言，直立庙京邑。宝鼎二年七月，使守大匠薛珝营立寝堂，号曰清庙。十二月，遣守丞相孟仁、太常姚信等备官僚中军步骑二千人，以灵舆法驾，东迎神于明陵。皓引见仁，亲拜送于庭。灵舆当至，使丞相陆凯奉三牲祭于近郊，皓于金城外露宿。明日，望拜于东门之外。其翌日，拜庙荐祭，歔欷悲感。比七日三祭，倡技昼夜娱乐。有司奏言"祭不欲数，数则黩，宜以礼断情"，然后止。

孙霸字子威，和（同母）弟也。和为太子。霸为鲁王，宠爱崇特，与和无殊。顷之，和、霸不穆之声闻于权耳，权禁断往来，假以精学。督军使者羊衜上疏曰："臣闻古之有天下者，皆先显别适庶，封建子弟，所以尊重祖宗，为国藩表也。二宫拜授，海内称宜，斯乃大吴兴隆之基。顷闻二宫并绝宾客，远近悚然，大小失望。窃从下风，听采众论，咸谓二宫智达英茂，自正名建号，于今三年，德行内著，美称外昭，西北二隅，久所服闻。谓陛下当副顺遐迩所以归德，勤命二宫宾延四远，使异国闻声，思为臣妾。今既未垂意于此，而发明诏，省夺备卫，抑绝宾客，使四方礼敬，不复得通，虽实陛下敦尚古义，欲令二宫专志于学，不复顾虑观听小宜，期于温故博物而已，然非臣下倾企喁喁之至愿也。或谓二宫不遵典式，此臣所以寝息不宁。就如所嫌，犹宜补察，密加斟酌，不使远近得容异言。臣惧积疑成谤，久将宣流，而西北二隅，去国不远，异同之语，易以闻达。闻达之日，声论当兴，将谓二宫有不顺之愆，不审陛下何以解之？若无以解异国，则亦无以释境内。境内守疑，异国兴谤，非所以育巍巍，镇社稷也。愿陛下早发优诏，使二宫周旋礼命如初，则天清地晏，万国幸甚矣。”

时全寄、吴安、孙奇、杨竺等阴共附霸，图危太子。谮毁既行，太子以败，霸亦赐死。流竺尸于江，兄穆以数谏戒竺，得免大辟，犹徙南州。霸赐死后，又诛寄、安、奇等，咸以党霸构和故也。霸二子，基、壹。五凤中，封其为吴侯，壹宛陵侯。基侍孙亮在内，太平二年，盗乘御马，收付狱。亮问侍中刁玄曰：“盗乘御马罪云何？”玄对曰：“科应死。然鲁王早终，惟陛下哀原之。”亮曰：“法者，天下所共，何得阿以亲亲故邪？当思惟可以释此者，奈何以情相迫乎？”玄曰：“旧赦有大小，或天下，亦有千里、五百里赦，随意所及。”亮曰：“解人不当尔邪！”乃赦宫中，基以得免。孙皓即位，追和、霸旧隙，削基、壹爵土，与祖母谢姬俱徙会稽乌伤县。

孙奋字子扬，霸弟也。母曰仲姬。太元二年，立为齐王，居武昌。权薨，太傅诸葛恪不欲诸王处江滨兵马之地，徙奋于豫章。奋怒，不从命，又数越法度。恪上笺谏曰：“帝王之尊，与天同位，是以家天下，臣父兄，四海之内，皆为臣妾。仇雠有善，不得不举；亲戚有恶，不得不诛。所以承天理物，先国后身，盖圣人立制，百代不易之道也。昔汉初兴，多王子弟，至于太强，辄为不轨，上则几危社稷，下则骨肉相残，其后惩戒，以为大讳。自光武以来，诸王有制，惟得自娱于宫内，不得临民，干与政事。其与交通，皆有重禁，遂以全安，各保福祚。此则前世得失之验也。近袁绍、刘表各有国土，土地非狭，人众非弱，以适庶不分，遂灭其宗祀。此乃天下愚智所共嗟痛。

大行皇帝览古戒今，防芽遏萌，虑于千载。是以寝疾之日，分遣诸王，各早就国，诏策殷勤，科禁严峻，其所戒敕，无所不至。诚欲上安宗庙，下全诸王。使百世相承，无凶国害家之悔也。大王宜上惟太伯顺父之志，中念河间献王、东海王强恭敬之节，下当裁抑骄恣荒乱以为警戒。而闻顷至武昌以来，多违诏敕，不拘制度，擅发诸将兵治护宫室。又左右常从有罪过者，当以表闻，公付有司，而擅私杀，事不明白。大司马吕岱亲受先帝诏敕，辅导大王，既不承用其言，令怀忧怖。华锜先帝近臣，忠良正直，其所陈道，当纳用之，而闻怒锜，有收缚之语。又中书杨融，亲受诏敕，所当恭肃，云“正自不听禁，当如我何?”闻此之日，大小惊怪，莫不寒心。

里语曰：“明镜所以照形，古事所以知今。大王宜深以鲁王为戒，改易其行，战战兢兢，尽敬朝廷，如此则无求不得。若弃忘先帝法教，怀轻慢之心，臣下宁负大王，不敢负先帝遗诏，宁为大王所怨疾，岂敢忘尊主之威，而令诏敕不行于藩臣邪?此古今正义，大王所照知也。夫福来有由，祸来有渐，渐生不忧，将不可悔，向使鲁王早纳忠直之言，怀惊惧之虑，享祚无穷，岂有灭亡之祸哉?夫良药苦口，惟疾者能甘之。忠言逆耳，惟达者能受之，今者恪等慺慺欲为大王除危殆于萌芽，广福庆之基原，是以不自知言至，愿蒙三思。”

奋得笺惧，遂移南昌，游猎弥甚，官属不堪命。及恪诛，奋下住芜湖，欲至建业观变。傅相谢慈等谏奋，奋杀之。坐废为庶人，徙章安县。太平三年，封为章安侯。

建衡二年，孙皓左夫人王氏卒。皓哀念过甚，朝夕哭临，数月不出，由是民间或谓皓死，讹言奋与上虞侯奉当有立者。奋母仲姬墓在豫章，豫章太守张俊疑其或然，扫除坟茔。皓闻之，车裂俊，夷三族，诛奋及其五子，国除。

【评曰】

孙登居心所存，足为茂美之德。虑、和并有好善之姿，规自砥砺，或短命早终，或不得其死，哀哉！霸以庶干适，奋不遵轨度，固取危亡之道也。然奋之诛夷，横遇飞祸矣。

贺全吕周钟离传

贺齐字公苗，会稽山阴人也。少为郡吏，守剡长。县吏斯从轻侠为奸，齐欲治之。主簿谏曰："从，县大族，山越所附，今日治之，明日寇至。"齐闻大怒，便立斩众。从族党遂相纠合，众千余人，举兵攻县。齐率吏民，开城门突击，大破之，威震山越。后太末、丰浦民反，转守太末长，诛恶养善，期用尽平。建安元年，孙策临郡，察齐孝廉。时王朗奔东治，侯官长商升为朗起兵。策遣永宁长韩晏领南部都尉，将兵讨升，以齐为永宁长。晏为升所败，齐又代晏领都尉事。升畏齐威名，遣使乞盟。齐因告喻，为陈祸福，升遂送上印绶，出舍求降。贼帅张雅、詹强等不愿升降，反共杀升，雅称无上将军，强称会稽太守。贼盛兵少，未足以讨，齐住军息兵。雅与女婿何雄争势两乖，齐令越人因事交构。遂至疑隙，阻兵相图。齐乃进讨，一战大破雅，强党震惧，率众出降。

侯官既平。而建安、汉兴、南平复乱，齐进兵建安，立都尉府，是岁八年也。郡发属县五千兵，各使本县长将之，皆受齐节度。贼洪明、洪进、苑御、吴免、华当等五人，率各万户，连屯汉兴，吴五六千户别屯大潭。邹临六千户别屯盖竹，大潭同出馀汗。军讨汉兴，经馀汗。齐以为贼众兵少，深入无继，恐为所断，令松阳长丁蕃留备余汗。蕃本与齐邻城，耻见部伍，辞不肯留。齐乃斩蕃，于是军中震栗。无不用命。遂分兵留备，进讨明等，连大破之。临陈斩明，其免、当、进、御皆降。转击盖竹，军向大潭，三将又降。凡讨治斩首六千级，名帅尽擒。复立县邑，料出兵万人，拜为平东校尉。十年，转讨上饶，分以为建平县。

十三年，迁威武中郎将，讨丹阳黟、歙。时武强、叶乡、东阳、丰浦四乡先降，齐表言以叶乡为始新县。而歙贼帅金奇万户屯安勒山，毛甘万户屯乌聊山，黟帅陈仆，祖山等二万户屯林历山。林历山四面壁立，高数十丈，径路危狭，不容刀楯，贼临高下石，不可得攻。军住经日，将吏患之。齐身出周行，观视形便，阴募轻捷士，为作铁弋，密于隐险贼所不备处，以戈拓斩山为缘道，夜令潜上，乃多县布以援下人，得上百数人，四面流布，俱鸣鼓角，齐勒兵待之。贼夜闻鼓声四合，谓大军悉已得上，惊惧惑乱，不知所为，守路备险者，皆走还依众。大军因是得上，大破仆等，其余皆降，凡斩首七千。齐复表分歙为新定；黎阳、休阳。并黟、歙凡六县。权遂割为新都郡，齐为太守，立府于始新，加偏将军。

十六年，吴郡余杭民郎稚合宗起贼，复数千人，齐出讨之。即复破稚，表言分余杭为临水县。被命诣所在，及当还郡，权出祖道，作乐舞象。赐齐軿车骏马，罢坐住驾，使齐就车。齐辞不敢，权使左右扶齐上车，令导吏卒兵骑，如在郡仪。权望之笑曰："人当努力，非积行累勤，此不可得。"去百余步乃旋。

十八年，豫章东部民彭材、李玉、王海等起为贼乱，众万余人。齐讨平之，诛其首恶，余皆降服。拣其精健为兵，次为县户。迁奋武将军。二十年，从权征合肥。时城中出战，徐盛被创失矛，齐引兵拒击，得盛所失。二十一年，鄱阳民尤突受曹公印绶，化民为贼，陵阳、始安、泾县皆与突相应。齐与陆逊讨破突，斩首数千，余党震服，丹杨三县皆降，料得精兵八千人。拜安东将军，封山阴侯，出镇江上，督扶州以上至皖。

黄武初，魏使曹休来伐。齐以道远后至，因住新市为拒。会洞口诸军遭风流溺，所亡中分，将士失色，赖齐未济，偏军独全，诸将倚以为势。

齐性奢绮，尤好军事，兵甲器械极为精好，所乘船雕刻丹镂，青盖绛襜，干橹戈矛，葩爪文画，弓弩矢箭，咸取上材，蒙冲斗舰之属，望之若山。休等惮之，遂引军还。迁后将军，假节领徐州牧。

初，晋宗为戏口将，以众叛如魏，还为蕲春太守，图袭安乐，取其保质。权以为耻忿，因军初罢，六月盛夏、出其不意，诏齐督麋芳、鲜于丹等袭蕲春，遂生虏宗。后四年卒，子达及弟景皆有令名，为佳将。

全综字子璜，吴郡钱唐人也。父柔，汉灵帝时举孝廉。补尚书郎右丞，董卓之乱，弃官归。州辟别驾从事，诏书就拜会稽东部都尉。孙策到吴，柔举兵先附，策表柔为丹杨都尉。孙权为车骑将军，以柔为长史，徙桂阳太守。柔尝使琮赍米数千斛到吴，有所市易。琮至，皆散用，空船而还。柔大怒，琮顿首曰：“愚以所市非急，而士大夫方有倒县之患，故便振赡，不及启报。”柔更以奇之。是时中州士人避乱而南，依琮居者以百数，琮倾家给济，与共有无，遂显名远近。后权以为奋威校尉，授兵数千人，使讨山越。因开募召，得精兵万余人，出屯牛渚，稍迁偏将军。

建安二十四年，刘备将关羽围樊、襄阳，琮上疏陈羽可讨之计，权时已与吕蒙阴仪袭之，恐事泄，故寝琮表不答。及禽羽，权置酒公安。顾谓琮曰：“君前陈此，孤虽不相答，今日之捷，抑亦君之功也。”于是封阳华亭侯。

黄武元年，魏以舟军大出洞口，权使吕范督诸将拒之，军营相望。敌数以轻船抄击，琮常带甲仗兵，伺候不休。顷之，敌数千人出江中，琮击破之，枭其将军尹卢。迁琮绥南将军，进封钱唐侯。四年，假节领九江太守。七年，权到皖，使琮与辅国将军陆逊击曹休，破之于石亭。是时丹杨、吴、会山民复为寇贼，攻没属县，权分三郡险地为东安郡，琮领太守。至，明赏罚。招诱降附，数年中，得万余人。权召琮还牛渚，罢东安郡。黄龙元年，迁卫将军、左护军、徐州牧，尚公主。

嘉禾二年，督步骑五万征六安，六安民皆散走，诸将欲分兵捕之。琮曰：“夫乘危侥倖，举不百全者，非国家大体也。今分兵捕民，得失相半，岂可谓全哉？纵有所获，犹不足以弱敌而副国望也。如或邂逅，亏损非小，与其获罪，琮宁以身受之。不敢徼功以负国也。”

赤乌九年，迁右大司马、左军师。为人恭顺，善于承颜纳规，言辞未尝切迕。初，权将围珠崖及夷州，皆先问琮。琮曰：“以圣朝之威，何向而不克？然殊方异域，隔绝障海，水土气毒，自古有之，兵入民出，必生疾病，转相污染，往者惧不能反，所获何可多致？猥亏江岸之兵，以冀万一之利，愚臣犹所不安。”权不听。军行经岁，士众疾疫死者十有八九，权深悔之。后言次及之，琮对曰：“当是时，群臣有不谏者，臣以为不忠。”琮既亲重，宗族子弟并蒙宠贵，赐累千金，然犹谦虚接士，貌无骄色。十二年卒，子怿嗣。后袭业领兵，救诸葛诞于寿春，出城先降，魏以为平东将军，封临湘侯。怿兄子祎、仪、静等亦降魏，皆历郡守列侯。

吕岱字定公，广陵海陵人也，为郡县吏，避乱南渡。孙权统事，岱诣幕府，出守吴丞。权亲断诸县仓库及囚系，长丞皆见，岱处法应问，甚称权意，召署录事，出补余姚长，召募精健，得千余人。会稽东冶五县贼吕合、秦狼等为乱，权以岱为督军校尉，与将军蒋钦等将兵讨之，遂擒合、狼，五县平定，拜昭信中郎将。

建安二十年，督孙茂等十将从取长沙三郡。又安成、攸、永新、茶陵四县吏共入阴山城，合众拒岱，岱攻围，即降，三郡克定。权留岱镇长沙。安成长吴砀及中郎将袁龙等首尾关羽，复为反乱。砀据攸县，龙在醴陵。权遣横江将军鲁肃攻攸，砀得突走。岱攻醴陵，遂禽斩龙。迁庐陵太守。

延康元年，代步骘为交州刺史。到州，高凉贼帅钱博乞降，岱因承制，以博为高凉西部都尉。又郁林夷贼攻围郡县，岱讨破之。是时桂阳、浈阳贼王金合众于南海界上，首乱为害，权又诏岱讨之，生缚金，传送诣都，斩首获生凡万余人。迁安南将军，假节，封都乡侯。

交阯太守士燮卒，权以燮子徽为安远将军，领九真太守，以校尉陈时代燮。岱表分海南三郡为交州，以将军戴良为刺史，海东四郡为广州，岱自为刺史。遣良与时南入，而徽不承命，举兵戍海口以拒良等。岱于是上疏请讨徽罪，督兵三千人晨夜浮海。或谓岱曰："徽藉累世之恩，为一州所附，未易轻也。"岱曰："今徽虽怀逆计，未虞吾之卒至，若我潜军轻举，掩其无备，破之必也。稽留不速，使得生心，婴城固守，七郡百蛮，云合响应，虽有智者，谁能图之？"遂行，过合浦，与良俱进。徽闻岱至，果大震怖，不知所出，即率兄弟六人肉袒迎岱。岱皆斩送其首，徽大将甘醴，桓治等率吏民攻岱，岱奋击大破之，进封番禺侯。于是除广州，复为交州如故。岱既定交州，复进讨九真，斩获以万数。又遣从事南宣国化，暨徼外扶南、林邑、堂明诸王，各遣使奉贡。权嘉其功，进拜镇南将军。

黄龙三年，以南土清定，召岱还屯长沙沤口。会武陵蛮夷蠢动，岱与太常潘浚共讨定之。嘉禾三年，权令岱领潘璋士众，屯陆口，后徙蒲圻。四年，庐陵贼李桓、路合、会稽东冶贼随春、南海贼罗厉等一时并起。权复诏岱督刘纂、唐咨等分部讨击，春即时首降，岱拜春偏将军，使领其众，遂为列将，桓、厉等皆见斩获，传首诣都。

权诏岱曰："厉负险作乱，自致枭首；桓凶狡反复，已降复叛。前后讨伐，历年不禽，非君规略，谁能枭之？忠武之节，于是益者。元恶既除，大小震慑，其余细类，扫地族矣。自今已去，国家永无南顾之虞，三郡晏然，无怵惕之惊。又得恶民以供赋役，重用叹息。赏不逾月，国之常典，制度所宜，君其裁之。"

潘濬卒，岱代濬领荆州文书，与陆逊并在武昌，故督蒲圻。顷之，廖式作乱。攻围城邑，零陵、苍梧、郁林诸郡骚扰，岱自表辄行，星夜兼路。权遣使追拜岱交州牧，及遣诸将唐咨等骆驿相继，攻讨一年破之，斩式及遣诸所伪署临贺太守费杨等，并其支党，郡县悉平，复还武昌。

时年已八十，然体素精勤，躬亲王事。奋威将军张承与岱书曰："昔旦奭翼同，《二南》作歌，今则足下与陆子也。忠勤相先，劳谦相让，功以权成，化与道合，君子叹其德，小人悦其美。加以文书鞅掌，宾客终日，罢不舍事，劳不言倦。又知上马辄自超乘，不由跨蹑，如此足下过廉颇也。何其事事决也。《周易》有之，礼言恭，德言盛，足下何有尽此美耶！"及陆逊卒，诸葛恪代逊，权乃分武昌为两部，岱督右部，自武昌上至蒲圻。迁上大将军，拜子凯副军校尉，监兵蒲圻，孙亮即位，拜大司马。岱清身奉公，所在可述。初在交州，历年不饷家，妻子饥乏。权闻之叹息，以让群臣曰："吕岱出身万里，为国勤事，家门内困，而孤不早知。股肱耳目，其责安在？"于是加赐钱米布绢，岁有常限。

始，岱亲近吴郡徐原，慷慨有才志，岱知其可成，赐巾褠，与共言论，后遂荐拔，官至侍御史。原性忠壮，好直言，岱时有得失，原辄谏诤，又公论之，人或以告岱，岱叹曰：“是我所以贵德渊者也。”及原死，岱哭之甚哀。曰：“德渊，吕岱之益友，今不幸，岱复于何闻过？”谈者美之。太平元年，年九十六卒，子凯嗣。遣令殡以素棺，疏巾布褠，葬送之制，务从俭约，凯皆奉行之。

周鲂字子鱼，吴郡阳羡人也。少好学，举孝廉，为宁国长，转在怀安。钱唐大帅彭式等蚁聚为寇，以鲂为钱唐侯相，旬月之间，斩式首及其支党，迁丹杨西部都尉。黄武中。鄱阳大帅彭绮作乱，攻没属城，乃以鲂为鄱阳太守，与胡综戮力攻讨，遂生禽绮，送诣武昌，加昭义校尉。被命密求山中旧族名帅为北敌所闻知者，令谲挑魏大司马扬州牧曹休。鲂答，恐民帅小丑不足仗任，事或漏泄，不能致休，乞遣亲人赍笺七条以诱休。

其一曰：“鲂以千载饶幸，得备州民，远隔江川，敬恪未显，瞻望云景，天实为之。精诚微薄，名位不昭，虽怀焦渴，曷缘见明？狐死首丘，人情恋本，而逼所制，奉觌礼违。每独矫首西顾，未尝不寤寐劳叹，展转反侧也。今因隙穴之际，得陈宿昔之志，非神启之，岂能致此！不胜翘企，万里托命。谨遣亲人董岑、邵南等托叛奉笺。时事变故，列于别纸，惟明公君侯垂日月之光，照远民之趣，永令归命者有所戴赖。”

其二曰：“鲂远在边隅，江汜分绝；恩泽教化，未蒙抚及，而于山谷之间，遥陈所怀，惧以大义，未见信纳。夫物有感激，计因变生，古今同揆；鲂仕东典郡，始愿已获，铭心立报，永矣无贰。岂图顷者中被横谴，祸在漏刻，危于投卵，进有离合去就之宜，退有诬罔枉死之咎，虽志行轻微，存没一节，顾非其所，能不怅然！敢缘古人，因知所归，拳拳输情，陈露肝膈。乞降春天之润，哀拯其急，不复猜疑，绝其委命。事之宣泄。受罪不测，一则伤慈损计，二则杜绝向化者心，惟明使君远览前世，矜而愍之，留神所质，速赐秘报。鲂当候望举动，俟须响应。”

其三曰：“鲂所代故太守广陵王靖，往者亦以郡民为变，以见谴责，靖勤自陈释，而终不解，因立密计，欲北归命，不幸事露，诛及婴孩。鲂既目见靖事，且观东主一所非薄，婳不复厚，虽或暂舍，终见翦除。今又令鲂领郡者，是欲责后效，必杀鲂之趣也。虽尚视息，忧惕焦灼，未知躯命，竟在何时。人居世间，犹白驹过隙，而常抱危怖，其可言乎！惟当陈愚，重自披尽，惧以卑贱，未能采纳。愿明使君少垂详察，忖度其言。今此郡民，虽外名降首，而故在山草，看伺空隙，欲复为乱。为乱之日，鲂命讫矣。东主顷者潜部分诸将，图欲北进。吕范、孙韶等入淮，全琮、朱桓趋合肥，诸葛瑾、步骘、朱然到襄阳。陆议、潘璋等讨梅敷。东主中营自掩石阳，别遣从孙奂治安陆城，修立邸阁，辇赀运粮，以为军储，又命诸葛亮进指关西，江边诸将无复在者，才留三千所兵守武昌耳。若明使君以万兵从皖南首江渚，鲂便从此率厉吏民，以为内应。此方诸郡，前后举事，垂成而败者，由无外援使其然耳；若北军临境，传檄属城，思咏之民，谁不企踵？愿明使君上观天时，下察人事，中参蓍龟，则足昭往言之不虚也。”

其四曰：“所遣董岑、邵南少长家门。亲之信之，有如儿子。是以特令赍笺，托叛为辞，目语心计，不宣唇齿，骨肉至亲，无有知者。又已敕之，到州当言往降，欲北叛来者得传之也。鲂建此计，任之于天，若其济也，则有生全之福。邂逅泄漏，则受夷灭之祸。常中夜仰天，告誓星辰。精成之微，岂能上感，然事急孤穷，惟天是诉耳。遣使之日，载生载死，形存气亡，魄爽恍惚。私恐使君未深保明，岑、南二人可留其一，以为后信。一赍教还，教还故当言悔叛还首。东主有常科，悔叛还者，皆自原罪。如是彼此俱塞，永无端原。县命西望，涕笔俱下。"

其五曰："鄱阳之民，实多愚劲，帅之赴役。未即应人，倡之为变，闻声响抃。今虽降首，盘节未解，山栖草藏，乱心犹存。而今东主图兴大众，举国悉出。江边空旷，屯坞虚损，惟有诸刺奸耳。若因是际而骚动此民，一旦可得更会，然要恃外援，表里机互，不尔以往，无所成也。今使君若从皖道进住江上，鲂当从南对岸历口为应。若未径到江岸，可住百里上。令此间民知北军在彼，即自善也。此间民非苦饥寒而甘兵寇，苦于征讨，乐得北属，但穷困举事，不时见应，寻受其祸耳。如使石阳及青、徐诸军首尾相衔，牵缀往兵，使不得速退者，则善之善也。鲂生在江、淮，长于时事，见其便利，百举百捷，时不再来，敢布腹心。"

其六曰："东主致恨前者不拔石阳，今此后举，大合新兵，并使潘濬发夷民，人数甚多，闻豫设科条，当以新羸兵置前，好兵在后，攻城之日。云欲以羸兵填堑，使即时破，虽未能然，是事大趣也。私恐石阳城小，不能久留往兵，明使君速垂救济，试宜疾密。王靖之变，其鉴不远。今鲂归命，非复在天，正在明使君耳。若见救以往，则功可必成，如见救不时，则与靖等同祸。前彭绮时，闻旗麾在逢龙，此郡民大小欢喜，并思立效，若留一月日间，事当大成，恨去电速，东得增众专力讨绮，绮始败耳。愿使君深察此言。”

其七曰：“今举大事，自非爵号无以劝之，乞请将军、侯印各五十纽，郎将印百纽，校尉、都尉印各二百纽，得以假授诸魁帅，奖厉其志，并乞请幢麾数十，以为表帜，使山兵吏民，目瞻见之，知去就之分已决，承引所救画定。又彼此降叛，日月有人，阔狭之间，辄得闻知。今之大事，事宜神密，若省鲂笺，乞加隐秘。伏知智度有常，防虑必深，鲂怀忧震灼，启事蒸仍，乞未罪怪。”

鲂因别为密表曰：“方北有逋寇，固阻河洛，久稽王诛，自擅朔土，臣曾不能吐奇举善。上以光赞洪化，下以输展万一，忧心如擣，假寐忘寝。圣朝天覆，含臣无效，猥发优命。敕臣以前诱致贼休，恨不如计，令于郡界求山谷魁帅为北贼所闻知者。令与北通。臣伏思惟，喜怖交集。窃恐此人不可卒得，假使得之，惧不可信，不如令臣谲休，于计为便。此臣得以经年之冀愿。逢值千载之一会，辄自督竭，竭尽顽蔽，撰立笺草以诳诱休者，如别纸。臣知无古人单复之术，加卒奉大略，伀矇狼狈，惧以轻愚，忝负特施。豫怀忧灼。臣闻唐尧先天而天弗违，博询刍荛，以成盛勋。朝廷神谟，欲必致休于步度之中，灵赞圣规，休必自送，使六军囊括，虏无孑遗，威风电迈，天下幸甚。谨拜表以闻，并呈笺草，惧于浅局，追用悚息。”被报施行。休果信鲂，帅步骑十万，辎重满道，径来入皖。鲂亦合众，随陆逊横截休，休幅裂瓦解，斩获万计。

鲂初建密计时，频有郎官奉诏诘问诸事，鲂乃诣部郡门下，因下发谢，故休闻之，不复疑虑。事捷军旋，权大会诸将欢宴，酒酣。谓鲂曰：“君下发载义，成孤大事，君之功名，当书之竹帛。”加裨将军，赐爵关内侯。贼帅董嗣负阻劫钞，豫章、临川并受其害。吾粲、唐咨尝以三千兵攻守，连月不能拔。鲂表乞罢兵，得以便宜从事。鲂遣间谍，授以方策，诱狙杀嗣。嗣弟怖惧，诣武昌降于陆逊，乞出平地，自改为善，由是数郡无复忧惕。

鲂在郡十三年卒，赏善罚恶。威恩并行。子处，亦有文武材干，天纪中为东观令、无难督。钟离牧字子干，会稽山阴人，汉鲁相意七世孙也。少爰居永兴，躬自垦田，种稻二十余亩。临熟，县民有识认之。牧曰：“本以田荒，故垦之耳。”遂以稻与县人。县长闻之，召民系狱，欲绳以法，牧为之请。长曰：“君慕承宫，自行义事，仆为民主，当以法率下，何得寝公宪而从君邪?”牧曰：“此是郡界，缘君意顾，故来暂住。今以少稻而杀此民，何心复留?”遂出装，还山阴，长自往止之，为释系民。民惭惧，率妻子舂所取稻得六十斛米，送还牧，牧闭门不受。民输置道旁，莫有取者。牧由此发名。

赤乌五年，从郎中补太子辅义都尉，迁南海太守。还为丞相长史，转司直，迁中书令。会建安、鄱阳、新都三郡山民作乱，出牧为监军使者，讨平之。贼帅黄乱、常俱筹出其部伍，以充兵役。封秦亭侯，拜越骑校尉。

永安六年，蜀并于魏，武陵五溪夷与蜀接界。时论惧叛乱，乃以牧为平魏将军，领武陵太守，往之郡。魏遣汉葭县长郭纯试守武陵太守，率涪陵民入蜀迁陵界，屯于赤沙，诱致诸夷邑君，或起应纯，又进攻酉阳县，郡中震惧。牧问朝吏曰：“西蜀倾覆，边境见侵，何以御之?”皆对曰：“今二县山险，诸夷阻兵，不可以军惊扰，惊扰则诸夷盘结。宜以渐安，可遣恩信吏宣教慰劳。”牧曰：“不然。外境内侵，诳诱人民，当及其根柢未深而扑取之，此救火贵速之势也。”敕外趣严，掾史沮仪者便行军法。抚夷将军尚说牧曰；“昔潘太常督兵五万，然后以讨五溪夷耳。是时刘氏连和，诸夷率化，今既无往日之援，而郭纯已据迁陵，而明府以三千兵深入，尚未见其利也。”牧曰：“非常之事，何得循旧?”即率所领，晨夜进道，缘山险行，垂二千里，从塞上，斩恶民怀异心者魁帅百余人及其支党凡千余级，纯等散，五溪平。迁公安督、扬武将军，封都乡侯，徙濡须督。复以前将军假节，领武陵太守。卒官。家无余财，士民思之。子祎嗣，代领兵。

【评曰】

山越好为叛乱，难安易动，是以孙权不遑外御，卑词魏氏。凡此诸臣，皆克宁内难，绥静邦域者也。吕岱清恪在公；周鲂谲略多奇；钟离牧蹈长者之规；全琮有当世之才，贵重于时，然不检奸子，获讥毁名云。

潘濬陆凯传

潘濬字承明，武陵汉寿人也。弱冠从宋仲子受学。年未三十，荆州牧刘表辟为部江夏从事。时沙羡长赃秽不修，濬按杀之，一郡震竦。后为湘乡令，治甚有名。刘备领荆州，以濬为治中从事。备入蜀，留典州事。

孙权杀关羽，并荆土，拜濬辅军中郎将，授以兵。迁奋威将军，封常迁亭侯。权称尊号，拜为少府。进封刘阳侯，迁太常。五溪蛮夷叛乱盘结，权假濬节，督诸军讨之。信赏必行，法不可干，斩首获生，盖以万数，自是郡蛮衰弱，一方宁静。

先是，濬与陆逊俱驻武昌，共掌留事，还复故。时校事吕壹操弄威柄，奏按丞相顾雍、左将军朱据等，皆见禁止。黄门侍郎谢厷语次问壹："顾公事何如？"壹答："不能佳。"厷又问："若此公免退，谁当代之？"壹未答厷。厷曰："得无潘太常得之乎？"壹良久曰："君语近之也。"宏谓曰："播太常常切齿于君，但道远无因耳。今日代顾公，恐明日便击君矣。"壹大惧，遂解散雍事。濬求朝，诣建业，欲尽辞极谏。至，闻太子登已数言之而不见从。浚乃大请百寮，欲因会手刀杀壹，以身当之，为国除患。壹密闻知，称疾不行。浚每进见，无不陈壹之奸险也。由此壹宠渐衰，后遂诛戮。权引咎责躬，因诮让大臣，语在《权传》。

赤二年卒，浚卒，子翥嗣。浚女配建昌侯孙虑。陆凯字敬风，吴郡吴人，丞相逊族子也。黄武为永兴、诸暨长，所在有治迹，拜建武都尉，领兵。虽统军众，手不释书。好《太玄》，论演其意，以筮辄验。赤乌中，除儋耳太守，讨朱崖，斩获有功，迁为建武校尉。五凤二年，讨山贼陈毖于零陵。斩毖克捷，拜巴丘督、偏将军，封都乡侯，转为武昌右部督。与诸将共赴寿春；还，累迁荡魏、绥远将军。孙休即位，拜征北将军，假节领豫州牧。孙皓立，迁镇西大将军，都督巴丘，领荆州牧，进封嘉兴侯。孙皓与晋平，使者丁忠自北还，说皓弋阳可袭，凯谏止，语在《皓传》。宝鼎元年，迁左丞相。

皓性不好人视己，郡臣侍见，精莫敢进。凯说皓曰："夫君臣无不相识之道，若率有不虞，不知所赴。"皓听凯自视。皓时徒都武昌，扬土百姓溯流供给，以为患苦，又政事多谬，黎无穷匮。凯上疏曰："臣闻有道之君，以乐乐民。无道之君，以乐乐身。乐民者，其乐弥长。乐身者，不久而亡。夫民者，国之根也，诚宜重其食，爱其命。民安则君安，民乐则君乐。自顷年以来。君威伤于桀、纣，君明暗于奸雄，君惠闭于群孽。无灾而民命尽，无为而国财空，辜无罪，赏无功，使君有谬误之愆，天为作妖。而诸公卿媚上以求爱，因民以求饶，导君于不义，败政于淫俗，臣窃为痛心。今邻国交好。四边无事，当务息役养士，实其廪库，以待天时。而更倾动天心，骚扰万姓，使民不安，大小呼嗟，此非保国养民之术也。

臣闻吉凶在天，犹影之在形，响之在声也，形动则影动，形止则影止。此分数乃有所系，非在口之所进退也。昔秦所以亡天下者，但坐赏轻而罚重，政刑错乱，民力尽于奢侈，目眩于美色，志浊于财宝。邪臣在位，贤哲隐藏，百姓业业，天下苦之。是以遂有覆巢破卵之忧。汉所以强者，躬行诚信，听谏纳贤，惠及负薪，躬请岩穴，广采博察，以成其谋。此往事之明证也。

近者汉之衰末，三家鼎立，曹失纲纪，晋有其政。又益州危险。兵多精强，闭门固守，可保万世，而刘氏以夺乖错，赏罚失所，君恣意于奢侈，民力竭于不急，是以为晋所伐，君臣见虏，此目前之明验也。

“臣暗于大理，文不及义，智慧浅劣，无复冀望，窃为陛下惜天下耳。臣谨奏耳目所闻见，百姓所为烦苛，刑政所为错乱，愿陛下息大功，损百役，务宽荡，忽苛政。”

“又武昌土地，实危险而瘠确，非王都安国养民之处，船泊则沉漂，陵居则峻危，且童谣曰：宁饮建业水，不食武昌鱼，宁还建业死，不止武昌居。”臣闻翼星为变，荧惑作妖，童谣之言，生于天心，乃以安居而比死，足明天意，如民所若也。”

臣闻国无三年之储，谓之非国，而今无一年之畜，此臣下责也。而诸公卿位处人上，禄延子孙，曾无致命之节，匡救之术，苟进小利于君，以求容媚，荼毒百姓，不为君计也。自从孙弘造义兵以来，耕种既废，所在无复输入，而分一家父子异役，廪食日张，畜积日耗。民有离散之怨，国有露根之渐，而莫之恤也。民力因穷，鬻卖儿子，调赋相仍，日以疲极，所在长吏，不加隐括，加有监官，既不爱民，务行威势，所在骚扰，更为烦苛，民苦二端，财力再耗，此为无益而有损也。愿陛下一息此辈。矜哀孤弱，以镇抚百姓之心。此犹鱼鳖得免毒螫之渊，乌兽得离罗网之纲，四方之民襁负而至。如此，民可得保，先王之国存焉。

"臣闻五音令人耳不聪，五色令人目不明，此无益于政，有损于事者也。自昔先帝时，后宫列女，及诸织络，数不满百，米有畜积，货财有余。先帝崩后，幼、景在位，更改奢侈，不蹈先迹。伏闻织络及诸徒坐，乃有千数，计其所长，不足为国财。然坐食宫廪，岁岁相承，此为无益。愿陛下料出赋嫁，给与无妻者。如此，上应天心，下合地意，天下幸甚"。

"臣闻殷汤取士于商贾，齐桓取士于车辕，周武取士于负薪，大汉取士于奴仆。明王圣主取士以贤，不拘卑贱。故其功德洋溢，名流竹素，非求颜色而取好服、捷口、容悦者也。臣伏见当今内宠之臣，位非其人，任非其量，不能辅国匡时，群党相扶，害忠隐贤。愿陛下简文将之臣。各勤其官，州牧督将，藩镇方外，公卿尚书，务修仁化，上助陛下，下拯黎民，各尽其忠，拾贵万一。则康哉之歌作，刑错之理清。愿陛下留神思臣愚言。"

时殿上列将何定佞巧便辟，贵幸任事。凯面责定曰："卿见前后事主不忠，倾乱国政，宁有得以寿终者邪！何以专为佞邪，秽尘天听？宜自改厉。不然，方见卿有不测之祸矣。”定大恨凯，思中伤之，凯终不以为意，乃心公家，义形于色，表疏皆指事不饰，忠恳内发。

建衡元年，疾病。皓遣中书令董朝问所欲言，凯陈：“何定不可任用，宜授外任，不宜委以国事。奚熙小吏，建起浦里田，欲复严密故迹，亦不可听。姚信、楼玄、贺劭、张悌、郭逴、薛莹、滕脩及族弟喜，抗，或清白忠勤，或姿才卓茂，皆社稷之桢干，国家之良辅。愿陛下重留神思，访以时务，各尽其忠，拾遗万一。”遂卒，时年七十二。子祎。初为黄门侍郎，出领部曲，拜偏将军。凯亡后，入为太子中庶子。右国史华核表荐祎曰：“祎体质方刚，器干强固，董率之才，鲁肃不过。及被召当下，径还赴都，道由武昌，曾不回顾，器械军资，一无所取，在戎果毅，临财有节。夫夏口，贼之冲要，直选名将以镇戍之，臣窃思惟，莫善于祎。”

初，皓常衔凯数犯颜忤旨，加何定谮构非一，既以重臣，难绳以法，又陆抗时为大将在疆场，故以计容忍。抗卒后，竟徙凯家于建安。或曰宝鼎元年十二月，凯与大司马丁奉、御史大夫丁固谋，因皓谒庙，欲废皓立孙休子。时左将军留平领兵先驱，故密语平，平拒而不许，誓以不泄，是以所图不果。太史郎陈苗奏皓久阴不雨，风气回逆，将有阴谋，皓深警惧云。

予连从荆、扬来者得凯所谏皓二十事，博问吴人，多云不闻凯有此表。又按其文殊甚切直，恐非皓之所能容忍也。或以为凯藏之箧笥，未敢宣行，病困，皓遣董朝省问欲言，因以付之。虚实难明，故不著于篇，然爱其指擿皓事，足为后戒，故抄列于《凯传》左云。

皓遣亲近赵钦口诏报凯前表曰："孤动必遵先帝，有何不平？君所谏非也。又建业宫不利，故避之，而西宫室宇摧朽，须谋移都，何以不可徙乎？"凯上疏曰："贸窃陛下执政以来，阴阳不调，五星失晷，职司不忠，奸党相扶，是陛下不遵先帝之所致. 夫王者之兴，受之于天，修之由德，岂在宫乎？而陛下不咨之公辅，便盛意驱驰，六军流离悲惧，逆犯天地，天地以灾，童歌其谣。纵令陛下一身得安，百姓愁劳，何以用治？此不遵选帝一也；臣闻有国以贤为本，夏杀龙逢，殷获伊挚。斯前世之明效，今日之师表也。中常侍王蕃黄中通理，处朝忠謇，斯社稷之重镇，大吴之龙逢也，而陛下忿其苦辞，恶其直对，枭之殿堂，尸骸暴弃。邦内伤心，有识悲悼，咸以吴国夫差复存，先帝亲贤，陛下反之，是陛下不遵先帝二也；臣闻宰相国之柱也，不可不强，是故汉有萧、曹之佐，先帝有顾、步之相。而万彧琐才凡庸之质，昔从家隶，超步紫闼，于彧已丰，于器已溢，而陛下爱其细介，不访大趣，荣以尊辅，越尚旧臣。贤良愤惋，智士赫咤，是不遵先帝三也；先帝爱民过于婴孩，民无妻者以妾妻之，见单衣者以帛给之，枯骨不收而取埋之。而陛下反之，是不理先帝四也；昔桀、纣灭由妖妇，幽、厉乱在嬖妾，先帝鉴之，以为身戒。故左右不置淫邪之色，后房无旷积之女。今中宫万数，不备嫔嫱，外多鳏夫，女吟于中。风雨逆度，正由此起，是不遵帝先五也；先帝忧劳万机，犹惧有失。陛下临阼以来，游戏后宫，眩惑妇女，乃令庶事多旷，下吏容奸，是不遵先帝六也；先帝笃尚朴素，服不纯丽，宫无高台，物不雕饰，故国富民充，奸盗不作。而陛下征调州郡，竭民财力，士被玄黄，宫有朱紫，是不遵先帝七也；先帝外仗顾、陆、朱、张，内近胡综、薛综是以庶绩雍熙。邦内情肃。今者外非其任，内非其人，陈声、曹辅，斗筲小吏，先帝之所弃，而陛下幸之，是不遵先帝八也。

“先帝每宴见群臣，抑损醇醲，臣下终日无失慢之尤，百寮庶尹，并展所陈。而陛下拘以视瞻之敬，惧以不尽之酒。夫酒以成礼，过则败德，此无异商辛长夜之饮也，是不遵先帝九也；昔汉之桓、灵，亲近宦竖。大失民心。今高通、詹廉、羊度，黄门小人，而陛下赏以重爵，权以战兵。若江渚有难，烽燧互起，则度等之武不能御侮明也，是不遵先帝十也；今宫女旷积，而黄门复走州郡，条牒民女，有钱则舍，无钱则取，怨呼道路，母子死诀，是不遵先之十一也；先帝在时，亦养诸王太子，若取乳母，其夫复役，赐与钱财，给其资粮，时遣归来，视其弱息。今则不然，夫妇生离，夫故作役，儿从后死，家为空户，是不遵先帝十二也；先帝叹曰：‘国以民为本，民以食为天，衣其次也，三者，孤存之于心。’今则不然，农桑并废，是不遵先帝十三也；

“先帝简士，不拘卑贱，任之乡闾，效之于事，举者不虚，受者不妄。今则不然，浮华者登，朋党者进，是不遵先帝十四也；先帝战士，不给他役，使春惟知农，秋惟收稻，江渚有事，责其死效。今之战士，供给众役，廪赐不赡，是不遵先帝十五也；夫赏以劝功，罚以禁邪，赏罚不中，则士民散失。今江边将士，死不见哀，劳不见赏，是不遵先帝十六也；今在所监司，民为烦猥，兼有内使，扰乱其中，一民十吏，何以堪命？昔景帝时，交阯反乱，实由兹起，是为遵景帝之阙，不遵先帝十七也；夫校事，吏民之仇也。先帝末年，虽有吕壹、钱钦，寻皆诛夷，以谢百姓。今复张立校曹，纵吏言事，是不遵先帝之十八也；先帝时，居宫者咸久于其位，然后考绩黜陟。今州县职司，或莅政无几，便征召迁转，迎新送旧，纷坛道路，伤财害民，于是为甚，是不遵先帝十九也；先帝每察竟解之奏，常留心推按，是以狱无冤囚，死者吞声。今则违之，是不遵先帝二十也。若臣言可录，藏之盟府。如其虚妄，治臣之罪。愿陛下留意。”

胤字敬宗，凯弟也。始为御史、尚书选曹郎，太子和闻其名，待以殊礼。会全寄、杨竺等阿附鲁王霸，与和分争，阴相谮构，胤坐收下狱，楚毒备至，终无他辞。后为衡阳督军都尉。赤乌十一年；交阯九真夷贼攻没城邑，交部骚动。以胤为交州刺史、安南校尉。胤入南界，喻以恩信，务崇招纳，高凉渠帅黄吴等支党三千余家皆出降。引军而南，重宣至诚，遗以财币。贼帅百余人，民五万余家，深幽不羁，莫不稽颡，交域清泰。就加安南将军。复讨苍梧建陵贼，破之，前后出兵八千余人，以充军用。

永安元年，征为西陵督，封都亭侯，后转左虎林。中书丞华核表荐胤曰：“胤天姿聪朗，才通行洁，昔历选曹，遗迹可纪。还在交州，奉宣朝恩，流民归附，海隅肃清。苍梧、南海，岁有旧风瘴气之害，风则折木，飞沙转石，气则雾郁，飞鸟不经。自胤至州，风气绝息，商旅平行，民无疾疫，田稼丰稔。州治临海，海流秋咸，胤又畜水，民得甘食。惠风横被，化感人神，遂凭天威，招合遗散。至被诏书当出，民感其恩，以忘恋土，负老携幼，甘心景从，众无携贰，不烦兵卫。自诸将合众，皆胁之以威，未有如胤结以恩信者也。衔命在州，十有余年，宾带殊俗，宝玩所生，而内无粉黛附珠之妾，家无文甲犀象之珍，方之今臣，实难多得。宜在辇毂，股肱王室，以赞唐虞康哉之颂。江边任轻，不尽其才，虎林选督，堪之者众。若召还都，宠以上司则天工毕修，庶绩咸熙矣。”

胤卒，子式嗣。为柴桑督、扬武将军。天策元年，与从兄祎俱徙建安。天纪二年，召还建业，复将军、候。

【评曰】

潘濬公清害断，陆凯忠壮质直，皆节概梗梗，有大丈夫格业。胤身洁事济，著称南土，可谓良牧矣。

是仪胡综传

是仪字子羽，北海营陵人也。本姓氏，初为县吏，后仕郡。郡相孔融嘲仪，言“氏”字“民”无上，可改为“是”，乃遂改焉。后依刘繇，避乱江东。繇军改，仪徙会稽。孙权承摄大业，优文征仪。到见亲任，专典机密，拜骑都尉。吕蒙图袭关羽，权以问仪，仪善其计，劝权听之。从讨羽，拜忠义校尉。仪陈谢，权令曰：“孤虽非赵简子，卿安得不自屈为周舍邪?”既定荆州，都武昌，拜裨将军，后封都亭侯，守侍中。欲复授兵，仪自以非材，固辞不受。黄武中，遣仪之皖就将军刘邵，欲诱致曹休。休到，大破之，迁偏将军，入阙省尚书事，外总平诸官，兼领辞讼，又令都诸公于书学。

大驾东迁，太子登留镇武昌，使仪辅太子。太子敬之，事先咨询，然后施行。进封都乡侯。后从太子还建业，复拜侍中、中执法，平诸官事、领辞讼如旧。典校郎吕壹诬白故江夏太守刁嘉谤仙国政，权怒，收嘉系狱，悉验问。时同坐人皆怖畏壹，并言闻之，仪独云无闻。于是见穷诘累日，诏旨转厉，群臣为之屏息。仪对曰："今刀锯已在臣颈，臣何敢为嘉隐讳，自取夷灭，为不忠之鬼！顾以闻知当有本末。"据实答问，辞不倾移。权遂舍之，嘉亦得免。蜀相诸葛亮卒，权垂心西州，遣仪使蜀申固盟好。奉使称意，后拜尚书仆射。南、鲁二宫初立，仪以本职领鲁王傅。仪嫌二宫相近切，乃上疏曰："臣窃以鲁王天挺懿德，兼资文武，当今之宜，宜镇四方，为国藩辅。宣扬德美，广耀威灵，乃国家之良规，海内所瞻望。但臣言辞鄙野，不能究尽其意。愚以二宫宜有降杀，正上下之序，明教化之本。"书三四上。为傅尽忠，动辄规谏；事上勤，与人恭。

不治产业，不受施惠，为屋舍财足自容。邻家有起大宅者，权出望见，问起大室者谁。左右对曰："似是仪家也。"权曰："仪俭，必非也。"问果他家。其见知信如此。服不精细，食不重膳，拯赡贫困，家无储畜。权闻之，幸仪舍，求视蔬饭，亲尝之，对之叹息，即增俸赐，益田宅。仪累辞让，以恩为戚。

时时有所进达，未尝言人之短。权常责仪以不言事，无是所非，仪对曰："圣主在上，臣下守职，惧于不称，实不敢以愚管之言，上干天听。"事国数十年，未尝有过。吕壹历白将相大臣，或一人以罪闻者数四，独无以白仪。权叹曰："使人尽如是仪，当安用科法为？"

及寝疾，遗令素棺，敛以时服，务从省约，年八十一卒。胡综字伟则。汝南固始人也。少孤，母将避难江东。孙策领会稽太守，综年十四，为门下循行，留吴与孙权共读书。策薨，权为讨虏将军，以综为金曹从事，从讨黄祖，拜鄂长。权为将军，都京，召综还，为书部。与是仪、徐详俱典军国密事。刘备下白帝，权以见兵少，使综料诸县，得六千人，立解烦两部，详领左部、综领右部督。吴将晋宗叛归魏，魏以宗为蕲春太守，去江数百里，数为寇害。权使综与贺齐轻行掩袭，生虏得宗。加建武中郎将。魏拜权为吴王，封综、仪、详皆为亭侯。

黄武八年夏，黄龙见举口，于是权称尊号，因瑞改元。又作黄龙大牙，常在中军，诸军进退，视其所向，命综作贼曰："乾坤肇立，三才是生。狼弧垂象，实惟兵精；圣人观法，是效是营，始作器械，爰求厥成。黄、农创代，拓定皇基，上顺天心，下息民灾。高辛诛共，舜征有苗，启有甘师，汤有鸣条。周之牧野，汉之垓下，靡不由兵，克定厥绪。明明大吴，实天生德，神武是经，惟皇之极。乃自在昔，黄、虞是祖，越历五代，继世在下。应期受命，发迹南土，将恢大繇，革我区夏。乃律天时，制为神军，取象太一，五将三门；疾则如电，迟则如云，进止有度，约而不烦。四灵既布，黄龙处中，周制日月，实曰太常，桀然特立，六军所望。仙人在上，鉴观四方，神实使之，为国休祥。军欲转向，黄龙先移，金鼓不鸣，寂然变施，暗谟若神，可谓秘奇。在昔周室，赤乌衔书，今也大吴，黄龙吐符。合契河洛，动与道俱，天赞人和，佥曰惟休。"蜀闻权践阼，遣使重申前好。综为盟文，文义甚美，语在《权传》。

权下都建业，详、综并为侍中，进封乡侯，兼左、右领军。时魏降人或云魏都督河北振威将军吴质颇见猜疑，综乃伪质为作降文三条：

其一曰："天纲弛绝，四海分崩，群生憔悴，士人播越，兵寇所加，邑无居民，风尘烟火，往往而处。自三代以来，大乱之极，未有若今时者也。臣质志薄，处时无方，系于土壤，不能翻飞，遂为曹氏执事戎役。远处河朔，天衢隔绝，虽望风慕义，思托大命，愧无因缘，得展其志。每往来者，窃听风化，伏知陛下齐德乾坤，同明日月，神武之姿，受之自然。敷演皇极，流化万里，自江以南，户受覆焘。英雄俊杰，上达之士，莫不心歌腹咏，乐在归附者也。今年六月末，奉闻吉日，龙兴践阼，恢弘大繇，整理天纲，将使遗民，睹见定主。营武王伐殷，殷氏倒戈；高祖诛项，四面楚歌。方之今日，未足以喻。臣质不胜昊天至愿，谨遣所亲同郡黄定恭行奉表，及托降叛，间关求达，其欲所陈，载列于左。"

其二曰："昔伊尹去夏人商，陈平委楚归汉，书功竹帛，遗名陵后世，世主不谓之背诞者，以为知天命也。臣昔为曹氏所见交接，外托群臣，内如骨肉，恩义绸缪，有合无离，遂受偏方之任，总河北之军。当此之时，志望高大，永与曹氏同死俱生。惟恐功之不建，事之不成耳。及曹氏之亡，后嗣继位，幼冲统政，谗言弥兴。同侪者以势相害，异趣者得间其言，而臣受性简略，素不下人，视彼数子，意实迫之，此亦臣之过也。遂为邪议所见构会，招至猜疑，诬臣欲叛。虽识真者保明其心，世乱谗胜，余嫌犹在，常惧一旦横受无辜，忧心孔疚，如覆冰炭。昔乐毅为燕昭王立功于齐，惠王即位，疑夺其任，遂去燕之赵，休烈不亏。彼岂欲二三其德，盖畏功名不建，而惧祸之将及也。昔遣魏郡周光以贾贩为名，托叛南诣，宣达密计。时以仓卒，未敢便有章表，使光口传而已。以为天下大归可见，天意所在，非吴复谁？此方之民，思为臣妾，延颈举踵，惟恐兵来之迟耳。若使圣恩少加信纳，当以河北承望王师，疑心赤实，天日是鉴。而光去经年，不闻咳唾，未审此意竟得达不？瞻望长叹，日月以几，鲁望高子，何足以喻！又臣今日见待稍薄，苍蝇之声，绵绵不绝，必受此祸，迟速事耳。臣私度陛下未垂明慰者，必以臣质贯穿仁义之道，不行若此之事，谓光所传，多虚少实，或谓比中有他消息，不知臣质构谗见疑，恐受大害也。且臣质著有罪之日，自当奔赴鼎镬，束身待罪，此盖人臣之宜也。今日无罪，横见谮毁，将有商鞅、白起之祸。寻惟事势，去亦直也。死而弗义，不去何为！乐毅之出，吴起之走，君子伤其不遇，未有非之者也。愿陛下推古况今，不疑怪于臣质也。又念人臣获罪，当如伍员奉己自效，不当绕幸因事为利。然今与古，厥势不同，南北悠远。江湖隔绝，自不举事，何得济免！是以忘志士之节，而思立功之义也之也。且臣质又以曹氏之嗣，非天命所在，政弱刑乱，柄夺于臣，诸将专威于外，各自为政，莫或同心，士卒衰耗，帑藏空虚，纲纪毁废，上下并昏，想前后数得降叛，具闻此问，兼弱攻昧，宜应天时，此实陛下进取之秋。是以区区敢献其计。今若内兵淮、泗，据有下邳，荆、扬二州，闻声响应，臣从河北席卷而南，形势一连，根牙永固。关西之兵系于所卫，青、徐二州不敢御守，许，洛余兵众不满万，谁能来东与陛下争者？

此城千载一会之期，可不深思而熟计乎！及臣所在，既自多马，加以羌、胡常以三四月中美草时，驱马来出，隐度今者，可得三千余匹。陛下出军，当投此时，多将骑士来就马耳。此皆先定所一二知。凡两军不能相究虚实，今此间实羸，易可克定，陛下举动，应者必多。上定洪业，使普天一统，下令臣质建非常之功，此乃天也。若不见纳，此亦天也。愿陛下思之，不复多陈。”

其三曰：“昔远子舍袁就曹，规画计较，应见纳受，遂破袁军，以定曹业。向使曹氏不信子远，怀疑犹豫，不决于心，则今天下袁氏有也。愿陛下思之。间闻界上将阎浮、赵楫欲归大化，唱和不速，以取破亡。今臣款款，远授其命，若复怀疑，不时举动，令臣孤绝，受此厚祸，即恐天下雄夫烈士欲立功者，不敢复托命陛下矣，愿陛下思之。皇天后土，实闻其言。”此文既流行，而质已人为侍中矣。

二年，青州人隐蕃归吴。上书曰：臣闻纣为无道，微子先出。高祖宽明，陈平先入。臣年二十二，委弃封域，归命有道，赖蒙天灵，得自全致。臣至北有日，而主者同之降人，未见精别，使臣徽言妙旨，不得上达。于邑三叹，曷惟其已。谨诣阙拜章，乞蒙引见。”权即召入。蕃谢答问，及陈时务，甚有辞观。综时侍坐，权问何如。综对曰：“蕃上书，大语有似东方朔，巧捷诡辩有似弥衡。而才皆不及。”权又问可堪何官？综对曰：“未可以治民，且试以都辇小职。”权以蕃盛论刑狱，用为廷尉监。左将军朱据、廷尉郝普称蕃有王佐之才，普尤与之亲善，常怨叹其屈。后蕃谋叛，事觉伏诛，晋见责自杀。据禁止，历时乃解。拜综偏将军，兼左执法，领辞讼。辽东之事，辅吴将军张昭以谏权言辞切至，权亦大怒，其和协彼此，使之无隙，综有力焉。性嗜酒，酒后欢呼极意，或推引杯觞，搏击左右。权爱其才，弗之责也。

凡自权统事，诸文诰策命，邻国书符，略皆综之所造也。初以内外多事，特立科，长吏遭丧，皆不得去，而数有犯者。权患之，使朝臣下议。综议以为宜定科文，示以大辟，行之一人，其后必绝。遂用综言，由是奔丧乃断，

赤乌六年卒，子冲嗣。冲平和有文干，天纪中为中书令。徐详者字子明，吴郡乌程人也，先综死。

【评曰】

是仪、涂详、胡综，皆孙权之时干兴事业者也。仪清恪贞素，详数通使命，综文采才用，各见信任，譬之广夏，其榱椽之佐乎！

吴范刘惇赵达传

吴范字文则，会稽上虞人也。以治历数知风气闻于郡中。举有道，诣京都，世乱不行。会孙权起于东南，范委身服事，每有灾祥，辄推数言状。其术多效，遂以显名。

初，权在吴，欲讨黄祖。范曰："今兹少利，不如明年。明年戊子，荆州刘表亦身死国亡。"权遂征祖，卒不能克。明年，军出，行及寻阳，范见风气，因诣船贺，催兵急行，至即破祖，祖得夜亡。权恐失之，范曰："未远，必生禽祖。"至五更中，果得之。刘表竟死，荆州分割。及壬辰岁，范又白言："岁在甲午，刘备当得益州。"后吕岱从蜀还，遇之白帝，说备部众离落，死亡且半，事必不克。权以难范，范曰："臣所言者天道也，而岱所见者人事耳。"备卒得蜀。

权与吕蒙谋袭关羽，议之近臣，多曰不可。权以问范曰："得之。"后羽在麦城，使使请降。权问范曰："竟当降否?"范曰："彼有走气，言降诈耳。"权使潘璋邀其径路，觇候者还，自羽已去。范曰："虽去不免。"问其期，曰："明日日中。”权立表下漏以待之。及中不至，权问其故，范曰：“时尚未正中也。”顷之，有风动帷，范拊手曰：“羽至矣。”须臾，外称万岁，传言得羽。后权与魏为好，范曰：“以风气言之，彼以貌来，其实有谋，宜为之备。”刘备盛兵西陵，范曰：“后当和亲。”终皆如言。其占验明审如此。权以范为骑都尉，领太史令，数从访问，欲知其诀。范秘惜其术，不以至要语权。权由是恨之。

初，权为将军时，范尝白言“江南有王气，亥子之间有大福庆。”权曰：“若终如言，以君为侯。”及立为吴王，范时侍宴。曰：“昔在吴中，尝言此事，大王识之邪？”权曰：“有之。”因呼左右，以侯绶带范。范权知权欲以厌当前言，辄手推不受。及后论功行封，以范为都亭侯，诏临当出，权恚其爱道于己也，削除其名。

范为人刚直，颇好自称，然与亲故交接有终始。素与魏滕同邑相善。滕尝有罪，权责怒甚严，敢有谏者死，范谓滕曰：“与汝偕死。”滕曰：“死而无益，何用死为？”范曰：“安能虑此坐观汝邪？”乃髡头自缚诣门下，使铃下以闻。铃下不敢，曰：“必死，不敢白。”范曰：“汝有子邪？”曰：“有”。曰：“使汝为吴范死，子以属我。”铃下曰：“诺。”乃排阁入。言未卒，权大怒，欲便投以戟。逡巡走出，范因突入，叩头流血，言与涕并。良久，权释，乃免滕。滕见范谢曰：“父母能生长我，不能免我于死。丈夫相知，如汝足矣，何用多为！”

黄武五年，范病卒。长子先死，少子尚幼，于是业绝。权追思之，募三州有能举知术数如吴范、赵达者，封千户侯，卒无所得。

刘惇字子仁，平原人也。遭乱避地，客游庐陵，事孙辅。以明天官达占数显于南土。每有水旱寇贼，皆先时处期，无不中者。辅异焉，以为军师，军中咸敬事之，号曰神明。

建安中，孙权在豫章，时有星变，以问惇。惇曰："灾在丹杨。"权曰："何如?"曰："客胜主人，到某日当得问。"是时边鸿作乱，卒如惇言。惇于诸术皆善，尤明太一，皆能推演其事，穷尽要妙，著书百余篇，名儒刁玄称以为奇。惇亦宝爱其术，不以告人，故世莫得而明也。

赵达，河南人也。少从汉侍中单甫受学，用思精密。谓东南有王者气，可以避难，故脱身渡江。治九宫一算之术，究其微旨，是以能应机立成。对问若神，至计飞蝗，射隐伏，无不中效。或难达曰：飞者固不可校，谁知其然，此殆妄耳。"达使其人取小豆数斗，播之席上，立处其数，验覆果信。尝过知故，知故为之具食。食毕，谓曰："仓卒乏酒，又无佳肴，无以叙意，如何?"达因取盘中只箸，再三从横之，乃言："卿东壁下有美酒一斛，又有鹿肉三斤，何以辞无?"时坐有他宾，内得主人情。主有惭曰："以卿善射有无，欲相试耳，竟效如此。"遂出酒酣饮。又有书简上作千万数，著空仓中封之，令达算之。达处如数，云："但有名无实。"其精微若是。

达宝惜其术，自阚泽、殷礼皆名儒善士，亲屈节就学，达秘而不告，太史丞公孙滕少师事达，勤劳累年，达许教之者有年数矣，临当喻语而辄复止。滕他日赍酒具，俟颜色，拜跪而请。达曰："吾先人得此术，欲图为帝王师，至仕来三世，不过太史郎，诚不欲复传之。且此术微妙，头乘尾除，一算之法，父子不相语。然以子笃好不倦，今真以相授矣。”饮酒数行，达起取素书两卷，大如手指，达曰：“当写读此，由自解也。吾久废，不复省之。今欲思论一过，数日当以相与。”滕如期往，至乃阳求索书，惊言失之，云：“女婿昨来，必是渠所窃。”遂从此绝。

初，孙权行师征伐，每令达有所推步，皆如其言。权问其法，达终不语，由此见薄，禄位不至。达常笑谓诸星气风术者曰：“当回算帷幕，不出户牖以知天道，而反昼夜暴露以望气祥，不亦难乎！”闲居无为，引算自校，乃叹曰：“吾算讫尽某年月日，其终矣。”达妻数见达效，闻而哭泣。达欲弭妻意，乃更步算，言：“向者谬误耳，尚未也。”后如期死。权闻达有书，求之不得，乃录问其女，及发棺无所得，法术绝焉。

【评曰】

“三子各于其术精矣，其用思妙矣，然君子等役心神，宜于大者远者，是以有识之士，舍彼而取此也。

诸葛滕二孙濮阳传

诸葛恪字元逊，瑾长子也。少知名。弱冠拜骑都尉，与顾谭、张休等侍太子登讲论道艺，并为宾友。从中庶子转为左辅都尉。恪父瑾面长似驴。孙权大会群臣，使人牵一驴入，长检其面，题曰诸葛子瑜。恪跪曰："乞请竺益两字。因听与笔。恪续其下曰："之驴。"举座欢笑，乃以驴赐恪。他日复见，权问恪曰："卿父与叔父孰贤？"对曰："臣父为优。"权问其故。对曰："臣父知所事，叔父不知，以是为优。"权又大噱。命恪行酒，至张昭前，昭先有酒色，不肯饮。曰："此非养老之礼也。"权曰："卿其能令张公辞屈，乃当饮之耳。"恪难昭曰："昔师尚父九十，秉旄仗钺，犹未告老也。今军旅之事，将军在后，酒食之事，将军在先，何谓不养老也？"昭卒无辞，遂为尽爵。后蜀好，群臣并会，权谓使曰："此诸葛恪雅使至骑乘，还告丞相，为致好马。"恪因下谢，权曰："马未至面谢何也？"恪对曰："夫蜀者陛下之外厩，今有恩诏，马必至也，安敢不谢？"恪之才捷，皆此类也。权甚异之，欲试以事，令守节度。节度掌军粮谷，文书繁猥，非其好也。

恪以丹杨山险，民多果劲，虽前发兵，徒得外县平民而已。其余深远，莫能禽尽，屡自求乞为官出之。三年可得甲士四万。众议咸以“丹杨地势险阻，与吴郡、会稽、新都、鄱阳四郡邻接，周旋数千里，山谷万重，其幽邃民人，未尝入城邑，对长吏，皆仗兵野逸，白首于林莽。逋亡宿恶，咸共逃窜。山出铜铁，自铸甲兵。俗好武习战，高尚气力，其升山赴险，抵突丛棘。若鱼之走渊，猨狖之腾木也。时观间隙，出为寇盗，每致兵征伐，寻其窟藏。其战则蜂至，败则鸟窜，自前世以来，不能羁也”。皆以为难。恪父瑾闻之，亦以事终不逮，叹曰：“恪不大兴吾家，将大赤吾族也。”恪盛陈其必捷。权拜恪抚赵将军，领丹杨太守，授棨戟武骑三百。拜毕，命恪备威仪，作鼓吹，导引归家，时年三十二。恪到府，乃移书四部属城长空。令各保其疆界，明立部伍，其从化平民，悉令屯居。乃分内诸将，罗兵幽阻，但缮藩篱，不与交锋，候其谷稼将熟，辄纵兵芟刈，使无遗种。旧谷既尽，新田不收，平民屯居，略无所入，于是山民饥穷，渐出降首。恪乃复敕下曰：“山民去恶从化，皆当抚慰，徙出外县，不得嫌疑，有所执拘。”臼阳长胡伉得降民周遗，遗旧恶民，困迫暂出，内图叛逆，伉缚送言府。恪以伉违教，遂斩以徇，以状表上。民闻伉坐执人被戮，知官惟欲出之而已，于是老幼相携而出，岁期，人数皆如本规。恪自领万人，余分给诸将。

权嘉其功，遣尚书仆射薛综劳军。综先移恪等曰：“山越恃阻，不宾历世，缓则首鼠，急则狼顾。皇帝赫然，命将西征，神策内授，武师外震。兵不染锷，甲不沾汗。元恶既枭，种党归义，荡涤山薮，献戎十万。野无遗寇，邑罔残奸。既扫凶慝，又充军用。藜莜稂莠，化为善草。魑魅魍魉，更成虎士。虽实国家威灵之所加，亦信元帅临履之所致也。虽《诗》美执讯，《易》嘉折首，周之方、召，汉之卫、霍，岂足以谈？功轶古人，勋超前世。主上欢然，遥用叹息。感《四牡》之遗典，思饮至之旧章。故遣中台近官，迎致稿赐，以旌茂功，以慰劬劳"拜恪威北将军，封都乡侯。恪乞率众佃庐江皖口，因轻兵袭舒，掩得其民而还。复远遣斥候，观相径要，欲图寿春，权以为不可。

赤乌中，魏司马宣王谋欲攻恪。权方发兵应之，望气者以为不利，于是徙恪屯于柴桑。与丞相陆逊书曰："杨敬叔传述清论，以为方今人物凋尽，守德业者不能复几，宜相左右。更为辅车，上熙国事，下相珍惜。又疾世俗好相谤毁，使已成之器，中有损累。将进之徒，意不欢笑，闻此喟然，诚独击节。愚以为君子不求备于一人，自孔氏门徒大数三千，其见者七十二人。至于子张、子路、子贡等七十之徒，亚圣之德，然犹各有所短，师辟由喭，赐不受命，岂况下此而无所阙？且仲尼不以数子之不备而引以为友，不以人所短弃其所长也。加以当今取士，宜宽于往古，何者？时务从横，而善人单少，国家职司，常苦不充。苟令性不邪恶，志在陈力，便可奖就，骋其所任。若于小小宜适，私行不足，皆宜阔略，不足缕责。"且士诚不可纤论苛克，苛克则彼贤圣犹将不全，况其出入者邪？故曰以道望人则难，以人望人则易，贤愚可知。

自汉末以来，中国士大夫如许子将辈，所以更相谤讪，或至为祸，原其本起。非为大仇，惟坐克己不能尽如礼，而责人专以正义。夫己不如礼，则人不服。责人以正义，则人不堪。内不服其行，外不堪其责，则不得不相怨。相怨一生，则小人得容其间。得容其间，则三至之言，浸润之谮，纷错交至。虽使至明至亲者处之，犹难以自定。况已为隙，且未能明者乎？是故张、陈至于血刃，萧、朱不终其好，本由于此而已。夫不舍小过，纤微相责，久乃至于家户为怨，一国无复全行之士也。”恪知逊以此嫌己，故遂广其理而赞其旨也。会逊卒，恪迁大将军，假节，驻武昌，代逊领荆州事。

久之，权不豫，而太子少，乃征恪以大将军领太子太傅，中书令孙弘领少傅。权疾困，召恪、弘及太常滕胤、将军吕据、侍中孙峻，属以后事。

翌日，权薨。弘素与恪不平，惧为恪所治，秘权死问，欲矫诏除恪。峻以告恪，恪请弘咨事，于坐中诛之，乃发丧制服。与弟公安督融书曰：“今月十六日乙未，大行皇帝委弃万国，群下大小，莫不伤悼。至吾父子兄弟，并受殊恩，非徒凡庸之隶，是以悲恸，肝心圮裂。皇太子以丁酉践酋号，哀喜交并，不知所措。吾身受顾命，辅相幼主，窃自揆度；才非博陆而受姬公负图之托，惧忝丞相辅汉之效；恐损先帝委付之明，是以忧惭惶惶，所虑万端。且民恶其上，动见瞻观，何时易哉？今以顽钝之姿，处保傅之位，艰多智寡，任重谋浅，谁为唇齿？近汉之世，燕、盖交遘，有上官之变，以身值此，何敢怡豫邪？又弟所在，与贼犬牙相错，当于今时整顿军具，率厉将士，警备过常，念出万死，无顾一生，以报朝廷，无忝尔先。又诸将备守各有境界，犹恐贼虏闻讳，恣睢寇窃。边邑诸曹，已别下约敕，所部督将，不得妄委所戍，径来奔赴。虽怀怆怛不忍之心，公义夺私，伯禽服戎，若苟违戾，非徒小故。以亲正疏，古人明戒也。”

恪更拜太傅。于是罢视听，息校官，原逋责，除关税，事崇恩泽，众莫不悦。恪每出入，百姓延颈思见其状。

初，权黄龙元年迁都建业。二年筑东兴堤遏湖水。后征淮南，败，以内船，由是废不复修。恪以建兴元年十月会众于东兴，更作大堤，左右结山侠筑两城，各留千人，使全端、留略守之，引军而还。魏以吴军入其疆土，耻于受侮，命大将胡遵、诸葛诞等率众七万，欲攻围两坞，图坏堤遏。恪兴军四万，晨夜赴救。遵等敕其诸军作浮桥度，陈于堤上，分兵攻两城。城在高峻，不可卒拔。恪遣将军留赞、吕据、唐咨、丁奉为前部。时天寒雪，魏诸将会饮，见赞等兵少，而解置铠甲，不持矛戟。但兜鍪刀楯，倮身缘遏，大笑之，不即严兵。兵得上，便鼓噪乱斫。魏军惊扰散走，争渡浮桥，桥坏绝，自投于水，更相蹈藉。乐安太守桓嘉等同时并没，死者数万。故叛将韩综为魏前军督，亦斩之。获车乘牛马驴骡各数千，资器山积，振旅而归。进封恪阳都侯，加荆扬州牧，督中外诸军事，赐金一百斤，马二百匹，缯布各万匹。

恪遂有轻敌之心，以十二月战克，明年春，复欲出军。诸大臣以为数出罢劳，同辞谏恪，恪不听。中散大夫蒋延或以固争，扶出。恪乃著论谕众意曰：“夫天无二日，土无二王，王者不务兼并天下而欲垂祚后世，古今未之有也。昔战国之时，诸候自恃兵强地广，互有救援，谓此足以传世，人莫能危。恣情从怀，惮于劳苦，使秦渐得自大，遂以并之，此既然矣。近者刘景升在荆州，有众十万，财谷如山。不及曹操尚微，与之力竞，坐观其强大，吞灭诸袁，北方都定之后，操率三十万众来向荆州，当时虽有吞智者，不能复为画计，于是景升儿子，交臂请降，遂为囚虏。凡敌国欲相吞，即仇雠欲相除也，有仇而长之，祸不在己，则在后人，不可不为远虑也。昔伍子胥曰：'越十年生聚，十年教训，二十年之外，吴其为沼乎！'夫差自恃强大，闻此邈然，是以诛子胥而无备越之心，至于临败悔之，岂有及乎？越小于吴，尚为吴祸，况其强大者邪？昔秦但得关西耳，尚以并吞六国，今贼皆得秦、赵、韩、魏、燕齐九州之地，地悉戎马之乡，士林之薮。今以魏比古之秦，土地数倍；以吴与蜀比古穴国，不能半之。然所以能敌之，但以操时兵众于今适尽，而后生者未悉长大，正是贼衰少未盛之时。加司马懿先诛王淩，续自陨毙，其子幼弱，而专彼大任，虽有智计之士，未得施用。当今伐之，是其厄会。圣人急于趋时，诚谓今日。若顺众人之情，怀偷安之计，以为长江之险可以传世；不论魏之终始，而以今日遂轻其后。此吾所以长叹息者也。自本以来，务在产育，今者贼民岁月繁滋，但以尚小，未可得用耳。

若复十数年后，其众必倍于今，而国家劲兵之地，皆已空尽，唯有此见众可以定事。若不早用之，端坐使老，复十数年，略当损半，而见子弟数不足言。若贼众一倍，而我兵损半，虽复使伊、管图之，未可如何。今不达远虑者，必以此言为迂。夫祸难未至而豫忧虑，此固众人之所迂也。及于难至，然后顿頞，虽有智者，又不能图。此乃古今所病，非独一时。昔吴始以伍员为迂，故难至而不可救。刘景升不能虑十年之后，故无以治其子孙。今恪无具臣之才，而受大吴萧、霍之任，智与众同思不经远，若不及今日为国斥境，俯仰年老，而仇敌更强。欲刎颈谢责，宁有补邪？今闻众人或以百姓尚贫，欲务闲息，此不右其虑其大危而其小勤者也。昔汉祖幸已自有三秦之地，何不闭关守险以自娱乐，空出攻楚，身被创痍，介胄生虮虱，将士厌困苦，岂甘锋刃而忘安宁哉？虑于长久不得两存者耳！每览荆邯说公孙述以进取之图，近风家叔父表陈与贼争竞之计，未尝不喟然叹息也。夙夜反侧，所虑如此，故聊疏愚言，以达二三君子之末。若一朝陨殁志画不立，贵令来世知我所忧，可思于后，”众皆以恪此论欲必为之辞，然莫敢复难。

丹杨太守聂友素与恪善。书谏恪曰：“大行皇帝本有遏东关之计，计未施行。今公辅赞大业，成先帝之志。寇远自送，将士凭赖威德，出身用命，一旦有非常之功，岂非宗庙神灵社稷之福邪！宜且案兵养锐，观衅而动。今乘此势欲复大出，天时未可。而苟任盛意，私心以为不安。”恪题论后，为书答友曰：“足下虽有自然之理，然未见大数。熟省此论，可以开悟矣。”于是违众出军，大发州郡二十万众，百姓骚动，始失人心。

恪意欲曜威淮南，驱略民人。而诸将或难之曰：“今引军深入，疆场之民，必相率远遁，恐兵劳而功少，不如止围新城。新城困，救必至，至而图之，乃可大获。”恪从其计，回军还围新城。攻守连月，城不拔。士卒疲劳，因暑饮水，泄下、流肿，病者大半，死伤涂地。诸营吏日白病者多，恪以为作，欲斩之，自是莫敢言。恪内惟失计，而耻城不下，忿形于色。将军朱异有所是非，恪怒，立夺其兵。都尉蔡林数陈军计，恪不能用，策马奔魏。魏知战士罢病，乃进救兵。恪引军而去。士卒伤病，流曳道路，或顿仆坑壑，或见略获，存记忿痛，大小呼嗟。而恪宴然自若。出住江渚一月，图起田于浔阳，诏召相衔，徐乃旋师。由此众庶失望，而怨黩兴矣。

秋八月军还，陈兵导从，归入府馆。即召中书令孙嘿，厉声谓曰："卿等何敢妄数作诏?"嘿惶惧辞出，因病还家。恪征行之后，曹所奏署令长职司，一罢更选，愈治威严，多所罪责，当进见者无不竦息。又改易宿卫，用其亲近。复敕兵严，欲向青、徐。

孙峻因民之多怨，众之所嫌，构恪欲为变，与亮谋，置酒请恪。恪将见之夜，精爽扰动，通夕不寐。明将盥漱，闻水腥臭，侍者授衣，衣服亦臭。恪怪其故，易衣易水，其臭如初，意惆怅不悦。严毕趋出，太衔引其衣，恪曰："犬不欲我行乎?"还坐，顷刻乃复起，犬又衔其衣，恪令从者逐犬，遂升车。

初，恪将征淮南，有孝子着缞衣入其阁中，从者白之，令外诘问，孝子曰："不自觉入。"时中外守备，亦悉不见，众皆异之。出行之后，所坐厅事屋栋中折。自新城出住东兴，有白虹见其船，还拜蒋陵，白虹复绕其车。及将见，驻车宫门，峻已伏兵于帷中，恐恪不时入，事泄，自出见恪曰："使君若尊体不安，自可须后，峻当具白主上。"欲以尝知恪。恪答曰："当自力入。"散骑常侍张约、朱恩等密书与恪曰："今日张设非常，疑有他故。"恪省书而去。未出路门，逢太常滕胤，恪曰："卒腹痛，不任人。"胤不知峻阴计，谓恪曰："君自行旋未见，今上酒请君，君已至门，宜当力进。"恪踌躇而还，剑履上殿。谢亮，还坐。设酒，恪疑未饮，峻因曰："使君病未善平，当有常服药酒，自可取之。"恪意乃安，别饮所赍酒。酒数行，亮还内，峻起如厕，解长衣，著短服，出曰："有诏收诸葛恪！"恪惊起，拔剑未得，而峻刀交下。张约从旁斫峻，裁伤左手，峻应手所约断右臂。武卫之士皆趋上殿，峻云："所取者恪也，今已死。"悉令复刃，乃除地更饮。

先是，童谣曰："诸葛恪，芦苇单衣篾钩落，于何相求成子阁。"成子阁者，反语石子冈也。建业面有长陵，名曰石子冈，葬者依焉。钩落者，校饰革带，世谓之钩络带。恪果以苇席裹其身而篾束其腰，投之于此冈。恪长子绰，骑都尉，以交关鲁王事，权遣付恪，令更教诲，恪鸩杀之。中子竦，长水校尉。少子建，步兵校尉。闻恪诛，车载其母而走。峻遣骑督承追斩竦于白都。建得渡江，欲北走魏，行数千里，为追兵所逮。恪外甥都乡侯张震及常侍朱恩等，皆夷三族。

初，竦数谏恪，恪不从，常忧惧祸。及亡，临淮臧均表乞收葬恪曰："臣闻震雷电激，不崇一朝，大风冲发，杀有极日。然犹继以云雨，因以润物，是则天地之威，不可经日浃辰，帝王之怒，不宜讫情尽意，臣以狂愚，不知忌讳，敢冒破灭之罪，以邀风雨之会。伏念故太傅诸葛恪得承祖考风流之烈，伯叔诸父遭汉祚尽，九州鼎立，分托三方，并履忠勤，熙隆世业。爰及于恪，生长王国，陶育圣化，致名英伟，服事累纪，祸心未萌，先帝委以伊、周之任，属以万机之事。恪素性刚履，矜己陵人，不能敬守神器，穆静帮内，兴功暴师，未期三出，虚耗士民，空竭府藏，专擅国宪，废易由意，假刑劫众，大小屏息。侍中武卫将军都乡候俱受先帝嘱寄之诏，见其奸虐，日月滋甚，将恐荡摇宇宙，倾危社稷，奋其威怒，精贯昊天，计虑先于神明，智勇百于荆、聂，躬持白刃，枭恪殿堂，勋超朱虚，功越东牟。国之元害，一朝大除，驰首徇示，六军喜踊，日月增光，风尘不动，斯实宗庙之神灵，天人之同验也。今恪父子三首，悬市积日，观者数万，詈声成风。国之大刑，无所不震，长老孩幼，无不华见。人情之于品物，乐极则哀生，见恪贵盛，世莫与贰，身处台辅，中间历年，今之诛夷，无异禽兽，观讫情反，能不憯然！且已死之人，与土壤同域，凿掘斫刺，无所复加。愿圣朝稽则乾坤，怒不极旬，使其乡邑若故吏民收以士伍之服，惠以三寸之棺。昔项籍受殡葬之施，韩信获收敛之恩，斯则汉高发神明之誉也。惟陛下敦三皇之仁，垂哀矜之心，使国泽加于辜戮之骸，复受不已之恩，于以扬声遐方，沮劝天下，岂不弘哉！昔栾布矫命彭越，臣窃恨之，不先请主上，而专名以肆情，其得不诛，实为幸耳。今臣不敢章宣愚情以露天恩，谨伏手书，冒昧陈闻，乞圣朝哀察。”于是亮、峻听恪故吏敛葬，遂求之于石子冈。

始恪退军还，聂友知其将败。书与滕胤曰：“当人强盛，河山可拔，一朝羸缩，人情万端，言之悲叹。”恪诛后，孙峻忌友。欲以为郁林太守，友发病忧死。友字文悌，豫章人也。

滕胤字承嗣，北海剧人也。伯父耽，父胄，与刘繇州里通家。以世扰乱，渡江依繇。孙权为车骑将军，拜耽右司马，以宽厚称，早卒，无嗣。胄善属文，权待以宾礼，军国书疏，常令损益润色之，亦不幸短命。权为吴王，追录旧恩，封胤都亭侯。少有节操，美容仪。弱冠尚公主。年三十，起家为丹杨太守，徙吴郡、会稽，所在见称。太元元年，权寝疾，诣都，留为太常；与诸葛恪等俱受遗诏辅政。孙亮即位，加卫将军。

恪将悉众伐魏。胤谏恪曰：“君以丧代之际，受伊、霍之托，入安本朝，出摧强敌，名声振于海内，天下莫不震动，万姓之心，冀得蒙君而息。今猥以劳役之后，兴师出征，民疲力屈，远主有备。若攻城不克，野略无获，是丧前劳而招后责也。不如案甲息师，观隙而动。且兵者大事，事以众济，众苟不悦，君独安之？”恪曰：“诸云不可者，皆不见计算，怀居苟安者也，而子复以为然，吾何望焉？夫以曹劳暗劣，而政在私门，彼之臣民，固有离心。今吾因国家之资，借战胜之威，则何往而不克哉！”以胤为都下督，掌统留事。胤白日接宾客，夜省文书，或通晓不寐。

孙峻字子远，孙坚弟静之曾孙也。静生皓，皓生恭，为散骑侍郎。恭生峻。少便弓马，精果胆决。孙权末，徙武卫都尉，为侍中。权临薨，受遗辅政，领武卫将军，故典宿卫，封都乡侯。既诛诸葛恪，迁丞相大将军，督中外诸军事、假节，进封富春侯。滕胤以恪子竦妻父辞位。峻曰："鲧、禹罪不相及，滕侯何为？"峻、胤虽内不沾洽，而外相包容，进胤爵高密侯，共事如前。峻素无重名，骄矜险害，多所刑杀，百姓嚣然。又奸乱宫人，与公主鲁班私通。五凤元年，吴侯英谋杀峻，英事泄死。

二年，魏毌丘俭、文钦以众叛，与魏人战于乐嘉，峻帅骠骑将军吕据、左将军留赞袭寿春，会钦败降，军还。是岁，蜀使来聘，将军孙仪、孙邵綝恂等欲因会杀峻。事泄，仪等自杀，死者数十人，并及公主鲁育。

峻欲城广陵，朝臣知其不可城，而畏之莫敢言。唯滕胤谏止，不从，而功竟不就。其明年，文钦说峻征魏，峻使钦与吕据、车骑刘纂、镇南朱异、前将军唐咨自江都入淮、泗，以图青、徐。峻与胤至石头，因饯之，领从者百许人入据营。据御军齐整，峻恶之，称心痛去。遂梦为诸葛恪所击，恐惧发病死，时年三十八，以后事付綝。

孙綝字子通，与峻同祖。綝父绰为安民都尉。綝始为偏将军，及峻死，为侍中武卫将军，领中外诸军事，代知朝政。吕据闻之大恐，与诸督将连名，共表荐滕胤为丞相，綝以胤为大司马，代吕岱驻武昌。据引兵还，使人报胤，欲共废綝。綝闻之，遣从兄虑将兵逆据于江都，使中使敕文钦、刘纂、唐咨等合众击据，遣侍中左将军华融、中书丞丁晏告胤取据，并喻胤宜速去意，胤自以祸及，因留融、晏，勒兵自卫，召典军扬崇、将军孙咨，告以綝为乱，迫融等使有书难綝。綝不听，表言胤反，许将军刘丞以封爵，使率兵骑急攻围胤。胤又劫融等使诈诏发兵。融等不从，胤皆杀之。胤颜色不变，谈笑若常。或劝胤引兵至苍龙门，“将士见公出，必皆委綝就公”。时夜已半，胤恃与据期。又难举兵向富，乃约令部曲，说吕侯以在近道，故皆为胤尽死，无离散者。时大风，比晓，据不至。綝兵大会，遂杀及将士数十人，夷胤三族。

綝迁大将军，假节，封永宁侯，负贵倨傲，多行无礼。初，峻从弟虑与诸葛恪之谋，峻厚之，至右将军、无难督，授节盖，平九官事。綝遇虑薄于峻时，虑怒，与将军王惇谋杀綝。綝杀惇。虑服药死。

魏大将军诸葛诞举寿春叛，保城请降。吴遣文钦、唐咨、全端、全怿等三万人救之。魏镇南将军王基围入诞。钦等突围城。魏悉中外军二十余万增诞之围。朱异帅三万人屯安丰城，为文钦势。魏兖州刺史州泰据异于阳渊，异败退，为泰所追，死伤二千人。林于是大发率出屯镬里，复遣异率将军丁奉、黎斐等五万人攻魏，留辎重于都陆。异屯黎浆，遣将军任度、张震等慕勇敢六千人，于屯西六里为浮桥夜渡，筑偃月垒。为魏监军石苞及州泰所破，军却退就高。异复作车箱围趣五木城。苞、泰攻异，异败归，而魏太山太守胡烈以奇兵五千诡道袭都陆，尽焚异资粮。綝授兵三万人使异死战，异不从，綝斩之于镬里，而遣弟恩救。会诞败引还。綝既不能拔出诞，而丧败士众，自戮名将，莫不怨之。

綝以孙亮始亲政事，多所难问，甚惧。还建业，称疾不朝。筑室于朱雀桥南，使弟威远将军据入苍龙宿卫，弟武卫将军恩、偏将军干、长水校尉闿分屯诸营，欲以专朝自固。亮内嫌綝，乃推鲁育见杀本末，责怒虎林督朱熊、熊弟外部督朱损不匡正孙峻，乃令丁奉杀熊于虎林，杀损于建业。綝入谏不从，亮遂与公主鲁班、太常全尚、将军刘承议诛綝。亮妃，綝从姊女也，以其谋告綝。綝率众夜袭全尚，遣弟恩杀刘承于苍龙门外，遂围宫。使光禄勋孟宗告庙废亮，召群司仪曰："少帝荒病昏乱，不可以处大位，承宗庙，以告先帝废之。诸君若有不同者，下异议。"皆震怖。曰："唯将军令。"綝遣中书郎李崇夺亮玺绶，以亮罪状班告远近。尚书桓彝不肯署名，綝怒杀之。

典军施正劝綝征立琅邪王休，綝从之。遣宗正楷奉书于休曰："綝以酶才，见授大任，不能辅导陛下。顷月以来，多所造立。亲近刘承，悦于美色；发吏民妇女，料其好者，留于宫内，取兵弟十八已下三千余人，习之苑中，连日续夜，大小呼嗟，败坏藏中矛戈五千余枚，以作戏具。朱据先帝旧臣，子男熊、损皆承父之基，以忠议自立，昔杀小主。自是大主所创，帝不复精其本未，便杀熊、损，谏不见用。诸下莫不侧息。帝于宫中作小船三百余艘，成以金银，师工昼夜不息。太常全尚，累世受恩，不能督诸宗亲，而全端等委城就魏。尚位过重，曾无一言以谏陛下，而与敌往来，使传国消息，惧必倾危社稷。推案旧典，运集大王，辄以今月二十七日擒尚斩承。以帝为会稽王，遣楷奉迎。百寮喁喁。立任道侧。"

綝遣将军孙耽送亮之国，徙尚于零陵，迁公主于豫章。綝意弥溢，侮慢民神，遂烧大桥头伍子胥庙，又坏浮屠祠，斩道人。休既即位，称草莽臣。诣阙上书曰："臣伏自省，才非干国，因缘肺腑，位极人臣，伤锦败驾，罪负彰露，寻愆惟阙，夙夜忧惧。臣闻天命棐谌，必就有德，是以幽、厉失度，阂宣中兴，陛下圣德，纂承大统，宜得良辅；以协雍熙，虽尧之盛，犹求稷契之佐；以协明圣之德。古人有言：'陈力就列，不能者止。'臣虽自展竭，无益庶政，谨上印绶节钺，退还田里，以避贤路。"休引见慰喻。又下诏曰："朕以不德，守藩于外，值兹际会，群公卿士，暨于朕躬，以奉宗庙。朕用抚然，若涉渊冰。大将军忠计内发，扶危定倾，安康社稷，功勋赫然。昔汉孝宣践阼，霍光尊显，褒德赏功，古今之通义也。其以大将军为丞相、荆州牧，食五县。"恩为御史大夫、卫将军，据右将军。皆县侯。干杂号将军、亭侯。闿亦封亭侯。綝一门五侯，皆典禁兵，权倾人主，自吴国朝臣未尝有也。

綝奉牛酒诣休，休不受，赍诣左将军张布。酒酣，出怨言曰："彻废少主时，多劝吾自为之者。吾以陛下贤明，故迎之。帝非我不立，今上礼见拒，是与凡臣无异，当复改图耳。"布以言闻休，休衔之。巩其有变，数加赏赐，又复加恩侍中，与綝分省文书。或有告綝怀怨侮上欲图反者，休执以付綝，綝杀之。由是愈惧，因孟宗求出屯武昌，休许焉，尽敕所督中营精兵万余人，皆令装载，所取武库兵器，咸令给与。将军魏邈说休曰"綝居外必有变"，武卫士施朔又告"綝欲反有征"休密问张布，布与丁奉谋于会杀綝。

永安元年十二月丁卯，建业中谣言明会有变。綝闻之，不悦。夜大风发木扬沙，綝益恐。戊辰腊会，綝称疾。休强起之，使者十余辈。綝不得已，将人，众止焉。綝曰："国家屡有命，不可辞。可豫整兵，令府内起火，因是可得速还。”遂入，寻而火起，綝求出，休曰：“外兵自多，不足烦丞相也。”綝起离席，奉、布目左右缚之。綝叩首曰：“愿徙交州。”休曰：“卿何以不徙滕胤、吕据？”綝复曰：“愿没为官奴。”休曰：“何不以胤、据为奴乎！”遂斩之。以綝首令其众曰：“诸与綝同谋皆赦。”放仗者五千人。闿乘船欲北降，追杀之。夷三族。发孙峻棺，取其印绶，斲其木而埋之，以杀鲁育等故也。

綝死时年二十八。休耻与峻、綝同族，特除其属籍，称之曰故峻、故綝云。休又下诏曰：“诸葛恪、滕胤、吕据盖以无罪为峻、綝兄弟所见残害，可为痛心，促皆改葬，各为祭奠。其罹恪等事见远徙者，一切召还。

濮阳兴字子元，陈留人也。父逸，汉末避乱江东，官至长沙太守。兴少有士名，孙权时除上虞令，稍迁至尚书左曹，以五官中郎将使蜀，还为会稽太守。时琅邪王休居会稽，兴深与相结。及休即位，征兴为太常卫将军、平军国事，封外黄侯。

永安三年，都尉严密建丹杨湖田，作浦里塘。诏百官会议，咸以为用功多而田不保成，唯兴以为可成。遂会诸兵民就作，功佣之费不可胜数，士卒死亡，或自贼杀，百姓大怨之。兴迁为丞相，与休宠臣左将军张布相表里，邦内失望。七年七月，休薨。左典军万彧素与乌程侯孙皓善，乃劝兴、布，于是兴、布废休适子而迎立皓。皓既践阼，加兴侍中，领青州牧。俄彧谮兴、布追悔前事。十一年朔入朝，皓因收兴、布，徙广州，道追杀之，夷三族。

【评曰】

“诸葛恪才气干略，邦人所称，然骄且吝，周公无观，况在于恪？矜己陵人，能无败乎！若躬行所与陆逊及弟融之书，则悔吝不至，何尤祸之有哉？滕胤厉修士操，遵蹈规矩，而孙峻之时犹保其贵，必危之理也。峻、綝凶竖盈溢，固无足论者。濮阳兴身居宰辅，虑不经国，协张布之邪，纳万彧之说，诛夷其宜矣。

王楼贺韦华传

王蕃字永元，庐江人也。博览多闻，兼通术艺。始为尚书郎，去官。孙休即位，与贺邵、薛莹、虞汜俱为散骑中常侍，皆加驸马都尉。时论清之。遣使至蜀，蜀人称焉，还为夏口监军。

孙皓初。复入为常侍，与万彧同官。彧与皓有旧，俗士挟侵，谓蕃自轻。又中书丞陈声，皓之嬖臣，数谮毁蕃。蕃体气高亮，不能承颜顺指；时或迕意，积以见责。

甘露二年，丁忠使晋还，皓大会群臣，蕃沉醉顿伏。皓疑而不悦，举蕃出外。顷之请还，酒亦不解。蕃性有威严，行止自若，皓大怒，呵左右于殿下斩之。卫将军滕牧、征西将军留平请，不能得。

丞相陆凯上疏曰："常侍王蕃黄中通理，知天知物，处朝忠蹇，斯社稷之重镇，大吴之龙逄也。昔事景皇，纳言左右，景皇钦嘉，叹为异伦。而陛下忿其苦辞，恶其直对，枭之殿堂，尸骸暴弃，邦内伤心，有识悲悼。"其痛蕃如此。蕃死时年三十九，皓徙蕃家属广州。二弟著、延皆作佳器，郭马起事，不为马用，见害。

楼玄字承先，沛郡蕲人也。孙休时为监农御史。孙皓即位，与王蕃、郭逴、万彧俱为散骑中常侍，出为会稽太守，入为大司农。旧禁中主者自用亲近人作之，彧陈亲密近职宜用好人，皓因敕有司，求忠清之士，以应其选，遂用玄为宫下镇禁中候，主殿中事，玄从九卿持刀侍卫，正身率众，奉法而行，应对切直，数迕皓意，渐见责怒。后人诬白玄与贺邵相逢，驻共耳语大笑，谤讪政事，遂被诏诘责，送付广州。东观令华核上疏曰："臣窃以治国之体，其犹治家。主田野者，皆宜良信。又宜得一人总其条目，为作维纲，众事乃理。

《论语》曰：'无为而治者其舜也与！恭己正南面而已。'言所任得其人，放优游而自逸也。今海内未定，天下多事，事无大小，皆当关闻，动经御坐，劳损圣虑。陛下既垂意博古，综极艺文，加勤心好道，随节致气，宜得闲静以展神思，呼翕清淳，与天同极。臣夙夜思惟，诸吏之中，任干之事，足委丈者，无胜于楼玄。玄清忠奉公，冠冕当世，众服其操，无与争先。失清者则心平而意直，忠者惟正道而履之，如玄之性，终始可保，乞陛下赦玄前愆，使得自新，擢之宰司，责其后效。使为官择人，随才授任，则舜之恭己，近亦可得。"皓话玄名声，复徙玄及子据，付交阯将张奕，使以战自效，阴别敕奕令杀之。据到交阯，病死。玄一身随奕讨贼，持刀步涉，见奕辄拜，奕未忍杀。会奕暴卒，玄殡敛奕，于器中见敕书，还便自杀。

贺邵字兴伯，会稽山阴人也，孙休即位，从中郎为期骑中常侍，出为吴郡太守。孙皓时，入为左典军，迁中书令，领太子太傅。皓凶暴骄矜，政事日弊。邵上疏谏曰：“古之圣王，所以潜处重闱之内而知万里之情，垂拱衽席之上，明照八极之际者，任贤之功也。陛下以至德淑姿，统承皇业，宜率身履道，恭奉神器，旌贤表善，以康庶政。自顷年以来，朝列纷错，真伪相贸，上下空任，文武旷位，外无山岳之镇，内无拾遗之臣。佞谀之徒拊翼天飞，干弄朝威，盗窃荣利，而忠良排坠，信臣被害。是以正士摧方，而庸臣苟媚，先意承旨，各希时趣。人执反理之评，士吐诡道之论，遂使清流变浊，忠臣结舌。陛下处九天之上，隐百重之室，言出风靡，令行景从，亲洽宠媚之臣，日闻顺意之辞，将谓此辈实贤，而天下已平也。臣心所不安，敢不以闻。

臣闻兴国之君乐闻其过，荒乱之主乐闻其誉。闻其过者过日消而福臻，闻其誉者誉日损而祸至。是以古之人君，揖让以进贤，虚己以求过，譬天位于乘犇，以虎尾为警戒。至于陛下，严刑法以禁直辞，黜善士以逆谏臣，眩耀毁誉之实，沉沦近习之言。昔高宗思佐，梦寐得贤，而陛下求之如忘，忽之如遗。故常侍王蕃忠恪在公，才任辅弼，以醉酒之间加之大戮。近鸿胪葛奚，先帝旧臣，偶有逆迕，昏醉之言耳，三爵之后，礼所不讳，陛下猥发雷霆，谓之轻慢，饮之醇酒，中毒陨命。自是之后，海内悼心，朝臣失图，仕者以退为幸，居者以出为福，诚非所以保光洪绪，臣隆道化也。

“又何定本趋走小人，仆隶之下，身无锱铢之行，能无鹰犬之用，而陛下爱其佞媚，假其威柄，使定恃宠放恣，自擅威福，口正国议，手弄天机，上亏日月之明，下塞君子之路。夫小人求人，必进奸利，定间妄兴事役，发江边戍兵以驱麋鹿，结置山陵，芟夷林莽，殚其九野之兽，聚于重围之内，上无益时之分，下有损耗之费。而兵士疲于运送，人力竭于驱逐，老弱饥冻，大小怨叹。臣窃观天变，自比年以来阴阳错谬，四时逆节，日食地震；中夏陨霜，参之典籍，皆阴气陵阳，小人弄势之所致也。臣尝览书传，验诸行事，灾祥之应，所为寒栗。昔高宗修己以消鼎雉之异，宋景崇德以退荧惑之变。愿陛下上惧皇天谴告之诮，下追二君攘灾之道，远览前代任贤之功，近寤今日谬授之失，清澄朝位，旌叙俊乂，放退佞邪，抑夺奸势。如是之辈，一勿复用，广延淹滞，容受直辞，祗承乾指，敬奉先业，则大化光敷，天人望塞也。

《传》曰："国之兴也，视民如赤子。其亡也，以民为草芥。"陛下昔韬神光，潜德东夏，以圣哲茂姿，龙飞应天，四海延颈，八方拭目，以成康之化必隆于旦夕也。自登位以来，法禁转苛，赋调益繁。中宫内竖，分布州郡，横兴事役，竞造奸利。百姓罹杼轴之困，黎民罣无已之求，老幼饥寒，家户菜色，而所在长吏，迫畏罪负，严法峻刑，苦民求办。是以人力不堪，家户离散，呼嗟之声，感伤和气。又江边戍兵，远当以拓土广境，近当以守界备难，宜特优育，以待有事，而征发赋调，烟至云集，衣不全裋褐，食不赡朝夕，出当锋镝之难，入抱无聊之戚。是以父子相弃，叛者成行。愿陛下宽赋除烦，振恤穷乏，省诸不急，荡禁约法，则海内乐业，大化普洽。夫民者国之本，食者民之命也，今国无一年之储。家无经月之畜，而后宫之中坐食者万有余人。内有离旷之怨，外有损耗之费。使库廪空于无用，士民饥于糟糠。

又北敌注目，伺国盛衰，陛下不恃己之威德；而怙敌之不来，忽四海之困穷，而轻虏之不为难，诚非长策庙胜之要也。昔大皇帝勤身苦体，创基南夏，割据江山，拓土万里，虽承天赞，实由人力也。余庆遗祚，至于陛下，陛下宜勉崇德器，以光前烈。爱民养士，保全先轨，何可忽显祖之功勤，轻难得之大业。忘天下之不振，替兴衰之巨变哉？臣闻否泰无常，吉凶由人，长江限不可久恃，苟我不守，一苇可航也。昔秦建皇帝之号，据殽函之阻，德化不修，法政苛酷，毒流生民，忠臣杜口，是以一夫大呼，社稷倾覆。近刘氏据三关之险，守重山之固，可谓金城石室，万世之业，任授失贤，一朝丧没，君臣系颈，共为羁仆。此当世之明鉴，目前之炯戒也。愿陛下远考前事，近览世变，丰基强本，割情从道，则成康之治兴，而圣祖之祚隆矣。书奏，皓深恨之。邵奉公贞正，亲近所惮。乃共谮邵与楼玄谤毁国事，俱被诘责。玄见送南州，邵原复职。后邵中恶风，口不能言，去职数月，皓疑其托疾，收付酒藏，掠考千所，邵卒无一语，竟见杀害，家属徙临海。并下诏诛玄子孙，是岁天册元年也，邵年四十九。

韦曜字弘嗣，吴郡云阳人也。少好学，能属文，从丞相掾除西安令，还为尚书郎，迁太子中庶子。时蔡颖亦在东宫，性好博奕。太子和以为无益，命曜论之。其辞曰："盖闻君子耻当年而功不立，疾设世而名不称，故曰‘学如不及，犹恐失之’。是以古之志士，悼年齿之流迈而惧名称之不立也，故逸精厉操，晨兴夜寐，不遑宁息，经之以岁月，累之以日力，若宁越之勤，董生之笃，渐渍德义之渊，栖迟道艺之域。且以西伯之圣，姬公之才，犹有日昃待旦之劳，故能隆兴周道，垂名亿载，况在臣庶，而可以已乎？历观古今功名之士，皆有累积殊异之迹，劳身苦体，契阔勤思，平居不堕其业，穷困不易其素，是以卜式立志于耕牧，而黄霸受道于囹圄，终有荣显之福，以成不朽之名。故山甫勤于夙夜，而吴汉不离公门，岂有游惰哉？

“今世之人多不务经术，好玩博奕，废事弃业，忘寝与食，穷日尽明，继以脂烛。当其临局交争，雌雄未决，专精锐意，心劳体倦，人事旷而不修，宾旅阙而不接，虽有太牢之馔，《韶》、《夏》之乐，不暇存也。至或赌及衣物，徙棋易行，廉耻之意弛，而忿戾之色发，然其所志不出一枰之上，所务不过方罫之间，胜敌无封爵之赏，获地无兼土之实，技非六艺，用非经国。立身者不阶其术，征选者不由其道。求之于战陈，则非孙、吴之伦也。考之于道艺，则非孔氏之门也；以变诈为务，则非忠信之士也；以劫杀为名，则非仁者之意也；而空妨日废业，终无补益。是何异设木而击之，置石而投之哉！且君子之居室也勤身以致养，其在朝也竭命以纳忠，临事且犹旰食，而何博奕之足耽？夫然，故孝友之行立，贞纯之名彰也。

“方今大吴受命，海内未平，圣朝乾乾，务在得人，勇略之士则受熊虎之任，儒雅之徒则处龙凤之署，百行兼苞，文武并骛，博选良才，旌简髦俊。设程式之科，垂金爵之赏，诚千载之嘉会，百世之良遇也，当世之士，宜勉思至道，爱功惜力，以佐明时，使名书史籍，勋在盟府，乃君子之上务，当今之先急也。

“夫一木之枰孰与方国之封？枯棋三百孰与万人之将？衮龙之服，金石之乐，足以兼棋局而贸博弈矣。假令世士移博奕之力而用之于诗书，是有颜、闵之志也。用之于智计，是有良、平之思也。用之于资货，是有猗顿之富也；用之于射御，是有将帅之备也。如此则功名立而鄙贱远矣。

和废后，为黄门侍郎。孙亮即位，诸葛恪辅政，表曜为太史令，撰《吴书》，华核、薛莹等皆与参同，孙休践阼，为中书郎、博士祭酒。命曜依刘向故事，校定众书。又欲延曜侍讲，而左将军张布近习宠幸，事行多玷，惮曜侍讲儒士，又性精确，惧以古今警戒休意，固争不可。休深恨布，语在《休传》。然曜竟止不入。孙皓即位，封高陵亭候，迁中书仆射，职省，为侍中，常领左国史。时所在承指数言瑞应。皓以问曜，曜答曰：“此人家筐箧中物耳。”又皓欲为父和作纪，曜执以和不登帝位，宜名为传。如是者非一，渐见责怒。曜益忧惧，自陈衰老，求去侍、史二官，乞欲成所造书，以从业别有所付，皓终不听。时有疾病，医药监护，持之愈急。皓每飨宴，无不竟日，坐席无能否率以七升为限，虽不悉入口，皆浇灌取尽。曜素饮酒不过二升，初见礼异时，常为裁减，或密赐茶荈以当酒，至于宠衰，更见逼强，辄以为罪。又于酒后使侍臣难折公卿，以嘲弄侵克发摘私短以为欢。时有衍过，或误犯皓讳，辄见收缚，至于诛戮。曜以为外相毁伤，内长尤恨，使不济济，非佳事也，故但示难问经义言论而已。皓以为不承用诏命，意不忠尽，遂积前后嫌忿，收曜付狱，是岁凤皇二年也。

曜因狱吏上辞曰："囚荷恩见哀，无与为比，曾无芒氂有以上报，孤辱恩宠，自陷极罪。念当灰灭。长弃黄泉，愚情慺慺，窃有所怀，贪令上闻。囚昔见世间有古历注，其所记载既多虚无，在书籍者亦复错谬。囚寻按传记，考合异同，采摭耳目所及。以作《洞纪》，纪自庖牺，至于秦、汉，凡为三卷，当起黄武以来，别作一卷，事尚未成。又见刘熙所作《释名》，信多佳者，然物类众多，难得详究。故时有得失，而爵位之事，又有非是。愚以官爵，今之所急，不宜乘误。囚自忘至微，又作《官职训》及《辩释名》各一卷，欲表上之。新写始毕，会以无状，幽囚特命，泯没之日，恨不上闻。谨以先死列状，乞上言秘府，于外料取，呈内以闻。迫惧浅蔽，不合天听，抱怖雀息，乞垂哀省。"

曜冀以此求免，而皓更怪其书之垢故，又以诘曜。曜对曰："囚撰此书，实欲表上，惧有误谬，数数省读，不觉点污。被问寒战，形气呐吃，谨追辞叩头五百下，两手自搏。"而华核连上疏救曜曰："曜运值千载，特蒙哀识，以其儒学，得与史官，貂蝉内侍，承答天问，圣朝仁笃，慎终追远，迎神之际，垂涕敕曜。曜愚惑不达。不能敷宣陛下大舜之美，而拘击史官，使圣趣不叙，至行不彰，实曜愚蔽当死之罪，然臣慺慺，见曜自少勤学，虽老不倦，探综坟典，温故知新，及意所经识古今行事，外吏之中少过曜者。昔李陵为汉将，军败不还而降匈奴，司马迁不加疾恶，为陵游说，汉武帝以迁有良史之才，欲使毕成所撰，忍不加诛，书卒成立，垂之无穷。今曜在吴，亦汉之史迁也。伏见前后符瑞彰著。神指天应，继出累见，一统之期，庶不复久。

事乎之后，当观时设制，三王不相因礼，五帝不相沿乐，质文殊涂，损益异体，宜得辈依准古义，有所改立。汉氏承秦，则有叔孙通定一代之仪，曜之才学亦汉通之次也。又《吴书》虽已有头角，叙赞未述。昔班固作《汉书》，文辞典雅，后刘珍，刘毅等作《汉记》，远不及固，叙传尤劣。今年《吴书》当垂千载，编次诸吏，后之才士论次善恶，非得良才如曜者，实不可使阙不朽之书。如臣顽蔽，诚非其人。

曜年已七十，余数无几，乞赦其一等之罪，为终身徒，使成书业，水足传末，垂之百世。谨通进表，叩头百下。”皓不许，遂诛曜，徙百家零陵。子隆，亦有文学也。

华核字永先，吴郡武进人也。始为上虞尉、曲农都尉，以文学入为秘府郎，迁中书丞。蜀为魏所并，核诣宫门发表曰：“间闻贼众蚁聚向西境，西境艰险，谓当无虞。定闻陆抗表至，成都不守，臣主播越，社稷倾覆。昔卫为翟所灭而桓公存之，今道里长远，不可救振，失委附之土，弃贡献之国，臣以草芥，窃怀不宁。陛下圣仁，恩泽远抚，卒闻如此，必垂哀悼。臣不胜忡怅之情，谨拜表以闻。”

孙皓即位，封除陵亭候。实鼎二年，皓更营新宫，制度弘广，饰以珠玉，所费甚多。是时盛夏兴工，农守并废，核上疏谏曰：“臣闻汉文之世，九州晏然，秦民喜去惨毒之苛政，归刘氏之宽仁，省役约法，与之更始，分王子弟以藩汉室，当此之时，皆以为泰山之安，无穷之基之也。至于贾谊，独以为可痛哭及流涕者三，可为长叹息者六，乃曰当今之势何异抱火积薪之下而寝其上，火未及然而谓之安。其后变乱，皆如其言。臣虽下愚，不识大伦，窃以曩时之事，揆今之势。

谊曰复数年间，诸王方刚，汉之傅相称疾罢归，欲以此为治，虽尧、舜不能安。今大敌据九州之地，有大半之众，习攻战之余术，乘戎刀之旧势，欲与中国争相吞之计，其犹楚汉势不两立，非徒汉之诸王淮南，济北而已。谊之所欲痛哭，比今为缓，抱火卧薪之喻，于今而急。大皇帝览前代之如彼，察今势之如此，故广开农桑之业，积不訾之储，恤民重役，务养战士，是以大小感恩，各思竭命。斯运未至，早弃万国，自是之后，强臣专政，上诡天时，下违从议，忘安存之本，邀一时之利，数兴军旅，倾竭府藏，兵劳民困，无时获安。今之存者乃创夷之遗众，哀苦之余及耳。遂使军盗空匮，仓廪不实，布帛之赐，寒暑不周，重以失业，家户不赡。而北积谷养民，专心向东，无复他警。蜀为西藩，土地险固，加承先主统御之术，谓其守御足以长久，不图一朝奄至倾覆！唇亡齿寒，古人所惧。交州诸郡，国之南土，交阯、九真二郡已没，日南孤危，存亡难保，合浦以北，民皆摇动。因连避役，多有离叛，而备戍减少，威镇转轻，常恐呼吸复有变故。昔海虏窥窬东县，多得离民，地习海行，狃于往年，钞盗无日，今胸背有嫌，首尾多难，乃国朝之厄会也。诚宜住建立之役，先备豫之计，勉垦殖之业，为饥乏之救。惟恐农时将过，东作向晚，有事之日，整严未办。若舍此急，尽力功作，卒有风尘不虞之变。当委版筑之役，应烽燧之急，驱怨苦之众，赴白刃之难，此乃大敌所因为资也。如但固守，旷日持久，则军粮必乏，不待接刃，而战士已困矣。

昔太戊之时，桑谷生庭，惧而修德，怪消殷兴。荧惑守心，宋以为灾，景公下从瞽史之言，而荧惑退舍，景公延年。夫修德于身而感异类，言发于口通神明。臣以愚蔽，误忝近署，不能翼宣仁泽以感灵祇，仰惭俯愧，无所投处。退伏思惟，荣惑桑谷之异，天示二主，至如他余锱介之妖；近是门庭小神所为，验之天地，无有他变，而征祥符瑞前后屡臻，明珠既觌，白雀继见，万亿之祚，实灵所挺。以九域为宅，天下为家，不与编户之民转徙同也。又今之宫室，先帝所营。卜土立基，非为不祥。又杨市土地与宫连接，若大功毕竟，舆驾迁住，门行之神，皆当转移，犹恐长，久未必胜旧。屡迁不少，留则有嫌，此乃愚臣所以夙夜为忧灼也。臣省《月令》，季夏之月，不可以兴土功，不可以会诸侯，不可以起兵动众，举大事必有大殃。今虽诸侯不会，诸侯之军与会无异。六月戊己，土行正王，既不可犯，加又农月，时不可失。昔鲁隐公夏城中丘，《春秋》书之，垂为后戒。今筑宫为长世之洪基，而犯天地之大禁，袭《春秋》之所书，废敬授之上务，臣以愚管，窃所未安。

又恐所召离民，或有不至，讨之则废役兴事，不讨则日月滋慢。若悉并到，大众聚会，希无疾病。且人心安则念善，苦则怨叛。江南精兵，北土所难，欲以十卒当东一人。天下未定，深可忧惜之。如此宫成，死叛五千，则北军之众更增五万，著到万人，则倍益十万，病者有死亡之损，叛者传不善之语，此乃大敌所以欢喜也。今当角力中原，以定强弱，正于际会。彼益我损，加以劳困，此乃雄夫智士所以深忧。

臣闻先王治国无三年之储，曰国非其国，安宁之世戒备如此。况敌强大而忽农忘畜。今虽颇种殖，间者大水沉没，其余存者当须耘获。而长吏怖期，上方诸郡，身涉山林，尽力伐材，废农弃务；士民妻孥羸小，垦殖又薄；若有水旱则永无所获。州郡见米，当待有事，冗食之众，仰官供济。若上下空乏，运漕不供，而北敌犯疆，使周、召更生，良、平复出，不能为陛下计明矣。臣闻君明者臣忠，主圣者臣直，是以慺慺，昧犯天威，乞垂哀省。

书奏，皓不纳。后迁东观令，领右国史，核上疏辞让。皓答曰："得表，以东观儒林之府，当讲校文艺，处定疑难，汉时皆名学硕儒乃任其职，乞更选英贤。闻之，以卿研精坟典，博览多闻，可谓悦礼乐敦诗书者也。当飞翰骋藻，光赞时事，以越扬、班、张、蔡之畴，怪乃谦光，厚自菲薄，宜勉备所职，以迈先贤，勿复纷纷。"

时仓廪无储，世俗滋侈，核上疏曰："今冠虏充斥，征伐未已，居无积年之储，出无敌之畜，此乃有国者所宜深忧也。夫财谷所生，皆出于民，趋时务农，国之上急。而都下诸官，所掌别异，各自下调，不计民力，辄与近期。长吏畏罪，昼夜催民，委舍佃事，遑赴会日，定送到都，或蕴积不用，而徒使百姓消力失时。到秋收月，督其限入，夺其播殖之时，而责定送其今年之税，如有逋悬，则籍没财物，故家户贫困，衣食不足。宜暂息众役，专心农桑。古人称一夫不耕，或受其饥。一女不织，或受其寒。是以先王治国，惟农是务。军兴以来，已向百载，农人废南亩之务，女工停机杼之业。推此揆之，则蔬食而长饥，薄衣而履冰者，固不少矣。臣闻主之所求于民者二，民之所望于主者三。二谓求其为己劳也，求其为己死也。三谓饥者能食之，劳者能息之，有功者能赏之。民以致其二事而主失其三望者，则怨心生而功不建，今帑藏不实，民劳役猥，主之二求已备，民之三望未报。且饥者不待美馔而后饱，寒者不俟狐貉而后温，为味者口之奇，文绣者身之饰也。今事多而役繁，民贫而俗奢，百工作无用之器，妇人为绮靡之饰，不勤麻枲，并乡黼黻，转相仿效，耻独无有。兵民之家，犹复逐俗，内无儋石之储，而出有绫绮之服，至于富贾商贩之家，重以金银，奢恣尤甚。天下未平，百姓不赡，宜一生民之原，丰谷帛之业。而弃功于浮华之巧，妨日于侈靡之事，上无尊卑等级之差，下有耗财物力之损。今吏士之家，少无子女，多者三四，少者一二，通令户有一女，十万家则十万人，人织绩一岁一束，则十万束矣。使四疆之内同心戮力，数年之间，布帛必积。恣民五色，惟所服用，但禁绮绣无益之饰。且美貌者不待华采以崇好，艳姿者不待文绮以致爱，五采之饰，足以丽矣。若极粉黛，穷盛服，未必无丑妇。废华采，去文绣，未必无美人也。若实如论，有之无益废之无损者，何爱而不斩禁以充府藏之急乎？此救乏之上务，富国之本业也，使管、晏复生，无以易此。汉之文、景，承平继统，天下已定，四方无虞，犹以雕文之妨农事，锦绣之害女红，开富国之利，杜饥寒之本。况今六台分乖；豺狼充路；兵不离疆；甲不解带。而可以不广生财之原，充府藏之积哉?”

皓以核年老，敕令草表，核不敢。又敕作草文，停立待之。核为文曰：“咨核小臣，草芥凡庸。遭眷值圣，受恩特隆。越从朽壤，蝉蜕朝中。熙光紫闼；青璅是凭。毖挹清露，沐浴凯风。效无丝氂，负阙山祟。滋润含垢，恩贷累重。秽质被荣，局命得融。欲报罔极，委之皇穹。圣恩雨注，哀弃其尤。猥命草对，润被下愚。不敢达敕，惧速罪诛。冒承诏命，魂逝形留。”核前后陈便宜，及贡荐良能，解释罪过，书百余上，皆有补益，文多不悉载。天册元年以微谴免，数岁卒。曜、核所论事章疏，咸传于世也。

【评曰】

薛莹称王蕃器量绰异，弘博多通。楼玄清白节操，才理条畅；贺邵厉志高洁，机理清要。韦曜笃学好古，博见群籍，有记述之才。胡冲以为玄、邵、蕃一时清妙，略无优劣，必不得已，玄宜在先，邵当次之。华核文赋之才，有过于曜，而典诰不及也。予观核数献良规，期于自尽，庶几忠臣矣。然此数子，处无妄之世而有名位，强死其理，得免为幸耳。

记载中国三国时代的断代史

三国志

李楠／主编

辽海出版社

壹

图书在版编目（CIP）数据

三国志 / 李楠主编．—沈阳：辽海出版社，2016.6
ISBN 978-7-5451-3746-0

Ⅰ．①三… Ⅱ．①李… Ⅲ．①中国历史—三国时代—纪传体
Ⅳ．① K236.042

中国版本图书馆 CIP 数据核字（2016）第 123536 号

三国志

责任编辑：柳海松　冷厚诚
责任校对：顾　季
装帧设计：马寄萍
出 版 者：辽海出版社
地　　址：沈阳市和平区十一纬路 29 号
邮政编码：116003
电　　话：024-23284473
E－mail：dyh550912@163. com
印 刷 者：三河市天润建兴印务有限公司印刷
发 行 者：辽海出版社
幅面尺寸：787mm × 1092mm
印　　张：80
字　　数：1600 千字
出版时间：2016 年 8 月第 1 版
印刷时间：2016 年 8 月第 1 次印刷
定　　价：498. 00 元

前　言

三国志》为纪传体分国史，全书共65卷，其中《魏书》30卷、《蜀书》15卷、《吴书》20卷。记事上起东汉灵帝光和末年（184年）黄巾起义，讫于西晋灭吴（280年）。在北宋以前，《魏书》、《蜀书》和《吴书》分别流行，到北宋时才合在一起刻版印刷，改称《三国志》。

陈寿将魏、蜀、吴并叙成书，在纪传体史书中属首创。《魏书》居前，各帝王加以帝号，并称“纪”；蜀、吴皇帝只称“主”，“纪”称“传”，但纪事方法与本纪相同，均按各自年号编年叙事，三国实际上处于同等地位。《三国志》叙事简洁，组织严密，真实反映出魏晋间士大夫中流行的品评人物的社会风尚。

《三国志》取材精审，采择面广，行文简洁，采择广博，不仅为当时政治、军事等方面的风云人物立传，还注意到学术思想、文学艺术、医卜星算等方面有影响的人物，以及周边少数民族的情况。华佗医学、乌丸以及鲜卑、高句丽等史料因此保存了下来。? 陈寿在《三国志》中，不但使史书更加族谱化，而且开创了“回护曲笔”手法。

《三国志》是我国史书中的精品，对后世有这巨大的影响。被人们尊为“二十四史”中评价最高的“前四史”之一。

目　录

魏　书

蜀　书

吴　书

魏书

武帝纪

【原文】

太祖武皇帝，沛国谯人也，姓曹，讳操，字孟德，汉相国参之后。〔1〕桓帝世，曹腾为中常侍大长秋，封费亭侯。〔2〕养子嵩嗣，官至太尉，莫能审其生出本末。〔3〕嵩生太祖。

【注释】

〔1〕曹瞒传曰：太祖一名吉利，小字阿瞒。王沈魏书曰：其先出于黄帝。当高阳世，陆终之子曰安，是为曹姓。周武王克殷，存先世之后，封曹侠于邾。春秋之世，与于盟会，逮至战国，为楚所灭。子孙分流，或家于沛。汉高祖之起，曹参以功封平阳侯，世袭爵土，绝而复绍，至今适嗣国于容城。

〔2〕司马彪续汉书曰：腾父节，字符伟，素以仁厚

称。邻人有亡豕者，与节豕相类，诣门认之，节不与争；后所亡豕自还其家，豕主人大惭，送所认豕，并辞谢节，节笑而受之。由是乡党贵叹焉。长子伯兴，次子仲兴，次子叔兴。腾字季兴，少除黄门从官。永宁元年，邓太后诏黄门令选中黄门从官年少温谨者配皇太子书，腾应其选。太子特亲爱腾，饮食赏赐与觽有异。顺帝即位，为小黄门，迁至中常侍大长秋。在省闼三十余年，历事四帝，未尝有过。

好进达贤能，终无所毁伤。其所称荐，若陈留虞放、边韶、南阳延固、张温、弘农张奂、颍川堂溪典等，皆致位公卿，而不伐其善。蜀郡太守因计吏修敬于腾，益州刺史种暠于函谷关搜得其笺，上太守，并奏腾内臣外交，所不当为，请免官治罪。帝曰："笺自外来，腾书不出，非其罪也。"乃寝暠奏。腾不以介意，常称叹暠，以为暠得事上之节。暠后为司徒，语人曰："今日为公，乃曹常侍恩也。"腾之行事，皆此类也。桓帝即位，以腾先帝旧臣，忠孝彰着，封费亭侯，加位特进。太和三年，追尊腾曰高皇帝。

〔3〕续汉书曰：嵩字巨高。质性敦慎，所在忠孝。为司隶校尉，灵帝擢拜大司农、大鸿胪，代崔烈为太尉。黄初元年，追尊嵩曰太皇帝。吴人作曹瞒传及郭颁世语并云：嵩，夏侯氏之子，夏侯惇之叔父。太祖于惇为从父兄弟。

【原文】

太祖少机警，有权数，而任侠放荡，不治行业，故世人未之奇也；[1]惟梁国桥玄、南阳何颙异焉。玄谓太祖曰："天下将乱，非命世之才不能济也，能安之者，其在君乎！"[2]年二十，举孝廉为郎，除洛阳北部尉，迁顿丘令，[3]征拜议郎。[4]

【注释】

〔1〕曹瞒传云：太祖少好飞鹰走狗，游荡无度，其叔父数言之于嵩。太祖患之，后逢叔父于路，乃阳败面喎口；叔父怪而问其故，太祖曰："卒中恶风。"叔父以告嵩。嵩惊愕，呼太祖，太祖口貌如故。嵩问曰："叔父言汝中风，已差乎？"太祖曰："初不中风，但失爱于叔父，故见罔耳。"嵩乃疑焉。自后叔父有所告，嵩终不复信，太祖于是益得肆意矣。

〔2〕魏书曰：太尉桥玄，世名知人，睹太祖而异之，曰："吾见天下名士多矣，未有若君者也！君善自持。吾老矣！愿以妻子为托。"由是声名益重。

续汉书曰：玄字公祖，严明有才略，长于人物。张璠汉纪曰：玄历位中外，以刚断称，谦俭下士，不以王爵私亲。光和中为太尉，以久病策罢，拜太中大夫，卒，家贫乏产业，柩无所殡。当世以此称为名臣。世语曰：玄谓太祖曰："君未有名，可交许子将。"太祖乃造子将，子将纳焉，由是知名。孙盛异同杂语云：太祖尝私入中常侍张让室，让觉之；乃舞手戟于庭，踰垣而出。才武绝人，莫之能害。博览群书，特好兵法，抄集诸家兵法，名曰接要，又注孙武十三篇，皆传于世。尝问许子将：“我何如人?”子将不答。固问之，子将曰：“子治世之能臣，乱世之奸雄。”太祖大笑。

〔3〕曹瞒传曰：太祖初入尉廨，缮治四门。造五色棒，县门左右各十余枚，有犯禁，不避豪强，皆棒杀之。后数月，灵帝爱幸小黄门蹇硕叔父夜行，即杀之。京师敛黠，莫敢犯者。

近习宠臣咸疾之，然不能伤，于是共称荐之，故迁为顿丘令。

〔4〕魏书曰：太祖从妹夫强侯宋奇被诛，从坐免官。后以能明古学，复征拜议郎。先是大将军窦武、太傅陈蕃谋诛阉官，反为所害。太祖上书陈武等正直而见陷害，奸邪盈朝，善人壅塞，其言甚切；灵帝不能用。是后诏书敕三府：举奏州县政理无效，民为作谣言者免罢之。三公倾邪，皆希世见诏用，货赂并行，强者为怨，不见举奏，弱者守道，多被陷毁。太祖疾之。是岁以灾异博问得失，因此复上书切谏，说三公所举奏专回避贵戚之意。奏上，天子感悟，以示三府责让之，诸以谣言征者皆拜议郎。是后政教日乱，豪猾益炽，多所摧毁；

太祖知不可匡正，遂不复献言。

【原文】

光和末，黄巾起。拜骑都尉，讨颍川贼。迁为济南相，国有十余县，长吏多阿附贵戚，赃污狼藉，于是奏免其八；禁断淫祀，奸宄逃窜，郡界肃然。[1]久之，征还为东郡太守；

不就，称疾归乡里。[2]

【注释】

〔1〕魏书曰：长吏受取贪饕，依倚贵势，历前相不见举；闻太祖至，咸皆举免，小大震怖，奸宄遁逃，窜入他郡。政教大行，一郡清平。初，城阳景王刘章以有功于汉，故其国为立祠，青州诸郡转相仿效，济南尤盛，至六百余祠。贾人或假二千石舆服导从作倡乐，奢侈日甚，民坐贫穷，历世长吏无敢禁绝者。太祖到，皆毁坏祠屋，止绝官吏民不得祠祀。及至秉政，遂除奸邪鬼神之事，世之淫祀由此遂绝。

〔2〕魏书曰：于是权臣专朝，贵戚横恣。太祖不能违道取容。数数干忤，恐为家祸，遂乞留宿卫。拜议郎，常托疾病，辄告归乡里；筑室城外，春夏习读书传，秋冬弋猎，以自娱乐。

【原文】

顷之，冀州刺史王芬、南阳许攸、沛国周旌等连结豪杰，谋废灵帝，立合肥侯，以告太祖，太祖拒之。芬等遂败。[1]

【注释】

〔1〕司马彪九州春秋曰：于是陈蕃子逸与术士平原

襄楷会于芬坐，楷曰：“天文不利宦者，黄门、常侍（贵）真族灭矣。”逸喜。芬曰：“若然者，芬愿驱除。”于是与攸等结谋。

灵帝欲北巡河间旧宅，芬等谋因此作难，上书言黑山贼攻劫郡县，求得起兵。会北方有赤气，东西竟天，太史上言“当有阴谋，不宜北行”，帝乃止。敕芬罢兵，俄而征之。芬惧，自杀。

魏书载太祖拒芬辞曰：“夫废立之事，天下之至不祥也。古人有权成败、计轻重而行之者，伊尹、霍光是也。伊尹怀至忠之诚，据宰臣之势，处官司之上，故进退废置，计从事立。及至霍光受托国之任，藉宗臣之位，内因太后秉

政之重，外有髃卿同欲之势，昌邑即位日浅，未有贵宠，朝乏谠臣，议出密近，故计行如转圜，事成如摧朽。今诸君徒见曩者之易，未睹当今之难。诸君自度，结觿连党，何若七国？

合肥之贵，孰若吴、楚？而造作非常，欲望必克，不亦危乎！”

【原文】

金城边章、韩遂杀刺史郡守以叛，觿十余万，天下骚动。征太祖为典军校尉。会灵帝崩，太子即位，太后临朝。大将军何进与袁绍谋诛宦官，太后不听。进乃召董卓，欲以胁太后，[1]卓未至而进见杀。卓到，废帝为弘农

王而立献帝，京都大乱。卓表太祖为骁骑校尉，欲与计事。太祖乃变易姓名，间行东归。[2]出关，过中牟，为亭长所疑，执诣县，邑中或窃识之，为请得解。[3]卓遂杀太后及弘农王。太祖至陈留，散家财，合义兵，将以诛卓。冬十二月，始起兵于己吾，[4]是岁中平六年也。

【注释】

〔1〕魏书曰：太祖闻而笑之曰："阉竖之官，古今宜有，但世主不当假之权宠，使至于此。

既治其罪，当诛元恶，一狱吏足矣，何必纷纷召外将乎？欲尽诛之，事必宣露，吾见其败也。"

〔2〕魏曰：太祖以卓终必覆败，遂不就拜，逃归乡里。从数骑过故人成皋吕伯奢；伯奢不在，其子与宾客共劫太祖，取马及物，太祖手刃击杀数人。世语曰：太祖过伯奢。伯奢出行，五子皆在，备宾主礼。太祖自以背卓命，疑其图己，手剑夜杀八人而去。孙盛杂记曰：太祖闻其食器声，以为图己，遂夜杀之。既而凄怆曰："宁我负人，毋人负我！"遂行。

〔3〕世语曰：中牟疑是亡人，见拘于县。时掾亦已被卓书；唯功曹心知是太祖，以世方乱，不宜拘天下雄隽，因白令释之。

〔4〕世语曰：陈留孝廉辎兹以家财资太祖，使起兵，众有五千人。

【原文】

初平元年春正月，后将军袁术、冀州牧韩馥、[1]豫州刺史孔、[2]兖州刺史刘岱、[3]河内太守王匡、[4]勃海太守袁绍、陈留太守张邈、东郡太守桥瑁、[5]山阳太守袁遗、[6]济北相鲍信[7]同时俱起兵，黼各数万，推绍为盟主。太祖行奋武将军。

【注释】

〔1〕英雄记曰：馥字文节，颍川人。为御史中丞。董卓举为冀州牧。于时冀州民人殷盛，兵粮优足。袁绍之在勃海，馥恐其兴兵，遣数部从事守之，不得动摇。东郡太守桥瑁诈作京师三公移书与州郡，陈卓罪恶，云"见逼迫，无以自救，企望义兵，解国患难。"馥得移，请诸从事问曰："今当助袁氏邪，助董卓邪？"治中从事刘子惠曰："今兴兵为国，何谓袁、董！"馥自知言短而有惭色。子惠复言："兵者凶事，不可为首；今宜往视他州，有发动者，然后和之。冀州于他州不为弱也，他人功未有在冀州之右者也。"馥然之。馥乃作书与绍，道卓之恶，听其举兵。

〔2〕英雄记曰：字公绪，陈留人。张璠汉纪载郑泰说卓云："孔公绪能清谈高论，嘘枯吹生。"

〔3〕岱，刘繇之兄，事见吴志。

〔4〕英雄记曰：匡字公节，泰山人。轻财好施，以

任侠闻。辟大将军何进府进符使，匡于徐州发强弩五百西诣京师。会进败，匡还州里。起家，拜河内太守。谢承后汉书曰：匡少与蔡邕善。其年为卓军所败，走还泰山，收集劲勇得数千人，欲与张邈合。匡先杀执金吾胡母班。班亲属不胜愤怒，与太祖并势，共杀匡。

〔5〕英雄记曰：瑁字符伟，玄族子。先为兖州刺史，甚有威惠。

〔6〕遗字伯业，绍从兄。为长安令。河间张超尝荐遗于太尉朱鉨，称遗“有冠世之懿，干时之量。其忠允亮直，固天所纵；若乃包罗载籍，管综百氏，登高能赋，睹物知名，求之今日，邈焉靡俦。”事在超集。英雄记曰：绍后用遗为扬州刺史，为袁术所败。太祖称“长大而能勤学者，惟吾与袁伯业耳。”语在文帝典论。

〔7〕信事见子勋传。

【原文】

二月，卓闻兵起，乃徙天子都长安。卓留屯洛阳，遂焚宫室。是时绍屯河内，邈、岱、瑁、遗屯酸枣，术屯南阳，伷屯颍川，馥在邺。卓兵强，绍等莫敢先进。太祖曰：“举义兵以诛暴乱，大觿已合，诸君何疑？向使董卓闻山东兵起，倚王室之重，据二周之险，东向以临天下；虽以无道行之，犹足为患。今焚烧宫室，劫迁天子，海内震动，不知所归，此天亡之时也。一战而天下定矣，不可失也。”遂引兵西，将据成皋。邈遣将鞲兹分兵随太祖。到荥阳汴水，遇卓将徐荣，与战不利，士卒死伤甚多。太祖为流矢所中，所乘马被创，从弟洪以马与太祖，得夜遁去。荣见太祖所将兵少，力战尽日，谓酸枣未易攻也，亦引兵还。

太祖到酸枣，诸军兵十余万，日置酒高会，不图进取。太祖责让之，因为谋曰："诸君听吾计，使勃海引河内之觽临孟津，酸枣诸将守成皋，据敖仓，塞轘辕、太谷，全制其险；使袁将军率南阳之军军丹、析，入武关，以震三辅：皆高垒深壁，勿与战，益为疑兵，示天下形势，以顺诛逆，可立定也。今兵以义动，持疑而不进，失天下之望，窃为诸君耻之！"邈等不能用。

太祖兵少，乃与夏侯惇等诣扬州募兵，刺史陈温、丹杨太守周昕与兵四千余人。还到龙亢，士卒多叛。[1]至铚、建平，复收兵得千余人，进屯河内。

【注释】

〔1〕魏书曰：兵谋叛，夜烧太祖帐，太祖手剑杀数十人，余皆披靡，乃得出营；其不叛者五百余人。

刘岱与桥瑁相恶，岱杀瑁，以王肱领东郡太守。

【原文】

袁绍与韩馥谋立幽州牧刘虞为帝，太祖拒之。[1]绍又尝得一玉印，于太祖坐中举向其肘，太祖由是笑而恶焉。[2]

【注释】

〔1〕魏书载太祖答绍曰："董卓之罪，暴于四海，吾等合大觽、兴义兵而远近莫不响应，此以义动故也。今幼主微弱，制于奸臣，未有昌邑亡国之衅，而一旦改易，天下其孰安之？

诸君北面，我自西向。"

〔2〕魏书曰：太祖大笑曰："吾不听汝也。"绍复使人说太祖曰："今袁公势盛兵强，二子已长，天下羣英，孰踰于此？"太祖不应。由是益不直绍，图诛灭之。

【原文】

二年春，绍、馥遂立虞为帝，虞终不敢当。

夏四月，卓还长安。

秋七月，袁绍胁韩馥，取冀州。

黑山贼于毒、白绕、眭固等眭，申随反。十余万觽略魏郡、东郡，王肱不能御，太祖引兵入东郡，击白绕于濮阳，破之。袁绍因表太祖为东郡太守，治东武阳。

三年春，太祖军顿丘，毒等攻东武阳。太祖乃引兵西入山，攻毒等本屯。[1]毒闻之，弃武阳还。太祖要击眭固，又击匈奴于夫罗于内黄，皆大破之。[2]

【注释】

〔1〕魏书曰：诸将皆以为当还自救。太祖曰："孙膑

救赵而攻魏，耿弇欲走西安攻临菑。

使贼闻我西而还，武阳自解也；不还，我能败其本屯，虏不能拔武阳必矣。”遂乃行。

〔2〕魏书曰：于夫罗者，南单于子也。中平中，发匈奴兵，于夫罗率以助汉。会本国反，杀南单于，于夫罗遂将其觽留中国。因天下挠乱，与西河白波贼合，破太原、河内，抄略诸郡为寇。

夏四月，司徒王允与吕布共杀卓。卓将李傕、郭汜等杀允攻布，布败，东出武关。傕等擅朝政。

【原文】

青州黄巾觽百万入兖州，杀任城相郑遂，转入东平。刘岱欲击之，鲍信谏曰：“今贼觽百万，百姓皆震恐，士卒无志，不可敌也。观贼觽群辈相随，军无辎重，唯以钞略为资，今不若畜士觽之力，先为固守。彼欲战不得，攻又不能，其势必离散，后选精锐，据其要害，击之可破也。”岱不从，遂与战，果为所杀。〔1〕信乃与州吏万潜等至东郡迎太祖领兖州牧。遂进兵击黄巾于寿张东。信力战死，仅而破之。〔2〕购求信丧不得，觽乃刻木如信形状，祭而哭焉。追黄巾至济北。乞降。冬，受降卒三十余万，男女百余万口，收其精锐者，号为青州兵。

【注释】

〔1〕世语曰：岱既死，陈宫谓太祖曰：“州今无主，

而王命断绝，宫请说州中，明府寻往牧之，资之以收天下，此霸王之业也。”宫说别驾、治中曰：“今天下分裂而州无主；曹东郡，命世之才也，若迎以牧州，必宁生民。”鲍信等亦谓之然。

〔2〕魏书曰：太祖将步骑千余人，行视战地，卒抵贼营，战不利，死者数百人，引还。贼寻前进。黄巾为贼久，数乘胜，兵皆精悍。太祖旧兵少，新兵不习练，举军皆惧。太祖被甲婴胄，亲巡将士，明劝赏罚，觽乃复奋，承闲讨击，贼稍折退。贼乃移书太祖曰：“昔在济南，毁坏神坛，其道乃与中黄太乙同，似若知道，今更迷惑。汉行已尽，黄家当立。天之大运，非君才力所能存也。”太祖见檄书，呵骂之，数开示降路；遂设奇伏，昼夜会战，战辄禽获，贼乃退走。

【原文】

袁术与绍有隙，术求援于公孙瓒，瓒使刘备屯高唐，单经屯平原，陶谦屯发干，以逼绍。太祖与绍会击，皆破之。

四年春，军鄄城。荆州牧刘表断术粮道，术引军入陈留，屯封丘，黑山余贼及于夫罗等佐之。

术使将刘详屯匡亭。太祖击详，术救之，与战，大破之。术退保封丘，遂围之，未合，术走襄邑，追到太寿，决渠水灌城。走宁陵，又追之，走九江。夏，太祖还军定陶。

下邳阙宣聚觽数千人，自称天子；徐州牧陶谦与共举兵，取泰山华、费，略任城。秋，太祖征陶谦，下十余城，谦守城不敢出。

是岁，孙策受袁术使渡江，数年闲遂有江东。

兴平元年春，太祖自徐州还，初，太祖父嵩，去官后还谯，董卓之乱，避难琅邪，为陶谦所害，故太祖志在复雠东伐。〔1〕夏，使荀彧、程昱守鄄城，复征陶谦，拔五城，遂略地至东海。还过郯，谦将曹豹与刘备屯郯东，要太祖。太祖击破之，遂攻拔襄贲，所过多所残戮。〔2〕

【注释】

〔1〕世语曰：嵩在泰山华县。太祖令泰山太守应劭送家诣兖州，劭兵未至，陶谦密遣数千骑掩捕。嵩家以为劭迎，不设备。谦兵至，杀太祖弟德于门中。嵩惧，穿后垣，先出其妾，妾肥，不时得出；嵩逃于厕，与妾俱被害，阖门皆死。劭惧，弃官赴袁绍。后太祖定冀州，劭时已死。韦曜吴书曰：太祖迎嵩，辎重百余两。陶谦遣都尉张闿将骑二百辇送，闿于泰山华、费间杀嵩，取财物，因奔淮南。太祖归咎于陶谦，故伐之。

〔2〕孙盛曰：夫伐罪吊民，古之令轨；罪谦之由，而残其属部，过矣。

【原文】

会张邈与陈宫叛迎吕布，郡县皆应。荀彧、程昱保鄄城，范、东阿二县固守，太祖乃引军还。

布到，攻鄄城不能下，西屯濮阳。太祖曰："布一旦得一州，不能据东平，断亢父、泰山之道乘险要我，而乃屯濮阳，吾知其无能为也。"遂进军攻之。布出兵战，先以骑犯青州兵。

青州兵奔，太祖陈乱，驰突火出，坠马，烧左手掌。司马楼异扶太祖上马，遂引去。[1]未至营止，诸将未与太祖相见，皆怖。太祖乃自力劳军，令军中促为攻具，进复攻之，与布相守百余日。蝗虫起，百姓大饿，布粮食亦尽，各引去。

【注释】

〔1〕袁暐献帝春秋曰：太祖围濮阳，濮阳大姓田氏为反闲，太祖得入城。烧其东门，示无反意。及战，军败。布骑得太祖而不知是，问曰："曹操何在?"太祖曰："乘黄马走者是也。"

【原文】

布骑乃释太祖而追黄马者。门火犹盛，太祖突火而出。

秋九月，太祖还鄄城。布到乘氏，为其县人李进所破，东屯山阳。于是绍使人说太祖，欲连和。太祖新失兖州，军食尽，将许之。程昱止太祖，太祖从之。冬十月，太祖至东阿。

是岁谷一斛五十余万钱，人相食，乃罢吏兵新募者。陶谦死，刘备代之。

二年春，袭定陶。济阴太守吴资保南城，未拔。会吕布至，又击破之。夏，布将薛兰、李封屯钜野，太祖攻之，布救兰，兰败，布走，遂斩兰等。布复从东缗与陈宫将万余人来战，时太祖兵少，设伏，纵奇兵击，大破之。[1]布夜走，太祖复攻，拔定陶，分兵平诸县。布东奔刘备，张邈从布，使其弟超将家属保雍丘。秋八月，围雍丘。冬十月，天子拜太祖兖州牧。

十二月，雍丘溃，超自杀。夷邈三族。邈诣袁术请救，为其觽所杀，兖州平，遂东略陈地。

【注释】

〔1〕魏书曰：于是兵皆出取麦，在者不能千人，屯营不固。太祖乃令妇人守陴，悉兵拒之。

屯西有大堤，其南树木幽深。布疑有伏，乃相谓曰："曹操多谲，勿入伏中。"引军屯南十余里。明日复来，太祖隐兵堤里，出半兵堤外。布益进，乃令轻兵挑战，既合，伏兵乃悉乘堤，步骑并进，大破之，获其鼓车，追至其营而还。

【原文】

是岁，长安乱，天子东迁，败于曹阳，渡河幸安邑。

建安元年春正月，太祖军临武平，袁术所置陈相袁嗣降。

太祖将迎天子，诸将或疑，荀彧、程昱劝之，乃遣曹洪将兵西迎，卫将军董承与袁术将苌奴拒险，洪不得进。

汝南、颍川黄巾何仪、刘辟、黄邵、何曼等，众各数万，初应袁术，又附孙坚。二月，太祖进军讨破之，斩辟、邵等，仪及其众皆降。天子拜太祖建德将军，夏六月，迁镇东将军，封费亭侯。秋七月，杨奉、韩暹以天子还洛阳，[1]奉别屯梁。太祖遂至洛阳，卫京都，暹遁走。天子假太祖节钺，录尚书事。[2]洛阳残破，董昭等劝太祖都许。九月，车驾出轘辕而东，以太祖为大将军，封武平侯。自天子西迁，朝廷日乱，至是宗庙社稷制度始立。[3]

【注释】

〔1〕献帝春秋曰：天子初至洛阳，幸城西故中常侍赵忠宅。使张杨缮治宫室，名殿曰扬安殿，八月，帝乃迁居。

〔2〕献帝纪曰：又领司隶校尉。

〔3〕张璠汉纪曰：初，天子败于曹阳，欲浮河东下。侍中太史令王立曰："自去春太白犯镇星于牛斗，过天津，荧惑又逆行守北河，不可犯也。"由是天子遂不北渡河，将自轵关东出。立又谓宗正刘艾曰："前太白守天关，与荧惑会。

【原文】

金火交会，革命之象也。汉祚终矣，晋、魏必有兴者。”立后数言于帝曰：“天命有去就，五行不常盛，代火者土也，承汉者魏也，能安天下者，曹姓也，唯委任曹氏而已。”公闻之，使人语立曰：“知公忠于朝廷，然天道深远，幸勿多言。”

天子之东也，奉自梁欲要之，不及。冬十月，公征奉，奉南奔袁术，遂攻其梁屯，拔之。于是以袁绍为太尉，绍耻班在公下，不肯受。公乃固辞，以大将军让绍。天子拜公司空，行车骑将军。是岁用枣祗、韩浩等议，始兴屯田。[1]

【注释】

〔1〕魏书曰：自遭荒乱，率乏粮谷。诸军并起，无终岁之计，饥则寇略，饱则弃余，瓦解流离，无敌自破者不可胜数。袁绍之在河北，军人仰食桑椹。袁术在江、淮，取给蒲蠃。民人相食，州里萧条。公曰：“夫定国之术，在于强兵足食，秦人以急农兼天下，孝武以屯田定西域，此先代之良式也。”是岁乃募民屯田许下，得谷百万斛。于是州郡例置田官，所在积谷。征伐四方，无运粮之劳，遂兼灭羣贼，克平天下。

吕布袭刘备，取下邳。备来奔。程昱说公曰：“观刘备有雄才而甚得衆心，终不为人下，不如早图之。”公曰：“方今收英雄时也，杀一人而失天下之心，不可。”

【原文】

张济自关中走南阳。济死，从子绣领其觽。二年春正月，公到宛。张绣降，既而悔之，复反。

公与战，军败，为流矢所中，长子昂、弟子安民遇害。〔1〕公乃引兵还舞阴，绣将骑来钞，公击破之。绣奔穰，与刘表合。公谓诸将曰："吾降张绣等，失不便取其质，以至于此。

吾知所以败。诸卿观之，自今已后不复败矣。"遂还许。〔2〕

【注释】

〔1〕魏书曰：公所乘马名绝影，为流矢所中，伤颊及足，并中公右臂。世语曰：昂不能骑，进马于公，公故免，而昂遇害。

〔2〕世语曰：旧制，三公领兵入见，皆交戟叉颈而前。初，公将讨张绣，入觐天子，时始复此制。公自此不复朝见。

袁术欲称帝于淮南，使人告吕布。布收其使，上其书。术怒，攻布，为布所破。秋九月，术侵陈，公东征之。术闻公自来，弃军走，留其将桥蕤、李豊、梁纲、乐就；公到，击破蕤等，皆斩之。术走渡淮。公还许。

【原文】

公之自舞阴还也，南阳、章陵诸县复叛为绣，公遣曹洪击之，不利，还屯叶，数为绣、表所侵。冬十一月，公自南征，至宛。[1]表将邓济据湖阳。攻拔之，生擒济，湖阳降。攻舞阴，下之。

【注释】

〔1〕魏书曰：临淯水，祠亡将士，歔欷流涕，黼皆感恸。

【原文】

三年春正月，公还许，初置军师祭酒。三月，公围张绣于穰。夏五月，刘表遣兵救绣，以绝军后。[1]公将引还，绣兵来追，公军不得进，连营稍前。公与荀彧书曰："贼来追吾，虽日行数里，吾策之，到安黼，破绣必矣。"到安黼，绣与表兵合守险，公军前后受敌。公乃夜凿险为地道，悉过辎重，设奇兵。会明，贼谓公为遁也，悉军来追。乃纵奇兵步骑夹攻，大破之。秋七月，公还许。荀彧问公："前以策贼必破，何也?"公曰："虏遏吾归师，而与吾死地战，吾是以知胜矣。"

【注释】

〔1〕献帝春秋曰：袁绍叛卒诣公云："田丰使绍早袭许，若挟天子以令诸侯，四海可指麾而定。"公乃解绣围。

【原文】

吕布复为袁术使高顺攻刘备，公遣夏侯惇救之，不利。备为顺所败。九月，公东征布。冬十月，屠彭城，获其相侯谐。进至下邳，布自将骑逆击。大破之，获其骁将成廉。追至城下，布恐，欲降。陈宫等沮其计，求救于术，劝布出战，战又败，乃还固守，攻之不下。时公连战，士卒罢，欲还，用荀攸、郭嘉计，遂决泗、沂水以灌城。月余，布将宋宪、魏续等执陈宫，举城降，生禽布、宫，皆杀之。太山臧霸、孙观、吴敦、尹礼、昌豨各聚众。布之破刘备也，霸等悉从布。布败，获霸等，公厚纳待，遂割青、徐二州附于海以委焉，分琅邪、东海、北海为城阳、利城、昌虑郡。

初，公为兖州，以东平毕谌为别驾。张邈之叛也，邈劫谌母弟妻子；公谢遣之，曰："卿老母在彼，可去。"谌顿首无二心，公嘉之，为之流涕。既出，遂亡归。及布破，谌生得，众为谌惧，公曰："夫人孝于其亲者，岂不亦忠于君乎！吾所求也。"以为鲁相。〔1〕

【注释】

〔1〕魏书曰：袁绍宿与故太尉杨彪、大长秋梁绍、少府孔融有隙，欲使公以他过诛之。公曰："当今天下土崩瓦解，雄豪并起，辅相君长，人怀怏怏，各有自为之心，此上下相疑之秋也，虽以无嫌待之，犹惧未信；

如有所除，则谁不自危？且夫起布衣，在尘垢之间，为庸人之所陵陷，可胜怨乎！高祖赦雍齿之雠而羣情以安，如何忘之？”绍以为公外托公义，内实离异，深怀怨望。臣松之以为杨彪亦曾为魏武所困，几至于死，孔融竟不免于诛灭，岂所谓先行其言而后从之哉！非知之难，其在行之，信矣。

【原文】

四年春二月，公还至昌邑。张杨将杨丑杀杨，眭固又杀丑，以其衆属袁绍，屯射犬。夏四月，进军临河，使史涣、曹仁渡河击之。固使杨故长史薛洪、河内太守缪尚留守，自将兵北迎绍求救，与涣、仁相遇犬城。交战，大破之，斩固。公遂济河，围射犬。洪、尚率衆降，封为列侯，还军敖仓。以魏种为河内太守，属以河北事。

初，公举种孝廉。兖州叛，公曰：“唯魏种且不弃孤也。”及闻种走，公怒曰：“种不南走越、北走胡，不置汝也！”既下射犬，生禽种，公曰：“唯其才也！”释其缚而用之。

是时袁绍既并公孙瓒，兼四州之地，衆十余万，将进军攻许，诸将以为不可敌，公曰：“吾知绍之为人，志大而智小，色厉而胆薄，忌克而少威，兵多而分画不明，将骄而政令不一，土地虽广，粮食虽丰，适足以为吾奉也。”秋八月，公进军黎阳，使臧霸等入青州破齐、北海、东安，留于禁屯河上。九月，公还许，分兵守官渡。冬十一月，张绣率觽降，封列侯。

十二月，公军官渡。

袁术自败于陈，稍困，袁谭自青州遣迎之。术欲从下邳北过，公遣刘备、朱灵要之。会术病死。程昱、郭嘉闻公遣备，言于公曰："刘备不可纵。"公悔，追之不及。备之未东也，阴与董承等谋反，至下邳，遂杀徐州刺史车胄，举兵屯沛。遣刘岱、王忠击之，不克。[1]

【注释】

〔1〕献帝春秋曰：备谓岱等曰："使汝百人来，其无如我何；曹公自来，未可知耳！"魏武故事曰：岱字公山，沛国人。以司空长史从征伐有功，封列侯。魏略曰：王忠，扶风人，少为亭长。三辅乱，忠饥乏啖人，随辈南向武关。值娄子伯为荆州遣迎北方客人；忠不欲去，因率等仵逆击之，夺其兵，聚觽千余人以归公。拜忠中郎将，从征讨。五官将知忠尝啖人，因从驾出行，令俳取頉间髑髅系着忠马鞍，以为欢笑。

【原文】

庐江太守刘勋率觽降，封为列侯。

五年春正月，董承等谋泄，皆伏诛。公将自东征备，诸将皆曰："与公争天下者，袁绍也。

今绍方来而弃之东，绍乘人后，若何？"公曰："夫刘备，人杰也，今不击，必为后患。[1]袁绍虽有大志，而见事迟，必不动也。”郭嘉亦劝公，遂东击备，破之，生禽其将夏侯博。

备走奔绍，获其妻子。备将关羽屯下邳，复进攻之，羽降。昌豨叛为备，又攻破之。公还官渡，绍卒不出。

【注释】

〔1〕孙盛魏氏春秋云：答诸将曰：“刘备，人杰也，将生忧寡人。”

【原文】

臣松之以为史之记言，既多润色，故前载所述有非实者矣，后之作者又生意改之，于失实也，不亦弥远乎！凡孙盛制书，多用左氏以易旧文，如此者非一。嗟乎，后之学者将何取信哉？

且魏武方以天下励志，而用夫差分死之言，尤非其类。

二月，绍遣郭图、淳于琼、颜良攻东郡太守刘延于白马，绍引兵至黎阳，将渡河。夏四月，公北救延。荀攸说公曰：“今兵少不敌，分其势乃可。公到延津，若将渡兵向其后者，绍必西应之，然后轻兵袭白马，掩其不备，颜良可禽也。”公从之。绍闻兵渡，即分兵西应之。

公乃引军兼行趣白马，未至十余里，良大惊，来逆战。使张辽、关羽前登，击破，斩良。遂解白马围，徙其民，循河而西。绍于是渡河追公军，至延津南。公勒兵驻营南阪下，使登垒望之，曰；“可五六百骑。”有顷，复白：“骑稍多，步兵不可胜数。”公曰：“勿复白。”

乃令骑解鞍放马。是时，白马辎重就道。诸将以为敌骑多，不如还保营。荀攸曰：“此所以饵敌，如何去之！”绍骑将文丑与刘备将五六千骑前后至。诸将复白：“可上马。”公曰：“未也。”有顷，骑至稍多，或分趣辎重。公曰：“可矣。”乃皆上马。时骑不满六百，遂纵兵击，大破之，斩丑。良、丑皆绍名将也，再战，悉禽，绍军大震。公还军官渡。绍进保阳武。

关羽亡归刘备。

八月，绍连营稍前，依沙为屯，东西数十里。公亦分营与相当，合战不利。〔1〕时公兵不满万，伤者十二三。〔2〕绍复进临官渡，起土山地道。公亦于内作之，以相应。绍射营中，矢如雨下，行者皆蒙楯，觽大惧。时公粮少，与荀彧书，议欲还许。彧以为“绍悉觽聚官渡，欲与公决胜败。公以至弱当至强，若不能制，必为所乘，是天下之大机也。且绍，布衣之雄耳，能聚人而不能用。夫以公之神武明哲而辅以大顺，何向而不济！”公从之。

【注释】

〔1〕羽凿齿汉晋春秋曰：许攸说绍曰：“公无与操相攻也。急分诸军持之，而径从他道迎天子，则事立济

矣。”绍不从，曰：“吾要当先围取之。”攸怒。

〔2〕臣松之以为魏武初起兵，已有觽五千，自后百战百胜，败者十二三而已矣。但一破黄巾，受降卒三十余万，余所吞并，不可悉纪；虽征战损伤，未应如此之少也。夫结营相守，异于摧锋决战。本纪云：“绍觽十余万，屯营东西数十里。”魏太祖虽机变无方，略不世出，安有以数千之兵，而得逾时相抗者哉？以理而言，窃谓不然。绍为屯数十里，公能分营与相当，此兵不得甚少，一也。绍若有十倍之觽，理应当悉力围守，使出入断绝，而公使徐晃等击其运车，公又自出击淳于琼等，扬旌往还，曾无抵阂，明绍力不能制，是不得甚少，二也。

【原文】

诸书皆云公坑绍觽八万，或云七万。夫八万人奔散，非八千人所能缚，而绍之大觽皆拱手就戮，何缘力能制之？是不得甚少，三也。将记述者欲以少见奇，非其实录也。按钟繇传云：

“公与绍相持，繇为司隶，送马二千余匹以给军。”本纪及世语并云公时有骑六百余匹，繇马为安在哉？

孙策闻公与绍相持，乃谋袭许，未发，为刺客所杀。

汝南降贼刘辟等叛应绍，略许下。绍使刘备助辟，公使曹仁击破之。备走，遂破辟屯。

袁绍运谷车数千乘至，公用荀攸计，遣徐晃、史涣邀击，大破之，尽烧其车。公与绍相拒连月，虽比战斩将，然觿少粮尽，士卒疲乏。公谓运者曰："却十五日为汝破绍，不复劳汝矣。"

冬十月，绍遣车运谷，使淳于琼等五人将兵万余人送之，宿绍营北四十里。绍谋臣许攸贪财，绍不能足，来奔，因说公击琼等。左右疑之，荀攸、贾诩劝公。公乃留曹洪守，自将步骑五千人夜往，会明至。琼等望见公兵少，出陈门外。公急击之，琼退保营，遂攻之。绍遣骑救琼。左右或言"贼骑稍近，请分兵拒之"。公怒曰："贼在背后，乃白！"士卒皆殊死战，大破琼等，皆斩之。〔1〕绍初闻公之击琼，谓长子谭曰："就彼攻琼等，吾攻拔其营，彼固无所归矣！"乃使张合、高览攻曹洪。合等闻琼破，遂来降。绍觿大溃，绍及谭弃军走，渡河。

追之不及，尽收其辎重图书珍宝，虏其觿。〔2〕公收绍书中，得许下及军中人书，皆焚之。〔3〕冀州诸郡多举城邑降者。

【注释】

〔1〕曹瞒传曰：公闻攸来，跣出迎之，抚掌笑曰："（子卿远）子远，卿来，吾事济矣！"既入坐，谓公曰："袁氏军盛，何以待之？今有几粮乎？"公曰："尚可支一岁。"攸曰："无是，更言之！"又曰："可支半岁。"攸曰："足下不欲破袁氏邪，何言之不实也！"

公曰："向言戏之耳。其实可一月，为之柰何？"攸曰："公孤军独守，外无救援而粮谷已尽，此危急之日也。今袁氏辎重有万余乘，在故市、乌巢，屯军无严备；今以轻兵袭之，不意而至，燔其积聚，不过三日，袁氏自败也。"公大喜，乃选精锐步骑，皆用袁军旗帜，衔枚缚马口，夜从间道出，人抱束薪，所历道有问者，语之曰："袁公恐曹操钞略后军，遣兵以益备。"闻者信以为然，皆自若。既至，围屯，大放火，营中惊乱。

大破之，尽燔其粮谷宝货，斩督将眭元进、骑督韩莒子、吕威璜、赵叡等首，割得将军淳于仲简鼻，未死，杀士卒千余人，皆取鼻，牛马割唇舌，以示绍军。将士皆怛惧。时有夜得仲简，将以诣麾下，公谓曰："何为如是？"仲简曰："胜负自天，何用为问乎！"公意欲不杀。

许攸曰："明旦鉴于镜，此益不忘人。"乃杀之。

〔2〕献帝起居注曰：公上言"大将军邺侯袁绍前与冀州牧韩馥立故大司马刘虞，刻作金玺，遣故任长毕瑜诣虞，为说命录之数。又绍与臣书云：'可都鄄城，当有所立。'擅铸金银印，孝廉计吏，皆往诣绍。从弟济阴太守与绍书云：'今海内丧败，天意实在我家，神应有征，当在尊兄。南兄臣下欲使即位，南兄言，以年则北兄长，以位则北兄重。便欲送玺，会曹操断道。'绍宗族累世受国重恩，而凶逆无道，乃至于此。辄勒兵马，与战官渡，乘圣朝之威，得斩绍大将淳于琼等八人首，遂大破溃。绍与子谭轻身迸走。凡斩首七万余级，辎重财物巨亿。"

〔3〕魏氏春秋曰：公云："当绍之强，孤犹不能自保，而况鱅人乎！"

初，桓帝时有黄星见于楚、宋之分，辽东殷馗馗，古逵字，见三苍。善天文，言后五十岁当有真人起于梁、沛之间，其锋不可当。至是凡五十年，而公破绍，天下莫敌矣。

【原文】

六年夏四月，扬兵河上，击绍仓亭军，破之。绍归，复收散卒，攻定诸叛郡县。九月，公还许。绍之未破也，使刘备略汝南，汝南贼共都等应之。遣蔡扬击都，不利，为都所破。公南征备。备闻公自行，走奔刘表，都等皆散。

七年春正月，公军谯，令曰："吾起义兵，为天下除暴乱。旧土人民，死丧略尽，国中终日行，不见所识，使吾凄怆伤怀。其举义兵已来，将士绝无后者，求其亲戚以后之，授土田，官给耕牛，置学师以教之。为存者立庙，使祀其先人，魂而有灵，吾百年之后何恨哉！"遂至浚仪，治睢阳渠，遣使以太牢祀桥玄。〔1〕进军官渡。

【注释】

〔1〕褒赏令载公祀文曰："故太尉桥公，诞敷明德，泛爱博容。国念明训，士思令谟。灵幽体翳，邈哉晞矣！吾以幼年，逮升堂室，特以顽鄙之姿，为大君子所

纳。增荣益观，皆由奖助，犹仲尼称不如颜渊，李生之厚叹贾复。士死知己，怀此无忘。又承从容约誓之言：‘殂逝之后，路有经由，不以斗酒只鸡过相沃酹，车过三步，腹痛勿怪！’虽临时戏笑之言，非至亲之笃好，胡肯为此辞乎？匪谓灵忿，能诒己疾，怀旧惟顾，念之凄怆。奉命东征，屯次乡里，北望贵土，乃心陵墓。裁致薄奠，公其尚飨！”

【原文】

绍自军破后，发病欧血，夏五月死。小子尚代，谭自号车骑将军，屯黎阳。秋九月，公征之，连战。谭、尚数败退，固守。

八年春三月，攻其郭，乃出战，击，大破之，谭、尚夜遁。夏四月，进军邺。五月还许，留贾信屯黎阳。

己酉，令曰：“司马法‘将军死绥’，〔1〕故赵括之母，乞不坐括。是古之将者，军破于外，而家受罪于内也。自命将征行，但赏功而不罚罪，非国典也。其令诸将出征，败军者抵罪，失利者免官爵。”〔2〕

【注释】

〔1〕魏书曰：绥，却也。有前一尺，无却一寸。

〔2〕魏书载庚申令曰：“议者或以军吏虽有功能，德行不足堪任郡国之选，所谓‘可与适道，未可与权’。管仲曰：‘使贤者食于能则上尊，士食于功则卒轻于死，

二者设于国则天下治。’未闻无能之人，不之士，并受禄赏，而可以立功兴国者也。故明君不官无功之臣，不赏不战之士；治平尚德行，有事赏功能。论者之言，一似管窥虎欤！”

【原文】

秋七月，令曰：“丧乱已来，十有五年，后生者不见仁义礼让之风，吾甚伤之。其令郡国各修文学，县满五百户置校官，选其乡之俊造而教学之，庶几先王之道不废，而有以益于天下。”

八月，公征刘表，军西平。公之去邺而南也，谭、尚争冀州，谭为尚所败，走保平原。尚攻之急，谭遣辛毗乞降请救。诸将皆疑，荀攸劝公许之，[1]公乃引军还。冬十月，到黎阳，为子整与谭结婚。[2]尚闻公北，乃释平原还邺。东平吕旷、吕翔叛尚，屯阳平，率其觽降，封为列侯。[3]

【注释】

〔1〕魏书曰：公云：“我攻吕布，表不为寇，官渡之役，不救袁绍，此自守之贼也，宜为后图。谭、尚狡猾，当乘其乱。纵谭挟诈，不终束手，使我破尚，偏收其地，利自多矣。”

乃许之。

〔2〕臣松之案：绍死至此，过周五月耳。谭虽出后

其伯，不为绍服三年，而于再僖之内以行吉礼，悖矣。魏武或以权宜与之约言；今云结婚，未必便以此年成礼。

〔3〕魏书曰：谭之围解，阴以将军印绶假旷。旷受印送之，公曰："我固知谭之有小计也。

【原文】

欲使我攻尚，得以其闲略民聚觽，尚之破，可得自强以乘我弊也。尚破我盛，何弊之乘乎？"

九年春正月，济河，遏淇水入白沟以通粮道。二月，尚复攻谭，留苏由、审配守邺。公进军到洹水，由降。既至，攻邺，为土山、地道。武安长尹楷屯毛城，通上党粮道。夏四月，留曹洪攻邺，公自将击楷，破之而还。尚将沮鹄守邯郸，〔1〕又击拔之。易阳令韩范、涉长梁岐举县降，赐爵关内侯。五月，毁土山、地道，作围壍，决漳水灌城；城中饿死者过半。秋七月，尚还救邺，诸将皆以为"此归师，人自为战，不如避之"。公曰："尚从大道来，当避之；若循西山来者，此成禽耳。"尚果循西山来，临滏水为营。〔2〕夜遣兵犯围，公逆击破走之，遂围其营。未合，尚惧，遣故豫州刺史阴夔及陈琳乞降，公不许，为围益急。尚夜遁，保祁山，追击之。其将马延、张顗等临陈降，觽大溃，尚走中山。尽获其辎重，得尚印绶节钺，使尚降人示其家，城中崩沮。八月，审配兄子荣夜开所守城东门内兵。配逆战，败，生禽配，斩之，邺定。公临祀绍墓，哭之流涕；慰劳绍妻，还其家人宝物，赐杂缯絮，廪食之。[3]

【注释】

〔1〕沮音菹，河朔闲今犹有此姓。鹄，沮授子也。

〔2〕曹瞒传曰：遣候者数部前后参之，皆曰“定从西道，已在邯郸”。公大喜，会诸将曰：

“孤已得冀州，诸君知之乎？”皆曰：“不知。”公曰：“诸君方见不久也。”

〔3〕孙盛云：昔者先王之为诛赏也，将以惩恶劝善，永彰鉴戒。绍因世艰危，遂怀逆谋，上议神器，下干国纪。荐社污宅，古之制也，而乃尽哀于逆臣之頋，加恩于饕餮之室，为政之道，于斯踬矣。夫匿怨友人，前哲所耻，税骖旧馆，义无虚涕，苟道乖好绝，何哭之有！昔汉高失之于项氏，魏武遵谬于此举，岂非百虑之一失也。

【原文】

初，绍与公共起兵，绍问公曰：“若事不辑，则方面何所可据？”公曰：“足下意以为何如？”

绍曰：“吾南据河，北阻燕、代，兼戎狄之觿，南向以争天下，庶可以济乎？”公曰：“吾任天下之智力，以道御之，无所不可。”[1]

【注释】

〔1〕傅子曰：太祖又云："汤、武之王，岂同土哉？若以险固为资，则不能应机而变化也。"

【原文】

九月，令曰："河北罹袁氏之难，其令无出今年租赋！"重豪强兼并之法，百姓喜悦。[1]天子以公领冀州牧，公让还兖州。

【注释】

〔1〕魏书载公令曰："有国有家者，不患寡而患不均，不患贫而患不安。袁氏之治也，使豪强擅恣，亲戚兼并；下民贫弱，代出租赋，衒鬻家财，不足应命；审配宗族，至乃藏匿罪人，为逋逃主。欲望百姓亲附，甲兵强盛，岂可得邪！其收田租亩四升，户出绢二匹、绵二斤而已，他不得擅兴发。郡国守相明检察之，无令强民有所隐藏，而弱民兼赋也。"

【原文】

公之围邺也，谭略取甘陵、安平、勃海、河间。尚败，还中山。谭攻之，尚奔故安，遂并其觽。公遗谭书，责以负约，与之绝婚，女还，然后进军。谭惧，拔平原，走保南皮。十二月，公入平原，略定诸县。

十年春正月，攻谭，破之，斩谭，诛其妻子，冀州平。[1]下令曰："其与袁氏同恶者，与之更始。"令民不得复私雠，禁厚葬，皆一之于法。是月，袁熙大将焦触、张南等叛攻熙、尚，熙、尚奔三郡乌丸。触等举其县降，封为列侯。初讨谭时，民亡椎冰，[2]令不得降。

顷之，亡民有诣门首者，公谓曰："听汝则违令，杀汝则诛首，归深自藏，无为吏所获。"

民垂泣而去；后竟捕得。

【注释】

〔1〕魏书曰：公攻谭，旦及日中不决；公乃自执桴鼓，士卒咸奋，应时破陷。

〔2〕臣松之以为讨谭时，川渠水冻，使民椎冰以通船，民惮役而亡。

【原文】

夏四月，黑山贼张燕率其觿十余万降，封为列侯。故安赵犊、霍奴等杀幽州刺史、涿郡太守。

三郡乌丸攻鲜于辅于犷平。[1]秋八月，公征之，斩犊等，乃渡潞河救犷平，乌丸奔走出塞。

【注释】

〔1〕续汉书郡国志曰：犷平，县名，属渔阳郡。

【原文】

九月，令曰："阿党比周，先圣所疾也。闻冀州俗，父子异部，更相毁誉。昔直不疑无兄，世人谓之盗嫂；第五伯鱼三娶孤女，谓之挝妇翁；王凤擅权，谷永比之申伯，王商忠议，张匡谓之左道：此皆以白为黑，欺天罔君者也。吾欲整齐风俗，四者不除，吾以为羞。"冬十月，公还邺。

初，袁绍以甥高干领并州牧，公之拔邺，干降，遂以为刺史。干闻公讨乌丸，乃以州叛，执上党太守，举兵守壶关口。遣乐进、李典击之，干还守壶关城。十一年春正月，公征干。干闻之，乃留其别将守城，走入匈奴，求救于单于，单于不受。公围壶关三月，拔之。干遂走荆州，上洛都尉王琰捕斩之。

【原文】

秋八月，公东征海贼管承，至淳于，遣乐进、李典击破之，承走入海岛。割东海之襄贲、郯、戚以益琅邪，省昌虑郡。〔1〕

【注释】

〔1〕魏书载十月乙亥令曰："夫治世御觿，建立辅弼，诫在面从，诗称'听用我谋，庶无大悔'，斯实君臣恳恳之求也。吾充重任，每惧失中，频年已来，不闻

嘉谋，岂吾开延不勤之咎邪？自今以后，诸掾属治中、别驾，常以月旦各言其失，吾将览焉。”

【原文】

三郡乌丸承天下乱，破幽州，略有汉民合十余万户。袁绍皆立其酋豪为单于，以家人子为己女，妻焉。辽西单于蹋顿尤强，为绍所厚，故尚兄弟归之，数入塞为害。公将征之，凿渠，自呼扨入泒水，泒音孤。名平虏渠；又从泃河口泃音句。凿入潞河，名泉州渠，以通海。

十二月春二月，公自淳于还邺。丁酉，令曰：“吾起义兵诛暴乱，于今十九年，所征必克，岂吾功哉？乃贤士大夫之力也。天下虽未悉定，吾当要与贤士大夫共定之；而专飨其劳，吾何以安焉！其促定功行封。”于是大封功臣二十余人，皆为列侯，其余各以次受封，及复死事之孤，轻重各有差。〔1〕

【注释】

〔1〕魏书载公令曰：“昔赵奢、窦婴之为将也，受赐千金，一朝散之，故能济成大功，永世流声。吾读其文，未尝不慕其为人也。与诸将士大夫共从戎事，幸赖贤人不爱其谋，羣士不遗其力，是夷险平乱，而吾得窃大赏，户邑三万。追思窦婴散金之义，今分所受租与诸将掾属及故戍于陈、蔡者，庶以畴答觽劳，不擅大惠也。宜差死事之孤，以租谷及之。若年殷用足，租奉毕

入，将大与觿人悉共飨之。”

【原文】

将北征三郡乌丸，诸将皆曰：“袁尚，亡虏耳，夷狄贪而无亲，岂能为尚用？今深入征之，刘备必说刘表以袭许。万一为变，事不可悔。”惟郭嘉策表必不能任备，劝公行。夏五用，至无终。秋七月，大水，傍海道不通，田畴请为乡导，公从之。引军出卢龙塞，塞外道绝不通，乃堑山堙谷五百余里，经白檀，历平冈，涉鲜卑庭，东指柳城。未至二百里，虏乃知之。

尚、熙与蹋顿、辽西单于楼班、右北平单于能臣抵之等将数万骑逆军。八月，登白狼山，卒与虏遇，觿甚盛。公车重在后，被甲者少，左右皆惧。公登高，望虏陈不整，乃纵兵击之，使张辽为先锋，虏觿大崩，斩蹋顿及名王已下，胡、汉降者二十余万口。辽东单于速仆丸及辽西、北平诸豪，弃其种人，与尚、熙奔辽东，觿尚有数千骑。初，辽东太守公孙康恃远不服。及公破乌丸，或说公遂征之，尚兄弟可禽也。公曰：“吾方使康斩送尚、熙首，不烦兵矣。”九月，公引兵自柳城还，[1]康即斩尚、熙及速仆丸等，传其首。诸将或问：“公还而康斩送尚、熙，何也？”公曰：“彼素畏尚等，吾急之则并力，缓之则自相图，其势然也。”十一月至易水，代郡乌丸行单于普富卢、上郡乌丸行单于那楼将其名王来贺。

【注释】

〔1〕曹瞒传曰：时寒且旱，二百里无复水，军又乏食，杀马数千匹以为粮，凿地入三十余丈乃得水。既还，科问前谏者，觽莫知其故，人人皆惧。公皆厚赏之，曰："孤前行，乘危以徼幸，虽得之，天所佐也，故不可以为常。诸君之谏，万安之计，是以相赏，后勿难言之。"

【原文】

十三年春正月，公还邺，作玄武池以肄舟师。〔1〕汉罢三公官，置丞相、御史大夫。夏六月，以公为丞相。〔2〕

【注释】

〔1〕肄，以四反。三苍曰："肄，习也。"

〔2〕献帝起居注曰：使太常徐璆即授印绶。御史大夫不领中丞，置长史一人。先贤行状曰：

璆字（孟平）孟玉，广陵人。少履清爽，立朝正色。历任城、汝南、东海三郡，所在化行。被征当还，为袁术所劫。术僭号，欲授以上公之位，璆终不为屈。术死后，璆得术玺，致之汉朝，拜籓尉太常；公为丞相，以位让璆焉。

【原文】

秋七月，公南征刘表。八月，表卒，其子琮代，屯襄阳，刘备屯樊。九月，公到新野，琮遂降，备走夏口。公进军江陵，下令荆州吏民，与之更始。乃论荆州服从之功，侯者十五人，以刘表大将文聘为江夏太守，使统本兵，引用荆州名士韩嵩、邓义等。〔1〕益州牧刘璋始受征役，遣兵给军。十二月，孙权为备攻合肥。公自江陵征备，至巴丘，遣张救合肥。权闻至，乃走。公至赤壁，与备战，不利。于是大疫，吏士多死者，乃引军还。备遂有荆州、江南诸郡。〔2〕

【注释】

〔1〕虪恒四体书势序曰：上谷王次仲善隶书，始为楷法。至灵帝好书，世多能者。而师宜官为最，甚矜其能，每书，辄削焚其札。梁鹄乃益为版而饮之酒，候其醉而窃其札，鹄卒以攻书至选部尚书。于是公欲为洛阳令，鹄以为北部尉。鹄后依刘表。及荆州平，公募求鹄，鹄惧，自缚诣门，署军假司马，使在秘书，以（勤）勒书自效。公尝悬着帐中，及以钉壁玩之，谓胜宜官。鹄字孟黄，安定人。魏宫殿题署，皆鹄书也。皇甫谧逸士传曰：汝南王儁，字子文，少为范滂、许章所识，与南阳岑晊善。公之为布衣，特爱儁；儁亦称公有治世之具。及袁绍与弟术丧母，归葬汝南，儁与公会之，会者三万人。公于外密语儁曰："天下将乱，为乱魁者必此二人也。欲济天下，为百姓请命，不先诛此二子，乱今作矣。"儁曰：

“如卿之言，济天下者，舍卿复谁？”相对而笑。鋡为人外静而内明，不应州郡三府之命。

公车征，不到，避地居武陵，归鋡者一百余家。帝之都许，复征为尚书，又不就。刘表见绍强，阴与绍通，鋡谓表曰：“曹公，天下之雄也，必能兴霸道，继桓、文之功者也。今乃释近而就远，如有一朝之急，遥望漠北之救，不亦难乎！”表不从。鋡年六十四，以寿终于武陵，公闻而哀伤。及平荆州，自临江迎丧，改葬于江陵，表为先贤也。

〔2〕山阳公载记曰：公船舰为备所烧，引军从华容道步归，遇泥泞，道不通，天又大风，悉使羸兵负草填之，骑乃得过。羸兵为人马所蹈藉，陷泥中，死者甚艞。军既得出，公大喜，诸将问之，公曰：“刘备，吾俦也。但得计少晚；向使早放火，吾徒无类矣。”备寻亦放火而无所及。孙盛异同评曰：按吴志，刘备先破公军，然后权攻合肥，而此记云权先攻合肥，后有赤壁之事。二者不同，吴志为是。

【原文】

十四年春三月，军至谯，作轻舟，治水军。秋七月，自涡入淮，出肥水，军合肥。辛未，令曰：“自顷已来，军数征行，或遇疫气，吏士死亡不归，家室怨旷，百姓流离，而仁者岂乐之哉？不得已也。其令死者家无基业不能自存者，县官勿绝廪，长吏存恤抚循，以称吾意。”

置扬州郡县长吏，开芍陂屯田。十二月，军还谯。

十五年春，下令曰："自古受命及中兴之君，曷尝不得贤人君子与之共治天下者乎！及其得贤也，曾不出闾巷，岂幸相遇哉？上之人不求之耳。今天下尚未定，此特求贤之急时也。'孟公绰为赵、魏老则优，不可以为滕、薛大夫'。若必廉士而后可用，则齐桓其何以霸世！今天下得无有被褐怀玉而钓于渭滨者乎？又得无盗嫂受金而未遇无知者乎？二三子其佐我明扬仄陋，唯才是举，吾得而用之。"冬，作铜雀台。[1]

【注释】

〔1〕魏武故事载公十二月己亥令曰："孤始举孝廉，年少，自以本非岩穴知名之士，恐为海内人之所见凡愚，欲为一郡守，好作政教，以建立名誉，使世士明知之；故在济南，始除残去秽，平心选举，违迕诸常侍。以为强豪所忿，恐致家祸，故以病还。去官之后，年纪尚少，顾视同岁中，年有五十，未名为老，内自图之，从此却去二十年，待天下清，乃与同岁中始举者等耳。故以四时归乡里，于谯东五十里筑精舍，欲秋夏读书，冬春射猎，求底下之地，欲以泥水自蔽，绝宾客往来之望，然不能得如意。后征为都尉，迁典军校尉，意遂更欲为国家讨贼立功，欲望封侯作征西将军，然后题墓道言'汉故征西将军曹侯之墓'，此其志也。而遭值董卓之难，兴举义兵。是时合兵能多得耳，然常自损，不欲

多之；所以然者，多兵意盛，与强敌争，倘更为祸始。故汴水之战数千，后还到扬州更募，亦复不过三千人，此其本志有限也。后领兖州，破降黄巾三十万觿。又袁术僭号于九江，下皆称臣，名门曰建号门，衣被皆为天子之制，两妇预争为皇后。志计已定，人有劝术使遂即帝位，露布天下，答言‘曹公尚在，未可也’。后孤讨禽其四将，获其人觿，遂使术穷亡解沮，发病而死。及至袁绍据河北，兵势强盛，孤自度势，实不敌之，但计投死为国，以义灭身，足垂于后。幸而破绍，枭其二子。又刘表自以为宗室，包藏奸心，乍前乍却，以观世事，据有当州，孤复定之，遂平天下。身为宰相，人臣之贵已极，意望已过矣。

【原文】

今孤言此，若为自大，欲人言尽，故无讳耳。设使国家无有孤，不知当几人称帝，几人称王。

或者人见孤强盛，又性不信天命之事，恐私心相评，言有不逊之志，妄相忖度，每用耿耿。

齐桓、晋文所以垂称至今日者，以其兵势广大，犹能奉事周室也。论语云‘三分天下有其二，以服事殷，周之德可谓至德矣’，夫能以大事小也。昔乐毅走赵，赵王欲与之图燕，乐毅伏而垂泣，对曰：‘臣事昭王，犹事天王；臣若获戾，放在他国，没世然后已，不忍谋赵之徒隶，况燕后嗣乎！’胡亥之杀蒙恬也，恬曰：‘自吾先人及至子孙，积信于秦三世矣；今臣将兵三十余万，其势足以背叛，然自知必死而守义者，不敢辱先人之教以忘先王也。’孤每读此二人书，未尝不怆然流涕也。孤祖父以至孤身，皆当亲重之任，可谓见信者矣，以及（子植）子桓兄弟，过于三世矣。孤非徒对诸君说此也，常以语妻妾，皆令深知此意。孤谓之言：‘顾我万年之后，汝曹皆当出嫁，欲令传道我心，使他人皆知之。’孤此言皆肝鬲之要也。所以勤勤恳恳心腹者，见周公有金縢之书以自明，恐人不信之故。然欲孤便尔委捐所典兵觿以还执事，归就武平侯国，实不可也。何者？诚恐已离兵为人所祸也。既为子孙计，又己败则国家倾危，是以不得慕虚名而处实祸，此所不得为也。前朝恩封三子为侯，固辞不受，今更欲受之，非欲复以为荣，欲以为外援，为万安计。孤闻介推之避晋封。申胥之逃楚赏，未尝不舍书而叹，有以自省也。奉国威灵，仗钺征伐，推弱以克强，处小而禽大，意之所图，动无违事，心之所虑，何向不济，遂荡平天下，不辱主命，可谓天助汉室，非人力也。然封兼四县，食户三万，何德堪之！江湖未静，不可让位；至于邑土，可得而辞。今上还阳夏、柘、苦三县户二万，但食武平万户，且以分损谤议，少减孤之责也。”

十六年春正月，[1]天子命公世子丕为五官中郎将，置官属，为丞相副。太原商曜等以大陵叛，遣夏侯渊、徐晃围破之。张鲁据汉中，三月，遣钟繇讨之。公使渊等出河东与繇会。

【注释】

〔1〕魏书曰：庚辰，天子报：减户五千，分所让三县万五千封三子，植为平原侯，据为范阳侯，豹为饶阳侯，食邑各五千户。

【原文】

是时关中诸将疑繇欲自袭，马超遂与韩遂、杨秋、李堪、成宜等叛。遣曹仁讨之。超等屯潼关，公敕诸将："关西兵精悍，坚壁勿与战。"秋七月，公西征，〔1〕与超等夹关而军。公急持之，而潜遣徐晃、朱灵等夜渡蒲阪津，据河西为营。公自潼关北渡，未济，超赴船急战。

校尉丁斐因放牛马以饵贼，贼乱取牛马，公乃得渡，〔2〕循河为甬道而南。贼退，拒渭口，公乃多设疑兵，潜以舟载兵入渭，为浮桥，夜，分兵结营于渭南。贼夜攻营，伏兵击破之。

超等屯渭南，遣信求割河以西请和，公不许。九月，进军渡渭。〔3〕超等数挑战，又不许；

固请割地，求送任子，公用贾诩计，伪许之。韩遂请与公相见，公与遂父同岁孝廉，又与遂同时侪辈，于是交马语移时，不及军事，但说京都旧故，拊手欢笑。既罢，超等问遂："公何言？"

遂曰："无所言也。"超等疑之。[4]他日，公又与遂书，多所点窜，如遂改定者；超等愈疑遂。公乃与克日会战，先以轻兵挑之，战良久，乃纵虎骑夹击，大破之，斩成宜、李堪等。

遂、超等走凉州，杨秋奔安定，关中平。诸将或问公曰："初，贼守潼关，渭北道缺，不从河东击冯翊而反守潼关，引日而后北渡，何也？"公曰："贼守潼关，若吾入河东，贼必引守诸津，则西河未可渡，吾故盛兵向潼关；贼悉觽南守，西河之备虚，故二将得擅取西河；

然后引军北渡，贼不能与吾争西河者，以有二将之军也。连车树栅，为甬道而南，[5]既为不可胜，且以示弱。渡渭为坚垒，虏至不出，所以骄之也；故贼不为营垒而求割地。吾顺言许之，所以从其意，使自安而不为备，因畜士卒之力，一旦击之，所谓疾雷不及掩耳，兵之变化，固非一道也。"始，贼每一部到，公辄有喜色。贼破之后，诸将问其故。公答曰："关中长远，若贼各依险阻，征之，不一二年不可定也。今皆来集，其觽虽多，莫相归服，军无适主，一举可灭，为功差易，吾是以喜。"

【注释】

〔1〕魏书曰：议者多言"关西兵强，习长矛，非精选前锋，则不可以当也"。公谓诸将曰：

"战在我，非在贼也。贼虽习长矛，将使不得以刺，诸君但观之耳。”

〔2〕曹瞒传曰：公将过河，前队适渡，超等奄至，公犹坐胡黙不起。张合等见事急，共引公入船。河水急，比渡，流四五里，超等骑追射之，矢下如雨。诸将见军败，不知公所在，皆惶惧，至见，乃悲喜，或流涕。公大笑曰：“今日几为小贼所困乎！”

〔3〕曹瞒传曰：时公军每渡渭，辄为超骑所冲突，营不得立，地又多沙，不可筑垒。娄子伯说公曰：“今天寒，可起沙为城，以水灌之，可一夜而成。”公从之，乃多作缣囊以运水，夜渡兵作城，比明，城立，由是公军尽得渡渭。或疑于时九月，水未应冻。臣松之按魏书：

公军八月至潼关，闰月北渡河，则其年闰八月也，至此容可大寒邪！

〔4〕魏书曰：公后日复与遂等会语，诸将曰：“公与虏交语，不宜轻脱，可为木行马以为防遏。”公然之。贼将见公，悉于马上拜，秦、胡观者，前后重沓，公笑谓贼曰：“汝欲观曹公邪？亦犹人也，非有四目两口，但多智耳！”胡前后大观。又列铁骑五千为十重陈，精光耀日，贼益震惧。

〔5〕臣松之案：汉高祖二年，与楚战荥阳京、索之间，筑甬道属河以取敖仓粟。应劭曰：

“恐敌钞辎重，故筑垣墙如街巷也。”今魏武不筑垣墙，但连车树栅以扞两面。

【原文】

冬十月，军自长安北征杨秋，围安定。秋降，复其爵位，使留抚其民人。[1]十二月，自安定还，留夏侯渊屯长安。

【注释】

〔1〕魏略曰：杨秋，黄初中迁讨寇将军，位特进，封临泾侯，以寿终。

【原文】

十七年春正月，公还邺。天子命公赞拜不名，入朝不趋，剑履上殿，如萧何故事。马超余鼺梁兴等屯蓝田，使夏侯渊击平之。割河内之荡阴、朝歌、林虑，东郡之卫国、顿丘、东武阳、发干，钜鹿之廮陶、曲周、南和，广平之任城，赵之襄国、邯郸、易阳以益魏郡。

冬十月，公征孙权。

十八年春正月，进军濡须口，攻破权江西营，获权都督公孙阳，乃引军还。诏书并十四州，复为九州。夏四月，至邺。

五月丙申，天子使御史大夫郗虑持节策命公为魏公[1]曰：朕以不德，少遭愍凶，越在西土，迁于唐、鞧。当此之时，若缀旒然，[2]宗庙乏祀，社稷无位；髃凶觊觎，分裂诸夏，率土之民，朕无获焉，即我高祖之命将坠于地。朕用夙兴假寐，震悼于厥心，曰“惟祖惟父，股肱先正，[3]其孰能恤朕躬”？乃诱天衷，诞育丞相，保乂我皇家，弘济于艰难，朕实赖之。今将授君典礼，其敬听朕命。昔者董卓初兴国难，髃后释位以谋王室，[4]君则摄进，首启戎行，此君之忠于本朝也。后及黄巾反易天常，侵我三州，延及平民，君又翦之以宁东夏，此又君之功也。韩暹、杨奉专用威命，君则致讨，克黜其难，遂迁许都，造我京畿，设官兆祀，不失旧物，天地鬼神于是获乂，此又君之功也。袁术僭逆，肆于淮南，慑惮君灵，用丕显谋，蕲阳之役，桥蕤授首，棱威南迈，术以陨溃，此又君之功也。回戈东征，吕布就戮，乘辕将返，张杨殂毙，眭固伏罪，张绣稽服，此又君之功也。袁绍逆乱天常，谋危社稷，凭恃其觽，称兵内侮，当此之时，王师寡弱，天下寒心，莫有固志，君执大节，精贯白日，奋其武怒，运其神策，致届官渡，大歼丑类，[5]俾我国家拯于危坠，此又君之功也。济师洪河，拓定四州，袁谭、高干，咸枭其首，海盗奔迸，黑山顺轨，此又君之功也。乌丸三种，崇乱二世，袁尚因之，逼据塞北，束马县车，一征而灭，此又君之功也。刘表背诞，不供贡职，王师首路，威风先逝，百城八郡，交臂屈膝，此又君之功也。马超、成宜，同恶相济，滨据河、潼，求逞所欲，殄之渭南，献馘万计，遂定边境，抚和戎狄，此又君之功也。鲜卑、丁零，重译而至，（单于）箄于、白屋，请吏率职，此又君之功也。君有定天下之功，重之以明德，班海内，宣美风俗，旁施勤教，恤慎刑狱，吏无苛政，民无怀慝；敦崇帝族，表继绝世，旧德前功，罔不咸秩；虽伊尹格于皇天，周公光于四海，方之蔑如也。

朕闻先王并建明德，胙之以土，分之以民，崇其宠章，备其礼物，所以藩翰王室，左右厥世也。

其在周成，管、蔡不静，惩难念功，乃使邵康公赐齐太公履，东至于海，西至于河，南至于穆陵，北至于无棣，五侯九伯，实得征之，世祚太师，以表东海；爰及襄王，亦有楚人不供王职，又命晋文登为侯伯，锡以二辂、虎贲、𫓧钺、秬鬯、弓矢，大启南阳，世作盟主。故周室之不坏，繄二国是赖。今君称丕显德，明保朕躬，奉答天命，导扬弘烈，缓爰九域，莫不率俾，〔6〕功高于伊、周，而赏卑于齐、晋，朕甚恧焉。朕以眇眇之身，托于兆民之上，永思厥艰，若涉渊冰，非君攸济，朕无任焉。今以冀州之河东、河内、魏郡、赵国、中山、常山、钜鹿、安平、甘陵、平原凡十郡，封君为魏公。锡君玄土，苴以白茅；爰契尔龟，用建頉社。昔在周室，毕公、毛公入为卿佐，周、邵师保出为二伯，外内之任，君实宜之，其以丞相领冀州牧如故。又加君九锡，其敬听朕命。以君经纬礼律，为民轨仪，使安职业，无或迁志，是用锡君大辂、戎辂各一，玄牡二驷。君劝分务本，穑人昏作，〔7〕粟帛滞积，大业惟兴，是用锡君衮冕之服，赤舄副焉。君敦尚谦让，俾民兴行，少长有礼，上下咸和，是用锡君轩县之乐，六佾之舞。君翼宣风化，爰发四方，远人革面，华夏充实，是用锡君朱户以居。君研其明哲，思帝所难，官才任贤，髃善必举，是用锡君纳陛以登。君秉国之钧，正色处中，纤毫之恶，靡不抑退，是用锡君虎贲之士三百人。君纠虔天刑，章厥有罪，[8]犯关干纪，莫不诛殛，是用锡君鈇钺各一。君龙骧虎视，旁眺八维，掩讨逆节，折冲四海，是用锡君彤弓一，彤矢百，玈弓十，玈矢千。君以温恭为基，孝友为德，明允笃诚，感于朕思，是用锡君秬鬯一卣，珪瓒副焉。魏国置丞相已下髃卿百寮，皆如汉初诸侯王之制。往钦哉，敬服朕命！简恤尔髃，时亮庶功，用终尔显德，对扬我高祖之休命！[9]

【注释】

〔1〕续汉书曰：虑字鸿豫，山阳高平人。少受业于郑玄，建安初为侍中。虞溥江表传曰：

献帝尝特见虑及少府孔融，问融曰："鸿豫何所优长？"融曰："可与适道，未可与权。"虑举笏曰："融昔宰北海，政散民流，其权安在也！"遂与融互相长短，以至不睦。公以书和解之。虑从光禄勋迁为大夫。

〔2〕公羊传曰："君若赘旒然。"何休云："赘犹缀也。旒，旗旒也。以旒譬者，言为下所执持东西也。"

〔3〕文侯之命曰："亦惟先正。"郑玄云："先正，

先臣。谓公卿大夫也。”

〔4〕左氏传曰：“诸侯释位以闲王政。”服虔曰：“言诸侯释其私政而佐王室。”

〔5〕诗曰：“致天之届，于牧之野。”郑玄云：“届，极也。”鸿范曰：“鲧则殛死。”

〔6〕盘庚曰：“绥爰有觿。”郑玄曰：“爰，于也，安隐于其觿也。”君奭曰：“海隅出日，罔不率俾。”率，循也。俾，使也。四海之隅，日出所照，无不循度而可使也。

〔7〕盘庚曰：“堕农自安，不昏作劳。”郑玄云：“昏，勉也。”

〔8〕“纠虔天刑”语出国语，韦昭注曰：“纠，察也。虔，敬也。刑，法也。”

〔9〕后汉尚书左丞潘勖之辞也。勖字符茂，陈留中牟人。魏书载公令曰：“夫受九锡，广开土宇，周公其人也。汉之异姓八王者，与高祖俱起布衣，定王业，其功至大，吾何可比之？”前后三让。于是中军师（王）陆树亭侯荀攸、前军师东武亭侯钟繇、左军师凉茂、右军师毛玠、平虏将军华乡侯刘勋、建武将军清苑亭侯刘若、伏波将军高安侯夏侯惇、扬武将军都亭侯王忠、奋威将军乐乡侯刘展、建忠将军昌乡亭侯鲜于辅、奋武将军安国亭侯程昱、太中大夫都乡侯贾诩、军师祭酒千秋亭侯董昭、都亭侯薛洪、南乡亭侯董蒙、关内侯王粲、傅巽、祭酒王选、袁涣、王朗、张承、任藩、杜袭、中护军国明亭侯曹洪、中领军万岁亭侯韩浩、行骁骑将军

安平亭侯曹仁、领护军将军王图、长史万潜、谢奂、袁霸等劝进曰："自古三代，胙臣以土，受命中兴，封秩辅佐，皆所以褒功赏德，为国藩翰也。往者天下崩乱，群凶豪起，颠越跋扈之险，不可忍言。明公奋身出命以徇其难，诛二袁篡盗之逆，灭黄巾贼乱之类，殄夷首逆，芟拨荒秽，沐浴霜露二十余年，书契已来，未有若此功者。昔周公承文、武之绪，受已成之业，高枕墨笔，拱揖群后，商、奄之勤，不过二年，吕望因三分有二之形，据八百诸侯之势，暂把旄钺，一时指麾，然皆大启土宇，跨州兼国。周公八子，并为侯伯，白牡骍刚，郊祀天地，典策备物，拟则王室，荣章宠盛如此之弘也。逮至汉兴，佐命之臣，张耳、吴芮，其功至薄，亦连城开地，南面称孤。此皆明君达主行之于上，贤臣圣宰受之于下，三代令典，汉帝明制。今比劳则周、吕逸，计功则张、吴微，论制则齐、鲁重，言地则长沙多；然则魏国之封，九锡之荣，况于旧赏，犹怀玉而被褐也。且列侯诸将，幸攀龙骥，得窃微劳，佩紫怀黄，盖以百数，亦将因此传之万世，而明公独辞赏于上，将使其下怀不自安，上违圣朝欢心，下失冠带至望，忘辅弼之大业，信匹夫之细行，攸等所大惧也。"于是公敕外为章，但受魏郡。攸等复曰："伏见魏国初封，圣朝发虑，稽谋群寮，然后策命；而明公久违上指，不即大礼。今既虔奉诏命，副顺群望，又欲辞多当少，让九受一，是犹汉朝之赏不行，而攸等之请未许也。昔齐、鲁之封，奄有东海，疆域井赋，四百万家，基隆业广，易以立功，故能成翼戴之勋，立一匡之绩。今魏国虽有十郡之名，犹减于曲阜，计其户数，不能参半，以藩輶王室，立垣树屏，犹未足也。且圣上览亡秦无辅之祸，惩曩日震荡之艰，托建忠贤，废坠是为，愿明公恭承帝命，无或拒违。”公乃受命。魏略载公上书谢曰：“臣蒙先帝厚恩，致位郎署，受性疲怠，意望毕足，非敢希望高位，庶几显达。会董卓作乱，义当死难，故敢奋身出命，摧锋率觞，遂值千载之运，奉役目下。当二袁炎沸侵侮之际，陛下与臣寒心同忧，顾瞻京师，进受猛敌，常恐君臣俱陷虎口，诚不自意能全首领。赖祖宗灵佑，丑类夷灭，得使微臣窃名其间。陛下加恩，授以上相，封爵宠禄，丰大弘厚，生平之愿，实不望也。口与心计，幸且待罪，保持列侯，遗付子孙，自托圣世，永无忧责。不意陛下乃发盛意，开国备锡，以贶愚臣，地比齐、鲁，礼同藩王，非臣无功所宜膺据。归情上闻，不蒙听许，严诏切至，诚使臣心俯仰逼迫。伏自惟省，列在大臣，命制王室，身非己有，岂敢自私，遂其愚意，亦将黜退，令就初服。今奉疆土，备数藩翰，非敢远期，虑有后世；至于父子相誓终身，灰躯尽命，报塞厚恩。天威在颜，悚惧受诏。”

【原文】

秋七月，始建魏社稷宗庙。天子聘公三女为贵人，少者待年于国。[1]九月，作金虎台，凿渠引漳水入白沟以通

河。冬十月，分魏郡为东西部，置都尉。十一月，初置尚书、侍中、六卿。〔2〕

【注释】

〔1〕献帝起居注曰：使使持节行太常大司农安阳亭侯王邑，赍璧、帛、玄纁、绢五万匹之邺纳聘，介者五人，皆以议郎行大夫事，副介一人。

〔2〕魏氏春秋曰：以荀攸为尚书令，凉茂为仆射，毛玠、崔琰、常林、徐奕、何夔为尚书，王粲、杜袭、卫觊、和洽为侍中。

【原文】

马超在汉阳，复因羌、胡为害，氐王千万叛应超，屯兴国。使夏侯渊讨之。

十九年春正月，始耕籍田。南安赵衢、汉阳尹奉等讨超，枭其妻子，超奔汉中。韩遂徙金城，入氐王千万部，率羌、胡万余骑与夏侯渊战，击，大破之，遂走西平。渊与诸将攻兴国，屠之。省安东、永阳郡。

安定太守丘兴将之官，公戒之曰："羌，胡欲与中国通，自当遣人来，慎勿遣人往。善人难得，必将教羌、胡妄有所请求，因欲以自利；不从便为失异俗意，从之则无益事。"兴至，遣校尉范陵至羌中，陵果教羌，使自请为属国都尉。公曰："吾预知当尔，非圣也，但更事多耳。"〔1〕

【注释】

〔1〕献帝起居注曰：使行太常事大司农安阳亭侯王邑与宗正刘艾，皆持节，介者五人，赍束帛驷马，及给事黄门侍郎、掖庭丞、中常侍二人，迎二贵人于魏公国。二月癸亥，又于魏公宗庙授二贵人印绶。甲子，诣魏公宫延秋门，迎贵人升车。魏遣郎中令、少府、博士、御府乘黄厩令、丞相掾属侍送贵人。癸酉，二贵人至洧仓中，遣侍中丹将冗从虎贲前后骆驿往迎之。乙亥，二贵人入宫，御史大夫、中二千石将大夫、议郎会殿中，魏国二卿及侍中、中郎二人，与汉公卿并升殿宴。

【原文】

三月，天子使魏公位在诸侯王上，改授金玺，赤绂、远游冠。[1]

【注释】

〔1〕献帝起居注曰：使左中郎将杨宣、亭侯裴茂持节、印授之。

【原文】

秋七月，公征孙权。[1]

【注释】

〔1〕九州春秋曰：参军傅干谏曰："治天下之大具有二，文与武也；用武则先威，用文则先德，威德足以相济，而后王道备矣。往者天下大乱，上下失序，明公用武攘之，十平其九。

【原文】

今未承王命者，吴与蜀也，吴有长江之险，蜀有崇山之阻，难以威服，易以德怀。愚以为可且按甲寝兵，息军养士，分土定封，论功行赏，若此则内外之心固，有功者劝，而天下知制矣。然后渐兴学校，以导其善性而长其义节。公神武震于四海，若修文以济之，则普天之下，无思不服矣。今举十万之觽，顿之长江之滨，若贼负固深藏，则士马不能逞其能，奇变无所用其权，则大威有屈而敌心未能服矣。唯明公思虞舜舞干戚之义，全威养德，以道制胜。"公不从，军遂无功。

干字彦材，北地人，终于丞相仓曹属。有子曰玄。

初，陇西宋建自称河首平汉王，聚觽枹罕，改元，置百官，三十余年。遣夏侯渊自兴国讨之。

冬十月，屠枹罕，斩建，凉州平。

公自合肥还。

十一月，汉皇后伏氏坐昔与父故屯骑校尉完书，云帝以董承被诛怨恨公，辞甚丑恶，发闻，后废黜死，兄弟皆伏法。[1]

【注释】

〔1〕曹瞒传曰：公遣华歆勒兵入宫收后，后闭户匿壁中。歆坏户发壁，牵后出。帝时与御史大夫郗虑坐，后被发徒跣过，执帝手曰："不能复相活邪？"帝曰："我亦不自知命在何时也。"帝谓虑曰："郗公，天下宁有是邪！"遂将后杀之，完及宗族死者数百人。

【原文】

十二月，公至孟津。天子命公置旄头，宫殿设钟虡。乙未，令曰："夫有行之士未必能进取，进取之士未必能有行也。陈平岂笃行，苏秦岂守信邪？而陈平定汉业，苏秦济弱燕。由此言之，士有偏短，庸可废乎！有司明思此义，则士无遗滞，官无废业矣。"又曰："夫刑，百姓之命也，而军中典狱者或非其人，而任以三军死生之事，吾甚惧之。其选明达法理者，使持典刑。"于是置理曹掾属。

二十年春正月，天子立公中女为皇后。省云中、定襄、五原、朔方郡，郡置一县领其民，合以为新兴郡。

三月，公西征张鲁，至陈仓，将自武都入氐；氐人塞道，先遣张合、朱灵等攻破之。夏四月，公自陈仓以出散关，至河池。氐王窦茂觽万余人，恃险不服，五月，公攻屠之。西平、金城诸将曲演、蒋石等共斩送韩遂首。[1]秋七月，公至阳平。张鲁使弟韂与将杨昂等据阳平关，横山筑城十余里，攻之不能拔，乃引军还。贼见大军退，其守备解散。公乃密遣解、高祚等乘险夜袭，大破之，斩其将杨任，进攻韂，韂等夜遁，鲁溃奔巴中。公军入南郑，尽得鲁府库珍宝。〔2〕巴、汉皆降。复汉宁郡为汉中；分汉中之安阳、西城为西城郡，置太守；分锡、上庸郡，置都尉。

【注释】

〔1〕典略曰：遂字文约，始与同郡边章俱著名西州。章为督军从事。遂奉计诣京师，何进宿闻其名，特与相见，遂说进使诛诸阉人，进不从，乃求归。会凉州宋扬、北宫玉等反，举章、遂为主，章寻病卒，遂为扬等所劫，不得已，遂阻兵为乱，积三十二年，至是乃死，年七十余矣。刘艾灵帝纪曰：章，一名（元）允。

〔2〕魏书曰：军自武都山行千里，升降险阻，军人劳苦；公于是大飨，莫不忘其劳。

【原文】

八月，孙权围合肥，张辽、李典击破之。

九月，巴七姓夷王朴胡、賨邑侯杜濩举巴夷、賨民来附，〔1〕于是分巴郡，以胡为巴东太守，濩为巴西太守，皆封列侯。天子命公承制封拜诸侯守相。〔2〕

【注释】

〔1〕孙盛曰：朴音浮。濩音户。

〔2〕孔衍汉魏春秋曰：天子以公典任于外，临事之赏，或宜速疾，乃命公得承制封拜诸侯守相，诏曰："夫军之大事，在兹赏罚，劝善惩恶，宜不旋时，故司马法曰'赏不逾日'者，欲民速覩为善之利也。昔在中兴，邓禹入关，承制拜军祭酒李文为河东太守，来歙又承制拜高峻为通路将军，察其本传，皆非先请，明临事刻印也，斯则世祖神明，权达损益，盖所用速示威怀而着鸿勋也。其春秋之义，大夫出疆，有专命之事，苟所以利社稷安国家而已。况君秉任二伯，师尹九有，实征夷夏，军行藩甸之外，失得在于斯须之间，停赏俟诏以滞世务，固非朕之所图也。自今已后，临事所甄，当加宠号者，其便刻印章假授，咸使忠义得相錊励，勿有疑焉。"

【原文】

冬十月，始置名号侯至五大夫，与旧列侯、关内侯凡六等，以赏军功。〔1〕

【注释】

〔1〕魏书曰：置名号侯爵十八级，关中侯爵十七级，皆金印紫绶；又置关内外侯十六级，铜印龟纽墨绶；五大夫十五级，铜印环纽，亦墨绶，皆不食租，与旧列侯关内侯凡六等。臣松之以为今之虚封盖自此始。

【原文】

十一月，鲁自巴中将其余黼降。封鲁及五子皆为列侯。刘备袭刘璋，取益州，遂据巴中；遣张合击之。

十二月，公自南郑还，留夏侯渊屯汉中。[1]

【注释】

[1]是行也，侍中王粲作五言诗以美其事曰："从军有苦乐，但问所从谁。所从神且武，安得久劳师？相公征关右，赫怒振天威，一举灭獯虏，再举服羌夷，西收边地贼，忽若俯拾遗。陈赏越山岳，酒肉踰川坻，军中多饶饫，人马皆溢肥，徒行兼乘还，空出有余资。拓土三千里，往反速如飞，歌舞入邺城，所愿获无违。"

【原文】

二十一年春二月，公还邺。[1]三月壬寅，公亲耕籍田。[2]夏五月，天子进公爵为魏王。

[3]代郡乌丸行单于普富卢与其侯王来朝。天子命王女为公主，食汤沐邑。秋七月，匈奴南单于呼厨泉将其名王来朝，待以客礼，遂留魏，使右贤王去卑监其国。八月，以大理钟繇为相国。[4]

【注释】

[1]魏书曰：辛未，有司以太牢告至，策勋于庙，

甲午始春祠，令曰：“议者以为祠庙上殿当解履。吾受锡命，带剑不解履上殿。今有事于庙而解履，是尊先公而替王命，敬父祖而简君主，故吾不敢解履上殿也。又临祭就洗，以手拟水而不盥。夫盥以洁为敬，未闻拟（向）而不盥之礼，且‘祭神如神在’，故吾亲受水而盥也。又降神礼讫，下阶就幕而立，须奏乐毕竟，似若不（愆）衎烈祖，迟祭（不）速讫也，故吾坐俟乐阕送神乃起也。

受胙纳（神）袖，以授侍中，此为敬恭不终实也，古者亲执祭事，故吾亲纳于（神）袖，终抱而归也。仲尼曰‘虽违觽，吾从下’，诚哉斯言也。”

〔2〕魏书曰：有司奏：“四时讲武于农隙。汉承秦制，三时不讲，唯十月都试车马，幸长水南门，会五营士为八陈进退，名曰乘之。今金革未偃，士民素习，自今已后，可无四时讲武，但以立秋择吉日大朝车骑，号曰治兵，上合礼名，下承汉制。”奏可。

〔3〕献帝传载诏曰：“自古帝王，虽号称相变，爵等不同，至乎褒崇元勋，建立功德，光启氏姓，延于子孙，庶姓之与亲，岂有殊焉。昔我圣祖受命，业肇基，造我区夏，鉴古今之制，通爵等之差，尽封山川以立藩屏，使异姓亲戚，并列土地，据国而王，所以保乂天命，安固万嗣。历世承平，臣主无事。世祖中兴而时有难易，是以旷年数百，无异姓诸侯王之位。

朕以不德，继序弘业，遭率土分崩，羣凶纵毒，自西徂东，辛苦卑约。当此之际，唯恐溺入于难，以羞先帝之圣德。赖皇天之灵，俾君秉义奋身，震迅神武，捍朕于艰难，获保宗庙，华夏遗民，含气之伦，莫不蒙焉。君勤过稷、禹，忠侔伊、周，而掩之以谦让，守之以弥恭，是以往者初开魏国，锡君土宇，惧君之违命，虑君之固辞，故且怀志屈意，封君为上公，欲以钦顺高义，须俟勋绩。韩遂、宋建，南结巴、蜀，群逆合从，图危社稷，君复命将，龙骧虎奋，枭其元首，屠其窟栖。暨至西征，阳平之役，亲擐甲胄，深入险阻，芟夷蝥贼，殄其凶丑，荡定西陲，悬旌万里，声教远振，宁我区夏。盖唐、虞之盛，三后树功，文、武之兴，旦、奭作辅，二祖成业，英豪佐命；夫以圣哲之君，事为己任，犹锡土班瑞以报功臣，岂有如朕寡德，仗君以济，而赏典不丰，将何以答神只慰万方哉？今进君爵为魏王，使使持节行御史大夫、宗正刘艾奉策玺玄土之社，苴以白茅，金虎符第一至第五，竹使符第一至十。君其正王位，以丞相领冀州牧如故。其上魏公玺绶符册。敬服朕命，简恤尔鳞，克绥庶绩，以扬我祖宗之休命。”魏王上书三辞，诏三报不许。又手诏曰：“大圣以功德为高美，以忠和为典训，故业垂名，使百世可希，行道制义，使力行可效，是以勋烈无穷，休光茂着。稷、契载元首之聪明，周、邵因文、武之智用，虽经营庶官，仰叹俯思，其对岂有若君者哉？朕惟古人之功，美之如彼，思君忠勤之绩，茂之如此，是以每将镂符析瑞，陈礼命册，寤寐慨然，自忘守文之不德焉。今君重违朕命，固辞恳切，非所以称朕心而训后世也。其抑志撙节，勿复固辞。”四体书势序曰：梁鹄以公为北部尉。

曹瞒传曰：为尚书右丞司马建公所举。及公为王，召建公到邺，与欢饮，谓建公曰：“孤今日可复作尉否?”建公曰：“昔举大王时，适可作尉耳。”王大笑。建公名防，司马宣王之父。臣松之案司马彪序传，建公不为右丞，疑此不然，而王隐晋书云赵王篡位，欲尊祖为帝，博士马平议称京兆府君昔举魏武帝为北部尉，贼不犯界，如此则为有征。

〔4〕魏书曰：始置奉常宗正官。

【原文】

冬十月，治兵，〔1〕遂征孙权，十一月至谯。

【注释】

〔1〕魏书曰：王亲执金鼓以令进退。

二十二年春正月，王军居巢，二月，进军屯江西郝溪。权在濡须口筑城拒守，遂逼攻之，权退走。三月，王引军还，留夏侯惇、曹仁、张辽等屯居巢。

【原文】

夏四月，天子命王设天子旌旗，出入称警跸。五月，作泮宫。六月，以军师华歆为御史大夫。

〔1〕冬十月，天子命王冕十有二旒，乘金根车，驾六马，设五时副车，以五官中郎将丕为魏太子。

【注释】

〔1〕魏书曰：初置藉尉官。秋八月，令曰："昔伊挚、傅说出于贱人，管仲，桓公贼也，皆用之以兴。萧何、曹参，县吏也，韩、陈平负污辱之名，有见笑之耻，卒能成就王业，声着千载。吴起贪将，杀妻自信，散金求官，母死不归，然在魏，秦人不敢东向，在楚则三晋不敢南谋。今天下得无有至德之人放在民间，及果勇不顾，临敌力战；若文俗之吏，高才异质，或堪为将守；负污辱之名，见笑之行，或不仁不孝而有治国用兵之术：其各举所知，勿有所遗。"

【原文】

刘备遣张飞、马超、吴兰等屯下辩；遣曹洪拒之。

二十三年春正月，汉太医令吉本与少府耿纪、司直韦晃等反，攻许，烧丞相长史王必营，〔1〕必与颍川典农中郎将严匡讨斩之。〔2〕

【注释】

〔1〕魏武故事载令曰："领长史王必，是吾披荆棘时吏也。忠能勤事，心如铁石，国之良吏也。蹉跌久未辟之，舍骐骥而弗乘，焉遑遑而更求哉？故教辟之，已署所宜，便以领长史统事如故。"

〔2〕三辅决录注曰：时有京兆金祎字德祎，自以世

为汉臣，自日磾讨莽何罗，忠诚显著，名节累叶。睹汉祚将移，谓可季兴，乃喟然发愤，遂与耿纪、韦晃、吉本、本子邈、邈弟穆等结谋。纪字季行，少有美名，为丞相掾，王甚敬异之，迁侍中，守少府。邈字文然，穆字思然，以祎慷慨有日磾之风，又与王必善，因以闲之，若杀必，欲挟天子以攻魏，南援刘备。

【原文】

时关羽强盛，而王在邺，留必典兵督许中事。文然等率杂人及家僮千余人夜烧门攻必，祎遣人为内应，射必中肩。必不知攻者为谁，以素与祎善，走投祎，夜唤德祎，祎家不知是必，谓为文然等，错应曰："王长史已死乎？卿曹事立矣！"必乃更他路奔。一曰：必欲投祎，其帐下督谓必曰："今日事竟知谁门而投入乎？"扶必奔南城。会天明，必犹在，文然等觿散，故败。后十余日，必竟以创死。献帝春秋曰：收纪、晃等，将斩之，纪呼魏王名曰："恨吾不自生意，竟为群儿所误耳！"晃顿首搏颊，以至于死。山阳公载记曰：王闻王必死，盛怒，召汉百官诣邺，令救火者左，不救火者右。觿人以为救火者必无罪，皆附左；王以为"不救火者非助乱，救火乃实贼也"。皆杀之。

曹洪破吴兰，斩其将任夔等。三月，张飞、马超走汉中，阴平氐强端斩吴兰，传其首。

夏四月，代郡、上谷乌丸无臣氐等叛，遣鄢陵侯彰讨破之。[1]

【注释】

〔1〕魏书载王令曰："去冬天降疫疠，民有凋伤，军兴于外，垦田损少，吾甚忧之。其令吏民男女：女年七十已上无夫子，若年十二已下无父母兄弟，及目无所见，手不能作，足不能行，而无妻子父兄产业者，廪食终身。幼者至十二止，贫穷不能自赡者，随口给贷。老耄须待养者，年九十已上，复不事，家一人。"

六月，令曰："古之葬者，必居瘠薄之地。其规西门豹祠西原上为寿陵，因高为基，不封不树。周礼冢人掌公墓之地，凡诸侯居左右以前，卿大夫居后，汉制亦谓之陪陵。其公卿大臣列将有功者，宜陪寿陵，其广为兆域，使足兼容。"

【原文】

秋七月，治兵，遂西征刘备，九月，至长安。

冬十月，宛守将侯音等反，执南阳太守，劫略吏民，保宛。初，曹仁讨关羽，屯樊城，是月使仁围宛。

二十四年春正月，仁屠宛，斩音。〔1〕

【注释】

〔1〕曹瞒传曰：是时南阳闲苦繇役，音于是执太守（东里篋）东里衮，与吏民共反，与关羽连和。南阳功曹宗子卿往说音曰："足下顺民心，举大事，远近莫不

望风；然执郡将，逆而无益，何不遣之。吾与子共戮力，比曹公军来，关羽兵亦至矣。”音从之，即释遣太守。

【原文】

子卿因夜踰城亡出，遂与太守收余民围音，会曹仁军至，共灭之。

夏侯渊与刘备战于阳平，为备所杀。三月，王自长安出斜谷，军遮要以临汉中，遂至阳平。

备因险拒守。[1]

【注释】

〔1〕九州春秋曰：时王欲还，出令曰“鸡肋”，官属不知所谓。主簿杨修便自严装，人惊问修：“何以知之？”修曰：“夫鸡肋，弃之如可惜，食之无所得，以比汉中，知王欲还也。”

【原文】

夏五月，引军还长安。

秋七月，以夫人卞氏为王后。遣于禁助曹仁击关羽。八月，汉水溢，灌禁军，军没，羽获禁，遂围仁。使徐晃救之。

九月，相国钟繇坐西曹掾魏讽反免。[1]

【注释】

〔1〕世语曰：讽字子京，沛人，有惑觽才，倾动邺都，钟繇由是辟焉。大军未反，讽潜结徒党，又与长乐韂尉陈祎谋袭邺。未及期，祎惧，告之太子，诛讽，坐死者数十人。王昶家诫曰“济阴魏讽”，而此云沛人，未详。

【原文】

冬十月，军还洛阳。〔1〕孙权遣使上书，以讨关羽自效。王自洛阳南征羽，未至，晃攻羽，破之，羽走，仁围解。王军摩陂。〔2〕

【注释】

〔1〕曹瞒传曰：王更修治北部尉廨，令过于旧。

〔2〕魏略曰：孙权上书称臣，称说天命。王以权书示外曰：“是儿欲踞吾着炉火上邪！”

【原文】

侍中陈群、尚书桓阶奏曰：“汉自安帝已来，政去公室，国统数绝，至于今者，唯有名号，尺土一民，皆非汉有，期运久已尽，历数久已终，非适今日也。是以桓、灵之间，诸明图纬者，皆言‘汉行气尽，黄家当兴’。殿下应期，十分天下而有其九，以服事汉，群生注望，，遐迩怨叹，是故孙权在远称臣，此天人之应，异气齐声。臣愚以为虞、夏不以谦辞，殷、周不吝诛放，畏天知命，无所与让也。”

魏氏春秋曰：夏侯惇谓王曰：“天下咸知汉祚已尽，异代方起。自古已来，能除民害为百姓所归者，即民主也。今殿下即戎三十余年，功德着于黎庶，为天下所依归，应天顺民，复何疑哉！”王曰：“‘施于有政，是亦为政’。若天命在吾，吾为周文王矣。”曹瞒传及世语并云桓阶劝王正位，夏侯惇以为宜先灭蜀，蜀亡则吴服，二方既定，然后遵舜、禹之轨，王从之。及至王薨，惇追恨前言，发病卒。孙盛评曰：夏侯惇耻为汉官，求受魏印，桓阶方惇，有义直之节；考其传记，世语为妄矣。

二十五年春正月，至洛阳。权击斩羽，传其首。

庚子，王崩于洛阳，年六十六。〔1〕遗令曰：“天下尚未安定，未得遵古也。葬毕，皆除服。

其将兵屯戍者，皆不得离屯部。有司各率乃职。敛以时服，无藏金玉珍宝。”谥曰武王。二月丁卯，葬高陵。〔2〕

【注释】

〔1〕世语曰：太祖自汉中至洛阳，起建始殿，伐濯龙祠而树血出。曹瞒传曰：王使工苏越徙美梨，掘之，根伤尽出血。越白状，王躬自视而恶之，以为不祥，还

遂寝疾。

〔2〕魏书曰：太祖自统御海内，芟夷羣丑，其行军用师，大较依孙、吴之法，而因事设奇，谲敌制胜，变化如神。自作兵书十万余言，诸将征伐，皆以新书从事。临事又手为节度，从令者克捷，违教者负败。与虏对陈，意思安闲，如不欲战，然及至决机乘胜，气势盈溢，故每战必克，军无幸胜。知人善察，难眩以伪，拔于禁、乐进于行陈之间，取张辽、徐晃于亡虏之内，皆佐命立功，列为名将；其余拔出细微，登为牧守者，不可胜数。是以造大业，文武并施，御军三十余年，手不舍书，昼则讲武策，夜则思经传，登高必赋，及造新诗，被之管弦，皆成乐章。才力绝人，手射飞鸟，躬禽猛兽，尝于南皮一日射雉获六十三头。及造作宫室，缮治器械，无不为之法则，皆尽其意。雅性节俭，不好华丽，后宫衣不锦绣，侍御履不二采，帷帐屏风，坏则补纳，茵蓐取温，无有缘饰。攻城拔邑，得美丽之物，则悉以赐有功，勋劳宜赏，不吝千金，无功望施，分毫不与，四方献御，与羣下共之。常以送终之制，袭称之数，繁而无益，俗又过之，故预自制终亡衣服，四箧而已。傅子曰：太祖愍嫁取之奢僭，公女适人，皆以皁帐，从婢不过十人。张华博物志曰：汉世，安平崔瑗、瑗子寔、弘农张芝、芝弟昶并善草书，而太祖亚之。桓谭、蔡邕善音乐，冯翊山子道、王九真、郭凯等善围碁，太祖皆与埒能。又好养性法，亦解方药，招引方术之士，庐江左慈、谯郡华佗、甘陵甘始、阳城蝍俭无不

毕至，又习啖野葛至一尺，亦得少多饮鸩酒。傅子曰：汉末王公，多委王服，以幅巾为雅，是以袁绍、(崔豹)崔钧之徒，虽为将帅，皆着缣巾。魏太祖以天下凶荒，资财乏匮，拟古皮弁，裁缣帛以为帢，合于简易随时之义，以色别其贵贱，于今施行，可谓军容，非国容也。曹瞒传曰：太祖为人佻易无威重，好音乐，倡优在侧，常以日达夕。被服轻绡，身自佩小鞶囊，以盛手巾细物，时或冠帢帽以见宾客。每与人谈论，戏弄言诵，尽无所隐，及欢悦大笑，至以头没杯案中，肴膳皆沾污巾帻，其轻易如此。然持法峻刻，诸将有计画胜出己者，随以法诛之，及故人旧怨，亦皆无余。其所刑杀，辄对之垂涕嗟痛之，终无所活。初，袁忠为沛相，尝欲以法治太祖，沛国桓邵亦轻之，及在兖州，陈留边让言议颇侵太祖，太祖杀让，族其家，忠、邵俱避难交州，太祖遣使就太守士燮尽族之。桓邵得出首，拜谢于庭中，太祖谓曰："跪可解死邪！"遂杀之。常出军，行经麦中，令"士卒无败麦，犯者死"。骑士皆下马，付麦以相持，于是太祖马腾入麦中，主簿议罪；主簿对以春秋之义，罚不加于尊。太祖曰："制法而自犯之，何以帅下？然孤为军帅，不可自杀，请自刑。"因援剑割发以置地。又有幸姬常从昼寝，枕之卧，告之曰："须臾觉我。"姬见太祖卧安，未即寤，及自觉，棒杀之。常讨贼，廪谷不足，私谓主者曰："如何？"主者曰："可以小斛以足之。"太祖曰："善。"后军中言太祖欺众，太祖谓主者曰：

"特当借君死以厌黼，不然事不解。"乃斩之，取首题徇曰："行小斛，盗官谷，斩之军门。"

其酷虐变诈，皆此类也。

评曰：汉末，天下大乱，雄豪并起，而袁绍虎摎四州，强盛莫敌。太祖运筹演谋，鞭挞宇内，閳申、商之法术，该韩、白之奇策，官方授材，各因其器，矫情任算，不念旧恶，终能总御皇机，克成洪业者，惟其明略最优也。抑可谓非常之人，超世之杰矣。

文 帝 纪

【原文】

文皇帝讳丕，字子桓，武帝太子也。中平四年冬，生于谯。[1]建安十六年，为五官中郎将、副丞相。二十二年，立为魏太子。[2]太祖崩，嗣位为丞相、魏王。[3]尊王后曰王太后。

改建安二十五年为延康元年。

【注释】

〔1〕魏书曰：帝生时，有云气青色而圜如车盖当其上，终日，望气者以为至贵之证，非人臣之气。年八岁，能属文。有逸才，遂博贯古今经传诸子百家之书。善骑射，好击剑。举茂才，不行。献帝起居注曰：建安十（五）年，为司徒赵温所辟。太祖表"温辟臣子弟，

选举故不以实”。使侍中守光禄勋郗虑持节奉策免温官。

〔2〕魏略曰：太祖不时立太子，太子自疑。是时有高元吕者，善相人，乃呼问之，对曰：“其贵乃不可言。”问：“寿几何？”元吕曰：“其寿，至四十当有小苦，过是无忧也。”后无几而立为王太子，至年四十而薨。

〔3〕袁宏汉纪载汉帝诏曰：“魏太子丕：昔皇天授乃显考以翼我皇家，遂攘除髃凶，拓定九州，弘功茂绩，光于宇宙，朕用垂拱负扆二十有余载。天不憖遗一老，永保余一人，早世潜神，哀悼伤切。丕奕世宣明，宜秉文武，绍熙前绪。

【原文】

今使使持节御史大夫华歆奉策诏授丕丞相印绶、魏王玺绂，领冀州牧。方今外有遗虏，遐夷未宾，旗鼓犹在边境，干戈不得韬刃，斯乃播扬洪烈，立功垂名之秋也。岂得修谅闇之礼，究曾、闵之志哉？其敬服朕命，抑弭忧怀，旁祗厥绪，时亮庶功，以称朕意。于戏，可不勉与！”

元年二月[1]壬戌，以大中大夫贾诩为太尉，御史大夫华歆为相国，大理王朗为御史大夫。

置散骑常侍、侍郎各四人，其宦人为官者不得过诸署令；为金策着令，藏之石室。

【注释】

〔1〕魏书载庚戌令曰："关津所以通商旅，池苑所以御灾荒，设禁重税，非所以便民；其除池之禁，轻关津之税，皆复什一。"辛亥，赐诸侯王将相已下将粟万斛，帛千匹，金银各有差等。遣使者循行郡国，有违理掊克暴虐者，举其罪。

【原文】

初，汉熹平五年，黄龙见谯，光禄大夫桥玄问太史令单扬："此何祥也？"扬曰："其国后当有王者兴，不及五十年，亦当复见。天事恒象，此其应也。"内黄殷登默而记之。至四十五年，登尚在。三月，黄龙见谯，登闻之曰："单扬之言，其验兹乎！"〔1〕

【注释】

〔1〕魏书曰：王召见登，谓之曰："昔成风闻楚丘之繇而敬事季友，邓晨信少公之言而自纳光武。登以笃老，服膺占术，记识天道，岂有是乎！"赐登谷三百斛，遣归家。

【原文】

已卯，以前将军夏侯惇为大将军。濊貊、扶余单于、焉耆、于阗王皆各遣使奉献。〔1〕

【注释】

〔1〕魏书曰：丙戌，令史官奏修重、黎、羲、和之职，钦若昊天，历象日月星辰以奉天时。

【原文】

臣松之案：魏书有是言而不闻其职也。丁亥令曰："故尚书仆射毛玠、奉常王修、凉茂、郎中令袁涣、少府谢奂、万潜、中尉徐奕、国渊等，皆忠直在朝，履蹈仁义，并早即世，而子孙陵迟，恻然愍之，其皆拜子男为郎中。"

夏四月丁巳，饶安县言白雉见。[1]庚午，大将军夏侯惇薨。[2]

【注释】

〔1〕魏书曰：赐饶安田租，勃海郡百户牛酒，大酺三日；太常以太牢祠宗庙。

〔2〕魏书曰：王素服幸邺东城门发哀。孙盛曰：在礼，天子哭同姓于宗庙门之外。哭于城门，失其所也。

【原文】

五月戊寅，天子命王追尊皇祖太尉曰太王，夫人丁氏曰太王后，封王子叡为武德侯。[1]是月，冯翊山贼郑甘、王照率黼降，皆封列侯。[2]

【注释】

〔1〕魏略曰：以侍中郑称为武德侯傅，令曰："龙渊、太阿出昆吾之金，和氏之璧由井里之田；砻之以砥砺，错之以他山，故能致连城之价，为命世之宝。学亦人之砥砺也。称笃学大儒，勉以经学辅侯，宜旦夕入侍，曜明其志。"

〔2〕魏书曰：初，郑甘、王照及卢水胡率其属来降，王得降书以示朝曰："前欲有令吾讨鲜卑者，吾不从而降；又有欲使吾及今秋讨卢水胡者，吾不听，今又降。昔魏武侯一谋而当，有自得之色，见讥李悝。吾今说此，非自是也，徒以为坐而降之，其功大于动兵革也。"

【原文】

酒泉黄华、张掖张进等各执太守以叛。金城太守苏则讨进，斩之。华降。〔1〕

【注释】

〔1〕华后为兖州刺史，见王凌传。

【原文】

六月辛亥，治兵于东郊，〔1〕庚午，遂南征。〔2〕

【注释】

〔1〕魏书曰：公卿相仪，王御华盖，视金鼓之节。

〔2〕魏略曰：王将出征，度支中郎将新平霍性上疏谏曰："臣闻文王与纣之事，是时天下括囊无咎，凡百君子，莫肯用讯。今大王体则乾坤，广开四聪，使贤愚各建所规。伏惟先王功无与比，而今能言之类，不称为德。故圣人曰'得百姓之欢心'。兵书曰'战，危事也'是以六国力战，强秦承弊，豳王不争，周道用兴。愚谓大王且当委重本朝而守其雌，抗威虎卧，功业可成。而今基，便复起兵，兵者凶器，必有凶扰，扰则思乱，乱出不意。臣谓此危，危于累卵。昔夏启隐神三年，易有'不远而复'，论有'不惮改'。诚愿大王揆古察今，深谋远虑，与三事大夫算其长短。臣沐浴先王之遇，又初改政，复受重任，虽知言触龙鳞，阿谀近福，窃感所诵，危而不持。"奏通，帝怒，遣刺奸就考，竟杀之。既而悔之，追原不及。

【原文】

秋七月庚辰，令曰："轩辕有明台之议，放勋有衢室之问，皆所以广询于下也。[1]百官有司，其务以职尽规谏，将率陈军法，朝士明制度，牧守申政事，缙绅考六艺，吾将兼览焉。"

【注释】

〔1〕管子曰：黄帝立明台之议者，上观于兵也；尧有衢室之问者，下听于民也；舜有告善之旌，而主不蔽

也；禹立建鼓于朝，而备诉讼也；汤有总街之廷，以观民非也；武王有灵台之囿，而贤者进也：此古圣帝明王所以有而勿失，得而勿忘也。

【原文】

孙权遣使奉献。蜀将孟达率觽降。武都氐王杨仆率种人内附，居汉阳郡。〔1〕

【注释】

〔1〕魏略载王自手笔令曰："（吾）日前遣使宣国威灵，而达即来。吾惟春秋褒仪父，即封拜达，使还领新城太守。近复有扶老携幼首向王化者。吾闻夙沙之民自缚其君以归神农，豳国之觽襁负其子而入丰、镐，斯岂驱略迫胁之所致哉？乃风化动其情而仁义感其衷，欢心内发使之然也。以此而推，西南将万里无外，权、备将与谁守死乎？"

【原文】

甲午，军次于谯，大飨六军及谯父老百姓于邑东。〔1〕八月，石邑县言凤皇集。

【注释】

〔1〕魏书曰：设伎乐百戏，令曰："先王皆乐其所生，礼不忘其本。谯，霸王之邦，真人本出，其复谯租

税二年。”三老吏民上寿，日夕而罢。丙申，亲祠谯陵。孙盛曰：昔者先王之以孝治天下也，内节天性，外施四海，存尽其敬，亡极其哀，思慕谅闇，寄政塚宰，故曰“三年之丧，自天子达于庶人”；夫然，故在三之义惇，臣子之恩笃，雍熙之化隆，经国之道固，圣人之所以通天地，厚人伦，显至教，敦风俗，斯万世不易之典，百王服膺之制也。

【原文】

是故丧礼素冠，郐人着庶见之讥，宰予降僖，仲尼发不仁之叹，子颓忘戚，君子以为乐祸，鲁侯易服，春秋知其不终，岂不以坠至痛之诚心，丧哀乐之大节者哉？故虽三季之末，七雄之弊，犹未有废缞斩于旬朔之间，释麻杖于反哭之日者也。逮于汉文，变易古制，人道之纪，一旦而废，缞素夺于至尊，四海散其遏密，义感阙于髃后，大化坠于君亲；虽心存贬约，虑在经纶，至于树德垂声，崇化变俗，固以道薄于当年，风颓于百代矣。且武王载主而牧野不陈，晋襄墨缞而三帅为俘，应务济功，服其焉害？魏王既追汉制，替其大礼，处莫重之哀而设飨宴之乐，居贻厥之始而坠王化之基，及至受禅，显纳二女，忘其至恤以诬先圣之典，天心丧矣，将何以终！是以知王龄之不遐，卜世之期促也。

冬十（一）月癸卯，令曰：“诸将征伐，士卒死亡者或未收敛，吾甚哀之；其告郡国给槥椟殡敛，槥音䡴。送致其家，官为设祭。”[1]丙午，行至曲蠡。

【注释】

〔1〕汉书高祖八月令曰：“士卒从军死，为槥。”应劭曰：“槥，小棺也，今谓之椟。”应璩百一诗曰：“槥车在道路，征夫不得休。”陆机大墓赋曰：“观细木而闷迟，覩洪椟而念槥。”

【原文】

汉帝以觿望在魏，乃召觿公卿士，[1]告祠高庙。使兼御史大夫张音持节奉玺绶禅位，册曰：

“咨尔魏王：昔者帝尧禅位于虞舜，舜亦以命禹，天命不于常，惟归有德。汉道陵迟，世失其序，降及朕躬，大乱兹昏，觿凶肆逆，宇内颠覆。赖武王神武，拯兹难于四方，惟清区夏，以保绥我宗庙，岂予一人获乂，俾九服实受其赐。今王钦承前绪，光于乃德，恢文武之大业，昭尔考之弘烈。皇灵降瑞，人神告征，诞惟亮采，师锡朕命，佥曰尔度克协于虞舜，用率我唐典，敬逊尔位。于戏！天之历数在尔躬，允执其中，天禄永终；君其祗顺大礼，飨兹万国，以肃承天命。”[2]乃为坛于繁阳。庚午，王升坛即阼，百官陪位。事讫，降坛，视燎成礼而反。改延康为黄初，大赦。[3]

【注释】

〔1〕袁宏汉纪载汉帝诏曰：“朕在位三十有二载，遭

天下荡覆，幸赖祖宗之灵，危而复存。

然仰瞻天文，俯察民心，炎精之数既终，行运在乎曹氏。是以前王既树神武之绩，今王又光曜明德以应其期，是历数昭明，信可知矣。夫大道之行，天下为公，选贤与能，故唐尧不私于厥子，而名播于无穷。朕羡而慕焉，今其追踵尧典，禅位于魏王。”

〔2〕献帝传载禅代觿事曰：左中郎将李伏表魏王曰：“昔先王初建魏国，在境外者闻之未审，皆以为拜王。武都李庶、姜合羁旅汉中，谓臣曰：‘必为魏公，未便王也。定天下者，魏公子桓，神之所命，当合符谶，以应天人之位。’臣以合辞语镇南将军张鲁，鲁亦问合知书所出？合曰：‘孔子玉版也。天子历数，虽百世可知。’是后月余，有亡人来，写得册文，卒如合辞。合长于内学，关右知名。鲁虽有怀国之心，沉溺异道变化，不果寤合之言。后密与臣议策质，国人不协，或欲西通，鲁即怒曰：‘宁为魏公奴，不为刘备上客也。’言发恻痛，诚有由然。合先迎王师，往岁病亡于邺。自臣在朝，每为所亲宣说此意，时未有宜，弗敢显言。殿下即位初年，祯祥觿瑞，日月而至，有命自天，昭然着见。然圣德洞达，符表豫明，实乾坤挺庆，万国作孚。臣每庆贺，欲言合验；事君尽礼，人以为谄。况臣名行秽贱，入朝日浅，言为罪尤，自抑而已。今洪泽被四表，灵恩格天地，海内翕习，殊方归服，兆应并集，以扬休命，始终允臧。臣不胜喜舞，谨具表通。”王令曰：“以示外。薄德之人，何能致此，未敢当也；斯诚先王

至德通于神明，固非人力也。”魏王侍中刘廙、辛毗、刘晔、尚书令桓阶、尚书陈矫、陈䳭、给事黄门侍郎王毖、董遇等言：“臣伏读左中郎将李伏上事，考图纬之言，以效神明之应，稽之古代，未有不然者也。故尧称历数在躬，璇玑以明天道；周武未战而赤乌衔书；汉祖未兆而神母告符；孝宣仄微，字成木叶；光武布衣，名已勒谶。是天之所命以着圣哲，非有言语之声，芬芳之臭，可得而知也，徒县象以示人，微物以效意耳。

自汉德之衰，渐染数世，桓、灵之末，皇极不建，暨于大乱，二十余年。天之不泯，诞生明圣，以济其难，是以符谶先着，以彰至德。殿下践阼未傹，而灵象变于上，䳭瑞应于下，四方不羁之民，归心向义，唯惧在后，虽典籍所传，未若今之盛也。臣妾远近，莫不凫藻。”

王令曰：“犊牛之驳似虎，莠之幼似禾，事有似是而非者，今日是已。鬻斯言事，良重吾不德。”于是尚书仆射宣告官寮，咸使闻知。辛亥，太史丞许芝条魏代汉见谶纬于魏王曰：

“易传曰：‘圣人受命而王，黄龙以戊己日见。’七月四日戊寅，黄龙见，此帝王受命之符瑞最着明者也。又曰：‘初六，履霜，阴始凝也。’又有积虫大穴天子之宫，厥咎然，今蝗虫见，应之也。又曰：‘圣人以德亲比天下，仁恩洽普，厥应麒麟以戊己日至，厥应圣人受命。’又曰：‘圣人清净行中正，贤人福至民从命，厥应麒麟来。’春秋汉含孳曰：‘汉以魏，魏以征。’春秋玉版谶曰：‘代赤者魏公子。’春秋佐助期曰：‘汉以许昌失天下。’故白马令李云上事曰：‘许昌气见于当涂高，当涂高者当昌于许。’当涂高者，魏也；象魏者，两观阙是也；当道而高大者魏。魏当代汉。今魏基昌于许，汉征绝于许，乃今效见，如李云之言，许昌相应也。佐助期又曰：‘汉以蒙孙亡。’说者以蒙孙汉二十四帝，童蒙愚昏，以弱亡。或以杂文为蒙其孙当失天下，以为汉帝非正嗣，少时为董侯，名不正，蒙乱之荒惑，其子孙以弱亡。孝经中黄谶曰：‘日载东，绝火光。不横一，圣聪明。四百之外，易姓而王。天下归功，致太平，居八甲；共礼乐，正万民，嘉乐家和杂。’此魏王之姓讳，着见图谶。易运期谶曰：‘言居东，西有午，两日并光日居下。其为主，反为辅。五八四十，黄气受，真人出。’言午，许字。

两日，昌字。汉当以许亡，魏当以许昌。今际会之期在许，是其大效也。易运期又曰：‘鬼在山，禾女连，王天下。’臣闻帝王者，五行之精；易姓之符，代兴之会，以七百二十年为一轨。有德者过之，至于八百，无德者不及，至四百载。是以周家八百六十七年，夏家四百数十年，汉行夏正，迄今四百二十六岁。又高祖受命，数虽起乙未，然其兆征始于获麟。获麟以来七百余年，天之历数将以尽终。帝王之兴，不常一姓。太微中，黄帝坐常明，而赤帝坐常不见，以为黄家兴而赤家衰，凶亡之渐。自是以来四十余年，又荧惑失色不明十有余年。

建安十年，彗星先除紫微，二十三年，复扫太微。新天子气见东南以来，二十三年，白虹贯日，月蚀荧惑，比年己亥、壬子、丙午日蚀，皆水灭火之象也。殿下即位，初践阼，德配天地，行合神明，恩泽盈溢，广被四表，格于上下。是以黄龙数见，凤皇仍翔，麒麟皆臻，白虎效仁，前后献见于郊甸；甘露醴泉，奇兽神物，觿瑞并出。斯皆帝王受命易姓之符也。昔黄帝受命，风后受河图；舜、禹有天下，凤皇翔，洛出书；汤之王，白鸟为符；文王为西伯，赤鸟衔丹书；武王伐殷，白鱼升舟；高祖始起，白蛇为征。巨迹瑞应，皆为圣人兴。观汉前后之大灾，今兹之符瑞，察图谶之期运，揆河洛之所甄，未若今大魏之最美也。夫得岁星者，道始兴。昔武王伐殷，岁在鹑火，有周之分野也。高祖入秦，五星聚东井，有汉之分野也。今兹岁星在大梁，有魏之分野也。而天之瑞应，并集来臻，四方归附，襁负而至，兆民欣戴，咸乐嘉庆。春秋大传曰：‘周公何以不之鲁？盖以为虽有继体守文之君，不害圣人受命而王。’周公反政，尸子以为孔子非之，以为周公不圣，不为兆民也。京房作易传曰：‘凡为王者，恶者去之，弱者夺之。易姓改代，天命应常，人谋鬼谋，百姓与能。’伏惟殿下体尧舜之盛明，膺七百之禅代，当汤武之期运，值天命之移受，河洛所表，图谶所载，昭然明白，天下学士所共见也。臣职在史官，考符察征，图谶效见，际会之期，谨以上闻。”王令曰：“昔周文三分天下有其二，以服事殷，仲尼叹其至德；公旦履天子之籍，听天下之断，终然复子明辟，书美其人。吾虽德不及二圣，敢忘高山景行之义哉？若夫唐尧、舜、禹之迹，皆以圣质茂德处之，故能上和灵只，下宁万姓，流称今日。今吾德至薄也，人至鄙也，遭遇际会，幸承先王余业，恩未被四海，泽未及天下，虽倾仓竭府以振魏国百姓，犹寒者未尽暖，饥者未尽饱。夙夜忧惧，弗敢遑宁，庶欲保全发齿，长守今日，以没于地，以全魏国，下见先王，以塞负荷之责。望狭志局，守此而已；虽屡蒙祥瑞，当之战惶，五色无主。若芝之言，岂所闻乎？心栗手悼，书不成字，辞不宣心。吾闲作诗曰：'丧乱悠悠过纪，白骨纵横万里，哀哀下民靡恃，吾将佐时整理，复子明辟致仕。'庶欲守此辞以自终，卒不虚言也。宜宣示远近，使昭赤心。"于是侍中辛毗、刘晔、散骑常侍傅巽、籓臻、尚书令桓阶、尚书陈矫、陈群、给事中博士骑都尉苏林、董巴等奏曰："伏见太史丞许芝上魏国受命之符；令书恳切，允执谦让，虽舜、禹、汤、文，义无以过。然古先哲王所以受天命而不辞者，诚急遵皇天之意，副兆民之望，弗得已也。且易曰：'观乎天文以察时变，观乎人文以化成天下。'又曰：

'天垂象，见吉凶，圣人则之；河出图，洛出书，圣人效之。'以为天文因人而变，至于河洛之书，着于洪范，则殷、周效而用之矣。斯言，诚帝王之明符，天道之大要也。是以由德应录者代兴于前，失道数尽者迭废于后，传讥苌弘欲支天之所坏，而说蔡墨'雷乘干'

之说，明神器之存亡，非人力所能建也。今汉室衰替，帝纲堕坠，天子之诏，歇灭无闻，皇天将舍旧而命新，百姓既去汉而为魏，昭然着明，是可知也。先王拨乱平世，将建洪基；至于殿下，以至德当历数之运，即位以来，天应人事，粲然大备，神灵图籍，兼仍往古，休征嘉兆，跨越前代；是芝所取中黄、运期姓纬之谶，斯文乃着于前世，与汉并见。由是言之，天命久矣，非殿下所得而拒之也。神明之意，候望禋享，兆民颙颙，咸注嘉愿，惟殿下览图籍之明文，急天下之公义，辄宣令外内，布告州郡，使知符命着明，而殿下谦虚之意。”令曰：“下四方以明孤款心，是也。至于览余辞，岂余所谓哉？宁所堪哉？诸卿指论，未若孤自料之审也。夫虚谈谬称，鄙薄所弗当也。且闻比来东征，经郡县，历屯田，百姓面有饥色，衣或短褐不完，罪皆在孤；

是以上惭觽瑞，下愧士民。由斯言之，德尚未堪偏王，何言帝者也！宜止息此议，无重吾不德，使逝之后，不愧后之君子。”癸丑，宣告觽寮。督军御史中丞司马懿、侍御史郑浑、羊秘、鲍勋、武周等言：“令如左。伏读太史丞许芝上符命事，臣等闻有唐世衰，天命在虞，虞氏世衰，天命在夏；然则天地之灵，历数之运，去就之符，惟德所在。故孔子曰：‘凤鸟不至，河不出图，吾已矣夫！’今汉室衰，自安、和、冲、质以来，国统屡绝，桓、灵荒淫，禄去公室，此乃天命去就，非一朝一夕，其所由来久矣。殿下践阼，至德广被，格于上下，天人感应，符瑞并臻，考之旧史，未有若今日之盛。夫大人者，先天而天弗违，后天而奉天时，天时已至而犹谦让者，舜、禹所不为也，故生民蒙救济之惠，䴥类受育长之施。今八方颙颙，大小注望，皇天乃眷，神人同谋，十分而九以委质，义过周文，所谓过恭也。臣妾上下，伏所不安。”令曰：“世之所不足者道义也，所有余者苟妄也；常人之性，贱所不足，贵所有余，故曰‘不患无位，患所以立’。孤虽寡德，庶自免于常人之贵。夫‘石可破而不可夺坚，丹可磨而不可夺赤’。丹石微物，尚保斯质，况吾托士人之末列，曾受教于君子哉？且于陵仲子以仁为富，柏成子高以义为贵，鲍焦感子贡之言，弃其蔬而槁死，薪者讥季札失辞，皆委重而弗视。吾独何人？昔周武，大圣也，使叔旦盟胶鬲于四内，使召公约微子于共头，故伯夷、叔齐相与笑之曰：‘昔神农氏之有天下，不以人之坏自成，不以人之卑自高。’以为周之伐殷以暴也。

吾德非周武而义惭夷、齐，庶欲远苟妄之失道，立丹石之不夺，迈于陵之所富，蹈柏成之所贵，执鲍焦之贞至，遵薪者之清节。故曰：‘三军可夺帅，匹夫不可夺志。’吾之斯志，岂可夺哉？”乙卯，册诏魏王禅代天下曰：“惟延康元年十月乙卯，皇帝曰，咨尔魏王：

夫命运否泰，依德升降，三代卜年，着于春秋，是以天命不于常，帝王不一姓，由来尚矣。

汉道陵迟，为日已久，安、顺已降，世失其序，冲、质短祚，三世无嗣，皇纲肇亏，帝典颓沮。暨于朕躬，天降之灾，遭无妄厄运之会，值炎精幽昧之期。变兴辇毂，祸由阉宦。董卓乘衅，恶甚浇、豷，劫迁省御，（太仆）火扑宫庙，遂使九州幅裂，强敌虎争，华夏鼎沸，蝮蛇塞路。当斯之时，尺土非复汉有，一夫岂复朕民？幸赖武王德膺符运，奋扬神武，芟夷凶暴，清定区夏，保乂皇家。今王缵承前绪，至德光昭，御衡不迷，布德优远，声教被四海，仁风扇鬼区，是以四方效珍，人神响应，天之历数实在尔躬。昔虞舜有大功二十，而放勋禅以天下；大禹有疏导之绩，而重华禅以帝位。汉承尧运，有传圣之义，加顺灵只，绍天明命，厘降二女，以嫔于魏。使使持节行御史大夫事太常音，奉皇帝玺绶，王其永君万国，敬御天威，允执其中，天禄永终，敬之哉？"于是尚书令桓阶等奏曰："汉氏以天子位禅之陛下，陛下以圣明之德，历数之序，承汉之禅，允当天心。夫天命弗可得辞，兆民之望弗可得违，臣请会列侯诸将、群臣陪隶，发玺书，顺天命，具礼仪列奏。"令曰："当议孤终不当承之意而已。犹猎，还方有令。"

尚书令等又奏曰："昔尧、舜禅于文祖，至汉氏，以师征受命，畏天之威，不敢怠遑，便即位行在所之地。今当受禅代之命，宜会百寮群司，六军之士，皆在行位，使咸闻天命。

营中促狭，可于平敞之处设坛场，奉答休命。臣辄与侍中常侍会议礼仪，太史官择吉日讫，复奏。"令曰："吾殊不敢当之，外亦何豫事也！"侍中刘廙、常侍辛毗等奏议曰："汉氏遵唐尧公天下之议，陛下以圣德膺历数之运，天人同欢，靡不得所，宜顺灵符，速践皇阼。

问太史丞许芝，今月十七日己未直成，可受禅命，辄治坛场之处，所当施行别奏。”令曰；

“属出见外，便设坛场，斯何谓乎？今当辞让不受诏也。但于帐前发玺书，威仪如常，且天寒，罢作坛士使归。”既发玺书，王令曰：“当奉还玺绶为让章。吾岂奉此诏承此贶邪？昔尧让天下于许由、子州支甫，舜亦让于善卷、石户之农、北人无择，或退而耕颍之阳，或辞以幽忧之疾，或远入山林，莫知其处，或携子入海，终身不反，或以为辱，自投深渊；且颜烛惧太朴之不完，守知足之明分，王子搜乐丹穴之潜处，被熏而不出，柳下惠不以三公之贵易其介，曾参不以晋、楚之富易其仁：斯九士者，咸高节而尚义，轻富而贱贵，故书名千载，于今称焉。求仁得仁，仁岂在远？孤独何为不如哉？义有蹈东海而逝，不奉汉朝之诏也。亟为上章还玺绶，宣之天下，使咸闻焉。”己未，宣告羣僚，下魏，又下天下。辅国将军清苑侯刘若等百二十人上书曰：“伏读令书，深执克让，圣意恳恻，至诚外昭，臣等有所不安。何者？石户、北人，匹夫狂狷，行不合义，事不经见者，是以史迁谓之不然，诚非圣明所当希慕。且有虞不逆放勋之禅，夏禹亦无辞位之语，故传曰：‘舜陟帝位，若固有之。’斯诚圣人知天命不可逆，历数弗可辞也。伏惟陛下应干符运，至德发闻，升昭于天，是三灵降瑞，人神以和，休征杂沓，万国响应，虽欲勿用，将焉避之？而固执谦虚，违天逆飜，慕匹夫之徽分，背上圣之所蹈，违经谶之明文，信百氏之穿凿，非所以奉答天命，光慰觿望也。

臣等昧死以请，辄整顿坛场，至吉日受命，如前奏，分别写令宣下。”王令曰：“昔柏成子高辞夏禹而匿野，颜阖辞鲁币而远迹，夫以王者之重，诸侯之贵，而二子忽之，何则？其节高也。故烈士徇荣名，义夫高贞介，虽蔬食瓢饮，乐在其中。是以仲尼师王骀，而子产嘉申徒。今诸卿皆孤股肱腹心，足以明孤，而今咸若斯，则诸卿游于形骸之内，而孤求为形骸之外，其不相知，未足多怪。亟为上章还玺绶，勿复纷纷也。”

辅国将军等一百二十人又奏曰：“臣闻符命不虚见，觿心不可违，故孔子曰：‘周公其为不圣乎？以天下让。是天地日月轻去万物也。’是以舜向天下，不拜而受命。今火德气尽，炎上数终，帝迁明德，祚隆大魏。符瑞昭䲶，受命既固，光天之下，神人同应，虽有虞仪凤，成周跃鱼，方今之事，未足以喻。而陛下违天命以饰小行，逆人心以守私志，上忤皇穹眷命之旨，中忘圣人达节之数，下孤人臣翘首之望，非所以扬圣道之高衢，乘无穷之懿勋也。臣等闻事君有献可替否之道，奉上有逆鳞固争之义，臣等敢以死请。”令曰：“夫古圣王之治也，至德合乾坤，惠泽均造化，礼教优乎昆虫，仁恩洽乎草木，日月所照，戴天履地含气有生之类，靡不被服清风，沐浴玄德；

是以金革不起，苛慝不作，风雨应节，祯祥触类而见。今百姓寒者未暖，饥者未饱，者未室，寡者未嫁；

权、备尚存，未可舞以干戚，方将整以齐斧；戎役未息于外，士民未安于内，耳未闻康哉之歌，目未甖击壤之戏，婴儿未可托于高巢，余粮未可以宿于田亩：人事未备，至于此也。夜未曜景星，治未通真人，河未出龙马，山未出象车，蓂荚未植阶庭，萐莆未生庖厨，王母未献白环，渠搜未见珍裘：灵瑞未效，又如彼也。昔东户季子、容成、大庭、轩辕、赫胥之君，咸得以此就功勒名。今诸卿独不可少假孤精心竭虑，以和天人，以格至理，使彼觽事备，鷊瑞效，然后安乃议此乎，何遽相愧相迫之如是也？速为让章，上还玺绶，无重吾不德也。”侍中刘廙等奏曰：“伏惟陛下以大圣之纯懿，当天命之历数，观天象则符瑞着明，考图纬则文义焕炳，察人事则四海齐心，稽前代则异世同归；而固拒禅命，未践尊位，圣意恳恻，臣等敢不奉诏？辄具章遣使者。”奉令曰：“泰伯三以天下让，人无得而称焉，仲尼叹其至德，孤独何人？”庚申，魏王上书曰：“皇帝陛下：奉被今月乙卯玺书，伏听册命，五内惊震，精爽散越，不知所处。臣前上还相位，退守藩国，圣恩听许。臣虽无古人量德度身自定之志，保己存性，实其私愿。不寤陛下猥损过谬之命，发不世之诏，以加无德之臣。且闻尧禅重华，举其克谐之德，舜授文命，采其齐圣之美，犹下咨四岳，上观璇玑。今臣德非虞、夏，行非二君，而承历数之谘，应选授之命，内自揆抚，无德以称。且许由匹夫，犹拒帝位，善卷布衣，而逆虞诏。臣虽鄙蔽，敢忘守节以当大命，不胜至愿。谨拜章陈情，使行相国永寿少府粪土臣毛宗奏，并上玺绶。”辛酉，给事中博士苏林、董巴上表曰：“天有十二次以为分野，王公之国，各有所属，周在鹑火，魏在大梁。岁星行历十二次国，天子受命，诸侯以封。周文王始受命，岁在鹑火，至武王伐纣十三年，岁星复在鹑火，故春秋传曰：‘武王伐纣，岁在鹑火；岁之所在，即我有周之分野也。’昔光和七年，岁在大梁，武王始受命，（为）于时将讨黄巾。是岁改年为中平元年。建安元年，岁复在大梁，始拜大将军。十三年复在大梁，始拜丞相。今二十五年，岁复在大梁，陛下受命。此魏得岁与周文王受命相应。今年青龙在庚子，诗推度灾曰：‘庚者更也，子者滋也，圣命天下治。’又曰：‘王者布德于子，治成于丑。’此言今年天更命圣人制治天下，布德于民也。魏以改制天下，与（时）诗协矣。

颛顼受命，岁在豕韦，襜居其地，亦在豕韦，故春秋传曰：‘襜，颛顼之墟也。’今十月斗之建，则颛顼受命之分也，始魏以十月受禅，此同符始祖受命之验也。魏之氏族，出自颛顼，与舜同祖，见于春秋世家。舜以土德承尧之火，今魏亦以土德承汉之火，于行运，会于尧舜授受之次。臣闻天之去就，固有常分，圣人当之，昭然不疑，故尧捐骨肉而禅有虞，终无色，舜发陇亩而君天下，若固有之，其相受授，闲不替漏；天下已传矣，所以急天命，天下不可一日无君也。今汉期运已终，妖异绝之已审，阶下受天之命，符瑞告征，丁宁详悉，反复备至，虽言语相喻，无以代此。今既发诏书，玺绶未御，固执谦让，上逆天命，下违民望。臣谨案古之典籍，参以图纬，魏之行运及天道所在，即尊之验，在于今年此月，昭晰分明。唯阶下迁思易虑，以时即位，显告天帝而告天下，然后改正朔，易服色，正大号，天下幸甚。”令曰：“凡斯皆宜圣德，故曰：‘苟非其人，道不虚行。’天瑞虽彰，须德而光；吾德薄之人，胡足以当之？今让，冀见听许，外内咸使闻知。”壬戌，册诏曰：“皇帝问魏王言：遣宗奉庚申书到，所称引，闻之。朕惟汉家世踰二十，年过四百，运周数终，行祚已讫，天心已移，兆民望绝，天之所废，有自来矣。今大命有所底止，神器当归圣德，违鱅不顺，逆天不祥。王其体有虞之盛德，应历数之嘉会，是以祯祥告符，图谶表录，神人同应，受命咸宜。朕畏上帝，致位于王；天不可违，鱅不可拂。且重华不逆尧命，大禹不辞舜位，若夫由、卷匹夫，不载圣籍，固非皇材帝器所当称慕。今使音奉皇帝玺绶，王其陟帝位，无逆朕命，以祗奉天心焉。”于是尚书令桓阶等奏曰：“今汉使音奉玺书到，臣等以为天命不可稽，神器不可渎。周武中流有白鱼之应，不待师期而大号已建，舜受大麓，桑荫未移而已陟帝位，皆所以祗承天命，若此之速也。故无固让之义，不以守节为贵，必道信于神灵，符合于天地而已。易曰：‘其受命如响，无有远近幽深，遂知来物，非天下之至赜，其孰能与于此？’今陛下应期运之数，为皇天所子，而复稽滞于辞让，低回于大号，非所以则天地之道，副万国之望。臣等敢以死请，辄敕有司修治坛场，择吉日，受禅命，发玺绶。”令曰：“冀三让而不见听，何汲汲于斯乎？”甲子，魏王上书曰：“奉今月壬戌玺书，重被圣命，伏听册告，肝胆战悸，不知所措。天下神器，禅代重事，故尧将禅舜，纳于大麓，舜之命禹，玄圭告功；烈风不迷，九州攸平，询事考言，然后乃命，而犹执谦让于德不嗣。况臣顽固，质非二圣，乃应天统，受终明诏；敢守微节，归志箕山，不胜大愿。谨拜表陈情，使并奉上玺绶。”侍中刘廙等奏曰：“臣等闻圣帝不违时，明主不逆人，故易称通天下之志，断天下之疑。伏惟陛下体有虞之上圣，承土德之行运，当亢阳明夷之会，应汉氏祚终之数，合契皇极，同符两仪。是以圣瑞表征，天下同应，历运去就，深切着明；论之天命，无所与议，比之时宜，无所与争。故受命之期，时清日晏，曜灵施光，休气云蒸。是乃天道悦怿，民心欣戴，而仍见闭拒，于礼何居？且禑生不可一日无主，神器不可以斯须无统，故臣有违君以成业，下有矫上以立事，臣等敢不重以死请。”王令曰：“天下重器，王者正统，以圣德当之，犹有惧心，吾何人哉？且公卿未至乏主，斯岂小事，且宜以待固让之后，乃当更议其可耳。”丁卯，册诏魏王曰：“天讫汉祚，辰象着明，朕祗天命，致位于王，仍陈历数于诏册，喻符运于翰墨；神器不可以辞拒，皇位不可以谦让，稽于天命，至于再三。

且四海不可以一日旷主，万机不可以斯须无统，故建大业者不拘小节，知天命者不系细物，是以舜受大业之命而无逊让之辞，圣人达节，不亦远乎！今使音奉皇帝玺绶，王其钦承，以答天下向应之望焉。”相国华歆、太尉贾诩、御史大夫王朗及九卿上言曰：“臣等被召到，伏见太史丞许芝、左中郎将李伏所上图谶、符命，侍中刘廙等宣觽心，人灵同谋。又汉朝知陛下圣化通于神明，圣德参于虞、夏，因瑞应之备至，听历数之所在，遂献玺绶，固让尊号。能言之伦，莫不抃舞，河图、洛书，天命瑞应，人事协于天时，民言协于天。而陛下性秉劳谦，体尚克让，明诏恳切，未肯听许，臣妾小人，莫不伊邑。臣等闻自古及今，有天下者不常在乎一姓；考以德势，则盛衰在乎强弱，论以终始，则废兴在乎期运。唐、虞历数，不在厥子而在舜、禹。舜、禹虽怀克让之意迫，觽后执玉帛而朝之，兆民怀欣戴而归之，率土扬歌谣而咏之，故其守节之拘，不可得而常处，达节之权，不可得而久避；是以或逊位而不，或受禅而不辞，不者未必厌皇宠，不辞者未必渴帝祚，各迫天命而不得以已。既禅之后，则唐氏之子为宾于有虞，虞氏之胄为客于夏代，然则禅代之义，非独受之者实应天福，授之者亦与有余庆焉。汉自章、和之后，世多变故，稍以陵迟，洎乎孝灵，不恒其心，虐贤害仁，聚敛无度，政在嬖竖，视民如绚，遂令上天震怒，百姓从风如归；当时则四海鼎沸，既没则祸发宫庭，宠势并竭，帝室遂卑，若在帝舜之末节，犹择圣代而授之，荆人抱玉璞，犹思良工而刊之，况汉国既往，莫之能匡，推器移君，委之圣哲，固其宜也。汉朝委质，既愿礼禅之速定也，天祚率土，必将有主；主率土者，非陛下其孰能任之？所谓论德无与为比，考功无推让矣。天命不可久稽，民望不不可久违，臣等慺慺，不胜大愿。伏请陛下割撝谦之志，修受禅之礼，副人神之意，慰外内之愿。”令曰：“以德则孤不足，以时则戎虏未灭。若以群贤之灵，得保首领，终君魏国，于孤足矣。若孤者，胡足以辱四海？至乎天瑞人事，皆先王圣德遗庆，孤何有焉？是以未敢闻命。”己巳，魏王上书曰：“臣闻舜有宾于四门之勋，乃受禅于陶唐，禹有存国七百之功，乃承禄于有虞。臣以蒙蔽，德非二圣，猥当天统，不敢闻命。敢屡抗疏，略陈私愿，庶章通紫庭，得全微节，情达宸极，永守本志。而音重复衔命，申制诏臣，臣实战惕，不发玺书，而音迫于严诏，不敢复命。愿陛下驰传骋驿，召音还台。不胜至诚，谨使宗奉书。”相国歆、太尉诩、御史大夫朗及九卿奏曰：“臣等伏读诏书，于邑益甚。臣等闻易称圣人奉天时，论语云君子畏天命，天命有去就，然后帝者有禅代。是以唐之禅虞，命在尔躬，虞之顺唐，谓之受终；尧知天命去已，故不得不禅舜，舜知历数在躬，故不敢不受；不得不禅，奉天时也，不敢不受，畏天命也。汉朝虽承季末陵迟之余，犹务奉天命以则尧之道，是以愿禅帝位而归二女。而陛下正于大魏受命之初，抑虞、夏之达节，尚延陵之让退，而所枉者大，所直者小，所详者轻，所略者重，中人凡士犹为陛下陋之。没者有灵，则重华必忿愤于苍梧之神墓，大禹必郁悒于会稽之山阴，武王必不悦于（商）高陵之玄宫矣。是以臣等敢以死请。且汉政在阉宦，禄去帝室七世矣，遂集矢石于其宫殿，而二京为之丘墟。当是之时，四海荡覆，天下分崩，武王亲衣甲而冠胄，沐雨而栉风，为民请命，则活万国，为世拨乱，则致升平，鸠民而立长，筑宫而置吏，元元无过，罔于前业，而始有造于华夏。陛下即位，光昭文德，以翊武功，勤恤民隐，视之如伤，惧者宁之，劳者息之，寒者以暖，饥者以充，远人以（恩复）德服，寇敌以恩降，迈恩种德，光被四表；稽古笃睦，茂于放勋，网漏吞舟，弘乎周文。是以布政未傕，人神并和，皇天则降甘露而臻四灵，后土则挺芝草而吐醴泉，虎豹鹿兔，皆素其色，雉鸠燕雀，亦白其羽，连理之木，同心之瓜，五采之鱼，珍祥瑞物，杂遝于其间者，无不毕备。古人有言：‘微禹，吾其鱼乎！’微大魏，则臣等之白骨交横于旷野矣。伏省群臣外内前后章奏，所以陈陛下之符命者，莫不条河洛之图书，据天地之瑞应，因汉朝之款诚，宣万方之景附，可谓信矣（省）着矣；三王无以及，五帝无以加。民命之悬于魏邦，民心之系于魏政，三十有余年矣，此乃千世时至之会，万载一遇之秋；达节广度，宜昭于斯际，拘牵小节，不施于此时。久稽天命，罪在臣等。辄营坛场，具礼仪，择吉日，昭告昊天上帝，秩群神之礼，须禋祭毕，会群寮于朝堂，议年号、正朔、服色当施行，上。”复令曰：“昔者大舜饭糗茹草，将终身焉，斯则孤之前志也。及至承尧禅，被（珍）袗裘，妻二女，若固有之，斯则顺天命也。群公卿士诚以天命不可拒，民望不可违，孤亦曷以辞焉?”庚午，册诏魏王曰：“昔尧以配天之德，秉六合之重，犹鬻历运之数，移于有虞，委让帝位，忽如遗迹。今天既讫我汉命，乃眷北顾，帝皇之业，实在大魏。朕守空名以窃古义，顾视前事，犹有惭德，而王逊让至于三四，朕用惧焉。夫不辞万乘之位者，知命达节之数也，虞、夏之君，处之不疑，故勋烈垂于万载，美名传于无穷。

今遣守尚书令侍中（顗）觊喻，王其速陟帝位，以顺天人之心，副朕之大愿。”

于是尚书令桓阶等奏曰：“今汉氏之命已四至，而陛下前后固辞，臣等伏以为上帝之临圣德，期运之隆大魏，斯岂数载?传称周之有天下，非甲子之朝，殷之去帝位，非牧野之日也，故诗序商汤，追本玄王之至，述姬周，上录后稷之生，是以受命既固，厥德不回。汉氏衰废，行次已绝，三辰垂其征，史官着其验，耆老记先古之占，百姓协歌谣之声。陛下应天受禅，当速即坛场，柴燎上帝，诚不宜久停神器，拒亿兆之愿。臣辄下太史令择元辰，今月二十九日，可登坛受命，请诏王公羣卿，具条礼仪别奏。”令曰：“可。”

〔3〕献帝传曰：辛未，魏王登坛受禅，公卿、列侯、诸将、匈奴单于、四夷朝者数万人陪位，燎祭天地、五岳、四渎，曰：“皇帝臣丕敢用玄牡昭告于皇皇后帝：汉历世二十有四，践年四百二十有六，四海困穷，三纲不立，五纬错行，灵祥并见，推术数者，虑之古道，咸以为天之历数，运终兹世，凡诸嘉祥民神之意，比昭有

汉数终之极，魏家受命之符。汉主以神器宜授于臣，宪章有虞，致位于丕。丕震畏天命，虽休勿休。髃公庶尹六事之人，外及将士，洎于蛮夷君长，佥曰：'天命不可以辞拒，神器不可以久旷，髃臣不可以无主，万几不可以无统。'丕祗承皇象，敢不钦承。卜之守龟，兆有大横，筮之三易，兆有革兆，谨择元日，与髃寮登坛受帝玺绶，告类于尔大神；唯尔有神，尚飨永吉，兆民之望，祚于有魏世享。"

遂制诏三公："上古之始有君也，必崇恩化以美风俗，然百姓顺教而刑辟厝焉。今朕承帝王之绪，其以延康元年为黄初元年，议改正朔，易服色，殊徽号，同律度量，承土行，大赦天下；自殊死以下，诸不当得赦，皆赦除之。"魏氏春秋曰：帝升坛礼毕，顾谓髃臣曰："舜、禹之事，吾知之矣。"干宝搜神记曰：宋大夫邢史子臣明于天道，周敬王之三十七年，景公问曰："天道其何祥?"对曰："后五（十）年五月丁亥，臣将死；死后五年五月丁卯，吴将亡；亡后五年，君将终；终后四百年，邾王天下。"

俄而皆如其言。所云邾王天下者，谓魏之兴也。邾，曹姓，魏亦曹姓，皆邾之后。其年数则错，未知邢史失其数邪，将年代久远，注记者传而有谬也?

【原文】

黄初元年十一月癸酉，以河内之山阳邑万户奉汉帝为山阳公，行汉正朔，以天子之礼郊祭，上书不称臣，京都有事于太庙，致胙；封公之四子为列侯。追尊皇祖太王曰太皇帝，考武王曰武皇帝，尊王太后曰皇太后。赐男子爵人一级，为父后及孝悌力田人二级。以汉诸侯王为崇德侯，列侯为关中侯。以颍阴之繁阳亭为繁昌县。封爵增位各有差。改相国为司徒，御史大夫为司空，奉常为太常，郎中令为光禄勋，大理为廷尉，大农为大司农。郡国县邑，多所改易。更授匈奴南单于呼厨泉魏玺绶，赐青盖车、乘舆、宝剑、玉玦。十二月，初营洛阳宫，戊午幸洛阳。〔1〕

【注释】

〔1〕臣松之案：诸书记是时帝居北宫，以建始殿朝群臣，门曰承明，陈思王植诗曰“谒帝承明庐”是也。至明帝时，始于汉南宫崇德殿处起太极、昭阳诸殿。魏书曰：以夏数为得天，故即用夏正，而服色尚黄。魏略曰：诏以汉火行也，火忌水，故“洛”去“水”而加“佳”。

【原文】

魏于行次为土，土，水之牡也，水得土而乃流，土得水而柔，故除“佳”加“水”，变“雒”为“洛”。

是岁，长水校尉戴陵谏不宜数行弋猎，帝大怒；陵减死罪一等。

二年春正月，郊祀天地、明堂。甲戌，校猎至原陵，遣使者以太牢祠汉世祖。乙亥，朝日于东郊。〔1〕初令郡国口满十万者，岁察孝廉一人；其有秀异，无拘户口。辛巳，分三公户邑，封子弟各一人为列侯。壬午，复颍川郡一年田租。〔2〕改许县为许昌县。以魏郡东部为阳平郡，西部为广平郡。〔3〕

【注释】

〔1〕臣松之以为礼天子以春分朝日，秋分夕月；寻此年正月郊祀，有月无日，乙亥朝日，则有日无月，盖文之脱也。案明帝朝日夕月，皆如礼文，故知此纪为误者也。

〔2〕魏书载诏曰："颍川，先帝所由起兵征伐也。官渡之役，四方瓦解，远近顾望，而此郡守义，丁壮荷戈，老弱负粮。昔汉祖以秦中为国本，光武恃河内为王基，今朕复于此登坛受禅，天以此郡翼成大魏。"

〔3〕魏略曰：改长安、谯、许昌、邺、洛阳为五都；立石表，西界宜阳，北循太行，东北界阳平，南循鲁阳，东界郏，为中都之地。令天下听内徙，复五年，后又增其复。

【原文】

诏曰："昔仲尼资大圣之才，怀帝王之器，当衰周之末，无受命之运，在鲁、卫之朝，教化乎洙、泗之上，凄凄焉，遑遑焉，欲屈己以存道，贬身以救世。于时王公终莫能用之，乃退考五代之礼，修素王之事，因鲁史而制春秋，就太师而正雅颂，俾千载之后，莫不宗其文以述作，仰其圣以成谋，咨！可谓命世之大圣，亿载之师表者也。遭天下大乱，百祀堕坏，旧居之庙，毁而不修，褒成之后，绝而莫继，阙里不闻讲颂之声，四时不覩蒸尝之位，斯岂所谓崇礼报功，盛德百世必祀者哉！其以议郎孔羡为宗圣侯，邑百户，奉孔子祀。”令鲁郡修起旧庙，置百户吏卒以守卫之，又于其外广为室屋以居学者。

（春）三月，加辽东太守公孙恭为车骑将军。初复五铢钱。夏四月，以车骑将军曹仁为大将军。五月，郑甘复叛，遣曹仁讨斩之。六月庚子，初祀五岳四渎，咸秩羣祀。[1]丁卯，夫人甄氏卒。戊辰晦，日有食之，有司奏免太尉，诏曰：“灾异之作，以谴元首，而归过股肱，岂禹、汤罪己之义乎？其令百官各虔厥职，后有天地之眚，勿复劾三公。”

【注释】

〔1〕魏书：甲辰，以京师宗庙未成，帝亲祠武皇帝于建始殿，躬执馈奠，如家人之礼。

【原文】

秋八月，孙权遣使奉章，并遣于禁等还。丁巳，使太常邢贞持节拜权为大将军，封吴王，加九锡。冬十月，授杨彪光禄大夫。[1]以谷贵，罢五铢钱。[2]己卯，以大将军曹仁为大司马。十二月，行东巡。是岁筑陵云台。

【注释】

〔1〕魏书曰：己亥，公卿朝朔旦，并引故汉太尉杨彪，待以客礼，诏曰："夫先王制几杖之赐，所以宾礼黄耇褒崇元老也。昔孔光、卓茂皆以淑德高年，受兹嘉锡。公故汉宰臣，乃祖已来，世著名节，年过七十，行不踰矩，可谓老成人矣，所宜宠异以章旧德。其赐公延年杖及冯几；谒请之日，便使杖入，又可使着鹿皮冠。"彪辞让不听，竟着布单衣、皮弁以见。

续汉书曰：彪见汉祚将终，自以累世为三公，耻为魏臣，遂称足挛，不复行。积十余年，帝即王位，欲以为太尉，令近臣宣旨。彪辞曰："尝以汉朝为三公，值世衰乱，不能立尺寸之益，若复为魏臣，于国之选，亦不为荣也。"帝不夺其意。黄初四年，诏拜光禄大夫，秩中二千石，朝见位次三公，如孔光故事。彪上章固让，帝不听，又为门施行马，致吏卒，以优崇之。年八十四，以六年薨。子修，事见陈思王传。

〔2〕魏书曰：十一月辛未，镇西将军曹真命觽将及州郡兵讨破叛胡治元多、卢水、封赏等，斩首五万余级，获生口十万，羊一百一十一万口，牛八万，河西遂平。帝初闻胡决水灌显美，谓左右诸将曰："昔隗嚣灌略阳，而光武因其疲弊，进兵灭之。今胡决水灌显美，其事正相似，破胡事今至不久。"旬日，破胡告檄到，

上大笑曰："吾策之于帷幕之内，诸将奋击于万里之外，其相应若合符节。前后战克获虏，未有如此也。"

【原文】

三年春正月丙寅朔，日有蚀之。庚午，行幸许昌宫。诏曰："今之计、（考）孝，古之贡士也；十室之邑，必有忠信，若限年然后取士，是吕尚、周晋不显于前世也。其令郡国所选，勿拘老幼；儒通经术，吏达文法，到皆试用。有司纠故不以实者。"[1]

【注释】

〔1〕魏书曰：癸亥，孙权上书，说："刘备支党四万人，马二三千匹，出秭归，请往扫扑，以克捷为效。"帝报曰："昔隗嚣之弊，祸发栒邑，子阳之禽，变起扞关，将军其亢厉威武，勉蹈奇功，以称吾意。"

【原文】

二月，鄯善、龟兹、于阗王各遣使奉献，诏曰："西戎即，氐、羌来王，诗、书美之。顷者西域外夷并款塞内附，[1]其遣使者抚劳之。"是后西域遂通，置戊己校尉。

【注释】

〔1〕应劭汉书注曰：款，叩也；皆叩塞门来服从。

三月乙丑，立齐公叡为平原王，帝弟鄢陵公彰等十一人皆为王。初制封王之庶子为乡公，嗣王之庶子为亭侯，公之庶子为亭伯。甲戌，立皇子霖为河东王。甲午，行幸襄邑。夏四月戊申，立鄄城侯植为鄄城王。癸亥，行还许昌宫。五月，以荆、扬、江表八郡为荆州，孙权领牧故也；荆州江北诸郡为郢州。

【原文】

闰月，孙权破刘备于夷陵。初，帝闻备兵东下，与权交战，树栅连营七百余里，谓髃臣曰：

“备不晓兵，岂有七百里营可以拒敌者乎！‘苞原隰险阻而为军者为敌所禽’，此兵忌也。

孙权上事今至矣。”后七日，破备书到。

秋七月，冀州大蝗，民饥，使尚书杜畿持节开仓廪以振之。八月，蜀大将黄权率觽降。[1]

【注释】

[1]魏书曰：权及领南郡太守史合等三百一十八人，诣荆州刺史奉上所假印绶、棨戟、幢麾、牙门、鼓车。权等诣行在所，帝置酒设乐，引见于承光殿。权、合等人人前自陈，帝为论说军旅成败去就之分，诸将无不喜悦。赐权金帛、车马、衣裘、帷帐、妻妾，下及偏裨皆有差。拜权为侍中镇南将军，封列侯，即日召使骖乘；及封史合等四十二人皆为列侯，为将军郎将百余人。

【原文】

九月甲午，诏曰："夫妇人与政，乱之本也。自今以后，髃臣不得奏事太后，后族之家不得当辅政之任，又不得横受茅土之爵；以此诏传后世，若有背违，天下共诛之。"[1]庚子，立皇后郭氏。赐天下男子爵人二级；寡笃癃及贫不能自存者赐谷。

【注释】

〔1〕孙盛曰：夫经国营治，必凭俊篛之辅，贤达令德，必居参乱之任，故虽周室之盛，有妇人与焉。然则坤道承天，南面罔二，三从之礼，谓之至顺，至于号令自天子出，奏事专行，非古义也。昔在申、吕，实匡有周。苟以天下为心，惟德是杖，则亲篋之授，至公一也，何至后族而必斥远之哉？二汉之季世，王道陵迟，故令外戚凭宠，职为乱阶。（于）此自时昏道丧，运祚将移，纵无王、吕之难，岂乏田、赵之祸乎？而后世观其若此，深怀酖毒之戒也。

【原文】

至于魏文，遂发一概之诏，可谓有识之爽言，非帝者之宏议。

冬十月甲子，表首阳山东为寿陵，作终制曰："礼，国君即位为椑，椑音扶历反。存不忘亡也。[1]昔尧葬谷林，通树之，禹葬会稽，农不易亩，[2]故葬于山林，则合乎山林。封树之制，非上古也，吾无取焉。寿陵因山为体，无为封树，无立寝殿，造园邑，通神道。夫葬也者，藏也，欲人之不得见也。骨无痛痒之知，塚非栖神之宅，礼不墓祭，欲存亡之不黩也，为棺椁足以朽骨，衣衾足以朽肉而已。故吾营此丘墟不食之地，欲使易代之后不知其处。

无施苇炭，无藏金银铜铁，一以瓦器，合古涂车、刍灵之义。棺但漆际会三过，饭含无以珠玉，无施珠襦玉匣，诸愚俗所为也。季孙以玙璠敛，孔子历级而救之，譬之暴骸中原。宋公厚葬，君子谓华元、乐莒不臣，以为弃君于恶。汉文帝之不发，霸陵无求也；光武之掘，原陵封树也。霸陵之完，功在释之；原陵之掘，罪在明帝。是释之忠以利君，明帝爱以害亲也。

忠臣孝子，宜思仲尼、丘明、释之之言，鉴华元、乐莒、明帝之戒，存于所以安君定亲，使魂灵万载无危，斯则贤圣之忠孝矣。自古及今，未有不亡之国，亦无不掘之墓也。丧乱以来，汉氏诸陵无不发掘，至乃烧取玉匣金缕，骸骨并尽，是焚如之刑，岂不重痛哉！祸由乎厚葬封树。'桑、霍为我戒'，不亦明乎？其皇后及贵人以下，不随王之国者，有终没皆葬涧西，前又以表其处矣。盖舜葬苍梧，二妃不从，延陵葬子，远在嬴、博，魂而有灵，无不之也，一涧之闲，不足为远。若违今诏，妄有所变改造施，吾为戮尸地下，戮而重戮，死而重死。臣子为蔑死君父，不忠不孝，使死者有知，将不福汝。其以此诏藏之宗庙，副在尚书、秘书、三府。”

【注释】

〔1〕臣松之按：礼，天子诸侯之棺，各有重数；棺之亲身者曰椑。

〔2〕吕氏春秋：尧葬于谷林，通树之；舜葬于纪，市廛不变其肆；禹葬会稽，不变人徒。

【原文】

是月，孙权复叛。复郢州为荆州。帝自许昌南征，诸军兵并进，权临江拒守。十一月辛丑，行幸宛。庚申晦，日有食之。是岁，穿灵芝池。

四年春正月，诏曰：“丧乱以来，兵革未戢，天下之人，互相残杀。今海内初定，敢有私复雠者皆族之。”筑南巡台于宛。三月丙申，行自宛还洛阳宫。癸卯，月犯心中央大星。〔1〕丁未，大司马曹仁薨。是月大疫。

【注释】

〔1〕魏书载丙午诏曰：“孙权残害民物，朕以寇不可长，故分命猛将三道并征。今征东诸军与权党吕范等水战，则斩首四万，获船万艘。大司马据守濡须，其所禽获亦以万数。中军、征南，攻围江陵，左将军张合等舳舻直渡，击其南渚，贼赴水溺死者数千人，又为地道攻

城，城中外雀鼠不得出入，此几上肉耳！而贼中疠气疾病，夹江涂地，恐相染污。昔周武伐殷，旋师孟津，汉祖征隗嚣，还军高平，皆知天时而度贼情也。且成汤解三面之网，天下归仁。今开江陵之围，以缓成死之禽。且休力役，罢省繇戍，畜养士民，咸使安息。"

【原文】

夏五月，有鹈鹕鸟集灵芝池，诏曰："此诗人所谓污泽也。曹诗'刺恭公远君子而近小人'，今岂有贤智之士处于下位乎？否则斯鸟何为而至？其博举天下俊德茂才、独行君子，以答曹人之刺。"〔1〕

【注释】

〔1〕魏书曰：辛酉，有司奏造二庙，立太皇帝庙，大长秋特进侯与高祖合祭，亲尽以次毁；特立武皇帝庙，四时享祀，为魏太祖，万载不毁也。

【原文】

六月甲戌，任城王彰薨于京都。甲申，太尉贾诩薨。太白昼见。是月大雨，伊、洛溢流，杀人民，坏庐宅。〔1〕秋八月丁卯，以廷尉钟繇为太尉。〔2〕辛未，校猎于荥阳，遂东巡。论征孙权功，诸将已下进爵增户各有差。九月甲辰，行幸许昌宫。〔3〕

【注释】

〔1〕魏书曰：七月乙未，大军当出，使太常以特牛一告祠于郊。臣松之按：魏郊祀奏中，尚书卢毓议祀厉殃事云："具牺牲祭器，如前后师出告郊之礼。"如此，则魏氏出师，皆告郊也。

〔2〕魏书曰：有司奏改汉氏宗庙安世乐曰正世乐，嘉至乐曰迎灵乐，武德乐曰武颂乐，昭容乐曰昭业乐，云（翻）翘舞曰凤翔舞，育命舞曰灵应舞，武德舞曰武颂舞，文（昭）始舞曰大（昭）韶舞，五行舞曰大武舞。

〔3〕魏书曰：十二月丙寅，赐山阳公夫人汤沐邑，公女曼为长乐郡公主，食邑各五百户。

是冬，甘露降芳林园。臣松之按：芳林园即今华林园，齐王芳即位，改为华林。

【原文】

五年春正月，初令谋反大逆乃得相告，其余皆勿听治；敢妄相告，以其罪罪之。三月，行自许昌还洛阳宫。夏四月，立太学，制五经课试之法，置春秋谷梁博士。五月，有司以公卿朝朔望日，因奏疑事，听断大政，论辨得失。秋七月，行东巡，幸许昌宫。八月，为水军，亲御龙舟，循蔡、颍，浮淮，幸寿春。扬州界将吏士民，犯五岁刑已下，皆原除之。九月，遂至广陵，赦青、徐二州，改易诸将守。冬十月乙卯，太白昼见。行还许昌宫。[1]十一月庚寅，以冀州饥，遣使者开仓廪振之。戊申晦，日有食之。

【注释】

〔1〕魏书载癸酉诏曰："近之不绥，何远之怀？今事多而民少，上下相弊以文法，百姓无所措其手足。昔太山之哭者，以为苛政甚于猛虎，吾备儒者之风，服圣人之遗教，岂可以目翫其辞，行违其诫者哉？广议轻刑，以惠百姓。"

【原文】

十二月，诏曰："先王制礼，所以昭孝事祖，大则郊社，其次宗庙，三辰五行，名山大川，非此族也，不在祀典。叔世衰乱，崇信巫史，至乃宫殿之内，户牖之闲，无不沃酹，甚矣其惑也。自今，其敢设非祀之祭，巫祝之言，皆以执左道论，着于令典。"是岁穿天渊池。

六年春二月，遣使者循行许昌以东尽沛郡，问民所疾苦，贫者振贷之。[1]三月，行幸召陵，通讨虏渠。乙巳，还许昌宫。并州刺史梁习讨鲜卑轲比能，大破之。辛未，帝为舟师东征。五月戊申，幸谯。壬戌，荧惑入太微。

【注释】

〔1〕魏略载诏曰："昔轩辕建四面之号，周武称

'予有乱臣十人'，斯盖先圣所以体国君民，亮成天工，多贤为贵也。今内有公卿以镇京师，外设牧伯以监四方，至于元戎出征，则军中宜有柱石之贤帅，辎重所在，又宜有镇守之重臣，然后车驾可以周行天下，无内外之虑。吾今当征贼，欲守之积年。其以尚书令颍乡侯陈群为镇军大将军，尚书仆射西乡侯司马懿为抚军大将军。若吾临江授诸将方略，则抚军当留许昌，督后诸军，录后台文书事；镇军随车驾，当董督艨军，录行尚书事；皆假节鼓吹，给中军兵骑六百人。吾欲去江数里，筑宫室，往来其中，见贼可击之形，便出奇兵击之；若或未可，则当舒六军以游猎，飨赐军士。"

【原文】

六月，利成郡兵蔡方等以郡反，杀太守徐质。遣屯骑校尉任福、步兵校尉段昭与青州刺史讨平之；其见胁略及亡命者，皆赦其罪。

秋七月，立皇子鉴为东武阳王。八月，帝遂以舟师自谯循涡入淮，从陆道幸徐。九月，筑东巡台。冬十月，行幸广陵故城，临江观兵，戎卒十余万，旌旗数百里。〔1〕是岁大寒，水道冰，舟不得入江，乃引还。十一月，东武阳王鉴薨。十二月，行自谯过梁，遣使以太牢祀故汉太尉桥玄。

【注释】

〔1〕魏书载帝于马上为诗曰："观兵临江水，水流何

汤汤！戈矛成山林，玄甲耀日光。猛将怀暴怒，胆气正从横。谁云江水广，一苇可以航，不战屈敌虏，戢兵称贤良。古公宅岐邑，实始翦殷商。孟献营虎牢，郑人惧稽颡。充国务耕植，先零自破亡。兴农淮、泗间，筑室都徐方。量宜运权略，六军咸悦康；岂如东山诗，悠悠多忧伤。”

【原文】

七年春正月，将幸许昌，许昌城南门无故自崩，帝心恶之，遂不入。壬子，行还洛阳宫。三月，筑九华台。夏五月丙辰，帝疾笃，召中军大将军曹真、镇军大将军陈群、征东大将军曹休、抚军大将军司马宣王，并受遗诏辅嗣主。遣后宫淑媛、昭仪已下归其家。丁巳，帝崩于嘉福殿，时年四十。〔1〕六月戊寅，葬首阳陵。自殡及葬，皆以终制从事。〔2〕

【注释】

〔1〕魏书曰：殡于崇华前殿。

〔2〕魏氏春秋曰：明帝将送葬，曹真、陈群、王朗等以暑热固谏，乃止。孙盛曰：夫窀穸之事，孝子之极痛也，人伦之道，于斯莫重。故天子七月而葬，同轨毕至。夫以义感之情，犹尽临隧之哀，况乎天性发中，敦礼者重之哉！魏氏之德，仍世不基矣。昔华元厚葬，君子以为弃君于恶，群等之谏，弃孰甚焉！鄄城侯植为诔

曰："惟黄初七年五月七日，大行皇帝崩，呜呼哀哉！于时天震地骇，崩山陨霜，阳精薄景，五纬错行，百姓呼嗟，万国悲伤，若丧考妣，（恩过慕）思慕过唐，擗踊郊野，仰想穹苍，佥曰何辜，早世殒丧，呜呼哀哉！

【原文】

悲夫大行，忽焉光灭，永弃万国，云往雨绝。承问荒忽，惛懵哽咽，袖锋抽刃，叹自僵毙，追慕三良，甘心同穴。感惟南风，惟以郁滞，终于偕没，指景自誓。考诸先记，寻之哲言，生若浮寄，唯德可论，朝闻夕逝，孔志所存。皇虽一没，天禄永延，何以述德？表之素旃。

何以咏功？宣之管弦。乃作诔曰：皓皓太素，两仪始分，中和产物，肇有人伦，爰暨三皇，实秉道真，降逮五帝，继以懿纯，三代制作，踵武立勋。季嗣不维，网漏于秦，崩乐灭学，儒坑礼焚，二世而歼，汉氏乃因，弗求古训，嬴政是遵，王纲帝典，阒尔无闻。末光幽昧，道究运迁，乾坤回历，简圣授贤，乃眷大行，属以黎元。龙飞启祚，合契上玄，五行定纪，改号革年，明明赫赫，受命于天。

仁风偃物，德以礼宣；祥惟圣质，嶷在幼妍。庶几六典，学不过庭，潜心无罔，抗志青冥。

才秀藻朗，如玉之莹，听察无向，瞻瞩未形。其刚如金，其贞如琼，如冰之洁，如砥之平。

爵公无私，戮违无轻，心镜万机，揽照下情。思良股肱，嘉昔伊、吕，搜扬侧陋，举汤代禹；

拔才岩穴，取士蓬户，唯德是萦，弗拘祢祖。宅土之表，道义是图，弗营厥险，六合是虞。

齐契共遵，下以纯民，恢拓规矩，克绍前人。科条品制，曬贬以因。乘殷之辂，行夏之辰。

金根黄屋，翠葆龙鳞，绋冕崇丽，衡紞维新，尊肃礼容，瞩之若神。方牧妙举，钦于恤民，虎将荷节，镇彼四邻；朱旗所剿，九壤被震，畴克不若？孰敢不臣？县旌海表，万里无尘。

虏备凶彻，鸟殪江岷，权若涸鱼，干腊矫鳞，肃慎纳贡，越裳效珍，条支绝域，侍子内宾。

德侪先皇，功侔太古。上灵降瑞，黄初叔祜：河龙洛龟，凌波游下；平钧应绳，神鸾翔舞；

数荚阶除，系风扇暑；皓兽素禽，飞走郊野；神钟宝鼎，形自旧土；云英甘露，瀸涂被宇；

灵芝冒沼，朱华荫渚。回回凯风，祁祁甘雨，稼穑丰登，我稷我黍。家佩惠君，户蒙慈父。

图致太和，洽德全义。将登介山，先皇作俪。镌石纪勋，兼录觿瑞，方隆封禅，归功天地，宾礼百灵，勋命视规，望祭四岳，燎封奉柴，肃于南郊，宗祀上帝。三牲既供，夏禘秋尝，元侯佐祭，献璧奉璋。鸾舆幽蔼，龙旗太常，爰迄太庙，钟鼓锽锽，颂德咏功，八佾锵锵。

皇祖既飨，烈考来享，神具醉止，降兹福祥。天地震荡，大行康之；三辰暗昧，大行光之；

皇纮绝维，大行纲之；神器莫统，大行当之；礼乐废弛，大行张之；仁义陆沉，大行扬之；

潜龙隐凤，大行翔之；疏狄遐康，大行匡之。在位七载，元功仍举，将永太和，绝迹三五，宜作物师，长为神主，寿终金石，等算东父，如何奄忽，摧身后土，俾我，靡瞻靡顾。

嗟嗟皇穹，胡宁忍务？呜呼哀哉！明监吉凶，体远存亡，深垂典制，申之嗣皇。圣上虔奉，是顺是将，乃玄宇，基为首阳，拟鮚谷林，追尧慕唐，合山同陵，不树不疆，涂车刍灵，珠玉靡藏。百神警侍，来宾幽堂，耕禽田兽，望魂之翔。于是，俟大隧之致功兮，练元辰之淑祯，潜华体于梓宫兮，冯正殿以居灵。顾望嗣之号咷兮，存临者之悲声，悼晏驾之既修兮，感容车之速征。浮飞魂于轻霄兮，就黄墟以灭形，背三光之昭晰兮，归玄宅之冥冥。嗟一往之不反兮，痛閟闼之长扃。咨远臣之眇眇兮，感凶讳以怛惊，心孤绝而靡告兮，纷流涕而交颈。思恩荣以横奔兮，阂阙塞之峣峥，顾衰绖以轻举兮，迫关防之我婴。欲高飞而遥憩兮，惮天网之远经，遥投骨于山足兮，报恩养于下庭。慨拊心而自悼兮，惧施重而命轻，嗟微驱之是效兮，甘九死而忘生，几司命之役籍兮，先黄发而陨零，天盖高而察卑兮，冀神明之我听。独郁伊而莫愬兮，追顾景而怜形，奏斯文以写思兮，结翰墨以敷诚。呜呼哀哉！”

初，帝好文学，以著述为务，自所勒成垂百篇。又使诸儒撰集经传，随类相从，凡千余篇，号曰皇览。[1]

【注释】

〔1〕魏书曰：帝初在东宫，疫疠大起，时人雕伤，帝深感叹，与素所敬者大理王朗书曰：

“生有七尺之形，死唯一棺之土，唯立德扬名，可以不朽，其次莫如着篇籍。疫疠数起，士人雕落，余独何人，能全其寿？”故论撰所着典论、诗赋，盖百余篇，集诸儒于肃城门内，讲论大义，侃侃无倦。常嘉汉文帝之为君，宽仁玄默，务欲以德化民，有贤圣之风。时文学诸儒，或以为孝文虽贤，其于聪明，通达国体，不如贾谊。帝由是着太宗论曰：“昔有苗不宾，重华舞以干戚，尉佗称帝，孝文抚以恩德，吴王不朝，锡之几杖以抚其意，而天下赖安；

乃弘三章之教，恺悌之化，欲使曩时累息之民，得阔步高谈，无危惧之心。若贾谊之才敏，筹画国政，特贤臣之器，管、晏之姿，岂若孝文大人之量哉？”三年之中，以孙权不服，复颁太宗论于天下，明示不愿征伐也。他日又从容言曰：“顾我亦有所不取于汉文帝者三：杀薄昭；幸邓通；慎夫人衣不曳地，集上书囊为帐帷。以为汉文俭而无法，舅后之家，但当养育以恩而不当假借以权，既触罪法，又不得不害矣。”其欲秉持中道，以为帝王仪表者如此。胡冲吴历曰：帝以素书所着典论及诗赋饷孙权，又以纸写一通与张昭。

【原文】

评曰：文帝天资文藻，下笔成章，博闻强识，才蓺兼该；〔1〕若加之旷大之度，励以公平之诚，迈志存道，克广德心，则古之贤主，何远之有哉！

【注释】

〔1〕典论帝自曰：初平之元，董卓杀主鸩后，荡覆王室。是时四海既困中平之政，兼恶卓之凶逆，家家思乱，人人自危。山东牧守，咸以春秋之义，“卫人讨州吁于濮”，言人人皆得讨贼。于是大兴义兵，名豪大侠，富室强族，飘扬云会，万里相赴；兖、豫之师战于荥阳，河内之甲军于孟津。卓遂迁大驾，西都长安。而山东大者连郡国，中者婴城邑，小者聚阡陌，以还相吞灭。会黄巾盛于海、岱，山寇暴于并、冀，乘胜转攻，席卷而南，乡邑望烟而奔，城郭睹尘而溃，百姓死亡，暴骨如莽。余时年五岁，上以世方扰乱，教余学射，六岁而知射，又教余骑马，八岁而能骑射矣。以时之多故，每征，余常从。建安初，上南征荆州，至宛，张绣降。旬日而反，亡兄孝廉子修、从兄安民遇害。时余年十岁，乘马得脱。夫文武之道，各随时而用，生于中平之季，长于戎旅之间，是以少好弓马，于今不衰；逐禽

辄十里，驰射常百步，日多体健，心每不厌。建安十年，始定冀州，濊、貊贡良弓，燕、代献名马。时岁之暮春，勾芒司节，和风扇物，弓燥手柔，草浅兽肥，与族兄子丹猎于邺西，终日手获鹿九，雉兔三十。后军南征次曲蠡，尚书令荀彧奉使犒军，见余谈论之末，彧言："闻君善左右射，此实难能。"余言："执事未觌夫项发口纵，俯马蹄而仰月支也。"彧喜笑曰："乃尔！"

余曰："埒有常径，的有常所，虽每发辄中，非至妙也。若驰平原，赴丰草，要狡兽，截轻禽，使弓不虚弯，所中必洞，斯则妙矣。"时军祭酒张京在坐，顾彧拊手曰"善"。余又学击剑，阅师多矣，四方之法各异，唯京师为善。桓、灵之间，有虎贲王越善斯术，称于京师。河南史阿言昔与越游，具得其法，余从阿学之精熟。尝与平虏将军刘勋、奋威将军邓展等共饮，宿闻展善有手臂，晓五兵，又称其能空手入白刃。余与论剑良久，谓言将军法非也，余顾尝好之，又得善术，因求与余对。时酒酣耳热，方食芊蔗，便以为杖，下殿数交，三中其臂，左右大笑。展意不平，求更为之。余言吾法急属，难相中面，故齐臂耳。展言愿复一交，余知其欲突以取交中也，因伪深进，展果寻前，余却脚鄛，正截其颡，坐中惊视。余还坐，笑曰："昔阳庆使淳于意去其故方，更授以秘术，今余亦愿邓将军捐弃故伎，更受要道也。"一坐尽欢。夫事不可自谓己长，余少晓持复，自谓无对；俗名双戟为坐铁室，镶楯为蔽木户；后从陈国袁敏学，以单攻复，每为若神，对家不知所出，先日若逢敏于狭路，直决耳！余于他戏弄之事少所喜，唯弹潟略尽其巧，少为之赋。昔京师先工有马合乡侯、东方安世、张公子，常恨不得与彼数子者对。上雅好诗书文籍，虽在军旅，手不释卷，每每定省从容，常言人少好学则思专，长则善忘，长大而能勤学者，唯吾与袁伯业耳。

余是以少诵诗、论，及长而备历五经、四部，史、汉、诸子百家之言，靡不毕览。博物志曰：

帝善弹潟，能用手巾角。时有一书生，又能低头以所冠着葛巾角撇潟。

明 帝 纪

【原文】

明皇帝讳叡，字符仲，文帝太子也。生而太祖爱之，常令在左右。[1]年十五，封武德侯，黄初二年为齐公，三年为平原王。以其母诛，故未建为嗣。[2]七年夏五月，帝病笃，乃立为皇太子。丁巳，即皇帝位，大赦。尊皇太后曰太皇太后，皇后曰皇太后。诸臣封爵各有差。

[3]癸未，追谥母甄夫人曰文昭皇后。壬辰，立皇弟蕤为阳平王。

【注释】

〔1〕魏书曰：帝生数岁而有岐嶷之姿，武皇帝异之，曰："我基于尔三世矣。"每朝宴会同，与侍中近臣并列帷幄。好学多识，特留意

于法理。

〔2〕魏略曰：文帝以郭后无子，诏使子养帝。帝以母不以道终，意甚不平。后不获已，乃敬事郭后，旦夕因长御问起居，郭后亦自以无子，遂加慈爱。文帝始以帝不悦，有意欲以他姬子京兆王为嗣，故久不拜太子。魏末传曰：帝常从文帝猎，见子母鹿。文帝射杀鹿母，使帝射鹿子，帝不从，曰："陛下已杀其母，臣不忍复杀其子。"因涕泣。文帝即放弓箭，以此深奇之，而树立之意定。

〔3〕世语曰：帝与朝士素不接，即位之后，髃下想闻风采。居数日，独见侍中刘晔，语尽日。觽人侧听，晔既出，问"何如"？晔曰："秦始皇、汉孝武之俦，才具微不及耳。"

【原文】

八月，孙权攻江夏郡，太守文聘坚守。朝议欲发兵救之，帝曰："权习水战，所以敢下船陆攻者，几掩不备也。今已与聘相持，夫攻守势倍，终不敢久也。"先时遣治书侍御史荀禹慰劳边方，禹到，于江夏发所经县兵及所从步骑千人乘山举火，权退走。

辛巳，立皇子冏为清河王。吴将诸葛瑾、张霸等寇襄阳，抚军大将军司马宣王讨破之，斩霸，征东大将军曹休又破其别将于寻阳。论功行赏各有差。冬十月，清河王冏薨。十二月，以太尉钟繇为太傅，征东大将军曹休为大司马，中军大将军曹真为大将军，司徒华歆为太尉，司空王朗为司徒，镇军大将军陈群为司空，抚军大将军司马宣王为骠骑大将军。

太和元年春正月，郊祀武皇帝以配天，宗祀文皇帝于明堂以配上帝。分江夏南部，置江夏南部都尉。西平曲英反，杀临羌令、西都长，遣将军郝昭、鹿盘讨斩之。二月辛未，帝耕于籍田。辛巳，立文昭皇后寝庙于邺。丁亥，朝日于东郊。夏四月乙亥，行五铢钱。甲申，初营宗庙。秋八月，夕月于西郊。冬十月丙寅，治兵于东郊。焉耆王遣子入侍。十一月，立皇后毛氏。赐天下男子爵人二级，寡孤独不能自存者赐谷。十二月，封后父毛嘉为列侯。新城太守孟达反，诏骠骑将军司马宣王讨之。[1]

【注释】

〔1〕三辅决录曰：伯郎，凉州人，名不令休。其注曰：伯郎姓孟，名他，扶风人。灵帝时。

【原文】

中常侍张让专朝政，让监奴典护家事。他仕不遂，乃尽以家财赂监奴，与共结亲，积年家业为之破尽。众奴皆惭，问他所欲，他曰："欲得卿曹拜耳。"奴被恩久，皆许诺。时宾客求见让者，门下车常数百乘，或累日不得通。

他最后到，鳙奴伺其至，皆迎车而拜，径将他车独入。鳙人悉惊，谓他与让善，争以珍物遗他。他得之，尽以赂让，让大喜。他又以蒲桃酒一斛遗让，即拜凉州刺史。

他生达，少入蜀。其处蜀事䂓在刘封传。魏略曰：达以延康元年率部曲四千余家归魏。文帝时初即王位，既宿知有达，闻其来，甚悦，令贵臣有识察者往观之，还曰“将帅之才也”，或曰“卿相之器也”，王益钦达。逆与达书曰：“近日有命，未足达旨，何者？昔伊挚背商而归周，百里去虞而入秦，乐毅感鸱夷以蝉蜕，王遵识逆顺以去就，皆审兴废之符效，知成败之必然，故丹青画其形容，良史载其功勋。闻卿姿度纯茂，器量优绝，当骋能明时，收名传记。今者翻然濯鳞清流，甚相嘉乐，虚心西望，依依若旧，下笔属辞，欢心从之。昔虞卿入赵，再见取相，陈平就汉，一觐参乘，孤今于卿，情过于往，故致所御马物以昭忠爱。”又曰：“今者海内清定，万里一统，三垂无边尘之警，中夏无狗吠之虞，以是弛罔阔禁，与世无疑，保官空虚，初无（资）质任。卿来相就，当明孤意，慎勿令家人缤纷道路，以亲骇篙也。若卿欲来相见，且当先安部曲，有所保固，然后徐徐轻骑来东。”达既至谯，进见闲雅，才辩过人，鳙莫不属目。又王近出，乘小辇，执达手，抚其背戏之曰：“卿得无为刘备刺客邪？”遂与同载。又加拜散骑常侍，领新城太守，委以西南之任。时鳙臣或以为待之太猥，又不宜委以方任。王闻之曰：“吾保其无他，亦譬以蒿箭射蒿中耳。”达既为文帝所宠，又与桓阶、夏侯尚亲善，及文帝崩，时桓、尚皆卒，达自以羁旅久在疆埸，心不自安。

诸葛亮闻之，阴欲诱达，数书招之，达与相报答。魏兴太守申仪与达有隙，密表达与蜀潜通，帝未之信也。司马宣王遣参军梁几察之，又劝其入朝。达惊惧，遂反。

干宝晋纪曰：达初入新城，登白马塞，叹曰：“刘封、申耽，据金城千里而失之乎！”

二年春正月，宣王攻破新城，斩达，传其首。〔1〕分新城之上庸、武陵、巫县为上庸郡，锡县为锡郡。

【注释】

〔1〕魏略曰：宣王诱达将李辅及达甥邓贤，贤等开门纳军。达被围旬有六日而败，焚其首于洛阳四达之衢。

【原文】

蜀大将诸葛亮寇边，天水、南安、安定三郡吏民叛应亮。〔1〕遣大将军曹真都督关右，并进兵。右将军张合击亮于街亭，大破之。亮败走，三郡平。丁未，行幸长安。〔2〕夏四月丁酉，还洛阳宫。〔3〕赦系囚非殊死以下。乙巳，论讨亮功，封爵增邑各有差。五月，大旱。六月，诏曰：“尊儒贵学，王教之本也。自顷儒官或非其人，将何以宣明圣道？其高选博士，才任侍中常侍者。申敕郡国，贡士以经学为先。”秋九月，曹休率诸军至皖，与吴将陆议战于石亭，败绩。乙酉，立皇子穆为繁阳王。庚子，大司马曹休薨。冬十月，诏公卿近臣举良将各一人。十一月，司徒王朗薨。十二月，诸葛亮围陈仓，曹真遣将军费曜等拒之。[4]辽东太守公孙恭兄子渊，劫夺恭位，遂以渊领辽东太守。

【注释】

〔1〕魏书曰：是时朝臣未知计所出，帝曰：“亮阻山为固，今者自来，既合兵书致人之术；且亮贪三郡，知进而不知退，今因此时，破亮必也。”乃部勒兵马步骑五万拒亮。

〔2〕魏略载帝露布天下并班告益州曰：“刘备背恩，自窜巴蜀。诸葛亮弃父母之国，阿残贼之党，神人被毒，恶积身灭。亮外慕立孤之名，而内贪专擅之实。刘升之兄弟守空城而已。亮又侮易益土，虐用其民，是以利狼、宕渠、高定、青羌莫不瓦解，为亮仇敌。而亮反裘负薪，里尽毛殚，刖趾适屦，刻肌伤骨，反更称说，自以为能。行兵于井底，游步于牛蹄。自朕即位，三边无事，犹哀怜天下数遭兵革，且欲养四海之耆老，长后生之孤幼，先移风于礼乐，次讲武于农隙，置亮画外，未以为虞。而亮怀李熊愚勇之（智）志，不思荆邯度德之戒，驱略吏民，盗利祁山。

王师方振，胆破气夺，马谡、高祥，望旗奔败。虎臣逐北，蹈尸涉血，亮也小子，震惊朕师。

猛锐踊跃，咸思长驱。朕惟率土莫非王臣，师之所处，荆棘生焉，不欲使千室之邑忠信贞良，与夫淫昏之党，共受涂炭。故先开示，以昭国诚，勉思变化，无滞乱邦。巴蜀将吏士民诸为亮所劫迫，公卿已下皆听束手。”

〔3〕魏略曰：是时斗言，云帝已崩，从驾群臣迎立雍丘王植。京师自卞太后群公尽惧。及帝还，皆私察颜色。卞太后悲喜，欲推始言者，帝曰：“天下皆言，将何所推？”

〔4〕魏略曰：先是，使将军郝昭筑陈仓城；会亮至，围昭，不能拔。昭字伯道，太原人，为人雄壮，少入军为部曲督，数有战功，为杂号将军，遂镇守河西十余年，民夷畏服。亮围陈仓，使昭乡人靳详于城外遥说之，昭于楼上应详曰：“魏家科法，卿所练也；我之为人，卿所知也。我受国恩多而门户重，卿无可言者，但有必死耳。卿还谢诸葛，便可攻也。”详以昭语告亮，亮又使详重说昭，言人兵不敌，无为空自破灭。昭谓详曰：“前言已定矣。我识卿耳，箭不识也。”详乃去。亮自以有众数万，而昭兵才千余人，又度东救未能便到，乃进兵攻昭，起云梯冲车以临城。昭于是以火箭逆射其云梯，梯然，梯上人皆烧死。昭又以绳连石磨压其冲车，冲车折。亮乃更为井阑百尺以射城中，以土丸填堑，欲直攀城，昭又于内筑重墙。亮又为地突，欲踊出

于城里，昭又于城内穿地横截之。昼夜相攻拒二十余日，亮无计，救至，引退。诏嘉昭善守，赐爵列侯。及还，帝引见慰劳之，顾谓中书令孙资曰："卿乡里乃有尔曹快人，为将灼如此，朕复何忧乎？"仍欲大用之。会病亡，遗令戒其子凯曰："吾为将，知将不可为也。吾数发冢，取其木以为攻战具，又知厚葬无益于死者也。汝必敛以时服。且人生有处所耳，死复何在耶？今去本墓远，东西南北，在汝而已。"

【原文】

三年夏四月，元城王礼薨。六月癸卯，繁阳王穆薨。戊申，追尊高祖大长秋曰高皇帝，夫人吴氏曰高皇后。

秋七月，诏曰："礼，王后无嗣，择建支子以继大宗，则当纂正统而奉公义，何得复顾私亲哉！汉宣继昭帝后，加悼考以皇号；哀帝以外藩援立，而董宏等称引亡秦，惑误时朝，既尊恭皇，立庙京都，又宠藩妾，使比长信，昭穆于前殿，并四位于东宫，僭差无度，人神弗佑，而非罪师丹忠正之谏，用致丁、傅焚如之祸。自是之后，相踵行之。昔鲁文逆祀，罪由夏父；宋国非度，讥在华元。其令公卿有司，深以前世行事为戒。后嗣万一有由诸侯入奉大统，则当明为人后之义；敢为佞邪导谀时君，妄建非正之号以干正统，谓考为皇，称妣为后，则股肱大臣，诛之无赦。其书之金策，藏之宗庙，着于令典。"

冬十月，改平望观曰听讼观。帝常言"狱者，天下之性命也”，每断大狱，常幸观临听之。

初，洛阳宗庙未成，神主在邺庙。十一月，庙始成，使太常韩暨持节迎高皇帝、太皇帝、武帝、文帝神主于邺，十二月己丑至，奉安神主于庙。[1]

【注释】

〔1〕臣松之按：黄初四年，有司奏立二庙，太皇帝大长秋与文帝之高祖共一庙，特立武帝庙，百世不毁。今此无高祖神主，盖以亲尽毁也。此则魏初唯立亲庙，祀四室而已。至景初元年，始定七庙之制。孙盛曰：事亡犹存，祭如神在，迎迁神主，正斯宜矣。

【原文】

癸卯，大月氏王波调遣使奉献，以调为亲魏大月氏王。

四年春二月壬午，诏曰：“世之质文，随教而变。兵乱以来，经学废绝，后生进趣，不由典谟。岂训导未洽，将进用者不以德显乎？其郎吏学通一经，才任牧民，博士课试，擢其高第者，亟用；其浮华不务道本者，皆罢退之。”戊子，诏太傅三公：以文帝典论刻石，立于庙门之外。癸巳，以大将军曹真为大司马，骠骑将军司马宣王为大将军，辽东太守公孙渊为车骑将军。夏四月，太傅钟繇薨。六月戊子，太皇太后崩。丙申，省上庸郡。秋七月，武宣卞后祔葬于高陵。诏大司马曹真、大将军司马宣王伐蜀。八月辛巳，行东巡，遣使者以特牛祠中岳。[1]乙未，幸许昌宫。九月，大雨，伊、洛、河、汉水溢，诏真等班师。冬十月乙卯，行还洛阳宫。庚申，令："罪非殊死听赎各有差。"十一月，太白犯岁星。十二月辛未，改葬文昭甄后于朝阳陵。丙寅，诏公卿举贤良。

【注释】

〔1〕魏书曰：行过繁昌，使执金吾臧霸行太尉事，以特牛祠受禅坛。

【原文】

臣松之按：汉纪章帝元和三年，诏高邑县祠即位坛，五成陌，比腊祠门户。此虽前代已行故事，然为坛以祀天，而坛非神也，今无事于上帝，而致祀于虚坛，求之义典，未详所据。

五年春正月，帝耕于籍田。三月，大司马曹真薨。诸葛亮寇天水，诏大将军司马宣王拒之。

自去冬十月至此月不雨，辛巳，大雩。夏四月，鲜卑附义王轲比能率其种人及丁零大人儿禅诣幽州贡名马。复置护匈奴中郎将。秋七月丙子，以亮退走，封爵增位各有差。[1]乙酉，皇子殷生，大赦。

【注释】

〔1〕魏书曰：初，亮出，议者以为亮军无辎重，粮

必不继，不击自破，无为劳兵；或欲自芟上邽左右生麦以夺贼食，帝皆不从。前后遣兵增宣王军，又敕使护麦。宣王与亮相持，赖得此麦以为军粮。

【原文】

八月，诏曰："古者诸侯朝聘，所以敦睦亲亲协和万国也。先帝着令，不欲使诸王在京都者，谓幼主在位，母后摄政，防微以渐，关诸盛衰也。朕惟不见诸王十有二载，悠悠之怀，能不兴思！其令诸王及宗室公侯各将适子一人朝。后有少主、母后在宫者，自如先帝令，申明着于令。"冬十一月乙酉，月犯轩辕大星。戊戌晦，日有蚀之。十二月甲辰，月犯镇星。戊午，太尉华歆薨。

六年春二月，诏曰："古之帝王，封建诸侯，所以藩屏王室也。诗不云乎，'怀德维宁，宗子维城'。秦、汉继周，或强或弱，俱失厥中。大魏创业，诸王开国，随时之宜，未有定制，非所以永为后法也。其改封诸侯王，皆以郡为国。"三月癸酉，行东巡，所过存问高年寡孤独，赐谷帛。乙亥，月犯轩辕大星。夏四月壬寅，行幸许昌宫。甲子，初进新果于庙。五月，皇子殷薨，追封谥安平哀王。秋七月，以籣尉董昭为司徒。九月，行幸摩陂，治许昌宫，起景福、承光殿。冬十月，殄夷将军田豫帅觽讨吴将周贺于成山，杀贺。十一月丙寅，太白昼见。有星孛于翼，近太微上将星。庚寅，陈思王植薨。十二月，行还许昌宫。

青龙元年春正月甲申，青龙见郏之摩陂井中。二月丁酉，幸摩陂观龙，于是改年；改摩陂为龙陂，赐男子爵人二级，寡孤独无出今年租赋。三月甲子，诏公卿举贤良笃行之士各一人。

夏五月壬申，诏祀故大将军夏侯惇、大司马曹仁、车骑将军程昱于太祖庙庭。[1]戊寅，北海王蕤薨。闰月庚寅朔，日有蚀之。丁酉，改封宗室女非诸王女皆为邑主。诏诸郡国山川不在祠典者勿祠。六月，洛阳宫鞠室灾。

【注释】

〔1〕魏书载诏曰："昔先王之礼，于功臣存则显其爵禄，没则祭于大蒸，故汉氏功臣，祀于庙庭。大魏元功之臣功勋优着，终始休明者，其皆依礼祀之。"于是以惇等配飨。

【原文】

保塞鲜卑大人步度根与叛鲜卑大人轲比能私通，并州刺史毕轨表，辄出军以外威比能，内镇步度根。帝省表曰："步度根以为比能所诱，有自疑心。今轨出军，适使二部惊合为一，何所威镇乎？"促敕轨，以出军者慎勿越塞过句注也。比诏书到，轨以进军屯阴馆，遣将军苏尚、董弼追鲜卑。比能遣子将千余骑迎步度根部落，与尚、弼相遇，战于楼烦，二将败没。步度根部落皆叛出塞，与比能合寇边。遣骁骑将军秦朗将中军讨之，虏乃走漠北。

秋九月，安定保塞匈奴大人胡薄居姿职等叛，司马宣王遣将军胡遵等追讨，破降之。

冬十月，步度根部落大人戴胡阿狼泥等诣并州降，朗引军还。[1]

【注释】

〔1〕魏氏春秋曰：朗字符明，新兴人。献帝传曰：朗父名宜禄，为吕布使诣袁术，术妻以汉宗室女。其前妻杜氏留下邳。布之被围，关羽屡请于太祖，求以杜氏为妻，太祖疑其有色，及城陷，太祖见之，乃自纳之。宜禄归降，以为铚长。及刘备走小沛，张飞随之，过谓宜禄曰："人取汝妻，而为之长，乃蚩蚩若是邪！随我去乎？"宜禄从之数里，悔欲还，飞杀之。

【原文】

朗随母氏畜于公宫，太祖甚爱之，每坐席，谓宾客曰："世有人爱假子如孤者乎？"魏略曰：

朗游遨诸侯间，历武、文之世而无尤也。及明帝即位，授以内官，为骁骑将军、给事中，每车驾出入，朗常随从。时明帝喜发举，数有以轻微而致大辟者，朗终不能有所谏止，又未尝进一善人，帝亦以是亲爱；每顾问之，多呼其小字阿稣，数加赏赐，为起大第于京城中。四方虽知朗无能为益，犹以附近至尊，多赂遗之，富均公侯。世语曰：朗子秀，劲厉能直言，为晋武帝博士。魏略以朗与孔桂俱在佞幸篇。桂字叔林，天水人也。建安初，数为将军杨秋使诣太祖，太祖表拜骑都尉。桂性便辟，晓博弈、鞠，故太祖爱之，每在左右，出入随从。

桂察太祖意，喜乐之时，因言次曲有所陈，事多见从，数得赏赐，人多馈遗，桂由此侯服玉食。太祖既爱桂，五官将及诸侯亦皆亲之。其后桂见太祖久不立太子，而有意于临菑侯，因更亲附临菑侯而简于五官将，将甚衔之。及太祖薨，文帝即王位，未及致其罪。黄初元年，随例转拜驸马都尉。而桂私受西域货赂，许为人事。事发，有诏收问，遂杀之。鱼豢曰：为上者不虚授，处下者不虚受，然后外无伐檀之叹，内无尸素之刺，雍熙之美着，太平之律显矣。而佞幸之徒，但姑息人主，至乃无德而荣，无功而禄，如是焉得不使中正日朘，倾邪滋多乎！以武皇帝之慎赏，明皇帝之持法，而犹有若此等人，而况下斯者乎？

十二月，公孙渊斩送孙权所遣使张弥、许晏首，以渊为大司马乐浪公。[1]

【注释】

〔1〕世语曰：并州刺史毕轨送汉故度辽将军范明友鲜卑奴，年三百五十岁，言语饮食如常人。奴云：“霍显，光后小妻。明友妻，光前妻女。”博物志曰：时京

邑有一人，失其姓名，食啖兼十许人，遂肥不能动。其父曾作远方长吏，官徙送彼县，令故义传供食之；一二年中，一乡中辄为之俭。傅子曰：时太原发頃破棺，棺中有一生妇人，将出与语，生人也。送之京师，问其本事，不知也。视其頃上树木可三十岁，不知此妇人三十岁常生于地中邪？将一朝欻生，偶与发頃者会也？

【原文】

二年春二月乙未，太白犯荧惑。癸酉，诏曰：“鞭作官刑，所以纠慢怠也，而顷多以无辜死。

其减鞭杖之制，着于令。”三月庚寅，山阳公薨，帝素服发哀，遣使持节典护丧事。己酉，大赦。夏四月，大疫。崇华殿灾。丙寅，诏有司以太牢告祠文帝庙。追谥山阳公为汉孝献皇帝，葬以汉礼。[1]

【注释】

〔1〕献帝传曰：帝变服，率髃臣哭之，使使持节行司徒太常和洽吊祭，又使持节行大司空大司农崔林监护丧事。诏曰：“盖五帝之事尚矣，仲尼盛称尧、舜巍巍荡荡之功者，以为禅代乃大圣之懿事也。山阳公深识天禄永终之运，禅位文皇帝以顺天命。先帝命公行汉正朔，郊天祀祖以天子之礼，言事不称臣，此舜事尧之义也。昔放勋殂落，四海如丧考妣，遏密八音，明丧葬之礼同于王者也。今有司奏丧礼比诸侯王，此岂古之遗制

而先帝之至意哉？今谥公汉孝献皇帝。”使太尉具以一太牢告祠文帝庙，曰：“叡闻夫礼也者，反本修古，不忘厥初，是以先代之君，尊尊亲亲，咸有尚焉。今山阳公寝疾弃国，有司建言丧纪之礼视诸侯王。

【原文】

叡惟山阳公昔知天命永终于己，深观历数允在圣躬，传祚禅位，尊我民主，斯乃陶唐懿德之事也。黄初受终，命公于国行汉正朔，郊天祀祖礼乐制度率乃汉旧，斯亦舜、禹明堂之义也。

上考遂初，皇极攸建，允熙克让，莫朗于兹。盖子以继志嗣训为孝，臣以配命钦述为忠，故诗称‘匪棘其犹，聿追来孝’，书曰‘前人受命，兹不忘大功’。叡敢不奉承徽典，以昭皇考之神灵。今追谥山阳公曰孝献皇帝，册赠玺绂。命司徒、司空持节吊祭护丧，光禄、大鸿胪为副，将作大匠、复土将军营成陵墓，及置百官群吏，车旗服章丧葬礼仪，一如汉氏故事；

丧葬所供群官之费，皆仰大司农。立其后嗣为山阳公，以通三统，永为魏宾。”于是赠册曰：

“呜呼，昔皇天降戾于汉，俾逆臣董卓，播厥凶虐，焚灭京都，劫迁大驾。于时六合云扰，奸雄熛起。帝自西京，徂唯求定，臻兹洛邑。畴咨圣贤，聿改乘辕，又迁许昌，武皇帝是依。

岁在玄枵，皇师肇征，迄于鹑尾，十有八载，罔寇歼殄，九域咸乂。惟帝念功，祚兹魏国，大启土宇。爰及文皇帝，齐圣广渊，仁声旁流，柔远能迩，殊俗向义，干精承祚，坤灵吐曜，稽极玉衡，允膺历数，度于轨仪，克厌帝心。乃仰钦七政，俯察五典，弗采四岳之谋，不俟师锡之举，幽赞神明，承天禅位。祚（建）逮朕躬，统承洪业。盖闻昔帝尧，元恺既举，凶族未流，登舜百揆，然后百揆时序，内平外成，授位明堂，退终天禄，故能冠德百王，表功嵩岳。自往迄今，弥历七代，岁暨三千，而大运来复，庸命底绩，纂我民主，作建皇极。念重光，绍咸池，继韶夏，超群后之遐踪，邈商、周之惭德，可谓高朗令终，昭明洪烈之懿盛者矣。非夫汉、魏与天地合德，与四时合信，动和民神，格于上下，其孰能至于此乎？朕惟孝献享年不永，钦若顾命，考之典谟，恭述皇考先灵遗意，阐崇弘谥，奉成圣美，以章希世同符之隆，以传亿载不朽之荣。魂而有灵，嘉兹弘休。呜呼哀哉！”八月壬申，葬于山阳国，陵曰禅陵，置园邑。葬之日，帝制锡衰弁绖，哭之恸。适孙桂氏乡侯康，嗣立为山阳公。

是月，诸葛亮出斜谷，屯渭南，司马宣王率诸军拒之。诏宣王：“但坚壁拒守以挫其锋，彼进不得志，退无与战，久停则粮尽，虏略无所获，则必走矣。走而追之，以逸待劳，全胜之道也。”〔1〕

【注释】

〔1〕魏氏春秋曰：亮既屡遣使交书，又致巾帼妇人之饰，以怒宣王。宣王将出战，辛毗杖节奉诏，勒宣王及军吏已下，乃止。宣王见亮使，唯问其寝食及其事之烦简，不问戎事。使对曰："诸葛公夙兴夜寐，罚二十已上，皆亲览焉；所啖食不过数升。"宣王曰："亮体毙矣，其能久乎？"

【原文】

五月，太白昼见。孙权入居巢湖口，向合肥新城，又遣将陆议、孙韶各将万余人入淮、沔。

六月，征东将军满宠进军拒之。宠欲拔新城守，致贼寿春，帝不听，曰："昔汉光武遣兵县据略阳，终以破隗嚣，先帝东置合肥，南守襄阳，西固祁山，贼来辄破于三城之下者，地有所必争也。纵权攻新城，必不能拔。敕诸将坚守，吾将自往征之，比至，恐权走也。"秋七月壬寅，帝亲御龙舟东征，权攻新城，将军张颖等拒守力战，帝军未至数百里，权遁走，议、韶等亦退。群臣以为大将军方与诸葛亮相持未解，车驾可西幸长安。帝曰："权走，亮胆破，大将军以制之，吾无忧矣。"遂进军幸寿春，录诸将功，封赏各有差。八月己未，大曜兵，飨六军，遣使者持节犒劳合肥、寿春诸军。辛巳，行还许昌宫。

司马宣王与亮相持，连围积日，亮数挑战，宣王坚垒不应。会亮卒，其军退还。

冬十月乙丑，月犯镇星及轩辕。戊寅，月犯太白。十一月，京都地震，从东南来，隐隐有声，摇动屋瓦。十二月，诏有司删定大辟，减死罪。

三年春正月戊子，以大将军司马宣王为太尉。己亥，复置朔方郡。京都大疫。丁巳，皇太后崩。乙亥，陨石于寿光县。三月庚寅，葬文德郭后，营陵于首阳陵涧西，如终制。〔1〕

【注释】

〔1〕顾恺之启蒙注曰：魏时人有开周王頊者，得殉葬女子，经数日而有气，数月而能语；年可二十。送诣京师，郭太后爱养之。十余年，太后崩，哀思哭泣，一年余而死。

【原文】

是时，大治洛阳宫，起昭阳、太极殿，筑总章观。百姓失农时，直臣杨阜、高堂隆等各数切谏，虽不能听，常优容之。〔1〕

【注释】

〔1〕魏略曰：是年起太极诸殿，筑总章观，高十余丈，建翔凤于其上；又于芳林园中起陂池，楫棹越歌；又于列殿之北，立八坊，诸才人以次序处其中，贵人夫

人以上，转南附焉，其秩石拟百官之数。帝常游宴在内，乃选女子知书可付信者六人，以为女尚书，使典省外奏事，处当画可，自贵人以下至尚保，及给掖庭洒扫，习伎歌者，各有千数。通引谷水过九龙殿前，为玉井绮栏，蟾蜍含受，神龙吐出。使博士马均作司南车，水转百戏。岁首建巨兽，鱼龙曼延，弄马倒骑，备如汉西京之制，筑阊阖诸门阙外罘罳。太子舍人张茂以吴、蜀数动，诸将出征，而帝盛兴宫室，留意于玩饰，赐与无度，帑藏空竭；又录夺士女前已嫁为吏民妻者，还以配士，既听以生口自赎，又简选其有姿色者内之掖庭，乃上书谏曰："臣伏见诏书，诸士女嫁非士者，一切录夺，以配战士，斯诚权时之宜，然非大化之善者也。臣请论之。陛下，天之子也，百姓吏民，亦陛下之子也。礼，赐君子小人不同日，所以殊贵贱也。吏属君子，士为小人，今夺彼以与此，亦无以异于夺兄之妻妻弟也，于父母之恩偏矣。又诏书听得以生口年纪、颜色与妻相当者自代，故富者则倾家尽产，贫者举假贷贳，贵买生口以赎其妻；县官以配士为名而实内之掖庭，其丑恶者乃出与士。得妇者未必有欢心，而失妻者必有忧色，或穷或愁，皆不得志。夫君有天下而不得万姓之欢心者，寖不危殆。且军师在外数千万人，一日之费非徒千金，举天下之赋以奉此役，犹将不给，况复有宫庭非员无录之女，椒房母后之家，赏赐横兴，内外交引，其费半军。昔汉武帝好神仙，信方士，掘地为海，封土为山，赖是时天下为一，莫敢与争者耳。自衰乱以来，四五十载，马不舍鞍，士不释甲，每一交战，血流丹野，创痍号痛之声，于今未已。犹强寇在疆，图危魏室。陛下不兢兢业业，念崇节约，思所以安天下者，而乃奢靡是务，中尚方纯作玩弄之物，炫耀后园，建承露之盘，斯诚快耳目之观，然亦足以骋寇绚之心矣。惜乎，舍尧舜之节俭，而为汉武之侈事，臣窃为陛下不取也。愿陛下沛然下诏，万几之事有无益而有损者悉除去之，以所除无益之费，厚赐将士父母妻子之饥寒者，问民所疾而除其所恶，实仓廪，缮甲兵，恪恭以临天下。如是，吴贼面缚，蜀虏舆榇，不待诛而自服，太平之路可计日而待也。陛下可无劳神思于海表，军师高枕，战士备员。今䶬公皆结舌，而臣所以不敢不献瞽言者，臣昔上要言，散骑奏臣书，以听谏篇为善，诏曰：'是也'，擢臣为太子舍人；

且臣作书讥为人臣不能谏诤，今有可谏之事而臣不谏，此为作书虚妄而不能言也。臣年五十，常恐至死无以报国，是以投躯没命，冒昧以闻，惟陛下裁察。"书通，上顾左右曰："张茂恃乡里故也。"以事付散骑而已。茂字彦林，沛人。

【原文】

秋七月，洛阳崇华殿灾，八月庚午，立皇子芳为齐王，询为秦王。丁巳，行还洛阳宫。命有司复崇华，改名九龙殿。冬十月己酉，中山王兖薨。壬申，太白昼见。十一月丁酉，行幸许昌宫。[1]

【注释】

〔1〕魏氏春秋曰：是岁张掖郡删丹县金山玄川溢涌，宝石负图，状象灵龟，广一丈六尺，长一丈七尺一寸，围五丈八寸，立于川西。有石马七，其一仙人骑之，其一羁绊，其五有形而不善成。有玉匣关盖于前，上有玉字，玉玦二，璜一。麒麟在东，凤鸟在南，白虎在西，牺牛在北，马自中布列四面，色皆苍白。其南有五字，曰“上上三天王”；又曰“述大金，大讨曹，金但取之，金立中，大金马一匹在中，大（告）吉开寿，此马甲寅述水”。凡“中”字六，“金”字十；又有若八卦及列宿孛彗之象焉。世语曰：又有一鸡象。搜神记曰：

初，汉元、成之世，先识之士有言曰，魏年有和，当有开石于西三千余里，系五马，文曰“大讨曹”。及魏之初兴也，张掖之柳谷，有开石焉，始见于建安，形成于黄初，文备于太和，周围七寻，中高一仞，苍质素章，龙马、麟鹿、凤皇、仙人之象，粲然咸着，此一事者，魏、晋代兴之符也。至晋泰始三年，张掖太守焦胜上言，以留郡本国图校今石文，文字多少不同，谨具图上。按其文有五马象，其一有人平上帻，执戟而乘之，其一有若马形而不成，其字有“金”，有“中”，有“大司马”，有“王”，有“大吉”，有“正”，有“开寿”，其一成行，曰“金当取之”。汉晋春秋曰：氐池县大柳谷口夜激波涌溢，其声如雷，晓而有苍石立水中，长一丈六尺，高八尺，白石画之，为十三马，一牛，一鸟，八卦玉玦之象，皆隆起，其文曰“大讨曹，适水中，甲寅”。帝恶其“讨”也，使凿去为“计”，以苍石窒之，宿昔而白石满焉。至晋初，其文愈明，马象皆焕彻如玉焉。

四年春二月，太白复昼见，月犯太白，又犯轩辕一星，入太微而出。夏四月，置崇文观，征善属文者以充之。五月乙卯，司徒董昭薨。丁巳，肃慎氏献楛矢。

六月壬申，诏曰："有虞氏画象而民弗犯，周人刑错而不用。朕从百王之末，追望上世之风，邈乎何相去之远？法令滋章，犯者弥多，刑罚愈繁，而奸不可止。往者按大辟之条，多所蠲除，思济生民之命，此朕之至意也。而郡国毙狱，一岁之中尚过数百，岂朕训导不醇，俾民轻罪，将苛法犹存，为之陷穽乎？有司其议狱缓死，务从宽简，及乞恩者，或辞未出而狱以报断，非所以究理尽情也。其令廷尉及天下狱官，诸有死罪具狱以定，非谋反及手杀人，亟语其亲治，有乞恩者，使与奏当文书俱上，朕将思所以全之。其布告天下，使明朕意。"

秋七月，高句骊王宫斩送孙权使胡韂等首，诣幽州。甲寅，太白犯轩辕大星。冬十月己卯，行还洛阳宫。甲申，有星孛于大辰，乙酉，又孛于东方。十一月己亥，彗星见，犯宦者天纪星。十二月癸巳，司空陈群薨。乙未，行幸许昌宫。

【原文】

景初元年春正月壬辰，山茌县言黄龙见。茌音仕狸反。于是有司奏，以为魏得地统，宜以建丑之月为正。三月，定历改年为孟夏四月。[1]服色尚黄，牺牲用白，戎事乘黑首白马，建大赤之旗，朝会建大白之旗。[2]改太和历曰景初历。其春夏秋冬孟仲季月虽与正岁不同，至于郊祀、迎气、礿祠、蒸尝、巡狩、搜田、分至启闭、班宣时令、中气早晚、敬授民事，皆以正岁斗建为历数之序。

【注释】

〔1〕魏书曰：初，文皇帝即位，以受禅于汉，因循汉正朔弗改。帝在东宫着论，以为五帝三王虽同气共祖，礼不相袭，正朔自宜改变，以明受命之运。及即位，优游者久之，史官复着言宜改，乃诏三公、特进、九卿、中郎将、大夫、博士、议郎、千石、六百石博议，议者或不同。帝据古典，甲子诏曰："夫太极运三辰五星于上，元气转三统五行于下，登降周旋，终则又始。故仲尼作春秋，于三微之月，每月称王，以明三正迭相为首。今推三统之次，魏得地统，当以建丑之月为正月。考之羁艺，厥义章矣。其改青龙五年三月为景初元年四月。"

〔2〕臣松之按：魏为土行，故服色尚黄。行殷之时，以建丑为正，故牺牲旗旗一用殷礼。

礼记云："夏后氏尚黑，故戎事乘骊，牲用玄；殷人尚白，戎事乘翰，牲用白；周人尚赤，戎事乘騵，牲用骍。"郑玄云："夏后氏以建寅为正，物生色黑；殷以建丑为正，物牙色白；

周以建子为正，物萌色赤。翰，白色马也，易曰'白马翰如'。"周礼巾车职"建大赤以朝"，大白以即戎，此则周以正色之旗以朝，先代之旗即戎。今魏用殷礼，变周之制，故建大白以朝，大赤即戎。

【原文】

五月己巳，行还洛阳宫。己丑，大赦。六月戊申，京都地震。己亥，以尚书令陈矫为司徒，尚书（左）右仆射卫臻为司空。丁未，分魏兴之魏阳、锡郡之安富、上庸为上庸郡。省锡郡，以锡县属魏兴郡。

有司奏：武皇帝拨乱反正，为魏太祖，乐用武始之舞。文皇帝应天受命，为魏高祖，乐用咸熙之舞。帝制作兴治，为魏烈祖，乐用章（武）斌之舞。三祖之庙，万世不毁。其余四庙，亲尽迭毁，如周后稷、文、武庙祧之制。[1]

【注释】

〔1〕孙盛曰：夫谥以表行，庙以存容，皆于既没然后着焉，所以原始要终，以示百世也。

【原文】

未有当年而逆制祖宗，未终而豫自尊显。昔华乐以厚敛致讥，周人以豫凶违礼，魏之䴡司，于是乎失正。

秋七月丁卯，司徒陈矫薨。孙权遣将朱然等二万人围江夏郡，荆州刺史胡质等击之，然退走。

初，权遣使浮海与高句骊通，欲袭辽东。遣幽州刺史丘俭率诸军及鲜卑、乌丸屯辽东南界，玺书征公孙渊。渊发兵反，俭进军讨之，会连雨十日，辽水大涨，诏俭引军还。右北平乌丸单于寇娄敦、辽西乌丸都督王护留等居辽东，率部䲡随俭内附。己卯，诏辽东将吏士民为渊所胁略不得降者，一切赦之。辛卯，太白昼见。渊自俭还，遂自立为燕王，置百官，称绍汉元年。

诏青、兖、幽、冀四州大作海船。九月，冀、兖、徐、豫四州民遇水，遣侍御史循行没溺死亡及失财产者，在所开仓振救之。庚辰，皇后毛氏卒。冬十月丁未，月犯荧惑。癸丑，葬悼毛后于愍陵。乙卯，营洛阳南委粟山为圜丘。[1]十二月壬子冬至，始祀。丁巳，分襄阳临沮、宜城、旍阳、邔邔音其己反。四县，置襄阳南部都尉。己未，有司奏文昭皇后立庙京都。分襄阳郡之鄀叶县属义阳郡。[2]

【注释】

〔1〕魏书载诏曰："盖帝王受命，莫不恭承天地以章

神明，尊祀世统以昭功德，故先代之典既着，则禘郊祖宗之制备也。昔汉氏之初，承秦灭学之后，采摭残缺，以备郊祀，自甘泉后土、雍宫五畤，神只兆位，多不见经，是以制度无常，一彼一此，四百余年，废无禘祀。

古代之所更立者，遂有阙焉。曹氏系世，出自有虞氏，今祀圜丘，以始祖帝舜配，号圜丘曰皇皇帝天；方丘所祭曰皇皇后地，以舜妃伊氏配；天郊所祭曰皇天之神，以太祖武皇帝配；

地郊所祭曰皇地之只，以武宣后配；宗祀皇考高祖文皇帝于明堂，以配上帝。”至晋泰始二年，并圜丘、方丘二至之祀于南北郊。

〔2〕魏略曰：是岁，徙长安诸钟簴、骆驼、铜人、承露盘。盘折，铜人重不可致，留于霸城。大发铜铸作铜人二，号曰翁仲，列坐于司马门外。又铸黄龙、凤皇各一，龙高四丈，凤高三丈余，置内殿前。起土山于芳林园西北陬，使公卿群僚皆负土成山，树松竹杂木善草于其上，捕山禽杂兽置其中。汉晋春秋曰：帝徙盘，盘折，声闻数十里，金狄或泣，因留霸城。

魏略载司徒军议掾河东董寻上书谏曰：“臣闻古之直士，尽言于国，不避死亡。故周昌比高祖于桀、纣，刘辅譬赵后于人婢。天生忠直，虽白刃沸汤，往而不顾者，诚为时主爱惜天下也。建安以来，野战死亡，或门殚户尽，虽有存者，遗孤老弱。若今宫室狭小，当广大之，犹宜随时，不妨农务，况乃作无益之物，黄龙、凤皇，九龙、承露盘，土山、渊池，此皆圣明之所不兴也，其功参倍于殿舍。三公九卿侍中尚书，天下至德，皆知非道而不敢言者，以陛下春秋方刚，心畏雷霆。今陛下既尊群臣，显以冠冕，被以文绣，载以华舆，所以异于小人；而使穿方举土，面目垢黑，沾体涂足，衣冠了鸟，毁国之光以崇无益，甚非谓也。孔子曰：'君使臣以礼，臣事君以忠。'无忠无礼，国何以立！故有君不君，臣不臣，上下不通，心怀郁结，使阴阳不和，灾害屡降，凶恶之徒，因间而起，谁当为陛下尽言事者乎？又谁当干万乘以死为戏乎？臣知言出必死，而臣自比于牛之一毛，生既无益，死亦何损？秉笔流涕，心与世辞。臣有八子，臣死之后，累陛下矣！"

将奏，沐浴。既通，帝曰："董寻不畏死邪！"主者奏收寻，有诏勿问。后为贝丘令，清省得民心。

【原文】

二年春正月，诏太尉司马宣王帅觽讨辽东。[1]

【注释】

〔1〕干宝晋纪曰：帝问宣王："度公孙渊将何计以待君？"宣王对曰："渊弃城预走，上计也；据辽水拒大军，其次也；坐守襄平，此为成禽耳。"帝曰："然则三者何出？"对曰："唯明智审量彼我，乃预有所割弃，此既非渊所及，又谓今往县远，不能持久，必先拒辽水，后守也。"帝曰："往还几日？"对曰："往百日，攻百

日；还百日，以六十日为休息，如此，一年足矣。”魏名臣奏载散骑常侍何曾表曰：“臣闻先王制法，必于全慎，故建官授任，则置假辅，陈师命将，则立监贰，宣命遣使，则设介副，临敌交刃，则参御右，盖以尽谋思之功，防安危之变也。是以在险当难，则权足相济，陨缺不预，则才足相代，其为固防，至深至远。及至汉氏，亦循旧章。韩信伐赵，张耳为贰；马援讨越，刘隆副军。前世之𬀪，着在篇志。今懿奉辞诛罪，步骑数万，道路回阻，四千余里，虽假天威，有征无战，寇或潜遁，消散日月，命无常期。人非金石，远虑详备，诚宜有副。今北边诸将及懿所督，皆为僚属，名位不殊，素无定分，卒有变急，不相镇摄。存不忘亡，圣达所戒，宜选大臣名将威重宿著者，盛其礼秩，遣诣懿军，进同谋略，退为副佐。虽有万一不虞之灾，军主有储，则无患矣。”丘俭志记云，时以俭为宣王副也。

二月癸卯，以大中大夫韩暨为司徒。癸丑，月犯心距星，又犯心中央大星。夏四月庚子，司徒韩暨薨。壬寅，分沛国萧、相、竹邑、符离、蕲、铚、龙亢、山桑、洨、虹洨音胡交反。

【原文】

虹音绛。十县为汝阴郡。宋县、陈郡苦县皆属谯郡。以沛、杼秋、公丘、彭城丰国、广戚，并五县为沛王国。庚戌，大赦。五月乙亥，月犯心距星，又犯中央大星。[1]

六月，省渔阳郡之狐奴县，复置安乐县。

【注释】

〔1〕魏书载戊子诏曰："昔汉高祖创业，光武中兴，谋除残暴，功昭四海，而坟陵崩颓，童儿牧竖践蹈其上，非大魏尊崇所承代之意也。其表高祖、光武陵四面百步，不得使民耕牧樵采。"

【原文】

秋八月，烧当羌王芒中、注诣等叛，凉州刺史率诸郡攻讨，斩注诣首。癸丑，有彗星见张宿。〔1〕

【注释】

〔1〕汉晋春秋曰：史官言于帝曰："此周之分野也，洛邑恶之。"于是大修禳祷之术以厌焉。魏书曰：九月，蜀阴平太守廖惇反，攻守善羌侯宕蕈营。雍州刺史郭淮遣广魏太守王赟、南安太守游奕将兵讨惇。淮上书："赟、奕等分兵夹山东西，围落贼表，破在旦夕。"帝曰：

"兵势恶离。"促诏淮敕奕诸别营非要处者，还令据便地。诏敕未到，奕军为惇所破；赟为流矢所中死。

【原文】

丙寅，司马宣王围公孙渊于襄平，大破之，传渊首于京都，海东诸郡平。冬十一月，录讨渊功，太尉宣王以下增邑封爵各有差。初，帝议遣宣王讨渊，发卒四万人。议臣皆以为四万兵多，役费难供。帝曰：“四千里征伐，虽云用奇，亦当任力，不当稍计役费。”遂以四万人行。及宣王至辽东，霖雨不得时攻，群臣或以为渊未可卒破，宜诏宣王还。帝曰：“司马懿临危制变，擒渊可计日待也。”卒皆如所策。

壬午，以司空韩暨为司徒，司隶校尉崔林为司空。闰月，月犯心中央大星。十二月乙丑，帝寝疾不豫。辛巳，立皇后。赐天下男子爵人二级，鳏寡孤独谷。以燕王宇为大将军，甲申免，以武卫将军曹爽代之。[1]

【注释】

〔1〕汉晋春秋曰：帝以燕王宇为大将军，使与领军将军夏侯献、武卫将军曹爽、屯骑校尉曹肇、骁骑将军秦朗等对辅政。中书监刘放、令孙资久专权宠，为朗等素所不善，惧有后害，阴图间之，而宇常在帝侧，故未得有言。甲申，帝气微，宇下殿呼曹肇有所议，未还，而帝少闲，惟曹爽独在。放知之，呼资与谋。资曰：“不可动也。”放曰：“俱入鼎镬，何不可之有？”乃突前见帝，垂泣曰：“陛下气微，若有不讳，将以天下付谁？”帝曰：“卿不闻用燕王耶？”放曰：“陛下忘先帝诏敕，藩王不得辅政。且陛下方病，而曹肇、秦朗等便与才人侍疾者言戏。燕王拥兵南面，不听臣等入，此即

竖刁、赵高也。今皇太子幼弱，未能统政，外有强暴之寇，内有劳怨之民，陛下不远虑存亡，而近系恩旧。委祖宗之业，付二三凡士，寝疾数日，外内壅隔，社稷危殆，而己不知，此臣等所以痛心也。”帝得放言，大怒曰：“谁可任者？”放、资乃举爽代宇，又白“宜诏司马宣王使相参”，帝从之。放、资出，曹肇入，泣涕固谏，帝使肇敕停。肇出户，放、资趋而往，复说止帝，帝又从其言。放曰：“宜为手诏。”

帝曰：“我困笃，不能。”放即上黙，执帝手强作之，遂赍出，大言曰：“有诏免燕王宇等官，不得停省中。”于是宇、肇、献、朗相与泣而归第。

【原文】

初，青龙三年中，寿春农民妻自言为天神所下，命为登女，当营韂帝室，蠲邪纳福。饮人以水，及以洗疮，或多愈者。于是立馆后宫，下诏称扬，甚见优宠。及帝疾，饮水无验，于是杀焉。

三年春正月丁亥，太尉宣王还至河内，帝驿马召到，引入卧内，执其手谓曰：“吾疾甚，以后事属君，君其与爽辅少子。吾得见君，无所恨！”宣王顿首流涕。〔1〕即日，帝崩于嘉福殿，〔2〕时年三十六。〔3〕癸丑，葬高平陵。〔4〕

【注释】

〔1〕魏略曰：帝既从刘放计，召司马宣王，自力为

诏，既封，顾呼宫中常所给使者曰："辟邪来！汝持我此诏授太尉也。"辟邪驰去。先是，燕王为帝画计，以为关中事重，宜便道遣宣王从河内西还，事以施行。宣王得前诏，斯须复得后手笔，疑京师有变，乃驰到，入见帝。

劳问讫，乃召齐、秦二王以示宣王，别指齐王谓宣王曰："此是也，君谛视之，勿误也！"

又教齐王令前抱宣王颈。魏氏春秋曰：时太子芳年八岁，秦王九岁，在于御侧。帝执宣王手，目太子曰："死乃复可忍，朕忍死待君，君其与爽辅此。"宣王曰："陛下不见先帝属臣以陛下乎？"

〔2〕魏书曰：殡于九龙前殿。

〔3〕臣松之按：魏武以建安九年八月定邺，文帝始纳甄后，明帝应以十年生，计至此年正月，整三十四年耳。时改正朔，以故年十二月为今年正月，可强名三十五年，不得三十六也。

〔4〕魏书曰：帝容止可观，望之俨然。自在东宫，不交朝臣，不问政事，唯潜思书籍而已。

即位之后，褒礼大臣，料简功能，真伪不得相贸，务绝浮华谮毁之端，行师动觽，论决大事，谋臣将相，咸服帝之大略。性特强识，虽左右小臣官簿性行，名迹所履，及其父兄子弟，一经耳目，终不遗忘。含垢藏疾，容受直言，听受吏民士庶上书，一月之中至数十百封，虽文辞鄙陋，犹览省究竟，意无厌倦。孙盛曰：闻之长老，魏明帝天姿秀出，立发垂地，口吃少言，而沉毅好断。初，诸公受遗辅导，帝皆以方任处之，政自己出。而优礼大臣，开容善直，虽犯颜极谏，无所摧戮，其君人之量如此之伟也。然不思建德垂风，不固维城之基，至使大权偏据，社稷无辖，悲夫！

评曰：明帝沉毅断识，任心而行，盖有君人之至概焉。于时百姓雕弊，四海分崩，不先聿修显祖，阐拓洪基，而遽追秦皇、汉武，宫馆是营，格之远猷，其殆疾乎！

三少帝纪

齐王讳芳，字兰卿。明帝无子，养王及秦王询；宫省事秘，莫有知其所由来者。[1]青龙三年，立为齐王。景初三年正月丁亥朔，帝甚病，乃立为皇太子。是日，即皇帝位，大赦。尊皇后曰皇太后。大将军曹爽、太尉司马宣王辅政。诏曰："朕以眇身，继承鸿业，茕茕在疚，靡所控告。大将军、太尉奉受末命，夹辅朕躬，司徒、司空、頉宰、元辅总率百寮，以宁社稷，其与髃卿大夫勉勖乃心，称朕意焉。诸所兴作宫室之役，皆以遗诏罢之。官奴婢六十已上，免为良人。"二月，西域重译献火浣布，诏大将军、太尉临试以示百寮。[2]

【注释】

〔1〕魏氏春秋曰：或云任城王楷子。

〔2〕异物志曰：斯调国有火州，在南海中。

其上有野火，春夏自生，秋冬自死。有木生于其中而不消也，枝皮更活，秋冬火死则皆枯瘁。其俗常冬采其皮以为布，色小青黑；若尘垢污之，便投火中，则更鲜明也。傅子曰：汉桓帝时，大将军梁冀以火浣布为单衣，常大会宾客，冀阳争酒，失杯而污之，伪怒，解衣曰："烧之。"布得火，炜晔赫然，如烧凡布，垢尽火灭，粲然絜白，若用灰水焉。搜神记曰：昆仑之墟，有炎火之山，山上有鸟兽草木，皆生于炎火之中，故有火浣布，非此山草木之皮枲，则其鸟兽之毛也。汉世西域旧献此布，中间久绝；至魏初，时人疑其无有。文帝以为火性酷烈，无含生之气，着之典论，明其不然之事，绝智者之听。及明帝立，诏三公曰："先帝昔着典论，不朽之格言，其刊石于庙门之外及太学，与石经并，以永示来世。"至是西域使至而献火浣布焉，于是刊灭此论，而天下笑之。臣松之昔从征西至洛阳，历观旧物，见典论石在太学者尚存，而庙门外无之，问诸长老，云晋初受禅，即用魏庙，移此石于太学，非两处立也。窃谓此言为不然。又东方朔神异经曰：南荒之外有火山，长三十里，广五十里，其中皆生不烬之木，昼夜火烧，得暴风不猛，猛雨不灭。火中有鼠，重百斤，毛长二尺余，细如丝，可以作布。常居火中，色洞赤，时时出外而色白，以水逐而沃之即死，续其毛，织以为布。

丁丑诏曰："太尉体道正直，尽忠三世，南擒孟达，西破蜀虏，东灭公孙渊，功盖海内。昔周成建保傅之官，近汉显宗崇宠邓禹，所以优隆隽乂，必有尊也。其以太尉为太傅，持节统兵都督诸军事如故。"三月，以征东将军满宠为太尉。夏六月，以辽东东沓县吏民渡海居齐郡界，以故纵城为新沓县以居徙民。秋七月，上始亲临朝，听公卿奏事。八月，大赦。冬十月，镇南将军黄权为车骑将军。

十二月，诏曰："烈祖明皇帝以正月弃背天下，臣子永惟忌日之哀，其复用夏正；虽违先帝通三统之义，斯亦礼制所由变改也。又夏正于数为得天正，其以建寅之月为正始元年正月，以建丑月为后十二月。"

正始元年春二月乙丑，加侍中中书监刘放、侍中中书令孙资为左右光禄大夫。丙戌，以辽东汶、北丰县民流徙渡海，规齐郡之西安、临菑、昌国县界为新汶、南丰县，以居流民。

自去冬十二月至此月不雨。丙寅，诏令狱官亟平噃枉，理出轻微；髃公卿士谠言嘉谋，各悉乃心。夏四月，车骑将军黄权薨。秋七月，诏曰："易称损上益下，节以制度，不伤财，不害民。方今百姓不足而御府多作金银杂物，将奚以为？今出黄金银物百五十种，千八百余斤，销冶以供军用”八月，车驾巡省洛阳界秋稼，赐高年力田各有差。

二年春二月，帝初通论语，使太常以太牢祭孔子于辟雍，以颜渊配。

【原文】

夏五月，吴将朱然等围襄阳之樊城，太傅司马宣王率䲭拒之。[1]六月辛丑，退。己卯，以征东将军王凌为车骑将军。冬十二月，南安郡地震。

【注释】

〔1〕干宝晋纪曰：吴将全琮寇芍陂，朱然、孙伦五万人围樊城，诸葛瑾、步骘寇柤中；琮已破走而樊围急。宣王曰：“柤中民夷十万，隔在水南，流离无主，樊城被攻，历月不解，此危事也，请自讨之。”议者咸言：“贼远围樊城不可拔，挫于坚城之下，有自破之势，宜长策以御之。”宣王曰：“军志有之：将能而御之，此为縻军；不能而任之，此为覆军。今疆埸骚动，民心疑惑，是社稷之大忧也。”六月，督诸军南征，车驾送津阳城门外。宣王以南方暑湿，不宜持久，使轻骑挑之，然不敢动。于是乃令诸军休息洗沐，简精锐，募先登，申号令，示必攻之势。然等闻之，乃夜遁。追至三州

口，大杀获。

【原文】

三年春正月，东平王徽薨。三月，太尉满宠薨。秋七月甲申，南安郡地震。乙酉，以领军将军蒋济为太尉。冬十二月，魏郡地震。

四年春正月，帝加元服，赐髃臣各有差。夏四月乙卯，立皇后甄氏，大赦。五月朔，日有食之，既。秋七月，诏祀故大司马曹真、曹休、征南大将军夏侯尚、太常桓阶、司空陈髃、太傅钟繇、车骑将军张合、左将军徐晃、前将军张辽、右将军乐进、太尉华歆、司徒王朗、骠骑将军曹洪、征西将军夏侯渊、后将军朱灵、文聘、执金吾臧霸、破虏将军李典、立义将军庞德、武猛校尉典韦于太祖庙庭。冬十二月，倭国女王俾弥呼遣使奉献。

五年春二月，诏大将军曹爽率觽征蜀。夏四月朔，日有蚀之。五月癸巳，讲尚书经通，使太常以太牢祀孔子于辟雍，以颜渊配；赐太传、大将军及侍讲者各有差。丙午，大将军曹爽引军还。秋八月，秦王询薨。九月，鲜卑内附，置辽东属国，立昌黎县以居之。冬十一月癸卯，诏祀故尚书令荀攸于太祖庙庭。[1]己酉，复秦国为京兆郡。十二月，司空崔林薨。

【注释】

〔1〕臣松之以为故魏氏配飨不及荀彧，盖以其末年

异议，又位非魏臣故也。至于升程昱而遗郭嘉，先钟繇而后荀攸，则未详厥趣也。（徐佗）徐他谋逆而许褚心动，忠诚之至远同于日磾，且潼关之危，非褚不济，褚之功烈有过典韦，今祀韦而不及褚，又所未达也。

【原文】

六年春二月丁卯，南安郡地震。丙子，以骠骑将军赵俨为司空；夏六月，俨薨。八月丁卯，以太常高柔为司空。癸巳，以左光禄大夫刘放为骠骑将军，右光禄大夫孙资为犕将军。冬十一月，祫祭太祖庙，始祀前所论佐命臣二十一人。十二月辛亥，诏故司徒王朗所作易传，令学者得以课试。乙亥，诏曰："明日大会髃臣，其令太傅乘舆上殿。"

七年春二月，幽州刺史丘俭讨高句骊，夏五月，讨濊貊，皆破之。韩那奚等数十国各率种落降。秋八月戊申，诏曰："属到市观见所斥卖官奴婢，年皆七十，或癃疾残病，所谓天民之穷者也。且官以其力竭而复鬻之，进退无谓，其悉遣为良民。若有不能自存者，郡县振给之。"[1]

【注释】

〔1〕臣松之案：帝初即位，有诏"官奴婢六十以上免为良人"。既有此诏，则宜遂为永制。

【原文】

七八年间，而复货年七十者，且七十奴婢及癃疾残病，并非可售之物，而鬻之于市，此皆事之难解。

己酉，诏曰：“吾乃当以十九日亲祠，而昨出已见治道，得雨当复更治，徒弃功夫。每念百姓力少役多，夙夜存心。道路但当期于通利，闻乃挝捶老小，务崇修饰，疲困流离，以至哀叹，吾岂安乘此而行，致馨德于宗庙邪？自今已后，明申之。”冬十二月，讲礼记通，使太常以太牢祀孔子于辟雍，以颜渊配。〔1〕

【注释】

〔1〕习凿齿汉晋春秋曰：是年，吴将朱然入柤中，斩获数千；柤中民吏万余家渡沔。司马宣王谓曹爽曰：“若便令还，必复致寇，宜权留之。”爽曰：“今不修守沔南，留民沔北，非长策也。”宣王曰：“不然。凡物置之安地则安，危地则危，故兵书曰，成败，形也，安危，势也，形势御觿之要，不可不审。设令贼二万人断沔水，三万人与沔南诸军相持，万人陆钞柤中，君将何以救之？”爽不听，卒令还。然后袭破之。袁准言于爽曰：“吴楚之民弱寡能，英才大贤不出其土，比技量力，不足与中国相抗，然自上世以来常为中国患者，盖以江汉为池，舟楫为用，利则陆钞，不利则入水，攻之道远，中国之长技无所用之也。孙权自十数年以来，大畋江北，缮治甲兵，精其守御，数出盗窃，敢远其水，陆次平土，此中国所愿闻也。夫用兵者，贵以饱待饥，以逸击劳，师不欲久，行不欲远，守少则固，力专则强。

当今宜捐淮、汉以南，退却避之。若贼能入居中央，来侵边境，则随其所短，中国之长技得用矣。若不敢来，则边境得安，无钞盗之忧矣。使我国富兵强，政修民一，陵其国不足为远矣。

【原文】

今襄阳孤在汉南，贼循汉而上，则断而不通，一战而胜，则不攻而自服，故置之无益于国，亡之不足为辱。自江夏已东，淮南诸郡，三后已来，其所亡几何，以近贼疆界易钞掠之故哉！

若徙之淮北，远绝其间，则民人安乐，何鸣吠之惊乎?”遂不徙。

八年春二月朔，日有蚀之。夏五月，分河东之汾北十县为平阳郡。

秋七月，尚书何晏奏曰：“善为国者必先治其身，治其身者慎其所习。所习正则其身正，其身正则不令而行；所习不正则其身不正，其身不正则虽令不从。是故为人君者，所与游必择正人，所观览必察正象，放郑声而弗听，远佞人而弗近，然后邪心不生而正道可弘也。季末闇主，不知损益，斥远君子，引近小人，忠良疏远，便辟亵狎，乱生近昵，譬之社鼠；考其昏明，所积以然，故圣贤谆谆以为至虑。舜戒禹曰‘邻哉邻哉’，言慎所近也，周公戒成王曰‘其朋其朋’，言慎所与也。（诗）书云：‘一人有庆，兆民赖之。’可自今以后，御幸式干殿及游豫后园，皆大臣侍从，因从容戏宴，兼省文书，询谋政事，讲论经义，为万世法。”冬十二月，散骑常侍谏议大夫孔乂奏曰：“礼，天子之宫，有斲砻之制，无朱丹之饰，宜循礼复古。今天下已平，君臣之分明，陛下但当不懈于位，平公正之心，审赏罚以使之。可绝后园习骑乘马，出必御辇乘车，天下之福，臣子之愿也。”晏、乂咸因阙以进规谏。

九年春二月，黼将军中书令孙资，癸巳，骠骑将军中书监刘放，三月甲午，司徒黼臻，各逊位，以侯就第，位特进。四月，以司空高柔为司徒；光禄大夫徐邈为司空，固辞不受。秋九月，以车骑将军王凌为司空。冬十月，大风发屋折树。

嘉平元年春正月甲午，车驾谒高平陵。[1]太傅司马宣王奏免大将军曹爽、爽弟中领军羲、武黼将军训、散骑常侍彦官，以侯就第。戊戌，有司奏收黄门张当付廷尉，考实其辞，爽与谋不轨。又尚书丁谧、邓扬、何晏、司隶校尉毕轨、荆州刺史李胜、大司农桓范皆与爽通奸谋，夷三族。语在爽传。丙午，大赦。丁未，以太傅司马宣王为丞相，固让乃止。[2]

【注释】

〔1〕孙盛魏世谱曰：高平陵在洛水南大石山，去洛城九十里。

〔2〕孔衍汉魏春秋曰：诏使太常王肃册命太傅为丞相，增邑万户，群臣奏事不得称名，如汉霍光故事。太傅上书辞让曰："臣亲受顾命，忧深责重，凭赖天威，摧弊奸凶，赎罪为幸，功不足论。又三公之官，圣王所制，着之典礼。至于丞相，始自秦政。汉氏因之，无复变改。今三公之官皆备，横复宠臣，违越先典，革圣明之经，袭秦汉之路，虽在异人，臣所宜正，况当臣身而不固争，四方议者将谓臣何！"书十余上，诏乃许之，复加九锡之礼。太傅又言："太祖有大功大德，汉氏崇重，故加九锡，此乃历代异事，非后代之君臣所得议也。"又辞不受。

【原文】

夏四月乙丑，改年。丙子，太尉蒋济薨。冬十二月辛卯，以司空王凌为太尉。庚子，以司隶校尉孙礼为司空。

二年夏五月，以征西将军郭淮为车骑将军。冬十月，以特进孙资为骠骑将军。十一月，司空孙礼薨。十二月甲辰，东海王霖薨。乙未，征南将军王昶渡江，掩攻吴，破之。

三年春正月，荆州刺史王基、新城太守（陈泰）州泰攻吴，破之，降者数千口。二月，置南郡之夷陵县以居降附。三月，以尚书令司马孚为司空。四月甲申，以征南将军王昶为征南大将军。壬辰，大赦。丙午，闻太尉王凌谋废帝，立楚王彪，太傅司马宣王东征凌。五月甲寅，凌自杀。六月，彪赐死。秋七月壬戌，皇后甄氏崩。辛未，以司空司马孚为太尉。戊寅，太傅司马宣王薨，以辅将军司马景王为抚军大将军，录尚书事。乙未，葬怀甄后于太清陵。庚子，骠骑将军孙资薨。十一月，有司奏诸功臣应飨食于太祖庙者，更以官为次，太傅司马宣王功高爵尊，最在上。十二月，以光禄勋郑冲为司空。

四年春正月癸卯，以抚军大将军司马景王为大将军。二月，立皇后张氏，大赦。夏五月，鱼二，见于武库屋上。[1]冬十一月，诏征南大将军王昶、征东将军胡遵、镇南将军丘俭等征吴。十二月，吴大将军诸葛恪拒战，大破觽军于东关。不利而还。[2]

【注释】

〔1〕汉晋春秋曰：初，孙权筑东兴堤以遏巢湖。后征淮南，坏不复修。是岁诸葛恪帅军更于堤左右结山，挟筑两城，使全端、留略守之，引军而还。诸葛诞言于司马景王曰："致人而不致于人者，此之谓也。今因其内侵，使文舒逼江陵，仲恭向武昌，以羁吴之上流，然后简精卒攻两城，比救至，可大获也。"景王从之。

〔2〕汉晋春秋曰：丘俭、王昶闻东军败，各烧屯走。朝议欲贬黜诸将，景王曰："我不听公休，以至于此。此我过也，诸将何罪？"悉原之。时司马文王为监军，统诸军，唯削文王爵而已。是岁，雍州刺史陈泰求敕并州并力讨胡，景王从之。未集，而雁门、新兴二郡以为

将远役，遂惊反。景王又谢朝士曰："此我过也，非玄伯之责！"于是魏人愧悦，人思其报。习凿齿曰：司马大将军引二败以为己过，过消而业隆，可谓智矣。夫民忘其败，而下思其报，虽欲不康，其可得邪？若乃讳败推过，归咎万物，常执其功而隐其丧，上下离心，贤愚解体，是楚再败而晋再克也，谬之甚矣！君人者，苟统斯理而以御国，则朝无秕政，身靡留愆，行失而名扬，兵挫而战胜，虽百败可也，况于再乎！

【原文】

五年夏四月，大赦。五月，吴太傅诸葛恪围合肥新城，诏太尉司马孚拒之。〔1〕秋七月，恪退还。〔2〕

【注释】

〔1〕汉晋春秋曰：是时姜维亦出围狄道。司马景王问虞松曰："今东西有事，二方皆急，而诸将意沮，若之何？"松曰：

"昔周亚夫坚壁昌邑而吴楚自败，事有似弱而强，或似强而弱，不可不察也。今恪悉其锐颿，足以肆暴，而坐守新城，欲以致一战耳。若攻城不拔，请战不得，师老颿疲，势将自走，诸将之不径进，乃公之利也。姜维有重兵而县军应恪，投食我麦，非深根之寇也。且谓我并力于东，西方必虚，是以径进。今若使关中诸军倍道急赴，出其不意，殆将走矣。"景王曰：

“善!”乃使郭淮、陈泰悉关中之觽，解狄道之围；敕丘俭等案兵自守，以新城委吴。姜维闻淮进兵，军食少，乃退屯陇西界。

〔2〕是时，张特守新城。魏略曰：特字子产，涿郡人。先时领牙门，给事镇东诸葛诞，诞不以为能也，欲遣还护军。会丘俭代诞，遂使特屯守合肥新城。及诸葛恪围城，特与将军乐方等三军觽合有三千人，吏兵疾病及战死者过半，而恪起土山急攻，城将陷，不可护。特乃谓吴人曰：“今我无心复战也。然魏法，被攻过百日而救不至者，虽降，家不坐也。自受敌以来，已九十余日矣。此城中本有四千余人，而战死者已过半，城虽陷，尚有半人不欲降，我当还为相语之，条名别善恶，明日早送名，且持我印绶去以为信。”乃投其印绶以与之。

【原文】

吴人听其辞而不取印绶。不攻。顷之，特还，乃夜彻诸屋材栅，补其缺为二重。明日，谓吴人曰：“我但有死耳!”吴人大怒，进攻之，不能拔，遂引去。朝廷嘉之，加杂号将军，封列侯，又迁安丰太守。

八月，诏曰：“故中郎西平郭修，砥节厉行，秉心不回。乃者蜀将姜维寇钞修郡，为所执略。

往岁伪大将军费祎驱率羣觽，阴图窥，道经汉寿，请会觽宾，修于广坐之中手刃击祎，勇过聂政，功逾介子，可谓杀身成仁，释生取义者矣。夫追加褒宠，所以表扬忠义；祚及后胤，所以鉶劝将来。其追封修为长乐乡侯，食邑千户，谥曰威侯；子袭爵，加拜奉车都尉；赐银千鉼，绢千匹，以光宠存亡，永垂来世焉。”[1]

【注释】

〔1〕魏氏春秋曰：修字孝先，素有业行，著名西州。姜维劫之，修不为屈。刘禅以为左将军，修欲刺禅而不得亲近，每因庆贺，且拜且前，为禅左右所遏，事辄不克，故杀祎焉。臣松之以为古之舍生取义者，必有理存焉，或感恩怀德，投命无悔，或利害有机，奋发以应会，诏所称聂政、介子是也。事非斯类，则陷乎妄作矣。魏之与蜀，虽为敌国，非有赵襄灭智之仇，燕丹危亡之急；且刘禅凡下之主，费祎中才之相，二人存亡，固无关于兴丧。郭修在魏，西州之男子耳，始获于蜀，既不能抗节不辱，于魏又无食禄之责，不为时主所使，而无故规规然糜身于非所，义无所加，功无所立，可谓“折柳樊圃”，其狂也且，此之谓也。

【原文】

自帝即位至于是岁，郡国县道多所置省，俄或还复，不可胜纪。

六年春二月己丑，镇东将军丘俭上言：“昔诸葛恪围合肥新城，城中遣士刘整出围传消息，为贼所得，考问所传，语整曰：‘诸葛公欲活汝，汝可具服。’整骂曰：‘死狗，此何言也！

我当必死为魏国鬼，不苟求活，逐汝去也。欲杀我者，便速杀之。’终无他辞。又遣士郑像出城传消息，或以语恪，恪遣马骑寻围迹索，得像还。四五人（的）靮头面缚，将绕城表，语像，使大呼，言‘大军已还洛，不如早降。’像不从其言，更大呼城中曰：‘大军近在围外，壮士努力！’贼以刀筑其口，使不得言，像遂大呼，令城中闻知。整、像为兵，能守义执节，子弟宜有差异。”诏曰：“夫显爵所以褒元功，重赏所以宠烈士。整、像召募通使，越蹈重围，冒突白刃，轻身守信，不幸见获，抗节弥厉，扬六军之大势，安城守之惧心，临难不顾，毕志传命。昔解杨执楚，有陨无贰，齐路中大夫以死成命，方之整、像，所不能加。

今追赐整、像爵关中侯，各除士名，使子袭爵，如部曲将死事科。”

庚戌，中书令李丰与皇后父光禄大夫张缉等谋废易大臣，以太常夏侯玄为大将军。事觉，诸所连及者皆伏诛。辛亥，大赦。三月，废皇后张氏。夏四月，立皇后王氏，大赦。五月，封后父奉车都尉王夔为广明乡侯、光禄大夫，位特进，妻田氏为宣阳乡君。秋九月，大将军司马景王将谋废帝，以闻皇太后。[1]甲戌，太后令曰：“皇帝芳春秋已长，不亲万机，耽淫内宠，沉漫女德，日延倡优，纵其丑谑；迎六宫家人留止内房，毁人伦之，乱男女之节；

恭孝日亏，悖毛滋甚，不可以承天绪，奉宗庙。使兼太尉高柔奉策，用一元大武告于宗庙，遣芳归藩于齐，以避皇位。”[2]是日迁居别宫，年二十三。使者持节送鞴，营齐王宫于河内之重门，制度皆如藩国之礼。[3]

【注释】

〔1〕世语及魏氏春秋并云：此秋，姜维寇陇右。时安东将军司马文王镇许昌，征还击维，至京师，帝于平乐观以临军过。中领军许允与左右小臣谋，因文王辞，杀之，勒其觽以退大将军。已书诏于前。文王入，帝方食栗，优人云午等唱曰：“青头鸡，青头鸡。”青头鸡者，鸭也。帝惧不敢发。文王引兵入城，景王因是谋废帝。

臣松之案夏侯玄传及魏略，许允此年春与李丰事相连。丰既诛，即出允为镇北将军，未发，以放散官物收付廷尉，徙乐浪，追杀之。允此秋不得故为领军而建此谋。

〔2〕魏书曰：是日，景王承皇太后令，诏公卿中朝大臣会议，羣臣失色。景王流涕曰：“皇太后令如是，诸君其若王室何！”咸曰：“昔伊尹放太甲以宁殷，霍光废昌邑以安汉，夫权定社稷以济四海，二代行之于古，明公当之于今，今日之事，亦唯公命。”景王曰：“诸君

所以望师者重，师安所避之？”于是乃与群臣共为奏永宁宫曰：“守尚书令太尉长社侯臣孚、大将军武阳侯臣师、司徒万岁亭侯臣柔、司空文阳亭侯臣冲、行征西安东将军新城侯臣昭、光禄大夫关内侯臣邕、太常臣晏、卫尉昌邑侯臣伟、太仆臣嶷、廷尉定陵侯臣（繁）毓、大鸿胪臣芝、大司农臣祥、少府臣（褒）袤、永宁卫尉臣（祯）桢、永宁太仆臣（闳）阁、大长秋臣模、司隶校尉颍昌侯臣曾、河南尹兰陵侯臣肃、城门校尉臣虑、中护军永安亭侯臣望、武卫将军安寿亭侯臣演、中坚将军平原侯臣德、中垒将军昌武亭侯臣廙、屯骑校尉关内侯臣陔、步兵校尉临晋侯臣建、射声校尉安阳乡侯臣温、越骑校尉睢阳侯臣初、长水校尉关内侯臣超、侍中臣小同、臣顗、臣酆、博平侯臣表、侍中中书监安阳亭侯臣诞、散骑常侍臣瓌、臣仪、关内侯臣芝、尚书仆射光禄大夫高乐亭侯臣毓、尚书关内侯臣观、臣嘏、长合乡侯臣亮、臣赞、臣骞、中书令臣康、御史中丞臣钤、博士臣范、臣峻等稽首言：

臣等闻天子者，所以济育群生，永安万国，三祖勋烈，光被六合。皇帝即位，纂继洪业，春秋已长，未亲万机，耽淫内宠，沉漫女色，废捐讲学，弃辱儒士，日延小优郭怀、袁信等于建始芙蓉殿前裸袒游戏，使与保林女尚等为乱，亲将后宫瞻观。又于广望观上，使怀、信等于观下作辽东妖妇，嬉亵过度，道路行人掩目，帝于观上以为燕笑。于陵云台曲中施帷，见九亲妇女，帝临宣曲观，呼怀、信使入帷共饮酒。怀、信等更行酒，妇女皆醉，戏侮无别。

使保林李华、刘勋等与怀、信等戏，清商令令狐景呵华、勋曰：‘诸女，上左右人，各有官职，何以得尔？’华、勋数谗毁景。帝常喜以弹弹人，以此恚景，弹景不避首目。景语帝曰：

‘先帝持门户急，今陛下日将妃后游戏无度，至乃共观倡优，裸袒为乱，不可令皇太后闻。

景不爱死，为陛下计耳。’帝言：‘我作天子，不得自在邪？太后何与我事！’使人烧铁灼景，身体皆烂。甄后崩后，帝欲立王贵人为皇后。太后更欲外求，帝恚语景等：‘魏家前后立皇后，皆从所爱耳，太后必违我意，知我当往不也？’后卒待张皇后疏薄。太后遭（合）合阳君丧，帝日在后园，倡优音乐自若，不数往定省。清商丞庞熙谏帝：‘皇太后至孝，今遭重忧，水浆不入口，陛下当数往宽慰，不可但在此作乐。’帝言：‘我自尔，谁能奈我何？’皇太后还北宫，杀张美人及禺婉，帝恚望，语景等：‘太后横杀我所宠爱，此无复母子恩。’数往至故处啼哭，私使暴室厚殡棺，不令太后知也。每见九亲妇女有美色，或留以付清商。帝至后园竹间戏，或与从官携手共行。熙白：‘从官不宜与至尊相提挈。’帝怒，复以弹弹熙。日游后园，每有外文书入，帝不省，左右曰‘出’，帝亦不索视。太后令帝常在式干殿上讲学，不欲，使行来，帝径去；太后来问，辄诈令黄门答言‘在’耳。景、熙等畏恐，不敢复止，更共谄媚。帝肆行昏淫，败人伦之，乱男女之节，恭孝弥颓，凶德寖盛。臣等忧惧倾覆天下，危坠社稷，虽杀身毙命不足以塞责。今帝不可以承天绪，臣请依汉霍光故事，收帝玺绶。帝本以齐王践祚，宜归藩于齐。使司徒臣柔持节，与有司以太牢告祀宗庙。臣谨昧死以闻。”奏可。

〔3〕魏略曰：景王将废帝，遣郭芝入白太后，太后与帝对坐。芝谓帝曰：“大将军欲废陛下，立彭城王据。”帝乃起去。太后不悦。芝曰：“太后有子不能教，今大将军意已成，又勒兵于外以备非常，但当顺旨，将复何言！”太后曰：“我欲见大将军，口有所说。”芝曰：“何可见邪？但当速取玺绶。”太后意折，乃遣傍侍御取玺绶着坐侧。芝出报景王，景王甚欢。又遣使者授齐王印绶，当出就西宫。帝受命，遂载王车，与太后别，垂涕，始从太极殿南出，群臣送者数十人，太尉司马孚悲不自胜，余多流涕。王出后，景王又使使者请玺绶。太后曰：

“彭城王，我之季叔也，今来立，我当何之！且明皇帝当绝嗣乎？吾以为高贵乡公者，文皇帝之长孙，明皇帝之弟子，于礼，小宗有后大宗之义，其详议之。”景王乃更召群臣，以皇太后令示之，乃定迎高贵乡公。是时太常已发二日，待玺绶于温。事定，又请玺绶。太后令曰：“我见高贵乡公，小时识之，明日我自欲以玺绶手授之。”

【原文】

丁丑，令曰：“东海王霖，高祖文皇帝之子。霖之诸

了，与国至亲，高贵乡公髦有大成之量，其以为明皇帝嗣。”〔1〕

【注释】

〔1〕魏书曰：景王复与群臣共奏永宁宫曰：“臣等闻人道亲亲故尊祖，尊祖故敬宗。礼，大宗无嗣，则择支子之贤者；为人后者，为之子也。东海定王子高贵乡公，文皇帝之孙，宜承正统，以嗣烈祖明皇帝后。率土有赖，万邦幸甚，臣请征公诣洛阳宫。”奏可。使中护军望、兼太常河南尹肃持节，与少府（褒）袤、尚书亮、侍中表等奉法驾，迎公于元城。

【原文】

魏世谱曰：晋受禅，封齐王为邵陵县公。年四十三，泰始十年薨，谥曰厉公。

高贵乡公讳髦，字彦士，文帝孙，东海定王霖子也。正始五年，封郯县高贵乡公。少好学，夙成。齐王废，公卿议迎立公。十月己丑，公至于玄武馆，群臣奏请舍前殿，公以先帝旧处，避止西厢；群臣又请以法驾迎，公不听。庚寅，公入于洛阳，群臣迎拜西掖门南，公下舆将答拜，傧者请曰：“仪不拜。”公曰：“吾人臣也。”遂答拜。至止车门下舆。左右曰：

“旧乘舆入。”公曰：“吾被皇太后征，未知所为！”遂步至太极东堂，见于太后。其日即皇帝位于太极前殿，百僚陪位者欣欣焉。[1]诏曰："昔三祖神武圣德，应天受祚。齐王嗣位，肆行非度，颠覆厥德。皇太后深惟社稷之重，延纳宰辅之谋，用替厥位，集大命于余一人。以眇眇之身，托于王公之上，夙夜祗畏，惧不能嗣守祖宗之大训，恢中兴之弘业，战战兢兢，如临于谷。今群公卿士股肱之辅，四方征镇宣力之佐，皆积德累功，忠勤帝室；庶凭先祖先父有德之臣，左右小子，用保乂皇家，俾朕蒙闇，垂拱而治。盖闻人君之道，德厚侔天地，润泽施四海，先之以慈爱，示之以好恶，然后教化行于上，兆民听于下。朕虽不德，昧于大道，思与宇内共臻兹路。书不云乎：'安民则惠，黎民怀之。'"大赦，改元。减乘舆服御，后宫用度，及罢尚方御府百工技巧靡丽无益之物。

【注释】

〔1〕魏氏春秋曰：公神明爽鋒，德音宣朗。罢朝，景王私曰："上何如主也?"钟会对曰："才同陈思，武类太祖。"景王曰："若如卿言，社稷之福也。"

【原文】

正元元年冬十月壬辰，遣侍中持节分适四方，观风俗，劳士民，察嗜枉失职者。癸巳，假大将军司马景王黄钺，入朝不趋，奏事不名，剑履上殿。戊戌，黄龙见于鄴井中。甲辰，命有司论废立定策之功，封爵、增邑、进位、班赐各有差。

二年春正月乙丑，镇东将军丘俭、扬州刺史文钦反。（戊戌）戊寅，大将军司马景王征之。癸未，车骑将军郭淮薨。闰月己亥，破钦于乐嘉。钦遁走，遂奔吴。甲辰，（安风淮津）安风津都尉斩俭，传首京都。[1]壬子，复特赦淮南士民诸为俭、钦所诖误者。以镇南将军诸葛诞为镇东大将军。司马景王薨于许昌。二月丁巳，以卫将军司马文王为大将军，录尚书事。

【注释】

〔1〕世语曰：大将军奉天子征俭，至项；俭既破，天子先还。臣松之检诸书都无此事，至诸葛诞反，司马文王始挟太后及帝与俱行耳。故发诏引汉二祖及明帝亲征以为前比，知明帝已后始有此行也。案张璠、虞溥、郭颁皆晋之令史，璠、颁出为官长，溥，鄱阳内史。璠撰后汉纪，虽似未成，辞藻可观。溥着江表传，亦粗有条贯。惟颁撰魏晋世语，蹇乏全无宫商，最为鄙劣，以时有异事，故颇行于世。干宝、孙盛等多采其言以为晋书，其中虚错如此者，往往而有之。

【原文】

甲子，吴大将孙峻等号十万至寿春，诸葛诞拒击破之，斩吴左将军留赞，献捷于京都。三月，立皇后卞氏，大赦。夏四月甲寅，封后父卞隆为列侯。甲戌，以征南大将军王昶为骠骑将军。秋七月，以征东大将军胡遵为卫将军，镇东大将军诸葛诞为征东大将军。

八月辛亥，蜀大将军姜维寇狄道，雍州刺史王经与战洮西，经大败，还保狄道城。辛未，以长水校尉邓艾行安西将军，与征西将军陈泰并力拒维。戊辰，复遣太尉司马孚为后继。九月庚子，讲尚书业终，赐执经亲授者司空郑冲、侍中郑小同等各有差。甲辰，姜维退还。冬十月，诏曰："朕以寡德，不能式遏寇虐，乃令蜀贼陆梁边陲。洮西之战，至取负败，将士死亡，计以千数，或没命战场，嗣魂不反，或牵掣虏手，流离异域，吾深痛愍，为之悼心。其令所在郡典农及安抚夷二护军各部大吏慰恤其门户，无差赋役一年；其力战死事者，皆如旧科，勿有所漏。"

十一月甲午，以陇右四郡及金城，连年受敌，或亡叛投贼，其亲戚留在本土者不安，皆特赦之。癸丑，诏曰："往者洮西之战，将吏士民或临陈战亡，或沈溺洮水，骸骨不收，弃于原野，吾常痛之。其告征西、安西将军，各令部人于战处及水次钩求尸丧，收敛藏埋，以慰存亡。"

甘露元年春正月辛丑，青龙见轵县井中。乙巳，沛王林薨。[1]

【注释】

〔1〕魏氏春秋曰：二月丙辰，帝宴群臣于太极东堂，

与侍中荀颢、尚书崔赞、袁亮、钟毓、给事中中书令虞松等并讲述礼典，遂言帝王优劣之差。帝慕夏少康，因问颢等曰："有夏既衰，后相殆灭，少康收集夏觽，复禹之绩，高祖拔起陇亩，驱帅豪鉩，芟夷秦、项，包举内，斯二主可谓殊才异略，命世大贤者也。考其功德，谁宜为先?"颢等对曰："夫天下重器，王者天授，圣德应期，然后能受命创业。至于阶缘前绪，兴复旧绩，造之与因，难易不同。少康功德虽美，犹为中兴之君，与世祖同流可也。至如高祖，臣等以为优。"帝曰："自古帝王，功德言行，互有高下，未必创业者皆优，绍继者咸劣也。汤、武、高祖虽俱受命，贤圣之分，所觉县殊。少康、殷宗中兴之美，夏启、周成守文之盛，论德较实，方诸汉祖，吾见其优，未闻其劣；顾所遇之时殊，故所名之功异耳。少康生于灭亡之后，降为诸侯之隶，崎岖逃难，仅以身免，能布其德而兆其谋，卒灭过、戈，克复禹绩，祀夏配天，不失旧物，非至德弘仁，岂济斯勋?汉祖因土崩之势，仗一时之权，专任智力以成功业，行事动静，多违圣检；为人子则数危其亲，为人君则囚系贤相，为人父则不能籍子；身没之后，社稷几倾，若与少康易时而处，或未能复大禹之绩也。推此言之，宜高夏康而下汉祖矣。诸卿具论详之。"翌日丁巳，讲业既毕，颢、亮等议曰："三代建国，列土而治，当其衰弊，无土崩之势，可怀以德，难屈以力。逮至战国，强弱相兼，去道德而任智力。故秦之弊可以力争。少康布德，仁者之英也；高祖任力，智者之鈇也。仁智不同，二帝殊矣。诗、书述殷中宗、高宗，皆列大雅，少康功美过于二宗，其为大雅明矣。少康为优，宜如诏旨。”赞、毓、松等议曰：“少康虽积德累仁，然上承大禹遗泽余庆，内有虞、仍之援，外有靡、艾之助，寒浞谗慝，不德于民，浇、豷无亲，外内弃之，以此有国，盖有所因。至于汉祖，起自布衣，率乌合之士，以成帝者之业。论德则少康优，课功则高祖多，语资则少康易，校时则高祖难。”帝曰：“诸卿论少康因资，高祖创造，诚有之矣，然未知三代之世，任德济勋如彼之难，秦、项之际，任力成功如此之易。且太上立德，其次立功，汉祖功高，未若少康盛德之茂也。且夫仁者必有勇，诛暴必用武，少康武烈之威，岂必降于高祖哉？但夏书沦亡，旧文残缺，故勋美阙而罔载，唯有伍员粗述大略，其言复禹之绩，不失旧物，祖述圣业，旧章不愆，自非大雅兼才，孰能与于此，向令坟、典具存，行事详备，亦岂有异同之论哉？”于是羣臣咸悦服。中书令松进曰：“少康之事，去世久远，其文昧如，是以自古及今，议论之士莫有言者，德美隐而不宣。

陛下既垂心远鉴，考详古昔，又发德音，赞明少康之美，使显于千载之上，宜录以成篇，永垂于后。”帝曰：“吾学不博，所闻浅狭，惧于所论，未获其宜；纵有可采，亿则屡中，又不足贵，无乃致笑后贤，彰吾闇昧乎！”于是侍郎钟会退论次焉。

夏四月庚戌，赐大将军司马文王兖冕之服，赤舄副焉。

丙辰，帝幸太学，问诸儒曰："圣人幽赞神明，仰观俯察，始作八卦，后圣重之为六十四，立爻以极数，凡斯大义，罔有不备，而夏有连山，殷有归藏，周曰周易，易之书，其故何也?"

易博士淳于俊对曰："包羲因燧皇之图而制八卦，神农演之为六十四，黄帝、尧、舜通其变，三代随时，质文各繇其事。故易者，变易也，名曰连山，似山出内云气，连天地也；归藏者，万事莫不归藏于其中也。"帝又曰："若使包羲因燧皇而作易，孔子何以不云燧人氏没包羲氏作乎?"俊不能答。帝又问曰："孔子作彖、象，郑玄作注，虽圣贤不同，其所释经义一也。今彖、象不与经文相连，而注连之，何也?"俊对曰；"郑玄合彖、象于经者，欲使学者寻省易了也。"帝曰："若郑玄合之，于学诚便，则孔子曷为不合以了学者乎?"

俊对曰："孔子恐其与文王相乱，是以不合，此圣人以不合为谦。"帝曰："若圣人以不合为谦，则郑玄何独不谦邪?"俊对曰："古义弘深，圣问奥远，非臣所能详尽。"帝又问曰："系辞云'黄帝、尧、舜垂衣裳而天下治'，此包羲、神农之世为无衣裳。但圣人化天下，何殊异尔邪?"俊对曰："三皇之时，人寡而禽兽觽，故取其羽皮而天下用足，及至黄帝，人觽而禽兽寡，是以作为衣裳以济时变也。"帝又问："干为天，而复为金，为玉，为老马，与细物并邪?"俊对曰："圣人取象，或远或近，近取诸物，远则天地。"

讲易毕，复命讲尚书。帝问曰："郑玄曰'稽古同天，言尧同于天也'。王肃云'尧顺考古道而行之'。二义不同，何者为是？"博士庾峻对曰："先儒所执，各有乖异，臣不足以定之。然洪范称'三人占，从二人之言'。贾、马及肃皆以为'顺考古道'。以洪范言之，肃义为长。"帝曰："仲尼言'唯天为大，唯尧则之'。尧之大美，在乎则天，顺考古道，非其至也。今发篇开义以明圣德，而舍其大，更称其细，岂作者之意邪？"峻对曰："臣奉遵师说，未喻大义，至于折中，裁之圣思。"次及四岳举鲧，帝又问曰："夫大人者，与天地合其德，与日月合其明，思无不周，明无不照，今王肃云'尧意不能明鲧，是以试用'。如此，圣人之明有所未尽邪？"峻对曰："虽圣人之弘，犹有所未尽，故禹曰'知人则哲，惟帝难之'，然卒能改授圣贤，缉熙庶绩，亦所以成圣也。"帝曰："夫有始有卒，其唯圣人。若不能始，何以为圣？其言'惟帝难之'，然卒能改授，盖谓知人，圣人所难，非不尽之言也。经云：'知人则哲，能官人。'若尧疑鲧，试之九年，官人失，何得谓之圣哲？"峻对曰："臣窃观经传，圣人行事不能无失，是以尧失之四凶，周公失之二叔，仲尼失之宰予。"帝曰："尧之任鲧，九载无成，汩陈五行，民用昏垫。至于仲尼失之宰予，言行之间，轻重不同也。至于周公、管、蔡之事，亦尚书所载，皆博士所当通也。"峻对曰："此皆先贤所疑，非臣寡见所能究论。"次及"有在下曰虞舜"，帝问曰："当尧之时，洪水为害，四凶在朝，宜速登贤圣济斯民之时也。舜年在既立，圣德光明，而久不进用，何也？”峻对曰：“尧咨嗟求贤，欲逊己位，岳曰‘否德忝帝位’。尧复使岳扬举仄陋，然后荐舜。荐舜之本，实由于尧，此盖圣人欲尽觿心也。”帝曰：“尧既闻舜而不登用，又时忠臣亦不进达，乃使狱扬仄陋而后荐举，非急于用圣恤民之谓也。”峻对曰：“非臣愚见所能逮及。”

于是复命讲礼记。帝问曰：“‘太上立德，其次务施报’。为治何由而教化各异；皆修何政而能致于立德，施而不报乎？”博士马照对曰：“太上立德，谓三皇五帝之世以德化民，其次报施，谓三王之世以礼为治也。”帝曰：“二者致化薄厚不同，将主有优劣邪？时使之然乎？”

【原文】

照对曰：“诚由时有朴文，故化有薄厚也。”〔1〕

【注释】

〔1〕帝集载帝自始生祯祥曰：“昔帝王之生，或有祯祥，盖所以彰显神异也。惟予小子，支胤末流，谬为灵只之所相佑也，岂敢自比于前篣，聊记录以示后世焉。其辞曰：惟正始三年九月辛未朔，二十五日乙未直成，予生。于时也，天气清明，日月辉光，爰有黄气，烟煴于堂，照曜室宅，其色煌煌。相而论之曰：未者为土，

魏之行也；厥日直成，应嘉名也；鞭熅之气，神之精也；无灾无害，蒙神灵也。齐王不吊，颠覆厥度，髃公受予，绍继祚皇。以眇眇之身，质性顽固，未能涉道，而遵大路，临深履冰，涕泗忧惧。古人有云，惧则不亡。

【原文】

伊予小子，曷敢怠荒？庶不忝辱，永奉烝尝。”傅畅晋诸公赞曰：帝常与中护军司马望、侍中王沈、散骑常侍裴秀、黄门侍郎钟会等讲宴于东堂，并属文论。名秀为儒林丈人，沈为文籍先生，望、会亦各有名号。帝性急，请召欲速。秀等在内职，到得及时，以望在外，特给追锋车，虎贲卒五人，每有集会，望辄奔驰而至。

五月，邺及（上谷）上洛并言甘露降。夏六月丙午，改元为甘露。乙丑，青龙见元城县界井中。秋七月己卯，卫将军胡遵薨。

癸未，安西将军邓艾大破蜀大将姜维于上邽，诏曰：“兵未极武，丑虏摧破，斩首获生，动以万计，自顷战克，无如此者。今遣使者犒赐将士，大会临飨，饮宴终日，称朕意焉。”

八月庚午，命大将军司马文王加号大都督，奏事不名，假黄钺。癸酉，以太尉司马孚为太傅。

九月，以司徒高柔为太尉。冬十月，以司空郑冲为司徒，尚书左仆射卢毓为司空。

二年春二月，青龙见温县井中。三月，司空卢毓薨。

夏四月癸卯，诏曰："玄菟郡高显县吏民反叛，长郑熙为贼所杀。民王简负担熙丧，晨夜星行，远致本州，忠节可嘉。其特拜简为忠义都尉，以旌殊行。"

甲子，以征东大将军诸葛诞为司空。

五月辛未，帝幸辟雍，会命髃臣赋诗。侍中和逌、尚书陈骞等作诗稽留，有司奏免官，诏曰：

"吾以暗昧，爱好文雅，广延诗赋，以知得失，而乃尔纷纭，良用反仄。其原逌等。主者宜自今以后，髃臣皆当玩习古义，修明经典，称朕意焉。"

乙亥，诸葛诞不就征，发兵反，杀扬州刺史乐綝。丙子，赦淮南将吏士民为诞所诖误者。丁丑，诏曰："诸葛诞造为凶乱，荡覆扬州。昔黥布逆叛，汉祖亲戎，隗嚣违戾，光武西伐，及烈祖明皇帝躬征吴、蜀，皆所以奋扬赫斯，震耀威武也。今宜皇太后与朕暂共临戎，速定丑虏，时宁东夏。"己卯，诏曰："诸葛诞造构逆乱，迫胁忠义，平寇将军临渭亭侯庞会、骑督偏将军路蕃，各将左右，斩门突出，忠壮勇烈，所宜嘉异。其进会爵乡侯，蕃封亭侯。"

六月乙巳，诏："吴使持节都督夏口诸军事镇军将军沙羡侯孙壹，贼之枝属，位为上将，畏天知命，深鉴祸福，翻然举髗，远归大国，虽微子去殷，乐毅遁燕，无以加之。其以壹为侍中车骑将军、假节、交州牧、吴侯，开

府辟召仪同三司，依古侯伯八命之礼，兖冕赤舄，事从丰厚。”〔1〕

【注释】

〔1〕臣松之以为壹畏逼归命，事无可嘉，格以古义，欲盖而名彰者也。当时之宜，未得远遵式典，固应量才受赏，足以奖其来情而已。至乃光锡八命，礼同台鼎，不亦过乎！于招携致远，又无取焉。何者？若使彼之将守，与时无嫌，终不悦于殊宠，坐生叛心，以叛而愧，辱孰甚焉？如其忧危将及，非奔不免，则必逃死苟存，无希荣利矣，然则高位厚禄何为者哉？

【原文】

魏初有孟达、黄权，在晋有孙秀、孙楷；达、权爵赏，比壹为轻，秀、楷礼秩，优异尤甚。

及至吴平，而降黜数等，不承权舆，岂不缘在始失中乎？

甲子，诏曰：“今车驾驻项，大将军恭行天罚，前临淮浦。昔相国大司马征讨，皆与尚书俱行，今宜如旧。”乃令散骑常侍裴秀、给事黄门侍郎钟会咸与大将军俱行。秋八月，诏曰：

“昔燕剌王谋反，韩谊等谏而死，汉朝显登其子。诸葛诞创造凶乱，主簿宣隆、部曲督秦絜秉节守义，临事固争，为诞所杀，所谓无比干之亲而受其戮者。其以隆、絜子为骑都尉，加以赠赐，光示远近，以殊忠义。”

九月，大赦。冬十二月，吴大将全端、全怿等率觽降。

三年春二月，大将军司马文王陷寿春城，斩诸葛诞。三月，诏曰：“古者克敌，收其尸以为京观，所以惩昏逆而章武功也。汉孝武元鼎中，改桐乡为闻喜，新乡为获嘉，以着南越之亡。

大将军亲总六戎，营据丘头，内夷髃凶，外殄寇虏，功济兆民，声振四海。克敌之地，宜有令名，其改丘头为武丘，明以武平乱，后世不忘，亦京观二邑之义也。”

夏五月，命大将军司马文王为相国，封晋公，食邑八郡，加之九锡，文王前后九让乃止。

六月丙子，诏曰：“昔南阳郡山贼扰攘，欲劫质故太守东里衮，功曹应余独身捍衮，遂免于难。余颠沛殒毙，杀身济君。其下司徒，署余孙伦吏，使蒙伏节之报。”〔1〕

【注释】

〔1〕楚国先贤传曰：余字子正，天姿方毅，志尚仁义，建安二十三年为郡功曹。是时吴、蜀不宾，疆埸多虞。宛将侯音扇动山民，保城以叛。余与太守东里衮当扰攘之际，迸窜得出。

【原文】

音即遣骑追逐，去城十里相及，贼便射衮，飞矢交流。余前以身当箭，被七创，因谓追贼曰：

“侯音狂狡，造为凶逆，大军寻至，诛夷在近。谓卿曹本是善人，素无恶心，当思反善，何为受其指挥？我以身代君，以被重创，若身死君全，陨没无恨。”因仰天号哭泣涕，血泪俱下。贼见其义烈，释衮不害。贼去之后，余亦命绝。征南将军曹仁讨平音，表余行状，并修祭醊。太祖闻之，嗟叹良久，下荆州复表门闾，赐谷千斛。衮后为于禁司马，见魏略游说传。

辛卯，大论淮南之功，封爵行赏各有差。

秋八月甲戌，以骠骑将军王昶为司空。丙寅，诏曰：“夫养老兴教，三代所以树风化垂不朽也，必有三老、五更以崇至敬，乞言纳诲，着在惇史，然后六合承流，下观而化。宜妙简德行，以充其选。关内侯王祥，履仁秉义，雅志淳固。关内侯郑小同，温恭孝友，帅礼不忒。

其以祥为三老，小同为五更。”车驾亲率䠀司，躬行古礼焉。[1]

【注释】

〔1〕汉晋春秋曰：帝乞言于祥，祥对曰：“昔者明王礼乐既备，加之以忠诚，忠诚之发，形于言行。夫大人者，行动乎天地；天且弗违，况于人乎？”祥事别见吕虔传。小同，郑玄孙也。玄别传曰：“玄有子，为孔融吏，举孝廉。融之被围，往赴，为贼所害。有遗腹子，以丁卯日生；而玄以丁卯岁生，故名曰小同。”魏名臣

奏载太尉华歆表曰："臣闻励俗宣化，莫先于表善，班禄爵，莫美于显能，是以楚人思子文之治，复命其胤，汉室嘉江公之德，用显其世。伏见故汉大司农北海郑玄，当时之学，名冠华夏，为世儒宗。文皇帝旌录先贤，拜玄适孙小同以为郎中，长假在家。小同年踰三十，少有令质，学综六经，行着乡邑。海、岱之人莫不嘉其自然，美其气量。鲒其所履，有质直不渝之性，然而恪恭静默，色养其亲，不治可见之美，不竞人间之名，斯诚清时所宜式，前后明诏所斟酌而求也。臣老病委顿，无益视听，谨具以闻。"魏氏春秋曰：小同诣司马文王，文王有密疏，未之屏也。如厕还，谓之曰："卿见吾疏乎?"对曰："否。"文王犹疑而鸩之，卒。郑玄注文王世子曰"三老、五更各一人，皆年老更事致仕者也"。注乐记曰"皆老人更知三德五事者也"。蔡邕明堂论云：

"更"应作"叟"。叟，长老之称，字与"更"相似，书者遂误以为"更"。"嫂"字"女"傍"叟"，今亦以为"更"，以此验知应为"叟"也。臣松之以为邕谓"更"为"叟"，诚为有似，而诸儒莫之从，未知孰是。

是岁，青龙、黄龙仍见顿丘、冠军、阳夏县界井中。

【原文】

四年春正月，黄龙二，见宁陵县界井中。[1]夏六月，司空王昶薨。秋七月，陈留王峻薨。

冬十月丙寅，分新城郡，复置上庸郡。十一月癸卯，车骑将军孙壹为婢所杀。

【注释】

〔1〕汉晋春秋曰：是时龙仍见，咸以为吉祥。帝曰："龙者，君德也。上不在天，下不在田，而数屈于井，非嘉兆也。"仍作潜龙之诗以自讽，司马文王见而恶之。

【原文】

五年春正月朔，日有蚀之。夏四月，诏有司率遵前命，复进大将军司马文王位为相国，封晋公，加九锡。

五月己丑，高贵乡公卒，年二十。〔1〕皇太后令曰："吾以不德，遭家不造，昔援立东海王子髦，以为明帝嗣，见其好书疏文章，冀可成济，而情性暴戾，日月滋甚。吾数呵责，遂更忿恚，造作丑逆不道之言以诬谤吾，遂隔绝两宫。其所言道，不可忍听，非天地所覆载。吾即密有令语大将军，不可以奉宗庙，恐颠覆社稷，死无面目以见先帝。大将军以其尚幼，谓当改心为善，殷勤执据。而此儿忿戾，所行益甚，举弩遥射吾宫，祝当令中吾项，箭亲堕吾前。吾语大将军，不可不废之，前后数十。此儿具闻，自知罪重，便图为弑逆，赂遗吾左右人，令因吾服药，密因酖毒，重相设计。事已觉露，直欲因际会举兵入西宫杀吾，出取大将军，呼侍中王沉、散骑常侍王业、〔2〕尚书王经，出怀中黄素诏示之，言今日便当施行。吾之危殆，过于累卵。吾老寡，岂复多惜余命邪？但伤先帝遗意不遂，社稷颠覆为痛耳。赖宗庙之灵，沉、业即驰语大将军，得先严警，而此儿便将左右出云龙门，雷战鼓，躬自拔刃，与左右杂瓣共入兵陈间，为前锋所害。此儿既行悖逆不道，而又自陷大祸，重令吾悼心不可言。昔汉昌邑王以罪废为庶人，此儿亦宜以民礼葬之，当令内外咸知此儿所行。又尚书王经，凶逆无状，其收经及家属皆诣廷尉。”

【注释】

〔1〕汉晋春秋曰：帝见威权日去，不胜其忿。乃召侍中王沈、尚书王经、散骑常侍王业，谓曰：“司马昭之心，路人所知也。吾不能坐受废辱，今日当与卿等自出讨之。”王经曰：“昔鲁昭公不忍季氏，败走失国，为天下笑。今权在其门，为日久矣，朝廷四方皆为之致死，不顾逆顺之理，非一日也。且宿瓣空阙，兵甲寡弱，陛下何所资用，而一旦如此，无乃欲除疾而更深之邪！祸殆不测，宜见重详。”帝乃出怀中版令投地，曰：“行之决矣。正使死，何所惧？况不必死邪！”于是入白太后，沈、业奔走告文王，文王为之备。帝遂帅僮仆数百，鼓噪而出。文王弟屯骑校尉入，遇帝于东止车门，左右呵之，觽奔走。中护军贾充又逆帝战于南阙下，帝自用剑。觽欲退，太子舍人成济问充曰：“事急矣。当

云何?”

充曰:“畜养汝等,正谓今日。今日之事,无所问也。”济即前刺帝,刃出于背。文王闻,大惊,自投于地曰:“天下其谓我何!”太傅孚奔往,枕帝股而哭,哀甚,曰:“杀陛下者,臣之罪也。”臣松之以为习凿齿书,虽最后出,然述此事差有次第。故先载习语,以其余所言微异者次其后。世语曰:王沈、王业驰告文王,尚书王经以正直不出,因沈、业申意。

晋诸公赞曰:沈、业将出,呼王经。经不从,曰:“吾子行矣!”干宝晋纪曰:成济问贾充曰:“事急矣。若之何?”充曰:“公畜养汝等,为今日之事也。夫何疑!”济曰:“然。”

乃抽戈犯跸。魏氏春秋曰:戊子夜,帝自将从仆射李昭、黄门从官焦伯等下陵云台,铠仗授兵,欲因际会,自出讨文王。会雨,有司奏却日,遂见王经等出黄素诏于怀曰:“是可忍也,孰不可忍也!今日便当决行此事。”入白太后,遂拔剑升辇,帅殿中宿卫苍头官僮击战鼓,出云龙门。贾充自外而入,帝师溃散,犹称天子,手剑奋击,众莫敢逼。充帅厉将士,骑督成倅弟成济以矛进,帝崩于师。时暴雨雷霆,晦冥。魏末传曰:贾充呼帐下督成济谓曰:

“司马家事若败,汝等岂复有种乎?何不出击!”倅兄弟二人乃帅帐下人出,顾曰:“当杀邪?执邪?”充曰:“杀之。”兵交,帝曰:“放仗!”大将军士皆放仗。济兄弟因前刺帝,帝倒车下。

〔2〕世语曰：业，武陵人，后为晋中护军。

庚寅，太傅孚、大将军文王、太尉柔、司徒冲稽首言："伏见中令，故高贵乡公悖逆不道，自陷大祸，依汉昌邑王罪废故事，以民礼葬。臣等备位，不能匡救祸乱，式遏奸逆，奉令震悚，肝心悼栗。春秋之义，王者无外，而书'襄王出居于郑'，不能事母，故绝之于位也。

【原文】

今高贵乡公肆行不轨，几危社稷，自取倾覆，人神所绝，葬以民礼，诚当旧典。然臣等伏惟殿下仁慈过隆，虽存大义，犹垂哀矜，臣等之心实有不忍，以为可加恩以王礼葬之。"太后从之。〔1〕

【注释】

〔1〕汉晋春秋曰：丁卯，葬高贵乡公于洛阳西北三十里瀍涧之滨。下车数乘，不设旌旐，百姓相聚而观之，曰："是前日所杀天子也。"或掩面而泣，悲不自胜。臣松之以为若但下车数乘，不设旌旐，何以为王礼葬乎？斯盖恶之过言，所谓不如是之甚者。

使使持节行中护军中垒将军司马炎北迎常道乡公璜嗣明帝后。帝卯，羣公奏太后曰："殿下圣德光隆，宁济六合，而犹称令，与藩国同。请自今殿下令书，皆称诏制，如先代故事。"

【原文】

癸卯，大将军固让相国、晋公、九锡之宠。太后诏曰："夫有功不隐，周易大义，成人之美，古贤所尚，今听所执，出表示外，以章公之谦光焉。"

戊申，大将军文王上言："高贵乡公率将从驾人兵，拔刃鸣金鼓向臣所止；惧兵刃相接，即将士不得有所伤害，违令以军法从事。骑督成倅弟太子舍人济，横入兵陈伤公，遂至陨命；

辄收济行军法。臣闻人臣之节，有死无二，事上之义，不敢逃难。前者变故卒至，祸同发机，诚欲委身守死，唯命所裁。然惟本谋乃欲上危皇太后，倾覆宗庙。臣忝当大任，义在安国，惧虽身死，罪责弥重。欲遵伊、周之权，以安社稷之难，即骆驿申，不得迫近辇舆，而济遽入陈间，以致大变。哀怛痛恨，五内摧裂，不知何地可以陨坠？科律大逆无道，父母妻子同产皆斩。济凶戾悖逆，干国乱纪，罪不容诛。辄侍御史收济家属，付廷尉，结正其罪。"〔1〕太后诏曰："夫五刑之罪，莫大于不孝。夫人有子不孝，尚告治之，此儿岂复成人主邪？吾妇人不达大义，以谓济不得便为大逆也。然大将军志意恳切，发言恻怆，故听如所奏。当班下远近，使知本末也。"〔2〕

【注释】

〔1〕魏氏春秋曰：成济兄弟不即伏罪，袒而升屋，

丑言悖慢；自下射之，乃殪。

〔2〕世语曰：初，青龙中，石苞鬻铁于长安，得见司马宣王，宣王知焉。后擢为尚书郎，历青州刺史、镇东将军。甘露中入朝，当还，辞高贵乡公，留中尽日。文王遣人要令过。文王问苞：“何淹留也？”苞曰：“非常人也。”明日发至荥阳，数日而难作。

【原文】

六月癸丑，诏曰：“古者人君之为名字，难犯而易讳。今常道乡公讳字甚难避，其朝臣博议改易，列奏。”

陈留王讳奂，字景明，武帝孙，燕王宇子也。甘露三年，封安次县常道乡公。高贵乡公卒，公卿议迎立公。六月甲寅，入于洛阳，见皇太后，是日即皇帝位于太极前殿，大赦，改年，赐民爵及谷帛各有差。

景元元年夏六月丙辰，进大将军司马文王位为相国，封晋公，增封二郡，并前满十，加九锡之礼，一如前(奏）诏；诸髃从子弟，其未有侯者皆封亭侯，赐钱千万，帛万匹，文王固让乃止。己未，故汉献帝夫人节薨，帝临于华林园，使使持节追谥夫人为献穆皇后。及葬，车服制度皆如汉氏故事。癸亥，以尚书右仆射王观为司空，冬十月，观薨。

十一月，燕王上表贺冬至，称臣。诏曰：“古之王者，或有所不臣，王将宜依此义。表不称臣乎！又当为报。夫后大宗者，降其私亲，况所继者重邪！若便同之臣妾，亦情所未安。其皆依礼典处，当务尽其宜。”有司奏，以为“礼莫崇于尊祖，制莫大于正典。陛下稽德期运，抚临万国，绍大宗之重，隆三祖之基。伏惟燕王体尊戚属，正位藩服，躬秉虔肃，率蹈恭德以先万国；其于正典，阐济大顺，所不得制。圣朝诚宜崇以非常之制，奉以不臣之礼。臣等平议以为燕王章表，可听如旧式。中诏所施，或存好问，准之义类，则‘（宴）燕觌之（族）敬’也，可少顺圣敬，加崇仪称，示不敢斥，宜曰‘皇帝敬问大王侍御’。至于制书，国之正典，朝廷所以辨章公制，宣昭轨仪于天下者也，宜循法，故曰‘制诏燕王’。

凡诏命、制书、奏事、上书诸称燕王者，可皆上平。其非宗庙助祭之事，皆不得称王名，奏事、上书、文书及吏民皆不得触王讳，以彰殊礼，加于髃后。上遵王典尊祖之制，俯顺圣敬烝烝之心，二者不愆，礼实宜之，可普告施行。”

十二月甲申，黄龙见华阴县井中。甲午，以司隶校尉王祥为司空。

二年夏五月朔，日有食之。秋七月，乐浪外夷韩、濊貊各率其属来朝贡。八月戊寅，赵王干薨。甲寅，复命大将军进爵晋公，加位相国，备礼崇锡，一如前诏；又固辞乃止。

三年春二月，青龙见于轵县井中。夏四月，辽东郡言肃慎国遣使重译入贡，献其国弓三十张，长三尺五寸，楛矢长一尺八寸，石弩三百枚，皮骨铁杂铠二十领，貂皮四百枚。冬十月，蜀大将姜维寇洮阳，镇西将军邓艾拒之，破维于侯和，维遁走。是岁，诏祀故军祭酒郭嘉于太祖庙庭。

四年春二月，复命大将军进位爵赐一如前诏，又固辞乃止。

夏五月，诏曰："蜀，蕞尔小国，土狭民寡，而姜维虐用其䲭，曾无废志；往岁破败之后，犹复耕种沓中，刻剥䲭羌，劳役无已，民不堪命。夫兼弱攻昧，武之善经，致人而不致于人，兵家之上略。蜀所恃赖，唯维而已，因其远离巢窟，用力为易。今使征西将军邓艾督帅诸军，趣甘松、沓中以罗取维，雍州刺史诸葛绪督诸军趣武都、高楼，首尾蹴讨。若擒维，便当东西并进，扫灭巴蜀也。"又命镇西将军钟会由骆谷伐蜀。

秋九月，太尉高柔薨。冬十月甲寅，复命大将军进位爵赐一如前诏。癸卯，立皇后卞氏，十一月，大赦。

自邓艾、钟会率䲭伐蜀，所至辄克。是月，蜀主刘禅诣艾降，巴蜀皆平。十二月庚戌，以司徒郑冲为太保。壬子，分益州为梁州。癸丑，特赦益州士民，复除租赋之半五年。

乙卯，以征西将军邓艾为太尉，镇西将军钟会为司徒。皇太后崩。

咸熙元年春正月壬戌，槛车征邓艾。甲子，行幸长安。壬申，使使者以璧币祀华山。是月，钟会反于蜀，为觿所讨；邓艾亦见杀。二月辛卯，特赦诸在益土者。庚申，葬明元郭后。三月丁丑，以司空王祥为太尉，征北将军何曾为司徒，尚书左仆射荀顗为司空。己卯，进晋公爵为王，封十郡，并前二十。[1]丁亥，封刘禅为安乐公。夏五月庚申，相国晋王奏复五等爵。甲戌，改年。癸未，追命舞阳宣文侯为晋宣王，舞阳忠武侯为晋景王。六月，镇西将军卫瓘上雍州兵于成都县获璧玉印各一，印文似“成信”字，依周成王归禾之义，宣示百官，藏于相国府。[2]

【注释】

〔1〕汉晋春秋曰：晋公既进爵为王，太尉王祥、司徒何曾、司空荀顗并诣王。顗曰：“相王尊重，何侯与一朝之臣皆已尽敬，今日便当相率而拜，无所疑也。”祥曰：“相国位势，诚为尊贵，然要是魏之宰相，吾等魏之三公；公、王相去，一阶而已，班列大同，安有天子三公可辄拜人者！损魏朝之望，亏晋王之德，君子爱人以礼，吾不为也。”及入，顗遂拜，而祥独长揖。王谓祥曰：“今日然后知君见顾之重！”

〔2〕孙盛曰：昔公孙述自以起成都，号曰成。二玉之文，殆述所作也。

【原文】

初，自平蜀之后，吴寇屯逼永安，遣荆、豫诸军掎角赴救。七月，贼皆遁退。八月庚寅，命中抚军司马炎副贰相国事，以同鲁公拜后之义。

癸巳，诏曰："前逆臣钟会构造反乱，聚集征行将士，劫以兵威，始吐奸谋，发言桀逆，逼胁馲人，皆使下议，仓卒之际，莫不惊慑。相国左司马夏侯和、骑士曹属朱抚时使在成都，中领军司马贾辅、郎中羊琇各参会军事；和、琇、抚皆抗节不挠，拒会凶言，临危不顾，词指正烈。辅语散将王起，说'会奸逆凶暴，欲尽杀将士'，又云'相国已率三十万馲西行讨会'，欲以称张形势，感激馲心。起出，以辅言宣语诸军，遂使将士益怀奋励。宜加显宠，以彰忠义。其进和、辅爵为乡侯，琇、抚爵关内侯。起宣传辅言，告令将士，所宜赏异。其以起为部曲将。"

癸卯，以鞬将军司马望为骠骑将军。九月戊午，以中抚军司马炎为抚军大将军。

辛未，诏曰："吴贼政刑暴虐，赋敛无极。孙休遣使邓句，交址太守锁送其民，发以为兵。

吴将吕兴因民心愤怒，又承王师平定巴蜀，即纠合豪杰，诛除句等，驱逐太守长吏，抚和吏民，以待国命。九真、日南郡闻兴去逆即顺，亦齐心响应，与兴协同。兴移书日南州郡，开示大计，兵临合浦，告以祸福；遣都尉唐谱等诣进乘县，因南中都督护军霍弋上表自陈。又交址将吏各上表，言'兴创造事业，大小承命。郡有山寇，入连诸郡，惧其计异，各有携贰。

权时之宜，以兴为督交址诸军事、上大将军、定安县侯，乞赐褒䘏，以慰边荒’。乃心款诚，形于辞旨。昔仪父朝鲁，春秋所美；窦融归汉，待以殊礼。今国威远震，抚怀六合，方包举殊裔，混一四表。兴首向王化，举黼稽服，万里驰义，请吏帅职，宜加宠遇，崇其爵位。

既使兴等怀忠感悦，远人闻之，必皆竞劝。其以兴为使持节、都督交州诸军事、南中大将军，封定安县侯，得以便宜从事，先行后上。”策命未至，兴为下人所杀。

冬十月丁亥，诏曰：“昔圣帝明王，静乱济世，保大定功，文武殊涂，勋烈同归。是故或舞干戚以训不庭，或陈师旅以威暴慢。至于爱民全国，康惠庶类，必先修文教，示之轨仪，不得已然后用兵，此盛德之所同也。往者季汉分崩，九土颠覆，刘备、孙权乘间作祸。三祖绥宁中夏，日不暇给，遂使遗寇僭逆历世。幸赖宗庙威灵，宰辅忠武，爰发四方，拓定庸、蜀，役不浃时，一征而克。自顷江表衰弊，政刑荒闇，巴、汉平定，孤危无援，交、荆、扬、越，靡然向风。今交址伪将吕兴已帅三郡，万里归命；武陵邑侯相严等纠合五县，请为臣妾；豫章庐陵山民举黼叛吴，以助北将军为号。又孙休病死，主帅改易，国内乖违，人各有心。伪将施绩，贼之名臣，怀疑自猜，深见忌恶。黼叛亲离，莫有固志，自古及今，未有亡征若此之甚。若六军震曜，南临江、汉，吴会之域必扶老携幼以迎王师，必然之理也。然兴动大髗，犹有劳费，宜告喻威德，开示仁信，使知顺附和同之利。相国参军事徐绍、水曹掾孙彧，昔在寿春，并见虏获。绍本伪南陵督，才质开壮；彧，孙权支属，忠良见事。其遣绍南还，以彧为副，宣扬国命，告喻吴人，诸所示语，皆以事实，若其觉悟，不损征伐之计，盖庙胜长算，自古之道也。其以绍兼散骑常侍，加奉车都尉，封都亭侯；彧兼给事黄门侍郎，赐爵关内侯。绍等所赐妾及男女家人在此者，悉听自随，以明国恩，不必使还，以开广大信。”

丙午，命抚军大将军新昌乡侯炎为晋世子。是岁，罢屯田官以均政役，诸典农皆为太守，都尉皆为令长；劝募蜀人能内移者，给廪二年，复除二十岁。安弥、福禄县各言嘉禾生。

二年春二月甲辰，朐县获灵龟以献，归之于相国府。庚戌，以虎贲张修昔于成都驰马至诸营言钟会反逆，以至没身，赐修弟倚爵关内侯。夏四月，南深泽县言甘露降。吴遣使纪陟、弘璆请和。

五月，诏曰：“相国晋王诞敷神虑，光被四海；震耀武功，则威盖殊荒，流风迈化，则旁洽无外。愍恤江表，务存济育，戢武崇仁，示以威德。文告所加，承风向慕，遣使纳献，以明委顺，方宝纤珍，欢以效意。而王谦让之至，一皆簿送，非所以慰副初附，从其款愿也。孙皓诸所献致，其皆还送，归之于王，以协古义。”王固辞乃止。

又命晋王冕十有二旒，建天子旌旗，出警入跸，乘金根车、六马，备五时副车，置旄头云罕，乐舞八佾，设钟虡宫县。

进王妃为王后，世子为太子，王子、王女、王孙，爵命之号如旧仪。癸未，大赦。秋八月辛卯，相国晋王薨。壬辰，晋太子炎绍封袭位，总摄百揆，备物典册，一皆如前。是月，襄武县言有大人见，长三丈余，迹长三尺二寸，白发，着黄单衣，黄巾，柱杖，呼民王始语云："今当太平。"九月乙未，大赦。戊午，司徒何曾为晋丞相。癸亥，以骠骑将军司马望为司徒，征东大将军石苞为骠骑将军，征南大将军陈骞为车骑将军。乙亥，葬晋文王。闰月庚辰，康居、大宛献名马，归于相国府，以显怀万国致远之勋。

十二月壬戌，天禄永终，历数在晋。诏髃公卿士具仪设坛于南郊，使使者奉皇帝玺绶册，禅位于晋嗣王，如汉魏故事。甲子，使使者奉策。遂改次于金墉城，而终馆于邺，时年二十。〔1〕

【注释】

〔1〕魏世谱曰：封帝为陈留王。年五十八，大安元年崩，谥曰元皇帝。

【评曰】

古者以天下为公，唯贤是与。后代世位，立子以适；若适嗣不继，则宜取旁亲明德，若汉之文、宣者，斯不易之常准也。明帝既不能然，情系私爱，抚养婴孩，传以大器，托付不专，必参枝族，终于曹爽诛夷，齐王替位。高贵公才慧夙成，好问尚辞，盖亦文帝之风流也；然轻躁忿肆，自蹈大祸。陈留王恭己南面，宰辅统政，仰遵前式，揖让而禅，遂飨封大国，作宾于晋，比之山阳，班宠有加焉。

后 妃 传

易称“男正位乎外，女正位乎内；男女正，天地之大义也”。古先哲王，莫不明后妃之制，顺天地之德，故二妃嫔妫，虞道克隆，任、姒配姬，周室用熙，废兴存亡，恒此之由。春秋说云天子十二女，诸侯九女，考之情理，不易之典也。而末世奢纵，肆其侈欲，至使男女怨旷，感动和气，惟色是崇，不本淑懿，故风教陵迟而大纲毁泯，岂不惜哉！呜呼，有国有家者，其可以永鉴矣！

汉制，帝祖母曰太皇太后，帝母曰皇太后，帝妃曰皇后，其余内官十有四等。魏因汉法，母后之号，皆如旧制，自夫人以下，世有增损。太祖建国，始命王后，其下五等：有夫人，有昭仪，有，有容华，有美人。文帝增贵嫔、淑媛、修容、顺成、良人。明帝增淑妃、昭华、修仪；除顺成官。太和中始复命夫人，登其位于淑妃之上。自夫人以下爵凡十二等：贵嫔、夫人，位次皇后，爵无所视；淑妃位视相国，爵比诸侯王；淑媛位视御史大夫，爵比县公；昭仪比县侯；昭华比乡侯；修容比亭侯；修仪比关内侯；视中二千石；容华视真二千石；美人视比二千石；良人视千石。

武宣卞皇后，琅邪开阳人，文帝母也。本倡家，[1]年二十，太祖于谯纳后为妾。后随太祖至洛。及董卓为乱，太祖微服东出避难。袁术传太祖凶问，时太祖左右至洛者皆欲归，后止之曰："曹君吉凶未可知，今日还家，明日若在，何面目复相见也？正使祸至，共死何苦！"

遂从后言。太祖闻而善之。建安初，丁夫人废，遂以后为继室。诸子无母者，太祖皆令后养之。[2]文帝为太子，左右长御贺后曰："将军拜太子，天下莫不欢喜，后当倾府藏赏赐。"

后曰："王自以丕年大，故用为嗣，我但当以免无教导之过为幸耳，亦何为当重赐遗乎！"

长御还，具以语太祖。太祖悦曰："怒不变容，喜不失节，故是最为难。"

【注释】

〔1〕魏书曰：后以汉延熹三年十二月己巳生齐郡白亭，有黄气满室移日。父敬侯怪之，以问卜者王旦，旦曰："此吉祥也。"

〔2〕魏略曰：太祖始有丁夫人，又刘夫人生子修及清河长公主。刘早终，丁养子修。子修亡于穰，丁常言："将我儿杀之，都不复念！"遂哭泣无节。太祖忿之，遣归家，欲其意折。

【原文】

后太祖就见之，夫人方织，外人传云“公至”，夫人踞机如故。太祖到，抚其背曰：“顾我共载归乎！”夫人不顾，又不应。太祖却行，立于户外，复云：“得无尚可邪！”遂不应，太祖曰：“真诀矣。”遂与绝，欲其家嫁之，其家不敢。初，丁夫人既为嫡，加有子修，丁视后母子不足。后为继室，不念旧恶，因太祖出行，常四时使人馈遗，又私迎之，延以正坐而己下之，迎来送去，有如昔日。丁谢曰：“废放之人，夫人何能常尔邪！”其后丁亡，后请太祖殡葬，许之，乃葬许城南。后太祖病困，自虑不起，叹曰：“我前后行意，于心未曾有所负也。假令死而有灵，子修若问‘我母所在’，我将何辞以答！”魏书曰：后性约俭，不尚华丽，无文绣珠玉，器皆黑漆。太祖常得名珰数具，命后自选一具，后取其中者，太祖问其故，对曰：

“取其上者为贪，取其下者为伪，故取其中者。”

二十四年，拜为王后，策曰：“夫人卞氏，抚养诸子，有母仪之德。今进位王后，太子诸侯陪位，髃卿上寿，减国内死罪一等。”二十五年，太祖崩，文帝即王位，尊后曰王太后，及践阼，尊后曰皇太后，称永寿宫。[1]明帝即位，尊太后曰太皇太后。

【注释】

〔1〕魏书曰：后以国用不足，灭损御食，诸金银器物皆去之。东阿王植，太后少子，最爱之。后植犯法，为有司所奏，文帝令太后弟子奉车都尉兰持公卿议白太后，太后曰："不意此儿所作如是，汝还语帝，不可以我故坏国法。"及自见帝，不以为言。臣松之案：文帝梦磨钱，欲使文灭而更愈明，以问周宣。宣答曰："此陛下家事，虽意欲尔，而太后不听。"

【原文】

则太后用意，不得如此书所言也。魏书又曰：太后每随军征行，见高年白首，辄住车呼问，赐与绢帛，对之涕泣曰："恨父母不及我时也。"太后每见外亲，不假以颜色，常言"居处当务节俭，不当望赏赐，念自佚也。外舍当怪吾遇之太薄，吾自有常度故也。吾事武帝四五十年，行俭日久，不能自变为奢，有犯科禁者，吾且能加罪一等耳，莫望钱米恩贷也。"帝为太后弟秉起第，第成，太后幸第请诸家外亲，设下厨，无异膳。太后左右，菜食粟饭，无鱼肉。其俭如此。

黄初中，文帝欲追封太后父母，尚书陈群奏曰："陛下以圣德应运受命，创业革制，当永为后式。案典籍之文，无妇人分土命爵之制。在礼典，妇因夫爵。秦违古法，汉氏因之，非先王之令典也。"帝曰："此议是也，其勿施行。以作着诏下藏之台阁，永为后式。”至太和四年春，明帝乃追谥太后祖父广曰开阳恭侯，父远曰敬侯，祖母周封阳都君及（恭）敬侯夫人，皆赠印绶。其年五月，后崩。七月，合葬高陵。

初，太后弟秉，以功封都乡侯，黄初七年进封开阳侯，邑千二百户，为昭烈将军。〔1〕秉薨，子兰嗣。少有才学，〔2〕为奉车都尉、游击将军，加散骑常侍。兰薨，子晖嗣。〔3〕又分秉爵，封兰弟琳为列侯，官至步兵校尉。兰子隆女为高贵乡公皇后，隆以后父为光禄大夫，位特进，封睢阳乡侯，妻王为显阳乡君。追封隆前妻刘为顺阳乡君，后亲母故也。琳女又为陈留王皇后，时琳已没，封琳妻刘为广阳乡君。

【注释】

〔1〕魏略曰：初，卞后弟秉，当建安时得为别部司马，后常对太祖怨言，太祖答言：“但得与我作妇弟，不为多邪？”后又欲太祖给其钱帛，太祖又曰：“但汝盗与，不为足邪？”

故讫太祖世，秉官不移，财亦不益。

〔2〕魏略曰：兰献赋赞述太子德美，太子报曰：“赋者，言事类之所附也，颂者，美盛德之形容也，故作者不虚其辞，受者必当其实。兰此赋，岂吾实哉？昔吾丘寿王一陈宝鼎，何武等徒以歌颂，犹受金帛之赐，兰事虽不谅，义足嘉也。今赐牛一头。”由是遂见亲敬。

〔3〕魏略曰：明帝时，兰见外有二难，而帝留意于宫室，常因侍从，数切谏。帝虽不能从，犹纳其诚款。后兰苦酒消渴，时帝信巫女用水方，使人持水赐兰，兰不肯饮。诏问其意？兰言治病自当以方药，何信于此？帝为变色，而兰终不服。后渴稍甚，以至于亡。故时人见兰好直言，谓帝面折之而兰自杀，其实不然。

【原文】

文昭甄皇后，中山无极人，明帝母，汉太保甄邯后也，世吏二千石。父逸，上蔡令。后三岁失父。〔1〕后天下兵乱，加以饥馑，百姓皆卖金银珠玉宝物，时后家大有储谷，颇以买之。

后年十余岁，白母曰："今世乱而多买宝物，匹夫无罪，怀璧为罪。又左右皆饥乏，不如以谷振给亲族邻里，广为恩惠也。"举家称善，即从后言。〔2〕

【注释】

〔1〕魏书曰：逸娶常山张氏，生三男五女：长男豫，早终；次俨，举孝廉，大将军掾、曲梁长；次尧，举孝廉；长女姜，次脱，次道，次荣，次即后。后以汉光和五年十二月丁酉生。

每寝寐，家中髣见如有人持玉衣覆其上者，常共怪之。逸薨，加号慕，内外益奇之。后相者刘良相后及诸子，良指后曰："此女贵乃不可言。"后自少至长，不好戏弄。年八岁，外有立骑马戏者，家人诸姊皆上阁观之，后独不行。诸姊怪问之，后答言："此岂女人之所观邪?"年九岁，喜书，视字辄识，数用诸兄笔砚，兄谓后言："汝当习女工。用书为学，当作女博士邪?"后答言："闻古者贤女，未有不学前世成败，以为己诫。不知书，何由见之?"

〔2〕魏略曰：后年十四，丧中兄俨，悲哀过制，事寡嫂谦敬，事处其劳，拊养俨子，慈爱甚笃。后母性严，待诸妇有常，后数谏母："兄不幸早终，嫂年少守节，顾留一子，以大义言之，待之当如妇，爱之宜如女。"母感后言流涕，便令后与嫂共止，寝息坐起常相随，恩爱益密。

【原文】

建安中，袁绍为中子熙纳之。熙出为幽州，后留养姑。及冀州平，文帝纳后于邺，有宠，生明帝及东乡公主。〔1〕延康元年正月，文帝即王位，六月，南征，后留邺。黄初元年十月，帝践阼。践阼之后，山阳公奉二女以嫔于魏，郭后、李、阴贵人并爱幸，后愈失意，有怨言。帝大怒，二年六月，遣使赐死，葬于邺。〔2〕

【注释】

〔1〕魏略曰：熙出在幽州，后留侍姑。及邺城破，绍妻及后共坐皇堂上。文帝入绍舍，见绍妻及后，后

怖，以头伏姑膝上，绍妻两手自搏。文帝谓曰：“刘夫人云何如此？令新妇举头！”姑乃捧后令仰，文帝就视，见其颜色非凡，称叹之。太祖闻其意，遂为迎取。世语曰：

太祖下邺，文帝先入袁尚府，有妇人被发垢面，垂涕立绍妻刘后，文帝问之，刘答“是熙妻”，顾閒发髻，以巾拭面，姿貌绝伦。既过，刘谓后“不忧死矣”！遂见纳，有宠。魏书曰：后宠愈隆而弥自挹损，后宫有宠者劝勉之，其无宠者慰诲之，每因闲宴，常劝帝，言“昔黄帝子孙蕃育，盖由妾媵觿多，乃获斯祚耳。所愿广求淑媛，以丰继嗣。”帝心嘉焉。其后帝欲遣任氏，后请于帝曰：“任既乡党名族，德、色，妾等不及也，如何遣之？”帝曰：“任性狷急不婉顺，前后忿吾非一，是以遣之耳。”后流涕固请曰：“妾受敬遇之恩，觿人所知，必谓任之出，是妾之由。上惧有见私之讥，下受专宠之罪，愿重留意！”帝不听，遂出之。十六年七月，太祖征关中，武宣皇后从，留孟津，帝居守邺。时武宣皇后体小不安，后不得定省，忧怖，昼夜泣涕；左右骤以差问告，后犹不信，曰：“夫人在家，故疾每动，辄历时，今疾便差，何速也？

此欲慰我意耳！”忧愈甚。后得武宣皇后还书，说疾已平复，后乃欢悦。十七年正月，大军还邺，后朝武宣皇后，望幄座悲喜，感动左右。武宣皇后见后如此，亦泣，且谓之曰：“新妇谓吾前病如昔时困邪？吾时小小耳，十余日即差，不当视我颜色乎！”嗟叹曰：“此真孝妇也。”二十一年，太祖东征，武宣皇后、文帝及明帝、东乡公主皆从，时后以病留邺。二十二年九月，大军还，武宣皇后左右侍御见后颜色丰盈，怪问之曰：“后与二子别久，下流之情，不可为念，而后颜色更盛，何也？”后笑答之曰：“（讳）叡等自随夫人，我当何忧！”后之贤明以礼自持如此。

〔2〕魏书曰：有司奏建长秋宫，帝玺书迎后，诣行在所，后上表曰：“妾闻先代之兴，所以飨国久长，垂祚后嗣，无不由后妃焉。故必审选其人，以兴内教。令践阼之初，诚宜登进贤淑，统理六宫。妾自省愚陋，不任粢盛之事，加以寝疾，敢守微志。”玺书三至而后三让，言甚恳切。时盛暑，帝欲须秋凉乃更迎后。会后疾遂笃，夏六月丁卯，崩于邺。帝哀痛咨嗟，策赠皇后玺绶。臣松之以为春秋之义，内大恶讳，小恶不书。文帝之不立甄氏，及加杀害，事有明审。魏史若以为大恶邪，则宜隐而不言，若谓为小恶邪，则不应假为之辞，而崇饰虚文乃至于是，异乎所闻于旧史。推此而言，其称卞、甄诸后言行之善，皆难以实论。陈氏删落，良有以也。

【原文】

明帝即位，有司奏请追谥，使司空王朗持节奉策以太牢告祠于陵，又别立寝庙。[1]太和元年三月，以中山魏昌之安城乡户千，追封逸，谥曰敬侯；适孙像袭爵。四月，初营宗庙，掘地得玉玺，方一寸九分，其文曰“天子羡思慈亲”，明帝为之改容，以太牢告庙。又尝梦见后，于是差次舅氏亲疏高下，用各有差，赏赐累钜万；以像为虎贲中郎将。是月，后母薨，帝制缌服临丧，百僚陪位。四年十一月，以后旧陵庳下，使像兼太尉，持节诣邺，昭告后土，十二月，改葬朝阳陵。像还，迁散骑常侍。青龙二年春，追谥后兄俨曰安城乡穆侯。

夏，吴贼寇扬州，以像为伏波将军，持节监诸将东征，还，复为射声校尉。三年薨，追赠鞬将军，改封魏昌县，谥曰贞侯；子畅嗣。又封畅弟温、、艳皆为列侯。四年，改逸、俨本封皆曰魏昌侯，谥因故。封俨世妇刘为东乡君，又追封逸世妇张为安喜君。

【注释】

〔1〕魏书载三公奏曰：“盖孝敬之道，笃乎其亲，乃四海所以承化，天地所以明察，是谓生则致其养，殁则光其灵，诵述以尽其美，宣扬以显其名者也。今陛下以圣懿之德，绍承洪业，至孝烝烝，通于神明，遭罹殷忧，每劳谦让。先帝迁神山陵，大礼既备，至于先后，未有显谥。伏惟先后恭让着于幽微，至行显于不言，化流邦国，德侔二南，故能膺神灵嘉祥，为大魏世妃。虽夙年登遐，万载之后，永播融烈，后妃之功莫得而尚也。案谥法：‘圣闻周达曰昭。德明有功曰昭。’昭者，光明之至，盛久而不昧者也。宜上尊谥曰文昭皇后。”

是月，三公又奏曰："自古周人始祖后稷，又特立庙以祀姜嫄。今文昭皇后之于万嗣，圣德至化，岂有量哉！夫以皇家世（祀）妃之尊，而克让允恭，固推盛位，神灵迁化，而无寝庙以承享（礼）祀，非所以报显德，昭孝敬也。稽之古制，宜依周礼，先妣别立寝庙。"

【原文】

并奏可之。

景初元年夏，有司议定七庙。冬，又奏曰："盖帝王之兴，既有受命之君，又有圣妃协于神灵，然后克昌厥世，以成王业焉。昔高辛氏卜其四妃之子皆有天下，而帝挚、陶唐、商、周代兴。周人上推后稷，以配皇天，追述王初，本之姜嫄，特立宫庙，世世享尝，周礼所谓'奏夷则，歌中吕，舞大濩，以享先妣'者也。诗人颂之曰：'厥初生民，时维姜嫄。'言王化之本，生民所由。又曰：'閟宫有侐，实实枚枚，赫赫姜嫄，其德不回。'诗、礼所称姬宗之盛，其美如此。大魏期运，继于有虞，然崇弘帝道，三世弥隆，庙祧之数，实与周同。今武宣皇后、文德皇后各配无穷之祚，至于文昭皇后膺天灵符，诞育明圣，功济生民，德盈宇宙，开诸后嗣，乃道化之所兴也。寝庙特祀，亦姜嫄之閟宫也，而未着不毁之制，惧论功报德之义，万世或阙焉，非所以昭孝示后世也。文昭庙宜世世享祀奏乐，与祖庙同，永着不毁之典，以播圣善之风。"于是与七庙议并勒金策，藏之金匮。

帝思念舅氏不已。畅尚幼，景初末，以畅为射声校尉，加散骑常侍，又特为起大第，车驾亲自临之。又于其后园为像母起观庙，名其里曰渭阳里，以追思母氏也。嘉平三年正月，畅薨，追赠车骑将军，谥曰恭侯；子绍嗣。太和六年，明帝爱女淑薨，追封谥淑为平原懿公主，为之立庙。取后亡从孙黄与合葬，追封黄列侯，以夫人郭氏从弟篹为之后，承甄氏姓，封篹为平原侯，袭公主爵。〔1〕青龙中，又封后从兄子毅及像弟三人，皆为列侯。毅数上疏陈时政，官至越骑校尉。嘉平中，复封畅子二人为列侯。后兄俨孙女为齐王皇后，后父已没，封后母为广乐乡君。

【注释】

〔1〕孙盛曰：于礼，妇人既无封爵之典，况于孩末，而可建以大邑乎？篹自异族，援继非类，匪功匪亲，而袭母爵，违情背典，于此为甚。陈羣虽抗言，杨阜引事比并，然皆不能极陈先王之礼，明封建继嗣之义，忠至之辞，犹有阙乎！诗云："赫赫师尹，民具尔瞻。"宰辅之职，其可略哉！晋诸公赞曰：篹字彦孙。司马景王辅政，以女妻篹。妻早亡，文王复以女继室，即京兆长公主。景、文二王欲自结于郭后，是以频繁为婚。篹虽无才学，而恭谨谦顺。甄温字仲舒，与郭建及篹等皆后族，以事宜见宠。咸熙初，封郭建为临渭县公，篹广安县公，邑皆千八百户。温本国侯，进为辅国大将军，加侍中，领射声校尉，篹镇军大将军。

【原文】

泰始元年，晋受禅，加建、箮、温三人位特进。箮为人贞素，加以世祖姊夫，是以遂贵当世。

箮暮年官更转为宗正，迁侍中。太康中，大司马齐王攸当之藩，箮与左軰将军王济共谏请，时人嘉之。世祖以此望箮，由此出箮为大鸿胪，加侍中、光禄大夫，寻疾薨，赠中军大将军，开府侍中如故，谥恭公，子喜嗣。喜精粹有器美，历中书郎、右軰将军、侍中，位至辅国大将军，加散骑常侍。喜与国姻亲，而经赵王伦、齐王冏事故，能不豫际会，良由其才短，然亦以退静免之。

文德郭皇后，安平广宗人也。祖世长吏。[1]后少而父永奇之曰："此乃吾女中王也。"遂以女王为字。早失二亲，丧乱流离，没在铜鞮侯家。太祖为魏公时，得入东宫。后有智数，时时有所献纳。文帝定为嗣，后有谋焉。太子即王位，后为夫人，及践阼，为贵嫔。甄后之死，由后之宠也。黄初三年，将登后位，文帝欲立为后，中郎栈潜上疏曰："在昔帝王之治天下，不惟外辅，亦有内助，治乱所由，盛衰从之。故西陵配黄，英娥降妫，并以贤明，流芳上世。桀奔南巢，祸阶末喜；纣以炮烙，怡悦妲己。是以圣哲慎立元妃，必取先代世族之家，择其令淑以统六宫，虔奉宗庙，阴教聿修。易曰：'家道正而天下定。'由内及外，先王之令典也。春秋书宗人衅夏云，无以妾为夫人之礼。齐桓誓命于葵丘，亦曰‘无以妾为妻’。今后宫嬖宠，常亚乘舆。若因爱登后，使贱人暴贵，臣恐后世下陵上替，开张非度，乱自上起也。”文帝不从，遂立为皇后。[2]

【注释】

〔1〕魏书曰：父永，官至南郡太守，谥敬侯。母姓董氏，即堂阳君，生三男二女：长男浮，高唐令，次女昱，次即后，后弟都，弟成。后以汉中平元年三月乙卯生，生而有异常。

〔2〕魏书曰：后上表谢曰：“妾无皇、英厘降之节，又非姜、任思齐之伦，诚不足以假充女君之盛位，处中馈之重任。”后自在东宫，及即尊位，虽有异宠，心愈恭肃，供养永寿宫，以孝闻。是时柴贵人亦有宠，后教训鍗导之。后宫诸贵人时有过失，常弥覆之，有谴让，辄为帝言其本末，帝或大有所怒，至为之顿首请罪，是以六宫无怨。性俭约，不好音乐，常慕汉明德马后之为人。

【原文】

后早丧兄弟，以从兄表继永后，拜奉车都尉。后外亲刘斐与他国为婚，后闻之，敕曰：“诸亲戚嫁娶，自当与乡里门户匹敌者，不得因势，强与他方人婚也。”后姊子孟武还乡里，求小妻，后止之。遂敕诸家曰：“今世妇女少，当配将士，不得因缘取以为妾也。宜各自慎，无为罚首。”[1]

【注释】

〔1〕魏书曰：后常敕戒表、武等曰：“汉氏椒房之家，少能自全者，皆由骄奢，可不慎乎！”

【原文】

五年，帝东征，后留许昌永始台。时霖雨百余日，城楼多坏，有司奏请移止。后曰：“昔楚昭王出游，贞姜留渐台，江水至，使者迎而无符，不去，卒没。今帝在远，吾幸未有是患，而便移止，奈何？”髃臣莫敢复言。六年，帝东征吴，至广陵，后留谯宫。时表留宿轓，欲遏水取鱼。后曰：“水当通运漕，又少材木，奴客不在目前，当复私取官竹木作梁遏。今奉车所不足者，岂鱼乎？”

明帝即位，尊后为皇太后，称永安宫。太和四年，诏封表安阳亭侯，又进爵乡侯，增邑并前五百户，迁中垒将军。以表子详为骑都尉。其年，帝追谥太后父永为安阳乡敬侯，母董为都乡君。迁表昭德将军，加金紫，位特进，表第二子训为骑都尉。及孟武母卒，欲厚葬，起祠堂，太后止之曰：“自丧乱以来，坟墓无不发掘，皆由厚葬也；首阳陵可以为法。”青龙三年春，后崩于许昌，以终制营陵，三月庚寅，葬首阳陵西。[1]帝进表爵为观津侯，增邑五百，并前千户。迁详为驸马都尉。四年，追改封永为观津敬侯，世妇董为堂阳君。追封谥后兄浮为梁里亭戴侯，都为武城亭孝侯，成为新乐亭定侯，皆使使者奉策，祠以太牢。表薨，子详嗣，又分表爵封详弟述为列侯。详薨，子钊嗣。

【注释】

〔1〕魏略曰：明帝既嗣立，追痛甄后之薨，故太后以忧暴崩。甄后临没，以帝属李夫人。

【原文】

及太后崩，夫人乃说甄后见谮之祸，不获大敛，被发覆面，帝哀恨流涕，命殡葬太后，皆如甄后故事。汉晋春秋曰：初，甄后之诛，由郭后之宠，及殡，令被发覆面，以糠塞口，遂立郭后，使养明帝。帝知之，心常怀忿，数泣问甄后死状。郭后曰："先帝自杀，何以责问我？且汝为人子，可追雠死父，为前母枉杀后母邪？"明帝怒，遂逼杀之，殡者使如甄后故事。魏书载哀策曰："维青龙三年三月壬申，皇太后梓宫启殡，将葬于首阳之西陵。哀子皇帝叡亲奉册祖载，遂亲遣奠，叩心擗踊，号咷仰诉，痛灵魂之迁幸，悲容车之向路，背三光以潜翳，就黄垆而安厝。呜呼哀哉！昔二女妃虞，帝道以彰，三母嫔周，圣善弥光，既多受祉，享国延长。哀哀慈妣，兴化闺房，龙飞紫极，作合圣皇，不虞中年，暴罹灾殃。愍予小子，茕茕摧伤，魂虽永逝，定省曷望？呜呼哀哉！”

明悼毛皇后，河内人也。黄初中，以选入东宫，明帝时为平原王，进御有宠，出入与同舆辇。

及即帝立，以为贵嫔。太和元年，立为皇后。后父嘉，拜骑都尉，后弟曾，郎中。

初，明帝为王，始纳河内虞氏为妃，帝即位，虞氏不得立为后，太皇后下太后慰勉焉。虞氏曰：“曹氏自好立贱，未有能以义举者也。然后职内事，君听外政，其道相由而成，苟不能以善始，未有能令终者也。殆必由此亡国丧祀矣！”虞氏遂绌还邺宫。进嘉为奉车都尉，曾骑都尉，宠赐隆渥。顷之，封嘉博平乡侯，迁光禄大夫，曾驸马都尉。嘉本典虞车工，卒暴富贵，明帝令朝臣会其家饮宴，其容止举动甚蚩騃，语辄自谓“侯身”，时人以为笑。[1]后又加嘉位特进，曾迁散骑侍郎。青龙三年，嘉薨，追赠光禄大夫，改封安国侯，增邑五百，并前千户，谥曰节侯。四年，追封后母夏为野王君。

【注释】

〔1〕孙盛曰：古之王者，必求令淑以对扬至德，恢王化于关雎，致淳风于麟趾。及臻三季，并乱兹绪，义以情溺，位由宠昏，贵贱无章，下陵上替，兴衰隆废，皆是物也。魏自武王，暨于烈祖，三后之升，起自幽贱，本既卑矣，何以长世？诗云：“絺兮绤兮，凄其

以风。”

其此之谓乎！

【原文】

帝之幸郭元后也，后爱宠日弛。景初元年，帝游后园，召才人以上曲宴极乐。元后曰“宜延皇后”，帝弗许。乃禁左右，使不得宣。后知之，明日，帝见后，后曰：“昨日游宴北园，乐乎？”帝以左右泄之，所杀十余人。赐后死，然犹加谥，葬愍陵。迁曾散骑常侍，后徙为羽林虎贲中郎将、原武典农。

明元郭皇后，西平人也，世河右大族。黄初中，本郡反叛，遂没入宫。明帝即位，甚见爱幸，拜为夫人。叔父立为骑都尉，从父芝为虎贲中郎将。帝疾困，遂立为皇后。齐王即位，尊后为皇太后，称永宁宫，追封谥太后父满为西都定侯，以立子建绍其爵。封太后母杜为合阳君。

芝迁散骑常侍、长水校尉，[1]立，宣德将军，皆封列侯。建兄箄，出养甄氏。箄及建俱为镇护将军，皆封列侯，并掌宿卫。值三主幼弱，宰辅统政，与夺大事，皆先咨启于太后而后施行。丘俭、钟会等作乱，咸假其命而以为辞焉。景元四年十二日崩，五年二月，葬高平陵西。

【注释】

〔1〕魏略曰：诸郭之中，芝最壮直。先时自以他功封侯。

〔2〕晋诸公赞曰：建安叔始，有器局而强问，泰始中疾薨。子嘏嗣，为给事中。

评曰：魏后妃之家，虽云富贵，未有若衰汉乘非其据，宰割朝政者也。鉴往易轨，于斯为美。

追观陈羣之议，栈潜之论，适足以为百王之规典，垂宪范乎后叶矣。

董二袁刘传

董卓字仲颖，陇西临洮人也。[1]少好侠，尝游羌中，尽与诸豪帅相结。后归耕于野，而豪帅有来从之者，卓与俱还，杀耕牛与相宴乐。诸豪帅感其意，归相敛，得杂畜千余头以赠卓。

[2]汉桓帝末，以六郡良家子为羽林郎。卓有才武，旅力少比，双带两鞬，左右驰射。为军司马，从中郎将张奂征并州有功，拜郎中，赐缣九千匹，卓悉以分与吏士。迁广武令，蜀郡北部都尉，西域戊己校尉，免。征拜并州刺史、河东太守，[3]迁中郎将，讨黄巾，军败抵罪。韩遂等起凉州，复为中郎将，西拒遂。于望垣硖北，为羌、胡数万人所围，粮食乏绝。

卓伪欲捕鱼，堰其还道当所渡水为池，使水渟满数十里，默从堰下过其军而决堰。比羌、胡闻知追逐，水已深，不得渡。时六军上陇西，五军败绩，卓独全觽而还，屯住扶风。拜前将军，封乡侯，征为并州牧。[4]

【注释】

〔1〕英雄记曰：卓父君雅，由微官为颍川纶氏尉。有三子：长子擢，字孟高，早卒；次即卓；卓弟旻字叔颖。

〔2〕吴书曰：郡召卓为吏，使监领盗贼。胡尝出钞，多虏民人，凉州刺史成就辟卓为从事，使领兵骑讨捕，大破之，斩获千计。并州刺史段颎荐卓公府，司徒袁隗辟为掾。

〔3〕英雄记曰：卓数讨羌、胡，前后百余战。

〔4〕灵帝纪曰：中平五年，征卓为少府，敕以营吏士属左将军皇甫嵩，诣行在所。卓上言：

“凉州扰乱，鲸鲵未灭，此臣奋发暖命之秋。吏士踊跃，恋恩念报，各遮臣车，辞声恳恻，未得即路也。辄且行前将军事，尽心慰恤，暖力行陈。”六年，以卓为并州牧，又敕以吏兵属皇甫嵩。卓复上言：“臣掌戎十年，士卒大小，相狎弥久，恋臣畜养之恩，乐为国家奋一旦之命，乞将之州，效力边陲。”卓再违诏敕，会为何进所召。

【原文】

灵帝崩，少帝即位。大将军何进与司隶校尉袁绍谋诛诸阉官，太后不从。进乃召卓使将兵诣京师，并密令上书曰："中常侍张让等窃幸乘宠，浊乱海内。昔赵鞅兴晋阳之甲，以逐君侧之恶。臣辄鸣钟鼓如洛阳，即讨让等。"欲以胁迫太后。卓未至，进败。〔1〕中常侍段珪等劫帝走小平津，卓遂将其艭迎帝于北芒，还宫。〔2〕时进弟车骑将军苗为进艭所杀，〔3〕进、苗部曲无所属，皆诣卓。卓又使吕布杀执金吾丁原，并其艭，故京都兵权唯在卓。〔4〕

【注释】

〔1〕续汉书曰：进字遂高，南阳人，太后异母兄也。进本屠家子，父曰真。真死后，进以妹倚黄门得入掖庭，有宠，光和三年立为皇后，进由是贵幸。中平元年，黄巾起，拜进大将军。典略载卓表曰："臣伏惟天下所以有逆不止者，各由黄门常侍张让等侮慢天常，操擅王命，父子兄弟并据州郡，一书出门，便获千金，京畿诸郡数百万膏腴美田皆属让等，至使怨气上蒸，妖贼蜂起。臣前奉诏讨于扶罗，将士饥乏，不肯渡河，皆言欲诣京师先诛阉竖以除民害，从台阁求乞资直。臣随慰抚，以至新安。臣闻扬汤止沸，不如灭火去薪，溃痈虽痛，胜于养肉，及溺呼船，悔之无及。"

〔2〕张璠汉纪曰：帝以八月庚午为诸黄门所劫，步出谷门，走至河上。诸黄门既投河死。

时帝年十四，陈留王年九岁，兄弟独夜步行欲还宫，闇暝，逐萤火而行，数里，得民家以露车载送。辛未，公卿以下与卓共迎帝于北芒阪下。献帝春秋曰：先是童谣曰："侯非侯，王非王，千乘万骑走北芒。"卓时适至，屯显阳苑。闻帝当还，率觽迎帝。典略曰：帝望见卓兵涕泣。羣公谓卓曰："有诏却兵。"卓曰："公诸人为国大臣，不能匡正王室，至使国家播荡，何却兵之有！"遂俱入城。献帝纪曰：卓与帝语，语不可了。乃更与陈留王语，问祸乱由起；王答，自初至终，无所遗失。卓大喜，乃有废立意。英雄记曰：河南中部掾闵贡扶帝及陈留王上至雒舍止。帝独乘一马，陈留王与贡共乘一马，从雒舍南行。公卿百官奉迎于北芒阪下，故太尉崔烈在前导。卓将步骑数千来迎，烈呵使避，卓骂烈曰："昼夜三百里来，何云避，我不能断卿头邪？"前见帝曰："陛下令常侍小黄门作乱乃尔，以取祸败，为负不小邪？"又趋陈留王，曰："我董卓也，从我抱来。"乃于贡抱中取王。英雄记曰：一本云王不就卓抱，卓与王并马而行也。

〔3〕英雄记云：苗，太后之同母兄，先嫁朱氏之子。进部曲将吴匡，素怨苗不与进同心，又疑其与宦官通谋，乃令军中曰："杀大将军者，车骑也。"遂引兵与卓弟旻共攻杀苗于朱爵阙下。

〔4〕九州春秋曰：卓初入洛阳，步骑不过三千，自嫌兵少，不为远近所服；率四五日，辄夜遣兵出四城门，明日陈旌鼓而入，宣言云"西兵复入至洛中"。人不觉，谓卓兵不可胜数。

【原文】

先是，进遣骑都尉太山鲍信所在募兵，适至，信谓绍曰："卓拥强兵，有异志，今不早图，将为所制；及其初至疲劳，袭之可禽也。"绍畏卓，不敢发，信遂还乡里。

于是以久不雨，策免司空刘弘而卓代之，俄迁太尉，假节钺虎贲。遂废帝为弘农王。寻又杀王及何太后。立灵帝少子陈留王，是为献帝。〔1〕卓迁相国，封郿侯，赞拜不名，剑履上殿，又封卓母为池阳君，置家令、丞。卓既率精兵来，适值帝室大乱，得专废立，据有武库甲兵，国家珍宝，威震天下。卓性残忍不仁，遂以严刑胁觽，睚鹣之隙必报，人不自保。〔2〕尝遣军到阳城。时适二月社，民各在其社下，悉就断其男子头，驾其车牛，载其妇女财物，以所断头系车辕轴，连轸而还洛，云攻贼大获，称万岁。入开阳城门，焚烧其头，以妇女与甲兵为婢妾。至于奸乱宫人公主。其凶逆如此。

【注释】

〔1〕献帝纪曰：卓谋废帝，会髃臣于朝堂，议曰："大者天地，次者君臣，所以为治。今皇帝闇弱，不可以奉宗庙，为天下主。欲依伊尹、霍光故事，立陈留王，何如?"尚书卢植曰："案尚书太甲既立不明，伊尹放之桐宫。昌邑王立二十七日，罪过千余，故霍光废之。

今上富于春秋，行未有失，非前事之比也。”卓怒，罢坐，欲诛植，侍中蔡邕劝之，得免。

九月甲戌，卓复大会髑臣曰：“太后逼迫永乐太后，令以忧死，逆妇姑之礼，无孝顺之节。

天子幼质，软弱不君。昔伊尹放太甲，霍光废昌邑，着在典籍，佥以为善。今太后宜如太甲，皇帝宜如昌邑。陈留王仁孝，宜即尊皇祚。”献帝起居注载策曰：“孝灵皇帝不究高宗眉寿之祚，早弃臣子。皇帝承绍，海内侧望，而帝天姿轻佻，威仪不恪，在丧慢惰，衰如故焉；凶德既彰，淫秽发闻，损辱神器，忝污宗庙。皇太后教无母仪，统政荒乱。永乐太后暴崩，髑论惑焉。

三纲之道，天地之纪，而乃有阙，罪之大者。陈留王协，圣德伟茂，规矩邈然，丰下兑上，有尧图之表；居丧哀戚，言不及邪，岐嶷之性，有周成之懿。休声美称，天下所闻，宜承洪业，为万世统，可以承宗庙。废皇帝为弘农王。皇太后还政。”尚书读册毕，髑臣莫有言，尚书丁宫曰：“天祸汉室，丧乱弘多。昔祭仲废忽立突，春秋大其权。今大臣量宜为社稷计，诚合天人，请称万岁。”卓以太后见废，故公卿以下不布服，会葬，素衣而已。

〔2〕魏书曰：卓所愿无极，语宾客曰：“我相，贵无上也。”英雄记曰：卓欲震威，侍御史扰龙宗诣卓白事，不解剑，立挝杀之，京师震动。发何苗棺，出其尸，枝解节弃于道边。

又收苗母舞阳君杀之，弃尸于苑枳落中，不复收敛。

【原文】

初，卓信任尚书周毖，城门校尉伍琼等，用其所举韩馥、刘岱、孔、（张资）张咨、张邈等出宰州郡。而馥等至官，皆合兵将以讨卓。卓闻之，以为毖、琼等通情卖己，皆斩之。〔1〕

【注释】

〔1〕英雄记曰：毖字仲远，武威人。琼字德瑜，汝南人。谢承后汉书曰：伍孚字德瑜，少有大节，为郡门下书佐。其本邑长有罪，太守使孚出教，敕曹下督邮收之。孚不肯受教，伏地仰谏曰："君虽不君，臣不可不臣，明府奈何令孚受教，敕外收本邑长乎？更乞授他吏。"

【原文】

太守奇而听之。后大将军何进辟为东曹属，稍迁侍中、河南尹、越骑校尉。董卓作乱，百僚震栗。孚着小铠，于朝服里挟佩刀见卓，欲伺便刺杀之。语阕辞去，卓送至合中，孚因出刀刺之。卓多力，退却不中，即收孚。卓曰："卿欲反邪？"孚大言曰："汝非吾君，吾非汝臣，何反之有？汝乱国篡主，罪盈恶大，今是吾死日，故来诛奸贼耳，恨不车裂汝于市朝以谢天下。"

遂杀孚。谢承记孚字及本郡，则与琼同，而致死事乃与孚异也，不知孚为琼之别名，为别有伍孚也？盖未详之。

河内太守王匡，遣泰山兵屯河阳津，将以图卓。卓遣疑兵若将于平阴渡者，潜遣锐觿从小平北渡，绕击其后，大破之津北，死者略尽。卓以山东豪杰并起，恐惧不宁。初平元年二月，乃徙天子都长安。焚烧洛阳宫室，悉发掘陵墓，取宝物。[1]卓至西京，为太师，号曰尚父。

乘青盖金华车，爪画两轓，时人号曰竿摩车。[2]卓弟旻为左将军，封鄠侯；兄子璜为侍中中军校尉典兵；宗族内外并列朝廷。[3]公卿见卓，谒拜车下，卓不为礼。召呼三台尚书以下自诣卓府启事。[4]筑郿坞，高与长安城埒，积谷为三十年储，[5]云事成，雄据天下，不成，守此足以毕老。尝至郿行坞，公卿已下祖道于横门外。横音光。卓豫施帐幔饮，诱降北地反者数百人，于坐中先断其舌，或斩手足，或凿眼，或镬煮之，未死，偃转杯案闲，会者皆战栗亡失匕箸，而卓饮食自若。太史望气，言当有大臣戮死者。故太尉张温时为鞴尉，素不善卓，卓心怨之，因天有变，欲以塞咎，使人言温与袁术交关，遂笞杀之。[6]法令苛酷，爱憎淫刑，更相被诬，嚁死者千数。百姓嗷嗷，道路以目。[7]悉椎破铜人、钟虡，及坏五铢钱。更铸为小钱，大五分，无文章，肉好无轮郭，不磨鑢。于是货轻而物贵，谷一斛至数十万。自是后钱货不行。

【注释】

〔1〕华峤汉书曰：卓欲迁长安，召公卿以下大议。司徒杨彪曰："昔盘庚五迁，殷民胥怨，故作三篇以晓天下之民。（而）今海内安稳，无故移都，恐百姓惊动，糜沸蚁聚为乱。"

卓曰："关中肥饶，故秦得并吞六国。今徙西京，设令关东豪强敢有动者，以我强兵蹴之，可使诣沧海。"彪曰："海内动之甚易，安之甚难。又长安宫室坏败，不可卒复。"卓曰："武帝时居杜陵南山下，有成瓦数千处，引凉州材木东下以作宫室，为功不难。"卓意不得，便作色曰："公欲沮我计邪？边章、韩约有书来，欲令朝廷必徙都。若大兵（来）东下，我不能复相救，公便可与袁氏西行。"彪曰："西方自彪道径也，顾未知天下何如耳！"议罢。卓敕司隶校尉宣播以灾异劾奏，因策免彪。续汉书曰：太尉黄琬、司徒杨彪、司空荀爽俱诣卓，卓言："昔高祖都关中，十一世后中兴，更都洛阳。从光武至今复十一世，案石苞室谶，宜复还都长安。"坐中皆惊愕，无敢应者。彪曰："迁都改制，天下大事，皆当因民之心，随时之宜。昔盘庚五迁，殷民胥怨，故作三篇以晓之。往者王莽篡逆，变乱五常，更始赤眉之时，焚烧长安，残害百姓，民人流亡，百无一在。光武受命，更都洛邑，此其宜也。

今方建立圣主，光隆汉祚，而无故捐宫庙，弃园陵，恐百姓惊愕，不解此意，必糜沸蚁聚以致扰乱。石苞室谶，妖邪之书，岂可信用？”卓作色曰：“杨公欲沮国家计邪？关东方乱，所在贼起。崤函险固，国之重防。又陇右取材，功夫不难。杜陵南山下有孝武故陶处，作砖瓦，一朝可办。宫室官府，盖何足言！百姓小民，何足与议。若有前却，我以大兵驱之，岂得自在。”百寮恐怖失色。琬谓卓曰：“此大事。杨公之语，得无重思！”卓罢坐，即日令司隶奏彪及琬，皆免官。大驾即西。卓部兵烧洛阳城外面百里。又自将兵烧南北宫及宗庙、府库、民家，城内扫地殄尽。又收诸富室，以罪恶没入其财物；无辜而死者，不可胜计。献帝纪曰：卓获山东兵，以猪膏涂布十余匹，用缠其身，然后烧之，先从足起。获袁绍豫州从事李延，煮杀之。卓所爱胡，恃宠放纵，为司隶校尉赵谦所杀。卓大怒曰：“我爱狗，尚不欲令人呵之，而况人乎！”乃召司隶都官挞杀之。

〔2〕魏书曰：言其逼天子也。献帝纪曰；卓既为太师，复欲称尚父，以问蔡邕。邕曰：“昔武王受命，太公为师，辅佐周室，以伐无道，是以天下尊之，称为尚父。今公之功德诚为巍巍，宜须关东悉定，车驾东还，然后议之。”乃止。京师地震，卓又问邕。邕对曰：“地动阴盛，大臣逾制之所致也。公乘青盖车，远近以为非宜。”卓从之，更乘金华皂盖车也。

〔3〕英雄记曰：卓侍妾怀抱中子，皆封侯，弄以金紫。孙女名白，时尚未笄，封为渭阳君。

于郿城东起坛，从广二丈余，高五六尺，使白乘轩金华青盖车，都尉、中郎将、刺史千石在郿者，各令乘轩簪笔，为白导从，之坛上，使兄子璜为使者授印绶。

〔4〕山阳公载记曰：初卓为前将军，皇甫嵩为左将军，俱征韩遂，各不相下。后卓征为少府并州牧，兵当属嵩，卓大怒。及为太师，嵩为御史中丞，拜于车下。卓问嵩："义真服未乎？"嵩曰："安知明公乃至于是！"卓曰："鸿鹄固有远志，但燕雀自不知耳。"嵩曰："昔与明公俱为鸿鹄，不意今日变为凤皇耳。"卓笑曰："卿早服，今日可不拜也。"张璠汉纪曰：卓抵其手谓皇甫嵩曰："义真怖未乎？"嵩对曰："明公以德辅朝廷，大庆方至，何怖之有？若淫刑以逞，将天下皆惧，岂独嵩乎？"卓默然，遂与嵩和解。

〔5〕英雄记曰：郿去长安二百六十里。

〔6〕傅子曰：灵帝时牓门卖官，于是太尉段颎、司徒崔烈、太尉樊陵、司空张温之徒，皆入钱上千万下五百万以买三公。颎数征伐有大功，烈有北州重名，温有杰才，陵能偶时，皆一时显士，犹以货取位，而况于刘嚣、唐珍、张颢之党乎！风俗通曰：司隶刘嚣，以党诸常侍，致位公辅。续汉书曰：唐珍，中常侍唐衡弟。张颢，中常侍张奉弟。

〔7〕魏书曰：卓使司隶校尉刘嚣籍吏民有为子不孝，为臣不忠，为吏不清，为弟不顺，有应此者皆身诛，财物没官。于是爱憎互起，民多冤死。

【原文】

三年四月，司徒王允、尚书仆射士孙瑞、卓将吕布共谋诛卓。是时，天子有疾新愈，大会未央殿。布使同郡骑都尉李肃等，将亲兵十余人，伪着韂士服守掖门。布怀诏书。卓至，肃等格卓。卓惊呼布所在。布曰“有诏”，遂杀卓，夷三族。主簿田景前趋卓尸，布又杀之；凡所杀三人，余莫敢动。[1]长安士庶咸相庆贺，诸阿附卓者皆下狱死。[2]

【注释】

〔1〕英雄记曰：时有谣言曰：“千里，何青青，十日卜，犹不生。”又作董逃之歌。又有道士书布为“吕”字以示卓，卓不知其为吕布也。卓当入会，陈列步骑，自营至宫，朝服导引行其中。马踬不前，卓心怪欲止，布劝使行，乃衷甲而入。卓既死，当时日月清净，微风不起。旻、璜等及宗族老弱悉在郿，皆还，为其麾下所斫射。卓母年九十，走至坞门曰“乞脱我死”，即斩首。袁氏门生故吏，改殡诸袁死于郿者，敛聚董氏尸于其侧而焚之。暴卓尸于市。卓素肥，膏流浸地，草为之丹。守尸吏暝以为大炷，置卓脐中以为灯，光明达旦，如是积日。后卓故部曲收所烧者灰，并以一棺棺之，葬于郿。卓坞中金有二三万斤，银八九万斤，珠玉锦绮奇玩杂物皆山崇阜积，不可知数。

〔2〕谢承后汉书曰：蔡邕在王允坐，闻卓死，有叹惜之音。允责邕曰：“卓，国之大贼，杀主残臣，天地所不佑，人神所同疾。君为王臣，世受汉恩，国主危

难，曾不倒戈，卓受天诛，而更嗟痛乎?”便使收付廷尉。邕谢允曰：“虽以不忠，犹识大义，古今安危，耳所厌闻，口所常玩，岂当背国而向卓也？狂瞽之词，谬出患入，愿黥首为刑以继汉史。”公卿惜邕才，咸共谏允。允曰：“昔武帝不杀司马迁，使作谤书，流于后世。方今国祚中衰，戎马在郊，不可令佞臣执笔在幼主左右，后令吾徒并受谤议。”遂杀邕。臣松之以为蔡邕虽为卓所亲任，情必不党。宁不知卓之奸凶，为天下所毒，闻其死亡，理无叹惜。纵复令然，不应反言于王允之坐。斯殆谢承之妄记也。史迁纪传，博有奇功于世，而云王允谓孝武应早杀迁，此非识者之言。但迁为不隐孝武之失，直书其事耳，何谤之有乎？王允之忠正，可谓内省不疚者矣，既无惧于谤，且欲杀邕，当论邕应死与不，岂可虑其谤己而枉戮善人哉！此皆诬罔不通之甚者。张璠汉纪曰：初，蔡邕以言事见徙，名闻天下，义动志士。及还，内宠恶之。

邕恐，乃亡命海滨，往来依太山羊氏，积十年。卓为太尉，辟为掾，以高第为侍御史治书，三日中遂至尚书。后迁巴东太守，卓上留拜侍中，至长安为左中郎将。卓重其才，厚遇之。

每有朝廷事，常令邕具草。及允将杀邕，时名士多为之言，允悔欲止，而邕已死。

【原文】

初，卓女婿中郎将牛辅典兵别屯陕，分遣校尉李傕、郭汜、张济略陈留、颍川诸县。卓死，吕布使李肃至陕，欲以诏命诛辅。辅等逆与肃战，肃败走弘农，布诛肃。[1]其后辅营兵有夜叛出者，营中惊，辅以为皆叛，乃取金宝，独与素所厚（友）支胡赤儿等五六人相随，踰城北渡河，赤儿等利其金宝，斩首送长安。

【注释】

〔1〕魏书曰：辅恇怯失守，不能自安。常把辟兵符，以鈇锧致其旁，欲以自强。见客，先使相者相之，知有反气与不，又筮知吉凶，然后乃见之。中郎将董越来就辅，辅使筮之，得兑下离上，筮者曰："火胜金，外谋内之卦也。"实时杀越。献帝纪云：筮人常为越所鞭，故因此以报之。

【原文】

比傕等还，辅已败，觽无所依，欲各散归。既无赦书，而闻长安中欲尽诛凉州人，忧恐不知所为。用贾诩策，遂将其觽而西，所在收兵，比至长安，觽十余万，[1]与卓故部曲樊稠、李蒙、王方等合围长安城。十日城陷，与布战城中，布败走。傕等放兵略长安老少，杀之悉尽，死者狼籍。诛杀卓者，尸王允于市。[2]葬卓于郿，大风暴雨震卓墓，水流入藏，漂其棺椁。傕为车骑将军、池阳侯，领司隶校尉、假节。汜为后将军、美阳侯。稠为右将军、万年侯。傕、汜、稠擅朝政。[3]济为骠骑将军、平阳侯，屯弘农。

【注释】

〔1〕九州春秋曰：傕等在陕，皆恐怖，急拥兵自守。胡文才、杨整修皆凉州大人，而司徒王允素所不善也。及李傕之叛，允乃呼文才、整修使东解释之，不假借以温颜，谓曰："关东鼠子欲何为邪？卿往呼之。"于是二人往，实召兵而还。

〔2〕张璠汉纪曰：布兵败，驻马青琐门外，谓允曰："公可以去。"允曰："安国家，吾之上愿也，若不获，则奉身以死。朝廷幼主恃我而已，临难苟免，吾不为也。努力谢关东诸公，以国家为念。"傕、汜入长安城，屯南宫掖门，杀太仆鲁馗、大鸿胪周奂、城门校尉崔烈、越骑校尉王颀。吏民死者不可胜数。司徒王允挟天子上宣平城门避兵，傕等于城门下拜，伏地叩头。帝谓傕等曰："卿无作威福，而乃放兵纵横，欲何为乎？"傕等曰："董卓忠于陛下，而无故为吕布所杀。臣等为卓报雠，弗敢为逆也。请事竟，诣廷尉受罪。"允穷逼出见傕，傕诛允及妻子宗族十余人。长安城中男女大小莫不流涕。允字子师，太原祁人也。少有大节，郭泰见而奇之，曰："王生一日千里，王佐之才也。"泰虽先达，遂与定交。三公并辟，历豫州刺史，辟荀爽、孔融为从事，迁河南尹、尚书令。及为司徒，其所以扶持王室，甚得大臣之节，自天子以下，皆倚赖焉。卓亦推信之，委以朝廷。华峤曰：夫士以正立，以谋济，以义成，若

王允之推董卓而分其权，伺其间而弊其罪。当此之时，天下之难解矣，本之皆主于忠义也，故推卓不为失正，分权不为不义，伺闲不为狙诈，是以谋济义成，而归于正也。

〔3〕英雄记曰：傕，北地人。汜，张掖人，一名多。

【原文】

是岁，韩遂、马腾等降，率黼诣长安。以遂为镇西将军，遣还凉州，腾征西将军，屯郿。侍中马宇与谏议大夫种邵、左中郎将刘范等谋，欲使腾袭长安，己为内应，以诛傕等。腾引兵至长平观，宇等谋泄，出奔槐里。稠击腾，腾败走，还凉州；又攻槐里，宇等皆死。时三辅民尚数十万户，傕等放兵劫略，攻剽城邑，人民饥困，二年闲相啖食略尽。〔1〕

【注释】

〔1〕献帝纪曰：是时新迁都，宫人多亡衣服，帝欲发御府缯以与之，李傕弗欲，曰："宫中有衣，胡为复作邪?"诏卖厩马百余匹，御府大司农出杂缯二万匹，与所卖厩马直，赐公卿以下及贫民不能自存者。李傕曰"我邸阁储偫少"，乃悉载置其营。贾诩曰"此上意，不可拒"，傕不从之。

【原文】

诸将争权，遂杀稠，并其黼。〔1〕汜与傕转相疑，战长安中。[2]傕质天子于营，烧宫殿城门，略官寺，尽收乘舆服御物置其家。[3]傕使公卿诣汜请和，汜皆执之。[4]相攻击连月，死者万数。[5]

【注释】

〔1〕九州春秋曰：马腾、韩遂之败，樊稠追至陈仓。遂语稠曰："天地反复，未可知也。

本所争者非私怨，王家事耳。与足下州里人，今虽小违，要当大同，欲相与善语以别。邂逅万一不如意，后可复相见乎！"俱却骑前接马，交臂相加，共语良久而别。傕兄子利随稠，利还告傕，韩、樊交马语，不知所道，意爱甚密。傕以是疑稠与韩遂私和而有异意。稠欲将兵东出关，从傕索益兵。因请稠会议，便于坐杀稠。

〔2〕典略曰：傕数设酒请汜，或留汜止宿。汜妻惧傕与汜婢妾而夺己爱，思有以离闲之。

会傕送馈，妻乃以豉为药，汜将食，妻曰："食从外来，倘或有故！"遂摘药示之，曰："一栖不二雄，我固疑将军之信李公也。"他日傕复请汜，大醉。汜疑傕药之，绞粪汁饮之乃解。

于是遂生嫌隙，而治兵相攻。

〔3〕献帝起居注曰：初，汜谋迎天子幸其营，夜有亡告傕者，傕使兄子暹将数千兵围宫，以车三乘迎天子。杨彪曰："自古帝王无在人臣家者。举事当合天下

心，诸君作此，非是也。”

暹曰：“将军计定矣。”于是天子一乘，贵人伏氏一乘，贾诩、左灵一乘，其余皆步从。是日，傕复移乘舆幸北坞，使校尉监坞门，内外隔绝。诸侍臣皆有饥色，时盛暑热，人尽寒心。帝求米五斛、牛骨五具以赐左右，傕曰：“朝餔上饭，何用米为？”

乃与腐牛骨，皆臭不可食。帝大怒，欲诘责之。侍中杨琦上封事曰：“傕，边鄙之人，习于夷风，今又自知所犯悖逆，常有怏怏之色，欲辅车驾幸黄白城以纾其愤。臣愿陛下忍之，未可显其罪也。”帝纳之。初，傕屯黄白城，故谋欲徙之。傕以司徒赵温不与己同，乃内温坞中。温闻傕欲移乘舆，与傕书曰：“公前托为董公报绚，然实屠陷王城，杀戮大臣，天下不可家见而户释也。今争睚眦之隙，以成千钧之绚，民在涂炭，各不聊生，曾不改寤，遂成祸乱。朝廷仍下明诏，欲令和解，诏命不行，恩泽日损，而复欲辅乘舆于黄白城，此诚老夫所不解也。于易，一过为过，再为涉，三而弗改，灭其顶，凶。不如早共和解，引兵还屯，上安万乘，下全生民，岂不幸甚！”傕大怒，欲遣人害温。其从弟应，温故掾也，谏之数日乃止。帝闻温与傕书，问侍中常洽曰：“傕弗知臧否，温言太切，可为寒心。”对曰：“李应已解之矣。”帝乃悦。

〔4〕华峤汉书曰：汜飨公卿，议欲攻傕。杨彪曰：“群臣共，一人劫天子，一人质公卿，此可行乎？”汜怒，欲手刃之，中郎将杨密及左右多谏，汜乃归之。

〔5〕献帝起居注曰：傕性喜鬼怪左道之术，常有道人及女巫歌讴击鼓下神，祠祭六丁，符劾厌胜之具，无所不为。又于朝廷省门外，为董卓作神坐，数以牛羊祠之，讫，过省合问起居，求入见。傕带三刀，手复与鞭合持一刃。侍中、侍郎见傕带仗，皆惶恐，亦带剑持刀，先入在帝侧。傕对帝，或言"明陛下"，或言"明帝"，为帝说郭汜无状，帝亦随其意答应之。

【原文】

傕喜，出言"明陛下真贤圣主"，意遂自信，自谓良得天子欢心也。虽然，犹不欲令近臣带剑在帝边，谓人言"此曹子将欲图我邪？而皆持刀也"。侍中李祯，傕州里，素与傕通，语傕"所以持刀者，军中不可不尔，此国家故事"。傕意乃解。天子以谒者仆射皇甫郦凉州旧姓，有专对之才，遣令和傕、汜。郦先诣汜，汜受诏命。诣傕，傕不肯，曰："我有讨吕布之功，辅政四年，三辅清静，天下所知也。郭多，盗马虏耳，何敢乃欲与吾等邪？必欲诛之。君为凉州人，观吾方略士鵩，足办多不？多又劫质公卿，所为如是，而君苟欲利郭多，李傕有胆自知之。"郦答曰："昔有穷后羿恃其善射，不思患难，以至于毙。近董公之强，明将军目所见，内有王公以为内主，外有董旻、承、璜以为鲠毒，吕布受恩而反图之，斯须之间，头县竿端，此有勇而无谋也。今将军身为上将，把钺仗节，子孙握权，宗族荷宠，国家好爵而皆据之。今郭多劫质公卿，将军胁至尊，谁为轻重邪？张济与郭多、杨定有谋，又为冠带所附。杨奉，白波帅耳，犹知将军所为非是，将军虽拜宠之，犹不肯尽力也。”傕不纳郦言，而呵之令出。郦出，诣省门，白傕不肯从诏，辞语不顺。侍中胡邈为傕所幸，呼传诏者令饰其辞。又谓郦曰：“李将军于卿不薄，又皇甫公为太尉，李将军力也。”郦答曰：“胡敬才，卿为国家常伯，辅弼之臣也，语言如此，宁可用邪？”邈曰：“念卿失李将军意，恐不易耳！我与卿何事者？”郦言：“我累世受恩，身又常在帏幄，君辱臣死，当坐国家，为李傕所杀，则天命也。”天子闻郦答语切，恐傕闻之，便敕遣郦。郦裁出营门，傕遣虎贲王昌呼之。昌知郦忠直，纵令去，还答傕，言追之不及。

天子使左中郎将李固持节拜傕为大司马，在三公之右。傕自以为得鬼神之力，乃厚赐诸巫。

傕将杨奉与傕军吏宋果等谋杀傕，事泄，遂将兵叛傕。傕觿叛，稍衰弱。张济自陕和解之，天子乃得出，至新丰、霸陵闲。〔1〕郭汜复欲胁天子还都郿。天子奔奉营，奉击汜破之。汜走南山，奉及将军董承以天子还洛阳。傕、汜悔遣天子，复相与和，追及天子于弘农之曹阳。

奉急招河东故白波帅韩暹、胡才、李乐等合，与傕、汜大战。奉兵败，傕等纵兵杀公卿百官，略宫人入弘农。〔2〕天子走陕，北渡河，失辎重，步行，唯皇后贵人从，至大阳，止人家屋中。〔3〕奉、暹等遂以天子都安邑，御乘牛车。太尉杨彪、太仆韩融近臣从者十余人。以暹为征东、才为征西、乐征北将军，并与奉、承持政。遣融至弘农，与傕、汜等连和，还所略宫人公卿百官，及乘舆车马数乘。是时蝗虫起，岁旱无谷，从官食枣菜。[4]诸将不能相率，上下乱，粮食尽。奉、暹、承乃以天子还洛阳。出箕关，下轵道，张杨以食迎道路，拜大司马。语在杨传。天子入洛阳，宫室烧尽，街陌荒芜，百官披荆棘，依丘墙闲。州郡各拥兵自卫，莫有至者。饥穷稍甚，尚书郎以下，自出樵采，或饥死墙壁闲。

【注释】

〔1〕献帝起居注曰：初，天子出到宣平门，当度桥，汜兵数百人遮桥问"是天子邪"？车不得前。傕兵数百人皆持大戟在乘舆车左右，侍中刘艾大呼云："是天子也。"使侍中杨琦高举车帷。帝言诸兵："汝不却，何敢迫近至尊邪？"汜等兵乃却。既度桥，士觽咸呼万岁。

〔2〕献帝纪曰：时尚书令士孙瑞为乱兵所害。三辅决录注曰：瑞字君荣，扶风人，世为学门。瑞少传家业，博达无所不通，仕历显位。卓既诛，迁大司农，为国三老。每三公缺，瑞常在选中。太尉周忠、皇甫嵩，司徒淳于嘉、赵温，司空杨彪、张喜等为公，皆辞拜让瑞。

天子都许，追论瑞功，封子萌澹津亭侯。萌字文始，亦有才学，与王粲善。临当就国，粲作诗以赠萌，萌有答，在粲集中。

〔3〕献帝纪曰：初，议者欲令天子浮河东下，太尉杨彪曰："臣弘农人，从此已东，有三十六滩，非万乘所当从也。"刘艾曰："臣前为陕令，知其危险，有师犹有倾覆，况今无师，太尉谋是也。"乃止。及当北渡，使李乐具船。天子步行趋河岸，岸高不得下，董承等谋欲以马羁相续以系帝腰。时中宫仆伏德扶中宫，一手持十匹绢，乃取德绢连续为辇。行军校尉尚弘多力，令弘居前负帝，乃得下登船。其余不得渡者甚觽，复遣船收诸不得渡者，皆争攀船，船上人以刃栎断其指，舟中之指可掬。

〔4〕魏书曰：乘舆时居棘篱中，门户无关闭。天子与群臣会，兵士伏篱上观，互相镇压以为笑。诸将专权，或擅笞杀尚书。司隶校尉出入，民兵抵掷之。诸将或遣婢诣省合，或自赍酒啖，过天子饮，侍中不通，喧呼骂詈，遂不能止。又竞表拜诸营壁民为部曲，求其礼遗。

医师、走卒，皆为校尉，御史刻印不供，乃以锥画，示有文字，或不时得也。

【原文】

太祖乃迎天子都许。暹、奉不能奉王法，各出奔，寇徐、扬间，为刘备所杀。〔1〕董承从太祖岁余，诛。建安二年，遣谒者仆射裴茂率关西诸将诛傕，夷三族。〔2〕汜为其将五习所袭，死于郿。济饥饿，至南阳寇略，为穰人所杀，从子绣摄其黼。才、乐留河东，才为怨家所杀，乐病死。遂、腾自还凉州，更相寇，后腾入为鞴尉，子超领其部曲。十六年，超与关中诸将及遂等反，太祖征破之。语在武纪。遂奔金城，为其将所杀。超据汉阳，腾坐夷三族。赵衢等举义兵讨超，超走汉中从张鲁，后奔刘备，死于蜀。

【注释】

〔1〕英雄记曰：备诱奉与相见，因于坐上执之。暹失奉势孤，时欲走还并州，为杼秋屯帅张宣所邀杀。

〔2〕典略曰：傕头至，有诏高县。

【原文】

袁绍字本初，汝南汝阳人也。高祖父安，为汉司徒。自安以下四世居三公位，由是势倾天下。〔1〕绍有姿貌威容，能折节下士，士多附之，太祖少与交焉。以大将军掾为侍御史，〔2〕稍迁中军校尉，至司隶。

【注释】

〔1〕华峤汉书曰：安字邵公，好学有威重。明帝时为楚郡太守，治楚王狱，所申理者四百余家，皆蒙全济，安遂为名臣。章帝时至司徒，生蜀郡太守京。京弟敞为司空。京子汤，太尉。汤四子：长子平，平弟成，

左中郎将，并早卒；成弟逢，逢弟隗，皆为公。魏书曰：自安以下，皆博爱容纳，无所拣择；宾客入其门，无贤愚皆得所欲，为天下所归。绍即逢之庶子，术异母兄也，出后成为子。英雄记曰：成字文开，壮健有部分，贵戚权豪自大将军梁冀以下皆与结好，言无不从。故京师为作谚曰："事不谐，问文开。"

〔2〕英雄记曰：绍生而父死，二公爱之。幼使为郎，弱冠除濮阳长，有清名。遭母丧，服竟，又追行父服，凡在塚庐六年。礼毕，隐居洛阳，不妄通宾客，非海内知名，不得相见。

又好游侠，与张孟卓、何伯求、吴子卿、许子远、伍德瑜等皆为奔走之友。不应辟命。中常侍赵忠谓诸黄门曰："袁本初坐作声价，不应呼召而养死士，不知此儿欲何所为乎？"绍叔父隗闻之，责数绍曰："汝且破我家！"绍于是乃起应大将军之命。臣松之案：魏书云"绍，逢之庶子，出后伯父成"。如此记所言，则似实成所生。夫人追服所生，礼无其文，况于所后而可以行之！二书未详孰是。

【原文】

灵帝崩，太后兄大将军何进与绍谋诛诸阉官，〔1〕太后不从。乃召董卓，欲以胁太后。常侍、黄门闻之，皆诣进谢，唯所错置。时绍劝进便可于此决之，至于再三，而进不许。令绍使洛阳方略武吏检司诸宦者。又令绍弟虎贲中郎将术选温厚虎贲二百人，当入禁中，代持兵黄门陛守门户。中常侍段珪等矫太后命，召进入议，遂杀之，宫中乱。[2]术将虎贲烧南宫嘉德殿青琐门，欲以迫出珪等。珪等不出，劫帝及帝弟陈留王走小平津。绍既斩宦者所署司隶校尉许相，遂勒兵捕诸阉人，无少长皆杀之。或有无须而误死者，至自发露形体而后得免。宦者或有行善自守而犹见及。其滥如此。死者二千余人。急追珪等，珪等悉赴河死。帝得还宫。

【注释】

〔1〕续汉书曰：绍使客张津说进曰："黄门、常侍秉权日久，又永乐太后与诸常侍专通财利，将军宜整顿天下，为海内除患。"进以为然，遂与绍结谋。

〔2〕九州春秋曰：初绍说进曰："黄门、常侍累世太盛，威服海内，前窦武欲诛之而反为所害，但坐言语漏泄，以五营士为兵故耳。五营士生长京师，服畏中人，而窦氏反用其锋，遂果叛走归黄门，是以自取破灭。今将军以元舅之尊，二府并领劲兵，其部曲将吏，皆英雄名士，乐尽死力，事在掌握，天赞其时也。今为天下诛除贪秽，功勋显著，垂名后世，虽周之申伯，何足道哉？今大行在前殿，将军以诏书领兵簕守，可勿入宫。"进纳其言，后更狐疑。绍惧进之改变，胁进曰："今交构已成，形势已露，将军何为不早决之？事留变生，后机祸至。"进不从，遂败。

【原文】

董卓呼绍，议欲废帝，立陈留王。是时绍叔父隗为太傅，绍伪许之，曰："此大事，出当与太傅议。"卓曰："刘氏种不足复遗。"绍不应，横刀长揖而去。〔1〕绍既出，遂亡奔冀州。

侍中周毖、城门校尉伍琼、议郎何颙等，皆名士也，卓信之，而阴为绍，乃说卓曰："夫废立大事，非常人所及。绍不达大体，恐惧故出奔，非有他志也。今购之急，势必为变。袁氏树恩四世，门世故吏徧于天下，若收豪杰以聚徒觽，英雄因之而起，则山东非公之有也。不如赦之，拜一郡守，则绍喜于免罪，必无患矣。"卓以为然，乃拜绍勃海太守，封邟乡侯。

【注释】

〔1〕献帝春秋曰：卓欲废帝，谓绍曰："皇帝冲闇，非万乘之主。陈留王犹胜，今欲立之。

【原文】

人有少智，大或痴，亦知复何如，为当且尔；卿不见灵帝乎？念此令人愤毒！"绍曰；"汉家君天下四百许年，恩泽深渥，兆民戴之来久。今帝虽幼冲，未有不善宣闻天下，公欲废适立庶，恐觽不从公议也。"卓谓绍曰："竖子！天下事岂不决我？我今为之，谁敢不从？尔谓董卓刀为不利乎！”绍曰：“天下健者，岂唯董公？”引佩刀横揖而出。臣松之以为绍于时与卓未构嫌隙，故卓与之谘谋。若但以言议不同，便骂为竖子，而有推刃之心，及绍复答，屈疆为甚，卓又安能容忍而不加害乎？且如绍此言，进非亮正，退违诡逊，而显其竞爽之旨，以触哮阚之锋，有志功业者，理岂然哉！此语，妄之甚矣。

绍遂以勃海起兵，将以诛卓。语在武纪。绍自号车骑将军，主盟，与冀州牧韩馥立幽州牧刘虞为帝，遣使奉章诣虞，虞不敢受。后馥军安平，为公孙瓒所败。瓒遂引兵入冀州，以讨卓为名，内欲袭馥。馥怀不自安。〔1〕会卓西入关，绍还军延津，因馥惶遽，使陈留高干、颍川荀谌等说馥曰：“公孙瓒乘胜来向南，而诸郡应之，袁车骑引军东向，此其意不可知，窃为将军危之。”馥曰：“为之奈何？”谌曰：“公孙提燕、代之卒，其锋不可当。袁氏一时之杰，必不为将军下。夫冀州，天下之重资也，若两雄并力，兵交于城下，危亡可立而待也。夫袁氏，将军之旧，且同盟也，当今为将军计，莫若举冀州以让袁氏。袁氏得冀州，则瓒不能与之争，必厚德将军。冀州入于亲交，是将军有让贤之名，而身安于泰山也。愿将军勿疑！”馥素恇怯，因然其计。馥长史耿武、别驾闵纯、治中李历谏馥曰：“冀州虽鄙，带甲百万，谷支十年。袁绍孤客穷军，仰我鼻息，譬如婴儿在股掌之上，绝其哺乳，立可饿杀。奈何乃欲以州与之？”馥曰：“吾，袁氏故吏，且才不如本初，度德而让，古人所贵，诸君独何病焉！”从事赵浮、程奂请以兵拒之，馥又不听。乃让绍，[2]绍遂领冀州牧。

【注释】

〔1〕英雄记曰：逢纪说绍曰：“将军举大事而仰人资给，不据一州，无以自全。”绍答云：

“冀州兵强，吾士饥乏，设不能办，无所容立。”纪曰：“可与公孙瓒相闻，导使来南，击取冀州。公孙必至而馥惧矣，因使说利害，为陈祸福，馥必逊让。于此之际，可据其位。”

绍从其言而瓒果来。

〔2〕九州春秋曰：馥遣都督从事赵浮、程奂将强弩万张屯河阳。浮等闻馥欲以冀州与绍，自孟津驰东下。时绍尚在朝歌清水口，浮等从后来，船数百艘，觽万余人，整兵鼓夜过绍营，绍甚恶之。浮等到，谓馥曰：“袁本初军无斗粮，各已离散，虽有张杨、于扶罗新附，未肯为用，不足敌也。小从事等请自以见兵拒之，旬日之间，必土崩瓦解；明将军但当开合高枕，何忧何惧！”馥不从，乃避位，出居赵忠故舍。遣子赍冀州印绶于黎阳与绍。

【原文】

从事沮授沮音菹。说绍曰：“将军弱冠登朝，则播名海内；值废立之际，则忠义奋发；单骑出奔，则董卓怀怖；济河而北，则勃海稽首。振一郡之卒，撮冀州之觿，威震河朔，名重天下。虽黄巾猾乱，黑山跋扈，举军东向，则青州可定；还讨黑山，则张燕可灭；回觿北首，则公孙必丧；震胁戎狄，则匈奴必从。横大河之北，合四州之地，收英雄之才，拥百万之觿，迎大驾于西京，复宗庙于洛邑，号令天下，以讨未复，以此争锋，谁能敌之？比及数年，此功不难。”绍喜曰：“此吾心也。”即表授为监军、奋威将军。[1]卓遣执金吾胡母班、将作大匠吴修赍诏书喻绍，绍使河内太守王匡杀之。[2]卓闻绍得关东、乃悉诛绍宗族太傅隗等。当是时，豪侠多附绍，皆思为之报，州郡蜂起，莫不假其名。馥怀惧，从绍索去，往依张邈。[3]后绍遣使诣邈，有所计议，与邈耳语。馥在坐上，谓见图构，无何起至溷自杀。[4]

【注释】

〔1〕献帝纪曰：沮授，广平人，少有大志，多权略。仕州别驾，举茂才，历二县令，又为韩馥别驾，表拜骑都尉。袁绍得冀州，又辟焉。英雄记曰：是时年号初平，绍字本初，自以为年与字合，必能克平祸乱。

〔2〕汉末名士录曰：班字季皮，太山人，少与山阳度尚、东平张邈等八人并轻财赴义，振济人士，世谓之八厨。

谢承后汉书曰：班，王匡之妹夫，董卓使班奉诏到河内，解释义兵。匡受袁绍旨。收班系狱，欲杀之以徇军。班与匡书云："自古以来，未有下土诸侯举兵向京师者。刘向传曰'掷鼠忌器'，器犹忌之，况卓今处宫阙之内，以天子为藩屏，幼主在宫，如何可讨？仆与太傅马公、太仆赵岐、少府阴修俱受诏命。关东诸郡，虽实嫉卓，犹以衔奉王命，不敢玷辱。而足下独囚仆于狱，欲以衅鼓，此悖暴无道之甚者也。仆与董卓有何亲戚，义岂同恶？而足下张虎狼之口，吐长蛇之毒，恚卓迁怒，何甚酷哉！死，人之所难，然耻为狂夫所害。若亡者有灵，当诉足下于皇天。夫婚姻者祸福之机，今日着矣。曩为一体，今为血绚。亡人子二人，则君之甥，身没之后，慎勿令临仆尸骸也。"匡得书，抱班二子而泣。班遂死于狱。班尝见太山府君及河伯，事在搜神记，语多不载。

〔3〕英雄记曰：绍以河内朱汉为都官从事。汉先时为馥所不礼，内怀怨恨，且欲邀迎绍意，擅发城郭兵围守馥第，拔刃登屋。馥走上楼，收得馥大儿，槌折两脚。绍亦立收汉，杀之。

馥犹忧怖，故报绍索去。

〔4〕英雄记曰：公孙瓒击青州黄巾贼，大破之，还屯广宗，改易守令，冀州长吏无不望风响应，开门受之。绍自往征瓒，合战于界桥南二十里。瓒步兵三万余人为方陈，骑为两翼，左右各五千余匹，白马义从为中坚，亦分作两校，左射右，右射左，旌旗铠甲，光照天地。

【原文】

绍令曲义以八百兵为先登，强弩千张夹承之，绍自以步兵数万结陈于后。义久在凉州，晓习羌，兵皆骁锐。瓒见其兵少，便放骑欲陵蹈之。义兵皆伏楯下不动，未至数十步，乃同时俱起，扬尘大叫，直前冲突，强弩雷发，所中必倒，临陈斩瓒所署冀州刺史严纲甲首千余级。

瓒军败绩，步骑奔走，不复还营。义追至界桥；瓒殿兵还战桥上，义复破之，遂到瓒营，拔其牙门，营中余觿皆复散走。绍在后，未到桥十数里，下马发鞍，见瓒已破，不为设备，惟帐下强弩数十张，大戟士百余人自随。瓒部迸骑二千余匹卒至，便围绍数重，弓矢雨下。别驾从事田丰扶绍欲却入空垣，绍以兜鍪扑地曰："大丈夫当前死，而入墙闲，岂可得活乎？"强弩乃乱发，多所杀伤。瓒骑不知是绍，亦稍引却；会曲义迎，乃散去。瓒每与虏战，常乘白马，追不虚发，数获戎捷，虏相告云"当避白马"。因虏所忌，简其白马数千匹，选骑射之士，号为白马义从；一曰胡夷健者常乘白马，瓒有健骑数千，多乘白马，故以号焉，绍既破瓒，引军南到薄落津，方与宾客诸将共会，闻魏郡兵反，与黑山贼于毒共覆邺城，遂杀太守栗成。贼十余部，觿数万人，聚会邺中。坐上诸客有家在邺者，皆忧怖失色，或起啼泣，绍容貌不变，自若也。贼陶升者，故内黄小吏也，有善心，独将部觿踰西城入，闭守州门，不内他贼，以车载绍家及诸衣冠在州内者，身自扞轕，送到斥丘乃还。绍到，遂屯斥丘，以陶升为建义中郎将。乃引军入朝歌鹿场山苍岩谷讨于毒，围攻五日，破之，斩毒及长安所署冀州牧壶寿。遂寻山北行，薄击诸贼（左发丈八）左髭丈八等，皆斩之。又击刘石、青牛角、黄龙、左校、郭大贤、李大目、于氐根等，皆屠其屯壁，奔走得脱，斩首数万级。

绍复还屯邺。初平四年，天子使太傅马日磾、太仆赵岐和解关东。岐别诣河北，绍出迎于百里上，拜奉帝命。岐住绍营，移书告瓒。瓒遣使具与绍书曰："赵太仆以周召之德，衔命来征，宣扬朝恩，示以和睦，旷若开云见日，何喜如之？昔贾复、寇恂亦争士卒，欲相危害，遇光武之宽，亲俱陛见，同舆共出，时人以为荣。自省边鄙，得与将军共同此福，此诚将军之眷，而瓒之幸也。"曲义后恃功而骄恣，绍乃杀之。

初，天子之立非绍意，及在河东，绍遣颍川郭图使焉。图还说绍迎天子都邺，绍不从。〔1〕会太祖迎天子都许，收河南地，关中皆附。绍悔，欲令太祖徙天子都鄄城以自密近，太祖拒之。天子以绍为太尉，转为大将军，封邺侯，〔2〕绍让侯不受。顷之。击破瓒于易京，并其觽。〔3〕出长子谭为青州，沮授谏绍："必为祸始。"绍不听，曰："孤欲令诸儿各据一州也。"〔4〕又以中子熙为幽州，甥高干为并州。觽数十万，以审配、逢纪统军事，田丰、荀谌、许攸为谋主，颜良、文丑为将率，简精卒十万，骑万匹，将攻许。[5]

【注释】

〔1〕献帝传曰：沮授说绍云："将军累叶辅弼，世济忠义。今朝廷播越，宗庙毁坏，观诸州郡外托义兵，内图相灭，未有存主恤民者。且今州城粗定，宜迎大驾，安宫邺都，挟天子而令诸侯，畜士马以讨不庭，谁能御之！"绍悦，将从之。郭图、淳于琼曰："汉室陵迟，为日久矣，今欲兴之，不亦难乎！且今英雄据有州郡，觽动万计，所谓秦失其鹿，先得者王。

若迎天子以自近，动辄表闻，从之则权轻，违之则拒命，非计之善者也。"授曰："今迎朝廷，至义也，又于时宜大计也，若不早图，必有先人者也。夫权不失机，功在速捷，将军其图之！"绍弗能用。案此书称（郭图）沮授之计，则与本传违也。

〔2〕献帝春秋曰：绍耻班在太祖下，怒曰；"曹操当死数矣，我辄救存之，今乃背恩，挟天子以令我乎！"太祖闻，而以大将军让于绍。

〔3〕典略曰：自此绍贡御希慢，私使主薄耿苞密白曰："赤德衰尽，袁为黄胤，宜顺天意。"

绍以苞密白事示军府将吏。议者咸以苞为妖妄宜诛，绍乃杀苞以自解。九州春秋曰：绍延征北海郑玄而不礼，赵融闻之曰："贤人者，君子之望也。不礼贤，是失君子之望也。夫有为之君，不敢失万民之欢心，况于君子乎？失君子之望，难乎以有为矣。”英雄记载太祖作董卓歌，辞云：“德行不亏缺，变故自难常。郑康成行酒，伏地气绝，郭景图命尽于园桑。”

如此之文，则玄无病而卒。余书不见，故载录之。

〔4〕九州春秋载授谏辞曰：“世称一兔走衢，万人逐之，一人获之，贪者悉止，分定故也。

且年均以贤，德均则卜，古之制也。愿上惟先代成败之戒，下思逐免分定之义。”绍曰：“孤欲令四儿各据一州，以观其能。”授出曰：“祸其始此乎！”谭始至青州，为都督，未为刺史，后太祖拜为刺史。其土自河而西，盖不过平原而已。遂北排田楷，东攻孔融，曜兵海隅，是时百姓无主，欣戴之矣。然信用髃小，好受近言，肆志奢淫，不知稼穑之艰难。华彦、孔顺皆奸佞小人也，信以为腹心；王修等备官而已。然能接待宾客，慕名敬士。使妇弟领兵在内，至令草窃，市井而外，虏掠田野；别使两将募兵下县，有赂者见免，无者见取，贫弱者多，乃至于窜伏丘野之中，放兵捕索，如猎鸟兽。邑有万户者，着籍不盈数百，收赋纳税，参分不入一。招命贤士，不就；不趋赴军期，安居族党，亦不能罪也。

〔5〕世语曰：绍步卒五万，骑八千。孙盛评曰：案魏武谓崔琰曰“昨案贵州户籍，可得三十万觽”。由此推之，但冀州胜兵已如此，况兼幽、并及青州乎？绍之大举，必悉师而起，十万近之矣。献帝传曰：绍将南师，沮授、田丰谏曰：“师出历年，百姓疲弊，仓庾无

积，赋役方殷，此国之深忧也。宜先遣使献捷天子，务农逸民；若不得通，乃表曹氏隔我王路，然后进屯黎阳，渐营河南，益作舟船，缮治器械，分遣精骑，钞其边鄙，令彼不得安，我取其逸。三年之中，事可坐定也。”审配、郭图曰：“兵书之法，十围五攻，敌则能战。今以明公之神武，跨河朔之强觿，以伐曹氏。譬若覆手，今不时取，后难图也。”授曰：“盖救乱诛暴，谓之义兵；恃觿凭强，谓之骄兵。兵义无敌，骄者先灭。曹氏迎天子安宫许都，今举兵南向，于义则违。且庙胜之策，不在强弱。曹氏法令既行，士卒精练，非公孙瓒坐受围者也。今弃万安之术，而兴无名之兵，窃为公惧之！”图等曰：“武王伐纣，不曰不义，况兵加曹氏而云无名！且公师武臣（竭）力，将士愤怒，人思自骋，而不及时早定大业，虑之失也。夫天与弗取，反受其咎，此越之所以霸，吴之所以亡也。监军之计，计在持牢，而非见时知机之变也。”

【原文】

绍从之。图等因是谮授“监统内外，威震三军，若其浸盛，何以制之？夫臣与主不同者昌，主与臣同者亡，此黄石之所忌也。且御觿于外，不宜知内。”绍疑焉。乃分监军为三都督，使授及郭图、淳于琼各典一军，遂合而南。

先是，太祖遣刘备诣徐州拒袁术。术死，备杀刺史车胄，引军屯沛。绍遣骑佐之。太祖遣刘岱、王忠击之，不克。建安五年，太祖自东征备。田丰说绍袭太祖后，绍辞以子疾，不许，丰举杖击地曰："夫遭难遇之机，而以婴儿之病失其会，惜哉！"太祖至，击破备；备奔绍。〔1〕

【注释】

〔1〕魏氏春秋载绍檄州郡文曰："盖闻明主图危以制变，忠臣虑难以立权。曩者强秦弱主，赵高执柄，专制朝命，威福由己，终有望夷之祸，污辱至今。及臻吕后，禄、产专政，擅断万机，决事省禁，下陵上替，海内寒心。于是绛侯、朱虚兴威奋怒，诛夷逆乱，尊立太宗，故能道化兴隆，光明显融，此则大臣立权之明表也。司空曹操，祖父腾，故中常侍，与左悺、徐璜并作妖孽，饕餮放横，伤化虐民。父嵩，乞携养，因赃假位，舆金辇璧，输货权门，窃盗鼎司，倾覆重器。操赘阉遗丑，本无令德，僄狡锋侠，好乱乐祸。幕府昔统鹰扬，扫夷凶逆。续遇董卓侵官暴国，于是提剑挥鼓，发命东夏，方收罗英雄，弃瑕录用，故遂与操参咨策略，谓其鹰犬之才，爪牙可任。至乃愚佻短虑，轻进易退，伤夷折衄，数丧师徒。幕府辄复分兵命锐，修完补辑，表行东郡太守、兖州刺史，被以虎文，授以偏师，鈇鉞威柄，冀获秦师一克之报。而操遂乘资跋扈，肆行酷烈，割剥元元，残贤害善。故九江太守边让，英才俊逸，天下知名，以直言正色，论不阿谄，身首被枭县之

戮，妻孥受灰灭之咎。自是士林愤痛，民怨弥重，一夫奋臂，举州同声，故躬破于徐方，地夺于吕布，彷徨东裔，蹈据无所。幕府唯强干弱枝之义，且不登叛人之党，故复援旌擐甲，席卷赴征，金鼓响震，布黼破沮，拯其死亡之患，复其方伯之任，是则幕府无德于兖土之民，而有大造于操也。后会銮驾东反，髃虏乱政。时冀州方有北鄙之警，匪遑离局，故使从事中郎徐勋就发遣操，使缮修郊庙，翼辅幼主。而便放志专行，胁迁省禁，卑侮王官，败法乱纪，坐召三台，专制朝政，爵赏由心，刑戮在口，所爱光五宗，所恶灭三族，髃谈者蒙显诛，腹议者蒙隐戮，道路以目，百寮钳口，尚书记朝会，公卿充员品而已。故太尉杨彪，历典三司，享国极位，操因睚眦，被以非罪，榜楚并兼，五毒俱至，触情放慝，不顾宪章。又议郎赵彦，忠谏直言，议有可纳，故圣朝含听，改容加锡，操欲迷夺时权，杜绝言路，擅收立杀，不俟报闻。又梁孝王，先帝母弟，坟陵尊显，松柏桑梓，犹宜恭肃，而操率将校吏士亲临发掘，破棺裸尸，略取金宝，至令圣朝流涕，士民伤怀。又署发丘中郎将、摸金校尉，所过堕突，无骸不露。身处三公之官，而行桀虏之态，殄国虐民，毒流人鬼。加其细政苛惨，科防互设，缯缴充蹊，坑穽塞路，举手挂网罗，动足蹈机陷，是以兖、豫有无聊之民，帝都有吁嗟之怨。历观古今书籍，所载贪残虐烈无道之臣，于操为甚。

幕府方诘外奸，未及整训，加意含覆，冀可弥缝。而操豺狼野心，潜苞祸谋，乃欲挠折栋梁，孤弱汉室，除灭中正，专为枭雄。往岁伐鼓北征，讨公孙瓒，强御桀逆，拒围一年。操因其未破，阴交书命，欲托助王师，以相掩袭，故引兵造河，方舟北济。会其行人发露，瓒亦枭夷，故使锋芒挫缩，厥图不果。屯据敖仓，阻河为固，乃欲以螳螂之斧，御隆车之隧。幕府奉汉威灵，折冲宇宙，长戟百万，胡骑千群，奋中黄、育、获之材，骋良弓劲弩之势，并州越太行，青州涉济、漯，大军泛黄河以角其前，荆州下宛、叶而掎其后，雷震虎步，并集虏庭，若举炎火以爇飞蓬，覆沧海而沃熛炭，有何不消灭者哉？当今汉道陵迟，纲弛纪绝。操以精兵七百，围守宫阙，外称陪軬，内以拘执，惧其篡逆之祸，因斯而作。乃忠臣肝脑涂地之秋，烈士立功之会也，可不勖哉！”此陈琳之辞。

绍进军黎阳，遣颜良攻刘延于白马。沮授又谏绍："良性促狭，虽骁勇不可独任。"绍不听。

【原文】

太祖救延，与良战，破斩良。[1]绍渡河，壁延津南，使刘备、文丑挑战。太祖击破之，斩丑，再战，禽绍大将。绍军大震。[2]太祖还官渡。沮授又曰："北兵数鰰而果劲不及南，南谷虚少而货财不及北；南利在于急战，北利在于缓搏。宜徐持久，旷以日月。"绍不从。

连营稍前，逼官渡，合战，太祖军不利，复壁。绍为高橹，起土山，射营中，营中皆蒙楯，鰰大惧。太祖乃为发石车，击绍楼，皆破，绍军号曰霹雳车。[3]绍为地道，欲袭太祖营。

太祖辄于内为长堑以拒之，又遣奇兵袭击绍运车，大破之，尽焚其谷。太祖与绍相持日久，百姓疲乏，多叛应绍，军食乏。会绍遣淳于琼等将兵万余人北迎运车，沮授说绍："可遣将蒋奇别为支军于表，以断曹公之钞。"绍复不从。琼宿乌巢，去绍军四十里。太祖乃留曹洪守，自将步骑五千候夜潜往攻琼。绍遣骑救之，败走。破琼等，悉斩之。太祖还，未至营，绍将高览、张合等率其军降。绍军大溃，绍与谭单骑退渡河。余军伪降，尽坑之。[4]沮授不及绍渡，为人所执，诣太祖，[4]太祖厚待之。后谋还袁氏，见杀。

【注释】

〔1〕献帝传曰：绍临发，沮授会其宗族，散资财以与之曰："夫势在则威无不加，势亡则不保一身，哀哉！"其弟宗曰："曹公士马不敌，君何惧焉！"授曰："以曹兖州之明略，又挟天子以为资，我虽克公孙，军实疲弊，而将骄主，军之破败，在此举也。扬雄有言，'六国蚩蚩，为嬴弱姬'，今之谓也。"

〔2〕献帝传曰：绍将济河，沮授谏曰："胜负变化，不可不详。今宜留屯延津，分兵官渡，若其克获，还迎不晚，设其有难，军弗可还。"绍弗从。授临济叹曰："上盈其志，下务其功，悠悠黄河，吾其不反乎！"遂以

疾辞。绍恨之，乃省其所部兵属郭图。

〔3〕魏氏春秋曰：以古有矢石，又传言“旝动而鼓”，说文曰“旝，发石也”，于是造发石车。

〔4〕张璠汉纪云：杀绍卒凡八万人。

〔5〕献帝传云：授大呼曰：“授不降也，为军所执耳！”太祖与之有旧，逆谓授曰：“分野殊异，遂用圮绝，不图今日乃相禽也！”授对曰：“冀州失策，以取奔北。授智力俱困，宜其见禽耳。”太祖曰：“本初无谋，不用君计，今丧乱过纪，国家未定，当相与图之。”授曰：“叔父、母、弟，县命袁氏，若蒙公灵，速死为福。”太祖叹曰：“孤早相得，天下不足虑。”

【原文】

初，绍之南也，田丰说绍曰：“曹公善用兵，变化无方，众虽少，未可轻也，不如以久持之。

将军据山河之固，拥四州之众，外结英雄，内修农战，然后简其精锐，分为奇兵，乘虚迭出，以扰河南，救右则击其左，救左则击其右，使敌疲于奔命，民不得安业；我未劳而彼已困，不及二年，可坐克也。今释庙胜之策，而决成败于一战，若不如志，悔无及也。”绍不从。

丰恳谏，绍怒甚，以为沮众，械系之。绍军既败，或谓丰曰：“君必见重。”丰曰：“若军有利，吾必全，今军败，吾其死矣。”绍还，谓左右曰：“吾不用田丰言，果为所笑。”遂杀之。〔1〕绍外宽雅，有局度，忧喜不形于色，而内多忌害，皆此类也。

【注释】

〔1〕先贤行状曰：丰字符皓，钜鹿人，或云勃海人。丰天姿瑰杰，权略多奇，少丧亲，居丧尽哀，日月虽过，笑不至矧。博览多识，名重州党。初辟太尉府，举茂才，迁侍御史。阉宦朝，英贤被害，丰乃弃官归家。袁绍起义，卑辞厚币以招致丰，丰以王室多难，志存匡救，乃应绍命，以为别驾。劝绍迎天子，绍不纳。绍后用丰谋，以平公孙瓒。逢纪惮丰亮直，数谗之于绍，绍遂忌丰。绍军之败也，土崩奔北，师徒略尽，军皆拊膺而泣曰："向令田丰在此，不至于是也。"绍谓逢纪曰："冀州人闻吾军败，皆当念吾，惟田别驾前谏止吾，与觽不同，吾亦惭见之。"纪复曰："丰闻将军之退，拊手大笑，喜其言之中也。"绍于是有害丰之意。初，太祖闻丰不从戎，喜曰："绍必败矣。"及绍奔遁，复曰："向使绍用田别驾计，尚未可知也。"孙盛曰：观田丰、沮授之谋，虽良、平何以过之？故君贵审才，臣尚量主；君用忠良，则伯王之业隆，臣奉闇后，则覆亡之祸至：存亡荣辱，常必由兹。丰知绍将败，败则己必死，甘冒虎口以尽忠规，烈士之于所事，虑不存己。夫诸侯之臣，义有去就，况丰与绍非纯臣乎！诗云"逝将去汝，适彼乐土"，言去乱邦，就有道可也。

冀州城邑多叛，绍复击定之。自军败后发病，七年，忧死。

【原文】

绍爱少子尚，貌美，欲以为后而未显。[1]审配、逢纪与辛评、郭图争权，配、纪与尚比，评、图与谭比。觿以谭长，欲立之。配等恐谭立而评等为己害，缘绍素意，乃奉尚代绍位。

谭至，不得立，自号车骑将军。由是谭、尚有隙。太祖北征谭、尚。谭军黎阳，尚少与谭兵，而使逢纪从谭。谭求益兵，配等议不与。谭怒，杀纪。[2]太祖渡河攻谭，谭告急于尚。尚欲分兵益谭，恐谭遂夺其觿，乃使审配守邺，尚自将兵助谭，与太祖相拒于黎阳。，大战城下，谭、尚败退，入城守。太祖将围之，乃夜遁。追至邺，收其麦，拔阴安，引军还许。太祖南征荆州，军至西平。谭、尚遂举兵相攻，谭败奔平原。尚攻之急，谭遣辛毗诣太祖请救。太祖乃还救谭，十月至黎阳。[3]尚闻太祖北，释平原还邺。

其将吕旷、吕翔叛尚归太祖，谭复阴刻将军印假旷、翔。太祖知谭诈，与结婚以安之，乃引军还。尚使审配、苏由守邺，复攻谭平原。太祖进军将攻邺，到洹水，去邺五十里，由欲为内应，谋泄，与配战城中，败，出奔太祖。太祖遂进攻之，为地道，配亦于内作堑以当之。

配将冯礼开突门，内太祖兵三百余人，配觉之，从城上以大石击突中栅门，栅门闭，入者皆没。太祖遂围之，为堑，周四十里，初令浅，示若可越。配望而笑之，不出争利。太祖一夜掘之，广深二丈，决漳水以灌之，自五月至八月，城中饿死者过半。尚闻邺急，将兵万余人还救之，依西山来，东至阳平亭，去邺十七里，临滏水，举火以示城中，城中亦举火相应。

配出兵城北，欲与尚对决围。太祖逆击之，败还，尚亦破走，依曲漳为营，太祖遂围之。未合，尚惧，遣阴夔、陈琳乞降，不听。尚还走滥口，进复围之急，其将马延等临陈降，觽大溃，尚奔中山。尽收其辎重，得尚印绶、节钺及衣物，以示其家，城中崩沮。配兄子荣守东门，夜开门内太祖兵，与配战城中，生禽配。配声气壮烈，终无挠辞，见者莫不叹息。遂斩之。〔4〕高干以并州降，复以干为刺史。

【注释】

〔1〕典论曰：谭长而惠，尚少而美。绍妻刘氏爱尚，数称其才，绍亦奇其貌，欲以为后，未显而绍死。刘氏性酷妒，绍死，僵尸未殡，宠妾五人，刘尽杀之。以为死者有知，当复见绍于地下，乃髡头墨面以毁其形。尚又为尽杀死者之家。

〔2〕英雄记曰：纪字符图。初，绍去董卓出奔，与许攸及纪俱诣冀州，绍以纪聪达有计策，甚亲信之，与共举事。后审配任用，与纪不睦。或有谗配于绍，绍问纪，纪称“配天性烈直，古人之节，不宜疑之”。绍曰：

"君不恶之邪?"纪答曰:"先日所争者私情,今所陈者国事。"

绍善之,卒不废配。配由是更与纪为亲善。

〔3〕魏氏春秋载刘表遗谭书曰:"天笃降害,祸难殷流,尊公殂殒,四海悼心。贤胤承统,遐迩属望,咸欲展布旅力,以投盟主,虽亡之日,犹存之愿也。何寤青蝇飞于干旍,无极游于二垒,使股肱分为二体,背膂绝为异身!昔三王五伯,下及战国,父子相残,盖有之矣;

然或欲以成王业,或欲以定霸功,或欲以显宗主,或欲以固嗣嗣,未有弃亲即异,扤其本根,而能崇业济功,垂祚后世者也。若齐襄复九世之雠,士卒荀偃之事,是故春秋美其义,君子称其信。夫伯游之恨于齐,未若(文公)太公之忿曹;宣子之承业,未若仁君之继统也。且君子之违难不适雠国,岂可忘先君之怨,弃至亲之好,为万世之戒,遗同盟之耻哉!

冀州不弟之乇,既已然矣;仁君当降志辱身,以匡国为务;虽见憎于夫人,未若郑庄之于姜氏,兄弟之嫌,未若重华之于象傲也。然庄公有大隧之乐,象受有鼻之封。愿弃捐前忿,远思旧义,复为母子昆弟如初。"又遗尚书曰:"知变起辛、郭,祸结同生,追阏伯、实沈之踪,忘常棣死丧之义,亲寻干戈,僵尸流血,闻之哽咽,虽存若亡。昔轩辕有涿鹿之战,周武有商、奄之师,皆所以翦除秽害而定王业,非强弱之(事)争,喜怒之忿也。故虽灭亲不为尤,诛兄不伤义。今二君初承洪业，纂继前轨，进有国家倾危之虑，退有先公遗恨之负，当唯义是务，唯国是康。何者？金木水火以刚柔相济，然后克得其和，能为民用。今青州天性峭急，迷于曲直。仁君度数弘广，绰然有余，当以大包小，以优容劣，先除曹操以卒先公之恨，事定之后，乃议曲直之计，不亦善乎！若留神远图，克己复礼，当振长驱，共銻王室，若迷而不反，违而无改，则胡夷将有诮让之言，况我同盟，复能睥力为君之役哉？此韩卢、东郭自困于前而遗田父之获者也。愤踊鹤望，冀闻和同之声。若其泰也，则袁族其与汉升降乎！如其否也，则同盟永无望矣。”谭、尚尽不从。

汉晋春秋载审配献书于谭曰：“春秋之义，国君死社稷，忠臣死王命。苟有图危宗庙，败乱国家，王纲典律，亲篦一也。是以周公垂泣而蔽管、蔡之狱，季友歔欷而行针叔之鸩。何则？

义重人轻，事不得已也。昔辚灵公废蒯聩而立辄，蒯聩为不道，入戚以篡，辚师伐之。春秋传曰：‘以石曼姑之义，为可以拒之。’是以蒯聩终获叛逆之罪，而曼姑永享忠臣之名。父子犹然，岂况兄弟乎！昔先公废绌将军以续贤兄，立我将军以为适嗣，上告祖灵，下书谱牒，先公谓将军为兄子，将军谓先公为叔父，海内远近，谁不备闻？且先公即世之日，我将军斩衰居庐，而将军斋于垩室，出入之分，于斯益明。是时凶臣逢纪，妄画蛇足，曲辞谄媚，交乱懿亲，将军奋赫然之怒，诛不旋时，我将军亦奉命承旨，加以淫刑。自是之后，痈疽破溃，骨肉无丝发之嫌，自疑之臣，皆保生全之福。故悉遣强胡，简命名将，料整器械，选择战士，殚府库之财，竭食土之实，其所以供奉将军，何求而不备？君臣相率，共赣旌麾，战为雁行，赋为币主，虽倾仓覆库，翦剥民物，上下欣戴，莫敢告劳。何则？推恋恋忠赤之情，尽家家肝脑之计，唇齿辅车，不相为赐。谓为将军心合意同，混齐一体，必当并威偶势，御寇宁家。何图凶险谗慝之人，造饰无端，诱导奸利，至令将军翻然改图，忘孝友之仁，听豺狼之谋，诬先公废立之言，违近者在丧之位，悖纪纲之理，不顾逆顺之节，横易冀州之主，欲当先公之继。遂放兵钞拨，屠城杀吏，交尸盈原，裸民满野，或有尉发肤，割截支体，嚼魂痛于幽冥，创痍号于草棘。又乃图获邺城，许赐秦、胡，财物妇女，豫有分界。

或闻告令吏士云：‘孤虽有老母，辄使身体完具而已。’闻此言者，莫不惊愕失气，悼心挥涕，使太夫人忧哀愤懑于堂室，我州君臣士友假寐悲叹，无所措其手足；念欲静师拱默以听执事之图，则惧违春秋死命之节，贻太夫人不测之患，陨先公高世之业。且三军愤慨，人怀私怒，我将军辞不获已，以及馆陶之役。是时外为御难，内实乞罪，既不见赦，而（屠辱谷）屠各二三其心，临陈叛戾。我将军进退无功，首尾受敌，引军奔避，不敢告辞。亦谓将军当少垂亲亲之仁，贶以缓追之惠，而乃寻踪蹑轨，无所逃命。困兽必，以干严行，而将军师旅土崩瓦解，此非人力，乃天意也。是后又望将军改往修来，克己复礼，追还孔怀如初之爱；

而纵情肆怒，趣破家门，企踵鹤立，连结外雠，散锋于火，播增毒螫，烽烟相望，涉血千里，遗城厄民，引领悲怨，虽欲勿救，恶得已哉！故遂引军东辕，保正疆埸，虽近郊垒，未侵境域，然望旌麾，能不永叹？配等备先公家臣，奉废立之命。而图等干国乱家，礼有常刑。故奋敝州之赋，以除将军之疾，若乃天启于心，早行其诛，则我将军匍匐悲号于将军股掌之上，配等亦袒躬布体以待斧钺之刑。若必不悛，有以国毙，图头不县，军不旋踵。愿将军详度事宜，锡以环玦。”典略曰：谭得书怅然，登城而泣。既劫于郭图，亦以兵锋累交，遂战不解。

〔4〕先贤行状曰：配字正南，魏郡人，少忠烈慷慨，有不可犯之节。袁绍领冀州，委以腹心之任，以为治中别驾，并总幕府。初，谭之去，皆呼辛毗、郭图家得出，而辛评家独被收。

及配兄子开城门内兵，时配在城东南角楼上，望见太祖兵入，忿辛、郭坏败冀州，乃遣人驰诣邺狱，指杀仲治家。是时，辛毗在军，闻门开，驰走诣狱，欲解其兄家，兄家已死。是日生缚配，将诣帐下，辛毗等逆以马鞭击其头，骂之曰：“奴，汝今日真死矣！”配顾曰：“狗辈，正由汝曹破我冀州，恨不得杀汝也！且汝今日能杀生我邪？”有顷，公引见，谓配：“知谁开卿城门？”配曰：“不知也。”曰：“自卿（文）子荣耳。”配曰：“小儿不足用乃至此！”公复谓曰：“曩日孤之行围，何弩之多也?”配曰：“恨其少耳!”公曰：“卿忠于袁氏父子，亦自不得不尔也。”

有意欲活之。配既无挠辞，而辛毗等号哭不已，乃杀之。初，冀州人张子谦先降，素与配不善，笑谓配曰：“正南，卿竟何如我?”配厉声曰：“汝为降虏，审配为忠臣，虽死，岂若汝生邪!”临行刑，叱持兵者令北向，曰：“我君在北。”乐资山阳公载记及袁暐献帝春秋并云太祖兵入城，审配战于门中，既败，逃于井中，于井获之。臣松之以为配一代之烈士，袁氏之死臣，岂当数穷之日，方逃身于井，此之难信，诚为易了。不知资、暐之徒竟为何人，未能识别然否，而轻弄翰墨，妄生异端，以行其书。如此之类，正足以诬罔视听，疑误后生矣。寔史籍之罪人，达学之所不取者也。

太祖之围邺也，谭略取甘陵、安平、勃海、河间，攻尚于中山。尚走故安从熙，谭悉收其觽。

太祖将讨之，谭乃拔平原，并南皮，自屯龙凑。十二月，太祖军其门，谭不出，夜遁奔南皮，临清河而屯。十年正月，攻拔之，斩谭及图等。熙、尚为其将焦触、张南所攻，奔辽西乌丸。

【原文】

触自号幽州刺史，驱率诸郡太守令长，背袁向曹，陈兵数万，杀白马盟，令曰：“违命者斩!”

觽莫敢语，各以次歃。至别驾韩珩，曰：“吾受袁公父子厚恩，今其破亡，智不能救，勇不能死，于义阙矣；若乃北面于曹氏，所弗能为也。”一坐为珩失色。触曰：“夫兴大事，当立大义，事之济否，不待一人，可卒珩志，以励事君。”高干叛，执上党太守，举兵守壶口关。遣乐进、李典击之，未拔。十一年，太祖征干。干乃留其将夏昭、邓升守城，自诣匈奴单于求救，不得，独与数骑亡，欲南奔荆州，上洛都尉捕斩之。〔1〕十二年，太祖至辽西击乌丸。尚、熙与乌丸逆军战，败走奔辽东，公孙康诱斩之，送其首。〔2〕太祖高韩珩节，屡辟不至，卒于家。〔3〕

【注释】

〔1〕典略曰：上洛都尉王琰获高干，以功封侯；其妻哭于室，以为琰富贵将更娶妾媵而夺己爱故也。

〔2〕典略曰：尚为人有勇力，欲夺取康觽，与熙谋曰：“今到，康必相见，欲与兄手击之，有辽东犹可以自广也。”康亦心计曰：“今不取熙、尚，无以为说于国家。”乃先置其精勇于厩中，然后请熙、尚。熙、尚入，康伏兵出，皆缚之，坐于冻地。尚寒，求席，熙曰：“头颅方行万里，何席之为！”遂斩首。谭，字显思。熙，字显奕。尚，字显甫。吴书曰：尚有弟名买，与尚俱走辽东。曹瞒传云：买，尚兄子。未详。

〔3〕先贤行状曰：珩字子佩，代郡人，清粹有雅量。少丧父母，奉养兄姊，宗族称孝悌焉。

袁术字公路，司空逢子，绍之从弟也。以侠气闻。

举孝廉，除郎中，历职内外，后为折冲校尉、虎贲中郎将。董卓之将废帝，以术为后将军；术亦畏卓之祸，出奔南阳。会长沙太守孙坚杀南阳太守张咨，术得据其郡。南阳户口数百万，而术奢淫肆欲，征敛无度，百姓苦之。

【原文】

既与绍有隙，又与刘表不平而北连公孙瓒；绍与瓒不和而南连刘表。其兄弟携贰，舍近交远如此。[1]引军入陈留。太祖与绍合击，大破术军。术以余艫奔九江，杀扬州刺史陈温，领其州。[2]以张勋、桥蕤等为大将军。李傕入长安，欲结术为援，以术为左将军，封阳翟侯，假节，遣太傅马日磾因循行拜授。术夺日磾节，拘留不遣。[3]

【注释】

〔1〕吴书曰：时议者以灵帝失道，使天下叛乱，少帝幼弱，为贼臣所立，又不识母氏所出。

幽州牧刘虞宿有德望，绍等欲立之以安当时，使人报术。术观汉室衰陵，阴怀异志，故外托公义以拒绍。绍复与术书曰："前与韩文节共建永世之道，欲海内见再兴之主。今西名有幼君，无血脉之属，公卿以下皆媚事卓，安可复信！但当使兵往屯关要，皆自蹙死于西。东立圣君，太平可冀，如何有疑！又室家见戮，不念子胥，可复北面乎？违天不祥，愿详思之。"

术答曰：“圣主聪叡，有周成之质。贼卓因危乱之际，威服百寮，此乃汉家小厄之会。乱尚未厌，复欲兴之。乃云今主‘无血脉之属’，岂不诬乎！先人以来，奕世相承，忠义为先。

太傅公仁慈恻隐，虽知贼卓必为祸害，以信徇义，不忍去也。门户灭绝，死亡流漫，幸蒙远近来相赴助，不因此时上讨国贼，下刷家耻，而图于此，非所闻也。又曰‘室家见戮，可复北面’，此卓所为，岂国家哉？君命，天也，天不可雠，况非君命乎！慺慺赤心，志在灭卓，不识其它。”

〔2〕臣松之案英雄记：“陈温字符悌，汝南人。先为扬州刺史，自病死。袁绍遣袁遗领州，败散，奔沛国，为兵所杀。袁术更用陈瑀为扬州。瑀字公玮，下邳人。瑀既领州，而术败于封丘，南向寿春，瑀拒术不纳。术退保阴陵，更合军攻瑀，瑀惧走归下邳。”如此，则温不为术所杀，与本传不同。

〔3〕三辅决录注曰：日磾字翁叔，马融之族子。少传融业，以才学进。与杨彪、卢植、蔡邕等典校中书，历位九卿，遂登台辅。献帝春秋曰：术从日磾借节观之，因夺不还，备军中千余人，使促辟之。日磾谓术曰：“卿家先世诸公，辟士云何，而言促之，谓公府掾可劫得乎！”从术求去，而术留之不遣；既以失节屈辱，忧恚而死。

时沛相下邳陈珪，故太尉球弟子也。术与珪俱公族子孙，少共交游，书与珪曰：“昔秦失其政，天下羣雄争而取之，兼智勇者卒受其归。今世事纷扰，复有瓦解之势矣，诚英乂有为之时也。与足下旧交，岂肯左右之乎？若集大事，子实为吾心膂。”珪中子应时在下邳，术并胁质应，图必致珪。珪答书曰：“昔秦末世，肆暴恣情，虐流天下，毒被生民，下不堪命，故遂土崩。今虽季世，未有亡秦苛暴之乱也。曹将军神武应期，兴复典刑，将拨平凶慝，清定海内，信有征矣。以为足下当戮力同心，匡翼汉室，而阴谋不轨，以身试祸，岂不痛哉！

若迷而知反，尚可以免。吾备旧知，故陈至情，虽逆于耳，骨肉之惠也。欲吾营私阿附，有犯死不能也。”

【原文】

兴平二年冬，天子败于曹阳。术会群下谓曰：“今刘氏微弱，海内鼎沸。吾家四世公辅，百姓所归，欲应天顺民，于诸君意如何？”众莫敢对。主簿阎象进曰：“昔周自后稷至于文王，积德累功，三分天下有其二，犹服事殷。明公虽奕世克昌，未若有周之盛，汉室虽微，未若殷纣之暴也。”术嘿然不悦。用河内张𬘭之符命，遂僭号〔1〕以九江太守为淮南尹。置公卿，祠南北郊。荒侈滋甚，后宫数百皆服绮縠，余粱肉，〔2〕而士卒冻馁，江淮间空尽，人民相食。术前为吕布所破，后为太祖所败，奔其部曲雷薄、陈兰于山，复为所拒，忧惧不知所出。将归帝号于绍，欲至青州从袁谭，发病道死。〔3〕妻子依术故吏庐江太守刘勋，孙策破勋，复见收视。术女入孙权宫，子耀拜郎中，耀女又配于权子奋。

【注释】

〔1〕典略曰：术以袁姓出陈，陈，舜之后，以土承火，得应运之次。又见谶文云："代汉者，当涂高也。"自以名字当之，乃建号称仲氏。

〔2〕九州春秋曰：司隶冯方女，国色也，避乱扬州，术登城见而悦之，遂纳焉，甚爱幸。

诸妇害其宠，语之曰："将军贵人有志节，当时时涕泣忧愁，必长见敬重。"冯氏以为然，后见术辄垂涕，术以有心志，益哀之。诸妇人因共绞杀，悬之厕梁，术诚以为不得志而死，乃厚加殡敛。

〔3〕魏书曰：术归帝号于绍曰："汉之失天下久矣，天子提挈，政在家门，豪雄角逐，分裂疆宇，此与周之末年七国分势无异，卒强者兼之耳。加袁氏受命当王，符瑞炳然。今君拥有四州，民户百万，以强则无与比大，论德则无与比高。曹操欲扶衰拯弱，安能续绝命救已灭乎？"绍阴然之。吴书曰：术既为雷薄等所拒，留住三日，士觽绝粮，乃还至江亭，去寿春八十里。问厨下，尚有麦屑三十斛。时盛暑，欲得蜜浆，又无蜜。坐棂黙上，叹息良久，乃大筬曰："袁术至于此乎！"因顿伏黙下，呕血斗余而死。

【原文】

刘表字景升，山阳高平人也。少知名，号八俊。〔1〕长八尺余，姿貌甚伟。以大将军掾为北军中候。灵帝崩，代王叡为荆州刺史。是时山东兵起，表亦合兵军襄阳。〔2〕袁术之在南阳也，与孙坚合从，欲袭夺表州，使坚攻表。坚为流矢所中死，军败，术遂不能胜表。李傕、郭汜入长安，欲连表为援，乃以表为镇南将军、荆州牧，封成武侯，假节。天子都许，表虽遣使贡献，然北与袁绍相结。治中邓羲谏表，表不听，〔3〕羲辞疾而退，终表之世。张济引兵入荆州界，攻穰城，为流矢所中死。荆州官属皆贺，表曰："济以穷来，主人无礼，至于交锋，此非牧意，牧受吊，不受贺也。"使人纳其觿；觿闻之喜，遂服从。长沙太守张羡叛表，〔4〕表围之连年不下。羡病死，长沙复立其子怿，表遂攻并怿，南收零、桂，北据汉川，地方数千里，带甲十余万。〔5〕

【注释】

〔1〕张璠汉纪曰：表与同郡人张隐、薛郁、王访、宣靖、（公褚恭）公绪恭、刘祗、田林为八交，或谓之八顾。汉末名士录云：表与汝南陈翔字仲麟、范滂字孟博、鲁国孔昱字世元、勃海苑康字仲真、山阳檀敷字文友、张俭字符节、南阳岑晊字公孝为八友。谢承后汉书曰：表受学于同郡王畅。畅为南阳太守，行过乎俭。表

时年十七，进谏曰：“奢不僭上，俭不逼下，盖中庸之道，是故蘧伯玉耻独为君子。府君若不师孔圣之明训，而慕夷齐之末操，无乃皎然自遗于世！”畅答曰：“以约失之者鲜矣。且以矫俗也。”

〔2〕司马彪战略曰：刘表之初为荆州也，江南宗贼盛，袁术屯鲁阳，尽有南阳之觽。吴人苏代领长沙太守，贝羽为华容长，各阻兵作乱。表初到，单马入宜城，而延中庐人蒯良、蒯越、襄阳人蔡瑁与谋。表曰：“宗贼甚盛，而觽不附，袁术因之，祸今至矣！吾欲征兵，恐不集，其策安出？”良曰：“觽不附者，仁不足也，附而不治者，义不足也；苟仁义之道行，百姓归之如水之趣下，何患所至之不从而问兴兵与策乎？”表顾问越，越曰：“治平者先仁义，治乱者先权谋。兵不在多，在得人也。袁术勇而无断，苏代、贝羽皆武人，不足虑。宗贼帅多贪暴，为下所患。越有所素养者，使示之以利，必以觽来。君诛其无道，抚而用之。一州之人，有乐存之心，闻君盛德，必襁负而至矣。兵集觽附，南据江陵，北守襄阳，荆州八郡可传檄而定。术等虽至，无能为也。”表曰：“子柔之言，雍季之论也。异度之计，臼犯之谋也。”遂使越遣人诱宗贼，至者五十五人，皆斩之。袭取其觽，或即授部曲。唯江夏贼张虎、陈生拥觽据襄阳，表乃使越与庞季单骑往说降之，江南遂悉平。

〔3〕汉晋春秋曰：表答羲曰：“内不失贡职，外不背盟主，此天下之达义也。治中独何怪乎？”

〔4〕英雄记曰：张羡，南阳人。先作零陵、桂阳长，甚得江、湘间心，然性屈强不顺。表薄其为人，不甚礼也。羡由是怀恨，遂叛表焉。

〔5〕英雄记曰：州界嗣寇既尽，表乃开立学官，博求儒士，使綦毋闿、宋忠等撰五经章句，谓之后定。

【原文】

太祖与袁绍方相持于官渡，绍遣人求助，表许之而不至，亦不佐太祖，欲保江汉间，观天下变。从事中郎韩嵩、别驾刘先说表曰："豪杰并争，两雄相持，天下之重，在于将军。将军若欲有为，起乘其弊可也；若不然，固将择所从。将军拥十万之觽，安坐而观望。夫见贤而不能助，请和而不得，此两怨必集于将军，将军不得中立矣。夫以曹公之明哲，天下贤俊皆归之，其势必举袁绍，然后称兵以向江汉，恐将军不能御也。故为将军计者，不若举州以附曹公，曹公必重德将军；长享福祚，垂之后嗣，此万全之策也。"表大将蒯越亦劝表，表狐疑，乃遣嵩诣太祖以观虚实。嵩还，深陈太祖威德，说表遣子入质。表疑嵩反为太祖说，大怒，欲杀嵩，考杀随嵩行者，知嵩无他意，乃止。[1]表虽外貌儒雅，而心多疑忌，皆此类也。

【注释】

〔1〕傅子曰：初表谓嵩曰："今天下大乱，未知所定，曹公拥天子都许，君为我观其衅。"

嵩对曰："圣达节，次守节。嵩，守节者也。夫事君为君，君臣名定，以死守之；今策名委质，唯将军所命，虽赴汤蹈火，死无辞也。以嵩观之，曹公至明，必济天下。将军能上顺天子，下归曹公，必享百世之利，楚国实受其佑，使嵩可也；设计未定，嵩使京师，天子假嵩一官，则天子之臣，而将军之故吏耳。在君为君，则嵩守天子之命，义不得复为将军死也。

【原文】

唯将军重思，无负嵩。"表遂使之，果如所言，天子拜嵩侍中，迁零陵太守，还称朝廷、曹公之德也。表以为怀贰，大会寮属数百人，陈兵见嵩，盛怒，持节将斩之，数曰："韩嵩敢怀贰邪！"觿皆恐，欲令嵩谢。嵩不动，谓表曰："将军负嵩，嵩不负将军！"具陈前言。

表怒不已，其妻蔡氏谏之曰："韩嵩，楚国之望也；且其言直，诛之无辞。"表乃弗诛而囚之。

刘备奔表，表厚待之，然不能用。[1]建安十三年，太祖征表，未至，表病死。

【注释】

〔1〕汉晋春秋曰：太祖之始征柳城，刘备说表使袭许，表不从。及太祖还，谓备曰："不用君言，故失此大会也。"备曰："今天下分裂，日寻干戈，事会之来，岂有终极乎？若能应之于后者，则此未足为恨也。"

【原文】

初，表及妻爱少子琮，欲以为后，而蔡瑁、张允为之支党，乃出长子琦为江夏太守，觽遂奉琮为嗣。琦与琮遂为雠隙。[1]越、嵩及东曹掾傅巽等说琮归太祖，琮曰："今与诸君据全楚之地，守先君之业，以观天下，何为不可乎？"巽对曰："逆顺有大体，强弱有定势。以人臣而拒人主，逆也；以新造之楚而御国家，其势弗当也；以刘备而敌曹公，又弗当也。三者皆短，欲以抗王兵之锋，必亡之道也。将军自料何与刘备？"琮曰："吾不若也。"巽曰："诚以刘备不足御曹公乎，则虽保楚之地，不足以自存也；诚以刘备足御曹公乎，则备不为将军下也。愿将军勿疑。"太祖军到襄阳，琮举州降。备走奔夏口。[2]

【注释】

〔1〕典略曰：表疾病，琦还省疾。琦性慈孝，瑁、允恐琦见表，父子相感，更有托后之意，谓曰："将军命君抚临江夏，为国东藩，其任至重；今释觽而来，必见谴怒，伤亲之欢心以增其疾，非孝敬也。"遂遏于户外，使不得见，琦流涕而去。

〔2〕傅子曰：巽字公悌，瓌伟博达，有知人鉴。辟公府，拜尚书郎，后客荆州，以说刘琮之功，赐爵关内侯。文帝时为侍中，太和中卒。巽在荆州，目庞统为半英雄，证裴潜终以清行显；统遂附刘备，见待次于诸葛

亮，潜位至尚书令，并有名德。及在魏朝，魏讽以才智闻，巽谓之必反，卒如其言。巽弟子嘏，别有传。汉晋春秋曰：王威说刘琮曰："曹操得将军既降，刘备已走，必解弛无备，轻行单进；若给威奇兵数千，徼之于险，操可获也。获操即威震天下，坐而虎步，中夏虽广，可传檄而定，非徒收一胜之功，保守今日而已。此难遇之机，不可失也。"琮不纳。搜神记曰：建安初，荆州童谣曰："八九年间始欲衰，至十三年无孑遗。"言自（中兴）中平以来，荆州独全，及刘表为牧，民又丰乐，至建安八年九年当始衰。始衰者，谓刘表妻死，诸将并零落也。十三年无孑遗者，表当又死，因以丧破也。是时，华容有女子忽啼呼云："荆州将有大丧。"言语过差，县以为妖言，系狱月余，忽于狱中哭曰：

"刘荆州今日死。"华谷去州数百里，即遣马吏验视，而刘表果死，县乃出之。续又歌吟曰：

"不意李立为贵人。"后无几，太祖平荆州，以涿郡李立字建贤为荆州刺史。

【原文】

太祖以琮为青州刺史、封列侯。[1]蒯越等侯者十五人。越为光禄勋；[2]嵩，大鸿胪；[3]羲，侍中；[4]先，尚书令；其余多至大官。[5]

【注释】

〔1〕魏武故事载令曰："楚有江、汉山川之险，后服

先疆，与秦争衡，荆州则其故地。刘镇南久用其民矣。身没之后，诸子鼎峙，虽终难全，犹可引日。青州刺史琮，心高志洁，智深虑广，轻荣重义，薄利厚德，蔑万里之业，忽三军之髃，笃中正之体，教令名之誉，上耀先君之遗尘，下图不朽之余祚；鲍永之弃并州，窦融之离五郡，未足以喻也。虽封列侯一州之位，犹恨此宠未副其人；而比有笺求还州。监史虽尊，秩禄未优。今听所执，表琮为谏议大夫，参同军事。”

〔2〕傅子曰：越，蒯通之后也，深中足智，魁杰有雄姿。大将军何进闻其名，辟为东曹掾。

越劝进诛诸阉官，进犹豫不决。越知进必败，求出为汝阳令，佐刘表平定境内，表得以强大。

诏书拜章陵太守，封樊亭侯。荆州平，太祖与荀彧书曰：“不喜得荆州，喜得蒯异度耳。”

建安十九年卒。临终，与太祖书，托以门户。太祖报书曰：“死者反生，生者不愧。孤少所举，行之多矣。魂而有灵，亦将闻孤此言也。”

〔3〕先贤行状曰：嵩字德高，义阳人。少好学，贫不改操。知世将乱，不应三公之命，与同好数人隐居于郦西山中。黄巾起，嵩避难南方，刘表逼以为别驾，转从事中郎。表郊祀天地，嵩正谏不从，渐见违忤。奉使到许，事在前注。荆州平，嵩疾病，就在所拜授大鸿胪印绶。

〔4〕羲，章陵人。

〔5〕零陵先贤传曰：先字始宗，博学强记，尤好黄

老言，明习汉家典故。为刘表别驾，奉章诣许，见太祖。时宾客并会，太祖问先：“刘牧如何郊天也？”先对曰：“刘牧托汉室肺腑，处牧伯之位，而遭王道未平，䰡凶塞路，抱玉帛而无所聘頫，修章表而不获达御，是以郊天祀地，昭告赤诚。”太祖曰：“䰡凶为谁？”先曰：“举目皆是。”太祖曰：“今孤有熊罴之士，步骑十万，奉辞伐罪，谁敢不服？”先曰：“汉道陵迟，䰡生憔悴，既无忠义之士，翼戴天子，绥宁海内，使万邦归德，而阻兵安忍，曰莫己若，既蚩尤、智伯复见于今也。”太祖嘿然。拜先武陵太守。荆州平，先始为汉尚书，后为魏国尚书令。先甥同郡周不疑，字符直，零陵人。先贤传称不疑幼有异才，聪明敏达，太祖欲以女妻之，不疑不敢当。太祖爱子仓舒，夙有才智，谓可与不疑为俦。及仓舒卒，太祖心忌不疑，欲除之。文帝谏以为不可，太祖曰：“此人非汝所能驾御也。”乃遣刺客杀之。挚虞文章志曰：不疑死时年十七，着文论四首。世语曰：表死后八十余年，至晋太康中，表頉见发。表及妻身形如生，芬香闻数里。

【原文】

评曰：董卓狼戾贼忍，暴虐不仁，自书契已来，殆未之有也。[1]袁术奢淫放肆，荣不终己，自取之也。[2]袁绍、刘表，咸有威容、器观，知名当世。表跨蹈汉南，绍鹰扬河朔，然皆外宽内忌，好谋无决，有才而不能用，闻善而不能纳，废嫡立庶，舍礼崇爱，至于后嗣颠蹷，社稷倾覆，非不幸也。昔项羽背范增之谋，以丧其王业；绍之杀田丰，乃甚于羽远矣！

【注释】

〔1〕英雄记曰：昔大人见临洮而铜人铸，临洮生卓而铜人毁；世有卓而大乱作，大乱作而卓身灭，抑有以也。

〔2〕臣松之以为桀、纣无道，秦、莽纵虐，皆多历年所，然后鵩恶乃着。董卓自窃权柄，至于陨毙，计其日月，未盈三周，而祸崇山岳，毒流四海。其残贼之性，寔豺狼不若。“书契未有”，斯言为当。但评既曰“贼忍”，又云“不仁”，贼忍，不仁，于辞为重。袁术无毫芒之功，纤介之善，而猖狂于时，妄自尊立，固义夫之所扼腕，人鬼之所同疾。虽复恭俭节用，而犹必覆亡不暇，而评但云“奢淫不终”，未足见其大恶。

吕布（张邈）臧洪传

【原文】

吕布字奉先，五原郡九原人也。以骁武给并州。刺史丁原为骑都尉，屯河内，以布为主簿，大见亲待。灵帝崩，原将兵诣洛阳。[1]与何进谋诛诸黄门，拜执金吾。进败，董卓入京都，将为乱，欲杀原，并其兵觿。卓以布见信于原，诱布令杀原。布斩原首诣卓，卓以布为骑都尉，甚爱信之，誓为父子。

【注释】

〔1〕英雄记曰：原子建阳。本出自寒家，为人麤略，有武勇，善骑射。为南县吏，受使不辞难，有警急，追寇虏，辄在其前。裁知书，少有吏用。

【原文】

布便弓马，膂力过人，号为飞将。稍迁至中郎将，封都亭侯。卓自以遇人无礼，恐人谋己，行止常以布自轓。然卓性刚而褊，忿不思难，尝小失意，拔手戟掷布。布拳捷避之，[1]为卓顾谢，卓意亦解。由是阴怨卓。卓常使布守中合，布与卓侍婢私通，恐事发觉，心不自安。

【注释】

〔1〕诗曰："无拳无勇，职为乱阶。"注："拳，力也。"

【原文】

先是，司徒王允以布州里壮健，厚接纳之。后布诣允，陈卓几见杀状。时允与仆射士孙瑞密谋诛卓，是以告布使为内应。布曰："奈如父子何！"允曰："君自姓吕，本非骨肉。今忧死不暇，何谓父子？"布遂许之，手刃刺卓。语在卓传。允以布为（奋威）奋武将军，假节，仪比三司，进封温侯，共秉朝政。布自杀卓后，畏恶凉州人，凉州人皆怨。由是李傕等遂相结还攻长安城。[1]布不能拒，傕等遂入长安。卓死后六旬，布亦败。[2]将数百骑出武关，欲诣袁术。

【注释】

〔1〕英雄记曰：郭汜在城北。布开城门，将兵就汜，

言“且却兵，但身决胜负”。汜、布乃独共对战，布以矛刺中汜，汜后骑遂前救汜，汜、布遂各两罢。

〔2〕臣松之案英雄记曰：诸书，布以四月二十三日杀卓，六月一日败走，时又无闰，不及六旬。

布自以杀卓为术报雠，欲以德之。术恶其反复，拒而不受。北诣袁绍，绍与布击张燕于常山。

【原文】

燕精兵万余，骑数千。布有良马曰赤兔。〔1〕常与其亲近成廉、魏越等陷锋突陈，遂破燕军。

而求益兵众，将士钞掠，绍患忌之。布觉其意，从绍求去。绍恐还为己害，遣壮士夜掩杀布，不获。事露，布走河内，〔2〕与张杨合。绍令众追之，皆畏布，莫敢逼近者。〔3〕

【注释】

〔1〕曹瞒传曰：时人语曰：“人中有吕布，马中有赤兔。”

〔2〕英雄记曰：布自以有功于袁氏，轻傲绍下诸将，以为相署置，不足贵也。布求还洛，绍假布领司隶校尉。外言当遣，内欲杀布。明日当发，绍遣甲士三十人，辞以送布。布使止于帐侧，伪使人于帐中鼓筝。绍兵卧，布无何出帐去，而兵不觉。夜半兵起，乱斫布床被，谓为已死。明日，绍讯问，知布尚在，乃闭城门。

布遂引去。

〔3〕英雄记曰：杨及部曲诸将，皆受傕、汜购募，共图布。布闻之，谓杨曰："布，卿州里也。卿杀布，于卿弱。不如卖布，可极得汜、傕爵宠。"杨于是外许汜、傕，内实保护布。

【原文】

汜、傕患之，更下大封诏书，以布为颍川太守。

张邈字孟卓，东平寿张人也。少以侠闻，振穷救急，倾家无爱，士多归之。太祖、袁绍皆与邈友。辟公府，以高第拜骑都尉，迁陈留太守。董卓之乱，太祖与邈首举义兵。汴水之战，邈遣鞳兹将兵随太祖。袁绍既为盟主，有骄矜色，邈正议责绍。绍使太祖杀邈，太祖不听，责绍曰："孟卓，亲友也，是非当容之。今天下未定，不宜自相危也。"邈知之，益德太祖。

太祖之征陶谦，敕家曰；"我若不还，往依孟卓。"后还，见邈，垂泣相对。其亲如此。

吕布之拾袁绍从张杨也，过邈临别，把手共誓。绍闻之，大恨。邈畏太祖终为绍击己也，心不自安。兴平元年，太祖复征谦，邈弟超，与太祖将陈宫、从事中郎许汜、王楷共谋叛太祖。

宫说邈曰："今雄杰并起，天下分崩，君以千里之鳙，当四战之地，抚剑顾眄，亦足以为人豪，而反制于人，不以鄙乎！今州军东征，其处空虚，吕布壮士，善战无前，若权迎之，共牧兖州，观天下形势，俟时事之变通，此亦纵横之一时也。”邈从之。太祖初使宫将兵留屯东郡，遂以其觽东迎布为兖州牧，据濮阳。郡县皆应，唯鄄城、东阿、范为太祖守。太祖引军还，与布战于濮阳，太祖军不利，相持百余日。是时岁旱、虫蝗、少谷，百姓相食，布东屯山阳。二年间，太祖乃尽复收诸城，击破布于钜野。布东奔刘备。[1]邈从布，留超将家属屯雍丘。太祖攻围数月，屠之，斩超及其家。邈诣袁术请救未至，自为其兵所杀。[2]

【注释】

〔1〕英雄记曰：布见备，甚敬之，谓备曰：“我与卿同边地人也。布见关东起兵，欲诛董卓。布杀卓东出，关东诸将无安布者，皆欲杀布尔。”请备于帐中坐妇黙上，令妇向拜，酌酒饮食，名备为弟。备见布语言无常，外然之而内不说。

〔2〕献帝春秋曰：袁术议称尊号，邈谓术曰：“汉据火德，绝而复扬，德泽丰流，诞生明公。公居轴处中，入则享于上席，出则为觽目之所属，华、霍不能增其高，渊泉不能同其量，可谓巍巍荡荡，无与为贰。何为舍此而欲称制？恐福不盈眦，祸将溢世。庄周之称郊祭牺牛，养饲经年，衣以文绣，宰执鸾刀，以入庙门，当此之时，求为孤犊不可得也！”按本传，邈诣术，未至而死。而此云谏称尊号，未详孰是。

【原文】

备东击术，布袭取下邳，备还归布。布遣备屯小沛。布自称徐州刺史。[1]术遣将纪灵等步骑三万攻备，备求救于布。布诸将谓布曰："将军常欲杀备，今可假手于术。"布曰："不然。

术若破备，则北连太山诸将，吾为在术围中，不得不救也。"便严步兵千、骑二百，驰往赴备。灵等闻布至，皆敛兵不敢复攻。布于沛西南一里安屯，遣铃下请灵等，灵等亦请布共饮食。布谓灵等曰："玄德，布弟也。弟为诸君所困，故来救之。布性不喜合，但喜解耳。"布令门候于营门中举一只戟，布言："诸君观布射戟小支，一发中者诸君当解去，不中可留决。"布举弓射戟，正中小支。诸将皆惊，言"将军天威也"！明日复欢会，然后各罢。

【注释】

〔1〕英雄记曰：布初入徐州，书与袁术。术报书曰："昔董卓作乱，破坏王室，祸害术门户，术举兵关东，未能屠裂卓。将军诛卓，送其头首，为术扫灭雠耻，使术明目于当世，死生不愧，其功一也。昔将金元休向兖州，甫诣（封部）封丘，为曹操逆所拒破，流离迸走，几至灭亡。将军破兖州，术复明目于遐迩，其功二也。术生年已来，不闻天下有刘备，备乃举兵与术对战；术凭将军威灵，得以破备，其功三也。将军有三大功在

术，术虽不敏，奉以生死。将军连年攻战，军粮苦少，今送米二十万斛，迎逢道路，非直此止，当骆驿复致；若兵器战具，它所乏少，大小唯命。”布得书大喜，遂造下邳。典略曰：元休名尚，京兆人也。尚与同郡韦休甫、第五文休俱著名，号为三休。尚，献帝初为兖州刺史，东之郡，而太祖已临兖州。尚南依袁术。术僭号，欲以尚为太尉，不敢显言，私使人讽之，尚无屈意，术亦不敢强也。建安初，尚逃还，为术所害。其后尚丧与太傅马日磾丧俱至京师，天子嘉尚忠烈，为之咨嗟，诏百官吊祭，拜子玮郎中，而日磾不与焉。英雄记曰：布水陆东下，军到下邳西四十里。备中郎将丹杨许耽夜遣司马章诳来诣布，言“张益德与下邳相曹豹共争，益德杀豹，城中大乱，不相信。丹杨兵有千人屯西白门城内，闻将军来东，大小踊跃，如复更生。

【原文】

将军兵向城西门，丹杨军便开门内将军矣”。布遂夜进，晨到城下。天明，丹杨兵悉开门内布兵。布于门上坐，步骑放火，大破益德兵，获备妻子军资及部曲将吏士家口。建安元年六月夜半时，布将河内郝萌反，将兵入布所治下邳府，诣厅事合外，同声大呼攻合，合坚不得入。布不知反者为谁，直牵妇，科头袒衣，相将从溷上排壁出，诣都督高顺营，直排顺门入。顺问：“将军有所隐不?”布言“河内儿声”。顺言“此郝萌也”。顺即严兵入府，弓弩并射萌鵩；萌鵩乱走，天明还故营。萌将曹性反萌，与对战，萌刺伤性，性斫萌一臂。顺斫萌首，黙輿性，送诣布。布问性，言“萌受袁术谋。”“谋者悉谁?”性言“陈宫同谋。”时宫在坐上，面赤，傍人悉觉之。布以宫大将，不问也。性言“萌常以此问，性言吕将军大将有神，不可击也，不意萌狂惑不止。”布谓性曰：“卿健儿也!”善养视之。创愈，使安抚萌故营，领其鵩。

术欲结布为援，乃为子索布女，布许之。术遣使韩胤以僭号议告布，并求迎妇。沛相陈珪恐术、布成婚，则徐、扬合从，将为国难，于是往说布曰；“曹公奉迎天子，辅赞国政，威灵命世，将征四海，将军宜与协同策谋，图太山之安。今与术结婚，受天下不义之名，必有累卵之危。”布亦怨术初不己受也，女已在涂，追还绝婚，械送韩胤，枭首许市。珪欲使子登诣太祖，布不肯遣。会使者至，拜布左将军。布大喜，即听登往，并令奉章谢恩。[1]登见太祖，因陈布勇而无计，轻于去就，宜早图之。太祖曰：“布，狼子野心，诚难久养，非卿莫能究其情也。”即增珪秩中二千石，拜登广陵太守。临别，太祖执登手曰：“东方之事，便以相付。”令登阴合部鵩以为内应。

【注释】

〔1〕英雄记曰：初，天子在河东，有手笔版书召布来迎。布军无畜积，不能自致，遣使上书。朝廷以布为

平东将军，封平陶侯。使人于山阳界亡失文字，太祖又手书厚加慰劳布，说起迎天子，当平定天下意，并诏书购捕公孙瓒、袁术、韩暹、杨奉等。布大喜，复遣使上书于天子曰："臣本当迎大驾，知曹操忠孝，奉迎都许。臣前与操交兵，今操保傅陛下，臣为外将，欲以兵自随，恐有嫌疑，是以待罪徐州，进退未敢自宁。"答太祖曰："布获罪之人，分为诛首，手命慰劳，厚见褒奖。重见购捕袁术等诏书，布当以命为效。"太祖更遣奉车都尉王则为使者，赍诏书，又封平东将军印绶来拜布。太祖又手书与布曰："山阳屯送将军所失大封，国家无好金，孤自取家好金更相为作印，国家无紫绶，自取所带紫绶以籍心。将军所使不良。袁术称天子，将军止之，而使不通章。朝廷信将军，使复重上，以相明忠诚。"

布乃遣登奉章谢恩，并以一好绶答太祖。

【原文】

始，布因登求徐州牧，登还，布怒，拔戟斫几曰："卿父劝吾协同曹公，绝婚公路；今吾所求无一获，而卿父子并显重，为卿所卖耳！卿为吾言，其说云何？"登不为动容，徐喻之曰；

"登见曹公言：'待将军譬如养虎，当饱其肉，不饱则将噬人。'公曰：'不如卿言也。譬如养鹰，饥则为用，饱则扬去。'其言如此。"布意乃解。

术怒，与韩暹、杨奉等连势，遣大将张勋攻布。布谓珪曰："今致术军，卿之由也，为之奈何？"珪曰："暹、奉与术，卒合之军耳，策谋不素定，不能相维持，子登策之，比之连鸡，势不俱栖，可解离也。"布用珪策，遣人说暹、奉，使与己并力共击术军，军资所有，悉许暹、奉。于是暹、奉从之，勋大破败。〔1〕

【注释】

〔1〕九州春秋载布与暹、奉书曰："二将军拔大驾来东，有元功于国，当书勋竹帛，万世不朽。今袁术造逆，当共诛讨，奈何与贼臣还共伐布？布有杀董卓之功，与二将军俱为功臣，可因今共击破术，建功于天下，此时不可失也。"暹、奉得书，即回计从布。布进军，去勋等营百步，暹、奉兵同时并发，斩十将首，杀伤堕水死者不可胜数。英雄记曰：布后又与暹、奉二军向寿春，水陆并进，所过虏略。到钟离，大获而还。既渡淮北，留书与术曰："足下恃军强盛，常言猛将武士，欲相吞灭，每抑止之耳！布虽无勇，虎步淮南，一时之闲，足下鼠窜寿春，无出头者。猛将武士，为悉何在？足下喜为大言以诬天下，天下之人安可尽诬？

古者兵交，使在其闲，造策者非布先唱也。相去不远，可复相闻。"布渡毕，术自将步骑五千扬兵淮上，布骑皆于水北大咍笑之而还。时有东海萧建为琅邪相，治莒，保城自守，不与布通。布与建书曰："天下举兵，本以诛董卓耳。布杀卓，来诣关东，欲求兵西迎大驾，光复洛京，诸将自还相攻，莫肯念国。布，五原人也，去徐州五千余里，乃在天西北角，今不来共争天东南之地。莒与下邳相去不远，宜当共通。君如自遂以为郡郡作帝，县县自王也！

昔乐毅攻齐，呼吸下齐七十余城，唯莒、即墨二城不下，所以然者，中有田单故也。布虽非乐毅，君亦非田单，可取布书与智者详共议之。”建得书，即遣主簿赍笺上礼，贡良马五匹。

建寻为臧霸所袭破，得建资实。布闻之，自将步骑向莒。高顺谏曰：“将军躬杀董卓，威震夷狄，端坐顾盼，远近自然畏服，不宜轻自出军；如或不捷，损名非小。”布不从。霸畏布（引还）钞暴，果登城拒守。布不能拔，引还下邳。霸后复与布和。

【原文】

建安三年，布复叛为术，遣高顺攻刘备于沛，破之。太祖遣夏侯惇救备，为顺所败。太祖自征布，至其城下，遗布书，为陈祸福。布欲降，陈宫等自以负罪深，沮其计。[1]布遣人求救于术，（术）自将千余骑出战，败走，还保城，不敢出。[2]术亦不能救。布虽骁猛，然无谋而多猜忌，不能制御其党，但信诸将。诸将各异意自疑，故每战多败。太祖堑围之三月，上下离心，其将侯成、宋宪、魏续缚陈宫，将其觽降。[3]布与其麾下登白门楼。兵围急，乃下降。遂生缚布，布曰：“缚太急，小缓之。”太祖曰：“缚虎不得不急也。”布请曰：“明公所患不过于布，今已服矣，天下不足忧。明公将步，令布将骑，则天下不足定也。”太祖有疑色。刘备进曰：“明公不见布之事丁建阳及董太师乎！”太祖颔之。布因指备曰：“是儿最叵信者。”〔4〕于是缢杀布。布与宫、顺等皆枭首送许，然后葬之。〔5〕

【注释】

〔1〕献帝春秋曰：太祖军至彭城。陈宫谓布：“宜逆击之，以逸击劳，无不克也。”布曰：

“不如待其来攻，蹙着泗水中。”及太祖军攻之急，布于白门楼上谓军士曰：“卿曹无相困，我（自首当）当自首明公。”陈宫曰：“逆贼曹操，何等明公！今日降之，若卵投石，岂可得全也！”

〔2〕英雄记曰：布遣许汜、王楷告急于术。术曰：“布不与我女，理自当败，何为复来相闻邪？”汜、楷曰：“明上今不救布，为自败耳！布破，明上亦破也。”术时僭号，故呼为明上。术乃严兵为布作声援。布恐术为女不至，故不遣兵救也，以绵缠女身，缚着马上，夜自送女出与术，与太祖守兵相触，格射不得过，复还城。布欲令陈宫、高顺守城，自将骑断太祖粮道。布妻谓曰：“将军自出断曹公粮道是也。宫、顺素不和，将军一出，宫、顺必不同心共城守也，如有蹉跌，将军当

于何自立乎？愿将军谛计之，无为宫等所误也。妾昔在长安，已为将军所弃，赖得庞舒私藏妾身耳，今不须顾妾也。”布得妻言，愁闷不能自决。魏氏春秋曰：陈宫谓布曰：“曹公远来，势不能久。若将军以步骑出屯，为势于外，宫将余觽闭守于内，若向将军，宫引兵而攻其背，若来攻城，将军为救于外。不过旬日，军食必尽，击之可破。”布然之。

布妻曰：“昔曹氏待公台如赤子，犹舍而来。今将军厚公台不过于曹公，而欲委全城，捐妻子，孤军远出，若一旦有变，妾岂得为将军妻哉！”布乃止。

〔3〕九州春秋曰：初，布骑将侯成遣客牧马十五匹，客悉驱马去，向沛城，欲归刘备。成自将骑逐之，悉得马还。诸将合礼贺成，成酿五六斛酒，猎得十余头猪，未饮食，先持半猪五斗酒自入诣布前，跪言：“闲蒙将军恩，逐得所失马，诸将来相贺，自酿少酒，猎得猪，未敢饮食，先奉上微意。”布大怒曰：“布禁酒，卿酿酒，诸将共饮食作兄弟，共谋杀布邪？”

成大惧而去，弃所酿酒，还诸将礼。由是自疑，会太祖围下邳，成遂领觽降。

〔4〕英雄记曰：布谓太祖曰：“布待诸将厚也，诸将临急皆叛布尔。”太祖曰：“卿背妻，爱诸将妇，何以为厚？”布默然。献帝春秋曰：布问太祖：“明公何瘦？”太祖曰：“君何以识孤？”布曰：“昔在洛，会温氏园。”太祖曰：“然。孤忘之矣。所以瘦，恨不早相得故也。”

布曰：“齐桓舍射钩，使管仲相；今使布竭股肱之力，为公前驱，可乎？”布缚急，谓刘备曰：“玄德，卿为坐客，我为执虏，不能一言以相宽乎？”太祖笑曰：“何不相语，而诉明使君乎？”意欲活之，命使宽缚。主簿王必趋进曰：“布，勍虏也。其觽近在外，不可宽也。”

太祖曰：“本欲相缓，主簿复不听，如之何？”

〔5〕英雄记曰：顺为人清白有威严，不饮酒，不受馈遗。所将七百余兵，号为千人，铠甲具皆精练齐整，每所攻击无不破者，名为陷陈营。顺每谏布，言“凡破家亡国，非无忠臣明智者也，但患不见用耳。将军举动，不肯详思，辄喜言误，误不可数也”。布知其忠，然不能用。布从郝萌反后，更疏顺。以魏续有外内之亲，悉夺顺所将兵以与续。及当攻战，故令顺将续所领兵，顺亦终无恨意。

【原文】

太祖之禽宫也，问宫欲活老母及女不？宫对曰：“宫闻孝治天下者不绝人之亲，仁施四海者不乏人之祀，老母在公，不在宫也。”太祖召养其母终其身，嫁其女。[1]

【注释】

〔1〕鱼氏典略曰：陈宫字公台，东郡人也。刚直烈壮，少与海内知名之士皆相连结。及天下乱，始随太祖，后自疑，乃从吕布，为布画策，布每不从其计。下

邳败，军士执布及宫，太祖皆见之，与语平生，故布有求活之言。太祖谓宫曰：“公台，卿平常自谓智计有余，今竟何如？”宫顾指布曰：“但坐此人不从宫言，以至于此。若其见从，亦未必为禽也。”太祖笑曰：“今日之事当云何？”宫曰：“为臣不忠，为子不孝，死自分也。”太祖曰：“卿如是，奈卿老母何？”宫曰：“宫闻将以孝治天下者不害人之亲，老母之存否，在明公也。”

太祖曰：“若卿妻子何？”宫曰：“宫闻将施仁政于天下者不绝人之祀，妻子之存否，亦在明公也。”太祖未复言。宫曰：“请出就戮，以明军法。”遂趋出，不可止。太祖泣而送之，宫不还顾。宫死后，太祖待其家皆厚于初。

陈登者，字符龙，在广陵有威名。又掎角吕布有功，加伏波将军，年三十九卒。后许汜与刘备并在荆州牧刘表坐，表与备共论天下人，汜曰：“陈元龙湖海之士，豪气不除。”备谓表曰：“许君论是非？”表曰：“欲言非，此君为善士，不宜虚言；欲言是，元龙名重天下。”

【原文】

备问汜：“君言豪，宁有事邪？”汜曰：“昔遭乱过下邳，见元龙。元龙无客主之意，久不相与语，自上大床卧，使客卧下床。”备曰：“君有国士之名，今天下大乱，帝主失所，望君忧国忘家，有救世之意，而君求田问舍，言无可采，是元龙所讳也，何缘当与君语？如小人，欲卧百尺楼上，卧君于地，何但上下床之间邪？”表大笑。备因言曰：“若元龙文武胆志，当求之于古耳，造次难得比也。”〔1〕

【注释】

〔1〕先贤行状曰：登忠亮高爽，沉深有大略，少有扶世济民之志。博览载籍，雅有文艺，旧典文章，莫不贯综。年二十五，举孝廉，除东阳长，养耆育孤，视民如伤。是时，世荒民饥，州牧陶谦表登为典农校尉，乃巡土田之宜，尽凿溉之利，秔稻丰积。奉使到许，太祖以登为广陵太守，令阴合众以图吕布。登在广陵，明审赏罚，威信宣布。海贼薛州之群万有余户，束手归命。未及期年，功化以就，百姓畏而爱之。登曰：“此可用矣。”太祖到下邳，登率郡兵为军先驱。时登诸弟在下邳城中，布乃质执登三弟，欲求和同。登执意不挠，进围日急。布刺奸张弘，惧于后累，夜将登三弟出就登。布既伏诛，登以功加拜伏波将军，甚得江、淮间欢心，于是有吞灭江南之志。孙策遣军攻登于匡琦城。贼初到，旌甲覆水，群下咸以今贼众十倍于郡兵，恐不能抗，可引军避之，与其空城。水人居陆，不能久处，必寻引去。

【原文】

登厉声曰：“吾受国命，来镇此土。昔马文渊之在斯位，能南平百越，北灭鹘狄，吾既不能遏除凶慝，何逃寇之为邪！吾其出命以报国，仗义以整乱，天道与顺，克之必矣。”乃闭门自守，示弱不与战，将士衔声，寂若无人。登乘城望形势，知其可击。乃申令将士，宿整兵器，昧爽，开南门，引军诣贼营，步骑钞其后。贼周章，方结陈，不得还船。登手执军鼓，纵兵乘之，贼遂大破，皆弃船迸走。登乘胜追奔，斩虏以万数。贼忿丧军，寻复大兴兵向登。

登以兵不敌，使功曹陈矫求救于太祖。登密去城十里治军营处所，令多取柴薪，两束一聚，相去十步，纵横成行，令夜俱起火，火然其聚。城上称庆，若大军到。贼望火惊溃，登勒兵追奔，斩首万级。迁登为东城太守。广陵吏民佩其恩德，共拔郡随登，老弱襁负而追之。登晓语令还，曰：“太守在卿郡，频致吴寇，幸而克济。诸卿何患无令君乎？”孙权遂跨有江外。太祖每临大江而叹，恨不早用陈元龙计，而令封豕养其爪牙。文帝追美登功，拜登息肃为郎中。

臧洪字子源，广陵射阳人也。父旻，历匈奴中郎将、中山、太原太守，所在有名。〔1〕洪体貌魁梧，有异于人，举孝廉为郎。时选三署郎以补县长；琅邪赵昱为莒长，东莱刘繇下邑长，东海王朗菑丘长，洪即丘长。灵帝末，弃官还家，太守张超请洪为功曹。

【注释】

〔1〕谢承后汉书曰：旻有干事才，达于从政，为汉良吏。初从徐州从事辟司徒府，除卢奴令，冀州举尤异，迁扬州刺史、丹杨太守。是时边方有警，羌、胡出寇，三府举能，迁旻匈奴中郎将。讨贼有功，征拜议郎，还京师。见太尉袁逢，逢问其西域诸国土地、风俗、人物、种数。旻具答言西域本三十六国，后分为五十五，稍散至百余国；其国大小，道里近远，人数多少，风俗燥湿，山川、草木、鸟兽、异物名种，不与中国同者，悉口陈其状，手画地形。

【原文】

逢奇其才，叹息言："虽班固作西域传，何以加此？"旻转拜长水校尉，终太原太守。

董卓杀帝，图危社稷，洪说超曰："明府历世受恩，兄弟并据大郡，今王室将危，贼臣未枭，此诚天下义烈报恩睉命之秋也。今郡境尚全，吏民殷富，若动枹鼓，可得二万人，以此诛除国贼，为天下倡先，义之大者也。"超然其言，与洪西至陈留，见兄邈计事。邈亦素有心，会于酸枣，邈谓超曰："闻弟为郡守，政教威恩，不由己出，动任臧洪，洪者何人？"超曰：

"洪才略智数优超，超甚爱之，海内奇士也。"邈即引见洪，与语大异之。致之于刘兖州公山、孔豫州公绪，皆与洪亲善。乃设坛场，方共盟誓，诸州郡更相让，莫敢当，咸共推洪。

洪乃升操盘歃血而盟曰："汉室不幸，皇纲失统，贼臣董卓乘衅纵害，祸加至尊，虐流百姓，大惧沦丧社稷，翦覆四海。兖州刺史岱、豫州刺史、陈留太守邈、东郡太守瑁、广陵太守超等，纠合义兵，并赴国难。凡我同盟，齐心戮力，以致臣节，殒首丧元，必无二志。

有渝此盟，俾坠其命，无克遗育。皇天后土，祖宗明灵，实皆鉴之！"洪辞气慷慨，涕泣横下，闻其言者，虽卒伍厮养，莫不激扬，人思致节。[1]顷之，诸军莫适先进，而食尽觿散。

【注释】

〔1〕臣松之案：于时此盟止有刘岱等五人而已。魏氏春秋横内刘表等数人，皆非事实。表保据江、汉，身未尝出境，何由得与洪同而盟乎？

【原文】

超遣洪诣大司马刘虞谋，值公孙瓒之难，至河间，遇幽、冀二州交兵，使命不达。而袁绍见洪，又奇重之，与结分合好。会青州刺史焦和卒，绍使洪领青州以抚其觿。[1]洪在州二年，群盗奔走。绍叹其能，徙为东郡太守，治东武阳。

【注释】

〔1〕九州春秋曰：初平中，焦和为青州刺史。是时英雄并起，黄巾寇暴，和务及同盟，俱入京畿，不暇为民保障，引军踰河而西。未久而袁、曹二公卓将战于荥阳，败绩。黄巾遂广，屠裂城邑。和不能御，然军器尚利，战士尚鶒，而耳目侦逻不设，恐动之言妄至，望寇奔走，未尝接风尘交旗鼓也。欲作陷冰丸沉河，令贼不得渡，祷祈髑神，求用兵必利，耆筮常陈于前，巫祝不去于侧；入见其清谈干云，出则浑乱，命不可知。州遂萧条，悉为丘墟也。

【原文】

太祖围张超于雍丘，超言："唯恃臧洪，当来救吾。"鶒人以为袁、曹方睦，而洪为绍所表用，必不败好招祸，远来赴此。超曰："子源，天下义士，终不背本者，但恐见禁制，不相及逮耳。"洪闻之，果徒跣号泣，并勒所领兵，又从绍请兵马，求欲救超，而绍终不听许。

超遂族灭。洪由是怨绍，绝不与通。绍兴兵围之，历年不下。绍令洪邑人陈琳书与洪，喻以祸福，责以恩义。洪答曰：

隔阔相思，发于寤寐。幸相去步武之间耳，而以趣舍异规，不得相见，其为怆恨，可为心哉！

前日不遗，比辱雅贶，述叙祸福，公私切至。所以不即奉答者，既学薄才钝，不足塞诘；亦以吾子携负侧室，息肩主人，家在东州，仆为仇敌。以是事人，虽披中情，堕肝胆，犹身疏有罪，言甘见怪，方首尾不救，何能恤人？且以子之才，穷该典籍，岂将闇于大道，不达余趣哉！然犹复云云者，仆以是知足下之言，信不由衷，将以救祸也。必欲算计长短，辩谘是非，是非之论，言满天下，陈之更不明，不言无所损。又言伤告绝之义，非吾所忍行也，是以捐弃纸笔，一无所答。亦冀遥忖其心，知其计定，不复渝变也。重获来命，援引古今，纷纭六纸，虽欲不言，焉得已哉！

仆小人也，本因行役，寇窃大州，恩深分厚，宁乐今日自还接刃！每登城勒兵，望主人之旗鼓，感故友之周旋，抚弦搦矢，不觉流涕之覆面也。何者？自以辅佐主人，无以为悔。主人相接，过绝等伦。当受任之初，自谓究竟大事，共尊王室。岂悟天子不悦，本州见侵，郡将遘牖里之厄，陈留克创兵之谋，谋计栖迟，丧忠孝之名，杖策携背，亏交友之分。揆此二者，与其不得已，丧忠孝之名与亏交友之道，轻重殊涂，亲疏异画，故便收泪告绝。若使主人少垂故人，住者侧席，去者克己，不汲汲于离友，信刑戮以自辅，则仆抗季札之志，不为今日之战矣。何以效之？昔张景明亲登唾血，奉辞奔走，卒使韩牧让印，主人得地；然后但以拜章朝主，赐爵获传之故，旋时之间，不蒙观过之贷，而受夷灭之祸。[1]吕奉先讨卓来奔，请兵不获，告去何罪？复见斫刺，滨于死亡。刘子琪奉使踰时，辞不获命，畏威怀亲，以诈求归，可谓有志忠孝，无损霸道者也；然辄僵毙麾下，不蒙亏除。[2]仆虽不敏，又素不能原始见终，睹微知着，窃度主人之心，岂谓三子宜死，罚当刑中哉？实且欲一统山东，增兵讨雠，惧战士狐疑，无以沮劝，故抑废王命以崇承制，慕义者蒙荣，待放者被戮，此乃主人之利，非游士之愿也。故仆鉴戒前人，困穷死战。仆虽下愚，亦尝闻君子之言矣。此实非吾心也。乃主人招焉。凡吾所以背弃国民，用命此城者，正以君子之违，不适敌国故也。是以获罪主人，见攻踰时，而足下更引此义以为吾规，无乃辞同趋异，非君子所为休戚者哉！

吾闻之也，义不背亲，忠不违君，故东宗本州以为亲援，中扶郡将以安社稷，一举二得以徼忠孝，何以为非？而足下欲吾轻本破家，均君主人。主人之于我也，年为吾兄，分为笃友，道乖告去，以安君亲，可谓顺矣。若子之言，则包胥宜致命于伍员，不当号哭于秦庭矣。苟区区于攘患，不知言乖乎道理矣。足下或者见城围不解，救兵未至，感婚姻之义，惟平生之好，以屈节而苟生，胜守义而倾覆也。昔晏婴不降志于白刃，南史不曲笔以求生，故身着图象，名垂后世，况仆据金城之固，驱士民之力，散三年之畜，以为一年之资，匡困补乏，以悦天下，何图筑室反耕哉！但惧秋风扬尘，伯珪马首南向，张杨、飞燕，膂力作难，北鄙将告倒县之急，股肱奏乞归之诚耳。主人当鉴我曹辈，反旌退师，治兵鄴垣，何宜久辱盛怒，暴威于吾城下哉？足下讥吾恃黑山以为救，独不念黄巾之合从邪！加飞燕之属悉以受王命矣。昔高祖取彭越于钜野，光武创基兆于绿林，卒能龙飞中兴，以成帝业，苟可辅主兴化，夫何嫌哉！况仆亲奉玺书，与之从事。

行矣孔璋！足下徼利于境外，臧洪授命于君亲；吾子托身于盟主，臧洪策名于长安。子谓余身死而名灭，仆亦笑子生死而无闻焉，悲哉！本同而末离，努力努力，夫复何言！

【注释】

〔1〕臣松之案英雄记云："袁绍使张景明、郭公则、高元才等说韩馥，使让冀州。"然则馥之让位，景明亦有其功。

其余之事未详。

〔2〕臣松之案：公孙瓒表列绍罪过云："绍与故虎牙将军刘勋首共造兵，勋仍有效，而以小忿枉害于勋，绍罪七也。"疑此是子璜也。

【原文】

绍见洪书，知无降意，增兵急攻。城中粮谷以尽，外无强救，洪自度必不免，呼吏士谓曰：

"袁氏无道，所图不轨，且不救洪郡将。洪于大义，不得不死，今诸君无事空与此祸！可先城未败，将妻子出。”将吏士民皆垂泣曰：“明府与袁氏本无怨隙，今为本朝郡将之故，自致残困，吏民何忍当舍明府去也！”初尚掘鼠煮筋角，后无可复食者。主簿启内厨米三斗，请中分稍以为糜粥，洪叹曰：“独食此何为！”使作薄粥，儺分歠之，杀其爱妾以食将士。

将士咸流涕，无能仰视者。男女七八千人相枕而死，莫有离叛。

城陷，绍生执洪。绍素亲洪，盛施帏幔，大会诸将见洪，谓曰：“臧洪，何相负若此！今日服未？”洪据地瞋目曰：“诸袁事汉，四世五公，可谓受恩。今王室衰弱，无扶翼之意，欲因际会，希冀非望，多杀忠良以立奸威。洪亲见呼张陈留为兄，则洪府君亦宜为弟，同共戮力，为国除害，何为拥儺观人屠灭！惜洪力劣，不能推刃为天下报仇，何谓服乎！”绍本爱洪，意欲令屈服，原之；见洪辞切，知终不为己用，乃杀之。[1]洪邑人陈容少为书生，亲慕洪，随洪为东郡丞；城未败，洪遣出。绍令在坐，见洪当死，起谓绍曰：“将军举大事，欲为天下除暴，而专先诛忠义，岂合天意！臧洪发举为郡将，奈何杀之！”绍惭，左右使人牵出，谓曰：“汝非臧洪俦，空复尔为！”容顾曰：“夫仁义岂有常，蹈之则君子，背之则小人。今日宁与臧洪同日而死，不与将军同日而生！”复见杀。在绍坐者无不叹息，窃相谓曰：“如何一日杀二烈士！”先是，洪遣司马二人出，求救于吕布；比还，城已陷，皆赴敌死。

【注释】

〔1〕徐艜三国评曰：洪敦天下名义，救旧君之危，其恩足以感人情，义足以励薄俗。然袁亦知己亲友，致位州郡，虽非君臣，且实盟主，既受其命，义不应贰。袁、曹方睦，夹辅王室，吕布反复无义，志在逆乱，而邈、超立布为州牧，其于王法，乃一罪人也。曹公讨之，袁氏弗救，未为非理也。洪本不当就袁请兵，又不当还为怨雠。为洪计者，苟力所不足，可奔他国以求赴救，若谋力未展以待事机，则宜徐更观衅，效死于超。何必誓守穷城而无变通，身死殄民，功名不立，良可哀也！

评曰：吕布有虓虎之勇，而无英奇之略，轻狡反复，唯利是视。自古及今，未有若此不夷灭也。昔汉光武谬于庞萌，近魏太祖亦蔽于张邈。知人则哲，唯帝难之，信矣！陈登、臧洪并有雄气壮节，登降年夙陨，功业未遂，洪以兵弱敌强，烈志不立，惜哉！

记载中国三国时代的断代史

三国志

李楠／主编

辽海出版社

贰

二公孙陶四张传

公孙瓒字伯珪，辽西令支人也。令音郎定反。支音其儿反。为郡门下书佐。有姿仪，大音声，侯太守器之，以女妻焉，[1]遣诣涿郡卢植读经。后复为郡吏。刘太守坐事征诣廷尉，瓒为御车，身执徒养。及刘徙日南，瓒具米肉，于北芒上祭先人，举觞祝曰："昔为人子，今为人臣，当诣日南。日南瘴气，或恐不还，与先人辞于此。"再拜慷慨而起，时见者莫不歔欷。刘道得赦还。瓒以孝廉为郎，除辽东属国长史。尝从数十骑出行塞，见鲜卑数百骑，瓒乃退入空亭中，约其从骑曰："今不冲之，则死尽矣。"瓒乃自持矛，两头施刃，驰出刺胡，杀伤数十人，亦亡其从骑半，遂得免。鲜卑惩艾，后不敢复入塞。迁为涿令。光和中，凉州贼起，发幽州突骑三千人，假瓒都督行事传，使将之。军到蓟中，渔阳张纯诱辽西乌丸丘力居等叛，劫略蓟中，自号将军，[2]略吏民攻右北平、辽西属国诸城，所至残破。瓒将所领，追讨纯等有功，迁骑都尉。属国乌丸贪至王率种人诣瓒降。迁中郎将，封都亭侯，进屯属国，与胡相攻击五六年。丘力居等钞略青、徐、幽、冀，四州被其害，瓒不能御。

【注释】

〔1〕典略曰：瓒性辩慧，每白事不肯梢入，常总说数曹事，无有忘误，太守奇其才。

〔2〕九州春秋曰：纯自号弥天将军、安定王。

【原文】

朝议以宗正东海刘伯安既有德义，昔为幽州刺史，恩信流着，戎狄附之，若使镇抚，可不劳觽而定，乃以刘虞为幽州牧。〔1〕虞到，遣使至胡中，告以利害，责使送纯首。丘力居等闻虞至，喜，各遣译自归。瓒害虞有功，乃阴使人徼杀胡使。胡知其情，闲行诣虞。虞上罢诸屯兵，但留瓒将步骑万人屯右北平。纯乃弃妻子，逃入鲜卑，为其客王政所杀，送首诣虞。

封政为列侯。虞以功即拜太尉，封襄贲侯。〔2〕会董卓至洛阳，迁虞大司马，瓒奋武将军，封蓟侯。

【注释】

〔1〕吴书曰：虞，东海恭王之后也。遭世衰乱，又与时主疏远，仕县为户曹吏。以能治身奉职，召为郡吏，以孝廉为郎，累迁至幽州刺史，转甘陵相，甚得东土戎狄之心。后以疾归家，常降身隐约，与邑党州闾同

乐共恤，等齐有无，不以名位自殊，乡曲咸共宗之。时乡曲有所诉讼，不以诣吏，自投虞平之；虞以情理为之论判，皆大小敬从，不以为恨。尝有失牛者，骨体毛色，与虞牛相似，因以为是，虞便推与之；后主自得本牛，乃还谢罪。会甘陵复乱，吏民思虞治行，复以为甘陵相，甘陵大治。征拜尚书令、光禄勋，以公族有礼，更为宗正。英雄记曰：虞为博平令，治正推平，高尚纯朴，境内无盗贼，灾害不生。时邻县接壤，蝗虫为害，至博平界，飞过不入。

魏书曰：虞在幽州，清静俭约，以礼义化民。灵帝时，南宫灾，吏迁补州郡者，皆责助治宫钱，或一千万，或二千万，富者以私财辨，或发民钱以备之，贫而清慎者，无以充调，或至自杀。灵帝以虞清贫，特不使出钱。

〔2〕英雄记曰：虞让太尉，因荐鞬尉赵谟、益州牧刘焉、豫州牧黄琬、南阳太守羊续，并任为公。

【原文】

关东义兵起，卓遂劫帝西迁，征虞为太傅，道路隔塞，信命不得至。袁绍、韩馥议，以为少帝制于奸臣，天下无所归心。虞，宗室知名，民之望也，遂推虞为帝。遣使诣虞，虞终不肯受。绍等复劝虞领尚书事，承制封拜，虞又不听，然犹与绍等连和。〔1〕虞子和为侍中，在长安。天子思东归，使和伪逃卓，潜出武关诣虞，令将兵来迎。

和道经袁术，为说天子意。

术利虞为援，留和不遣，许兵至俱西，令和为书与虞。虞得和书，乃遣数千骑诣和。瓒知术有异志，不欲遣兵，止虞，虞不可。瓒惧术闻而怨之，亦遣其从弟越将千骑诣术以自结，而阴教术执和，夺其兵。由是虞、瓒益有隙。和逃术来北，复为绍所留。

【注释】

〔1〕九州春秋曰：绍、馥使故乐浪太守甘陵张岐赍议诣虞，使即尊号。虞厉声呵岐曰："卿敢出此言乎！忠孝之道，既不能济。孤受国恩，天下扰乱，未能竭命以除国耻，望诸州郡烈义之士瞧力西面，援迎幼主，而乃妄造逆谋，欲涂污忠臣邪！"吴书曰：馥以书与袁术，云帝非孝灵子，欲依绛、灌诛废少主，迎立代王故事；称虞功德治行，华夏少二，当今公室枝属，皆莫能及。又云："昔光武去定王五世，以大司马领河北，耿弇、冯异劝即尊号，卒代更始。今刘公自恭王枝别，其数亦五，以大司马领幽州牧，此其与光武同。"是时有四星会于箕尾，馥称谶云神人将在燕分。又言济阴男子王定得玉印，文曰"虞为天子"。又见两日出于代郡，谓虞当代立。绍又别书报术。

是时术阴有不臣之心，不利国家有长主，外托公义以答拒之。绍亦使人私报虞，虞以国有正统，非人臣所宜言，固辞不许；乃欲图奔匈奴以自绝，绍等乃止。虞于是奉职修贡，愈益恭肃；诸外国羌、胡有所贡献，道路不通，皆为传送，致之京师。

是时，术遣孙坚屯阳城拒卓，绍使周昂夺其处。术遣越与坚攻昂，不胜，越为流矢所中死。

【原文】

瓒怒曰：“余弟死，祸起于绍。”遂出军屯盘河，将以报绍。绍惧，以所佩勃海太守印绶授瓒从弟范，遣之郡，欲以结援。范遂以勃海兵助瓒，破青、徐黄巾，兵益盛；进军界桥。[1]以严纲为冀州，田楷为青州，单经为兖州，置诸郡县。绍军广川，令将曲义先登与瓒战，生禽纲。瓒军败走勃海，与范俱还蓟，于大城东南筑小城，与虞相近，稍相恨望。

【注释】

〔1〕典略载瓒表绍罪状曰：“臣闻皇、羲以来，始有君臣上下之事，张化以导民，刑罚以禁暴。今行车骑将军袁绍，托其先轨，寇窃人爵，既性暴乱，厥行淫秽。昔为司隶校尉，会值国家丧祸之际，太后承摄，何氏辅政，绍专为邪媚，不能举直，至令丁原焚烧孟津，招来董卓，造为乱根，绍罪一也。卓既入雒而主见质，绍不能权谲以济君父，而弃置节传，迸窜逃亡，忝辱爵命，背上不忠，绍罪二也。绍为勃海太守，默选戎马，当攻董卓，不告父兄，至使太傅门户，太仆母子，一旦而

毙，不仁不孝，绍罪三也。绍既兴兵，涉历二年，不恤国难，广自封殖，乃多以资粮专为不急，割剥富室，收考责钱，百姓吁嗟，莫不痛怨，绍罪四也。韩馥之迫，窃其虚位，矫命诏恩，刻金印玉玺，每下文书，皁囊施检，文曰‘诏书一封，邟乡侯印’。邟，口浪反。昔新室之乱，渐以即真，今绍所施，拟而方之，绍罪五也。绍令崔巨业候视星日，财货赂遗，与共饮食，克期会合，攻钞郡县，此岂大臣所当宜为？绍罪六也。绍与故虎牙都尉刘勋首共造兵，勋仍有效，又降伏张杨，而以小忿枉害于勋，信用谗慝，杀害有功，绍罪七也。绍又上故上谷太守高焉、故甘陵相姚贡，横责其钱，钱不备毕，二人并命，绍罪八也。春秋之义，子以母贵。绍母亲为婢使，绍实微贱，不可以为人后，以义不宜，乃据丰隆之重任，忝污王爵，损辱袁宗，绍罪九也。又长沙太守孙坚，前领豫州刺史，驱走董卓，扫除陵庙，其功莫大；绍令周昂盗居其位，断绝坚粮，令不得入，使卓不被诛，绍罪十也。臣又每得后将军袁术书，云绍非术类也。绍之罪戾，虽南山之竹不能载。昔姬周政弱，王道陵迟，天子迁都，诸侯背叛，于是齐桓立柯亭之盟，晋文为践土之会，伐荆楚以致菁茅，诛曹、轞以彰无礼。臣虽阘茸，名非先贤，蒙被朝恩，当此重任，职在鈇钺，奉辞伐罪，辄与诸将州郡兵讨绍等。若事克捷，罪人斯得，庶续桓、文忠诚之效，攻战形状，前后续上。”遂举兵与绍对战，绍不胜。

【原文】

虞惧瓒为变，遂举兵袭瓒。虞为瓒所败，出奔居庸。瓒攻拔居庸，生获虞，执虞还蓟。会卓死，天子遣使者段训增虞邑，督六州；瓒迁前将军，封易侯。瓒诬虞欲称尊号，胁训斩虞。

〔1〕瓒上训为幽州刺史。瓒遂骄矜，记过忘善，多所贼害。〔2〕虞从事渔阳鲜于辅、齐周、骑都尉鲜于银等，率州兵欲报瓒，以燕国阎柔素有恩信，共推柔为乌丸司马。柔招诱乌丸、鲜卑，得胡、汉数万人，与瓒所置渔阳太守邹丹战于潞北，大破之，斩丹。袁绍又遣曲义及虞子和，将兵与辅合击瓒。瓒军数败，乃走还易京固守。〔3〕为围堑十重，于堑里筑京，皆高五六丈，为楼其上；中堑为京，特高十丈，自居焉，积谷三百万斛。〔4〕瓒曰："昔谓天下事可指麾而定，今日视之，非我所决，不如休兵，力田畜谷。兵法，百楼不攻。今吾楼橹千重，食尽此谷，足知天下之事矣。"欲以此弊绍。绍遣将攻之，连年不能拔。〔5〕建安四年，绍悉军围之。瓒遣子求救于黑山贼，复欲自将突骑直出，傍西南山，拥黑山之觽，陆梁冀州，横断绍后。长史关靖说瓒曰："今将军将士，皆已土崩瓦解，其所以能相守持者，顾恋其居处老小，以将军为主耳。将军坚守旷日，袁绍要当自退；自退之后，四方之觽必复可合也。若将军今舍之而去，军无镇重，易京之危，可立待

也。将军失本，孤在草野，何所成邪！”瓒遂止不出。[6]救至，欲内外击绍。遣人与子书，刻期兵至，举火为应。[7]绍侯者得其书，如期举火。瓒以为救兵至，遂出欲战。绍设伏击，大破之，复还守。绍为地道，突坏其楼，稍至中京。[8]瓒自知必败，尽杀其妻子，乃自杀。[9]

【注释】

〔1〕魏氏春秋曰：初，刘虞和辑戎狄，瓒以胡夷难御，当因不宾而讨之，今加财赏，必益轻汉，效一时之名，非久长深虑。故虞所赏赐，瓒辄钞夺。虞数请会，称疾不往。至是战败，虞欲讨之，告东曹掾右北平人魏攸。攸曰：“今天下引领，以公为归，谋臣爪牙，不可无也。

瓒，文武才力足恃，虽有小恶，固宜容忍。”乃止。后一年，攸病死。虞又与官属议，密令覹袭瓒。瓒部曲放散在外，自惧败，掘东城门欲走。虞兵无部伍，不习战，又爱民屋，敕令勿烧。故瓒得放火，因以精锐冲突。虞覹大溃，奔居庸城。瓒攻及家属以还，杀害州府，衣冠善士殆尽。典略曰：瓒曝虞于市而祝曰：“若应为天子者，天当降雨救之。”时盛暑，竟日不雨，遂杀虞。英雄记曰：虞之见杀，故常山相孙瑾、掾张逸、张瓒等忠义愤发，相与就虞，骂瓒极口，然后同死。

〔2〕英雄记曰：瓒统内外，衣冠子弟有材秀者，必抑使困在穷苦之地。或问其故，答曰：

“今取衣冠家子弟及善士富贵之，皆自以为职当得之，不谢人善也。”所宠遇骄恣者，类多庸儿，若故卜数师刘纬台、贩缯李移子、贾人乐何当等三人，与之定兄弟之誓，自号为伯，谓三人者为仲叔季，富皆巨亿，或取其女以配己子，常称古者曲周、灌婴之属以譬也。

〔3〕英雄记曰：先是有童谣曰：“燕南垂，赵北际，中央不合大如砺，惟有此中可避世。”

瓒以易当之，乃筑京固守。瓒别将有为敌所围，义不救也。其言曰：“救一人，使后将恃救不力战；今不救此，后将当念在自勉。”是以袁绍始北击之时，瓒南界上别营自度守则不能自固，又知必不见救，是以或自杀其将帅，或为绍兵所破，遂令绍军径至其门。臣松之以为童谣之言，无不皆验；至如此记，似若无征。谣言之作，盖令瓒终始保易，无事远略。而瓒因破黄巾之威，意志张远，遂置三州刺史，图灭袁氏，所以致败也。

〔4〕英雄记曰：瓒诸将家家各作高楼，楼以千计。瓒作铁门，居楼上，屏去左右，婢妾侍侧，汲上文书。

〔5〕汉晋春秋曰：袁绍与瓒书曰：“孤与足下，既有前盟旧要，申以讨乱之誓，爱过夷、叔，分着丹青，谓为旅力同轨，足踵齐、晋，故解印释绂，以北带南，分割膏腴，以奉执事，此非孤赤情之明验邪？岂寤足下弃烈士之高义，寻祸亡之险踪，辍而改虑，以好易怨，盗遣士马，犯暴豫州。始闻甲卒在南，亲临战陈，惧于飞矢迸流，狂刃横集，以重足下之祸，徒增孤（子）之咎

衅也，故为荐书恳恻，冀可改悔。而足下超然自逸，矜其威诈，谓天罔可吞，豪雄可灭，果令贵弟殒于锋刃之端。斯言犹在于耳，而足下曾不寻讨祸源，克心罪己，苟欲逞其无疆之怒，不顾逆顺之津，匿怨害民，骋于余躬。遂跃马控弦，处我疆土，毒痡生民，辜延白骨。孤辞不获已，以登界桥之役。是时足下兵气霆震，骏马电发；仆师徒肇合，机械不严，强弱殊科，觽寡异论，假天之助，小战大克，遂陵蹑奔背，因垒馆谷，此非天威棐谌，福丰有礼之符表乎？足下志犹未厌，乃复纠合余烬，率我蛑贼，以焚爇勃海。孤又不获宁，用及龙河之师。羸兵前诱，大军未济，而足下胆破觽散，不鼓而败，兵觽扰乱，君臣并奔。此又足下之为，非孤之咎也。自此以后，祸隙弥深，孤之师旅，不胜其忿，遂至积尸为京，头颅满野，愍彼无辜，未尝不慨然失涕也。后比得足下书，辞意婉约，有改往修来之言。仆既欣于旧好克复，且愍兆民之不宁，每辄引师南驾，以顺简书。弗盈一时，而北边羽檄之文，未尝不至。孤是用痛心疾首，靡所错情。夫处三军之帅，当列将之任，宜令怒如严霜，喜如时雨，臧否好恶，坦然可观。而足下二三其德，强弱易谋，急则曲躬，缓则放逸，行无定端，言无质要，为壮士者固若此乎！既乃残杀老弱，幽土愤怨，觽叛亲离，孑然无党。又乌丸、濊貊，皆足下同州，仆与之殊俗，各奋迅激怒，争为锋锐；又东西鲜卑，举踵来附。此非孤德所能招，乃足下驱而致之也。夫当荒危之世，处干戈之险，内违同盟之誓，外失戎狄之心，兵兴州壤，祸发萧墙，将以定霸，不亦难乎！前以西山陆梁，出兵平讨，会曲义余残，畏诛逃命，故遂住大军，分兵扑荡，此兵孤之前行，乃界桥搴旗拔垒，先登制敌者也。始闻足下镌金纡紫，命以元帅，谓当因兹奋发，以报孟明之耻，是故战夫引领，竦望旌，怪遂含光匿影，寂尔无闻，卒臻屠灭，相为惜之。夫有平天下之怒，希长世之功，权御师徒，带养戎马，叛者无讨，服者不收，威怀并丧，何以立名？今旧京克复，天罔云补，罪人斯亡，忠干翼化，华夏俨然，望于穆之作，将戢干戈，放散牛马，足下独何守区区之士，保军内之广，甘恶名以速朽，亡令德之久长？壮而筹之，非良策也。宜释憾除嫌，敦我旧好。

若斯言之玷，皇天是闻。”瓒不答，而增修戎备。谓关靖曰：“当今四方虎争，无有能坐吾城下相守经年者明矣。袁本初其若我何！”

〔6〕英雄记曰：关靖字士起，太原人。本酷吏也，谄而无大谋，特为瓒所信幸。

〔7〕典略曰：瓒遣行人文则赍书告子续曰：“袁氏之攻，似若神鬼，鼓角鸣于地中，梯冲舞吾楼上。日穷月蹴，无所聊赖。汝当碎首于张燕，速致轻骑，到者当起烽火于北，吾当从内出。不然，吾亡之后，天下虽广，汝欲求安足之地，其可得乎！”献帝春秋曰：瓒梦蓟城崩，知必败，乃遣闲使与续书。

绍候者得之，使陈琳更其书曰：“盖闻在昔衰周之世，僵户流血，以为不然，岂意今日身当其冲！”其余语与典略所载同。

〔8〕英雄记曰：袁绍分部攻者掘地为道，穿穴其楼下，稍稍施木柱之，度足达半，便烧所施之柱，楼辄倾倒。

〔9〕汉晋春秋曰：关靖曰："吾闻君子陷人于危，必同其难，岂可独生乎！"乃策马赴绍军而死。绍悉送其首于许。

【原文】

鲜于辅将其鱲奉王命。以辅为建忠将军，督幽州六郡。太祖与袁绍相拒于官渡，阎柔遣使诣太祖受事，迁护乌丸校尉。而辅身诣太祖，拜左度辽将军，封亭侯，遣还镇抚本州。〔1〕太祖破南皮，柔将部曲及鲜卑献名马以奉军，从征三郡乌丸，以功封关内侯。〔2〕辅亦率其鱲从。文帝践阼，拜辅虎牙将军，柔度辽将军，皆进封县侯。位特进。

【注释】

〔1〕魏略曰：辅从太祖于官渡。袁绍破走，太祖喜，顾谓辅曰："如前岁本初送公孙瓒头来，孤自视忽然耳，而今克之。此既天意，亦二三子之力。"

〔2〕魏略曰：太祖甚爱阎柔，每谓之曰："我视卿如子，亦欲卿视我如父也。"柔由此自托于五官将，如兄弟。

【原文】

陶谦字恭祖，丹杨人。[1]少好学，为诸生，仕州郡，举茂才，除卢令，[2]迁幽州刺史，征拜议郎，参车骑将军张温军事，西讨韩遂。[3]会徐州黄巾起，以谦为徐州刺史，击黄巾，破走之。董卓之乱，州郡起兵，天子都长安，四方断绝，谦遣使闲行致贡献，迁安东将军、徐州牧，封溧阳侯。是时，徐州百姓殷盛，谷米封赡，流民多归之。而谦背道任情：广陵太守琊邪赵昱，徐方名士也，以忠直见疏；[4]曹宏等，谗慝小人也，谦亲任之。刑政失和，良善多被其害，由是渐乱。下邳阙宣自称天子，谦初与合从寇钞，后遂杀宣，并其觽。

【注释】

〔1〕吴书曰：谦父，故余姚长。谦少孤，始以不羁闻于县中。年十四，犹缀帛为幡，乘竹马而戏，邑中儿童皆随之。故苍梧太守同县甘公出遇之涂，见其容貌，异而呼之，住车与语，甚悦，因许妻以女。甘公夫人闻之，怒曰："妾闻陶家儿敖戏无度，如何以女许之?"公曰：

"彼有奇表，长必大成。"遂妻之。

〔2〕吴书曰：谦性刚直，有大节，少察孝廉，拜尚书郎，除舒令。郡守张盘，同郡先辈，与谦父友，意殊亲之，而谦耻为之屈。与觽还城，因以公事进见，坐

罢，盘常私还入，与谦饮宴，或拒不为留。常以舞属谦，谦不为起，固强之；及舞，又不转。盘曰：“不当转邪?”

曰：“不可转，转则胜人。”由是不乐，卒以构隙。谦在官清白，无以纠举，祠灵星，有羸钱五百，欲以臧之。谦委官而去。

〔3〕吴书曰：会西羌寇边，皇甫嵩为征西将军，表请武将。召拜谦扬武都尉，与嵩征羌，大破之。后边章、韩遂为乱，司空张温衔命征讨；又请谦为参军事，接遇甚厚，而谦轻其行事，心怀不服。及军罢还，百寮高会，温属谦行酒，谦觿辱温。温怒，徙谦于边。或说温曰：

“陶恭祖本以材略见重于公，一朝以醉饮过失，不蒙容贷，远弃不毛，厚德不终，四方人士安所归望！不如释憾除恨，克复初分，于以远闻德美。”温然其言，乃追还谦。谦至，或又谓谦曰：“足下轻辱三公，罪自己作，今蒙释宥，德莫厚矣；宜降志卑辞以谢之。”谦曰：“诺。”

又谓温曰：“陶恭祖今深自罪责，思在变革。谢天子礼毕，必诣公门。公宜见之，以慰其意。”时温于宫门见谦，谦仰曰：“谦自谢朝廷，岂为公邪?”温曰：“恭祖痴病尚未除邪?”遂为之置酒，待之如初。

〔4〕谢承后汉书曰：昱年十三，母尝病，经涉三月。昱惨戚消瘠，至目不交睫，握粟出卜，祈祷泣血，乡党称其孝。就处士东莞綦毋君受公羊传，兼该髑业。至历

年潜志，不窥园圃，亲簋希见其面。时入定省父母，须臾即还。高絜廉正，抱礼而立，清英俨恪，莫干其志；旌善以兴化，殚邪以矫俗。州郡请召，常称病不应。国相谟、陈遵共召，不起；或兴盛怒，终不回意。举孝廉，除莒长，宣扬五教，政为国表。会黄巾作乱，陆梁五郡，郡县发兵，以为先办。徐州刺史巴只表功第一，当受迁赏，昱深以为耻，委官还家。徐州牧陶谦初辟别驾从事，辞疾逊遁。谦重令扬州从事会稽吴范宣旨，昱守意不移；欲威以刑罚，然后乃起。举茂才，迁广陵太守。贼笮融从临淮见讨，迸入郡界，昱将兵拒战，败绩见害。

【原文】

初平四年，太祖征谦，攻拔十余城，至彭城大战。谦兵败走，死者万数，泗水为之不流。谦退守郯。太祖以粮少引军还。[1]兴平元年，复东征，略定琅邪、东海诸县。谦恐，欲走归丹杨。会张邈叛迎吕布，太祖还击布。是岁，谦病死。[2]

【注释】

〔1〕吴书曰：曹公父于泰山被杀，归咎于谦。欲伐谦而畏其强，乃表令州郡一时罢兵。诏曰："今海内扰攘，州郡起兵，征夫劳瘁，寇难未弭，或将吏不良，因缘讨捕，侵侮黎民，离害者鱗；风声流闻，震荡城邑，

丘墙惧于横暴，贞良化为髑恶，此何异乎抱薪救焚，扇火止沸哉！今四民流移，托身他方，携白首于山野，弃稚子于沟壑，顾故乡而哀叹，向阡陌而流涕，饥厄困苦，亦已甚矣。虽悔往者之迷谬，思奉教于今日，然兵连觿结，锋镝布野，恐一朝解散，夕见系虏，是以阻兵屯据，欲止而不敢散也。诏书到，其各罢遣甲士，还亲农桑，惟留常员吏以供官署，慰示远近，咸使闻知。”谦被诏，乃上书曰：“臣闻怀远柔服，非德不集；克难平乱，非兵不济。

是以涿鹿、阪泉、三苗之野有五帝之师，有扈、鬼方、商、奄四国有王者之伐，自古在昔，未有不扬威以弭乱，震武以止暴者也。臣前初以黄巾乱治，受策长驱，匪遑启处。虽宪章敕戒，奉宣威灵，敬行天诛，每伐辄克，然妖寇类觿，殊不畏死，父兄歼殪，子弟群起，治屯连兵，至今为患。若承命解甲，弱国自虚，释武备以资乱，损官威以益寇，今日兵罢，明日难必至，上忝朝廷宠授之本，下令群凶日月滋蔓，非所以强干弱枝遏恶止乱之务也。臣虽愚蔽，忠恕不昭，抱恩念报，所不忍行。辄勒部曲，申令警备。出芟强寇，惟力是视，入宣德泽，躬奉职事，冀效微劳，以赎罪负。”又曰：“华夏沸扰，于今未弭，包茅不入，职贡多阙，寤寐忧叹，无日敢宁。诚思贡献必至，荐羞获通，然后销锋解甲，臣之愿也。臣前调谷百万斛，已在水次，辄敕兵輴送。”曹公得谦上事，知不罢兵。乃进攻彭城，多杀人民。谦引兵击之，青州刺史田楷亦以兵救谦。公引兵还。臣松之案：此时天子在长安，曹公尚未秉政。罢兵之诏，不得由曹氏出。

〔2〕吴书曰：谦死时，年六十三，张昭等为之哀辞曰："猗欤使君，君侯将军，膺秉懿德，允武允文，体足刚直，守以温仁。令舒及卢，遗爱于民；牧幽暨徐，甘棠是均。憬憬夷、貊，赖侯以清；蠢蠢妖寇，匪侯不宁。唯帝念绩，爵命以章，既牧且侯，启土溧阳。遂升上将，受号安东，将平世难，社稷是崇。降年不永，奄忽殂薨，丧覆失恃，民知困穷。曾不旬日，五郡溃崩，哀我人斯，将谁仰凭？追思靡及，仰叫皇穹。呜呼哀哉！"谦二子：商、应，皆不仕。

【原文】

张杨字稚叔，云中人也。以武勇给并州，为武猛从事。灵帝末，天下乱，帝以所宠小黄门蹇硕为西园上军校尉，军京都，欲以御四方，征天下豪杰以为偏裨。太祖及袁绍等皆为校尉，属之。〔1〕并州刺史丁原遣杨将兵诣硕，为假司马。灵帝崩，硕为何进所杀。杨复为进所遣，归本州募兵，得千余人，因留上党，击山贼。进败，董卓作乱。杨遂以所将攻上党太守于壶关，不下，略诸县，觽至数千人。山东兵起，欲诛卓。袁绍至河内，杨与绍合，复与匈奴单于于夫罗屯漳水。单于欲叛，绍、杨不从。单于执杨与俱去，绍使将曲义追击于邺南，破之。单于执杨至黎阳，攻破度辽将军耿祉军，觽复振。卓以杨为建义将军、河内太守。

天子之在河东，杨将兵至安邑，拜安国将军，封晋阳侯。杨欲迎天子还洛，诸将不听；杨还野王。建安元年，杨奉、董承、韩暹挟天子还旧京，粮乏。杨以粮迎道路，遂至洛阳。谓诸将曰："天子当与天下共之，幸有公卿大臣，杨当捍外难，何事京都?"遂还野王。即拜为大司马。〔2〕杨素与吕布善。太祖之围布，杨欲救之，不能。乃出兵东市，遥为之势。其将杨丑，杀杨以应太祖。杨将眭固杀丑，将其觽，欲北合袁绍。太祖遣史涣邀击，破之于犬城，斩固，尽收其觽也。〔3〕

【注释】

〔1〕灵帝纪曰：以虎贲中郎将袁绍为中军校尉，屯骑校尉鲍鸿为下军校尉，议郎曹操为典军校尉，赵融、冯芳为助军校尉，夏牟、淳于琼为左右校尉。

〔2〕英雄记曰：杨性仁和，无威刑。下人谋反，发觉，对之涕泣，辄原不问。

〔3〕典略曰：固字白兔，既杀杨丑，军屯射犬。时有巫诫固曰："将军字兔而此邑名犬，兔见犬，其势必惊，宜急移去。"固不从，遂战死。

【原文】

公孙度字升济，本辽东襄平人也。度父延，避吏居玄菟，任度为郡吏。时玄菟太守公孙，子豹，年十八岁，早死。度少时名豹，又与子同年，见而亲爱之，遣就师学，为取妻。

后举有道，除尚书郎，稍迁冀州刺史，以谣言免。同郡徐荣为董卓中郎将，荐度为辽东太守。

度起玄菟小吏，为辽东郡所轻。先时，属国公孙昭守襄平令，召度子康为伍长。度到官，收昭，笞杀于襄平市。郡中名豪大姓田韶等宿遇无恩，皆以法诛，所夷灭百余家，郡中震栗。

东伐高句骊，西击乌丸，威行海外。初平元年，度知中国扰攘，语所亲吏柳毅、阳仪等曰：

“汉祚将绝，当与诸卿图王耳。”〔1〕时襄平延里社生大石，长丈余，下有三小石为之足。

或谓度曰：“此汉宣帝冠石之祥，而里名与先君同。社主土地，明当有土地，而三公为辅也。”

度益喜。故河内太守李敏，郡中知名，恶度所为，恐为所害，乃将家属入于海。度大怒，掘其父颀，剖棺焚尸，诛其宗族。〔2〕分辽东郡为辽西中辽郡，置太守。越海收东莱诸县，置营州刺史。自立为辽东侯、平州牧，追封父延为建义侯。立汉二祖庙，承制设墠于襄平城南，郊祀天地，藉田，治兵，乘鸾路，九旒，旄头羽骑。太祖表度为武威将军，封永宁乡侯，度曰：“我王辽东，何永宁也！”藏印绶武库。度死，子康嗣位，以永宁乡侯封弟恭。

是岁建安九年也。

【注释】

〔1〕魏书曰：度语毅、仪："谶书云孙登当为天子，太守姓公孙，字升济，升即登也。"

〔2〕晋阳秋曰：敏子追求敏，出塞，越二十余年不娶。州里徐邈责之曰："不孝莫大于无后，何可终身不娶乎！"乃娶妻，生子胤而遣妻，常如居丧之礼，不胜忧，数年而卒。胤生不识父母，及有识，蔬食哀戚亦如三年之丧。以祖父不知存亡，设主奉之。由是知名，仕至司徒。臣松之案：本传云敏将家入海，而复与子相失，未详其故。

【原文】

十二年，太祖征三郡乌丸，屠柳城。袁尚等奔辽东，康斩送尚首。语在武纪。封康襄平侯，拜左将军。康死，子晃、渊等皆小，觿立恭为辽东太守。文帝践阼，遣使即拜恭为车骑将军、假节，封平郭侯；追赠康大司马。

初，恭病阴消为阉人，劣弱不能治国。太和二年，渊胁夺恭位。明帝即（位）拜渊扬烈将军、辽东太守。渊遣使南通孙权，往来赂遗。〔1〕权遣使张弥、许晏等，赍金玉珍宝，立渊为燕王。渊亦恐权远不可恃，且贪货物，诱致其使，悉斩送弥、晏等首，〔2〕明帝于是拜渊大司马，封乐浪公，持节、领郡如故。〔3〕使者至，渊设甲兵为军陈，出见使者，又数对国中宾客出恶言。〔4〕景初元年，乃遣幽州刺史丘俭等赍玺书征渊。渊遂发兵，逆于辽隧，与俭等战。

俭等不利而还。渊遂自立为燕王，置百官有司。遣使者持节，假鲜卑单于玺，封拜边民，诱呼鲜卑，侵扰北方。〔5〕二年春，遣太尉司马宣王征渊。六月，军至辽东。〔6〕渊遣将军卑衍、杨祚等步骑数万屯辽隧，围堑二十余里。宣王军至，令衍逆战。宣王遣将军胡遵等击破之。宣王令军穿围，引兵东南向，而急东北，即趋襄平。衍等恐襄平无守，夜走。诸军进至首山，渊复遣衍等迎军殊死战。复击，大破之，遂进军造城下，为围堑。会霖雨三十余日，辽水暴长，运船自辽口径至城下。雨霁，起土山、修橹，为发石连弩射城中。渊窘急。粮尽，人相食，死者甚多。将军杨祚等降。八月丙寅夜，大流星长数十丈，从首山东北坠襄平城东南。壬午，渊觿溃，与其子修将数百骑突围东南走，大兵急击之，当流星所坠处，斩渊父子。

城破，斩相国以下首级以千数，传渊首洛阳，辽东、带方、乐浪、玄菟悉平。

【注释】

〔1〕吴书载渊表权曰："臣伏惟遭天地反易，遇无妄之运；王路未夷，倾侧扰攘。自先人以来，历事汉、魏，阶缘际会，为国效节，继世享任，得守藩表，犹知符命未有攸归。每感厚恩，频辱显使，退念人臣交不越境，是以固守所执，拒违前使。虽义无二信，敢忘

大恩！

陛下镇抚，长存小国，前后裴校尉、葛都尉等到，奉被敕诫，圣旨弥密，重纨累素，幽明备着，所以申示之事，言提其耳。臣昼则讴吟，宵则发梦，终身诵之，志不知足。季末凶荒，乾坤否塞，兵革未戢，人民荡析。仰此天命将有眷顾，私从一隅永瞻云日。今魏家不能采录忠善，褒功臣之后，乃令谗斗得行其志，听幽州刺史、东莱太守诳误之言，猥兴州兵，图害臣郡。臣不负魏，而魏绝之。盖闻人臣有去就之分；

田饶适齐，乐毅走赵，以不得事主，故保有道之君；陈平、耿况，亦鬻时变，卒归于汉，勒名帝籍。伏惟陛下德不再出，时不世遇，是以慺慺怀慕自纳，望远视险，有如近易。诚愿神谟蚤定洪业，奋六师之势，收河、洛之地，为圣代宗。天下幸甚！”魏略曰：国家知渊两端，而恐辽东吏民为渊所误。故公文下辽东，因赦之曰：“告辽东、玄菟将校吏民：逆贼孙权遭遇乱阶，因其先人劫略州郡，遂成群凶，自江表，含垢藏疾。冀其可化，故割地王权，使南面称孤，位以上将，礼以九命。权亲叉手，北向稽颡。假人臣之宠，受人臣之荣，未有如权者也。狼子野心，告令难移，卒归反复，背恩叛主，滔天逆神，乃敢僭号。恃江湖之险阻，王诛未加。比年已来，复远遣船，越渡大海，多持货物，诳诱边民。边民无知，与之交关。

长吏以下，莫肯禁止。至使周贺浮舟百艘，沉滞津岸，贸迁有无。既不疑拒，赍以名马，又使宿舒随贺通好。十室之邑，犹有忠信，陷君于恶，春秋所书也。今辽东、玄菟奉事国朝，纡青拖紫，以千百为数，戴纚垂缨，咸佩印绶，曾无匡正纳善之言。龟玉毁于櫝，虎兕出于匣，是谁之过欤？国朝为子大夫羞之！昔狐突有言：‘父教子贰，何以事君？策名委质，贰乃辟也。’今乃阿顺邪谋，胁从奸惑，岂独父兄之教不详，子弟之举习非而已哉！若苗秽害田，随风烈火，芝艾俱焚，安能白别乎？且又此事固然易见，不及鉴古成败，书传所载也。

江南海北有万里之限，辽东君臣无怵惕之患，利则义所不利，贵则义所不贵，此为厌安乐之居，求危亡之祸，贱忠贞之节，重背叛之名。蛮、貊之长，犹知爱礼，以此事人，亦难为颜！

且又宿舒无罪，挤使入吴，奉不义之使，始与家诀，涕泣而行。及至贺死之日，覆觴成山，舒虽脱死，魂魄离身。何所逼迫，乃至于此！今忠臣烈将，咸忿辽东反复携贰，皆欲乘桴浮海，期于肆意。朕为天下父母，加念天下新定，既不欲劳动干戈，远涉大川，费役如彼，又悼边陲遗余黎民，迷误如此，故遣郎中繿慎、邵瑁等且先奉诏示意。若股肱忠良，能效节立信以辅时君，反邪就正以建大功，福莫大焉。傥恐自嫌已为恶逆所见染污，不敢倡言，永怀伊戚。其诸与贼使交通，皆赦除之，与之更始。”

〔2〕魏略载渊表曰：“臣前遣校尉宿舒、郎中令孙综，甘言厚礼，以诱吴贼。幸赖天道福助大魏，使此贼

虏暗然迷惑，违戾群下，不从觽谏，承信臣言，远遣船使，多将士卒，来致封拜。臣之所执，得如本志，虽忧罪衅，私怀幸甚。贼觽本号万人，舒、综伺察，可七八千人，到沓津。伪使者张弥、许晏与中郎将万泰、校尉裴潜将吏兵四百余人，赍文书命服什物，下到臣郡。泰、潜别赍致遗货物，欲因市马。军将贺达、虞咨领余觽在船所。臣本欲须凉节乃取弥等，而弥等人兵觽多，见臣不便承受吴命，意有猜疑。惧其先作，变态妄生，即进兵围取，斩弥、晏、泰、潜等首级。其吏从兵觽，皆士伍小人，给使东西，不得自由，面缚乞降，不忍诛杀，辄听纳受，徙充边城。别遣将韩起等率将三军，驰行至沓。使领长史柳远设宾主礼诱请达、咨，三军潜伏以待其下，又驱群马货物，欲与交市。达、咨怀疑不下，使诸市买者五六百人下，欲交市。起等金鼓始震，锋矢乱发，斩首三百余级，被创赴水没溺者可二百余人，其散走山谷，来归降及藏窜饥饿死者，不在数中。得银印、铜印、兵器、资货，不可胜数。谨遣西曹掾公孙珩奉送贼权所假臣节、印绶、符策、九锡、什物，及弥等伪节、印绶、首级。”又曰：“宿舒、孙综前到吴，贼权问臣家内小大，舒、综对臣有三息，修别属亡弟。权敢奸巧，便拜命。谨封送印绶、符策。臣虽无昔人洗耳之风，惭为贼权污损所加，既行天诛，犹有余忿。”又曰：“臣父康，昔杀权使，结为雠隙。今乃谲欺，遣使诱致，令权倾心，虚国竭禄，远命上卿，宠授极位，震动南土，备尽礼数。又权待舒、综，契阔委曲，君臣上下，毕欢竭情。而令四使见杀，枭示万里，士觽流离，屠戮津渚，惭耻远布，痛辱弥天。权之怨疾，将刻肌骨。若天衰其业，使至丧陨，权将内伤愤激而死。若期运未讫，将播毒螫，必恐长悳来为寇害。徐州诸屯及城阳诸郡，与相接近，如有船觽后年向海门，得其消息，乞速告臣，使得备豫。”又曰：“臣门户受恩，实深实重，自臣承摄即事以来，连被荣宠，殊特无量，分当陨越，竭力致死。而臣狂愚，意计迷闇，不即禽贼，以至见疑。前章表所陈情趣事势，实但欲罢弊此贼，使困自绝，诚不敢背累世之恩，附僭盗之虏也。

而后爱憎之人，缘事加诬，伪生节目，卒令明听疑于市虎，移恩改爱，兴动威怒，几至沉没，长为负忝。幸赖慈恩，犹垂三宥，使得补过，解除愆责。如天威远加，不见假借，早当麋碎，辱先废祀，何缘自明，建此微功。臣既喜于事捷，得自申展，悲于畴昔，至此变故，余怖踊跃，未敢便宁。唯陛下既崇春日生全之仁，除忿塞隙，抑弭纤介，推今亮往，察臣本心，长令抱戴，衔分三泉。”又曰：“臣被服光荣，恩情未报，而以罪衅，自招谴怒，分当即戮，为觽社戒。所以越典诡常，伪通于吴，诚自念穷迫，报效未立，而为天威督罚所加，长恐奄忽不得自洗。故敢自阙替废于一年，遣使诱吴，知其必来，权之求郡，积有年岁，初无倡答一言之应，今权得使，来必不疑，至此一举，果如所规，上卿大觽，翕赫丰盛，财货赂遗，倾国极位，到见禽取，流离死亡，千有余人，灭绝不反。此诚暴猾贼之锋，摧矜夸之巧，昭示天下，破损其业，足以惭之矣。臣之愺愺念效于国，虽有非常之过，亦有非常之功，愿陛下原其踰阙之愆，采其毫毛之善，使得国恩，保全终始矣。”

〔3〕魏名臣奏载中领军夏侯献表曰：“公孙渊昔年敢违王命，废绝计贡者，实挟两端。既恃阻险，又怙孙权。故敢跋扈，恣睢海外。宿舒亲见贼权军觿府库，知其弱少不足凭恃，是以决计斩贼之使。又高句丽、濊貊与渊为仇，并为寇钞。今外失吴援，内有胡寇，心知国家能从陆道，势不得不怀惶惧之心。因斯之时，宜遣使示以祸福。奉车都尉鲠弘，武皇帝时始奉使命，开通道路。文皇帝即位，欲通使命，遣弘将妻子还归乡里，赐其车、牛，绢百匹。

弘以受恩，归死国朝，无有还意，乞留妻子，身奉使命。公孙康遂称臣妾。以弘奉使称意，赐爵关内侯。弘性果烈，乃心于国，夙夜拳拳，念自竭嗟。冠族子孙，少好学问，博通书记，多所关涉，口论速捷，辩而不俗，附依典诰，若出胸臆，加仕本郡，常在人右，彼方士人素所敬服。若当遣使，以为可使弘行。弘乃自旧土，习其国俗，为说利害，辩足以动其意，明足以见其事，才足以行之，辞足以见信。若其计从，虽郦生之降齐王，陆贾之说尉佗，亦无以远过也。欲进远路，不宜释骐骥；将已笃疾，不宜废扁鹊。愿察愚言也。”

〔4〕吴书曰：魏遣使者傅容、聂夔拜渊为乐浪公。渊计吏从洛阳还，语渊曰：“使者左骏伯，使皆择勇力者，非凡人也。”渊由是疑怖。容、夔至，住学馆中。

渊先以步骑围之，乃入受拜。容、夔大怖，由是还洛言状。

〔5〕魏书曰：渊知此变非独出俭，遂为备。遣使谢吴，自称燕王，求为与国。然犹令官属上书自直于魏曰："大司马长史臣郭昕、参军臣柳浦等七百八十九人言：奉被今年七月己卯诏书，伏读恳切，精魄散越，不知身命所当投措！昕等伏自惟省，蝼蚁小丑，器非时用，遭值千载，被受公孙渊祖考以来光明之德，惠泽沾渥，滋润荣华，无寸尺之功，有负乘之累；

遂蒙褒奖，登名天府，并以驽蹇附龙托骥，纡青拖紫，飞腾云梯，感恩惟报，死不择地。臣等闻明君在上，听政采言，人臣在下，得无隐情，是以因缘诉讪，冒犯愬嗜。郡在藩表，密迩不羁，平昔三州，转输费调，以供赏赐，岁用累亿，虚耗中国。然犹跋扈，虔刘边陲，烽火相望，羽檄相逮，城门昼闭，路无行人，州郡兵戈，奔散覆没。渊祖父度初来临郡，承受荒残，开日月之光，建神武之略，聚乌合之民，扫地为业，威震耀于殊俗，德泽被于群生。

辽土之不坏，实度是赖。孔子曰：'微管仲，吾其被发左衽。'向不遭度，则郡早为丘墟，而民系于虏廷矣。遗风余爱，永存不朽。度既薨殂，吏民感慕，欣戴子康，尊而奉之。康践统洪绪，克壮徽猷，文昭武烈，迈德种仁；乃心京辇，翼翼虔恭，佐国平乱，效绩纷纭，功隆事大，勋藏王府。度、康当值武皇帝休明之会，合策名之计，夹辅汉室，降身委质，卑己事魏。匪处小厌大，畏而服焉，乃慕托高风，怀仰盛懿也。武皇帝亦虚心接纳，待以不次，功无巨细，每不见忘。又命之曰：‘海北土地，割以付君，世世子孙，实得有之。’皇天后土，实闻德音。臣庶小大，豫在下风，奉以周旋，不敢失坠。渊生有兰石之姿，少含恺悌之训，允文允武，忠惠且直；生民钦仰，莫弗怀爱。渊纂戎祖考，君临万民，为国以礼，淑化流行，独见先鸑，罗结遐方，勤王之义，视险如夷，世载忠亮，不陨厥名。孙权慕义，不远万里，连年遣使，欲自结援，虽见绝杀，不念旧怨，纤纤往来，求成恩好。渊执节弥固，不为利回，守志匪石，确乎弥坚。犹惧丹心未见保明，乃卑辞厚币，诱致权使，枭截献馘，以示无二。吴虽在远，水道通利，举帆便至，无所隔限。渊不顾敌雠之深，念存人臣之节，绝强吴之欢，昭事魏之心，灵只明鉴，普天咸闻。陛下嘉美洪烈，懿兹武功，诞锡休命，宠亚齐、鲁，下及陪臣，普受介福。诚以天覆之恩，当卒终始，得竭股肱，永保禄位，不虞一旦，横被残酷。

惟育养之厚，念积累之效，悲思不遂，痛切见弃，举国号咷，拊膺泣血。夫三军所伐，蛮夷戎狄，骄逸不虔，于是致武，不闻义国反受诛讨。盖圣王之制，五服之域，有不供职，则修文德，而又不至，然后征伐。渊小心翼翼，恪恭于位，勤事奉上，可谓勉矣。尽忠竭节，还被患祸。小弁之作，离骚之兴，皆由此也。就或佞邪，盗言孔甘，犹当清览，憎而知善；谗巧似直，惑乱圣听，尚望文告，使知所由。若信有罪，当垂三宥；

若不改寤，计功减降，当在八议。而潜军伺袭，大兵奄至，舞戈长驱，冲击辽土。犬马恶死，况于人类！吏民昧死，挫辱王师。渊虽嚅枉，方临危殆，犹恃圣恩，怅然重奔，冀必奸臣矫制，妄肆威虐，乃谓臣等曰：‘汉安帝建光元年，辽东属国都尉庞奋，受三月乙未诏书，曰收幽州刺史冯焕、玄菟太守姚光。推案无乙未诏书，遣侍御史幽州（牧）收考奸臣矫制者。今刺史或傥谬承矫制乎?’臣等议：以为刺史兴兵，摇动天下，殆非矫制，必是诏命。渊乃俛仰叹息，自伤无罪。深惟土地所以养人，窃慕古公杖策之岐，乃欲投冠释绂，逝归林麓。臣等维持，誓之以死，屯守府门，不听所执。而七营虎士，五部蛮夷，各怀素饱，不谋同心，奋臂大呼，排门遁出。近郊农民，释其耨镈，伐薪制梃，改案为橹，奔驰赴难，军旅行成，虽蹈汤火，死不顾生。渊虽见孤弃，怨而不怒，比遣敕军，勿得干犯，及手书告语，恳恻至诚。而吏士凶悍，不可解散，期于毕命，投死无悔。渊惧吏士不从教令，乃躬驰骛，自往化解，仅乃止之。一饭之惠，匹夫所死，况渊累叶信结百姓，恩着民心。自先帝初兴，爰暨陛下，荣渊累叶，丰功懿德，策名褒扬，辩着廊庙，胜衣举履，诵咏明文，以为口实。埋而掘之，古人所耻。小白、重耳，衰世诸侯，犹慕着信，以隆霸业。诗美文王作孚万邦，论语称仲尼去食存信；信之为德，固亦大矣。今吴、蜀共帝，鼎足而居，天下摇荡，无所统一，臣等每为陛下惧此危心。渊据金城之固，仗和睦之民，国殷兵强，可以横行。策名委质，守死善道，忠至义尽，为九州表。方今二敌窥，未知孰定，是之不戒，而渊是害。茹柔吐刚，非王者之道也。臣等虽鄙，诚窃耻之。若无天乎，臣一郡吉凶，尚未可知；若云有天，亦何惧焉！臣等闻仕于家者，二世则主之，三世则君之。臣等生于荒裔之土，出于圭窦之中，无大援于魏，世隶于公孙氏，报生与赐，在于死力。昔蒯通言直，汉祖赦其诛；郑詹辞顺，晋文原其死。臣等顽愚，不达大节，苟执一介，披露肝胆，言逆龙鳞，罪当万死。惟陛下恢崇抚育，亮其控告，使疏远之臣，永有保持。”

〔6〕汉晋春秋曰：公孙渊自立，称绍汉元年。闻魏人将讨，复称臣于吴，乞兵北伐以自救。

吴人欲戮其使，羊衜曰：“不可，是肆匹夫之怒而捐霸王之计也。不如因而厚之，遣奇兵潜往以要其成。若魏伐渊不克，而我军远赴，是恩结遐夷，义盖万里，若兵连不解，首尾离隔，则我虏其傍郡，驱略而归，亦足以致天之罚，报雪曩事矣。”权曰：“善”。乃勒兵大出。谓渊使曰：“请俟后问，当从简书，必与弟同休戚，共存亡，虽陨于中原，吾所甘心也。”又曰：“司马懿所向无前，深为弟忧也。”

【原文】

初，渊家数有怪，犬冠帻绛衣上屋，炊有小儿蒸死甑中。襄平北市生肉，长围各数尺，有头目口喙，无手足而动摇。占曰：“有形不成，有体无声，其国灭亡。”始度以中平六年据辽东，至渊三世，凡五十年而灭。[1]

【注释】

〔1〕魏略曰：始渊兄晃为恭任子，在洛，闻渊劫夺恭位，谓渊终不可保，数自表闻，欲令国家讨渊。帝以渊已秉权，故因而抚之。及渊叛，遂以国法系晃。晃虽有前言，冀不坐，然内以骨肉，知渊破则己从及。渊首到，晃自审必死，与其子相对啼哭。时上亦欲活之，而有司以为不可，遂杀之。

【原文】

张燕，常山真定人也，本姓褚。黄巾起，燕合聚少年为群盗，在山泽闲转攻，还真定，觽万余人。博陵张牛角亦起觽，自号将兵从事，与燕合。燕推牛角为帅，俱攻瘿陶。牛角为飞矢所中。被创且死，令觽奉燕，告曰：“必以燕为帅。”牛角死，觽奉燕，故改姓张。燕剽捍捷速过人，故军中号曰飞燕。其后人觽寖广，常山、赵郡、中山、上党、河内诸山谷皆相通，其小帅孙轻、王当等，各以部觽从燕，觽至百万，号曰黑山。灵帝不能征，河北诸郡被其害。

燕遣人至京都乞降，拜燕平难中郎将。[1]是后，董卓迁天子于长安，天下兵数起，燕遂以其觽与豪杰相结。袁绍与公孙瓒争冀州，燕遣将杜长等助瓒，与绍战，为绍所败，人觿稍散，太祖将定冀州，燕遣使求佐王师，拜平北将军；率觿诣邺，封安国亭侯，邑五百户。燕薨，子方嗣。方薨，子融嗣。[2]

【注释】

〔1〕九州春秋曰：张角之反也，黑山、白波、黄龙、左校、牛角、五鹿、羝根、苦蝤、刘石、平汉、大洪、司隶、缘城、罗市、雷公、浮云、飞燕、白爵、杨凤、于毒等各起兵，大者二三万，小者不减数千。灵帝不能讨，乃遣使拜杨凤为黑山校尉，领诸山贼，得举孝廉计吏。后遂弥漫，不可复数。典略曰：黑山、黄巾诸帅，本非冠盖，自相号字，谓骑白马者为张白骑，谓轻捷者为张飞燕，谓声大者为张雷公，其饶须者则自称于羝根，其眼大者自称李大目。张璠汉纪云：又有左校、郭大贤、左髭丈八三部也。

〔2〕陆机晋惠帝起居注曰：门下通事令史张林，飞燕之曾孙。林与赵王伦为乱，未及周年，位至尚书令、鞬将军，封郡公。寻为伦所杀。

【原文】

张绣，武威祖厉人，骠骑将军济族子也。边章、韩遂为乱凉州，金城曲胜袭杀祖厉长刘隽。

绣为县吏，闲伺杀胜，郡内义之。遂招合少年，为邑中豪杰。董卓败，济与李傕等击吕布，为卓报仇。语在卓传。绣随济，以军功稍迁至建忠将军，封宣威侯。济屯弘农，士卒饥饿，南攻穰，为流矢所中死。绣领其觽，屯宛，与刘表合。太祖南征，军淯水，绣等举觽降。太祖纳济妻，绣恨之。太祖闻其不悦，密有杀绣之计。计漏，绣掩袭太祖。太祖军败，二子没。

绣还保穰，〔1〕太祖比年攻之，不克。太祖拒袁绍于官渡，绣从贾诩计，复以觽降。语在诩传。绣至，太祖执其手，与欢宴，为子均取绣女，拜扬武将军。官渡之役，绣力战有功，迁破羌将军。从破袁谭于南皮，复增邑凡二千户。是时天下户口减耗，十裁一在，诸将封未有满千户者，而绣特多。从征乌丸于柳城，未至，薨，谥曰定侯。〔2〕子泉嗣，坐与魏讽谋反诛，国除。

【注释】

〔1〕傅子曰：绣有所亲胡车儿，勇冠其军。太祖爱其骁健，手以金与之。绣闻而疑太祖欲因左右刺之，遂反。吴书曰：绣降，（凌统）用贾诩计，乞徙军就高道，道由太祖屯中。绣又曰：“车少而重，乞得使兵各被甲。”太祖信绣，皆听之。绣乃严兵入屯，掩太祖。太祖不备，故败。

〔2〕魏略曰：五官将数因请会，发怒曰：“君杀吾兄，何忍持面视人邪！”绣心不自安，乃自杀。

【原文】

张鲁字公祺，沛国丰人也。祖父陵，客蜀，学道鸣山中，造作道书以惑百姓，从受道者出五斗米，故世号米贼。陵死，子衡行其道。衡死，鲁复行之。益州牧刘焉以鲁为督义司马，与别部司马张修将兵击汉中太守苏固，鲁遂袭修杀之，夺其黼。焉死，子璋代立，以鲁不顺，尽杀鲁母家室。鲁遂据汉中，以鬼道教民，自号“师君”。其来学道者，初皆名“鬼卒”。受本道已信，号“祭酒”。各领部黼，多者为治头大祭酒。皆教以诚信不欺诈，有病自首其过，大都与黄巾相似。诸祭酒皆作义舍，如今之亭传。又置义米肉，县于义舍，行路者量腹取足；

若过多，鬼道辄病之。犯法者，三原，然后乃行刑。不置长吏，皆以祭酒为治，民夷便乐之。

雄据巴、汉垂三十年。[1]汉末，力不能征，遂就宠鲁为镇民中郎将，领汉宁太守，通贡献而已。民有地中得玉印者，群下欲尊鲁为汉宁王。鲁功曹巴西阎圃谏鲁曰：“汉川之民，户出十万，财富土沃，四面险固；上匡天子，则为桓、文，次及窦融，不失富贵。今承制署置，势足斩断，不烦于王。愿且不称，勿为祸先。”鲁从之。韩遂、马超之乱，关西民从子午谷奔之者数万家。

【注释】

〔1〕典略曰：熹平中，妖贼大起，三辅有骆曜。光和中，东方有张角，汉中有张修。骆曜教民缅匿法，角为太平道，修为五斗米道。太平道者，师持九节杖为符

祝，教病人叩头思过，因以符水饮之，得病或日浅而愈者，则云此人信道，其或不愈，则为不信道。修法略与角同，加施静室，使病者处其中思过。又使人为奸令祭酒，祭酒主以老子五千文，使都习，号为奸令。为鬼吏，主为病者请祷。请祷之法，书病人姓名，说服罪之意。作三通，其一上之天，着山上，其一埋之地，其一沉之水，谓之三官手书。使病者家出米五斗以为常，故号曰五斗米师。实无益于治病，但为淫妄，然小人昏愚，竞共事之。后角被诛，修亦亡。及鲁在汉中，因其民信行修业，遂增饰之。教使作义舍，以米肉置其中以止行人；又教使自隐，有小过者，当治道百步，则罪除；又依月令，春夏禁杀；又禁酒。流移寄在其地者，不敢不奉。臣松之谓张修应是张衡，非典略之失，则传写之误。

【原文】

建安二十年，太祖乃自散关出武都征之，至阳平关。鲁欲举汉中降，其弟卫不肯，率众数万人拒关坚守。太祖攻破之，遂入蜀。[1]鲁闻阳平已陷，将稽颡归降，圃又曰："今以迫往，功必轻；不如依（杜濩）杜濩赴朴胡相拒，然后委质，功必多。"于是乃奔南山入巴中。

左右欲悉烧宝货仓库，鲁曰："本欲归命国家，而意未达。今之走，避锐锋，非有恶意。宝货仓库，国家之有。"遂封藏而去。太祖入南郑，甚嘉之。又以鲁本有善意，遣人慰喻。鲁尽将家出，太祖逆拜鲁镇南将军，待以客礼，封阆中侯，邑万户。封鲁五子及阎圃等皆为列侯。〔2〕为子彭祖取鲁女。鲁薨，谥之曰原侯。子富嗣。〔3〕

【注释】

〔1〕魏名臣奏载董昭表曰："武皇帝承凉州从事及武都降人之辞，说张鲁易攻，阳平城下南北山相远，不可守也，信以为然。及往临履，不如所闻，乃叹曰：'他人商度，少如人意。'攻阳平山上诸屯，既不时拔，士卒伤夷者多。武皇帝意沮，便欲拔军截山而还，遣故大将军夏侯惇、将军许褚呼山上兵还。会前军未还，夜迷惑，误入贼营，贼便退散。侍中辛毗、刘晔等在兵后，语惇、褚，言'官兵已据得贼要屯，贼已散走'。犹不信之。惇前自见，乃还白武皇帝，进兵定之，幸而克获。此近事，吏士所知。"又杨暨表曰："武皇帝始征张鲁，以十万之黼，身亲临履，指授方略，因就民麦以为军粮。张鵣之守，盖不足言。地险守易，虽有精兵虎将，势不能施。对兵三日，欲抽军还，言'作军三十年，一朝持与人，如何'。

此计已定，天祚大魏，鲁守自坏，因以定之。"世语曰：鲁遣五官掾降，弟鵣横山筑阳平城以拒，王师不得进。鲁走巴中。军粮尽，太祖将还。西曹掾东郡郭谌曰："不可。鲁已降，留使既未反，鵣虽不同，偏携可攻。县军深入，以进必克，退必不免。"太祖疑之。夜有野麋数千突坏䆿营，军大惊。夜，高祚等误与䆿𩦱遇，祚等多鸣鼓角会𩦱。䆿惧，以为大军见掩，遂降。

〔2〕臣松之以为张鲁虽有善心，要为败而后降，今乃宠以万户，五子皆封侯，过矣。习凿齿曰：鲁欲称王，而阎圃谏止之，今封圃为列侯。夫赏罚者，所以惩恶劝善也，苟其可以明轨训于物，无远近幽深矣。今阎圃谏鲁勿王，而太祖追封之，将来之人孰不思顺！塞其本源而末流自止，其此之谓与！若乃不明于此而重燋烂之功，丰爵厚赏止于死战之士，则民利于有乱，俗竞于杀伐，阻兵仗力，干戈不戢矣。太祖之此封，可谓知赏罚之本，虽汤武居之，无以加也。魏略曰：

黄初中，增圃爵邑，在礼请中。后十余岁病死。晋书云：西戎司马阎缵，圃孙也。

〔3〕魏略曰：刘雄鸣者，蓝田人也。少以采药射猎为事，常居覆车山下，每晨夜，出行云雾中，以识道不迷，而时人因谓之能为云雾。郭、李之乱，人多就之。建安中，附属州郡，州郡表荐为小将。马超等反，不肯从，超破之。后诣太祖，太祖执其手谓之曰："孤方入关，梦得一神人，即卿邪！"乃厚礼之，表拜为将军，遣令迎其部党。部党不欲降，遂劫以反，诸亡命皆往依之，有𩦱数千人，据武关道口。太祖遣夏侯渊讨破之，雄鸣南奔汉中。汉中破，穷无所之，乃复归降。太祖捉其须曰："老贼，真得汝矣！"复其官，徙勃海。时又有程银、侯选、李堪，皆河东人也，兴平之乱，各有𩦱千余家。建安十六年，并与马超合。超破走，堪临陈死。

银、选南入汉中，汉中破，诣太祖降，皆复官爵。

【评曰】

公孙瓒保京，坐待夷灭。度残暴而不节，渊仍业以载凶，秖足覆其族也。陶谦昏乱而忧死，张杨授首于臣下，皆拥据州郡，曾匹夫之不若，固无可论者也。燕、绣、鲁舍群盗，列功臣，去危亡，保宗祀，则于彼为愈焉。

诸夏侯曹传

夏侯惇字元让，沛国谯人，夏侯婴之后也。年十四，就师学。人有辱其师者，惇杀之，由是以烈气闻。太祖初起，惇常为裨将，从征伐。太祖行奋武将军，以惇为司马，别屯白马，迁折冲校尉，领东郡太守。太祖征陶谦，留惇守濮阳。张邈叛迎吕布，太祖家在鄄城，惇轻军往赴，适与布会，交战。布退还，遂入濮阳，袭得惇军辎重。遣将伪降，共执持惇，责以宝货，惇军中震恐。惇将韩浩乃勒兵屯惇营门，召军吏诸将，皆案甲当部不得动，诸营乃定。遂诣惇所，叱持质者曰："汝等凶逆，乃敢执劫大将军，复欲望生邪！且吾受命讨贼，宁能以一将军之故，而纵汝乎？"因涕泣谓惇曰："当奈国法何！"促召兵击持质者。持质者惶遽叩头，言："我但欲乞资用去耳！"浩数责，皆斩之。惇既免，太祖闻之，谓浩曰："卿此可为万世法。"乃著令："自今已后有持质者，皆当并击，勿顾质。由是劫质者遂绝。

太祖自徐州还，惇从征吕布。为流矢所中，伤左目。复领陈留、济阴太守，加建武将军，封高安乡侯。时大旱，蝗虫起，惇乃断太寿水作陂，身自负土，率将士劝种稻，民赖其利。转领河南尹。太祖平河北，为大将军后拒。邺破，迁伏波将军，领尹如故，使得以便宜从事，不拘科制。建安十二年，录惇前后功，增封邑千八百户，并前二千五百户。二十一年，从征孙权还，使惇都督二十六军，留居巢。赐伎乐名倡。令曰："魏绛以和戎之功，犹受金石之乐，况将军乎！"二十四年，太祖军（击破吕布军）于摩陂，召惇常与同载，特见亲重，出入卧内，诸将莫得比也。拜前将军，督诸军还寿春，徙屯召陵。文帝即王位，拜惇大将军，数月薨。

惇虽在军旅，亲迎师受业。性清俭，有余财辄以分施。不足资之于官，不治产业。谥曰忠侯，子充嗣。帝追思惇功，欲使子孙毕侯，分惇邑千户，赐惇七子二孙爵皆关内侯。惇弟廉及子楙素自封列侯。初，太祖以女妻楙，即清河公主也。楙历位侍中、尚书、安西、镇东将军，假节。充薨，子廙嗣。廙薨，子劭嗣。

韩浩者，河内人。（及）沛国史涣与浩俱以忠勇显。浩至中护军，涣至中领军，皆掌禁兵，封列侯。

夏侯渊字妙才，惇族弟也。太祖居家，曾有县官事，渊代引重罪，太祖营救之，得免。太祖起兵，以别部司马、骑都尉从，迁陈留、颍川太守。及与袁绍战于官渡，行督军校尉。绍破，使督兖、豫、徐州军粮。时军食少，渊传馈相继，军以复振。昌狶反，遣于禁击之，未拔。复遣渊与禁并力，遂击狶，降其十余屯，狶诣禁降。渊还，拜典军校尉。济南、乐安黄巾徐和、司马俱等攻城，杀长吏，渊将泰山、齐、平原郡兵击，大破之，斩和，平诸县，收其粮谷以给军士。十四年，以渊为行领军。太祖征孙权还，使渊督诸将击庐江叛者雷绪，绪破，又行征西护军，督徐晃击太原贼，攻下二十余屯，斩贼帅商曜，屠其城。从征韩遂等，战于渭南。又督朱灵平隃麋、汧氐。与太祖会安定，降杨秋。

十七年，太祖乃还邺，以渊行护军将军，督朱灵、路招等屯长安，击破南山贼刘雄，降其众。围遂、超余党梁兴于鄠，拔之，斩兴，封博昌亭侯。马超围凉州刺史韦康于冀。渊救康，未到，康败。去冀二百余里，超来逆战，军不利。汧氐反，渊引军还。十九年，赵衢、尹奉等谋讨超，姜叙起兵卤城以应之。衢等谲说超，使出击叙，于后尽杀超妻子。超奔汉中，还围祁山。叙等急求救，诸将议者欲须太祖节度。渊曰："公在邺，反复四千里，比报，叙等必败，非救急也。"遂行，使张郃督步骑五千在前，从陈仓狭道入，渊自督粮在后。郃至渭水上，超将氐、羌数千逆郃。未战，超走，郃进军收超军器械。渊到，诸县皆已降。韩遂在显亲，渊欲袭取之，遂走。渊收遂军粮，追至略阳城，去遂二十余里，诸将欲攻之，或言当攻兴国氐。渊以为遂兵精，兴国城固，攻不可卒拔，不如击长离诸羌。长离诸羌多在遂军，必归救其家。若舍羌独守则孤，救长离官兵得与野战，可必虏也。渊乃留督将守辎重，轻兵步骑到长离，攻烧羌屯，斩获其众。诸羌在遂军者，各还种落。遂果救长离，与渊军对陈。诸将见遂众，恶之，欲结营作堑乃与战。渊曰："我转斗千里，今复作营堑，则士众罢弊，不可久。贼虽众，易与耳。”乃鼓之，大破遂军，得其旌麾，还略阳，进军围兴国。氐王千万逃奔马超，余众降。转击高平屠各，皆散走，收其粮谷牛马。乃假渊节。

初，枹罕宋建因凉州乱，自号河首平汉王。太祖使渊帅诸将讨建。渊至，围枹罕。月余拔之，斩建及所置丞相已下。渊别遣张郃等平河关，渡河入小湟中，河西诸羌尽降，陇右平。太祖下令曰：“宋建造为乱逆三十余年，渊一举灭之，虎步关右，所向无前。仲尼有言：‘吾于尔不如也。’二十一年，增封三百户，并前八百户。还击武都氐羌下辩，收氐谷十余万斛。太祖西征张鲁，渊等将凉州诸将侯王已下，与太祖会休亭。太祖每引见羌、胡，以渊畏之。会鲁降，汉中平，以渊行都护将军，督张郃、徐晃等平巴郡。太祖还邺。留渊守汉中，即拜渊征西将军。二十三年，刘备军阳平关，渊率诸将拒之。相守连年。二十四年正月，备夜烧围鹿角。渊使张郃护东围，自将轻兵护南围。备跳郃战，郃军不利。渊分所将兵半助郃，为备所袭，渊遂战死。谥曰愍侯。

初，渊虽数战胜，太祖常戒曰：“为将当有怯弱时，不可但恃勇也。将当以勇为本，行之以智计；但知任勇，一匹夫敌耳。”

渊妻，太祖内妹。长子衡，尚太祖弟海阳哀侯女，恩宠特隆。衡袭爵，转封安宁亭侯。黄初中，赐中子霸，太和中，赐霸四弟，爵皆关内侯。霸，正始中为讨蜀护军、右将军，进封博昌亭侯，素为曹爽所厚。闻爽诛，自疑，亡入蜀。以渊旧勋赦霸子，徙乐浪郡。霸弟威，官至兖州刺史。威弟惠，乐安太守。惠弟和，河南尹。衡薨，子绩嗣，为虎贲中郎将。绩薨。子褒嗣。

曹仁字子孝，太祖从弟也。少好弓马弋猎。后豪杰并起，仁亦阴结少年，得千余人，周旋淮、泗之间，遂从太祖为别部司马，行厉锋校尉。太祖之破袁术，仁所斩获颇多。从征徐州，仁常督骑，为军前锋。别攻陶谦将吕由，破之。还与大军合彭城，大破谦军。后攻费、华、即墨、开阳，谦遣别将救诸县，仁以骑击破之。太祖征吕布，仁别攻句阳，拔之，生获布将刘何。太祖平黄巾，迎天子都许。仁数有功，拜广阳太守。太祖器其勇略，不使之郡，以议郎督骑。太祖征张绣，仁别徇旁县，虏其男女三千余人。太祖军还，为绣所追，军不利，士卒丧气，仁率厉将士甚奋，太祖壮之，遂破绣。

太祖与袁绍久相持于官渡，绍遣刘备徇㶏强诸县，多举众应之。自许以南，吏民不安，太祖以为忧。仁曰："南方以大军方有目前急，其势不能相救，刘备以强兵临之，其背叛固宜也。备新将绍兵，未能得其用，击之可破也。"太祖善其言，遂使将骑击备，破走之。仁尽复收诸叛县而还。绍遣别将韩荀抄断西道，仁击荀于鸡洛山，大破之。由是绍不敢复分兵出。复与史涣等抄绍运车，烧其粮谷。

河北既定，从围壶关。太祖令曰："城拔，皆坑之。"连月不下。仁言于太祖曰："围城必示之活门，所以开其生路也。今公告之必死，将人自为守。且城固而粮多，攻之则士卒伤，守之则引日久。今顿兵坚城之下，以攻必死之虏，非良计也。"太祖从之，城降。于是录仁前后功，封都亭侯。

从平荆州，以仁行征南将军，留屯江陵，拒吴将周瑜。瑜将数万众来攻，前锋数千人始至，仁登城望之，乃募得三百人，遣部曲将牛金逆与挑战。贼多，金众少，遂为所围。长史陈矫俱在城上，望见金等垂没，左右皆失色。仁意气奋怒甚，谓左右："取马来！"矫等共援持之。谓仁曰："贼众盛，不可当也。假使弃数百人何苦，而将军以身赴之！"仁不应，遂被甲上马，将其麾下壮士数十骑出城。去贼百余步，迫沟。矫等以为仁当住沟上，为金形势也，仁径渡沟直前，冲入贼围，金等乃得解。余众未尽出，仁复直还突之，拔出金兵，亡其数人，贼众乃退。矫等初见仁出，皆惧。及见仁还，乃叹曰："将军真天人也！"三军服其勇。太祖益壮之，转封安平亭侯。

太祖讨马超，以仁行安西将军，督诸将拒潼关，破超渭南。苏伯、田银反，以仁行骁骑将军，都督七军讨银等，破之。复以仁行征南将军，假节，屯樊，镇荆州。侯音以宛叛，略傍县众数千人，仁率诸军攻破音，斩其首，还屯樊，即拜征南将军。关羽攻樊。时汉水暴溢，于禁等七军皆没，禁降羽。仁人马数千人守城，城不没者数板。羽乘船临城，围数重，外内断绝，粮食欲尽，救兵不至。仁激厉将士，示以必死，将士感之皆无二。徐晃救至，水亦稍减，晃从外击羽，仁得溃围出，羽退走。

仁少时不修行检，及长为将，严整奉法令，常置科于左右，案以从事。鄢陵侯彰北征乌丸，文帝在东宫，为书戒彰曰："为将奉法，不当如征南邪！"及即王位，拜仁车骑将军，都督荆、扬、益州诸军事，进封陈侯，增邑二千，并前三千五百户。追赐仁父炽谥曰陈穆侯，置守家十家。后召还屯宛。孙权遣将陈邵据襄阳，诏仁讨之。仁与徐晃攻破邵，遂入襄阳，使将军高迁等徙汉南附化民于汉北，文帝遣使即拜仁大将军。又诏仁移屯临颍，迁大司马，复督诸军据乌江，还屯合肥。黄初四年薨，谥曰忠侯。子泰嗣，官至镇东将军，假节，转封宁陵侯。泰薨，子初嗣。又分封泰弟楷、范，皆为列侯，而牛金官至后将军。

仁弟纯，初以仪郎参司空军事，督虎豹骑从围南皮。袁谭出战，士卒多死。太祖欲缓之，纯曰："今千里蹈敌，进不能克，退必丧威。且县师深入，难以持久，彼胜而骄，我败而惧，以惧敌骄，必可克也。"太祖善其言，遂急攻之，谭败。纯麾下骑斩谭首。及北征三郡，纯部骑获单于蹋顿。以前后功封高陵亭侯，邑三百户。从征荆州，追刘备于长坂，获其二女、辎重，收其散卒。进降江陵，从还谯。建安十五年薨。文帝即位，追谥曰威侯，子演嗣。官至领军将军，正元中进封平乐乡侯。演薨，子亮嗣。

曹洪字子廉，太祖从弟也。太祖起义兵讨董卓，至荥阳，为卓将徐荣所败。太祖失马，贼追甚急。洪下，以马授太祖，太祖辞让，洪曰："天下可无洪，不可无君。"遂步从到汴水，水深不得渡，洪循水不得船，与太祖俱济，还奔谯。扬州刺史陈温素与洪善，洪将家兵千余人，就温募兵，得庐江上甲二千人，东到丹杨复得数千人，与太祖会龙亢。太祖征徐州，张邈举兖州叛迎吕布。时大饥荒，洪将兵在前，先据东平、范，聚粮谷以继军。太祖讨邈、布于濮阳，布破走，遂据东阿，转击济阴、山阳、中牟、阳武、京、密十余县，皆拔之。以前后功拜鹰扬校尉，迁扬武中郎将。天子都许，拜洪谏议大夫。别征刘表。破表别将于舞阳、阴叶、堵阳、博望，有功，迁厉锋将军，封国明亭侯。累从征伐，拜都护将军。文帝即位，为卫将军，迁骠骑将军，进封野王侯，益邑千户，并前二千一百户，位特进，后徙封都阳侯。

始，洪家富而性吝啬，文帝少时假求不称，常恨之，遂以舍客犯法，下狱当死。群臣并救莫能得。卞太后谓郭后曰："令曹洪今日死，吾明日敕帝废后矣。"于是泣涕屡请，乃得免官削爵土。洪先帝功臣，时人多为觖望。明帝即位，拜后将军，更封乐城侯，邑千户，位特进，复拜骠骑将军。太和六年薨，谥曰恭侯。子馥，嗣侯。初，太祖分洪户封子震列侯。洪族父瑜，修慎笃敬，官至卫将军，封列侯。

曹休字文烈，太祖族子也。天下乱，宗族各散去乡里。休年十余岁丧父，独与一客担丧假葬，携将老母，渡江至吴。以太祖举义兵，易姓名转至荆州，间行北归，见太祖。太祖谓左右曰："此吾家千里驹也。"使与文帝同止，见待如子。常从征伐，使领虎豹骑宿卫。刘备遣将吴兰屯下辩。太祖遣曹洪征之，以休为骑都尉，参洪军事。太祖谓休曰："汝虽参军，其实帅也。"洪闻此令，亦委事于休。备遣张飞屯固山，欲断军后。众议狐疑，休曰："贼实断道者，当伏兵潜行。今乃先张声势，此其不能也。宜及其未集，促击兰，兰破则飞自走矣。"洪从之，进兵击兰，大破之，飞果走。太祖拔汉中诸军还长安，拜休中领军。文帝即王位，为领军将军，录前后功，封东阳亭侯。夏侯惇薨，以休为镇南将军，假节，都督诸军事，车驾临送，上乃下舆执手而别。孙权遣将屯历阳。休到，击破之，又别遣兵渡江，烧贼芜湖营数千家。迁征东将军，领扬州刺史，进封安阳乡侯。帝征孙权，以休为征东大将军，假黄钺，督张辽等及诸州郡二十余军，击权大将吕范等于洞浦，破之。拜扬州牧。明帝即位，进封长平侯。吴将审悳屯皖，休击破之，斩悳首，吴将韩综、翟丹等前后率众诣休降。增邑四百，并前二千五百户，迁大司马，都督扬州如故。太和二年，帝为二道征吴，遣司马宣王从汉水下，督休诸军向寻阳。贼将伪降，休深入，战不利，退还宿石亭。军夜惊，士卒乱，弃甲兵辎重甚多。休上书谢罪，帝遣屯骑校尉杨暨慰谕，礼赐益隆。休因此痈发背薨，谥曰壮侯，子肇嗣。

肇有当世才度，为散骑常侍、屯骑校尉。明帝寝疾，方与燕王宇等属以后事。帝意寻变，诏肇以侯归第。正始中薨，追赠卫将军，子兴嗣。初，文帝分休户三百封肇弟纂为列侯，后为殄吴将军，薨，追赠前将军。

曹真字子丹，太祖族子也。太祖起兵，真父邵募徒众，为州郡所杀。太祖哀真少孤，收养与诸子同，使与文帝共止。常猎，为虎所逐。顾射虎，应声而倒。太祖壮其鸷勇，使将虎豹骑。讨灵丘贼，拔之，封灵寿亭侯。以偏将军将兵击刘备别将于辩，破之，拜中坚将军。从至长安，领中领军。是时，夏侯渊没于阳平，太祖忧之。以真为征蜀护军，督徐晃等破刘备别将高详于阳平。太祖自至汉中，拔出诸军，使真至武都迎曹洪等还屯陈仓。文帝即王位，以真为镇西将军，假节，都督雍、凉州诸军事。录前后功，进封东乡侯。张进等反于酒泉，真遣费曜讨破之。斩进等。黄初三年还京都，以真为上军大将军，都督中外诸军事，假节钺。与夏侯尚等征孙权，击牛渚屯，破之。转拜中军大将军，加给事中。七年，文帝寝疾，真与陈群、司马宣王等受遗诏辅政。明帝即位，进封邵陵侯，迁大将军。

诸葛亮围祁山，南安、天水、安定三郡反应亮。帝遣真督诸军军郿，遣张郃击亮将马谡，大破之。安定民杨条等略吏民保月支城，真进军围之条谓其众曰："大将军自来，吾愿早降耳。"遂自缚出，三郡皆平。真以亮惩于祁山，后出必从陈仓。乃使将军郝昭、王生守陈仓，治其城。明年春，亮果围陈仓，已有备而不能克。增邑，并前二千九百户。四年，朝洛阳，迁大司马，赐剑履上殿，入朝不趋。真以"蜀连出侵边境，宜遂伐之，数道并入，可大克也。"帝从其计。真当发西讨，帝亲临送。真以八月发长安，从子午道南入。司马宣王溯汉水，当会南郑。诸军或从斜谷道，或从武威入。会大霖雨三十余日，或栈道断绝，诏真还军。

真少与宗人曹遵、乡人朱赞并事太祖。遵，赞早亡。真愍之，乞分所食邑封遵、赞子。诏曰："大司马有叔向抚孤之仁。笃晏平久要之分。君子成人之美，听分真邑赐遵、赞子爵关内侯，各百户。"真每征行，与将士同劳苦，军赏不足，辄以家财班赐，士卒皆愿为用。真病还洛阳，帝自幸其第省疾。真薨，谥曰元侯，子爽嗣。帝追思真功，诏曰："大司马蹈履忠节，佐命二祖，内不恃亲戚之宠，外不骄白屋之士，可谓能封盈守位，劳谦其德者也。其悉封真五子羲、训、则、彦、皑皆为列侯。”初，文帝分真邑二百户，封真弟彬为列侯。

爽字昭伯，少以宗至谨重，明帝在东宫，甚亲爱之。及即位，为散骑侍郎，累迁城门校尉，加散骑常侍，转武卫将军，宠待有殊。帝寝疾，乃引爽入卧内，拜大将军，假节钺，都督中外诸军事，录尚书事，与太尉司马宣王并受遗诏辅少主。明帝崩，齐王即位，加爽侍中，改封武安侯，邑万二千户。赐剑履上殿，入朝不趋，赞拜不名。丁谧画策，使爽白天子，发诏转宣王为太傅，外以名号尊之，内欲令尚书奏事。先来由己，得制其轻重也。爽帝羲为中领军，训武卫将军，彦散骑常侍侍讲，其余诸弟，皆以列侯侍从，出入禁闼，贵宠莫盛焉。南阳何晏、邓飏、李胜，沛园丁谧、东平毕轨咸有声名，进趣于时，明帝以其浮华，皆抑黜之。及爽秉政，乃复进叙，任为腹心。飏等欲令爽立威名于天下，劝使伐蜀，爽从其言。宣王止之不能禁。正始五年，爽乃西至长安，大发率六七万人，从骆谷入。是时，关中及氐、羌转输不能供，牛马骡驴多死，民夷号泣道路。入谷行数百里，贼因山为固，兵不得进。爽参军杨伟为爽陈形势，宜急还，不然将败。飏与伟争于爽前，伟曰：“飏、胜将败国家事，可斩也。”爽不悦，乃引军还。

初，爽以宣王年德并高，恒父事之，不敢专行。及晏等进用，咸共推戴，说爽以权重不宜委之于人。乃以晏、飏、谧为尚书，晏典选举，轨司隶校尉，胜河南尹，诸事希复由宣王。宣王遂称疾避爽。晏等专政，共分割洛阳、野王典农部桑田数百顷，及坏汤沐地以为产业，承势窃取官物，因缘求欲州郡。有司望风，莫敢忤旨。晏等与廷尉卢毓素有不平。因毓吏微过，深文致毓法，使主者先收毓印绶，然后奏闻。其作威如此。爽饮食车服，拟于乘舆。尚方珍玩，充牣其家。妻妾盈后庭，又私取先帝才人七八人，及将吏、师工、鼓吹、良家子女三十三人，皆以为伎乐。诈作诏书，发才人五十七人送邺台，使先帝倢伃教习为伎。擅取太乐乐器、武库禁兵。作窟室，绮疏四周，数与晏等会其中，纵酒作乐。羲深以为大忧，数谏止之。又著书三篇，陈骄淫盈溢之致祸败，辞旨甚切，不敢斥爽，托戒诸弟以示爽。爽知其为己发也，甚不悦，羲或时以谏喻不纳，涕泣而起。宣王密为之备。九年冬，李胜出为荆州刺史，往诣宣王。宣王称疾困笃，示以羸形。胜不能觉，谓之信然。

十年正月，车驾朝高平陵，爽兄弟皆从。宣王部勒兵马，先据武库，遂出屯洛水浮桥。奏爽曰："臣昔从辽东还，先帝诏陛下、秦王及臣升御床，把臣臂，深以后事为念。臣言'二祖亦属臣以后事，（为念）此自陛下所见，无所忧苦。万一有不如意，臣当以死奉明诏'。黄门令董箕等，才人侍疾者，皆所闻知。今大将军爽背弃顾命，败乱国典，内则僭拟，外专威权；破坏诸营，尽据禁兵，群官要职，皆置所亲；殿中宿卫，历世旧人皆复斥出，欲置新人以树私计；根据槃互，纵恣日甚。外既如此，又以黄门张当为都监，专共交关，看察至尊，候伺神器，离间二宫，伤害骨肉。天下汹汹，人怀危惧，陛下但为寄坐，岂得久安！此非先帝诏陛下及臣升御床之本意也。臣虽朽迈，敢忘往言？昔赵高极意，秦氏以灭；吕、霍早断，汉祚永世。此乃陛下之大鉴，臣受命之时也。太尉臣济、尚书令臣孚等，皆以爽为有无君之心，兄弟不宜典兵宿卫，奏永宁宫。皇太后令敕臣如奏施行。臣辄敕主者及黄门令罢爽、羲、训吏兵，以侯就第，不得逗留以稽车驾；敢有稽留，便以军法从事。臣辄力疾将兵屯洛水浮桥，伺察非常。”

爽得宣王奏事，不通，迫窘不知所为。大司农沛国桓范闻兵起，不应太后召，矫诏开平昌门，拔取剑戟，略将门候，南奔爽。宣王知，曰：“范画策，爽必不能用范计。”范说爽使车驾幸许昌，招外兵。爽兄弟犹豫未决，范重谓羲曰：“当今日，卿门户求贫贱复可得乎？且匹夫持质一人，尚欲望活。今卿与天子相随，令于天下，谁敢不应者？”羲犹不能纳。侍中许允、尚书陈泰说爽，使早自归罪。爽于是遣允、泰诣宣王，归罪请死，乃通宣王奏事。遂免爽兄弟，以侯还第。

初，张当私以所择才人张、何等与爽。疑其有奸，收当治罪。当陈爽与晏等阴谋反逆，并先习兵，须三月中欲发，于是收晏等下狱。会公卿朝臣廷议，以为“《春秋》之义，‘君亲无将，将而必诛’。爽以支属，世蒙殊宠，亲受先帝握手遗诏，托以天下，而包藏祸心，蔑弃顾命。乃与晏、飏及当等谋图神器，范党同罪人，皆为大逆不道。”于是收爽、羲、训、晏、飏、谧、轨、胜、范、当等，皆伏诛，夷三族。嘉平中，绍功臣世，封真族孙熙为新昌亭侯，邑三百户，以奉真后。

晏，何进孙也。母尹氏，为太祖夫人。晏长于宫省，又尚公主，少以才秀知名。好《老》、《庄》言，作《道德论》及诸文赋著述凡数十篇。

夏侯尚字伯仁，渊从子也。文帝与之亲友。太祖定冀州，尚为军司马，将骑从征伐，后为五官将文学。魏国初建，迁黄门侍郎。代郡胡叛，遣鄢陵侯彰征讨之，以尚参彰军事，定代地，还。太祖崩于洛阳。尚持节，奉梓宫还邺。并录前功，封平陵亭侯，拜散骑常侍，迁中领军。文帝践阼，更封平陵乡侯，迁征南将军，领荆州刺史，假节，都督南方诸军事。尚奏："刘备别军在上庸，山道险难，彼不我虞，若以奇兵潜行，出其不意，则独克之势也。"遂勒诸军击破上庸，平三郡九县，迁征南大将军。孙权虽称藩，尚益修攻讨之备，权后果有贰心。黄初三年，车驾幸宛，使尚率诸军与曹真共围江陵。权将诸葛瑾与尚军对江，瑾渡入江中渚，而分水军于江中。尚夜多持油船，将步骑万余人，于下流潜渡，攻瑾诸军，夹江烧其舟船，水陆并攻，破之。城未拔，会大疫，诏敕尚引诸军还。益封六百户，并前千九百户，假钺，进为牧。荆州残荒，外接蛮夷。而与吴阻汉水为境，旧民多居江南。尚自上庸通道，西行七百余里，山民蛮夷多服从者。五六年间，降附数千家。五年，徙封昌陵乡侯。尚有爱妾嬖幸，宠夺适室。适室，曹氏女也，故文帝遣人绞杀之。尚悲感，发病恍惚，既葬埋妾，不胜思见，复出视之。文帝闻而恚之曰："杜袭之轻薄尚，良有以也。"然以旧臣，恩宠不衰。六年，尚疾笃，还京都，帝数临幸，执手涕泣。尚薨，谥曰悼侯，子玄嗣。又分尚户三百，赐尚弟子奉爵关内侯。

玄字太初。少知名，弱冠为散骑、黄门侍郎。尝进见，与皇后弟毛曾并坐。玄耻之。不悦形之于色。明帝恨之，左迁为羽林监。正始初，曹爽辅政。玄，爽之姑子也。累迁散骑常侍、中护军。

太傅司马宣王问以时事，玄议以为："夫官才用人，国之柄也；故铨衡专于台阁，上之分也；孝行存乎闾巷，优劣任之乡人，下之叙也。夫欲清教审选，在明其分叙，不使相涉而已。何者？上过其分，则恐所由之不本，而干势驰骛之路开；下逾其叙，则恐天爵之外通，而机权之门多矣。夫天爵下通，是庶人议柄也；机权多门，是纷乱之原也。自州郡中正品度官才之来，有年载矣，缅缅纷纷，未闻整齐，岂非分叙参错，各失其要之所由哉！若令中正但考行伦辈，伦辈当行均，斯可官矣。何者？夫孝行著于家门，岂不忠恪于在官乎？仁恕称于九族，岂不达于为政乎？义断行于乡党，岂不堪于事任乎？三者之类，取于中正，虽不处其官名，斯任官可知矣。行有大小，比有高下，则所任之流，亦涣然明别矣。奚必使中正干铨衡之机于下，而执机柄者有所委仗于上，上下交侵，以生纷错哉？且台阁临下，考功校否，众职之属，各有官长，旦夕相考，莫究于此；闾阎之议，以意裁处，而使匠宰失位，众人驱骇，欲风俗清静，其可得乎？天台县远，众所绝意。所得至者，更在侧近，孰不修饰以要所求？所求有路，则修已家门者，已不如自达于乡党矣。自达乡党者，已不如自求之于州邦矣。苟开之有路，而患其饰真离本，虽复严责中正，督以刑罚，犹无益也。岂若使备帅其分，官长则各以其属能否献之台阁，台阁则据官长能否之第，参以乡闾德行之次，拟其伦比，勿使偏颇。中正则唯考其行迹，别其高下，审定辈类，勿使升降。台阁总之，如其所简或有参错，则其责负自在有司。官长所第，中正辈拟，比随次率而用之，如其不称，责负在外。然则内外相参，得失有所，互相形检，孰能相饰？斯则人心定而事理得，庶可以静风俗而审官才矣。”又以为：“古之建官，所以济育群生，统理民物也，故为之君长以司牧之。司牧之主，欲一而专，一则宫任定而上下安，专则职业修而事不烦。夫事简业修，上下相安而不治者，未之有也。先王建万国，虽其详未可得而究，然分疆画界，各守土境，则非重累羁绊之体也。下考殷、周五等之叙，徒有小大贵贱之差，亦无君官臣民而有二统互相牵制者也。夫官统不一，则职业不修；职业不修，则事何得而简？事之不简，则民何得而静？民之不静，则邪恶并兴，而奸伪滋长矣。先王达其如此，故专其职司而一其统业。始自秦世，不师圣道，私以御职，奸以待下；惧宰官之不修，立监牧以董之，畏督监之容曲，设司察以纠之；宰牧相累，监察相司，人怀异心，上下殊务。汉承其绪，莫能匡改。魏室之隆，日不暇及，五等之典，虽难卒复，可粗立仪准以一治制。今之长吏，皆君吏民，横重以郡守，累以刺史。若郡所摄，唯在大较，则与州同，无为再重。宜省郡守，但任刺史；刺史职存则监察不废，郡吏万数，还亲农业，以省烦费，丰财殖谷，一也。大县之才，皆堪郡守，是非之讼，每生意异，顺从则安，直己则争。夫和羹之美，在于合异，上下之益，在能相济，顺从乃安，此琴瑟一声也，荡而除之，则官省事简，二也。又干郡之吏，职监诸县，营护党亲，乡邑旧故，如有不副，而因公掣顿，民之困弊，咎生于此，若皆并合，则乱原自塞，三也。今承衰弊，民人彫落，贤才鲜少，任事者寡，郡县良吏，往往非一，郡受县成，其剧在下，而吏之上选，郡当先足，此为亲民之吏，专得底下，吏者民命，而常顽鄙，今如并之，吏多选清良者造职，大化宣流，民物获宁，四也。制使万户之县，名之郡守，五千以上，名之都尉，千户以下，令长如故，自长以上，考课迁用，转以能升，所牧亦增，此进才效功之叙也，若经制一定，则官才有次，治功齐名，五也。若省郡守，县皆径达，事不拥隔，官无留滞，三代之风，虽未可必，简一之化，庶几可致，便民省费，在于此矣。”又以为：“文质之更用，犹四时之迭兴也，王者体天理物，必因弊而济通之，时弥质则文之以礼，时泰侈则救之以质。今承百王之末，秦汉余流，世俗弥文，宜大改之易民望。今科制自公、列侯以下，位从大将军以上，皆得服绫锦、罗绮、纨素、金银饰镂之物，自是以下，杂采之服，通于贱人，虽上下等级，各示有差，然朝臣之制，已得侔至尊矣，玄黄之采，已得通于下矣。欲使市不鬻华丽之色，商不通难得之货，工不作雕刻之物，不可得也。是故宜大理其本，准度古法，文质之宜，取其中则，以为礼度。车舆服章，皆从质朴，禁除末俗华丽之事，使干朝之家，有位之室，不复有锦绮之饰，无兼采之服，纤巧之物，自上以下，至于朴素之差，示有等级而已，勿使过一二之觉。若夫功德之赐，上恩所特加，皆表之有司，然后服用之。夫上之化下，犹风之靡草。朴素之教兴于本朝，则弥侈之心自消于下矣。”

宣王报书曰：“审官择人，除重官，改服制，皆大善。礼乡闾本行，朝廷考事，大指如所示。而中间一相承习，卒不能改。秦时无刺史，但有郡守长吏。汉家虽有刺史，奉六条而已，故刺史称传车，其吏言从事，居无常治，吏不成臣，其后转更为官司耳。昔贾谊亦患服制，汉文虽身服弋绨，犹不能使上下如意。恐此三事，当待贤能然后了耳。”玄又书曰：“汉文虽身衣弋绨，而不革正法度，内外有僭拟之服，宠臣受无限之赐，由是观之，似指立在身之名，非笃齐治制之意也。今公侯命世作宰，追踪上古，将隆至治，抑末正本，若制定于上，则化行于众矣。夫当宜改之时，留殷勤之心，令发之日，下之应也犹响寻声耳，犹垂谦谦，曰‘待贤能’，此伊周不正殷姬之典也。窃未喻焉。”

顷之，为征西将军，假节都督雍、凉州诸军事。与曹爽共兴骆谷之役，时人讥之。爽诛，征玄为大鸿胪，数年徙太常。玄以爽抑绌，内不得意。中书令李丰虽宿为大将军司马景王所亲待，然私心在玄，遂结皇后父光禄大夫张缉，谋欲以玄辅政。丰既内握权柄，子尚公主，又与缉俱冯翊人，故缉信之。丰阴令弟兖州刺史翼求入朝，欲使将兵入，并力起。会翼求朝，不听。嘉平六年二月，当拜贵人，丰等欲因御临轩，诸门有陛兵，诛大将军，以玄代之，以缉为骠骑将军。丰密语黄门监苏铄、永宁署令乐敦、冗从仆射刘贤等曰：“卿诸人居内，多有不法，大将军严毅，累以为言，张当可以为诫。”铄等皆许以从命。大将军微闻其谋，请丰相见，丰不知而往，即杀之。事下有司，收玄、缉、铄、敦、贤等送廷尉。廷尉钟毓奏：“丰等谋迫胁至尊，擅诛冢宰，大逆无道，请论如法。”于是会公卿朝臣廷尉议，咸以为“丰等各受殊宠，典综机密，缉承外戚椒房之尊。玄备世臣，并居列位，而包藏祸心，构图凶逆，交关阉竖，授以奸计，畏惮天威，不敢显谋，乃欲要君胁上，肆其诈虐，谋诛良辅，擅相建立，将以倾覆京室，颠危社稷。毓所正皆如科律，报毓施行。”诏书：“齐长公主，先帝遗爱，原其三子死命。”于是丰、玄、缉、敦、贤等皆夷三族，其余亲属徙乐浪郡。玄格量弘济，临斩东市，颜色不变，举动自若。时年四十六。正元中，绍功臣世，封尚从孙本为昌陵亭侯，邑三百户，以奉尚后。

初，中领军高阳许允与丰、玄亲善。先是有诈作尺一诏书，以玄为大将军，允为太尉，共录尚书事。有何人天未明乘马以诏版付允门吏，曰“有诏”因便驰走。允即投书烧之。不以呈司马景王。后丰等事觉，徙允为镇北将军，假节，督河北诸军事。未发，以放散官物，收付廷尉，徙乐浪，道死。

渭河王经亦与允俱称冀州名士。甘露中为尚书，坐高贵乡公事诛。始经为郡守。经母谓经曰：“汝田家子。今仕至二千石，物太过不祥，可以止矣。”经不能从，历二州刺史，司隶校尉，终以致败。允友人同郡崔赞，亦尝以处世太盛戒允云。

【评曰】

夏侯、曹氏，世为婚姻。故惇、渊、仁、洪、休、尚、真等并以亲旧肺腑，贵重于时，左右勋业，咸有效劳。爽德薄位尊，沈溺盈溢，此固《伏易》所著，道家所忌也。玄以规格局度，世称其名，然与曹爽中外缱绻；荣位如斯，曾未闻匡弼其非，援致良才。举兹以论，焉能免之。

荀彧攸贾诩传

荀彧字文若，颍川颍阴人也。祖父淑，字季和，朗陵令。当汉顺、桓之间，知名当世。有子八人，号曰八龙。彧父绲，济南相。叔父爽，司空。

彧年少时，南阳何颙异之，曰："王佐才也。"永汉元年，举孝廉，拜守宫令。董卓之乱，求出补吏。除亢父令，遂弃官归，谓父老曰："颍川，四战之地也，天下有变，常为兵冲，宜亟去之，无久留。"乡人多怀土犹豫，会冀州牧同郡韩馥遣骑迎之，莫有随者，彧独将宗族至冀州。而袁绍已夺馥位，待彧以上宾之礼。彧弟谌及同郡辛评、郭图，皆为绍所任。彧度绍终不能成大事，时太祖为奋武将军，在东郡，初平二年，彧去绍从太祖。太祖大悦曰："吾之子房也。"以为司马，时年二十九。是时，董卓威陵天下，太祖以问彧，彧曰："卓暴虐已甚，必以乱终，无能为也"。卓遣李傕等出关东，所过虏略，至颍川、陈留而还。乡人留者多见杀略。明年，太祖领兖州牧，后为镇东将军，彧常以司马从。兴平元年，太祖征陶谦，任彧留事。会张邈、陈宫以兖州反，潜迎吕布。布既至，邈乃使刘翊告彧曰："吕将军来助曹使君击陶谦，宜亟供其军食。"众疑惑。彧知邈为乱，即勒兵设备，驰召东郡太守夏侯惇，而兖州诸城皆应布矣。时太祖悉军攻谦，留守兵少，而督将大吏多与邈、宫通谋。惇至，其夜诛谋叛者数十人，众乃定。豫州刺史郭贡帅众数万来至城下，或言与吕布同谋，众甚惧。贡求见彧，彧将往。惇等曰："君，一州镇也，往必危，不可。"彧曰："贡与邈等，分非素结也，今来速，计必未定；及其未定说之，纵不为用，可使中立，若先疑之，彼将怒而成计。"贡见彧无惧意，谓鄄城未易攻，遂引兵去。又与程昱计，使说范、东阿，卒全三城，以待太祖。太祖自徐州还击布濮阳，布东走。二年夏，太祖军乘氏，大饥，人相食。

陶谦死，太祖欲遂取徐州，还乃定布。彧曰："昔高祖保关中，光武据河内，皆深根固本以制天下，进足以胜敌，退足以坚守，故虽有困败而终济大业。将军本以兖州首事，平山东之难，百姓无不归心悦服。且河、济，天下之要地也，今虽残坏，犹易以自保，是亦将军之关中、河内也，不可以不先定。今以破李封、薛兰，若分兵东击陈宫，宫必不敢西顾，以其闲勒兵收熟麦，约食畜谷，一举而布可破也。破布，然后南结扬州，共讨袁术，以临淮、泗。若舍布而东，多留兵则不足用，少留兵则民皆保城，不得樵采。布乘虚寇暴，民心益危，唯鄄城、范、卫可全，其余非己之有，是无兖州也。若徐州不定，将军当安所归乎？且陶谦虽死，徐州未易亡也。彼惩往年之败，将惧而结亲，相为表里。今东方皆以收麦，必坚壁清野以待将军。将军攻之不拔，略之无获，不出十日，则十万之众未战而自困耳。前讨徐州，威罚实行，其子弟念父兄之耻，必人自为守，无降心，就能破之，尚不可有也。夫事固有弃此取彼者，以大易小可也，以安易危可也，权一时之势，不患本之不固可也。今三者莫利，愿将军熟虑之。”太祖乃止。大收麦，复与布战，分兵平诸县。布败走，兖州遂平。

建安元年，太祖击破黄巾。汉献帝自河东还洛阳。太祖议奉迎都许，或以山东未平，韩逼、杨奉新将天子到洛阳，北连张杨，未可卒制。彧劝太祖曰：“昔?? 高祖东伐为义帝缟素而天下归心。自天子播越，将军首唱义兵，徒以山东扰乱，未能远赴关右，然犹分遣将帅，蒙险通使，虽御难于外，乃心无不在王室，是将军医天下之素志也。今车驾旋轸,?? 义士有存本之思，百姓感旧而增哀。诚因此时，奉主上以从民望，大顺也；秉至公以服雄杰，大略也；扶弘义以致英俊，大德也。天下虽有逆节，必不能为累，明矣。韩暹、杨奉其敢为害！若不时定，四方生心，后虽虑之，无及。”太祖遂至洛阳，奉迎天子都许。天子拜太祖大将军，进彧为汉侍中，守尚书令。常居中持重，太祖虽征伐在外，军国事皆与彧筹焉。太祖问彧：“谁能代卿为我谋者?”彧言“荀攸、钟繇”。先是，彧言策谋士，进戏志才。志才卒，又进郭嘉。太祖以彧为知人，诸所进达皆称职，唯严象为扬州，韦康为凉州，后败亡。

自太祖之迎天子也，袁绍内怀不服。绍既并河朔，天下畏其强。太祖方东忧吕布，南拒张绣，而绣败太祖军于宛。绍益骄，与太祖书，其辞悖慢。太祖大怒，出入动静变于常，众皆谓以失利于张绣故也。钟繇以问彧，彧曰：“公之聪明，必不追咎往事，殆有他虑。”则见太祖问之，太祖乃以绍书示彧，曰：“今将讨不义，而力不敌，何如？”彧曰：“古之成败者，诚有其才，虽弱必强，苟非其人，虽强易弱，刘、项之存亡，足以观矣。今与公争天下者，唯袁绍尔。绍貌外宽而内忌，任人而疑其心，公明达不拘，唯才所宜，此度胜也。绍迟重少决，失在后机，公能断大事，应变无方，此谋胜也。绍御军宽缓，法令不立，士卒虽众，其实难用，公法令既明，赏罚必行，士卒虽寡，皆争致死，此武胜也。绍凭世资，从容饰智，以收名誉，故士之寡能好问者多归之，公以至仁待人，推诚心不为虚美，行己谨俭，而与有功者无所吝惜，故天下忠正效实之士咸愿为用，此德胜也。夫以四胜辅天子，扶义征伐，谁敢不从？绍之强其何能为！”太祖悦。彧曰：“不先取吕布，河北亦未易图也。”太祖曰：“然。吾所惑者，又恐绍侵扰关中，乱羌、胡，南诱蜀汉，是我独以兖、豫抗天下六分之五也。为将奈何？”彧曰：“关中将帅以十数，莫能相一，唯韩遂、马超最强。彼见山东方争，必各拥众自保。今若抚以恩德，遣使连和，相持虽不能久安，比公安定山东，足以不动。钟繇可属以西事。则公无忧矣。”

三年，太祖既破张绣，东擒吕布，定徐州，遂与袁绍相拒。孔融谓彧曰：“绍地广兵强；田丰、许攸，智计之士也，为之谋；审配、逄纪，尽忠之臣也，任其事；颜良、文丑，勇冠三军，统其兵：殆难克乎！”彧曰：“绍兵虽多而法不整。田丰刚而犯上，许攸贪而不治。审配专而无谋，逄纪果而自用，此二人留知后事，若攸家犯其法，必不能纵也，不纵，攸必为变。颜良、文丑，一夫之勇耳，可一战而禽也。”五年，与绍连战。太祖保官渡，绍围之。太祖军粮方尽，书与彧，仪欲还许以引绍。彧曰：“今军食虽少，未若楚、汉在？荥？阳、成皋间也。是时刘、项莫肯先退，先退者势屈也。公以十分居一之众，画地而守之，扼其喉而不得进，已半年矣。情见势竭，必将有变，此用奇之时，不可失也。”太祖乃住。遂以奇兵袭绍别屯，斩其将淳于琼等，绍退走。审配以许攸家不法，收其妻子，攸怒叛绍；颜良、文丑临阵授首；田丰以谏见诛：皆如彧所策。

六年，太祖就谷东平之安民，粮少，不足与河北相支，欲因绍新破，以其间击讨刘表。彧曰：“今绍败，其众离心，宜乘其困，遂定之；而背？克?、豫，远师江、汉，若绍收其余烬，承虚以出人后，则公事去矣。”太祖复次于河上。绍病死。太祖渡河，击绍子谭、尚，而高干、郭援侵略河东，关右震动，钟繇帅马腾等击破之。语在《繇传》。八年，太祖录彧前后功，表封彧为万岁亭侯。九年，太祖拔邺，领冀州牧。彧说太祖“宜复古置九州，则冀州所制者广大，天下服矣。”太祖将从之，彧言曰：“若是，则冀州当得河东、冯翊、扶风、西河、幽、并之地，所夺者众。前日公破袁尚，擒审配，海内震骇。必人人自恐不得保其土地，守其兵众也；今使分属冀州，将皆动心。且人多说关右诸将以闭关之计；今闻此，以为必以次见夺。一旦生变，虽有（善守）守善者，转相胁为非，则袁尚得宽其死，而袁谭怀贰，刘表遂保江、汉之间，天下未易图也。愿公急引兵先定河北，然后修复旧京，南临荆州，责贡之不入，则天下咸知公意，人人自安。天下大定，乃议古制，此社稷长久之利也。”太祖遂寝九州议。

是时荀攸常为谋主。彧兄衍以监军校尉守邺，都督河北事。太祖之征袁尚也，高干密遣兵谋袭邺，衍逆觉，尽诛之，以功封列侯。太祖以女妻彧长子恽，后称安阳公主。彧及攸并贵重，皆谦？冲？节俭，禄赐散之宗族知旧，家无余财。十二年，复增彧邑千户，合二千户。

太祖将伐刘表，问彧策安出，彧曰：今华夏已平，南土知困矣。可显出宛、叶而间行轻进，以掩其不意。”太祖遂行。会表病死，太祖直趋宛、叶如彧计，表子琮以州逆降。

十七年，董昭等谓太祖宜进爵国公，九锡备物，以彰殊勋，密以咨彧。彧以为太祖本兴义兵以匡朝宁国，秉忠贞之诚，守退让之实；君子爱人以德，不宜如此。太祖由是心不能平。会征孙权，表请彧劳军于谯，因辄留彧，以侍中光禄大夫持节，参丞相军事。太祖军至濡须，彧疾留寿春，以忧薨，时年五十。谥曰敬侯。明年，太祖遂为魏公矣。

子恽，嗣侯，官至虎贲中郎将。初，文帝与平原侯植并有拟论，文帝曲礼事彧。及彧卒，恽又与植善，而与夏侯尚不穆，文帝深恨恽。恽早卒，子甝、霬。以外甥故犹宠待。恽弟俣，御史中丞，俣弟诜，大将军从事中郎，皆知名，早卒。诜弟顗，咸熙中为司空。恽子甝，嗣为散骑常侍，进爵广阳乡侯，年三十薨。子頵嗣。霬官至中领军，薨，谥曰贞侯，追赠骠骑将军。子恺嗣。霬妻，司马景王、文王之妹也，二王皆与亲善。咸熙中，开建五等，霬以著勋前朝，改封恺南顿子。

荀攸字公达，彧从子也。祖父昙，广陵太守。攸少孤。及昙卒，故吏张权求守昙墓。攸年十三，疑之，谓叔父衢曰："此吏有非常之色，殆将有？奸?!"衢寤，乃推问，果杀人亡命。由是异之。何进秉政，征海内名士攸等二十余人。攸到，拜黄门侍郎。董卓之乱，关东兵起，卓徙都长安。攸与议郎郑泰、何颙、侍中种辑、越骑校尉伍琼等谋曰："董卓无道，甚于桀纣，天下皆怨之，虽资强兵，实一匹夫耳。今直刺杀之以谢百姓，然后据殽、函，辅王命，以号令天下，此桓文之举也。"事垂就而觉，收颙、攸系狱，颙忧惧自杀。攸言语饮食自若，会卓死得免。弃官归，复辟公府，举高第，还任城相，不行。攸以蜀汉险固，人民殷盛，乃求为蜀郡太守，道绝不得至，驻荆州。

太祖迎天子都许，遗攸书曰："方今天下大乱，智士劳心之时也，而顾观变蜀汉，不已久乎！"于是征攸为汝南太守，入为尚书。太祖素闻攸名，与语大悦，谓荀彧、钟繇曰："公达，非常人也，吾得与之计事，天下当何忧哉！"以为军师。建安三年，从征张绣。攸言于太祖曰："绣与刘表相恃为强，然绣以游军仰食于表，表不能供也，势必离。不如缓军以待之，可诱而致也；若急之，其势必相救。"太祖不从，遂进军之穰，与战。绣急，表果救之。军不利。太祖谓攸曰："不用君言至是。"乃设奇兵复战，大破之。

是岁，太祖自宛征吕布，至下邳，布败退固守，攻之不拔，连战，士卒疲，太祖欲还。攸与郭嘉说曰："吕布勇而无谋，今三战皆北，其锐气衰矣。三军以将为主，主衰则军无奋意。夫陈宫有智而迟，今及布气之未复，宫谋之未定，进急攻之，布可拔也。”乃引沂、泗灌城，城溃，生擒布。

后从救刘延于白马，攸画策斩颜良。语在《武纪》。太祖拔白马还，遣辎重循河而西。袁绍渡河追，卒与太祖遇。诸将皆恐，说太祖还保营，攸曰：“此所以禽敌，奈何去之！”太祖目攸而笑。遂以辎重饵贼，贼竞奔之，阵乱。乃纵步骑击，大破之，斩其骑将文丑，太祖遂与绍相拒于官渡。军食方尽，攸言于太祖曰：“绍运车旦暮至，其将韩猷锐而轻敌，击可破也。”太祖曰：“谁可使？”攸曰：“徐晃可。”乃遣晃及史涣邀击破走之，烧其辎重。会许攸来降，言绍遣淳于琼等将万余兵迎运粮，将骄卒惰，可要击也。众皆疑，唯攸与贾诩劝太祖。太祖乃留攸及曹洪守。太祖自将攻破之，尽斩琼等。绍将张郃、高览烧攻橹降，绍遂弃军走。郃之来，洪疑不敢受，攸谓洪曰：“郃计不用，怒而来，君何疑？”乃受之。

七年，从讨袁谭、尚于黎阳。明年，太祖方征刘表，谭、尚争冀州。谭遣辛毗乞降请救，太祖将许之，以问群下。群下多以为表强，宜先平之，谭、尚不足忧也。攸曰：“天下方有事，而刘表坐保江、汉之间，其无四方志可知矣。袁氏据四州之地，带甲十万，绍以宽厚得众，借使二子和睦以守其成业，则天下之难未息也。今兄弟遘恶，此势不两全。若有所并则力专，力专则难图也。及其乱而取之，天下定矣，此时不可失也。”太祖曰：“善。”乃许谭和亲，遂还击破尚。其后谭叛，从斩谭于南皮。冀州平，太祖表封攸曰：“军师荀攸，自初佐臣，无征不从，前后克敌，皆攸之谋也。”于是封陵树亭侯。十二年，下令大论功行封，太祖曰：“忠正密谋，抚宁内外，文若是也。公达其次也。”增邑四百，并前七百户，转为中军师。魏国初建，为尚书令。

攸深密有智防，自从太祖征伐，常谋谟帷幄，时人及子弟莫知其所言。太祖每称曰：“公达外愚内智，外怯内勇，外弱内强，不伐善，无施劳，智可及，愚不可及，虽颜子、宁武不能过也。”文帝在东宫，太祖谓曰：“荀公达，人之师表也，汝当尽礼敬之。”攸曾病，世子问病，独拜床下，其见尊异如此。攸与钟繇善，繇言：“我每有所行，反复思惟，自谓无以易；以咨公达，辄复过人意。”公达前后凡画奇策十二，唯繇知之。繇撰集未就，会薨，故世不得尽闻也。攸从征孙权，道薨。太祖言则流涕。

长子缉，有攸风，早没。次子适嗣，无子，绝。黄初中，绍封攸孙彪为陵树亭侯，邑三百户，后转封丘阳亭侯。正始中，追谥攸曰敬侯。

贾诩字文和，武威姑臧人也。少时人莫知，唯汉阳阎忠异之，贾诩有良、平之奇。察孝廉为郎，疾病去官，西还至?汧?，道遇叛氐，同行数十人皆为所执。诩曰：“我段公外孙也，汝别埋我，我家必厚赎之。”时太尉段颎，昔久为边将，威震西土，故诩假以惧氐。氐果不敢害，与盟而送之，其余悉死。诩实非段甥，权以济事，咸此类也。

董卓之入洛阳，诩以太尉掾为平津都尉，迁讨虏校尉。卓壻中郎将牛辅屯陕，诩在辅军。卓败，辅又死，众恐惧，校尉李傕、郭汜、张济等欲解散，间行归乡里。诩曰：“闻长安中议欲尽诛凉州人，而诸君弃众单行，即一亭长能束君矣。不如率众而西，所在收兵，以攻长安，为董公报仇，幸而事济，奉国家以征天下，若不济，走未后也。”众以为然。傕乃西攻长安。语在《卓传》。后诩为左冯翊，傕等欲以功侯之，诩曰：“此救命之计，何功之有！”固辞不受。又以为尚书仆射，诩曰：“尚书仆射，官之师长，天下所望，诩名不素重，非所以服人也。纵诩昧于荣利，奈国朝何！”乃更拜诩尚书，典选举，多所匡济，傕等亲而惮之。会母丧去官，拜光禄大夫。傕、汜等斗长安中，傕复请诩为宣义将军。傕等和，出天子，祐护大臣，诩有力焉。天子既出，诩上还印绶。是时将军段煨屯华阴，与诩同郡，遂去傕托煨。诩素知名，为煨军所望。煨内恐其见夺，而外奉诩礼甚备，诩愈不自安。

张绣在南阳，诩阴结绣，绣遣人迎诩。诩将行，或谓诩曰：“煨待君厚矣，君安去之？”诩曰：“煨性多疑，有忌诩意，礼虽厚，不可恃，久将为所图。我去必喜，又望吾结大援于外，必厚吾妻子。绣无谋主，亦愿得诩，则家与身必俱全矣。”诩遂往，绣执子孙礼，煨果善视其家。诩说绣与刘表连和。太祖比征之，一朝引军退，绣自追之。诩谓绣曰：“不可追也，追必败。”绣不从，进兵交战，大败而还。诩谓绣曰：“促更追之，更战必胜。”绣谢曰：“不用公言，以至于此。今已败，奈何复追？”诩曰：“兵势有变，亟往必利。”锈信之，遂收散卒赴追，大战，果以胜还。问诩曰：“绣以精兵追退军，而公曰必败；退以败卒击胜兵，而公曰必？克?。悉如公言，何其反而皆验也?”诩曰:“此易知耳。将军虽善用兵,非曹公敌也。军虽新退,曹公必自断后;追兵虽精,将既不敌,彼士亦锐,故知必败。曹公攻将军无失策,力未尽而退,必国内有故;已破将军,必轻军速进,纵留诸将断后,诸将虽勇,亦非将军敌,故虽用败兵而战必胜也。”绣乃服。是后,太祖拒袁绍于官渡,绍遣人招绣,并与诩书结援。绣欲许之,诩显于绣坐上谓绍使曰:“归谢袁本初,兄弟不能相容,而能容天下国士乎?”绣惊惧曰:“何至于此!”窃谓诩曰:“若此,当何归?”诩曰:“不如从曹公。”绣曰:“袁强曹弱,又与曹为仇,从之如何?”诩曰:“此乃所以宜从也。夫曹公奉天子以令天下,其宜从一也。绍强盛,我以少众从之,必不以我为重。曹公众弱,其得我必喜,其宜从二也。夫有霸王之志者,固将释私怨,以明德于四海,其宜从三也。愿将军无疑!”绣从之,率众归太祖。太祖见之,喜,执诩手曰:“使我信重于天下者,子也。”表诩为执金吾,封都亭侯,迁冀州牧。冀州未平,留参司空军事。袁绍围太祖于官渡,太祖粮方尽,问诩计焉出,诩曰:“公明胜绍,勇胜绍,用人胜绍,决机胜绍,有此四胜而半年不定者,但顾万全故也。必决其机,须臾可定也。”太祖曰:“善。”乃并兵出,围击绍三十余里营,破之。绍军大溃,河北平。太祖领冀州牧,徙诩为太中大夫。建安十三年,太祖破荆州,欲顺江东下。诩谏曰:“明公昔破袁氏,今收汉南,威名远著,军势既大;若乘旧楚之饶,以飨吏士,抚安百姓,使安土乐业,则可不劳众而江东稽服矣。”太祖不从,军遂无利。太祖后与韩遂、马超战于渭南,超等索割地以和,并求任子。诩以为可伪许之。又问诩计策，诩曰："离之而已。"太祖曰："解。"一承用诩谋。语在《武纪》。卒破遂、超，诩本谋也。

是时，文帝为五官将，而临菑侯植才名方盛，各有党与，有夺宗之议。文帝使人问诩自固之术，诩曰："愿将军恢崇德度，躬素士之业，朝夕孜孜，不违子道。如此而已。"文帝从之，深自砥顾。太祖又尝屏除左右问诩，诩嘿然不对。太祖曰："与卿言而不答，何也？"诩曰："属适有所思，故不即对耳。"太祖曰："何思？"诩曰："思袁本初、刘景升父子也。"太祖大笑，于是太子遂定。诩自以非太祖旧臣，而策谋深长，惧见猜嫌，阖门自守，退无私交，男女嫁娶，不结高门，天下之论智计者归之。

文帝即位，以诩为太尉，进爵魏寿乡侯，增邑三百，并前八百户。又分邑二百，封小子访为列侯。以长子穆为驸马都尉。帝问诩曰："吾欲伐不从命以一天下，吴、蜀何先？"对曰："攻取者先兵权，建本者尚德化。陛下应期受禅，抚临率土，若绥之以文德而俟其变，则平之不难矣。吴、蜀虽蕞尔小国，依阻山水，刘备有雄才，诸葛亮善治国，孙权识虚实，陆议见兵势，据险守要，泛舟江湖，皆难卒谋也。用兵之道，先胜后战，量敌论将，故举无遗策。臣窃料群臣，无备、权对，虽以天威临之，未见万全之势也。昔舜舞干戚而有苗服，臣以为当今宜先文后武。"文帝不纳。后兴江陵之役，士卒多死。诩年七十七，薨，谥曰肃侯，子穆嗣，历位郡守。穆薨，子模嗣。

【评曰】

荀彧清秀通雅，有王佐之风，然机鉴先识，未能充其志也。荀攸、贾诩，庶乎算无遗策，经达权变，其良、平之亚欤！

袁张凉国田王邴管传

袁涣字曜卿，陈郡扶乐人也。父滂，为汉司徒。当时诸公子多越法度，而涣清静，举动必以礼。郡命为功曹，郡中奸吏皆自引去。后辟公府，举高第，迁侍御史。除谯令，不就。刘备之为豫州，举涣茂才。后避地江、淮间，为袁术所命。术每有所咨访，涣常正议，术不能抗，然敬之不敢不礼也。顷之，吕布击术于阜陵，涣往从之，遂复为布所拘留。布初与刘备和亲，后离隙。布欲使涣作书詈辱备，涣不可，再三强之，不许。布大怒，以兵胁涣曰："为之则生，不为则死。"涣颜色不变，笑而应之曰："涣闻唯德可有辱人，不闻以骂。使彼固君子邪，且不耻将军之言，彼诚小人邪，将复将军之意，则辱在此不在于彼。且涣他日之事刘将军，独今日之事将军也，如一旦去此，复骂将军，可乎？"布惭而止。布诛，涣得归太祖。

涣言曰："夫兵者，凶器也，不得已而用之。鼓之以道德，征之以仁义，兼抚其民而除其害。夫然，故可与之死而可与之生。自大乱以来十数年矣，民之欲安，甚于倒悬，然而暴乱未息者，何也？意者政失其道欤！涣闻明君善于救世，故世乱则齐之以义，时伪则镇之以朴；世异事变，治国不同，不可不察也。夫制度损益，此古今之不必同者也。若夫兼爱天下而反之于正，虽以武平乱而济之以德，诚百王不易之道也。公明哲超世，古之所以得其民者，公既勤之矣，今之所以失其民者，公既戒之矣，海内赖公，得免于危亡之祸，然而民未知义，其惟公所以训之，则天下幸甚！”大祖深纳焉。拜为沛南部都尉。

是时，新募民开屯田，民不乐，多逃亡。涣白太祖曰：“夫民安土重迁，不可卒变，易以顺行，难以逆动，宜顺其意，乐之者乃取，不欲者勿强。”太祖从之，百姓大悦。迁为梁相。涣每敕诸县：“务存鳏寡高年，表异孝子贞妇。常谈曰：‘世治则礼详，世乱则礼简’，全在斟酌之间耳。方今虽扰攘，难以礼化，然在吾所以为之。”为政崇教训，恕思而后行，外温柔而内能断。以病去官，百姓思之。后征为谏仪大夫、丞相军祭酒。前后得赐甚多，皆散尽之，家无所储，终不问产业，乏则取之于人，不为皦察之行，然时人服其清。

魏国初建，为郎中令，行御史大夫事。涣言于太祖曰：“今天下大难已除，文武并用，长久之道也。以为可大收篇籍，明先圣之教，以易民视听，使海内斐然向风，则远人不服可以文德来之。”太祖善其言。时有传刘备死者，群臣皆贺。涣以尝为备举吏，独不贺。居官数年卒，太祖为之流涕，赐谷二千斛，一教“以太仓谷千斛赐郎中令之家，”一教“以垣下谷千斛与曜卿家”，外不解其意。教曰：“以太仓谷者，官法也。以垣下谷者，亲旧也。”又帝闻涣昔拒吕布之事。问涣从弟敏：“涣勇怯何如?”敏对曰：“涣貌似和柔，然其临大节，处危难，虽贲育不过也。”涣子侃，亦清粹间素，有父风，历位郡守、尚书。

初，涣从弟霸，公恪有功干，魏初为大司农，及同郡何夔并知名于时。而霸子亮，夔子曾，与侃复齐声友善。亮贞固有学行，疾何晏、邓风飏等，著论以讥切之，位至河南尹、尚书。霸弟徽，以儒素称。遭天下乱，避难交州。司徒辟，不至。徽弟敏，有武艺而好水功，官至河堤谒者。

张范，字公仪，河内修武人也。祖父歆，为汉司徒。父延，为太尉。太傅袁隗欲以女妻范，范辞不受。性恬静乐道，忽于荣利，征命无所就。弟承，字公先，亦知名，以方正征，拜议郎，迁伊阙都尉。董卓作乱，承欲合徒众与天下共诛卓。承弟昭时为议郎，适从长安来，谓承曰：“今欲诛卓，众寡不敌，且起一朝之谋，战阡陌之民，士不素抚，兵不练习，难以成功。卓阻兵而无义，固不能久。不若择所归附，待时而动，然后可以如志。”承然之，乃解印绶间行归家，与范避地扬州。袁术备礼招请，范称疾不往，术不强屈也。遣承与相见，术问曰：“昔周室陵迟，则有桓、文之霸。秦失其政，汉接而用之。今孤以土地之广，士民之众，欲徼福齐桓，拟迹高祖，何如?”承对曰：“在德不在强。夫能用德以同天下之欲，虽由匹夫之资，而兴霸王之功，不足为难。若苟僭拟，干时而动，众之所弃，谁能兴之?”术不悦。是时，太祖将征冀州，术复问曰：“今曹公欲以弊兵数千，敌十万之众，可谓不量力矣！子以为何如?”承乃曰：“汉德虽衰，天命未改，今曹公挟天子以令天下，虽敌百万之众可也。”术作色不怿，承去之。

太祖平冀州，遣使迎范。范以疾留彭城，遣承诣太祖，太祖表以为谏议大夫。范子陵及承子戬为山东贼所得，范直诣贼请二子，贼以陵还范。范谢曰："诸君相还儿厚矣。夫人情虽爱其子，然吾怜戬之小，请以陵易之。"贼义其言，悉以还范。太祖自荆州还，范得见于陈，以为议郎，参丞相军事，甚见敬重。太祖征伐，常令范及邴原留，与世子居守。太祖谓文帝："举动必谘此二人。"世子执子孙礼。救恤穷乏，家无所余，中外孤寡皆归焉。赠遗无所逆，亦终不用。及去，皆以还之。建安十七年卒。魏国初建，承以丞相参军祭酒领赵郡太守，政化大行。太祖将西征，征承参军事，至长安，病卒。

凉茂字伯方，山阳昌邑人也。少好学，论议常据经典，以处是非。太祖辟为司空掾，举高第，补侍御史。时泰山多盗贼，以茂为泰山太守。旬月之间，襁负而至者千余家。转为乐浪太守。公孙度在辽东，擅留茂，不遣之官，然茂终不为屈。度谓茂及诸将曰："闻曹公远征，邺无守备，今吾欲以步卒三万，骑万匹，直指邺，谁能御之？"诸将皆曰："然。"又顾谓茂曰："于君意何如？"茂答曰："比者海内大乱，社稷将倾，将军拥十万之众，安坐而观成败。夫为人臣者，固若是邪！曹公忧国家之危败，愍百姓之苦毒，率义兵为天下诛残贼，功高而德广，可谓无二矣。以海内初定，民始安集，故未责将军之罪耳！而将军乃欲称兵西向，则存亡之效，不崇朝而决。将军其勉之！"诸将闻茂言，皆震动。良久，度曰："凉君言是也。"后征迁为魏郡太守、甘陵相，所在有绩。文帝为五官将，茂以选为长史，迁左军师。魏国初建，迁尚书仆射，后为中尉、奉常。文帝在东宫，茂复为太子太傅，甚见敬礼。卒官。

国渊字子尼，乐安盖人也，师事郑玄。后与邴原、管宁等避乱辽东。既还旧土，太祖辟为司空掾属，每于公朝论议，常直言正色，退无私焉。太祖欲广置屯田，使渊典其事。渊屡陈损益，相土处民，计民置吏，明功课之法，五年中仓廪丰实，百姓竞劝乐业。太祖征关中，以渊为居府长史，统留事。田银、苏伯反河间，银等既破，后有余党，皆应伏法。渊以为非首恶，请不行刑。太祖从之，赖渊得生者千余人。破贼文书，旧以一为十，及渊上首级，如其实数。太祖问其故，渊曰："夫征讨外寇，多其斩获之数者，欲以大武功，且示民听也。河间在封域之内，银等叛逆。虽克捷有功，渊窃耻之。"太祖大悦，迁魏郡太守。

时有投书诽谤者，太祖疾之，欲必知其主。渊请留其本书，而不宣露。其书多引《二京赋》，渊敕功曹曰："此郡既大，今在都辇，而少学问者。其简开解年少，欲遣就师。"功曹差三人，临遣引见。训以"所学未及，《二京赋》，博物之书也。世人忽略，少有其师，可求能读者从受之。"又密喻旨。旬日得能读者，遂往受业。吏因请使作笺，比方其书，与投书人同手。收摄案问，具得情理。迁太仆。居列卿位，布衣蔬食，禄赐散之旧故宗族，以恭俭自守，卒官。

田畴字子泰，右北平无终人也。好读书，善击剑。初平元年，义兵起，董卓迁帝于长安。幽州牧刘虞叹曰："贼臣作乱，朝廷播荡，四海俄然，莫有固志。身备宗室遗老，不得自同于众。今欲奉使展效臣节，安得不辱命之士乎？"众议咸曰："田畴虽年少，多称其奇。”畴时年二十二矣。虞乃备礼请与相见，大悦之，遂署为从事，具其车骑。将行，畴曰：“今道路阻绝，寇虏纵横，称官奉使，为众所指名。愿以私行，期于得达而已。”虞从之。畴乃归，自选其家客与年少之勇壮慕从者二十骑俱往。虞自出祖而遣之。既取道，畴乃更上西关。出塞，傍北山，直趣朔方，循间径去，遂至长安致命。诏拜骑都尉。畴以为天子方蒙尘未安，不可以荷佩荣宠，固辞不受。朝廷高其义。三府并辟，皆不就。得报，驰还。未至，虞已为公孙瓒所害。畴至，谒祭虞墓，陈发章表，哭泣而去。瓒闻之大怒，购求获畴，谓曰：“汝何自哭刘虞墓，而不送章报于我也？”畴答曰：“汉室衰颓，人怀异心，唯刘公不失忠节。章报所言，于将军未美，恐非所乐闻，故不进也。且将军方举大事以求所欲，既灭无罪之君，又仇守义之臣，诚行此事，则燕、赵之士将皆蹈东海而死耳，岂忍有从将军者乎！”瓒壮其对，释不诛也。拘之军下，禁其故人莫得与通。或说瓒曰：“田畴义士，君弗能礼，而又囚之，恐失众心。”瓒乃纵遣畴。

畴得北归，率举宗族他附从数百人，扫地而盟曰：“君仇不报，吾不可以立于世！”遂入徐无山中，营深险平敞地而居，躬耕以养父母。百姓归之，数年间至五千余家。畴谓其父老曰：“诸君不以畴不肖，远来相就。众成都邑，而莫相统一，恐非久安之道，愿推择其贤长者以为之主。”皆曰：“善。”同佥推畴，畴曰：“今来在此，非苟安而已，将图大事，复怨雪耻。窃恐未得其志，而轻薄之徒自相侵侮，愉快一时，无深计远虑。畴有愚计，愿与诸君共施之，可乎？”皆曰：“可。”畴乃为约束相杀伤、犯盗、诤讼之法，法重者至死，其次抵罪，二十余条。又制为婚姻嫁娶之礼，兴举学校讲授之业，班行其众，众皆便之，至道不拾遗。北边翕然服其威信，乌丸、鲜卑并各遣译使致贡遗，畴悉抚纳，令不为寇。袁绍数遣使招命，又即授将军印，因安辑所统，畴皆拒不当。绍死，其子尚又辟焉，畴终不行。

畴常忿乌丸昔多贼杀其郡冠盖，有欲讨之意而力未能。建安十二年，太祖北征乌丸。未至，先遣使辟畴，又命田豫喻指。畴戒其门下趣治严。门人谓曰："昔袁公慕君，礼命五至，君义不屈。今曹公使一来而君若恐弗及者，何也?"畴笑而应之曰："此非君所识也。"遂随使者到军，署司空户曹掾，引见谘议。明日出令曰："田子泰非吾所宜吏者。"即举茂才，拜为蓨令，不之官，随军次无终。时方夏水雨，而滨海洿下，泞滞不通，虏亦遮守蹊要，军不得进。太祖患之，以问畴。畴曰："此道，秋夏每常有水，浅不通车马；深不载舟船，为难久矣。旧北平郡治在平冈，道出卢龙，达于柳城。自建武以来，陷坏断绝，垂二百载，而尚有微径可从。今虏将以大军当由无终，不得进而退，懈弛无备。若嘿回军，从卢龙口越白檀之险，出空虚之地，路近而便，掩其不备，蹋顿之首可不战而擒也。"太祖曰："善。"乃引军还，而署大木表于水侧路傍曰："方今暑夏，道路不通，且俟秋冬，乃复进军。"虏候骑见之，诚以为大军去也。太祖令畴将其众为乡导，上徐无山，出卢龙，历平冈，登白狼堆，去柳城二百余里，虏乃惊觉。单于身自临陈，太祖与交战，遂大斩获，追奔逐北，至柳城。军还入塞，论功行封。封畴亭侯，邑五百户。

畴自以始为居难，率众遁逃，志义不立，反以为利，非本意也，固让。太祖知其至心，许而不夺。

辽东斩送袁尚首，令“三军敢有哭之者斩”。畴以尝为尚所辟，乃往吊祭。太祖亦不问。畴尽将其家属及宗人三百余家居邺。太祖赐畴车马谷帛，皆散之宗族知旧。从征荆州还，太祖追念畴功殊美。恨前听畴之让，曰：“是成一人之志，而亏王法大制也。”于是乃复以前爵封畴。畴上疏陈诚，以死自誓。太祖不听，欲引拜之，至于数四，终不受。有司劾畴狷介违道，苟立小节，宜免官加刑。太祖重其事，依违者久之。乃下世子及大臣博议，世子以畴同于子文辞禄，申胥逃赏，宜勿夺以优其节。尚书令荀彧、司隶校尉钟繇亦以为可听。太祖犹欲侯之。畴素与夏侯惇善，太祖语惇曰：“且往以情喻之，自从君所言，无告吾意也。”惇就畴宿，如太祖所戒。畴揣知其指，不复发言。惇临去，乃拊畴背曰：“田君，主意殷勤，曾不能顾乎！”畴答曰：“是何言之过也！畴，负义逃窜之人耳，蒙恩全活，为幸多矣。岂可卖卢龙之塞，以易赏禄哉？纵国私畴，畴独不愧于心乎？将军雅知畴者，犹复如此，若必不得已，请愿效死刎首于前。”言未卒，涕泣横流。惇具答太祖。太祖喟然知不可屈，乃拜为议郎。年四十六卒，子又早死。文帝践阼，高畴德义，赐畴从孙续爵关内侯，以奉其嗣。

王修字叔治，北海营陵人也。年七岁丧母。母以社日亡，来岁邻里社，修感念母，哀甚。邻里闻之，为之罢社。年二十，游学南阳，止张奉舍。奉举家得疾病，无相视者，修亲隐恤之，病愈乃去。初平中，北海孔融召以为以为主簿，守高密令。高密孙氏素豪侠，人客数犯法。民有相劫者，贼入孙氏，吏不能执。修将吏民围之，孙氏拒守，吏民畏惮不敢近。修令吏民："敢有不攻者与同罪。"孙氏惧，乃出贼。由是豪强慑服。举孝廉，修让邴原，融不听。时天下乱，遂不行。顷之，郡中有反者。修闻融有难，夜往奔融。贼初发，融谓左右曰："能冒难来，唯王修耳！"言终而修至。复署功曹。时胶东多贼寇，复令修守胶东令。胶东人公沙卢宗强，自为营堑，不肯应发调。修独将数骑径入其门，斩卢兄弟，公沙氏惊愕莫敢动。修抚慰其余，由是寇少止。融每有难，修虽休归在家，无不至。融常赖修以免。

袁谭在青州，辟修为治中从事，别驾刘献数毁短修。后献以事当死，修理之，得免。时人益以此多焉。袁绍又辟修除即墨令，后复为谭别驾。绍死，谭、尚有隙。尚攻谭，谭军败，修率吏民往救谭。谭喜曰："成吾军者，王别驾也。"谭之败，刘询起兵漯阴，诸城皆应。谭叹息曰："今举州背叛，岂孤之不德邪！"修曰："东莱太守管统虽在海表，此人不反，必来。"后十余日，统果弃其妻子来赴谭，妻子为贼所杀，谭更以统为乐安太守。谭复欲攻尚，修谏曰："兄弟还相攻击，是败亡之道也。"谭不悦，然知其忠节。后又问修："计安出？"修曰："夫兄弟者，左右手也。譬人将斗而断其右手，而曰'我必胜'，若是者可乎？夫弃兄弟而不亲，天下其谁亲之！属有谗人，固将交斗其间，以求一朝之利，愿明使君塞耳勿听也。若斩佞臣数人，复相亲睦，以御四方，可以横行天下。"谭不听，遂与尚相攻击，请救于太祖。太祖既破冀州，谭又叛。太祖遂引军攻谭于南皮。修时运粮在乐安，闻谭急，将所领兵及诸从事数十人往赴谭。至高密，闻谭死，下马号哭曰：“无君焉归?”遂诣太祖，乞收葬谭尸。太祖欲观修意，默然不应。修复曰：“受袁氏厚恩，若得收敛谭尸，然后就戮，无所恨。”太祖嘉其义，听之。以修为督军粮，还乐安。谭之破，诸城皆服，唯管统以乐安不从命。太祖命取统首，修以统亡国之忠臣，因解其缚，使诣太祖。太祖悦而赦之。袁氏政宽，在职势者多畜聚。太祖破邺，籍没审配等家财物赀以万数。及破南皮，阅修家，谷不满十斛，有书数百卷。太祖叹曰：“士不妄有名。”乃礼辟为司空掾，行司金中郎将，迁魏郡太守。为治，抑强扶弱，明赏罚，百姓称之。魏国既建，为大司农郎中令。太祖议行肉刑，修以为时未可行，太祖采其议。徙为奉常。其后严才反，与其徒属数十人攻掖门。修闻变，召车马未至，便将官属步至宫门。太祖在铜爵台望见之，曰：“彼来者必王叔治也。”相国钟繇谓修：“旧，京城有变，九卿各居其府。”修曰：“食其禄，焉避其难？居府虽旧，非赴难之义。”顷之，病卒官。子忠，官至东莱太守、散骑常侍。初，修识高柔于弱冠，异王基于幼童，终皆远至，世称其知人。

邴原字根矩，北海朱虚人也。少与管宁俱以操尚称，州府辟命皆不就。黄巾起，原将家属入海，住郁洲山中。时孔融为北海相，举原有道。原以黄巾方盛，遂至辽东，与同郡刘政俱有勇略雄气。辽东太守公孙度畏恶欲杀之，尽收捕其家，政得脱。度告诸县：“敢有藏政者与同罪。”政窘急，往投原。原匿之月余，时东莱太史慈当归，原因以政付之。既而谓度曰：

"将军前日欲杀刘政，以其为己害。今政已去，君之害岂不除哉！"度曰："然"。原曰："君之畏政者，以其有智也。今政已免，智将用矣，尚奚拘政之家？不若赦之，无重怨。"度乃出之。原又资送政家，皆得归故郡。原在辽东，一年中往归原居者数百家，游学之士，教授之声不绝。

后得归，太祖辟为司空掾。原女早亡，时太祖爱子仓舒亦没，太祖欲求合葬，原辞曰："合葬，非礼也。原之所以自容于明公，公之以待原者，以能守训典而不易也。若听明公之命，则是凡庸也，明公焉以为哉？"太祖乃止，徙署丞相征事。崔琰为东曹掾，记让曰："征事邴原、议郎张范，皆秉德纯懿，志行忠方，清静足以历俗，贞固足以干事，所谓龙翰凤翼，国之重宝。举而用之，不仁者远。"代凉茂为五官将长史，闭门自守，非公事不出。太祖征吴。原从行，卒。

是后大鸿胪巨鹿张泰、河南尹扶风庞迪以清贤称，永宁太仆东郡张阁以简质闻。

管宁字幼安，北海朱虚人也。年十六丧父，中表愍其孤贫，咸共赠赗，悉辞不受，称财以送终。长八尺，美须眉。与平原华歆、同县邴原相友，俱游学于异国，并敬善陈仲弓。天下大乱，闻公孙度令行于海外，遂与原及平原王烈等至于辽东。度虚馆以候之。既往见度，乃庐于山谷。时避难者多居郡南，而宁居北，示无迁志，后渐来从之。太祖为司空，辟宁，度子康绝命不宣。

王烈者，字彦方，于时名闻在原、宁之右。辞公孙度长史，商贾自秽。太祖命为丞相掾，征事，未至，卒于海表。

中国少安，客人皆还，唯宁晏然若将终焉。黄初四年，诏公卿举独行君子，司徒华歆荐宁。文帝即位，征宁，遂将家属浮海还郡，公孙恭送之南郊，加赠服物。自宁之东也，度、康、恭前后所资遗，皆受而藏诸。既已西渡，尽封还之。诏以宁为太中大夫，固辞不受。明帝即位，太尉华歆逊位让宁，遂下诏曰："大中大夫管宁，耽怀道德，服膺六艺，清虚足以侔古，廉白可以当世。?囊?遭王道衰缺，浮海遁居，大魏受命，则襁负而至，斯盖应龙潜升之道，圣贤用舍之义。而黄初以来，征命屡下，每辄辞疾，拒违不至。岂朝廷之政，与生殊趣，将安乐山，往而不能反乎！夫以姬公之圣，而考德不降，则鸣鸟弗闻。以秦穆之贤，犹思询乎黄发。况朕寡德，曷能不愿闻道于子大夫哉！今以宁为光禄勋。礼有大伦，君臣之道，不可废也。望必速至，称朕意焉。"又诏青州刺史曰："宁抱道怀贞，潜翳海隅，比下征书，违命不至，盘桓利居，高尚其事。虽有素履幽人之贞，而失考父兹恭之义，使朕虚心引领历年，其何谓邪？徒欲怀安，必肆其志，不惟古人亦有翻然改节以隆斯民乎！日逝月除，时方已过，澡身浴德，将以曷为？仲尼有言：'吾非斯人之徒与而谁与哉！'其命别驾从事郡丞掾，奉诏以礼发遣宁诣行在所，给安车、吏从、茵蓐、道上厨食，上道先奏。"宁称草莽臣上疏曰："臣海滨孤微，罢农无伍，禄运幸厚。横蒙陛下纂承洪绪，德侔三皇，化溢有唐。久荷渥泽，积祀一纪，不能仰答陛下恩养之福。沈委笃痾，寝疾弥留，逋违臣隶颠倒之节，夙宵战怖，无地自厝。臣元年十一月被公车司马令所下州郡，八月甲申诏书征臣，更赐安车、衣被、茵蓐，以礼发遣，光宠并臻，优命屡至，怔营竦息，悼心失图。思自陈闻，申展愚情，而明诏抑割，不令稍修章表，是以郁滞，讫于今日。诚谓乾覆，思有纪极，不意灵润，弥以隆赫。奉今年二月被州郡所下三年十二月辛酉诏书，重赐安车、衣服，别驾从事与郡功曹以礼发遣，又特被玺书，以臣为光禄勋，躬秉劳谦，引喻周、秦，损上益下。受诏之日，精魄飞散，靡所投死。臣重自省揆，德非园、绮而蒙安车之荣，功无窦融而蒙玺封之宠，棨棁驽下，荷栋梁之任，垂没之命，获九棘之位，惧有朱博鼓妖之眚。又年疾日侵，有加无损，不任扶舆进路以赛元责。望慕阊阖，徘徊阙庭，谨拜章陈情，乞蒙哀省，抑恩听放，无令骸骨填于衢路。”自黄初至于青龙，征命相仍，常以八月赐牛酒。诏书问青州刺史程喜：“宁为守节高乎，审老疾尪顿邪?”喜上言：“宁有族有人管贡为州吏，与宁邻比，臣常使经营消息。贡说：“宁常著? 皂? 帽、布襦? 裤?、布裙，随时单复，出入闺庭，能自任杖，不须扶持。四时祠祭，辄自力强，改加衣服，着絮巾，故在辽东所有白布单衣，亲拜馔馈，跪拜成礼。宁少而丧母，不识形象，常特加觞，泫然流涕。又居宅离水七八十步，夏时诣水中澡洒手足，窥于园圃。臣揆宁前后辞让让意，独自以生长潜逸，曹艾智哀，是以栖迟，每执谦退。此宁志行所欲必全，不为守高。”

正始二年，太仆陶丘一、永宁卫尉孟观、待中孙邕、中书侍郎王基荐宁曰：“臣闻龙凤隐耀，应德而臻，明哲潜遁，候时而动。是以鸑鷟鸣岐，周道隆兴，四皓为佐，汉帝用康。伏见太中大夫管宁，应二仪之中和，总九德之纯懿，含章素质，冰洁渊清，玄虚淡泊，与道逍遥；娱心黄老，游志六艺，升堂入室，究其阃奥，韬古今于胸怀，包道德之机要。中平之际，黄巾陆梁，华夏倾荡，王纲弛顿。遂避时难，乘桴越海，羁旅辽东三十余年。在乾之姤，匿景藏光，嘉遁养浩，韬韫儒墨，潜化傍流，畅于殊俗。

黄初四年，高祖文皇帝畴谘群公，思求俊乂。故司徒华歆举宁应选，公车特征，振冀遐裔，翻然来翔。行遇屯厄，遭罹疾病，即拜太中大夫。烈祖明皇帝嘉美其德，登为光禄勋。宁疾弥留，未能进道。今宁旧疾已瘳，行年八十，志无衰倦。环堵筚门，偃息穷巷，饭鬻糊口，并日而食，吟咏《诗》、《书》，不改其乐。困而能通，遭难必济，经危蹈险，不易其节，金声玉色，久而弥彰。揆其终始，殆天所祚，当赞大魏，辅亮雍熙。衮职有阙，群下属望。昔高宗刻象，营求贤哲，周文启龟，以卜良佐。况宁前朝所表，名德已著，而久栖迟，未时引致，非所以奉遵明训，继成前志也。陛下践阼，纂承洪绪。圣敬日跻，超越周成。每发德音，动谘师傅。若继二祖招贤故典，宾礼俊迈，以广缉熙，济济之化，侔于前代。

宁清高恬泊，拟迹前轨，德行卓绝，海内无偶。历观前世玉帛所命，申公、枚乘、周党、樊英之俦，测其渊源，览其清浊，未有厉俗独行若宁者也。诚宜束帛加璧，备礼征聘，仍授几杖，延登东序，敷陈坟素，坐而论道，上正璇玑，协和皇极，下阜群生、彝伦攸叙，必有可观，光益大化。若宁固执匪石，守志箕山，追迹洪崖，参踪巢、许。斯亦圣朝同符唐、虞，优贤扬历，垂声千载。虽出处殊涂，俯仰异体，至于兴治美俗，其揆一也。”

于是特具安车蒲轮，束帛加璧聘焉。会宁卒，时年八十四。拜子邈郎中，后为博士。初，宁妻先卒，知故劝更娶，宁曰：“每省曾子、王骏之言，意常嘉之，岂自遭之而违本心哉？”

时巨鹿张臶，字子明，颍川胡昭，字孔明，亦养志不仕。臶少游太学，学兼内外，后归乡里。袁绍前后辟命，不应，移居上党。并州牧高干表除乐平令，不就，徙遁常山，门徒且数百人，迁居任县。太祖为丞相，辟，不诣。太和中，诏求隐学之士能消灾复异者，郡累上臶，发遣，老病不行，广平太守卢毓到官三日，纲纪白承前致版谒臶。毓教曰：“张先生所谓上不事天子，下不友诸侯者也。此岂版谒所可光饰哉！”但遣主簿奉书致羊酒之礼。青龙四年辛亥诏书：“张掖郡玄川溢涌，激波奋荡，宝石负图，状像灵龟，宅于川西，嶷然磐峙，仓质素章，麟凤龙马，焕炳成形，文字告命，粲然著明。太史令高堂隆上言：“古皇圣帝所未尝蒙，实有魏之祯命，东序之世宝。”事颁天下。任令于绰连赍以问臶，臶密谓绰曰：“夫神以知来，不追已往，祯祥先见而后废兴从之。汉已久亡，魏已得之，何所追兴征祥乎！此石，当今之变异而将来之祯瑞也。”正始元年，戴凭之鸟巢臶门阴。臶告门人曰：“夫戴鵟阳鸟，而巢门阴，此凶祥也。”乃援琴歌咏，作诗二篇，旬日而卒，时年一百五岁。是岁，广平太守王肃至官，教下县曰：“前在京都，闻张子明。来至问之，会其已亡，致痛惜之。此君笃学隐居，不与时竞，以道乐身。昔绛县老人屈在泥举涂，赵孟升之，诸侯用睦。愍其耄勤好道而不蒙荣宠，书到，遣吏劳问其家，显题门户，务加殊异，以慰既往，以劝将来。”

胡昭始避地冀州，亦辞袁绍之命，遁还乡里。太祖为司空丞相，频加礼辟。昭往应命。既至，自陈一介野生，无军国之用，归诚求去。太祖曰：“人各有志，出处异趣，勉卒雅尚，义不相屈。”昭乃转居陆浑山中，躬耕乐道，以经籍自娱。闾里敬而爱之。建安二十三年，陆浑长张固被书调丁夫，当给汉中。百姓恶惮远役，并怀扰扰。民孙狼等因兴兵杀县主簿，作为叛乱，县邑残破。固率将十余吏卒，依昭住止，招集遗民，安复社稷。狼等遂南附关羽。羽授印给兵，还为寇贼，到陆浑南长乐亭，自相约誓，言：“胡居士贤者也，一不得犯其部落。”一川赖昭，咸无怵惕。天下安辑，徙宅宜阳。正始中，骠骑将军赵俨、尚书黄休、郭彝、散骑常侍荀顗、钟毓、太仆庚嶷、弘农太守何桢等递荐昭曰：“天真高洁，老而弥笃。玄虚静素，有夷，皓之节。宜蒙征命，以励风俗。”至嘉平二年，公车特征，会卒，年，八十九，拜子纂郎中。初，昭善史书，与钟繇、邯郸淳、卫顗、韦诞并有名，尺牍之迹，动见模楷焉。

【评曰】

“袁涣、邴原、张范躬履清蹈，进退以道，盖是贡禹、两龚之匹。凉茂、国渊亦其次也。张承名行亚范，可谓能弟矣。田畴抗节，王修忠贞，足以矫俗；管宁渊雅高尚，确然不拔；张臶、胡昭阖门守静，不营当世：故并录焉。

崔毛徐何邢鲍司马传

崔琰字季珪，清河东武城人也。少朴讷，好击剑，尚武事。年二十三，乡移为正，始感激，读《论语》、《韩诗》。至年二十九，乃结公孙方等就郑玄受学。学未期，徐州黄巾贼攻破北海，玄与门人到不其山避难。时谷籴县乏，玄罢谢诸生。琰既受遣，而寇盗充斥，西道不通。于是周旋青、徐、兖、豫之郊，东下寿春，南望江、湖。自去家四年乃归，以琴书自娱。

大将军袁绍闻而辟之。时士卒横暴，掘发丘陇。琰谏曰："昔孙卿有言：'士不素教，甲兵不利，虽汤武不能以战胜。'今道路暴骨，民未见德，宜敕郡县掩骼埋胔，示憯怛之爱，追文王之仁。"绍以为骑都尉。后绍治兵黎阳，次于延津，琰复谏曰："天子在许，民望助顺，不如守境述职，以宁区宇"。绍不听，遂败于官渡。及绍卒，二子交争，争欲得琰。琰称疾固辞，由是获罪，幽于囹圄，赖阴夔、陈琳营救得免。

太祖破袁氏，领冀州牧，辟琰为别驾从事，谓琰曰："昨案户籍，可得三十万众，故为大州也。”琰对曰：“今天下分崩，九州幅裂，二袁兄弟亲寻干戈，冀方蒸庶暴骨原野。未闻王师仁声先路，存问风俗，救其涂炭，而校计甲兵，唯此为先，斯岂鄙州士女所望于明公哉！”太祖改容谢之。于时宾客皆伏失色。

太祖征并州，留琰傅文帝于邺。世子仍出田猎，变易服乘，志在驱逐。琰书谏曰：“盖闻盘于游田，《书》之所戒，鲁隐观鱼，《春秋》讥之。此周、孔之格言，二经之明义。殷鉴夏后，《诗》称不远，于卯不乐，《礼》以为忌，此又近者之得失，不可不深察也。袁族富强，公子宽放，盘游滋侈，义声不闻，哲人君子，俄有色斯之志，熊？罴？壮士，堕于吞噬之用，固所以拥徒百万，跨有河朔，无所容足也。今邦国殄瘁，惠康未洽，士女企踵，所思者德。况公亲御戎马，上下劳惨，世子宜遵大路，慎以行正，思经国之高略，内鉴近戒，外扬远节，深惟储副，以身为宝。而猥袭虞旅之贱服，忽驰骛而陵险，志雉兔之小娱，忘社稷之为重，斯诚有识所以恻心也。唯世子燔翳捐褶，以塞众望，不令老臣获罪于天”。世子报曰：“昨奉嘉命，惠示雅数，欲使燔翳捐褶。翳已坏矣，褶亦去焉。后有此比，蒙复诲诸。”

太祖为丞相，琰复为东西曹椽属征事。初授东曹时，教曰：“君有伯夷之风，史鱼之直。贪夫慕名而清，壮士尚称而厉，斯可以率时者已。故授东曹，往践厥职。”魏国初建，拜尚书。时未立太子，临菑侯植有才而爱。太祖狐疑，以函令密访于外。唯琰露板答曰：“盖闻《春秋》之义，立子以长，加五官将仁孝聪明，宜承正统。琰以死守之。”植，琰之兄女婿也。太祖贵其公亮，喟然叹息，迁中尉。

琰声姿高畅，眉目疏朗，须长四尺，甚有威重，朝士瞻望，而太祖亦敬惮焉。琰尝荐巨鹿杨训，虽才好不足，而清贞守道，太祖即礼辟之。后太祖为魏王，训发表称赞功伐，褒述盛德。时人或笑训希世浮伪，谓琰为失所举。琰从训取表草视之，与训书曰：“省表，事佳耳！时乎时乎，会当有变时。”琰本意讥论者好谴呵而不寻情理也。有白琰此书傲世怨谤者，太祖怒曰：“谚言‘生女耳’，‘耳’非佳语。‘会当有变时’，意指不逊。”于是？罚？琰为徒隶，使人视之，辞色不挠。太祖令曰：“琰虽见刑，而通宾客，门若市人，对宾客虬须直视，若有所瞋。”遂赐琰死。

始琰与司马朗善，晋宣王方壮，琰渭朗曰：“子之弟，聪哲明允，刚断英跱，殆非子之所及也。”朗以为不然，而琰每秉此论。琰从弟林，少无名望，虽姻族犹多轻之，而琰常曰：“此所谓大器晚成者也，终必远至。”涿郡孙礼、卢毓始入军府，琰又名之曰：“孙疏亮亢烈，刚简能断，卢清警明理，百炼不消，皆公才也。”后林、礼、毓咸至鼎辅。及琰友人公孙方、宋阶早卒，琰抚其遗孤，恩若己子。其鉴识笃义，类皆如此。

初，太祖性忌，有所不堪者，鲁国孔融、南阳许攸、娄圭，皆以恃旧不虔见诛。而琰最为世所痛惜，至今冤之。

毛玠字孝先，陈留平丘人也。少为县吏，以清公称。将避乱荆州。未至，闻刘表政令不明，遂往鲁阳。太祖临兖州，辟为治中从事。玠语太祖曰：“今天下分崩，国主迁移，生民废业，饥馑流亡，公家无经岁之储，百姓无安固之志，难以持久。今袁绍、刘表，虽士民众强，皆无经远之虑，未有树基建本者也。夫兵义者胜，守位以财，宜奉天子以令不臣，修耕植，畜军资，如此则霸王之业可成也。”太祖敬纳其言，转幕府功曹。

太祖为司空丞相，玠尝为东曹掾，与崔琰并典选举。其所举用，皆清正之士。虽于时有盛名而行不由本者，终莫得进。务以俭率人，由是天下之士莫不以廉节自励，虽贵宠之臣，舆服不敢过度。太祖叹曰：“用人如此，使天下人自治，吾复何为哉！”文帝为五官将，亲自诣玠，属所亲眷。玠答曰：“老臣以能守职。幸得免戾，今所说人非迁次，是以不敢奉命。”大军还邺，议所并省。玠请谒不行，时人惮之，咸欲省东曹。乃共白曰：“旧西曹为上，东曹为次，宜省东曹。”太祖知其情，令曰：“日出于东，月盛于东，凡人言方，亦复先东，何以省东曹？”遂省西曹。初，太祖平柳城，班所获器物，特以素屏风素冯几赐玠，曰：“君有古人之风，故赐君古人之服。”玠居显位，常布衣蔬食，抚育孤兄子甚笃，赏赐以振施贫族，家无所余。迁右军师。魏国初建，为尚书仆射，复典选举。时太子未定，而临菑侯植有宠，玠密谏曰：“近者袁绍以嫡庶不分，覆宗灭国。废立大事，非所宜闻。”后群僚会，玠起更衣。太祖目指曰：“此古所谓国之司直，我之周昌也。”

崔琰既死，玠内不悦。后有白玠者：“出见黥面反者，其妻子没为官奴婢，玠言曰‘使天不雨者盖此也’。”太祖大怒，收玠付狱。大理钟繇诘玠曰：“自古圣帝明王，罪及妻子。《书》云：‘左不共左，右不共右，予则孥戮女。’司寇之职，男子入于罪隶，女子入于舂稿。汉律，罪人妻子没为奴婢，黥面。汉法所行黥墨之刑，存于古典。今真奴婢祖先有罪，虽历百世，犹有黥面供官，一以宽良民之命，二以宥并罪之辜。此何以负于神明之意，而当致旱？案典谋，急恒寒若，舒恒燠若，宽则亢阳，所以为旱。玠之吐言，以为宽邪，以为急也？急当阴霖，何以反旱？成汤圣世，野无生草，周宣令主，旱魃为虐。亢旱以来，积三十年，归咎黥面，为相值不？卫人伐邢，师兴而雨，罪恶无征，何以应天？玠讥谤之言，流于下民，不悦之声，上闻圣听。玠之吐言，势不独语，时见黥面，凡为几人？黥面奴婢，所识知邪？何缘得见，对之叹言？时以语谁？见答云何？以何日月？于何处所？事已发露，不得隐欺，具以状对。”玠曰：“臣闻萧生缢死，困于石显；贾子放外，谗在绛、灌；白起赐剑于杜邮；晁错致诛于东市；伍员绝命于吴都：斯数子者，或妒其前，或害其后。臣垂龆执简，累勤取官，职在机近，人事所窜。属臣以私，无势不绝，语臣以冤，无细不理。人情淫利，为法所禁，法禁于利，势能害之。青蝇横生，为臣作谤，谤臣之人，势不在他。昔王叔、陈生争正王廷，宣子平理，命举其契，是非有宜，曲直有所，《春秋》嘉焉，是以书之。臣不言此，无有时、人。说臣此言，必有征要。乞蒙宣子之辨，而求王叔之对。若臣以曲闻，即刑之日，方之安驷之赠；赐剑之来，比之重赏之惠。谨以状对。”时桓阶、和洽进言救玠。玠遂免黜，卒于家。太祖赐棺器钱帛，拜子机郎中。

徐奕字季才，东莞人也。避难江东，孙策礼命之。奕改姓名，微服还本郡。太祖为司空，辟为掾属，从西征马超。超破，军还。时关中新服，未甚安，留奕为丞相长史，镇抚西京，西京称其威信。转为雍州刺史、复还为东曹属。丁仪等见宠于时，并害之，而奕终不为动。出为魏郡太守。太祖征孙权，徙为留府长史，谓奕曰：“君之忠亮，古人不过也，然微太严。昔西门豹佩韦以自缓，夫能以柔弱制刚强者，望之于君也。今使君统留事，孤无复还顾之忧也。”魏国既建，为尚书，复典选举，迁尚书令。

太祖征汉中，魏讽等谋反，中尉杨俊左迁。太祖叹曰：“讽所以敢生乱心，以吾爪牙之臣无遏奸防谋者故也。安得如诸葛丰者，使代俊乎！”桓阶曰：“徐奕其人也。”太祖乃以奕为中尉，手令曰：“昔楚有子玉，文公为之侧席而坐；汲黯在朝，淮南为之折谋。《诗》称‘邦之司直’，君之谓与！”在职数月，疾笃乞退，拜谏议大夫，卒。

何夔字叔龙，陈郡阳夏人也。曾祖父熙，汉安帝时官至车骑将军。夔幼丧父，与母兄居，以孝友称。长八尺三寸，容貌矜严。避乱淮南。后袁术至寿春，辟之，夔不应，然遂为术所留。久之，术与桥蕤俱攻围蕲阳，蕲阳为太祖固守。术以夔彼郡人。欲胁令说蕲阳。夔谓术谋臣李业曰：“昔柳下惠闻伐国之谋而有忧色，曰；‘吾闻伐国不问仁人，斯言何为至于我哉’！遂遁匿灊山。术知夔终不为己用，乃止。术从兄山阳太守遗母，夔从姑也，是以虽恨夔而不加害。

建安二年，夔将还乡里，度术必急追，乃间行得免，明年到本郡。顷之，太祖辟为司空掾属。时有传袁术军乱者，太祖问夔曰：“君以为信不？”夔对曰：“天之所助者顺，人之所助者信。术无信顺之实，而望天人之助，此不可以得志于天下。夫失道之主，亲戚叛之，而况于左右乎！以夔观之，其乱必矣。”太祖曰：“为国失贤则亡。君不为术所用；乱，不亦宜乎！”太祖性严，掾属公事，往往加杖；夔常畜毒药，誓死不辱，是以终不见及。出为城父令。迁长广太守。郡滨山海，黄巾未平，豪杰多背叛，袁谭就加以官位。长广县人管承，徒众三千余家，为寇害。议者欲举兵攻之。夔曰：“承等非生而乐乱也，习于乱，不能自还，未被德教，故不知反善。今兵迫之急，彼恐夷灭，必并力战。攻之既未易拔，虽胜，必伤吏民。不如徐喻以恩德，使容自悔，可不烦兵而定。”乃遣郡丞黄珍往，为陈成败，承等皆请服。夔遣吏成弘领校尉，长广县丞等郊迎奉牛酒，诣郡。牟平贼从钱，众亦数千，夔率郡兵与张辽共讨定之。东牟人王营，众三千余家，胁昌阳县为乱。夔遣吏王钦等，授以计略，使离散之。旬月皆平定。

是时太祖始制新科下州郡，又收租税绵绢。夔以郡初立，近以师旅之后，不可卒绳以法，乃上言曰：“自丧乱已来，民人失所，今虽小安，然服教日浅。所下新科，皆以明罚敕法，齐一大化也。所领六县。疆域初定，加以饥馑，若一切齐以科禁，恐或有不从教者。有不从教者不得不诛，则非观民设教随时之意也。先王辨九服之赋以殊远近，制三典之刑以平治乱，愚以为此郡宜依远域新邦之典，其民间小事，使长吏临时随宜，上不背正法，下以顺百姓之心。比及三年，民安其业，然后齐之以法，则无所不至矣。”太祖从其言。征还，参丞相军事。海贼郭祖寇暴乐安、济南界，州郡苦之。太祖以夔前在长广有威信，拜乐安太守。到官数月，诸城悉平。

人为丞相东曹掾。夔言于太祖曰：“自军兴以来，制度草创，用人未详其本，是以各引其类，时忘道德。夔闻以贤制爵，则民慎德；以庸制禄，则民兴功。以为自今所用，必先核之乡闾，使长幼顺叙，无相逾越。显忠直之赏，明公实之报，则贤不肖之分，居然别矣。又可修保举故不以实之令，使有司别受其负。在朝之臣，时受教与曹并选者，各任其责。上以观朝臣之节，下以塞争竞之源，以督群下，以率万民，如是则天下幸甚。”太祖称善。魏国既建，拜尚书仆射。文帝为太子，以凉茂为太傅，夔为少傅；特命二傅与尚书东曹并选太子诸侯官属。茂卒，以夔代茂。每月朔，太傅入见太子，太子正法服而礼焉；他日无会仪。夔迁太仆，太子欲与辞，宿戒供，夔无往意；乃与书请之，夔以国有常制，遂不往。其履正如此。然于节俭之世，最为豪汰。文帝践阼，封成阳亭侯，邑三百户。疾病，屡乞逊位。诏报曰：“盖礼贤亲旧，帝王之常务也。以亲则君有辅弼之勋焉，以贤则君有醇固之茂焉。夫有阴德者必有阳报，今君疾虽未瘳，神明听之矣。君其即安，以顺朕意。”薨，谥曰靖侯。子曾嗣，咸熙中为司徒。

刑颙、字子昂，河间鄚人也。举孝廉，司徒辟，皆不就。易姓字，适右北平，从田畴游。积五年，而太祖定冀州。颙谓畴曰：“黄巾起来二十余年，海内鼎沸，百姓流离。今闻曹公法令严。民厌乱矣，乱极则平。请以身先。”遂装还乡里。田畴曰：“刑颙，民之先觉也。”乃见太祖，求为乡导以克柳城。

太祖辟颙为冀州从事，时人称之曰：“德行堂堂刑子昂。”除广宗长，以故将丧弃官。有司举正，太祖曰：“颙笃于旧君，有一致之节。”勿问也。更辟司空掾，除行唐令，劝民农桑，风化大行。人为丞相门下督，迁左冯翊，病，去官。是时，太祖诸子高选官属，令曰：“侯家吏，宜得渊深法度如刑颙辈。”遂以为平原侯植家丞。颙防闲以礼，无所屈挠，由是不合。庶子刘桢书谏植曰：“家丞刑颙，北王之彦，少秉高节，玄静淡泊，言少理多，真雅士也。桢诚不足同贯斯人，并列左右。而桢礼遇殊特，颙反疏简，私惧观者将谓君侯习近不肖，礼贤不足，采庶子之春华，忘家丞之秋实，为上招谤，其罪不小，以此反侧。”后参丞相军事，转东曹掾。初，太子未定，而临菑侯植有宠，丁仪等并赞冀其美。太祖问颙，颙对曰：“以庶代宗，先世之戒也。愿殿下深重察之！”太子识其意，后遂以为太子少傅，迁太傅。文帝践阼，为侍中尚书仆射，赐爵关内侯，出为司隶校尉，徙太常。黄四年薨，子友嗣。

鲍勋字叔业，泰山平阳人也，汉司隶校尉鲍宣九世孙。宣后嗣有从上党能泰山者，遂家焉。勋父信，灵帝时为骑都尉，大将军何进遣东募兵。后为济北相，协规太祖，身以遇害。语在《董卓传》、《武帝纪》。建安十七年，太祖追录信功，表封勋兄邵新都亭侯。辟勋丞相掾。

二十二年，立太子，以勋为中庶子。徙黄门侍郎，出为魏郡西部都尉，太子郭夫人弟为曲周县吏，断盗官布，法应弃市。太祖时在谯，太子留邺，数手书为之请罪。勋不敢擅纵，具列上。勋前在东宫，守正不挠，太子固不能悦，及重此事，恚望滋甚。会郡界休兵有失期者，密敕中尉奏免勋官。久之，拜侍御史。延康元年，太祖崩，太子即王位，勋以驸马都尉兼侍中。

文帝受禅，勋每陈“今之所急，唯在军农，宽惠百姓，台榭苑囿，宜以为后。”文帝将出游猎，勋停车上疏曰：“臣闻五帝三王，靡不明本立教，以孝治天下。陛下仁圣恻隐，有同古烈。臣冀当继踪前代。令万世可则也。如何在谅暗之中，修驰骋之事乎！臣冒死以闻，唯陛下察焉”。帝手毁其表而竟行猎，中道顿息，问侍臣曰：“猎之为乐，何如八音也？”侍中刘晔对曰：“猎胜于乐。”勋抗辞曰：“夫乐，上通神明，下和人理，隆治致化，万邦咸乂。移风易俗，莫善于乐。况猎，暴华盖于原野，伤生育之至理，栉风休雨，不以时隙哉？昔鲁隐观渔于棠，《春秋》讥之。虽陛下以为务，愚臣所不愿也。”因奏：“刘晔佞谀不忠，阿顺陛下过戏之言。昔梁丘据取媚于遄台，晔之谓也。请有司议罪以清皇朝。”帝怒作色，罢还，即出勋为右中郎将。

黄初四年，尚书令陈群、仆射司马宣王并举勋为宫正，宫正即御史中丞也。帝不得已而用之，百寮严惮，罔不肃然。六年秋，帝欲征吴，群臣大议，勋面谏曰：“王师屡征而未有所克者，盖以吴、蜀唇齿相依，凭阻山水，有难拔之势故也。往年龙舟飘荡，隔在南岸，圣躬蹈危，臣下破胆。此时宗庙几至倾覆，为百世之戒。今又劳兵袭远，日费千金，中国虚耗，令黠虏玩威，臣窃以为不可。”帝益忿之，左迁勋为治书执法。

帝从寿春还，屯陈留郡界。太守孙邕见，出过勋。时营垒未成，但立标埒，邕邪行不从正道，军营令史刘曜欲推之，勋以堑垒未成，解止不举。大军还洛阳，曜有罪，勋奏绌遣，而曜密表勋私解邕事。诏曰：“勋指鹿作马，收付廷尉。”廷尉法议：“正刑五岁”。三官驳：“依律罚金二斤”。帝大怒曰：“勋无活分，而汝等敢纵之！收三官已下付刺奸，当令十鼠同穴。”太尉钟繇、司徒华歆、镇军大将军陈群、侍中辛毗、尚书卫臻、守廷尉高柔等并表“勋父信有功于太祖”，求请勋罪。帝不许，遂诛勋。勋内行既修，廉而能施，死之日，家无余财。后二旬，文帝亦崩，莫不为勋叹恨。

司马芝字子华，河内温人也。少为书生，避乱荆州，于鲁阳山遇贼，同行者皆弃老弱走，芝独坐守老母。贼至，以刃临芝，芝叩头曰：“母老，唯在诸君！”贼曰：“此孝子也，杀之不义。”遂得免害，以鹿车推载母。居南方十余年，躬耕守节。

太祖平荆州，以芝为菅长。时天下草创，多不奉法。郡主簿刘节，旧族豪侠，宾客千余家，出为盗贼，入乱吏治。顷之，芝差节客王同等为兵，掾史据白：“节家前后未尝给繇，若至时藏匿，必为留负。”芝不听，与节书曰：“君为大宗，加股肱郡，而宾客每不与役，既众庶怨望，或流声上闻。今条同等为兵，幸时发遣。”兵已集郡，而节藏同等，因令督邮以军兴诡责县，县掾史穷困，乞代同行。芝乃驰檄济南，具陈节罪。太守郝光素敬信芝，即以节代同行，青州号芝“以郡主簿为兵。”迁广平令。征虏将军刘勋，贵宠骄豪，又芝故郡将，宾客子弟在界数犯法。勋与芝书，不著姓名，而多所属托，芝不报其书，一皆如法。后勋以不轨诛，交关者皆获罪，而芝以见称。

迁大理正。有盗官练置都厕上者，吏疑女工，收以付狱。芝曰：“夫刑罪之失，失在苛暴。今赃物先得而后讯其辞，若不胜掠，或至诬服。诬服之情，不可以折狱。且简而易从，大人之化也。不失有罪，庸世之治耳。今宥所疑，以隆易从之义，不亦可乎！”太祖从其议。历甘陵、沛、阳平太守，所在有绩。黄初中，入为河南尹，抑强扶弱，私请不行。会内官欲以事托芝，不敢发言，因芝妻伯父董昭。昭犹惮芝，不为通。芝为教与群下曰：“盖君能设教，不能使吏必不犯也。吏能犯教，而不能使君必不闻也。夫设教而犯，君之劣也；犯教而闻，吏之祸也。君劣于上，吏祸于下，此政事所以不理也。可不各勉之哉！”于是下吏莫不自励。门下循行尝疑门干盗簪，干辞不符，曹执为狱。芝教曰：“凡物有相似而难分者，自非离娄，鲜能不惑。就其实然，循行何忍重惜一簪轻伤同类乎！其寝勿问。”

明帝即位，赐爵关内侯。顷之，特进曹洪乳母当，与临汾公主侍者共事无涧神系狱。卞太后遣黄门诣府传令，芝不通，辄敕洛阳狱考竟，而上疏曰：“诸应死罪者，皆当先表须报。前制书禁绝淫祀以正风俗，今当等所犯妖刑，辞语始定，黄门吴达诣臣，传太皇太后令。臣不敢通，惧有救护，速闻圣听，若不得已，以垂宿留。由事不早竟，是臣之罪，是以冒犯常科，辄敕县考竟，擅行刑戮，伏须诛罚。”帝手报曰：“省表，明卿至心，欲奉诏书，以权行事，是也。此乃卿奉诏之意，何谢之有？后黄门复往，慎勿通也。”芝居官十一年，数议科条所不便者。其在公卿间，直道而行。会诸王来朝，与京都人交通，坐免。

后为大司农。先是诸典农各部吏民，末作治生，以要利人。芝奏曰：“王者之治，崇本抑末，务农重谷。《王制》：‘无三年之储，国非其国也。’《管子区言》以积谷为急。方今二虏未灭，师旅不息，国家之要，惟在谷帛。武皇帝特开屯田之官，专以农桑为业。建安中，天下仓廪充实，百姓殷足。自黄初以来，听诸典农治生，各为部下之计，诚非国家大体所宜也。夫王者以海内为家，故《传》曰：‘百姓不足，君谁与足！’富足之由，在于不失时而尽地力。今商旅所求，虽有加倍之显利，然于一统之计，已有不赀之损，不如垦田益一亩之收也。夫农民之事田，自正月耕种，耘锄条桑，耕熯种麦，获刈筑场，十月乃毕。治廪系桥，运输租赋，除道理梁，熯涂室屋，以是终岁，无日不为农事也。今诸典农，各言‘留者为行者宗田计，课其力，势不得不尔。不有所废，则当素有余力。’臣愚以为不宜复以商事杂乱，专以农桑为务，于国计为便。”明帝从之。

每上官有所召问，常先见掾史，为断其意故，教其所以答塞之状，皆如所度。芝性亮直，不矜廉隅。与宾客谈论，有不可意，便面折其短，退无异言。卒于官，家无余财，自魏迄今为河南尹者莫及芝。

芝亡，子岐嗣，从河南丞转廷尉正，迁陈留相。梁郡有系囚，多所连及，数岁不决。诏书徙狱于岐属县，县请豫治牢具。岐曰："今囚有数十，既巧诈难符，且已倦楚毒，其情易见。岂当复久处囹圄邪！"及囚至，诘之，皆莫敢匿诈，一朝决竟，遂超为廷尉。是时大将军爽专权，尚书何晏、邓飏等为之辅翼。南阳圭泰尝以言迕指，考系廷尉。飏讯狱，将致泰重刑。岐数飏曰："夫枢机大臣，王室之佐，既不能辅化成德，齐美古人，而乃肆其私忿，枉论无辜。使百姓危心，非此焉在？"飏于是惭怒而退。岐终恐久获罪，以疾去官。居家未期而卒，年三十五。子肇嗣。

【评曰】

"徐奕、何夔、邢颙贵尚峻厉，为世名人。毛玠清公素履，司马芝忠亮不倾，庶乎不吐刚茹柔。崔琰高格最优，鲍勋秉正无亏，而皆不免其身，惜哉！《大雅》贵"既明且哲"，《虞书》尚"直而能温"，自非兼才，畴克备诸！

钟繇华歆王朗传

钟繇字元常，颍川长社人也。尝与族父瑜俱至洛阳，道遇相者，曰："此童有贵相，然当厄于水，努力慎之！"行未十里，度桥，马惊，堕水几死。瑜以相者言中，益贵繇，而供给资费，使得专学。举孝廉，除尚书郎、阳陵令，以疾去。辟三府，为廷尉正、黄门侍郎。是时，汉帝在西京，李傕、郭汜等乱长安中，与关东断绝。太祖领兖州牧，始遣使上书。傕、汜等以为"关东欲自立天子，今曹操虽有使命，非其至实"，议留太祖使，拒绝其意。繇说傕、汜等曰："方今英雄并起，各矫命专制，唯曹兖州乃心王室，而逆其忠款，非所以副将来之望也。"傕、汜等用繇言，厚加答报，由是太祖使命遂得通。太祖既数听荀彧之称繇，又闻其说傕、祀，益虚心。后傕胁天子，繇与尚书郎韩斌同策谋。天子得出长安，繇有力焉。拜御史中丞，迁侍中尚书仆射，并录前功封东武亭侯。

时关中诸将马腾、韩遂等，各拥强兵相与争。太祖方有事山东，以关右为忧。乃表繇以侍中守司隶校尉，持节督关中诸军，委之以后事，特使不拘科制。繇至长安，移书腾、遂等，为陈祸福，腾、遂备遣子人侍。太祖在官渡，与袁绍相持，繇送马二千余匹给军。太祖与繇书曰："得所送马，甚应其急。关右平定，朝廷无西顾之忧，足下之勋也。昔萧何镇守关中，足食成军，亦适当尔。"其后匈奴单于作乱平阳，繇帅诸军围之，未拔；而袁尚所置河东太守郭援到河东，众甚盛。诸将议欲释之去，繇曰："袁氏方强，援之来，关中阴与之通，所以未悉叛者，顾吾威名故耳。若弃而去，示之以弱，所在之民，谁非寇仇？纵吾欲归，其得至乎！此为未战先自败也。且援刚愎好胜，必易吾军，若渡汾为营，及其未济击之，可大克也。"张既说马腾会击援，腾遣子超将精兵逆之。援至，果轻渡汾，众止之，不从。济水未半，击，大破之，斩援，降单于。语在《既传》。其后河东卫固作乱，与张晟、张琰及高干等并为寇，繇又率诸将讨破之。自天子西迁，洛阳人民单尽，繇徙关中民，又招纳亡叛以充之，数年间民户稍实。太祖征关中，得以为资，表繇为前军师。

魏国初建，为大理，迁相国。文帝在东宫，赐繇五熟，为之铭曰："于赫有魏，作汉藩辅。厥相惟钟，实干心膂。靖恭夙夜，匪遑安处。百寮师师，楷兹度矩。"数年，坐西曹掾魏讽谋反，策罢就第。文帝即王位，复为大理。及践阼，改为廷尉，进封崇高乡侯。迁太尉，转封平阳乡侯。时司徒华歆、司空王朗，并先世名臣。文帝罢朝，谓左右曰："此三公者，乃一代之伟人也，后世殆难继矣！"明帝即位，进封定陵侯，增邑五百，并前千八百户，迁太傅。繇有膝疾，拜起不便。时华歆亦以高年疾病，朝见皆使载舆车，虎贲舁上殿就坐。是后三公有疾，遂以为故事。

初，太祖下令，使平议死刑可宫割者。繇以为“古之肉刑，更历圣人，宜复施行，以代死刑。”议者以为非悦民之道，遂寝。及文帝临飨群臣，诏谓“大理欲夏肉刑，此诚圣王之法。公卿当善共议。”议未定，会有军事，复寝。太和中，繇上疏曰：“大魏受命，继踪虞、夏。孝文革法，不合古道。先帝圣德，固天所纵，坟典之业，一以贯之。是以继世，仍发明诏，思复古刑，为一代法。连有军事，遂未施行。陛下远追二祖遗意，惜斩趾可以禁恶，恨人死之无辜，使明习律令，与群臣共议。出本当右趾而人大辟者，复行此刑。《书》云：‘皇帝清问下民，鳏寡有辞于苗。’此言尧当除蚩尤、有苗之刑，先审问于下民之有辞者也。若今蔽狱之时，讯问三槐、九棘、群吏、万民，使如孝景之令，其当弃市，欲斩右趾者许之。其黥、劓、左趾、宫刑者，自如孝文易以髡、笞。能有奸者，率年二十至四五十，虽斩其足，犹任生育。今天下人少于孝文之世，下计所全，岁三千人。张苍除肉刑，所杀岁以万计。臣欲复肉刑，岁生三千人。子贡问能济民可谓仁乎？子曰：‘何事于仁，必也圣乎，尧、舜其犹病诸！’又曰：“仁远乎哉？我欲仁，斯仁至矣。’苦诚行之，斯民永济。”书奏，诏曰：“太傅学优才高，留心政事，又于刑理深远。此大事，公卿群僚善共平议。”司徒王朗议，以为“繇欲轻减大辟之条，以增益刖刑之数，此即起偃为竖，化尸为人矣。然臣之愚，犹有未合微异之意。夫五刑之属，著在科律，自有减死一等之法，不死即为减。施行已久，不待远假斧凿于彼肉刑，然后有罪次也。前世仁者，不忍肉刑之惨酷，是以废而不用。不用已来，历年数百。今复行之，恐所减之文未彰于万民之目，而肉刑之问已宣于寇仇之耳，非所以来远人也。今可按繇所欲轻之死罪，使减死之髡、刖。嫌其轻者，可倍其居作之岁数。内有以生易死不訾之恩，外无以则易钛钻骇耳之声。”议者百余人，与朗同者多。帝以吴、蜀未平，且寝。

太和四年，繇薨。帝素服临吊，谥曰成侯。子毓嗣。初，文帝分毓户邑，封繇弟演及子劭、孙豫列侯。

毓字稚叔。年十四为散骑侍郎，机捷谈笑，有父风。太和初，蜀相诸葛亮围祁山，明帝欲西征，毓上疏曰：“夫策贵庙胜，功尚帷幄，不下殿堂之上，而决胜千里之外。车驾宜镇守中土，以为四方威势之援。今大军西征，虽有百倍之威，于关中之费，所损非一。且盛暑行师，诗人所重，实非至尊动轫之时也。”迁黄门侍郎。时大兴洛阳宫室，车驾便幸许昌，天下当朝正许昌。许昌偪狭，于城南以毡为殿，备设鱼龙曼延，民罢劳役。毓谏，以为“水旱不时，帑藏空虚，凡此之类，可须丰年。”又上“宜复关内开荒地，使民肆力于农。”事遂施行。正始中，为散骑（侍郎）常侍。大将军曹爽盛夏兴军伐蜀，蜀拒守，军不得进。爽方欲增兵，毓与书曰：“窃以为庙胜之策，不临矢石；王者之兵，有征无战。诚以干戚可以服有苗，退舍足以纳原寇，不必纵吴汉于江关，骋韩信于井陉也。见可而进，知难而退，盖自古之政。惟公侯详之！”爽无功而还。后以失爽意，徙侍中，出为魏郡太守。爽既诛，入为御史中丞、侍中、廷尉。听君父已没，臣子得为理谤，及士为侯，其妻不复配嫁，毓所创也。

正元中，毌丘俭、文钦反，毓持节至扬、豫州班行赦令，告谕士民，还为尚书。诸葛诞反，大将军司马文王议自诣寿春讨涎。会吴大将孙壹率众降，或以为“吴新有衅，必不能复出军。东兵已多，可须后问。”毓以为“夫论事料敌，当以己度人。今诞举淮南之地以与吴国，孙壹所率，口不至千，兵不过三百。吴之所失，盖为无几。若寿春之围未解，而吴国之内转安，未可必其不出也。”大将军曰：“善。”遂将毓行。淮南既平，为青州刺史，加后将军，迁都督徐州诸军事，假节，又转都督荆州。景元四年薨，追赠车骑将军，谥曰惠侯。子骏嗣。毓弟会，自有传。

华歆字子鱼，平原高唐人也。高唐为齐名都，衣冠无不游行市里。歆为吏，休沐出府，则归家阖门。议论持平，终不毁伤人。同郡陶丘洪亦知名，自以明见过歆。时王芬与豪杰谋废灵帝。语在《武纪》。芬阴呼歆、洪共定计，洪欲行，歆止之曰：“夫废立大事，伊、霍之所难。芬性疏而不武，此必无成。而祸将及族。子其无往！”拱从歆言而止。后芬果败，洪乃服，举孝廉，除郎中，病，去官。灵帝崩，何进辅政，征河南郑泰、颍川荀攸及歆等。歆到，为尚书郎。董卓迁天于长安，歆求出为下邽令，病不行，遂从蓝田至南阳。时袁术在穰，留歆。歆说术使进军讨卓，术不能用。歆欲弃去，会天子使太傅马日磾安集关东，日磾辟歆为掾。东至徐州，诏即拜歆豫章太守，以为政清静不烦，吏民感而爱之。孙策略地江东，歆知策善用兵，乃幅巾奉迎。策以其长者，待以上宾之礼。后策死。太祖在官渡，表天子征歆。孙权欲不遣，歆谓权曰：“将军奉王命，始交好曹公，分义未固，使仆得为将军效心，岂不有益乎？今空留仆，是为养无用之物，非将军之良计也。”权悦，乃遣歆。宾客旧人送之者千余人，赠遗数百金。歆皆无所拒，密各题识，至临去，悉聚诸物，谓诸宾客曰：“本无拒诸君之心，而所受遂多。念单车远行，将以怀璧为罪，愿宾客为之计。”众乃各留所赠，而服其德。

歆至，拜议郎，参司空军事，入为尚书，转侍中，代荀彧为尚书令。太祖征孙权，表歆为军师。魏国既建，为御史大夫。文帝即王位，拜相国，封安乐乡侯。及践阼，改为司徒。歆素清贫，禄赐以振施亲戚故人，家无担石之储。公卿尝并赐没入生口，唯歆出而嫁之。帝叹息，下诏曰：“司徒，国之俊老，所与和阴阳理庶事也。今大官重膳，而司徒蔬食，甚无谓也。”特赐御衣，及为其妻子男女皆作衣服。三府议：“举孝廉，本以德行，不复限以试经。”歆以为“丧乱以来，六籍堕废，当务存立，以崇王道。夫制法者，所以经盛衰。今听孝廉不以经试，恐学业遂从此而废。若有秀异，可特征用。患于无其人，何患不得哉？”帝从其言。

黄初中，诏公卿举独行君子，歆举管宁，帝以安车征之。明帝即位，进封博平侯，增邑五百户，并前千三百户，转拜太尉。歆称病乞退，让位于宁。帝不许。临当大会，乃遣散骑常侍缪袭奉诏喻指曰：“朕新莅庶事，一日万几，惧听断之不明。赖有德之臣，左右朕躬，而君屡以疾辞位。夫量主择君，不居其朝，委荣弃禄，不究其位，古人固有之矣，顾以为周公、伊尹则不然。洁身徇节，常人为之，不望之于君。君其力疾就会，以惠予一人。将立席几筵，命百官总己，以须君到，朕然后御坐”。又诏袭：“须歆必起，乃还。”歆不得已，乃起。

太和中，遣曹真从子午道伐蜀，车驾东幸许昌。歆上疏曰：“兵乱以来，过逾二纪。大魏承天受命，陛下以圣德当成、康之隆，宜弘一代之治，绍三王之迹。虽有二贼负险延命，苟圣化日跻，远人怀德，将襁负而至。夫兵不得已而用之，故戢而时动。臣诚愿陛下先留心于治道，以征伐为后事。且千里运粮，非用兵之利；越险深入，无独克之功。如闻今年征役，颇失农桑之业。为国者以民为基，民以衣食为本。使中国无饥寒之患，百姓无离土之心，则天下幸甚，二贼之衅，可坐而待也。臣备位宰相，老病日笃，犬马之命将尽，恐不复奉望銮盖，不敢不竭臣子之怀，唯陛下裁察！”帝报曰：“君深虑国计，朕甚嘉之。贼凭恃山川，二祖劳于前世，犹不克平，朕岂敢自多，谓必灭之哉！诸将以为不一探取，无由自弊，是以观兵以窥其衅。若天时未至，周武还师，乃前事之鉴，朕敬不忘所戒”。时秋大雨，诏真引军还。太和五年，歆薨，谥曰敬侯。子表嗣。初，文帝分歆户邑，封歆弟缉列侯。表，威熙中为尚书。

王郎字景兴，东海郡人也。以通经，拜郎中，除菑丘长。师太尉杨赐。赐薨，弃官行服。举孝廉，辟公府，不应。徐州刺史陶谦察朗茂才。时汉帝在长安，关东兵起，郎为廉治中，与别驾赵昱等说谦曰：“《春秋》之义，求诸侯莫如勤王。今天子越在西京，宜遣使奉承王命。“谦乃遣昱奉章至长安。天子嘉其意，拜谦安东将军。以昱为广陵太守，郎会稽太守。孙策渡江略地。郎功曹虞翻以为力不能拒，不如避之。朗自以身为汉吏，宜保城邑，遂举兵与策战，败绩，浮海至东治。策又追击，大破之。朗乃诣策。策以儒雅，诘让而不害。虽流移穷困，朝不谋夕，而收恤亲旧，分多割少，行义甚著。

太祖表征之，朗自曲阿展转江海，积年乃至。拜谏议大夫，参司空军事。魏国初建，以军祭多酒领魏郡太守，迁少府、奉常、大理。务在宽恕，罪疑从轻。钟繇明察当法，惧以治狱见

称。文帝即王位，迁御史大夫，封安陵亭侯。上疏劝育民省刑曰：“兵起已来三十余年，四海荡覆，万国殄瘁。赖先王莫除寇贼，扶育孤弱，遂令华夏复有纲纪。鸠集兆民，于兹魏土，使封鄙之内，鸡鸣狗吠，达于四境，蒸庶欣欣，喜遇升平。今远方之寇未宾，兵戍之役未息，诚令复除足以怀远人，良宰足以宣德泽，阡陌咸修，四民殷炽，必复过于曩时而富于平日矣。《易》称敕法，《书》著祥刑，一人有庆，兆民赖之，慎法狱之谓也。昔曹相国以狱市为寄，路温舒疾治狱之吏。夫治狱者得其情，则无冤死之囚；丁壮者得尽地力，则无饥馑之民；穷老者得仰食仓廪，则无餧饿之俘；嫁娶以时，则男女无怨旷之恨；胎养必全，则孕者无自伤之哀；新生必复，则孩者无不育之累；壮而后役，则幼者无离家之思；二毛不戎，则老者无顿伏之患。医药以疗其疾，宽繇以乐其业，威罚以抑其强，恩仁以济其弱，赈贷以赡其乏。十年之后，既笄者必盈

巷。二十年之后，胜兵者必满野矣。”

及文帝践阼，改为司空，进封乐平乡侯。时帝颇出游猎，或昏夜还宫。朗上疏曰：“夫帝王之居，外则饰同卫，内则重禁门，将行则设兵而后出幄，称警而践墀，张弧而后登舆，清道而后奉引，遮列而后转毂，静室而后息驾，皆所以显至尊，务戒慎，垂法教也。近日车驾出临捕虎，日昃而行，及昏而反，违警跸之常法，非万乘之至慎也。”帝报曰：“览表，虽魏绛称虞箴以讽晋悼，相如陈猛兽以戒汉武，未足以喻。方今二寇未殄，将师远征，故时入原野以习戍备。至于夜还之戒，已诏有司施行。”

初，建安末，孙权始遣使称藩，而与刘备交兵。诏议：“当兴师与吴并取蜀不”？朗议曰：“天子之军，重于华、岱，诚宜坐曜天威，不动若山。假使权亲与蜀贼相持，搏战旷日，智均力敌，兵不速决，当须军兴以成其势者，然后宜选持重之将，承寇贼之要，相时而后动，择地而后行，一举可无余事。今权之师未动，则助吴之军无为光征。且雨水方盛，非行军动众之时。”帝纳其计。黄初中，鹈鹕集灵芝池，诏公卿举独行君子。朗荐光禄大夫杨彪，且称疾，让位于彪。帝乃为彪置吏卒，位次三公。诏曰：“朕求贤于君而未得，君乃翻然称疾。非徒不得贤，更开失贤之路，增玉铉之倾。无乃居其室出其言不善，见违于君子乎！君其勿有后辞。”朗乃起。

孙权欲遣子登入侍，不至。是时，车驾徙许昌，大兴屯田，欲举军东征。朗上疏曰：“昔南越守善，婴齐入侍，遂为家嗣，还君其国。康居骄黠，情不副辞，都护奏议以为宜遣侍子，以黜无礼。且吴濞之祸，萌于子入，馈嚣之叛，亦不顾子。往者闻权有遣子之言而未至，今六军戒严，臣恐舆人未畅圣旨，当谓国家愠于登之逋留，是以为之兴师。设师行而登乃至，则为所动者至大，所致者至细，独未足以为庆。设其傲狠，殊无人志，惧彼舆论之未畅者，并怀伊邑。臣愚以为宜敕别征诸将，各明奉禁令，以慎守所部。外曜烈威，内广耕稼，使泊然若山，谈然若渊，势不可动，计不可测。”是时，帝以成军遂行，权子不至，车驾临江而还。

明帝即位，进封兰陵侯。增邑五百，并前千二百户。使至邺省文昭皇后陵，见百姓或有不足。是时方营修宫室，朗上疏曰：“陛下即位已来，恩诏屡布，百姓万民莫不欣欣。臣顷奉使北行，往反道路，闻众徭役，其可得蠲除省减者甚多。愿陛下重留日昃之听，以计制寇。昔大禹欲拯天下之大患，故乃先卑其宫室，俭其衣食，用能尽有九州，弼成五服。句践欲广其御儿之疆，馘夫差于姑苏，故亦约其身以及家，俭其家以施国，用能囊括五湖，席卷三江，取威中国，定霸华夏。汉之文，景亦欲恢弘祖业，增崇洪绪，故能割意于百金之台，昭俭于弋绨之服，内减太官而不受贡献，外省徭赋而务农桑，用能号称升平，几致刑错。孝武之所以能奋其军势，拓其外境，诚因祖考畜积素足，故能遂成大功。霍去病，中才之将，犹以匈奴未灭，不治第宅。明恤远者略近，事外者简内。自汉之初及其中兴，皆于金革略寝之后，然后厥猥闳，德阳并起。今当建始之前足用列朝会，崇华之后足用序内官，华林、天渊足用展游宴，若且先成阊阖之象魏，使足用列远人之朝贡者，修城池，修使足用绝逾越，成国险，其余一切，且须丰年。一以勤耕农为务，习戎备为事，则国无怨旷，户口滋息，民充兵强，而寇戎不宾，缉熙不作，未之有也。”转为司徒。

时屡失皇子，而后宫就馆者少，朗上疏曰：“昔周文十五而有武王，遂享十子之祚，以广诸姬之胤。武王既老而生成王，成王是以鲜于兄弟。此二王者，各树圣德，无以相过，比其子孙之祚，则不相如。盖生育有早晚，所产有众寡也。陛下既德祚兼彼二圣，春秋高于姬文育武之时矣，而子发未举于椒兰之奥房，藩王未繁于掖庭之众室。以成王为喻，虽未为晚，取譬伯邑，则不为夙。《周礼》六宫内官百二十人，而诸经常说，咸以十二为限，至于秦汉之末，或以千百为数矣。”然虽弥猥，而就时于吉馆者或甚鲜，明‘百斯男’之本，诚在于一意，不但在于务广也。老臣偻偻，顾国家同祚于轩辕之五五，而未及同文之二五，用为伊邑。且少小常苦被褥泰温，泰温则不能便柔肤弱体，是以难可防护，而易用感慨。若常令少小之缦袍，不至于甚厚，则必咸保金石之性，而比寿于南山矣。帝报曰：“夫忠至者辞骂，爱重者言深。君既劳思虑，又手笔将顺，三复德音，欣然无量。朕继嗣未立，以为君忧，钦纳至言，思闻良规。”朗著《易》、《春秋》、《孝经》、《周官》传、奏议论记，咸传于世。太和二年薨，谥曰成侯。子肃嗣。初，文帝分朗户邑，封一子列侯，朗乞封兄子详。

肃字子雍。年十八，从宋忠读《太玄》，而更为之解。黄初中，为散骑黄门侍郎。太和三年，拜散骑常侍。四年，大司马曹真征蜀，肃上疏曰：“前志有之，“千里馈粮，士有饥色，樵苏后？疑?，师不宿饱”，此谓平涂之行军者也。又况于深入阻险，凿路而前，则其为劳必相百也。今又加之以霖雨，山坡峻滑，众逼而不展，粮县而难继，实行军者之大忌也。闻曹真发已逾月而行裁半谷，治道功夫，战士悉作。是贼偏得以逸而待劳，乃兵家之所惮也。言之前代，则武王伐纣，出关而复还；论之近事，则武、文征权，临江而不济。岂非所谓顺天知时，通于权变者哉！兆民知圣上以水雨艰剧之故，休而息之，后日有衅，乘而用之，则所谓悦以犯难，民忘其死者矣。”于是遂罢。又上疏：“宜遵旧礼，为大臣发哀，荐果宗庙。”事皆施行。又上疏陈政本曰：“除无事之位，损不急之禄，止浮食之费，并从容之官；使官必有职，职任其事，事必受禄，禄代其耕，乃往古常式，当今之所宜也。官寡而禄厚，则公家之费鲜，进仕之志劝。各展才力，莫相倚仗。敷奏以言，明试以功，能之与否，简在帝心。是以唐、虞之设官分职，申命公卿，各以其事，然后惟龙为纳言，犹今尚书也。以出内帝命而已。夏、殷不可得而详。《甘誓》曰‘六事之人’明六卿亦典事者也。《周官》则备矣，五日视朝，公卿大夫并进，而司士辨其位焉。其《记》曰：‘坐而论道，谓之王公；作而行之，谓之士大夫。’及汉之初，依拟前代，公卿皆亲以事升朝。故高祖躬追反走之周昌，武帝遥可奉奏之汲黯，宣帝使公卿五日一朝，成帝始置尚书五人。自是陵迟，朝礼遂阙。可复五日视朝之仪，使公卿尚书各以事进。废礼复兴，光宣圣绪，诚所谓名美而实厚者也。”

青龙中，山阳公薨，汉主也。肃上疏曰：“昔唐禅虞，虞禅夏，皆终三年之丧，然后践天子之尊。是以帝号无亏，君礼犹存。今山阳公承顺天命，允答民望，进禅大魏，退处宾位。公之奉魏，不敢不尽节。魏之待公，优崇而不臣。既至其薨，榇敛之制，舆徒之饰，皆同之于王者，是故远近归仁，以为盛美。且汉总帝皇之号，号曰皇帝。有别称帝，无别称皇，则皇是其差轻者也。故当高祖之时，土无二王，其父见在而使称皇，明非二王之嫌也。况今以赠终，可使称皇以配其谥。”明帝不从，使称帝，乃追谥曰汉孝献皇帝。

后肃以常侍领秘书监，兼崇文观祭酒。景初间，宫室盛兴，民失农业，期信不敦，刑杀仓卒。肃上疏曰：“大魏承百王之极，生民无几，干戈未戢，诚宜息民而惠之以安静遐迩之时也。夫务蓄积而息疲民，在于省徭役而勤稼穑。今宫室未就，功业未讫，运漕调发，转相供奉。是以丁夫疲于力作，农者离其南亩，种谷者寡，食谷者众，旧谷既没，新谷莫继。斯则有国之大患，而非备豫之长策也。今见作者三四万人，九龙可以安圣体，其内足以列六宫，显阳之殿，又向将毕，惟泰极已前，功夫尚大，方向盛寒，疾疢或作。诚愿陛下发德音，下明诏，深愍役夫之疲劳，厚矜兆民之不赡，取常食禀之士，非急要者之用，选其丁壮，择留万人，使一期而更之，咸知息代有日，则莫不悦以即事，劳而不怨矣。计一岁有三百六十万夫，亦不为少。当一岁成者，听且三年。分遣其余，使皆即农，无穷之计也。仓有溢粟，民有余力：以此兴功，何功不立？以此行化，何化不成？夫信之于民，国家大宝也。仲尼曰：‘自古皆有死，民非信不立。’安区区之晋国，微微之重耳，欲用其民，先示以信，是故原虽将降，顾信而归，用能一战而霸，于今见称。前车驾当幸洛阳，发民为营，有司命以营成而罢。既成，又利其功力，不以时遣。有司徒营其目前之利，不顾经国之体。臣愚，以为自今以后，傥复使民，宜明其令，使必如期。若有事以次，宁复更发，无或失信。凡陛下临时之所行刑，皆有罪之吏，宜死之人也。然众庶不知，谓为仓卒。故愿陛下下于吏而暴其罪。钧其死也，无使汗于宫掖而为远近所疑。且人命至重，难生易杀，气绝而不续者也，是以圣贤重之。孟轲称杀一无辜以取天下，仁者不为也。汉时有犯跸惊乘舆马者，廷尉张释之奏使罚金，文帝怪其轻，而释之曰：'方其时，上使诛之则已。今下廷尉。廷尉，天下之平也，一倾之，天下用法皆为轻重，民安所措其手足？'臣以为大失其义，非忠臣所宜陈也。廷尉者，天子之吏也，犹不可以失平，而天子之身，反可以惑谬乎？斯重于为己，而轻于为君，不忠之甚也。周公曰：'天子无戏言；言则史书之，工诵之，士称之。'言犹不戏，而况行之乎？故释之之言不可不察，周公之戒不可不法也。"又陈"诸鸟兽无用之物，而有刍谷人徒之费，皆可蠲除。"

帝尝问曰："汉桓帝时，白马令李云上书言：'帝者，谛也。是帝欲不谛'。当何得不死？"肃对曰："但为言失逆顺之节。原其本意，皆欲尽心，念存补国。且帝者之威，过于雷霆，杀一匹夫，无异蝼蚁。宽而宥之，可以示容受切言，广德宇于天下。故臣以为杀之未必为是也。"帝又问："司马迁以受刑之故，内怀隐切，著《史记》非贬孝武，令人切齿。"对曰：

“司马迁记事，不虚美，不隐恶。刘向、扬雄服其善叙事，有良史之才，谓之实录。汉武帝闻其述《史记》，取孝景及己本纪览之，于是大怒，削而投之。于今此两纪有录无书。后遭李陵事，遂下迁蚕室。此为隐切在孝武，而不在于史迁也。

正始元年，出为广平太守。公事征还，拜议郎。顷之，为侍中，迁太常。时大将军曹爽专权，任用何晏、邓飏等。肃与太尉蒋济、司农桓范论及时政，肃正色曰：“此辈即弘恭、石显之属，复称说邪！”爽闻之。戒何晏等曰：“当共慎之！公卿已比诸君前世恶人矣。”坐宗庙事免。后为光禄勋。时有二鱼长尺，集于武库之屋，有司以为吉祥。肃曰：“鱼生于渊而亢于屋，介鳞之物失其所也。边将其殆有弃甲之变乎？”其后果有东关之败。徙为河南尹。嘉平六年，持节兼太常，奉法驾。迎高贵乡公于元城。是岁，白气经天，大将军司马景王问肃其故，肃答曰：“此蚩尤之旗也，东南其有乱乎？君若修己以安百姓，则天下乐安者归德，唱乱者先亡矣。”

明年春，镇东将军毋丘俭、扬州刺史文钦反，景王谓肃曰：“霍光感夏侯胜之言，始重儒学之士，良有以也。安国宁主，其术焉在？”肃曰：“昔关羽率荆州之众，降于禁于汉滨，遂有北向争天下之志。后孙权袭取其将士家属，羽士众一旦瓦解。今淮南将士父母妻子皆在内州，但急往御卫，使不得前，必有关羽士崩之势矣。”景王从之，遂破俭，钦。后迁中领军，加散骑常侍，增邑三百，并前二千二百户。甘露元年薨，门生缞绖者以百数。追赠卫将军，谥曰景侯。子恽嗣。恽薨，无子，国绝。景元四年，封肃子恂为兰陵侯。咸熙中，开建五等，以肃著勋前朝，改封恂为丞子。

初，肃善贾、马之学，而不好郑氏，采会同异，为《尚书》、《诗》、《论语》、《三礼》《左氏》解，及撰定父朗所作《易传》，皆列于学官。其所论驳朝廷典制、郊祀、宗庙、丧纪、轻重，凡百余篇。时乐安孙叔然，受学郑玄之门，人称东州大儒。征为秘书监，不就。肃集《圣证论》以讥短玄，叔然驳而释之，及作《周易》、《春秋》例，《毛诗》、《礼记》、《春秋三传》、《国语》、《尔雅》诸注，又著书十余篇。自魏初征士敦煌周生烈，明帝时大司农弘董遇等，亦历注经传，颇传于世。

【评曰】

“钟繇开达理干，华歆清纯德素，王朗文博富赡，诚皆一时之俊伟也。魏氏初祚，肇登三司，盛矣夫！王肃亮直多闻，能析薪哉！

程郭董刘蒋刘传

程昱字仲德，东郡东阿人也。长八尺三寸，美须髯。黄巾起，县丞王度反应之，烧仓库。县令逾城走，吏民负老幼东奔渠丘山。昱使人侦视度，度等得空城不能守。出城西五六里止屯。昱谓县中大姓薛房等曰：“今度等得城郭不能居，其势可知。此不过欲虏掠财物，非有坚甲利兵攻守之志也。今何不相率还城而守之？且城高厚，多谷米，今若还求令，共坚守，度必不能久，攻可破也。”房等以为然。吏民不肯从，曰：“贼在西，但有东耳。”昱谓房等：“愚民不可计事。”乃密遣数骑举幡于东山上，令房等望见，大呼言“贼已至”，便下山趣城，吏民奔走随之，求得县令，遂共城守。度等来攻城，不能下，欲去。昱率吏民开城门急击之，度等破走。东阿由此得全。

初平中，兖州刺史刘岱辟昱，昱不应。是时，岱与袁绍、公孙瓒和亲，绍令妻子居岱所，瓒亦遣从事范方将骑助岱。后绍与瓒有隙。瓒击破绍军，乃遣使语岱，令遣绍妻子，使与绍绝。别敕范方：“若岱不遣绍家，将骑还。吾定绍，将加兵于岱。”岱议连日不决，别驾王或白岱：“程昱有谋，能断大事。”岱乃召见昱，问计。昱曰：“若弃绍近援而求瓒远助，此假人于越以救溺子之说也。夫公孙瓒，非袁绍之敌也。今虽坏绍军，然终为绍所禽。夫趣一朝之权而不虑远计，将军终败。”岱从之。范方将其骑归，未至，瓒大为绍所破。岱表昱为骑都尉，昱辞以疾。

刘岱为黄巾所杀。太祖临兖州，辟昱。昱将行，其乡人谓曰：“何前后之相背也！”昱笑而不应。太祖与语，说之，以昱守寿张令。太祖征徐州，使昱与荀彧留守鄄城。张邈等叛迎吕布，郡县响应，唯鄄城、范、东阿不动。布军降者，言陈宫欲自将兵取东阿，又使氾嶷取范，吏民皆恐。彧谓昱曰：“今兖州反，唯有此三城。宫等以重兵临之，非有以深结其心，三城必动。君，民之望也，归而说之，殆可！”昱乃归，过范，说其令靳允曰：“闻吕布执君母弟妻子，孝子诚不可为心！今天下大乱，英雄并起，必有命世，能息天下之乱者，此智者所详择也。得主者昌，失主者亡。陈宫叛迎吕布而百城皆应，似能有为，然以君观之，布何如人哉！夫布，粗中少亲，刚而无礼，匹夫之雄耳。宫等以势假合，不能相君也。兵虽众，终必无成。曹使君智略不世出，殆天所授！君必固范，我守东阿，则田单之功可立也。孰与违忠从恶而母子俱亡乎？唯君详虑之！”允流涕曰：“不敢有二心。”时氾嶷已在县，允乃见嶷，伏兵刺杀之，归勒兵守。昱又遣别骑绝仓亭津，陈宫至，不得渡。昱至东阿，东阿令枣祇已率厉吏民，拒城坚守。又兖州从事薛悌与昱协谋，卒完三城，以待太祖。太祖还，执昱手曰：

"微子之力，吾无所归矣。"乃表昱为东平相，屯范。

太祖与吕布战于濮阳，数不利。蝗虫起，乃各引去。于是袁绍使人说太祖连和，欲使太祖迁家居邺。太祖新失兖州，军食尽，将许之。时昱使适还，引见，因言曰："窃闻将军欲遣家，与袁绍连和，诚有之乎？"太祖曰："然。"昱曰："意者将军殆临事而惧，不然何虑之不深也！夫袁绍据燕、赵之地，有并天下之心，而智不能济也。将军自度能为之下乎？将军以龙虎之威，可为韩、彭之事邪？今兖州虽残，尚有三城。能战之士，不下万人。以将军之神武，与文若、昱等，收而用之，霸王之业可成也。愿将军更虑之！"太祖乃止。

天子都许，以昱为尚书。兖州尚未安集，复以昱为东中郎将，领济阴太守，都督兖州事。刘备失徐州，来归太祖。昱说太祖杀备，太祖不听。语在《武纪》。后又遣备至徐州要击袁术，昱与郭嘉说太祖曰："公前日不图备，昱等诚不及也。今借之以兵，必有异心。"太祖悔，追之不及。会术病死，备至徐州，遂杀车胄，举兵背太祖。顷之，昱迁振威将军。袁绍在黎阳，将南渡。时昱有七百兵守鄄城。太祖闻之，使人告昱，欲益二千兵。昱不肯，曰："袁绍拥十万众，自以所向无前。今见昱兵少，必轻易，不来攻。若益昱兵，过则不可不攻，攻之必克，徒两损其势。愿公无疑！"太祖从之。绍闻昱兵少，果不往。太祖谓贾诩曰："程昱之胆，过于贲、育"。昱收山泽亡命，得精兵数千人，乃引军与太祖会黎阳，讨袁谭、袁尚。谭、尚破走，拜昱奋武将军，封安国亭侯。太祖征荆州，刘备奔吴。论者以为孙权必杀备，昱料之曰："孙权新在位，未为海内所惮。曹公无敌于天下，初举荆州，威震江表，权虽有谋，不能独当也。刘备有英名，关羽、张飞皆万人敌也，权必资之以御我。难解势分，备资以成，又不可得而杀也。”权果多与备兵，以御太祖。是后中夏渐平，太祖抚昱背曰：“兖州之败，不用君言，吾何以至此？”宗人奉牛酒大会，昱曰：“知足不辱，吾可以退矣。”乃自表归兵，阖门不出。

昱性刚戾，与人多迕。人有告昱谋反，太祖赐待益厚。魏国既建，为卫尉，与中尉邢贞争威仪，免。文帝践阼，复为卫尉，进封安乡侯，增邑三百户，并前八百户。分封少子延及孙晓列侯。方欲以为公，会薨，帝为流涕，追赠车骑将军，谥曰肃侯。子武嗣。武薨，子克嗣。克薨，子良嗣。

晓，嘉平中为黄门侍郎。时校事放横，晓上疏曰：“《周礼》云：‘设官分职，以为民极’。《春秋传》曰：‘天有十日，人有十等’。愚不得临贤，贱不得临贵。于是并建圣哲，树之风声。明试以功，九载考绩。各修厥业，思不出位。故栾书欲拯晋侯，其子不听；死人横于街路，邴吉不问。上不责非职之功，下不务分外之赏，吏无兼统之势，民无二事之役，斯诚为国要道，治乱所由也。远览典志，近观秦汉，虽官名改易，职司不同，至于崇上抑下，显分明例，其致一也。初无校事之官干与庶政者也。昔武皇帝大业草创，众官未备，而军旅勤苦，民心不安，乃有小罪，不可不察，故置校事，取其一切耳，然检御有方，不至纵恣也。此霸世之权宜，非帝王之正典。其后渐蒙见任，复为疾病，转相因仍，莫正其本。遂令上察宫庙，下摄众司，官无局业，职无分限，随意任情，唯心所适。法造于笔端，不依科诏；狱成于门下，不顾复讯。其选官属，以谨慎为粗疏，以謥詷为贤能。其治事，以刻暴为公严，以循理为怯弱。外则托天威以为声势，内则聚群奸以为腹心。大臣耻与分势，含忍而不言，小人畏其锋芒，郁结而无告。至使尹模公于目下肆其奸慝；罪恶之著，行路皆知，纤恶之过，积年不闻。既非《周礼》设官之意，又非《春秋》十等之义也。今外有公卿将校总统诸署，内有侍中尚书综理万机，司隶校尉督察京辇，御史中丞董摄宫殿，皆高选贤才以充其职，申明科诏以督其违。若此诸贤犹不足任，校事小吏，益不可信。若此诸贤各思尽忠，校事区区，亦复无益。若更高选国士以为校事，则是中丞司隶重增一官耳。若如旧选，尹模之奸今复发矣。进退推算，无所用之。昔桑弘羊为汉求利，卜式以为独烹弘羊，天乃可雨。若使政治得失必感天地，臣恐水旱之灾，未必非校事之由也。曹恭公远君子，近小人。《国风》托以为刺。卫献公舍大臣，与小臣谋，定姜谓之有罪。纵令校事有益于国，以礼义言之，尚伤大臣之心，况奸回暴露，而复不罢，是衮阙不补，迷而不返也。”于是遂罢校事官。晓迁汝南太守，年四十余薨。

郭嘉字奉孝，颍川阳翟人也。初，北见袁绍，谓绍谋臣辛评、郭图曰：“夫智者审于量主，故百举百全而功名可立也。袁公徒欲效周公之下士，而未知用人之机。多端寡要，好谋无决，欲与共济天下大难，定霸王之业，难矣！”于是遂去之。先是时，颍川戏志才，筹画士也，太祖甚器之。早卒。太祖与荀彧书曰：“自志才亡后，莫可与计事者。汝、颍固多奇士，谁可以继之？”彧荐嘉。召见，论天下事。太祖曰：“使孤成大业者，必此人也。”嘉出，亦喜曰：“真吾主也。”表为司空军祭酒。征吕布，三战破之，布退固守。时士卒疲倦，太祖欲引军还，嘉说太祖急攻之，遂禽布。语在《荀攸传》。

孙策转斗千里，尽有江东，闻太祖与袁绍相持于官渡，将渡江北袭许。众闻皆惧，嘉料之，曰：“策新并江东，所诛皆英豪雄杰，能得人死力者也。然策轻而无备，虽有百万之众，无异于独行中原也。若刺客伏起，一人之敌耳。以吾观之，必死于匹夫之手。”策临江未济，果为许贡客所杀。

从破袁绍，绍死，又从讨谭、尚于黎阳，连战数克。诸将欲乘胜遂攻之，嘉曰：“袁绍爱此二子，莫适立也。有郭图、逢纪为之谋臣，必交斗其间，还相离也。急之则相持，缓之而后争心生。不如南向荆州，若征刘表者，以待其变；变成而后击之，可一举定也。”太祖曰：“善。”乃南征。军至西平，谭、尚果争冀州。谭为尚军所败，走保平原，遣辛毗乞降。太祖还救之，遂从定邺。又从攻谭于南皮，冀州平。封嘉洧阳亭侯。

太祖将征袁尚及三郡乌丸，诸下多惧刘表使刘备袭许以讨太祖，嘉曰：“公虽威震天下，胡恃其远，必不设备。因其无备，卒然击之，可破灭也。且袁绍有恩于民夷，而尚兄弟生存。今四州之民，徒以威附，德施未加，舍而南征，尚因乌丸之资，招其死主之臣，胡人一动，民夷俱应，以生蹋顿之心，成觊觎之计，恐青、冀非己之有也。表，坐谈客耳，自知才不足以御备，重任之则恐不能制，轻任之则备不为用，虽虚国远征，公无忧矣。”大祖遂行。至易，嘉言曰：“兵贵神速。今千里袭人，辎重多，难以趣利，且彼闻之，必为备；不如留辎重，轻兵兼道以出，掩其不意。”太祖乃密出卢龙塞，直指单于庭。虏卒闻太祖至，惶怖合战。大破之，斩蹋顿及名王已下。尚及兄熙走辽东。

嘉深通有算略，达于事情。太祖曰：“难奉孝为能知孤意。”年三十八，自柳城还，疾笃，太祖问疾者交错。及薨，临其丧，哀甚，谓荀攸等曰：“诸君年皆孤辈也，唯奉孝最少。天下事竟，欲以后事属之，而中年夭折，命也夫！”乃表曰：“军祭酒郭嘉，自从征伐，十有一年。每有大议，临敌制变。臣策未决，嘉辄成之。平定天下，谋功为高。不幸短命，事业未终。追思嘉勋，实不可忘。可增邑八百户，并前千户。”谥曰贞侯。子奕嗣。后太祖征荆州还，于巴丘遇疾疫，烧船，叹曰：“郭奉孝在，不使孤至此。”初，陈群非嘉不治行检，数廷诉嘉，嘉意自若。太祖愈益重之，然以群能持正，亦悦焉。奕为太子文学，早薨。子深嗣。深薨，子猎嗣。

董昭字公仁，济阴定陶人也。举孝廉，除瘿陶长、柏人令，袁绍以为参军事。绍逆公孙瓒于界桥，巨鹿太守李邵及郡冠盖，以瓒兵强，皆欲属瓒。绍闻之，使昭领巨鹿。问：“御以何术？”对曰：“一人之微，不能消众谋，欲诱致其心，唱与同议，及得其情，乃当权以制之耳。计在临时，未可得言。”时郡右姓孙伉等数十人专为谋主，惊动吏民。昭至郡，伪作绍檄告郡云：“得贼罗候安平张吉辞，当攻巨鹿，贼故孝廉孙伉等为应，檄到收行军法，恶止其身，妻子勿坐。”昭案檄告令，皆即斩之。一郡惶恐，乃以次安慰，遂皆平集。事讫白绍，绍称善。会魏郡太守贾攀为兵所害，绍以昭领魏郡太守。时郡界大乱，贼以万数，遣使往来，交易市买。昭厚待之，因用为间，乘虚掩讨，辄大克破。二日之中，羽檄三至。

昭弟访，在张邈军中。邈与绍有隙，绍受谗将致罪于昭。昭欲诣汉献帝，至河内，为张杨所留。因杨上还印绶，拜骑都尉。时太祖领兖州，遣使诣杨，欲令假涂西至长安，杨不听。昭说杨曰："袁、曹虽为一家，势不久群。曹今虽弱，然实天下之英雄也，当故结之。况今有缘，直通其上事，并表荐之；若事有成，永为深分。"杨于是通太祖上事，表荐太祖。昭为太祖作书与长安诸将李傕、郭汜等，各随轻重致殷勤。杨亦遣使诣太祖。太祖遗杨犬马金帛，遂与西方往来。天子在安邑，昭从河内往，诏拜议郎。

建安元年，太祖定黄巾于许，遣使诣河东。会天子还洛阳，韩暹、杨奉、董承及杨各违戾不和。昭以奉兵马最强而少党援，作太祖书与奉曰："吾与将军闻名慕义，便推赤心。今将军拔万乘之艰难，反之旧都，翼佐之功，超世无畴，何其休哉！方今群凶猾夏，四海未宁，神器至重，事在维辅；必须众贤以清王轨，诚非一人所独建。心腹四支，实相恃赖，一物不备，则有阙焉。将军当为内主，吾为外援。今吾有粮，将军有兵，有无相通，足以相济，死生契阔，相与共之。"奉得书喜悦，语诸将军曰："兖州诸军近在许耳，有兵有粮，国家所当依仰也。"遂共表太祖为镇东将军，袭父爵费亭侯，昭迁符节令。

太祖朝天子于洛阳，引昭并坐，问曰："今孤来此，当施何计?”昭曰:“将军兴义兵以诛暴乱,入朝天子,辅翼王室,此五伯之功也。此下诸将,人殊意异,未必服从,今留匡弼,事势不便,惟有移驾幸许耳。然朝廷播越,新还旧京,远近跂望,冀一朝获安。今复徙驾,不厌众心。夫行非常之事,乃有非常之功,愿将军算其多者。”太祖曰:“此孤本志也。杨奉近在梁耳,闻其兵精,得无为孤累乎?”昭曰:“奉少党援,将独委质。镇东、费亭之事,皆奉所定,又闻书命申束,足以见信。宜时遣使厚遗答谢,以安其意。说‘京都无粮,欲车驾暂幸鲁阳,鲁阳近许,转运稍易,可无县乏之忧。’奉为人勇而寡虑,必不见疑,比使往来,足以定计。奉何能为累!”太祖曰:“善。”即遣使诣奉。徙大驾至许。奉由是失望,与韩暹等到定陵钞暴。太祖不应,密往攻其梁营,降诛即定。奉、暹失众,东降袁术。三年,昭迁河南尹。时张杨为其将杨丑所杀,杨长史薛洪、河内太守缪尚城守待绍救。太祖令昭单身入城,告喻洪、尚等,即日举众降。以昭为冀州牧。

太祖令刘备拒袁术,昭曰:“备勇而志大,关羽、张飞为之羽翼,恐备之心未可得论也!”太祖曰:“吾已许之矣。”备到下邳,杀徐州刺史车胄,反。太祖自征备,徙昭为徐州牧。袁绍遣将颜良攻东郡,又徙昭为魏郡太守,从讨良。良死后,进围邺城。袁绍同族春卿为魏太守,在城中,其父元长在扬州,太祖遣人迎之。昭书与春卿曰:“盖闻孝者不背亲以要利,仁者不忘君以徇私,志士不探乱以?徽?幸,智者不诡道以自危。足下大君,昔避内难,南游百越,非疏骨肉,乐被吴会,智者深识,独或宜然。曹公愍其守志清恪,离群寡俦,故特遣使江东，或迎或送，今将至矣。就令足下处偏平之地，依德义之主，居有泰山之固，身为乔桥之偶，以义言之，犹宜背被向此，舍民趣父也。且邾仪父始与隐公盟，鲁人嘉之，而不书爵。然则王所未命，爵尊不成，《春秋》之义也。况足下今日之所托者乃危乱之国，所受者乃矫诬之命乎？苟不逞之与群，而厥父之不恤，不可以言孝。忘祖宗所居之本朝，安非正之奸职，难可以言忠。忠孝并替，难以言智。又足下昔日为曹公所礼辟，夫戚族人而疏所生，内所寓而外王室，怀邪禄而叛知己，远福禄而近危亡，弃明义而收大耻，不亦可惜邪！若能翻然易节，奉帝养父，委身曹公，忠孝不坠，荣名彰矣。宜深留计，早决良图。”邺既定，以昭为谏议大夫。后袁尚依乌丸蹋顿，太祖将征之。患军粮难致，凿平虏、泉州二渠入海通运，昭所建也。太祖表封千秋亭侯，转拜司空军祭酒。

后昭建议：“宜修古建封五等。”太祖曰：“建设五等者，圣人也，又非人臣所制，吾何以堪之？”昭曰：“自古以来，人臣匡世，未有今日之功。有今日之功，未有久处人臣之势者也。今明公耻有惭德而未尽善，乐保名节而无大责，德美过于伊、周，此至德之所极也。然太甲、成王未必可遭，今民难化，甚于殷、周，处大臣之势，使人以大事疑己，诚不可不重虑也。明公虽迈威德，明法术，而不定其基，为万世计犹未至也。定基之本，在地与人，宜稍建立，以自藩卫。明公忠节颖露，天威在颜，耿弇床下之言，朱英无妄之论，不得过耳。昭受恩非凡，不敢不陈。”后太祖遂受魏公、魏王之号，皆昭所创。

及关羽围曹仁于樊，孙权遣使辞以“遣兵西上，欲掩取羽。江陵、公安累重，羽失二城，必自奔走，樊军之围，不救自解。乞密不漏，令羽有备。”太祖诘群臣，群臣咸言宜当密之。昭曰：“军事尚权，期于合宜。宜应权以密，而内露之。羽闻权上，若还自护，围则速解，便获其利。可使两贼相对衔持，坐待其弊。秘而不露，使权得志，非计之上。又，围中将吏不知有救，计粮怖惧，傥有他意，为难不小。露之为便。且羽为人强梁，自恃二城守固，必不速退。”太祖曰：“善。”即敕救将徐晃以权书射著围里及羽屯中，围里闻之，志气百倍。羽果犹豫。权军至，得其二城，羽乃破败。

文帝即王位，拜昭将作大匠。及践阼，迁大鸿胪，进封右乡侯。二年，分邑百户，赐昭弟访爵关内候，徙昭为侍中。三年，征东大将军曹休临江在洞浦口，自表：“愿将锐卒虎步江南，因敌取资，事必克捷；若其无臣，不须为念”。帝恐休便度江，驿马诏止。时昭侍侧，因曰：“窃见陛下有忧色，独以休济江故乎？今者渡江，人情所难，就休有此志，势不独行，当须诸将。臧霸等既富且贵，无复他望，但欲终其天年，保守禄祚而已，何肯乘危自投死地，以求侥幸？苟霸等不进，休意自沮。臣恐陛下虽有敕渡之诏，犹必沉吟，未便从命也。”是后无几，暴风吹贼船，悉诣休等营下，斩首获生，贼遂进散。诏敕诸军促渡。军未时进，贼救船遂至。

大驾幸宛，征南大将军夏侯尚等攻江陵，未拔。时江水浅狭，尚欲乘船将步骑入渚中安屯，作浮桥，南北往来，议者多以为城必可拔。昭上疏曰：“武皇帝智勇过人，而用兵畏敌，不敢轻之若此也。夫兵好进恶退，常然之数。平地无险，犹尚艰难，就当深入，还道宜利，兵有进退，不可如意。今屯渚中，至深也；浮桥而济，至危也；一道而行，至狭也：三者兵家所忌，而今行之。贼频攻桥，误有漏失，渚中精锐，非魏之有，将转化为吴矣。臣私戚之，忘寝与食，而议者怡然不以为忧，岂不惑哉！加江水向长，一旦暴增，何以防御？就不破贼，尚当自完。奈何乘危，不以为惧？事将危矣，惟陛下察之！"帝悟昭言，即诏尚等促出。贼两头并前，官兵一道引去，不时得泄，将军石建、高迁仅得自免。军出旬日，江水暴长。帝曰："君论此事，何其审也！正使张、陈当之，何以复加。"五年，徙封成都乡侯，拜太常。其年，徙光禄大夫、给事中。从大驾东征，七年还，拜太仆。明帝即位，进爵乐平侯，邑千户，转卫尉。分邑百户，赐一子爵关内侯。

太和四年，行司徒事，六年，拜真。昭上疏陈末流之弊曰："凡有天下者，莫不贵尚敦朴忠信之士，深疾虚伪不真之人者，以其毁教乱治，败俗伤化也。近魏讽则伏诛建安之末，曹伟则斩戮黄初之始。伏惟前后圣诏，深疾浮伪，欲以破散邪党，常用切齿；而执法之吏皆畏其权势，莫能纠擿，毁坏风俗，侵欲滋甚。窃见当今年少，不复以学问为本，专更以交游为业；国士不以孝悌清修为首，乃以趋势游利为先。台党连群，互相褒叹，以毁訾为罚戮，用党誉为爵赏，附己者则叹之盈言，不附者则为作瑕衅。至乃相谓：'今世何忧不度邪，但求人道不勤，罗之不博耳；又何患其不知己矣，但当吞之以药而柔调耳。'又闻或有使奴客名作在职家人，冒之出入，往来禁奥，交通书疏，有所探问。凡此诸事，皆法之所不取，刑之所不赦，虽讽、伟之罪，无以加也。”帝于是发切诏，斥免诸葛诞、邓飏等。昭年八十一薨，谥曰定侯。子胄嗣。胄历位郡守、九卿。

刘晔字子扬，淮南成悳人，汉光武子阜陵王延后也。父普，母修，产涣及晔。涣九岁，晔七岁，而母病困。临终，戒涣、晔以“普之侍人，有谄害之性。身死之后，惧必乱家。汝长大能除之，则吾无恨矣。”晔年十三，谓兄涣曰：“亡母之言，可以行矣。”涣曰：“那可尔！”晔即入室杀侍者，径出拜墓。舍内大惊，白普。普怒，遣人追晔。晔还拜谢曰：“亡母顾命之言，敢受不请擅行之罚。”普心异之，遂不责也。汝南许劭名知人，避地杨州，称晔有佐世之才。

扬士多轻侠狡桀，有郑宝、张多、许乾之属，各拥部曲。宝最骁果，才力过人，一方所惮。欲驱略百姓越赴江表，以晔高族名人，欲强逼晔使唱导此谋。晔时年二十余，心内忧之，而未有缘。会太祖遣使诣州，有所案问。晔往见，为论事势，要将与归，驻止数日。宝果从数百人赍牛酒来候使，晔令家僮将其众坐中门外，为设酒饭；与宝于内宴饮。密勒健儿，令因行觞而斫宝。宝性不甘酒，视候甚明，觞者不敢发。晔因自引取佩刀斫杀宝，斩其首以令其军，云：“曹公有令，敢有动者，与宝同罪。”众皆惊怖，走还营。营有督将精兵数千，惧其为乱，晔即乘宝马，将家僮数人，诣宝营门，呼其渠帅，喻以祸福，皆叩头开门纳晔。晔抚慰安怀，咸悉悦服，推晔为主。晔睹汉室渐微，己为支属，不欲拥兵，遂委其部曲与庐江太守刘勋。勋怪其故，晔曰：“宝无法制，其众素以钞略为利，仆宿无资，而整齐之，必怀怨难久，故相与耳。”时勋兵强于江、淮之间。孙策恶之，遣使卑辞厚币。以书说勋曰：“上缭宗民，数欺下国，忿之有年矣。击之，路不便，愿因大国伐之。上缭甚实，得之可以富国，请出兵为外援。”勋信之，又得策珠宝、葛越，喜悦。外内尽贺，而晔独否。勋问其故，对曰：“上缭虽小，城坚池深，攻难守易，不可旬日而举，则兵疲于外，而国内虚。策乘虚而袭我，则后不能独守。是将军进屈于敌，退无所归。若军必出，祸今至矣。”勋不从。兴兵伐上缭，策果袭其后。勋穷蹴，遂奔太祖。

太祖至寿春，时庐江界有山贼陈策，众数万人，临险而守。先时遣偏将致诛，莫能擒克。太祖问群下，可伐与不？咸云：“山峻高而溪谷深隘，守易攻难；又无之不足为损，得之不足为益。”晔曰：“策等小竖，因乱赴险，遂相依为强耳，非有爵命威信相伏也。往者偏将资轻，而中国未夷，故策敢据险以守。今天下略定，后伏先诛。夫畏死趋赏，愚知所同，故广武君为韩信画策。谓其威名足以先声后实而服邻国也。岂况明公之德，东征西怨，先开赏募，大兵临之，令宣之日，军门启而虏自溃矣。”太祖笑曰：“卿言近之！”遂遣猛将在前，大军在后，至则克策，如晔所度。太祖还，辟晔为司空仓曹掾。

太祖征张鲁，转晔为主簿。既至汉中，山峻难登，军食颇乏。太祖曰：“此妖妄之国耳，何能为有无？吾军少食，不如速还。”便自引归，令晔督后诸军，使以次出。晔策鲁可克，加粮道不继，虽出，军犹不能皆全，驰白太祖：“不如致攻。”

遂进兵，多出弩以射其营。鲁奔走，汉中遂平。晔进曰：“明公以步卒五千，将诛董卓，北破袁绍，南征刘表，九州百郡，十并其八，威震天下，势慑海外。今举汉中，蜀人望风，破胆失守，推此而前，蜀可传檄而定。刘备，人杰也，有度而迟，得蜀日浅，蜀人未恃也。今破汉中，蜀人震恐，其势自倾。以公之神明，因其倾而压之，无不克也。若小缓之，诸葛亮明于治而为相，关羽、张飞勇冠三军而为将，蜀民既定，据险守要，则不可犯矣。今不取，必为后忧。”太祖不从，大军遂还。晔自汉中还，为行军长史，兼领军。延康元年，蜀将孟达率众降。达有容止才观，文帝甚器爱之，使达为新城太守，加散骑常侍。晔以为“达有苟得之心，而恃才好术，必不能感恩怀义。新城与吴、蜀接连，若有变态，为国生患。”文帝竟不易，后达终于叛败。

黄初元年，以晔为侍中，赐爵关内侯。诏问群臣令料刘备当为关羽出报吴不。众议咸云：“蜀，小国耳，名将唯羽。羽死军破，国内忧惧，无缘复出。”晔独曰：“蜀虽狭弱，而备之谋欲以威武自强，势必用众以示其有余。且关羽与备，义为君臣，恩犹父子；羽死不能为兴军报敌，于终始之分不足。”后备果出兵击吴。吴悉国应之，而遣使称藩。朝臣皆贺，独晔曰：“吴绝在江、汉之表，无内臣之心久矣。陛下虽齐德有虞，然丑虏之性，未有所感。因难求臣，必难信也。彼必外迫内困，然后发此使耳。可因其穷，袭而取之。夫一日纵敌，数世之患，不可不察也。”备军败退，吴礼敬转废，帝欲兴众伐之，晔以为“彼新得志，上下齐心，而阻带江湖，必难仓卒。”帝不听。五年，幸广陵泗口，命荆、杨州诸军并进。会群臣，问："权当自来不？"咸曰："陛下亲征，权恐怖，必举国而应。又不敢以大众委之臣下，必自将而来。"晔曰："彼谓陛下欲以万乘之重牵己，而超越江湖者在于别将，必勒兵待事，未有进退也。"大驾停住积日，权果不至，帝乃旋师。云"卿策之是也。当念为吾灭二贼，不可但知其情而已。"

明帝即位，进爵东亭侯，邑三百户。诏曰："尊严祖考，所以崇孝表行也；追本敬始，所以笃教流化也。是以成汤、文、武，实造商、周，《诗》、《书》之义，追尊稷、契，歌颂有娀、姜嫄之事，明盛德之源流，受命所由兴也。自我魏室之承天序，既发迹于高皇、太皇帝，而功隆于武皇、文皇帝。至于高皇之父处士君，潜修德让，行动神明，斯乃乾坤所福飨，光灵所从来也。而精神幽远，号称罔记，非所谓崇孝重本也。其令公卿已下，会议号谥。"晔议曰："圣帝孝孙之欲褒崇先祖，诚无量已。然亲疏之数，远近之降，盖有礼纪，所以割断私情，克成公法，为万世式也。周王所以上祖后稷者，以其佐唐有功，名在祀典故也。至于汉氏之初，追谥之义，不过其父。上比周室，则大魏发迹自高皇始；下论汉氏，则追谥之礼不及其祖。此诚往代之成法，当今之明义也。陛下孝思中发，诚无已已，然君举必书，所以慎于礼制也。以为追尊之义，宜齐高皇而已。"尚书卫臻与晔议同，事遂施行。辽东太守公孙渊夺叔父位，擅自立，遣使表状。晔以为公孙氏汉时所用，遂世官相承，水则由海，陆则阻山，故胡夷绝远难制，而世权日久。今若不诛，后必生患。若怀贰阻兵，然后致诛，于事为难。不如因其新立，有党有仇，先其不意，以兵临之，开设赏募，可不劳师而定也。”后渊竟反。

晔在朝，略不交接时人。或问其故，晔答曰：“魏室即阼尚新，智者知命，俗或未咸。仆在汉为支叶，于魏备腹心，寡偶少徒，于宜未失也。”太和六年，以疾拜太中大夫。有间，为大鸿胪，在位二年逊位，复为太中大夫，薨。谥曰景侯。子寓嗣。少子陶，亦高才而薄行，官至平原太守。

蒋济字子通，楚国平阿人也。仕郡计吏、州别驾。建安十三年，孙权率众围合肥。时大军征荆州，遇疾疫，唯张遣将军张喜单将千骑，过领汝南兵以解围，颇复疾疫。济乃密白刺史，伪得喜书，云步骑四万已到雩娄，遣主簿迎喜。三部使赍书语城中守将，一部得入城，二部为贼所得。权信之，遽烧围走，城用得全。明年使于谯，太祖问济曰：“昔孤与袁本初对官渡，徙燕、白马民，民不得走，贼亦不敢抄。今欲徙淮南民，何如?”济对曰：“是时兵弱贼强，不徙必失之。自破袁绍，北拔柳城，南向江、汉，荆州交臂，威露天下，民无他志。然百姓怀土，实不乐徙，惧必不安。”太祖不从，而江、淮间十余万众，皆惊走吴。后济使诣邺，太祖迎见大笑曰：“本但欲使避贼，乃更驱尽之。”拜济丹阳太守。大军南征还，以温恢为扬州刺史，济为别驾。令曰：“季子为臣，吴宜有君。今君还州，吾无忧矣。”民有诬告济为谋叛主率者，太祖闻之，指前令与左将军于禁、沛相封仁等曰：“蒋济宁有此事！有此事，吾为不知人也。此必愚民乐乱，妄引之耳。”促理出之。辟为丞相主簿西曹属。令曰：“舜举皋陶，不仁者远；臧否得中，望于贤属矣。”关羽围樊、襄阳。太祖以汉帝在许，近贼，欲徙都。司马宣王及济说太祖曰：“于禁等为水所没，非战攻之失，于国家大计未足有损。刘备、孙权，外亲内疏，关羽得志，权必不愿也。可遣人劝蹑其后，许割江南以封权，则樊围自解。”太祖如其言。权闻之，即引兵西袭公安、江陵。羽遂见擒。

文帝即王位，转为相国长史。及践阼，出为东中郎将。济请留，诏曰：“高祖歌曰：‘安得猛士守四方’！天下未宁，要须良臣以镇边境。如其无事，乃还鸣玉，未为后也。”济上《万机论》，帝善之。入为散骑常侍。时有诏，诏征南将军夏侯尚曰：“卿腹心重将，特当任使。恩施足死，惠爱可怀。作威作福，杀人活人”。尚以示济。济既至，帝问曰：“卿所闻见天下风教何如？”济对曰：“未有他善，但见亡国之语耳。”帝忿然作色而问其故，济具以答，因曰：“夫‘作威作福’，《书》之明诫。‘天子无戏言’，古人所慎。惟陛下察之！”于是帝意解，遣追取前诏。黄初三年，与大司马曹仁征吴，济别袭羡溪。仁欲攻濡须洲中，济曰：“贼据西岸，列船上流，而兵入洲中。是为自内地狱，危亡之道也。”仁不从，果败。仁薨，复以济为东中郎将，代领其兵。诏曰：“卿兼资文武，志节慷慨，常有超江湖吞吴会之志，故复授将率之任。”顷之，征为尚书。车驾幸广陵，济表水道难通，又上《三州论》以讽帝。帝不从，于是战船数千皆滞不得行。议者欲就留兵屯田，济以为东近湖，北临淮，若水盛时，贼易为寇，不可安屯。帝从之，车驾即发。还到精湖，水稍尽，尽留船付济。船本历适数百里中，济更凿地作四五道，蹴船令聚；豫作土豚遏断湖水，皆引后船，一时开遏入淮中。帝还洛阳，谓济曰："事不可不晓。吾前决谓分半烧船于山阳池中，卿于后致之，略与吾俱至谯。又每得所陈，实入吾意。自今讨贼计画，善思论之。"

明帝即位，赐爵关内侯。大司马曹休帅军向皖，济表以为"深入虏地，与权精兵对，而朱然等在上流，乘休后，臣未见其利也。"军至皖，吴出兵安陆，济又上疏曰："今贼示形于西，必欲并兵图东，宜急诏诸军往救之。"会休军已败，尽弃器仗辎重退还。吴欲塞夹口，遇救兵至，是以官军得不没。迁为中护军。时中书监、令号为专任，济上疏曰："大臣太重者国危，左右太亲者身蔽，古之至戒也。往者大臣秉事，外内扇动。陛下卓然自览万机，莫不祗肃。夫大臣非不忠也，然威权在下，则众心慢上，势之常也。陛下既已察之于大臣，愿无忘与左右。左右忠正远虑，未必贤于大臣，至于便辟取合，或能工之。今外所言，辄云中书，虽使恭慎不敢外交，但有此名，犹惑世俗。况实握事要，日在目前，傥因疲倦之间有所割制，众臣见其能推移于事，即亦因时而向之。一有此端，因当内设自完，以此众语，私招所交，为之内援。若此，臧否毁誉，必有所兴，功负赏罚，必有所易；直道而上者或壅，曲附左右者反达。因微而入，缘形而出，意所狎信，不复猜觉。此宜圣智所当早闻，外以经意，则形际自见。或恐朝臣畏言不合而受左右之怨，莫适以闻。臣窃亮陛下潜神默思，公听并观。若事有未尽于理而物有未周于用，将改曲易调，远与黄、唐角功，近昭武、文之迹，岂近习而已哉！然人君犹不可悉天下事以适己明，当有所付。三官任一臣，非周公旦之忠。又非管夷吾之公，则有弄机败官之弊。当今柱石之士虽少，至于行称一州，智效一官，忠信竭命，各奉其职，可并驱策，不使圣明之朝有专吏之名也。”诏曰：“夫骨鲠之臣，人主之所仗也。济才兼文武。服勤尽节，每军国大事，现有奏议，忠诚奋发，吾甚壮之。”就迁为护军将军，加散骑常侍。

景初中，外勤征役，内务宫室，怨旷者多，而年谷饥俭。济上疏曰：“陛下方当恢崇前绪，光济遗业，诚未得高枕而治也。今虽有十二州，至于民数，不过汉时一大郡。二贼未诛。宿兵边陲，且耕且战，怨旷积年。宗庙宫室，百事草创，农桑者少，衣食者多，今其所急，唯当息耗百姓，不至甚弊。弊劮之民，傥有水旱，百万之众，不为国用。凡使民必须农隙，不夺其时。夫欲大兴功之君，先料其民力而燠休之。勾践养胎以待用，昭王恤病以雪仇。故能以弱燕服强齐，羸越灭劲吴。今二敌不攻不灭，不事即侵，当身不除，百世之责也。以陛下圣明神武之略，舍其缓者，专心讨贼，臣以为无难矣。又欢娱之耽，害于精爽；神太用则竭，形太劳则弊。愿大简贤妙，足以充‘百斯男’者。其冗散未齿，且悉分出，务在清静。”诏曰：“微护军，吾弗闻斯言也。”

齐王即位，徙为领军将军，进爵昌陵亭侯，迁太尉。初，侍中高堂隆论郊祀事，以魏为舜后，推舜配天。济以为舜本姓妫，其苗曰田，非曹之先，著文以追诘隆。是时，曹爽专政，丁谧，邓飏等轻改法度。会有日蚀变，诏群臣问其得失，济上疏曰：“昔大舜佐治，戒在比周；周公辅政，慎于其朋；齐侯问灾，晏婴对以布惠；鲁君问异，臧孙答以缓役。应天塞变，乃实人事。今二贼未灭，将士暴露已数十年，男女怨旷，百姓贫苦。夫为国法度，惟命世大才，乃能张其纲维以垂于后，岂中下之吏所宜改易哉？终无益于治，适足伤民，望宜使文武之臣各守其职，率以清平，则和气祥瑞可感而致也。”以随太傅司马宣王屯洛水浮桥，诛曹爽等，进封都乡侯，邑七百户。济上疏曰：“臣忝宠上司，而爽敢苞藏祸心，此臣之无任也。太傅奋独断之策，陛下明其忠节，罪人伏诛，社稷之福也。夫封宠庆赏，必加有功。今论谋则臣不先知，语战则非臣所率，而上失其制，下受其弊。臣备宰司，民所具瞻。诚恐冒赏之渐自此而兴，推让之风由此而废。”固辞，不许。是岁薨，谥曰景侯。子秀嗣。秀薨，子凯嗣。咸熙中，开建五等，以济著勋前朝，改封凯为下蔡子。

刘放，字子弃，涿郡人。汉广阳顺王子西乡侯宏后也。历郡纲纪，举孝廉。遭世大乱，时渔阳王松据其土，放往依之。太祖克冀州，放说松曰：“往者董卓作逆，英雄并起，阻兵擅命，人自封殖，惟曹公能拔拯危乱，翼戴天子，奉辞伐罪，所向必克。以二袁之强，守则淮南冰消，战则官渡大败；乘胜席卷，将清河朔，威刑既合，大势以见。速至者渐福，后服者先亡，此乃不俟终日驰骛之时也。昔黥布弃南面之尊，仗剑归汉，诚识废兴之理，审去就之分也。将军宜投身委命，厚自结纳。”松然之。会太祖讨袁潭于南皮，以书招松，松举雍奴、泉州、安次以附之。放为松答太祖书，其文甚丽。太祖既善之，又闻其说，由是遂辟放。建安十年，与松俱至。太祖大悦，谓放曰：“昔班彪依窦融而有河西之功，今一何相似也!”乃以放参司空军事，历主簿记室，出为郃阳、祤、赞令。

魏国既建，与太原孙资俱为秘书郎。先是，资亦历县令，参丞相军事。文帝即位，放、资转为左右丞。数月，放徙为令。黄初初，改秘书为中书，以放为监，资为令，各加给事中；放赐爵关内侯，资为关中侯，遂掌机密。三年，放进爵魏寿亭侯，资关内侯。明帝即位，尤见宠任，同加散骑常侍；进放爵西乡侯，资乐阳亭侯。太和末，吴遣将周贺浮海诣辽东，招诱公孙渊。帝欲邀讨之，朝议多以为不可。惟资决行策，果大破之。近爵左乡侯。放善为书檄，三祖诏命有所招喻，多放所为。青龙初，孙权与诸葛亮连和，欲俱出为寇。边候得权书，放乃改易其辞，往往换其本文而傅合之，与征东将军满宠，若欲归化，封以示亮。亮腾与吴大将步止骘等，骘等以见权。权惧亮自疑，深自解说。是岁，俱加侍中、光禄大夫。景初二年，辽东平定，以参谋之功，各近爵，封本县，放方城侯，资中都侯。

其年，帝寝疾，欲以燕王宇为大将军，及领军将夏侯献、武卫将军曹爽、屯骑校尉曹肇、骁骑将军秦朗共辅政。宇性恭良，陈诚固辞。帝引见放、资，入卧内，问曰：“燕王正尔为?”放、资对曰：“燕王实自知不堪大任故耳”。帝曰：“曹爽可代宇不?”放，资因赞成之。又深陈宜速召太尉司马宣王，以纲维皇室。帝纳其言，即以黄纸授放作诏。放、资既出，帝意复变，诏止宣王勿使来。寻更见放、资曰：“我自召太尉，而曹肇等反使吾止之，几败吾事!”命更为诏，帝独召爽与放、资惧受诏命，遂免宇、献、肇、朗官。太尉亦至，登床受诏，然后帝崩。齐王即位，以放、资决定大谋，增邑三百，放并前千一百，资千户；封爱子一人亭侯，次子骑都尉，余子皆郎中。正始元年，更加放左光禄大夫，资右光禄大夫，金印紫绶，仪同三司。六年，放转骠骑，资卫将军，领监、令如故。七年，复封子一人亭侯，各年老逊位，以列侯朝朔望，位特进。曹爽诛后，复以资为侍中，领中书令。嘉平二年，放薨，谥曰敬侯。子正嗣。资复逊位归第，就拜骠骑将军，转侍中，特进如故。三年薨，谥曰贞侯。子宏嗣。

放才计优资，丽自修不如也。放、资既善承顺主上，又未尝显言得失，抑辛毗而助王思，以是获讥于世。然时因群臣谏诤，扶赞其义，并时密陈损益，不专导谀言云。及咸熙中，开建五等，以放、资著勋前朝，改封正方城子，宏离石子。

【评曰】

“程昱、郭嘉、董昭、刘晔、蒋济才策谋略，世之奇士，虽清治德业，殊于荀攸，而筹画所料，是其伦也。刘放文翰，孙资勤慎，并管喉舌，权闻当时，雅亮非体。是故讥谀之声，每过其实矣。

刘司马梁张温贾传

刘馥字元颖，沛国相人也。避乱扬州，建安初，说袁术将戚寄、秦翊，使率众与俱诣太祖。太祖悦之，司徒辟为掾。后孙策所置庐江太守李述，攻杀扬州刺史严象，庐江梅乾、雷绪、陈兰等聚数众万在江、淮间，郡县残破。太祖方有袁绍之难，谓馥可任以东南之事，遂表为扬州刺史。馥既受命，单马造合肥空城，建立州治。南怀绪等，皆安集之，贡献相继。数年中恩化大行，百姓乐其政，流民越江山而归者以万数。于是聚诸生，立学校，广屯田，兴治芍陂及茹陂、七门、吴塘诸堨以溉稻田，官民有畜。又商为城垒，多积木石，编作草苫数千万枚，益贮鱼膏数千斛，为战守备。

建安十三年卒。孙权率十万众攻围合肥城百余日，时天连雨，城欲崩，于是以苫蓑覆之，夜然脂照城外，视贼所作而为备，贼以破走。扬州士民益追思之，以为虽董安于之守晋阳，不能过也。及陂塘之利，至今为用。

馥子靖，黄初中从黄门侍郎迁庐江太守，诏曰："卿父昔为彼州，今卿复据此郡，可谓克负荷者也。”转在河内，迁尚书，赐爵关内侯，出为河南尹。散骑常侍应璩书与靖曰：“入作纳言，出临京任。富民之术，日引月长。藩落高峻，绝穿窬之心。五种别出，远水火之灾。农器必具，无失时之阙。蚕麦有苫备之用，无雨湿之虞。封符指期，无流连之吏。鳏寡孤独，蒙廪振之实。加之以明擿幽微，重之以秉宪不挠；有司供承王命，百里垂拱仰办。虽昔赵、张、三王之治，未足以方也。”靖为政类如此。初虽如碎密，终于百姓便之，有馥遗风。母丧去官，后为大司农卫尉，进封广陆亭侯，邑三百户。上疏陈儒训之本曰：“夫学者，治乱之轨仪，圣人之大教也。自黄初以来，崇立太学二十余年，而寡有成者，盖由博士选轻，诸生避役，高门子弟，耻非其伦，故无学者。虽有其名而无其人，虽设其教而无其功。直高选博士，取行为人表，经任人师者，掌教国子。依遵古法，使二千石以上子孙，年从十五，皆入太学。明制黜陟荣辱之路，其经明行修者，则进之以崇德；荒教废业者，则退之以惩恶；举善而教不能则劝，浮华交游，不禁自息矣。阐弘大化，以绥未宾；六合承风，远人来格。此圣人之教，致治之本也。”后迁镇北将军，假节都督河北诸军事。靖以“经常之大法，莫善于守防，使民夷有别。”遂开拓边守，屯据险要。又修广戾陵渠大堨，水溉灌蓟南北；三更种稻，边民利之。嘉平六年薨，追赠征北将军，进封建成乡侯，谥曰景侯。子熙嗣。

司马朗字伯达，河内温人也。九岁，人有道其父字者，朗曰：“慢人亲者，不敬其亲者也。”客谢之。十二，试经为童子郎，监试者以其身体壮大，疑朗匿年，劾问。朗曰：“朗之内外，累世长大，朗虽稚弱，无仰高之风，损年以求早成，非志所为也。”监试者异之。后关东兵起，故冀州刺史李邵家居野王，近山险，欲徙居温。朗谓邵曰：“唇齿之喻，岂唯虞、虢，温与野王即是也；今年去彼而居此，是为避朝亡之期耳。且君，国人之望也，今寇未至而先徙，带山之县必骇，是摇动民之心而开奸宄之原也，切为郡内忧之。”邵不从。边山之民果乱，内徙，或为寇抄。

是时董卓迁天子都长安，卓因留洛阳。朗父防为治书御史，当徙西，以四方云扰，乃遣朗将家属还本县。或有告朗欲逃亡者，执以诣卓，卓谓朗曰：“卿与吾亡儿同岁，几大相负！”朗因曰：“明公以高世之德，遭阳九之会，清除群秽，广举贤士，此诚虚心垂虑，将兴至治也。威德以隆，功业以著，而兵难日起，州郡鼎沸，郊境之内，民不安业，捐弃居产，流亡藏窜，虽四关设禁，重加刑戮，犹不绝息，此朗之所以于邑也。愿明公监观往事，少加三思，即荣名并于日月，伊、周不足侔也。”卓曰：“吾亦悟之，卿言有意！”

朗知卓必亡，恐见留，即散财物以赂遗卓用事者，求归乡里。到谓父老曰：“董卓悖逆，为天下所仇，此忠臣义士奋发之时也。郡与京都境壤相接，洛东有成皋，北界大河，天下兴义兵者若未得进，其势必停于此。此乃四分五裂战争之地，难以自安，不如及道路尚通，举宗东黎阳。黎阳有营兵，赵威孙乡里旧婚，为监营谒者，统兵马，足以为主。若后有变，徐复观望未晚也。”父老恋旧，莫有从者，惟同县赵咨，将家属俱与朗往焉。后数月，关东诸州郡起兵，众数十万，皆集荥阳及河内。诸将不能相一，纵兵抄掠，民人死者且半。久之，关东兵散，太祖与吕布相持于濮阳，朗乃将家还温。时岁大饥，人相食，朗收恤宗族，教训诸弟，不为衰世解业。

年二十二，太祖辟为司空掾属，除成皋令，以病去，复为堂阳长。其治务宽惠，不行鞭杖，而民不犯禁。先时，民有徙充都内者，后县调当作船，徙民恐其不办，乃相率私还助之，其见爱如此，迁元城令，人为丞相主簿。朗以为天下土崩之势，由秦灭五等之制，而郡国无蒐狩习战之备故也。今虽五等未可复行，可令州郡并置兵，外备四夷，内威不轨，于策为长。又以为宜复井田。往者以民各有累世之业，难中夺之，是以至今。今承大乱之后，民人分散，土业无主，皆为公田，宜及此时复之。议虽未施行，然州郡领兵，朗本意也。迁兖州刺史，政化大行，百姓称之。虽在军旅，常粗衣恶食，俭以率下。雅好人伦典籍，乡人李觌等盛得名誉，朗常显贬下之；后觌等败，时人服焉。钟繇、王粲著论云："非圣人不能致太平。"朗以为"伊、颜之徒虽非圣人，使得数世相承，太平可致，"建安二十二年，与夏侯惇、臧霸等征吴。到居巢，军士大疫，朗躬巡视，致医药。遇疾卒，时年四十七。遗命布衣幅巾，敛以时服，州人追思之。明帝即位，封朗子遗昌武亭侯，邑百户。朗弟孚又以子望继朗后。遗薨，望子洪嗣。

初，朗所与俱徙赵咨。官至太常，为世好士。

梁习字子虞，陈郡柘人也，为郡纲纪。太祖为司空，辟召为漳长，累转乘氏、海西、下邳令，所在有治名。还为西曹令史，迁为属。并土新附，习以别部司马领并州刺史。时承高干荒乱之余，胡狄在界，张雄跋扈，吏民亡叛，入其部落；兵家拥众，作为寇害，更相扇动，往往棋跱。习到官，诱计分谕招纳，皆礼召其豪右，稍稍荐举，使诣幕府；豪右已尽，乃次发诸丁强以为义从；又因大军出征，分请以为勇力。吏兵已去之后，稍移其家，前后送邺凡数万口；其不从命者，兴兵致讨，斩首千数，降附者万计。单于恭顺，名王稽颡，部曲服事供职，同于编户。边境肃清，百姓布野，勤劝农桑，令行禁止。贡达名士，咸显于世，语在《常林传》。太祖嘉之，赐爵关内侯，更拜为真。长者称咏，以为自所闻识，刺史未有及习者。建安十八年，州并属冀州，更拜议郎、西部都督从事，统属冀州，总故部曲。又使于上党取大材供邺宫室。习表置屯田都尉二人，领客六百夫，于道次耕种菽粟，以给人牛之费。后单于入侍，西北无虞，习之绩也。文帝践阼，复置并州，复为刺史，进封申门亭侯，邑百户；政治常为天下最。太和二年，征拜大司农。习在州二十余年，而居处贫穷，无方面珍物，明帝异之，礼赐甚厚。四年，薨，子施嗣。

初，济阴王思与习俱为西曹令史。思因直日白事，失太祖指。太极大怒，教召主者，将加重辟。时思近出，习代往对，已被收执矣，思乃驰还，自陈己罪，罪应受死。太祖叹习之不言，思之识分，曰："何意吾军中有二义士乎？"后同时擢为刺史，思领豫州。思亦能吏，然苛碎无大体，官至九卿，封列侯。

张既字德容，冯翊高陵人也。年十六，为郡小吏。后历右职，举孝廉，不行。太祖为司空，辟，未至，举茂才，除新丰令，治为三辅第一。袁尚拒太祖于黎阳，遣所置河东太守郭援，并州刺史高干及匈奴单于取平阳，发使西与关中诸将合从。司隶校尉钟繇遣既说将军马腾等，既为言利害，腾等从之。腾遣子超将兵万余人，与繇会击干、援，大破之，斩援首。干及单于皆降。其后干复举并州反。河内张晟众万余人无所属，寇崤、渑间，河东卫固、弘农张琰各起兵以应之。太祖以既为议郎，参繇军事，使西征诸将马腾等，皆引兵会击晟等，破之。斩琰、固首，干奔荆州。封既武始亭侯。太祖将征荆州，而腾等分据关中。太祖复遣既喻腾等，令释部曲求还。腾已许之而更犹豫，既恐为变，乃移诸县促储偫，二千石郊迎。腾不得已，发东。太祖表腾为卫尉，子超为将军，统其众。后超反，既从太祖破超于华阴，西定关右。以既为京兆尹，招怀流民，兴复县邑，百姓怀之。魏国既建，为尚书，出为雍州刺史。太祖谓既曰："还君本州，可谓衣绣昼行矣。"从征张鲁，别从散关入讨叛氐，收其麦以给军食。鲁降，既说太祖拔汉中民数万户以实长安及三辅。其后与曹洪破吴兰于下辩，又与夏侯渊讨宋建、别攻临洮、狄道，平之。是时，太祖徙民以充河北，陇西、天水、南安民相恐动，扰扰不安，既假三郡人为将吏者休课，使治屋宅，作水碓，民心遂安。太祖将拔汉中守，恐刘备北取武都氐以逼关中，问既。既曰："可劝使北出就谷以避贼，前至者厚其宠赏，则先者知利，后必慕之。"太祖从其策，乃自到汉中引出诸军。令既之武都，徙氐五万余落出居扶风、天水界。

是时，武威颜俊、张掖和鸾、酒泉黄华、西平麴演等并举郡反，自号将军，更相攻击。俊遣使送母及子诣太祖为质，求助。太祖问既，既曰："俊等外假国威，内生傲悖，计定势足，后即反耳。今方事定蜀，且宜两存而斗之，犹卞庄子刺虎，坐收其毙也。"大祖曰："善。"岁余，鸾遂杀俊，武威王祕又杀鸾。是时不置凉州，自三辅拒西域，皆属雍州。文帝即王位，初置凉州，以安定邹岐为刺史。张掖张进执郡守举兵拒岐，黄华、麴演各逐故太守，举兵以应之。既进兵为获羌校尉苏则声势，故则得以有功。既进爵都乡侯。凉州卢水胡伊健妓妾、治元多等反，河西大扰。帝忧之，曰："非既莫能安凉州。"乃召邹岐，以既代之。诏曰："昔贾复请击郾贼，光武笑曰：'执金吾击郾，吾复向忧？'卿谋略过人，今则其时。以便宜从事，勿复先请。"遣护军夏侯儒、将军费曜等继其后。既至金城，欲渡河，诸将守以为"兵少道险，未可深入。"既曰："道虽险，非井陉之隘，夷狄乌合，无左车之计，今武威危急，赴之宜速。"遂渡河。贼七千余骑逆拒军于鹯阴口，既扬声军由鹯阴，乃潜由且次出至武威。胡以为神，引还显美。既已据武威，曜乃至，儒等犹未达。既劳赐将士，欲进军击胡。诸将皆曰："士卒疲倦，虏众气锐，难与争锋。"既曰："今军无见粮，当因敌为资。若虏见兵合，退依深山，追之则道险穷饿，兵还则出候寇抄。如此，兵不得解，所谓'一日纵敌，患在数世'也。"遂前军显美。胡骑数千，因大风欲放火烧营，将士皆恐。既夜藏精率三千人为伏，使参军成公英督千余骑挑战，敕使阳退。胡果争奔之，因发伏截其后，首尾进击，大破之，斩首获生以万数。帝甚悦，诏曰："卿逾河历险，以劳击逸，以寡胜众，功过南仲，勤逾吉甫。此勋非但破胡，乃永宁河右，使吾长无西顾之念矣。"徙封西乡侯，增邑二百，并前四百户。

酒泉苏衡反，与羌豪邻戴及丁令胡万余骑攻边县。既与夏侯儒击破之，衡及邻戴等皆降。遂上书疏请与儒治左城，筑鄣塞，置烽候、邸阁以备胡。西羌恐，率众二万余落降。其后西平麴光等杀其郡守，诸将欲击之，既曰："唯光等造反，郡人未必悉同。若便以军临之，吏民羌胡必谓国家不别是非，更使皆相持著，此为虎傅翼也。光等欲以羌胡为援，今先使羌胡抄击，重其赏募，所虏获皆以界之。外沮其势，内离其交，必不战而定。"乃檄告谕诸羌，为光所诖误者原之；能斩贼帅送首者当加封赏。于是光部党斩送光首，其余咸安堵如故。

既临二州十余年，政惠著闻，其所礼辟扶风庞延、天水杨阜、安定胡遵、酒泉宠淯、敦煌张恭、周生烈等，终皆有名位。黄初四年薨。诏曰："昔荀桓子立勋翟土，晋侯赏以千室之邑；冯异输力汉朝，光武封其二子。故凉州刺史张既，能容民蓄众，使群羌归土，可谓国之良臣。不幸薨陨，朕甚愍之，其赐小子翁归爵关内侯。"明帝即位，追谥曰肃侯。子缉嗣。

缉以中书郎稍迁东莞太守。嘉平中，女为皇后，征拜光禄大夫，位特近，封妻向为安城乡君。缉与中书李丰同谋，诛。语在《夏侯玄传》。

温恢字曼基，太原祁人也。父恕，为涿郡太守，卒。恢年十五，送丧还归乡里，内足于财。恢曰："世方乱，安以富为?"一朝尽散，振施宗族。州里高之，比之郇越。举孝廉，为廪丘长，鄢陵、广川令，彭城、鲁相，所在见称。人为丞相主簿，出为扬州刺史。太祖曰："甚欲使卿在亲近，顾以为不如此州事大。故《书》云：股肱良哉！庶事康哉！得无当得蒋济为治中邪?"时济见为丹杨太守，乃遣济还州。又语张辽、乐进等曰："扬州刺史晓达军事，动静与共咨议。"

建安二十四年，孙权攻合肥，是时诸州皆屯戍。恢谓兖州刺史裴潜，曰："此间虽有贼，不足忧，而畏征南方有变。今水生而子孝县军，无有远备。关羽骁锐，乘利而近，必将为患。"于是有樊城之事。诏书召潜及豫州刺史吕贡等："潜等缓之。"恢密语潜曰："此必襄阳之急欲赴之也。所以不为急会者，不欲惊动远众。一二日必有密书促卿进道，张辽等又将被召。辽等素知王意，后召前至，卿受其责矣。"潜受其言，置辎重，更为轻装速发，果被促令。辽等寻各见召，如恢所策。

文帝践阼，以恢为侍中，出为魏郡太守。数年，迁凉州刺史，持节领护羌校尉。道病卒，时年四十五。诏曰："恢有柱石之质，服事先帝，功勤明著。及为朕执事，忠于王室，故授之以万里之任，任之以一方之事。如何不遂，吾其愍之!"赐恢子生爵关内侯。生早卒，爵绝。恢卒后，汝南孟建为凉州刺史，有治名，官至征东将军。

贾逵字梁道，河东襄陵人也。自为儿童，戏弄常设部伍，祖父习异之，曰："妆大必为将率。"口授兵法数万言。初为郡吏，守绛邑长。郭援之攻河东，所经城邑皆下，逵坚守，援攻之不拔，乃召单于并军急攻之。城将溃，绛父老与援要，不害逵。绛人既溃，援闻逵名，欲使为将，以兵劫之，逵不动。左右引逵使叩头，逵叱之曰：“安有国家长吏为贼叩头！”援怒，将斩之。绛吏民闻将杀逵，皆乘城呼曰：“负要杀我贤君，宁俱死耳！”左右义逵，多为请，遂得免。初，逵过皮氏，曰：“争地先据者胜。”及围急，知不免，乃使人间行送印绶归郡，且曰：“急据皮氏。”援既并绛众，将进兵。逵恐其先得皮氏，乃以他计疑援谋人祝奥，援由是留七日。郡从逵言，故得无败。

后举茂才，除渑池令。高干之反，张琰兵以应之。逵不知其谋，往见琰。闻变起，欲还，恐见执，乃为琰画计，如与同谋者，琰信之。时县寄治蠡城，城堑不固，逵从琰求兵修城。诸欲为乱者皆不隐其谋，故建得尽诛之。遂修城拒琰。琰败，适以丧祖父去官，司徒辟为掾，以仪郎参司隶军事。太祖征马超，至弘农，曰：“此西道之要。”以逵领弘农太守。召见计事，大悦之。谓左右曰：“使天下二千石悉如贾逵，吾何忧？”其后发兵，逵疑屯田都尉藏亡民。都尉自以不属郡，言语不顺。逵怒，收之，数以罪，挝折脚，坐免。然太祖心善逵，以为丞相主簿。太祖征刘备，先遣逵至斜谷观形势。道逢水衡，载囚人数十车，逵以军事急，辄竟重者一人，皆放其余。太祖善之，拜谏议大夫，与夏侯尚并掌军计。太祖崩洛阳，逵典丧事。时鄢陵侯彰行越骑将军，从长安来赴，问逵先生玺绶所在。逵正色曰：“太子在邺，国有储副。先王玺绶，非君侯所宜问也。”遂奉梓官还邺。

文帝即王位，以邺县户数万在都下，多不法，乃以逵为邺令。月余，迁魏郡太守。大军出征，复为丞相主簿祭酒。逵尝坐人为罪，王曰："叔向犹十世有之，况逵功德亲在其身乎？"从至黎阳，津渡者乱行，逵斩之，乃整。至谯，以逵为豫州刺史。是时天下初复，州郡多不摄。逵曰："州本以御史出监诸郡，以六条诏书察长吏二千石已下，故其状皆言严能鹰扬有督察之才，不言安静宽仁有恺悌之德也。今长吏慢法，盗贼公行，州知而不纠，天下复何取正乎？"兵曹从事受前刺史假，逵到官数月，乃还；考竟其二千石以下阿纵不如法者，皆举奏免之。帝曰："逵真刺史矣。"布告天下，当以豫州为法。赐爵关内侯。

州南与吴接，逵明斥候，缮甲兵，为守战之备，贼不敢犯。外修军旅，内治民事，遏鄢、汝，造新陂，又断山溜长溪水，造小弋阳陂，又通运渠二百余里，所谓贾侯渠者也。黄初中，与诸将并征吴，破吕范于洞浦，进封阳里亭侯，加建威将军。

明帝即位，增邑二百户，并前四百户。时孙权在东关，当豫州南，去江四百余里。每出兵为寇，辄西从江夏，东从庐江。国家征伐，亦由淮、沔。是时州军在项，汝南、弋阳诸郡，守境而已。权无北方之虞，东西有急，并军相救，故常少败。逵以为宜开直道临江，若权自守，则二方无救；若二方无救，则东关可取。乃移屯潦口，陈攻取之计，帝善之。

吴将张婴、王崇率众降。太和二年，帝使逵督前将军满宠、东莞太守胡质等四军，从西阳直向东关，曹休从皖，司马宣王从江陵。逵至五将山，休更表贼有请降者，求深入座之。诏宣王驻军，逵东与休合进。逵度贼无东关之备，必并军于皖；休深入与贼战，必败。乃部署诸将，水陆并进，行二百里，得生贼，言休战败，权遣兵断夹石。诸将不知所出，或欲待后军。逵曰："休兵败于外，路绝于内，进不能战，退不得还，安危之机，不及终日。贼以军无后继，故至此；今疾进，出其不意，此所谓先人以夺其心也，贼见吾兵必走。若待后军，贼已断险，兵虽多何益！"乃兼道进军，多设旗鼓为疑兵，贼见逵军，遂退。逵据夹石，以兵粮给休，休军乃振。初，逵与休不善。黄初中，文帝欲假逵节，休曰："逵性刚，素侮易诸将，不可为督。"帝乃止。及夹石之败，微逵，休军几无救也。

会病笃。谓左右曰："受国厚恩，恨不斩孙权以下见先帝。丧事一不得有所修作。"薨，谥曰肃侯。子充嗣。豫州吏民追思之，为刻石立祠。青龙中，帝东征，乘辇入逵神祠，诏曰："昨过项，见贾逵碑像，念之怆然。古人有言，患名之不立，不患年之不长。逵存有忠勋，没而见思，可谓死而不朽者矣。其布告天下，以劝将来。"充，咸熙中为中护军。

【评曰】

"自汉季以来，刺史总统诸郡，赋政于外，非若曩时司察之而已。太祖创基，迄终魏业，此皆其流称誉有名实者也。咸精达事机，威恩兼著，故能肃齐万里，见述于后也。

任苏杜郑仓传

任峻字伯达，河南中牟人也。汉末扰乱，关东皆震。中牟令杨原愁恐，欲弃官走。峻说原曰：“董卓首乱，天下莫不侧目，然而未有先发者，非无其心也，势未敢耳。明府若能唱之，必有和者。”原曰：“为之奈何?”峻曰：“今关东有十余县，能胜兵者不减万人，若权行河南尹事，总而用之，无不济矣。”原从其计，以峻为主簿。峻乃为原表行尹事，使诸县坚守，遂发兵。会太祖起关东，入中牟界，众不知所从，峻独与同郡张奋议，举郡以归太祖。峻又别收宗族及宾客家兵数百人，愿从太祖。太祖大悦，表峻为骑都尉，妻以从妹，甚见亲信。太祖每征伐，峻常居守以给军。是时岁饥旱，军食不足，羽林监颍川枣祗建置屯田，太祖以峻为典农中郎将，募百姓屯田于许下，得谷百万斛，郡国列置田官，数年中所在积粟，仓廪皆满。官渡之战，太祖使峻典军器粮运。贼数寇抄绝粮道，乃使千乘为一部，十道方行，为复阵以营卫之，贼不敢近。军国之饶，起于枣祗而成于峻。太祖以峻功高，乃表封为都亭侯，邑三百户，迁长水校尉。

峻宽厚有度而见事理，每有所陈，太祖多善之。于饥荒之际，收恤朋友孤遗，中外贫宗，周急继乏，信义见称。建安九年薨，太祖流涕者久之。子先嗣。先薨，无子，国除。文帝追录功臣，谥峻曰成侯。复以峻中子览为关内侯。

苏则字文师，扶风武功人也。少以学行闻，举孝廉茂才，辟公府，皆不就。起家为酒泉太守，转安定、武都，所在有威名。太祖征张鲁，过其郡，见则悦之，使为军导。鲁破，则绥定下辩诸氐，通河西道，徙为金城太守。是时丧乱之后，吏民流散饥穷，户口损耗，则抚循之甚谨。外招怀羌胡，得其牛羊，以养贫老。与民分粮而食，旬月之间，流民皆归，得数千家。乃明为禁令，有干犯者辄戮，其从教者必赏。亲自教民耕种，其岁大丰收，由是归附者日多。李越以陇西反，则率羌胡围越，越即请服。太祖崩，西平麴演叛，称护羌校尉。则勒兵讨之。演恐，乞降。文帝以其功，加则护羌校尉，赐爵关内侯。

后演复结旁郡为乱，张掖张进执太守杜通，酒泉黄华不受太守辛机，进、华皆自称太守以应之。又武威三种胡并寇抄，道路断绝。武威太守毋丘兴告急于则。时雍、凉诸豪皆驱略羌胡以从进等，郡人咸以为进不可当。又将军郝昭、魏平先是各屯守金城，亦受诏不得西度。则乃见郡中大吏及昭等与羌豪帅谋曰："今贼虽盛，然皆新合，或有胁从，未必同心；因衅击之，善恶必离，离而归我，我增而彼损矣。既获益众之实，且有倍气之势，率以进讨，破之必矣。若待大军，旷日持久，善人无归，必合于恶，善恶既合，势难卒离。虽有诏命，违而合权，专之可也。”于是昭等从之，乃发兵救武威，降其三种胡，与兴击进于张掖。演闻之，将步骑三千迎则，辞来助军，而实欲为变。则诱与相见，因斩之，出以徇军，其党皆散走。则遂与诸军围张掖，破之，斩进及其支党，众皆降。演军败，华惧，出所执乞降，河西平。乃还金城。进封都亭侯，邑三百户。

征拜侍中，与董昭同寮。昭尝枕则膝卧，则推下之，曰：“苏则之膝，非佞人之枕也。”初，则及临菑侯植闻魏氏代汉，皆发服悲哭，文帝闻植如此，而不闻则也。帝在洛阳，常从容言曰：“吾应天而禅，而闻有哭者，何也?”则谓为见问，须髯悉张，欲正论以对。侍中傅巽掐。则曰：“不谓卿也。”于是乃止。文帝问则曰：“前破酒泉、张掖，西域通使，敦煌献径寸大珠，可复求市益得不?”则对曰：“若陛下化洽中国，德流沙漠，即不求自至；求而得之，不足贵也。”帝默然。后则从行猎，槎桎拔，失鹿，帝大怒，踞胡床拔刀，悉收督吏，将斩之。则稽首曰：“臣闻古圣王不以禽兽害人，今陛下方隆唐尧之化，而以猎戏多杀群吏，愚臣以为不可。敢以死请!”帝曰：“卿，直臣也。”遂皆赦之。然以此见惮。黄初四年，左迁东平相。未至，道病薨，谥曰刚侯。子怡嗣。怡薨，无子，弟愉袭封。愉，咸熙中为尚书。

杜畿字伯侯，京兆杜陵人也。少孤，继母苦之，以孝闻。年二十，为郡功曹，守郑县令。县囚系数百人，畿亲临狱，裁其轻重，尽决遣之，虽未悉当，郡中奇其年少而有大意也。举孝廉，除汉中府丞。会天下乱下，遂弃官客荆州，建安中乃还。荀彧近之太祖，太祖以畿为司空司直，迁护羌校尉，使持节，领西平太守。

太祖既定河北，而高干举并州反。时河东太守王邑被征，河东人卫固、范先外以请邑为名，而内实与干通谋。太祖谓荀彧曰："关西诸将，恃险与马，征必为乱。张晟寇殽、渑间，南通刘表，固等因之，吾恐其为害深。河东被山带河，四邻多变，当今天下之要地也。君为我举萧何、寇恂以镇之。"彧曰："杜畿其人也。"于是追拜畿为河东太守。固等使兵数千人绝陕津，畿至不得渡。太祖遣夏侯惇讨之，未至。或谓畿曰："宜须大兵。"畿曰："河东有三万户，非皆欲为乱也。今兵迫之急，欲为善者无主，必惧而听于固。固等势专，必以死战。讨之不胜，四邻应之，天下之变未息也；讨之而胜，是残一郡之民也。且固等未显绝王命，外以请故君为名，必不害新君。吾单车直往，出其不意。固为人多计而无断，必伪受吾。吾得居郡一月，以计縻之，足矣。"遂诡道从郖津度。范先欲杀畿以威众。且观畿去就，于门下斩杀主簿已下三十余人，畿举动自若。于是，固曰："杀之无损，徒有恶名；且制之在我。"遂奉之。畿谓固、范先曰："卫、范，河东之望也，吾仰成而已。然群臣有定义，成败同之，大事当共平议。"以固为都督，行丞事，领功曹；将校吏兵三千余人，皆范先督之。固等喜，虽阳事畿，不以为意，固欲大发兵，畿患之，说固曰："夫欲为非常之事，不可动众心。今大发兵，众必扰，不如徐以訾募兵。"固以为然，从之，遂为资调发，数十日乃定，诸将贪多应募而少遣兵。又人喻固等曰："人情顾家，诸将掾吏，可分遣休息，急缓召之不难。"固等恶逆众心，又从之。于是善人在外，阴为己援；恶人分散，各还其家，则从离矣。会白骑攻东垣，高干入濩泽，上党诸县杀长吏，弘农执郡守，固等密调兵未至。畿知诸县附已，因出，单将数十骑，赴张辟拒守，吏民多举城助畿者，比数十日，得四千余人，固等与干、晟共攻畿，不下，略诸县，无所得。会大兵至，干、晟败，固等伏诛，其余党与皆赦之，使复其居业。

是时天下郡县皆残破，河东最先定，少耗减。畿治之，崇宽惠，与民无为。民尝辞讼，有相告者，畿亲见为陈大义，遣令归谛思之，若意有所不尽，更来诣府。乡邑父老自相责怒曰："有君如此，奈何不从其教？"自是少有辞讼。班下属县，举孝子、贞妇、顺孙，复其繇役，随时慰免之。渐课民畜牸牛、草马，下逮鸡豚犬豕，皆有章程。百姓勤农，家家丰实。畿乃曰："民富矣，不可不教也。"于是冬月修戎讲武，又开学宫，亲自执经教授，郡中化之。

韩遂、马超之叛也，弘农、冯翊多举县邑以应之。河东虽与贼接，民无异心。太祖西征至蒲阪，与贼夹渭为军，军食一仰河东。及贼破，余畜二十余万斛。太祖下令曰："河东太守杜畿，孔子所谓'禹，吾无间然矣'。增秩中二千石"。太祖征汉中，遣五千人运，运者自率勉曰："人生有一死，不可负我府君。"终无一人逃亡，其得人心如此。魏国既建，以畿为尚书。事平，更有令曰："昔萧何定关中，寇恂平河内，卿有其功，间将授卿以纳言之职；顾念河东吾股肱郡，充实之所，足以制天下，故且烦卿卧镇之。”畿在河东十六年，常为天下最。

文帝即王位，赐爵关内侯，征为尚书。及践阼，进封丰乐亭侯，邑百户，守司隶校尉。帝征吴，以畿为尚书仆射，统留事。其后帝幸许昌，畿复居守。受诏作御楼船，于陶河试船，遇风没。帝为之流涕，诏曰：“昔冥勤其官而水死，稷勤百谷而山死。故尚书仆射杜畿，于孟津试船，遂至覆没，忠之至也。朕甚愍焉。”追赠太仆，谥曰戴侯。子恕嗣。恕字务伯，太和中为散骑黄门侍郎。恕推诚以质，不治饰，少无名誉。及在朝，不结交援，专心向公。每政有得失，常引纲维以正言，于是侍中辛毗等器重之。

时公卿以下大议损益，恕以为“古之刺史，奉宣六条，以清静为名，威风著称，今可勿令领兵，以专民事。”俄而镇北将军吕昭又领冀州，乃上疏曰：“帝王之道，莫尚乎安民；安民之术，在于丰财。丰财者，务本而节用也。方今二贼未灭，戎车亟驾，此自熊虎之士展力之秋也。然搢绅之儒，横加荣慕，扼腕抗论，以孙、吴为首，州郡牧守，咸共忽恤民之术，修将率之事。农桑之民。竞干戈之业，不可谓务本。帮藏岁虚而制度岁广，民力岁衰而赋役岁兴，不可谓节用。今大魏奄有十州之地，而承丧乱之弊，计其户口不如往昔一州之民，然而二方僭逆，北虏未宾，三边遘难，绕天略帀；所以统一州之民，经营九州之地，其为艰难，譬策羸马以取道里，岂可不加意爱惜其力哉？以武皇帝之节俭，府藏充实，犹不能十州拥兵；郡且二十也。今荆、扬、青、徐、幽、并、雍、凉缘边诸州皆有兵矣，其所恃内充府库外制四夷者，惟兖、豫、司、冀而已。臣前以州郡典兵，则专心军功，不勤民事，宜别置将守，以尽治理之务；而陛下复以冀州宠秩吕昭。冀州户口最多，田多垦辟，又有桑枣之饶，国家征求之府，诚不当复任以兵事也。若以北方当须镇守，自可专置大将以镇安之。计所置吏士之费，与兼官无异。然昭于人才尚复易；中朝苟乏人，兼才者势不独多。以此推之，知国家以人择官，不为官择人也。官得其人，则政平讼理；政平故民富实，讼理故囹圄空虚。陛下践阼，天下断狱百数十人，岁岁增多，至五百余人矣。民不益多，法不益峻。以此推之，非政教陵迟，牧守不称之明效欤？往年牛死，通率天下十能损二；麦不半收，秋种未下。若二贼游魂于疆场，飞刍輓粟，千里不及。究此之术，岂在强兵乎？武士劲卒愈多，愈多愈病耳。夫天下犹人之体，腹心充实，四支虽病，终无大患；今兖、豫、司、冀亦天下之腹心也。是以愚臣悽悽，实愿四州之牧守，独修务本之业，以堪四支之重。然孤论难持，犯欲难成，众怨难积，疑似难分，故累载不为明主所察。凡言此者，类皆疏贱；疏贱之言，实未易听。若使善策必出于亲贵，亲贵固不犯四难以求忠爱，此古今之所常患也。

时又大仪考课之制，以考内外众官。恕以为用不尽其人，虽才且无益，所存非所务，所务非世要。上疏曰：《书》称“明试以功，三考黜陟”，诚帝王之盛制。使有能当者其官，有功者受其禄，譬犹乌获之举千钧，良、乐之选骥足也。虽历六代而考绩之法不著，关七圣而课试之文不垂，臣诚以为其法可粗依，其详难备举故也。语曰：“世有乱人而无乱法。”若使法可专任，则唐、虞可不须稷、契之佐，殷、周无贵伊、吕之辅矣。今奏考功者，陈周、汉之法为，缀京房之本旨，可谓明考课之要矣。于以崇揖让之风，兴济济之治，臣以为未尽善也。其欲使州郡考士，必由四科，皆有事效，然后察举，试辟公府，为亲民长吏，转以功次补郡守者，或就增秩赐爵，此最考课之急务也。臣以为便当显其身，用其言，使具为课州郡之法，法具施行，立必信之赏，施必行之罚。至于公卿及内职大臣，亦当俱以其职考课之也。古之三公，坐而论道，内职大臣，纳言补阙，无善不纪，无过不举。且天下至大，万机至众，诚非一明所能偏照。故君为元首，臣作股肱，明其一体相须而成也。是以古人称廊庙之材，非一木之支；帝王之业，非一士之略。由是言之，焉有大臣守职辨课可以致雍熙者哉！且布衣之交，犹有务言誓而蹈水火，感知己面而披肝胆，徇声名而立节义者；况于束带立朝，致位卿相，所务者非特匹夫之信，所感者非徒知己之惠，所循者岂声名而已乎！诸蒙宠禄受重任者，不徒欲举明主唐、虞之上而已；身亦欲厕稷、契之列。是以古人不患于念治之心不尽，患于自任之意不足，此诚人主使然也。唐、虞之君，委任稷，契、夔、龙而责成功，及其罪也，殛鲧而放四凶。今大臣亲奉明诏，给事目下，其有夙夜在公，格勤特立，当官不挠贵势，执平不阿所私，危言危行以处朝廷者，自明主所察也。若尸禄以为高，拱默以为智，当官苟在于免负，立朝不忘于容身，洁行逊言以处朝廷者，亦明主所察也。诚使容身保位，无放退之辜，而尽节在公，抱见疑之势，公义不修而私议成俗，虽仲尼为谋，犹不能尽一才，又况于世俗之人乎！今之学者，师商、韩而上法术，竞以儒家为迂阔，不周世用，此最风俗之流弊，创业者之所致慎也。后考课竟不行。

乐安廉昭以才能拔擢，颇好言事。恕上疏极谏曰：伏见尚书郎廉昭奏左丞曹璠以罚当关不依诏，坐判问。又云“诸当坐者别奏”。尚书令陈矫自奏不敢辞罚，亦不敢以处重为恭，意至恳恻。臣窃慜然为朝廷惜之！夫圣人不择世而兴，不易民而治，然而生必有贤智之佐者，盖进之以道，率之以礼故也。古之帝王之所以能辅世长民者，莫不远得百姓之欢心，近尽群臣之智力。诚使今朝任职之臣皆天下之选，而不能尽其力，不可谓能使人；若非天下之选，亦不可谓能官人。陛下忧劳万机，或亲灯火，而庶事不康，刑禁日弛，岂非股肱不称之明效欤？原其所由，非独臣有不尽忠，亦主有不能使。百里奚愚于虞而智于秦，豫让苟容中行而著节智伯，斯则古人之明验矣。今臣言一朝皆不忠，是诬一朝也；然其事类，可推而得。陛下感帑藏之不充实，而军事未息，至乃断四时之赋衣，薄御府之私谷，帅由圣意，举朝称明，与闻政事密勿大臣，宁有恳恳忧此者乎？

骑都尉王才，幸乐人孟思所为不法，振动京都，而其罪状发于小吏，公卿大臣初无一言。自陛下践阼以来，司隶校尉、御史中丞宁有举纲维以督奸宄，使朝廷肃然者邪？若陛下以为今世无良才，朝廷乏贤佐，岂可追望稷、契之遐踪，坐待来世之俊乂乎！今之所谓贤者，尽有大官而享厚禄矣，然而奉上之节未立，向公之心不一者，委任之责不专，而俗多忌讳故也。

臣以为忠臣不必亲，亲臣不必忠。何者？以其居无嫌之地而事得自尽也。今有疏者毁人不实其所毁，而必曰私报所憎，誉人不实其所誉，而必曰私爱所亲，左右或因之以进憎爱之说。非独毁益有之，政事损益，亦皆有嫌。陛下当思所以阐广朝臣之心，笃厉有道之节，使之自同古人，望与竹帛耳。反使如廉昭者扰乱其间，臣惧大臣遂将容身保位，坐观得失，为来世戒也！”

昔周公戒鲁侯曰：“无使大臣怨乎不以”，不言贤愚，明皆当世用也。尧数舜之功，称去四凶，不言大小，有罪则去也。今者朝臣不自以为不能，以陛下为不任也；不自以为不智，以陛下为不问也。陛下何不遵周公之所以用，大舜之所以去？使侍中、尚书坐则侍帷幄，行则从华辇，亲对诏问，所陈必达，则群臣之行，能否皆可得而知；忠能者进，暗劣者退，谁敢依违而不自尽？以陛下之圣明，亲与群臣论议政事，使群臣人得自尽，人自以为亲，人思所以报，贤愚能否，在陛下之所用。以此治事，何事不办？以此建功，何功不成？每有军事，诏书常曰：“谁当忧此者邪？吾当自忧耳。”近昭又曰：“忧公忘私者必不然，但先公后私即自办也。”伏读明诏，乃知圣思究尽下情，然亦怪陛下不治其本而忧其末也。人之能否，实有本性，虽臣亦以为朝臣不尽称职也。明主之用人也，使能者不敢遗其力，而不能者不得处非其任。选举非其人，未必为有罪也；举朝共容非其人，乃为怪耳。陛下知其不尽力也，而代之忧其职，知其不能也，而教之治其事，岂徒主劳而臣逸哉？虽圣贤并世，终不能以此为治也。

陛下又患台阁禁令之不密，人事请属之不之绝，听伊尹作迎客出入之制，选司徒更恶吏以守寺门，威禁由之，实未得为禁之本也。昔汉安帝时，少府窦嘉辟廷尉郭躬无罪之兄子，犹见举奏，章劾纷纷。近司隶校尉孔羡辟大将军狂悖之弟，而有司嘿尔，望风希指，甚于受属。选举不以实，人事之大者也。嘉有亲戚之宠，躬非社稷重臣，犹尚如此；以今况古，陛下自不督必行之罚以绝阿党之原耳。伊尹之制，与恶吏守门，非治世之具也。使臣之言少蒙察纳，何患于奸不削灭，而养若昭等乎！

夫纠擿奸宄，忠事也，然而世憎小人行之者，以其不顾道理而求容进也。若陛下不复考其终始，必以违众忤世为奉公，密行白人为尽节，焉有通人大才而更不能为此邪？诚顾道理而弗为耳。使天下皆背道而趋利，则人主之所最病者，陛下将何乐焉，胡不绝其萌乎！夫先意承旨以求容美，率皆天下浅薄无行义者，其意务在于适人主之心而已，非欲治天下安百姓也。陛下何不试变业而示之，彼岂执其所守以违圣意哉？夫人臣得人主之心，安业也；处尊显之官，荣事也；食千钟之禄，厚实也。人臣虽愚，未有不乐此而喜干迕者也，迫于道，自强耳。诚以为陛下当怜而佑之，少委任焉，如何反录昭等倾侧之意，而忽若人者乎？今者外有伺隙之寇，内有贫旷之民，陛下当大计天下之损益，政事之得失，诚不可以怠也。恕在朝八年，其论议亢直，皆此类也。

出为弘农太守，数岁转赵相，以疾去官。起家为河东太守，岁余，迁淮北都督护军，复以疾去。恕所在，务存大体而已，其树惠爱，益得百姓欢心，不及于畿。顷之，拜御史中丞。恕在朝廷，以不得当世之和，故屡在外任。复出为幽州刺史，加建威将军，使持节，护乌丸校尉。时征北将军程喜屯蓟，尚书袁侃等戒恕曰："程申伯处先帝之世，倾田国让于青州。足下今俱杖节，使共屯一城，宜深有以待之。"而恕不以为意。至官未期，有鲜卑大人儿，不由关塞，径将数十骑诣州，州斩所从来小子一人，无表言上。喜于是劾奏恕，下廷尉，当死。以父畿勤事水死，免为庶人，徙章武郡，是岁嘉平元年。恕倜傥任意，而思不防患，终至此败。

初，恕从赵郡还，陈留阮武亦从清河太守征，俱自薄廷尉。谓恕曰："相观才性可以由公道而持之不厉，器能可以处大官而求之不顺，才学可以述古今而志之不一，此所谓有其才而无其用。今向闲暇，可试潜思，成一家言。"在章武，遂著《本论》八篇。又著《兴性论》一篇，盖兴于为己也。四年，卒于徙所。

甘露二年，河东乐详年九十余，上书讼畿之遗绩，朝廷感焉。诏封恕子预为丰乐亭侯，邑百户。恕奏议论驳皆可观，掇其切世大事著于篇。

郑浑字文公，河南开封人也。高祖父众，众父兴，皆为名儒。浑兄泰，与荀攸等谋诛董卓，为扬州刺史，卒。浑将泰小子袤避难淮南，袁术宾礼甚厚。浑知术必败。时华歆为豫章太守，素与泰善，浑乃渡江投歆。太祖闻其笃行，召为掾，复迁下蔡长、邵陵令。天下未定，民皆剽轻，不念产殖；其生子无以相活，率皆不举。浑所在夺其渔猎之具，课使耕桑，又兼开稻田，重去子之法。民初畏罪，后稍丰给，无不举赡；所育男女，多以郑为字。辟为丞相掾属，迁左冯翊。

时梁兴等略吏五千余家为寇钞，诸县不能御，皆恐惧，寄治郡下。议者悉以为当移就险，浑曰："兴等破散，窜在山阻。虽有随者，率胁从耳。今当广开降路，宣喻恩信。而保险自守，此示弱也。"乃聚敛吏民，治城郭，为守御之备。遂发民逐贼，明赏罚，与要誓，其所得获，十以七赏。百姓大悦，皆愿捕贼，多得妇女、财物。贼之失妻子者，皆还求降。浑责其得他妇女，然后还其妻子，于是转相寇盗，党与离散。又遣吏民有恩信者，分布山谷告喻，出者相继，乃使诸县长吏各还本治以安集之。兴等惧，将余众聚鄜城。太祖使夏侯渊就助郡击之，浑率吏民前登，斩兴及其支党。又贼靳富等，胁将夏阳长、邵陵令并其吏民入硙山，浑复讨击破富等，获二县长吏，将其所略还。及赵青龙者，杀左内史程休，浑闻，遣壮士就枭其首。前后归附四千余家，由是山贼皆平，民安产业。转为上党太守。

太祖征汉中，以浑为京兆尹。浑以百姓新集，为制移居之法，使兼复者与单轻者相伍，温信者与孤老为比，勤稼穑，明禁令，以发奸者。由是民安于农。而盗贼止息。及大军入汉中，运转军粮为最。又遣民田汉中，无逃亡者。太祖益嘉之，复人为丞相掾。文帝即位，为侍御史，加驸马都尉，迁阳平、沛郡二太守。郡界下湿，患水涝，百姓饥乏。浑于萧、相二县界，兴陂遏，开稻田。郡人皆以为不便，浑曰："地势洿下，宜溉灌，终有鱼稻经久之利，此丰民之本也。"遂躬率吏民，兴立功夫，一冬间皆成。比年大收，顷亩岁增，租入倍常，民赖其利，刻石颂之，号曰郑陂。转为山阳、魏郡太守，其治放此。又以郡下百姓，苦乏材木，乃课树榆为篱，并益树五果；榆皆成藩，五果丰实。入魏郡界，村落齐整如一，民得财足用饶。明帝闻之，下诏称述，布告天下。迁将作大匠。浑清索在公，妻子不免于饥寒。及卒，以子崇为郎中。

仓慈字孝仁，淮南人也。始为郡吏。建安中，太祖开募屯田于淮南，以慈为绥集都尉。黄初末，为长安令，清约有方，吏民畏而爱之。太和中，迁敦煌太守。郡在西陲，以丧乱隔绝，旷无太守二十岁，大姓雄张，遂以为俗。前太守尹奉等，循故而已，无所匡革。慈到，抑挫权右，抚恤贫羸，甚得其理。旧大族田地有余，而小民无立锥之土；慈皆随口割赋，稍稍使毕其本直。先是属城狱讼众猥，县不能决，多集治下；慈躬往省阅，料简轻重，自非殊死，但鞭杖遣之，一岁决刑曾不满十人。又常日西域杂胡欲来贡献，而诸豪族多逆断绝；既与贸迁，欺诈侮易，多不得分明。胡常怨望，慈皆劳之。欲诣洛者，为封过所，欲从郡还者，官为平取，辄以府见物与共交市，使吏民护送道路，由是民夷翕然称其德惠。数年卒官，吏民悲感如丧亲戚，图画其形，思其遗像。及西域诸胡闻慈死，悉共会聚于戊己校尉及长吏治下发哀，或有以刀画面，以明血诚，又为立祠，遥共祠之。

自太祖迄于咸熙，魏郡太守陈国吴瓘、清河太守乐安任燠、京兆太守济北颜斐、弘农太守太原令狐邵、济南相鲁国孔乂，或哀矜折狱，或推诚惠爱，或治身清白，或擿奸发伏，咸为良二千石。

【评曰】

任峻始兴义兵，以归太祖，辟土殖谷，仓庾盈溢，庸绩致矣。苏则威以平乱，既政事之良，又矫矫刚直，风烈足称。杜畿宽猛克济，惠以康民。郑浑、仓慈，恤理有方。抑皆魏代之名守乎！恕屡陈时政，经纶治体，盖有可观焉。

张乐于张徐传

张辽字文远。雁门马邑人也。本聂壹之后，以避怨变姓。少为郡吏。汉末，并州刺史丁原以辽武力过人，召为从事，使将兵诣京都。何进遣诣河北募兵，得千余人。还，进败，以兵属董卓。卓败，以兵属吕布，迁骑都尉。布为李傕所败，从布东奔徐州，领鲁相，时年二十八。太祖破吕布于下邳，辽将其众降，拜中郎将，赐爵关内侯。数有战功，迁裨将军。袁绍破，别遣辽定鲁国诸县。与夏侯渊围昌豨于东海，数月粮尽，仪引军还，辽谓渊曰："数日已来，每行诸围，豨辄属目视辽。又其射矢更稀，此必豨计犹豫，故不力战。辽欲挑与语，傥可诱也？"乃使谓豨曰："公有命，使辽传之。"豨果下与辽语，辽为说"太祖神武，方以德怀四方，先附者受大赏"。豨乃许降。辽遂单身上三公山，入豨家，拜妻子。豨欢喜，随诣太祖。太祖遣豨还，责辽曰："此非大将法也。"辽谢曰："以明公威信著于四海，辽奉圣旨，豨必不敢害故也。"从讨袁谭、袁尚于黎阳，有功，行中坚将军。从攻尚于邺，尚坚守不下。

太祖还许，使辽与乐进拔阴安，徙其民河南。复从攻邺，邺破，辽别徇赵国、常山，招降缘山诸贼及黑山孙轻等。从攻袁谭，谭破，别将徇海滨，破辽东贼柳毅等。还邺，太祖自出迎辽，引共载，以辽为荡寇将军。复别击荆州，定江夏诸县，还屯临颍，封都亭侯。从征袁尚于柳城，卒与虏遇，辽劝太祖战，气甚奋，太祖壮之，自以所持麾授辽。遂击，大破之，斩单于蹋顿。

时荆州未定，复遣辽屯长社。临发，军中有谋反者，夜惊乱起火，一军尽扰。辽谓左右曰："勿动。是不一营尽反，必有造变者，欲以动乱人耳。"乃令军中，其不反者安坐。辽将亲兵数十人，中阵而立。有顷定，即得首谋者杀之。陈兰、梅成以氐六县叛，太祖遣于禁、臧霸等讨成，辽督张郃、牛盖等讨兰。成伪降禁，禁还。成遂将其众就兰，转入灊山。灊中有天柱山，高峻二十余里，道险狭，步径裁通，兰等壁其上。辽欲进，诸将曰："兵少道险，难用深入。"辽曰："此所谓一与一，勇者得前耳。"遂进到山下安营，攻之，斩兰、成首，尽虏其众。太祖论诸将功，曰："登天山，履峻险，以取兰、成，荡寇功也。"增邑，假节。

太祖既征孙权还，使辽与乐进、李典等将七千余人屯合肥。太祖征张鲁，教与护军薛悌，署函边曰"贼至乃发"。俄而权率十万众围合肥，乃共发教，教曰："若孙权至者，张、李将军出战；乐将军守，护军勿得与战。"诸将皆疑。辽曰："公远征在外，比救至，彼破我必矣。是以教指及其未合逆击之，折其盛势，以安众心，然后可守也。成败之机，在此一战，诸君何疑?”李典亦与辽同。于是辽夜募敢从之士，得八百人，椎牛飨将士，明日大战。平旦，辽被甲持朝，先登陷陈，杀数十人，斩二将，大呼自名，冲垒入，至权麾下。权大惊，众不知所为，走登高冢，以长戟自守。辽叱权下战，权不敢动，望见辽所将众少，乃聚围辽数重。辽左右麾围，直前急击，围开，辽将麾下数十人得出，余众号呼曰：“将军弃我乎!”辽复还突围，拔出余众。权人马皆披靡，无敢当者。自旦战至日中，吴人夺气，还修守备，众心乃安，诸将咸服。权守合肥十余日，城不可拔，乃引退。辽率诸军追击，几复获权。太祖大壮辽，拜征东将军。建安二十一年，太祖复征孙权，到合肥，循行辽战处，叹息者良久。乃增辽兵，多留诸军，徙屯居巢。

关羽围曹仁于樊，会权称藩，召辽及诸军悉还救仁。辽未至，徐晃已破关羽，仁围解。辽与太祖会摩陂。辽军至，太祖乘辇出劳之，还屯陈郡。文帝即王位，转前将军。分封兄汎及一子列侯。孙权复叛，遣辽还屯台肥，进辽爵都乡侯。给辽母舆车，及兵马送辽家诣屯，敕辽母至，导从出迎。所督诸军将吏皆罗拜道侧，观者荣之。文帝践阼，封晋阳侯，增邑千户，并前二十六百户。黄初二年，辽朝洛阳宫，文帝引辽会建始殿，亲问破吴意状。帝叹息顾左右曰：“此亦古之召虎也。”为起第舍，又特为辽母作殿，以辽所从破吴军应募步卒，皆为虎贲。孙权复称藩。辽还屯雍丘，得疾。帝遣侍中刘晔将太医视疾。虎贲问消息，道路相属。疾未瘳，帝迎辽就行在所，车驾亲临，执其手，赐以御衣，太官日送御食。疾小差，还屯。孙权复叛，帝遣辽乘舟，与曹休至海陵，临江。权甚惮焉，敕诸将：“张辽虽病，不可当也，慎之!”是岁辽与诸将破权将吕范。辽病笃，遂薨于江都。帝为流涕，谥曰刚侯。子虎嗣。六年，帝追念辽、典在合肥之功，诏曰：“合肥之役，辽、典以步卒八百，破贼十万，自古用兵，未之有也。使贼至今夺气，可谓国之爪牙矣。其分辽、典邑各百户，赐一子爵关内侯。”虎为偏将军，薨。子统嗣。

乐进字文谦，阳平卫国人也。容貌短小，以胆烈从太祖，为帐下吏。遣还本郡募兵，得千余人，还为军假司马、陷陈都尉。从击吕布于濮阳，张超于雍丘，桥蕤于苦，皆先登有功，封广昌亭侯。从征张绣于安众，围吕布于下邳，破别将，击眭固于射犬，攻刘备于沛，皆破之，拜讨寇校尉。渡河攻获嘉，还，从击袁绍于官渡，力战，斩绍将淳于琼。从击谭、尚于黎阳，斩其大将严敬，行游击将军。别击黄巾，破之，定乐安郡。从围邺，邺定，从击袁谭于南皮，先登，入谭东门。谭败，别攻雍奴，破之。建安十一年，太祖表汉帝，称进及于禁、张辽曰：“武力既弘，计略周备，质忠性一，守执节义，每临战攻，常为督率，奋强突固，无坚不陷，自援枹鼓，手不知倦。又遣别征，统御师旅，抚众则和，奉令无犯，当敌制决，靡有遗失。论功纪用，宜各显宠。”于是禁为虎威；进，折冲；辽，汤寇将军。

进别征高干，从北道入上党，回出其后。干等还守壶关，连战斩首。干坚守未下，会太祖自征之，乃拔。太祖征管承，军淳于，遣进与李典击之。承破走，逃入海岛，海滨平。荆州未服，遣屯阳翟。后从平荆州，留屯襄阳，击关羽，苏非等，皆走之，南郡诸县山谷蛮夷诣进降。又讨刘备临沮长杜普、施阳长梁大，皆大破之。后从征孙权，假进节。太祖还，留进与张辽、李典屯合肥，增邑五百，并前凡千二百户。以进数有功，分五百户，封一子列侯；进迁右将军。建安二十三年薨，谥曰威侯。子綝嗣。綝果毅有父风，官至扬州刺史。诸葛诞反，掩袭杀綝，诏悼惜之，追赠卫尉，谥曰愍侯。子肇嗣。

于禁字文则，泰山巨平人也。黄巾起，鲍信招合徒众，禁附从焉。及太祖领兖州，禁与其党俱诣为都伯，属将军王朗。朗异之，荐禁才任大将（军）。太祖召见与语，拜军司马，使将兵诣徐州，攻广戚，拔之，拜陷陈都尉。从讨吕布于濮阳，别破布二营于城南，又别将破高雅于须昌。从攻寿张、定陶、离狐，围张超于雍丘，皆拔之。从征黄巾刘辟、黄邵等，屯版梁，邵等夜袭太祖营，禁帅麾下击破之，斩（辟）邵等，尽降其众。迁平虏校尉。从围桥蕤于苦，斩蕤等四将。从至宛，降张绣。绣复叛，太祖与战不利，军败，还舞阴。是时军乱，各间行求太祖，禁独勒所将数百人，且战且引，虽有死伤不相离。虏追稍缓，禁徐整行队，鸣鼓而还。未至太祖所，道见十余人被创裸走，禁问其故，曰："为青州兵所劫。"初，黄巾降，号青州兵，太祖宽之。故敢因缘为略。禁怒，令其众曰："青州兵同属曹公，而还为贼乎！"乃讨之，数之以罪。青州兵遽走诣太祖自诉。禁既至，先立营垒，不时谒太祖。或谓禁："青州兵已诉君矣，宜促诣公辨之。"禁曰："今贼在后，追至无时，不先为备，何以待敌？且公聪明，谮诉何缘！"徐凿堑安营讫，乃入谒，具陈其状。太祖悦，谓禁曰："淯水之难，吾其急也，将军在乱能整，讨暴坚垒，有不可动之节，虽古名将，何以加之！"于是录禁前后功，封益寿亭侯。复从攻张绣于穰，禽吕布于下邳，别与史涣、曹仁攻眭固于射犬，破斩之。

太祖初征袁绍，绍兵盛，禁愿为先登。太祖壮之，乃选步骑二千人，使禁将，守延津以拒绍，太祖引军还官渡。刘备以徐州叛，太祖东征之。绍攻禁，禁坚守，绍不能拔。复与乐进等将步骑五千，击绍别营，从延津西南缘河至汲、获嘉二县，焚烧保聚三十余屯，斩首获生各数千，降绍将何茂、王摩等二十余人。太祖复使禁别将屯原武，击绍别营于杜氏津，破之。迁裨将军，后从还官渡。太祖与绍连营，起土山相对。绍射营中，士卒多死伤，军中惧。禁督守土山，力战，气益奋。绍破，迁偏将军。冀州平。昌豨复叛，遣禁征之。禁急近攻豨；豨与禁有旧，诣禁降。诸将皆以为豨已降，当送诣太祖，禁曰："诸君不知公常令乎！围而后降者不赦。夫奉法行令，事上之节也。豨虽旧友，禁可失节乎！"自临与豨决，陨涕而斩之。是时太祖军淳于，闻而叹曰："豨降不诣吾而归禁，岂非命耶！"益重禁。东海平，拜禁虎威将军。后与臧霸等攻梅成，张辽、张郃等讨陈兰。禁到，成举众三千余人降。既降复叛，其众奔兰。辽等与兰相持，军食少，禁运粮前后相属，辽遂斩兰、成。增邑二百户，并前千二百户。是时，禁与张辽、乐进、张郃、徐晃俱为名将，太祖每征伐，咸递行为军锋，还为后拒；而禁持军严整，得贼财物，无所私入，由是赏赐特重。

然以法御下，不甚得士众心。太祖常恨朱灵，欲夺其营。以禁有威重，遣禁将数十骑，赍令书，径诣灵营夺其军，灵及其部众莫敢动；乃以灵为禁部下督，众皆震服，其见惮如此。迁左将军，假节钺，分邑五百户，封一子列侯。

建安二十四年，太祖在长安，使曹仁讨关羽于樊，又遣禁助仁。秋，大霖雨，汉水溢，平地水数丈，禁等七军皆没。禁与诸将登高望水，无所回避，羽乘大船就攻禁等，禁遂降，惟庞德不屈节而死。太祖闻之，哀叹者久之，曰："吾知禁三十年，何意临危处难，反不及庞德邪！"会孙权禽羽，获其众，禁复在吴。文帝践阼，权称藩，遣禁还。帝引见禁，须发皓白，形容憔瘁，泣涕顿首。帝慰谕以荀林父、孟明视故事，拜为安远将军。欲遣使吴，先令北诣邺谒高陵。帝使豫于陵屋画关羽战克、庞德愤怒、禁降服之状。禁见，惭恚发病薨。子圭嗣封益寿亭侯。谥禁曰厉侯。

张郃字儁乂，河间鄚人也。汉末应募讨黄巾，为军司马，属韩馥。馥败，以兵归袁绍。绍以郃为校尉，使拒公孙瓒。瓒破，郃功多，迁宁国中郎将。太祖与袁相距于官渡，绍遣将淳于琼等督运屯乌巢，太祖自将急击之。郃说绍曰："曹公兵精，往必破琼等；琼等破，则将军事去矣，宜急引兵救之。"郭图曰："郃计非也。不如攻其本营，势必还，此为不救而自解也。"郃曰："曹公营固，攻之必不拔，若琼等见禽，吾属尽为虏矣。"绍但遣轻骑救琼，而以重兵攻太祖营，不能下。太祖果破琼等，绍军溃。图惭，又更谮郃曰："郃快军败，出言不逊。"郃惧，乃归太祖。

太祖得郃甚喜，谓曰：“昔子胥不早寤，自使身危，岂若微子去殷、韩信归汉邪？”拜郃偏将军，封都亭侯。授以众，从攻邺，拔之。又从击袁谭于渤海，别将军围雍奴，大破之。从讨柳城，与张辽俱为军锋，以功迁平狄将军。别征东莱，讨管承，又与张辽讨陈兰、梅成等，破之。从破马超、韩遂于渭南。围安定，降杨秋。与夏侯渊讨鄜贼梁兴及武都氐。又破马超，平宁建。太祖征张鲁，先遣郃督诸军讨兴和氐王窦茂。太祖从散关入汉中，又先遣郃督步卒五千于前通路。至阳平，鲁降，太祖还，留郃与夏侯渊等守汉中，拒刘备。郃别督诸军降巴东、巴西二郡，徙其民于汉中。近军宕渠，为备将张飞所拒，引还南郑。拜荡寇将军。刘备屯阳平，郃屯广石。备以精卒万余，分为十部，夜急攻郃。郃率亲兵搏战，备不能克。其后备于走马谷烧都围，渊救火，从他道与备相遇，交战，短兵接刃。渊遂没，郃还阳平。当是时，新失元帅，恐为备所乘，三军皆失色。渊司马郭淮乃令众曰：“张将军，国家名将，刘备所惮；今日事急，非张将军不能安也。”遂推郃为军主。郃出，勒兵安陈，诸将皆受郃节度，众心乃定。太祖在长安，遣使假郃节。太祖遂自至汉中，刘备保高山不敢战。太祖乃引出汉中诸军，郃还屯陈仓。

文帝即王位，以郃为左将军，进爵都乡侯。及践阼，进封鄚侯。诏郃部与曹真讨安定卢水胡及东羌，召郃与真并朝许宫，遣南与夏侯尚击江陵。郃别督诸军渡江，取洲上屯坞。明帝即位，遣南屯荆州，与司马宣王击孙权别将刘阿等。追至祁口，交战，破之。诸葛亮出祁山。加郃位特进，遣督诸军，拒亮将马谡于街亭。谡依阻南山，不下据城。郃绝其汲道，击，大破之。南安、天水、安定郡反应亮，郃皆破平之。诏曰："贼亮以巴蜀之众，当（力虎）虎之师。将军被坚执锐，所向克定，朕甚嘉之。益邑千户，并前四千三百户。"司马宣王治水军于荆州，欲顺沔入江伐吴，诏郃督关中诸军往受节度。至荆州，会冬水浅，大船不得行，乃还屯方城。诸葛亮复出，急攻陈仓，帝驿马郃到京都。帝自幸河南城，置酒送郃，遣南北军士三万及分遣武卫、虎贲使卫郃，因问郃曰："迟将军到，亮得无已得陈仓乎！"郃知亮县军无谷，不能久攻，对曰："比臣未到，亮已走矣；屈指计亮粮不至十日。"郃晨夜进至南郑，亮退。诏郃部还京都，拜征西车骑将军。

郃识变数，善处营陈，料战势地形，无不如计，自诸葛亮皆惮之。郃虽武将而爱乐儒士，尝荐同乡卑湛经明修行，诏曰："昔祭遵为将，奏置五经大夫，居军中，与诸生雅歌投壶。今军外勒戎旅，内存国朝。朕嘉将军之意，今耀湛为博士。"

诸葛亮复出祁山，诏郃督诸将西至略阳，亮还保祁山，郃追至木门，与亮军交战，飞矢中郃右膝，薨，谥曰壮侯。子雄嗣。郃前后征伐有功，明帝分郃户，封郃四子列侯。赐小子爵关内侯。

徐晃字公明，河东杨人也。为郡吏，从车骑将军杨奉讨贼有功，拜骑都尉。李傕、郭汜之乱长安也，晃说奉令与天子还洛阳，奉从其计。天子渡河至安邑，封晃都亭侯。及到洛阳，韩暹、董承日争斗，晃说奉令归太祖；奉欲从之，后悔。太祖讨奉于梁，晃遂归太祖。太祖授晃兵，使击卷、原武贼，破之，拜裨将军。从征吕布，别降布将赵庶、李邹等。与史涣斩眭固于河内。从破刘备，又从破颜良，拔白马，进至延津，破文丑，拜偏将军。与曹洪击㶏强贼祝臂，破之，又与史涣击袁绍运车于故市，功最多，封都亭侯。太祖既围邺，破邯郸，易阳令韩范伪以城降而拒守，太祖遣晃攻之，晃至，飞矢城中，为陈成败。范悔，晃辄降之。既而言于太祖曰："二袁未破，诸城未下者倾耳而听，今日灭易阳，明日皆以死守，恐河北无定时也。愿公降易阳以示诸诚，则莫不望风。"太祖善之。别讨毛城，设伏兵掩击，破三屯。从破袁谭于南皮，讨平原叛贼，克之。从征蹋顿，拜横野将军。从征荆州，别屯樊，讨中庐、临沮、宜城贼。又与满宠讨关羽于汉津，与曹仁击周瑜于江陵。

十五年，讨太原反者，围大陵，拔之，斩贼帅商曜。韩遂、马超等反关右，遣晃屯汾阴以抚河东，赐牛酒，令上先人墓。太祖至潼关，恐不得渡，召问晃。晃曰："公盛兵于此，而贼不复别守蒲阪，知其无谋也。今假臣精兵蒲渡坂津，为军先置，以截其里，贼可擒也。"太祖曰："善。"使晃以步骑四千人渡津。作堑栅未成，贼梁兴夜将步骑五千余人攻晃，晃击走之，太祖军得渡。遂破超等，使晃与夏侯渊平隃麋，汧诸氐，与太祖会安定。太祖还邺，使晃与夏侯渊平鄜、夏阳余贼，斩梁兴，降三千余户。从征张鲁。别遣讨攻椟、仇夷诸山氐，皆降之。迁平寇将军。解将军张顺围。击贼陈福等三十余屯，皆破之。

太祖还邺，留晃与夏侯渊拒刘备于阳平。备遣陈式等十余营绝马鸣阁道，晃别征破之，贼自投山谷，多死者。太祖闻，甚喜，假晃节，令曰：“此阁道，汉中之险要咽喉也。刘备欲断绝外内，以取汉中。将军一举，克夺贼计，善之善者也。”太祖遂自至阳平，引出汉中诸军。复遣晃助曹仁讨关羽，屯宛。会汉水暴溢，于禁等没。羽围仁于樊，又围将军吕常于襄阳。晃所将多新卒，以羽难与争锋，遂前至阳陵陂屯。太祖复还，遣将军徐商、吕建等诣晃，令曰：“须兵马集至，乃俱前。”贼屯偃城。晃到，诡道作都堑，示欲截其后，贼烧屯走。晃得偃城，两面连营，稍前，去贼围三丈所。未攻，太祖前后遣殷署、朱盖等凡十二营诣晃。贼围头有屯，又别屯四冢。晃扬声当攻围头屯，而密攻四冢。羽见四冢欲坏，自将步骑五千出战，晃击之，退走，遂追陷与俱入围，破之，或自投两水死。太祖令曰：“贼围堑鹿角十重，将军致战全胜，遂陷贼围，多斩首虏。吾用兵三十余年，及所闻古之善用兵者，未有长驱径入敌围者也。且樊、襄阳之在围，过于莒、即墨，将军之功，逾孙武、穰苴。”晃振旅还摩陂，太祖迎晃七里，置酒大会。太祖举卮酒劝晃，且劳之曰：“全樊、襄阳，将军之功也。”时诸军皆集，太祖案行诸营，士卒咸离陈观，而晃军营整齐，将士驻陈不动。太祖叹曰：“徐将军可谓有周亚夫之风矣。”

文帝即王位，以晃为右将军，进封逯乡侯，及践阼，进封杨侯，与夏侯尚讨刘备于上庸，破之。以晃镇阳平，徙封阳平侯。明帝即位，拒吴将诸葛瑾于襄阳。增邑二百，并前三千一百户。病笃，遗令敛以时服。

性俭约畏慎，将军常远斥候。先为不可胜，然后战，追奔争利，士不暇食，常叹曰：“古人患不遭明君，今幸遇之，当以功自效，何用私誉为！”终不广交援。太和元年薨，谥曰壮侯。子盖嗣。盖薨，子霸嗣。明帝分晃户，封晃子孙二人列侯。

初，清河朱灵为袁绍将。太祖之征陶谦，绍使灵督三营助太祖，战有功。绍所遣诸将各罢归，灵曰：“灵观人多矣，无若曹公者，此乃真明主也。今已遇，复何之？”遂留不去。所将士卒慕之，皆随灵留。灵后遂为好将，名亚晃等，至后将军，封高唐亭侯。

【评曰】

太祖建兹武功，而时之良将，五子为先。于禁最号毅重，然弗克其终。张郃以巧变为称，乐进以骁果显名，而鉴其行事，未副所闻。或注记有遗漏，未知张辽、徐晃之备详也。

二李臧文吕许典二庞阎传

李典字曼成，山阳巨野人也。典从父乾，有雄气，合宾客数千家在乘氏。初平中，以众随太祖，破黄巾于寿张，又从击袁术，征徐州。吕布之乱，太祖遣乾还乘氏，慰劳诸县。布别驾薛兰、治中李封招乾，欲惧叛，乾不听，遂杀乾。太祖使乾子整将乾兵，与诸将击兰、封。兰、封破，从平兖州诸县有功，稍迁青州刺史。整卒，典徙颍阴令，为中郎将，将整军，迁离狐太守。

时太祖与袁绍相拒官渡，典率宗族及部曲输谷帛供军。绍破，以典为裨将军，屯安民。太祖击谭、尚于黎阳，使典与程昱等以船运军粮。会尚遣魏郡太守高蕃将兵屯河上，绝水道，太祖敕典、昱："若船不得过，下从陆道。"典与诸将议曰："蕃军少甲而恃水，有懈怠之心，击之必克。军不内御；苟利国家，专之可也，宜亟击之。"昱亦以为然。遂北渡河，攻蕃，破之，水道得通。刘表使刘备北侵，至叶，太祖遣典从夏侯惇拒之。备一旦烧屯去，惇率诸军追击之，典曰："贼无故退，疑必有伏。南道狭窄，草木深，不可追也。”惇不听，与于禁追之，典留守。惇等果入贼伏里，战不利，典往救，备望见救至，乃散退。从围邺，邺定，与乐进围高干于壶关，击管承于长广，皆破之。迁捕虏将军，封都亭侯。典宗族部曲三千余家，居乘氏，自请愿徙诣魏郡。太祖笑曰：“卿欲慕耿纯邪？”典谢曰：“典驽怯功微，而爵宠过厚，诚宜举宗陈力；加以征伐未息，宜实郊遂之内，以制四方，非慕纯也。”遂徙部曲宗族万三千余口居邺。太祖嘉之，迁破虏将军。与张辽、乐进屯合肥，孙权率众围之，辽欲奉教出战。进、典、辽皆素不睦，辽恐其不从，典慨然曰：“此国家大事，顾君计何如耳，吾可以私憾而忘公义乎！”乃率众与辽破走权。增邑百户，并前三百户。

典好学问，贵儒雅，不与诸将争功。敬贤士大夫，恂恂若不及，军中称其长者。年三十六薨，子祯嗣。文帝践阼，追念合肥之功，增祯邑百户，赐典一子爵关内侯，邑百户；谥典曰愍侯。

李通字文达，江夏平春人也。以侠闻于江、汝之间。与其郡人陈恭共起兵于朗陵，众多归之。时有周直者，众二千余家，与恭、通外和内违。通欲图杀直而恭难之。通知恭无断，乃独定策，与直克会，酒酣杀直。众人大扰，通率恭诛其党帅，尽并其营。后恭其妻弟陈郃，杀恭而据其众。通攻破郃军，斩郃首以祭恭墓。又生禽黄巾大帅吴霸而降其属。遭岁大饥，通倾家振施，与士分糟糠，皆争为用。由是盗贼不敢犯。

建安初，通举众诣太祖于许。拜通振威中郎将，屯汝南西界。太祖讨张绣，刘表遣兵以助绣，太祖军不利。通将兵夜诣太祖，太祖得以复战。通为先登，大破绣军。拜裨将军，封建功侯。分汝南二县，以通为阳安都尉。通妻伯父犯法，朗陵长赵俨收治，致之大辟。是时杀生之柄，决于牧守，通妻子号泣以请其命。通曰："方与曹公戮力，义不以私废公。"嘉俨执宪不阿，与为亲交。太祖与袁绍相拒于官渡。绍遣使拜通征南将军，刘表亦阴招之，通皆拒焉。通亲戚部曲流涕曰："今孤危独守，以失大援，亡可立而待也，不如亟从绍。"通按剑以叱之曰："曹公明哲，必定天下。绍虽强盛，而任使无方，终为之虏耳。吾以死不贰。"即斩绍使，送印绶诣太祖。又击郡贼瞿恭、江宫、沈成等，皆破残其众，送其首。遂定淮、汝之地。改封都亭侯，拜汝南太守。时贼张赤等五千余家聚桃山，通攻破之。刘备与周瑜围曹仁于江陵，别遣关羽绝北道。通率众击之，下马拔鹿角入围，且战且前，以迎仁军，勇冠诸将。通道得病薨，时年四十二。追增邑二百户，并前四百户，文帝践阼，谥曰刚侯。诏曰："昔袁绍之难，自许、蔡以南，人怀异心。通秉义不顾，使携贰率服，朕甚嘉之。不幸早薨，子基虽已袭爵，未足酬其庸勋。基兄绪，前屯樊城，又有功。世笃其劳，其以基为奉义中郎将，绪平虏中郎将，以宠异焉。

臧霸字宣高，泰山华人也。父戒，为县狱掾，据法不听欲所私杀。太守大怒，令收戒诣府，时送者百余人。霸年十八，将客数十人径于费西山中要夺之，送者莫敢动，因与父俱亡命东海，由是以勇壮闻。黄巾起，霸从陶谦击破之，拜骑都尉。遂收兵于徐州，与孙观、吴敦、尹礼等并聚众，霸为帅，屯于开阳。太祖之讨吕布也，霸等将兵助布。既擒布，霸自匿。太祖募索得霸，见而悦之，使霸招吴敦、尹礼、孙观、观兄康等，皆诣太祖。太祖以霸为琅邪相，敦利城、礼东莞、观北海、康城阳太守，割青、徐二州，委之于霸。太祖之在兖州，以徐翕、毛晖为将。兖州乱，翕，晖皆叛。后兖州定，翕、晖亡命投霸。太祖语刘备，令语霸送二人首。霸谓备曰："霸所以能自立者，以不为此也。霸受公生全之恩，不敢违命。然王霸之君可以义告，愿将军为之辞。"备以霸言白太祖，太祖叹息，谓霸曰："此古人之事而君能行之，孤之愿也。"乃皆以翕、晖为郡守。时太祖方与袁绍相拒，而霸数以精兵入青州，故太祖得专事绍，不以东方为念。太祖破袁谭于南皮，霸等会贺。霸因求遣子弟及诸将父兄家属诣邺，太祖曰："诸君忠孝，岂复在是！昔萧何遣子弟人侍，而高祖不拒，耿纯焚室舆榇以从，而光武不逆，吾将何以易之哉！"东州扰攘，霸等执义征暴，清定海岱，功莫大焉，皆封列侯。霸为都亭侯，加威虏将军。又与于禁讨昌豨，与夏侯渊讨黄巾余贼徐和等，有功，迁徐州史。沛国公武周为下邳令，霸敬异周，身诣令舍。部从事謥詷不法，周得其罪，便收考竟，霸益以善周。从讨孙权，先登，再入巢湖，攻居巢，破之。张辽之讨陈兰，霸别遣至皖，讨吴将韩当，使权不得救兰。当遣兵逆霸，霸与战于逢龙，当复遣兵邀霸于夹石，与战破之，还屯舒。权遣数万人乘船屯舒口，分兵救兰，闻霸军在舒，遁还。霸夜追之，比明，行百余里，邀贼前后击之。贼窘急，不得上船，赴水者甚众。由是贼不得救兰，辽遂破之。霸从讨孙权于濡须口，与张辽为前锋，行遇霖雨，大军先及，水遂长，贼船稍近，将士皆不安。辽欲去，霸止之曰："公明于利钝，宁肯捐吾等邪?"明日果有令。辽至，以语太祖。太祖善之，拜扬威武将军，假节。后权乞降，太祖还。留霸与夏侯惇等屯居巢。

文帝即王位，迁镇东将军，近爵武安乡侯，都督青州诸军事。及践阼，进封开阳侯，徙封良成侯。与曹休讨吴贼，破吕范于洞浦，征为执金吾，位特进。每有军事，帝常咨访焉。明帝即位，增邑五百，并前三千五百户，薨，谥曰威侯。子艾嗣。艾官至青州刺史、少府。艾薨，谥曰恭侯。子权嗣。霸前后有功，封子三人列侯，赐一人爵关内侯。而孙观亦至青州刺史，假节，从太祖讨孙权，战被创，薨。子毓嗣，亦至青州刺史。

文聘字仲业，南阳宛人也，为刘表大将，使御北方。表死，其子琮立。太祖征荆州，琮举州降，呼聘欲与俱，聘曰："聘不能全州，当待罪而已。"太祖济汉，聘乃诣太祖，太祖问曰："来何迟邪?"聘曰："先日不能辅弼刘荆州以奉国家，荆州虽没，常愿据守川汉，保全土境，生不负于孤弱，死无愧于地下，而计不得已，以至于此。实怀悲惭，无颜早见耳。"遂欷歔流涕。太祖为之怆然，曰："仲业，卿真忠臣也。"厚礼待之。授聘兵，使与曹纯追讨刘备于长阪。太祖先定荆州，江夏与吴接，民心不安，乃以聘为江下太守，使典北兵，委以边事，赐爵关内侯。与乐进讨关羽于寻口，有功，近封延寿亭侯，加讨逆将军。又攻羽重辎于汉津，烧其船于荆城。文帝践阼，进爵长安乡侯，假节。与夏侯尚围江陵，使聘别屯沔口，止石梵，自当一队，御贼有功，迁后将军，封新野侯。孙权以五万众自围聘于石阳，甚急。聘坚守不动，权住二十余日乃解去。聘追击破之。增邑五百户，并前千九百户。聘在江夏数十年，有威恩，名震敌国，贼不敢侵。分聘户邑封聘子岱为列侯，又赐聘从子厚爵关内侯。聘薨，谥曰壮侯。岱又先亡，聘养子休嗣。卒，子武嗣。

嘉平中，谯郡桓禺为江夏太守，清俭有威惠，名亚于聘。

吕虔字子恪，任城人也。太祖在兖州，闻虔有胆策。以为从事，将家兵守湖陆。襄陵校尉杜松部民炅母等作乱，与昌豨通。太祖以虔代松，虔到，招诱炅母渠率及同恶数十人，赐酒食。简壮士伏其侧，虔察炅母等皆醉，使伏兵尽格杀之。抚其余众，群贼乃平。太祖以虔领泰山太守。郡接山海，世乱，闻民人多藏窜。袁绍所置中郎将郭祖、公孙犊等数十辈，保山为寇，百姓苦之。虔将家兵到郡，开恩信，祖等党属皆降服，诸山中亡匿者尽出安土业。简其强者补战士，泰山由是遂有精兵，冠名州郡。济南黄巾徐和等，所在劫长吏，攻城邑。虔引兵与夏侯渊会击之，前后数十战，斩首获生数千人。太祖使督青州诸郡兵以讨东莱群贼李条等，有功。太祖令曰："夫有其志，必成其事。盖烈士之所徇也。卿在郡以来，禽奸讨暴，百姓获安，躬蹈矢石，所征辄克。昔寇恂立名于汝、颍，耿弇建策于青、兖，古今一也。"举茂才，加骑都尉，典郡如故。虔在泰山十数年，甚有威惠。文帝即王位，加裨将军，封益寿亭侯，迁徐州刺史，加威虏将军。请琅邪王祥将为别驾，民事一以委之，世多其能任贤。讨利城叛贼，斩获有功。明帝即位，徙封万年亭侯，增邑二百，并前六百户。虔薨，子翻嗣。翻薨，子桂嗣。

许褚字仲康，谯国谯人也。长八尺余，腰大十围，容貌雄毅，勇力绝人。汉末，聚少年及宗族数千家，共坚壁以御寇。时汝南葛陂贼万余人攻褚壁，褚众不少敌，力战疲极。兵矢尽，乃令壁中男女，聚治石如杅斗者置四隅。褚飞石掷之，所值皆摧碎。贼不敢进。粮乏，伪与贼和，以牛与贼易食，贼来取牛，牛辄奔还。褚乃出陈前，一手逆曳牛尾，行百余步。贼众惊，遂不敢取牛而走。由是淮、汝、陈、梁间，闻皆畏惮之。

太祖徇淮、汝褚以众归太祖。太祖见而壮之，曰："此吾樊哙也。"即日拜都尉，引入宿卫。诸从褚侠客，皆以为虎士。从征张绣，先登，斩首万计，迁校尉。从讨袁绍于官渡。时常从士徐他等谋为逆，以褚常侍左右，惮之不敢发。伺褚休下日，他等怀刀入。褚至下舍心动，即还侍。他等不知，入帐见褚，大惊愕。他色变，褚觉之，即击杀他等。太祖益亲信之，出入同行，不离左右。从围邺，力战有功，赐爵关内侯。从讨韩遂、马超于潼关。太祖将北渡，临济河，先渡兵，独与褚及虎士百余人留南岸断后。超将步骑万余人，来奔太祖军，矢下如雨。褚白太祖，贼来多，今兵渡已尽，宜去，乃扶太祖上船。贼战急，军争济，船重欲没。褚斩攀船者，左手举马鞍蔽太祖。船工为流矢所中死，褚右手并泝船，仅乃得渡。是日，微褚几危。其后太祖与遂、超等单马会语，左右皆不得从，唯将褚。超负其力，阴欲前突太祖，素闻褚勇，疑从骑是褚。乃问太祖曰："公有虎侯者安在？"太祖顾指褚，褚瞋目盼之。超不敢动，乃各罢。后数日会战，大破超等，褚身斩首级，迁武卫中郎将。武卫之号，自此始也。军中以褚力如虎而痴，故号曰虎痴；是以超问虎侯，至今天下称焉，皆谓其姓名也。

褚性谨慎奉法，质重少言。曹仁自荆州来朝谒，太祖未出，入与褚相见于殿外。仁呼褚入便坐语，褚曰："王将出。"便还入殿，仁意恨之。或以责褚曰："征南宗室重臣，降意呼君，君何故辞？"褚曰："彼虽亲重，外藩也。褚备内臣，众谈足矣，入室何私乎？"太祖闻，愈爱待之，迁中坚将军。太祖崩，褚号泣呕血。文帝践阼，进封万岁亭侯，迁武卫将军，都督中军宿卫禁兵，甚亲近焉。初，褚所将为虎士者从征伐，太祖以为皆壮士也，同日拜为将，其后以功为将军封侯者数十人，都尉、校尉百余人，皆剑客也。明帝即位，进牟乡侯，邑七百户，赐子爵一人关内侯。褚薨，谥曰壮侯。子仪嗣。褚兄定，亦以军功封为振威将军，都督徼道虎贲。太和中，帝思褚忠孝，下诏褒赞，复赐褚子孙二人爵关内侯。仪为钟会所杀。泰始初，子综嗣。

典韦，陈留己吾人也。形貌魁梧，旅力过人，有志节任侠。襄邑刘氏与睢阳李永为仇，韦为报之。永故富春长，备卫甚谨。韦乘车载鸡酒，伪为候者，门开，怀匕首入杀永，并杀其妻，徐出，取车上刀戟，步出。永居近市，一市尽骇。追者数百，莫敢近。行四五里，遇其伴，转战得脱。由是为豪杰所识。初平中，张邈举义兵，韦为士，属司马赵宠。牙门旗长大，人莫能胜，韦一手建之，宠异其才力。后属夏侯惇，数斩首有功，拜司马。太祖讨吕布于濮阳。布有别屯在濮阳西四五十里，太祖夜袭，比明破之。未及还，会布救兵至，三面掉战。时布身自搏战，自旦至日昳数十合，相持急。太祖募陷陈，韦先占，将应募者数十人，皆重衣两铠，弃楯，但持长矛撩戟。时西面又急，韦进当之，贼弓弩乱发，矢至如雨，韦不视，谓等人曰："虏来十步，乃白之。"等人曰："十步矣。"又曰："五步乃白。"等人惧，疾言："虏至矣！"韦手持十余戟，大呼起，所抵无不应手倒者。布众退。会日暮，太祖乃得引去。拜韦都尉，引置左右，将亲兵数百人，常绕大帐。韦既壮武，其所将皆选卒，每战斗，常先登陷陈。迁为校尉。性忠至谨重，常昼立侍终日，夜宿帐左右，稀归私寝。好酒食，饮啖兼人，每赐食于前，大饮长歠，左右相属，数人益乃供，太祖壮之。韦好持大双戟与长刀等，军中为之语曰："帐下壮士有典君，提一双戟八十斤。"

太祖征荆州，至宛，张绣迎降。太祖甚悦，延绣及其将帅，置酒高会。太祖行酒，韦持大斧立后，刃径尺，太祖所至之前，韦辄举釜目之。竟酒，绣及其将帅莫敢仰视。后十余日，绣反，袭太祖营，太祖出战不利，轻骑引去。韦战于门中，贼不得入。兵遂散从他门并入。时韦校尚有十余人，皆殊死战，无不一当十。贼前后至稍多，韦以长戟左右击之，一叉入，辄十余矛摧。左右死伤者略尽。韦被数十创，短兵接战，贼前搏之。韦双挟两贼击杀之，余贼不敢前。韦复前突贼，杀数人，创重发，瞋目大骂而死。贼乃敢前，取其头，传观之，覆军就视其躯。太祖退住舞阴，闻韦死，为流涕，募间取其丧，亲自临哭之，遣归葬襄邑，拜子满为郎中。车驾每过，常祠以中牢。太祖思韦，拜满为司马，引自近。文帝即王位，以满为都尉，赐爵关内侯。

庞德字令明，南安狟道人也。少为郡吏、州从事。初平中，从马腾击反羌叛氐，数有功，稍迁至校尉。建安中，太祖讨袁谭、尚于黎阳，谭遣郭援、高干等略取河东，太祖使钟繇率关中诸将讨之。德随腾子超拒援、干于平阳，德为军锋，进攻援、干，大破之，亲斩援首。拜中郎将，封都亭侯。后张白骑叛于弘农，德复随腾征之，破白骑于两殽间。每战，常陷陈却敌，勇冠腾军。后腾征为卫尉，德留属超。太祖破超于渭南，德随超亡入汉阳，保冀城。后复随超奔汉中，从张鲁。太祖定汉中，德随众降。太祖素闻其骁勇，拜立义将军，封关门亭侯，邑三户。

侯音、卫开等以宛叛，德将所领与曹仁共攻拔宛，斩音、开，遂南屯樊，讨关羽。樊下诸将以德兄在汉中，颇疑之。德常曰："我受国恩，义在效死。我欲身自击羽。今年我不杀羽。羽当杀我。"后亲与羽交战，射羽中额。时德常乘白马，羽军谓之白马将军，皆惮之。仁使德屯樊北十里，会天霖雨十余日，汉水暴溢，樊下平地五六丈，德与诸将避水上堤。羽乘船攻之，以大船四面射堤上。德被甲持弓，箭不虚发。将军董衡、部典将董超等欲降，德皆收斩之。自平旦力战至日过中，羽攻益急，矢尽，短兵接战。德谓督将成何曰："吾闻良将不怯死以苟免，烈士不毁节以求生。今日，我死日也。"战益怒，气愈壮，而水浸盛，吏士皆降。德与麾下将一人，五伯二人，弯弓傅矢，乘小船欲还仁营。水盛船覆，失弓矢，独抱船覆水中，为羽所得，立而不跪。羽谓曰：“卿兄在汉中，我欲以卿为将，不早降何为焉？”德骂羽曰：“竖子，何谓降也！魏王带甲百万，威振天下。汝刘备庸才耳，岂能敌邪？我宁为国家鬼，不为贼将也。”遂为羽所杀。太祖闻而悲之，为之流涕，封其二子为列侯。文帝即王位，乃遣使就德墓赐谥，策曰：“昔先轸丧元，王蠋绝脰，陨身徇节，前代美之。惟侯戎昭果毅，蹈难成名，声溢当时，义高在昔，寡人愍焉，谥曰壮侯。”又赐子会等四人爵关内侯，邑各百户。会勇烈有父风，官至中卫将军，封列侯。

庞淯字子异，酒泉表氏人也。初以凉州从事守破羌长，会武威太守张猛反，杀刺史邯郸商，猛令曰：“敢有临商丧，死不赦。”淯闻之，弃官，昼夜奔走，号哭丧所讫，诣猛门，衷匕首，欲因见以杀猛。猛知其义士，敕遣不杀，由是以忠烈闻。太守徐揖请为主簿。后郡人黄昂反，围城。淯弃妻子，夜逾城出围，告急于张掖、敦煌二郡。初疑未肯发兵，淯欲伏剑，二郡感其义，遂为兴兵。军未至而郡城邑已陷，揖捐死。淯乃收敛揖丧，送还本郡，行服三年乃还。太祖闻之，辟为掾属，文帝践阼。拜附马都尉，迁西海太守，赐爵关内侯。后征拜中散大夫，薨。子曾嗣。

初，淯外祖父安赵安为县李寿所杀，淯舅兄弟三人同时病死，寿家喜。淯母娥自伤父仇不报，乃帏车袖剑，白日刺寿于都亭前，讫，徐诣县，颜色不变。曰：“父仇已报，请受戮。”禄福长尹嘉解印绶纵娥，娥不肯去，遂强载还家。会赦得免，州郡叹贵，刊石表闾。

阎温字伯俭，天水西城人也。以凉州别驾守上邽令。马超走奔上邽，郡人任养等举众迎之。温止之，不能禁，乃驰还州。超复围州所治冀城甚急，州乃遣温密出，告急于夏侯渊。贼围数重，温夜从水中潜出。明日，贼见其迹，遣人追遮之，于显亲界得温，执还诣超。超解其缚，谓曰："今成败可见，足下为孤城请救而执于人手，义何所施，若从吾言，反谓城中'东方无救'，此转祸为福之计也。不然，今为戮矣。"温伪许之，超乃载温诣城下。温向城大呼曰："大军不过三日至，勉之！"城中皆泣，称万岁。超怒数之曰："足下不为命计邪？"温不应。时超攻城久不下，故徐诱温，冀其改意。复谓温曰："城中故人，有欲与吾同者不？"温又不应。遂切责之，温曰："夫事君有死贰，而卿乃欲令长者出不义之言，吾岂苟生者乎？"超遂杀之。

先是，河右扰乱，隔绝不通，敦煌太守马艾卒官，府又无丞。功曹张恭素有学行，郡人推行长史事，恩信甚著，乃遣子就东诣太祖，请太守。时酒泉黄华、张掖张进各据其郡，欲与恭艾并势。就至酒泉，为华所拘执，劫以白刃。就终不回，私与恭疏曰："大人率厉敦煌，忠义显然，岂以就在困厄之中而替之哉？昔乐羊食子，李通覆家，经国之臣，宁怀妻孥邪？今大军垂至，但当促兵以掎之耳；愿不以下流之爱，使就有恨于黄壤也。"恭即遣从弟华攻酒泉沙头、乾齐二县。恭又连兵寻继华后，以为首尾之援。别遣铁骑二百，迎史官属，东缘酒泉北塞，径出张掖北河，逢迎太守尹奉。于是张进须黄华之助；

华欲救进，西顾恭兵，恐急击其后，遂诣金城太守苏则降。就竟平安。奉得之官。黄初二年，下诏褒扬，赐恭爵关内侯，拜西域戊己校尉。数岁征还，将授以侍臣之位，而以子就代焉。恭至敦煌，固辞疾笃。太和中卒，赠执金吾。就后为金城太守，父子著称于西州。

【评曰】

"李典贵尚儒雅，义忘私隙，美矣。李通、臧霸、文聘、吕虔镇卫州郡，并著威惠。许褚、典韦折冲左右，抑亦汉之樊哙也。庞德授命叱敌，有周苛之节。庞淯不惮伏剑，而诚感邻国。阎温向城大呼，齐解、路之烈焉。

任城陈萧王传

任城威王彰，字子文。少善射御，膂力过人，手格猛兽，不避险阻。数从征伐，志意慷慨。太祖尝抑之曰："汝不念读书慕圣道，而好乘汗马击剑，此一夫之用，保足贵也!"课彰读《诗》、《书》，彰谓左右曰："丈夫一为卫、霍，将十万骑驰沙漠，驱戎狄，立功建号耳，何能作博士邪?"太祖尝问诸子所好，使各言其志。彰曰："好为将"。太祖曰："为将奈何?"对曰："被坚执锐，临难不顾，为士卒先；赏必行，罚必信。"太祖大笑。建安二十一年，封鄢陵侯。

二十三年，代郡乌丸反，以彰为北中郎将，行骁骑将军。临发，太祖戒彰曰："居家为父子，受事为君臣，动以王法从事，尔其戒之。"彰北征，入涿郡界，叛胡数千骑卒至。时兵马未集，唯有步卒千人，骑数百匹。用田豫计，固守要隙，虏乃退散。彰追之，身自搏战，射胡骑，应弦而倒者前后相属。战过半日，彰铠中数箭，意气益厉，乘胜逐北，至于桑乾，去代二百余里。长史诸将皆以为新涉远，士马疲顿，以受节度不得过代，不可深近，违令轻敌。彰曰：“率师而行，唯利所在，何节度乎？胡走未远，追之必破。从令纵敌，非良将也。”遂上马，令军中：“后出者斩。”一日一夜与虏相及，击，大破之，斩首获生以千数。彰乃倍常科大赐将士，将士无不悦喜。时鲜卑大人柯比能将数万骑观望强弱，见彰力战，所向皆破，乃请服。北方悉平。时太祖在长安，召彰诣行在所。彰自代过邺，太子谓彰曰：“卿新有功，今西见上，宜勿自伐，应对常若不足者。”彰到，如太子言，归功诸将。太祖喜，持彰须曰：“黄须儿竟大奇也！”

太祖东还，以彰行越骑将军，留长安。太祖至洛阳，得疾，驿召彰，未至，太祖崩。文帝即王位，彰与诸侯就国。诏曰：“先王之道，庸勋亲亲，并建母弟，开国承家，故能藩屏大宗，御侮厌难。彰前受命北伐，清定朔土，厥功茂焉。增邑五千，并前万户。”黄初二年，进爵为公。三年，立为任城王。四年，朝京都，疾薨于邸，谥曰威。至葬，赐銮辂、龙旂，虎贲百人，如汉东平王故事。子楷嗣，徙封中牟。五年，改封任城县。太和六年，复改封任城国，食五县二千五百户。青龙三年，楷坐私遣官属诣中尚方作禁物，削县二千户。正始七年，徙封济南，三千户。正元、景元初，连增邑，凡四千四百户。

陈思王植字子建。年十岁余，诵读《诗》，《论》及辞赋数十万言，善属文。太祖尝视其文，谓植曰：“汝倩人邪？”植跪曰：“言出为论，下笔成章，顾当面试，奈何倩人？”时邺铜爵台新成，太祖悉将诸子登台，使各为赋。植援笔立成，可观，太祖甚异之，性简易，不治威仪。舆马服饰，不尚华丽，每进见难问，应声而对，特见宠爱。建安十六年，封平原侯。十九年，徙封临菑侯。太祖征孙权，使植留守邺，戒之曰："吾昔为顿邱令，年二十三。思此时所行，无悔于今。今汝年亦二十三矣，可不勉与！"植既以才见异，而丁仪、丁廙、杨修等为之羽翼。太祖狐疑，几为太子者数矣。而植任性而行，不自彫励，饮酒不节。文帝御之以术，矫情自饰，宫人左右，并为之说，故遂定为嗣。二十二年，增植邑五千，并前万户。植尝乘车行驰道中，开司马门出。太祖大怒，公车令坐死。由是重诸侯科禁，而植宠日衰。太祖既虑终始之变，以杨修颇有才策，而又袁氏之甥也，于是以罪诛修。植益内不自安。二十四年，曹仁为关羽所围。太祖以植为南中郎将，行征虏将军，欲遣救仁，呼有所敕戒。植醉不能受命，于是悔而罢之。

文帝即王位，诛丁仪、丁廙并其男口。植与诸侯并就国。黄初二年，监国谒者灌均希指，奏"植醉酒悖慢，劫胁使者"。有司请治罪，帝以太后故，贬爵安乡侯。其年改封鄄城侯。三年，立为鄄城王，邑二千五百户。

四年，徙封雍丘王。其年，朝京都。上疏曰：臣自抱衅归藩，刻肌刻骨，追思罪戾，昼分而食，夜分而寝。诚以天罔不可重离，圣恩难可再恃。窃感《相鼠》之篇，无礼遄死之义，形影相吊，五情愧赧。以罪弃生，则违古贤'夕改'之劝；忍活苟全，则犯诗人'胡颜'之讥。伏惟陛下德象天地，恩隆父母，施畅春风，泽如时雨。是以不别荆棘者，庆云之惠也；七子均养者，尸鸠之仁也；舍罪责功者，明君之举也；矜愚爱能者，慈父之恩也：是以愚臣徘徊于恩泽而不能自弃者也。前奉诏书，臣等绝朝，心离志绝，自分黄考无复执珪之望。不图圣诏猥垂齿召，至止之日，驰心辇毂。僻处西馆，未奉阙廷，踊跃之怀，瞻望反仄。谨拜表献诗二篇，其辞曰：“于穆显考，时惟武皇，受命于天，宁济四方。朱旗所拂，九土被攘，玄化滂流，荒服来王。超商越周，与唐比踪。笃生我皇，奕世再聪，武则肃烈，文则时雍，受禅炎汉，临君万邦。万邦既化，率由旧则；广命懿亲，以藩王国。帝日尔侯，君兹青上，奄有海滨，方周于鲁，车服有辉，旗章有叙，济济隽义，我弼我辅。伊予小于，恃宠骄盈，举挂时网，动乱国经。作藩作屏，先轨是堕，做我皇使，犯我朝仪。国有典刑，我削我绌，将置于理，元凶是率。明明天子，时笃同类，不忍我刑，暴之朝肆，违彼执宪，哀予小子。改封兖邑，于河之滨，股肱弗置，有君无臣，荒淫之阙，谁弼予身？茕茕仆夫，于彼冀方，嗟予小于，乃罹斯殃。赫赫天子，恩不遗物，冠我玄冕，要我朱绂。朱绂光大，使我荣华，剖符授玉，王爵是加。仰齿金玺，俯执圣策，皇恩过隆，祗承怵惕。咨我小子，顽凶是婴，逝惭陵墓，存愧阙廷。匪敢傲德，实恩是恃，威灵改加，足以没齿。昊天罔极，性命不图，常惧颠沛，抱罪黄垆。愿蒙矢石，建旗东岳，庶立毫嫠，微功自赎。危躯授命，知足免戾，甘赴江、湘，奋戈吴、越。天启其衷，得会京畿，迟奉圣颜，如渴如饥。心之云慕，怆矣其悲，天高听卑，皇肯照微。”又曰：“肃承明诏，应会皇都，星陈夙驾，秣马脂车。命彼掌徒，肃我征旅，朝发鸾台，夕宿兰渚。芒芒原隰，祁祁士女，经彼公田，乐我稷黍。爰有瓌木，重阴匪息；虽有糇粮，饥不遑食。

望城不过，面邑匪游，仆夫警策，平路是由。玄驷蔼蔼，扬镳剽沫；流风翼衡，轻云承盖。涉涧之滨，缘山之隈，遵彼河浒，黄阪是阶。西济关谷，或降或升；騑骖倦路，再寝再兴。将朝圣皇，匪敢晏宁；弭节长骛，指日遄征。前驱举燧，后乘抗旌；轮不缀运，鸾无废声。爰暨帝室，税此西墉；嘉诏未赐，朝觐莫从。仰瞻城阈，俯惟阙廷；长怀永慕，忧心如酲。"帝嘉其辞义，优诏答勉之。

六年，帝东征，还过雍丘，幸植宫，增户五百。太和元年，徙封浚仪。二年，复还雍丘。植常自愤怨，抱利器而无所施，上疏求自试曰：臣闻士之生世，入则事父，出则事君；事父尚于荣亲，事君贵于兴国。故慈父不能爱无益之子，仁君不能畜无用之臣。夫论德而授官者，成功之君也；量能而受爵者，毕命之臣也。故君无虚授，臣无虚受；虚授谓之谬举，虚受谓之尸禄，《诗》之'素餐'所由作也。昔二虢不辞两国之任，其德厚也；旦、奭不让燕、鲁之封，其功大也。今臣蒙国重恩，三世于今矣。正值陛下升平之际，沐浴圣泽，潜润德教，可谓厚幸矣。而窃位东藩，爵在上列，身被轻暖，口厌百味，目极华靡，耳倦丝竹者，爵重禄厚之所致也。退念古之授爵禄者，有异于此，皆以功勤济国，辅主惠民。今臣无德可述，无功可纪。若此终年无益国朝，将挂风人"彼其"之讥。是以上惭玄冕，俯愧朱绂。

方今天下一统，九州晏如，而顾西有违命之蜀，东有不臣之吴，使边境未得脱甲，谋士未得高枕者，诚欲混同宇内以致太和也。故启灭有扈而夏功昭，成克商、奄而周德著。今陛下以圣明统世，将欲卒文、武之功，继成、康之隆。简贤授能，以方叔、召虎之臣镇御四境，为国爪牙者，可谓当矣。然而高鸟未挂于轻缴，渊鱼未悬于钩饵者，恐钓射之术或未尽也。昔耿弇不俟光武，亟击张步，言不以贼遗于君父。故车右伏剑于鸣毂，雍门刎首于齐境，若此二士，岂恶生而尚死哉？诚忿其慢主而陵君也。夫君之宠臣，欲以除患兴利；臣之事君，必以杀身靖乱，以功报主也。昔贾谊弱冠，求试属国，请系单于之颈而制其命；终军以妙年使越，欲得长缨缨其王，羁致北阙。此二臣，岂好为夸主而耀世哉？志或郁结，欲逞其才力，输能于明君也。昔汉武为霍去病治第，辞曰："匈奴未灭，臣无以家为。"固夫忧国忘家，捐躯济难，忠臣之志也。今臣居外，非不厚也，而寝不安席，食不遑味者，伏以二方未克为念。

伏见先武皇帝武臣宿将，年耆即世者有闻矣。虽贤不乏世，宿将旧卒，犹习战阵，窃不自量，志在效命，庶立毛发之功，以报所受之恩。若使陛下出不世之诏，效臣锥刀之用，使得西属大将军，当一校之队，若东属大司马，统偏舟之任，必乘危蹈险，骋舟奋骊，突刃触锋，为士卒先。虽未能禽权馘亮，庶将虏其雄率，歼其丑类，必效须臾之捷，以灭终身之愧，使名挂史笔，事列朝策。虽身分蜀境，首县吴阙，犹生之年也。如微才弗试，没世无闻，徒荣其躯而丰其体，生无益于事，死无损于数，虚荷上位而忝重禄，禽息鸟视，终于白首，此徒圈牢之养物，非臣之所志也。流闻东军失备，师徒小衄，辍食弃餐，奋袂攘衽，抚剑东顾，而心已驰于吴会矣。

臣昔从先武皇帝南极赤岸，东临沧海，西望玉门，北出玄塞，伏见所以行军用兵之势，可谓神妙矣。故兵者不可豫言，临难而制变者也。志欲自效于明时，立功于圣世。每览史籍，观古忠臣义士，出一朝之命，以徇国家之难，身虽屠裂，而功铭著于鼎钟，名称垂于竹帛，未尝不拊心而叹息也。臣闻明主使臣，不废有罪。故奔北败军之将用，秦、鲁以成其功；绝缨盗马之臣赦，楚、赵以济其难。臣窃感先帝早崩，威王弃世，臣独何人，以堪长久！常恐先朝露，填沟壑，坟土未乾，而身名并灭。臣闻骐骥长鸣，则伯乐照其能；卢狗悲号，则韩国知其才。是以效之齐、楚之路，以逞千里之任；试之狡免之捷，以验搏噬之用。今臣志狗马之微功，窃自惟度，终无伯乐、韩国之举，是以于邑而窃自痛者也。

夫临博而企竦，闻乐而窃抃者，或有赏音而识道也。昔毛遂，赵之陪隶，犹假锥囊之喻，以寤主立功，何况巍巍大魏多士之朝，而无慷慨死难之臣乎！夫自衒自媒者，士女之丑行也。干时求进者，道家之明忌也。而臣敢陈闻于陛下者，诚与国分形同气，忧患共之者也。冀以尘雾之微补益山海，荧烛末光增辉日月，是以敢冒其丑而献其忠。

三年，徙封东阿。五年，复上疏求存问亲戚，因致其意曰："臣闻天称其高者，以无不覆；地称其广者，以无不载；日月称其明者，以无不照；江海称其大者，以无不容。故孔子曰："大哉尧之为君！惟天为大，惟尧则之。"夫天德之于万物，可谓弘广矣。盖尧之为教，先亲后疏，自近及远。其《传》曰："克明俊德，以亲九族；九族既睦，平章百姓。"及周之文王亦崇厥化，其《诗》曰："刑于寡妻，至于兄弟，以御于家邦。”是以雍雍穆穆，风人咏之。昔周公吊管、蔡之不咸，广封懿亲以藩屏王室，《传》曰：“周之宗盟，异姓为后。”诚骨肉之恩爽而不离，亲亲之义实在敦固，未有义而后其君，仁而遗其亲者也。

伏惟陛下资帝唐钦明之德，体文王翼翼之仁，惠洽椒房，恩昭九族，群后百寮，番休递上，执政不废于公朝，下情得展于私室，亲理之路通，庆吊之情展，诚可谓恕己治人，推惠施恩者矣。至于臣者，人道绝绪，禁锢明时，臣窃自伤也。不敢过望交气类，修人事，叙人伦。近且婚媾不通，兄弟乖绝，吉凶之问塞，庆吊之礼废，恩纪之违，甚于路人，隔阂之异，殊于胡越。今臣以一切之制，永无朝觐之望，至于注心皇极，结情紫闼，神明知之矣。然天实为之，谓之何哉！退惟诸王常有戚戚具尔之心，愿陛下沛然垂诏，使诸国庆问，四节得展，以叙骨肉之欢恩，全怡怡之笃义。妃妾之家，膏沐之遗，岁得再通，齐义于贵宗，等惠于百司，如此，则古人之所叹，风雅之所咏，复存于圣世矣。

臣伏自惟省，无锥刀之用。及观陛下之所拔授，若以臣为异姓，窃自料度，不后于朝士矣。若得辞远游，戴武弁，解朱组，佩青绂，驸马、奉车，趣得一号，安宅京室，执鞭珥笔，出从华盖，入侍辇毂，承答圣问，拾遗左右，乃臣丹诚之至愿，不离于梦想者也。远慕《鹿鸣》君臣之宴，中咏《常棣》匪他之诫，下思《伐木》友生之义，终怀《蓼莪》罔极之哀；每四节之会，块然独处，左右惟仆隶，所对惟妻子，高谈无所与陈，发义无所与展，未尝不闻乐而拊心，临觞而叹息也。臣伏以为犬马之诚不能动人，譬人之诚不能动天。崩城、陨霜，臣初信之，以臣心况，徒虚语耳。若葵藿之倾叶，太阳虽不为之回光，然向之者诚也。窍自比于葵藿，若降天地之施，垂三光之明者，实在陛下。

臣闻《文子》曰："不为福始，不为祸先。"今之否隔，友于同忧，而臣独倡言者，窃不愿于圣世使有不蒙施之物。有不蒙施之物，必有惨毒之怀。故《柏舟》有"天只" '之怨，《谷风》有"弃予"之叹。故伊尹耻其君不为尧舜，孟子曰："不以舜之所以事尧事其君者，不敬其君者也。"臣之愚蔽，固非虞、伊。至于欲使陛下崇光被时雍之美，宣缉熙章明之德者，是臣慺慺之诚，窃所独守，实怀鹤立企伫之心。敢复陈闻者，冀陛下傥发天聪而垂神听也。"

诏报曰："盖教化所由，各有隆弊，非皆善始而恶终也，事使之然。故夫忠厚仁及草木，则《行苇》之诗作；恩泽衰薄，不亲九族，则《角弓》之章刺。今令诸国兄弟，情理简怠，妃妾之家，膏沐疏略，朕纵不能敦而睦之，王援古喻义备悉矣，何言精诚不足以感通哉？夫明贵贱，崇亲亲，礼贤良，顺少长，国之纲纪，本无禁固诸国通问之诏也，矫枉过正，下吏惧谴，以至于此耳。已敕有司，如王所诉。"

植复上疏陈审举之义，曰：臣闻天地协气而万物生，君臣合德而庶政成；五帝之世非皆智，三季之末非皆愚，用与不用，知与不知也。既时有举贤之名，而无得贤之实，必各援其类而进矣。谚曰："相门有相，将门有将。"夫相者，文德昭者也；将者，武功烈者也。文德昭，则可以匡国朝，致雍熙，稷、契、夔、龙是也；武功烈，则可以征不庭，威四夷，南仲、方叔是矣。昔伊尹之为媵臣，至贱也，吕尚之处屠钓，至陋也，及其见举于汤武、周文，诚道合志同，玄谟神通，岂复假近习之荐，因左右之介哉。书曰：“有不世之君，必能用不世之臣；用不世之臣，必能立不世之功。”殷周二王是矣。若夫龌龊近步，遵常守故，安足为陛下言哉？故阴阳不和，三光不畅，官旷无人，庶政不整者，三司之责也。疆埸骚动，方隅内侵，没军丧众，干戈不息者，边将之忧也。岂可虚荷国宠而不称其任哉？故任益隆者负益重，位益高者责益深，《书》称“无旷庶官”，《诗》有“职思其忧”，此其义也。

陛下体天真之淑圣，登神机以继统，冀闻‘康哉’之歌，偃武行文之美。而数年以来，水旱不时，民困衣食，师徒之发，岁岁增调，加东有覆败之军，西有殪没之将，至使蚌蛤浮翔于淮、泗，鼲鼬讙哗于林木。臣每念之，未尝不辍食而挥餐，临觞而搤腕矣。昔汉文发代，疑朝有变，宋昌曰：“内有朱虚、东牟之亲，外有齐、楚、淮南、琅邪，此则磐石之宗，愿王勿疑。”臣伏惟陛下远览姬文二虢之援，中虑周成召、毕之辅，下存宋昌磐石之固。昔骐骥之于吴阪，可谓困矣，及其伯乐相之，孙邮御之，形体不劳而坐取千里。盖伯乐善御马，明君善御臣；伯乐驰千里，明君致太平；诚任贤使能之明效也。若朝司惟良，万机内理，武将行师，方难克弭。陛下可得雍容都城，何事劳动銮驾，暴露于边境哉？

臣闻羊质虎皮，见草则悦，见豺则战，忘其皮之虎也。今置将不良，有似于此。故语曰：“患为之者不知，知之者不得为也。”昔乐毅奔赵，心不忘燕；廉颇在楚，思为赵将。臣生乎乱，长乎军，又数承教于武皇帝，优见行师用兵之要，不必取孙、吴而暗与之合。窃揆之于心，常愿得一奉朝觐，排金门，蹈玉陛，列有职之臣，赐须臾之间，使臣得一散所怀，摅舒蕴积，死不恨矣。

被鸿胪所下发士息书，期会甚急。又闻豹尾已建，戎轩骛驾，陛下将复劳玉躬，扰挂神思。臣诚竦息，不遑宁处。愿得策马执鞭，首当尘露，撮风后之奇，接孙、吴之要，追慕卜商起予左右，效命先驱，毕命轮毂，虽无大益，冀有小补。然天高听远，情不上通，徒独望青云而拊心，仰高天而叹息耳。屈平曰：“国有骥而不知乘，焉皇皇而更索！”昔管、蔡放诛，周、召作弼；叔鱼陷刑，叔向匡国。三监之衅，臣自当之；二南之辅，求必不远。华宗贵族，藩王之中，必有应斯举者。故《传》曰：“无周公之亲，不得行周公之事。”唯陛下少留意焉。

近者汉氏广建藩王，丰则连城数十，约则飨食祖祭而已，未若姬周之树国，五等之品制也。若扶苏之谏始皇，淳于越之难周青臣，可谓知时变矣。夫能使天下倾耳注目者，当权者是矣，故谋能移主，威能慑下。豪右执政，不在亲戚；权之所在，虽疏必重，势之所去，虽亲必轻，盖取齐者田族，非吕宗也。分晋者赵、魏，非姬姓也。唯陛下察之。苟吉专其位，凶离其患者，异姓之臣也。欲国之安，祈家之贵，存共其荣，没同其祸者，公族之臣也。今反公族疏而异姓亲，臣窃惑焉。

臣闻孟子曰：“君子穷则独善其身，达则兼善天下。”今臣与陛下践冰履炭，登山浮涧，寒温燥湿、高下共之，岂得离陛下哉？不胜愤懑，拜表陈情。若有不合，乞且藏之书府，不便灭弃，臣死之后，事或可思。若有豪厘少挂圣意者，乞出之朝堂，使夫博古之士，纠臣表之不合义者。如是，则臣愿足矣。”帝辄优文答报。

其年冬，诏诸王朝六年正月。其二月，以陈四县封植为陈王，邑三千五百户。植每欲求别见独谈，论及时政，幸冀试用，终不能得。既还，怅然绝望。时法制，待藩国既自峻迫，寮属皆贾竖下才，兵人给其残老，大数不过二百人。又植以前过，事事复减半，十一年中而三徙都，常汲汲无欢，遂发疾薨，时年四十一。遗令薄葬。以小子志，保家之主也，欲立之。初，植登鱼山，临东阿，喟然有终焉之心，遂营为墓。子志嗣，徙封济北王。景初中诏曰：“陈思王昔虽有过失，既克己慎行，以补前阙，且自少至终，篇籍不离于手，诚难能也。其收黄初中诸奏植罪状，公卿已下议尚书、秘书、中书三府、大鸿胪者皆削除之。撰录植前后所著赋颂诗铭杂论凡百余篇，副藏内外。”志累增邑，并前吁九百九十户。

萧怀王熊，早薨。黄初二年追封谥萧怀公。太和三年，又追封爵为王。青龙二年，子哀王炳嗣。食邑二千五百户。六年薨，无子，国除。

【评曰】

任城武艺壮猛，有将领之气。陈思文才富艳，足以自通后叶，然不克让远防，终致携隙。《传》曰“楚则失之矣。而齐亦未为得也”，其此之谓欤！

武文世王公传

武皇帝二十五男：卞皇后生文皇帝、任城威王彰、陈思王植、萧怀王熊，刘夫人生丰愍王昂、相殇王铄，环夫人生邓哀王冲、彭城王据、燕王宇，杜夫人生沛穆王林、中山恭王衮，秦夫人生济阳怀王玹、陈留恭王峻，尹夫人生范阳闵王矩，王昭仪生赵王干，孙姬生临邑殇公子上、楚王彪、刚殇公子勤，李姬生谷城殇公子乘、郿戴公子整、灵殇公子京，周姬生樊安公均，刘姬生广宗殇公子棘，宋姬生东平灵王徽，赵姬生乐陵王茂。

丰愍王昂字子修。弱冠举孝廉。随太祖南征，为张绣所害。无子。黄初二年追封，谥曰丰悼公。三年，以樊安公均子琬奉昂后，封中都公。其年徙封长子公。五年，追加昂号曰丰悼王。太和三年改昂谥曰愍王。嘉平六年，以琬袭昂爵为丰王。正元、景元中，累增邑，并前二千七百户。琬薨，谥曰恭王。子廉嗣。

相殇王铄，早薨，太和三年追封谥。青龙元年，子愍王潜嗣，其年薨。二年，子怀王偃嗣，邑二千五百户，四年薨。无子，国除。正元二年，以乐陵王茂子阳都乡公竦继铄后。

邓哀王冲字仓舒。少聪察岐嶷，生五六岁，智意所及，有若成人之智。时孙权曾致巨象，太祖欲知其斤重，访之群下，咸莫能出其理。冲曰："置象大船之上，而刻其水痕所至，称物以载之，则校可知矣。"太祖大说，即施行焉。时军国多事，用刑严重。太祖马鞍在库，而为鼠所齧，库吏惧必死，议欲面缚首罪，犹惧不免。冲谓曰："待三日中，然后自归。"冲于是以刀穿单衣，如鼠齧者，谬为失意，貌有愁色。太祖问之，冲对曰："世俗以为鼠齧衣者，其主不吉。今单衣见齧，是以忧戚。"太祖曰："此妄言耳，无所苦也。"俄而库吏以齧鞍闻，太祖笑曰："儿衣在侧，尚齧，况鞍县柱乎?"一无所问。冲仁爱识达，皆此类也。凡应罪戮，而为冲微所辩理，赖以济宥者，前后数十。太祖数对群臣称述，有欲传后意。

年十三，建安十三年疾病，太祖亲为请命。及亡，哀甚。文帝宽喻太祖，太祖曰："此我之不幸，而汝曹之幸也。"言则流涕，为聘甄氏亡女与合葬，赠骑都尉印绶，命宛侯据子琮奉冲后。二十二年，封琮为邓侯。黄初二年，追赠谥冲曰邓哀侯，又追加号为公。三年，进琮爵，徙封冠军公。四年，徙封己氏公。太和五年，加冲号曰邓哀王。景初元年，琮坐于中尚方作禁物，削户三百，贬爵为都乡侯。三年，复为己氏公。正始七年，转封平阳公。景初、正元、景元中，累增邑，并前千九百户。

彭城王据，建安十年封范阳侯。二十二年，徙封宛侯。黄初二年，进爵为公。三年，为章陵王，其年徙封义阳。文帝以南方下湿，又以环太妃彭城人，徙封彭城。又徙封济阴。五年，诏曰：“先王建国，随时而制。汉祖增秦所置郡，至光武以天下损耗，并省郡县。以今比之，益不及焉。其改封诸王，皆为县王。”据改封定陶县。太和六年，改封诸王，皆以郡为国，据复封彭城。景初元年，据坐私遣人诣中尚方作禁物，削县二千户。三年复所削户邑。正元，景元中累增邑，并前四千六百户。

燕王宇字彭祖。建安十六年，封都乡侯。二十二年，改封鲁阳侯。黄初二年，进爵为公。三年，为下邳王。五年，改封单父县。太和六年，改封燕王。明帝少与宇同止，常爱异之。及即位，宠赐与诸王殊。青龙三年，征入朝。景初元年，还邺。二年夏，复征诣京都。冬十二月，明帝疾笃，拜宇为大将军，属以后事。受署四日，宇深固让；帝意亦变，遂免宇官。三年夏，还邺。景初、正元、景元中，累增邑，并前五千五百户。常道乡公奂，宇之子，入继大宗。

沛穆王林，建安十六年封饶阳侯。二十二年，徙封谯。黄初二年，进爵为公。三年，为谯王。五年，改封谯县。七年，徙封鄄城。太和六年，改封沛。景初，正元、景元中，累增邑，并前四千七百户。林薨，子纬嗣。中山恭王衮，建安二十一年封平乡侯。少好学，年十余岁能属文。每读书，文学左右常恐以精力为病，数谏止之，然性所乐，不能废也。二十二年，徙封东乡侯，其年又改封赞侯。黄初二年，进爵为公，官属皆贺，衮曰：“夫生深宫之中，不知稼穑之艰难，多骄逸之失。诸贤既庆其休，宜辅其阙。”每兄弟游娱，衮独覃思经典。文学防辅相与言曰：“受诏察公举错，有过当奏，及有善，亦宜以闻，不可匿其美也。”遂共表称陈衮美。兖闻之，大惊惧。责让文学曰；“修身自守，常人之行耳，而诸君乃以上闻，是适所以增其负累也。且如有善，何患不闻，而遽共如是，是非益我者。”其戒慎如此。三年，为北海王。其年，黄龙见邺西漳水，衮上书赞颂。诏赐黄金十斤，诏曰：“昔唐叔归禾，东平献颂，斯皆骨肉赞美，以彰懿亲。王研精坟典，耽味道真，文雅焕炳，朕甚嘉之。王其克慎明德，以终令闻。”四年，改封赞王。七年，徙封濮阳。太和二年就国，尚约俭，教敕妃妾纺绩织纴，习为家人之事。五年冬，入朝。六年，改封中山。

初，衮来朝，犯京都禁。青龙元年，有司奏衮褒。诏曰：“王素敬慎，邂逅至此，其以议亲之典议之。”有司固执。诏削县二，户七百五十。衮忧惧，戒敕宫属愈谨。帝嘉其意，二年，复所削县。三年秋，衮得疾病，调遣太医视疾，殿中、虎贲赍手诏、赐珍膳相属，又遣太妃、沛王林并就省疾。衮疾困，敕令官属曰：“吾寡德忝宠，大命将尽。吾既好俭，而圣朝著终诰之制，为天下法。吾气绝之日，自殡及葬，务奉诏书。昔卫大夫蘧瑗葬濮阳，吾望其墓，常想其遗风，愿托贤灵以弊发齿，营吾兆域，必往从之。《礼》：男子不卒妇人之手。亟以时成东堂。”堂成，名之曰遂志之堂，舆疾往居之。又令世子曰：“汝幼少，未闻义方，早为人君，但知乐，不知苦；不知苦，必将以骄奢为失也。接大臣，务以礼。虽非大臣，老者犹宜答拜。事兄以敬，恤弟以慈；兄弟有不良之行，当造膝谏之。谏之不从，流涕喻之；喻之不改，乃白其母。若犹不改，当以奏闻，并辞国土。与其守宠罹祸，不若贫贱全身也。此亦谓渭大罪恶耳，其微过细故，当掩覆之。嗟尔小子，慎修乃身，奉圣朝以忠贞，事太妃以孝敬。闺闱之内，奉令于太妃；阃阈之外，受教于沛王。无怠乃心，以慰予灵。”其年薨。诏沛王林留讫葬，使大鸿胪持节典护丧事，宗正吊祭，赠赗甚厚。凡所著文章二万余言，才不及陈思王而好与之侔。子孚嗣。景初、正元，景元中，累增邑，并前三千四百户。

济阳侯怀王玹，建安十六年封西乡侯。早薨，无子。二十年，以沛王林子赞袭玹爵邑，早薨，无子。文帝复以赞弟壹绍玹后。黄初二年，改封济阳侯。四年，进爵为公，太和四年，追进玹爵，谥曰怀公。六年，又进号曰怀王，追谥赞曰西乡哀侯。壹薨，谥曰悼公。子恒嗣。景初、正元、景元中，累增邑，并前千九百户。

陈留恭王峻字子安，建安二十一年封郿侯。二十二年，徙封襄邑。黄初二年，进爵为公。三年，为陈留王。五年，改封襄邑县。太和六年，又封陈留。甘露四年薨。子澳嗣。景初、正元、景元中，累增邑，并前四千七百户。

范阳闵王矩，早薨，无子。建安二十二年，以樊安公均子敏奉矩后，封临晋侯。黄初三年追封谥矩为范阳闵公。五年，改封敏范阳王。七年，徙封句阳，太和六年，追进矩号曰范阳闵王，改封敏琅邪王。景初、正元、景元中，累增邑，并前三千四百户。敏薨，谥曰原王。子焜嗣。

赵王干，建安二十年封高平亭侯。二十二年，徙封赖亭侯。其年改封弘农侯。黄初二年，进爵，徙封燕公。三年，为河间王。五年，改封乐城县。七年，徙封巨鹿。太和六年，改封赵王。干母有宠于太祖。及文帝为嗣，干母有力。文帝临崩，有遗诏，是以明帝常加恩意。青龙二年，私通宾客，为有司所奏，赐干玺书诫诲之，曰：“《易》称‘开国承家，小人勿用’，《诗》著‘大车惟尘’之诫。自太祖受命创业，深睹治乱之源，鉴存亡之机，初封诸侯，训以恭慎之至言，辅以天下之端士，常称马援之遗诫，重诸侯宾客交通之禁，乃使与犯妖恶同。夫岂以此薄骨肉哉？徒欲使子弟无过失之愆，士民无伤害之侮耳。高祖践阼，祗慎万机，申著诸侯不朝之令。朕感诗人《常棣》之作，嘉《采菽》之义，亦缘诏文曰‘若有诏得诣京都’，故命诸王以朝聘之礼。而楚、中山并犯交通之禁，赵宗、戴捷咸伏其辜。近东平王复使属官殴寿张吏，有司举奏，朕裁削县。令有司以曹纂、王乔等因九族时节，集会王家，或非其时，皆违禁防。朕惟王幼少有恭顺之素，加受先帝顾命，欲崇恩礼，延乎后嗣，况近在王之身乎？且自非圣人，孰能无过？已诏有司宥王之失。古人有言：“戒慎乎其所不睹，恐惧乎其所弗闻，莫见乎隐，莫显乎微，故君子慎其独焉。’叔父兹率先圣之典，以纂乃先帝之遗命，战战兢兢，靖恭厥位，称朕意焉。”景初、正元、景元中，累增邑，并前五千户。

临邑殇公子上，早薨。太和五年，追封谥。无后。

楚王彪字朱虎。建安二十一年，封寿春侯。黄初二年，进爵，徙封汝阳公。三年，封弋阳王。其年徙封吴王。五年，改封寿春县。七年，徙封白马。太和五年冬，朝京都。六年，改封楚。初，彪来朝，犯禁，元年，为有司所奏，诏削县三，户千五百。二年，大赦，复所削县。景初三年，增户五百，并前三千户。嘉平元年，兖州刺史令狐愚与太尉王凌谋迎彪都许昌。语在《淩传》。乃遣傅及侍御史就国案验，收治诸相连及者。廷尉请征彪治罪。于是依汉燕王旦故事，使兼廷尉大鸿胪持节赐彪玺书切责之，使自图焉。彪乃自杀。妃及诸子皆免为庶人，徙平原。彪之官属以下及监国谒者，坐知情无辅导之义，皆伏诛。国除为淮南郡。正元元年诏曰："放楚王彪，背国附奸，身死嗣替，虽自取之，犹哀矜焉。夫含垢藏疾，亲亲之道也，其封彪世子嘉为常山真定王。"景元年，增邑，并前二千五百户。

刚殇公子勤，早薨。太和五年追封谥。无后。谷城殇公子乘，早薨。太和五年追封谥。无后。郿戴公子整，奉从叔父郎中绍后。建安二十二年，封郿侯。二十三年薨。无子。黄初二年追进爵，谥曰戴公。以彭城王据子范奉整后。三年，封平氏侯。四年，徙封成武。太和三年，进爵为公。青龙三年薨。谥曰悼公。无后。四年，诏以范弟东安乡公阐为郿公，奉整后。正元、景元中，累增邑，并前千八百户。

灵殇公子京，早薨。太和五年追封谥。无后。樊安公均，奉叔父蓟恭公彬后。建安二十二年，封樊侯。二十四年薨。子抗嗣。黄初二年，追进公爵，谥曰安公。三年，徙封抗蓟公。四年，徙封屯留公。景初元年薨，谥曰定公。子谌嗣。景初、正元、景元中，累增邑，并前千九百户。

广宗殇公子棘，早薨。太和五年追封谥。无后。东平灵王徽，奉叔父朗陵哀侯玉后。建安二十二年，封历城侯。

黄初二年，进爵为公。三年，为庐江王。四年，徙封寿张王。五年，改封寿张县。太和六年，改封东平。青龙二年，徽使官属挝寿张县吏，为有司所奏。诏削县一，户五百。其年复所削县。正始三年薨。子翕嗣。景初、正元、景元中，累增邑，并前三千四百户。

乐陵王茂，建安二十二年封万岁亭侯。二十三年，改封平舆侯。黄初三年，进爵，徙封乘氏公。七年，徙封中丘。茂性慠佷，少无宠于太祖。及文帝世，又独不王。太和元年，徙封聊城公，其年为王。诏曰："昔象之为虐至甚，而大舜犹侯之有庳。近汉氏淮南、阜陵，皆为乱臣逆子，而犹或及身而复国，或至于而锡土。有虞建之于上古，汉文、明、章行之乎前代，斯皆敦叙亲亲之厚义也。聊城公茂少不闲礼教，长不务善道。先帝以为古之立诸侯也，皆命贤者，故姬姓有未必侯者，是以独不王茂。太皇太后数以为言，如闻茂顷来少知悔昔之非，欲修善将来。君子与其进，不保其往也。今封茂为聊城王，以慰太皇太后下流之念。"六年，改封曲阳王。

正始三年，东平灵王薨，茂称嗌痛，不肯发哀，居处出入自若。有司奏除国土，诏削县一，户五百。五年，徙封乐陵，诏以茂租奉少，诸子多，复所削户，又增户七百。嘉平、正元、景元中，累增邑，并前五千户。

文皇帝九男：甄氏皇后生明帝，李贵人生赞哀王协，潘淑媛生北海悼王蕤，朱淑媛生东武阳怀王鉴，仇昭仪生东海定王霖，徐姬生元城哀王礼，苏姬生邯郸怀王邕，张姬生清河悼王贡，宋姬生广平哀王俨。

赞哀王协，早薨。太和五年追封谥曰经殇公。青龙二年，更追改号谥。三年，子殇王寻嗣。景初三年，增户五百，并前三千户。正始九年薨。无子、国除。

北海悼王蕤，黄初七年，明帝即位，立为阳平县王。太和六年，改封北海。青龙元年薨。二年，以琅邪王子赞奉蕤后，封昌乡公。景初二年，立为饶安王。正始七年，徙封文安。正元、景元中，累增邑，并前三千五百户。

东武阳怀王鉴，黄初六年立。其年薨。青龙三年赐谥。无子，国除。东海定王霖，黄初三年立为河东王。六年，改封馆陶县。明帝即位，以先帝遗意，爱宠霖异于诸国。而霖性粗暴，闺门之内，婢妾之间，多所残害。太和六年，改封东海。嘉平元年薨。子启嗣。景初、正元、景元中，累增邑，并前六千二百户。高贵乡公髦，霖之子也，入继大宗。

元城哀王礼，黄初二年封秦公，以京兆郡为国。三年，改为京兆王。六年改封元城王。太和三年薨。五年，以任城王楷子悌嗣礼后。六年，改封梁王。景初、正元、景元中，累增邑，并前四千五百户。

邯郸怀王邕，黄初二年封淮南公，以九江郡为国。三年，进为淮南王。四年，改封陈。六年，改封邯郸。太和三年薨。五年，以任城王楷子温嗣邕后。六年，改封鲁阳。景初、正元、景元中，累增邑，并前四千四百户。

清河悼王贡，黄初三年封。四年薨。无子。国除。

广平哀王俨，黄初三年封。四年薨。无于。国除。

【评曰】

魏氏王公，既徒有国土之名，而无社稷之实，又禁防壅隔，同于囹圄；位号靡定，大小岁易；骨肉之恩乖，《常棣》之义废。为法之弊，一至于此乎！

王卫二刘傅传

王粲字仲宣，山阳高平人也。曾祖父龚，祖父畅，皆为汉三公。父谦，为大将军何进长史。进以谦名公之胄，欲与为婚。见其二子，使择焉。谦弗许。以疾免，卒于家。

献帝西迁，粲徙长安，左中郎将蔡邕见而奇之。时邕才学显著，贵重朝廷，常车骑填巷，宾客盈坐。闻粲在门，倒屣迎之。粲至，年既幼弱，容状短小，一坐尽惊。邕曰："此王公孙也，有异才，吾不如也。吾家书籍文章，尽当与之。"年十七，司徒辟，诏除黄门侍郎，以西京扰乱，皆不就。乃之荆州依刘表。表以粲貌寝而体弱通侻，不甚重也。表卒。

粲劝表子琮，令归太祖。太祖辟为丞相掾，赐爵关内侯。太祖置酒汉滨，粲奉觞贺曰："方今袁绍起河北，仗大众，志兼天下，然好贤而不能用，故奇士去之。刘表雍容荆楚，坐观时变，自以为西伯可规。士之避乱荆州者，皆海内之俊杰也。表不知所任，故国危而无辅。明公定冀州之日，下车即缮其甲卒，收其豪杰而用之，以横行天下。及平江、汉，引其贤俊而置之列位，使海内回心，望风而愿治，文武并用，英雄毕力，此三王之举也。”后迁军谋祭酒。魏国既建，拜侍中。博物多识，问无不对。时旧仪废弛，兴造制度，粲恒典之。

初，粲与人共行，读道边碑。人问曰：“卿能谙诵乎？”曰：“能。”固使背而诵之，不失一字。观人围棋，局坏，粲为覆之。棋者不信，以帊盖局，使更以他局为之。用相比较，不误一道。其强记默识如此。性善算，作算术，略尽其理。善属文，举笔便成，无所改定，时人常以为宿构。然正复精意覃思，亦不能加也。著诗、赋、论、议垂六十篇。建安二十一年，从征吴。二十二年春，道病卒，时年四十一。粲二子，为魏讽所引，诛。后绝。始文帝为五官将，及平原侯植皆好文学。粲与北海徐干字伟长，广陵陈琳字孔璋，陈留阮瑀字元瑜，汝南应玚字德琏，东平刘桢字公干并见友善。

干为司空军谋祭酒掾属，五官将文学。

琳前为何进主簿。进欲诛诸宦官，太后不听，进乃召四方猛将，并使引兵向京城，欲以劫恐太后。琳谏进曰：“《易》称‘即鹿无虞’。谚有‘掩目捕雀’。夫微物尚不可欺以得志，况国之大事，其可以诈立乎？今将军总皇威，握兵要，龙骧虎步，高下在心。以此行事，无异于鼓洪炉以燎毛发。但当速发雷霆，行权立断，违经合道，天人顺之；而反释其利器，更征于他。大兵合聚，强者为雄，所谓倒持干戈，授人以柄。必不成功，只为乱阶。”进不纳其言，竟以取祸。琳避难冀州，袁绍使典文章。袁氏败，琳归太祖。太祖谓曰：“卿昔为本初移书，但可罪状孤而已，恶恶止其身，何乃上及父祖邪？”琳谢罪，太祖爱其才而不咎。

瑀少受学于蔡邕。建安中都护曹洪欲使掌书记，瑀终不为屈。太祖并以琳、瑀为司空军谋祭酒管记室，军国书檄，多琳、瑀所作也。琳徙门下督，瑀为仓曹掾属。

项、桢各被太祖辟为丞相掾属。玚转为平原侯庶子，后为五官将文学。桢以不敬被刑，刑竟署吏。咸著文赋数十篇。

瑀以十七年卒。干、琳、玚、桢二十二年卒。文帝书与元城令吴质曰："昔年疾疫，亲故多离其灾，徐、陈、应、刘，一时俱逝。观古今文人，类不护细行，鲜能以名节自立。而伟长独怀文抱质，恬谈寡欲，有箕山之志，可谓彬彬君子矣。著《中论》二十余篇，辞义典雅，足传于后。德琏常斐然有述作意，其才学足以著书，美志不遂，良可痛惜。孔璋章表殊健，微为繁富。公干有逸气，但未遒耳。元瑜书记翩翩，致足乐也。仲宣独自善于辞赋，借其体弱，不起其文；至于所善，古人无以远过也。昔伯牙绝弦于钟期，仲尼覆醢于子路，痛知音之难遇，伤门人之莫逮也。诸子但为未及古人，自一时之俊也。"

自颖川邯郸淳、繁钦、陈留路粹；沛园丁仪、丁廙，弘农杨修、河内荀纬等。亦有文采，而不在此七人之例。

玚弟璩，璩子贞，咸以文章显。璩官至侍中。贞咸熙中参相国军事。瑀子籍，才藻艳逸，而倜傥放荡，行己寡欲，以庄周为模则。官至步兵校尉。时又有谯郡嵇康，文辞壮丽，好言老、庄，而尚奇任侠。至景元中，坐事诛。

景初中，下邳桓威出自孤微，年十八而著《浑舆经》，依道以见意。从齐国门下书佐、司徒署吏，后为安成令。

吴质，济阴人。以文才为文帝所善，官至振威将军。假节都督河北诸军事，封列侯。

卫觊字伯儒，河东安邑人也。少夙成，以才学称。太祖辟为司空掾属，除茂陵令、尚书郎。太祖征袁绍，而刘表为绍援，关中诸将又中立。益州牧刘璋与表有隙，觊以治书侍御史使益州，令璋下兵以缀表军。至长安，道路不通，觊不得进，遂留镇关中。时四方大有还民，关中诸将多引为部曲，觊书与荀彧曰："关中膏腴之地，顷遭荒乱，人民流入荆州者十万余家，闻本土安宁，皆企望思归。而归者无以自业，诸将各竞招怀，以为部曲。郡县贫弱，不能与争，兵家遂强。一旦变动，必有后忧。夫盐，国之大宝也，自乱来放散，宜如旧置使者监卖以其直益市犁牛。若有归民，以供给之。勤耕积粟，以丰殖关中。远民闻之，必日夜竞还。又使司隶校尉留治关中以为之主，则诸将日削，官民日盛，此强本弱敌之利也。"或以白太祖。太祖从之，始遣谒者仆射监盐官，司隶校尉治弘农。关中服从，乃白召觊还，稍迁尚书。魏国既建，拜侍中，与王粲并典制度。文帝即王位，徙为尚书。顷之，还汉朝为侍郎，劝赞禅代之义，为文诰之诏。文帝践阼，复为尚书，封阳吉亭侯。

明帝即位，进封阌乡侯，三百户。觊奏曰："九章之律，自古所传，断定刑罪，其意微妙。百里长吏，皆宜知律。刑法者，国家之所贵重，而私议之所轻贱。狱吏者，百姓之所县命，而选用者之所卑下。王政之弊，未必不由此也。请置律博士，转相教授。"事遂施行。时百姓凋匮而役务方殷，觊上疏，曰："夫变情厉性，强所不能，人臣言之既不易；人主受之又艰难；且人之所乐者富贵显荣也，所恶者贫贱死亡也，然此四者，君上之所制也，君爱之则富贵显荣，君恶之则贫贱死亡。顺指者爱所由来，逆意者恶所从至也。故人臣皆争顺指而避逆意，非破家为国，杀身成君者，谁能犯颜色，触忌讳，建一言，开一说哉？陛下留意察之，则臣下之情可见矣。今议者多好悦耳，其言政治则比陛下于尧舜，其言征伐则比二虏于貍鼠。臣以为不然。昔汉文之时，诸侯强大，贾谊累息以为至危。况今四海之内，分而为三，群士陈力，各为其主。其来降者，未肯言舍邪就正，咸称迫于困急，是与六国分治，无以为异也。当今千里无烟，遗民困苦，陛下不善留意，将遂凋弊难可复振。礼，天子之器必有金玉之饰，饮食之肴必有八珍之味，至于凶荒，则彻膳降服。然则奢俭之节，必视世之丰约也。武皇帝之时，后宫食不过一肉，衣不用绵绣，茵蓐不缘饰，器物无丹漆，用能平定天下，遗福子孙。此皆陛下之所亲览也。当今之务，宜君臣上下，并用筹策，计校府库，量入为出。深思句践滋民之术，由恐不及，而尚方所造金银之物，渐更增广，工役不辍，侈靡日崇，帑藏日竭。昔汉武信求神仙之道，谓当得云表之露以餐玉屑，故立仙掌以承高露。陛下通明，每所非笑。汉武有求于露，而由尚见非，陛下无求于露而空设之。不益于好而糜费功夫，诚皆圣虑所宜裁制也。"觊历汉、魏，时献忠言，率如此。

受诏典著作，又为《魏官仪》，凡所撰述数十篇。好古文、鸟篆、隶草，无所不善。建安末，尚书右丞河南潘勖，黄初时，散骑常侍河内王象。亦与觊并以文章显。觊薨，谥曰敬侯。子瓘嗣。瓘咸熙中为镇西将军。

刘廙字恭嗣，南阳安众人也。年十岁，戏于讲堂上，颍川司马德操拊其头曰："孺子，孺子，'黄中通理'，宁自知不?"廙兄望之，有名于世，荆州牧刘表辟为从事。而其友二人皆以谗毁为表所诛，望之又以正谏不合，投传告归。廙谓望之曰："赵杀鸣、犊，仲尼回轮。今兄既不能法柳下惠和光同尘于内，则宜模范蠡迁化于外。坐而自绝于时，殆不可也!"望之不从，寻复见害。廙惧，奔扬州，遂归太祖。太祖辟为丞相掾属，转五官将文学。文帝器之，命廙通草书。廙答书曰："初以尊卑有逾，礼之常分也。是以贪守区区之节，不敢修草。必如严命，诚知劳谦之素，不贵殊异若彼之高，而惇白屋如斯之好，苟使郭隗不轻于燕，九九不忽于刘，乐毅自至，霸业以隆。亏匹夫之节，成巍巍之美，虽愚不敏，何敢以辞?"魏国初建，为黄门侍郎。

太祖在长安，欲亲征蜀。廙上疏曰："圣人不以智轻俗，王者不以人废言。故能成功于千载者，必以近察远，智周于独断者，不耻于下问，亦欲博采必尽于众也。且韦弦非能言之物，而圣贤引以自匡。臣才智暗浅，愿自比于韦弦。昔乐毅能以弱燕破大齐，而不能以轻兵定即墨者，夫自为计者虽弱必固，欲自溃者虽强必败也。自殿下起军以来。三十余年，敌无不破，强无不服。今以海内之兵，百胜之威，而孙权负险于吴，刘备不宾于蜀。夫夷狄之臣，不当冀州之卒，权、备之籍，不比袁绍之业。然本初以亡，而二寇未捷，非暗弱于今而智武于昔也。斯自为计者，与欲自溃者异势耳。故文王伐崇，三驾不下，归而修德，然后服之。秦为诸侯，所征必服，及兼天下，东向称帝，匹夫大呼而社稷用隳。是力毙于外，而不恤民于内也。臣恐边寇非六国之敌，而世不乏才，土崩之势，此不可不察也。天下有重得，有重失：势可得而我勤之，此重得也；势不可得而我勤之，此重失也。于今之计，莫若料四方之险，择要害之处而守之，选天下之甲卒，随方面而岁更焉。殿下可高枕于广夏，潜思于治国。广农桑，事从节约，修之旬年，则国富民安矣。”太祖遂进前而报廙曰：“非但君当知臣，臣亦当知君。今欲使吾坐行西伯之德，恐非其人也。’

魏讽反，廙弟伟为讽所引，当相坐诛。太祖令曰：”叔向不坐弟虎，古之制也。”特原不问，徙署丞相仓曹属。廙上疏谢曰：“臣罪应顷宗，祸应覆族。遭乾坤之灵，值时来之运，扬汤止沸，使不燋烂；起烟于寒灰之上，生华于已枯之木。物不答施于天地，子不谢生于父母，可以死效，难用笔陈。”廙著书数十篇，及与丁仪共论刑礼，皆传于世。文帝即王位，为侍中。赐爵关内侯。黄初二年卒。无子。帝以弟子阜嗣。

刘劭字孔才，广平邯郸人也。建安中，为计吏，诣许。

太史上言：“正旦当日蚀。”劭时在尚书令荀彧所，坐者数十人，或云当废朝，或云宜却会。劭曰：“梓慎、裨灶，古之良史，犹占水火错失天时。《礼记》曰，诸侯旅见天子，及门不得终礼者四，日蚀在一。然则圣人垂制，不为变异豫废朝礼者，或灾消异伏，或推术谬误也。”彧善其言。敕朝会如旧，日亦不蚀。

御史大夫郗虑辟劭，会虑免，拜太子舍人。迁秘书郎。黄初中，为尚书郎、散骑侍郎。受招集五经群书，以类相从，作《皇览》。明帝即位，出为陈留太守，敦崇教化，百姓称之。征拜骑都尉，与议郎庾嶷、荀诜等定科令，作《新律》十八篇，著《律略论》。迁散骑常侍。时闻公孙渊受孙权燕王之号，议者欲留渊计吏，遣兵讨之。劭以为"昔袁尚兄弟归渊父康，康斩送其首，是渊先世之效忠也。又所闻虚实，未可审知。古者要荒未服，修德而不征，重劳民也。宜加宽贷，使有以自新。"后渊果斩送权使张弥等首。

劭尝作《赵都赋》，明帝美之，诏劭作《许都》、《洛都赋》。时外兴军旅，内营宫室，劭作二赋，皆讽谏焉。

青龙中，吴围合肥。时东方吏士皆分休，征东将军满宠表请中军兵，并召休将士，须集击之。劭议以为"贼众新至，心专气锐。宠以少人自战其地，若便进击，不必能制。宠求待兵，未有所失也。以为可先遣步兵五千，精骑三千；军前发，扬声进道，震曜形势。骑到合肥。疏其行队，多其旌鼓，曜兵城下，引出贼后，拟其归路，要其粮道。贼闻大军来，骑断其后，必震怖遁走，不战自破贼矣。"帝从之。兵比至合肥，贼果退还。

时诏书博求众贤。散骑侍郎夏侯惠荐劭曰："伏见常侍刘劭，深忠笃思，体周于数，凡所错综，源流弘远，是以群才大小，咸取所同而斟酌焉。故性实之士服其平和良正，清静之人慕其玄虚退让，文学之士嘉其推步详密。法理之士明其分数精比，意思之士知其沈深笃固，文章之士爱其著论属辞，制度之士贵其化略较要，策谋之士赞其明思通微，凡此诸论，皆取适己所长而举其支流者也。臣数听其清谈，览其笃论，渐渍历年，服膺弥久，实为朝廷奇其器量。以为若此人者，宜辅翼机事，纳谋帏幄，当与国道俱隆，非世俗所常有也。惟陛下垂优游之听，使劭承清闲之欢。得自尽于前，则德音上通。辉耀日新矣。”

景初中，受诏作《都官考课》。劭上疏，曰：”百官考课，王政之大较，然而历代弗务，是以治曲阙而未补，能否混而相蒙。陛下以上圣之宏略，愍王纲之弛颓，神虑内鉴，明诏外发。臣奉恩旷然，得以启矇，辄作《都官考课》七十二条，又作《说略》一篇。臣学寡识浅，诚不足以宣畅圣旨，著定典制。”又以为宣制礼作乐，以移风俗，著《乐论》十四篇，事成未上。

会明帝崩，不施行。正始中，执经讲学，赐爵关内侯。凡所撰述，《法论》、《人物志》之类百余篇。卒，追赠光禄勋。子琳嗣。

劭同时东海缪袭亦有才学，多所述叙，官至尚书、光禄勋。袭友人山阳仲长统，汉末为尚书郎，早卒。著《昌言》，词佳可观省。散骑常侍陈留苏林、光禄大夫京兆韦诞、乐安太守谯国夏侯惠、陈郡太守任城孙该、郎中令河东杜挚等亦著文赋，颇传于世。

傅嘏字兰石，北地泥阳人。傅介子之后也。伯父巽，黄初中为侍中、尚书。嘏弱冠知名，司空陈郡辟为掾。时散骑常侍刘劭作考课法，事下三府。嘏难劭论曰：“盖闻帝制宏深，圣道奥远，苟非其才，则道不虚行，神而明之，存乎其人。暨乎王略亏颓而旷载罔缀，微言既没，六籍泯玷。何则？道弘致远而众才莫晞也。案劭考课论，虽欲寻前代黜陟之文，然其制度略以阙亡。礼之存者，惟有周典，外建侯伯，藩屏九服，内立列司，筦齐六职，土有恒贡，官有定则，百揆均任，四民殊业，故考绩可理而黜陟易通也。大魏继百王之末，承秦、汉之烈，制度之流，靡所修采。自建安以来，至于青龙，神武拨乱，肇基皇祚，扫除凶逆，芟夷遗寇，旌旗卷舒，日不暇给。及经邦治戎，权法并用，百官群司，军国通任，随时之宜，以应政机。以古施今，事杂义殊，难得而通也。所以然者，制宜经远，或不切近，法应时务，不足垂后。夫建官均职，清理民物，所以立本也。循名考实，纠励成规，所以治末也。

本纲未举而造制未呈，国略不崇而考课是先，惧不足以料贤愚之分、精幽明之理也。昔先王之择才，必本行于州闾；讲道于痒序；行具而谓之贤；道修则谓之能。乡老献贤能于王，王拜受之，举其贤者，出使长之，科其能者，入使治之，此先王收才之义也。方今九州之民，爰及京城，未有六乡之举，其选才之职，专任吏部。案品状则实才未必当，任薄伐则德行未为叙，如此则殿最之课，未尽人才。述综王度，敷赞国式，体深义广，难得而详也。”

正始初，除尚书郎，迁黄门侍郎。时曹爽秉政，何晏为吏部尚书。嘏谓爽弟羲曰：“何平叔外静而内铦巧，好利，不念务本。吾恐必先惑子兄弟，仁人将远，而朝政废诶。”晏等遂与嘏不平，因微事以免嘏官。起家拜荥阳太守，不行。太傅司马宣王请为从事中郎。曹爽诛，为河南尹，迁尚书。嘏常以为“秦始罢侯置守，设官分职，不与古同。汉、魏因循，以至于今。然儒生学士，咸欲错综以三代之礼，礼弘致远，不应时务，事与制违，名实未附，故历代而不至于治者，盖由是也。欲大改定官制，依古正本，今遇帝室多难，未能革易。”

时论者议欲自伐吴，三征献策各不同。诏以访嘏。嘏对曰：“昔夫差陵齐胜晋，威行中国，终祸姑苏；齐闵兼土拓境，辟地千里，身蹈颠覆。有始不必善终，古之明效也。孙权自破关羽并荆州之后，志盈欲满，凶宄以极，是以宣文侯深建宏图大举之策。今权以死，托孤于诸葛恪。若矫权苛暴，蠲其虐政，民免酷烈，偷安新惠，外内齐虑，有同舟之惧，虽不能终自保完，犹足以延期挺命于深江之外矣。而议者或欲泛舟径济，横行江表。或欲四道并进，攻其城垒。或欲大佃疆场，观衅而动：诚皆取贼之常计也。然自治兵以来，出入三载，非掩袭之军也。贼之为寇，几六十年矣，君臣伪立，吉凶共患，又丧其元帅，上下忧危，设令列船津要，坚城据险，横行之计，其殆难捷。惟进军大佃，最差完牢。（隐）兵出民表，寇钞不犯；坐食积谷，不烦运士。乘衅讨袭，无远劳费：此军之急务也。昔樊哙以十万之众，横行匈奴，季布面折其短。今欲越长江，涉虏庭，亦向时之喻也。未若明法练士，错计于全胜之地，振长策以御敌之余烬，斯必然之数也。”吴大将诸葛恪新破东关，乘胜扬声欲向青、徐，朝廷将为之备。嘏议以为“淮海非贼轻行之路，又昔孙权遣兵入海，漂浪沉溺，略无孑遗，恪岂敢倾根竭本，寄命洪流，以激乾没乎？恪不过遣偏率小将素习水军者，乘海沂淮，示动青、徐，恪自并兵来向淮南耳。”后恪果图新城，不克而归。

嘏常论才性同异，钟会集而论之，嘉平末，赐爵关内侯。高贵乡公即尊位，进封武乡亭侯。正元二年春，毌丘俭、文钦作乱。或以司马景王不宜自行，可遣太尉孚往，惟嘏及王肃劝之。景王遂行。以嘏守尚书仆射，俱东。俭、钦破败，嘏有谋焉。及景王薨，嘏与司马文王径还洛阳，文王遂以辅政。语在《钟会传》。会由是有自矜色，嘏戒之曰：“子志大其量，而勋业难为也，可不慎哉!”嘏以功进封阳乡侯，增邑六百户，并前千二百户。是岁薨，时年四十七，追赠太常，谥曰元侯。子祗嗣。咸熙中开建五等，以嘏著勋前朝，改封祗泾原子。

【评曰】

昔文帝、陈王以公子之尊，博好文采，同声相应，才士并出。惟粲等六人最见名目。而粲特处常伯之官，兴一代之制，然其冲虚德宇，未若徐干之粹也。卫觊亦以多识典故，相时王之式。刘劭该览学籍，文质周洽。刘廙以清鉴著，傅嘏用才达显云。

桓二陈徐卫卢传

桓阶字伯绪，长沙临湘人也。仕郡功曹。太守孙坚举阶孝廉，除尚书郎。父丧还乡里。会坚击刘表战死，阶冒难诣表乞坚丧，表义而与之。后太祖与袁绍相拒于官渡，表举州以应绍。阶说其太守张羡，曰："夫举事而不本于义，未有不败者也。故齐桓率诸侯以尊周，晋文逐叔带以纳王。今袁氏反此，而刘牧应之，取祸之道也。明府必欲立功明义，全福远祸，不宜与之同也。"羡曰："然则何向而可？"阶曰："曹公虽弱，仗义而起，救朝廷之危，奉王命而讨有罪，孰敢不服？今若举四郡保三江以待其来，而为之内应，不亦可乎！"羡曰："善。"乃举长沙及旁三郡以拒表，遣使诣太祖。太祖大悦。会绍与太祖连战，军未得南。而表急攻羡，羡病死。城陷，阶遂自匿。久之，刘表辟为从事祭酒，欲妻以妻妹蔡氏。阶自陈已结婚，拒而不受，因辞疾告退。

太祖定荆州，闻其为张羡谋也。异之，辟为丞相掾主簿，迁赵郡太守。魏国初建，为虎贲中郎将、侍中。时太子未定，而临菑侯植有宠。阶数陈文帝德优齿长，宜为储副，公规密谏，前后悬至。又毛玠、徐奕以刚蹇少党，而为西曹掾丁仪所不善，仪屡言其短，赖阶左右以自全保。其将顺匡救，多此类也。迁尚书，典选举。曹仁为关羽所围，太祖遣徐晃救之，不解。太祖欲自南征，以问群下。群下皆谓："王不亟行，今败矣。"阶独曰："大王以仁等为足以料事势不也？"曰："能。""大王恐二人遗力邪？"曰："不。""然则何为自往？"曰："吾恐虏众多，而晃等势不便耳。"阶曰："今仁等处重围之中而守死无贰者，诚以大王远为之势也。夫居万死之地，必有死争之心。内怀死争，外有强救，大王案六军以示余力，何忧于败而欲自往？"大祖善其言，驻军于摩陂。贼遂退。

文帝践阼，迁尚书令，封高乡亭侯，加侍中。阶疾病，帝自临省，谓曰："吾方托六尺之孤，寄天下之命于卿。勉之！"徙封安乐乡侯，邑六百户，又赐阶三子爵关内侯。祐以嗣子不封，病卒，又追赠关内侯。后阶疾笃，遣使者即拜太常，薨，帝为之流涕，谥曰贞侯。子嘉嗣。以阶弟纂为散骑侍郎，赐爵关内侯。嘉尚升迁亭公主，会嘉平中，以乐安太守与吴战于东关，军败，没。谥曰壮侯。子翊嗣。

陈群字长文，颍川许昌人也。祖父实，父纪，叔父谌，皆有盛名。群为儿时，实常奇异之，谓宗人父老曰："此儿必兴吾宗。"鲁国孔融高才倨傲，年在纪、群之间，先与纪友，后与群交，更为纪拜，由是显名。刘备临豫州，辟群为别驾。时陶谦病死，徐州迎备，备欲往。群说备曰："袁术尚强，今东，必与之争。吕布若袭将军之后，将军虽得徐州，事必无成。"

备遂东，与袁术战。布果袭下邳，遣兵助术，大破备军，备恨不用群言。举茂才，除柘令，不行，随纪避难徐州。属吕布破，太祖辟群为司空西曹掾属。时有荐乐安王模、下邳周逵者，太祖辟之。群封还教，以为模、逵秽德，终必败，太祖不听。后模、逵皆坐奸宄诛，太祖以谢群。群荐广陵陈矫、丹阳戴乾，太祖皆用之。后吴人叛，乾忠义死难，矫遂为名臣，世以群为知人。除萧、赞、长平令，父卒去官。后以司徒掾举高第，为治书侍御史，转参丞相军事。魏国既建，迁为御史中丞。

时太祖议复肉刑。令曰："安得通理君子达于古今者，使平斯事乎！昔陈鸿胪以为死刑有可加于仁恩者，正渭此也。御史中丞能申其父之论乎?"群对曰："臣父纪以为汉除肉刑而增加笞，本兴仁恻而死者更众，所谓名轻而实重者也。名轻则易犯，实重则伤民。

《书》曰：'惟敬五刑，以成三德。'《易》著劓、刖、灭趾之法，所以辅政助教，惩恶息杀也。且杀人偿死，合于古制；至于伤人，或残毁其体而裁剪毛发，非其理也。若用古刑，使淫者下蚕室，盗者刖其足，则永无淫放穿窬之奸矣。夫三千之属，虽未可悉复，若斯数者，时之所患，宜先施用。汉律所杀殊死之罪，仁所不及也，其余逮死者，可以刑杀。如此，则所刑之与所生足以相贸矣。今以笞死之法易不杀之刑，是重人支体而轻人躯命也。"时钟繇与群议同，王朗及议者多以为未可行。大祖深善繇、群言，以军事未罢，顾众议，故且寝。

群转为侍中，领丞相东西曹掾。在朝无适无莫，雅仗名义，不以非道假人。文帝在东宫，深敬器焉，待以交友之礼，常叹曰：“自吾有回，门人日以亲。“及即王位，封群昌武亭侯，徙为尚书。制九品官人之法，群所建也。及践阼，迁尚书仆射，加侍中，徙尚书令，进爵颍乡侯。帝征孙权，至广陵，使群领中领军。帝还，假节，都督水军。还许昌，以群为镇军大将军，领中护军，录尚书事。帝寝疾，群与曹真、司马宣王等并受遗诏辅政。明帝即使，进封颍阴侯，增邑五百，并前千三百户，与征东大将军曹休、中军大将军曹真、抚军大将军司马宣王并开府。顷之，为司空，故录尚书事。

是时，帝初莅政，群上疏，曰：“《诗》称‘仪刑文王，万邦作孚’；又曰‘刑于寡妻，至于兄弟，以御于家邦’，道自近始，而化洽于天下。自丧乱以来，干戈未戢，百姓不识王教之中，惧其陵迟已甚。陛下当盛魏之隆，荷二祖之业，天下想望至治，唯有以崇德布化，惠恤黎庶，则兆民幸甚。夫臣下雷同，是非相蔽，国之大患也。若不和睦则有仇党，有仇党则毁誉无端，毁誉无端则真伪失实，不可不深防备，有以绝其源流。”太和中，曹真表欲数道伐蜀，从斜谷入。群以为“太祖昔到阳平攻张鲁，多收豆麦以益军粮，鲁未下而食犹乏。今既无所因，且斜谷阻险，难以进退，转运必见钞截，多留兵守要，则损战士，不可不熟虑也”。帝从群议。真复表从于午道。群又陈其不便，并言军事用度之计。诏以群议下真，真据之遂行。会霖雨积日，群又以为宜诏真还，帝从之。

后皇女淑薨，追封谥平原懿公主。群上疏曰：“长短有命，存亡有分。故圣人制礼，或抑或致，以求厥中。防墓有不修之俭，嬴、博有不归之魂。夫大人动合天地，垂之无穷，又大德不逾闲，动为师表故也。八岁下殇，礼所不备。况未期月，而以成人礼送之，加为制服，举朝素衣，朝夕哭临。自古已来，未有此比。而乃复自往视陵，亲临祖载。愿陛下抑割无益有损之事，但悉听群臣送葬，乞车驾不行，此万国之至望也。闻车驾欲幸摩陂，实到许昌，二宫上下，皆悉惧东，举朝大小，莫不惊怪。或言欲以避衰，或言欲于便处移殿舍，或不知何故。臣以为吉凶有命，祸福由人，移徙求安，则亦无益。若必当移避，缮治金墉城西宫，及孟津别宫，皆可权时分止。可无举宫暴露野次，废损盛节蚕农之要。又贼地闻之，以为大衰。加所烦费，不可计量。且（由）吉士贤人，当盛衰，处安危。秉道信命，非徙其家以宁，乡邑从其风化，无恐惧之心。况乃帝王万国之主，静则天下安，动则天下扰；行止动静，岂可轻脱哉?”帝不听。

青龙中，营治宫室，百姓失农时。群上疏，曰：“禹承唐、虞之盛，犹卑富室而恶衣服，况今丧乱之后，人民至少，比汉文、景之时，不过一大郡。加边境有事，将士劳苦，若有水旱之患，国家之深忧也。且吴、蜀未灭，社稷不安。宜及其未动，讲武劝农，有以待之。今舍此急而先宫室，臣惧百姓遂困，将何以应敌?昔刘备自成都至白水，多作传舍，兴费人役，太祖知其疲民也。今中国劳力，亦吴、蜀之所愿。此安危之机也，惟陛下虑之。”帝答曰：“王者宫室，亦宜并立。灭贼之后，但当罢守耳，岂可复兴役邪?是故君之职，萧何之大略也。”群又曰：“昔汉祖唯与项羽争天下，羽已灭，宫室烧焚，是以萧何建武库、太仓，皆是要急，然犹非其壮丽。今二虏未平，诚不宜与古同也。夫人之所欲，莫不有辞，况乃天王，莫之敢违。前欲坏武库，谓不可不坏也。后欲置之，谓不可不置也。若必作之，固非臣下辞言所屈。若少留神，卓然回意，亦非臣下之所及也。汉明帝欲起德阳殿，钟离意谏，即用其言，后乃复作之。殿成，谓群臣曰：‘钟离尚书在，不得成此殿也。’夫王者岂惮一臣，盖为百姓也。今臣曾不能少凝圣听，不及意远矣。”帝于是有所减省。

初，太祖时，刘廙坐弟与魏讽谋反。当诛。群言之太祖，太祖曰：“廙，名臣也，吾亦欲赦之。”乃复位。廙深德群，群曰：“夫议刑为国，非为私也；且自明主之意，吾何知焉？”其弘博不伐，皆此类也。青龙四年薨，谥曰靖侯。子泰嗣。帝追思群功德，分群户邑，封一子列侯。泰字玄伯。青龙中，除散骑侍郎。正始中，徙游击将军，为并州刺史，加振威将军，使持节，护匈奴中郎将，怀柔夷民，甚有威惠。京邑贵人多寄宝货，因泰市奴婢，泰皆挂之于壁，不发其封，及征为尚书，悉以还之。嘉平初，代郭淮为雍州刺史，加奋威将军。蜀大将军姜维率众依麴山筑二城，使牙门将句安、李歆等守之，聚羌、胡质任等寇逼诸郡。征西将军郭淮与泰谋所以御之。泰曰：“麴城虽固，去蜀险远，当须运粮。羌夷患维劳役，必未肯附。今围而取之，可不血刃而拔其城。虽其有救，山道阻险，非行兵之地也。”淮从泰计，使泰率讨蜀护军徐质、南安太守邓艾等进兵围之，断其运道及城外流水。安等挑战，不许，将士困窘，分粮聚雪以稽日月。维果来救，出自牛头山，与泰相对。泰曰："兵法贵在不战而屈人。今绝牛头，维无反道，则我之擒也。"敕诸军各坚垒勿与战，遣使白淮。欲自南渡白水，循水而东，使淮趣牛头，截其还路，可并取维。不惟安等而已。淮善其策，进率诸军军洮水。维惧，遁走，安等孤县，遂皆降。

淮薨，泰代为征西将军，假节都督雍、凉诸军事。后年，雍州刺史王经白泰，云姜维、夏侯霸欲三道向祁山、石营、金城，求进兵为翅。使凉州军至枹罕，讨蜀护军向祁山。泰量贼势终不能三道，且兵势恶分，凉州未宜越境，报经："审其定问，知所趣向，须东西势合乃进。"时维等将数万人至枹罕，趣狄道。泰敕经进屯狄道，须军到，乃规取之。泰进军陈仓。会经所统诸军于故关与贼战不利，经辄渡洮。泰以经不坚据狄道。必有他变，并遣五营在前，泰串诸军继之。经已与维战，大败，以万余人还保狄道城，余皆奔散。维乘胜围狄道，泰军上邽，分兵守要，晨夜进前。邓艾、胡奋、王祕亦到，即与艾，秘等分为三军，进到陇西。艾等以为"王经精卒破衄于西，贼众大盛，乘胜之兵既不可当，而将军以乌合之卒，继败军之后，将士失气，陇右倾荡。古人有言：'蝮蛇螫手，壮士解其腕。'《孙子》曰：'兵有所不击，地有所不宁。'盖小有所失而大有所全故也。今陇右之害，过于腹蛇，狄道之地，非徒不守之谓。姜维之兵，是所辟之锋。不如割险自保，观衅待弊，然后进救，此计之得者也。"

泰曰："姜维提轻兵深入，正欲与我争锋原野，求一战之利。王经当高壁深垒，挫其锐气。今乃与战，使贼得计，走破王经，封之狄道。若维以战克之威，进兵东向，据栎阳积谷之实，放兵收降，招纳羌、胡，东争关、陇，传檄四郡，此我之所恶也。而维以乘胜之兵，挫峻城之下，锐气之卒，屈力致命，攻守势殊，客主不同。兵书云：‘修橹，三月乃成，拒堙三月而后已’。诚非轻军远人，继之诡谋仓率所办，县军远侨，粮谷不继，是我速进破贼之时也，所谓疾雷不及掩耳，自然之势也。洮水带其表，维等在其内，今乘高据势。临其项领，不战必走。寇不可纵，围不可久，君等何言如此?”逐进军度高城岭，潜行，夜至狄道东南高山上，多举烽火，鸣鼓角。狄道城中将士见救者至，皆愤踊。维始谓官救兵当须众集乃发，而卒闻已至，谓有奇变宿谋，上下震惧。自军之发陇西也。以山道深险，贼必设伏。泰诡从南道。维果三日施伏，定军潜行卒出其南，维乃缘山突至，泰与交战，维退还。凉州军从金城南至沃干阪。泰与经共密期，当共向其还路，维等闻之，遂遁，城中将士得出。经叹曰：“粮不至旬，向不应机，举城屠裂，覆丧一州矣。”泰慰劳将士，前后遣还，更差军守，并治城垒，还屯上邽。

初、泰闻经见围，以州军将士索皆一心，加得保城，非维所能卒倾。表上进军晨夜速到还。众议以“经奔北，城不足自固，维若断凉州之道，兼四郡民夷，据关、陇之险，敢能没经军而屠陇右。宜须大兵四集，乃致攻讨。”大将军司马文王曰：“昔诸葛亮常有此志，卒亦不能。事大谋远，非维所任也。且城非仓卒所拔，而粮少为急，征西速救，得上策矣。”泰每以一方有事，辄以虚声扰动天下。故希简白上事，驿书不过六百里。司马文王语荀顗曰："玄伯沉勇能断，荷方伯之重，救将陷之城，而不求益兵，又希简上事，必能办贼故也。都督大将，不当尔邪!"

后征泰为尚书右仆射，典选举，加侍中光禄大夫。吴大将孙峻出淮、泗。以泰为镇军将军，假节都督淮北诸军事，诏徐州监军已下受泰节度。

峻退，军还，转为左仆射。诸葛诞作乱寿春，司马文王率六军军丘头，泰总署行台。司马景王、文王皆与泰亲友，及沛国武陔亦与泰善。文王问陔曰："玄伯何如其父司空也?"陔曰："通雅博畅，能以天下声教为己任者，不如也。明（统）练简至，立功立事，过之。"泰前后以功增邑二千六百户，赐子弟一人亭侯，二人关内侯。景元元年薨，追赠司空，谥曰穆侯。子恂嗣。恂薨，无嗣。弟温绍封。咸熙中开建五等，以泰著勋前朝，改封温为慎子。

陈矫字季弼，广陵东阳人也。避乱江东及东城，辞孙策、袁术之命，还本郡。太守陈登请为功曹，使矫诣许。谓曰："许下论议，待吾不足；足下相为观察，还以见诲。"矫还曰："闻远近之论，颇谓明府骄而自矜。"登曰："夫闺门雍穆，有德有行，吾敬陈元方兄弟；渊清玉洁，有礼有法，吾敬华子鱼；清修疾恶，有识有议，吾敬赵元达。博闻强记，奇逸卓荦，吾敬孔文举。雄姿杰出，有王霸之略，吾敬刘玄德，所敬如此，何骄之有！余子琐琐，亦焉足录哉?"登雅意如此，而深敬友矫。

郡为孙权所围于匡奇，登令矫求救于太祖。矫说太祖曰："鄙郡虽小，形便之国也，若蒙救援，使为外藩，则吴人挫谋，徐方永安，武声远震，仁爱滂流，未从之国。望风景附，崇德养威，此王业也。"太祖奇矫，欲留之。矫辞曰："本国倒悬，本奔走告急，纵无申胥之效，敢忘弘演之义乎？"太祖乃遣赴救。吴军既退，登多设间伏，勒兵追奔，大破之。太祖辟矫为司空掾属，除相令，征南长史。彭城、乐陵太守，魏郡西部都尉。曲周民父病，以牛祷，县结正弃市。矫曰："此孝子也。"表赦之。迁魏郡太守。时系囚千数，至有历年。矫以为周有三典之制，汉约三章之法，今惜轻重之理，而忽久系之患，可谓谬矣。悉自览罪状，一时论决。大军东征，入为丞相长史。军还，复为魏郡，转西曹属。从征汉中，还为尚书。行前未到邺，太祖崩洛阳，郡臣拘常，以为太子即位，当须诏命。矫曰："王薨于外，天下惶惧。太子宜割哀即位，以系远近之望。且又爱子在侧，彼此生变，则社稷危矣。"即具官备礼，一日皆办。明旦，以王后令，策太子即位，大赦荡然。

文帝曰："陈季弼临大节，明略过人，信一时之俊杰也。"帝既践阼，转置吏部，封高陵亭侯，迁尚书令。明帝即位，进爵东乡侯，邑六百户。车驾尝牢至尚书门，矫跪问帝曰："陛下欲何之？"帝曰："欲案行文书耳。"矫曰："此自臣职分，非陛下所宜临也。若臣不称其职，则请就黜退。陛下宜还。"帝惭，回车而反。其亮直如此。加侍中光禄大夫，迁司徒。景初元年薨，谥曰贞侯。

于本嗣，历位郡守、九卿。所在操纲领，举大体，能使群下自尽。有统御之才，不亲小事，不读法律。而得廷尉之称优于司马峻等。精练文理。迁镇北将军，假节都督河北诸军事。薨，子粲嗣。本弟骞，咸熙中为车骑将军。

初，矫为郡功曹，使过泰山。泰山太守东郡薛悌异之，结为亲友。戏谓矫曰："以郡吏而交二千石，邻国君屈从陪臣游，不亦可乎！"悌后为魏郡及尚书令，皆承代矫云。

徐宣字宝坚，广陵海西人也。避乱江东，又辞孙策之命，还本郡。与陈矫并为纲纪，二人齐名而私好不协，然俱见器于太守陈登，与登并心于太祖。海西、淮浦二县民作乱，都尉卫弥、令梁习夜奔宣家，密送免之。太祖遣督军扈质来讨贼，以兵少不进。宣潜见责之，示以形势，质乃进破贼。太祖辟为司空掾属，除东缗、发干令，迁齐郡在守，入为门下督，从到寿春。会马超作乱，大军西征，太祖见官属曰："今当远征，而此方未定，以为后忧，宜得清公大德以镇统之。"乃以宣为左护军，留统诸军。还，为丞相东曹掾，出为魏郡太守。太祖崩洛阳，群臣入殿中发哀。或言可易诸城守，用谯、沛人。宣厉声曰："今者远近一统，人怀效节，何必谯、沛，而沮宿卫者心。"文帝闻曰："所谓社稷之臣也。"帝既践阼，为御史中丞，赐爵关内侯，徙城门校尉，旬月迁司隶校尉，转散骑常侍。从至广陵，六军乘舟，风浪暴起，帝船回倒，宣病在后，陵波面前，群寮莫先至者。帝壮之，迁尚书。

明帝即位，封津阳亭侯，邑二百户。中领军桓范荐宣曰："臣闻帝王用人，度世授才，争夺之时，以策略为先，分定之后，以忠义为首。故晋文行舅犯之计而赏雍季之言，高祖用陈平之智而托后于周勃也。窃见尚书徐宣，体忠厚之行，秉直亮之性。清雅特立，不拘世俗。确然难动，有社稷之节。历位州郡，所在称职。今仆射缺，宣行掌后事。腹心任重，莫宜宣者。”帝遂以宣为左仆射，后加侍中光禄大夫。车驾幸许昌，总统留事。帝还，主者奏呈文书。诏曰：“吾省与仆射何异?”竟不视。尚方令坐猥见考竟，宣上疏陈威刑大过，又谏作宫殿穷尽民力，帝皆手诏嘉纳。宣曰：“七十有县车之礼，今已六十八，可以去矣。”乃固辞疾逊位，帝终不许。青龙四年薨，遗令布衣疏巾，敛以时服。诏曰：“宣体履至实，直内方外，历在三朝，公亮正色，有托孤寄命之节，可谓柱石臣也。常欲倚以台辅，未及登台辅，未及登之，惜乎大命不永！其追赠车骑将军，葬如公礼。”谥曰贞侯。子钦嗣。

卫臻字公振，陈留襄邑人也。父兹，有大节，不应三公之辟。太祖之初至陈留。兹曰：“平天下者，必此人也。”太祖亦异之，数诣兹议大事。从讨董卓，战于荥阳而卒。太祖每涉郡境，辄遣使祠焉。夏侯惇为陈留太守，举臻计交，命妇出宴，臻以为‘末世之俗，非礼之正。’惇怒，执臻。既而赦之。后为汉黄门侍郎。东郡朱越谋反，引臻。太祖令曰：“孤与卿君同共举事，加钦令问。始闻越言，固自不信。及得荀令君书，具亮忠诚。”

会奉诏命，聘贵人于魏，因表留臻参丞相军事。追录臻父旧勋，赐爵关内侯，转为户曹掾。文帝即王位，为散骑常侍。及践阼，封安国亭侯。时郡臣并颂魏德，多抑损前朝。臻独明禅授之义，称扬汉美。帝数目臻曰：“天下之珍，当与山阳共之。”迁尚书，转侍中、吏部尚书。帝幸广陵，行中领军，从。征东大将军曾休表得降贼辞，“孙权已在濡须口”。臻曰：“权恃长江，未敢抗衡，此必畏怖伪辞耳。”考核降者，果守将诈所作也。

明帝即位，进封康乡侯，后转为右仆射，典选举如前，加侍中。中护军蒋济遗臻书曰：“汉祖遇亡虏为上将，周武拔渔父为太师。布衣厮养，可登王公，何必守文，试而后用？”臻答曰：“古人遗智慧而任度量，须考绩而加黜陟。今子同牧野于成、康，喻断蛇于文、景，好不经之举，开拔奇之津，将使天下驰骋而起矣。”诸葛亮寇天水，臻奏：“宜遣奇兵入散关，绝其粮道。”乃以臻为征蜀将军，假节督诸军事，到长安，亮退。还，复职，加光禄大夫。是时，帝方隆意于殿舍，臻数切深。及殿中监擅收兰台令史；臻奏案之。诏曰：“殿舍不成，吾所留心，卿推之何？”臻上疏曰：“古制侵官之法，非恶其勤事也，诚以所益者小，所堕者大也。臣每察校事，类皆如此，惧群司将遂越职，以至陵迟矣。”亮又出斜谷。征南上：“朱然等军已过荆城。”臻曰：“然，吴之骁将，必下从权，且为势以缀征南耳。”权果召然入居巢，进攻合肥。帝欲自东征，臻曰：“权外示应亮，内实观望。且合肥城固，不足为虑。车驾可无亲征，以省六军之费。”帝到寻阳而权竟退。幽州刺史毋丘俭上疏曰：“陛下即位已来，未有可书，吴、蜀恃险，示可卒平，聊可以此方无用之士克定辽东。”臻曰：“俭所陈皆战国细术，非王者之事也。吴频岁称兵，寇乱边境，而犹案甲养士，未果寻致讨者，诚以百姓疲劳故也。且渊生长海表，相承三世，外抚戎夷，内修战射，而俭欲以偏军长驱，朝至夕卷，知其妄矣。”俭行，军遂不利。

臻迁为司空，徙司徒。正始中，进爵长垣侯，邑千户，封一子列侯。

初，太祖久不立太子，而方奇贵临菑侯。丁仪等为之羽冀，劝臻自结，臻以大义拒之，及文帝即位，东海王霖有宠，帝问臻：“平原侯何如?”臻称明德美丽终不言。曹爽辅政，使夏侯玄宣指，欲引臻入守尚书令，及为弟求婚，皆不许。固乞逊位。诏曰：“昔干木偃息，义压强秦留侯颐神，不忘楚事。谠言嘉谋，望不吝焉。”赐宅一区，位特进，秩如三司。薨，追赠太尉Ｉ谥曰敬侯。子烈嗣，咸熙中为光禄勋。

卢毓字子家，涿郡涿人也。父植，有名于世。毓十岁而孤，遇本州乱，二兄死难。当袁绍、公孙瓒交兵，幽、冀饥荒，养寡嫂孤兄子，以学行见称。文帝为五官将，召毓署门下贼曹。崔琰弃举为冀州主簿。时天下草创，多逋逃，故重士亡法，罪及妻子。亡士妻白等，始适夫家数日，未与夫相见，大理奏弃市。毓驳之曰：“夫女子之情，以接见而恩生，成妇而义重。故《诗》云‘未见君子，我心伤悲。亦既见止，我心则夷。’又《礼》‘未庙见之妇而死，归葬女氏之党，以未成妇也’。今白等生有未见之悲，死有非妇之痛，而吏议欲肆之大辟，则若同牢合卺之后，罪何所加？且《记》曰：‘附从轻’，言附人之罪，以轻者为比也。又《书》云‘与其杀不辜，宁失不经’，恐过重也。苟以白等皆受礼聘，已入门庭，刑之为可，杀之为重。”

太祖曰："毓执之是也。又引经典有意，使孤叹息。"由是为丞相法曹议令史，转西曹仪令吏。

魏国既建，为吏部郎。文帝践阼，徙黄门侍郎，出为济阴相，梁、谯二郡太守。帝以谯旧乡，故大徙民充之，以为屯田。而谯土地（土尧）瘠，百姓穷困，毓愍之，上表徙民于梁国就沃衍，失帝意。虽听毓所表，必犹恨之，遂左迁毓，使将徙民为睢阳典农校尉。毓心在利民，躬自临视，择居美田，百姓赖之。迁安平、广平太守，所在有惠化。

青龙二年，入为侍中。先是，散骑常侍刘劭受诏定律，未就。毓上论古今科律之意，以为法宜一正，不宜有两端，使奸吏得容情。及侍中高堂隆数以宫室事切谏，帝不悦，毓进曰："臣闻君明则臣直，古之圣王恐不闻其过，故有敢谏之鼓。近臣尽规，此乃臣等所以不及隆。隆诸生，名为狂直，陛下宜容之。"在职三年，多所驳争。诏曰："官人秩才，圣帝所难，必须良佐，近可替否。侍中毓禀性贞固，心平体正，可谓明试有功，不懈于位者也。其以毓为吏部尚书。"使毓自选代，曰："得如卿者乃可。"毓举常侍郑冲，帝曰："文和，吾自知之，更举吾所未闻者。"乃举阮武、孙邕，帝于是用邕。

前此诸葛诞、邓飏等驰名誉，有四窗八达之诮，帝疾之。时举中书郎。诏曰："得其人与否，在卢生耳。选举莫取有名，名如画地作饼，不可啖也。"毓对曰："名不足以致异人，而可以得常士。常士畏教慕善，然后有名，非所当疾也。愚臣既不足以识异人，又主者正以循名案常为职，但当有以验其后。

故古者敷奏以言，明试以功。今考绩之法废，而以毁誉相进退，故真伪浑杂，虚实相蒙。”帝纳其言，即诏作考课法。会司徒缺，毓举处士管宁，帝不能用。更问其次，毓对曰：“敦笃至行，则太中大夫韩暨；亮直清方，则司隶校尉崔林；贞固纯粹，则太常常林。”帝乃用暨。毓于人及选举，先举性行，而后言才。黄门李丰尝以问毓，毓曰：“才所以为善也，故大才成大善，小才成小善。今称之有才而不能为善，是才不中器也。”丰等服其言。

齐王即位，赐爵关内侯。时曹爽秉权，将树其党，徙毓仆射，以侍中何晏代毓。顷之，出毓为廷尉，司隶毕轨又枉奏免官。众论多讼之，乃以毓为光禄勋。爽等见收，太傅司马宣王使毓行司隶校尉，治其狱。复为吏部尚书，加奉车都尉，封高乐亭侯，转为仆射，故典选举，加光禄大夫。高贵乡公即位，进封大梁乡侯。封一子高亭侯，毌丘俭作乱，大将军司马景王出征，毓纲纪后事，加侍中。正元三年，疾病，逊位。迁为司空，固推骠骑将军王昶、光禄大夫王观、司隶校尉王祥。诏使使者即授印绶，近爵封容城侯，邑二千三百户。甘露三年薨，谥曰成侯。孙藩嗣。毓子钦、珽，咸熙中钦为尚书，珽泰山太守。

【评曰】

桓阶识睹成败，才周当世。陈群动仗名义，有清流雅望。泰弘济简至，允克堂构矣。魏世事统台阁，重内轻外，故八座尚书。即古六卿之任也。陈、涂、卫、卢，久居斯位，矫、宣刚断骨鲠，臻、毓规鉴清理，咸不忝厥职云。

和常杨杜赵裴传

和洽字阳士，汝南西平人也。举孝廉，大将军辟，皆不就。袁绍在冀州，遣使迎汝南士大夫。洽独以“冀州土平民强，英桀所利，四战之地。本初乘资，虽能强大，然雄豪方起，全未可必也。荆州刘表无他远志，爱人乐士，土地险阻，山夷民弱，易依倚也。”遂与亲旧俱南从表，表以上客待之。洽曰：“所以不从本初，辟争地也。昏世之主，不可黩近，久而阽危，必有谗慝间其中者。”遂南度武陵。

太祖定荆州，辟为丞相掾属。时毛玠、崔琰并以忠清干事，其选用先尚俭节。洽言曰：“天下大器，在位与人，不可以一节俭也。俭素过中，自以处身则可，以此节格物，所失或多。今朝廷之仪，吏有著新衣、乘好车者，谓之不清。长吏过营，形容不饰，衣裘敝坏者，谓之廉洁。至令士大夫故污辱其衣，藏其舆服。朝府大吏，或自挈壶餐以入官寺。夫立教观俗，贵处中庸，为可继也。今崇一概难堪之行以检殊涂，勉而为之，必有疲瘁。古之大教，务在通人情而已。凡激诡之行，则容隐伪矣。”

魏国既建、为侍中。后有白毛玠谤毁太祖，太祖见近臣，怒甚。洽陈玠素行有本，求案实其事。罢朝，太祖令曰：“今言事者白玠不但谤吾也，乃复为崔琰觖望。此损君臣恩义，妄为死友怨叹，殆不可忍也。昔萧、曹与高祖并起微贱，致功立勋。高祖每在屈笮，二相恭顺，臣道益彰，所以祚及后世也。和侍中比求实之，所以不听，欲重参之耳。”洽对曰：“如言事者言，玠罪过深重，非天地所覆载。臣非敢曲理玠以枉大伦也，以玠出群吏之中。特见拔擢，显在首职，历年荷宠，刚直忠公，为众所惮，不宜有此。

然人情难保，要宜考核，两验其实。今圣恩垂含垢之仁，不忍致之于理，更使曲直之分不明，疑自近始。”太祖曰：“所以不考，欲两全玠及言事者耳。”洽对曰：“玠信有谤主之言，当肆之市朝；若玠无此，言市者加诬大臣以误主听；二者不加检核，臣窃不安。”太祖曰：“方有军事，安可受人言便考之邪？狐射姑刺阳处父于朝，此为君之诫也。”

太祖克张鲁，洽陈便宜以时拔军徙民，可省置守之费。太祖未纳，其后竟徙民弃汉中。出为郎中令。文帝践阼，为光禄勋，封安城亭侯。明帝即位，进封西陵乡侯，邑二百户。太和中，散骑常侍高堂隆奏：“时风不至，而有休废之气，必有司不勤职事以失天常也。”诏书谦虚引咎，博咨异同。洽以为‘民稀耕少，浮食者多。国以民为本，民以谷为命。故废一时之农，则失育命之本。是以先王务蠲烦费，以专耕农。自春夏以来，民穷于役，农业有废，百姓嚣然，时风不至，未必不由此也。消复之术，莫大于节俭，太祖建立洪业，奉师徒之费，供军赏之用。吏士丰于资食，仓府衍于谷帛，由不饰无用之宫，绝浮华之费。方今之要，固在息省劳烦之役，损除他余之务，以为军戎之储。三边守御，宜在备豫。料贼虎实，蓄士养众，算庙胜之策，明攻取之谋，详询众庶以求厥中。若谋不素定，轻弱小敌，军人数举，举而无庸，所谓'悦武无震'，古人之诫也。"

转为太常，清贫守约，至卖田宅以自给。明帝闻之，加赐谷帛。薨，谥曰简侯。子禽嗣。禽弟适，才爽开济，官至廷尉、吏部尚书。治同郡许混者，许助子也。清醇有鉴识，明帝时为尚书。

常林字伯槐，河内温人也。年七岁，有父党造门。问林："伯先在否？汝何不拜！"林曰："虽当下客，临子字父，何拜之有？"于是咸共嘉之。太守王匡起兵讨董卓，遣诸生于属县微伺吏民罪负，便收之。考责钱谷赎罪，稽迟则夷灭宗族，以崇威严。林叔父挝客，为诸生所白，匡怒收治。举宗惶怖，不知所责多少，惧系者不救。林往见匡同县胡母彪曰："王府君以文武高才，临吾鄙郡。鄙郡表里山河，土广民殷，又多贤能，惟所择用。今主上幼冲，贼臣虎据，华夏震慄，雄才奋用之秋也。若欲诛天下之贼，扶王室之微，智者望风，应之若响，克乱在和，何征不捷，苟无恩德。任失其人，覆亡将至，何暇匡翼朝廷，崇立功名乎？君其藏之！"因说叔父见拘之意。彪即书责匡，匡原林叔父。林乃避地上党，耕种山阿。当时旱蝗，林独丰收，尽呼比邻，升斗分之。依故河间太守陈延壁。

陈、冯二姓，旧族冠冕。张杨利其妇女，贪其资货。林率其宗族，为之策谋。见围六十余日，卒全堡壁。

并州刺史高干表为骑都尉，林辞不受。后刺史梁习荐州界名士林及杨俊、王淩、王象、荀纬，太祖皆以为县长。林宰南和，治化有成，超迁博陵太守、幽州刺史，所在有绩。文帝为五官将，林为功曹。太祖西征，田银、苏伯反，幽、冀扇动。文帝欲亲自讨之。林曰："昔忝博陵，又在幽州，贼之形势，可料度也。北方吏民，乐安厌乱，服化已久，守善者多。银、伯犬羊相聚，智小谋大，不能为害。方今大军在远，外有强敌，将军为天下之镇也，轻动远举，虽克不武。"文帝从之，遣将往伐，应时克灭。出为平原太守、魏郡东部都尉，入为丞相东曹属。魏国既建。拜尚书。文帝践阼，迁少府，封乐阳亭侯，转大司农。明帝即位，进封高阳乡侯，徙光禄勋太常。晋宣王以林乡邑耆德，每为之拜。或谓林曰："司马公贵重，君宜止之。"林曰："司马公自欲敦长幼之叙，为后生之法。贵非吾之所畏，拜非吾之所制也。"言者踧踖而退。时论以林节操清峻，欲致之公辅，而林遂称疾笃。拜光禄大夫。年八十三，薨，追赠骠骑将军，葬如公礼，谥曰贞侯。子旹嗣。为泰山太守。坐法诛。旹弟静绍封。

杨俊字季才，河内获嘉人也。受学陈留边让，让器异之。俊以兵乱方起，而河内处四达之衢，必为战场，乃扶持老弱诣京、密山间，同行者百余家。俊振济贫乏，通共有无。宗族知故为人所略作奴仆者凡六家，俊皆倾财赎之。司马宣王年十六七，与俊相遇，俊曰："此非常之人之也。"又司马朗早有声名，其族兄芝，众未之知，惟俊言曰："芝虽夙望不及朗，实理但有优耳。"俊转避地并州。本郡王象，少孤特，为人仆隶，年十七八，见使牧羊而私读书，因被箠楚。俊嘉其才质，即赎象著家，聘娶立屋，然后与别。

太祖除俊曲梁长，入为丞相掾属，举茂才，安陵令，迁南阳太守。宣德教，立学校，吏民称之。徙为征南军师。魏国既建，迁中尉。太祖征汉中，魏讽反于来郧，俊自劾诣行在所。俊以身方罪免，笺辞太子。太子不悦曰："杨中尉便去，何太高远邪！"遂被书左迁平原太守。文帝践阼，复在南阳。时王象为散骑常侍。荐俊曰："伏见南阳太守杨俊，秉纯粹之茂质，履忠肃之弘量，体仁足以育物，笃实足以动众。克长后进，惠训不倦，外宽内直，仁而有断。自初弹冠，所历垂化，再守南阳，恩德流著，殊邻异党，襁负而至。今境守清静，无所展其智能，宜还本朝，宣力辇毂，熙帝之载。"

俊自少及长，以人伦自任。同郡审固、陈留卫恂本皆出自兵伍，俊资拔奖致，咸作佳士；后固历位郡守，恂御史、县令，其明鉴行义，多此类也。初，临菑侯与俊善，太祖适嗣未定，密访群司。俊虽并论文帝、临菑才分所长，不适有所据当，然称临菑犹美，文帝常以恨之。黄初三年，车驾至宛，以市不丰乐，发怒收俊。尚书仆射司马宣王、常侍王象、荀纬请俊，叩头流血，帝不许。俊曰："吾知罪矣。"遂自杀。众冤痛之。

杜袭字子绪，颍川定陵人也。曾祖父安，祖父根，著名前世。袭避乱荆州，刘表待以宾礼。同郡繁钦数见奇于表，袭喻之曰："吾所以与子俱来者，徒欲龙蟠幽薮，待时凤翔。岂谓刘牧当为拨乱之主而规长（者）委身哉？子若见能不已，非吾徒也。吾其与子绝矣！"钦慨然曰："请敬受命。"袭遂南适长沙。

建安初，太祖迎天子都许。袭逃还乡里，太祖以为西鄂长。县滨南境，寇贼纵横。时长吏皆敛民保城郭，不得农业。野荒民困。仓庾空虚。袭自知恩结于民，乃遣老弱各分散就田业。留丁强备守，吏民欢悦。会荆州出步骑万人来攻城，袭乃悉召县吏民任拒守者五十余人，与之要誓。其亲戚在外欲自营护者，恣听遣出；皆叩头愿致死。于是身执矢石，率与戮力。吏民感恩，咸为用命。临陈斩数百级，而袭众死者三十余人，其余十八人尽被创，贼得入城。袭帅伤痍吏民决围得出，死丧略尽，而无反背者。遂收散民，徙至摩陂营，吏民慕而从之如归。

司隶钟繇表拜议郎参军事。荀彧又荐袭，太祖以为丞相军祭酒。魏国既建，为侍中，与王粲、和洽并用。粲强识博闻，故太祖游观出入，多得骖乘，至其见敬不及洽、袭。袭尝独见，至于夜半。粲性躁竞，起坐，曰："不知公对杜袭道何等也？"洽笑答曰："天下事岂有尽邪？卿昼侍可矣，悒悒于此，欲兼之乎！"后袭领丞相长史，随太祖到汉中讨张鲁。太祖还，拜袭驸马都尉，留督汉中军事。绥怀开导，百姓自乐出徙洛、邺者八万余口。夏侯渊为刘备所没，军丧元帅，将士失色。袭与张郃、郭淮纠摄诸军事，权宜以郃为督，以一众心，三军遂定。太祖东还，当选留府长史镇守长安，主者所选多不当。太祖令曰："释骐蕺而不乘。焉皇皇而更索？"遂以袭为留府长史，驻关中。

时将军许攸拥部曲，不附太祖而有慢言。太祖大怒，先欲伐之。群臣多谏："可招怀攸，共讨强敌。"太祖横刀于膝，作色不听。袭入欲谏，太祖逆谓之曰："吾计以定，卿勿复言。"袭曰："若殿下计是邪，臣方助殿下成之。若殿下计非邪，虽'成宜改之。殿下逆臣令勿言之，何待下之不阐乎？"太祖曰："许攸慢吾，如何可置乎？"袭曰："殿下谓许攸何如人邪？"太祖曰："凡人也。"袭曰："夫'惟贤知贤，惟圣知圣'，凡人安能知非凡人邪？方今豺狼当路而狐狸是先，人将谓殿下避强攻弱，进不为勇，退不为仁。臣闻千钧之弩不为鼷鼠发机，万石之钟不以莛撞起音。今区区之许攸，何足以劳神武哉？"太祖曰："善。"遂厚抚攸，攸即归服。时夏侯尚暱于太子，情好至密。袭谓尚非益友，不足殊待，以闻太祖。文帝初甚不悦，后乃追思。语在《尚传》。其柔而不犯，皆此类也。

文帝即王位，赐爵关内侯。及践阼，为督军粮御史，封武平亭侯，更为督军粮执法，入为尚书。文帝即位，进封平阳乡侯。诸葛亮出秦川，大将军曹真督军拒亮，徙袭为大将军军师，分邑百户赐兄基爵关内侯。真薨，司马宣王代之，袭复为军师，增邑三百，并前五百五十户。以疾征还，拜太中大夫。薨，追赠少府，谥曰定侯。子会嗣。赵俨字伯然，颍川阳翟人也。避乱荆州，与杜袭、繁钦通财同计，合为一家。太祖始迎献帝都许。俨谓钦曰："曹镇东应期命世，必能匡济华夏，吾知归矣。"建安二年，年二十七，遂扶持老弱诣太祖，太祖以俨为朗陵长。县多豪猾，无所畏忌。俨取其尤甚者，收缚案验，皆得死罪。俨既囚之，乃表府解放，自是威恩并著。时袁绍举兵南侵，遣使招诱豫州诸郡，诸郡多受其命。惟阳安郡不动，而都尉李通急录户调。俨见通曰："方今天下未集，诸郡并叛，怀附者复收其绵绢，小人乐乱，能无遗恨！且远近多虞，不可不详也。"通曰："绍与大将军相持甚急，左右郡县背叛乃尔。若绵绢不调送，观听者必谓我顾望，有所须待也。"俨曰："诚亦如君虑；然当权其轻重，小缓调，当为君释此患。"乃书与荀彧曰："今阳安郡当送绵绢，道路艰阻，必致寇害。百姓困穷，邻城并叛，易用倾荡，乃一方安危之机也。且此郡人执守忠节，在险不贰。微善必赏，则为义者劝。善为国者，藏之于民。以为国家宜垂慰抚，所敛绵绢，皆俾还之。"彧报曰："辄白曹公，公文下郡，绵绢悉以还民。"上下欢喜，郡内遂安。

入为司空掾属主簿。时于禁屯颍阴，乐进屯阳翟；张辽屯长社；诸将任气，多共不协。使俨并参三军，每事训喻，遂相亲睦。太祖征荆州，以俨领章陵太守，徙都督护军，护于禁、张辽、张郃、朱灵、李典、路招、冯楷七军。复为丞相主簿，迁扶风太守。太祖徙出故韩遂、马超等兵五千余人，使平难将军殷署等督领，以俨为关中护军，尽统诸军。羌虏数来寇害，俨率署等追到新平，大破之。屯田客吕并自称将军，聚党据陈仓，俨复率署等攻之，贼即破灭。

时被书差千二百兵往助汉中守，署督送之。行者卒与室家别，皆有忧色。署发后一日，俨虑其有变，乃自追至斜谷口，人人慰劳，又深戒署。还宿雍州刺史张既舍。署军复前四十里，兵果叛乱，未知署吉凶。而俨自随步骑百五十人，皆与叛者同部曲，或婚姻。得此问，各惊，被甲持兵，不复自安。俨欲还，既等以为“今本营党已扰乱，一身赴之无益，可须定问”。俨曰：“虽疑本营与叛者同谋，要当闻行者变，乃发之。又有欲善不能自定，宜及犹豫，促抚守之。且为之元帅，既不能安辑，身受祸难，命也。”遂去。行三十里止，放马息，尽呼所从人，喻以成败，慰励恳切。皆慷慨曰：“死生当随护军，不敢有二”前到诸营，各召料简诸奸结叛者八百余人，散在原野，惟取其造谋魁率治之，余一不问。郡县所收送，皆放遣，乃即相率还降。俨密白：“宜遣将诣大营，请旧兵镇守关中。”太祖遣将军刘柱将二千人，当须到乃发遣，而事露，诸营大骇，不可安喻。俨谓诸将曰：“旧兵既少，东兵未到，是以诸营图为邪谋。若或成变，为难不测。因其狐疑，当令早决。”遂宣言当差留新兵之温厚者千人镇守关中，其余悉遣东，便见主者，内诸营兵名籍，案累重，立差别之。留者意定，与俨同心。其当去者亦不敢动，俨一日尽遣上道，因使所留千人，分布罗落之。东兵寻至，乃复胁喻。并徙千人，令相及共东，凡所全致二万余口。

关羽围征南将军曹仁于樊。俨以议郎参仁军事南行，迁平寇将军徐晃俱前。既到，羽围仁遂坚。余救兵未到。晃所督不足解围，而诸将呵责晃促救。俨谓诸将曰：“今贼围素固，水潦犹盛。我徒卒单少，而仁隔绝不得同力，此举适所以弊内外耳。当今不若前军逼围，遣谍通仁，使知外救，以励将士。计北军不过十日，尚足坚守。然后表里俱发，破贼必矣。如有缓救之戮，余为诸军当之。”诸将皆喜，便作地道，箭飞书与仁，消息数通，北军亦至，并势大战。羽军既退舟船犹据沔水，襄阳隔绝不通，而孙权袭取羽辎重，羽闻之，即走南还。

仁会诸将议，咸曰：“今因羽危惧，必可追擒也。”俨曰：“权邀羽连兵之难，欲掩制其后，顾羽还救，恐我承其两疲，故顺辞求效，乘衅因变，以观利钝耳。今羽已孤进，更宜存之以为权害。若深入追北，权则改虞于彼，将生患于我矣。王必以此为深虑。”仁乃解严。太祖闻羽走，恐诸将追之，果疾敕仁，如俨所策。

文帝即王位，为侍中。顷之，拜驸马都慰。领河东太守，典农中郎将。黄初三年，赐爵关内侯。孙权寇边，征东大将军曹休统五州军御之，征俨为军师。权众退，军还，封宜士亭侯，转为度支中郎将，迁尚书。从征吴，到广陵，复留为征东军师。明帝即位，进封都乡侯，邑六百户，监荆州诸军事，假节。会疾，不行，复为尚书，出监豫州诸军事，转大司马军师，人为大司农。齐王即位，以俨监雍，凉诸军事，假节，转征蜀将军，又迁征西将军，都督雍、凉。正始四年，老疾求还，征为骠骑将军，迁司空。薨，谥曰穆侯。子亭嗣。初，俨与同郡辛毗、陈群、杜袭并知名，号曰辛、陈、杜、赵云。裴潜字文行，河东闻喜人也。避乱荆州，刘表待以宾礼。潜私谓所亲王粲、司马芝曰：“刘牧非霸王之才，乃欲西伯自处，其败无日矣。”遂南适长沙。太祖定荆州，以潜参丞相军事，出历三县令，入为仓曹属。太祖问潜曰：“卿前与刘备俱在荆州，卿以备才略何如?”潜曰:“使居中国,能乱人而不能为治也。若乘间守险,足以为一方主。”

时代郡大乱,以潜为代郡太守。乌丸王及其大人,凡三人,各自称单于,专制郡事。

前太守莫能治正,太祖欲授潜精兵以镇讨之。潜辞曰:“代郡户口殷众,士马控弦,动有万数。单于自知放横日久,内不自安。今多将兵往,必惧而拒境,少将则不见惮。宜以计谋图之,不可以兵威迫也。”遂单车之郡。单于惊喜。潜抚之以静。单于以下脱帽稽颡,悉还前后所掠妇女、器械、财物。潜案诛郡中大吏与单于为表里者郝温、郭端等十余人,北边大震,百姓归心。

在代三年,还为丞相理曹掾,太祖褒称治代之功。潜曰:“潜于百姓虽宽,于诸胡为峻。今计者必以潜为理过严,而事加宽惠。彼素骄忽,过宽必弛,既弛又将摄之以法,此讼争所由生也。以势料之,代必复叛。”于是太祖深悔还潜之速。后数十日,三单于反问至,乃遣鄢陵侯彰为骁骑将军征之。

潜出为沛国相,迁兖州刺史。太祖次摩陂,叹其军陈齐整,特加赏赐。文帝践阼,人为散骑常侍。出为魏郡、颍川典农中郎将,奏通贡举,比之郡国,由是农官进仕路泰。迁荆州刺史,赐爵关内侯。明帝即位,入为尚书。出为河南尹,转太尉军师、大司农,封清阳亭侯,邑二百户。入为尚书令,奏正分职,料简名实,出事使断官府者百五十余条。丧父去官,拜光禄大夫。正始五年薨,追赠太常,谥曰贞侯。子秀嗣。遗令俭葬,墓中惟置一坐,瓦器数枚,其余一无所设。秀,咸熙中为尚书仆射。

【评曰】

和洽清和干理，常林素业纯固，杨俊人伦行义，杜袭温粹识统，赵俨刚毅有度，裴潜平恒贞干，皆一世之美士也。至林能不系心于三司，以大夫告老，美矣哉！

韩崔高孙王传

韩暨字公至，南阳堵阳人也。同县豪右陈茂，谮暨父兄，几至大辟。暨阳不以为言，庸赁积资，阴结死士，遂追呼寻禽茂，以首祭父墓，由是显名。

举孝廉，司空辟，皆不就。乃变名姓，隐居避乱鲁阳山中。山民合党，欲行寇掠。暨散家财以供牛酒，请其渠帅，为陈安危。山民化之，终不为害。避袁术命召，徙居山都之山。荆州牧刘表礼辟，遂遁逃，南居孱陵界，所在见敬爱，而表深恨之。暨惧，应命，除宜城长。

太祖平荆州，辟为丞相士曹属。后迁乐陵太守，徙监冶谒者，旧时冶作马排，每一熟石用马百匹；更作人排，又费功力。暨乃因长流为水排，计其利益，三倍于前。在职七年，器用充实。制书褒叹，就加司金都尉，班亚九卿。文帝践阼，封宜城亭侯。黄初七年，迁太常，进封南乡亭侯，邑二百户。时新都洛阳，制度未备，而宗庙主柘皆在邺都，暨奏请迎邺四庙神主，建立洛阳庙，四时蒸尝，亲奉粢盛。崇明正礼，废去淫祀，多所匡正。在官八年，以疾逊位。景初二年春，诏曰："太中大夫韩暨，澡身浴德，志节高洁，年逾八十。守道弥固，可谓纯笃，老而益劭者也。其以暨为司徒。"夏四月薨，遗令敛以时服，葬为土藏。谥曰恭侯。子肇嗣。肇薨，于邦嗣。

崔林字德儒，清河东武城人也。少时晚成，宗族莫知，惟从兄琰异之。太祖定冀州，召除邬长，贫无车马，单步之官。太祖征壶关，问长吏德政最者，并州刺史张陟以林对，于是擢为冀州主簿，徙署别驾、丞相掾属。魏国既建，稍迁御史中丞。文帝践阼，拜尚书，出为幽州刺史。北中郎将吴质统河北军事，涿郡太守王雄谓林别驾曰："吴中郎将，上所亲重，国之贵臣也。仗节统事，州郡莫不奉笺致敬，而崔使君初不与相闻。若以边塞不修斩卿，使君宁能护卿邪?"别驾具以白林。林曰："刺史视去此州如脱屣，宁当相累邪?此州与胡虏接，宜镇之以静，扰之则动其逆心，特为国家生北顾忧，以此为寄。"在官一期，寇窃寝息。犹以不事上司，左迁河间太守，清论多为林怨也。

迁大鸿胪。龟兹王遣侍子来朝，朝廷嘉其远至，褒赏其王甚厚。余国各遣子来朝，间使连属，林恐所遣或非真的。权取疏属贾胡，因通使命，利得印绶。而道路护送，所损滋多。劳所养之民，资无益之事，为夷狄所笑，此曩时之所患也。乃移书燉煌喻指，并录前世待遇诸国丰约故事，使有恒常。明帝即位，赐爵关内侯，转光禄勋、司隶校尉。属郡皆罢非法除过员吏。林为政推诚，简存大体，是以去后每辄见思。

散骑常侍刘劭作《考课论》，制下百僚。林议曰："案《周官》考课，其文备矣，自康王以下，遂以陵迟。此即考课之法存乎其人也。及汉之季其失岂在乎佐吏之职不密哉？方今军旅，或猥或卒，备之以科条。申之以内外，增减无常，固难一矣。且万目不张举其纲，众毛不整振其领。皋陶仕虞，伊尹臣殷，不仁者远。五帝三王未必如一，而各以治乱。《易》曰：'易简，而天下之理得矣。'太祖随宜设辟，以遗来今，不患不法古也。以为今之制度，不为疏阔，惟在守一勿失而已。若朝臣能任仲山甫之重，式是百辟，则孰敢不肃？"

景初元年，司徒、司空并缺，散骑侍郎孟康荐林，曰："夫宰相者，天下之所瞻效，诚宜得秉忠履正本德仗义之士，足为海内所师表者。窃见司隶校尉崔林，禀自然之正性，体高雅之弘量。论其所长以比古人，忠直不回则史鱼之俦，清俭守约则季文之匹也。牧守州郡，所在而治，及为外司，万里肃齐，诚台辅之妙器，衮职之良才也。"后年遂为司空，封安阳亭侯，邑六百户。三公封列侯，自林始也。顷之，又进封安阳乡侯。鲁相上言："汉旧立孔子庙，褒成侯岁时奉嗣，辟雍行礼，必祭先师，王家出谷，春秋祭祀。今宗圣侯奉嗣，未有命祭之礼，宜给牲牢，长吏奉祀，尊为贵神。"制三府议，博士傅只以《春秋传》言立在祀典，则孔于是也。宗圣适足继绝世，章盛德耳。至于显立言，崇明德，则宜如鲁相所上。林议以为"宗圣侯亦以王命祀，不为未有命也。周武王封黄帝、尧、舜之后，及立三恪，禹、汤之世，不列于时，复特命他官祭也。今周公已上，达于三皇，忽焉不祀，而其礼经亦存其言。今独祀孔子者，以世近故也。以大夫之后，特受无疆之祀，礼过古帝，义逾汤、武，可谓祟明报德矣，无复重祀于非族也。”

明帝又分林邑，封一子列侯。正始五年薨，谥曰孝侯。子述嗣。高柔字文惠，陈留圉人也。父靖，为蜀郡都尉。柔留乡里。谓邑中曰：“今者英雄并起，陈留四战之地也。曹将军虽据兖州．本有四方之图，未得安坐守也。而张府君先得志于陈留，吾恐变乘间作也，欲与诸君避之。”众人皆以张邈与太祖善，柔又年少，不然其言。柔从兄干，袁绍甥也。在河北呼柔，柔举宗从之。会靖卒于西州，时道路艰涩，兵寇纵横，而柔冒艰险诣蜀迎丧，辛苦荼毒、无所不尝，三年乃还。

太祖平袁氏，以柔为管长。县中素闻其名，奸吏数人，皆自引去。柔教曰：“昔邴吉临政，吏尝有非，犹尚容之。况此诸吏，于吾未有失乎！其召复之。”咸还皆自励，咸为佳吏。高干既降，顷之以并州叛。柔自归太祖，太祖欲因事诛之，以为刺奸令史：处法允当，狱无留滞，辟为丞相仓曹属。太祖欲遣钟繇等讨张鲁，柔谏，以为：今猥遣大兵，西有韩遂、马超，谓为己举，将相扇动作逆，宜先招集三辅，三辅苟平，汉中可传檄而定也。繇入关，遂、超等果反。

魏国初建，为尚书郎。转拜丞相理曹掾。令曰：“夫治定之化，以礼为首。拨乱之政，以刑为先。是以舜流四凶族，皋陶作士。汉祖除秦苛法，萧何定律。掾清识平当，明于宪典，勉恤之哉！”鼓吹宋金等在合肥亡逃。旧法，军征士亡，考竟其妻子。太祖患犹不息，更重其刑。金有母妻及二弟皆给官，主者奏尽杀之。柔启曰：“士卒亡军，诚在可疾，然窃闻其中时有悔者。愚谓乃宜贷其妻子，一可使贼中不信，二可使诱其还心。正如前科，固已绝其意望，而猥复重之，柔恐自今在军之士，见一人亡逃，诛将及已，亦且相随而走，不可复得杀也。此重刑非所以止亡，乃所以益走耳。”太祖曰：“善。”即止不杀金母、弟，蒙活者甚众。迁为颍川太守，复还为法曹掾。时置校事卢洪、赵达等，使察群下，柔谏曰：“设官分职。各有所司。今置校事，既非居上信下之旨；又达等数以憎爱擅作威福，宜检治之。”大祖曰：“卿知达等，恐不如吾也。要能刺举而辨众事，使贤人君子为之，则不能也。昔叔孙通用群盗，良有以也。”达等后奸利发，太祖杀之以谢于柔。

文帝践阼，以柔为治书侍御史，赐爵关内侯，转加治书执法。时民间数有诽谤妖言，帝疾之，有妖言辄杀，而赏告者。柔上疏曰：“今妖言者必戮，告之者辄赏。既使过误无反善之路，又将开凶狡之群相诬罔之渐，诚非所以息奸省讼，缉熙治道也。昔周公作诰，称殷之祖宗，咸不顾小人之怨。在汉太宗，亦除妖言诽谤之令。臣愚以为宜除妖谤赏告之法，以隆天父养物之仁。”帝不即从，而相诬告者滋甚。帝乃下诏：敢以诽谤相告者，以所告者罪罪之。于是遂绝。校事刘慈等，自黄初初数年之间，举吏民奸罪以万数，柔皆请惩虚实；其余小小挂法者，不过罚金。四年，迁为廷尉。

魏初，三公无事，又希与朝政。柔上疏曰：“天地以四时成功，元首以辅弼兴治；成汤仗阿衡之佐，文、武凭旦、望之力。逮至汉初，萧、曹之俦并以元勋代作心膂，此皆明王圣主任臣于上，贤相良辅股肱于下也。今公铺之臣、皆国之栋梁、民所具瞻。而置之三事，不使知政，遂各偃息养高，鲜有进纳，诚非朝廷崇用大臣之义、大臣献可替否之谓也。古者刑政有疑，辄议于槐棘之下。自今之后，朝有疑议及刑狱大事，宜数以咨访三公。三公朝朔望之日，又可特延入，讲论得失，博尽事情，庶有裨起天听，弘益大化。"帝嘉纳焉。帝以宿嫌，欲枉法诛治书执法鲍勋，而柔固执不从诏命，帝怒甚，遂召柔诣台；遣使者承指至廷尉考竟勋，勋死，乃遣柔还寺。

明帝即位，封柔延寿亭侯。时博士执经，柔上疏，曰："臣闻遵道重学，圣人洪训。褒文崇儒，帝者明义。昔汉末陵迟，礼乐崩坏，雄战虎争，以战陈为务，遂使儒林之群，幽隐而不显。太祖初兴，愍其如此，在于拨乱之际，并使郡县立教学之官。高祖即使，遂阐其业，兴复辟雍，州立课试，于是天下之士，复闻庠序之教，亲俎豆之礼焉。陛下临政，允迪睿哲，敷弘大猷，光济先轨，虽夏启之承基，周成之继业，诚无以加也。然今博士皆经明行修，一国清选，而使迁除限不过长，惧非所以崇显儒术，帅励怠惰也。孔子称'举善而教，不能则劝'，故楚礼申公，学士锐精，汉隆卓茂，搢绅竞慕。臣以为博士者，道之渊薮，六艺所宗，宜随学行优劣，待以不次之位。敦崇道教，以劝学者，于化为弘。"帝纳之。

后大兴殿舍，百姓劳役。广采众女，充盈后宫；后宫皇子连夭，继嗣未育。柔上疏，曰："二虏狡猾，潜自讲肄，谋动干戈，未图束手。宜畜养将士，缮治甲兵，以逸待之，而顷兴造殿舍，上下劳扰；若使吴、蜀知人虚实，通谋并势，复俱送死，甚不易也。昔汉文惜十家之资，不营小台之娱；去病虑匈奴之害，不遑治第之事。况今所损者非惟百金之费，所忧者非徒北狄之患乎？可粗成见所营立，以充朝宴之仪。乞罢作者，使得就农。二方平定，复可徐兴。昔轩辕以二十五子，传祚弥远。周室以姬国四十，历年滋多。陛下聪达，穷理尽性，而顷皇子连多夭逝，熊罴之祥又未感应。群下之心，莫不悒戚。《周礼》，天子后妃以下百二十人，嫔嫱之仪，既以盛矣。窃闻后庭之数，或复过之，圣嗣不昌，殆能由此。臣愚以为可妙简淑媛，以备内宫之数，其余尽遣还家。且以育精养神，专静为宝。如此，则螽斯之征，可庶而致矣。"帝报曰："知卿忠允，乃心王室，辄克昌言；他复以闻。"时猎法甚峻。宜阳典农刘龟窃于禁内射兔，其功曹张京诣校事言之。帝匿京名，收龟付狱。柔表请告者名，帝大怒曰："刘龟当死，乃敢猎吾禁地。送龟廷尉，廷尉便当考掠，何复请告者主名，吾岂妄收龟邪?"柔曰："廷尉，天下之平也，安得以至尊喜怒而毁法乎?"重复为奏，辞指深切。帝意寤，乃下京名。即还讯，各当其罪。

时制，吏遭大丧者，百日后皆给役，有司徒吏解弘遭父丧，后有军事，受敕当行，以疾病为辞。诏怒曰："汝非曾、闵，何言毁邪?"促收考竟。柔见弘信甚羸劣，奏陈其事，宜加宽贷。帝乃诏曰："孝哉弘也！其原之。"

初，公孙渊兄晃，为叔父恭任内侍。先渊未反，数陈其变。及渊谋逆，帝不忍市斩，欲就狱杀之。柔上疏，曰："《书》称'用罪伐厥死，用德彰厥善'，此王制之明典也。晃及妻子，叛逆之类，诚应枭县，勿使遗育。而臣窃闻晃先数自归，陈渊祸萌，虽为凶族，原心可恕。夫仲尼亮司马牛之忧，祁奚明叔向之过，在昔之美义也。臣以为晃信有言，宜贷其死；苟自无言，便当市斩。今进不赦其命，退不彰其罪，闭著囹圄，使自引分，四方观国，或疑此举也。”帝不听，竟遣使赍金屑饮晃及其妻子，赐以棺、衣，殡敛于宅。

是时，杀禁地鹿者身死。财产没官，有能觉告者厚加赏赐。柔上疏曰：“圣王之御世，莫不以广农为务，俭用为资。夫农广则谷积，用俭则财畜，畜财积谷而有忧患之虞者，未之有也，古者，一夫不耕，或为之饥；一妇不织，或为之寒。中间已来，百姓供给众役，亲田者既减，加顷复有猎禁，群鹿犯暴，残食生苗，处处为害，所伤不赀。民虽障防，力不能御。至如荥阳左右，周数百里，岁略不收，元元之命，实可矜伤。方今天下生财者甚少，而麋鹿之损者甚多。卒有兵戎之役，凶年之灾，将无以待之。惟陛下览先圣之所念，愍稼穑之艰难，宽放民间，使得捕鹿，遂除其禁，则众庶久济，莫不悦豫矣。”

顷之，护军营士窦礼近出不还。营以为亡，表言逐捕，没其妻盈及男女为官奴婢。盈连至州府，称冤自讼，莫有省者。乃辞诣廷尉。

柔问曰：“汝何以知夫不亡？”盈垂泣对曰：“夫少单特，养一老妪为母，事甚恭谨，又哀儿女，抚视不离，非是轻狡不顾室家者也。”柔重问曰：“汝夫不与人有怨仇乎？”对曰：“夫良善。与人无仇。”又曰：“汝夫不与人交钱财乎？”对曰：“尝出钱与同营士焦子文，求不得。”时子文适坐小事系狱，柔乃见于文。问所坐。言次，曰：“汝颇曾举人钱不？”干文曰：“自以单贫，初不敢举人钱物也。”柔察子文色动。遂曰：“汝昔举寘礼钱，何言不邪?”于文怪知事露，应对不次。柔曰：“汝已杀礼，便宜早服。”子文于是叩头，具首杀礼本末，埋葬处所。柔便遣吏卒承子文辞往掘礼，即得其尸。诏书复盈母于为平民。班下天下，以礼为戒。在官二十三年，转为太常，旬日迁司空，后徙司徒。太傅司马宣王奏免曹爽，皇太后诏召柔假节行大将军事，据爽营。太傅谓柔曰：“君为周勃矣。”爽诛，进封万岁乡侯。高贵乡公即位，进封安国侯，转为太尉。常道乡公即位，增邑，并前四千，前后封二子亭侯。

景元四年，年九十薨，於日元侯。孙浑嗣。咸熙中，开建五等。以柔等著勋前朝，改封浑昌陆子。

孙礼字德达，涿郡容城人也。太祖平幽州，召为司空军谋掾。初丧乱时，礼与母相失，同郡马台求得礼母，礼推家财尽以与台。台后坐法当死，礼私导令逾狱自首，既而曰：“臣无逃亡之义。”径诣刺奸主簿温恢。恢嘉之，具白太祖，各减死一等。后除河间郡丞，稍迁荥阳都尉。鲁山中贼数百人，保固险阻，为民作害。乃徙礼为鲁相。礼至官，出俸谷，发吏民，募首级，招纳降附，使还为闲，应时平泰。历山阳、平原、平昌、琅邪太守。从大司马曹休征吴于夹石口，礼谏以为不可深入，不从而败。迁阳平太守，入为尚书。

明帝方修宫室，而节气不和，天下少谷。礼固争罢役。诏曰：“敬纳谠言，促遣民作。”时李惠监作，复奏留一月，有所成讫。礼径至作所，不复重奏，称诏罢民，帝奇其意而不责也。

帝猎于大石山，虎趋乘舆，礼便投鞭下马，欲奋剑斫虎，诏令礼上马。明帝临崩之时，以曹爽为大将军，宜得良佐，于床下受遗诏。拜礼大将军长史，加散骑常侍。礼亮直不挠，爽弗便也，以为扬州刺史，加伏波将军，赐爵关内侯。吴大将军全琮帅数万众来侵寇，时州兵休使，在者无几。礼躬勒卫兵御之，战于芍陂，自旦及暮，将士死伤过半。礼犯蹈白刃，马被数创，手秉枹鼓，奋不顾身，贼众乃退。诏书慰劳，赐绢七百匹。礼为死事者设祀哭临，哀号发心，皆以绢付亡者家，无以入身。

征拜少府，出为荆州刺史，迁冀州牧。太傅司马宣王谓礼曰："今清河、平原争界八年，更二刺史，靡能决之。虞、芮待文王而了，宜善令分明。"礼曰："讼者据墟墓为验，听者以先老为正，而老者不可加以榎楚，又墟墓或迁就高敞。或徙避仇雠。如今所闻，虽皋陶犹将为难。若欲使必也无讼，当以烈祖初封平原时图决之。何必推古问故，以益辞讼？昔成王以桐叶戏叔虞，周公便以封之。今图藏在天府，便可于坐上断也，岂待到州乎？"宣王曰："是也。当别下图。"礼到，案图宜属平原。而曹爽信清河言，下书云："图不可用，当参异同。"礼上疏曰："管仲霸者之佐，其器又小，犹能夺伯氏骈邑，使没齿无怨言。臣受牧伯之任，奉圣朝明图，验地著之界，界实以王翁河为限；而鄃以马丹候为验，诈以鸣犊河为界。假虚讼诉，疑误台阁。窃闻众口铄金，浮石沉木，三人成市虎，慈母投其杼。今二郡争界八年，一朝决之者，缘有解书图画，可得寻案擿校也。平原在两河。向东上，其间有爵提，爵堤在高唐西南，所争地在高唐西北，相去二十余里，可谓长叹息流涕者也。案解与图奏而鄃不受诏。此臣软弱不胜其任，臣亦何颜尸禄素餐。"辄束带著履，驾车待放。爽见礼奏，大怒。劾礼怨望，结刑五岁。在家期年，众人多以为言，除城门校尉。

时匈奴王刘靖部众强盛，而鲜卑数寇边，乃以礼为并州刺史，加振武将军，使特节，护匈奴中郎将。往见太傅司马宣王，有忿色而无言。宣王曰："卿得并州，少邪？恚理分界失分乎？今当远别，何不欢也！"礼曰："何明公言之乖细也！礼虽不德，岂以官位往事为意邪？本谓明公齐踪伊、吕，匡辅魏室，上报明帝之托，下建万世之勋。今社稷将危，天下凶凶，此礼之所以不悦也。"因涕泣横流。宣王曰："且止，忍不可忍。"爽诛后，入为司隶校尉，凡临七郡五州，皆有威信。迁司空，封大利亭侯，邑一百户。礼与卢毓同郡时辈，而情好不睦。为人虽互有长短，然名位略齐云。嘉平二年薨，谥曰景侯。孙元嗣。

王观字伟台，东郡廪丘人也。少孤贫励志，太祖召为丞相文学掾，出为高唐、阳泉、酂、任令。所在称治，文帝践阼，入为尚书郎、廷尉监，出为南阳、涿郡太守。涿北接鲜卑，数有寇盗，观令边民十家已上，屯居，筑京候。时或有不愿者，观乃假遣朝吏，使归助子弟，不与期会，但敕事讫各还。于是吏民相率不督自劝，旬日之中，一时俱成。守御有备，寇钞以息。明帝即位，下诏书使郡县条为剧、中、平者。主者欲言郡为中平，观教曰："此郡滨近外虏，数有寇害，云何不为剧邪？"主者曰："若郡为外剧，恐于明府有任子。"观曰："夫君者，所以为民也。今郡在外剧，则于役条当有降差。岂可为太守之私而负一郡之民乎?”遂言为外剧郡，后送任子诣邺。时观但有一子而又幼弱。其公心如此。观治身清素，帅下以俭，僚属承风，莫不自励。

明帝幸许昌，召观为治书侍御史，典行台狱。时多有仓卒喜怒，而观不阿意顺指。太尉，司马宣王请观为从事中郎，迁为尚书，出为河南尹，徙少府。大将军曹爽使材官张达斫家屋材，及诸私用之物，观闻知。皆录夺以没官。少府统三尚方御府内藏玩弄之宝，爽等奢放，多有干求，惮观守法，乃徙为太仆。司马宣王诛爽，使观行中领军，据爽弟羲营，赐爵关内侯，复为尚书，加驸马都尉。高贵乡公即位，封中乡亭侯。顷之，加光禄大夫，转为右仆射。常道乡公即位，进封阳乡侯，增邑千户，并前二千五百户。迁司空，固辞，不许，遣使即第拜授。就官数日，上送印绶，辄自舆归里舍。薨于家，遗令藏足容棺，不设明器，不封不树。谥曰肃侯。子悝嗣。咸熙中，开建五等，以观著勋前朝，改封悝胶东子。

【评曰】

韩暨处以静居行化，出以任职流称。崔林简朴知能。高柔明于法理。孙礼刚断伉厉。王观清劲贞白：咸克致公辅。及暨年过八十，起家就列。柔保官二十年，元老终位：比之徐邈、常林，于兹为疚矣。

辛毗杨阜高堂隆传

辛毗字佐治，颍川阳翟人也，其先建武中自陇西东迁。毗随兄评从袁绍。太祖为司空，辟毗，毗不得应命。及袁尚攻兄谭于平原，谭使毗诣太祖求和。太祖将征荆州，次于西平。毗见太祖致谭意，太祖大悦。后数日，更欲先平荆州，使谭、尚自相弊。他日置酒，毗望太祖色，知有变，以语郭嘉。嘉白太祖，太祖谓毗曰："谭可信？尚必可克不？"毗对曰："明公无问信与诈也，直当论其势耳。，袁氏本兄弟相伐，非谓他人能间其间，乃谓天下可定于己也。今一旦求救于明公，此可知也。显甫见显思困而不能取，此力竭也。兵革败于外，谋臣诛于内，兄弟谗阋，国分为二，连年战伐，而介胄生虮虱，加以旱蝗，饥谨并臻，国无困仓，行无裹粮，天灾应于上，人事困于下，民无愚智，皆知土崩瓦解，此乃天亡尚之时也。兵法称有石城汤池带甲百万而无粟者，不能守也。今往攻邺，尚不还救，即不能自守。还救，即谭踵其后。以明公之威，应困穷之敌，击疲弊之寇，无异j迅风之振秋叶矣。天以袁尚与明公，明公不取而伐荆州。荆州丰乐，国未有衅。仲虺有言‘取乱侮亡。’方今二袁不务远略而内相图，可谓乱矣。居者无食，行者无粮，可谓亡矣。朝不谋夕，民命靡继，而不绥之，欲待他年；他年或登，又自知亡而改修厥德，失所以用兵之要矣。今因其请救而抚之，利莫大焉。且四方之寇，莫大于河北；河北平，则六军盛而天下震。”太祖曰：“善”。乃许谭平，次于黎阳。明年攻邺，克之，表毗为议郎。久之，太祖遣都护曹洪平下辩，使毗与曹休参之，令曰：“昔高祖贪财好色，而良、平匡其过失。今佐治、文烈忧不轻矣。”军还，为丞相长史。文帝践阼，迁侍中。赐爵关内侯。时议改正朔。毗以魏氏遵舜、禹之统，应天顺民；至于汤、武，以战伐定天下，乃改正朔。孔子曰：“行夏之时”，《左氏传》曰：“夏数为得天正，何必期于相反。帝善而从之”。帝欲徙冀州士家十万户实河南。时连蝗民讥，群司以为不可，而帝意甚盛。毗与朝臣俱求见，帝知其欲谏，作色以见之，皆莫敢言。毗曰：“陛下欲徙士家，其计安出?”帝曰：“卿谓我徙之非邪?”毗曰：“诚以为非也。”帝曰：“吾不与卿共议也。”毗曰：“陛下不以臣不肖，置之左右，厕之谋议之官，安得不与臣议邪！臣所言非私也，乃社稷之虑也，安得怒臣！”帝不答，起入内；毗随而引其裾，帝遂奋衣不还，良久乃出，曰：“佐治，卿持我何太急邪?”毗曰：“今徙，既失民心，又无以食也。”帝遂徙其半。尝从帝射雉，帝曰：“射雉乐哉！”毗曰：“于陛下甚乐，而于群下甚苦。”帝默然，后遂为之稀出。

上军大将军曹真征朱然于江陵，毗行军师。还，封广平亭侯。帝欲大兴军征吴，毗谏曰："吴、楚之民，险而难御，道隆后服，道洿先叛，自古患之，非徒今也。今陛下祚有海内，夫不宾者，其能久乎？昔尉佗称帝，子阳僭号，历年未几，或臣或诛。何则，违逆之道不久全，而大德无所不服也。方今天下新定，土广民稀。夫庙算而后出军，犹临事而惧，况今庙算有阙而欲用之，臣诚未见其利也。先帝屡起锐师，临江而旋。今六军不增于故，而复循之，此未易也。今日之计，莫若修范蠡之养民，法管仲之寄政，则充国之屯田，明仲尼之怀远；十年之中，强壮未老，童龀胜战，兆民知义，将士思奋，然后用之，则役不再举矣。"帝曰："如卿意，更当以虏遗子孙邪？"毗对曰："昔周文王以纣遗武王，唯知时也。苟时未可，容得已乎！"帝竟伐吴，至江而还。

明帝即位，进封颍乡侯，邑三百户。时中书监刘放、令孙资见信于主，制断时政，大臣莫不交好，而毗不与往来。毗子敞谏曰："今刘、孙用事，众皆影附，大人宜小降意，和光同尘。不然必有谤言。"毗正色曰："主上虽未称聪明，不为暗劣。吾之立身，自有本末。就与刘、孙不平，不过令吾不作三公而已，何危害之有？焉有大丈夫欲为公而毁其高节者邪？"冗从仆射毕轨表言："尚书仆射王思精勤旧吏，忠亮计略不如辛毗，毗宜代思。"帝以访放、资，放、资对曰："陛下用思者，诚欲取其效力，不贵虚名也。毗实亮直，然性刚而专，圣虑所当深察也。"遂不用。出为卫尉。

帝方修殿舍，百姓劳役。毗上疏曰："窃闻诸葛亮讲武治兵，而孙权市马辽东，量其意指，似欲相左右。备豫不虞，古之善政，而今者宫室大兴，加连年谷麦不收。诗云：“民亦劳止，迄可小康，惠此中国，以绥四方。’唯陛下为社稷计。”帝报曰：“二虏未灭而治宫室，直谏者立名之时也。夫王者之都，当及民劳兼办，使后世无所复增，是萧何为汉规摹之略也。今卿为魏重臣，亦宜解其大归。”帝又欲平北芒，令于其上作台观，则见孟津，毗谏曰：“天地之性，高高下下，今而反之，既非其理；加以损费人功，民不堪役。且若九河盈溢，洪水为害，而丘陵皆夷，将何以御之?”帝乃止。青龙二年，诸葛亮串众出渭南。先是，大将军司马宣王数请与亮战，明帝终不听；是岁恐不能禁，乃以毗为大将军军师，使持节。六军皆肃，准毗节度，莫敢犯违。亮卒，复还为卫尉。薨，谥曰肃侯。子敞嗣，咸熙中为河内太守。

杨阜字义山，天水冀人也。以州从事为牧韦端使诣许，拜安定长史。阜还，关右诸将问袁、曹胜败孰在，阜曰：“袁公宽而不断，好谋而少决。不断则无威，少决则失后事，今虽强，终不能成大业。曹公有雄才远略，决机无疑，法一而兵精，能用度外之人，所任各尽其力，必能济大事者也。”长史非其好，遂去官。而端征为太仆，其子康代为刺史，辟阜为别驾。察孝廉，辟丞相府，州表留参军事。

马超之战败渭南也，走保诸戎。太祖追至安定，而苏伯反河间，将引军东还。阜时奉使，言于太祖曰：“超有信、布之勇，甚得羌、胡心，西州畏之。若大军还，不严为之备，陇上诸郡非国家之有也。”太祖善之，而军还仓卒，为备不同。超率诸戎渠帅以击陇上郡县，陇上郡县皆应之，惟冀城奉州郡以固守。超尽兼陇右之众，而张鲁又遣大将杨昂以助之，凡万余人，攻城。阜率国士大夫及宗族子弟胜兵者千余人，使从弟岳于城上作偃月营，与超接战，自正月至八月拒守而救兵不至。州遣别驾阎温循水潜出求救，为超所杀，于是刺史、太守失色，始有降超之计。阜流涕谏曰："阜等率父兄子弟以义相励，有死无二；田单之守，不固于此也。弃垂成之功，陷不义之名，阜以死守之。"遂号哭。刺史、太守卒遣人请和，开城门迎超。超入，拘岳于冀，使杨昂杀刺史、太守。阜内有报超之志，而未得其便。顷之，阜以丧妻求葬假。阜外兄姜叙屯历城。阜少长叙家，见叙母及叙，说前在冀中时事，歔欷悲甚。叙曰："何为乃尔？"皋曰："守城不能完，君亡不能死，亦何面目以视息于天下！马超背父叛君，虐杀州将，岂独阜之忧责，一州士大夫皆蒙其耻。君拥兵专制而无讨贼心，此赵盾所以书弑君也。超强而无义，多衅易图耳。"叙母慨然，敕叙从阜计。计定，外与乡人姜隐、赵昂、尹奉、姚琼、孔信、武都人李俊、王灵结谋，定讨超约，使从弟谟至冀语岳，并结安定梁宽、南安赵衢、庞恭等。约誓既明，十七年九月，与叙起兵于卤城。超闻阜等兵起，自将出。而衢、宽等解岳，闭冀城门，讨超妻子。超袭历城，得叙母。叙母骂之曰："汝背父之逆子，杀君之桀贼，天地岂久容汝，而不早死，敢以面目视人乎！"超怒，杀之。阜与超战，身被五创，宗族昆弟死者七人。超遂南奔张鲁。

陇右平定，太祖封讨超之功，侯者十一人，赐阜爵关内侯。阜让曰："阜君存无扞难之功，君亡无死节之效，于义当细，于法当诛。超又不死，无宜苟荷爵禄。”太祖报曰：“君与群贤共建大功，西上之人以为美谈。子贡辞赏，仲尼谓之止善。君其剖心以顺国命。姜叙之母，劝叙早发，明智乃尔，虽杨敞之妻盖不过此。贤哉，贤哉！良史记录，必不坠于地矣。”

太祖征汉中，以阜为益州刺史。还，拜金城太守，未发，转武都太守。郡滨蜀汉，阜请依龚遂故事，安之而已。会刘备遣张飞、马超等从沮道趣下辩，而氐雷定等七部万余落反应之。太祖遣都护曹洪御超等，超等退还。洪置酒大会，令女倡著罗縠之衣，蹋鼓，一坐皆笑。阜厉声责洪曰：“男女之别，国之大节，何有于广坐之中裸女人形体！虽桀、纣之乱，不甚于此。”遂奋衣辞出。洪立罢女乐，请阜还坐，肃然惮焉。及刘备取汉中以逼下辩，太祖以武都孤远，欲移之，恐吏民恋土。阜威信素著，前后徙民、氐，使居京兆、扶风、天水界者万余户，徙郡小槐里，百姓襁负而随之。为政举大纲而已，下不忍欺也。文帝问侍中刘晔等：“武都太守何如人也？”皆称阜有公辅之节。未及用，会帝崩。在郡十余年，征拜城门校尉。

阜常见明帝著绣帽、被缥绫半裒。阜问帝曰：“此于礼何法服也？”帝默然不答，自是不法服不以见阜。迁将作大匠。时初治富室，发美女以充后庭，数出入弋猎。秋，大雨震电，多杀鸟雀。阜上疏曰：“臣闻明主在上，群下尽辞。尧、舜圣德，求非索谏。大禹勤功，务卑宫室，成汤遭旱，归咎责己。周文刑于寡妻，以御家邦。汉文躬行节俭，身衣弋绨。此皆能昭令问，贻厥孙谋者也。伏惟陛下奉武皇帝开拓之大业，守文皇帝克终之元绪，诚宜思齐往古圣贤之善治，总观季世放荡之恶政。所谓善治者，务俭约、重民力也；所谓有恶政者，从心恣欲，触情而发也。惟陛下稽古世代之初所以明赫，及季世所以衰弱至于泯灭，近览汉末之变，足以动心诫惧矣。曩使桓、灵不废高祖之法，文、景之恭俭，太祖虽有神武，于何所施其能邪？而陛下何由处斯尊哉？今吴、蜀未定，军旅在外，愿陛下动则三思，虑而后行。重慎出入，以往鉴来，言之若轻，成败甚重。顷者天雨，又多卒暴雷电非常，至杀鸟雀。天地神明，以王者为子也，政有不当，则见灾谴。克己内讼，圣人所记。惟陛下虑患无形之外，慎萌纤微之初，法汉孝文出惠帝美人，令得自嫁；顷所调送小女，远闻不令，宜为后图。诸所缮治，务从约节。《书》曰：'九族既睦，协和万国。'事思厥宜，以从中道，精心计谋，省息费用。吴、蜀以定，尔乃上安下乐，九亲熙熙。如此以往，祖考心欢，尧、舜其犹病诸。今宜开大信于天下，以安众庶，以示远人。"时雍丘王植怨于不齿，藩国至亲，法禁峻密，故阜又陈九族之义焉。诏报曰："间得密表，先陈往古明王圣主，以讽暗政，切至之辞，款诚笃实。退思补过，将顺匡救，备至悉矣。览思苦言，吾甚嘉之。"

后迁少府，是时大司马曹真伐蜀，遇雨不进。阜上疏曰："昔文王有赤乌之符，而犹日昃不暇食；武王白鱼入舟，君臣变色。而动得吉瑞，犹尚忧惧，况有灾异而不战竦者哉？今吴、蜀未平，而天屡降变，陛下宜深有以专精应答，侧席而坐，思示远以德，绥迩以俭。间者诸军始进，便有天雨之患，稽阂山险，以积日矣。转运之劳，担负之苦，所费以多，若有不继，必违本国。《传》曰：'见可而进，知难而退，军之善政也。'徒使六军团于山谷之间，进无所略，退又不得，非主兵之道也。武王还师，殷卒以亡，知天期也。今年凶民讥，宜发明诏损膳减服，技巧珍玩之物，皆可罢之。昔邵信臣为少府于无事之世，而奏罢浮食；今者军用不足，益宜节度。"帝即召诸军还。后诏大议政治之不便于民者。阜仪以为：致治在于任贤，兴国在于务农。若舍贤而任所私，此忘治之甚者也。广开宫馆，高为台榭，以妨民务，此害农之甚者也。百工不敦其器，而竞作奇巧，以合上欲，此伤本之甚者也。孔子曰：'苛政甚于猛虎。'今守功文俗之吏，为政不通治体，苟好烦苛，此乱民之甚者也。当今之急，宜四甚，并诏公卿郡园，举贤良方正敦朴之士而选用之，此亦求贤之一端也。

阜又上疏欲省宫人诸不见幸者，乃召御府吏问后宫人数。吏守旧令，对曰："禁密，不得宣露。"阜怒，杖吏一百，数之曰："国家不与九卿为密，反与小吏为密乎？"帝闻而愈敬惮阜。

帝爱女淑，未期而夭，帝痛之甚，追封平原公主，立庙洛阳，葬于南陵。将自临送，阜上疏曰："文皇帝、武宣皇后崩，陛下皆不送葬，所以重社稷、备不虞也。何至孩抱之赤子而可送葬也哉？"帝不从。

帝既新作许宫，又营洛阳宫殿观阁。阜上疏曰："尧尚茅茨而万国安其居，禹卑宫室而天下乐其业；及至殷、周，或堂崇三尺，度以九筵耳。古之圣帝明王，未有极宫室之高丽以彫弊百姓之财力者也。桀作璇室、象廊，约为倾宫、鹿台，以丧其社稷，楚灵以筑章华而身受其祸；秦始皇作阿房而殃及其子，天下叛之，二世而灭。夫不度万民之力，以从耳目之欲，未有不亡者也。陛下当以尧、舜、禹、汤、文、武为法则，夏桀、殷纣、楚灵、秦皇为深诫。高高在上，实监后德。慎守天位，以承祖考，巍巍大业，犹恐失之。不夙夜敬止，允恭恤民，而乃自暇自逸，惟富台是侈是饰，必有颠覆危亡之祸。

《易》曰：'丰其屋，蔀其家，窥其户，阒其无人'。王者以天下为家，言丰屋之祸，至于家无人也。方今二虏合从，谋危宗庙，十万之军，东西奔赴，边境无一日之娱。农夫废业，民有饥色。陛下不以是为忧，而营作宫室，无有已时。使国亡而臣可以独存，臣又不言也。君作元首，臣为股肱，存亡一体，得失同之。《孝经》曰：'天子有争臣七人，虽无道不失其天下。'臣虽驽怯，敢忘争臣之义？言不切至，不足以感寤陛下。陛下不察臣言，恐皇祖烈考之祚，将坠于地。使臣身死有补万一，则死之日，犹生之年也。谨叩棺沐浴，伏俟重诛。"奏御，天子感其忠言，手笔诏答。每朝廷会议，阜常侃然以天下为己任。数谏争，不听，乃屡乞逊位，未许。会卒，家无余财。孙豹嗣。

高堂隆字升平，泰山平阳人，鲁高堂生后也。少为诸生，泰山太守薛悌命为督邮。郡督军与悌争论，名悌而呵之。隆按剑叱督军曰："昔鲁定见侮，仲尼历阶；赵弹秦筝，相如进缶。临臣名君，义之所讨也。"督军失色，悌惊起止之。后去吏，避地济南。

建安十八年，太祖召为丞相军议掾，后为历城侯徽文学，转为相。徽遭太祖丧，不哀，反游猎驰骋；隆以义正谏，甚得辅导之节。黄初中，为堂阳长，以选为平原王傅。王即尊位，是为明帝。以隆为给事中、博士、驸马都尉。帝初践阼，群臣或以为宜飨会，隆曰："唐、虞有遏密之哀，高宗有不言之思，是以至德雍熙，光于四海。"以为不宜为会，帝敬纳之。迁陈留太守。犊民酉牧，年七十余，有至行，举为计曹掾。帝嘉之，特除郎中以显焉。征隆为散骑常侍，赐爵关内侯。

青龙中，大治殿舍，西取长安大钟。隆上疏曰："昔周景王不仪刑文、武之明德，忽公旦之圣制，既铸大钱，又作大钟，单穆公谏而弗听，泠州鸠对而弗从，遂迷不反，周德以衰，良史记焉，以为永鉴。然今之小人，好说秦、汉之奢靡以荡圣心，求取亡国不度之器，劳役费损，以伤德政。非所以兴礼乐之和，保神明之休也。"是日，帝幸上方，隆与卞兰从。帝以隆表授兰，使难隆曰："兴衰在政，乐何为也？化之不明，岂钟之罪？"隆曰："夫礼乐者，为治之大本也。故箫韶九成，凤皇来仪，雷鼓六变，天神以降，政是以平，刑是以错，和之至也。新声发响，商辛以陨，大钟既铸，周景以弊，存亡之机，恒由斯作，安在废兴之不阶也？君举必书，古之道也，作而不法，何以示后？圣王乐闻其阙，故有箴规之道。忠臣愿竭其节，故有匪躬之义也。"帝称善。

迁侍中，犹领太史令。崇华殿灾。诏问隆："此何咎？于礼，宁有祈禳之义乎？"隆对曰："夫灾变之发，皆所以明孝诫也，惟率礼修德，可以胜之。《易传》曰：'上不俭，下不节，孽火烧其室。'又曰：'君高其台，天火为灾。'此人君苟饰宫室，不知百姓空竭，故天应之以旱，火从高殿起也。上天降鉴，故谴告陛下；陛下宜增崇人道，以答天意。昔太成有桑谷生于朝，武丁有雊雉登于鼎，皆闻灾恐惧，侧身修德，三年之后，远夷朝贡，故号曰中宗、高宗。此则前代之明鉴也。今案旧占，灾火之发，皆以台榭宫室为诫。然今宫室之所以充广者，实由宫人猥多之故。宜简择留其淑懿，如周之制，罢省其余。此则祖己之所以训高宗，高宗之所以享远号也。”昭问隆：“吾闻汉武帝时，柏梁灾，而大起宫殿以厌之，其义云何？”隆对曰：“臣闻《西京》：‘柏梁既灾，越巫陈方，建章是经，以厌火祥。’乃夷越之巫所为，非圣贤之明训也。

《五行志》曰：‘柏梁灾，其后有江充巫蛊（也）卫太子事。’如《志》之言，越巫建章无所厌也。孔子曰：‘灾者修类应行，精祲相感，以戒人君。’是以圣主睹灾责躬，退而修德，以消复之。今宜罢散民役。宫室之制，务从约节，内足以待风雨，外足以讲礼仪。清扫所灾之处，不敢于此有所立作，萐莆、嘉禾必生此地，以报陛下虔恭之德。岂可疲民之力，竭民之财！实非所以致符瑞而怀远人也。”帝遂复崇华殿，时郡国有九龙见，故改曰九龙殿。

陵霄阙始构，有鹊巢其上，帝以问隆。对曰：“《诗》云‘惟鹊有巢，惟鸠居之。’今兴宫室，起陵霄厥，而鹊巢之，此宫室未成身不得居之象也。天意若曰，宫室未成，将有他姓制御之，斯乃上天之戒也。夫天道无亲。惟与善人，不可不深防，不可不深虑。夏、商之季，皆继体也，不钦承上天之明命，惟谗馅是从，废德适欲，故其亡也忽焉。太戊、武丁，睹灾竦惧，只承天戒，故其兴也勃焉。今若休罢百役，俭以足用，增崇德政，动遵帝则，除普天之所患，兴兆民之所利，三王可四，五帝可六，岂惟殷宗转祸为福而已哉！臣备腹心，苟可以繁祉圣躬，安存社稷，臣虽灰身破族，犹生之年也。岂惮忤逆之灾，而令陛下不闻至言乎？“于是帝改容动色。

是岁，有星孛于大辰。隆上疏，曰：“凡帝王徙都立邑，皆先定天地、社稷之位，敬恭以奉之。将营宫室，则宗庙为先，废厩库为次。居室为后。今圜丘、方泽、南北郊、明堂、社稷，神位未定，宗庙之制又未如礼，而崇饰居室，士民失业。外人咸云‘宫人之用，与兴戎军国之费，所尽略齐。’民不堪命，皆有怨怒。《书》曰：‘天聪明自我民聪明，天明畏自我民明威’，舆人作颂，则向以五福，民怒吁嗟，则威以六极，言天之赏罚，顺民言，顺民心也。是以临政务在安民为先，然后稽古之化，格于上下，自古及今，未尝不然也。夫采椽卑宫，唐、虞、大禹之所以垂皇风也。玉台琼室，夏癸、商辛之所以犯昊天也。今之宫室，实违礼度，乃更建立九龙，华饰过前。天彗章灼，始起于房心，犯帝坐而干紫微，此乃皇天子爱陛下，是以发教戒之象，始卒皆于尊位，殷勤郑重。欲必觉寤陛下；斯乃慈父恳切之训，宜崇孝子只耸之礼，以率先天下，以昭示后昆，不宜有忽，以重天怒。”财军国多事，用法深重。隆上疏，曰：“夫拓迹垂统，必俟圣明，辅世匡治，亦须良佐，用能庶绩其凝而品物康乂也。夫移风易俗，宣明道化，使四表同风，回首面内，德教光熙，九服慕义，固非俗吏之所能也。今有司务纠刑书，不本大道，是以刑用而不措，俗弊而不敦。宜崇礼乐，班叙明堂，修三雍、大射、养老，营建郊庙，尊儒士，举逸民，表章制度，改正朔，易服色，布恺悌，尚俭素，然后备礼封禅。归功天地，使雅颂之声盈于六合，缉熙之化混于后嗣。斯盖至治之美事，不朽之贵业也。然九城之内，可揖让而治，尚何忧哉！不正其本而救其末，譬犹棼丝，非政理也。可命群公卿士通儒，造具其事，以为典式。’隆又以为改正朔，易服色，殊徽号，异器械，自古帝王所以神明其政，变民耳目，故三春称王，明三统也。于是敷演旧章，奏而改焉。

帝从其议，改青龙五年春三月为景初元年孟夏四月，服色尚黄，牺牲用白，从地正也。

迁光禄勋。帝愈增崇宫殿，雕饰观阁，凿太行之石英，采谷城之文石，起景阳山于芳林之园，建昭阳殿于太极之北，铸作黄龙凤皇奇伟之兽，饰金墉、陵云台、陵霄阙。百役繁兴，作者万数，公卿以下至于学生，莫不展力，帝乃躬自握土以率之。而辽东不朝。悼皇后崩。天作淫雨，冀州水出，漂没民物。隆上疏切谏曰：“盖‘天地之大德曰生，圣人之大宝曰位。何以守位？曰仁；何以聚人？曰财’。然则士民者，乃国家之镇也。谷帛者，乃士民之命也。谷帛非造化不育，非人力不成。是以帝耕以劝农，后桑以成服，所以昭事上帝，告虔报施也。昔在伊唐，世值阳九厄运之会，洪水滔天，使鲧治之，绩用不成，乃举文命，随山刊木，前后历年二十二载。灾眚之甚，莫过于彼，力役之兴，莫久于此，尧、舜君臣，南面而已。禹敷九州，庶士庸勋，各有等差，君子小人，物有服章。今无若时之急，而使公卿大夫并与厮徒共供事役，闻之四夷，非嘉声也，垂之竹帛，非令名也。是以有国有家者，近取诸身，远取诸物，妪煦养育，故称‘恺悌君子，民之父母。’今上下劳役，疾病凶荒，耕稼者寡，饥馑荐臻，无以卒岁。宜加愍恤，以救其困。

臣观在昔书籍所载，天人之际，未有不应也。是以古先哲王，畏上天之明命，循阴阳之逆顺，矜矜业业，惟恐有违。然后治道用兴，德与神符，灾异既发，惧而修政，未有不延期流祚者也。爰及末叶，暗君荒主，不崇先王之令轨，不纳正士之直言，以遂其情志，恬忽变戒，未有不寻践祸难，至于颠复者也。天道既著，请以人道论之。夫六情五性，同在于人，嗜欲廉贞，各居其一。及其动也，交争于心，欲强质弱，则纵滥不禁。精诚不制，则放溢无极。夫情之所在，非好则美，而美好之集，非人力不成，非谷帛不立。情苟无极，则人不堪其劳，物不充其求。劳求并至，将起祸乱。故不割情，无以相供。仲尼云：‘人无远虑，必有近忧。’由此观之，礼义之制，非苟拘分，将以远害而兴治也。

“今吴、蜀二贼，非徒白地小虏、聚邑之寇，乃据险乘流，跨有士众，僭号称帝，欲兴中国争衡。今若有人来告，权、备并修德政，复履清俭，轻省租赋，不治玩好，动咨耆贤，事遵礼度，陛下闻之，岂不惕然恶其如此，以为难卒讨灭，而为国忧乎？”若使告者曰，彼二贼并为无道，崇侈无度，役其士民，重其征赋，下不堪命，吁嗟日甚。陛下闻之，岂不勃然忿其困我无辜之民，而欲速加之诛，其次，岂不幸被疲弊而取之不难乎？苟如此，则可易心而度，事义之数亦不远矣。

且秦始皇不筑道德之基，而筑阿房之宫，不忧萧墙之变，而修长城之役。当其君臣为此计也，亦欲立万世之业，使子孙长有天下，岂意一朝匹夫大呼，而天下倾覆哉？故臣以为使先代之君知其所行必将至于败，则弗为之矣。是以亡国之主自谓不亡，然后至于亡。贤圣之君自谓将亡，然后至于不亡。昔汉文帝称为贤主，躬行约俭，惠下养民，而贾谊方之，以为天下倒县，可为痛器者一，可为流涕者二，可为长叹息者三。况今天下彫弊，民无儋石之储，国无终年之畜，外有强敌，六军暴边，内兴土功，州郡骚动，若有寇警，则臣惧版筑之士不能投命虏庭矣。

又，将吏奉禄，稍见折减，方之于昔，五分居一。诸受休者又绝廪赐，不应输者今皆出半。此为官入兼多于旧，其所出与参少于昔。而度支经用，更每不足，牛肉小赋，前后相继。反而推之，凡此诸费，必有所在，且夫禄赐谷帛，人主所以惠养吏民而为之司命者也，若今有废，是夺其命矣，既得之而又失之，此生怨之府也。《周礼》，天府掌九伐之则，以给九式之用，入有其分，出有其所，不相干乘而用各足。各足之后，乃以式贡之余，供王玩好。又上用财，必考于司会。今陛下所与共坐廊庙治天下者，非三司九列，则台阁近臣，皆腹心造膝，宜在无讳。若见丰省而不敢以告，从命奔走，惟恐不胜，是则具臣，非鲠辅也。昔李斯教秦二世曰："为人主而不恣睢，命之曰天下桎梏。"二世用之，秦国以覆，斯亦灭族。是以史迁讥其不正谏，而为世诫。

书奏，帝览焉。谓中书监、令，曰："观隆此奏，使朕惧哉!"

隆疾笃。口占上疏曰："曾子有疾，孟敬子问之。曾子曰：'鸟之将死，其鸣也哀；人之将死，其言也善。'臣寝疾病，有增无损，常惧奄忽，忠款不昭。臣之丹诚，岂惟曾子，愿陛下少垂省览！涣然改往事之过谬，勃然兴来事之渊塞，使神人响应，殊方慕义，四灵效珍，玉衡曜精，则三王可迈，五帝可越，非徒继体守文而已也。臣常疾世主莫不思绍尧、舜、汤、武之治。而蹈踵桀、纣、幽、厉之迹，莫不蚩笑季世惑乱亡国之主，而不登践虞、夏、殷、周之轨。悲夫！以若所为，求若所致，犹缘木求鱼，煎水作冰，其不可得明矣。寻观三代之有天下也，圣贤相承，历载数百，尺土莫非其有，一民莫非其臣，万国咸宁，九有有截；鹿台之金，巨桥之粟，无所用之，仍旧南面，夫何为哉！然癸、辛之徒，恃其旅力，知足以拒谏，才足以饰非，谄谀是尚，台观是崇，淫乐是好，倡优是说，作靡靡之乐，安濮上之音。上天不蠲，眷然回顾，宗国为墟，下夷于隶，纣县白旗，桀放鸣条；天子之尊，汤、武有之，岂伊异人，皆明王之胄也。且当六国之时，天下殷炽，秦既兼之，不修圣道，乃构阿房之宫，筑长城之守，矜夸中国，威服百蛮，天下震竦，道路以目；自谓本枝百叶，永垂洪晖，岂寤二世而灭，社稷崩圮哉、近汉孝武乘文、景之福，外攘夷狄，内兴宫殿，十余年间，天下嚣然。乃信越巫，怼天迁怒，起建章之宫，千门万户，卒致江充妖蛊之变，至于宫室乖离，父子相残，殃咎之毒，祸流数世。

臣观黄初之际，天兆其戒，异类之鸟，育长燕巢，口爪胸赤，此魏室之大异也，宜防鹰扬之臣于萧墙之内。可选诸王，使君国典兵，往往棋跱，镇抚皇畿，翼亮帝室。昔周之东迁，晋、郑是依，汉吕之乱，实赖朱虚，斯盖前代之明鉴。夫皇天无亲，惟德是辅。民咏德政，则延期过历，下有怨叹，掇录授能。由此观之，天下之天下，非独陛下之天下也。臣百疾所钟，气力稍微，辄自舆出，归还里舍，若遂沉沦，魂而有知，结草以报。”诏曰：“生廉侔伯夷，直过史鱼，执心坚白，謇謇匪躬，如何微疾未除，退身里舍？昔邴吉以阴德，疾除而延寿。贡禹以守节，疾笃而济愈。生其强饭专精以自持。”隆卒，遗令薄葬，敛以时服。

初，太和中，中护军蒋济上疏曰“宜遵古封禅”。诏曰：“闻济斯言，使吾汗出流足。”事寝历岁，后遂议修之，使隆撰其礼仪。帝闻隆没，叹息曰：“天不欲成吾事，高堂生舍我亡也。”于琛嗣爵。始，景初中，帝以苏林、秦静等并老，恐无能传业者。乃诏曰：“昔先圣既没，而其遗言余教，著于六艺。六艺之文，礼又为急，弗可斯须离者也。末俗背本，所由来久。故闵子讥原伯之不学，荀卿丑秦世之坑儒，儒学既废，则风化易由兴哉、方今宿生臣儒，并各年高，教训之道，孰为其继？昔伏生将老，汉文帝嗣以晁错；《谷梁》寡畴，宣帝承以十郎。其科郎吏高才解经义者三十人，从光禄勋隆、散骑常侍林、博士静，分受四经三礼，主者具为设课试之法。夏侯胜有言：‘士病不明经术，经术苟明，其取青紫如俯拾地芥耳。’今学者有能究极经道，则爵禄荣宠，不期而至。可不勉哉！”数年，隆等皆卒，学者遂废。

初，任城栈潜，太祖世历县令。尝督守邺城。时文帝为太子，耽乐田猎，晨出夜还。潜谏曰：“王公设险以固其国，都城禁卫，用戒不虞。

《大雅》云：‘宗子维城，无俾城坏。’又曰：‘犹之未远，是用大谏。’若逸于游田，晨出昏归，以一日从禽之娱，而忘无垠之衅，愚窃惑之。”太子不悦，然自后游出差简。黄初中，文帝将立郭贵嫔为皇后，潜上疏谏，语在《后妃传》。明帝时，众役并兴，戚属疏斥，潜上疏曰：“天生蒸民而树之君，所以覆焘群生，熙育兆庶，故方制四海匪为天子，裂土分疆匪为诸侯也。始自三皇，爰暨唐、虞，咸以博济加于天下，醇德以洽，黎元赖之。三王既微，降逮于汉，治日益少，丧乱弘多，自时厥后，亦罔克乂。太祖浚哲神武，芟除景乱，克复王纲，以开帝业。文帝受天明命，廓恢皇基，践阼七载，每事未遑。陛下圣德，纂承洪绪，宜崇晏晏，与民休息。而方隅匪宁，征夫远戍，有事海外，悬旌万里，六军骚动，水陆转运，百姓舍业，日费千金。大兴殿舍，功作万计，徂来之松，刊出穷谷，怪石珷玞，浮于河、淮，都圻之内，尽为甸服，当供稿秸铚粟之调，而为苑囿择禽之府，盛林莽之秽，丰鹿兔之薮；伤害农功，地繁茨棘，灾疫流行，民物大溃，上减和气，嘉禾不植。臣闻文王作丰，经始勿亟，百姓子来，不日而成。灵沼、灵囿，与民共之。今宫观崇侈，雕楼极妙，忘有虞之总期，思殷辛之琼室。禁地千里，举足投网，丽拟阿房，役百干溪。臣恐民力凋尽，下不堪命也。昔秦据殽函以制六合，自以德高三皇，功兼五帝，欲号谥至万叶，而二世颠覆，愿为黔首，由枝干既机，本实先拔也。盖圣王之御世也，克明俊德，庸勋亲亲。俊乂在官，则功业可隆，亲亲显用，则安危同忧；深根固本，并为干翼，虽历盛衰，内外有辅。昔成王幼冲，未能政，闳、吕、召、毕，并在左右：今既无卫侯、康叔之监，分陕所任，又非旦、奭。东宫未建，天下无副。愿陛下留心关塞，永保无极，则海内幸甚。”后为燕中尉。辞疾不就，卒。

【评曰】

辛毗、杨阜，刚亮公直，正谏匪躬，亚乎汲黯之高风焉。高堂隆学业修明，志在匡君，因变陈戒，发于恳诚，忠矣哉！及至必改正朔，俾魏祖虞，所谓意过其通者欤！

满田牵郭传

满宠字伯宁，山阳昌邑人也。年十八，为郡督邮。时郡内李朔等各拥部曲，害于平民，太守使宠纠焉。朔等请罪，不复抄略。守高平令。县人张苞为郡督邮，贪秽受取，干乱吏政。宠因其来在传舍，率吏卒出收之，诘责所犯，即日考竟，遂弃官归。太祖临兖州，辟为从事。及为大将军，辟署西曹属，为许令。时曹洪宗室亲贵，有宾客在界，数犯法，宠收治之。洪书报宠，宠不听。洪白太祖，太祖召许主者。宠知将欲原，乃速杀之。太祖喜曰“当事不当尔邪?”故太尉杨彪收付县狱，尚书令荀彧、少府孔融等并属宠：“但当受辞，勿加考掠。”宠一无所报，考讯如法。数日，求见太祖，言之曰：“杨彪考讯无他辞语。当杀者宜先彰其罪，此人有名海内，若罪不明，必大失民望，窃为明公惜之。”太祖即日赦出彪。初，彧、融闻考掠彪，皆怒，及因此得了，更善宠。

时袁绍盛于河朔，而汝南绍之本郡，门生宾客布在诸县，拥兵拒守。太祖忧之，以宠为汝南太守。宠募其服从者五百人，率攻下二十余壁。诱其未降渠帅，于坐上杀十余人，一时皆平。得户二万，兵二千人，令就田业。

建安十三年，从太祖征荆州。大军还，留宠行奋威将军，屯当阳。孙权数扰东陲，复召宠还为汝南大守，赐爵关内侯。关羽围襄阳，宠助征南将军曹仁屯樊城拒之，而左将军于禁等军以霖雨水长为羽所没。羽急攻樊城，樊城得水，往往崩坏，众皆失色。或谓仁曰："今日之危，非力所支。可及羽围未合，乘轻船夜走，虽失城，尚可全身。"宠曰："山水速疾，冀其不久。闻羽遣别将已在郏下，自许以南，百姓扰扰，羽所以不敢遂进者，恐吾军掎其后耳。今若遁去，洪河以南，非复国家有也。君宜待之。"仁曰："善。"宠乃沉白马，与军人盟誓。会徐晃等救至，宠力战有功，羽遂退。进封安昌亭侯。文帝即王位，迁扬武将军。破吴于江陵有功，更拜伏波将军，屯新野。大军南征，到精湖，宠帅诸军在前，与贼隔水相对。宠敕诸将曰："今夕风甚猛，贼必来烧军，宜为其备。"诸军皆警。

夜半，贼果遣十部伏夜来烧，宠掩击破之，进封南乡侯。黄初三年，假宠节钺。五年，拜前将军。明帝即使，进封昌邑侯。太和二年，领豫州刺史。三年春，降人称吴大严，扬声欲诣江北猎，孙权欲自出。宠度其必袭西阳而为之备，权闻之，退还。秋，使曹休从庐江南人合肥，令宠向夏口。宠上疏曰："曹休虽明果而希用兵，今所从道，背湖旁江，易进难退，此兵之洼地也。若入无强口，宜深为之备。"宠表未报，休遂深入。贼果从无强口断夹石，要休还路。休战不利，退走。会朱灵等从后来断道，与贼相遇。贼惊走，休军乃得还。是岁休薨，宠以前将军代都督扬州诸军事。汝南军民恋慕，大小相率，奔随道路，不可禁止。护军表上，欲杀其为首者。诏使宠将亲兵千人自随，其余一无所问。

四年，拜宠征东将军。其冬，孙权扬声欲至合肥，宠表召兖、豫诸军，皆集。贼寻退还，被诏罢兵。宠以为“今贼大举而还，非本意也，此必欲伪退以罢吾兵，而倒还乘虚，掩不备也”。表不罢兵。后十余日，权果更来，到合肥城，不克而还。其明年，吴将孙布遣人诣扬州求降，辞云：“道远不能自致，乞兵见迎。”刺史王淩腾布书，请兵马迎之。宠以为必诈，不与兵，而为淩作报书曰：“知识邪正，欲避祸就顺，去暴归道，甚相嘉尚。今欲遣兵相迎，然计兵少则不足相卫，多则事必远闻。且先密计以成本志，临时节度其宜。”宠会被书当入朝，敕留府长史：“若淩欲往迎，勿与兵也。”淩于后索兵不得，乃单遣一督将步骑七百人往迎之。布夜掩击，督将迸走，死伤过半。初，宠与淩共事不平，淩支党毁宠疲老悖谬，故明帝召之。既至，体气康强，见而遣还。宠屡表求留，诏报曰：“昔廉颇强食，马援据鞍，今君未老而自谓已老，何与廉、马之相背邪？其思安边境，惠此中国。”

明年，吴将陆逊向庐江，论者以为宜速赴之。宠曰：“庐江虽小，将劲兵精，守则经时。又贼舍船二百里来，后尾空县，尚欲诱致。今宜听其遂进，但恐走不可及耳。”整军趋杨宜口。贼闻大兵东下，即夜遁。时权岁有来计。青龙元年，宠上疏，曰：“合肥城南临江湖，北远寿春，贼攻围之，得据水为势；官兵救之，当先破贼大辈，然后围乃得解。贼往甚易，而兵往救之甚难，宜移城内之兵，其西三十里，有奇险可依，更立城以固守，此为引贼平地而掎其归路，于计为便。”护军将军蒋济议以为：“既示天下以弱，且望贼烟火而坏城，此为未攻而自拔。一至于此，劫略无限，必以淮北为守。”帝未许。宠重表曰：“孙子言，兵者，诡道也。故能而示之以弱不能，骄之以利，示之以慑。此为形实不必相应也。又曰‘善动敌者形之’。今贼未至而移城却内，此所谓形而诱之也。引贼远水，择利而动，举得于外，则福生于内矣。”尚书赵咨以宠策为长，诏遂报听。

其年，权自出，欲围新城，以其远水，积二十日不敢下船。宠谓诸将曰：“权得吾移城。必于其众中有自大之言，今大举来欲要一切之功，虽不敢至，必当上岸耀兵以示有余。”乃潜遣步骑六千，伏肥城隐处以待之。权果上岸耀兵，宠伏军卒起击之，斩首数百，或有赴水死者。明年，权自将号十万，至合肥新城。宠驰往赴，募壮士数十人，折松为炬，灌以麻油，从上风放火，烧贼攻具，射杀权弟子孙泰。贼于是引退。

三年春，权遣兵数千家佃于江北。至八月，宠以为田向收熟，男女布野，其屯卫兵去城远者数百里，可掩击也。遣长吏督三军循江东下，摧破诸屯，焚烧谷物而还。诏美之，因以所获尽为将士赏。

景初二年，以宠年老征还，迁为太尉。宠不治产业，家无余财。诏曰：“君典兵在外，专心忧公，有行父、祭遵之风。赐田十顷，谷五百斛，钱二十万，以明清忠俭约之节焉。”宠前后增邑，凡九千六百户，封子孙二人亭侯。正始三年薨，谥曰景侯。子伟嗣。伟以格度知名，官至卫尉。

田豫字国让，渔阳雍奴人也。刘备之奔公孙瓒也，豫时年少，自托于备，备甚奇之。备为豫州刺史，豫以老母求归，备涕泣与别。曰：“恨不与君共成大事也。”

公孙瓒使豫守东州令，瓒将王门叛瓒，为袁绍将军万余人来攻。众惧欲降。豫登城谓门曰：“卿为公孙所厚而去，意有所不得已也。今还作贼，乃知卿乱人耳。夫挈瓶之智，守不假器，吾既受之矣；何不急攻乎？”门惭而退。瓒虽知豫有权谋，而不能任也。瓒败而鲜于辅为国人所推，行太守事，素善豫，以为长史。时雄杰并起，辅莫知所从。豫谓辅曰：“终能定于下者，必曹氏也。宜速归命，无后祸期。”辅从其计，用受封宠。太祖召豫为丞相军谋掾，除颍阴、朗陵令，迁弋阳太守，所在有治。

鄢陵侯彰征代郡，以豫为相。军次易北，虏伏骑击之，军人扰乱，莫知所为。豫因地形，回车结圜陈，弓弩持满于内，疑兵塞其际。胡不能近，散去。追击，大破之，遂前平代，皆豫策也。迁南阳太守。先时，郡人侯音反，众数千人在山中为群盗，大为郡患。前太守收其党与五百余人，表奏皆当死。豫悉见诸系囚，慰谕，开其自新之路，一时破械遣之。诸囚皆叩头，愿自效，即相告语，群贼一朝解散，郡内清静。具以状上，太祖善之。

文帝初，北狄强盛，侵扰边塞。乃使豫持节护乌丸校尉，牵招、解俊并护鲜卑。自高柳以东，涉貊以西，鲜卑数十部，比能、弥加、素利割地统御，各有分界。乃共要誓，皆不得以马与中国市。豫以戎狄为一，非中国之利，乃先构离之，使自为仇敌，互相攻伐。素利违盟，出马千匹与官，为比能所攻，求救于豫，豫恐遂相兼并，为害滋深，宜救善讨恶，示信众狄。单将锐卒，深入虏庭，胡人众多，钞军前后，断截归路。豫乃进军，去虏十余里结屯营，多聚牛马粪然之，从他道引去。胡见烟火不绝，以为尚在，去，行数十里乃知之。追豫到马城，围之十重，豫密严，使司马建旌旗，鸣鼓吹，将步骑从南门出，胡人皆属目往赴之。豫将精锐自北门出，鼓噪而起，两头俱发，出虏不意，虏众散乱，皆弃弓马步走，追讨二十余里，僵尸蔽地。

又乌丸王骨进桀黠不恭，豫因出塞案行，单将麾下百余骑人进部。进逆拜，遂使左右斩进，显其罪恶以令众。众皆怖慑不敢动，便以进弟代进。自是胡人破胆，威震沙漠。山贼高艾，众数千人，寇钞，为幽、冀害，豫诱使鲜素利部斩艾，传首京都。封豫长乐亭侯。为校尉九年，其御夷狄，恒摧抑兼并，乖散强猾。凡通亡奸宄，为胡作计不利官者，豫皆构刺搅离，使凶邪之谋不遂，聚居之类不安。事业未究，而幽州刺史王雄支党欲令雄领乌丸校尉，毁豫乱边，为国生事。遂转豫为汝南太守，加殄夷将军。

太和末，公孙渊以辽东叛，帝欲征之而难其人。中领军杨暨举豫应选，乃使豫以本官督青州诸军，假节，往讨之。会吴贼遣使与渊相结，帝以贼众多，又以渡海，诏豫使罢军。豫度贼船垂还，岁晚风急，必畏漂浪，东随无岸，当赴成山。成山无藏船之处，辄便循海，案行地形，及诸山岛，徼截险要，列兵屯守，自入成山，登汉武之观。贼还，果遇恶风，船皆触山沉没，波荡著岸，无所逃窜，尽虏其众。初，诸将皆笑于空地待贼，及贼破，竟欲与谋，求入海钩取浪船。豫惧穷虏死战，皆不听。

初，豫以太守督青州，青州刺史程喜内怀不服，军事之际，多相违错。喜知帝宝爱明珠，乃密上："豫虽有战功，而禁令宽弛，所得器仗珠金甚多，放散皆不纳官。"由是功不见列。

后孙权号十万众攻新城，征东将军满宠欲率诸军救之。豫曰："贼悉众大举，非徒投射小利，欲质新城以致大军耳。宜听使攻城，挫其锐气，不当与争锋也。城不可拔，众必罢怠；罢怠然后击之，可大克也。若贼见计，必不攻城，势将自走。若便进兵，适入其计。又大军相向，当使难知，不当使自画也。"豫辄上状，天子从之。会贼遁走。后吴复来寇，豫往拒之，贼即退。诸军夜惊云："贼复来！"豫卧不起，令众'敢动者斩'。有顷，竟无贼。

景初末，增邑三百，并前五百户。正始初，迁使持节护匈中郎将军，加振威将军，领并州刺史。外胡闻其威名，相率来献。州界宁肃，百姓怀之。征为卫尉。屡乞逊佼，太傅司马宣王以为豫克壮，书喻未听。豫书答曰："年过七十而以居位，譬犹钟鸣漏尽而夜行不休，是罪人也。"遂固称疾笃。拜太中大夫，食卿禄。年八十二薨，子彭祖嗣。豫清俭约素，赏赐皆散之将士。每胡、狄私遗，悉簿藏官，不入家。家常贫匮。虽殊类，咸高豫节。嘉平六年，下诏褒扬，赐其家钱谷。语在

《徐邈传》。

牵招字子经，安平观津人也。年十余岁，诣同县乐隐受学。后隐为车骑将军何苗长史，招随卒业。值京都乱，苗、隐见害，招俱与隐门生史路等触蹈锋刃，共殡敛隐尸，送丧还归。道遇寇钞，路等皆悉散走。贼欲斫棺取钉，招垂泪请赦。贼义之，乃释而去。由此显名。

冀州牧袁绍辟为督军从事，兼领乌丸突骑。绍舍人犯令，招先斩乃白，绍奇其意而不见罪也。绍卒，又事绍子尚。建安九年，太祖围邺。尚遣招至上党，督致军粮。未还，尚破走，到中山。时尚外兄高干为并州刺史，招以并州左有恒山之险，右有大河之固，带甲五万，北阻强胡，劝干迎尚，并力观变。干既不能，而阴欲害招。招闻之，间行而去，道隔不得追尚，遂东诣太祖。太祖领冀州，辟为从事。太祖将讨袁谭，而柳城乌丸欲出骑助谭。太祖以招尝领乌丸，遣诣柳城。到，值峭王严，以五千骑当遣诣谭。又辽东太守公孙康自称平州牧，遣使韩忠赍单于印绶往假峭王。峭王大会群长，忠亦在坐。峭王问招："昔袁公言受天子之命，假我为单于。今曹公复言当更白天子，假我真单于；辽东复持印绶来。如此，谁当为正？"招答曰："昔袁公承制，得有所拜假；中间违错，天子命曹公代之，言当白天子，更假真单于，是也。辽东下郡，何得擅称拜假也？"忠曰："我辽东在沧海之东，拥兵百万，又有扶余、涉貊之用。当今之势，强者为右，曹操独何得为是也？"招呵忠曰："曹公允恭明哲，翼戴天子，伐叛柔服，宁静四海，汝君臣顽嚚，今恃险远，背违王命，欲擅拜假，侮弄神器，方当屠戮，何敢慢易咎毁大人？”便促忠头顿筑，拔刀欲斩之。峭王惊怖，徒跣抱招，以救请忠，左右失色。招乃还坐，为峭王等说成败之效，祸福所归。皆下席跪伏，敬受敕教，便辞辽东之使，罢所严骑。

太祖灭谭于南皮，署招军谋掾，从讨乌丸。至柳城，拜护乌丸校尉。还邺，辽东送袁尚首，县在马市，招睹之悲感，设祭头下。太祖义之，举为茂才。从平汉中，太祖还，留招为中护军。事罢，还邺，拜平虏校尉，将兵督青、徐州郡军事，击东来贼，斩其渠率，东土宁静。文帝践阼，拜招使持节护鲜卑校尉，屯昌平。是时，边民流散山泽，又亡叛在鲜卑中者，处有干数。招广布恩信，招诱降附。建义中郎将公孙集等，率将部曲，咸各归命。使还本郡。又怀来鲜卑素利、弥加等十余万落，皆令款塞。

大军欲征吴，召招还，至。值军罢，拜右中郎将，出为雁门太守。郡在边睡，虽有候望之备，而寇钞不断。招既教民战陈，又表复乌丸五百余家租调，使备鞍马，远遣侦候。虏每犯塞，勒兵逆击，来辄摧破，于是吏民胆气日锐，荒野无虞。又构间离散，使虏更相猜疑。鲜卑大人步度根、泄归泥等与轲比能为隙，将部落三万余家诣郡附塞。敕令还击比能，杀比能弟苴侯，及叛乌丸归义侯王同、王寄等，大结怨仇。是以招自出，率将归泥等讨比能于云中故郡，大破之。招通河西鲜卑附头等十余万家，缮治陉北故上馆城，置屯戍以镇内外，夷虏大小，莫不归心，诸叛亡虽亲戚不敢藏匿，咸悉收送。于是野居晏闭，寇贼静息。招乃简选有才识者，诣太学受业，还相授教，数年中库序大兴。郡所治广武，井水咸苦，民皆担辇远汲流水，往返七里。招准望地势，因山陵之直，凿原开渠，注水城内，民赖其益。明帝即位，赐爵关内侯。

太和二年，护乌丸校尉田豫出塞，为轲比能所围于故马邑城，移招求救。招即整勒兵马，欲赴救豫。并州以常宪禁招，招以为节将见围，不可拘于吏议，自表辄行。又并驰布羽檄，称陈形势，云“当西北掩取虏家，然后东行，会诛虏身”。檄到，豫军踊跃。又遣一通于虏蹊要，虏即恐怖，种类离散。军到故平城，便皆溃走。比能复大合骑来，到故平州塞北。招潜行扑讨，大斩首级。招以蜀虏诸葛亮数出，而比能狡猾，能相交通，表为防备，议者以为县远，未之信也。会亮时在祁山，果遣使连结比能。比能至故北地石城，与相首尾。帝乃诏招，使从便宜讨之。时比能已还漠南，招与刺史华轨议曰：“胡虏迁徙无常。若劳师远追，则迟速不相及。若欲潜袭，则山溪艰险，资粮转运，难以密办。可使守新兴、雁门二牙门，出屯陉北，外以镇抚，内令兵田，储畜资粮，秋冬马肥，州郡兵合，乘衅征讨，计必全克。”未及施行，会病卒。招在郡十二年，威风远振。其治边之称，次于田豫，百姓追思之。而渔阳傅容在雁门有名绩，继招后，在辽东又有事功云。

招子嘉嗣。次子弘，亦猛毅有招风，以陇西太守随邓艾伐蜀有功，咸熙中为振威护军。嘉与晋司徒李胤同母，早卒。郭淮字伯济，太原阳曲人也。建安中举孝廉，除平原府丞。文帝为五官将，召淮署为门下贼曹，转为丞相兵曹议令史，从征汉中。太祖还，留征西将军夏侯渊拒刘备，以淮为渊司马。渊与备战，淮时有疾不出。渊遇害，军中扰扰，淮收散卒，推荡寇将军张郃为军主，诸营乃定。其明日，备欲渡汉水来攻。诸将议众寡不敌，备便乘胜，欲依水为陈以拒之。淮曰："此示弱而不足挫敌，非算也。不如远水为陈，引而致之，半济而后击，备可破也。"既陈，备疑不渡，淮遂坚守，示无还心。以状闻，太祖善之，假郃节，复以淮为司马。文帝即王位，赐爵关内侯，转为镇西长史。又行征羌护军，护左将军张郃、冠军将军杨秋讨山贼郑甘、卢水叛胡，皆破平之。关中始定，民得安业。

黄初元年，奉使贺文帝践阼。而道路得疾，故计远近为稽留。及群臣欢会，帝正色责之，曰："昔禹会诸侯于涂山，防风后至，便行大戮。今溥天同庆而卿最留迟，何也？"淮对曰："臣闻五帝先教，导民以德，夏后政衰，始用刑辟。今臣遭唐虞之世，是以自知免于防风之诛也。"帝悦之，擢领雍州刺史，封射阳亭侯，五年为真。安定羌大帅辟蹏反，讨破降之。每羌、胡来降，淮辄先使人推问其亲理，男女多少，年岁长幼。及见，一二知其款曲，讯问周至，咸称神明。

太和二年，蜀相诸葛亮出祁山，遣将军马谡至街亭，高详屯列柳城。张郃击谡，淮攻详营，皆破之。又破陇西名羌唐蹏于枹罕，加建威将军。五年，蜀出卤城。是时，陇右无谷，议欲关中大运，淮以威恩抚循羌、胡，家使出谷；平其输调，军食用足，转扬武将军。青龙二年，诸葛亮出斜谷，并田于兰坑。是时司马宣王屯渭南；淮策亮必争北原，宜先据之，议者多谓不然。淮曰："若亮跨渭登原，连兵北山，隔绝陇道，摇荡民、夷，此非国之利也。”宣王善之，淮遂屯北原。暂垒未成，蜀兵大至，淮逆大至，淮逆击走之。后数日，亮盛兵西行，诸将皆谓欲攻西围，淮独以为此见形于西，欲使官兵重应之，必攻阳遂耳。其夜果攻阳遂，有备不得上。

正始元年，蜀将姜维出陇西。淮遂进军，追至强中，维退，遂讨羌迷当等，按抚柔氐三千余落，拔徙以实关中。迁左将军。凉州休屠胡梁元碧等，率种落二千余家附雍州。淮奏使居安定之高平，为民保障，其后因置西川都尉。转拜前将军，领州如故。五年，夏侯玄伐蜀，淮督诸军为前锋。淮度势不利，辄拔军出，故不大败。还假淮节。八年，陇西、南安、金城、西平诸羌饿何、烧戈、伐同、蛾遮塞等相结叛乱，攻围城邑，南招蜀兵，凉州名胡治无戴复叛应之。讨蜀护军夏侯霸督诸军屯为翅。淮军始到狄道，议者佥谓宜先讨定枹罕，内平恶羌，外折贼谋。淮策维必来攻霸，遂入沨中，转南迎霸。维果攻为翅，会淮军适至，维遁退。进讨叛羌，斩饿何、烧戈，降服者万余落；九年，遮塞等屯河关、白土故城，据河拒军。淮见形上流，密于下渡兵据白土城，击，大破之。治无戴围武威，家属留在西海。淮进军趋西海，欲掩取其累重，会无戴折还，与战于龙夷之北，破走之。令居恶虏在石头山之西，当大道止，断绝王使。淮还过讨，大破之。姜继出石营，从强川，乃西迎治无戴，留阴平太守廖化于成重山筑城，敛破羌保质。淮欲分兵取之。诸将以维众西接强胡，化以据险，分军两持，兵势转弱，进不制维，退不拔化，非计也，不如合而惧西，及胡蜀未接，绝其内外，此伐交之兵也。淮曰：“今往取化，出贼不意，维必狼顾。比维自致，足以定化，且使维疲于奔命。兵不远西，而胡交自离，此一举而两全之策也。”乃别遣夏侯霸等追维于沓中，淮自串诸军就攻化等。维果驰还救化，皆如淮计。进封都乡侯。

嘉平元年，迁征西将军，都督雍、凉诸军事。是岁，与雍州刺史陈泰协策。降蜀牙门将句安等于翅上。二年诏曰：“昔汉川之役，几至倾覆，淮临危济难，功书王府。在关右三十余年，外征寇虏，内绥民夷。比岁以来，摧破廖化，禽虏句安，功绩显著，朕甚嘉之。今以淮为车骑将军、仪同三司，持节、都督如故。”进封阳曲侯，邑凡二千七百八十户，分三百户，封一子亭侯。正元二年薨，追赠大将军，谥曰贞侯。子统嗣。统官至荆州刺史，薨。子正嗣。咸熙中，开建五等，以淮著勋前朝，改封汾阳子。

【评曰】

满宠立志刚毅，勇而有谋。田豫居身清白，规略明练。牵招秉义壮烈，威绩显著。郭淮方策精详，垂问秦、雍。而豫位止小州，招终于郡守，未尽其用也。

王毌丘诸葛邓钟传

王淩字彦云，太原祁人也。叔父允，为汉司徒，诛董卓。卓将李傕、郭汜等为卓报仇，入长安，杀允，尽害其家。淩及兄晨，时年皆少，逾城得脱，亡命归乡里。淩举孝廉，为发干长，稍迁至中山太守，所在有治，太祖辟为丞相掾属。文帝践阼，拜散骑常侍。出为兖州刺史，与张辽等至广陵讨孙权。临江，夜大风，吴将吕范等船漂至北岸，淩与诸将逆击，捕斩首虏，获舟船，有功，封宜城亭侯，加建武将军，转在青州。是时海滨乘丧乱之后，法度未整。淩布政施教，赏善罚恶，甚有纲纪，百姓称之，不容于口。后从曹休征吴，与贼遇于夹石，休军失利，淩力战决围，休得免难。仍徙为扬、豫州刺史，咸得军民之欢心。始至豫州，旌先贤之后，求未显之士，各有条教，意义甚美。初，淩与司马朗、贾逵友善，及临兖、豫，继其名迹，正始初，为征东将军，假节都督扬州诸军事。

二年，吴大将全琮数万众寇芍陂，淩率诸军逆讨。与贼争塘，力战连日，贼退走。进封南乡侯，邑千三百五十户，迁车骑将军、仪同三司。

是时，淩外甥令狐愚以才能为兖州刺史，屯平阿。舅甥并典兵，专淮南之重。淩就迁为司空。司马宣王既诛曹爽，进淩为太尉，假节钺。淩、愚密协计，谓齐王不任天位，楚王彪长而才，欲迎立彪都许昌。嘉平元年九月，愚遣将张式至白马，与彪相问往来。淩又遣舍人劳精诣洛阳，语子广。广言："废立大事，勿为祸先。"其十一月，愚复遣式诣彪，未还，会愚病死。二年，荧惑守南斗。淩谓："斗中有星，当有暴贵者。"三年春，吴贼塞涂水。淩欲因此发，大严诸军，表求讨贼。诏报不听。淩阴谋滋甚，遣将军扬弘以废立事告兖州刺史黄华，华、弘连名以白太傅司马宣王。宣王将中军乘水道讨淩，先下赦淩罪，又将尚书广东，使为书喻淩，大军掩至百尺逼淩。淩自知势穷，乃乘船单出迎宣王，遣掾王彧谢罪，送印绶、节钺。军到丘头，淩面缚水次。宣王承诏遣主簿解缚反服，见淩，慰劳之，还印绶、节钺，遣步骑六百人送还京都。淩至项，饮药死。宣王遂至寿春。张式等皆自首，乃穷治其事。彪赐死，诸相连者悉夷三族。朝议咸以为《春秋》之义，齐崔杼、郑归生皆加追戮，陈尸斫棺，载在方策。淩、愚罪宜如旧典。乃发淩、愚冢，剖棺，暴尸于所近市三日，烧其印绶、朝服，亲土埋之。进弘、华爵为乡侯。广有志尚学行，死时年四十余。

毌丘俭字仲恭，河东闻喜人也。父兴，黄初中为武威太守，伐叛柔服，开通河右，名次金城太守苏则。讨贼张进及讨叛胡有功，封高阳乡侯。入为将作大匠。俭袭父爵，为平原侯文学。明帝即位，为尚书郎，迁羽林监。以东富之旧，甚见亲待。出为洛阳典农。时取农民以治宫室，俭上疏曰："臣愚以为天下所急除者二贼，所急务者衣食。诚使二贼不灭，士民饥冻，虽崇美宫室，犹无益也。"迁荆州刺史。

青龙中，帝图讨辽东，以俭有干策，徙为幽州刺史，加度辽将军，使持节，护乌丸校尉。率幽州诸军至襄平，屯辽隧。右北平乌丸单于寇娄敦、辽西乌丸都督串众王护留等，昔随袁尚奔辽东者，率众五千余人降。寇娄敦遣弟阿罗槃等诣阙朝贡，封其渠率二十余人为侯、王，赐舆马缯彩各有差。公孙渊逆与俭战，不利，引还。明年，帝遣太尉司马宣王统中军及俭等众数万讨渊，定辽东。俭以功进封安邑侯，食邑三千九百户。

正始中，俭以高句骊数侵叛。督诸军步骑万人出玄菟，从诸道讨之。句骊王宫将步骑二万人，进军沸流水上，大战梁口。宫连破走。俭遂束马县车，以登丸都，屠句骊所都，斩获首虏以千数。句骊沛者名得来，数谏宫，宫不从其言。得来叹曰："立见此地将生蓬篙。"遂不食而死，举国贤之。俭令诸军不坏其墓，不伐其树，得其妻子，皆放遣之。宫单将妻子逃窜。俭引军还。六年，复征之，宫遂奔买沟。俭遣玄菟太守王颀追之，过沃沮千有余里，至肃慎氏南界，刻石纪功，刊丸都之山，铭不耐之城。诸所诛纳八千余口，论功受赏，侯者百余人。穿山溉灌，民赖其利。迁左将军，假节监豫州诸军事，领豫州刺史，转为镇南将军。诸葛诞战于东关，不利，乃令诞、俭对换。诞为镇南，都督豫州。俭为镇东，都督扬州。吴太傅诸葛恪围合肥新城，俭与文钦御之，太尉司马孚督中军东解围，恪退还。

初，俭与夏侯玄、李丰等厚善。杨州刺史前将军文钦，曹爽之邑人也。骁果粗猛，数有战功，好增虏获，以徼宠赏，多不见许，怨恨日甚。俭以计厚待钦，情限好洽。钦亦感戴，投心无二。正元二年正月，有彗星数十丈，西北竟天，起于吴、楚之分。俭、钦喜，以为己祥。遂矫太后诏，罪状大将军司马景王，移诸郡园，举兵反。迫胁淮南将守诸别屯者，及吏民大小，皆入寿春城，为坛于城西，歃血称兵为盟，分老弱守城，俭、钦自将五六万众渡淮，西至项。俭坚守，钦在外为游兵。

大将军统中外军讨之。别使诸葛诞督豫州诸军从安风津拟寿春，征东将军胡遵督青、徐诸军出于谯。宋之间，绝其归路。大将军屯汝阳，使监军王基督前锋诸军据南顿以待之。令诸军皆坚壁勿与战。俭、钦进不得关，退恐寿春见袭，不得归，计穷不知所为。淮南将士，家皆在北，众心沮散，降者相属，惟淮南新附农民为之用。大将军遣兖州刺史邓艾督泰山诸军万余人至乐嘉，示弱以诱之，大将军寻自洙至。钦不知，果夜来欲袭艾等，会明，见大军兵马盛，乃引还。大将军纵骁骑追击，大破之，钦遁走。是日，俭闻钦战败，恐惧夜走，众溃。比至慎县，左右人兵稍弃俭去，俭独与小弟秀及孙重藏水边草中。安风津都尉部民张属就射杀俭，传首京都。属封侯。秀、重走入吴。将士诸为俭、钦所迫胁者，悉归降。俭字甸为治书侍御史，先时知俭谋将发，私出将家属逃走新安灵山上。别攻下之，夷俭三族。钦亡入吴，吴以钦为都护，假节、镇北大将军、幽州牧、谯侯。

诸葛诞字公休，琅邪阳都人。诸葛丰后也。初以尚书郎为荥阳令，入为吏部郎。人有所属托，辄显其言而承用之，后有当否，则公议其得失以为褒贬，自是群僚莫不慎其所举。累迁御史中巫、尚书，与夏侯玄、邓飏等相善，收名朝廷，京都翕然。言事者以诞，飏等修浮华，合虚誉，渐不可长。明帝恶之，免诞官。会帝崩，正始初，玄等并在职。复以诞为御史中丞、尚书，出为扬州刺史，加昭武将军。王淩之阴谋也，太傅司马宣王潜军东伐，以诞为镇东将军、假节都督扬州之诸军事，封山亭侯。诸葛恪兴东关，遣诞督诸军讨之，与战，不利。还，徙为镇南将军。后毌丘俭、文钦反，遣使诣诞，招呼豫州士民。诞斩其使，露布天下，令知俭、钦凶逆。大将军司马景王东征，使诞豫州诸军。渡安风津向寿春。俭、钦之破也，诞先至寿春。寿春中十余万口，闻俭、钦败，恐诛，悉破城门出，流进山泽，或散走入吴。以延久在淮南，乃复以为镇东大将军、仪同三司、都督扬州。吴大将孙峻、吕据、留赞等闻淮南乱，会文钦往，乃帅众将钦径至寿春。时诞诸军已至，城不可攻，乃走。诞遣将军蒋班追击之，斩赞，传首，收其印节。进封高平侯，邑三千五百户，转为征东大将军。

诞既与玄、飏等至亲，又王淩、毌丘俭累见夷灭，惧不自安。倾帑藏振施以结众心，厚养亲附及扬州轻侠者数千人为死士。甘露元年冬，吴贼欲向徐堨，计诞所督兵马足以待之，而复请十万众守寿春，又求临淮筑城以备寇，内欲保有淮南。朝廷微知涎有自疑心，以诞旧臣，欲入度之。二年五月，征为司空。诞被诏书，愈恐，遂反。召会诸将，自出攻扬州刺史乐綝，杀之。敛淮南及淮北郡县屯田口十余万官兵，扬州新附胜兵者四五万人，聚谷足一年食，闭城自守。遣长史吴纲将小子靓至吴请救。吴人大喜，遣将全怿、全端、唐咨、王祚等，率三万众，密与文钦俱来应诞。以为诞左都护、假节、大司徒、骠骑将军、青州牧、寿春侯。是时镇南将军王基始至，督诸军围寿春，未合。咨、钦等从城东北，因山乘险，得将其众突入城。六月，车驾东征至项。大将军司马文王督中外诸军二十六万众，临淮讨之。大将军屯丘头。使基及安东将军陈骞等四面合围，表里再重，堑垒甚峻；又使监军石苞、兖州刺史州泰等，简锐卒为游军，备外寇。钦等数出犯围，逆击走之。吴将朱异再以大众来迎诞等，渡黎浆水，泰等逆与战，每摧其锋。孙綝以异战不进，怒而杀之。城中食转少，外救不至，众无所恃。将军蒋班、焦彝，皆诞爪牙计事者也，弃诞，逾城自归大将军。大将军乃使反间，以奇变说全怿等，怿等率众数千人开门来出。城中震惧，不知所为。

三年正月，诞、钦、咨等大为攻具。昼夜五六日攻南围，欲决围而出。围上诸军，临高以发石车火箭逆烧破其攻具，弩矢及石雨下，死伤者蔽地，血流盈堑。复还入城，城内食转竭，降出者数万口。钦欲尽出北方人，省食，与吴人坚守，诞不听，由是争恨。钦素与诞有隙，徒以计合，事急愈相疑。钦见诞计事，诞遂杀钦。钦子鸯及虎将兵在小城中，闻钦死，勒兵驰赴之，众不为用。鸯、虎单走，逾城出，自归大将军。军吏请诛之，大将军令曰："钦之罪不容诛，其子固应当戮，然鸯、虎以穷归命，且城未拔，杀之是坚其心也。”乃赦鸯、虎，使将兵数百骑驰巡城，呼语城内云：“文钦之子犹不见杀，其余何惧?”表鸯、虎为将军，各赐爵关内侯，城内喜且扰，又日讥困，诞、咨等智力穷。大将军乃自临围，四面进兵，同时鼓噪登城，城内无敢动者。诞窘急，单乘马，将其麾下突小城门出。大将军司马胡奋部兵逆击，斩涎，传首，夷三族。诞麾下数百人，坐不降见斩，皆曰：“为诸葛公死，不恨。”其得人心如此。唐咨、王祚及诸裨将皆面缚降，吴兵万众，器仗军实山积。

初围寿春，议者多欲急攻之，大将军以为：城固而众多，攻之必力屈，若有外寇，表里受敌，此危道也。今三叛相聚于孤城之中，天其或者将使同就戮，吾当以全策縻之，可坐而制也。诞以二年五月反，三年二月破灭。六军按甲，深沟高垒，而诞自困，竟不烦攻而克。及破寿春，议者又以为淮南仍为叛逆，吴兵室家在江南，不可纵，宜悉坑之。大将军以为：古之用兵。全因为上，戮其元恶而已。吴兵就得亡还，适可以示中国之弘耳。一无所杀，分布三河近郡以安处之。

唐咨本利城人。黄初中，利城郡反。杀太守徐箕，推咨为主。文帝遣诸军讨破之，咨走入海，遂亡至吴，官至左将军。封侯、持节。诞、钦屠戮，咨亦生擒，三叛皆获，天下快焉。拜咨安远将军，其余裨将咸假号位，吴众悦服。江东感之，皆不诛其家。其淮南将吏士民诸为诞所胁略者，惟诛其首逆，余皆秋赦之。听鸯、虎收敛钦丧，给其车牛，致葬旧墓。邓艾字士载，义阳棘阳人也。少孤，太祖破荆州，徙汝南，为农民养犊。年十二，随母至颍川。读故太丘长陈寔碑文，言“文为世范，行为士则”，艾遂自名范，字士则。后宗族有与同者，故改焉。为都尉学士，以口吃，不得作干佐。为稻田守丛草吏。同郡吏父怜其家贫，资给甚厚，艾初不稍谢。每见高山大泽，辄规度指画军营处所，时人多笑焉。后为典农纲纪，上计吏，因使见太尉司马宣王。宣王奇之，辟之为掾，迁尚书郎。

时欲广田畜谷，为灭贼资。使艾行陈、项已东至寿春。艾以为“田良水少，不足以尽地利，宜开河渠，可以引水浇溉，大积军粮，又通运漕之道”。乃著《济河论》以喻其指。又以为“昔破黄巾。因为屯田，积谷于许都以制四方。今三隅已定，事在淮南，每大军征举，运兵过半，功费巨亿，以为大役。陈、蔡之间，土下田良，可省许昌左右诸稻田，并水东下。令淮北屯二万人，淮南三万人，十二分休，常有四万人，且田且守。水丰常收三倍于西，计除众费，岁完五百万斛以为军资。六七年间，可积三千万斛于淮上，此则十万之众五年食也。以此乘吴，无往而不克矣。”宣王善之，事皆施行。正始二年，乃开广漕渠，每东南有事，大军兴众，泛舟而下，达于江、淮，资食有储而无水害，艾所建也。出参征西军事，迁南安太。

嘉平元年，与征西将军郭淮拒蜀偏将军姜维。维退，淮因西击羌。艾曰：“贼去未远，或能复还，宜分诸军以备不虞。”于是留艾屯白水北。三日，维遣廖化自白水南向艾结营。艾谓诸将曰：“维今卒还，吾军人少，法当来渡而不作桥。此维使化持吾，令不得还。维必自东袭取洮城。”洮城在水北，去艾屯六十里。艾即夜潜军径到，维果来渡，而艾先至据城，得以不败。赐爵关内侯，加讨寇将军，后迁城阳太守。

是时并州右贤王刘豹并为一部。艾上言曰：“戎狄兽心，不以义亲，强则侵暴，弱则内附，故周宣有？严？狁之寇，汉祖有平城之困。每匈奴一盛，为前代重患，自单于在外莫能牵制长卑。诱丽致之，使来入侍。由是羌夷失统，合散无主，以单干在内，万里顺轨。今单于之尊日疏，外士之威浸重。则胡虏不可不深备也。闻刘豹部有叛胡，可因叛割为二国，以分其势。去卑功显前朝，而子不继业，宜加其子显号，使居雁门。离国弱寇、追录旧勋，此御边长计也。”又陈：“羌胡与民同处者，宜以渐出之，使居民表崇廉耻之教，塞奸宄之路。”大将军司马景王新辅政，多纳用焉。迁汝南太守，至则寻求昔所厚己吏父久已死，遣吏祭之，重遗其母、举其子与计吏。艾所在，荒野开辟，军民并丰。诸葛恪围合肥新城，不克，退归。艾言景王曰：“孙权已没，大臣未附，吴名宗大族，皆有部曲，阻兵仗势，足以建命。恪新秉国政，而内无其主，不念抚恤上下以立根基，竞于外事，虐用其民，悉国之众，顿于坚城，死者万数，载祸而归，此恪获罪之日也。昔子胥、吴起、商殃、乐毅皆见任时君，主没而败。况恪才非四贤，而不虑大患，其亡可待也。”恪归，果见诛。迁兖州刺史，加振威将军，上言曰：“国之所急，惟农与战，国富则兵强，兵强则战胜。然农者，胜之本也。

孔子曰：“足食足兵，食在兵前也。上无设爵之劝，则下无财畜之功。今使考绩之赏，在于积粟富民，则交游之路绝，浮华之原塞矣。”

高贵乡公即尊位，进封方城亭侯。毋丘俭作乱，遣健步赍书，欲疑惑大众，艾斩之，兼道进军，先趣乐嘉城，作浮桥。司马景王至，遂据之。文钦以后大军破败于城下，艾追之至丘头。钦奔吴。吴大将军孙峻等号十万众，将渡江，镇东将军诸葛诞遣艾据肥阳，艾以与贼势相远，非要害之地，辄移屯附亭，遣泰山太守诸葛绪等于黎浆拒战，遂走之。其年征拜长水校尉。以破钦等功，进封方城乡侯，行安西将军。解雍州刺史王经围于狄道，姜维退驻钟提，乃以艾为安西将军，假节、领护东羌校尉。议者多以为维力已竭，未能更出。艾曰：“洮西之败，非小失也。破军杀将，仓廪空虚，百姓流离，几于危亡。今以策言之，彼有乘胜之势，我有虚弱之实，一也。彼上下相习，五兵犀利，我将易兵新，器杖未复，二也。彼以船行，吾以陆军，劳逸不同。三也。狄道、陇西、南安、祁山，各当有守，彼专为一，我分为四，四也。从南安、陇西，因食羌谷，若趋祁山，熟麦千顷，为之县饵，五也。贼有黠数，其来必矣。”顷之，维果向祁山，闻艾已有备，乃回从董亭趣南安，艾据武城山以相持。维与艾争险，不克。其夜，渡渭东行，缘山趣上邽，艾与战于段谷，大破之。甘露元年诏曰：“逆贼姜维连年狡黠，民夷骚动，西土不宁。艾筹画有方，忠勇奋发，斩将十数，馘首千计；国威震于巴、蜀，武声扬于江、岷。今以艾为镇西将军、都督陇右诸军事，进封邓侯，分五百户封子忠为亭侯。”二年，拒姜维于长城，维退还。迁征西将军，前后增邑凡六千六百户。

景元三年，又破维于侯和，维却保沓中。四年秋，诏诸军征蜀，大将军司马文王皆指授节度，使艾与维相缀连。雍州刺史诸葛绪要维，令不得归，艾遣天水太守王颀等直攻维营，陇西太守牵弘等邀其前，金城太守杨欣等诣甘松。维闻钟会诸军已入汉中，引退还。欣等追蹑于强川口，大战，维败走。闻雍州已塞道，屯桥头，从孔函谷入北道，欲出雍州后。诸葛绪闻之，却还三寸里。维入北道三十余里，闻绪军却，寻还，从桥头过，绪趣截维，较一日不及。维遂东引，还守剑阁。钟会攻维未能克。艾上言："今贼摧折，宜遂乘之，从阴平由邪径经汉德阳亭趣涪，出剑阁西百里，去成都三百余里，奇兵冲其腹心。剑阁之守必还赴涪，则会方轨而进。剑阁之军不还，则应涪之兵寡矣。军志有之曰：'攻其无备，出其不意。'今掩其空虚，破之必矣。"

冬十月，艾自阴平道行无人之地七百余里，凿山通道，造作桥阁。山高谷深，至为艰险，又粮运将匮，频于危殆。艾以毡自裹，推转而下。将士皆攀木缘崖，鱼贯而进。先登至江由，蜀守将马邈降。蜀卫将军诸葛瞻自涪还绵竹、列陈待艾。艾遣子惠唐亭侯忠等出其右，司马师纂等出其左。忠、纂战不利，并退还。曰："贼未可击。"艾怒曰："存亡之分，在此一举，何不可之有？"乃叱忠、纂等，将斩之。忠、纂驰还更战，大破之，斩瞻及尚书张遵等首，进军到雒，刘禅遣使奉皇帝玺绶，为笺诣艾请降；艾至成都，禅率太子诸王及群臣六十余人面缚舆榇诣军门。艾执节解缚焚榇。受而宥之。检御将士，无所虏略，绥纳降附，使复旧业，蜀人称焉。辄依邓禹故事，承制拜禅行骠骑将军，太子奉车、诸王驸马都尉。蜀群司各随高下拜为王官，或领艾官属。以师纂领益州刺史，陇西大守牵弘等领蜀中诸郡。使于绵竹筑台以为京观，用彰战功。士卒死事者，皆与蜀兵同共埋藏。艾深自矜伐。谓蜀士大夫曰："诸君赖遭某，故得有今日耳。如遇吴汉之徒，已殄灭矣。"又曰："姜维自一时雄儿也，与某相值，故穷耳。"有识者笑之。

十二月，诏曰："艾曜威奋武，深入虏庭，斩将搴旗，枭其鲸鲵，使僭号之主，稽首系颈，历世逋诛，一朝而平。兵不逾时，战不终日，云彻席卷，荡定巴蜀。虽白起破强楚，韩信克劲赵，吴汉擒子阳，亚夫灭七国，计功论美，不足比勋也。其以艾为大尉，增邑二万户，封子二人亭侯，各食邑干户。"艾言司马文王曰："兵有先声而后实者，今因平蜀之势以乘吴，吴人震恐，席卷之时也。然大举之后，将士疲劳，不可便用，且徐缓之；留陇右兵二万人，蜀兵二万人，煮盐兴冶，为军农要用，并作舟船，豫顺流之事，然后发使告以利害，吴必归化，可不征而定也。今宜厚刘禅以致孙休，安士民以来远人，若便送禅于京都，吴以为流徒，则于向化之心不劝。宜权停留，须来年秋冬，比尔吴亦足平。以为可封禅为扶风王，锡其资财，供其左右。郡有董卓坞，为之宫舍。爵其子为公侯，食郡内县，以显归命之宠。开广陵、城阳以待吴人，则畏威怀德，望风而从矣。"文王使监军卫瓘喻艾："事当须报。不宜辄行。"艾重言曰："衔命征行，奉指授之策，元恶既服；至于承制拜假，以安初附，谓合权宜。今蜀举众归命，地尽南海，东接吴会，宜早镇定。若待国命，往复道途，延引日月。《春秋》

之义，大夫出疆，有可以安社稷，利国家，专之可也。今吴未宾，势与蜀连，不可拘常以失事机，兵法，进不求名，退不避罪，艾虽无古人之节，终不自嫌以损于国也。”钟会、胡烈、师纂等皆白艾所作悖逆，变衅已结。诏书槛车征艾。艾父子既囚，钟会至成都。先送艾，然后作乱。会已死。艾本营将士追出艾槛车，迎还。瓘遣田续等讨艾，遇于绵竹西，斩之。子忠与艾俱死，余子在洛阳者悉诛，徙艾妻子及孙于。

初，艾当伐蜀，梦坐山上而有流水，以问殄虏护军爰邵，邵曰：“按《易》卦，山上有水曰《蹇》。《蹇》繇曰：‘《蹇》利西南，不利东北。’孔子曰：‘蹇利西南，往有功也；不利东北．其道穷也。’往必克蜀，殆不还乎！”艾怃然不乐。

泰始元年，晋室践阼。诏曰：“昔太尉王淩谋废齐王，而士竟不足以守位。征西将军邓艾，矜功失节，实应大辟。然被书之日，罢遣人众，束手受罪，比干求生遂为恶者，诚复不同。今天赦得还，若无子孙者听使立后，令祭祀不绝。”三年，议郎段灼上疏理艾曰：“艾心怀至忠而荷反逆之名，平定巴蜀而受夷灭之诛，臣窃悼之。惜哉，言艾之反也！艾性刚急，轻犯雅俗。不能协同朋类，故莫肯理之。臣敢言艾不反之状。昔姜维有断陇右之志，艾修治备守，积谷强兵。值岁凶旱，艾为区种，身被乌衣，手执耒耜，以率将士。上下相感，莫不尽力。艾持节守边，所统万数，而不难仆虏之劳，士民之役，非执节忠勤，孰能若此？故落门、段谷之战，以少击多，摧破强贼。先帝知其可任，委艾庙胜，授以长策。艾受命忘身，束马悬车，自投死地，勇气陵云，士众乘势，使刘禅君臣面缚，叉手屈膝。艾功名以成，当书之竹帛，传祚万世。七十老公，反欲何求。艾诚恃养育之恩，心不自疑，矫命承制，权安社稷；虽违常科，有合古义，原心定罪，本在可论。钟会忌艾威名，构成其事。忠而受诛，信而见疑，头悬马市，诸子并斩，见之者垂泣，闻之者叹息。陛下龙兴，阐弘大度，释诸嫌忌，受诛之家，不拘叙用。昔秦民怜白起之无罪，吴人伤子胥之冤酷，皆为立祠。

今天下民人为艾悼心痛恨，亦犹是也。臣以为艾身首分离，捐弃草土，宜收尸丧，还其田宅。以平蜀之功，绍封其孙，使阖棺定谥，死无余恨。赦冤魂于黄泉，收信义于后世，葬一人而天下慕其行，埋一魂而天下归其义，所为者寡而悦者众矣。”九年，诏曰：“艾有功勋，受罪不逃刑，而子孙为民隶，朕常愍之。其以嫡孙朗为郎中。”

艾在西时，修治障塞。筑起城坞。泰始中，羌虏大叛，频杀刺史，凉州道断。吏民安全者，皆保艾所筑坞焉。艾州里时辈南阳州泰，亦好立功业。善用兵。官至征虏将军、假节都督江南诸军事。景元二年薨，追赠卫将军，谥日壮侯。

钟会字士季，颍川长社人。太傅繇小子也。少敏惠夙成。中护军蒋济著论谓“观其眸子，足以知人。”会年五岁，繇遣见济，济甚异之曰：“非常人也。”及壮，有才数技艺而博学，精练名理，以夜续昼，由是获声誉，正始中，以为秘书郎．迁尚书、中书侍郎。高贵乡公即尊位，赐爵关内侯。毌丘俭作乱，大将军司马景王东征，会从，典知密事，卫将军司马文王为大军后继，景王薨于许昌，文王总统六军，会谋谟帷幄。时中诏敕尚书傅嘏，以东南新定，权留卫将军屯许昌为内外之援，令嘏率诸军还。会与嘏谋，使嘏表上，辄与卫将军俱发，还到雒水南屯住。于是朝廷拜文王为大将军、辅政，会迁黄门侍郎．封东武亭侯，邑三百户。

甘田二年，征诸葛诞为司空，时会丧宁在家，策诞必不从命，驰白文王。文王以事已施行，不复追改。及诞反，车驾任项，文王至寿春，会复从行。初，吴大将全琮，孔权之婚亲重臣也。琮子怿、孙静、从子端、翩、缉等，皆将兵来救诞。怿兄子辉、仪留建业，与其家内争讼，携其母，将部曲数十家渡江，自归文王。会建策，密为辉、仪作书，使辉、仪所亲信赍入城告怿等，说吴中怒怿等不能拔寿春，欲尽诛诸将家，故逃来归命。怿等恐惧，遂将所领开东城门出降，皆蒙封宠，城中由是乖离。寿春之破，会谋居多，亲待日隆，时人谓之子房。军还。迁为太仆，固辞不就。以中郎在大将军府管记室事，为腹心之任。以讨诸葛诞功，进爵陈侯。屡让不受。诏曰："会典综军事，参同计策．料敌制胜，有谋谟之勋，而推宠固让。辞指款实。前后累重，志不可夺。夫成功不处，古人所重，其听会所执，以成其美。"迁司隶校尉。虽在外司，时政损益，当世与夺，无不综典。嵇康等见诛，皆会谋也。

文王以蜀大将姜维屡扰边陲，料蜀国小民疲，资力单竭，欲大举图蜀。惟会亦以为蜀可取，豫共筹度地形，考论事势。景元三年冬，以会为镇西将军、假节都督关中诸军事，文王敕青、徐、兖、豫、荆、扬诸州，并使作船，又令唐咨作浮海大船，外为将伐吴者。四年秋，乃下诏使邓艾、诸葛绪各统诸军三万余人。艾趣甘松、沓中连缀维，绪趣武街、桥头绝维归路，会统十余万众，分从斜谷、骆谷入。先命牙门将许仪在前治道。会在后行。而桥穿，马足陷，于是斩仪。仪者，许褚之子，有功王室，犹不原贷。诸军闻之，莫不震竦。蜀令诸围皆不得战，退还汉、乐二城守。魏兴太守刘钦趣子午谷，诸军数道平行，至汉中。蜀监军王含守乐城，护军蒋斌守汉城，兵各五千。会使护军荀恺、前将军李辅各统万人，恺围汉城，辅围乐城。会径过，西出阳安口，遣人祭诸葛亮之墓。使护军胡烈等行前，攻破关城，得库藏积谷。姜维自沓中还，至阴平，合集士众，欲赴关城。未到，闻其已破，退趣白水。与蜀将张翼、廖化等合守剑阁拒会。会移檄蜀将吏士民曰：

往者汉祚衰微，率土分崩，生民之命，几于泯灭。太祖武皇帝神武圣哲，拨乱反正，拯其将坠，造我区夏。高祖文皇帝应天顺民。受命践阼。烈祖明皇帝奕世重光，恢拓洪业。然江山之外，异政殊俗，率土齐民未蒙王化，此三祖所以顾怀遗恨也。今主上圣德钦明，绍隆前绪。宰辅忠肃明允，劬劳王室，布政垂惠而万邦协和，施德百蛮而肃慎致贡。悼彼巴蜀，独为匪民，愍此百姓，劳役未已。是以命授六师，龚行天罚，征西、雍州、镇西诸军，五道并进。古之行军，以仁为本，以义治之。王者之师，有征无战。故虞舜舞干戚而服有苗，周武有散财、发廪、表闾之义。今镇西奉辞衔命，摄统戎重，庶弘文告之训，以济元元之命，非欲穷武极战，以快一朝之政，故略陈安危之要，其敬听话言。

“益州先主以命世英才，兴兵朔野，困踬冀、徐之郊，制命绍、布之手，太祖拯而济之，与隆大好。中更背违，弃同即异，诸葛孔明仍规秦川，姜伯约屡出陇右。劳动我边境，侵扰我氐、羌，方国家多故，未遑修九伐之征也。今边境乂清，方内无事，蓄力待时，并兵一向，而巴蜀一州之众、分张守备，难以御天下之师。段谷、侯和沮伤之气，难以敌堂堂之陈。比年以来，曾无宁岁。征夫勤瘁，难以当子来之民。此皆诸贤所亲见也。蜀相壮见擒于秦，公孙述授首于汉，九州之险，是非一姓。此皆诸贤所备闻也。明者见危于无形，智者窥祸于未萌，是以微子去商，长为周宾，陈平背项，立功于汉。岂安酖毒，怀禄而不变哉？今国朝隆天覆之思，宰辅弘宽恕之德，先惠后诛，好生恶杀。往者吴将孙壹举众内附，位为上司、宠秩殊异。文钦、唐咨为国大害，叛主仇贼，还为戎首。咨因逼擒获，钦二于还降，皆将军，封侯。咨与闻国事。壹等穷踧归命，犹加盛宠，况巴蜀贤知见机而作者哉。诚能深鉴成败，邈然高蹈，投迹微子之踪，措身陈平之轨，则福同古人，庆流来裔，百姓士民，安堵旧业，农不易亩，市不回肆，去累卵之危，就永安之福，岂不美与？若偷安旦夕，迷而不反，大兵一发，玉石皆碎，虽欲悔之，亦无及已。其详择利害，自求多福，各具宣布，咸使闻知。”

邓艾迫姜维到阴平。简选精锐，欲从汉德阳入江由左儋道诣绵竹，趣成都，与诸葛绪共行。绪以本受节度邀姜维，西行非本诏，遂进军前向白水，与会合。会遣将军田章等从剑阁西，径出江由。未至百里，章先破蜀伏兵三校，艾使章先登。遂长驱而前。会与绪军向剑阁，会欲专军势，密白绪畏懦不进，槛车征还。军悉属会，进攻剑阁，不克，引退，蜀军保险拒守。艾遂至绵竹，大战，斩诸葛瞻。维等闻瞻已破，率其众东入于巴，会乃进军至涪，遣胡烈、田续、庞会等追维。艾进军向成都，刘禅诣艾降，遣使敕维等令降于会。维至广汉郪县，令兵悉放器仗，送节传于胡烈，便从东道诣会降。会上言曰："贼姜维、张翼、廖化、董厥等逃死遁走，欲趣成都。臣辄遣司马夏侯咸、护军胡烈等，径从剑阁，出新都、大渡截其前，参军爰彭、将军句安等蹑其后，参军皇甫闿、将军王买等从涪南出冲其腹。臣据涪县为东西势援，维等所统步骑四五万人，擐甲厉兵，塞川填谷，数百里中首尾相继，凭恃其众，方轨而西。臣敕咸、闿等令分兵据势。广张罗网，南杜走吴之道，西塞成都之路，北绝越逸之径，四面云集，首尾并进，蹊路断绝，走伏无地。臣又手书申喻，开示生路，群寇困逼，知命穷数尽，解甲投戈，面缚委质，印绶万数，资器山积。昔舜舞干戚，有苗自服；牧野之师，商旅倒戈。有征无战，帝王之盛业。全国为上，破国次之。全军为上，破军次之。用兵之令典。陛下圣德，侔踪前代，翼辅忠明，齐轨公旦，仁育群生，义征不譓，殊俗向化，无思不服，师不逾时，兵不血刃，万里同风，九州共贯。臣辄奉宣诏命，导扬思化，复其社稷，安其闾伍，舍其赋调，弛其征役，训之德礼以移其风，示之轨仪以易其俗，百姓欣欣，人怀逸豫，后来其苏，义无以过。"会于是禁检士众不得抄略，虚己诱纳，以接蜀之群司，与维情好欢甚。十二月诏曰："会所向摧弊，前无强敌，缄制众城，网罗进逸。蜀之豪帅，面缚归命，谋无遗策，举无废功。凡所降诛，动以万计，全胜独克，有征无战。拓平西夏，方隅清晏。其以会为司徒，进封县侯。增邑万户。封予二人亭侯，邑各千户。”

会内有异志，因邓艾承制专事，密白艾有反状。于是诏书槛车征艾。司马文王惧艾或不从命，敕会并进军成都，监军卫瓘在会前行，以文王手笔令宣喻艾军，艾军皆释仗，遂收艾入槛车。会所惮惟艾，艾既擒而会寻至，独统大众，威震西土。自谓功名盖世，不可复为人下，加猛将锐率皆在己手，遂谋反。欲使姜维等皆将蜀兵出斜谷，会自将大众随其后。既至长安，令骑士从陆道，步兵从水道顺流浮渭入河，以为五日可到孟津，与骑会洛阳，一旦天下可定也。会得文王书云：“恐邓艾或不就征，今遣中护军贾充将步骑万人径入斜谷，屯乐城，吾自将十万屯长安，相见在近。”会得书惊，呼所亲语之曰：“但取邓艾，相国知我能独办之。今来大重，必觉我异矣。便当速发。事成。可得天下。不成，退保蜀汉，不失作刘备也。我自淮南以来，画无遗策，四海所共知也。我欲持此安归乎！”会以五年正月十五日至，其明日，悉请护军、郡守、牙门骑督以上及蜀之故宫，为太后发丧于蜀朝堂。矫太后遗诏，使会起兵废文王，”皆班示坐上人，使下议讫，书版署置，更使所亲信代领诸军。所请群官，悉闭著益州诸曹屋中，城门宫门皆闭，严兵围守。会帐下督丘建本届胡烈，烈荐之文王，会请以自随，任爱之。建愍烈独坐，启会，使听内一亲兵出取饮食，诸牙门随例各纳一人。烈绐语亲兵及疏与其子曰：“丘建密说消息，会已作大坑，白棓数千，欲悉呼外兵入，人赐白？焰?，拜为散将，以次棓杀坑中。”诸牙门亲兵亦咸说此语，一夜传相告，皆遍。或渭会：“可尽杀牙门骑督以上。”会犹豫未决。十八日日中，烈军兵与烈儿擂鼓出门，诸军兵不期皆鼓噪出，曾无督促之者，而争先赴城。时方给与姜维铠杖，白外有匈匈声，似失火，有顷，白兵走向城。会惊。谓维曰：“兵来似欲作恶，当云何?”维曰：“但当击之耳。”会遣兵悉杀所闭诸牙门、郡守，内人共举机以柱门，兵斫门，不能破。斯须，门外倚梯登城，或烧城屋，蚁附乱进，矢下如雨，牙门、郡守各缘屋出，与其卒兵相得。姜维率会左右战，手杀五六人，众既格斩维，争赴杀会。会时年四十，将士死者数百人。

初，艾为太尉，会为司徒。皆持节、都督诸军如故，咸未受命而毙。会兄毓，以四年冬薨，会竟未知问。会兄子邕，随会与俱死。会所养兄子毅及峻，辿等下狱，当伏诛，司马文王表天子下诏，曰：“峻等祖父繇，三祖之世，极位台司，佐命立勋，飨食庙庭。父毓，历职内外，干事有绩。昔楚思子文之治，不灭斗氏之祀。晋录成宣之忠，用存赵氏之后，以会、邕之罪，而绝繇、毓之类，吾有愍然！峻、辿兄弟特原，有官爵者如故。惟毅及邕息伏法。”或曰，毓曾密启司马文王，言会挟术难保，不可专任，故有峻等云。

初，文王欲遣会伐蜀，西曹属邵悌求见曰，“今遣钟会率十余万众伐蜀，愚谓会单身无重任，不若使余人行。”文王笑曰：“我宁当复不知此耶?蜀为天下作患，使民不得安息，我今伐之如指掌耳，而众人皆言蜀不可伐。夫人心豫怯则智勇并竭，智勇并竭而强使之，适为敌擒耳。惟钟会与人意同，今遣会伐蜀，必可灭蜀。灭蜀之后，就如卿所虑，当何所能一办耶？凡败军之将不可以语勇，亡国之大夫不可与图存，心胆已破故也。若蜀以破，遗民震恐，不足与国事。中国将士各自思归，不肯与同也。若作恶，只自灭族耳。卿不须忧此，慎莫使人闻也。”及会白邓艾不轨，文王将西，悌复曰：“钟会所统，五六倍于邓艾，但可敕会取艾，不足自行。”文王曰：“卿忘前时所言邪，而更云可不须行乎？虽尔，此言不可宣也。我要自当以信义待人，但人不当负我，我岂可先人生心哉！近日贾护军问我。言‘颇疑钟会不？’我答言：‘如今遣卿行，宁可复疑卿邪？’贾亦无以《易》我语也。我到长安，则自了矣。”军至长安，会果已死，咸如所策。

会尝论《易》无互体、才性同异。及会死后，于会家得书二十篇，名曰《道论》。而实刑名家也，其文似会。初，会弱冠与山阳王弼并知名。弼好论儒道，辞才逸辩，注《易》及《老子》，为尚书郎，年二十余卒。

【评曰】

“王淩风节格尚，毌丘俭才识拔干，诸葛诞严毅威重，钟会精练策数，咸以显名，致兹荣任，而皆心大志迂，不虑祸难，变如发机，宗族涂地，岂不谬惑邪！邓艾矫然强壮，立功立事，然暗于防患，咎败旋至，岂远知乎诸葛恪而不能近自见，此盖古人所谓目论者也。

三国志

记载中国三国时代的断代史

李楠／主编

辽海出版社

叁

徐胡二王传

徐邈字景山，燕国苏人也。太祖平河朔，召为丞相军谋掾，试守奉高令，入为东曹议令史。魏国初建，为尚书郎。时科禁酒，而邈私饮至于沉醉。校事赵达问以曹事，邈曰："中圣人。"达白之太祖，太祖甚怒。度辽将军鲜于辅进曰："平日醉客谓酒清者为圣人，浊者为贤人，邈性修慎，偶醉言耳。"竟坐得免刑。后领陇西太守，转为南安。文帝践阼，历谯相，平阳、安平太守，颍川典农中郎将，所在著称，赐爵关内侯。车驾幸许昌，问邈曰："颇复中圣人不？"邈对曰："昔子反毙于谷阳，御叔罚于饮酒，臣嗜同二子，不能自惩，时复中之。然宿瘤以丑见传，而臣以醉见识。"帝大笑，顾左右曰："名不虚立。"迁抚军大将军军师。

明帝以凉州绝远，南接蜀寇，以邈为凉州刺史，使持节领护羌校尉。至，值诸葛亮出祁山。陇右三郡反，邈辄遣参军及金城太守等击南安贼，破之。河右少雨，常苦乏谷，邈上修武威、酒泉盐池以收虏谷，又广开水田，募贫民佃之，家家丰足，仓库盈溢。乃支度州界军用之余，以市金帛犬马，通供中国之费。以渐收敛民间私仗，藏之俯库。然后率以仁义，立学明训，禁厚葬，断淫祀，进善黜恶，风化大行，百姓归心焉。西域流通，荒戎入贡，皆邈勋也。讨叛羌柯吾有功，封都亭侯，邑三百户，加建威将军。邈与羌、胡从事，不问小过。若犯大罪，先告部帅。使知，应死者乃斩以徇，是以信服畏威，赏赐皆散与将士，无入家者，妻子衣食不充。天了闻而嘉之，随时供给其家。弹邪绳枉，州界肃清。

正始元年，还为大司农。迁为司隶校尉，百寮敬惮之。公事去官。后为光禄大夫，数岁即拜司空，邈叹曰："三公论道之官，无其人则缺，岂可以老病忝之哉?"遂固辞不受。嘉平元年，年七十八，以大夫薨于家，用公礼葬，谥曰穆侯。子武嗣。六年，朝廷追思情节之士，诏曰："夫显贤表德，圣王所重。举善而教，仲尼所美。故司空徐邈、征东将军胡质、卫尉田豫皆服职前朝，历事四世，出统戎马，入赞庶政，忠清在公，忧国忘私，不营产业，身没之后，家无余财，朕甚嘉之。其赐邈等家谷二千斛，钱三十万，布告天下。"邈同郡韩观、曼游，有鉴识器干，与邈齐名，而在孙礼、卢毓先，为豫州刺史，甚有治功，卒官。卢钦著书，称邈曰："徐公志高行洁，才博气猛。其施之也，高而不狷，洁而不介，博而守约，猛而能宽。圣人以清为难，而徐公之所易也。"右问钦："徐公当武帝之时，人以为通，自在凉州及还京师，人以为介，何也?"钦答曰："往者毛孝先、崔季珪等用事，贵清素之士，于时皆变易车服以求名高，而徐公不改其常，故人以为通。比来天下

奢靡，转相仿效，而徐公雅尚自若，不与俗同，故前日之通，乃今日之介也。是世人之无常，而徐公之有常也。“

胡质字文德，楚国寿春人也。少与将济、未绩俱知名于江、淮间，仕州郡。蒋济为别驾，使见太祖。

太祖问曰：“胡通达，长者也，宁有子孙不?”济曰：“有子曰质，规模大略不及于父，至于精良综事过之。”太祖即召质为顿丘令。县民郭政通于从妹，杀其夫程他，郡吏马谅系狱为证。政与妹皆耐掠隐抵，谅不胜痛，自诬，当反其罪。质至宫，察其情色，更详其事，检验具服。

入为丞相东曹议令史，州请为治中。将军张辽与其护军武周有隙。辽见刺史温恢求请质，质辞以疾。辽出谓质曰：“仆委意于君，何以相辜如此?”质曰：“古人之交也，取多知其不贪，奔北知其不怯，闻流言而不信，故可终也。武伯南身为雅士，往者将军称之不容于口，今以睚眦之恨，乃成嫌隙。况质才薄，岂能终好？是以不愿也。”辽感言，复与周平。

太祖辟为丞相属。黄初中，徙吏部郎，为常山太守，迁任东莞。士卢显为人所杀。质曰：“此士无仇而有少妻，所以死乎!”悉见其比居年少，书吏李若见问而色动，遂穷诘情状。若即自首，罪人斯得。每军功赏赐，皆散之于众，无入家者。在郡几年，交民便安，将士用命。迁荆州刺史，加振威将军，赐爵关内侯。吴大将朱然围樊城，质轻军赴之。议者皆以为贼盛不可迫，质曰：“樊城卑下，兵少，故当进军为之外援。不然，危矣。”遂勒兵临围，城中乃安。迁征东将军，假节都督青、徐诸军事。广农积谷，有兼年之储，置东征台，且佃且守。又通渠诸郡，利舟揖，严设备以待敌，海边无事。

性沉实内察，不以其节检物，所在见思。嘉平二年薨，家无余财，惟有赐衣书箧而已。军师以闻，追进封阳陵亭侯，邑百户，谥曰贞侯。子威嗣。六年，诏书褒述质清行，赐其家钱谷。语在《徐邈传》。威，咸熙中官至刺史，有殊绩，历三郡守，所在有名。卒于安定。

王昶字文舒，太原晋阳人也。少与同郡王淩俱知名。淩年长，昶兄事之。文帝在东宫，昶为太子文学，迁中庶子。文帝践阼，徙散骑侍郎，为洛阳典农。时都畿树木成林，昶斫开荒莱，勤劝百姓，垦田特多。迁兖州刺史。明帝即位，加扬烈将军，赐爵关内侯。昶虽在外任，心存朝廷，以为魏承秦、汉之弊，法制苛碎，不大（敕厘－－上下）改国典以准先王之风而望治化复兴，不可得也。乃著《治论》，略依古制而合于时务者二十余篇，又著《兵书》十余篇，言奇正之用，青龙中奏之。其为兄子及子作名字，皆依谦实，以见其意。故兄子默字处静，沈字处道，其子浑字玄冲，深字道冲。遂书戒之，曰："夫人为子之道，莫大于宝身全行，以显父母。此三者人知其善，而或危身破家，陷于灭亡之祸者，何也？由所祖习非其道也。夫孝敬仁义，百行之首行之而立身之本也。孝敬则宗族安之，仁义则乡党重之，此行成于内，名著于外者矣。人若不笃于至行，而背本逐末，以陷浮华焉，以成朋党焉；浮华则有虚伪之累，朋党则有彼此之患。此二者之戒，昭然著明，而循覆车滋众，逐末弥甚，皆由感当时之誉，昧目前之利故也。夫富贵声名，人情所乐，而君子或得不而处，何也？恶不由其道耳。患人知进而不知退，知欲而不知足，故有困辱之累，悔吝之咎。语曰："如不知足，则失所欲。故知足之足常足矣。览往事之成败，察将来之吉凶，未有干名要利，欲而不厌，而能保世持家，永全福禄者也。欲使汝曹立身行己，遵儒者之教，履道家之言，放以玄默冲虚为名，欲使汝曹顾名思义，不敢违越也。古者盘杅有铭，几杖有诫，俯仰察焉，用无过行；况在己名，可不戒之哉！夫物速成则疾亡。晚就则善终。朝华之草，夕而零落。松柏之茂，隆寒不衰。是以大雅君子恶速成，戒阙党也。若范丐对秦客而武子击之，折其委笄，恶其掩人也。夫人有善鲜不自伐，有能者寡不自矜；伐则掩人，矜则陵人。掩人者人亦掩之，陵人者人亦陵之。故三郤为戮于晋，王叔负罪于周，不惟矜善自伐好争之咎乎？故君子不自称，非以让人，恶其盖人也。夫能屈以为伸，让以为得，弱以为强，鲜不遂矣。夫毁誉，爱恶之原而祸福之机也，是以圣人慎之。

孔子曰："吾之于人，谁毁谁誉。如有所誉，必有所试。又曰：'于贡方人。赐也贤乎哉，我则不暇。"以圣人之德，犹尚如此，况庸庸之徒而轻毁誉哉？

"昔伏波将军马援戒其兄子。言：'闻人之恶，当如闻父母之名；耳可得而闻，口不可得而言也。'斯戒矣至矣。人或毁己，当退而求之于身。若己有可毁之行，则彼言当矣。若己无可毁之行，则彼言妄矣。当则无怨于彼，妄则无害于身，又何反报焉？且闻人毁己而忿者，恶丑声之加入也，人报者滋甚，不如默而自修己也。谚曰：'救寒莫如重裘，止谤莫如自修。'

其言信矣。若与是非之士，凶险之人，近犹不可，况与对校乎？其害深矣。夫虚伪之人，言不根道，行不顾言，其为浮浅较可识别。而世人惑焉，犹不检之以言行也。近济阴魏讽、山阳曹伟皆以倾邪败没，荧惑当世，挟持奸慝，驱动后生。虽刑于鈇钺，大为炯戒，然所污染，固以众矣。可不慎与！

若夫山林之士，夷、叔之伦，甘长饥于首阳，安赴火于绵山，绵可以激贪励俗，然圣人不可为，吾亦不愿也。今汝先人世有冠冕，惟仁义为名，守慎为称。孝悌于闺门，务学于师友。吾与时人从事，虽出处不同，然各有所取。颍川郭伯益，好尚通达，敏而有知。其为人弘旷不足，轻贵有余。得其人重之如山，不得其人忽之如草。吾以所知亲之昵之，不愿儿子为之。北海徐伟长，不治名高，不求苟得，淡然自守，惟道是务。其有所是非，则托古人以见其意，当时无所褒贬。吾敬之重之，愿儿子师之。东平刘公干，博学有高才，诚节有大意，然性行不均，少所拘忌，得失足以相补。吾爱之重之，不愿儿子慕之。乐安任昭先，淳粹履道，内敏外恕，推逊恭让，处不避洿，怯而义勇，在朝忘身。吾友之善之，愿儿子遵之。若引而绅之，触类而长之，汝其庶几举一隅耳。及其用财先九族，其施舍务周急，其出入存故老，其论议贵无贬，其进仕尚忠节，其取人务实道，其处世戒骄淫；其贫贱慎无威；其进退念合宜；其行事加九思；如此而已。吾复何忧哉？

青龙四年，诏‘欲得有才智文章，谋虑渊深，料远若近，视昧而察，筹不虚运，策弗徒发，端一小心，清修密静，乾乾不解，志尚在公者，无限年齿，勿拘贵贱，卿校已上各举一人。太尉司马宣王以昶应选。正始中，转在徐州，封武观亭侯，迁征南将军。假节都督荆、豫诸军事。昶以为国有常众，战无常胜；地有常险，守无常势。今屯宛，去襄阳三百余里，诸军散屯，船在宣池，有急不足相赴，乃表徙治新野，习水军于二州，广农垦殖，仓谷盈积。

嘉平初，太傅司马宣王既诛曹爽，乃秦博问大臣得失。昶陈治略五事：其一，欲崇道笃学，抑绝浮华，使国子入太学而修庠序。其二，欲用考试，考试犹准绳也，未有舍准绳而意正曲直，废黜陟而空论能否也。其三，欲令居官者久于其职，有治绩则就增位赐爵。其四，欲约官实禄，励以廉耻，不使与百姓争利。其五，欲绝侈靡，务崇节俭，令衣服有章，上下有叙，储谷畜帛，反民于朴。诏书褒赞。因使撰百官考课事，昶以为唐虞虽有黜陟之文，而考课之法不垂。周制冢宰之职，大计群吏之治而诛赏，又无校比之制。由此言之，圣主明于任贤，略举黜陟之体，以委达官之长，而总其统纪，故能否可得而知也。其大指如此。

二年，昶奏："孙权流放良臣，适庶分争，可乘衅而制吴、蜀。白帝、夷陵之间，黔、巫、秭归、房陵皆在江北，民夷与新城郡接，可袭取也。"乃遣新城太守州泰袭巫、秭归、房陵，荆州刺史王基诣夷陵，昶诣江陵，两岸引竹絙为桥，渡水击之。贼奔南岸，凿七道并来攻。于是昶使积弩同时俱发，贼大将施绩夜遁人江陵城，追斩数百级。昶欲引致平地与合战，乃先遣五军案大道发还，使贼望见以喜之，以所获铠马甲首，驰环城以怒之，设伏兵以待之。绩果追军，与战，克之。绩遁走，斩其将钟离茂、许旻，收其甲首旗鼓珍宝器仗，振旅而还。王基、州泰皆有功。于是迁昶征南大将军、仪同三司，进封京陵侯。毌丘俭、文钦作乱，引兵拒俭、钦有功，封二子亭侯、关内修，进位骠骑将军。诸葛诞反，昶据夹石以逼江陵，持施绩、全熙使不得东。诞既诛诏曰："昔孙膑佐赵，直凑大梁。西兵骤近，亦所以成东征之势也。"增邑千户，并前四千七百户，迁司空，持节、都督如故。甘露四年薨，谥曰穆侯。子浑嗣，咸熙中为越骑校尉。

王基字伯兴，东莱曲城人也。少孤，与叔父翁居。翁抚养甚笃，基亦发孝称。年十七，郡召为吏，非其好也，遂去，入琅邪界游学。黄初中，察孝廉，除郎中。是时青土初定，刺史王淩特表请基为别驾，后召为秘书郎，淩复请还。顷之，司徒王朗辟基，淩不遣。朗书劾州曰："凡家臣之良，则升于公辅，公臣之良，则入于王职。是故古者侯伯有贡士之礼。今州取宿卫之臣，留秘阁之吏，所希闻也。"淩犹不遣。淩流称青土，盖亦由基协和之辅也。大将军司马宣王辟基，未至，擢为中书侍郎。明帝盛修宫室，百姓劳瘁。基上疏曰："臣闻古人以水喻民，曰'水所以载舟，亦所以覆舟。'故在民上者，不可以不戒惧。夫民逸则虑易，苦则思难，是以先王居之以约俭，俾不至于生患。昔颜渊云东野子之御，马力尽矣而求进不已，是以知其将败。今事役劳苦，男女离旷，愿陛下深察东野之弊，留意舟水之喻，息奔驷于未尽，节力役于未困。昔汉有天下，至孝文时唯有同姓诸侯，而贾谊忧之曰：置火积薪之下而寝其上，因谓之安也。今寇贼未殄，猛将拥兵，检之则无应敌，久之则难以遗后，当盛明之世，不务以除患，若子孙不竞，社稷之忧也。使贾谊复起，必深切于曩时矣。

散骑常侍王肃著诸经传解及论定朝仪，改易郑玄旧说，而基据持玄义，常与抗衡。迁安平太守，公事去官。大将军曹爽请为从事中郎，出为安丰太守。郡接吴寇，为政清严有威惠，明设防备，敌不敢犯。加讨寇将军。吴尝大发众集建业，扬声欲入攻扬州，刺史诸葛诞使基策之。基曰："昔孙权再至合肥，一至江夏，其后全琮出庐江，朱然寇襄阳，皆无功而还。今陆逊等已死，而权年老，内无贤嗣，中无谋主。权自出则惧内衅卒起，痈疽发溃；遣将则旧将已尽，新将未信。此不过欲补定支党，还自保护耳。"后权竟不能出。时曹爽专柄，风化陵迟。基著《时要论》以切世事。以疾征还，起家为河南尹，未拜，爽伏诛，基尝为爽官属，随例罢。

其年为尚书，出为荆州刺史。加扬烈将军，随征南王昶击吴。基别袭步协于夷陵，协闭门自守。基示以攻形，而实分兵取雄父邸阁，收米三十余万斛，虏安北将军谭正，纳降数千口。于是移其降民，置夷陵县。赐爵关内侯。基又表城上昶，徙江夏治之，以逼夏口。由是贼不敢轻越江。明制度，整军农，兼修学校，南方称之。时朝廷仪欲伐吴，诏基量进趣之宜。基对曰："夫兵动而无功，则威名折于外，财用穷于内，故必全而后用也。若不资通川聚粮水战之备，则虽积兵江内，无必渡之势矣。今江陵有沮、漳二水，溉灌膏腴之田以千数。安陵左右，陂池沃衍。若水陆并农，以实军资，然后引兵诣江陵、夷陵，分据夏口，顺沮、漳，资水浮谷而下。贼知官兵有经久之势，则拒天诛者意沮而向王化者益固。然若率合蛮夷以攻其内，精卒劲兵以讨其外，则夏口以上必拔，而江外之郡不守。如此，吴、蜀之交绝，交绝而吴禽矣。不然，兵出之利，未可必矣。”于是遂止。

司马景王新统政，基书戒之，曰：“天下至广，万机至猥，诚不可不矜矜业业，坐而待旦也。夫志正则众邪不生，心静则众事不躁，思虑审定则教令不烦，亲用忠良则远近协服。故知和远在身，定众在心，许允、传嘏、袁侃、崔赞皆一时正士，有直质而无流心，可与同政事者也。”景王纳其言。高贵乡公即尊位，近封常乐亭侯。毋丘俭、文钦作乱，以基为行监军、假节，统许昌军，适与景王会于许昌。景王曰：“君筹俭等何如?”基曰：“淮南之逆，非吏民思乱也，俭等诳胁迫惧，畏目下之戮，是以尚群聚耳。若大兵临逼，必土崩瓦解，俭、钦之首。不终朝而悬于军门矣。”景王曰：“善。”乃令基居军前。仪者咸以俭、钦慓悍，难与争锋。诏基停驻。基以为：“检等举军足以深入，而久不进者，是其诈伪已露，众心疑沮也。今不张示威形以副民望，而停军高垒，有似畏懦，非用兵之势也。若或虏略民人，又州郡兵家为贼所得者，更怀离心；俭等所迫胁者，自顾罪重，不敢复还，此为错兵无用之地，而成奸宄之源。吴寇因之，则淮南非国家之有，谯、沛、汝、豫危不安，此计之大失也。军宜速进据南顿，南顿有大邸阁，计足军人四十日粮。保坚城，因积谷，先人有夺人之心，此平贼之要也。”基屡请，乃听进据（氵隐）水。既至复言，曰：“兵闻拙速，未睹工迟之久。方今外有强寇，内有叛臣，若不时决，则事之深浅未可测也。议者多欲将军持重。将军持重是也，停军不进非也。持重非不行之谓也，进而不可犯耳。今据坚城，保壁垒，以积实资虏，县运军粮，甚非计也。”景王欲须诸军集到，犹尚未许。基曰：“将在军。君令有所不受。彼得则利，我得亦利，是谓争城，南顿是也。”遂辄进据南顿，俭等从项亦争欲往，发十余里，闻基先到，复还保项。时兖州刺史邓艾屯乐嘉，俭使文钦将兵袭艾。基知其势分，进兵逼项，俭众遂败。钦等已平，迁镇南将军，都督豫州诸军事，领豫州刺史，进封安乐乡侯。上疏求分户二百，赐叔父子乔爵关内侯，以报叔父拊育之德。有诏特听。

诸葛诞反，基以本官行镇东将军。都督扬、豫诸军事。时大军在项，以贼兵精，诏基敛军坚垒。基累启求进讨。会吴遣朱异来救诞，军于安城。基又被诏引诸军转据北山。基谓诸将曰：“今围垒转固，兵马向集，但当精修守备以待越逸，而更移兵守险，使得放纵，虽有智者不能善后矣。”遂守便宜，上疏曰：“今与贼家对敌，当不动如山。若迁移依险，人心摇荡，于势大损。诸军并据深沟高垒，众心皆定，不可倾动，此御兵之要也。”书奏，报听。大将军司马文王进屯丘头，分部围守，各有所统。基督城东城南二十六军，文王敕军吏入镇南部界，一不得有所遣。城中食尽，昼夜攻垒，基辄拒击，破之。寿春既拔，文王与基书曰：“初议者云云，求移者甚众，时未临履，亦谓宜然。将军深算利害，独秉固志，上违诏命，下拒众议，终至制敌擒贼，虽古人所述，不是过也。”文王欲遣诸将轻兵深入，招迎唐咨等子弟，因衅有荡覆吴之势。基谏曰：“昔诸葛恪乘东关之胜，竭江表之兵以围新城，城既不拔，而众死者太半。姜维因洮上之利，轻兵深入，粮饱不继，军覆上都。夫大捷之后，上下轻敌，轻敌则虑难不深。今贼新败于外，又内患未弭，是其修备设虑之时也。且兵出逾年，人有归志，今俘馘十万，罪人斯得，自历代征伐，未有全兵独克如今之盛者也。武皇帝克袁绍于官渡，自以为所获已多，不复追奔，惧挫威也。”文王乃止。以淮南初定，转基为征东将军，都督扬州诸军事，进封东武侯。基上疏固让，归功参佐，由是长史司马等七人皆侯。

是岁，基母卒。诏秘其凶问，迎基父豹丧合葬洛阳。追赠豹北海太守。甘露四年，转为征南将军，都督荆州诸军事。常道乡公即尊泣，增邑千户，并前五千七百户。前后封子二人亭侯、关内侯。景元二年，襄阳太守表吴贼邓由等欲来归化，基被诏：“当因此震荡江表。”基疑其诈，驰驿陈状。且曰：“嘉平以来，累有内难，当今之务，在于镇安社稷，绥宁百姓，未宜动众以求外利。”文王报书曰：“凡处事者，多曲相从顺，鲜能确然共尽理实。诚感忠爱，每见规示，辄敬依来指。”后由等竟不降。

是岁基薨，追赠司空，谥曰景侯。子徽嗣，早卒。咸熙中，开建五等，以基著勋前朝，改封基孙廙，而以东武余邑赐一子爵关内侯。晋室践阼，下诏曰：“故司空王基既著德立勋，又治身清素，不营产业，久在重任，家无私积，可谓身没行显，足用励俗者也。其以奴婢二人赐其家。”

【评曰】

徐邈清尚弘通，胡质素业贞粹，王昶开济识度，王基学行坚白，皆掌统方任，垂称著绩。可谓国之良臣，时之彦士矣。

方 技 传

华佗字元化，沛国谯人也。一名旉。游学徐土，兼通数经。沛相陈珪举孝廉，太尉黄琬辟，皆不就。晓养性之术，时人以为年且百岁而貌有壮容。又精方药，其疗疾，合汤不过数种，心解分剂，不复称量，煮熟便饮，语其节度，舍去辄愈。若当灸，不过一两处，每处不过七八壮，病亦应除。若当针，亦不过一两处，下针言“当引某许，若至，语人。病者言已到，应便拔针，病亦行差。若病结积在内，针药所不能及，当须刳割者，便饮其麻沸散，须臾便如醉死无所知，因破取。病若在肠中，便断肠湔洗，缝腹膏摩，四五日差，不痛。人亦不自寤，一月之间，即平复矣。

故甘陵相夫人有娠六月，腹痛不安，佗视脉曰：“胎已死矣。”使人手摸知所在，在左则男，在右则女。人云：“在左，于是为汤下之，果下男形，即愈。县吏尹世苦四支烦。口中干，不欲闻人声，小便不利。佗曰“试作热食，得汗则愈，不汗，后三日死。”即作热食而不汗出。佗曰：“藏气已绝于内，当啼泣而绝。”果如佗言。府吏儿寻、李延共止，俱头痛身热，所苦正同。佗曰：“寻当下之，延当发汗。”或难其异，佗曰：“寻外实，延内实，故治之宜殊。”即各与药，明旦并起。盐渎严昕与数人共候佗，适至，佗谓昕曰：“君身中佳否？”昕曰：“自如常。”佗曰：“君有急病见于面，莫多饮酒。”坐毕归。行数里，昕卒头眩堕车，人扶将还，载归家，中宿死。

故督邮顿子献得病已差，诣佗视脉曰：“尚虚，未得复，勿为劳事，御内即死。临死，当吐舌数寸。”其妻闻其病除，从百余里来省之。止宿交接，中间三日发病，一如佗言。督邮徐毅得病，佗往省之，毅谓佗曰：“昨使医曹吏刘租针胃管讫，便苦咳嗽，欲卧不安。”佗曰：“刺不得胃管，误中肝也，食当日减，五日不救。”遂如佗言。

东阳陈叔山小男二岁得疾，下利常先啼，日以羸困。问佗，佗曰：“其母怀躯，阳气内养，乳中虚冷，儿得母寒，故令不时愈。”佗与四物女宛丸，十日即除。

彭城夫人夜之厕。虿螫其手，呻呼无赖。佗令温汤近热，渍手其中，卒可得寐，但旁人数为易汤，汤令暖之，其旦即愈。

军吏梅平得病，除名还家，家居广陵，未至二百里，止亲人舍。有顷，佗偶至主人许，主人令佗视平，佗谓平曰：“君早见我，可不至此。今疾已结，促去可得与家相见，五日卒。”应时归，如佗所刻。

佗行道，见一人病咽塞，嗜食而不得下，家人车载欲往就医。佗闻其呻吟，驻车往视，语之曰：“向来道边有卖饼家蒜齑大酢，从取三升饮之，病自当去。”即如佗言，立吐蛇一枚，县车边，欲造佗。佗尚未还，小儿戏门前，逆见，自相谓曰：“似逢我公，车边病是也。”疾者前入坐，见佗北壁县此蛇辈约以十数。

又有一郡守病，佗以为其人盛怒则差，乃多受其货而不加治，无何弃去，留书骂之。郡守果大怒，令人追捉杀佗。郡守子知之，属使勿逐。守瞋恚既甚，吐黑血数升而愈。又有一士大夫不快。佗云：“君病深。当破腹取。然君寿亦不过十年，病不能杀君，忍病十岁，寿俱当尽，不足故自刳裂。”士大夫不耐痛痒，必欲除之。佗遂下手，所患寻差，十年竟死。

广陵太守陈登得病，胸中烦懑，面赤不食。佗脉之，曰：“府君胃中有虫数升，欲成内疽，食腥物所为也。”即作汤二升，先服一升，斯须尽服之。食顷，吐出三升许虫，赤头皆动，半身是生鱼脍也，所苦便愈。佗曰：“此病后三期当发，遇良医乃可济救。”依期果发动，时佗不在，如言而死。太祖闻而召佗，佗常在左右。太祖苦头风，每发，心乱目眩，佗针鬲，随手而差。

李将军妻病甚，呼佗视脉曰：“伤娠而胎不去。”将军言：“（闻）间实伤娠，胎已去矣。”佗曰：“案脉，胎未去也。”将军以为不然。佗舍去，妇稍小差。百余日复动，更呼佗。佗曰：“此脉故事有胎。前当生两儿，一儿先出，血出甚多，后儿不及生。母不自觉，旁人亦不寤，不复迎，遂不得生。胎死，血脉不复归，必燥著母脊。故使多脊痛。今当与汤，并针一处，此死胎必出。“汤针既加，妇痛急如欲生者。佗曰：“此死胎久枯，不能自出，宜使人探之。”果得一死男，手足完具，色黑，长可尺所。

佗之绝技，凡此类也。然本作士人，以医见业，意常自悔，后太祖亲理，得病篤笃，使佗专视。佗曰：“此近难济，恒事攻治，可延岁月。”佗久远家思归，因曰：“当得家书，方欲暂还耳。”到家，辞以妻病，数乞期不反。太祖累书呼，又敕郡县发遣。佗恃能厌食事，犹不上道。太祖大怒，使人往检，若妻信病，赐小豆四十斛，宽假限日。若其虚诈，便收送之。于是传付许狱，考验首服。荀彧请曰：“佗术实工，人命所县，宜含宥之。”太祖曰：“不忧，天下当无此鼠辈耶?”遂考竟佗。佗临死，出一卷书与狱吏，曰：“此可以活人。”吏畏法不受，佗亦不强，索火烧之。佗死后，太祖头风未除。太祖曰：“佗能愈此。小人养吾病，欲以自重，然吾不杀此子，亦终当不为我断此根原耳。”及后爱子仓舒病困，太祖叹曰：“吾悔杀华佗，令此儿强死也。”

初，军吏李成苦咳嗽，昼夜不寤，时吐脓血，以问佗。佗言：“君病肠臃，咳之所吐，非从肺来也。与君散两钱，当吐二升余脓血讫，快自养，一月可小起，好自将爱，一年便健。十八岁当一小发，服此散，亦行复差。若不得此药，故当死。”复与两钱散。成得药，去五六岁，亲中人有病如成者。谓成曰：“卿今强健，我欲死，何忍无急去药，以待不祥?先持贷我，我差，为卿从华佗更索。”成与之。已故到谯，适值佗见收，匆匆不忍从求。后十八岁，成病竟发，无药可服，以至于死。广陵吴普、彭城樊阿皆从佗学。普依准佗治，多所全济。

佗语普曰：“人体欲得劳动，但不当使极尔。动摇则谷气得消，血脉流通，病不得生，譬犹户枢不朽是也。是以古之仙者为导引之事，熊颈鸱顾，引輓腰体，动诸关节，以求难老。吾有一术，名五禽之戏，一曰虎，二曰鹿，三曰熊，四曰猿，五曰鸟，亦以除疾，并利蹄足，以当导引。体中不快，起作一禽之戏，沾濡汗出，因上著粉，身体轻便，腹中欲食。”普施行之，年九十余，耳目聪明，齿牙完坚。阿善针术。凡医咸言背及胸藏之间不可妄针，针之不过四分，而阿针背入一二寸，巨阙胸藏针下五六寸，而病辄皆瘳。阿从佗求可服食益于人者，佗授以漆叶青黏散。漆时屑一升，青粘屑十四两，以是为率，言久服去三虫，利五藏，轻体，使人头不白。阿从其言，寿百余岁。漆叶处所而有，青黏生于丰、沛、彭城及朝歌云。

杜夔字公良，河南人也。以知音为雅乐郎，中平五年，疾去官。州、郡、司徒礼辟，以世乱奔荆州。荆州牧刘表令与孟曜为汉主合雅乐，乐备，表欲庭观之，夔谏曰：“今将军号（不）为天子合乐，而庭作之，无乃不可乎！”表纳其言而止。后表子琮降太祖，太祖以夔为军谋祭酒，参太乐事，因令创制雅乐。夔善钟律，聪思过人，丝竹八音，靡所不能，惟歌舞非所长。时散郎邓静、尹齐善咏雅乐，歌师尹胡能歌宗庙郊祀之曲，舞师冯肃、服养晓知先代诸舞，夔总统研精，远考诸经，近采故事，教习讲肄，备作乐器。绍复先代古乐，皆自夔始也。

黄初中，为太乐令、协律都尉。汉铸钟工柴玉巧有意思，形器之中，多所造作，亦为时贵人见知。夔令玉铸铜钟，其声均清浊多不如法，数毁改作。玉甚厌之，谓夔清浊任意，颇拒捍夔。夔、玉更相白于太祖，太祖取所铸钟，杂错更试，然后知夔为精而玉之妄也，于是罪玉及诸子，皆为养马士。文帝爱待玉，又尝令夔与左愿等于宾客之中吹笙鼓琴，夔有难色，由是帝意不悦。后因他事系夔．使愿等就学，夔自谓所习者雅，仕宦有本，意犹不满，遂黜免以卒。

弟子河南邵登、张泰、桑馥，备至太乐丞，下邳陈颃司律中郎将。自左延年等虽妙于音，咸善郑声，其好古存正莫及夔。

朱建平，沛国人也。善相术，于闾巷之间，效验非一。太祖为魏公，闻之，召为郎。文帝为五官将，坐上会客三十余人，文帝问己年寿，又令遍相众宾。建平曰："将军当寿八十，至四十时当有小厄，愿谨护之。"谓夏侯威曰；"君四十九位为州牧，而当有厄，厄若得过，可年至七十，致位公辅。"谓应璩曰："君六十二位为常伯，而当有厄，先此一年，当独见一白狗，而旁人不见也。"谓曹彪曰："君据藩国，至五十七当厄于兵。宜善防之。"

初，颍川荀攸、钟繇相与亲善。攸先亡，子幼。繇经纪其门户，欲嫁其妾。与人书曰："吾与公达曾共使朱建平相。建平曰：'荀君虽少，然当以后事付钟君。'吾时啁之曰：'惟当嫁卿阿骛耳。'何意此子竟早陨没，戏言遂验乎！今欲嫁阿骛，使得善处。追思建平之妙，虽唐举、许负何以复加也！"

文帝黄初七年，年四十，病困。谓左右曰："建平所言八十，谓昼夜也，吾其决矣。"顷之，果崩。夏侯威为兖州刺史，年四十九，十二月上旬得疾，念建平之言，自分必死，豫作遗令及送丧之备，咸使素办。至下旬转差，垂以平复。三十日日昃，请纪纲大吏设酒，曰："吾报苦渐平，明日鸡鸣，年便五十，建平之戒，真必过矣。"威罢客之后，合瞑疾动，夜关遂卒。璩六十一为侍中，直省内，欻见白狗，问之众人，悉无见者。于是数聚会，并急游观田里，饮宴自娱，过期一年，六十三卒。曹彪封楚王，年五十七，坐与王淩通谋，赐死。凡说此辈，无不如言，不能具详，故粗记数事。惟相司空王昶、征北将军程喜、中领军王肃有蹉跌云。肃年六十二，疾笃，众医并以为不愈。肃夫人问遗言。肃云："建平相我逾七十，位至三公，今皆未也，将何虑也乎！"而肃竟卒。建平又善相马。文帝将出，取马外入，建平道遇之语曰："此马之相，今日死矣。"帝将乘马，马恶衣香，惊啮文帝膝，帝大怒，即便杀之。建平黄初中卒。

周宣字孔和，乐安人也。为郡吏。太守杨沛梦人曰："八月一日曹公当至，必与君杖，饮以药酒。"使宣占之。是时黄巾贼起。宣对曰："夫杖起弱者，药治人病，八月一日，贼必除灭。"至期，贼果破。后东平刘桢梦蛇生四足，穴居门中，使宣占之，宣曰："此为国梦，非君家之事也。当杀女子而作贼者。"顷之，女贼郑、姜遂俱夷讨，以蛇女子之祥，足非蛇之所宜故也。文帝问宣曰："吾梦殿屋两瓦坠地，化为双鸳鸯，此何谓也？"宣对曰："后宫当有暴死者。"帝曰："吾诈卿耳！"宣对曰："夫梦者意耳，苟以形言，便占吉凶。"言未毕，而黄门令奏宫人相杀。无几，帝复问曰："我昨夜梦青气自地属天。”宣对曰：“天下当有贵女子冤死。”是时，帝已遣使赐甄后玺书，闻宣言而悔之，遣人追使者不及。帝复问曰：“吾梦摩钱文，欲令灭而更愈明，此何谓邪？”宣怅然不对。帝重问之，宣对曰：“此自陛下家事，虽意欲尔而太后不听，是以文欲灭而明耳。”时帝欲治弟植之罪，逼于太后，但加贬爵。以宣为中郎，属太史。尝有问宣曰：“吾昨夜梦见刍狗，其占何也？”宣答曰：“君欲得美食耳！”有顷，出行，果遇丰膳。后又问宣曰：“昨夜尝见刍狗，何也？”宣曰：“君欲堕车折脚，宜戒慎之。”顿之，果如宣言。后又问宣：“昨夜梦见刍狗何也？”宣曰：“君家失火，当善护之。”俄遂火起。语宣曰：“前后三时，皆不梦也。聊试君耳，何以皆验邪？”宣对曰：“此神灵动君使言，故与真梦无异也。”又问宣曰：“三梦刍狗而其占不同，何也？”宣曰：“刍狗者，祭神之物。故君始梦，当得饮食也。祭祀既讫，则刍狗为车所轹，故中梦当堕车折脚也。刍狗既车轹之后，必载以为樵，故后梦忧失火也。”宣之叙梦，凡此类也。十中八九，世以比建平之相矣。其余效故不次列。明帝末卒。

管辂字公明，平原人也。容貌粗丑，无威仪而嗜酒，饮食言戏，不择非类，故人多爱之而不敬也。父为利漕，利漕民郭恩兄弟三人，皆得躄疾。使辂筮其所由。辂曰：“卦中有君本墓，墓中有女鬼，非君伯母，当叔母也。昔饥荒之世，当有利其数升米者，排著井中，啧啧有声，推一大石，下破其头，孤魂冤痛，自诉于天。”于是恩涕泣服罪。

广平刘奉林妇病困，已买棺器。时正月也，使辂占，曰：

"命在八月辛卯日日中时。"林谓必不然，而妇渐差，至秋发动，一如辂言。辂往见安平太守王基，基令作卦。辂曰："当有贱妇人，生一男儿，堕地便走入灶中死。又床上当有一大蛇衔笔，小大共视，须臾去之也，又乌来入室中，与燕共斗，燕死，乌去。有此三怪。"基大惊，问其吉凶。辂曰："直官舍久远，魑魅魍魉为怪耳。儿生便走，非能自走，直宋无忌之妖将其入灶也。大蛇衔笔，直老书佐耳。乌与燕斗，直老铃下耳。今卦中见象而不见其凶，知非妖咎之征，自都忧也。"后卒无患。

时信都令家妇女惊恐，更互疾病，使辂筮之。辂曰："君北堂西头，有两死男子，一男持矛，一男持弓箭，头在壁内，脚在壁外。持矛者主刺头，故头重痛不得举也。持弓箭者主射胸腹，故心中县痛不得饮食也。昼则浮游，夜来病人，故使惊恐也。"于是掘徙骸骨，家中皆愈。

清河王经去官还家，辂与相见。经曰："近有一怪，大不喜之，欲烦作卦。"卦成，辂曰："爻吉，不为怪也。君夜在堂户前，有一流光如燕爵者，入君怀中，殷殷有声，内神不安，解衣彷徉，招呼妇人，觅索余光。"经大笑曰："实如君言。"辂曰："吉，迁官之征也，其应行至。"顷之，经为江夏太守。

辂又至郭恩家，有飞鸠来在梁头，鸣甚悲。辂曰："当有老公从东方来，携豚一头，酒一壶。主人虽喜，当有小故。"明日果有客，如所占。恩使客节酒、戒肉，慎火，而射鸡作食，箭从树间激中数岁女子手，流血惊怖。

辂至安德令刘长仁家，有鸣鹊来在的阁屋上，其声甚急。

辂曰："鹊言东北有妇昨杀夫，牵引西家人夫离娄，候不过日在虞渊之际，告者至矣。"到时，果有东北同伍民来告邻妇手杀其夫。诈言"西家人与夫有嫌，来杀我婿"。辂至列人典农王弘直许，有飘风高三尺余，从申上来，在庭中幢幢回转，息以复起，良久乃止。直以问辂，辂曰："东方当有马吏至，恐父哭子，如何！"明日胶东吏到，直子果亡。直问其故，辂曰："其日乙卯，则长子之候也。木落于申，斗建申，申破寅，死丧之候也。日加午而风发，则马之候也。离为文章，则吏之候也。申未为虎，虎为大人，则父之候也。"有雄雉飞来，登直内铃柱头，直大以不安，令辂作卦，辂曰："到五月必迁。"时三月也。至期，直果为勃海太守。馆陶令诸葛原迁新兴太守，辂往祖饯之，宾客并会。原自起取燕卵、蜂蜜、蜘蛛著器中，使射覆。卦成辂曰："第一物，含气须变，依乎宇堂，雄雌以形，翅翼舒张，此燕卵也；第二物，家室倒悬，门户众多，藏精育毒，得秋乃化，此蜂窠也；第三物，觳觫长足，吐丝成罗，寻网求食，利在昏夜，此蜘蛛也。"举坐惊喜。辂族兄孝国，居在斥丘，辂往从之，与二客会。客去后，辂谓孝国曰："此二人天庭及口耳之间同有凶气，异变俱起，双魂无宅，流魂于海，骨归于家，少许时当并死也。"复数十日，二人饮酒醉，夜共载车，牛惊下道入漳河中，皆即溺死也。

当此之时，辂之邻里，外户不闭，无相偷窃者。清河太守华表，召辂为文学掾。安平赵孔曜荐辂于冀州刺史裴徽曰："辂雅性宽大，与世无忌，仰观天文则同妙甘公、石申，俯览《周易》则齐思季主。今明使君方垂神幽薮，留精九皋，辂宣蒙阴和之应，得及羽仪之时。”徽于是辟为文学从事，引与相见，大善友之。徙部巨鹿，迁治中别驾。初应州召，与弟季儒共载，至武城西，自卦吉凶。语儒云：“当在故城中见貍，尔者乃显。”前到河西故城角，正见貍共踞城侧，兄弟并喜。正始九年举秀才。

十二月二十八日，吏部尚书何晏请之，邓飏在晏许。晏谓辂曰：“闻君著爻神妙，试为作一卦，知位当至三公不？”又问：“连梦见青蝇数十头，来在鼻上，驱之不肯去，有何意故？”辂曰：“夫飞鸮，天下贱鸟，及其在食椹，则怀我好音，况辂心非草木，敢不尽忠？昔元、凯之弼重华，宣惠慈和，周公之翼成王，坐而待旦，故能流光六合，万国咸宁。此乃履道休应，非卜筮之所明也。今君侯位重山岳，势若雷电，而怀德者鲜，畏威者众，殆非小心翼翼多福之仁。又鼻者艮，此天中之山，高而不危，所以长守贵也。今青蝇臭恶，而集之焉。位峻者颠，轻豪者亡，不可不思害盈之数，盛衰之期。是故山在地中日谦，雷在天上曰壮；谦则裒多益寡，壮则非礼不履。未有损己而不光大，行非而不伤败。愿君侯上追文王六爻之旨，下思尼父彖象之义，然后三公可决，青蝇可驱也。”飏曰：“此老生之常谭。”辂答曰：“夫老生者见不生，常谭者见不谭。”晏曰：“过岁更当相见。”辂还邑舍，具以此言语舅氏，舅氏责辂言太切至。辂曰：“与死人语，何所畏邪？”舅大怒，谓辂狂悖。岁朝，西北大风，尘埃蔽天，十余日，闻晏、飏皆诛，然后舅氏乃服。

始路过魏郡太守钟毓，共论《易》义。辂因言：“卜可知君生死之日”。毓使筮其生日月，如言无蹉跌。毓大愕然曰：“君可畏也。死以付天，不以付君。”遂不复筮。毓问辂：“天下当太平否？”辂曰：“方今四九天飞，利见大人，神武升建，王道文明，何忧不平？”毓未解辂言，无几，曹爽等诛，乃觉寤云。

平原太守刘邠取印囊及山鸡毛著器中，使筮。辂曰：“内方外圆，五色成文，含宝守信，出则有章，此印囊也。高岳岩岩，有鸟朱身，羽冀玄黄，鸣不失晨，此山鸡毛也。”邠曰：“此郡官舍，连有变怪，使人恐怖，其理何由？”辂曰：“或因汉末之乱，兵马扰攘，军尸流血。污染丘山，故因昏夕，多有怪形也。明府道德高妙，自天祐之，愿安百禄，以光休宠。”

清河令徐季龙使人行猎，令辂筮其所得。辂曰：“当获小兽，复非食禽，虽有爪牙，微而不强，虽有文章，蔚而不明，非虎非雉，其名曰狸。”猎人暮归，果如辂言。季龙取十三种物，著大箧中，使辂射。云：“器中藉藉有十三种物。”先说鸡子，后道蚕蛹。遂一一名之，惟到梳为枇耳。

辂随军西行，过毌丘头墓下，倚树哀吟，精神不乐。人问其故。辂曰：“林木虽茂，无形可久。碑诔虽美，无后可守。玄武藏头，苍龙无足，白虎衔尸，朱雀悲哭，四危以备，法当灭族。不过二载，其应至矣。”卒如其言。后得休，过清河倪太守。时天旱，倪问辂雨期。辂曰：“今夕当雨。”是日旸燥，昼无形似，府丞及令在坐，咸谓不然。到鼓一中，星月皆没，风云并起，竟成快雨。于是倪盛修主人礼，共为欢乐。

正元二年，弟辰谓辂曰：“大将军待君意厚，冀当富贵乎？”辂长叹曰：“吾自知有分直耳，然天与我才明，不与我年寿，恐四十七八间，不见女嫁儿娶妇也。若得免此，欲作洛阳令，可使路不拾遗，枹鼓不鸣。但恐至太山治鬼，不得治生人，如何！”辰问其故。辂曰：“吾额上无生骨，眼中无守精，鼻无梁校，脚无天根，背无三甲，腹无三壬，此皆不寿之验。又吾本命在寅，加月食夜生。天有常数，不可得讳，但人不知耳。吾前后相当死者过百人，略无错也。”

是岁八月，为少府丞。明年二月卒，年四十八。

【评曰】

华佗之医诊，杜夔之声乐，朱建平之相术，周宣之相梦，管辂之术筮，诚皆玄妙之殊巧，非常之绝技矣。昔史迁著扁鹊、仓公、日者之传，所以广异闻而表奇事也。故存录云尔。

乌丸鲜卑东夷传

《书》载“蛮夷猾夏”，《诗》称“猃狁孔炽”，久矣其为中国患也。

秦、汉以来，匈奴久为边害。孝武虽外事四夷，东平两越、朝鲜，西讨贰师、大宛，开邛苲、夜郎之道，然皆在荒服之外，不能为中国轻重。而匈奴最逼于诸夏，胡骑南侵则三边受敌，是以屡遣卫、霍之将，深入北伐，穷追单于，夺其饶衍之地。后遂保塞称藩，世以衰弱。建安中，呼厨泉南单于入朝，遂留内侍，使右贤王抚其国，而匈奴折节，过于汉旧。然乌丸、鲜卑稍更强盛，亦因汉末之乱，中国多事，不遑外讨，故得擅（汉）漠南之地，寇暴城邑，杀略人民，北边仍受其困。会袁绍兼河北，乃抚有三郡乌丸，宠其名王而收其精骑。

其后尚、熙又逃于蹋顿。蹋顿又骁武，边长老皆比之冒顿，恃其阻远，敢受亡命，以雄百蛮。太祖潜师北伐，出其不意，一战而定之，夷狄慑服，威振朔土。遂引乌丸之众服从征讨，而边民得用安息。后鲜卑大人轲比能复制御群狄，尽收匈奴故地，自云中、五原以东抵辽水，皆为鲜卑庭。数犯塞寇边，幽、并苦之。田豫有马城之围，毕轨有陉北之败。青龙中，帝乃听王雄，遣剑客刺之。然后种落离散互相侵伐，强者远遁，弱者请服。由是边陲差安，（汉）漠南少事，虽时颇钞盗，不能复相扇动矣。乌丸、鲜卑即古所谓东胡也。其习俗前事，撰汉记者已录而载之矣。故但举汉末魏初以来，以备四夷之变云。

汉末，辽西乌丸大人丘力居，众五千余落，上谷乌丸大人难楼，众九千余落，各称王，而辽东属国乌丸大人苏仆延，众千余落，自称峭王，右北平乌丸大人乌延。众八百余落，自称汗鲁王，皆有计策勇健。中山太守张纯叛人丘力居众中，自号弥天安定王，为三郡乌丸元帅，寇略青、徐、幽、冀四州，杀略吏民。灵帝末，以刘虞为幽州牧，募胡斩纯首，北州乃定。后丘力居死。子楼班年小，从子蹋顿有武略，代立，总摄三王部，众皆从其教令。袁绍与公孙瓒连战不决，蹋顿遣使诣绍求和亲，助绍击瓒，破之。绍矫制赐蹋顿、难峭王、汗鲁王印绶，皆以为单于。后楼班大，峭王率其部众奉楼班为单于，蹋顿为王。然蹋顿多画计策。广阳阎柔，少没乌九、鲜卑中，为其种所归信。柔乃因鲜卑众，杀乌丸校尉邢举代之，绍因宠慰以安北边。后袁尚败奔蹋顿，凭其势，复图冀州。会太祖平河北，柔帅鲜卑、乌丸归附，遂因以柔为校尉，犹持汉使节，治广宁如旧。建安十一年，太祖自征蹋顿于柳城，潜军诡道，未至百余里，虏乃觉。尚与蹋顿将众逆战于凡城，兵马甚盛。太祖登高望虏陈，柳军未进，观其小动，乃击破其众，临陈斩蹋顿首，死者被野。速附丸、楼班、乌延等走辽东，辽东悉斩，传送其首。其余遗迸皆降。及幽州、并州柔所统乌丸万余落，悉徙其族居中国，帅从其侯王大人种众与征伐。由是三郡乌丸为天下名骑。

鲜卑步度根既立，众稍衰弱。中兄扶罗韩亦别拥众数万为大人。建安中太祖定幽州，步度根与轲比能等因乌丸校尉阎柔上贡献。后代郡乌丸能臣氐等叛，求属扶罗韩，扶罗韩将万余骑迎之。到桑干，氐等议，以为扶罗韩部威禁宽缓，恐不见济，更遣人呼轲比能。比能即将万余骑到，当共盟誓。比能便于会上杀扶罗韩，扶罗韩子泄归泥及部众悉属比能。比能自以杀归泥父，特又善遇之。步度根由是怨比能。文帝践阼，田豫为乌丸校尉，持节并护鲜卑，屯昌平；步度根遣使献马，帝拜为王。后数与轲比能更相攻击，步度根部众稍寡弱，将其众万余落保太原、雁门郡。步度根乃使人招呼泄归泥曰："汝父为比能所杀，不念报仇，反属怨家。今虽厚待汝，是欲杀汝计也。不如还我，我与汝是骨肉至亲，岂与仇等?"由是归泥将其部落逃归步度根，比能追之弗及。至黄初五年，步度根诣阙贡献，厚加赏赐，是后一心守边，不为寇害，而轲比能众遂强盛。明帝即位，务欲绥和戎狄，以息征伐，羁縻两部而已。至青龙元年，比能诱步度根深结和亲，于是步度根将泄归泥及部众悉保比能，寇钞并州，杀略吏民。帝遣骁骑将军秦朗征之，归泥叛比能，将其部众降，拜归义王，赐幢麾、曲盖、鼓吹，居并州如故。步度根为比能所杀。

轲比能本小种鲜卑，以勇健，断法平端。不贪财物，众推以为大人。部落近塞，自袁绍据河北，中国人多亡叛归之，教作兵器铠楯，颇学文字。故其勒御部众，拟则中国，出入弋猎，建立旌麾，以鼓节为进退。建实中，因阎柔上贡献。太祖西征关中，田银反河间，比能将三千余骑随柔击破银。后代郡乌丸反，比能复助为寇害，太祖以鄢陵侯彰为骁骑将军，北征，大破之。比能走出塞，后复通贡献。延康初，比能遣使献马。文帝亦立比能为附义王。

黄初二年，比能出诸魏人在鲜卑者五百余家，还居代郡。明年，比能帅部落大人小于代郡乌丸修武卢等三千余骑，驱牛马七万余口交市，遣魏人千余家居上谷。后与东部鲜卑大人素利及步度根三部争斗，更相攻击。田豫和合，使不得相侵。五年，比能复击素利，豫帅轻骑径进掎其后。比能使别小帅琐奴拒豫，豫进讨，破走之，由是怀贰。乃与辅国将军鲜于辅书曰："夷狄不识文字，故校尉阎柔保我于天子。我与素利为仇，往年攻击之，而田校尉助素利。我临陈使琐奴往，闻使君来，即便引军退。步度根数数抄盗，又杀我弟，而诬我以抄盗。我夷狄虽不知礼义，兄弟子孙受天子印绶，牛马尚知美水草，况我有人心邪！将军当保明我于天子。"辅得书以闻，帝复使豫招纳安慰。比能众遂强盛，控弦十余万骑。每钞略得财物，均平分付，一决目前，终无所私，故得众死力，余部大人皆敬惮之，然犹未能及檀石槐也。

太和二年，豫遣译夏舍诣比能女婿郁筑鞬部舍为鞬所杀。其秋，豫将西部鲜卑蒲头、泄归泥出塞讨郁筑鞬，大破之。还至马城，比能自将三万骑围豫七日。上谷太守阎志，柔之弟也，素为鲜卑所信。志往解喻，即解围去。后幽州刺史王雄并领校尉，抚以恩信。比能数款塞，诣州奉贡献。至青龙元年，比能诱纳步度根，使叛并州，与结和亲，自勒万骑迎其累重于陉北。并州刺史毕轨遣将军苏尚、董弼等击之，比能遣子将骑与尚等会战于楼烦，临陈害尚、弼。至三年中，雄遣勇士韩龙刺杀比能，更立其弟。素利、弥加、厥机皆为大人，在辽西、右北平、渔阳塞外，道远初不为边患，然其种众多于比能。建安中，因阎柔上贡献，通市，太祖皆表宠以为王。厥机死，又立其子沙末汗为亲汉王。延康初，又各遣使献马。文帝立素利、弥加为归义王。素利与比能更相攻击。太和二年，素利死。子小，以弟成律归为王，代摄其众。

《书》称：东渐于海，西被于流沙。其九服之制，可得而言也。然荒域之外，重译而至，非足迹车轨所及，未有知其国俗殊方者也。自虞暨周，西戎有白环之献，东夷有肃慎之贡，皆旷世而至，其遐远也如此。及汉氏遣张骞使西域，穷河源，经历诸园，遂置都护以总领之，然后西域之事具存，故汉宫得详载焉。魏兴，西域虽不能尽至，其大国龟兹、于寘、康居、乌孙、疏勒、月氏、鄯善、车师之属。无岁不奉朝贡，略如汉氏故事。而公孙渊仍父祖三世有辽东，天子为其绝域，委以海外之事，遂隔断东夷，不得通于诸夏。景初中，大兴师旅，诛渊，又潜军浮海，收乐浪、带方之郡，而后海表谧然，东夷屈服。其后高句丽背叛，又遣偏师致讨，穷追极远，逾乌丸、骨都，过沃沮，践肃慎之庭，东临大海。长老说有异面之人，近日之所出，遂周观诸国，采其法俗，小大区别，各有名号，可得详纪。虽夷狄之邦，而俎豆之象存。中国失礼，求之四夷，犹信。故撰次其国，列其同异，以接前史之所未备焉。

夫余在长城之北，去玄菟千里。南与高句丽，东与挹娄，西与鲜卑接，北有弱水，方可二千里。户八万。其民土著，有宫室、仓库、牢狱。多山陵、广泽，于东夷之域最平敞。土地宜五谷，不生五果。其人粗大，性强勇谨厚，不寇钞。国有君王，皆以六畜名官，有马加、牛加、猪加、狗加、大使、大使者、使者。邑落有豪民，名下户皆为奴仆。诸加别主四出，道大者主数千家，小者数百家。食饮皆用俎豆。会同、拜爵、洗爵，揖让升降。以殷正月祭天，国中大会，连日饮食歌舞，名曰迎鼓，于是时断刑狱，解囚徒。在国衣尚白，白布大袂，袍、裤，履革鞜。出国则尚缯绣锦罽，大人加狐狸、狖白、黑貂之裘，以金银饰帽。译人传辞，皆跪，手据地窃语。用刑严急，杀人者死，没其家人为奴婢。窃盗一责十二。男女淫，妇人妒，皆杀之。尤憎妒，已杀，尸之国南山上，至腐烂。女家欲得，输牛马乃与之。兄死妻嫂，与匈奴同俗。其国善养牲，出名马、赤玉、貂狖、美珠。珠大者如酸枣。以弓矢刀矛为兵，家家自有铠仗。国之耆老自说古之亡人。作城栅皆员，有似牢狱。行道昼夜无老幼皆歌，通日声不绝。有军事亦祭天，杀牛观蹄以占吉凶，蹄解者为凶，合者为吉。有敌，诸加自战，下户俱担粮饮食之。其死，夏月皆用冰。杀人殉葬。多者百数。厚葬，有椁无棺。

夫余本属玄菟。汉末，公孙度雄张海东，威服外夷，夫余王尉仇台更属辽东。时句丽、鲜卑强，度以夫余在二虏之间，妻以宗女。尉仇台死，简位居立。无适子，有孽子麻余。位居死，诸加共立麻余。牛加兄子名位居，为大使，轻财善施，国人附之，岁岁遣使诣京都贡献。

正始中，幽州刺史毌丘俭讨句丽，遣玄菟太守王颀诣夫余，位居遣大加郊迎，供军粮。季父牛加有二心，位居杀季父父子，籍没财物，遣使簿敛送官。旧夫余俗，水旱不调，五谷不熟，辄归咎于王，或言当易，或言当杀。麻余死，其子依虑年六岁，立以为王。汉时，夫余王葬用玉匣。常豫以付玄菟郡，王死则迎取以葬。公孙渊伏诛，玄菟库犹有玉匣一具。今夫余库有玉璧、珪、瓒数代之物，传世以为宝，耆老言先代之所赐也。其印文言"（氵岁）王之印"，国有故城名（氵岁）城，盖本（氵岁）貊之地，而夫余王其中，自谓"亡人"，抑有似也。

高句丽在辽东之东千里。南与朝鲜、（氵岁）貊，东与沃沮，北与夫余接。都于丸都之下，方可二千里，户三万。多大山深谷，无原泽。随山谷以为居，食涧水。无良田，虽力佃作，不足以实口腹。其俗节食，好治宫室，于所居之左右立大屋，祭鬼神，又祠灵星、社稷。其人性凶急，喜寇抄。其国有王，其官有相加、对卢、沛者、古雏加、主簿、优台丞、使者、皂衣先人，尊卑各有等级。

东夷旧语以为以为夫余别种，言语诸事，多与夫余同，其性气、衣服有异。本有五族，有涓奴都、绝奴部、顺奴部、灌奴部、桂娄部。本涓奴部为王，稍微弱，今桂娄部代之。汉时赐鼓吹技人，常从玄菟郡受朝服，衣帻，高句丽令主其名籍。后稍骄恣，不复诣郡，于东界筑小城，置朝服衣帻其中，岁时来取之，今胡犹名此城为帻沟溇。沟溇者，句丽名城也。其置官，有对卢则不置沛者，有沛者则不置对卢。王之宗族，其大加皆称古雏加。涓奴部本国主，今虽不为王，适统大人，得称古雏加，亦得立宗庙，祠灵星、社稷。绝奴部世与王婚，加古雏之号。诸大加亦自置使者、皂衣先人，名皆远于王，如卿大夫之家臣，会同坐起，不得与王家使者、阜衣先人同列。其国中大家不佃作，坐食者万余口，下户远担米粮鱼监供给之。其民喜歌舞，国中邑落，暮夜男女群聚，相就歌戏。无大仓库，家家自有小仓，名之为桴京。其人洁清自喜，善藏酿。跪拜申一脚，与夫余异，行步皆走。以十月祭天，国中大会，名曰东盟。其公会衣服皆锦绣金银以自饰。大加、主簿头著帻，如帻而无余，其小加著折风，形如弁。其国东有大穴，名隧穴，十月国中大会；迎隧神还于国东上祭之，置木隧于神坐。无牢狱，有罪诸加评议，便杀之，没人妻子为奴婢。其俗作婚姻，言语已定。女家作小屋于大屋后，名婿屋，婿暮至女家户外，自名跪拜，乞得就女宿，如是者再三，女父母乃听使就小屋中宿，傍顿钱帛，至生子已长大，乃将妇归家。其俗淫。男女已嫁娶，便稍作送终之衣。厚葬，金银财币，尽于送死，积石为封，列种松柏。其马皆小，便登山。国人有气力，习战斗，沃沮、东（氵岁）皆属焉。又有小水貊。句丽作国，依大水而居。西安平县北有有小水，南流人海，句丽别种依小水作国，因名之为小水貊，出好弓，所谓貊弓是也。

王莽初发高句丽兵以伐胡，不欲行，强迫遣之，皆亡出塞为寇盗。辽西大尹田谭追击之，为所杀。州郡县归咎于句丽侯騊。严尤奏言："貊人犯法，罪不起于騊，且宜安慰，今猥被之大罪，恐其遂反。"莽不听，诏尤击之。尤诱期句丽侯騊至而斩之，传送其首诣长安。莽大悦，布告天下，更名高句丽为下句丽。当此时为侯国，汉光武帝八年，高句丽王遣使朝贡，始见称王。

至殇、安之间，句丽王宫数寇辽东，更属玄菟。辽东太守蔡风、玄菟太守姚光以宫为二郡害，兴师伐之。宫诈降请和，二郡不进。宫密遣军攻玄菟，焚烧候城，入辽隧，杀吏民。后宫复犯辽东，蔡风轻将吏士追讨之，军败没。宫死，于伯固立。顺、桓之间，复犯辽东，寇新安、居乡，又攻西安平，于道上杀带方令，略得乐浪太守妻子。灵帝建宁二年，玄菟太守耿临讨之，斩首虏数百级，伯固降，属辽东。（嘉）熹平中，伯固乞属玄菟。公孙度之雄海东也，伯固遣大加优居、主簿然人等助度击富山贼，破之。伯固死，有二子，长子拔奇，小子伊夷模。拔奇不肖，国人便共立伊夷模为王。自伯固时，数寇辽东，又受亡胡五百余家。建安中，公孙康出军击之，破其国，焚烧邑落。拔奇怨为兄而不得立，与涓奴加各将下户三万余口诣康降，还住沸流水。降胡亦叛伊夷模，伊夷模更作新国，今日所在是也。拔奇遂往辽东，有子留句丽国，今古雏加驳位居是也。其后复击玄菟，玄菟与辽东合击，大破之。

伊夷模无子，淫灌奴部，生子名位宫。伊夷模死，立以为王，今句丽王宫是也。其曾祖名宫，生能开目视，其国人恶之。及长大，果凶虐，数寇抄，国见残破。今王生堕地，亦能开目视人，句丽呼相似为位，似其祖，故名之为位宫。位宫有力勇，便鞍马，善猎射。景初二年，太尉司马宣王率众讨公孙渊，宫遣主簿大加将数千人助军。正始三年，宫寇西安平，其五年，为幽州刺史毋丘俭所破。语在《俭传》。

东沃沮在高句丽盖马大山之东，滨大海而居。其地形东北狭，西南长，可千里，北与挹娄、夫余，南与（氵岁）貊接。户五千，无大君王，世世邑落，各有长帅。其言语与句丽大同，时时小异。汉初，燕亡人卫满王朝鲜，时沃沮皆属焉。

汉武帝元封二年，伐朝鲜，杀满孙右渠，分其地为四郡，以沃沮城为玄菟郡。后为夷貊所侵，徙句丽西北，今所谓玄菟故府是也。沃沮还属乐浪。汉以土地广远，在单单大领之东，分置东部都尉，治不耐城，别主领东七县，时沃沮亦皆为县。汉光武六年，省边郡，都尉由此罢。其后皆以其县中渠帅为县侯，不耐，华丽，沃沮诸县皆为侯国。夷狄更相攻伐，唯不耐（氵岁）侯至今犹置功曹、主簿诸曹，皆（氵岁）民作之。沃沮诸邑落渠帅，皆自称三老，则故县国之制也。国小，迫于大国之间，遂臣属句丽。句丽复置其中大人为使者，使相主领，又使大加统责其租税，貊布、鱼、盐、海中食物，千里担负致之，又送其美女以为婢妾，遇之如奴仆。其土地肥美，背山向海，宜五谷，善田种。人性质直强勇，少牛马，便持矛步战。食饮居处，衣服礼节，有似句丽。其葬作大木椁，长十余丈，开一头作户。新死者皆假埋之，才使覆形，皮肉尽，乃取骨置椁中。举家皆共一椁，刻木如生形，随死者为数。又有瓦（钅历），置米其中，编县之于椰户边。

毋丘俭讨句丽，句丽王宫奔沃沮，遂近师击之。沃沮邑落皆破之，斩获首虏三千余级，宫奔北沃沮。北沃沮一名置沟娄，去南沃沮八百余里，其俗南北皆同，与挹娄接。挹娄喜乘船寇钞，北沃沮畏之，夏月恒在山岩深穴中为守备，冬月冰冻，船道不通，乃下居村落。王颀别遣追讨宫，尽其东界。问其耆老："海东复有人不？"耆老言国人常乘船捕鱼，遭风见吹数十日，东得一岛，上有人，言语不相晓，其俗常以七月取童女沉海。又言有一国亦在海中，纯女无男。又说得一布衣，从海中浮出，其身如中国人衣，其两袖长三丈。又得一破船，随波在海岸边，有一人项中复有面，生得之，与语不相通，不食而死。其域皆沃沮东大海中。

挹娄在夫余东北千余里，滨大海。南与北沃沮接，未知其北所极。其土地多山险。其人形似夫余。言语不与夫余、句丽同。有五谷、牛、马、麻布。人多勇力，无大君长，邑落各有大人。处山林之间，常穴居，大家深九梯，以多为好。土气寒，剧于夫余。其俗好养猪，食其肉，衣其皮。冬以猪膏涂身，厚数分，以御风寒。夏则裸袒，以尺布隐其前后，以蔽形体。其人不洁，作溷在中央，人围其表居，其弓长四尺，力如弩，矢用楛，长尺八寸，青石为镞，古之肃慎氏之国也。

善射，射人者皆入因。矢施毒，人中皆死。出赤玉、好貂，今所谓挹娄貂是也。自汉已来，臣属夫余，夫余责其租赋重，以黄初中叛之。夫余数伐之，其人众虽少，所在山险，邻国人畏其弓矢，卒不能服也。其国便乘船寇盗，邻国患之。东夷饮食类皆用俎豆，唯挹娄不，法俗最无纲纪也。

（氵岁）南与辰韩，北与高句丽、沃沮接，东穷大海，今朝鲜之东皆其地也。户二万。昔箕子既适朝鲜，作八条之教以教之。无门户之闭而民不为盗。其后四十余世，朝鲜侯淮僭号称王。陈胜等起，天下叛秦，燕、齐、赵民避地朝鲜数万口。燕人卫满，魋结夷服，复来王之。汉武帝伐灭朝鲜，分其地为四郡。自是之后，胡、汉稍别。无大君长，自汉已来，其官有侯邑君、三老，统主下户。其耆老旧自渭与句丽同种。其人性愿悫，少嗜欲，有廉耻，不请句丽。言语法俗大抵与句丽同，衣服有异。男女衣皆著曲领，男子系银花广数寸以为饰。自单单大山领以西属乐浪，自领以东七县，都尉主之，皆以（氵岁）为民。后省都尉，封其渠帅为侯，今不耐（氵岁）皆其种也。汉末更属句丽。其俗重山川，山川各有部分，不得妄想涉入。同姓不婚。多忌讳，疾病死亡辄捐弃旧宅，更作新居。有麻布，蚕桑作绵，晓候星宿，豫知年岁丰约。不以珠玉为宝。常用十月节祭天，昼夜饮酒歌舞，名之为舞天。又祭虎以为神。其邑落相侵犯，辄相罚责生口牛马，名之为责祸。杀人者偿死。少寇盗。作矛长三丈，或数人共持之，能步战。乐浪擅弓出其地。其海出班鱼皮，土地饶文豹，又出果下马，汉桓时献之。

正始六年，乐浪太守刘茂、带方太守弓遵以领东（氵岁）属句丽，兴师伐之，不耐侯等举邑降。其八年，诣阙朝贡，诏更拜不耐（氵岁）王。居处杂在民间，四时诣郡朝谒。二郡有军征赋调，供给役使，遇之如民。韩在带方之南，东西以海为限，南与倭接。方可四千里。有三种，一曰马韩，二曰辰韩，三日弁韩。辰韩者，古之辰国也。马韩在西。其民土著，种植，知蚕桑，作绵布。各有长帅，大者自名为臣智，其次为邑借，散在山海间，无城郭。有爰襄国、牟水国、桑外国、小石索国、大石索国、优休牟涿国、臣濆沽国、伯济国、速卢不斯国、日华国、古诞者国、古离国、怒蓝国、月支国、咨离牟卢国、素谓干国、古爰国、莫卢国、卑弥国、占离卑冠、臣衅国、支侵国、狗卢国、卑离国、监奚卑离国、古蒲国、致利鞠国、冉路国、儿林国、驷卢国、内卑离国、感奚国、万卢国、辟卑离因、日斯乌旦国、一离国、不弥国、支半国、狗素国、捷卢国、牟卢卑离国、臣苏涂国、莫卢国、古腊国、临素半国、臣云新国、如来卑离国、楚山涂卑离国、一难国、狗奚国、不云国，不斯濆邪国、爰池国、干马国、楚离国、凡五十余国。大国万余家，小国数千家，总十余万户。辰王治月支国。臣智或加优呼臣云遣支报安邪踧支濆臣离儿不例拘邪秦支廉之号。其官有魏率善、邑君、归义侯、中即将、都尉、伯长。

侯准既僭号称王。为燕亡人卫满所攻夺，将其左右宫人走人海。居韩地，自号韩王。其后绝灭，今韩人犹有奉其祭祀者。汉时属乐浪郡，四时朝谒。

桓、灵之末，韩（氵岁）强盛，郡县不能制，民多流入韩国。

建安中，公孙康分屯有县以南荒地为带方郡，遣公孙模、张敞等收集遗民，兴兵伐韩（氵岁），旧民稍出，是后倭、韩遂属带方。景初中，明帝密遣带方太守刘昕、乐浪太守鲜于嗣越海定二郡，诸韩国臣智加赐邑郡印绶，其次与邑长。其俗好衣帻，下户诣郡朝谒，皆假衣帻，自服印绶衣帻千余有人。部从事吴林以乐浪本统韩国，分割辰韩八国以与乐浪，吏译转有异同，臣智激韩忿，攻带方郡崎离营。时太守弓遵、乐浪太守刘茂兴兵伐之，遵战死，二郡遂灭韩。

其俗少纲纪，国邑虽有主帅，邑落杂居，不能善相制御。无跪拜之礼。居处作草屋土室，形如冢，其户在上，举家共在中，无长幼男女之别。其葬有椁无棺，不知乘牛马，牛马尽于送死。以璎珠为财宝。或以缀衣为饰，或以县颈垂耳，不以金银锦绣为珍。其人性强勇，魁头露紒。如灵兵，衣布袍，足履革（足乔）蹻。其国中有所为及官家使筑城郭，诸年少勇健者，皆凿脊皮，以大绳贯之，又以丈许木锸之，通日欢呼作力，不以为痛，既以劝作，且以为健。常以五月下种讫，祭鬼神，群聚歌舞，饮酒昼夜无休。其舞，数十一人俱起相随，踏地低昂，手足相应，节奏有似铎舞。

十月农功毕，亦复如之。信鬼神，园邑各立一人主祭天神，名之天君。又诸国各有别邑，名之为苏涂。立大木，悬铃鼓，事鬼神。诸亡逃至其中，皆不还之，好作贼。其立苏涂之义，有似浮屠，而所行善恶有异。其北方近郡诸国差晓礼俗，其远处直如囚徒奴婢相聚。无他珍宝。禽兽草木略与中国同。出大栗，大如梨。又出细尾鸡。其尾皆长五尺余。其男子时时有文身。又有州胡在马韩之西海中大岛上，其人差短小，言语不与韩同，皆髡头如鲜卑，但衣韦，好养牛及猪。其衣有上无下，略如裸势。乘船往来，市买韩中。

辰韩在马韩之东，其耆老传世，自言古之亡人避秦役来适韩国，马韩割其东界地与之。有城栅。其言语不与马韩同，名国为邦，弓为弧，贼为寇，行酒为行觞。相呼皆为徒，有似秦人，非但燕、齐之名物也。名乐浪人为阿残；东方人名我为阿，谓乐浪人本其残余人。今有名之为秦韩者。始有六国，稍分为十二国。

弁辰亦十二国，又有诸小别邑，备有渠帅，大者名臣智。其次有险侧，次有樊（氵岁），次有杀奚，次有邑借。有已柢国、不斯国、弁辰弥离弥弥冻国、并辰接涂国、勤耆国、难弥离冻国、弁辰古资弥冻国、弁辰古淳是国、冉奚国、弁辰半路国、弁辰乐奴园、军弥国弁军弥国、弁辰弥乌邪马国、如湛国、弁辰甘路国、户路国、州鲜国、马延国、弁辰狗邪国，弁辰走漕马国、弁辰安邪国、马延国、弁辰渎卢国、斯卢国、优由园、弁、辰韩合二十四国，大国四五千家，小国六七百家，总四五万户。其十二国属辰王。辰王常用马韩人作之，世世相继。辰王不得自立为王。土地肥美，宜种五谷及稻，晓蚕桑，作缣布，乘驾牛马。嫁娶礼俗，男女有别。以大鸟羽送死，其意欲使死者飞扬。国出铁，韩、（氵岁）、倭皆从取之。诸市买皆用铁，如中国用钱，又以供给二郡。俗喜歌舞饮酒。有瑟，其形似筑，弹之亦有音曲。儿生，便以石厌其头，欲其褊。今辰韩人皆褊头。男女近倭，亦文身。便步战，兵仗与马韩同。其俗，行者相逢，皆住让路弁辰与辰韩杂居，亦有城郭。衣服居处与辰韩同。言语法俗相似，祠祭鬼神有异，施灶皆在户西。其渎卢国与倭接界。十二国亦有王，其人形皆大。衣服洁清，长发。亦作广幅细布。法俗特严峻。

倭人在带方东南大海之中，依山岛为国邑。旧百余国，汉时有朝见者，今使译所通三十国。从郡至倭，循海岸水行，历韩国，乍南乍东，到其北岸狗邪韩国，七千余里，始度一海，千余里至对马国。其大官曰卑狗，副曰卑奴母离。所居绝岛，方可四百余里，土地山险，多深林，道路如禽鹿径。有千余户，无良田，食海物自活，乘船南北市籴。又南渡一海千余里，名曰瀚海。至一大国，官亦曰卑狗，副曰卑奴母离。方可三百里，多竹木丛林，有三千许家，差有田地，耕田犹不足食，亦南北市籴。又渡一海，千余里至末卢国，有四千余户，滨山海居，草木茂盛，行不见前人。好捕鱼鳆，水无深浅，皆沉没取之。

东南陆行五百里，到伊都国，官曰尔支，副曰泄谟觚、柄渠觚。有千余户，世有王，皆统属女王国，郡使往来常所驻。东南至奴国百里，官曰兕马觚、副曰卑奴母离，有二万余户。东行至不弥国百里，官曰多模，副曰卑奴母离，有千余家。南至投马国，水行二十日，官曰弥弥，副曰弥弥那利，可五万余户。南至邪马壹国，女王之所都，水行十日，陆行一月。官有伊支马，次曰弥马升，次曰弥马获支，次曰奴佳鞮，可七万余户。自女王国以北，其户数道里可得略载，其余旁国远绝，不可得详。次有斯马国，次有已百支奴国，次有伊邪国，次有都支国，次有弥奴国，次有好古都国，次有不呼国，次有姐奴国，次有对苏国，次有苏奴国，次有呼邑园，次有华奴苏奴国，次有鬼国，次有为吾国，次有鬼奴国，次有邪马国，次有躬臣国，次有巴利国，次有支惟国，次有乌奴国，次有奴国，此女王境界所尽。其南有狗奴国，男子为王，其官有狗古智卑狗，不属女王。自郡至女王国万二千余里。

男子无大小皆黥面文身。自古以来，其使诣中国，皆自称大夫。夏后少康之子封于会稽，断发文身以避蛟龙之害，今倭水人好沉没捕鱼蛤，文身亦以厌大鱼水禽，后稍以为饰。诸国文身各异，或左或右，或大或小，尊卑有差。计其道里，当在会稽、东冶之东。其风俗不淫，男子皆露紒，以木绵招头。其衣横幅，但结束相连，略无缝。妇人被发屈紒，作衣如单被，穿其中央，贯头衣之。种禾稻、纻麻、蚕桑、缉绩，出细纻、缣绵。其地无牛马虎豹羊鹊。兵用矛、楯、木弓。木弓短下长上，竹箭或铁镞或骨簇，所有无与儋耳、朱崖同。倭地温暖，冬夏食生菜，皆徒跣。有屋室，父母兄弟卧息异处，以朱丹徐其身体，如中国用粉也。食饮用笾豆，手食。其死，有棺无椁，封土作冢。

始死停丧十余日，当时不食肉，丧主哭泣，他人就歌舞饮酒。已葬，举家诣水中澡浴，以如练沐。其行来渡海诣中国，恒使一人不梳头，不去虮虱，衣服垢污，不食肉，不近妇人，如丧人，名之为持衰。若行者吉善，共顿其生口财物。若有疾病，遭暴害，便欲杀之，谓其持衰不谨。出真珠、青玉。其山有丹，其木有枏、杼、豫樟、楺枥、橿、乌号、枫香，其竹筱竿、桃支。有姜、桔、椒、蘘荷，不知以为滋味。有猕猴、黑雉。其俗举事行来，有所云为，辄灼骨而卜，以占吉凶，先告所卜，其辞如令龟法，视火坼占兆。其会同坐起，父子男女无别，人性嗜酒。见大人所敬，但搏手以当跪拜。其人寿考，或百年，或八九十年。其俗，国大人皆四五妇，下户或二三妇。妇人不淫，不妒忌。不盗窃，少诤讼。其犯法，轻者没其妻子，重者灭其门户。及宗族尊卑，备有差序，足相臣服。收租赋。有邸阁。国国有市，交易有无，使大倭监之。自女王国以北，特置一大率，检察诸国，诸国畏惮之。常治伊都国，于国中合如刺史。王遣有诣京都、带方郡、诸韩国，及郡使倭国，皆临津搜露，传送文书赐遗之物诣女王，不得差错。下户与大人相逢道路，逡巡入草。传辞说事，或蹲或跪，两手据地，为之恭敬。对应声曰噫，比如然诺。

其国本亦以男子为王，住七八十年，倭国乱，相攻伐历年，乃共立一女子为王。名曰卑弥呼，事鬼道能惑众，年已长大，无夫婿，有男弟佐治国。自为王以来，少有见者。以婢千人自侍，唯有男子一人给饮食，传辞出入。居处宫室楼观，城栅严设，常有人持兵守卫。女王国东渡海千余里，复有国，皆倭种。又有侏儒国在其南。人长三四尺，去女王四千余里。又有裸国、黑齿国复在其东南，船行一年可至。参问倭地，绝在海中洲岛之上，或绝或连，周旋可五千余里。

景初二年六月。倭女王遣大夫难升米等诣郡，求诣天子朝献，太守刘夏遣吏将送诣京都。其年十二月，诏书报倭女王曰："制诏亲魏倭王卑弥呼：带方守刘夏遣使送汝大夫难升米、次使都市牛利奉汝所献男生口四人，女生口六人，班布二匹二丈，以到。汝所在逾远，乃遣使贡献，是汝之忠孝，我甚哀汝。今以汝为亲魏倭王，假金印紫绶，装封付带方太守假授汝。其绥抚种人，勉为孝顺。汝来使难升米，牛利涉远，道路勒劳，今以难升米为率善中郎将，牛利为率善校尉，假银印青绶，引见劳赐遣还。今以绛地交龙锦五匹、绛地约粟罽十张、蒨绛五十匹、绀青五十匹，答汝所献贡直。又特赐汝绀地句文绵三匹、细班华罽五张、白绢五十匹、金八两、五尺刀二口、铜镜百枚、真珠、铅丹各五十斤。皆将封付难升米、牛利还到录受。悉可以示汝国中人，使知国家哀汝，故郑重赐汝好物也。”

正始元年，太守弓遵遣建中校尉梯俊等奉诏书印绶诣倭国，拜假倭王。并赍诏赐金、帛、锦罽、刀、镜、采物，倭王因使上表答谢恩诏。其四年，倭王复遣使大夫伊声耆、掖邪狗等八人，上献生口、倭锦、绛青缣、绵衣、帛布、丹木、?狗?、短弓矢。掖邪狗等壹拜率善中郎将印绶。其六年，诏赐倭难升米黄幢，付郡假授。其八年，太守王颀到官。倭女王卑弥呼与狗奴国男王卑弥弓呼素不和，遣倭载斯、乌越等诣郡说相攻击状。遣塞曹掾史张政等因赍诏书、黄幢，拜假难升米为檄告喻之。卑弥呼以死，大作冢，径百余步，徇葬者奴婢百余人。更立男王，国中不服，更相诛杀，当时杀千余人。复立卑弥呼宗女壹与，年十三为王，国中遂定。政等以檄告喻壹与，壹与遣倭大夫率善中郎将掖邪狗等二十人送政等还，因诣台，献上男女生口三十人，贡白殊五千孔，青大句珠二枚，异文杂锦二十匹。

【评曰】

《史》、《汉》著朝鲜、两越，东京撰录西羌。魏世匈奴遂衰，更有乌丸、鲜卑，爰及东夷，使译时通，记述随事，岂常也哉！

蜀书

刘二牧传

刘焉字君郎，江夏竟陵人也，汉鲁恭王之后裔，章帝元和中徙封竟陵，支庶家焉。焉少仕州郡，以宗室拜中郎，后以师祝公丧去官。居阳城山，积学教授，举贤良方正，辟司徒府，历雒阳令、冀州刺史、南阳太守、宗正、太常。焉睹灵帝政治衰缺，王室多故，乃建议言："刺史、太守，货赂为官，割剥百姓，以致离叛。可选清名重臣以为牧伯，镇安方夏。"焉内求交阯牧，欲避世难。议未即行，侍中广汉董扶私谓焉曰："京师将乱，益州分野有天子气。"焉闻扶言，意更在益州。会益州刺史郤俭赋敛烦扰，谣言远闻，而并州杀刺史张壹，凉州杀刺史耿鄙，焉谋得施。出为监军使者，领益州牧，封阳城侯，当收俭治罪；扶亦求为蜀郡西部属国都尉，及太仓令（会）巴西赵韪去官，俱随焉。

是时（凉）［益］州逆贼马相、赵祗等于绵竹县自号黄巾，合聚疲役之民，一二日中得数千人，先杀绵竹令李升，吏民翕集，合万余人，便前破雒县，攻益州杀俭，又到蜀郡、犍为，旬月之间，破坏三郡。相自称天子，众以万数。州从事贾龙（素）领［家］兵数百人在犍为东界，摄敛吏民，得千余人，攻相等，数日破走，州界清静。龙乃选吏卒迎焉。焉徙治绵竹，抚纳离叛，务行宽惠，阴图异计。张鲁母始以鬼道，又有少容，常往来焉家，故焉遣鲁为督义司马，住汉中，断绝谷阁，杀害汉使。焉上书言米贼断道，不得复通，又托他事杀州中豪强王咸、李权等十余人，以立威刑。犍为太守任岐及贾龙由此反攻焉，焉击杀岐、龙。

焉意渐盛，造作乘舆车具千乘。荆州牧刘表表上焉有似子夏在西河疑圣人之论。时焉子范为左中郎将，诞治书御史，璋为奉车都尉，皆从献帝在长安，惟（小）［叔］子别部司马瑁素随焉。献帝使璋晓谕焉，焉留璋不遣。时征西将军马腾屯郿而反，焉及范与腾通谋，引兵袭长安。范谋泄，奔槐里，腾败，退还凉州，范应时见杀，于是收诞行刑。议郎河南庞羲与焉通家，乃募将焉诸孙入蜀。时焉被天火烧城，车具荡尽，延及民家。焉徙治成都，既痛其子，又感祆灾，兴平元年，痈疽发背而卒。州大吏赵韪等贪璋温仁，共上璋为益州刺史，诏书因以为监军使者，领益州牧，以韪为征东中郎将，率众击刘表。

璋，字季玉，既袭焉位。而张鲁稍骄恣，不承顺璋，璋杀鲁母及弟，遂为仇敌。璋累遣庞羲等攻鲁，数为所破。鲁部曲多在巴西，故以羲为巴西太守，领兵御鲁。后羲与璋情好携隙，赵韪称兵内向，众散见杀，皆由璋明断少而外言入故也。璋闻曹公征荆州，已定汉中，遣河内阴溥致敬于曹公。加璋振威将军，兄瑁平寇将军。瑁狂疾物故。璋复遣别驾从事蜀郡张肃送叟兵三百人并杂御物于曹公，曹公拜肃为广汉太守。璋复遣别驾张松诣曹公，曹公时已定荆州，走先主，不复存录松，松以此怨。

会曹公军不利赤壁，兼以疫死。松还，疵毁曹公，劝璋自绝，因说璋曰："刘豫州，使君之肺腑，可与交通。"璋皆然之，遣法正连好先主，寻又令正及孟达送兵数千助先主守御，正遂还。后松复说璋曰："今州中诸将庞羲、李异等皆恃功骄豪，欲有外意，不得豫州，则敌攻其外，民攻其内，必败之道也。"璋又从之，遣法正请先主。璋主簿黄权陈其利害，从事广汉王累自倒县于州门以谏，璋一无所纳，敕在所供奉先主，先主入境如归。先主至江州，北由垫江水诣涪。去成都三百六十里，是岁建安十六年也。璋率步骑三万余人，车乘帐幔，精光耀目，往就与会先主所将将士。更相之适，欢饮百余日。璋资给先主，使讨张鲁，然后分别。

明年，先主至葭萌，还兵南向，所在皆克。十九年，进围成都数十日，城中尚有精兵三万人，谷帛支一年，吏民咸欲死战。

璋言："父子在州二十余年，无恩德以加百姓。百姓攻战三年，肌膏草野者，以璋故也，何心能安！"遂开城出降，群下莫不流涕。先主迁璋于南郡公安，尽归其财物及故佩振威将军印绶。孙权杀关羽，取荆州，以璋为益州牧，驻秭归。璋卒，南中豪率雍闿据益郡反，附于吴。权复以璋子阐为益州刺史，处交、益界首。丞相诸葛亮平南土，阐还吴，为御史中丞。初，璋长子循妻，庞羲女也。先主定蜀，羲为左将军司马，璋时从羲启留循，先主以为奉车中郎将。是以璋二子之后，分在吴、蜀。

【评曰】

昔魏豹闻许负之言则纳薄姬于室，刘歆见图谶之文则名字改易，终于不免其身，而庆钟二主。此则神明不可虚要，天命不可妄冀，必然之验也。而刘焉闻董扶之辞则心存益土，听相者之言则求婚吴氏，遽造舆服，图窃神器，其惑甚矣。璋才非人雄，而据土乱世，负乘致寇，自然之理，其见夺取，非不幸也。

先主传

【原文】

先主姓刘，讳备，字玄德，涿郡涿县人，汉景帝子中山靖王胜之后也。胜子贞，元狩六年封涿县陆城亭侯，坐酎金[1]失侯，因家焉。先主祖雄，父弘，世仕州郡。雄举孝廉，官至东郡范令。

先主少孤，与母贩履织席为业。舍东南角篱上有桑树生高五丈余，遥望见童童如小车盖，往来者皆怪此树非凡，或谓当出贵人。先主少时，与宗中诸小儿于树下戏，言："吾必当乘此羽葆盖车"。叔父子敬谓曰："汝勿妄语，灭吾门也"！年十五，母使行学，与同宗刘德然、辽西公孙瓒俱事故九江太守同郡卢植。德然父元起常资给先主，与德然等。元起妻曰："各自一家，何能常尔邪"！元起曰："吾宗中有此儿，非常人也"。而瓒深与先主相友。瓒年长，先主以兄事之。先主不甚乐读书，喜狗马、音乐、美衣服。身长七尺五寸，垂手下膝，顾自见其耳。少语言，善下人，喜怒不形于色。好交结豪侠，年少争附之。中山大商张世平、苏双等赀[2]累千金，贩马周旋于涿郡，见而异之，乃多与之金财。先主由是得用合徒众。

灵帝末，黄巾起，州郡各举义兵，先主率其属从校尉邹靖讨黄巾贼有功，除安喜尉。督邮以公事到县，先主求谒[3]，不通，直入缚督邮，杖二百，解绶系其颈着马柳，弃官亡命。顷之，大将军何进遣都尉毋丘毅诣丹杨募兵，先主与俱行，至下邳遇贼，力战有功，除为下密丞。复去官。后为高唐尉，迁为令。为贼所破，往奔中郎将公孙瓒，瓒表为别部司马，使与青州刺史田楷以拒冀州牧袁绍。数有战功，试守平原令，后领平原相。郡民刘平素轻先主，耻为之下，使客刺之。客不忍刺，语之而去。其得人心如此。

【注释】

〔1〕酎（zhòu）金：诸侯献给朝廷供祭祀之用的贡金。

〔2〕赀（zī）：假借为“资”，财货。

〔3〕求谒：请求谒见。

【译文】

先主姓刘，名备，字玄德，涿郡涿县人，是汉景帝的儿子中山靖王刘胜的后代。刘胜的儿子刘贞，元狩六年被封为涿县陆城亭侯，后因献助祭金不合规格，而触犯律令被削去爵位，便在那里安了家。先主祖父刘雄，父亲刘弘世代在州郡做官。刘雄被举为孝廉，官至东郡范县县令。

先主少年丧父，与母亲靠卖草鞋织苇席为生。他家庭院东南角篱笆墙边长有一棵桑树，有五丈多高，大树枝叶繁茂，远远望去，形状像小车盖，往来的人都认为它长得奇异，有的人预言这家一定会出贵人。先主小时与族中小孩在树下玩耍，说："我长大了要乘坐这种以羽毛装饰车盖的车子"。叔父刘子敬训斥他说："你不要胡说，会灭族的"！先主长到十五岁，母亲命他外出求学，先主与同族刘德然、辽西人公孙瓒一同事奉原九江太守同郡人卢植。刘德然父亲刘元起常常资助先主，将他和刘德然一样看待。刘元起的妻子说："各有各的家，哪能总这样待他"。刘元起说："我族中有这个孩子，他不是个普通的人"。公孙瓒与先主交情很深，他年纪稍大，先主把他当做兄长。先主不太喜欢读书，而喜欢狗马、音乐和华美衣饰。他身高七尺五寸，双手过膝，回头能看到自己的耳朵。先主平常少言寡语，善于让人，喜怒之情不从脸上表现出来。他喜欢结交豪侠之士，许多少年争相归附他。中山国巨商张世平、苏双积累有千金家财，他们贩马行商，来往于涿郡一带，见到先主，认为他是个非凡的人，便赠给他许多钱财，于是先主便用这笔钱财组织起一支队伍。

汉灵帝末年，黄巾起义爆发，各州郡纷纷组织义兵，先主率领其部属跟从校尉邹靖讨伐黄巾军有功，被任命为安喜县尉。督邮因公事到县里来，先主上门求见，遭到拒绝，先主闯入，将他捆起，责打了二百杖，将自己的印绶解下系在他脖子上，又将他绑在挂马桩上，然后弃官逃走。不久，大将军何进派都尉毋丘毅到丹杨招兵，先主与他同行，到下邳后遇上黄巾起义军，先主奋力作战，立下军功，被任命为下密县丞。不久离任。后来又担任高唐县尉，升为县令。高唐被盗贼攻破后，先主投奔中郎将公孙瓒，公孙瓒上表举荐他为别部司马，让他与青州刺史田楷一同抗击冀州牧袁绍，因多次立下战功，朝廷让他代理平原县令，后又兼任平原国相。本郡人刘平一向轻视先主，以受他管辖为羞耻，派刺客行刺他，刺客不忍下手，将此事通报先主，然后离去。先主得人心到这个程度。

【原文】

袁绍攻公孙瓒，先主与田楷东屯齐。曹公征徐州，徐州牧陶谦遣使告急于田楷，楷与先主俱救之。时先主自有兵千余人及幽州乌丸杂胡骑，又略得饥民数千人。既到，谦以丹杨兵四千益先主，先主遂去楷归谦。谦表先主为豫州刺史，屯小沛。谦病笃，谓别驾麋竺曰："非刘备不能安此州也"。谦死，竺率州人迎先主，先主未敢当。下邳陈登谓先主曰："今汉室陵迟，海内倾覆，立功立事，在于今日。（彼）〔鄙〕州殷富，户口百万，欲屈[1]使君抚临州事"。先主曰："袁公路近在寿春，此君四世五公，海内所归，君可以州与之"。登曰："公路骄豪，非治乱之主。今欲为使君合步骑十万，上可以匡主济民，成五霸之业，下可以割地守境，书功于竹帛。若使君不见听许，登亦未敢听使君也”。北海相孔融谓先主曰：“袁公路岂忧国忘家者邪？冢[2]中枯骨，何足介意。今日之事，百姓与能，天与不取，悔不可追”。先主遂领徐州。袁术来攻先主，先主拒之于盱眙、淮阴。曹公表先主为镇东将军，封宜城亭侯，是岁建安元年也。先主与术相持经月[3]，吕布乘虚袭下邳。下邳守将曹豹反，间迎布。布虏先主妻子，先主转军海西。杨奉、韩暹寇徐、扬间，先主邀击，尽斩之。先主求和于吕布，布还其妻子。先主遣关羽守下邳。

先主还小沛，复合兵得万余人。吕布恶之，自出兵攻先主，先主败走归曹公。曹公厚遇之，以为豫州牧。将至沛收散卒，给其军粮，益与兵使东击布。布遣高顺攻之，曹公遣夏侯往，不能救，为顺所败，复虏先主妻子送布。曹公自出东征，助先主围布于下邳，生禽布。先主复得妻子，从曹公还许。表先主为左将军，礼之愈重，出则同舆，坐则同席。袁术欲经徐州北就袁绍，曹公遣先主督朱灵、路招要击术。未至，术病死。

【注释】

〔1〕屈：委屈。

〔2〕冢（zhǒng）：坟墓。

〔3〕经月：整月。

【译文】

袁绍进攻公孙瓒，先主与田楷向东驻兵齐地。曹公征讨徐州，徐州牧陶谦派人向田楷告急，田楷与先主一同领兵救援。当时先主自己有千余兵卒，还有一些幽州乌丸各部族的骑兵，又拉来数千饥民。到了徐州后，陶谦又调拨了四千丹杨兵给先主，先主于是离开田楷归附陶谦。陶谦上表举荐先主为豫州刺史，驻扎小沛。陶谦病重时，对州别驾麋竺说："只有刘备能安定本州"。陶谦死后，麋竺率州人迎请先主，先主不敢就任。下邳人陈登对先主说："现在汉室衰微，天下大乱，建功立业，就在今日。徐州殷实富饶，人口百万，想要委屈您主持州里大事"。先主说："袁公路近在寿春，他家四代出了五位公卿，天下人都归附他，您可以将徐州交付给他"。陈登说："袁公路骄横自负，不是治理乱世的人才。现在我们想为您募集步、骑兵十万，这样上可以扶助朝廷，济世安民，成就春秋五霸的功业，下可以割据称雄，功垂青史。如果您不肯答应我们，我陈登也就不敢再听从您的了"。北海国相孔融也劝说先主道："袁公路难道是一个忧国忘家的人吗？他不过是坟墓中的一堆枯骨，实在不值一提。现在的形势是：百姓拥戴贤能之主，上天想赐给您徐州，你若不肯接受，将来后悔可就来不及了"。这样先主就接管了徐州兼任徐州刺史。袁术前来攻打先主，先主率军在盱眙、淮阴进行阻击。曹操上表举荐先主为镇东将军，并封为宜城亭侯，这年是汉献帝建安元年。先主与袁术相持一月多，吕布乘虚袭击下邳，下邳守将曹豹反叛，暗中迎接吕布。吕布俘获先主的妻子和儿子，先主撤军驻扎海西。杨奉、韩暹骚扰徐州、扬州一带，先主拦击，将他们全部消灭。先主向吕布请求和解，吕布放还先主的妻子和儿女。先主派关羽镇守下邳。

先主回到小沛，又招集了万余兵马。吕布非常恼恨，亲率兵马攻打先主，先主战败，投奔曹公。曹操厚待先主，任命他为豫州牧。先主打算到小沛招集失散的士卒，曹操向他提供军粮，增补兵员，派他向东攻打吕布。吕布派部将高顺迎战，曹操派夏侯前来救援，结果没有成功，被高顺击败，高顺又俘获了先主的妻子儿女，将他们献给吕布。曹操亲自率兵东征，帮助先主将吕布包围在下邳，活捉了吕布。先主重新迎回妻子和儿子，随曹操返归许都。曹操上表举荐先主为左将军，对他更加敬重，出则同乘一车，坐则同在一席。袁术想经过徐州往北去袁绍那里，曹操派先主督率朱灵、路招所部拦击，刘备还没有到达战地，袁术就病死在路上了。

【原文】

先主未出时，献帝舅车骑将军董承辞受帝衣带中密诏，当诛曹公。先主未发。是时曹公从容谓先主曰："今天下英雄，唯使君与操耳。本初之徒，不足数也"。先主方食，失匕箸[1]。遂与承及长水校尉种辑、将军吴子兰、王子服等同谋。会见使，未发。事觉，承等皆伏诛[2]。

先主据下邳。灵等还，先主乃杀徐州刺史车胄，留关羽守下邳，而身还小沛。东海昌霸反，郡县多叛曹公为先主，众数万人，遣孙乾与袁绍连和，曹公遣刘岱、王忠击之，不克。五年，曹公东征先主，先主败绩。曹公尽收其众，虏先主妻子，并禽关羽以归。

【注释】

〔1〕匕箸（bǐzhù）：亦作“匕筯”。食具，羹匙和筷子。

〔2〕伏诛：被处死。

【译文】

先主出兵之前，汉献帝的丈人、车骑将军董承接受了献帝藏在衣带中的密诏，让先主诛杀曹操。先主还未发难。一次，曹操不急不慢地对先主说：“现在天下英雄，只有您和我曹操两人了。袁绍这些人，根本不值一提”。先主正在吃饭，听了曹操这句话，吓得连筷勺都掉到了地上。于是先主便和董承以及长水校尉种辑、将军吴子兰、王子服等人密谋。刚好碰上使者到来，未能动手。后来事情败露，董承等人都被处死。

先主占据下邳，朱灵等人返回许都，先主于是杀死了徐州刺史车胄，留下关羽镇守下邳，自己回到了小沛。东海国昌霸反叛，各郡县纷纷背叛曹操，归顺先主，人数有几万人。先主派孙乾去与袁绍结盟，曹操派刘岱、王忠截击他们，被打败。建安五年，曹操亲自率军东征进攻先主，先主战败。曹操将先主的部队全部收编，俘获了先主的妻子和儿子，并活捉了关羽，返回许都。

【原文】

先主走青州。青州刺史袁谭，先主故茂才也，将步骑迎先主。先主随谭到平原，谭驰使白绍。绍遣将道路奉迎，身去邺二百里，与先主相见。驻月余日，所失亡士卒稍稍来集。曹公与袁绍相拒于官渡，汝南黄巾刘辟等叛曹公应绍。绍遣先主将兵与辟等略许下。关羽亡归先主。曹公遣曹仁将兵击先主，先主还绍军，阴欲离绍，乃说绍南连荆州牧刘表。绍遣先主将本兵复到汝南，与贼龚都等合，众数千人。曹公遣蔡阳击之，为先主所杀。

曹公既破绍，自南击先主。先主遣麋竺、孙乾与刘表相闻，表自郊迎，以上宾礼待之，益其兵，使屯新野。荆州豪杰归先主者日益多，表疑其心，阴御之。使拒夏侯、于禁等于博望。久之，先主设伏兵，一旦自烧屯伪遁[1]，等追之，为伏兵所破。

十二年，曹公北征乌丸，先主说表袭许，表不能用。曹公南征表，会表卒，子琮代立，遣使请降。先主屯樊，不知曹公卒至，至宛乃闻之，遂将其众去。过襄阳，诸葛亮说先主攻琮，荆州可有。先主曰："吾不忍也"。乃驻马呼琮，琮惧不能起。琮左右及荆州人多归先主。比到当阳，众十余万，辎重数千两，日行十余里，别遣关羽乘船数百艘，使会江陵。或谓先主曰："宜速行保江陵，今虽拥大众，被甲者少，若曹公兵至，何以拒之"？先主曰："夫济大事必以人为本，今人归吾，吾何忍弃去"！

【注释】

〔1〕伪遁：假装逃跑。

【译文】

先主逃到青州。青州刺史袁谭，是先主以前举荐的茂才，袁谭率步兵和骑兵前来迎接先主。先主随袁谭来到平原县，袁谭派信使飞报袁绍，袁绍派部将沿途迎接，自己则出城二百里，与先主相会。先主在袁绍那里住留一月后，被打散的士卒渐渐前来集中。曹操与袁绍在官渡摆开阵势，汝南郡黄巾首领刘辟等人反叛曹操，投靠袁绍。袁绍派先主和刘辟等人去进攻许都。关羽逃归先主。曹操派部将曹仁攻打先主，先主将兵马归还袁绍，暗中想脱离袁绍，于是便劝说袁绍向南与荆州牧刘表结盟。袁绍派先主率本部兵马再赴汝南，与盗贼龚都等人会合，共有数千人。曹操派蔡阳前来攻打，被先主杀死。

官渡之战，曹操击败袁绍后，亲自率兵南下，进攻先主。先主派麋竺、孙乾去向刘表报信联络，刘表亲自出城迎接，待先主如贵宾，给先主补充兵员，让他驻扎在新野。荆州归附先主的豪杰之士日益增多，刘表心中起疑，对先主暗中加以防备。刘表派先主到博望县去抵御夏侯、于禁。过了一段时间，先主设下了伏兵，有一天烧毁营寨，假装逃跑，夏侯等人率军追击，被伏兵打败。

建安十二年，曹操北征乌丸，先主劝刘表乘虚袭击许都，刘表不听。后来曹操南征刘表，正逢刘表死去，刘表的儿子刘琮继承职位，刘琮派使节向曹操请求投降。先主驻扎樊城，没料到曹军会突然攻来，曹军攻到宛城，他才得到这一消息，于是慌忙率领兵马撤离樊城。路过襄阳时，诸葛亮劝说先主进攻刘琮，夺取荆州。先主说：“我不忍心啊”！于是停下马招呼刘琮，刘琮吓得站不起身。刘琮的下属以及荆州人有很多归附了先主。到达当阳县时，追随先主的人已有十多万，粮草物资装了几千辆车，每日只能走十多里。先主另派关羽率数百艘船走水路，让他在江陵与自己会合。有人对先主说：“应当快速行进，保住江陵，现在我们的人虽然很多，但能披甲作战的人却很少，如果曹操的大军追来，我们怎么抵挡得了呢”？先主说：“要成就大业，必须以人为根本，现在人们都归附我而来，我怎忍抛弃他们”！

【原文】

曹公以江陵有军实，恐先主据之，乃释辎重，轻军到襄阳。闻先主已过，曹公将精骑五千急追之，一日一夜行三百余里，及于当阳之长坂。先主弃妻子，与诸葛亮、张飞、赵云等数十骑走，曹公大获其人众辎重。先主斜趋[1]汉津，适与羽船会，得济沔，遇表长子江夏太守琦众万余人，与俱到夏口。先主遣诸葛亮自结于孙权，权遣周瑜、程普等水军数万，与先主并力，与曹公战于赤壁，大破之，焚其舟船。先主与吴军水陆并进，追到南郡，时又疾疫，北军多死，曹公引归。

【注释】

〔1〕斜趋：取近路。

【译文】

曹操因江陵囤有大批军用物资，害怕先主抢先占据，于是便放弃了粮草辎重，轻装急行赶到襄阳。听说先主已经过去了，便亲率五千精锐骑兵急速追击，一日一夜行进三百余里，终于在当阳县的长坂追上了先主。先主丢下妻子和儿子，与诸葛亮、张飞、赵云等数十人乘马逃走，曹操夺取了大批人马和军事物资。先主抄近路直奔汉津，恰好与关羽的船队相逢，得以渡过沔水，半道又与刘表长子江夏太守刘琦所率的万余人马相遇，与刘琦一同到了夏口。先主派诸葛亮主动和孙权联络结盟，孙权派周瑜、程普率水军数万，和先主会合，与曹操在赤壁展开激战，大败曹操，烧毁了曹军的渡船。先主与吴军水陆并进，一直追击到南郡，当时正赶上瘟疫流行，曹军死伤惨重，曹操只好撤兵返回北方。

【原文】

先主表琦为荆州刺史，又南征四郡。武陵太守金旋、长沙太守韩玄、桂阳太守赵范、零陵太守刘度皆降。庐江雷绪率部曲数万口稽颡[1]。琦病死，群下推先主为荆州牧，治公安。权稍畏之，进妹固好。先主至京见权，绸缪恩纪。权遣使云欲共取蜀，或以为宜报听许，吴终不能越荆有蜀，蜀地可为己有。荆州主簿殷观进曰："若为吴先驱，进未能克蜀，退为吴所乘，即事去矣。今但可然赞其伐蜀，而自说新据诸郡，未可兴动，吴必不敢越我而独取蜀。如此进退之计，可以收吴、蜀之利”。先主从之，权果辍计。迁观为别驾从事。

【注释】

〔1〕稽颡（jīsǎng）：古代一种跪拜礼，屈膝下拜，以额触地，表示极度的虔诚。

【译文】

先主上表朝廷，举荐刘琦为荆州刺史，又出兵征讨南方四郡。武陵太守金旋、长沙太守韩玄、桂阳太守赵范、零陵太守刘度先后投降。庐江郡雷绪率私人武装数万人归附先主。刘琦病死，属下共推先主为荆州牧，治所设在公安县。孙权渐渐畏惧先生，他将妹妹嫁给先主，以巩固双方关系。先主到京城拜见孙权，以加深感情。孙权派人告诉先主说想与先主共同进攻蜀郡，有人认为应该答应孙权，因东吴无法跨越荆州来占据蜀郡，这样一来蜀郡自然就是先主的了。荆州主簿殷观献计说：“如果为东吴充当先锋，那么向前未必能攻下蜀郡，后退就会被东吴吞掉，那大事就完了。眼下只能赞成他们攻蜀，同时就说我们刚刚攻取了几个郡，不能再兴师动众，这样东吴肯定不敢越过我们单独去攻取蜀郡。这样有进有退，我们就可以坐收削吴、占蜀的好处”。先主听从了殷观的计谋，孙权果然打消了进攻蜀郡的计划。先主将殷观提升为别驾从事。

【原文】

十六年，益州牧刘璋遥闻曹公将遣钟繇等向汉中讨张鲁，内怀恐惧。别驾从事蜀郡张松说璋曰：“曹公兵强无敌于天下，若因张鲁之资以取蜀土，谁能御之者乎”？璋曰：“吾固忧之而未有计”。松曰：“刘豫州，使君之宗室而曹公之深仇也，善用兵，若使之讨鲁，鲁必破。鲁破，则益州强，曹公虽来，无能为也”。璋然之，遣法正将四千人迎先主，前后赂遗以巨亿计。正因陈益州可取之策。先主留诸葛亮、关羽等据荆州，将步卒数万人入益州。至涪，璋自出迎，相见甚欢。张松令法正白先主，及谋臣庞统进说，便可于会所袭璋。先主曰：“此大事也，不可仓卒”。璋推先主行大司马，领司隶校尉；先主亦推璋行镇西大将军，领益州牧。璋增先主兵，使击张鲁，又令督白水军。先主并军三万余人，车甲器械资货甚盛。是岁，璋还成都。先主北到葭萌，未即讨鲁，厚树恩德，以收众心。

明年，曹公征孙权，极呼先主自救。先主遣使告璋曰：“曹公证吴，吴忧危急。孙氏与孤本为唇齿，又乐进在青泥与关羽相拒，今不往救羽，进必大克，转侵州界，其忧有甚于鲁。鲁自守之贼，不足虑也”。乃从璋求万兵及资（宝）〔实〕，欲以东行。璋但许兵四千，其余皆给半。张松书与先主及法正曰：“今大事垂可立，如何释此去乎”！松兄广汉太守肃，惧祸逮己[1]，白璋发其谋。于是璋收斩松，嫌隙[2]始构矣。璋敕关戍诸将文书勿复关通先主。先主大怒，召璋白水军督杨怀，责以无礼，斩之。乃使黄忠、卓膺勒兵向璋。先主径至关中，质诸将并士卒妻子，引兵与忠、膺等进到涪，据其城。璋遣刘璝、冷苞、张任、邓贤等拒先主于涪，皆破败，退保绵竹。璋复遣李严督绵竹诸军，严率众降先主。先主军益强，分遣诸将平下属县，诸葛亮、张飞、赵云等将兵溯流定白帝、江州、江阳，惟关羽留镇荆州。先主进军围雒；时璋子循守城，被攻且一年。

【注释】

〔1〕逮己：连累自己。

〔2〕嫌隙：仇怨。

【译文】

建安十六年，益州牧刘璋听说曹操打算派钟繇等人向汉中讨伐张鲁，心中十分害怕。别驾从事蜀郡人张松劝刘璋说："曹操兵强马壮，天下无敌，如果他攻下汉中，利用张鲁的物资粮草来攻取蜀地，那谁能抵御他呢"？刘璋说："我正为此事担忧，只是毫无办法"。张松说："刘豫州是您的同宗，却是曹操的仇敌，他善于用兵，如果请他来攻打张鲁，张鲁必会大败。张鲁失败，益州的实力就会增强，这样就是曹操亲自前来，也无能为力了"。刘璋认为他说得对，于是便派法正率四千人去迎请先主，前后赠送的礼物数以亿计。法正乘机向先主陈述了夺取益州的策略。先主留下诸葛亮、关羽等人镇守荆州，自己率步兵数万人进入益州。到了涪县，刘璋亲自出城来迎，两人相见十分高兴。张松让法正禀告先主，等到谋士庞统进去劝说，便可在相会处袭击刘璋。先主说："这是大事，不能操之过急"。刘璋推举先主代理大司马，兼任司隶校尉；先主也推举刘璋代理镇西大将军，兼任益州牧。刘璋给先主增补兵员，让他去攻打张鲁，又令他统帅白水关一带的兵马。先主聚结各军人马共有三万多人，车甲兵械粮草也很多。这年，刘璋回到成都。先主北上赶到葭萌，没有立即出兵进攻张鲁，而是停在当地广施恩德，收买人心。

第二年，曹操出兵进攻孙权，孙权向先主求救。先主派使者告诉刘璋说："曹操攻打东吴，吴国担心情况危急。孙氏与我本是唇齿相依，而且眼下曹将乐进正在青泥与关羽对峙，现在如不前去救援关羽，乐进必会大获全胜，他如转道进攻益州，这种忧患可比张鲁大得多。张鲁不过是个自守自护的贼寇，不足多虑"。于是向刘璋请求，要他拨一万兵马以及粮草物资，想因此东进，刘璋只答应增派四千人，其他东西也只提供一半。张松给先主和法正写信说："现在大事就要成功，怎么能弃它而去呢"？张松的哥哥广汉太守张肃，害怕惹祸连累自己，便向刘璋告密。于是刘璋逮捕并处死了张松，从此先主与刘璋之间的隔阂就出现了。刘璋下令守关将领不得再放先主通过。先主大怒，召见刘璋白水关督军杨怀，指责他无礼，将他处死。又令黄忠、卓膺率兵向刘璋进攻。先主自己领兵直奔白水关内，将益州将领和士卒的妻儿老小扣押作为人质，然后率军与黄忠、卓膺等进入涪县，占据了县城。刘璋派刘璝、冷苞、张任、邓贤等人到涪县抵御先主，都被击败，只好退守绵竹。刘璋又派李严督管绵竹的兵马，李严却率军投降了先主。先主的兵力更加强大，他分派各将平定州属各县，诸葛亮、张飞、赵云等人领兵溯江而上，平定了白帝、江州、江阳，只留下关羽镇守荆州。先主进军包围雒县，当时刘璋的儿子刘循守县城，被围攻了将近一年。

【原文】

十九年夏，雒城破，进围成都数十日，璋出降。蜀中殷盛丰乐，先主置酒大飨士卒，取蜀城中金银分赐将士，还其谷帛。先主复领益州牧，诸葛亮为股肱，法正为谋主，关羽、张飞、马超为爪牙，许靖、麋竺、简雍为宾友。及董和、黄权、李严等本璋之所授用也，吴壹、费观等又璋之婚亲也，彭曾又璋之所排摈[1]也，刘巴者宿昔之所忌恨也，皆处之显任，尽其器能。有志之士，无不竞劝。

【注释】

〔1〕排摈（bìn）：排斥、摈弃。

【译文】

建安十九年夏，雒县县城被攻克，先主进兵，包围成都数十天，刘璋出城投降。蜀郡物产丰富，百姓安乐，先主大摆宴席犒赏士卒，将蜀城中的金银分赐给将士，将谷物、布帛归还原主。先主再次兼任益州牧，诸葛亮为辅佐大臣，法正为主要谋士，关羽、张飞、马超等为武将，许靖、麋竺、简雍为宾客和朋友。至于董和、黄权、李严等人本来是刘璋任用的官员，吴壹、费观等人与刘璋有婚姻之亲，彭曾被刘璋排挤，刘巴以前也曾是先主所忌恨的，先主都让他们担任显要的官职，充分发挥自己的才能。因而有志之士，竞相勉励，尽效忠心。

【原文】

二十年，孙权以先主已得益州，使使报欲得荆州。先主言："须得凉州，当以荆州相与"。权忿之，乃遣吕蒙袭夺长沙、零陵、桂阳三郡。先主引兵五万下公安，令关羽入益阳。是岁，曹公定汉中，张鲁遁走巴西。先主闻之，与权连和，分荆州、江夏、长沙、桂阳东属，南郡、零陵、武陵西属，引军还江州。遣黄权将兵迎张鲁，张鲁已降曹公。曹公使夏侯渊、张郃屯汉中，数数犯暴巴界。先主令张飞进兵宕渠，与郃等战於瓦口，破郃等，收兵还南郑。先主亦还成都。

二十三年，先主率诸将进兵汉中，分遣[1]将军吴兰、雷铜等入武都，皆为曹公军所没。先主次于阳平关，与渊、郃等相拒。

二十四年春，自阳平南渡沔水，缘山稍前，于定军山势作营。渊将兵来争其地。先主命黄忠乘高鼓噪攻之，大破渊军，斩渊及曹公所署益州刺史赵等。曹公自长安举众南征。先主遥策之曰："曹公虽来，无能为也，我必有汉川矣”。及曹公至，先主敛众拒险，终不交锋，积月不拔，亡者日多。夏，曹公果引军还，先主遂有汉中。遣刘封、孟达、李平等攻申耽于上庸。

秋，群下上先主为汉中王，表于汉帝曰：“平西将军都亭侯臣马超、左将军（领）长史〔领〕镇军将军臣许靖、营司马臣庞羲、议曹从事中郎军议中郎将臣射援、军师将军臣诸葛亮、荡寇将军汉寿亭侯臣关羽、征虏将军新亭侯臣张飞、征西将军臣黄忠、镇远将军臣赖恭、扬武将军臣法正、兴业将军臣李严等一百二十人上言曰：昔唐尧至圣而四凶在朝，周成仁贤而四国作难，高后称制而诸吕窃命，孝昭幼冲而上官逆谋，皆冯世宠，藉履[2]国权，穷凶极乱，社稷几危。非大舜、周公、硃虚、博陆，则不能流放禽讨，安危定倾。伏惟陛下诞姿圣德，统理万邦，而遭厄运不造之艰。董卓首难，荡覆京畿，曹操阶祸，窃执天衡；皇后太子，鸩杀见害，剥乱天下，残毁民物。久令陛下蒙尘忧厄，幽处虚邑。人神无主，遏绝王命，厌昧皇极，欲盗神器。左将军领司隶校尉豫、荆、益三州牧宜城亭侯备，受朝爵秩，念在输力，以殉国难。睹其机兆，赫然愤发，与车骑将军董承同谋诛操，将安国家，克宁旧都。会承机事不密，令操游魂得遂长恶，残泯海内。臣等每惧王室大有阎乐之祸，小有定安之变，夙夜惴惴，战栗累息。昔在《虞书》，敦序九族，周监二代，封建同姓，《诗》著其义，历载长久。汉兴之初，割裂疆土，尊王子弟，是以卒折诸吕之难，而成太宗之基。臣等以备肺腑枝叶，宗子藩翰，心存国家，念在弭乱。自操破于汉中，海内英雄望风蚁附，而爵号不显，九锡未加，非所以镇卫社稷，光昭万世也。奉辞在外，礼命断绝。昔河西太守梁统等值汉中兴，限于山河，位同权均，不能相率，咸推窦融以为元帅，卒立效绩，摧破隗嚣。今社稷之难，急于陇、蜀，操外吞天下，内残群寮[3]，朝廷有萧墙之危，而御侮未建，可为寒心。臣等辄依旧典，封备汉中王，拜大司马，董齐六军，纠合同盟，扫灭凶逆。以汉中、巴、蜀、广汉、犍为为国，所署置依汉初诸侯王故典。夫权宜之制，苟利社稷，专之可也。然后功成事立，臣等退状矫罪，虽死无恨”。遂于沔阳设坛场，陈兵列众，群臣陪位，读奏讫，御王冠于先主。

【注释】

〔1〕分遣：分别派遣。

〔2〕藉履：凭借。

〔3〕群寮：百官。

【译文】

建安二十年，孙权因先主已夺得益州，派使者告诉先主，想将荆州收回。先主说：“等我取得凉州后，就把荆州交还给你们”。孙权非常恼怒，便派吕蒙袭击夺取长沙、零陵、桂阳三郡。先主率兵五万顺流而下，到达公安，命令关羽进入益阳，对抗孙权。这年，曹操平定汉中，张鲁逃往巴西。先主闻讯，与孙权和解结盟，将荆州的江夏、长沙、桂阳划给东吴，南郡、零陵、武陵归属蜀，然后领兵回到江州。又派黄权率军迎击张鲁，张鲁此时已投了曹操。曹操派夏侯渊、张郃屯驻汉中，多次进犯骚扰巴西郡界。先主命令张飞领兵进驻宕渠，与张郃在瓦口一带交战，击败张郃等人，张郃收兵回南郡，先主也回到了成都。

建安二十三年，先主率众将进兵汉中。同时分别派将军吴兰、雷铜等人进入武都郡，但都被曹军消灭了。先主驻兵在阳平关，与夏侯渊、张郃对峙。

建安二十四年春天，先主从阳平关向南渡过沔水，沿着定军山慢慢向前推进，在定军、兴势两山扎下营盘。夏侯渊率军前来抢夺这一要地。先主命令黄忠利用山势，居高临下，击鼓呐喊向夏侯渊发起攻击，大败夏军，斩杀了夏侯渊和曹操所委任的益州刺史赵等人。曹操从长安发大军向南进攻，先主预料说："曹操即使亲自前来，也是无能为力，我们一定能够占领汉川"。等到曹操到来，先主集结军队，凭借险要地形与敌人对峙，始终不与曹操正面交战，曹军攻打一月不能攻下山寨，军中开小差逃跑的士卒却日益增多。到了夏天，曹操果然撤军，于是先主就占有了汉中。先主派刘封、孟达、李平等人赶赴上庸进攻申耽。

秋天，部下劝先主为汉中王，并上表汉献帝说："平西将军都亭侯臣马超、左将军长史兼镇军将军臣许靖、营司马臣庞羲、议曹从事中郎军议中郎将臣射援、军师将军臣诸葛亮、荡寇将军汉寿亭侯臣关羽、征虏将军新亭侯臣张飞、征西将军臣黄忠、镇远将军臣赖恭、扬武将军臣法正、兴业将军臣李严等一百二十人上奏说：古代唐尧最为圣明，而朝廷中仍有四凶；周成王既仁且贤，诸侯中还有四国作乱。吕后掌权而有许多姓吕的窃夺了国家的权力，汉昭帝年幼继位，而上官桀阴谋反叛，他们都依靠世代所得恩宠，凭借手中掌握的国家大权，穷凶极恶，使国家蒙受了危难。假如没有大舜、周公、硃虚侯刘章和博陆侯霍光，就不能将这些人流放和讨伐拘拿，使动荡的国家安定。如今陛下有伟大的资质，圣人的品德，足能统理万邦，却遭遇到了困厄不幸。先是董卓作乱，使国都重地动荡不宁，接着又有曹操助长祸乱，窃取了国家权柄；皇后太子被鸩酒毒杀，天下被扰乱，百姓被摧残，财物被毁坏。长期使陛下蒙受劳碌风尘和忧愁困顿，禁闭于空城许都。宗庙无人祭祀，君王的命令遭阻绝，国家的原则遭否定，阴谋篡夺皇权。左将军兼司隶校尉，豫、荆、益三州州牧宜城亭侯刘备，接受朝廷爵位俸禄，一心想为汉室尽力，为国难献身，窥破曹操谋篡先兆，非常恼怒，与车骑将军董承密谋诛杀曹操，使国家得以平定，京都得以安宁。由于董承行事不够机密，才使曹操苟延残喘继续作恶，残害天下。臣等常常担心汉室大有阎乐杀害秦二世那样的祸患，小有王莽废孺子为安定公那样的变故，日夜不安，异常恐惧，战战兢兢以至呼吸急促。从前《虞书》中记载，应按亲疏顺序亲近九族，周朝借鉴夏、商代，分封建立了同姓诸侯国；《诗经》彰明了这一义理，历时久远悠长。汉朝初创之时，割土分封，尊崇王室，使子弟建立了王国，最后终于挫败了吕姓的叛乱，成就了太宗文帝的大业。臣等认为刘备是皇族后裔，汉室重臣，他一心顾念国家，志在消除叛乱。自从在汉中击败曹操，天下英雄豪杰纷纷归附他，但他的爵位不高，也没有赐给九锡，这不是守卫国家、光照万代的做法。他奉诏在外，无法接受朝廷的命令，从前河西太守梁统等人在汉室中兴时，因被山河阻隔，无法接受朝廷的命令，几位郡守地位一样高，权力一样大，彼此不能统率，于是众人便推荐窦融为首领，最后终于建立了功业。挫败了隗嚣的叛乱。现在国家的危难比隗嚣割据陇西，公孙述割据川蜀更加严重，曹操对外兼并天下，对内残害百官群臣，朝廷面临内乱之危，王室宗亲不肯协力抗御曹操，实在令人寒心。臣等擅自依据旧典，封刘备为汉中王，授官大司马，督察统率六军。准备联络同盟，扫灭叛贼。以汉中、巴、蜀、广汉、犍为等郡的土地建立封国，按照汉初诸侯王的先例设置官府任命人员。这种因事变通的办法，只要对国家社稷有利，专断也是可以的。等将来功业建成、国家稳定后，臣等将退而承担假托诏命之罪，即使是死也不遗恨”。于是便在沔阳设立坛场，陈列兵器和队伍，群臣站立两旁，宣读了奏章，将王冠进献给先主。

【原文】

先主上言汉帝曰："臣以具臣之才，荷上将之任，董督三军，奉辞于外，不得扫除寇难，靖匡王室，久使陛下圣教陵迟，六合之内，否而未泰，惟忧反侧，如疾首。曩者董卓造为乱阶，自是之后，群凶纵横，残剥海内。赖陛下圣德威灵，人神同应，或忠义奋讨，或上天降罚，暴逆并殪，以渐冰消。惟独曹操，久未枭除，侵擅国权，恣心极乱。臣昔与车骑将军董承图谋讨操，机事不密，承见陷害，臣播越失据，忠义不果。遂得使操穷凶极逆，主后戮杀，皇子鸩害。虽纠合同盟，念在奋力，懦弱不武，历年未效。常恐殒没，孤负国恩，寤寐[1]永叹，夕惕若厉。今臣群寮以为在昔《虞书》敦叙九族，庶明励翼，五帝损益，此道不废。周监二代，并建诸姬，实赖晋、郑夹辅之福。高祖龙兴，尊王子弟，大启九国，卒斩诸吕，以安大宗。今操恶直丑正，实繁有徒，包藏祸心，篡盗已显。既宗室微弱，帝族无位，斟酌[2]古式，依假权宜，上臣大司马汉中王。臣伏自三省，受国厚恩，荷任一方，陈力未效，所获已过，不宜复忝高位以重罪谤。群寮见逼，迫臣以义。臣退惟寇贼不枭，国难未已，宗庙倾危，社稷将坠，成臣忧责碎首之负。若应权通变，以宁靖圣朝，虽赴水火，所不得辞，敢虑常宜，以防后悔。辄顺众议，拜受印玺，以崇国威。仰惟爵号，位高宠厚，俯思报效，忧深责重，惊怖累息，如临于谷。尽力输诚，奖厉六师，率齐群义，应天顺时，扑讨凶逆，以宁社稷，以报万分。谨拜章因驿上还所假左将军、宜城亭侯印绶"。于是还治成都。拔魏延为都督，镇汉中。时关羽攻曹公将曹仁，禽于禁于樊。俄而孙权袭杀羽，取荆州。

【注释】

〔1〕寤寐（wùmèi）：醒与睡。指日夜。

〔2〕斟（zhēn）酌（zhuó）：反复考虑以后决定取舍。

【译文】

先主上表汉献帝说："臣以不称职的臣子的才能，担负起上将的重任，奉旨在外，督察统率三军，却不能扫除贼寇，扶持王室，致使陛下的圣教长期衰微，国家动荡不得安宁，为此臣常忧虑愁苦，辗转难眠，痛心疾首。从前董卓首先挑起祸乱，从此以后乱国奸贼四处横行，残害天下。凭借陛下圣明的品德和威严，人、神都响应相助，或者有忠勇义士奋力征讨，或者有上天降祸惩罚他们，群凶都已灭亡，如同冰消雪化。只有曹操一人，一直未能除掉，他篡夺国家大权，肆意扰乱天下。臣过去曾与车骑将军董承商议讨伐曹操，但因机密泄露，董承遭到杀害，臣流离失所，忠义之心没能实现，致使曹操穷凶极恶地干了许多坏事，皇后被他杀害，皇子被他毒死。臣虽召集人马组织联盟，一心想着努力报效王室，但因臣秉性怯懦缺乏武威，多年未能如愿。臣常担心突然死去而辜负了国家的隆恩，连睡梦中都在叹息，整天担心国家发生灾难，不敢稍有懈怠。现在臣的属下认为从前《虞书》上所载依照亲疏顺序来亲近九族，用贤明之士辅佐君王治理国家，五帝的做法虽然有增有减，但这一主张没有废弃。周朝借鉴了夏、商二代的经验，分封了许多同姓国家，平王中兴确实全赖晋、郑二国的辅佐。汉高祖创立汉朝时，尊崇王室子弟，设立了九个王国，最终因此诛灭了诸吕的叛乱。安定了刘氏江山，现在曹操厌恶仇视忠直之士，罪证很多，他包藏险恶用心，篡权窃国的意图非常明显。如今宗室衰微，帝族中无人占据重要的权位，臣的同僚下属参照古代旧制，采取权宜之计，尊臣为大司马汉中王。臣再三反省，觉得接受了国家厚恩，身负着一方重任，虽出了力却没有见到成效，所得到的官职爵位已经过头，不宜再忝居高位，加重自己的罪过和人们对我更多的指责非议。然而部下以大义逼迫臣称王，臣想退缩但想到当前贼寇未灭，国难不停，王室将被倾覆，国家社稷将被毁灭，这些使我忧虑自责，有以死报国的责任。如果根据时势采取灵活变通的措施，能安定皇朝，臣即使赴汤蹈火也在所不辞，又怎敢循规蹈矩无所作为，以致使将来后悔呢。因而擅自顺从众人的建议，接受印玺，以提高国家的声威。我抬头想着获得的爵位名号，位高而宠厚，低头思考着怎样报效国家，忧虑深重而感责任重大，惊恐不安，呼吸急促，好像身临万丈深谷。臣一定尽心尽力，向朝廷进献自己的忠诚，努力勉励六军将士，督率天下义勇之士，顺天应时，扫灭凶恶的贼寇，安定国家社稷，以报答陛下万分之一的恩德。谨拜上奏章，并派驿使交还原来授予的左将军、宜亭侯的印绶”。随后先主返回，将治所设置在成都。提拔魏延为都督，命他镇守汉中。这时关羽率兵进攻曹将曹仁，在樊城活捉了于禁。不久孙权袭击荆州，杀害了关羽，夺取了荆州。

【原文】

二十五年，魏文帝称尊号，改年曰黄初。或传闻汉帝见害，先主乃发丧制服，追谥曰孝愍皇帝。是后在所并言众瑞，日月相属，故议郎阳泉侯刘豹、青衣侯向举、偏将军张裔、黄权、大司马属殷纯、益州别驾从事赵谿、治中从事杨洪、从事祭酒何宗、议曹从事杜琼、劝学从事张爽、尹默、谯周等上言："臣闻《河图》《洛书》，五经谶、纬，孔子所甄，验应自远。谨案《洛书甄曜度》曰：'赤三日德昌，九世会备，合为帝际。'《洛书宝号命》曰：'天度帝道备称皇，以统握契，百成不败。'《洛书录运期》曰：'九侯七杰争命民炊骸，道路籍籍履人头，谁使主者玄且来。'《孝经钩命决录》曰：'帝三建九会备。'臣父群未亡时，言西南数有黄气，直立数丈，见来积年，时时有景云祥风，从璇玑下来应之，此为异瑞。又二十二年中，数有气如旗，从西竟东，中天而行，《图》《书》曰'必有天子出其方'。加是年太白、荧惑、填星常从岁星相追。近汉初兴，五星从岁星谋；岁星主义，汉位在西，义之上方，故汉法常以岁星候人主。当有圣主起于此州，以致中兴。时许帝尚存，故群下不敢漏言。顷者荧惑复追岁星，见在胃昴毕；昴毕为天纲，《经》曰'帝星处之，众邪消亡'。圣讳豫睹，推揆期验，符合数至，若此非一。臣闻圣王先天而天不违，后天而奉天时，故应际而生，与神合契。愿大王应天顺民，速即洪业，以宁海内”。

太傅许靖、安汉将军糜竺、军师将军诸葛亮、太常赖恭、光禄勋（黄权）〔黄柱〕、少府王谋等上言：“曹丕篡弑，湮灭汉室，窃据神器，劫迫忠良，酷烈无道。人鬼忿毒[1]，咸思刘氏。今上无天子，海内惶惶，靡所式仰。群下前后上书者八百余人，咸称述符瑞，图、谶明征。间黄龙见武阳赤水，九日乃去。《孝经援神契》曰‘德至渊泉则黄龙见’，龙者，君之象也。《易》乾九五‘飞龙在天’，大王当龙升，登帝位也。又前关羽围樊、襄阳，襄阳男子张嘉、王休献玉玺，玺潜汉水，伏于渊泉，晖景烛耀，灵光彻天。夫汉者，高祖本所起定天下之国号也，大王袭先帝轨迹，亦兴于汉中也。今天子玉玺神光先见，玺出襄阳，汉水之末，明大王承其下流，授与大王以天子之位，瑞命符应，非人力所致。昔周有鸟鱼之瑞，咸曰休哉。二祖受命，《图》《书》先著，以为征验。今上天告祥，群儒英俊，并进《河》《洛》，孔子谶、记，咸悉具至。伏惟大王出自孝景皇帝中山靖王之胄，本支百世，乾祇降祚，圣姿硕茂，神武在躬，仁覆积德，爱人好士，是以四方归心焉。考省《灵图》，启发谶、纬，神明之表，名讳昭著。宜即帝位，以纂二祖，绍嗣昭穆，天下幸甚。臣等谨与博士许慈、议郎孟光，建立礼仪，择令辰，上尊号”。即皇帝位于成都武担之南。为文曰：“惟建安二十六年四月丙午，皇帝备敢用玄牡，昭告皇天上帝后土神祇：

汉有天下，历数无疆。曩者王莽篡盗，光武皇帝震怒致诛，社稷复存。今曹操阻兵安忍，戮杀主后，滔天泯夏，罔顾〔2〕天显。操子丕，载其凶逆，窃居神器。群臣将士以为社稷堕废，备宜修之，嗣武二祖，龚行天罚。备惟否德，惧忝帝位。询于庶民，外及蛮夷君长，佥曰‘天命不可以不答，祖业不可以久替，四海不可以无主’。率土式望，在备一人。备畏天明命，又惧汉阼将湮于地，谨择元日，与百寮登坛，受皇帝玺绶。修燔瘗，告类于天神，惟神飨祚于汉家，永绥四海”！

【注释】

〔1〕忿（fèn）毒：极其愤恨。

〔2〕罔顾：不顾。

【译文】

建安二十五年魏文帝曹丕称帝，改年号为黄初。有人传闻献帝被害，于是先主穿起丧服为献帝发丧，并为献帝追加谥号为“孝愍皇帝”。此后他所在之处都说有吉祥的征兆接连出现。原议郎阳泉侯刘豹、青衣侯向举、偏将军张裔、黄权、大司马属殷纯、益州别驾从事赵莋、治中从事杨洪、从事祭酒何宗、议曹从事杜琼、劝学从事张爽、尹默、谯周等上奏说：“臣听说《河图》《洛书》，五经谶、纬，都是经孔子选定的，应验自己是很久远的。根据《洛书甄曜度》所说：‘红三日，国家才能昌盛繁荣，经历数代遇到一个名叫备的人应该登基称帝。’

《洛书宝号命》说：‘天命和帝王之道都认定应该有一个名叫备的人称帝，以皇帝正统的身份执掌皇权，保证成功不会失败。’《洛书录运期》说：‘九侯七杰争夺天命，百姓用人头骨烧火做饭，道路上人们踩着纵横散乱的人头，让谁来主天下呢？一个名字中有玄字的人即将到来。’《孝经钩命决录》说：‘天帝已多次会见了刘备。’臣的父亲去世前曾说西南多次出现黄气，它直立数丈，出现了好几年，时时祥瑞的云气从北斗星下来与黄气呼应，这是一种不寻常的吉祥征兆。建安二十二年，又多次有瑞气像旗帜一样由西向东从天空中央飘过，《图》《书》说：‘将有天子在那些地方出现。’再加上那年太白、荧惑、填星常常跟随岁星移动。汉朝初兴时，五星追随岁星，岁星主掌‘义’，义属西方，高祖皇帝凭借汉中夺取天下，汉中正处在义所属的西方，因此汉朝常以岁星的行踪作为占验皇帝的根据。现在将有圣明的君主出现在西方益州，使汉室得以中兴。当时献帝还在许都，所以臣等不敢将此话说出。近来荧惑又与岁星相聚，出现在胃、昴、毕三星之间，昴毕是天体的中枢，《星经》说：‘帝星出现在这一位置，所有的邪恶都将被消灭。’您的名字已经在谶、纬中得到预见，推求应验的日期，像这样人事与天降符命相合的现象已不止一次。臣听说圣明的君王起于天象出现之前天命也不会违逆其意愿，行动在天象之后就是顺应天时，所以顺应天时而行动，就能与神灵相合拍。希望大王能顺天应时，迅速登上王位，以安定天下”。

太傅许靖、安汉将军糜竺、军师将军诸葛亮、太常赖恭、光禄勋黄柱、少府王谋等上书说：“曹丕杀害君主，篡夺帝位，毁灭汉室，窃取国家权柄，胁迫忠良之士，残酷之道，人鬼愤恨，人们都思念汉室。现在上无天子，天下人心惶惶，无所仰仗。群臣先后有八百人上书，都称出现祥瑞的征兆，图、谶也有明确的应验。近来武阳县赤水河有黄龙出现，过了九天才消失。《孝经援神契》说：‘德泽达到深泉时就会有黄龙出现。’龙是君王的象征。《易》乾卦九五爻‘飞龙在天’，大王应当如龙升天，登上帝位。还有从前关羽包围樊城、襄阳，襄阳男子张嘉、王休献出玉玺，玉玺落入汉水，潜伏于深水之中，如日光闪耀，神奇的光彩照亮天空。汉，本来是高祖平定天下时所定的国号，大王承袭先帝皇位，也从汉中兴起。如今天子玉玺的神光已经预先出现，它出现于襄阳汉水的下游，说明大王是高祖一脉的继承者，天子之位理当授与大王，祥瑞和符应，不是人力所能做到的。从前周朝有乌和鱼的吉兆出现，人们都称说吉祥。高祖、世祖二帝受命于天，《河图》《洛书》都预先显示出来，作为应验证明。如今上天降下吉兆，儒士才子纷纷在《河图》《洛书》昭示下出来。还有孔子审定的图谶释义，所有的征兆都出现了。大王是孝景皇帝的儿子中山靖王的后裔，嫡系和旁系已相传百代，天地降福，圣上伟岸高大，神明英武集于一身，又广施仁义恩德，礼贤下士，因而四方人士都拥护您。考探《灵图》，阐释谶、讳，神明显示的名字已十分明显。应当马上登上皇位，继承二祖大业，接续刘氏江山，那就是天下百姓的荣幸了。臣等谨与博士许慈、议郎孟光，制定登基的礼节仪式，选择良辰吉日，向您奉献帝号”。于是先主就在成都武担山之南即位登基。祭告天地说：“建安二十六年四月初六日，皇帝刘备冒昧地奉上黑色公畜祭品，明告皇天上帝，后土神灵：汉朝拥有天下，万代相传。从前王莽篡夺君位，光武皇帝勃然震怒，将他诛灭，国家才重新得以保存。现在曹操依仗武力，凶恶残忍，不顾上天显示的意愿，谋害皇后太子，真是罪恶滔天。曹操的儿子曹丕继承了他父亲的凶残悖逆，公然篡权窃位。群臣将士认为国家面临灭亡的危险，刘备应当治理它，继承高祖、成祖的大业，奉行上天的处罚。刘备考虑自己德行鄙陋，怕忝占帝位，就去征询百姓和外面蛮夷部落首领的意见，他们都说‘上天的命令不能不答复，祖宗的基业不能长久废弃，天下不能没有君主’。全国仰慕的只有刘备一人。刘备畏惧上天显明的命令，又怕汉朝的江山将泯灭于地下，特谨慎地选择良辰吉日，与百官登上祭坛，接受了皇帝的印玺。举行祭祀，将即位登基一事向天地神灵宣告，求神灵赐福于汉朝，使天下永得安宁”！

【原文】

章武元年夏四月，大赦，改年。以诸葛亮为丞相，许靖为司徒。置百官，立宗庙，祫祭高皇帝以下。五月，立皇后吴氏，子禅为皇太子。六月，以子永为鲁王，理为梁王。车骑将军张飞为其左右所害。初，先主忿孙权之袭关羽，将东征，秋七月，遂帅诸军伐吴。孙权遗书请和，先主盛怒不许，吴将陆议、李异、刘阿等屯巫、秭归；将军吴班、冯习自巫攻破异等，军次秭归，武陵五谿蛮夷遣使请兵。

二年春正月，先主军还秭归，将军吴班、陈式水军屯夷陵，夹江东西岸。二月，先主自秭归率诸将进军，缘山截岭，于夷道猇亭驻营，自佷山通武陵，遣侍中马良安慰五谿蛮夷，咸相率响应。镇北将军黄权督江北诸军，与吴军相拒于夷陵道。夏六月，黄气见自秭归十余里中，广数十丈。后十余日，陆议大破先主军于猇亭，将军冯习、张南等皆没。先主自猇亭还秭归，收合离散兵，遂弃船舫，由步道还鱼复，改鱼复县曰永安。吴遣将军李异、刘阿等踵蹑[1]先主军，屯驻南山。秋八月，收兵还巫。司徒许靖卒。冬十月，诏丞相亮营南北郊于成都。孙权闻先主住白帝，甚惧，遣使请和。先主许之，遣太中大夫宗玮报命。冬十二月，汉嘉太守黄元闻先主疾不豫，举兵拒守。

三年春二月，丞相亮自成都到永安。三月，黄元进兵攻临邛县。遣将军陈曶讨元，元军败，顺流下江，为其亲兵所缚，生致[2]成都，斩之。先主病笃，托孤于丞相亮，尚书令李严为副。夏四月癸巳，先主殂于永安宫，时年六十三。

亮上言于后主曰："伏惟大行皇帝迈仁树德，覆焘无疆，昊天不吊，寝疾弥留，今月二十四日奄忽升遐，臣妾号咷，若丧考妣[3]。乃顾遗诏，事惟大宗，动容损益；百寮发哀，满三日除服，到葬期复如礼；其郡国太守、相、都尉、县令长，三日便除服。臣亮亲受敕戒，震畏神灵，不敢有违。臣请宣下奉行"。五月，梓宫自永安还成都，谥曰昭烈皇帝。秋，八月，葬惠陵。

【注释】

〔1〕踵（zhǒng）蹑（niè）：相继，接连。

〔2〕生致：活着送到。

〔3〕若丧考妣（bǐ）：好像死了父母一样的伤心。

【译文】

章武元年夏四月，蜀国大赦天下，更改年号。任命诸葛亮为丞相，许靖为司徒。设置百官，建造宗庙，祭祀高皇帝以下的列祖列宗。五月，立吴氏为皇后，儿子刘禅为皇太子。六月，封儿子刘永为鲁王，刘理为梁王。车骑将军张飞被他手下部将杀害。当初，先主对孙权袭击杀害关羽一事愤慨无比，准备东征，秋天七月，便率领各路军队讨伐东吴。孙权派使者送信请求和解，先主极为愤怒，拒不答应。吴将陆议、李异、刘阿等人领兵驻屯巫县、秭归，将军吴班、冯习在巫县攻破李异等人，领军进驻秭归，武陵五谿的蛮夷部落也派使者前来，请求出兵。

章武二年春正月，先主率军返回秭归，将军吴班、陈式率水军驻守夷陵，双方在长江东西两岸扎营。二月，先主率领众将从秭归进军五谿，翻山越岭，在夷道县的猇亭扎营，从佷山通向武陵，先主派侍中马良安抚五谿的蛮夷各部，各部纷纷响应。镇北将军黄权督率江北各军，与吴军对峙于夷陵。夏天六月，黄气在距秭归十余里之处出现，宽有几十丈。此后十几天，陆议在猇亭大败先主的军队，将军冯习、张南等人阵亡。先主从猇亭退还秭归，收拢被打散的士卒，丢弃船只，从陆路撤回到鱼复县，改鱼复县为永安县。吴国派将军李异、刘阿跟踪追击，吴军驻扎在南山。秋天八月，先主撤军回到巫县。司徒许靖去世。冬天十月，命令丞相诸葛亮，在成都营修南、北两个祭坛。孙权听说先主驻屯在白帝城，十分害怕，派来使者求和。先主答应了，派太中大夫宗玮前去谈判。冬天十二月，汉嘉郡太守黄元听说先主身体欠佳，便率兵马与先主军队对抗、防守。

章武三年春天二月，丞相诸葛亮从成都赶到永安。三月，黄元进兵攻打临邛县。先主派将军陈曶讨伐黄元，黄元兵败，顺长江下逃，被他的亲兵绑架，押送成都后处斩。先主病危，把辅佐太子的事委托给丞相诸葛亮，尚书令李严协助诸葛亮。夏天四月二十四日，先主在永安宫去世，享年六十三岁。

诸葛亮上书给后主说："我们俯伏思索大行皇帝施仁义，树恩德，恩泽覆盖无疆，但苍天未赐吉祥，以致重病卧床不起，于本月二十四溘然仙逝，群臣与嫔妃放声痛哭，如同父母去世。回首再看遗诏，事情全在于你。服丧期间，仪表举止要得当，百官哀悼，满三天后除去丧服，到安葬时再按照葬礼行事，各郡太守，各郡国国相、都尉、县令县长，三日后脱去丧服。臣诸葛亮亲自接受先主告诫，敬畏神灵，不敢违背遗命。臣请求宣布并且执行"。五月，灵柩从永安县运回成都，追加谥号为昭烈皇帝。秋天八月，在惠陵入墓。

【评曰】

先主抱负远大，意志坚毅，性情宽厚，了解他人又礼贤下士，有汉高祖刘邦的风范，英雄豪杰的气度。他把整个国家和辅佐太子的大事委托给诸葛亮时，内心毫不相疑，这确实是君臣都正直无私到了极点，堪称古今最好的楷模。只是权谋机变不如魏武帝曹操，因而国家疆域比较狭小。然而他百折不挠，始终不甘屈居于曹操之下，或许是因为他揣摩到曹操的气量一定不会容留自己，而不光是为了争名夺利，而且也是为了避免祸害。

后主传

【原文】

后主讳禅，字公嗣，先主子也。建安二十四年，先主为汉中王，立为王太子。及即尊号，册曰：“惟章武元年五月辛巳，皇帝若曰：太子禅，朕遭汉运艰难，贼臣篡盗，社稷无主，格人群正，以天明命，朕继大统。今以禅为皇太子，以承宗庙，祗肃[1]社稷。使使持节丞相亮授印绶，敬听师傅，行一物而三善皆得焉，可不勉与”！三年夏四月，先主殂于永安宫。五月，后主袭位于成都，时年十七。尊皇后曰皇太后。大赦，改元。是岁魏黄初四年也。

【注释】

〔1〕祗（zhī）肃：恭谨而严肃。

【译文】

后主名禅，字公嗣，是先主刘备的儿子。汉献帝建安二十四年，刘备做汉中王时，被立为王太子。等到刘备即皇帝位，册封说：“章武元年五月十二日，皇帝宣布说：‘太子刘禅，我正碰上汉室国运艰难的时候，奸臣窃权篡位，国家没有君主，有识之士与文武百官按照上天旨意，要我继承汉朝的帝位。现在册封刘禅为皇太子，继承王室，安邦定国。特委派使臣丞相诸葛亮持符节授予印绶，望太子敬听师傅教导，每做一件事都要符合道德规范，不可不努力啊！’”章武三年四月，刘备在永安宫逝世。五月，后主在成都继位称帝，当时他年龄只有十七岁。尊封先皇后为皇太后，大赦天下，改换年号。这一年是魏文帝黄初四年。

【原文】

建兴元年夏，太守朱褒拥郡反。先是，益州郡有大姓雍闿反，流太守张裔于吴，据郡不宾，越嶲夷王高定亦背叛。是岁，立皇后张氏。遣尚书郎邓芝固好于吴，吴王孙权与蜀和亲使聘，是岁通好。

二年春，务农殖谷，闭关息民。

三年春三月，丞相亮南征四郡，四郡皆平。改益州郡为建宁郡，分建宁、永昌郡为云南郡，又分建宁、二郡为兴古郡。十二月，亮还成都。

四年春，都护李严自永安还住江州，筑大城。

五年春，丞相亮出屯汉中，营沔北阳平石马。

【译文】

后主建兴元年夏天，郡太守朱褒占据本郡谋反。在这以前，益川郡豪强世族雍闿反叛，他将太守张裔放逐到吴国，占据本郡，不服管辖。越巂郡少数民族首领高定也同时反叛。这年，后主册立张飞长女为皇后。派尚书郎邓芝出使吴国，巩固两国友好关系，吴王孙权与蜀国和睦相亲，并派使者访问，这年两国友好往来。

第二年春天，大力发展农业生产，关闭关隘，使百姓能够休养生息。

三年春天三月，丞相诸葛亮出征讨伐南方四郡，四郡全部平定。将益州郡改为建宁郡，将建宁、永昌二郡分割合并为云南郡，又将建宁、二郡分割合并为兴古郡。十二月，诸葛亮回到成都。

四年春天，都护李严从永安县移驻江州，在江州兴工修筑大城。

五年春天，丞相诸葛亮领兵驻扎汉中，在沔水之北营建了阳平、石马两城。

【原文】

六年春，亮出攻祁山，不克。冬，复出散关，围陈仓，粮尽退。魏将王双率军追亮，亮与战，破之，斩双，还汉中。

七年春，亮遣陈式攻武都、阴平，遂克定二郡。冬，亮徙府营于南山下原上，筑汉、乐二城。是岁，孙权称帝，与蜀约盟，共交分天下。

八年秋，魏使司马懿由西城，张由子午，曹真由斜谷，欲攻汉中。丞相亮待之于城固、赤坂，大雨道绝，真等皆还。是岁，魏延破魏雍州刺史郭淮于阳溪。徙鲁王永为甘陵王，梁王理为安平王，皆以鲁、梁在吴分界故也。

九年春二月，亮复出军围祁山，始以木牛运。魏司马懿、张郃救祁山。夏六月，亮粮尽退军，追至青封，与亮交战，被箭死。秋八月，都护李平废徙梓潼郡。

【译文】

六年春天，诸葛亮出兵攻打祁山，未能取胜。冬天，再次出兵大散关，包围陈仓县，又因粮草用完后退兵。魏国将军王双率兵追击诸葛亮，诸葛亮率军出战，大败魏军，斩杀了王双，随后带军回到汉中。

七年春天，诸葛亮派陈式攻打武都、阴平，攻克二郡。冬天，诸葛亮大本营迁到南山下的平原地带，修筑了汉、乐二城。这一年，孙权在东吴称帝，他与蜀国订立盟约，共同中分天下。

八年秋天，魏派司马懿从西城、张从子午谷、曹真从斜谷分三路出兵，准备攻打汉中。蜀丞相诸葛亮在城固、赤坂一带迎战，因大雨断绝道路，曹真等人都被迫撤军。这一年，魏延在阳溪击败魏国雍州刺史郭淮。改封鲁王刘永为甘陵王，梁王刘理为安平王，因为鲁、梁两王封地都靠近吴国边境的缘故。

九年春天二月，诸葛亮再次出兵围攻祁山，开始用木牛运送粮草。魏将司马懿、张郃救援祁山。夏天六月，诸葛亮粮草用完后撤兵，张领兵追击到青封，与诸葛亮交战，被箭射死。秋天八月，都护李平被废为平民，流放往梓潼郡。

【原文】

十年，亮休士劝农于黄沙，作流马木牛毕，教兵讲武。

十一年冬，亮使诸军运米，集于斜谷口，治斜谷邸阁[1]。是岁，南夷刘胄反，将军马忠破平之。

十二年春二月，亮由斜谷出，始以流马运。秋八月，亮卒于渭滨。征西大将军魏延与丞相长史杨仪争权不和，举兵相攻，延败走；斩延首，仪率诸军还成都。大赦。以左将军吴壹为车骑将军，假节督汉中。以丞相留府长史蒋琬为尚书令，总统国事。

十三年春正月，中军师杨仪废徙汉嘉郡。夏四月，进蒋琬位为大将军。

十四年夏四月，后主至湔，登观坂，看汶水之流，旬日还成都。徙武都氐王苻健及氐民四百余户于广都。

【注释】

〔1〕邸（dǐ）阁：古代官府所设储存粮食等物资的仓库。

【译文】

十年，诸葛亮在黄沙休整军队，奖励耕种，在制作流马木牛完毕后，开始训练士兵，讲授武艺。

十一年冬天，诸葛亮下令各军将粮米集中运送到斜谷口，在斜谷建立粮仓。这年，南方夷人刘胄反叛，蜀将马忠带兵攻破，平定这次叛乱。

十二年春天二月，诸葛亮从斜谷出兵，开始用流马运粮。秋天八月，诸葛亮在渭水之滨去世。征西大将魏延与丞相长史杨仪因争夺权势发生矛盾，带兵互相攻打，魏延兵败逃走；杨仪斩杀魏延，率各路兵马返回成都。这年蜀国大赦天下，任命左将军吴壹为车骑将军，授以符节镇守汉中。任命丞相留府长史蒋琬为尚书令，总领国家政事。

十三年春天正月，中军师杨仪被贬为庶民，迁往汉嘉郡。夏天四月，提升蒋琬为大将军。

十四年夏四月，后主到湔县，登上观坂，观看汶水水流，十天后返回成都。将武都氐族首领苻健和氐族百姓四百多户迁到广都。

【原文】

十五年夏六月，皇后张氏薨。

延熙元年春正月，立皇后张氏。大赦，改元[1]。立子为太子，子瑶为安定王。冬十一月，大将军蒋琬出屯汉中。

二年春三月，进蒋琬位为大司马。三年春，使越嶲太守张嶷平定越嶲郡。

四年冬十月，尚书令费祎至汉中，与蒋琬咨论事计，岁尽还。

五年春正月，监军姜维督偏军，自汉中还屯涪县。

六年冬十月，大司马蒋琬自汉中还，住涪。十一月，大赦。以尚书令费祎为大将军。

七年闰月，魏大将军曹爽、夏侯玄等向汉中，镇北大将军王平拒兴势围，大将军费祎督诸军往赴救，魏军退。夏四月，安平王理卒。秋九月，祎还成都。

八年秋八月，皇太后薨十二月，大将军费祎至汉中，行围守。

九年夏六月，费祎还成都。秋，大赦。冬十一月，大司马蒋琬卒。

【注释】

〔1〕改元：君主改用新年号纪年。年号以一为元，故称“改元”。

【译文】

十五年夏六月，皇后张氏去世。

后主延熙元年春天正月，立前皇后之妹为皇后。大赦天下，更改年号。立儿子刘璇为太子，儿子刘瑶为安定王。冬天十一月，大将军蒋琬率军驻屯汉中。

二年春天三月，提升蒋琬为大司马。三年，派遣越巂郡太守张嶷平定越巂叛乱。

四年冬天十月，尚书令费祎来到汉中，和蒋琬商议军政事宜，年底返回成都。

五年春天正月，监军姜维督率一部兵马，从汉中回到涪县驻扎。

六年冬天十月，大司马蒋琬从汉中返回，驻扎在涪县。十一月，大赦天下。任命尚书令费祎为大将军。

七年闰月，魏国大将军曹爽、夏侯玄等率军进攻汉中，蜀镇北大将军王平在兴势抵御，大将军费祎督率各军前去救援，魏军撤退。这年夏天四月，安平王刘理去世。秋天九月，费祎返回成都。

八年秋天八月，先主穆皇后去世。十二月，大将军费祎来到汉中，巡视各营垒守备。

九年夏天六月，费祎返回成都。秋天，大赦天下，冬天十一月，大司马蒋琬去世。

【原文】

十年，凉州胡王白虎文、治无戴等率众降，卫将军姜维迎逆安抚，居之于繁县。是岁，汶山平康夷反，维往讨，破平之。

十一年夏五月，大将军费祎出屯汉中。秋，涪陵属国民夷反，车骑将军邓芝往讨，皆破平之。

十二年春正月，魏诛大将军曹爽等，右将军夏侯霸来降。夏四月，大赦。秋，卫将军姜维出攻雍州，不克而还。蜀将军句安、李韶降魏。

十三年，姜维复出西平，不克而还。

十四年夏，大将军费祎祎还成都。冬，复北驻汉寿。大赦。

十五年，吴王孙权薨。立子琮为西河王。

十六年春正月，大将军费祎祎为魏降人郭循所杀于汉寿。夏四月，卫将军姜维复率众围南安，不克而还。

十七年春正月，姜维还成都。大赦。夏六月，维复率众出陇西。冬，拔狄道、（河间）〔河关〕、临洮三县民，居于绵竹、繁县。

十八年春，姜维还成都。夏，复率诸军出狄道，与魏雍州刺史王经战于洮西，大破之。经退保狄道城，维却住钟题。

十九年春，进姜维位为大将军，督戎马，与镇西将军胡济期会上邽，济失誓不至。秋八月，维为魏大将军邓艾所破于上邽。维退军还成都。是岁，立子瓒为新平王。大赦。

二十年，闻魏大将军诸葛诞据寿春以叛，姜维复率众出骆谷，至芒水。是岁大赦。

景耀元年，姜维还成都。史官言景星见，于是大赦，改年。宦人黄皓始专政。吴大将军孙綝废其主亮，立琅邪王休。

二年夏六月，立子谌为北地王，恂为新兴王，虔为上党王。

三年秋九月，追谥故将军关羽、张飞、马超、庞统、黄忠。

四年春三月，追谥故将军赵云。冬十月，大赦。

五年春正月，西河王琮卒。是岁，姜维复率众出侯和，为邓艾所破，还住沓中。

六年夏，魏大兴徒众，命征西将军邓艾、镇西将军钟会、雍州刺史诸葛绪数道并攻。于是遣左右车骑将军张翼、廖化、辅国大将军董厥等拒之。大赦。改元为炎兴。冬，邓艾破卫将军诸葛瞻于绵竹。用光禄大夫谯周策，降于艾，奉书曰："限分江、汉，遇值深远，阶缘蜀土，斗绝一隅，于运犯冒，渐苒历载，遂与京畿攸隔万里。每惟黄初中，文皇帝命虎牙将军鲜于辅，宣温密之诏，申三好之恩，开示门户，大义炳然，而否德暗弱，窃贪遗绪，俯仰累纪，未率大教。天威既震，人鬼归能之数，怖骇〔1〕王师，神武所次，敢不革面，顺以从命！辄敕群帅投戈释甲，官府帑藏一无所毁。百姓布野，余粮栖亩，以俟后来之惠，全元元之命。伏惟大魏布德施化，宰辅伊、周，含覆藏疾。谨遣私署侍中张绍、光禄大夫谯周、驸马都尉邓良奉赍印绶，请命告诚，敬输忠款，存亡敕赐，惟所裁之。舆榇在近，不复缕陈"。是日，北地王谌伤国之亡，先杀妻子，次以自杀。绍、良与艾相遇于雒县。艾得书，大喜，即报书，遣绍、良先还。艾至城北，后主舆榇自缚，诣军垒门。艾解缚焚榇，延请相见。因承制拜后主为骠骑将军。诸围守悉被后主敕，然后降下。艾使后主止其故宫，身往造焉。资严未发，明年春正月，艾见收。钟会自涪至成都作乱。会既死，蜀中军众钞略，死丧狼藉，数日乃安集。

【注释】

〔1〕怖骇：惊恐。

【译文】

十年，凉州胡人首领白虎文、治无戴率部落投降，卫将军姜维前去迎接安抚，将他们安置在繁县。这年，汶山平康一带的夷人反叛，姜维前去讨伐，平定了这次叛乱。

十一年夏天五月，大将军费祎出兵驻扎汉中。秋天，涪陵郡的夷人反叛，车骑将军邓芝前去讨伐，平定了这次叛乱。

十二年春天正月，魏国处死大将军曹爽等人，右将军夏侯霸前来投降。夏天四月，大赦天下。秋天，卫将军姜维出兵攻打雍州，不胜而归。蜀将句安、李韶投降魏国。

十三年，姜维再次出兵西平郡，不胜而归。

十四年，大将军费祎回到成都。冬天，再次北上驻扎汉寿县。大赦天下。

十五年，吴王孙权去世。后主立其子刘琮为西河王。

十六年春天正月，大将军费祎在汉寿县被投降的魏国人郭循杀害。夏天四月，卫将军姜维再次率军围攻南安郡，不胜而归。

十七年春天正月，姜维返回成都。大赦天下。夏天六月，姜维再次率军出击陇西郡。冬天，下令将狄道、河关、临洮三县百姓迁移到绵竹、繁县一带居住。

十八年春天，姜维回到成都。夏天，再次率军出击狄道县，与魏国雍州刺史王经在洮西交战，将王经打得大败。王经退守狄道城，姜维后撤驻扎钟题。

十九年春天，提升姜维为大将军，执掌全国军队。姜维与镇西将军胡济约定在上邽县相会，胡济失约未到。秋天八月，姜维在上邽被魏国大将军邓艾击败。姜维撤军回到成都。这年，后主立其子刘赞为新平王。大赦天下。

二十年，听说魏国大将军诸葛诞占据寿春反叛魏国，姜维再次率军出兵骆谷，到达芒水。这年蜀国大赦天下。

后主景耀元年，姜维回到成都。史官报告说天上有景星出现，于是大赦天下，更改年号。宦官黄皓开始专断朝政。吴国大将军孙綝废掉吴主孙亮，改立琅邪王孙休为国君。

二年夏六月，后主立其子刘谌为北地王，刘恂为新兴王，刘虔为上党王。

三年秋天九月，为已故将军关羽、张飞、马超、庞统、黄忠追加谥号。

四年春天三月，为已故将军赵云追加谥号。冬天十月，大赦天下。

五年春天正月，西河王刘琮去世。这年，姜维再次率军出兵侯和，结果被邓艾击败，撤军驻扎沓中。

六年夏天，魏国调集大军，命令征西将军邓艾、镇西将军钟会、雍州刺史诸葛绪分几路进攻蜀国。于是后主派左右车骑将军张翼、廖化，辅国大将军董厥等人率兵抵御。大赦天下，更改年号为炎兴。冬天，邓艾在绵竹击败了蜀卫将军诸葛瞻。后主接受了光禄大夫谯周的建议，投降了邓艾，上书说："因为有长江、汉水阻隔，适逢山高水远，依凭蜀国地势险要的一角，冒犯天威，随着光阴流逝，终于与京师远隔万里。每每回想起黄初年中，魏文皇帝派虎牙将军鲜于辅前来宣诏，言辞诚恳亲切，申明三国友好的好处，敞开门户，大义昭明，可是我因品行鄙劣，愚昧软弱，贪图上辈所留下的功业，俯仰之间已是多年，不服国家教化。天威震怒，人鬼归向亲善之道，天朝大军令人惊恐，神威所到之处，怎敢不洗心革面，顺从听命！我立即下令众将抛弃兵刃，解下盔甲，官府国库毫无损坏。百姓排列郊野，丰饶的粮食留在田亩之中，以等待圣明君主赐予恩惠，保全百姓苍生的性命。想我大魏国广布恩德，施行圣人教化，又有伊尹、周公一类的贤相忠臣辅佐，定会包容亡国之人，容纳毒害之物。谨派属下侍中张绍、光禄大夫谯周、附马都尉邓良奉交印绶，表明降服诚意，恭敬地献上一片忠心。存亡生死，全凭将军裁决。棺材就放在身边，这里就不再一一细说了"。这一天，北地王刘谌因哀伤国家灭亡，先杀死妻子儿女，随后自尽。张绍、邓良在雒县与邓艾相逢，邓艾见到后主的投降书，十分高兴，当即回信答复，派张绍、马良先回成都。邓艾来到成都城北，后主把自己捆绑，用车装着棺材来到魏国军营门前。邓艾替他解下绑绳，烧毁了棺材，请他入营相见。邓艾秉承魏国皇帝旨意，授后主为骠骑将军。守城众将在接到后主敕命后，纷纷向邓艾投降。邓艾让后主仍居住在原来的宫中，自己亲自前去拜访，财货物质均未起运。第二年春天邓艾被拘捕。钟会从涪城来到成都，作乱谋反。钟会死后，驻扎蜀地的军士四处抢劫掠夺，人员死伤众多，经过许多天才恢复安定。

【原文】

后主举家东迁，既至洛阳，策命之曰："惟景元五年三月丁亥，皇帝临轩，使太常嘉命刘禅为安乐县公。於戏，其进听朕命！盖统天载物，以咸宁为大，光宅天下，以时雍为盛。故孕育群生者，君人之道也，乃顺承天者，坤元之义也。上下交畅，然后万物协和，庶类获乂。乃者汉氏失统，六合震扰。我太祖承运龙兴，弘济八极，是用应天顺民，抚有区夏。于时乃考困群杰虎争，九服不静，乘间阻远，保据庸蜀，遂使西隅殊封，方外壅隔〔1〕。自是以来，干戈不戢〔2〕，元元之民，不得保安其性，几将五纪。朕永惟祖考遗志，思在绥缉四海，率土同轨，故爰整六师，耀威梁、益。公恢崇德度，深秉大正，不禅屈身委质，以爱民全国为贵，降心回虑，应机豹变，履信思顺，以享左右无疆之休，岂不远欤〔3〕！朕嘉与君公长飨显禄，用考咨前训，开国胙土〔4〕，率遵旧典，锡兹玄牡，直以白茅，永为魏藩辅，往钦哉！公其祗服朕命，克广德心，以终乃显烈”。食邑万户，赐绢万匹，奴婢百人，他物称是。子孙为三都尉封侯者五十余人。尚书令樊建、侍中张绍、光禄大夫谯周、秘书令郤正、殿中督张通并封列侯。公泰始七年薨于洛阳。

【注释】

〔1〕壅隔：阻隔。

〔2〕不戢：不停。

〔3〕欤（yú）：文言助词，表示疑问、感叹、反诘等语气。

〔4〕胙土：指帝王将土地赐封功臣宗室，以酬其勋劳。

【译文】

后主全家向东迁移，来到洛阳，魏国皇帝册封他说：“景元五年三月丁亥，皇帝临朝，派太常嘉赐封刘禅为安乐县公。刘禅上前听我的命令：统理万物，以安宁和乐为大；执掌天下，以太平和顺为美。因此，养育民众，这是做君主的道德，顺应接受天命，是地德的本义。上下往来通畅，然后万事就能协调和谐，万物安定。从前汉室丧失帝位，天下震荡混乱。我太祖皇帝承受天命，建立大魏，救助天下，因这是顺应天意民心，终于拥有了华夏大地。当时你父亲刘备借着中原群雄龙争虎斗、国家动乱之机，凭借路途险远，占据了川蜀之地，致使西部边陲封赐不同，边远地区雍塞阻隔。从那以后，双方战火不息，黎民百姓，性命难保，如此将近六十年。我长久思念我祖上的遗志，一心想安抚平定天下，使国家统一，于是整治军队，在梁、益二州显耀军威。你品德高尚气度宽广，深明大义，不惜屈身归降，而以爱护百姓、保全国家为重，适应时机，迷途知返，信约守义，诚心归顺，使自己得享无限福禄，岂不是目光远大之举！我赏赐你永享优厚的俸禄，因此考察前世的治乱经验，赐封土地，命你建立藩国，遵奉先代的典章制度，赏赐给你祭祀用的黑色公畜，以白茅包土，你要永做我大魏的藩屏辅臣，去努力吧！你要恭敬地听从我的命令，扩展自己的仁德之心，以完成你显赫的功业”。后主得到收取万户人租税的封地，又被赐给绢帛万匹、奴仆婢女一百多名，其他物品也有相当的数量。后主的子孙担任三都尉和被封侯的有五十多人。尚书令樊建、侍中张绍、光禄大夫谯周、秘书令郤正、殿中督张通同时都被封为列侯。晋武帝泰始七年，死于洛阳。

【评曰】

后主任用贤相可成为一个奉礼守职的君主，被奸佞宦官蛊惑，就变成了一个昏庸的皇帝。传语说“白色的生丝颜色是不确定的，就看人们用什么颜料来染它了”，确实如此啊！按照礼仪，国君继位应在第二年改换年号，而后主在先主去世的章武三年，就将年号改为建兴元年，拿古代规则来考察，它显然有违君主继位之礼。另外，国家不设置史官，没有专掌记录的官员，因而群臣所发生的大事多有遗漏，灾害与异常现象的发生，都没被记载下来。诸葛亮虽然精于当国治政，但在这类事情上，还是有考虑不周之处。然而他历经十二年，却不轻易更换年号，屡屡兴兵征伐，却不随便赦免天下，不也是很卓越的地方吗！自从诸葛亮去世，这一制度渐渐受到损坏，好坏差别就十分明显了。

二主妃子传

先主甘皇后，沛人也。先主临豫州，住小沛，纳以为妾。先主数丧嫡室，常摄内事。随先主于荆州，产后主。值曹公军至，追及先主于当阳长坂，于时困逼，弃后及后主，赖赵云保护，得免于难。后卒，葬于南郡。章武二年，追谥皇思夫人，迁葬于蜀，未至而先主殂。丞相亮上言："皇思夫人履行修仁，淑慎其身。大行皇帝昔在上将，嫔妃作合，载育圣躬，大命不融。大行皇帝存时，笃义垂恩，念皇思夫人神柩在远飘飘，特遣使者奉迎。会大行皇帝崩，今皇思夫人神柩以到，又梓宫在道，园陵将成，安厝有朝。臣辄与太常臣赖恭等议，《礼记》曰：'立爱自亲始，教民孝也；立敬自长始，教民顺也。'不忘其亲，所由生也。《春秋》之义，母以子贵。昔高皇帝追尊太上昭灵夫人为昭灵皇后，孝和皇帝改葬其母梁贵人，尊号曰恭怀皇后，孝愍皇帝亦改葬其母王夫人，尊号曰灵怀皇后。今皇思夫人宜有尊号，以慰寒泉之思，辄与恭等案谥法，宜曰昭烈皇后。《诗》曰：'谷则异室，死则同穴。'故昭烈皇后宜与大行皇帝合葬，臣请太尉告宗庙，布露天下，具礼仪别奏。”制曰可。

先主穆皇后，陈留人也。兄吴壹，少孤，壹父素与刘焉有旧，是以举家随焉入蜀。焉有异志，而闻善相者相后当大贵。焉时将子瑁自随，遂为瑁纳后。瑁死，后寡居。先主既定益州，而孙夫人还吴，群下劝先主聘后。先主疑与瑁同族，法正进曰：“论其亲疏，何与晋文之于子圉乎？”于是纳后为夫人。建安二十四年，立为汉中王后。章武元年夏五月，策曰：“朕承天命，奉至尊，临万国。今以后为皇后，遣使持节丞相亮授玺绶，承宗庙，母天下，皇后其敬之哉！”建兴元年五月，后主即位，尊后为皇太后，称长乐宫。壹官至车骑将军，封县侯。延熙八年，后薨惠陵。

后主敬哀皇后，车骑将军张飞长女也。章陵元年，纳为太子妃。建兴元年，立为皇后。十五年薨，葬南陵。

后主张皇后，前后敬哀之妹也。建兴十五年，入为贵人。延熙元年春正月，策曰：“朕统承大业，君临天下，奉郊庙社稷。今以贵人为皇后，使行丞相事左将军（向）朗持节授玺绶。勉修中馈，恪肃堙祀，皇后其敬之哉！”咸熙元年，随后主迁于洛阳。

刘永字公寿，先主子，后主庶弟也。章武元年六月，使司徒靖立永为鲁王，策曰：“小子永，受兹青土。朕承天序，继统大业，遵修稽古，建尔国家，封于东土，奄有龟蒙，世为藩辅。呜呼，恭朕之诏；惟彼鲁邦，一变适道，风化存焉。人之好德，世兹懿美。王其秉心率礼，绥尔士民，是飨是宜，其戒之哉!”建兴八年，改封为甘陵王。初，永憎宦人黄皓，皓既信任用事，谮构永于后主，后主稍疏外永，至不得朝见者十余年。咸熙元年，永东迁洛阳，拜奉车都尉，封为乡侯。

刘理字奉孝，亦后主庶弟也，与永异母。章武元年六月，使司徒靖立理为梁王，策曰：“小子理，联统承汉序，祇顺天命，遵修典秩，建尔于东，为汉藩辅。惟彼梁土，畿甸之邦，民狎教化，易导以礼。往悉乃心，怀保黎庶，以永尔国，王其敬之哉!”建兴八年，改封理为安平王。延熙七年卒，谥曰悼王。子哀王胤嗣，十九年卒。子殇王承嗣，二十年卒。景耀四年诏曰：“安平王，先帝所命。三世早夭，国嗣颓绝，联用伤悼。其以武邑侯辑袭王位。”辑，理子也，咸熙元年，东迁洛阳，拜奉车都尉，封乡侯。

后主太子璇，字文衡。母王贵人，本敬哀张皇后侍人也。延熙元年正月策曰：“在昔帝王，继体立嗣，副贰国统，古今常道。今以璇为皇太子，昭显祖宗之威，命使行丞相事左将军朗持节授印绶。其勉修茂质，祇恪道义，咨询典礼，敬友师傅，斟酌众善，翼成尔德，可不务修以自勖哉!”时年十五。景耀六年冬，蜀亡。咸熙元年正月，钟会作乱于成都，璇为乱兵所害。

【评曰】

《易》称有夫妇然后有父子，夫人伦之始，恩纪之隆，莫尚于此矣。是故纪录，以究一国之体焉。

诸葛亮传

【原文】

诸葛亮字孔明，琅邪阳都人也。汉司隶校尉诸葛丰后也。父珪，字君贡，汉末为太山郡丞。亮早孤，从父玄为袁术所署豫章太守，玄将亮及亮弟均之官。会汉朝更选朱皓代玄。玄素与荆州牧刘表有旧，往依之。玄卒，亮躬耕陇亩，好为《梁父吟》。身长八尺，每自比于管仲、乐毅，时人莫之许也。惟博陵崔州平、颍川徐庶元直与亮友善，谓为信然。

【译文】

诸葛亮，字孔明，琅邪郡阳都县人，是汉朝司隶校尉诸葛丰的后代。父亲诸葛珪，字君贡，汉朝末年曾任太山郡郡丞。诸葛亮少年丧父，叔父诸葛玄被袁术委任为豫章郡太守，诸葛玄带着诸葛亮和诸葛亮的弟弟诸葛均前去上任。恰逢东汉朝廷改派朱皓代替诸葛玄。诸葛玄历来与荆州牧刘表交情很好，于是就去投奔刘表。诸葛玄去世后，诸葛亮亲自耕种田地，他喜欢吟诵《梁父吟》。诸葛亮身高八尺，常常把自己与古代贤相管仲、名将乐毅相比，当时人都不以为然。只有博陵郡的崔州平、颍川郡的徐庶徐元直与诸葛亮很要好，认为他确实具有这样的才能。

【原文】

时先主屯新野。徐庶见先主，先主器之，谓先主曰："诸葛孔明者，卧龙也，将军岂愿见之乎"？先主曰："君与俱来"。庶曰："此人可就见，不可屈致也。将军宜枉驾顾之"。由是先主遂诣亮，凡三往，乃见。因屏人曰："汉室倾颓[1]，奸臣窃命，主上蒙尘。孤不度德量力，欲信大义于天下，而智术浅短，遂用猖獗，至于今日。然志犹未已，君谓计将安出"？亮答曰："自董卓已来，豪杰并起，跨州连郡者不可胜数。曹操比于袁绍，则名微而众寡，然操遂能克绍，以弱为强者，非惟天时，抑亦人谋也。今操已拥百万之众，挟天子而令诸侯，此诚不可与争锋。孙权据有江东，已历三世，国险而民附，贤能为之用，此可以为援而不可图也。荆州北据汉、沔，利尽南海，东连吴会，西通巴、蜀，此用武之国，而其主不能守，此殆天所以资将军，将军岂有意乎？益州险塞，沃野千里，天府之土，高祖因之以成帝业。刘璋暗弱，张鲁在北，民殷国富而不知存恤，智能之士思得明君。将军既帝室之胄，信义著于四海，总揽英雄，思贤如渴，若跨有荆、益，保其岩阻，西和诸戎，南抚夷越，外结好孙权，内修政理；天下有变，则命一上将将荆州之军以向宛、洛，将军身率益州之众以出于秦川，百姓孰敢不箪食壶浆以迎将军者乎？诚如是，则霸业可成，汉室可兴矣”。先主曰：“善”！于是与亮情好日密。关羽、张飞等不悦，先主解之曰：“孤之有孔明，犹鱼之有水也。愿诸君勿复言”。羽、飞乃止。

【注释】

〔1〕倾颓：衰亡；衰败。

【译文】

当时刘备驻军新野，徐庶去拜见刘备，刘备对他十分器重，徐庶对刘备说：“诸葛孔明这个人，是条‘卧龙’啊！将军愿不愿见他呢”？刘备说：“你和他一起来吧”。徐庶说：“这人只能俯就求见，不能委屈他将他召来。将军应该亲自去拜访他”。于是刘备便去拜访诸葛亮，一共去了三次，才得以相见。刘备屏退随从，对诸葛亮说：“汉朝政权日益衰败，奸臣窃取了大权，皇帝流亡在外，蒙受风尘之苦。我不估量自己的德行和力量，想在天下伸张正义，但缺乏智谋本领，因而遭到挫折，落到今日这种地步。但我原来的志向并没有泯灭，您认为我该怎么办才好呢”？诸葛亮答道：“自从董卓作乱以来，天下豪杰纷纷起兵，跨越州县，连接各郡，扩大地盘的人数不胜数。曹操与袁绍相比，名望低微，兵力弱小，然而曹操却能战胜袁绍，由弱变强，不仅是天意，也是在于人的谋略。现在曹操已拥有上百万人的军队，挟持着皇帝，以皇帝的名义来号令诸侯，这确实无法与他争强。孙权占据江东，已经历了三代，那里地势险要，百姓归附他，有才干的人都愿为他效力，因此只能联络他把他作为外援，不能图谋吞并他。荆州北面有汉、沔二水作为凭借，南有南海的丰富资源可以利用，向东与吴郡、会稽郡相连，西与巴、蜀相通，这是兵家必争的战略要地，但是它的主人却守不住这块地方，这大概是天意要拿它来帮助将军，将军是否有夺取荆州的打算呢？益州地理形势险要，有千里肥沃土地，世称天府之国，从前汉高祖就是凭借它成就帝业的。刘璋昏庸懦弱，张鲁在北边，尽管百姓众多，国家富足，但他却不知道爱惜保护，有智谋才干的人，都希望找到一个贤明的君主来统治。将军既是汉朝皇室的后代，又以信义闻名天下，能广招四方英雄，求贤若渴，如能占据荆、益二州，依靠险要的地方，向西和戎族各部和好，南面安抚好夷越各族，对外与孙权结盟，对内修明政治。一旦天下形势发生变化，就派一员上将率领荆州军队向宛县、洛阳一带进军，将军则亲自率领益州的大军出师秦川，百姓谁敢不箪食壶浆来迎接将军呢？如果真能这样，那么统一的大业就可以成功，汉王朝就可以得到复兴”。刘备说：“好”！从此与诸葛亮的情谊越来越深厚。关羽、张飞等人很不高兴，刘备解释说：“我有了孔明，就像鱼儿有了水一样。希望你们不要再多说了”。关羽、张飞这才停止了议论。

【原文】

刘表长子琦，亦深器亮。表受后妻之言，爱少子琮，不悦于琦。琦每欲与亮谋自安之术，亮辄拒塞，未与处画〔1〕。琦乃将亮游观后园，共上高楼，饮宴之间，令人去梯，因谓亮曰："今日上不至天，下不至地，言出子口，入于吾耳，可以言未"？亮答曰："君不见申生在内而危，重耳在外而安乎"？琦意感悟，阴规出计。会黄祖死，得出，遂为江夏太守。俄而表卒，琮闻曹公来征，遣使请降。先主在樊闻之，率其众南行，亮与徐庶并从，为曹公所追破，获庶母。庶辞先主而指其心曰："本欲与将军共图王霸之业者，以此方寸之地也。今已失老母，方寸乱矣，无益于事，请从此别"。遂诣曹公。

【注释】

〔1〕处画：计议；谋划。

【译文】

刘表的长子刘琦，也十分器重诸葛亮。刘表听信后妻的话，喜欢小儿子刘琮，不喜欢刘琦。刘琦每次想向诸葛亮请教保全自己的办法，诸葛亮总是加以拒绝，不替他出谋划策。一次刘琦领着诸葛亮游览后园，一同登上高楼，饮酒中间，刘琦让人将楼梯搬走，趁机对诸葛亮说："如今上不着天，下不着地，话从您口中说出，只入我耳朵中，可以说了吗"？诸葛亮说："您不知道晋公子申生留在都城内就危险，重耳逃亡在外就安全吗"？刘琦心中顿时省悟，于是便暗中策划离开襄阳。正好黄祖死去，刘琦终于得到外任的机会，做了江夏太守。不久，刘表去世，刘琮听说曹操前来征讨，连忙派使者向曹操请求投降。刘备在樊城听到这个消息，连忙率领部队向南行进，诸葛亮与徐庶一同跟随他，刘备被曹操追上击败，曹军俘获了徐庶的母亲。徐庶向刘备告辞，指着自己的心说："我本来想和将军一块谋划统一大业，是凭借这方寸之地。现在我失去了年迈的母亲，心也乱了，留下来对您的事业也不会有什么帮助，我请求你允许我告别"。于是就到曹操那里去了。

【原文】

先主至于夏口，亮曰："事急矣，请奉命求救于孙将军"。时权拥军在柴桑，观望成败，亮说权曰："海内大乱，将军起兵据有江东，刘豫州亦收众汉南，与曹操并争天下。今操芟夷〔1〕大难，略已平矣，遂破荆州，威震四海。英雄无所用武，故豫州遁逃至此。将军量力而处之：若能以吴、越之众与中国抗衡，不如早与之绝；若不能当，何不案兵束甲，北面而事之！今将军外托服从之名，而内怀犹豫之计，事急而不断，祸至无日矣"！权曰："苟如君言，刘豫州何不遂事之乎"？亮曰："田横，齐之壮士耳，犹守义不辱，况刘豫州王室之胄，英才盖世，众士仰慕，若水之归海，若事之不济，此乃天也，安能复为之下乎"！权勃然〔2〕曰："吾不能举全吴之地，十万之众，受制于人。吾计决矣！非刘豫州莫可以当曹操者，然豫州新败之后，安能抗此难乎”？亮曰：“豫州军虽败于长坂，今战士还者及关羽水军精甲万人，刘琦合江夏战士亦不下万人。曹操之众，远来疲弊，闻追豫州，轻骑一日一夜行三百余里，此所谓‘强弩之末，势不能穿鲁缟’者也。故兵法忌之，曰‘必蹶上将军’。且北方之人，不习水战；又荆州之民附操者，逼兵势耳，非心服也。今将军诚能命猛将统兵数万，与豫州协规同力，破操军必矣。操军破，必北还，如此则荆、吴之势强，鼎足之形成矣。成败之机，在于今日”。权大悦，即遣周瑜、程普、鲁肃等水军三万，随亮诣先主，并力拒曹公。曹公败于赤壁，引军归邺。先主遂收江南，以亮为军师中郎将，使督零陵、桂阳、长沙三郡，调其赋税，以充军实。

【注释】

〔1〕芟夷（shān yí）：铲除；削平。

〔2〕勃然：此处指勃然大怒。

【译文】

刘备到了夏口，诸葛亮对他说：“时局非常紧急了，请您下令让我去向孙将军求救”。这时孙权正率军驻扎柴桑，在一旁观望曹、刘战局的胜败。诸葛亮劝说孙权道：“天下大乱，将军起兵占据江东，刘备也在汉水以南招集兵马，与曹操一同争夺天下。现在曹操已消灭各路割据势力，基本上平定了北方的局势，接着又趁势攻破荆州，威震四海。致使英雄无用武之地，所以刘备才退避到这里。请将军根据自己的力量来应付目前局势：如能用吴、越的军队来与中原的曹军相抗，不如早点与曹操断绝关系；假如无力抵抗，何不放下武器、收起盔甲，向曹操投降称臣呢？现在将军表面上服从曹操，内心却犹豫不决，情势危急却不能当机立断，大祸没几天就要来临了”！孙权说：“假如真像你所说的那样，刘备为什么不投降曹操呢”？诸葛亮说：“田横只不过是齐国的一个壮士，尚且能够坚守节操，不肯屈辱投降，何况刘备是汉朝皇族的后人，英才盖世，人们仰慕拥戴他，如同水归大海一样。如果功业不能成功，这也是天意，但又怎能再做他曹操的下属呢”？孙权听完勃然大怒说：“我不能拿整个东吴土地和十万民众去受别人摆布控制，我的决心已经定了！除了刘备外没人能抵抗曹操，可是刘备最近刚打了败仗，他怎能抵挡住这个患难呢”？诸葛亮说：“刘备虽在长坂被击败，但现在失散归来的士卒以及关羽的水军加起来，仍有精兵上万人，刘琦集合起的江夏兵卒也不下万人。曹操的军队远道而来，疲惫不堪，听说他们用轻骑追赶刘备，一日一夜要追赶三百多里，这就是人们所说的‘强弩之末，势不能穿鲁缟’。因此兵法上忌讳这种做法，认为这样‘必然挫败上将军’。而且北方士兵不习惯水战，加上荆州百姓归附曹操，也只是被兵势所逼迫，并非心甘情愿。现在将军如果真能派出猛将统率几万兵马，和刘备同心协力，就一定能打败曹军。曹军一败，必然退回北方，这样一来，荆州、东吴的势力就会变得强大，三足鼎立的局面也就形成了。成功与失败的关键，就在今天”。孙权大喜，马上派周瑜、程普、鲁肃等人率领水军三万人，随诸葛亮赶到刘备那里，合力抗击曹操。曹操在赤壁被打得大败，领兵撤回邺县。刘备于是收复了江南各郡，任命诸葛亮为军师中郎将，派他督率零陵、桂阳、长沙三郡，征调那里的赋税来供应军政费用。

【原文】

建安十六年，益州牧刘璋遣法正迎先主，使击张鲁。亮与关羽镇荆州。先主自葭萌还攻璋，亮与张飞、赵云等率众溯江，分定郡县，与先主共围成都。成都平，以亮为军师将军，署左将军府事。先主外出，亮常镇守成都，足食足兵。二十六年，群下劝先主称尊号，先主未许，亮说曰：“昔吴汉、耿弇等初劝世祖即帝位，世祖辞让，前后数四，耿纯进言曰：‘天下英雄喁喁[1]，冀有所望。如不从议者，士大夫各归求主，无为从公也。’世祖感纯言深至，遂然诺之。今曹氏篡汉，天下无主，大王刘氏苗族，绍世而起，今即帝位，乃其宜也。士大夫随大王久勤苦者，亦欲望尺寸之功如纯言耳”。先主于是即帝位，策亮为丞相曰：“朕遭家不造，奉承大统，兢兢业业，不敢康宁，思靖百姓，惧未能绥。於戏！丞相亮其悉朕意，无怠辅朕之阙，助宣重光，以照明天下，君其勖[2]哉”！亮以丞相录尚书事，假节。张飞卒后，领司隶校尉。

【注释】

〔1〕喁（yóng）喁：仰望期待的样子。

〔2〕勖（xù）：古同勉励。

【译文】

建安十六年，益州牧刘璋派法正去迎接刘备，让刘备攻打张鲁。诸葛亮与关羽镇守荆州。后来刘备从葭萌返回，攻打刘璋，诸葛亮与张飞、赵云等人率军沿长江逆流而上，分别平定了沿江各郡县，然后与刘备一同包围了成都。成都平定后，刘备任命诸葛亮为军师将军，并兼管左将军府的事务。刘备外出时，诸葛亮常常留下镇守成都，备足粮草兵员。建安二十六年，众部下劝刘备称帝，刘备不答应，诸葛亮劝刘备说："从前，吴汉、耿弇等人劝世祖光武皇帝称帝，世祖也不肯答应，先后推让数次，于是，耿纯进言说：'天下的英雄们对您十分敬仰，希望追随您，得到自己想得到的东西。您如不答应大家的建议，大家就会离开您另投新主，没有办法使人再跟着您了。'世祖觉得耿纯的话恳切深刻，于是便答应了众人的要求。现在曹氏篡夺了汉朝皇位，天下无主，您是皇室刘氏的后代，继承汉室世序，登基即位，是应该的。士大夫们长期追随您，辛辛苦苦，也是希望像耿纯说的那样，建立一些微小的功劳罢了"。刘备于是即位称帝，任命诸葛亮为丞相，说："我遇上家室不幸，奉命继承帝位，一定兢兢业业，不敢贪图平定日子，想全力使百姓平安，又担心他们得不到安抚。唉！诸葛丞相完全了解我的心愿，你要不倦地辅佐我，帮助我克服缺点，协助我布施天子的恩德福泽，以便使汉室的光辉普照天下，你要努力啊"！诸葛亮以丞相的身份兼任尚书台事务，并被授予符节，张飞死后，又兼任了司隶校尉。

【原文】

章武三年春，先主于永安病笃，召亮于成都，属以后事，谓亮曰："君才十倍曹丕，必能安国，终定大事。若嗣子可辅，辅之；如其不才，君可自取"。亮涕泣曰："臣敢竭股肱之力[1]，效忠贞之节，继之以死"！先主又为诏敕后主曰："汝与丞相从事，事之如父"。建兴元年，封亮武乡侯，开府治事。顷之，又领益州牧。政事无巨细，咸决于亮。南中诸郡，并皆叛乱，亮以新遭大丧，故未便加兵，且遣使聘吴，因结和亲，遂为与国。

【注释】

〔1〕股肱（gōng）之力：自己的所有力量。形容做事已竭尽全力。

【译文】

章武三年春天，刘备在永安病危，他把诸葛亮从成都召来，向他托付后事。刘备对诸葛亮说："你的才干胜过曹丕十倍，一定能安邦定国，完成统一天下的大业。如果太子刘禅能够辅佐，就辅佐他；如果他没有才能，您可以取而代之"。诸葛亮流泪说道："臣怎敢不竭尽全力辅佐太子，献出自己的忠诚与节操，一直到死"！刘备又下诏告诫刘禅说："你与诸葛丞相共掌国事，一定要像侍奉父亲一样侍奉他"。建兴元年，刘禅封诸葛亮为武乡侯，成立丞相府署，全权处理国家军政事务。不久，又让诸葛亮兼任益州牧，政事无论大小，全由诸葛亮一人决断。这时，南方几郡同时发生了叛乱，因新遭国丧，诸葛亮不便立即出兵镇压，暂且派遣使者访问吴国，巩固与吴国的友好亲善，两国于是结为盟国。

【原文】

三年春，亮率众南征，其秋悉平。军资所出，国以富饶，乃治戎讲武，以俟大举。五年，率诸军北驻汉中，临发，上疏曰："先帝创业未半而中道崩殂[1]，今天下三分，益州疲弊[2]，此诚危急存亡之秋也。然侍卫之臣不懈于内，忠志之士忘身于外者，盖追先帝之殊遇，欲报之于陛下也。诚宜开张圣听，以光先帝遗德，恢弘志士之气，不宜妄自菲薄，引喻失义，以塞忠谏之路也。宫中府中，俱为一体，陟罚臧否[3]，不宜异同。若有作奸犯科及为忠善者，宜付有司论其刑赏，以昭陛下平明之理，不宜偏私，使内外异法也。侍中、侍郎郭攸之、费祎、董允等，此皆良实，志虑忠纯，是以先帝简拔以遗陛下。愚以为宫中之事，事无大小，悉以咨之，然后施行，必能裨补阙漏，有所广益。将军向宠，性行淑均，晓畅军事，试用于昔日，先帝称之曰能，是以众议举宠为督。愚以为营中之事，悉以咨之，必能使行阵和睦，优劣得所。亲贤臣，远小人，此先汉所以兴隆也；亲小人，远贤臣，此后汉所以倾颓也。先帝在时，每与臣论此事，未尝不叹息痛恨于桓、灵也。侍中、尚书、长史、参军，此悉贞良死节之臣，愿陛下亲之信之，则汉室之隆，可计日而待也。

”臣本布衣，躬耕于南阳，苟全性命于乱世，不求闻达于诸侯。先帝不以臣卑鄙，猥自枉屈，三顾臣于草庐之中，咨臣以当世之事，由是感激，遂许先帝以驱驰。后值倾覆，受任于败军之际，奉命于危难之间，尔来二十有一年矣。先帝知臣谨慎，故临崩寄臣以大事也。受命以来，夙夜忧叹，恐托付不效，以伤先帝之明，故五月渡泸，深入不毛。今南方已定，兵甲已足，当奖率三军，北定中原，庶竭驽钝〔4〕，攘除奸凶，兴复汉室，还于旧都。此臣所以报先帝而忠陛下之职分也。

“至于斟酌损益，进尽忠言，则攸之、允之任也。愿陛下托臣以讨贼兴复之效；不效，则治臣之罪，以告先帝之灵。若无兴德之言，则责攸之祎、允等之慢，以彰其咎。陛下亦宜自谋，以咨诹〔5〕善道，察纳雅言，深追先帝遗诏。臣不胜受恩感激，今当远离，临表涕零，不知所言”。遂行，屯于沔阳。

【注释】

〔1〕崩殂（cú）：死。古时指皇帝的死亡。

〔2〕疲弊：困苦穷乏。

〔3〕陟（zhì）罚臧否（zāngpǐ）：赏罚褒贬。

〔4〕驽钝：指低下的才能。

〔5〕咨诹（zōu）：商酌；谋划。

【译文】

建兴三年春天，诸葛亮率军南征，到了秋天，南方的叛乱被彻底平定。军需费用都从这些新平定的郡县征收，国家因此富饶起来。于是诸葛亮整顿训练军队，等待时机进行大的举动。建兴五年，诸葛亮统率各军，北上驻扎汉中，临出发前，他向刘禅上奏疏说："先帝开创的事业还没有完成一半，就中途去世了。现在魏、蜀、吴三国鼎立，益州人力、物力困乏，确实是到了生死存亡的危急时刻。然而侍卫皇帝的近臣在朝廷毫不懈怠，忠诚的将士在前方舍生忘死，都是为了追念先帝在世时对他们的特殊恩遇，想以此来报答陛下啊！陛下确实应该广开言路，听取各方意见，发扬光大先帝留下的美德，振奋志士们的气概，不应随便轻视自己，援引比喻失当以致阻塞臣下尽忠劝谏的道路。宫廷和丞相府，都是一个整体，赏罚褒贬，不应有什么不同。如果有作恶犯法或为善尽忠的，应该交给主管官员确定他们的处罚与奖赏，以显示陛下公正严明治理天下，不应该有偏见和私心，使宫内、宫外的法度有所不同。侍中、侍郎郭攸之、费祎、董允等都是诚实忠良之人，他们的志向、思想都十分忠贞纯洁，因此先帝把他们选拔出来留给陛下任用。臣认为宫廷中的事情，无论大小，都应该征求他们的意见，然后再去实施，这样一定能补短和疏漏，收到很大的效果。将军向庞性情平和，为人善良，精通军事，以前经过试用，先帝称赞他能干，因此大家推举他担任中部督。臣认为军中之事，都应先与他商议，这样一定能使军队内部和睦，军力配备得当。亲近贤臣，疏远小人，这是前汉得以兴盛的重要原因；亲近小人，疏远贤臣，这是后汉倾覆衰败的原因。先帝生前，经常与臣谈论这些事，没有一次不深深叹息而为桓、灵二帝感到痛恨和遗憾的。侍中郭攸之、费祎，尚书陈震，长史张裔，参军蒋琬，这些人都是忠贞可靠、能以死报国的贤臣，希望陛下能亲近他们，信任他们，这样，汉室的兴盛就指日可待了。

”臣本来是一个平民，在南阳亲自耕田种地，只想在乱世中苟且保全性命，并不想在诸侯中扬名显达。先帝不嫌臣卑贱鄙陋，亲自屈驾前往，三次到茅庐中去访问臣，向臣询问天下大事。臣因此十分感激，便答应为先帝奔走效劳。后来遇上军事失利，臣在兵败之时承当了重任，在危难之际接受了命令，从那时到现在已有二十一年了。先帝了解臣做事谨慎，所以在临终前将复兴汉室的大事托付给臣。自从接受命令以来，臣朝思夕虑，唯恐托付给我的事做得没有成效，以致损害先帝的知人之明。因而在五月渡过泸水，深入到荒凉之地作战。如今南方各郡已经平定，兵力武器已准备充足，应该鼓励督帅全军，挥戈北上平定中原，或许能尽自己平庸的才能，铲除奸凶邪恶，复兴汉室，回到原来的都城洛阳。这是臣用来报答先帝，并向陛下效忠所应尽的职责。

“至于权衡政事的轻重得失，向陛下进献忠言，则是郭攸之、费祎、董允的责任。希望陛下能将讨伐奸贼、复兴汉室的重任交付给臣；如果做不出成效，就请治臣的罪，以告慰先帝的在天之灵；如果听不到劝勉陛下发扬圣德的忠言，那就应责怪郭攸之、费祎、董允等人怠慢失职，公布他们的过错。陛下也应当自己谋划，向群臣征询治国的好方法，识别采纳正确的意见，深深追念先帝遗诏中的话。我禁不住因蒙受深恩而感动奋发，现在臣就要远离陛下了，写这篇奏表的时候，已是泪如雨下，不知道自己说了些什么”。于是，诸葛亮率军出发，在沔阳扎下营寨。

【原文】

六年春，扬声由斜谷道取，使赵云、邓芝为疑军，据箕谷，魏大将军曹真举众拒之。亮身率诸军攻祁山，戎阵整齐，赏罚肃而号令明，南安、天水、安定三郡叛魏应亮，关中响震。魏明帝西镇长安，命张郃拒亮，亮使马谡督诸军在前，与郃战于街亭。谡违亮节度，举动失宜，大为郃所破，亮拔西县千余家，还于汉中，戮谡以谢众。上疏曰：“臣以弱才，叨窃非据，亲秉旄钺[1]以厉三军，不能训章明法，临事而惧，至有街亭违命之阙，箕谷不戒之失，咎皆在臣授任无方。臣明不知人，恤事多暗，《春秋》责帅，臣职是当。请自贬三等，以督厥咎”。于是以亮为右将军，行丞相事，所总统如前。

【注释】

〔1〕旄钺（máo yuè）：白旄和黄钺。借指军权。

【译文】

建兴六年春天，诸葛亮扬言要经斜谷道攻取县，并派赵云、邓芝率军疑惑敌人，占据箕谷，魏国大将军曹真率兵前来抵抗。诸葛亮则亲率大军进攻祁山，军容整齐，赏罚分明，号令明确，南安、天水、安定三郡背叛魏国，接应诸葛亮，整个关中地区震惊。魏明帝曹睿亲自西行坐镇长安，命令张郃率军抵抗诸葛亮，诸葛亮派马谡督率各军在前，与张战于街亭。由于马谡违背了诸葛亮的作战部署，行动失当，被张郃打得大败，失了街亭。诸葛亮迁移西县一千多处大夫的采地食邑，退回汉中，处死了马谡，向大家承认错误，并向刘禅上奏疏说："臣以微弱的才能，担任了不能胜任的职务，亲自秉承皇帝的命令以激励三军，却不能训导规章，严明法纪，面临大事惊慌失措，致使发生了街亭违背军令的错误，箕谷戒备不严的过失，责任在于臣用人没有固定的法度。臣明白自己不能知人善任，考虑问题也多不明智，按照《春秋》军事失利责罚主帅的原则，失职的过错应当由臣来承担。臣请求降职三级，以惩罚臣的过错"。于是改任诸葛亮为右将军，代理丞相职务，总管全国军政事一如从前。

【原文】

冬，亮复出散关，围陈仓，曹真拒之，亮粮尽而还。魏将王双率骑追亮，亮与战，破之，斩双。七年，亮遣陈式攻武都、阴平。魏雍州刺史郭淮率众欲击式，亮自出至建威，淮退还，遂平二郡。诏策亮曰：“街亭之役，咎由马谡，而君引愆，深自贬抑，重违君意，听顺所守。前年耀师，馘[1]斩王双；今岁爰征，郭淮遁走；降集氐、羌，兴复二郡，威镇凶暴，功勋显然。方今天下骚扰，元恶未枭，君受大任，干国之重，而久自挹损，非所以光扬洪烈矣。今复君丞相，君其勿辞”。

【注释】

〔1〕馘（guó）：古代战争中割取敌人的左耳以计数献功，此处特制斩杀。

【译文】

建兴六年冬天，诸葛亮再次出兵散关，围攻陈仓县，魏将曹真率兵抵抗诸葛亮，诸葛亮因粮草用尽返回汉中。魏将王双率骑兵追击诸葛亮，诸葛亮与王双交战，大败魏军，斩王双。建兴七年，诸葛亮派陈式攻打武都、阴平二郡。魏国雍州刺史郭淮率军准备进攻陈式，诸葛亮亲自领兵出征来到建威，郭淮被迫撤回雍州，于是诸葛亮平定武都、阴平二郡。刘禅下诏策封诸葛亮说：“街亭之战，责任在马谡，而您引咎自责，代人受过，深深贬责自己。我当时难以违背您的心愿，同意了您的请求。您去年率兵展示军威，斩杀了魏将王双；今年又再次出征，迫使郭淮逃走，安抚了氐、羌各部落，收复了武都、阴平二郡，威风震慑凶顽恶暴之徒，功勋昭著。现在天下还未平定，元凶首恶尚未扫除，您肩负着重大的责任，主持国家军政大事，却长期自我贬抑谦退，不是发扬光大先帝的宏伟事业的做法。现在恢复您的丞相职务，请您不要推辞”。

【原文】

九年，亮复出祁山，以木牛运，粮尽退军，与魏将张郃交战，射杀郃。十二年春，亮悉大众由斜谷出，以流马运，据武功五丈原，与司马宣王对于渭南。亮每患粮不继，使己志不申，是以分兵屯田，为久驻之基。耕者杂于渭滨居民之间，而百姓安堵，军无私焉。相持百余日。其年八月，亮疾病，卒于军，时年五十四。及军退。宣王案行其营垒处所，曰：“天下奇才也”！

【译文】

建兴九年，诸葛亮再次兵出祁山，用木牛作为运输工具，后因粮草用尽撤军。这次与魏将张郃交战，射死了张郃。建兴十二年春天，诸葛亮统率全部蜀军从斜谷出祁山，用流马作为运输工具，占据了武功县的五丈原，与魏国司马懿在渭河以南对峙。诸葛亮担心每次都因粮草接济不上，使自己的志愿得不到实现，于是下令分出一部分士兵就地开垦荒地，打下长期驻扎的基础。垦荒部队交杂居住在渭水边的百姓中间，百姓安居有如垣墙，垦荒的士卒也不谋求私利。双方相持一百多天。这年八月，诸葛亮染病，在军中去世，年仅五十四岁。等到蜀军撤走，司马懿逐一巡视了蜀军留下的营地赞叹道：“诸葛亮真是天下的奇才啊”！

【原文】

亮遗命葬汉中定军山，因山为坟，冢足容棺，敛以时服，不须器物。诏策曰：“惟君体资文武，明睿笃诚，受遗托孤，匡辅朕躬，继绝兴微，志存靖乱；爰整六师，无岁不征，神武赫然，威震八荒，将建殊功于季汉，参伊、周之巨勋。如何不吊，事临垂克，遘疾陨丧！朕用伤悼，肝心若裂。夫崇德序功，纪行命谥，所以光昭将来，刊载不朽。令使使持节左中郎将杜琼，赠君丞相武乡侯印绶，谥君为忠武侯。魂而有灵，嘉兹宠荣。呜呼哀哉！呜呼哀哉”！

初，亮自表后主曰：“成都有桑八百株，薄田十五顷，子弟衣食，自有余饶。至于臣在外任，无别调度，随身衣食，悉仰于官，不别治生，以长尺寸。若臣死之日，不使内有余帛，外有赢财，以负陛下”。及卒，如其所言。

亮性长于巧思，损益连弩，木牛流马，皆出其意；推演兵法，作八阵图，咸得其要云。亮言教书奏多可观，别为一集。

【译文】

诸葛亮留下遗言，命人将自己葬在汉室的定军山，要依着山势修建坟墓，墓穴只要容纳下棺材就行，入殓时穿上当时季节所穿的衣服，不必用其他器物殉葬。刘禅颁布诏告祭奠诸葛亮说："您天生具有文、武兼备的才干，英明多智而又忠厚诚实，接受先帝托孤遗命，尽心竭力地辅佐着我，继承濒临灭亡的朝廷，振兴微弱的基业，立志平定天下的战乱；整治军队，年年出征讨伐敌人，神勇威武显赫，军威镇服四方，为蜀汉建立伟大的功绩，其功勋可与殷商的伊尹、西周的周公相媲美。为什么如此不幸，在大业即将成功之际，您却染病去世了！我为您的逝世哀痛悲伤，肝心欲裂。我推崇您的品德，彰扬您的功勋，依据生前事迹为您追封谥号，以便使您的美名传扬天下，名刻青史，永垂不朽。现在派持节使左中郎将杜琼，赠给您丞相武乡侯的印绶，给您追加谥号为忠武侯。您的英魂如果有知的话，也会感到光荣。呜呼哀哉！呜呼哀哉"！

当初，诸葛亮曾上表给刘禅说："臣在成都有桑树八百棵，薄田十五顷，家属子弟的衣食费用已比较宽裕。至于臣任职在外，没有别的花费安排，随身的衣食全靠国家供给，不用再经营别的产业，来增加自己的家用。如果有一天臣撒手死去，一定不让家中有多余的物品，让外面有多余的财产，以免辜负陛下的恩宠"。他死后，他家的情况果真像他说的那样。

诸葛亮天生擅长巧思，他曾改进能够连续射出箭矢的弓弩，制作运输工具，木牛流马也是根据他的主意；他推广演绎的兵法，制作的八阵图，都很得要领。他留下的议论、教诲、书信、奏章都很值得一读，另编为一集。

【原文】

景耀六年春，诏为亮立庙于沔阳。秋，魏征西将军钟会征蜀，至汉川，祭亮之庙，令军士不得于亮墓所左右刍牧[1]樵采。亮弟均，官至长水校尉。亮子瞻，嗣爵。

【注释】

〔1〕刍（chú）牧：割草放牧。

【译文】

景耀六年春天，刘禅下诏令在沔阳为诸葛亮建立祠庙。这年秋天，魏国镇西将军钟会领兵攻蜀，来到汉川后，前去祭扫诸葛亮的祠庙，并严令军中士卒，不许他们在诸葛亮的墓葬附近割草放马砍柴采摘。诸葛亮的弟弟诸葛均，官至长水校尉。诸葛亮的儿子诸葛瞻，继承了父亲的爵位。

【原文】

诸葛氏集目录：开府作牧第一权制第二南征第三北出第四计算第五训厉第六综核上第七综核下第八杂言上第九杂言下第十贵和第十一兵要第十二传运第十三与孙权书第十四与诸葛瑾书第十五与孟达书第十六废李平第十七法检上第十八法检下第十九科令上第二十科令下第二十一军令上第二十二军令中第二十三军令下第二十四右二十四篇，凡十万四千一百一十二字。

臣寿等言：臣前在著作郎，侍中领中书监济北侯臣荀勖、中书令关内侯臣和峤奏，使臣定故蜀丞相诸葛亮故事。亮毗佐危国，负阻不宾[1]，然犹存录其言，耻善有遗，诚是大晋光明至德，泽被无疆，自古以来，未之有伦也。辄删除复重，随类相从，凡为二十四篇，篇名如右。

亮少有逸群之才，英霸之器，身才八尺，容貌甚伟，时人异焉。遭汉末扰乱，随叔父玄避难荆州，躬耕于野，不求闻达。时左将军刘备以亮有殊量，乃三顾亮于草庐之中；亮深谓备雄姿杰出，遂解带写诚，厚相结纳。及魏武帝南征荆州，刘琮举州委质，而备失势众寡，无立锥之地。亮时年二十七，乃建奇策，身使孙权，求援吴会。权既宿服仰备，又睹亮奇雅，甚敬重之，即遣兵三万人以助备。备得用与武帝交战，大破其军，乘胜克捷，江南悉平。后备又西取益州。益州既定，以亮为军师将军。备称尊号，拜亮为丞相，录尚书事。及备殂没，嗣子幼弱，事无巨细，亮皆专之。于是外连东吴，内平南越，立法施度，整理戎旅[2]，工械技巧，物究其极，科教严明，赏罚必信，无恶不惩，无善不显，至于吏不容奸，人怀自厉，道不拾遗，强不侵弱，风化肃然也。

当此之时，亮之素志，进欲龙骧虎视，苞括[3]四海，退欲跨陵边疆，震荡宇内。又自以为无身之日，则未有能蹈涉中原、抗衡上国者，是以用兵不戢，屡耀其武。然亮才，于治戎为长，奇谋为短，理民之干，优于将略。而所与对敌，或值人杰，加众寡不侔，攻守异体，故虽连年动众，未能有克。昔萧何荐韩信，管仲举王子城父，皆忖己之长，未能兼有故也。亮之器能政理，抑亦管、萧之亚匹也，而时之名将无城父、韩信，故使功业陵迟，大义不及邪？盖天命有归，不可以智力争也。

青龙二年春，亮帅众出武功，分兵屯田，为久驻之基。其秋病卒，黎庶追思，以为口实。至今梁、益之民，咨述亮者，言犹在耳，虽《甘棠》之咏召公，郑人之歌子产，无以远譬也。孟轲有云："以逸道[4]使民，虽劳不怨；以生道杀人，虽死不忿"。信矣！论者或怪亮文彩不艳，而过于丁宁周至。臣愚以为咎繇大贤也，周公圣人也，考之《尚书》，咎繇之谟略而雅，周公之诰烦而悉。何则？咎繇与舜、禹共谈，周公与群下矢誓故也。亮所与言，尽众人凡士，故其文指不得及远也。然其声教遗言，皆经事综物，公诚之心，形于文墨，足以知其人之意理，而有补于当世。

伏惟陛下迈踪古圣，荡然无忌，故虽敌国诽谤之言，咸肆其辞而无所革讳，所以明大通之道也。谨录写上诣著作。臣寿诚惶诚恐，顿首顿首，死罪死罪。泰始十年二月一日癸巳，平阳侯相臣陈寿上。

乔字伯松，亮兄瑾之第二子也，本字仲慎。与兄元逊俱有名于时，论者以为乔才不及兄，而性业过之。初，亮未有子，求乔为嗣，瑾启孙权遣乔来西，亮以乔为己子，故易其字焉。拜为驸马都尉，随亮至汉中。年二十五，建兴（元）〔六〕年卒。子攀，官至行护军、翊武将军，亦早卒。诸葛恪见诛于吴，子孙皆尽，而亮自有胄裔，故攀还复为瑾后。

【注释】

〔1〕负阻不宾：犹言负固不服。

〔2〕戎旅：军旅；兵事。

〔3〕苞括：包举；包括。苞，通“包”。

〔4〕逸道：使民休养生息的政策法令等。

【译文】

诸葛氏集目录：开府作牧第一权制第二南征第三

北出第四计算第五训厉第六

综核上第七综核下第八杂言上第九

杂言下第十贵和第十一兵要第十二

传运第十三与孙权书第十四与诸葛瑾书第十五

与孟达书第十六废李平第十七法检上第十八

法检下第十九科令上第二十科令下第二十一

军令上第二十二军令中第二十三军令下第二十四

以上共二十四篇，总共有十万四千一百一十二字。

臣陈寿等人上奏说：臣从前担任著作郎时，侍中兼中书监济北侯荀勖、中书令关内侯和峤奏议，让臣审订原蜀汉丞相诸葛亮的旧事。诸葛亮辅佐垂危的蜀国，凭借地形险阻，拒不归附，然而仍旧记录保存了他的言论著作，唯恐美好的言行有所遗漏，这实在是我大晋光明磊落的最高恩德，恩泽覆盖天下。自古以来，还没有这样的事。臣将诸葛亮著作中内容重复的删去，将同类的归在一起，共整理出二十四篇，篇名如上。

诸葛亮年轻时就显露出了超群的才华，有英武雄健的气概，他身高八尺，相貌堂堂，当时的人都认为他不同寻常。因遭逢汉朝末年的动乱，诸葛亮随叔父诸葛玄到荆州避难，他亲自在郊野耕作，不求闻名显达。当时左将军刘备认为诸葛亮有特殊才识，于是三次前往诸葛亮的茅庐去拜访他；诸葛亮也深知刘备雄姿英发，杰出不凡，于是向刘备推心置腹地倾诉了自己的忠诚，与刘备深深结交。到了魏武帝曹操南下讨伐荆州刘琮献出荆州投降时，刘备处境艰难，势单力薄，连一个立足之处都没有。诸葛亮当时年仅二十七岁，他向刘备献上奇特的计谋，亲自出使去拜见孙权，向东吴求援。孙权本来就十分钦佩刘备，又见诸葛亮谈吐不凡，对他很是敬重，当即派兵三万去援助刘备。刘备借助东吴军队，与魏武帝曹操交战，大败曹军，接着他又趁胜出击，接连打了不少胜仗，平定了长江以南的全部地区。后来刘备又向西夺取了益州。益州平定后，诸葛亮被任命为军师将军。刘备称帝，诸葛亮被升迁为丞相，授权总管尚书台的政务。等到刘备去世，继位的嫡子刘禅年纪幼小，才智平庸，因而政事无论大小，都由诸葛亮一人裁决。于是他对外与东吴结盟，内部平定了南中各郡，制定了法律制度，整顿了军队。他使木牛流马这一类机械装置达到了极其精妙的程度。他法令严明，赏罚绝不失信，作恶的人没有不受惩罚的，为善的人没有不被表彰的，最后终于达到了官吏不敢奸诈虚伪，人人严格要求自己，道不拾遗，强不欺弱的程度，风俗教化肃然。

在当时，诸葛亮的一贯志向是：进则要龙骧虎视，一举扫清天下，统一中国；退也要割据边疆，震荡天下。他又认为，在自己去世后，蜀国没有能够进军北伐中原，与强大的魏国抗衡的人，因此他年年用兵不止，屡屡炫耀武力。但诸葛亮的才干，长于治理训练军队，在应用谋略、出奇制胜方面却是他的短处，他治理国家的能力远远高于军事指挥才能。然而与他对敌作战的敌人，有的是当世杰出的人才，加上双方力量悬殊，他本应采取守势，却不顾实际条件贸然进攻，因而虽然连年兴师动众，也未能取得成功。从前萧何举荐韩信，管仲推荐王子城父，都是因为思量自己的才干长于治国，未能同时兼有军事指挥才能的缘故。诸葛亮的政治才干，或许能与管仲、萧何匹敌相当，只可惜他当时没有王子城父、韩信那样的名将，因而才使得功业衰微，这难道是大义不及吗？大概天命有所归宿，不是用人的智慧和力量可以争取的。

青龙二年春天，诸葛亮率军出师武功县，他派出部分士卒开荒屯田，打下长久驻扎当地的基础。这年秋天，诸葛亮因病去世，百姓追忆怀念他，把他的事迹作为日常谈话的资料。直到现在，梁州、益州人民追述赞叹诸葛亮的话，还可以听到，即使是《甘棠》颂扬召公，郑国人歌颂子产，也无法与之相比。孟轲曾说："用安民之道役使百姓，百姓虽劳苦也无怨言。用保民之道处死罪犯，罪犯虽死也不恼怒"。的确是这样啊！有的评论者认为诸葛亮的文辞不够华美，而论述又过于详尽啰唆。臣却私下认为皋陶是人们公认的大贤，周公是人们公认的圣人，然而考察《尚书》中的记载，发现他们也是很不同的，皋陶的话简略而又典雅，周公的话繁复而又详尽。什么原因呢？这是由于皋陶是在和圣君舜、禹交谈，而周公却是在和下属们一起用誓言进行约束的缘故。诸葛亮谈话的对象都是普通的将士百姓，所以他的文辞意旨不能深奥难懂，必然浅显易懂。然而他的教诲遗言，都是其经历事情和处理具体事物的整理综合，他的公正至诚的精神，也在文章中表现出来。因此，通过这些文章足以了解他的思想见解，对当今世事也会有所补益。

陛下遵循古代圣贤的足迹，胸怀坦荡，无所忌讳，即使是敌国诽谤的言论，也全部保留存录下来，不加修饰和隐讳，以此来表明宽宏通达的道理。臣小心地录写了这些文章论著，上交给著作省。臣心中诚惶诚恐，向皇帝一再叩头拜礼，冒犯天威，该当死罪。晋武帝泰始十年二月一日，平阳侯相臣陈寿敬上。

诸葛乔字伯松，是诸葛亮的哥哥诸葛瑾的次子，本字仲慎。他和他的哥哥诸葛元逊在当时都很有名望。谈论者认为诸葛乔的才干不如他的哥哥，但性情品格比诸葛元逊强。最初，诸葛亮没有儿子，请求诸葛瑾将诸葛乔过继给自己，诸葛瑾请示孙权后，让诸葛乔来到蜀国，诸葛亮将诸葛乔当做自己的亲生儿子，所以为他改了字。诸葛乔被授官为附马都尉，随诸葛亮到了汉中，诸葛乔于刘禅建兴六年去世，年仅二十五岁。诸葛乔之子诸葛攀，官至代理护军、翊武将军，也不幸很早就去世了。以后诸葛恪在东吴被杀，子孙都被灭尽，而诸葛亮这时已有了自己的后人，因此诸葛攀返回东吴仍然成了诸葛瑾的后代。

【原文】

瞻字思远。建兴十二年，亮出武功，与兄瑾书曰："瞻今已八岁，聪慧可爱，嫌其早成，恐不为重器耳"。年十七，尚公主，拜骑都尉。其明年为羽林中郎将，屡迁射声校尉、侍中、尚书仆射，加军师将军。瞻工书画，强识念，蜀人追思亮，咸爱其才敏。每朝廷有一善政佳事，虽非瞻所建倡，百姓皆传相告曰："葛侯之所为也"。是以美声溢誉，有过其实。景耀四年，为行都护、卫将军，与辅国大将军南乡侯董厥并平尚书事。六年冬，魏征西将军邓艾伐蜀，自阴平由景谷道旁入。瞻督诸军至涪停住，前锋破，退还，住绵竹。艾遣书诱瞻曰："若降者，必表为琅邪王"。瞻怒，斩艾使。遂战，大败。临阵死，时年三十七。众皆离散，艾长驱至成都。瞻长子尚，与瞻俱没。次子京及攀子显等，咸熙元年内移河东。

【译文】

诸葛瞻字思远。刘禅建兴十二年，诸葛亮出兵武功县，他在给哥哥诸葛瑾的信中说："诸葛瞻如今已经八岁，十分聪明可爱，只是怕他过早成熟，将来成不了大器"。诸葛瞻十七岁时，娶公主为妻，被授官为骑都尉。第二年担任羽林中郎将，以后不断提升，先后担任射声校尉、侍中、尚书仆射，加衔为军师将军。诸葛瞻精通书法绘画，记忆力很强。因为蜀国人怀念诸葛亮，所以也都喜欢诸葛瞻才思敏捷。每当朝廷有一桩好的政事，尽管不是诸葛瞻建议倡导，百姓们也会互相传告，说：“这是葛侯所做的”。因此诸葛瞻的美名受到过分渲染，有些言过其实。景耀四年，诸葛瞻担任了代理都护并任卫将军，与辅国大将军南乡侯董厥共同执掌尚书台政务。景耀六年冬天，魏国征西将军邓艾率兵攻打蜀国，从阴平郡经过景谷道附近山地进入蜀界。诸葛瞻督率各军赶到涪县停下来，蜀军前头部队战败，诸葛瞻被迫后撤，驻扎绵竹。邓艾派人送信诱劝诸葛瞻说：“你如肯投降，我一定上表朝廷封你为琅邪王”。诸葛瞻大怒，斩了邓艾的使者。与邓艾交战，蜀军大败，诸葛瞻战死，死时年仅三十七岁。诸葛瞻所率蜀军溃败，邓艾长驱直入来到成都。诸葛瞻长子诸葛尚，同诸葛瞻同时战死。次子诸葛京与诸葛攀之子诸葛显等人，在咸熙元年迁往内地的河东郡。

【原文】

董厥者，丞相亮时为府令史，亮称之曰：“董令史，良士也。吾每与之言，思慎宜适”。徙为主簿。亮卒后，稍迁至尚书仆射，代陈祇为尚书令，迁大将军，平台事，而义阳樊建代焉。延熙（二）十四年，以校尉使吴，值孙权病笃，不自见建。权问诸葛恪曰：“樊建何如宗预也”？恪对曰：“才识不及预，而雅性过之”。后为侍中，守中书令。自瞻、厥、建统事，姜维常征伐在外，宦人黄皓窃弄机柄[1]，咸共将护，无能匡矫[2]，然建特不与皓和好往来。蜀破之明年春，厥、建俱诣京都，同为相国参军，其秋并兼散骑常侍，使蜀慰劳。

【注释】

〔1〕机柄：权柄。

〔2〕匡矫：纠正；矫正。

【译文】

董厥，在诸葛亮做丞相时任丞相府令史，诸葛亮称赞他说：“董令史，是位贤能的人才，我每次和他交谈，都感到他思考问题谨慎恰当”。后来董厥调任主簿。诸葛亮去世后，董厥逐步升迁为尚书仆射，代替陈祗担任尚书令，又升为大将军、平台事，原尚书令一职由义阳人樊建担任。延熙十四年，樊建以校尉身份出使吴国，正赶上孙权病重，没有亲自接见樊建。事后，孙权对诸葛恪说：“樊建与宗预相比怎么样”？诸葛恪答道：“樊建才干见识不如宗预，但性情高雅要超过宗预”。后来樊建担任侍中，代理尚书令一职。自从诸葛瞻、董厥、樊建执掌国事以来，姜维经常征战在外，宦官黄皓窃取玩弄大权，朝中大臣都迁就庇护他，没人出来纠正这一弊端，而只有樊建一人坚持不与黄皓往来结交。蜀国被攻破的第二年春天，董厥、樊建奉命到了魏都洛阳，一同担任了相同参军，到了秋天又一同兼任了散骑常侍，受命出使蜀地慰问当地军民。

【评曰】

诸葛亮担任丞相期间，安抚百姓，建立礼仪法度，简省官职，制定适宜的政策法令。他开诚布公显示公道：凡精忠为国、有益于时局的人，即使是他的仇敌也受到奖赏；玩忽职守、触犯国法的人，即使是他的亲属朋友也要加以责罚；坦白自首、诚心认错的人，即使罪行很重也要从宽发落；巧言令色、文过饰非的人，即使罪行轻微也要严加惩罚。善事无论多么轻微也一定要奖励，作恶无论多么细小也一定要惩罚。他做事精明干练，善于抓住问题根本和关键；他讲求名实相符、言行一致，痛恨虚伪狡诈的人。因此在整个蜀国之内，人们都畏惧而又爱戴他，施行的刑法政令虽很严厉，却没有人怨恨他，这是因为他用心公平和劝勉告诫明确的缘故。诸葛亮可以说是一个治国理民的良才，堪和管仲、萧何这类杰出的政治家相媲美。然而他连年用兵，却未能最终获得成功，这大概是因为随机应变的军事谋略不是他的长处吧！

关羽传

【原文】

关羽字云长，本字长生，河东解人也。亡命奔涿郡。先主于乡里合徒众，而羽与张飞为之御侮。先主为平原相，以羽、飞为别部司马，分统部曲。先主与二人寝则同床，恩若兄弟。而稠人广坐[1]，侍立终日，随先主周旋，不避艰险。先主之袭杀徐州刺史车胄，使羽守下邳城，行太守事，而身还小沛。

建安五年，曹公东征，先主奔袁绍。曹公禽羽以归，拜为偏将军，礼之甚厚。绍遣大将（军）颜良攻东郡太守刘延于白马，曹公使张辽及羽为先锋击之。羽望见良麾盖，策马刺良于万众之中，斩其首还，绍诸将莫能当者，遂解白马围。曹公即表封羽为汉寿亭侯。初，曹公壮羽为人，而察其心神无久留之意，谓张辽曰："卿试以情问之"。既而辽以问羽，羽叹曰："吾极知曹公待我厚，然吾受刘将军厚恩，誓以共死，不可背之。吾终不留，吾要当立效以报曹公乃去”。辽以羽言报曹公，曹公义之。及羽杀颜良，曹公知其必去，重加赏赐。羽尽封其所赐，拜书告辞，而奔先主于袁军。左右欲追之，曹公曰：“彼各为其主，勿追也”。

【注释】

〔1〕稠人广坐：指人很多的地方，即公共场合。

【译文】

关羽字云长，本字长生，河东郡解县人。逃亡到涿郡时，刘备在家乡招集兵马，关羽和张飞替他抵御侵侮。刘备做平原国相国时，让关羽、张飞担任了别部司马，分头统领一些私人武装兵。刘备求与关、张二人同床共寝，亲如兄弟。关、张二人在人多广众的场合，整日侍立在刘备身旁，跟随刘备应酬各种事情，从不躲避艰难险阻。后来刘备袭击、杀死了徐州刺史车胄，让关羽领兵镇守下邳城，代理太守职务，自己则率军回到小沛。

建安五年，曹操东征徐州，刘备投奔袁绍。曹操活捉关羽后返回，任命关羽做了偏将军，对他非常客气。袁绍派大将颜良在白马县进攻东郡太守刘延，曹操派部将张辽和关羽为先锋攻打颜良。关羽远远看见颜良的帅旗和车盖，拍马上前，在万马军中将颜良杀死，割下他的首级返回，袁绍的部将没人能够抵挡他，于是解除了白马之围。曹操随即上奏朝廷，封关羽为汉寿亭侯。最初，曹操十分佩服关羽的为人，后来，发现关羽没有久留之意，便对张辽说："你凭私人感情试着去问问他"。不久，张辽果然向关羽问起此事，关羽感慨地说："我也深知曹操待我十分优厚，但我深受刘将军的厚恩，曾发誓与他同生共死，我绝不会背叛他。我终究是不能留在这里的，我一定会等立下大功，报答了曹操的恩遇后才离开"。张辽将关羽的话告诉了曹操，曹操认为他是个义士。等到关羽斩杀颜良后，曹操知道他一定会离开自己，便对他重加赏赐。关羽将曹操赏赐的物品全部封存，留下书信向曹操告辞，然后赶往袁绍军中投奔刘备。曹操身边的人想将他追回，曹操说："各人都是为了自己的主人，不要追了"。

【原文】

从先主就刘表。表卒，曹公定荆州，先主自樊将南渡江，别遣羽乘船数百艘会江陵。曹公追至当阳长阪，先主斜趣汉津，适与羽船相值，共至夏口。孙权遣兵佐先主拒曹公，曹公引军退归。先主收江南诸郡，乃封拜元勋，以羽为襄阳太守、荡寇将军，驻江北。先主西定益州，拜羽董督荆州事。羽闻马超来降，旧非故人，羽书与诸葛亮，问"超人才可谁比类"？亮知羽护前，乃答之曰："孟起兼资文武，雄烈过人，一世之杰，黥、彭之徒，当与益德并驱争先，犹未及髯之绝伦逸群也"。羽美须髯[1]，故亮谓之髯。羽省书大悦，以示宾客。

【注释】

〔1〕须髯：胡须。

【译文】

以后关羽追随刘备投奔刘表。刘表死后，曹操平定了荆州，刘备从樊城准备南渡长江，另派关羽统率船只数百艘，约定在江陵会师。曹操追刘备到当阳县的长阪，刘备穿小路逃到汉津渡，恰好与关羽的船队相遇，两军会合，一起赶到了夏口。孙权派兵协助刘备抗击曹操，曹操兵败，撤回北方。刘备占领了江南各郡，然后赏赐建立首功的人，任命关羽为襄阳太守、荡寇将军，让他领兵驻守江北。刘备西进平定益州以后，授权关羽督掌荆州事务。关羽听说马超前来投降刘备，而马超并不是他的老朋友，于是便写信给诸葛亮，询问马超的人品才干可与谁相比。诸葛亮知道关羽好强护短，回信答复说："马超文武兼备，勇猛过人，的确是当世一位杰出的人才，是黥布、彭越一类的人物，可与张飞并驾齐驱，一争高低，但不及美髯公超凡出众，卓尔不群"。关羽长有一部漂亮的胡须，因此诸葛亮称他为美髯公。关羽看了诸葛亮的回信，十分高兴，把它交给宾客幕僚传看。

【原文】

羽尝为流矢所中，贯其左臂，后创虽愈，每至阴雨，骨常疼痛，医曰："矢镞[1]有毒，毒入于骨，当破臂作创，刮骨去毒，然后此患乃除耳”。羽便伸臂令医劈之。时羽适请诸将饮食相对，臂血流离，盈于盘器，而羽割炙引酒，言笑自若。

二十四年，先主为汉中王，拜羽为前将军，假节钺。是岁，羽率众攻曹仁于樊。曹公遣于禁助仁。秋，大霖雨，汉水泛溢，禁所督七军皆没。禁降羽，羽又斩将军庞德。梁、郏、陆浑群盗或遥受羽印号，为之支党，羽威震华夏。曹公议徙许都以避其锐，司马宣王、蒋济以为关羽得志，孙权必不愿也。可遣人劝权蹑其后，许割江南以封权，则樊围自解。曹公从之。先是，权遣使为子索羽女，羽骂辱其使，不许婚，权大怒。又南郡太守麋芳在江陵，将军（傅）士仁屯公安，素皆嫌羽自轻（己）；羽之出军，芳、仁供给军资，不悉相救，羽言“还当治之”，芳、仁咸怀惧不安。于是权阴诱芳、仁，芳、仁使人迎权。而曹公遣徐晃救曹仁，羽不能克，引军退还。权已据江陵，尽虏羽士众妻子，羽军遂散。权遣将逆击羽，斩羽及子平于临沮。

【注释】

〔1〕矢镞（zú）：箭头。

【译文】

关羽曾被乱箭射中，箭头刺穿左臂，后来伤口虽然愈合，但每逢阴雨天气，左臂骨常常疼痛。医生说："箭头有毒，毒素已渗入骨中，需要重新剖开臂部上的伤口，刮去臂骨上的余毒，才能除去这痛苦"。关羽于是便伸出手臂，让医生为他开刀。当时恰逢关羽请将领们宴饮，他的臂部鲜血淋漓，流满了接在下面的盘子，关羽却切肉饮酒，谈笑自如。

建安二十四年，刘备被拥立为汉中王后，任命关羽为前将军，并授予符节黄钺总领各路兵马。这一年，关羽率兵在樊城攻打曹仁，曹操派部将于禁率军援助曹仁。时值深秋，樊城一带下起连绵大雨，汉水泛滥，于禁统率的七路兵马被全部淹没。于禁投降关羽，关羽又斩杀了魏将庞德。梁、郏、陆浑三县的地方豪强有的在远处接受了关羽的印信号令，成为关羽指挥下的支系同党，关羽的威名震动了中原。于是，曹操提议迁离许都以避开关羽的锋芒，司马懿和蒋济则认为，关羽得志，孙权一定不会情愿。应当派人去劝说孙权，偷袭关羽后方，并答应事成后将江南土地分封给孙权，这样一来，关羽对樊城的围困也就自然解除了。曹操听从了二人的建议。从前孙权曾派使者为自己的儿子向关羽的女儿求婚，关羽大骂孙权，并辱骂来使，不答应这门样事，孙权为此十分恼恨。另外镇守江陵的南郡，太守麋芳，驻扎公安的将军士仁，向来都对关羽轻视自己不满。自从关羽领兵出征，一直由麋芳、士仁提供粮草军需，两人不肯全力救援关羽。关羽放出话说："回去后，一定要惩处他们"！麋芳、士仁都惊恐不安。于是孙权暗中诱降麋芳、士仁，麋芳、士仁派人去迎接孙权。而这时曹操又派徐晃来援救曹仁，关羽攻不下樊城，只得领兵退回。孙权占据了江陵，将关羽和其部属及其妻儿老小全部俘获，关羽所率军队于是溃散。孙权派遣部将迎击关羽，在临沮杀了关羽和他的儿子关平。

【原文】

追谥羽曰壮缪侯。子兴嗣。兴字安国，少有令问[1]，丞相诸葛亮深器异之。弱冠为侍中、中监军，数岁卒。子统嗣，尚公主，官至虎贲中郎将。卒，无子，以兴庶子彝续封。

【注释】

〔1〕令问：令闻，美好的声名。问，通“闻”。

【译文】

关羽死后被追谥为壮缪侯，儿子关兴继承了他的爵位。关兴字安国，少年时就有好名声，丞相诸葛亮对他十分器重，认为他是一个超凡的人。关兴在二十岁时担任了侍中、中监军，几年后不幸去世。儿子关统继承爵位，娶公主为妻，官至虎贲中郎将。关统去世后，因没有儿子，由关兴的庶子关彝承继所封爵位。

【评曰】

关羽是我国历史上最为特殊的人物。他由生前一位将领、侯爵，死后逐步晋封为公、王、帝君、大帝，直到登峰造极作为“武庙”主神与孔子“文庙”并祀。这个过程也就是关羽由人变为封建社会各阶层共同信仰的神的过程。在三国时期，他作为蜀国第一武将驰骋沙场，立下了无数战功。

张飞传

【原文】

张飞字益德，涿郡人也，少与关羽俱事先主。羽年长数岁，飞兄事之。先主从曹公破吕布，随还许，曹公拜飞为中郎将。先主背曹公依袁绍、刘表。表卒，曹公入荆州，先主奔江南。曹公追之，一日一夜，及于当阳之长阪。先主闻曹公卒至，弃妻子走，使飞将二十骑拒后。飞据水断桥，目横矛曰："身是张益德也，可来共决死"！敌皆无敢近者，故遂得免。先主既定江南，以飞为宜都太守、征虏将军，封新亭侯，后转在南郡。先主入益州，还攻刘璋，飞与诸葛亮等溯流而上，分定郡县。至江州，破璋将巴郡太守严颜，生获颜。飞呵颜曰："大军至，何以不降而敢拒战"？颜答曰："卿等无状，侵夺我州，我州但有断头将军，无有降将军也"。飞怒，令左右牵去斫头，颜色不变，曰："斫头便斫头，何为怒邪"！飞壮而释之，引为宾客。飞所过战克，与先主会于成都。益州既平，赐诸葛亮、法正、飞及关羽金各五百斤，银千斤，钱五千万，锦千匹，其余颁赐各有差，以飞领巴西太守。

【译文】

张飞字益德，涿郡人，年轻时与关羽一同侍奉刘备。关羽比张飞大几岁，张飞将关羽当做兄长一样侍奉他。刘备跟从曹操打败吕布后，随曹操返回许都，曹操任命张飞为中郎将。后来，刘备背离曹操投靠袁绍、刘表。刘表死后，曹操进兵荆州，刘备被迫向江南逃奔。曹操率兵追击刘备，急行一天一夜在当阳县的长阪追上刘备。刘备听说曹操突然赶来，抛下妻子儿女逃走，命令张飞率领二十名骑兵断后。张飞占据河岸，拆毁河桥，手执长矛，怒目圆睁，大叫道："我是张益德，谁敢与我决一死战"！敌方无人敢靠近，因而刘备等人才得以逃脱。刘备平定江南各郡后，任命张飞为宜都太守、征虏将军，封爵为新亭侯。后来又调往南郡。刘备进入益州，又回兵进攻刘璋，张飞与诸葛亮等人沿长江逆流而上，分兵平定沿途各郡县。到江州，又击败了刘璋的部将巴郡太守严颜，将他活捉。张飞怒斥严颜说："我大军到来，你为什么不投降，竟敢领兵顽抗"？严颜说："你们无故兴兵，侵夺我益州，我益州只有断头的将军，没有投降的将军"。张飞大怒，命令身旁的兵卒将严颜拉出去砍头，严颜面不改色，说道："砍头就砍头，何必发怒"？张飞认为严颜是个壮士，下令将他释放，反把他当做宾客。张飞一路攻无不克，在成都与刘备会师。刘备平定益州后，赏赐诸葛亮、法正、张飞和关羽每人黄金五百斤，白银一千斤，铜钱五千万，锦缎一千匹，对其余将士也给予了数量不等的赏赐，同时任命张飞为巴西太守。

【原文】

曹公破张鲁，留夏侯渊、张郃守汉川。别督诸军下巴西，欲徙其民于汉中，进军宕渠、蒙头、荡石，与飞相拒五十余日。飞率精卒万余人，从他道邀郃军交战，山道迮狭，前后不得相救，飞遂破郃。郃弃马缘山，独与麾下十余人从间道退，引军还南郑，巴土获安。先主为汉中王，拜飞为右将军，假节。章武元年，迁车骑将军，领司隶校尉，进封西乡侯，策曰："朕承天序，嗣奉洪业，除残靖乱，未烛厥理。今寇虏作害，民被荼毒，思汉之士，延颈鹤望。朕用怛然，坐不安席，食不甘味，整军诰誓，将行天罚。以君忠毅，侔踪召、虎，名宣遐迩，故特显命，高墉进爵，兼司于京。其诞将天威，柔服以德，伐叛以刑，称朕意焉。《诗》不云乎，'匪疚匪棘，王国来极。肇敏[1]戎功，用锡尔祉'。可不勉欤"！

初，飞雄壮威猛，亚于关羽，魏谋臣程昱等咸称羽、飞万人之敌也。羽善待卒伍而骄于士大夫，飞爱敬君子而不恤小人。先主常戒之曰："卿刑杀既过差，又日鞭挝健儿，而令在左右，此取祸之道也"。飞犹不悛。先主伐吴，飞当率兵万人，自阆中会江州。临发，其帐下将张达、范强杀飞，持其首，顺流而奔孙权。飞营都督表报先主，先主闻飞都督之有表也，曰："噫！飞死矣"。追谥飞曰桓侯。长子苞，早夭。次子绍嗣，官至侍中、尚书仆射。苞子遵为尚书，随诸葛瞻于绵竹，与邓艾战，死。

【注释】

〔1〕肇（zhào）敏：尽心竭力。

【译文】

曹操打败张鲁后，将夏侯渊、张郃留下镇守汉川。张郃另外率几支兵马南下巴西郡，准备将巴西百姓迁往汉中，进兵宕渠、蒙头、荡石，与张飞对峙了五十多天。张飞统率精兵一万多人，从另一条道路将张军队截断，与张郃军队交战，因山路狭窄，张郃部队前后无法接应救援，被张飞打败。张丢弃马匹，攀登山崖，只带着十几名部下从小道逃走。张郃领兵返回南郑，巴西郡得以安宁。刘备被拥立为汉中王，任命张飞担任了右将军，授予符节。章武元年，张飞提升为车骑将军，兼任司隶校尉，进封爵位为西乡侯。策书说："我秉承汉室帝王世序，继承高祖皇帝开创的大业，扫除残敌，平定祸乱，但至今还没有鲜明的条理。现在贼寇作乱，百姓遭到残害，思恋汉朝的志士，都像鹤伸长脖子一样盼望着国家的中兴。我因此心中悲伤忧虑，坐不安席，食不甘味，整肃军队，发布誓词，准备遵奉天意惩乱国奸贼。由于您忠勇坚毅，事迹与卫护周宣王的名臣召、虎相同，远近闻名，因而现在特地以帝王的名义为你晋升官职、爵位，授权你兼掌京城和附近郡县。望你大力弘扬君王恩威，施行仁德，安抚百姓，动刑用罚来讨伐叛逆，满足我的心愿。《诗》中不是讲过，‘不要侵害百姓，不要急躁冒进，一切要遵循周王朝的礼法准则。迅速建功立业，我会赐给你福禄。’不可不努力啊”！

当初，张飞雄猛威武，仅次于关羽，魏国谋臣程昱等人都夸赞关羽、张飞有万夫不挡之勇。关羽对待下级士卒很友善，对上层士大夫阶层很傲慢；而张飞却敬重有才能的人，而不体恤爱护普通士兵。刘备常常告诫张飞：“你杀人用刑过度，又常常鞭打手下武士，还把这些人安排在身旁，这将是你遭到祸害的原因啊”！张飞听了仍不悔改。刘备攻打东吴，张飞本应率一万兵马，从阆中出兵赶赴江州与刘备会合。临行前，张飞帐下部将张达、范强杀害了张飞，带着他的首级，顺流而下投奔孙权，张飞军中的营都督上表报告刘备，刘备听说张飞的营都督有表上奏，惊叹说：“唉！张飞死了”。于是追谥张飞为桓侯。张飞的长子张苞英年早丧。次子张绍继承了爵位，官到侍中、尚书仆射。张苞之子张遵担任尚书，随诸葛瞻驻绵竹，在与邓艾作战时战死。

【评曰】

在三国将领中，张飞以勇猛雄壮著称，武艺高强，敌人对他闻风丧胆，曾率二十骑兵于长坂坡吓退曹军。张飞对有学问的人很礼遇，如刘巴初降，张飞立即到其家拜访，但刘巴没有和他说过一句话，张飞虽然气愤，但没有抱怨说一句。张飞也惜英雄重英雄，如捉到严颜时，严颜宁死不屈，张飞敬重其为人，将严颜待为宾客。

可是张飞脾气暴躁，对士兵非常严厉。刘备时常劝张飞：“卿刑杀既过差，又日鞭挝健儿，而令在左右，此取祸之道也”。但张飞不听。果然张飞就是死在其部下之手。

赵云传

【原文】

赵云字子龙，常山真定人也。本属公孙瓒，瓒遣先主为田楷拒袁绍，云遂随从，为先主主骑。及先主为曹公所追于当阳长阪，弃妻子南走，云身抱弱子，即后主也，保护甘夫人，即后主母也，皆得免难。迁为牙门将军。先主入蜀，云留荆州。

【译文】

赵云字子龙，常山郡真定县人。原是公孙瓒的部下，公孙瓒派刘备替田楷抗击袁绍，赵云就随同前去，替刘备掌管骑兵。等到刘备在当阳县长阪被曹操追赶，抛下妻儿向南逃跑时，赵云亲自抱着刘备的幼子，即后主刘禅，保护着甘夫人，即刘禅的母亲，奋力拼杀，才使他们母子俩幸免于难。因而赵云被提升为牙门将军。刘备进入巴蜀，赵云受命留守荆州。

【原文】

先主自葭萌还攻刘璋，召诸葛亮。亮率云与张飞等俱溯江西上，平定郡县。至江州，分遣云从外水上江阳，与亮会于成都。成都既定，以云为翊军将军。建兴元年，为中护军、征南将军，封永昌亭侯，迁镇东将军。五年，随诸葛亮驻汉中。明年，亮出军，扬声由斜谷道，曹真遣大众当之。亮令云与邓芝往拒，而身攻祁山。云、芝兵弱敌强，失利于箕谷，然敛众〔1〕固守，不至大败。军退，贬为镇军将军。

【注释】

〔1〕敛众：聚集众人。

【译文】

刘备从葭萌县回攻刘璋，召诸葛亮前去。诸葛亮率领赵云、张飞等人沿长江逆流西进，平定沿途郡县。到江州，诸葛亮分派赵云率一部兵马从岷江直上江阳，与诸葛亮在成都会师。平定成都后，刘备任命赵云为翊军将军。建兴元年赵云担任了中护军、征南将军，封爵为永昌亭侯，后又升迁为镇东将军。建兴五年，随诸葛亮驻守汉中。第二年，诸葛亮出兵攻魏，扬言要从斜谷进兵，魏将曹真闻讯，急忙调派大军抵挡。诸葛亮命赵云与邓芝前去抗击斜谷之敌，自己则率军进及祁山。赵云、邓芝以弱小的兵力抗击强敌，终于在箕谷受挫，但他们立即整束兵马，进行固守，以至避免了更加严重的损失。军队退回汉中，赵云被贬为镇军将军。

【原文】

七年卒，追谥顺平侯。

初，先主时，惟法正见谥；后主时，诸葛亮功德盖世，蒋琬、费祎荷国之重，亦见谥；陈祗宠待，特加殊奖，夏侯霸远来归国，故复得谥；于是关羽、张飞、马超、庞统、黄忠及云乃追谥，时论以为荣。云子统嗣，官至虎贲中郎，督行领军。次子广，牙门将，随姜维沓中，临阵战死。

【译文】

赵云于建兴七年去世，死后被追加谥号为顺平侯。

当初，刘备在世时，只有法正一人被追谥。刘禅时，诸葛亮因功德盖世，蒋琬、费祎因曾担负全国军政重任，也受到追谥；陈祗深受刘禅宠信，死后也得到这一特殊恩典，夏侯霸从远方来归附蜀汉，因而得到追谥。于是关羽、张飞、马超、庞统、黄忠和赵云才得到追谥，当时的人认为这是十分荣耀的事。赵云的儿子赵统继承爵位，官至虎贲中郎将，督行领军。次子赵广，任牙门将，跟随姜维驻守沓中，战死在阵地上。

【评曰】

赵云戎马一生，骁勇善战，胆略过人，刘备称其一身是胆，军士呼其虎威将军。赵云见识卓远，清楚认识到吴蜀关系为唇齿相依，力主维护孙、刘联盟；为人刚毅谨细。赵云为国，不被天姿国色所迷；为民，不为良田豪宅所动。时人与后人皆敬其德。

马超传

【原文】

马超字孟起，（右）扶风茂陵人也。父腾，灵帝末与边章、韩遂等俱起事于西州。初平三年，遂、腾率众诣长安。汉朝以遂为镇西将军，遣还金城，腾为征西将军，遣屯。后腾袭长安，败走，退还凉州。司隶校尉钟繇镇关中，移书遂、腾，为陈祸福。腾遣超随繇讨郭援、高干于平阳，超将庞德亲斩援首。后腾与韩遂不和，求还京畿。于是征为卫尉，以超为偏将军，封都亭侯，领腾部曲〔1〕。

【注释】

〔1〕部曲：古代豪门大族的私人军队，带有人身依附性质。

【译文】

马超字孟起，扶风郡茂陵县人。父亲马腾，灵帝末年在凉州与边章、韩遂等人一同举兵起事。初平三年，韩遂、马腾率领人马到达长安。东汉朝廷任命韩遂为镇西将军，让他领兵返回金城，任命马腾为征西将军，派他驻扎县。后来马腾率军袭击长安，兵败逃走，撤回到凉州。当时司隶校尉钟繇镇守关中，他派人给韩遂、马腾去信，向他们陈述利害。马腾派马超跟随钟繇到平阳讨伐郭援、高干，马超部将庞德亲手将郭援杀死。后来马腾与韩遂不和，马腾请求调回到京城一带。于是朝廷便将马腾召回，让他担任了卫尉，同时任命马超为偏将军，封都亭侯，命他统领马腾的私人兵马。

【原文】

超既统众，遂与韩遂合从，及杨秋、李堪、成宜等相结，进军至潼关。曹公与遂、超单马会语，超负其多力，阴欲突前捉曹公。曹公左右将许褚目盼之，超乃不敢动。曹公用贾诩谋，离间超、遂，更相猜疑，军以大败。超走保诸戎，曹公追至安定，会北方有事，引军东还。杨阜说曹公曰：“超有信、布之勇，甚得羌、胡心。若大军还，不严为其备，陇上诸郡非国家之有也”。超果率诸戎以击陇上郡县，陇上郡县皆应之，杀凉州刺史韦康，据冀城，有其众。超自称征西将军，领并州牧，督凉州军事。康故吏民杨阜、姜叙、梁宽、赵衢等，合谋击超。阜、叙起于卤城，超出攻之，不能下；宽、衢闭冀城门，超不得入。进退狼狈，乃奔汉中依张鲁。鲁不足与计事，内怀於邑，闻先主围刘璋于成都，密书[1]请降。

【注释】

〔1〕密书：秘密书写信札。

【译文】

马超统领军队后，便与韩遂联合，又与杨秋、李堪、成宜等人结盟，进军到潼关。曹操单人匹马与韩遂、马超举行会谈，马超依靠身强力壮，暗中想突然冲上前去活捉曹操，曹操身边的勇将许褚瞪眼怒视马超，马超这才没敢动手。曹操采用贾诩的计谋，设法离间马超、韩遂，使他们互相猜疑，因而将他们打得大败。马超逃奔西戎部落，曹操追击到安定，正赶上北边又发生战事，只得领兵东还。杨阜劝说曹操："马超像韩信、英布一样勇猛，又深得西北羌、胡各族拥戴，大军回师后，如不对他严加防范，恐怕陇上各郡就不再是我们的了"。后来马超果然率少数民族各部兵马袭击陇上各郡县，陇上各郡县纷纷响应马超，马超杀死凉州刺史韦康，占据冀城，夺取了这里的全部兵马。马超自称征西将军，兼任并州牧，掌握凉州的军事征伐大权。韦康的旧部杨阜、姜叙、梁宽、赵衢等人，共同密谋，准备进攻马超。杨阜、姜叙先在卤城起兵，马超出兵攻打，未能攻下；梁宽、赵衢乘机关闭冀城大门，马超不能入城。马超进退两难，于是便逃向汉中，投靠了张鲁。但马超认为张鲁胸无大志，不值得与他共谋大事，因此心里还是留恋京城，他听说刘备在成都包围了刘璋，便向刘备写密信请求归降。

【原文】

先主遣人迎超，超将兵径到城下。城中震怖[1]。璋即稽首，以超为平西将军，督临沮，因为前都亭侯。先主为汉中王，拜超为左将军，假节。章武元年，迁骠骑将军，领凉州牧，进封斄乡侯，策曰："朕以不德，获继至尊，奉承宗庙。曹操父子，世载其罪，朕用惨怛，如疢首。海内怨愤，归正反本，暨于氐、羌率服，獯鬻[2]慕义。以君信著北土，威武并昭，是以委任授君，抗虓虎，兼董万里，求民之瘼。其明宣朝化，怀保远迩，肃慎赏罚，以笃汉祜，以对于天下"。二年卒，时年四十七。临没上疏曰："臣门宗二百余口，为孟德所诛略尽，惟有从弟岱，当为微宗血食之继，深托陛下，余无复言"。追谥超曰威侯，子承嗣。岱位至平北将军，进爵陈仓侯。超女配安平王理。

【注释】

〔1〕震怖：惊恐或使惊恐。

〔2〕獯（xūn）鬻（yù）：亦作"獯粥"，我国古代北方少数民族名。

【译文】

刘备派人迎接马超，马超领兵直接来到成都城下。城中军民惊恐不安，刘璋立即下拜行礼，任命马超为平西将军，督管临沮，沿袭以前封号为都亭侯。刘备做汉中王后，任命马超为左将军，并授予他符节。章武元年，晋升为骠骑将军，兼任凉州牧，进封为斄乡侯，刘备的策书说：“我没有很好的德行，却继承皇位，供奉汉家宗庙。曹操父子作乱天下，世代充满罪恶，我因此悲伤忧虑，痛心疾首。天下百姓怨恨曹操父子，盼望恢复汉室统治，以至连氐、羌、獯鬻等四边异族都因敬慕大义前来归附。由于你以信义闻名北部边地，威望、武力都显扬于世，因而决定委你重任，望你以猛虎般雄风，统辖北边的辽阔土地，以消除当地百姓的疾苦。希望您能明确宣扬王朝教化，招抚安定四方远近的人民，慎重地施行赏赐刑罚，增加汉朝福分，答谢全国人民”。马超于章武二年去世，年仅四十七岁。临去世前，马超上书奏请刘备道：“臣家门亲族二百多口人，几乎全被曹操杀害，只有一堂弟马岱，只有让他来执掌臣业已衰败的宗族家庙祭祀，特地深深托付陛下，其他就没有什么可说了”。刘备下令追谥马超为威侯，由儿子马承继承爵位。马岱官至平北将军，进爵为陈仓侯。马超的女儿许配给了安平王刘理。

【评曰】

马超也是三国时期蜀国名将之一。马超祖上曾和羌人联姻，所以马超有一半羌人血统，为羌人所敬仰！他勇猛无敌，胆识过人，武艺超群，在战场上有过多次英勇战绩，只可惜英年早逝，去世时年仅四十七岁。

黄忠传

【原文】

黄忠字汉升，南阳人也。荆州牧刘表以为中郎将，与表从子磐共守长沙攸县。及曹公克荆州，假行裨将军，仍就故任，统属长沙太守韩玄。先主南定诸郡，忠遂委质，随从入蜀。自葭萌受任，还攻刘璋，忠常先登陷阵，勇毅冠三军。益州既定，拜为讨虏将军。建安二十四年，于汉中定军山击夏侯渊。渊众甚精，忠推锋必进，劝率士卒，金鼓振天，欢声动谷，一战斩渊，渊军大败。迁征西将军。是岁，先主为汉中王，欲用忠为后将军，诸葛亮说先主曰："忠之名望，素非关、马之伦也，而今便令同列。马、张在近，亲见其功，尚可喻指；关遥闻之，恐必不悦，得无不可乎"！先主曰："吾自当解之"。遂与羽等齐位，赐爵关内侯。明年卒，追谥刚侯。子叙，早没，无后。

【译文】

黄忠字汉升，南阳郡人。曾担任刘表的中郎将，与刘表的侄子刘磐共同镇守长沙郡的攸县。等到曹操攻占荆州，黄忠暂时代理副将军，仍然担任原职，归长沙太守韩玄统辖。刘备平定南方各郡，黄忠就归顺了刘备，后又跟随刘备进入巴蜀。黄忠在葭萌接受任命，回攻刘璋，常常身先士卒，冲锋陷阵，勇猛坚毅为三军之冠。益州平定后，被任命为讨虏将军。建安二十四年，黄忠率军在汉中定军山攻击夏侯渊。当时夏侯渊所率军队极其精锐，黄忠勉励督率士卒，奋力向前推进，金鼓振天，呐喊声响彻山谷，只一战就斩杀夏侯渊，夏侯渊所率军队被打得大败。黄忠被晋升为征西将军。这一年，刘备立为汉中王，想起用黄忠为后将军，诸葛亮劝说刘备："黄忠的名望一向无法与关羽、马超相比，如今却要让他们平起平坐。马超、张飞现在附近，他们都亲眼看到黄忠的战功，还可以向他们解释说明；关羽远在荆州，恐怕一定会不高兴，这样做大概不行"？刘备说："我自会向他解释清楚"。于是黄忠取得了与关羽等人相同的官位，封爵为关内侯。第二年，黄忠去世，追加谥号为刚侯。儿子黄叙，少年早丧，没有后人。

【评曰】

黄忠好武艺，善骑射，百发百中，是历史上有名的将领，在老年时期尤其表现活跃，有万夫不当之勇，与战国时期赵国大将廉颇齐名。

法正传

【原文】

法正字孝直，（右）扶风人也。祖父真，有清节高名。建安初，天下饥荒，正与同郡孟达俱入蜀依刘璋，久之，为新都令，后召署军议校尉。既不任用，又为其州邑俱侨客者所谤无行，志意不得。益州别驾张松与正相善，忖[1]璋不足与有为，常窃叹息。松于荆州见曹公还，劝璋绝曹公而自结先主。璋曰："谁可使者"？松乃举正，正辞让，不得已而往。正既还，为松称说先主有雄略，密谋协规，愿共戴奉[2]，而未有缘。后因璋闻曹公欲遣将征张鲁之有惧心也，松遂说璋宜迎先主，使之讨鲁，复令正衔命。正既宣旨，阴献策于先主曰："以明将军之英才，乘刘牧之懦弱。张松，州之股肱，以响应于内；然后资益州之殷富，冯天府之险阻，以此成业，犹反掌也"。先主然之，溯江而西，与璋会涪。北至葭萌，南还取璋。

【注释】

〔1〕忖（cǔn）：揣度。

〔2〕戴奉：拥戴尊奉。

【译文】

法正字孝直，扶风郡县人。祖父法真，有清廉气节和高尚的名声。建安初年，天下发生饥荒，法正与同郡人孟达一同来到蜀地，投靠刘璋，过了很久，法正才被任命为新都县令，后来被召回成都，担任了代理军议校尉一职。他既不受重用，又遭到侨居蜀地的同乡人诽谤，说他品行不好，感到很不得志。益州别驾张松与法正相好，张松考虑到跟随刘璋很难有所作为，常常暗自叹息。张松到荆州拜见曹操归来后，劝说刘璋与曹操断绝关系，和刘备结盟。刘璋问："谁可以充当使者"？张松于是就举荐了法正，法正推让了一番，最后不得已才接受命令前往荆州。法正出使归来，向张松夸赞刘备有雄才大略，两人私下秘密商定，打算一同拥戴刘备，只是一时找不到适当的机会。后来刘璋听说曹操要派兵进攻汉中的张鲁，产生恐惧之心，张松于是便借机劝刘璋，迎请刘备入蜀，让刘备来讨伐张鲁。刘璋同意，再次让法正受命出使荆州。法正向刘备转告刘璋的意图后，又私下向刘备献计说："凭着将军的英才，应当利用刘璋的懦弱，迅速出兵；张松，是益州的重臣，可以让他在成都作为内应；然后将军便可以借助于益州的富饶，凭借天府之国的险要地势，来成就复兴汉室的大业，实在是易如反掌”。刘备赞同法正的主意，于是率军沿长江逆流而上，向西进兵，与刘璋相会于涪城。随后刘备先北上到葭萌，接着就掉头南返，向刘璋发起了进攻。

【原文】

郑度说璋曰：“左将军县军袭我，兵不满万，士众未附，野谷是资，军无辎重。其计莫若尽驱巴西、梓潼民内涪水以西，其仓廪野谷，一皆烧除，高垒深沟，静以待之。彼至，请战，勿许，久无所资，不过百日，必将自走。走而击之，则必禽耳”。先主闻而恶之，以问正。正曰：“终不能用，无可忧也”。璋果如正言，谓其群下曰：“吾闻拒敌以安民，未闻动民以避敌也”。于是黜度，不用其计。及军围雒城，正笺与璋曰：“正受性无术，盟好违损，惧左右不明本末，必并归咎，蒙耻没身，辱及执事，是以捐身于外，不敢反命。恐圣听秽恶[1]其声，故中间不有笺敬，顾念宿遇，瞻望悢悢。然惟前后披露腹心，自从始初以至于终，实不藏情，有所不尽，但愚暗策薄，精诚不感，以致于此耳。今国事已危，祸害在速，虽捐放于外，言足憎尤，犹贪极所怀，以尽余忠。明将军本心，正之所知也，实为区区不欲失左将军之意，而卒至于是者，左右不达英雄从事之道，谓可违信黩誓[2]，而以意气相致，日月相迁，趋求顺耳悦目，随阿遂指，不图远虑为国深计故也。事变既成，又不量强弱之势，以为左将军县远之众，粮谷无储，欲得以多击少，旷日相持。而从关至此，所历辄破，离宫别屯，日自零落。雒下虽有万兵，皆坏阵之卒，破军之将，若欲争一旦之战，则兵将势力，实不相当。（各）〔若〕欲远期计粮者，今此营守已固，谷米已积，而明将军土地日削，百姓日困，敌对遂多，所供远旷。愚意计之，谓必先竭，将不复以持久也。空尔相守，犹不相堪，今张益德数万之众，已定巴东，入犍为界，分平资中、德阳，三道并侵，将何以御之？本为明将军计者，必谓此军县远无粮，馈运不及，兵少无继。今荆州道通，众数十倍，加孙车骑遣弟及李异、甘宁等为其后继。若争客主之势，以土地相胜者，今此全有巴东，广汉、犍为，过半已定，巴西一郡，复非明将军之有也。计益州所仰惟蜀，蜀亦破坏；三分亡二，吏民疲困，思为乱者十户而八；若敌远则百姓不能堪役，敌近则一旦易主矣。广汉诸县，是明比也。又鱼复与关头实为益州福祸之门，今二门悉开，坚城皆下，诸军并破，兵将俱尽，而敌家数道并进，已入心腹，坐守都、雒，存亡之势，昭然可见。斯乃大略，其外较耳，其余屈曲，难以辞极也。以正下愚，犹知此事不可复成，况明将军左右明智用谋之士，岂当不见此数哉？旦夕偷幸，求容取媚，不虑远图，莫肯尽心献良计耳。若事穷势迫，将各索生，求济门户，展转反复，与今计异，不为明将军尽死难也，而尊门犹当受其忧。正虽获不忠之谤[3]，然心自谓不负圣德，顾惟分义，实窃痛心。左将军从本举来，旧心依依，实无薄意。愚以为可图变化，以保尊门”。

【注释】

〔1〕秽恶：污浊。

〔2〕违信黩誓：不信守誓言。

〔3〕谤：恶意攻击别人，说别人的坏话。

【译文】

郑度劝说刘璋：“刘备率孤军来袭击我们，兵卒不满一万，百姓还没有完全归附于他。他靠收集民间的粮食维持统治，军队又缺乏武器物质。对付他们的最好策略是把巴西、梓潼两地的百姓全部迁往涪水以西，将那里地里和粮仓里的粮食全部烧掉，修筑高垒，深挖壕沟，以逸待劳，等待他们到来。他们来到这里向我们挑战，我们坚守不出，时间一长，他们的物资供给就会断绝，不过一百天，他们一定会自行退走。趁他们撤退之机，我们再发起攻击，这样就一定能将他们擒获”。刘备听说以后，对郑度十分恼恨，问法正应该怎样对付。法正说：“刘璋终究不会采用郑度的计谋，将军不必担忧”。刘璋果然如法正说的那样，对他的下属说：“我只听说过抗击敌人来保护百姓，还没听说过迁移百姓来躲避敌人”。于是罢免了郑度，不听他的计谋。等到刘备的军队包围了雒城，法正给刘璋写信说：“我法正禀性缺乏才智，如今左将军与您的友好盟约受到破坏损害，我担心您身边的人不明真相，势必会将所有过错都归咎于我一人身上，使我终生蒙受耻辱，也使您连累受辱，因此才舍身在外，不敢回去复命。我怕您讨厌我的话语声音，所以这期间就没有向您写信汇报，回想起您旧日的知遇之恩，我常常翘首远望，感到十分悲伤惆怅。然而，我还是要想把事情的前后经过说清楚，向您表白一下我的心思，自始至终我都没有隐瞒真情，如果有的地方没有表白清楚，那是因为我的愚笨和缺乏策略，我的诚意没能把您打动，于是就导致了今天这种局面。现在国事已很危急，大祸就要临头，虽然我流落在外，开口说话只能增加您对我的憎恨与抱怨，我还是要把心中的话全部说出来，以尽我最后的忠心。您的本意，我很了解，实际上就是要谨慎小心，担心失去左将军。而最终到了目前这种局面，是因为您身边的人不明白英雄处事的原则，以为可以违背信义誓约，人与人之间全靠意气相投，凭意气任意行事，随着时间流逝，就趋向于追求顺耳悦目，阿谀奉承，趋炎附势成风，而不考虑替国家做长远打算的缘故。事变已经形成，又不能正确地估量双方力量的强弱差别的形势，认为左将军孤军远道而来，缺乏粮草储备，想要以多击少，使战局长期僵持下去。而事实上，左将军从白水关到这里，所向披靡，行宫与其他兵营日起零落。雒下虽有上万兵卒，但都是败阵逃回之人、败军之将，如想凭此争一时战争的胜利，那么双方兵将势力实在不相当。如果从长期相持所需粮食储备来考虑，如今左将军的兵营已得到巩固，粮草也积存了不少，而将军您的土地却日渐减少，百姓日益贫困，敌对者越来越多，供应军队的军需物资远远不够。按我的估计，到最后粮草物资率先枯竭、无法长久坚持的一定是将军这方。即使照目前这样坚守相持，将军都无法坚持，何况现在张飞已率领几万兵马平定了巴东，进入了犍为郡县，并分别夺取了资中、德阳，兵分三路一同进攻您，您如何抵挡得了？原先为将军出谋划策的人，一定会说左将军是孤军远来，缺乏粮草，运送也来不及，而且兵力单薄，没有后援。如今往荆州的道路已被打通，左将军的军队比原来多出几十倍，另外还有东吴孙权派他的弟弟以及李异、甘宁做后援。比较攻守双方形势，如果想以土地广大来取胜，那么对方现在已经全部占领了巴东，广汉、犍为也大半被平定，巴西郡不再属于将军所有了。想来益州所能依仗的也只有蜀郡，而蜀郡已经被破坏，三分之二的土地已经丧失，官员百姓疲惫不堪，每十户人家就有八户想起事作乱。如果敌人离得远，百姓忍受不了长途运送军需的劳役，如果敌人近了，他们就会纷纷投降。广汉郡各县情形，就是明显的例子。还有鱼复县与关头，它们确实是关系到益州成败祸福的门户，现在二门都被打开，坚固的城池纷纷被攻克，各路军队都被击败，兵将损失将尽，而对方几路并进，已攻入益州的中心地区，您只能困守成都、雒城二地，胜败存亡的局势已是十分明朗了。这只是大概情况，是其中比较明显的，至于其他曲折隐讳之处，就难以用语言表达清楚了。像我法正这样的愚蠢之人尚且知道此事行不通，何况将军身旁聪明多智的谋士，难道他们会看不到事态的必然结局？只是为了短时苟且侥幸，献媚讨好求得容身之地，不做长远打算，不肯尽心献上好的计策罢了。如果事情艰难，形势紧迫，这些人就会为自己各谋生路，保全家族门户，反复思考，与现在的打算肯定不一样，不会为将军尽忠死难，而将军一家还得承受来自他们的忧患。我虽蒙受了不忠的诽谤，然而我内心却认为自己并没有辜负您的恩德，顾念君臣的名分义务，我实在是痛心疾首。左将军出于国家的根本利益，举兵前来，旧情仍在，对您没有什么敌意，我认为您可以考虑改变策略，以便保全您的家族”。

【原文】

十九年，进围成都，璋蜀郡太守许靖将逾城降，事觉，不果。璋以危亡在近，故不诛靖。璋既稽服，先主以此薄靖不用也。正说曰：“天下有获虚誉而无其实者，许靖是也。然今主公始创大业，天下之人不可户说，靖之浮称，播流四海，若其不礼，天下之人以是谓主公为贱贤也。宜加敬重，以眩远近，追昔燕王之待郭隗”。先主于是乃厚待靖。以正为蜀郡太守、扬武将军，外统都畿，内为谋主。一餐之德，睚眦[1]之怨，无不报复，擅杀毁伤己者数人。或谓诸葛亮曰：“法正于蜀郡太纵横，将军宜启主公，抑其威福”。亮答曰：“主公之在公安也，北畏曹公之强，东惮孙权之逼，近则惧孙夫人生变于肘腋之下；当斯之时，进退狼跋，法孝直为之辅翼，令翻然翱翔，不可复制，如何禁止法正使不得行其意邪”！初，孙权以妹妻先主，妹才捷刚猛，有诸兄之风，侍婢百余人，皆亲执刀侍立，先主每入，衷心常凛凛；亮又知先主雅爱信正，故言如此。

【注释】

〔1〕睚眦（yázì）：借指极小的仇恨。

【译文】

建安十九年，刘备进兵包围成都，刘璋的蜀郡太守许靖准备越城投降，因事情暴露未能成功。刘璋因益州危在旦夕，所以没有杀许靖。刘璋投降后，刘备因此看不起许靖，不肯重用他。法正劝刘备说："天下有许多只有虚名而无真实才干的人，像许靖就是这样。然而如今主公刚刚开创大业，又不能一户一户地向全国人说明，许靖的虚名传遍天下，如果对他礼数不周，天下的人就会因此说主公是轻视贤才。应该对他加以敬重，以便迷惑远近的人，您应该追慕效仿从前燕昭王厚待郭隗之事"。刘备于是厚待许靖。任命法正为蜀郡太守、扬武将军，在外统领都城及附近地区，在内则是刘备的主要谋臣。法正对别人一顿饭的恩德也要报答，小小的怨仇也要报复，曾擅自处死过几个毁谤过他的人。有人对诸葛亮说："法正在蜀郡太骄横，您应该禀告主公，抑制约束他作威作福的行为"。诸葛亮答道："主公从前在公安，北面害怕曹操的强盛，东面担心孙权的威胁，近处又惧怕孙夫人在身边生变，在那个时候，真是进退两难。法正辅佐帮助主公，使他得以展翅高飞不再受人钳制，现在怎么能抑制法正，使他不能按自己的意志行事呢"！最初，孙权将妹妹许配给刘备，孙权妹妹才思敏捷，性情刚猛，大有她几位兄长的气度，一百多名侍婢都持刀侍立在她身旁，刘备每次到她那里，心中都惊惧不安。诸葛亮又知道刘备很喜爱法正，因而才这样说。

【原文】

二十二年，正说先主曰："曹操一举而降张鲁，定汉中，不因此势以图巴、蜀，而留夏侯渊、张郃守，身遽[1]北还，此非其智不逮而力不足也，必将内有忧逼故耳。今策渊、郃才略，不胜国之将帅，举众往讨，则必可克之。克之〔之〕日，广农积谷，观衅伺隙，上可以倾覆寇敌，尊奖王室，中可以蚕食[2]雍、凉，广拓境土，下可以固守要害，为持久之计。此盖天以与我，时不可失也"。先主善其策，乃率诸将进兵汉中，正亦从行。二十四年，先主自阳平南渡沔水，缘山稍前，于定军（兴）〔山〕势作营。渊将兵来争其地。正曰："可击矣"。先主命黄忠乘高鼓噪攻之，大破渊军，渊等授首。曹公西征，闻正之策，曰："吾故知玄德不办有此，必为人所教也"。

【注释】

〔1〕遽（jù）：急，仓促。

〔2〕蚕食：亦作"蚕蚀"。蚕食桑叶。喻逐渐侵占。

【译文】

建安二十二年，法正劝刘备说："曹操一战就迫使张鲁投降，平定了汉中，他没有乘这一有利形势攻取巴、蜀，却留下夏侯渊、张郃镇守汉中，自己率军北还，这并不是他的智谋不够，力量不足，而是由于内部忧患逼迫他这样做的。现在我估量夏侯渊和张郃的才干谋略，比不上我国的将帅，假如我们发兵讨伐，一定会取得成功。取胜之后，我们可以大力鼓励农桑，积蓄粮食，寻找可乘之机出兵，这样首先可以消灭敌人，辅佐安定汉朝王室，其次可以蚕食吞并雍、凉二州，开拓疆土，第三可以固守关口要塞，做长久割据的打算。这大概是上天有意要使我们兴旺，不可失去时机啊”！刘备赞同法正的计策，于是便率众将军进军汉中，法正也跟随前往。建安二十四年，刘备从阳平关南渡沔水，沿着山势逐渐向前推进，在定军、兴势两山扎下营寨。夏侯渊领兵来争夺这个地方。法正说：“可以出击了”。刘备命令黄忠居高临下，擂鼓呐喊向夏侯渊发出攻击，大败夏侯渊军队，并将夏侯渊等人斩首。曹操领兵西征乌丸，听说是法正的计策，说：“我本来就知道刘备不可能有这样的计谋，一定是有人教他的”。

【原文】

先主立为汉中王，以正为尚书令、护军将军。明年卒，时年四十五。先主为之流涕者累日。谥曰翼侯。赐子邈爵关内侯，官至奉车都尉、汉阳太守。诸葛亮与正，虽好尚不同，以公义相取。亮每奇正智术[1]。先主既即尊号，将东征孙权以复关羽之耻，群臣多谏，一不从。章武二年，大军败绩，还住白帝。亮叹曰：“法孝直若在，则能制主上令不东行；就复东行，必不倾危矣”。

【注释】

〔1〕智术：才智与计谋。

【译文】

刘备被拥立为汉中王，任命法正做了尚书令、护军将军。第二年法正去世，死时年仅四十五岁。刘备为法正的死一连几日痛哭流泪。追谥法正为翼侯。赐法正的儿子法邈为关内侯，官至奉车都尉、汉阳太守。诸葛亮与法正虽然喜好和崇尚不同，但都能从国家利益出发，彼此取长补短。诸葛亮常常对法正的智慧和谋略感到惊奇。刘备称帝后，准备东征孙权为关羽报仇雪耻。许多大臣都劝谏阻止，刘备一概不听。章武二年，蜀军战败，后退驻扎在白帝城。诸葛亮感叹说：“法孝直如果在世，一定能够劝阻主上，使他不匆忙向东吴进兵；即使向东吴进兵，也不会遭到如此惨败”。

【评曰】

法正善于预见事情的成败趋势，有奇谋妙策，恩怨分明，深得刘备与诸葛亮赏识。

庞统传

【原文】

庞统字士元，襄阳人也。少时朴钝，未有识者。颍川司马徽清雅有知人鉴，统弱冠往见徽，徽采桑于树上，坐统在树下，共语自昼至夜。徽甚异之，称统当为南州士之冠冕，由是渐显。后郡命为功曹。性好人伦，勤于长养。每所称述，多过其才，时人怪而问之，统答曰："当今天下大乱，雅道陵迟，善人少而恶人多。方欲兴风俗，长道业，不美其谭即声名不足慕企，不足慕企而为善者少矣。今拔十失五，犹得其半，而可以崇迈世教，使有志者自励，不亦可乎"？吴将周瑜助先主取荆州，因领南郡太守。瑜卒，统送丧至吴，吴人多闻其名。及当西还，并会昌门，陆勣、顾劭、全琮皆往。统曰："陆子可谓驽马有逸足之力，顾子可谓驽牛能负重致远也"。谓全琮曰："卿好施慕名[1]，有似汝南樊子昭。虽智力不多，亦一时之佳也”。勔、劭谓统曰：“使天下太平，当与卿共料四海之士”。深与统相结而还。

【注释】

〔1〕慕名：仰慕名声。

【译文】

庞统字士元，襄阳郡人。年青时为人朴实，不露锋芒，当时没有人了解他的人品才干。颍川郡名士司马徽，性情高雅，有知人之明，庞统二十岁时前去拜访司马徽，司马徽在树上采摘桑叶，让庞统坐在树下，两人从白天一直谈到晚上。司马徽对庞统的学识才干感到十分惊异，认为他是南方各州郡文士中是首屈一指的人物。从此，庞统的名声渐渐显露出来。后来庞统被本地郡守任命为功曹。庞统生性重视人伦道德，尽心尽意养育孩子抚养老人。每当他夸赞别人的时候，常常言过其实，当时人感到奇怪，问他为什么这样，庞统总是答道：“如今天下大乱，雅正之道衰弱，好人少见，坏人极多。要想使好的风尚盛行，增强道德观念，不把值得夸赞的人说得更完美一些，他们的名声就不足以使人仰慕效仿；无法仰慕效仿，那么做善事的人就会更少了。现在举荐十个人，即使其中有五个人失当，还可以得到一半。通过这些人可以促进世风教化，使那些有志做善事的人自我勉励，不也是可以的吗?”东吴大将周瑜协助刘备夺取荆州，就兼任了南郡太守。周瑜去世，庞统扶送他的灵柩到了东吴。东吴许多人都听说过庞统的大名，等到庞统告辞西归时，人们便齐聚在昌门，为他送行、陆勣、顾劭、全琮也都来了。庞统说：“陆先生可说是驽马但还有余力；顾先生可说是笨牛，但却能够身负重任到达远方”。又对全琮说：“您乐善好施，敬慕美名，很像汝南的樊子昭。虽然智力一般，但也可以算是一代优秀人才”。陆勣、顾劭对庞统说：“如果国家太平安定了，要和您一同品评天下的名人才士”。他们与庞统深深结交，然后送他离去。

【原文】

先主领荆州，统以从事守耒阳令，在县不治，免官。吴将鲁肃遗先主书曰：“庞士元非百里才也，使处治中、别驾之任，始当展其骥足[1]耳”。诸葛亮亦言之于先主，先主见与善谭，大器之，以为治中从事。亲待亚于诸葛亮，遂与亮并为军师中郎将。亮留镇荆州。统随从入蜀。

【注释】

〔1〕骥（jì）足：比喻高才。

【译文】

刘备兼任荆州牧后，庞统以州从事身份担任耒阳县令，因在任上不理政务，被免除官职。东吴将领鲁肃写信给刘备说：“庞士元不是一百里之地的人才，只有让他担任治中、别驾之类的官职，才能使他施展才学抱负”。诸葛亮也向刘备说过类似的话。于是刘备召见了庞统，和他深谈一番，对他十分器重，当即任命他担任治中从事。对庞统的信任与亲密程度仅次于诸葛亮，于是庞统便和诸葛亮一同担任了军师中郎将。诸葛亮留下镇守荆州。庞统随从刘备进入巴蜀。

【原文】

益州牧刘璋与先主会涪，统进策曰："今因此会，便可执之，则将军无用兵之劳而坐定一州也"。先主曰："初入他国，恩信未著，此不可也"。璋既还成都，先主当为璋北征汉中，统复说曰："阴选精兵，昼夜兼道，径袭成都；璋既不武，又素无预备，大军卒至，一举便定，此上计也。杨怀、高沛，璋之名将，各仗强兵，据守关头，闻素有笺[1]谏璋，使发遣将军还荆州。将军未至，遣与相闻，说荆州有急，欲还救之，并使装束，外作归形；此二子既服将军英名，又喜将军之去，计必乘轻骑来见，将军因此执之，进取其兵，乃向成都，此中计也。退还白帝，连引荆州，徐还图之，此下计也。若沉吟不去，将致大困，不可久矣"。先主然其中计，即斩怀、沛，还向成都，所过辄克。于涪大会，置酒作乐，谓统曰："今日之会，可谓乐矣"。统曰："伐人之国而以为欢，非仁者之兵也"。先主醉，怒曰："武王伐纣，前歌后舞，非仁者邪？卿言不当，宜速起出"！于是统逡巡[2]引退。先主寻悔，请还。统复故位，初不顾谢，饮食自若。先主谓曰："向者之论，阿谁为失"？统对曰："君臣俱失"。先主大笑，宴乐如初。

【注释】

〔1〕笺（jiān）：书信。

〔2〕逡（qūn）巡：犹豫。

【译文】

益州牧刘璋和刘备在涪县会晤，庞统献计说：“趁今天这次会面机会，便可将刘璋抓住，这样将军不用劳师动众，便可轻而易举地占据益州”。刘备说：“刚进入别国地盘，还没有建立起恩德与威信，这样做是不行的”。刘璋返回成都后，刘备本当替刘璋北上讨伐汉中张鲁，这时庞统又劝刘备说：“偷偷选派精兵强将，日夜兼程，抄小路袭击成都；刘璋既不勇武，又向来缺乏防守戒备，我们大军突然到达，一举便可平定成都，这是上策。杨怀、高沛都是刘璋手下名将，他们依仗手中强大的兵力，驻守关头，听说两人曾几次写信劝说刘璋，要刘璋打发您回荆州。建议将军到达白水关之前，先派人去通知他们，就说荆州形势危急，必须赶回去救援，同时下令士卒整理行装，外表做出要撤回的样子。杨怀、高沛二人既佩服将军的威名，又高兴您回荆州，估计他们一定会轻装前来拜见将军，我们可趁此机会将他们捉拿，然后进兵收编其军队，向成都进军，这是中策。您退回白帝城，接着带领军队回荆州，然后慢慢再作图谋，这是下策。如果犹豫不决，长期滞留此地，我们就会陷于严重的困境之中，不能再长久拖延了”。刘备接受了庞统的中策，随即杀死杨怀、高沛转攻成都，沿途郡县纷纷被攻克。刘备在涪城大会将士，摆酒奏乐，他对庞统说：“今日的聚会，真可说是快乐极了”！庞统说：“攻打别人的国家却认为是件乐事，这可不是仁义之师”。刘备已经喝醉，大怒说：“周武王讨殷纣王时，前歌后舞，难道就不是仁义之师吗？你的话说得很不得当，应该快点起身退出”。庞统迟疑地抽身退去。刚过一会儿，刘备就感到后悔了，忙派人请庞统回来。庞统回到原位，既不理睬刘备，也不道歉，只管像原来那样吃喝。刘备问他说：“刚才的谈论，究竟是谁错了”？庞统答道：“咱们君臣都有错”。刘备听了放声大笑，席上的欢快热闹气氛仍像开始时那样。

【原文】

进围雒县，统率众攻城，为流矢[1]所中，卒，时年三十六。先主痛惜，言则流涕。拜统父议郎，迁谏议大夫，诸葛亮亲为之拜。追赐统爵关内侯，谥曰靖侯。统子宏，字巨师，刚简有臧否，轻傲尚书令陈祗，为祗所抑，卒于涪陵太守。统弟林，以荆州治中从事参镇北将军黄权征吴，值军败，随权入魏，魏封列侯，至巨鹿太守。

【注释】

〔1〕流矢：飞箭或来源不明的箭。

【译文】

刘备进兵包围雒县，庞统率军攻城，被乱箭射死，死时年仅三十六岁。刘备十分痛心惋惜，一提起他就要流泪。庞统的父亲被任命为议郎，后又升任谏议大夫，丞相诸葛亮亲自为他主持了授官仪式。追封庞统爵位为关内侯，追加谥号为靖侯。庞统的儿子庞宏，字巨师，为人刚正率直，敢于褒贬善恶，因看不起尚书令陈祇，遭到陈祇压制排挤，最后死在涪陵太守任上。庞统的弟弟庞林，以荆州治中从事、参军身份随镇北将军黄权攻打吴国，军队失败后，和黄权一同投降魏国，被魏国封为列侯，官至巨鹿太守。

【评曰】

庞统善能知人，议论英发，多出奇计，言必有中，实为一代英才。可惜英年早逝，未成大功，令人叹惋。

秦宓传

【原文】

秦宓字子敕，广汉绵竹人也。少有才学，州郡辟命，辄称疾不往。奏记州牧刘焉，荐儒士任定祖曰："昔百里、蹇叔以耆艾而定策，甘罗、子奇以童冠而立功，故《书》美黄发，而《易》称颜渊，固知选士用能，不拘长幼，明矣。乃者以来，海内察举，率多英俊而遗旧齿，众论不齐，异同相半，此乃承平之翔步，非乱世之急务也。夫欲救危抚乱，修己以安人，则宜卓荦[1]超伦，与时殊趣，震惊邻国，骇动四方，上当天心，下合人意；天人既和，内省不疚，虽遭凶乱，何忧何惧！昔楚叶公好龙，神龙下之，好伪彻天，何况于真？今处士任安，仁义直道，流名四远，如令见察，则一州斯服。昔汤举伊尹，不仁者远，何武贡二龚，双名竹帛，故贪寻常之高而忽万仞之嵩，乐面前之饰而忘天下之誉，斯诚往古之所重慎也。甫欲凿石索玉，剖蚌求珠，今乃随、和炳然，有如皎日[2]，复何疑哉！诚知昼不操烛，日有余光，但愚情区区，贪陈所见”。

【注释】

〔1〕卓荦（luò）：卓越，突出。

〔2〕皎日：明亮的太阳。

【译文】

秦宓字子敕，广汉郡绵竹人。年轻时就很有才学，州府和郡府多次征召他，他总是托病不去。秦宓给益州牧刘焉上书，举荐儒生任定祖说：“过去百里、蹇叔以垂暮之年为秦国制定国策，甘罗、子奇在少年时代立下功勋，因而《尚书》赞美高寿老人，《易经》称颂颜渊，由此可知选拔人才，不能拘于年纪的长幼大小，这是十分明白的道理了。近时以来，国家选拔人才，一般总是注重年轻才士而忽略有德望的老人。舆论对此评价不一，肯定与否定的意见各占一半，这是太平年间的祥瑞之事，不是战乱时代的急需。要扶危济困，平定祸乱，修养自身，安定他人，就应当卓绝出众，有不同于当世人的志趣，震动邻国四方，上顺天意，下合民心；如果天道人际相和为一，自我反省而不忧苦，那么即使遭逢祸乱，又有什么值得忧愁、恐惧的呢！从前楚国叶公好龙，神龙真的降临，喜欢假龙都能感动上天，何况是真的呢？现有儒士任安，仁义正直，美名远扬，如果能选拔他，全州士人百姓都会心服口服。从前商汤选拔伊尹，使不仁义的人远远逃避，何武举荐二龚，双双扬名史册。因此贪图寻常高度而忽略万仞高山，乐享眼前美饰而忘却天下人的称誉，这实在都是古往今来需要慎重的事情。您想凿石取玉，剖蚌取珠，如今随侯珠、和氏璧光彩照人，如同明亮的太阳，您犹豫怀疑什么呢？我深知白昼不用掌灯秉烛，太阳自有余光，但我还是情意恳切，向您陈述了我的愚见”。

【原文】

刘璋时，宓同郡王商为治中从事，与宓书曰：“贫贱困苦，亦何时可以终身！卞和玉以耀世，宜一来，与州尊相见”。宓答书曰：“昔尧优许由，非不弘也，洗其两耳；楚聘庄周，非不广也，执竿不顾。《易》曰‘确乎其不可拔’，夫何之有？且以国君之贤，子为良辅，不以是时建萧、张之策，未足为智也。仆得曝背乎陇亩之中，诵颜氏之箪瓢[1]，咏原宪之蓬户，时翱翔于林泽，与沮、溺之等俦[2]，听玄猿之悲吟，察鹤鸣于九皋，安身为乐，无忧为福，处空虚之名，居不灵之龟，知我者希，则我贵矣。斯乃仆得志之秋也，何困苦之戚焉”！后商为严君平、李弘立祠，宓与书曰：“疾病伏匿，甫知足下为严、李立祠，可谓厚党勤类者也。观严文章，冠冒天下，由、夷逸操，山岳不移，使扬子不叹，固自昭明。如李仲元不遭《法言》，令名必沦，其无虎豹之文故也，可谓攀龙附凤者矣。如扬子云潜心著述，有补于世，泥蟠不滓[3]，行参圣师，于今海内，谈咏厥辞。邦有斯人，以耀四远，怪子替兹，不立祠堂。蜀本无学士，文翁遣相如东授七经，还教吏民，于是蜀学比于齐、鲁。故《地里志》曰：‘文翁倡其教，相如为之师。’汉家得士，盛于其世；仲舒之徒，不达封禅，相如制其礼。夫能制礼造乐，移风易俗，非礼所秩有益于世者乎！虽有王孙之累，犹孔子大齐桓之霸，公羊贤叔术之让。仆亦善长卿之化，宜立祠堂，速定其铭”。

先是，李权从宓借《战国策》，宓曰：“战国从横，用之何为”？权曰：“仲尼、严平，会聚众书，以成《春秋》《指归》之文，故海以合流为大，君子以博识为弘”。宓报曰：“书非史记周图，仲尼不采；道非虚无自然，严平不演。海以受淤，岁一荡清；君子博识，非礼不视。今战国反复仪、秦之术，杀人自生，亡人自存，经之所疾。故孔子发愤作《春秋》，大乎居正，复制《孝经》，广陈德行。杜渐防萌〔4〕，预有所抑，是以老氏绝祸于未萌，岂不信邪！成汤大圣，睹野鱼而有猎逐之失，定公贤者，见女乐而弃朝事。若此辈类，焉可胜陈。道家法曰：‘不见所欲，使心不乱。’是故天地贞观，日月贞明；其直如矢，君子所履。《洪范》记灾，发于言貌，何战国之谲权乎哉”！

【注释】

〔1〕箪（dān）瓢：一箪食物，一瓢饮料。形容读书人安于贫穷的清高生活。

〔2〕等俦：同类。

〔3〕泥蟠不滓（zǐ）：盘绕在泥里而没有被污染。比喻人不得志但不丧失节操。

〔4〕杜渐防萌：在事故或灾害尚未发生时就预防。

【译文】

刘璋执掌益州时，与秦宓同郡的王商任治中从事，他给秦宓写信说：“贫贱困苦，什么时候可以这样了结？卞和抱玉向世人炫耀，你应该来一趟，与州牧相见”。秦宓回信说：“从前尧厚待许由，恩遇不可说不宏大，然而许由却洗耳颍水之滨，拒不接受征召；楚王聘请庄周，心境并非不宽广，然而庄周却手持钓竿不屑一顾。《易经》说：‘坚强啊，他的意志不可改变。’有什么值得炫耀的呢？况且凭现在国君的贤明，你作为贤良的辅臣，不在此时献上萧何、张良的谋略，不能说是明智的。我能顶着烈日在田野耕种，诵读颜渊的箪食瓢饮，歌咏原宪的蓬门陋巷，时时漫步在山林水泽，与长沮、桀溺为伍，听玄猿悲声长叫，看仙鹤在潭泽上啼鸣，以安身存命为乐，无忧无虑为福，抛弃空虚的名望，像普通的龟那样生活，使知道我的人日渐减少，效法我的人就更难得了。眼下正是我得志的日子，有什么困苦贫贱可哀叹的呢”！后来王商为严君平、李弘修建祠庙，秦宓给他写信说：“我因病躲避世外，才知道您为严君平、李弘修建祠庙，可称是对同道者的厚待与勉励。观看严君平的文章，冠绝天下，许由、伯夷的超俗品格，简直像高山一样不可动摇，即使没有扬雄的赞叹，它本来自己也会名闻世间。如果李仲元不遇上《法言》，名声必会沦落淹没，这是因为他的文章缺乏斑斓文采的缘故，可以说他是攀龙附凤的人。像扬雄这样潜心著书立说，有补益于当世，出淤泥而不染，行事以圣人先师为榜样，今日天下的人们，仍然在诵读他的文章文论。国家有此人，足以向四方夸耀，可奇怪的是您却本末倒置，不为他建立祠庙。蜀地原来没有学者文士，文翁派司马相如到东方去学习七经，回来教导官员百姓，从此蜀地的学术才可和齐、鲁相比肩。因此《地里志》说：‘文翁倡导教化，司马相如是老师。’汉室获得人才，在那时最为繁盛。董仲舒这类人，不精通封禅之礼，司马相如为封禅制定了礼仪。能够制定礼仪，创制音乐，移风易俗，这不是礼所规定的有益于世道的秩序吗？虽有卓王孙一事拖累，但就像孔子推崇齐桓公的霸业，公羊高赞美叔术的谦让，我也赞许司马相如的教化，应该为他修建祠庙，并赶快写定铭文”。

从前，李权曾向秦宓借《战国策》，秦宓说：“战国讲究合纵连横之术，离叛攻杀，读它做什么”？李权说：“孔子、严君平汇集众书，写成《春秋》和《指归》这样的书，所以海以能汇合众流被称为阔大，君子以能博闻强记被称为宏大”。秦宓答复他说：“书籍除了正史和周朝文献，孔子不采纳；道法除了崇尚虚无自然的，严君平不推演。海因受到泥沙淤积，每年都要清除荡涤；君子虽然主张博闻强记，但不符合礼仪的却不能观看。《战国策》充斥着张仪、苏秦的谋略权术，宣扬杀害别人以保全自己，这是圣人经典所痛恨的。因而孔子发愤写作《春秋》，推崇符合正道的行为，又制定《孝经》，广泛地宣扬陈说道德节操。防微杜渐，对不好的事情要预先加以制止，因此老子主张要把祸患消灭在没有萌发时，难道不是这样吗？商汤是位大圣人，却因看到郊野之鱼有了沉溺渔猎的过失；鲁定公是贤明君主，却因观看了美人歌舞而荒废朝政；像这样的人和事，简直是数不胜数。道家的道法说：'不要见到你所想要的，使你的心怀不受到惑乱。'因此天地以居于正位而显示给人看，日月以居于正位而光明，它的正直有如箭矢，这正是君子应该实行的。《洪范》记载灾异现象，往往从人的言行外貌中引发出来，哪里像战国的奸诈权谋"？

【原文】

或谓宓曰："足下欲自比于巢、许、四皓，何故扬文藻见瑰颖"？宓答曰："仆文不能尽言，言不能尽意，何文藻之有扬乎！昔孔子三见哀公，言成七卷，事盖有不可嘿嘿也。接舆行且歌，论家以光篇；渔父咏沧浪，贤者以耀章。此二人者，非有欲于时者也。夫虎生而文炳，凤生而五色，岂以五采自饰画哉？天性自然也。盖《河》《洛》由文兴，六经由文起，君子懿文德，采藻其何伤！以仆之愚，犹耻革子成之误，况贤于己者乎"！

【译文】

有的人对秦宓说："你想把自己比作巢父、许由和商山四皓，那为什么还要宣扬自己的文采辞藻、表现自己的奇瑰才能呢"？秦宓答道："我的文章无法尽言，言辞不能尽意，有什么文采辞藻可宣扬呢！从前孔子三次拜见哀公，言论集成七卷，大概他对有些事不能保持沉默。接舆边行边歌唱，评论者以此来光耀自己的文章；渔父咏诵浩渺的流水，贤士们以此来使自己的文章生辉。这二人，并不想对这个时代有什么打算。老虎生来就有斑斓的花纹，凤生来就有彩色的羽毛，难道是它们用色彩来粉饰自己吗？这是天生如此。大概《河图》《洛书》因文采而兴盛，圣人六经因文采而兴起，君子有美好的文才和美德，文采辞藻又有什么妨害！凭我的愚笨，都以革子成反对文采的过失为耻，何况那些比我贤明的人呢”！

【原文】

先主既定益州，广汉太守夏侯纂请宓为师友祭酒，领五官掾，称曰仲父。宓称疾，卧在第舍，纂将功曹古朴、主簿王普，厨膳即宓第宴谈，宓卧如故。纂问朴曰：“至于贵州养生之具，实绝余州矣，不知士人何如余州也”？朴对曰：“乃自先汉以来，其爵位者或不如余州耳，至于著作为世师式，不负于余州也。严君平见黄、老作《指归》，扬雄见《易》作《太玄》，见《论语》作《法言》，司马相如为武帝制封禅之文，于今天下所共闻也”。纂曰：“仲父何如”？宓以簿击颊，曰：“愿明府勿以仲父之言假于小草，民请为明府陈其本纪。蜀有汶阜之山，江出其腹，帝以会昌，神以建福。故能沃野千里。江、河、淮、济四渎，江为其首，此其一也。禹生石纽[1]，今之汶山郡是也。昔尧遭洪水，鲧所不治，禹疏江决河，东注于海，为民除害，生民已来功莫先者，此其二也。天帝布治房心，决政参伐，参伐则益州分野，三皇乘祇车出谷口，今之斜谷是也。此便鄙州之阡陌，明府以雅意论之，何若于天下乎”？于是纂逡巡无以复答。

【注释】

〔1〕石纽（niǔ）：古地名。相传为夏禹出生地。在今四川省汶川县境。

【译文】

刘备平定益州后，广汉太守夏侯纂迎请秦宓出任师友祭酒，让他担任五官掾，称为仲父。秦宓假托有病，躺在家中不出。夏侯纂领着功曹古朴、主簿王普，带上酒食到秦宓家宴饮交谈，秦宓仍像原来那样躺在床上。夏侯纂问古朴说：“说到你们益州养生的方法，的确远远地超过了别的地方，不知文人才士比其他州郡怎样”？古朴答道：“从西汉以来，益州才士的爵位官职也许不如其他州的人那么高，但说到著书立说被当世之人作为榜样的人，却绝不比其他州差。严君平读黄、老写下了《指归》，扬雄读《易》写下了《太玄》，读《论语》写下了《法言》，司马相如为汉武帝起草封禅的诏告文章，这是今日天下人人共知的”。夏侯纂说：“仲父怎么样”？秦宓用记事的笏板拍打着自己面颊，说：“请您不要用仲父这样的言语假借到小民身上。让我为您说一说本州的源流始末。蜀地有山名叫汶阜，长江从山中流出，天帝使它得到昌盛，神灵使它得到福佑，因此有肥沃的千里田野。江、河、淮、济四水，长江名列榜首，这是其一。大禹出生于石纽，就是现在的汶山郡。从前唐尧遭受水患，鲧没有将水治好，大禹疏通长江，清理黄河，使它们向东流入大海，为民除去了祸患，自从有人类以来功劳没有超过他的，这是其二。天帝通过房、心二星来整治天下，以参、伐二星来决定政令，参、伐二星正与地下的益州对应，三皇乘坐尊贵的车子出谷口的地方，就是现在的斜谷。这就是本州的始末由来，你以高雅的意趣评论它，你认为它比天下其他州郡怎样”？夏侯纂迟疑半晌，无言以对。

【原文】

益州辟宓为从事祭酒。先主既称尊号，将东征吴，宓陈天时必无其，利，坐下狱幽闭，然后贷出。建兴二年，丞相亮领益州牧，选宓迎为别驾，寻拜左中郎将、长水校尉。吴遣使张温来聘，百官皆往饯焉。众人皆集而宓未往，亮累遣使促之，温曰：“彼何人也”？亮曰：“益州学士也”。及至，温问曰：“君学乎”？宓曰：“五尺童子皆学，何必小人”！温复问曰：“天有头乎”？宓曰：“有之”。温曰：“在何方也”？宓曰：“在西方。《诗》曰‘乃眷西顾。’以此推之，头在西方”。温曰：“天有耳乎”？宓曰：“天处高而听卑，《诗》云：‘鹤鸣于九皋[1]，声闻于大。’若其无耳，何以听之”？温曰：“天有足乎”？宓曰：“有。《诗》云：‘天步艰难，之子不犹。’若其无足，何以步之”？温曰：“天有姓乎”？宓曰：“有”。温曰：

"何姓"？宓曰："姓刘"。温曰："何以知之"？答曰："天子姓刘，故以此知之"。温曰："日生于东乎"？宓曰："虽生于东而没于西"。答问如响，应声而出，于是温大敬服。宓之文辩，皆此类也。迁大司农，四年卒。初宓见帝系之文，五帝皆同一族，宓辨其不然之本。又论皇帝王霸(养)〔豢〕龙之说，甚有通理，谯允南少时数往咨访，纪录其言于《春秋然否论》，文多故不载。

【注释】

〔1〕九皋（gāo）：曲折深远的沼泽。

【译文】

益州征召秦宓为从事祭酒。刘备即位称帝后，准备东征孙吴，秦宓劝阻说天时不当，一定难以取胜，因此获罪，被下狱囚禁，以后被赦免释放。建兴二年，丞相诸葛亮兼任益州牧，提拔秦宓出任别驾，不久又任命他为左中郎将、长水校尉。吴国派使者张温前来问候修好，文武百官前去为他饯行。众人都已聚齐，唯独秦宓没有到，诸葛亮几次派人催他，张温问道："他是什么人"？诸葛亮答道："益州的学者才士"。等秦宓到后，张温问他："你读书吗"？秦宓说："五尺高的孩童都读书，何况是我呢"？张温又问道："天有头吗"？秦宓说："有头"。张温问："在什么地方"？秦宓说："在西方。《诗经》说：'于是眷恋地回头向西望。'从这句话推论，头在西方"。张温问："天有耳朵吗"？秦宓说："天高高在上却能听到下界的声音，

《诗经》说：‘鹤鸣叫于水泽之中，声音被上天听见。’如果上天没有耳朵，用什么来听它呢”？张温问：“天有脚吗”？秦宓说：“有。《诗经》说：‘上天的步履是那么艰难，你不要再迟疑。’如果上天没有脚，怎么行走呢”？张温问：“天有姓吗”？秦宓说：“有姓”。张温问：“姓什么”？秦宓说：“姓刘”。张温问：“你怎么知道的”？秦宓答道：“当今天子姓刘，因此我知道天姓刘”。张温问：“太阳诞生在东方吗”？秦宓说：“虽在东方诞生，却最终沉落于西方”。一问一答，有如山中回音应声而出，张温因此对秦宓十分敬佩。秦宓的文才辩才，大多都像这样。以后秦宓被升为大司农，建兴四年去世。最初秦宓看到记载帝王世系的文献典籍，认为五帝都出于同一部族，秦宓考察出这一记录不对的根据。另外他论证皇帝王霸饲养神龙的传说，都有通达的理论。谯周年轻时曾多次拜访请教秦宓，将秦宓的言论记录在《春秋然否论》，因文字较多这里不再转载。

【评曰】

秦宓博学睿智，能言善辩。最使世人称道的是，秦宓对张温的发难对答如流，当时满座皆惊，辩对得发难者哑口无言，甘拜下风，叹服中生敬佩。这一辩答天下闻名，流芳百世。

姜维传

【原文】

姜维字伯约，天水冀人也。少孤，与母居。好郑氏学。仕郡上计掾，州辟为从事。以父冏昔为郡功曹，值羌、戎叛乱，身卫郡将，没于战场，赐维官中郎，参本郡军事。建兴六年，丞相诸葛亮军向祁山，时天水太守适出案行，维及功曹梁绪、主簿尹赏、主记梁虔等从行。太守闻蜀军垂至而诸县响应，疑维等皆有异心，于是夜亡保上邽。维等觉太守去，追迟，至城门，城门已闭，不纳。维等相率还冀，冀亦不入维。维等乃俱诣诸葛亮。会马谡败于街亭，亮拔将西县千余家及维等还，故维遂与母相失。亮辟维为仓曹掾，加奉义将军，封当阳亭侯，时年二十七。亮与留府长史张裔、参军蒋琬书曰："姜伯约忠勤时事，思虑精密，考其所有，永南、季常诸人不如也。其人凉州上士也"。又曰："须先教中虎步兵五六千人。姜伯约甚敏于军事，既有胆义，深解兵意。此人心存汉室，而才兼于人，毕教军事，当遣诣宫，觐见[1]主上”。后迁中监军、征西将军。

十二年，亮卒，维还成都，为右监军、辅汉将军，统诸军，进封平襄侯。延熙元年，随大将军蒋琬住汉中。琬既迁大司马，以维为司马，数率偏军西入。六年，迁镇西大将军，领凉州刺史。十年，迁卫将军，与大将军费祎共录尚书事。是岁，汶山平康夷反，维率众讨定之。又出陇西、南安、金城界，与魏大将军郭淮、夏侯霸等战于洮西。胡王治无戴等举部落降，维将还安处之。十二年，假维节，复出西平，不克而还。维自以练西方风俗，兼负其才武，欲诱诸羌、胡以为羽翼，谓自陇以西可断而有[2]也。每欲兴军大举，费祎常裁制不从，与其兵不过万人。

【注释】

〔1〕觐（jìn）见：谒见；朝见。

〔2〕有：占有。

【译文】

姜维字伯约，天水郡冀县人。幼年丧父，与寡母一起生活。喜好郑玄的学说。开始担任天水郡的上计掾，后来州里又征召他为从事。由于他的父亲姜冏曾是天水郡的功曹，正遇上羌、戎族叛乱，挺身护卫郡守，死在战场，因此赐给姜维中郎官职，参议本郡军事。建兴六年，丞相诸葛亮出师祁山。这时，天水郡太守外出巡视，姜维和功曹梁绪、主簿尹赏、主记梁虔等人一同随行。太守听说蜀军将要到了，各县都起来响应，怀疑姜维等随行的人都怀有二心，因此趁夜晚跑到上邽。姜维等发觉太守离去，追赶已经迟了，追到上邽城门下，城门已关闭，太守不收留他们。姜维一行又一同返回冀县，冀县同样也不收留他们，于是姜维等人到了诸葛亮那里。正赶上马谡在街亭战败，诸葛亮攻克西县，带领西县一千余家以及姜维等人收兵返回蜀地。因此姜维就与老母失散了。诸葛亮征召姜维为仓曹掾，加官奉义将军，被封为当阳亭侯，当时他才二十七岁。诸葛亮在给留府长史张裔和参军蒋琬的信中说："姜伯约对自己的职事忠心勤奋，思虑问题细密周详，我考察他的才能，即使李绍和马良也不如他。姜维这个人的确是凉州优秀人才"。又说："应该让他先教练中虎步兵五六千人，姜伯约在军事方面非常敏锐，有胆量和义气，又深深了解兵士心意。此人忠心于大汉，又才识过人，等他结束军事教练后，应派他到朝中，朝见汉主"。后为姜维升为中监军，征西将军。

建兴十二年，诸葛亮死，姜维回到成都。任右监军辅汉将军，统帅各路军队，又进封他为平襄侯。延熙元年跟随大将军蒋琬驻扎在汉中郡。蒋琬升为大司马后，姜维任司马，他多次率领一部分军队进入西部地区。延熙六年，升为镇西大将军，兼凉州刺史。延熙十年升为卫将军，和大将军费祎一起任录尚书事。这一年，汶山平康县夷人叛乱，姜维率军平息了反叛。

又出兵陇西、南安和金城三郡交界地，在洮河以西与魏国大将军郭淮、夏侯霸交战。胡人头领治无戴等人带领整个部落投降姜维，姜维带领他们返回并且很好地安排他们。延熙十二年，授予符节，又出兵西平郡，但失败而归。姜维自己以为熟习西方人的民俗风情，加上自负自己的才能和武力，想诱使各羌人和胡人部落作为他的羽翼，认为这样可以把陇地以西的地方截断而占有它。姜维每次想大举兴兵，费祎就经常加以限制，不听从他的请求，给他的兵士不过一万人。

【原文】

十六年春，祎卒。夏，维率将数万人出石营，经董亭，围南安，魏雍州刺史陈泰解围至洛门，维粮尽退还。明年，加督中外军事。复出陇西，守狄道长李简举城降。进围襄武，与魏将徐质交锋，斩首破敌，魏军败退。维乘胜多所降下，拔（河间）［河关］、狄道、临洮三县民还。后十八年，复与车骑将军夏侯霸等俱出狄道，大破魏雍州刺史王经于洮西，经众死者数万人。经退保狄道城，维围之。魏征西将军陈泰进兵解围，维却住钟题。

十九年春，就迁维为大将军。更整勒戎马，与镇西大将军胡济期会上邽，济失誓不至，故维为魏大将邓艾所破于段谷，星散流离，死者甚众。众庶由是怨讟，而陇已西亦骚动不宁，维谢过引负，求自贬削[1]。为后将军，行大将军事。

二十年，魏征东大将军诸葛诞反于淮南，分关中兵东下。维欲乘虚向秦川，复率数万人出骆谷，径至沈岭。时长城积谷甚多而守兵乃少，闻维方到，众皆惶惧。魏大将军司马望拒之，邓艾亦自陇右，皆军于长城。维前住芒水，皆倚山为营。望、艾傍渭坚围，维数下挑战，望、艾不应。景耀元年，维闻诞破败，乃还成都。复拜大将军。

初，先主留魏延镇汉中，皆实兵诸围以御外敌，敌若来攻，使不得入。及兴势之役，王平捍拒曹爽，皆承此制。维建议，以为错守诸围，虽合《周易》“重门”之义，然适可御敌，不获大利。不若使闻敌至，诸围皆敛兵聚谷，退就汉、乐二城，使敌不得入平，且重关镇守以捍之。有事之日，令游军并进以伺其虚。敌攻关不克，野无散谷，千里县粮，自然疲乏。引退之日，然后诸城并出，与游军并力搏之，此殄敌之术也。于是令督汉中胡济却住汉寿，监军王含守乐城，护军蒋斌守汉城，又于西安、建威、武卫、石门、武城、建昌、临远皆立围守。

五年，维率众出汉、侯和，为邓艾所破，还住沓中。维本羁旅[2]托国，累年攻战，功绩不立，而宦官黄皓等弄权于内，右大将军阎宇与皓协比，而皓阴欲废维树宇。维亦疑之，故自危惧，不复还成都。六年，维表后主：“闻钟会治兵关中，欲规进取，宜并遣张翼、廖化督诸军分护阳安关口、阴平桥头以防未然”。皓征信鬼巫，谓敌终不自致，启后主寝其事，而群臣不知。及钟会将向骆谷，邓艾将入沓中，然后乃遣右车骑廖化诣沓中为维援，左车骑张翼，辅国大将军董厥等诣阳安关口以为诸围外助。比至阴平，闻魏将诸葛绪向建威，故住待之。月余，维为邓艾所摧，还住阴平。钟会攻围汉、乐二城，遣别将进攻关口，蒋舒开城出降，傅佥格斗而死。会攻乐城，不能克，闻关口已下，长驱而前。翼、厥甫至汉寿，维、化亦舍阴平而退，适与翼、厥合，皆退保剑阁以拒会。会与维书曰："公侯以文武之德，怀迈世之略，功济巴、汉，声畅华夏，远近莫不归名。每惟畴昔，尝同大化，吴札、郑乔，能喻斯好"。维不答书，列营守险。会不能克，粮运县远，将议还归。

【注释】

〔1〕贬削：指古代对官吏的职务、称号等降级或削除。

〔2〕羁（jī）旅：亦作"羇旅"，寄居异乡。

【译文】

延熙十六年春天，费祎被刺客杀害。这年夏天，姜维率领数万人出兵石营，经过董亭，包围南安。魏国雍州刺史陈泰到洛门解围，姜维因粮尽而退兵。第二年，加官为督中外军事。再次出兵陇西，狄道的县长李简率领全城投降。接着又包围襄武县，与魏国将领徐质交锋，斩首破敌，魏军败退。姜维乘胜前进，降伏了许多地方，攻克了河间、狄道和临洮三县，把三县老百姓迁徙到汉中。延熙十八年，又与车骑将军夏侯霸一起出兵狄道，在洮西大败魏国雍州刺史王经，王经的部队死亡数万人。王经退守狄道城，姜维部队包围了狄道城。魏征西将军陈泰带领军队前来解围，姜维退到钟题驻扎。

延熙十九年春天，姜维于驻地营中被任命为大将军。于是又整顿人马与镇西大将军胡济约定会师于上邽，胡济失约未到。所以姜维在段谷被魏国大将邓艾击败，士卒四散溃不成军，死亡的人很多。因此大家怨恨、指摘姜维。而陇山以西地区也骚动不安，姜维引咎自责，自己请求贬官削爵。降为后将军，代行大将军职务。

延熙二十年，魏国征东大将军诸葛诞在淮南反叛，魏国分派关中的一部分军队向东进军，姜维想要乘敌人空虚向秦川进攻。于是又一次率领数万人出兵骆谷，径直杀向沈岭。这时长城镇所堆积的粮食很多而守兵很少，听说姜维要到了，都非常惶恐。魏大将军司马望带兵抗击姜维，邓艾也从陇右出兵，都驻军于长城镇。姜维率军进驻芒水，全部倚山扎营。司马望、邓艾在渭水边坚守营寨。姜维几次挑战，司马望和邓艾都不应战。景耀元年，姜维听说诸葛诞兵败的消息，便回到了成都，重又被任命为大将军。

当初，先主刘备留魏延镇守汉中，都是用重兵坚守各个营寨以防御外敌。敌人若来进攻，使他们越不过防御工事。一直到兴势战役，王平抵抗曹爽，都延袭采用这种办法。姜维认为交错防守各个营寨，虽然合乎《周易》“重门”之义，但是只可以防御，却不可以获得更大的利益，不如知道敌兵来到后，各营寨都收拢兵马积聚粮食，退守汉城和乐城，使敌人进入不了平原，再用多层关卡镇守来抵御来敌。有敌来犯时，让临时应变的机动部队伺机攻击敌人。敌人攻关不克，城外田野又没有粮食，从千里之外运粮，敌人自然疲乏。敌人退却的时候，各城中兵士一齐出动，与机动部队合力杀敌，这是消灭敌人的好办法。于是命令督汉中的胡济退守汉寿县，将军王含退守乐城，护军蒋斌守汉城。又在西安、建威、武卫、石门、武城、建昌、临远等地建立防御工事。

景耀五年，姜维率军出兵汉城、侯和，被邓艾打败，退还到沓中。姜维本来是外籍人，客居在蜀国，连年的征战没有建立功勋，而宦官黄皓在朝廷玩弄权术，右大将军阎宇又和黄皓勾结在一起。暗地里黄皓想废掉姜维，用阎宇取而代之。姜维也怀疑黄皓，因此自己感到恐惧，所以不再返回成都。景耀六年，姜维上表给刘禅说："听说钟会在关中练兵，想要图谋进攻蜀国，应该同时派遣张翼和廖化率领各路军马，分别守卫安关口和阴平桥头，以防患于未然"。黄皓崇信鬼神，说敌人最终不会来侵犯自己，劝说刘禅停止了这次军事计划，而大臣们都不知道这件事情。等到钟会进攻骆谷，邓艾快要进入沓中的时候，才派遣右车骑将军廖化到沓中援助姜维，派左车骑将军张翼、辅国大将军董厥等往阳安关口作为各边防营寨的外援。等到军队出发到阴平，听说魏国将领诸葛绪进攻建威去了，所以驻扎下来等待敌人。一个多月后，姜维被邓艾打败，退后驻扎在阴平。钟会攻打包围了汉、乐二城，另派将领攻打关口，蒋舒打开城门投降，傅佥战死。

钟会攻打乐城，攻不下。听说阳安关口已经攻下，便率领部队长驱直入。张翼和董厥刚到汉寿，姜维、廖化也舍弃阴平退到这里，正好与张翼和董厥会合，都退保剑阁来抵御钟会。钟会给姜维的信中说："公侯您文武全才，有超世之谋略，功业成就于巴蜀和汉中，名扬中原，远近没有不推崇您的。每当想起往昔，我们同朝共同接受魏国的教化，吴季扎和郑子产的友谊可以用来说明我们的关系"。姜维拒不回信，布置阵营，守卫险要。钟会不能攻克，粮食运输道途遥远，便计划撤兵。

【原文】

而邓艾自阴平由景谷道傍入，遂破诸葛瞻于绵竹。后主请降于艾，艾前据成都。维等初闻瞻破，或闻后主欲固守成都，或闻欲东入吴，或闻欲南入建宁，于是引军由广汉、郪道以审虚实。寻被后主敕令，乃投戈放甲，诣会于涪军前，将士咸怒，拔刀斫石。

会厚待维等，皆权还其印号节盖。会与维出则同举，坐则同席，谓长史杜预曰："以伯约比中土名士，公休、太初不能胜也"。会既构[1]邓艾，艾槛车征，因将维等诣成都，自称益州牧以叛。欲授维兵五万人，使为前驱。魏将士愤发，杀会及维，维妻子皆伏诛。

【注释】

〔1〕构：陷害。

【译文】

这时邓艾从阴平由景谷小路进入蜀境，在绵州打败诸葛瞻。刘禅向邓艾投降，于是邓艾进驻成都。姜维等人一开始听说诸葛瞻战败时，有人传说刘禅准备死守成都，有人传说刘禅要东入吴国，还有人说刘禅要向南到建宁。于是姜维退兵由广汉县到郪县，以便查明虚实。不久收到刘禅命令，姜维才放下武器脱下铠甲，到涪县钟会的军前投降。将士们听说后，内心郁愤，拔刀砍石。

钟会十分优待姜维等人，暂且把印鉴、名号、符节、车盖都还给姜维。钟会同姜维出则同乘一个车子，坐则同坐一个席子。钟会对长史杜预说：“将姜伯约来比中原的名士，诸葛诞、夏侯玄也赶不上姜维”。钟会已经陷害了邓艾，邓艾被押在囚车中召回魏都，因而带着姜维等人到了成都，自称益州牧，公开反叛魏国。钟会要给姜维五万人，作为部队的前驱。魏国的将士群情激愤，杀死钟会和姜维，姜维的妻子和子女都被杀。

【原文】

郤正著论论维曰：“姜伯约据上将之重，处群臣之右，宅舍弊薄，资财无余，侧室无妾媵之亵，后庭无声乐之娱，衣服取供，舆马取备，饮食节制，不奢不约，官给费用，随手消尽；察其所以然者，非以激贪厉浊，抑情自割也，直谓如是为足，不在多求。凡人之谈，常誉成毁败，扶高抑下，咸以姜维投厝无所，身死宗灭，以是贬削，不复料擿，异乎《春秋》褒贬之义矣。如姜维之乐学不倦，清素节约，自一时之仪表也”。

维昔所俱至蜀，梁绪官至大鸿胪，尹赏执金吾，梁虔大长秋，皆先蜀亡没。

【译文】

郤正写文章论述姜维说：“姜伯约身居上将的重任，处在群臣之首，但住宅简陋，没有多余的财产。侧室中没有侍妾亲近，后庭没有音乐的娱乐，衣服仅求够用，车马仅求必需，饮食节俭、不奢侈。又不过分俭朴，公家供给的俸禄费用，随时用尽，不留积蓄。观察他这样的原因，并不是为了感化、激励贪浊的人抑制情欲，限制自己。只是认为这样便满足了，不需多求。一般人谈论古今人物，常常赞成成功者而贬低失败者，赞扬高位的人而贬抑小人物。认为姜维错投蜀国最后自己身死，宗族被灭，因此而贬抑他，而不去仔细分辨，这同《春秋》褒贬人物的意旨是不相符的。像姜维这样爱好读书，孜孜不倦，清廉而又朴素的人，应该是一代楷模了”。

当年和姜维一起来到蜀国的人中，梁绪官做到大鸿胪，尹赏官做到执金吾，梁虔官做到大长秋，在蜀国灭亡以前，他们都死了。

【评曰】

姜维是一个历史上是非功过争议颇多的人物。姜维归蜀之际就受到诸葛亮垂青并赋予重任。“敏于军事，既有胆义，深解兵意”。“好学不倦，清素节约”，表明他是一个韬略过人、操守可风的俊杰。“心存汉室”的夙志至死不渝，多次出兵击魏，尽管遭致“玩众黩旅”的贬讥，却是他效法诸葛亮六出祁山的忠荩。

邓芝传

【原文】

邓芝字伯苗，义阳新野人，汉司徒禹之后也。汉末入蜀，未见知待。时益州从事张裕善相，芝往从之，裕谓芝曰："君年过七十，位至大将军，封侯"。芝闻巴西太守庞羲好士，往依焉。先主定益州，芝为郫邸阁督。先主出至郫，与语，大奇之，擢为郫令，迁广汉太守。所在清严有治绩，入为尚书。

先主薨于永安。先是，吴王孙权请和，先主累遣宋玮、费祎等与相报答。丞相诸葛亮深虑权闻先主殂陨，恐有异计，未知所如。芝见亮曰："今主上幼弱，初在位，宜遣大使重申吴好"。亮答之曰："吾思之久矣，未得其人耳，今日始得之"。芝问："其人为谁"？亮曰："即使君也"。乃遣芝修好于权。权果狐疑，不时见芝，芝乃自表请见权曰："臣今来亦欲为吴，非但为蜀也"。权乃见之，语芝曰："孤诚愿与蜀和亲，然恐蜀主幼弱，国小势逼，为魏所乘，不自保全，以此犹豫耳"。芝对曰："吴、蜀二国四州之地，大王命世之英，诸葛亮亦一时之杰也。蜀有重险之固[1]，吴有三江之阻，合此二长，共为唇齿，进可并兼天下，退可鼎足而立，此理之自然也。大王今若委质[2]于魏，魏必上望大王之入朝，下求太子之内侍，若不从命，则奉辞伐叛，蜀必顺流见可而进，如此，江南之地非复大王之有也"。权默然良久曰："君言是也"。遂自绝魏，与蜀连和，遣张温报聘于蜀。蜀复令芝重往，权谓芝曰："若天下太平，二主分治，不亦乐乎"！芝对曰："夫天无二日，土无二王，如并魏之后，大王未深识天命者也，君各茂其德，臣各尽其忠，将提枹鼓，则战争方始耳"。权大笑曰："君之诚款，乃当尔邪"！权与亮书曰："丁厷掞张，阴化不尽；和合二国，唯有邓芝"。及亮北住汉中，以芝为中监军、扬武将军。亮卒，迁前军师、前将军，领兖州刺史，封阳武亭侯，顷之，为督江州。权数与芝相闻，馈遗优渥。延熙六年，就迁为车骑将军，后假节。十一年，涪陵国人杀都尉反叛，芝率军征讨，即枭其渠帅，百姓安堵[3]。十四年卒。

芝为将军二十余年，赏罚明断，善恤卒伍。身之衣食资仰于官，不苟素俭，然终不治私产，妻子不免饥寒，死之日家无余财。性刚简，不饰[4]意气，不得士类之和。于是人少所敬贵，唯器异姜维云。子良，袭爵，景耀中为尚书左选郎，晋朝广汉太守。

【注释】

〔1〕重险之固：重重的险阻作为坚固的防御。

〔2〕委质：臣服、归附。

〔3〕安堵：安居。

〔4〕饰：掩饰。

【译文】

邓芝字伯苗，义阳郡新野县人，东汉司徒邓禹的后代。东汉末年进入蜀地，并没得到赏识和礼遇。当时益州从事张裕善于相面，邓芝前去让他相面。张裕对邓芝说："您年过七十岁之后，官位可以达到大将军，并被封侯"。邓芝听说巴西太守庞羲喜爱人才，便前去依附他。刘备平定益州，邓芝担任郫县邸阁督。刘备出外巡视到了郫县，和邓芝交谈，对他的才识感到非常惊奇，提拔他为郫县县令，又升为广汉太守。凡是他做过官的地方都太平清静，很有政绩，后来入朝做尚书。

刘备在永安去世。在这之前，吴王孙权请求两家讲和，刘备多次派遣宋玮、费祎等人前往答复。丞相诸葛亮担心孙权听说刘备去世后，会有别的打算，不知想个什么办法才好。邓芝拜见诸葛亮，说："现在后主年幼，刚刚即位，应该派使节出使吴国再次和吴国修好"。诸葛亮说："我考虑很长时间了，没有合适的人罢了。今天我才得到一个合适的人选"。邓芝问这个人是谁，诸葛亮说："就是使君您哪"！于是派邓芝去和孙权建立友好的关系。孙权果然心中犹豫不决，没有及时召见邓芝。邓芝于是自己写好奏文呈交孙权，说：“我今天来也是为吴国考虑，不仅仅是为我们蜀国”。这时孙权才同意相见，对邓芝说：“我的确想和蜀国和睦相处，但恐怕后主年幼，国家小而外有强势相逼，如果被魏国欺凌，则不能保全自己，因此而心中犹豫”。邓芝对他说：“吴国和蜀国有四个州的土地，大王您是个著名的当世英才，诸葛亮也是一代杰出的人物。蜀国有重重的险阻，防御坚固，吴国也有三条大江的险阻可守，这两个长处合在一起，两国唇齿相依，进可以并吞天下，退可以鼎足而立，这是很自然的道理。大王您现在如果投靠魏国的话，魏国必然首先想让您去朝拜，再次就想让太子进朝去做人质。如果不听从它的命令，他们就会找借口来讨伐您，那样蜀国也必然顺流而下见机而行事。这样的话，江南的江山就不会再属于大王您的了”。孙权沉默良久，说：“你的话是对的”。于是便和魏绝交，与蜀联合，派遣张温回访蜀国，蜀国又派邓芝前往吴国。孙权对邓芝说：“如果有一天，天下太平了，二主分治天下，不也是很令人高兴的事吗”？邓芝回答说：“天无二日，地无二主。如果吞并了魏国之后，大王您还不知道天命把天下许给谁，那时君主各自去光大自己的德行，大臣各自尽自己的忠心，将要拿着鼓槌击鼓，开始双方的争斗了”。孙权大笑说：“您竟如此诚实”。孙权在给诸葛亮的信中说：“丁厷言辞浮夸，阴化言不尽意，使两国和好的，只有邓芝一人”。诸葛亮驻守在汉中的时候，任用邓芝做中监军、扬武将军。诸葛亮死后，邓芝升为前军师、前将军，兼兖州刺史，封为阳武亭侯。不久又做江州都督。孙权多次和邓芝通信，孙权的馈赠都很丰厚。延熙六年，就地被提升为车骑将军，后为授予符节。延熙十一年，涪陵属国有人杀死都督反叛，邓芝率军征讨，很快斩杀其首领，百姓安居。延熙十四年逝世。

邓芝做大将军二十余年，赏罚分明果断，抚爱兵士。衣食财物都靠国家的供给，生活朴素、节俭，并不以此为不光彩。他终生不积累私人财产，家属也不免受饥寒，去世的时候家里没有什么多余的财产。他性格坚强、质朴，不掩饰自己心意情态，因而和官吏们的关系很不和谐。对当时的人他很少敬重谁，只器重姜维一人。儿子邓良，承袭他的爵位，景耀年中做尚书左选郎，入晋后做广汉太守。

【评曰】

邓芝年少入蜀没有得到重用，但晚年封侯拜将，十分风光。他为人谦谨有礼，为官兢兢业业，为帅身先士卒，性格坚硬不取，可谓蜀国的又一名贤臣良将。

许麋孙简伊传

许靖字文休，汝南平舆人。少与从弟劭俱知名，并有人伦臧否之称，而私情不协。劭为郡功曹，排摈靖不得齿叙，以马磨自给。颍川刘翊为汝南太守，乃举靖计吏，察孝廉，除尚书郎，典选举。灵帝崩，董卓秉政，以汉阳周毖为吏部尚书，与靖共谋议，进退天下之士，沙汰秽浊，显拔幽滞。进用颍川荀爽、韩融、陈纪等为公、卿、郡守，拜尚书韩馥为冀州牧，侍中刘岱为兖州刺史，颍川张咨为南阳太守，陈留孔伷为豫州刺史，东郡张邈为陈留太守，而迁靖巴郡太守，不就，补御史中丞。馥等到官，各举兵还向京都，欲以诛卓。卓怒毖曰："诸君言当拔用善士，卓从诸君计，不欲违天下人心。而诸君所用人，至官之日，还来相图。卓何用查负！"叱毖令出，于外斩之。靖从兄陈相玚，又与伷合规，靖惧诛，奔伷。伷卒，依扬州刺史陈祎。祎死，吴郡都尉许贡、会稽太守王朗素与靖有旧，故往保焉。靖收恤亲里，经纪振赡，出于仁厚。

孙策东渡江，皆走交州以避其难，靖身坐崖边，先载附从，疏亲悉发，乃从后去，当时见者莫不叹息。既至交阯，交阯太守士燮厚加敬待。陈国袁徽以寄寓交州，徽与尚书令荀玉书曰："许文休英才伟士，智略足以计事。自流宕已来，与群士相随，每有患急，常先人后已，与九族中外同其饥寒流。其纪纲同类，仁恕恻隐，皆有效事，不能复一二陈之耳。"巨鹿张翔衔王命使交部，乘势募靖，欲与誓要，靖拒而不许。靖与曹公书曰："世路戎夷，祸乱遂合，驽怯偷生，自窜蛮貊，成阔十年，吉凶礼废，昔在会稽，得所贻书，辞旨款密，久要不忘。迫于袁术方命圮族，扇动群逆，津涂四塞，虽县心北风，欲行靡由。正礼师退，术兵前进，会稽倾覆，景兴失据，三江五湖，皆为虏庭。临时困厄，无所控告，便与袁沛、邓子孝等浮涉沧海，南至交州。经历东瓯、闽、越之国，行经万里，不见汉地，漂薄风波，绝粮茹草，饥殍荐臻，死者大半。既济南海，与领守儿孝德相见，知足下忠义奋发，整饬元戎，西迎大驾，巡省中岳。承此休问，且悲且憙，即与袁沛及徐元贤复共严装，欲北上荆州。会苍梧诸县夷、越蜂起，州府倾覆，道路阻绝，元贤被害，老弱并杀。靖寻循渚崖五千余里，复遇疾疠，伯母陨命，并及群从，自诸妻子，一时略尽。复相扶侍，前到此郡，计为兵害及病亡者，十遗一二。生民之艰，辛苦之基，岂可具陈哉！惧卒颠仆，永为亡虏，忧瘁惨惨，忘寝与食。欲附奉朝贡使，自获济通，归死阙庭，而荆州水陆无津，交部驿使断绝。欲上益州，复有峻防，故官长吏，一不得入。前令交阯太守士威彦，深相分托于益州兄弟，又靖亦自与书，辛苦恳恻，而复寂寞，未有报应。虽仰瞻光灵，延颈企踵，何由假翼自致哉？

“知圣主允明，显授足下专征之任，凡诸逆节，多所诛讨，想力竞者一心，顺从者同规矣。又张子云昔在京师，志匡王室，今虽临荒域，不得参与本朝，亦国家之藩镇，足下之外援也。若荆、楚平和，王泽南至，足下忽有声命于子云，勤见保属，令得假途由荆州出，不然，当复相绍介于益州兄弟，使相纳受。倘天假其年，人缓其祸，得归死国家，解逋逃之负，泯驱九泉，将复何恨！若时有险易，事有利钝，人命无常，陨没不达者，则永衔罪责，入于裔土矣。

“昔营邱翼周，杖钺专征，博陆佐汉，虎贲警跸。今日足下扶危持倾，为国柱石，秉师望之任，兼霍光之重，五侯九伯，制御在手，自古及今，人臣之尊未有及足下者也。夫爵高者忧深，禄厚者责重。足下据爵高之任，当责重之地，言出于口，即为赏罚，意之所存，便为祸福。行之得道，即社稷用宁；行之失道，即四方散乱。国家安危，在于足下；百姓之命，县于执事。自华及夷，颙颙注望。足下任此，岂可不远览载籍废兴之由，荣辱之机，弃忘旧恶，宽和群司，审量五材，为官择人？苟得其人，虽雠必举；苟其非人，虽亲不授。以宁社稷，以济下民，事立功成，则系音于管弦，勒勋于金石，愿君勉之！为国自重，为民自爱。”翔恨靖之不自纳，搜索靖所寄书疏，尽投之于水。

后刘璋遂使使招靖，靖来入蜀。璋以靖为巴郡、广汉太守。南阳宋仲子于荆州与蜀郡太守王商书曰：“文休倜傥瑰玮，有当世之具，足下当以为指南。”建安十六年，转在蜀郡。十九年，先主克蜀，以靖为左将军长史，先主为汉中王，靖为太傅。及即尊号，策靖曰："朕获奉洪业，君临万国，夙宵惶惶，惧不能绥。百姓不亲，五品不逊，汝作司徒，其敬敷五教，在宽。君其勖哉！秉德无怠，称朕意焉。"

靖虽年逾七十，爱乐人物，诱纳后进，清谈不倦。丞相诸葛亮皆为之拜。章武二年卒。子钦，先靖夭没。钦子游，景耀中为尚书。始靖兄事颍川陈纪，与陈郡袁涣、平原华歆、东海王朗等亲善，歆、朗及纪子群，魏初为公辅大臣，咸与靖书，申陈旧好，情义款至，文多故不载。

麋竺字子仲，东海朐人也。祖世货殖，僮客万人，赀产巨亿。后徐州牧陶谦辟为别驾从事。谦卒，竺奉谦遗命，迎先主于小沛。建安元年，吕布乘先主之出拒袁术，袭下邳，虏先主妻子。先主转军广陵海西，竺于是进妹于先主为夫人，奴客二千，金银货币以助军资，于时困匮，赖此复振。后曹公表竺领嬴郡太守，竺弟芳为彭城相，皆去官，随先主周旋。先主将适荆州，遣竺先与刘表相闻，以竺为左将军从事中郎。益州既平，拜为安汉将军，班在军师将军之右。竺雍容敦雅，而干翮非所长。是以待之以上宾之礼，未尝有所统御。然赏赐优宠，无与为比。

芳为南郡太守，与关羽共事，而私好携贰，叛迎孙权，羽因覆败。竺面缚请罪，先主慰谕以兄弟罪不相及，崇待如初。竺惭恚发病，岁馀卒。子威，官至虎贲中郎将。威子照，虎骑监。自竺至照，皆便弓马，善射御云。

孙乾字公祐，北海人也。先主领徐州，辟为从事，后随从周旋。先主之背曹公，遣乾自结袁绍，将适荆州，乾又与麋竺俱使刘表，皆如意指。后表与袁尚书，说其兄弟分争之变，曰："每与刘左将军、孙公祐共论此事，未尝不痛心入骨，相为悲伤也。"其见重如此。先主定益州，乾自从事中郎为秉忠将军，见礼次麋竺，与简雍同等。顷之，卒。

简雍字宪和，涿郡人也。少与先主有旧，随从周旋。先主至荆州，雍与麋竺、孙乾同为从事中郎，常为谈客，往来使命。先主入益州，刘璋见雍，甚爱之。后先主围成都，遣雍往说璋，璋遂与雍同舆而载，出城归命。先主拜雍为昭德将军。优游风议，性简傲跌宕，在先主坐席，犹箕踞倾倚，威仪不肃，自纵适；诸葛亮已下则独擅一榻，项枕卧语，无所为屈。时天旱禁酒，酿者有刑。吏于人家索得酿具，论者欲令与作酒者同罚。雍与先主游观，见一男（女）子行道，谓先主曰："彼人欲行淫，何以不缚？"先主曰："卿何以知之？"雍对曰："彼有其具，与欲酿者同。"先主大笑，而原欲酿者。雍之滑稽，皆此类也。

伊籍字伯机，山阳人。少依邑人镇南将军刘表。先主之在荆州，籍常往来自托。表卒，遂随先主南渡江，从入益州。益州既定，以籍为左将军从事中郎，见待亚于简雍、孙乾等。遣东使于吴，孙权闻其才辨，欲逆折以辞。籍适入拜，权曰："劳事无道之君乎？"籍即对曰："一拜一起，未足为劳。"籍之机捷，类皆如此，权甚异之。后迁昭文将军，与诸葛亮、法正、刘巴、李严共造《蜀科》；《蜀科》之制，由此五人焉。

秦宓字子敕，广汉绵竹人也。少有才学，州郡辟命，辄称疾不往。奏记州牧刘焉，荐儒士任定祖曰：“昔百里、蹇叔以耆艾而定策，甘罗、子奇以童冠而立功，故《书》美黄发，而《易》称颜渊，固知选士用能，不拘长幼，明矣。乃者以来，海内察举，率多英俊而遗旧齿，众论不齐，异同相伴，此乃承平之翔步，非乱世之急务也。夫欲救危抚乱，修己以安人，则宜卓荦超伦，与时殊趣，震惊邻国，骇动四方，上当天心，下合人意；天人既和，内省不疚，虽遭凶乱，何忧何惧！昔楚叶公好龙，神龙下之，好伪彻天，何况于真？今处士任安，仁义直道，流名四远；如今见察，则一州斯服。昔汤举伊尹，不仁者远，何武贡二龚，双名竹帛，故贪寻常之高而忽万仞之嵩，乐面前之饰而忘天下之誉，斯诚往古之所重慎也。甫欲凿石索玉，剖蚌求珠，今乃随、和炳然，有如皎日，复何疑哉！诚知昼不操烛，日有余光，但愚情区区，贪陈所见。”

刘璋时，宓同郡王商为治中从事，与宓书曰：“贫贱困苦，亦何时可以终身！卞和炫玉以耀世，宜一来，与州尊相见。”宓答书曰：“昔尧优许由，非不弘也，洗其两耳；楚聘庄周，非不广也，执竿不顾。《易》曰‘确乎其不可拔’，夫何炫之有？且以国君之贤，子为良辅，不以是时建萧、张之策，未足为智也。仆得曝背乎陇亩之中，诵颜氏之箪瓢，咏原宪之蓬户，时翱翔于林泽，与沮、溺等俦，听玄猿之悲吟，察鹤鸣于九皋，安身为乐，无忧为福，处空虚之名，居不灵之龟，知我者希，则我贵矣。斯乃仆得志之秋也，何困苦之戚焉！”后商为严君平、李弘立祠，宓与书曰：“疾病伏匿，甫知足下为严、李立祠，可谓厚党勤类者也。观严文章，冠冒天下，由、夷逸操，山岳不移，使扬子不叹，固自昭明。如李仲元不遭《法言》，令名必沦，其无虎豹之文故也，可谓攀龙附凤者矣。如扬子云潜心著述，有补于世，泥蟠不滓，行参圣师，于今海内，谈咏厥辞。邦有斯人，以耀四远，怪子替兹，不立祠堂。蜀本无学士，文翁遣相如东受七经，还教吏民，于是蜀学比于齐、鲁。故《地里志》曰：‘文翁倡其教，相如为之师。’汉家得士，盛于其世；仲舒之徒，不达封禅，相如制其礼。夫能制礼造乐，移风易俗，非礼所秩有益于世者乎！虽有王孙之累，犹孔子大齐桓之霸，公羊贤叔术之让。仆亦善长卿之化，宜立祠堂，速定其铭。”

先是，李权从宓借《战国策》，宓曰：“战国从横，用之何为?”权曰：“仲尼、严平，会聚众书，以成《春秋》、《指归》之文，故海以合流为大，君子以博识为弘。”宓报曰：“书非史记周图，仲尼不采，道非虚无自然，严平不演。海以受淤，岁一荡清；君子博识，非礼不视。今战国反复仪、秦之术，杀人自生，亡人自存，经之所疾。故孔子发愤作《春秋》。大乎居正，复制《孝经》，广陈德行。杜渐防萌，预有所抑，是以老氏绝祸于未萌，岂不信邪！成汤大圣，睹野鱼而有猎逐之失，定公贤者，见女乐而弃朝事，若此辈类，焉可胜陈。道家法曰：‘不见所欲，使心不乱。’是故天地贞观，日月贞明，其直如矢，君子所履。《洪范》记灾，发于言貌，何战国之谲权乎哉!”

或谓宓曰：“足下欲自比于巢、许、四皓，何故扬文藻见瑰颖乎?”宓答曰：“仆文不能尽言，言不能尽意，何文藻之有扬乎！昔孔子三见哀公，言成七卷，事盖有不可嘿嘿也。接舆行且歌，论家以光篇；渔父咏沧浪，贤者以耀章。此二人者，非有欲于时者也。夫虎生而文??，凤生而五色，岂以五采自饰画哉？天性自然也。盖《河》、《洛》由文兴，六经由文起，君子懿文德，采藻其何伤！以仆之愚，犹耻革子成之误，况贤于己者乎！”

先主既定益州，广汉太守夏侯纂请宓为师友祭酒，领五官掾，称曰仲父。宓称疾，卧在第舍，纂将功曹古朴，主簿王普，厨膳即宓第宴谈，

宓卧如故。纂问朴曰：“至于贵州养生之具，实绝余州矣，不知士人何如余州也？”朴对曰：“乃自先汉以来，其爵位者或不如余州耳，至于著作为世师式，不负于余州也。严君平见黄、老作《指归》，扬雄见

《易》作《太言》，见《论语》作《法言》，司马相如主武帝制封禅之文，于今天下所共闻也。”

纂曰：“仲父何如？”宓以簿击颊，曰：“愿明府勿以仲父之言假于小草，民请为明府陈其本纪。蜀有汶阜之山，江出其腹，帝以会昌，神以建福，故能沃野千里。淮、济四渎，江为其首，此其一也。禹生石纽，

今之汶山郡是也。昔尧遭洪水，鲧所不治，禹疏江决河，东注于海，为

民徐害，生民已来功莫先者，此其二也。天帝布治房心，决政参伐，参伐则益州分野，三皇乘祗车出谷口，今之斜谷是也。此便鄙州之阡陌，明府以雅意论之，何若于天下乎？”于

是篡逡巡无以复答。

益州辟宓为从事祭酒。先主既称尊号，将东征吴，宓陈天时必无其利，坐下狱幽闭，然后贷出。建兴二年，丞相亮领益州牧，选宓迎为别驾，寻拜左中郎将、长水校尉。吴遣使张温来聘，百官皆往饯焉。众人皆集而宓未往，亮累遣使促之，温曰：“彼何人也？”亮曰：“益州学士也。”及至，温问曰：“君学乎？”宓曰：“五尺童子皆学，何必小人！”温复问曰：“天有头乎？”宓曰：“有之。”温曰：“在何方也？”

宓曰：“在西方。《诗》曰：‘乃眷西顾。’以此推之，头在西方。”

温曰：“天有耳乎？”宓曰：“天处高而听卑，《诗》云：‘鹤鸣于九皋，声闻于天。’若其无耳，何以听之？”温曰：“天有足乎？”宓曰：

“有。《诗》云：‘天步艰难，之子不犹。’若其无足，何以步之？”

温曰：“天有姓乎？”宓曰：“有。”温曰：“何姓？”宓曰：“姓刘。”

温曰：“何以知之？”答曰：“天子姓刘，故以此知之。”温曰：“日生于东乎？”宓曰：“虽生于东而没于西。”答问如响，应声而出，于

是温大敬服。宓之文辩，皆此类也。迁大司农，四年卒。初宓见帝系之文，五帝皆同一族，宓辨其不然之本。又论皇帝王霸（养）豢龙之说，

甚有道理，谯允南少时数往咨访，纪录其言于《春秋然否

论》，文多故不载。

【评曰】

许靖夙有名誉，既以笃厚为称，又以人物为意，虽行事举动，未悉允当，蒋济以为“大较廊庙器”也。麋竺、孙乾、简雍、伊籍，皆雍容风议，见礼于世。秦宓始慕肥遁之高，而无若愚之实。然专对有余，

文藻壮美，可谓一时之才士矣。

董刘马陈董吕传

董和字幼宰，南郡枝江人也，其先本巴郡江州人。汉末，和率宗族西迁，益州牧刘璋以为牛鞞、江原长、成都令。蜀土富实，时俗奢侈，货殖之家，侯服玉食，婚姻葬送，倾家竭产。和躬率以俭，恶衣蔬食，防遏逾僭，为之轨制，所在皆移风变善，畏而不犯。然县界豪强惮和严法，说璋转和为巴东属国都尉。吏民老弱相携乞留和者数千人，璋听留二年，还迁益州太守，其清约如前。与蛮夷从事，务推诚心，南土爱而信之。

先主定蜀，征和为掌军中郎将，与军师将军诸葛亮并署左将军大司马府事，献可替否，共为欢交。自和居官食禄，外牧殊域，内干机衡，二十馀年，死之日家无儋石之财。亮后为丞相，教与群下曰："夫参署者，集众思广忠益也。若远小嫌，难相违覆，旷阙损矣。违覆而得中，犹弃弊蹻而获珠玉。然人心苦不能尽，惟徐元直处兹不惑，又董幼宰参署七年，事有不至，至于十反，来相启告。苟能慕元直之十一，幼宰之殷勤，有忠于国，则亮可少过矣。”又曰：“昔初交州平，屡闻得失，后交元直，勤见启诲，前参事于幼宰，每言则尽，后从事于伟度，数有谏止；虽姿性鄙暗，不能悉纳，然与此四子终始好合，亦足以明其不疑于直言也。”其追思和如此。

刘巴字子初，零陵烝阳人也。少知名，荆州牧刘表连辟，及举茂才，皆不就。表卒，曹公征荆州。先主奔江南，荆、楚群士从之如云，而巴北诣曹公。曹公辟为掾，使招纳长沙、零陵、桂阳。会先主略有三郡，巴不得反使，遂远适交阯，先主深以为恨。

巴复从交阯至蜀。俄而先主定益州，巴辞谢罪负，先主不责。而诸葛孔明数称荐之，先主辟为左将军西曹掾。建安二十四年，先主为汉中王，巴为尚书，后代法正为尚书令。躬履清俭，不治产业，又自以归附非素，惧见猜嫌，恭默守静，退无私交，非公事不言。先主称尊号，昭告皇天上帝后土神祇，凡诸文诰策命，皆巴所作也。章武二年卒。卒后，魏尚书仆射陈群与丞相诸葛亮书，问巴消息，称曰刘君子初，甚敬重焉。

马良字季常，襄阳宜城人也。兄弟五人，并有才名，乡里为之谚曰：“马氏五常，白眉最良。”良眉中有白毛，故以称之。先主领荆州，辟为从事。及先主入蜀，诸葛亮亦从后往，良留荆州，与亮书曰：“闻雒城已拔，此天祚也。尊兄应期赞世，配业光国，魄兆远矣。夫变用雅虑，审贵垂明，于以简才，宜适其时。若乃和光悦远，迈德天壤，使时闭于听，世服于道，齐高妙之音，正郑、卫之声，并利于事，无相夺伦，此乃管弦之至，牙、旷之调也。虽非钟期，敢不击节！”先主辟良为左将军掾。

后遣使吴，良谓亮曰："今衔国命，协穆二家，幸为良介于孙将军。"亮曰："君试自为文。"良即为草曰："寡君遣掾马良通聘继好，以绍昆吾、豕韦之勋。其人吉士，荆楚之令，鲜于造次之华，而有克终之美，愿降心存纳，以慰将命。"权敬待之。

先主称尊号，以良为侍中。及东征吴，遣良入武陵招纳五溪蛮夷，蛮夷渠帅皆受印号，咸如意指。会先主败绩于夷陵，良亦遇害。先主拜良子秉为骑都尉。

良弟谡，字幼常，以荆州从事随先主入蜀，除绵竹成都令，越嶲太守。才器过人，好论军计，丞相诸葛亮深加器异，先主临薨谓亮曰："马谡言过其实，不可大用，君其察之！"亮犹谓不然，以谡为参军，每引见谈论，自昼达夜。

建兴六年，亮出军向祁山，时有宿将魏延、吴壹等，论者皆言以为宜令为先锋，而亮违众拔谡，统大众在前，与魏将张郃战于街亭，为郃所破，士卒离散。亮进无所据，退军还汉中。谡下狱物故，亮为之流涕。良死时年三十六，谡年三十九。

陈震字孝起，南阳人也。先主领荆州牧，辟为从事，部诸郡，随先主入蜀。蜀既定，为蜀郡北部都尉，因易郡名，为汶山太守，转在犍为。建兴三年，入拜尚书，迁尚书令，奉命使吴。七年，孙权称尊号，以震为卫尉，贺权践阼，诸葛亮与兄瑾书曰："孝起忠纯之性，老而益笃，及其赞述东西。欢乐和合，有可贵者。"震入吴界，移关候曰："东之与西，驿使往来，冠盖相望，申盟初好，日新其事。东尊应保圣祚，告燎受符，剖判土宇，天下响应，各有所归。于此时也，以同心讨贼，则何寇不灭哉！西朝君臣，引领欣赖。震以不才，得充下使，奉聘叙好，践界踊跃，入则如归。献子适鲁，犯其山讳，《春秋》讥之。望必启告，使行人睦焉。即日张旍诰众，各自约誓。顺流漂疾，国典异制，惧或有违，幸必斟诲，示其所宜。”震到武昌，孙权与震升坛歃盟，交分天下：以徐、豫、幽、青属吴，并、凉、冀、兖属蜀，其司州之土，以函谷关为界。震还，封城阳亭侯。九年，都护李平坐诬罔启废；诸葛亮与长史蒋琬、侍中董允书曰：“孝起前临至吴，为吾说正方腹中有鳞甲，乡党以为不可近。吾以为鳞甲者但不当犯之耳，不图复有苏、张之事出于不意。可使孝起知之。”十三年，震卒。子济嗣。

董允字休昭，掌军中郎将和之子也。先主立太子，允以选为舍人，徙洗马。后主袭位，迁黄门侍郎。丞相诸葛亮将北征，住汉中，虑后主富于春秋，朱紫难别，以允秉心公亮，欲任以宫省之事。上疏曰：“侍中郭攸之、费祎、侍郎董允等，先帝简拔以遗陛下，至于斟酌规益，进尽忠言，则其任也。愚以为宫中之事，事无大小，悉以咨之，必能裨补阙漏，有所广益。若无兴德之言，则戮允等以彰其慢。”亮寻请祎为参军，允迁为侍中，领虎贲中郎将，统宿卫亲兵。攸之性素和顺，备员而已。献纳之任，允皆专之矣。允处事为防制，甚尽匡救之理。后主常欲采择以充后宫，允以为古者天子后妃之数不过十二，今嫔嫱已具，不宜增益，终执不听。后主益严惮之。尚书令蒋琬领益州刺史，上疏以让费祎及允，又表“允内侍历年，翼赞王室，宜赐爵土以褒勋劳。”允固辞不受。后主渐长大，爱宦人黄皓。皓便辟佞慧，欲自容入。允常上则正色匡主，下则数责于皓。皓畏允，不取为非。终允之世，皓位不过黄门丞。

允尝与尚书令费祎、中典军胡济等共期游宴，严驾已办，而郎中襄阳董恢诣允修敬。恢年少官微，见允停出，逡巡求去，允不许，曰：“本所以出者，欲与同好游谈也，今君已自屈，方展阔积，舍此之谈，就彼之宴，非所谓也。”乃命解骖，祎等罢驾不行。其守正下士，凡此类也。延熙六年，加辅国将军。七年，以侍中守尚书令，为大将军费祎副贰。九年，卒。

陈祗代允为侍中，与黄皓互相表里，皓始预政事。祗死后，皓从黄门令为中常侍、奉车都尉，操弄威柄，终至覆国。蜀人无不追思允。及邓艾至蜀，闻皓奸险，收闭，将杀之，而皓厚赂艾左右，得免。

祗字奉宗，汝南人，许靖兄之外孙也。少孤，长于靖家。弱冠知名，稍迁至选曹郎，矜厉有威容。多技艺，挟数术，费祎甚异之，故超继允内侍。吕乂卒，祗又以侍中守尚书令，加镇军将军，大将军姜维虽班在祗上，常率众在外，希亲朝政。祗上承主指，下接阉竖，深见信爱，权重于维。景耀元年卒，后主痛惜，以言流涕，乃下诏曰：“祗统职一纪，柔嘉惟则，干肃有章，和义利物，庶绩允明。命不融远，联用悼焉。夫存有令问则亡加美谥，谥曰忠侯”。赐子?? 爵关内侯，拔次子裕为黄门侍郎。自祗之有宠，后主追怨允日深，谓为自轻，由祗媚兹一人，皓构间浸润故耳。允孙宏，晋巴西太守。吕乂字季阳，南阳人也。父常，送故将（军）刘焉入蜀，值王路隔塞，遂不得还。乂少孤，好读书鼓琴。初，先主定益州，置盐府校尉，较盐铁之利，后校尉王连请乂及南阳杜祺、南乡刘干等并为典曹都尉。乂迁新都、绵竹令，乃心隐恤，百姓称之，为一州诸城之首。迁巴西太守。

丞相诸葛亮连年出军，调以诸郡，多不相救，乂募取兵五千人诣亮，慰喻检制，无逃窜者。徙为汉中太守，兼领督农，供继军粮。亮卒，累迁广汉、蜀郡太守。蜀郡一都之会，户口众多，又亮卒之后，士伍亡命，更相重冒，奸巧非一。乂到官，为之防禁，开喻劝导，数年之中，漏脱自出者万馀口。后入为尚书，代董允为尚书令，众事无留，门无停宾。乂历职内外，治身俭约，谦靖少言，为政简而不烦，号为清能；然持法刻深，好用文俗吏，故居大官，名声损于郡县。延熙十四年卒。子辰，景耀中为成都令。辰弟雅，谒者。雅清厉有文才，著《格论》十五篇。

杜祺历郡守、监军、大将军司马，刘干官至巴西太守，皆与乂亲善，亦有当时之称，而俭素守法，不及于乂。

【评曰】

董和蹈羔羊之素，刘巴履清尚之节，马良贞实，称为令士，陈震忠恪，老而益笃，董允匡主，义形于色，皆属臣之良矣。吕乂临郡则垂称，处朝则被损，亦黄、薛之流亚矣。

刘彭廖李刘魏杨传

刘封者，本罗侯寇氏之子，长沙刘氏之甥也。先主至荆州，以未有继嗣，养封为子。及先主入蜀，自葭萌还攻刘璋，时封年二十余，有武艺，气力过人，将兵俱与诸葛亮、张飞等溯流西上，所在战克。益州既定，以封为副军中郎将。

初，刘璋遣扶风孟达副法正，各将兵二千人，使迎先主，先主因令达并领其众，留屯江陵。蜀平后，以达为宜都太守。建安二十四年，命达从秭归北攻房陵，房陵太守蒯祺为达兵所害。达将进攻上庸，先主阴恐难独任，乃遣封自汉中乘沔水下统达军，与达军会上庸。上庸太守申耽举众降，遣妻子及宗族诣成都。先主加耽征北将军，领上庸太守、员乡侯如故，以耽弟仪为建信将军、西城将军，迁松为副军将军。自关羽围樊城、襄阳，连呼封、达，令发兵自助。封、达辞以山郡初附，未可动摇，不承羽命。会羽覆败，先主恨之。又封与达忿争不和，封寻夺达鼓吹。达既惧罪，又忿恚封，遂表辞先主，率所领降魏。魏文帝善达之姿才容观，以为散骑常侍、建武将军，封平阳亭侯。合房陵、上庸、西城三郡为新都郡，以达领新城太守。遣征南将军夏侯尚、右将军徐晃与达共袭封。达与封书曰：“古人有言：‘疏不间亲，新不加旧’。此谓上明下直，谗慝不行也。若乃权君谲主，贤父慈亲，犹有忠臣蹈功以罹祸，孝子抱仁以陷难，种、商、白起、孝己、伯奇，皆其类也。其所以然，非骨肉好离，亲亲乐患也。或有恩移爱易，亦有谗间其间，虽忠臣不能移于君，孝子不能变之于父者也。势利所加，改亲为仇，况非亲乎！故申生、卫伋、御寇、楚建禀受形之气，当嗣立之正，而犹如此。今足下与汉中王，道路之人耳，亲非骨血而据势权，义非君臣而处上位，征则有偏任之威，居则有副军之号，远近所间也。自立阿斗为太子已来，有识之人相为寒心。如使申生从子舆之言，必为太伯；卫伋听其弟之谋，无彰父之讥也。且小白出奔，入而为霸；重耳逾垣，卒以克复。自古有之，非独今也。

“夫智贵免祸，明尚夙达，仆揆汉中王虑定于内疑生于外矣；虑定则心固，疑生则心惧，乱祸之兴作，未曾不由废立之间也。私怨人情，不能不见，恐左右必有以间于汉中王矣。然则疑成怨间，其发若践机耳。今足下在远，尚可假息一时；若大军遂进，足下失据而还，窃相为危之。昔微子去殷，智果别族，违难背祸，犹皆如斯。今足下弃父母而为人后，非礼也；知祸将至而留之，非智也；见正不从而疑之，非义也。自号为丈夫，为此三者，何所贵乎？以足下之才，弃身来东，继嗣罗侯，不为背亲也；北面事君，以正纲纪，不为弃旧也；怒不致乱，以免危亡，不以徒行也。加陛下新受禅命，虚心侧席，以德怀远，若足下翻然内向，非但与仆为伦，受三百户封，继统罗国而已，当更剖符大邦，为始封之君。陛下大军，金鼓以震，当转都宛、邓；若二敌不平，军无还期。足下宜因此时早定良计。《易》有’利见大人’，《诗》有‘自求多福’。行矣。今足下勉之，无使狐突闭门不出。”封不从达言。

申仪叛封，封破走还成都。申耽降魏，魏假耽怀集将军，徙居南阳，仪魏兴太守，封（真乡侯）员乡侯，屯洵口。封既至，先主责封之侵陵达，又不救羽。诸葛亮虑封刚猛，易世之后终难制御，劝先主因此除之。于是赐封死，使自裁。封叹曰：“恨不用孟子度之言！”先主为之流涕。达本字子敬，避先主叔父敬，改之。

彭口音漾字永年，广汉人。身长八尺，容貌甚伟。姿性骄傲，多所轻忽，惟敬同郡秦子敕，荐之于太守许靖曰：“昔高宗梦傅说，周文求吕尚，爰及汉祖，纳食其于布衣，此乃帝王之所以倡业垂统，缉熙厥功也。今明府稽古皇极，允执神灵，体公刘之德，行勿翦之惠，《清庙》之作于是乎始，褒贬之义于是乎兴，然而六翮未之备也。伏见处士绵竹秦宓，膺山甫之德，履隽生之直，枕石漱流，吟咏云口音蕴偃息于仁义之途，恬淡于浩然之域，高概节行，守直不亏，虽古人潜遁，蔑以加旃。若明府能招致此人，必有忠谠落落之誉，丰功厚利，建迹立勋，然后纪功于王府，飞声于来世，不亦美哉！”

口仕州不过书佐，后又为众人所谤毁于州牧刘璋，璋髡钳口为徒隶。会先主入蜀，溯流北行。口欲纳说先主，乃往见庞统。统与口非故人，又适有宾客，口径上床卧，谓统曰：“须客罢当与卿善谈。”统客既罢，往就口坐，口又先责统食，然后共语，因留信宿，至于经日。统大善之，而法正宿自知口，遂并致之先主。先主亦以为奇，数令口宣传军事，指授诸将，奉使称意，识遇日加。成都既定，先主领益州牧，拔口为治中从事。口起徒步，一朝处州人之上，形色嚣然，自矜得遇滋甚。诸葛亮虽外接待口，而内不能善，屡密言先主，口心大志广，难可保安。先主既敬信亮，加察口行事，意以稍疏，左迁口为阳江太守。

口闻当远出，私情不悦，往诣马超。超问口曰：“卿才具秀拔，主公相待至重，谓卿当与孔明、孝直诸人齐足并驱，宁当外授小郡，失人本望乎？”口曰：“老革荒悖，可复道邪！”又谓超曰：“卿为其外，我为其内，天下不足。”超羁旅归国，常怀危惧，闻口言大惊，默然不答。口退，具表口辞，于是收口付有司。

口于狱中与诸葛亮书曰：“仆昔有事于诸侯，以为曹操暴虐，孙权无道，振威暗弱，其惟主公有霸王之器，可与兴业致治，故乃翻然有轻举之志。会人来西，仆因法孝直自炫鬻，庞统斟酌其间，遂得诣公于葭萌，指掌而谭，论治世之务，讲霸王之义，建取益州之策，公亦宿虑明定，即相然赞，遂举事焉。仆于故州不免凡庸，优于罪罔，得遭风云激矢之中，求君得君，志行名显，从布衣之中擢为国士，盗窃茂才。分子之厚，谁复过此。口一朝狂悖，自求菹醢，为不忠不义之鬼乎！先民有言，左手据天下之图，右手刎咽喉，愚夫不为也。况仆颇别菽麦者哉！所以有怨望意者，不自度量，苟以为首兴事业，而有投江阳之论，不懈主公之意，意卒感激，颇以被酒，脱失'老'语。此仆之下愚薄虑所致，主公实未老也。且夫立业，岂在老少，西伯九十，宁有衰志，负我慈父，罪有百死。至于内外之言，欲使孟起立功北州，戮力主公，共讨曹操耳，宁敢有他志邪？孟起说之是也，但不分别其间，痛人心耳。昔每与庞统共相誓约，庶托足下末踪，尽心于主公之业，追名古人，载勋竹帛。统不幸而死，仆败以取祸。自我堕之，将复谁怨！足下，当世伊、吕也，宜善与主公计事，济其大猷。天明地察，神祇有灵，复何言哉！贵使足下明仆本心耳。行矣努力，自爱，自爱！"□竟诛死，时年三十七。

廖立字公渊，武陵临沅人。先主领荆州牧，辟为从事，年未三十，擢为长沙太守。先主入蜀，诸葛亮镇荆土，孙权遣使通好于亮，因问士人皆谁相经纬者，亮答曰："庞统、廖立，楚之良才，当赞兴世业者也。"建安二十年，权遣吕蒙奄袭南三郡，立脱身走，自归先主。先主素识待之，不深责也，以为巴郡太守。二十四年，先主为汉中王，征立为侍中。后主袭位，徙长水校尉。

立本意，自谓才名宜为诸葛亮之贰，而更游散在李严等下，常怀怏怏。后丞相掾（李部）李邵、蒋琬至，立计曰："军当远出，卿诸人好谛其事。昔先（主）帝不取汉中，走与吴人争南三郡，卒以三郡与吴人，徒劳役吏士，无益而还。既亡汉中，使夏侯渊、张郃深入于巴，几丧一州。后至汉中使关侯身死无孑遗，上庸覆败，徒失一方。是羽怙恃勇名，作军无法，直以意突耳，故前后数丧师众也。如向朗、文恭，凡俗之人耳。恭作治中无纲纪；朗昔奉马良兄弟，谓为圣人，今作长史，素能合道。中郎郭演长，从人者耳，不足与经大事，而作侍中。今弱世也，欲任此三人，为不然也。王连流俗，苟作掊克，使百姓疲弊，以致今日。”（部）邵、琬具白其言于诸葛亮。亮表立曰：“长水校尉廖立，坐自贵大，臧否群士，公言国家不任贤达而任俗吏，又言万人率者皆小子也；诽谤先帝，疵毁众臣。人有言国家兵众简练，部伍分明者，立举头视屋，愤咤作色曰：‘何足言！’凡如是者不可胜数。羊之乱群，犹能为害，况立托在大位，中人以下识真伪邪？”于是废立为民，徙汶山郡。立躬率妻子耕殖自守，闻诸葛亮卒，垂泣叹曰：“吾终为左衽矣！”后监军姜维率偏军经汶山，诣立，称立意气不衰，言论自若。立遂终徙所。妻子还蜀。

李严字正方，南阳人也。少为郡职吏，以才干称。荆牧刘表使历诸郡县。曹公入荆州时，严宰秭归，遂西诣蜀，刘璋以为成都令，复有能名。建安十八年，署严为护军，拒先主于绵竹。严率众降先主，先主拜严裨将军。成都既定，为犍为太守、兴业将军。二十三年，盗贼马秦、高胜等起事于郪，合聚部伍数万人，到资中县。时先主在汉中，严不更发兵，但率将郡士五千人讨之，斩秦、胜等产。枝党星散，悉复民籍。又越口夷率高定遣军围新道县，严驰往赴救，贼皆破走。加辅汉将军，领郡如故。章武二年，先主征严诣永安宫，拜尚书令。三年，先主疾病，严与诸葛亮并受遗诏辅少主；以严为中都护，统内外军事，留镇永安。建兴元年，封都乡侯，假节，加光禄勋。四年，转为前将军。以诸葛亮欲出军汉中，严当知后事，移屯江州，留护军陈到驻永安，皆统属严。严与孟达书曰："吾与孔明俱受寄托，忧深责重，思得良伴。"亮亦与达书曰："部分如流，趋舍罔滞，正方性也。"其见贵重如此。八年，迁骠骑将军。以曹真欲三道向汉川，亮命严将二万人赴汉中。亮表严子丰为江州都督督军，典为后事。亮以明年当出军，命严以中都护署府事。严改名为平。

九年春，亮军祁山，平催督运事。秋夏之际，值天霖雨，运粮不继，平遣参军狐忠、督军成藩喻指，呼亮来还；亮承以退军。平闻军退，乃更阳惊，说"军粮饶足，何以便归"！欲以解己不办之责，显亮不进之愆也。又表后主，说"军伪退，欲以诱贼与战"。亮具出其前后手笔书疏本末，平违错章灼。平辞穷情竭，首谢罪负。于是亮表平曰："自先帝崩后，平所在治家，尚为小惠，安身求名，无忧国之事。臣当北出，欲得平兵以镇汉中，平穷难纵横，无有来意，而求以五郡为巴州刺史。去年臣欲西征，欲令平主督汉中，平说司马懿等开府辟召。臣知平鄙情，欲因行之际逼臣取利也，是以表平子丰督主江州，隆崇其遇，以取一时之务。平至之日，都委诸事，群臣上下皆怪臣待平之厚也。正以大事未定，汉室倾危，代平之短，莫若褒之。然谓平情在于荣利而已，不意平心颠倒乃尔。若事稽留，将致祸败，是臣不敏，言多增咎。"乃废平为民，徙梓潼郡。十二年，平闻亮卒，发病死。平常冀亮当自补复，策后人不能，故以激愤也。丰官至朱提太守。

刘琰字威硕，鲁国人也。先主在豫州，辟为从事，以其宗姓，有风流，善谈论，厚亲待之，遂随从周旋，常为宾客。先主定益州，以琰为固陵太守。后主立，封都乡侯，班位每亚李严，为卫尉中军师后将军，迁车骑将军，然不豫国政，但领兵千余，随丞相亮讽议而已。车服饮食，号为侈靡，侍婢数十，皆能为声乐，又悉教诵读《鲁灵光殿赋》。建兴十年，与前军师魏延不和，言语虚诞，亮责让之。琰与亮笺谢曰："琰禀性空虚，本薄操行，加有酒荒之病，自先帝以来，纷纭之论，殆将倾覆。颇蒙明公本其一心在国，原其身中秽垢，扶持全济，致其禄位，以至今日。间梃迷醉，言有违错，慈恩含忍，不致之于理，使得全完，保育性命。虽必克己责躬，改过投死，以誓神灵；无所用命，则靡寄颜。"于是亮遣琰还成都，官位如故。

琰失志慌惚。十二年正月，琰妻胡氏入贺太后，太后令特留胡氏，经月乃出。胡氏有美色，琰疑其与后主有私，呼（卒）五百挞胡，至于以履搏面，而后弃遣。胡具以告言琰，琰坐下狱，有司议曰："卒非挞妻之人，面非受履之地。"琰竟弃市。自是大臣妻母朝庆遂绝。

魏延字文长，义阳人也。以部曲随先主入蜀，数有战功，迁牙门将军。先主为汉中王，迁治成都，当得重将以镇汉川，众论以为必在张飞，飞亦以心自许。先主乃拔延为督汉中镇远将军，领汉中太守，一军尽惊。先主大会群臣，问延曰："今委卿以重任，卿居之欲云何？"延对曰："若曹操举天下而来，请为大王拒之；偏将十万之众至，请为大王吞之。"先主称善，众咸壮其言。先主践尊号，进拜镇北将军。建兴元年，封都亭侯。五年，请诸葛亮驻汉中，更以延为督前部，领丞相司马、凉州刺史。八年，使延西入羌中，魏后将军费瑶、雍州刺史郭淮与延战于阳溪，延大破淮等，迁为前军师、征西大将军，假节，进封南郑侯。

延每随亮出，辄欲请兵万人，与亮异道会于潼关，如韩信故事，亮制而不许。延常谓亮为怯，叹恨己才用之不尽。延既善养士卒，勇猛过人，又性矜高，当时皆避下之。唯杨仪不假借延，延以为忿，有如水火。十二年，亮出北谷口，延为前锋。出亮营十里，延梦头上生角，以问占梦赵直，直诈延曰："夫麒麟有角而不用；此不战而贼欲自破之象也。"退而告人曰："角之为字，刀下用也；头上用刀，其凶甚矣。"

秋，亮病困，密与长史杨仪、司马费祎、护军姜维等作身殁之后退军节度，令延断后，姜维次之；若延或不从命，军使自发。亮适卒，秘不发丧，仪令祎往揣延意指。延曰："丞相虽亡，吾自见在。府亲官属便可将丧还葬，吾自当率诸军击贼，云何以一人死废天下之事邪？且魏延何人，当为杨仪所部勒，作断后将乎！"因与祎共作行留部分，令祎手书与己连名，告下诸将。祎绐延曰："当为郡还解杨长史，长史文吏，稀更军事，必不违命也。"祎出门，驰马而去，延寻悔，追之已不及矣。延遣人觇仪等，遂使欲案亮成规，诸营相次引军还。延大怒，（才）搀仪未发，率所领径先南归，所过烧绝阁道。延、仪各相表叛逆，一日之中，羽檄交至。后主以问侍中董允、留府长史蒋琬，琬、允咸保仪疑延。仪等槎山通道，昼夜兼行，亦继延后。延先至，据南谷口，遣兵逆击仪等，仪等令何平在前御延。平叱延先登曰："公亡，身尚未寒，汝辈何敢乃尔！"

延士众知曲在延，莫为用命，军皆散。延独与其子数人逃亡，奔汉中，仪遣马岱追斩之，致首于仪，仪起自踏之，曰：“庸奴！复能作恶不?”遂夷延三族。初，蒋琬率宿卫诸营赴难北行，行数十里，延死问至，乃旋。原延意不北降魏而南还者，但欲除杀仪等。平日诸将素不同，冀时论必当以代亮。本指如此。不便背叛。

杨仪字威公，襄阳人也。建安中，为荆州刺史傅群主薄，背群而诣襄阳太守关羽。羽命为功曹，遣奉命西诣先主。先主与语论军国计策，政治得失，大悦之，因辟为左将军兵曹掾。及先主为汉中王，拔仪为尚书。先主称尊号，东征吴，仪与尚书令刘巴不睦，左迁遥署弘农太守。建兴三年，丞相亮以为参军，署府事，将南行。五年。随亮汉中。八年，迁长史，加绥军将军。亮数出军，仪常规画分部，筹度粮谷，不稽思虑，斯须便了。军戎节度，取办于仪。亮深惜仪之才干，凭魏延之骁勇，常恨二人之不平，不忍有所偏废也。十二年，随亮出屯谷口。亮卒于敌场。仪既领军还，又诛讨延，自以为功勋至大，宜当代亮秉政，呼都尉赵正以《周易》筮之，卦得《家人》，默然不悦。而亮平生密指，以仪性狷狭，意在蒋琬，琬遂为尚书令、益州刺史。仪至，拜为中军师，无所统领，从容而已。

初，仪为先主尚书，琬为尚郎，后虽俱为丞相参军长史，仪每从行，当其劳剧，自为年宦先琬，才能逾之，于是怨愤形于声色，叹咤之音发于五内。时人畏其言语不节，莫敢从也，惟后军师费祎恨望，前后云云，又语祎曰：“往者丞相亡没之际，吾若举军以就魏氏，处世宁当落度如此邪！令人追悔不可复及。”祎密表其言。十三年，废仪为民，徙汉嘉郡。仪至徙所，复上书诽谤，辞指激切，遂下郡收仪。仪自杀，其妻子还蜀。

【评曰】

刘封处嫌疑之地，而思防不足以自卫。彭口、廖立以才拔进，李严以干局达，魏延以勇略任，杨仪以当官显，刘琰旧仕，并咸贵重。览其举措，迹其规矩，招祸取咎，无不自己也。

霍王向张杨费传

霍峻字仲邈，南郡枝江人也。兄笃于乡里合部曲数百人，笃卒，荆州牧刘表令峻摄其众。表卒，峻率众归先主，先主以峻为中郎将。先主自葭萌南还袭刘璋，留峻守葭萌城。张鲁遣将杨帛诱峻，求共守城，峻曰："小人头可得，城不可得。"帛乃退去。后璋将扶禁、向存等帅万余人由阆水上，攻围攻峻，且一年，不能下。峻城中兵才数百人，伺其怠隙，选精锐出击，大破之，即斩存首。先主定蜀，嘉峻之功，乃分广汉为梓潼郡，以峻为梓潼太守、裨将军。在官三年，年四十卒，还葬成都。先主甚悼惜，乃诏诸葛亮曰："峻既佳士，加有功于国，欲行爵。"遂亲率群僚临会吊祭，因留宿墓上，当时荣之。

子弋，字绍先，先主末年为太子舍人。后主践阼，除谒者。丞相诸葛亮北驻汉中，请为记室，使与子乔共周旋游处。亮卒，为黄门侍郎。后主立太子璿，以弋为中庶子，璿好骑射，出入无度，弋援引古义，尽言规谏，甚得切磋之体。后为参军庲降屯副贰都督，又转护军，统事如前。时永昌郡夷獠恃险不宾，数为寇害，乃以弋领永昌太守，率偏军讨之，遂斩其豪帅，破坏邑落，郡界宁静。迁监军、翊军将军，领建宁太守，还统南郡事。景耀六年，进号安南将军。是岁，蜀并于魏，弋与巴东领军襄阳罗宪各保全一方，举以内附，咸因仍前任，宠待有加。

王连字文仪，南阳人也。刘璋时入蜀为梓潼令。先主起事葭萌，进军来南，连闭城不降，先主义之，不强逼也。及成都既平，以连为什邡令，转在广都，所居有绩。迁司盐校尉，较盐铁之利，利入甚多，有裨国用，于是简取良才以为官属，若吕乂、杜祺、刘干，终皆至大官，自连所拔也。迁蜀郡太守、兴业将军，领盐府如故。建兴元年，拜屯骑校尉，领丞相长史，封平阳亭侯。时南方诸郡不宾，诸葛亮将自征之，连谏以为“此不毛之地，疫疠之乡，不宜以一国之望，冒险而行”。亮虑诸将才不及己，意欲必往而连言辄恳至，故停留者久之。会连卒。子山嗣，官至江阳太守。

向朗字巨达，襄阳宜城人也。荆州牧刘表以为临沮长。表卒，归先主。先主定江南，使朗督秭归、夷道、巫（山）、夷陵四县军民事。蜀既平，以朗为巴西太守，顷之转任牂牁，又徙房陵。后主践阼，为步兵校尉，代王连领丞相长史。丞相亮南征，朗留统后事。五年，随亮汉中。朗素与马谡善，谡逃亡，朗知情不举，亮恨之，免官还成都。数年，为光禄勋，亮卒后徙左将军，追论旧功，封显明亭侯，位特进。初，朗少时虽涉猎文学，然不治素检，以吏能称。自去长史，优游无事垂三十年，乃更潜心典籍，孜孜不倦。年逾八十，犹手自校书，刊定谬误，积聚篇卷，于时最多。开门接宾，诱纳后进，但讲论古义，不干时事，以是见称。上自执政，下及童冠，皆敬重焉。延熙十年卒。子条嗣，景耀中为御史中丞。

朗兄子宠，先主时为牙门将。秭归之败，宠营特完。建兴元年封都亭侯，后为中部督，典宿卫兵。诸葛亮当北行，表与后主曰："将军向宠，性行淑均，晓畅军事，试用于昔，先帝称之曰能，是以众论举宠为督。愚以为营中之事，悉以咨之，必能使行陈和睦，优劣得所也。"迁中领军。延熙三年，征汉嘉蛮夷，遇害。宠弟充，历射声校尉、尚书。

张裔字君嗣，蜀郡成都人也。治《公羊春秋》，博涉《史》、《汉》。汝南许文休入蜀，谓裔干里敏捷，是中夏钟元常之伦也。刘璋时，举孝廉，为鱼复长，还州署从事，领帐下司马。张飞自荆州由垫江入，璋授裔兵，拒张飞于德阳陌下，军败，还成都。为璋奉使诣先主，先主许以礼其君而安其人也，裔还，城门乃开。先主以裔巴郡太守，还为司金中郎将，典作农战之器。先是，益州郡杀太守正昂，耆率雍闿恩信著于南土，使命周旋，远通孙权。乃以裔为益州太守，径往至郡。闿遂趑趄不宾，假鬼教曰："张府君如瓠壶，外虽泽而内实粗，不足杀，令缚与吴。"于是遂送裔于权。

会先主薨，诸葛亮遣邓芝使吴，亮令芝言次可从权请裔。裔自至吴数年，流徙伏匿，权未之知也，故许芝遣裔。裔临发，权乃引见。问裔曰："蜀卓氏寡女，亡奔司马相如，贵土风俗何以乃尔乎？"裔对曰："愚以为卓氏之寡女，犹贤于买臣之妻。"权又谓裔曰："君还，必用事西朝，终不作田父于闾里也，将何以报我？”裔对曰：“裔负罪而归，将委命有司。若蒙侥幸得全首领，五十八已前父母之年也，自此已后大王之赐也。”权言笑欢悦，有器裔之色。裔出阁，深悔不能阳愚，即便就船，倍道兼行。权果追之，裔已入永安界数十里，追者不能及。

既至蜀，丞相亮以为参军，署府事，又领益州治中从事。亮出驻汉中，裔以射声校尉领留府长史，常称曰：“公赏不遗远，罚不阿近，爵不可以无功取，刑不可以贵势免，此贤愚之所以佥忘其身者也。”其明年，北诣亮谘事，送者数百，车乘盈路，裔还书与所亲曰：“近者涉道，昼夜接客，不得宁息，人自敬丞相长史，男子张君嗣附之，疲倦欲死。”其谈啁流速，皆此类也。少与犍为杨恭友善，恭早死，遗孤未数岁，裔迎留，与分屋而居，事恭母如母。恭之子息长大，为之娶妇，买田宅产业，使立门户。抚恤故旧，振赡衰宗，行义甚至。加辅汉将军，领长史如故。建兴八年卒。子毣嗣，历三郡守、监军。毣弟郁，太子中庶子。

杨洪字季休，犍为武阳人也。刘璋时历部诸郡。先主定蜀，太守李严命为功曹。严欲徙郡治舍，洪固谏不听，遂辞功曹，请退。严（欲）荐洪于州，为（蜀部从事）部蜀从事。先主争汉中，急书发兵，军师将军诸葛亮以问洪，洪曰：“汉中则益州咽喉，存亡之机会，若无汉中则无蜀矣，此家门之祸也。方今之事，男子当战，女子当运，发兵何疑？”时蜀郡太守法正从先主北行，亮于是表洪领蜀郡太守，众事皆办，遂使即真。顷之，转为益州治中从事。

先主既称尊号，征吴不克，还住永安。汉嘉太守黄元素为诸葛亮所不善，闻先主疾病，惧有后患，举郡反，烧临邛城。时亮东行省疾，成都单虚，是以元益无所惮。洪即启太子，遣其亲兵，使将军陈曶、郑绰讨元。众议以为元若不能围成都，当由越巂据南中。洪曰："元素信凶暴，无他恩信，何能办此？不过乘水东下，冀主上平安，面缚归死；如其有异，奔吴求活耳。敕曶、绰但于南安峡口遮即便得矣。"曶、绰承洪言，果生获元。洪建兴元年赐爵关内侯，复为蜀郡太守、忠节将军，后为越骑校尉，领郡如故。

五年，丞相亮北住汉中，欲用张裔为留府长史，问洪何如？洪对曰："裔天姿明察，长于治剧，才诚堪之，然性不公平，恐不可专任，不如留向朗。朗情伪差少，裔随从目下，效其器能，于事两善。"初，裔少与洪亲善。裔流放在吴，洪临裔郡，裔子郁给郡吏，微过受罚，不特原假。裔后还闻之，深以为恨，与洪情好有损。及洪见亮出，至裔许，具说所言。裔答洪曰："公留我了矣，明府不能止。"时人或疑洪意自欲作长史，或疑洪知裔自嫌，不愿裔处要职，典后事也。后裔与司盐校尉岑述不和，至于忿恨。亮与裔书曰："君昔在陌下，营坏，吾之用心，食不知味；后流洪迸南海，相为悲叹，寝不安席；及其来还，委付大任，同奖王室，自以为与君古之石交也。石交之道，举仇以相益，割骨肉以相明，犹不相谢也，况吾但委意于元俭，而君不能忍邪？"论者由是明洪无私。

洪少不好学问，而忠清款亮，忧公如家，事继母至孝。六年卒官。始洪为李严功曹，严未（至）去犍为而洪已为蜀郡。

洪迎门下书佐何祇，有才策功干，举郡吏，数年为广汉太守，时洪亦尚在蜀郡。是以西土咸服诸葛亮能尽时人之器用也。

费诗字公举，犍为南安人也。刘璋时为绵竹令，先主攻绵竹时，诗先举城降。成都既定，先主领益州牧，以诗为督军从事，出为牂牁太守，还为州前部司马。先主为汉中王，遣诗拜关羽为前将军，羽闻黄忠为后将军，（羽）怒曰："大丈夫终不与老兵同列!"不肯受拜。诗谓羽曰："夫立王业者，所用非一。昔萧、曹与高祖少小亲旧，而陈、韩亡命后主，论其班列，韩最居上，未闻萧、曹以此为怨。今（汉王）汉中王以一时之功隆崇于汉升，然意之轻重，宁当与君侯齐乎！且王与君侯譬犹一体，同休等戚，祸福共之，愚为君侯不宜计官号之高下、爵禄之多少为意也。仆一介之使，衔命之人，君侯不受拜，如是便还，但相为惜此举动，恐有后悔耳!"羽大感悟，遂即受拜。

后群臣议欲推汉中王称尊号，诗上疏曰："殿下以曹操父子逼主篡位，故乃羁旅万里，纠合士众，将以讨贼。今天敌未克，而先主自立，恐人心疑惑。昔高祖与楚约，先破秦者王。及屠咸阳，获子婴，犹怀推让，况今殿下未出门庭，便欲自立邪！愚臣诚不为殿下取也。"由是忤指，左迁部永昌从事。建兴三年，随诸葛亮南行，归至汉阳县，降人李鸿来诣亮，亮见鸿，时蒋琬与诗在坐。鸿曰："闻过孟达许，适见王冲从南来，言往者达之去就，明公切齿，欲诛达妻子，赖先主不听言。达曰：'诸葛亮见顾有本末，终不尔也。'尽不信冲言，委仰明公，无复已已。"亮谓琬、诗曰："还都当有书与子度相闻。"

诗进曰："孟达小子，昔事振威不忠，后又背叛先主，反复之人，何足与书邪！"亮默然不答。亮欲诱达以为外援，竟与达书曰："往年南征，岁（未及）末及还，适与李鸿会于汉阳，承知消息，慨然永叹，以存足下平素之志，岂徒空托名荣，贵为乘离乎！呜呼孟子，斯实刘封侵陵足下，以伤先主待士之义。又鸿道王冲造作虚语，云足下量度吾心，不受冲说。寻表明之言，追平生之好，依依东望，故遣有书。"达得亮书，数相交通，辞欲叛魏。魏遣司马宣王征之，即斩灭达。亮亦以达无款诚之心，故不救助也。蒋琬秉政，以诗为谏议大夫，卒于家。

王冲者，广汉人也。为牙门将，统属江州李严。为严所疾，惧罪降魏。魏以冲为乐陵太守。

【评曰】

霍峻孤城不倾，王连固节不移，向朗好学不倦，张裔肤敏应机，杨洪乃心忠公，费诗率意而言，皆有可纪焉。以先主之广济，诸葛之准绳，诗吐直言，犹用陵迟，况庸后乎哉！

杜周杜许孟来尹李谯郤传

杜微字国辅，锌潼涪人也。少受学于广汉任安。刘障辟为从事，以疾去官。及先主定蜀，微常称聋，闭门不出。

建兴二年，丞相亮领益州牧。选迎皆妙简旧德，以秦宓为别驾，五梁为功曹，微为主簿。微固辞，举而致之。既致，亮引见微，微自陈谢。亮以微不闻人语，于坐上与书曰："服闻德行，饥渴历时，清浊异流，无缘咨觐。王元泰、李伯仁、王文仪、杨季休、丁君干、李永南兄弟、文仲宝等，每叹高志，未见如旧。猥以空虚，统领贵州，德薄任重，惨惨忧虑、朝廷主公今年始十八，天姿仁敏，爱德下士。天下之人思慕汉室，欲与君因天顺民，辅此明主，以隆季兴之功，著勋于竹帛也。以谓贤愚下相为谋，故自割绝，守劳而已，不图自屈也。"微自乞老病求归，亮又与书答曰："曹丕篡弑，自立为帝，是犹土龙刍狗之有名也。欲与群贤因其邪伪，以正道灭之。怪君未有相诲，便欲求还于山野。丕又大兴劳役，以向吴、楚。今因丕多务，且以闭境勤农，育养民物，并治甲兵，以待其挫，然后伐之，可使兵不战民不劳而天下定也。君但当以德辅时耳，不责君军事，何为汲汲欲求去乎！”其敬微如此，拜为谏议大夫，以从其志。五梁者，字德山，犍为南安人也，以儒学节操称。从议郎迁谏义大夫、五官中朗将。

周群字仲直，巴西阆中人也。父舒，字叔布，少学术于广汉杨厚，名亚董扶、任安。数被征，终不诣。时人有问：“《春秋谶》曰‘代汉者当涂高’，此何谓也?”舒曰：“当涂高者，魏也。乡党学者私传其语，群少受学于舒，专心候业。于庭中做小楼，家富多奴，常令奴更直于楼上视天灾，才见一气，即白群，群自上楼观之，不避晨夜，故凡有气候，无不见之者，是以所言多中。州牧刘璋辟以为师友从事。先主定蜀，署儒林校尉。先主欲曹公争汉中，问群，群对曰：“当得其地，不得其民也，若出偏军，必不利，当戒慎之!”时州后部司马蜀郡张裕亦晓占候，而天才过群，谏先主曰：“不可争汉中，军必不利。”先主竟不用裕言，果得地而不得民也。遣将军吴兰、雷铜等入成都，皆没不还，悉如群言。于是举群茂才。

裕又私语人曰：“岁在庚子，天下当易代，刘氏祚尽矣。主公得益州，九年之后，寅卯之间当失之。”入密白其言。初，先主与刘璋会涪，时裕为璋从事，侍坐，其人饶须，先主嘲之曰：“昔吾居涿县，特多毛姓，东西南北皆诸毛也，涿令称曰‘诸毛绕涿居乎’!”裕即答曰：“昔有作上党潞长，迁为涿令者，去官还家，时人与书，欲署潞则失涿，欲署涿则失潞，乃署曰：‘潞涿君’。先主无须，故裕以此及之。先主常衔莫不逊，加忿其漏言，乃显裕谏争汉中不验，下狱，将诛之。诸葛亮表请其罪，先主答曰：“芳兰生门，不得不锄。”裕遂弃市。后魏氏之立，先主之薨，皆如裕所刻。又晓相术，每举镜视面，自知刑死，未常不扑之于地也。

群卒，子臣颇传其术。

杜琼字伯瑜，蜀郡成都人也。少受学于任安，精究安术。刘璋时辟为从事，先主定益州，领牧，以琼为议曹从事。后主践阼，拜谏议大夫，迁左中郎将、大鸿胪、太常。为人静默少言，阖门自守，不与世事。蒋琬、费祎等皆器重之。虽学业入深，初不视天文有所论说。后近通儒谯周常问其意，琼答曰：“欲明此术甚难，须当身视，识其形色，不可信人也。晨夜苦剧，然后知之，复忧漏泄，不如不知，是以不复视也。”周因问曰：“昔周徵君以为当涂高者魏也，其义何也？”琼答曰：“魏，阙名也，当涂而高，圣人取类而言耳。”又问周曰：“宁复有所怪邪？”周曰：“未达也。”琼又曰：“古者名官职不言曹，始自汉已来，名官尽言曹。吏言属曹，卒言侍曹，此殆天意也。”琼年八十余，延熙十三年卒。著《韩诗章句》十余万言，不教诸子，内学无传业者。周缘琼言，乃触类而长之曰：“《春秋传》著秦穆侯名太子曰仇，弟曰成师。师服曰：‘异哉君之名子也！嘉耦曰妃，怨耦曰仇，今君名太子曰仇，弟曰成师，始兆乱矣，兄其替乎？’其后果如服言。及汉灵帝名二子曰史侯、董侯，既立为帝，后皆免为诸侯，与师服言相似也。先主讳备，其训具也，后主讳禅，其训授也，如言刘已具矣，当授与人也；意者甚于穆侯、灵帝之名子。”后宦人黄皓弄权于内，景耀五年，宫中大树无故自折，周深忧之，无所与言，乃书柱曰："众而大，期之会，具而授，若何复？"言曹者众也，魏者大也，众而大，天下其当会也，具而授，如何复有立者乎？蜀既亡，咸以周言为验。周曰："此虽己所推寻，然有所因，由杜君之辞而广之耳，殊无神思独至之异也。"

许慈字仁笃，南阳人也。师事刘熙，善郑氏学，治《易》、《尚书》、《三礼》、《毛诗》、《论语》。建安中，与许靖等俱自交州入蜀。时又有魏郡胡潜，字公兴，不知其所以在益土。潜虽学不沾洽，然卓荦强识，祖宗制度之仪，丧纪五服之数，皆指掌画地，举手可采。先主定蜀，承丧乱历纪，学业衰废，乃鸠合典籍，沙汰众学。慈、潜并为学士，与孟光、来敏等典掌旧文。值庶事草创，动多疑议，慈、潜更相克伐，谤讟忿急，形于声色；书籍有无，不相通借，时寻楚挞，以相震撼。其矜己妒彼，乃至于此。先主愍其若斯，群僚大会，使倡家假为二子之容，效其讼阋之状，酒酣乐作，以为嬉戏。初以辞义相难，终以刀杖相屈，用感切之。潜先没，慈后主世稍迁至大长秋，卒。子勋传其业，复为博士。

孟光字孝裕，河南洛阳人，汉太尉孟郁之族。灵帝末为讲部吏。献帝迁都长安，遂逃入蜀，刘焉父子待以客礼。博物识古，无书不览，尤锐意三史，长于汉家旧典。好《公羊春秋》而讥呵《左氏》，每与来敏争此二义，光常譊譊讙咋。先主定益州，拜为仪郎，与许慈等并掌制度。后主践阼，为符节令、屯骑校尉、长乐少府，迁大司农。

延熙九年秋，大赦，光于众中责大将军费祎曰："夫赦者，偏枯之物，非明世所宜有也。衰弊穷极，必不得已，然后乃可权而行之耳。今主上仁贤，百僚称职，有何旦夕之危，倒悬之急，而数施非常之恩，以惠奸宄之恶乎？又鹰隼始击，而更原宥有罪，上犯天时，下违人理。老夫耄朽，不达治体，窃谓其法难以经久，岂具瞻之高美，所望于明德哉。”祎但顾谢踧踖而已。光之指摘痛痒，多如是类。故执政重臣，心不能悦，爵位不登，每直言无所回避，为代所嫌。太常广汉镡承、光禄动河东斐俊等，年资皆在光后，而登据上列，处光之右，盖以此也。后进文士秘书郎郤正数从光谘访，光问正太子所习读性并其性情好尚，正答曰：“奉亲虔恭。夙夜匪懈，有古世子之风；接待群僚，举动出于仁恕。”光曰：“如君所道，皆家户所有耳；吾今所问，欲知其权略智调何如也。”正曰：“世子之道，在于承志竭欢，既不得妄有所施为，且智调藏于胸怀，权略应时而发，此之有无，焉可豫设也？”光解正慎宜，不为放谈，乃曰：“吾好直言，无所回避，每弹射利病，为世人所讥嫌。疑省君意亦不甚好吾言，然语有次。今天下未定，智意为先，智意虽有自然，然不可力强致也。此储君读书，宁当效吾等竭力博识以待访问，如博士探策讲试以求爵位邪！当务其急者。”正深谓光言为然。后光坐事免官，年九十余，卒。

来敏字敬达，义阳新野人，来歙之后也。父艳，为汉司空。汉末大乱，敏随姊夫奔荆州，姊夫黄琬是刘璋祖母之侄，故璋遣迎琬妻，敏遂俱与姊入蜀，常为璋宾客。涉猎书籍，善《左氏春秋》，尤精于《仓》、《雅》训诂，好是正文字。先主定益州，署敏典学校尉。及立太子，以为家令。后主践阼，为虎贲中郎将。丞相亮住汉中，请为军祭酒、辅军将军，坐事去职。亮卒后，还成都为大长秋，又免，后累迁为光禄大夫，复坐过黜。前后数贬削，皆以语言不节，举动违常也。时孟光亦以枢机不慎，议论干时，然犹愈于敏，俱以耆宿学士见礼于世。而敏荆楚名族，东宫旧臣，特加优待，是故废而复起。后以敏为执慎将军，欲令以官重自警戒也，年九十七，景耀中卒。子忠，亦博览经学，有敏风，与尚书向充等并能协赞大将军姜维。维善之，以为参军。

尹默字思潜，梓潼涪人也。益部多贵今文而不崇章句，默知其不博。乃远游荆州，从司马德操、宋仲子等受古学。皆通诸经史，又专精于《左氏春秋》，自刘歆条例，郑众、贾逵父子、陈元、方服虔注说，咸略诵述，不复按本。先主定益州，领牧，以为劝学从事。及立太子，以默为仆，射以《左氏传》授后主。后主践阼，拜谏议大夫。丞相亮住汉中，请为军祭酒。亮卒，还成都，拜大中大夫，卒。子宗传其业，为博士。

李譔字钦仲，梓潼涪人也。父仁，字德贤，与同县尹默俱游荆州，从司马徽、宋忠等学。譔具传其业，又默讲论义理，五经、诸子，无不该览，加博好技艺，算术、卜数，医药、弓弩、机械之巧，皆致思焉。始为州书佐、尚书令史。延熙元年，后主立太子，以譔为庶子，迁为仆，射转中散大夫、右中郎将，犹侍太子。太子爱其多知，甚悦之。然体轻脱，好戏啁，故世不能重也。著古文《易》、《尚书》、《毛诗》、《三礼》、《左氏传》、《太玄指归》，皆依准贾、马，异于郑玄。与王氏殊隔，初不见其所述，而意归多同。景耀中卒。时又有汉中陈术，字申伯，亦博学多闻，著《释部》七篇、《益部耆旧传》及《志》，位历三郡太守。

谯周字允南，巴西西充国人也。父（山并），字荣始，治《尚书》，兼通诸经及图纬。州郡辟请，皆不应，州就假师友从事。周幼孤，与母兄同居。既长，耽古笃学，家贫未尝问产业，诵读典籍，欣然独笑，以忘寝食。研精《六经》，尤善书札，颇晓天文，而不以留意；诸子文章非心所存，不悉遍视也。身长八尺，体貌素朴，性推诚不饰。无造次辩论之才，然潜识内敏。

建兴中，丞相亮领益州牧，命周为劝学从事。亮卒于敌庭，周在家闻问，即便奔赴，寻有诏书禁断，惟周以速行得达。大将军蒋琬领刺史，徙为典学从事，总州之学者。后主立太子，以周为仆，转家令。时后主颇出游观，增广声乐。周上疏谏曰："昔王莽之败，豪杰并起，跨州据郡，欲弄神器，于是贤才智士思望所归，未必以其势之广狭，惟其德之薄厚也。是故于时更始、公孙述及诸有大众者多已广大，然莫不快情恣欲，怠于为善，游猎饮食，不恤民物。

世祖初入河北，冯异等劝之曰："当行人所不能为。"遂务理冤狱，节俭饮食，动尊法度，故北州歌叹，声布四远。于是邓禹自南阳追之，吴汉、寇恂未识世祖，遥闻德行，遂以权计举渔阳、上谷突骑迎于广阿。其望风慕德者邳彤、耿纯、刘植之徒，至于舆病赍棺，繦负而至者，不可胜数，故能以弱为强，屠王郎，吞铜马，折赤眉而成帝业也。及在洛阳，尝欲小出，车驾已御，铫期谏曰：'天下未宁，臣诚不愿陛下细行数出。'即时还车。及征隗嚣，颍川盗起，世祖还洛阳，但遣寇恂往，恂曰：‘颖川以陛下远征，故奸猾起叛，未知陛下还，恐不时降；陛下自临，颖川贼必即降。’遂至颖川，竟如恂言。故非急务，欲小出不敢，至于急务，欲自安不为，故帝者之欲善也如此！故《传》曰‘百姓不徒附”，诚以德先之也。今汉遭厄运，天下三分，雄哲之士思望之时也。陛下天姿至孝，丧逾三年，言及陨涕，虽曾、闵不过也。敬贤任才，使之尽力，有逾成、康。故国内和一，大小戮力，臣所不能陈。然臣不胜大愿，愿复广人所不能者。夫挽大重者，其用力苦不众，拔大艰者，其善术苦不广，且承事宗庙者，非徒求福祐，所以率民尊上也。至于四时之祀，或有不临，池苑之观；或有仍出，臣之愚滞，私不自安。夫忧责在身者，不暇尽乐，先帝之志，堂构未成，诚非尽乐之时。愿省减乐官、后宫所增造，但奉备先帝所施，下为子孙节俭之教。”徙为中散大夫，犹侍太子。

于时军旅数出，百姓凋瘁，周与尚书令陈祇论其利害，退而书之，谓之《仇国论》，其辞曰：“因余之国小，而肇建之国大，并争于世而为仇敌。因余之国有高贤卿者，问于伏愚子曰：‘今国事未定，上下劳心，往古之事，能以弱胜强者，其术何如？’伏愚子曰：‘吾闻之，处大无患者恒多慢，处小有忧者恒思善；多慢则生乱，思善则生治，理之常也。故周文养民，以少取多；勾践恤众，以弱毙强，此其术也。’贤卿曰：‘曩者项强汉弱，相与战争，无日宁息，然项羽与汉约分鸿沟为界，各欲归息民；张良以为民志既定，则难动也，寻帅追羽，终毙项氏，岂必由文王之事乎？’肇建之国方有疾疢，我因其隙，陷其边陲，觊增其疾而毙之也。”伏愚子曰：‘当殷、周之际，王候世尊，君臣久固，民习所专；深根者难拔，据固者难迁。当此之时，虽汉祖安能杖剑鞭马而取天下乎？当秦罢候置守之后，民疲秦役，天下土崩；或岁改主，或月易公，鸟惊兽骇，莫知所从，于是豪强并争，虎裂狼分，疾搏者获多，迟后者见吞。今我与肇建皆传国易世矣，既非秦末鼎沸之时，实有六国并据之势，故可为文王，难为汉祖。夫民疲劳，则骚扰之兆生，上慢下暴则瓦解之形起。谚曰："射幸数跌，不如审发。"是故智者不为小利移目，不为意似改步，时可而后动，数合而后举，故汤、武之师不再战而克，诚重民劳而度时审也。如遂极武黜征，土崩势生，不幸遇难，虽有智者将不能谋之矣；若乃奇变纵横，出入无间，冲波截辙，超谷越山，不由舟楫而济盟津者，我愚子也，实所不及。后迁光禄大夫，位亚九列。周虽不与政事，以儒行见礼。时访大议，辄据经以对，而后生好事者亦咨问所疑焉。

景耀六年冬，魏大将军邓艾克江由，长驱而前。而蜀本谓敌不便至，不作城守调度。及闻艾已人阴平，百姓扰扰，皆进山野，不可禁制。后主使臣群会议，计无所出。或以为蜀之与吴，本为和国，宜可奔吴；或以为南中七郡，阻险斗绝，易以自守，宜可奔南。惟周以为："自古以来，无寄他国为天子者也，今若入吴，固当臣服。且政理不殊，则大能吞小，此数之自然也。由此言之，则魏能并吴，吴不能并魏明矣。等为小称臣，孰与为大？再辱之耻，何与一辱？且若欲奔南，则当早为之计，然后可果；今大敌以近，祸败将及，群小之心，无一可保，恐发足之日，其变不测，何至南之有乎！"群臣或难周曰：

“今艾以不远，恐不受降，如之何?”周曰：“方今东吴未宾，事势不得不受之，受之后，不得不礼。若陛下降魏，魏不裂土以封陛下者，周请身诣京都，以古义争之。”众人无以易周之理。

后主犹疑于入南，周上疏曰：“或说陛下以北兵深入，有欲适南之计，臣愚以为不安。何者？南方远夷之地，平常无所供为，犹数反叛，自丞相亮南征，兵势逼之，穷乃幸从，是后供出官赋，取以给兵，以为愁怨，此患国之人也。今以穷迫，欲往依恃，恐必复反叛，一也；北兵之来，非但取蜀而已，若奔南方，必因人势衰，及时赴追，二也；若至南方，外当拒敌，内供服御，费用张广，他无所取，耗损诸夷必甚，甚必速叛，三也；昔王郎以邯郸僭号，时世祖在信都，畏逼于郎，欲弃还关中。邳肜谏曰：‘明公西还，则邯郸城民不肯捐父母，背城主，而千里送公，其亡叛可必也。’世祖从之，遂破邯郸。今北兵至，陛下南行，诚恐邳肜之言复信于今，四也。愿陛下早为之图，可获爵土；若遂适南，势穷乃服，其祸必深。《易》曰：‘亢之为言，知得而不知丧，知存而不知亡；知得失存亡而不失其正者，其惟圣人乎！”言圣人知命而不苟必也，故尧，舜以子不善，知天有授，而求授人；子虽不肖，祸尚未萌，而迎绶于人，况祸以至乎！故微子以殷王之昆，面缚衔璧而归武王，岂所乐哉，不得已也。”于是遂从周策。刘氏无虞，一邦蒙赖，周之谋也。

时晋文王为魏相国，以周有全国之功，封阳城亭侯。又下书辟周，周发至汉中，困疾不进。咸熙二年夏，巴郡文立从洛阳还蜀，过见周。周语次，因书版示立曰："典午忽兮，月酉没兮。"典午者谓司马也，月酉者谓八月也，至八月而文王果崩。晋室践阼，累下诏所在发遣周。周遂舆疾诣洛，泰始三年至。以疾不起，就拜骑都尉，周乃自陈无功而封，求还爵土，皆不听许。五年，予常为本郡中正，清定事讫，求休还家，往与周别。周语予曰："昔孔子七十二、刘向、杨雄七十一而没，今吾年过七十，庶慕孔子遗风，可与刘、杨同轨，恐不出后岁，必便长逝，不复相见矣。"疑周以术知之，假而此言也。六年秋，为散骑常侍，疾笃不拜，至冬卒。凡所著述，撰定《法训》、《五经论》、《古史考》书之属百余篇。周三子，熙、贤、同，少子同颇好周业，亦以忠笃质素为行，举孝廉，除锡令、东宫洗马，召不就。

郤正字令先，河南偃师人也。祖父俭，灵帝末为益州刺史，为盗贼所杀。会天下大乱，故正父揖因留蜀。揖为将军孟达都督，随达降魏，为中书令史。正本名纂。少以父死母嫁，单茕双立，而安贫好学，博览坟籍。弱冠能属文，入为秘书吏，转为令史，迁郎，至令。性淡于荣利，而尤耽意文章，自司马、王、扬、班、傅、张、蔡之俦遗文篇赋，及当世美书善论，益部有者，则钻凿推求，略皆寓目。自在内职，与宦人黄皓比屋周旋，经三十年。皓从微至贵，操弄威权，正既不为皓所爱，亦不为皓所憎，是以宫不过六百石，而免于忧患。

依则先儒，假文见意，号曰：《释讥》，其文继于崔骃《达旨》。其辞曰："或有讥余者曰：'闻之前记，夫事与时并，名与功偕，然则名之与事，前哲之急务也。是故创制作范，匪时不立，流称垂名，匪功不记，名必须功而乃显，事亦俟时以行止，身没名灭，君子所耻。是以达人研道，探頣索微，观天运之符表，考人事之盛衰，辩者驰说，智者应机，谋夫演略，武士奋威，云合雾集，风激电飞，量时揆宜，用取世资，小屈大申，存公忽私，虽尺枉而寻直，终扬光以发辉也。今三方鼎跱，九有未乂，悠悠四海，婴丁祸败，嗟道义之沉塞，愍生民之颠沛，此诚圣贤拯救之秋，烈士树功之会也。吾子以高朗之才，珪璋之质，兼览博窥，留心道术，无远不致，无幽不悉；挺身取命，干兹奥秘，踌躇紫闼，喉舌是执，九考不移，有入无出，究古今之真伪，计时务之得失。虽时献一策，偶进一言，释彼官责，慰此素飧，固未能输竭忠款，尽沥胸肝，排方入直，惠彼黎元，俾吾徒草鄙并有闻焉也。盍亦绥衡缓辔，回轨易涂，舆安驾肆，思马斯徂，审历揭以投济，要夷庚之赫怃，播秋兰以芳世，副吾徒之彼图，不亦盛与！’余闻而叹曰：‘呜呼，有若云乎邪！夫人心不同，实若其面，子虽光丽，既美且艳，管窥筐举，守厥所见，未可以言八纮之形埒，信万事之精练也。’或人率尔，仰而扬衡曰：‘是何言与！是何言与！’”

余应之曰：“虞帝以面从为戒，孔圣以悦己为尤。若子之言，良我所思，将为吾子论而释之。昔在鸿荒，朦昧肇初，三皇应箓，五帝承符，爰暨夏、商，前典攸书。姬衰道缺，霸者翼扶，嬴氏惨虐，吞嚼八区，于是从横云起，狙诈如星，奇衺蠭动，智故萌生；或饰真以仇伪，或挟邪以干荣，或诡道以要上，或鬻技以自矜；背正崇邪，弃直就佞，忠无定分，义无常经。故鞅法穷而慝作，斯义败而奸成，吕门大而宗灭，韩辩立而身刑。夫何故哉？利回其心，宠耀其目，赫赫龙章，铄铄车服。偷幸苟得，如反如仄，淫邪荒迷，恣睢自极，和鸾未调而身在辕侧，庭宁未践而栋折榱覆。天收其精，地缩其泽，人吊其躬，鬼芟其额。初升高冈，终陨幽壑，朝含荣润，夕为枯魄。是以贤人君子，深图远虑，畏彼咎戾，超然高举，宁曳属于涂中，秽浊世之休誉。彼岂轻主慢民，而忽于时务哉？盖《易》著行止之戒，《诗》有靖恭之叹，乃神之听之而道使之然也。自我大汉，应天顺民，政治之隆，皓若阳春，俯宪坤典，仰式乾文。播皇泽以熙世，扬茂化之酢醇，君臣覆度，各守厥真，上垂询纳之弘，下有匡救之责，士无虚华之宠，民有一行之迹，粲乎亹亹，尚此忠益。然而道有隆窳，物有兴废，有声有寂，有光有翳。朱阳否于素秋，玄阴抑于孟春，羲和逝而望舒系，运气匿而耀灵陈。冲、质不永，桓、灵坠败，英雄云布，豪杰盖世，家挟殊议，人怀异计。故从横者欻披其胸。狙诈者暂吐其舌也。

今天纲已缀，德树西邻，丕显祖之宏规，縻好爵于士人，兴五教以训俗，丰九德济民，肃明祀以礿祭，几皇道以辅真。虽跱者未一，伪者未分，圣人垂戒，盖均无贫；故君臣协美于朝，黎庶欣戴于野，动若重规，静若叠矩。济济伟彦，元凯之伦也，有过必知，颜子之仁也．侃侃庶政，冉、季之治也，鹰扬鸷腾，伊、望之事也；总群俊之上略，含薛氏之三计，敷张、陈之秘策，故力征以勤世，援化英而不遑，岂暇修枯籜于榛秽哉！然吾不才，在朝累纪，托身所天，心焉是恃。乐沧海之广深，叹篙岳之高跱，闻仲尼之赞商，感乡校之益己，彼平仲之和羹，亦近可而替否；故曚冒瞽说，时有攸献，譬遒人之有采于市间，游童之吟咏乎疆畔，庶以增广福祥，输力规谏。若其合也，则以暗协明，进应灵符；如其违也，自我常分，退守己愚。进退任数，不矫不诬，循性乐天，夫何恨诸？此其所既入不出，有而若无者也。狭屈氏之常醒，浊渔父之必醉，溷柳季之卑等辱，编夷、叔之高怼。合不以得，违以不失，得不克诎，失不惨悸。不乐前以顾轩，不就后以虑轾，不鬻誉以干泽，不辞愆以忌绌。何责之释？何飧之恤？何方之排？何直之入？九考不移，固其所执也。方今朝士山积，髦俊成群，犹鳞介之潜乎巨海，毛羽之集乎邓林，游禽逝不为之鲜，浮鲂臻不为之殷。且阳灵幽于唐叶，阴精应于商时，阳盱请而洪灾息，桑林祷而甘泽滋。行止有道，启塞有期。我师遗训，不怨不尤，委命恭己，我又何辞？辞穷路单，将反初节，综坟典之流芳，寻孔氏之遗艺，缀微辞以存道，尽先轨而投制，题叔肸之优游，美疏氏之遐逝，收止足以言归，泛皓然以容裔，欣环堵以恬娱，免咎悔于斯世，顾兹心之未泰，惧末涂之泥滞，仍求激而增愤，肆中怀以告誓。昔九方考精于至贵，秦牙沈思于殊形；薛烛察宝以飞誉，瓠梁托弦以流声；齐隶拊髀以济文，楚客潜寇以保荆：雍门援琴而挟说，韩哀秉辔而驰名；卢敖翱翔乎玄阙，若士竦身于云清。余实不能齐技于数子，故乃静然守己而自宁。”

景耀六年，后主从谯周之计，遣使请降于邓艾。其书，正所造也。明年正月，钟会作乱成都，后主东迁洛阳，时扰攘仓卒。蜀之大臣无冀从者，惟正及殿中督汝南张通，舍妻子单身随侍。后主赖正相导宜适，举动无阙，乃慨然叹息，恨知正之晚，时论嘉之。赐爵关内侯。泰始中，除安阳令，迁巴西太守。泰始八年诏曰："正昔在成都，颠沛守义，不违忠节，及见受用，尽心干事，有治理之绩，其以正为巴西太守。"咸宁四年卒。凡所著述诗论赋之属，垂百篇。

【评曰】

"杜微修身隐静，不没当世，庶凡隶、皓之概。周群占天有征，杜琼沉默慎密，诸生之纯也。许、孟、来、李，博涉多闻，尹默精于《左氏》，虽不以德业为称，信皆一时学士。谯周词理渊通，为世硕儒，有董、扬之规，郤正文辞灿烂，有张、蔡之风，加其行止，君子有取焉。二子处晋事少，有蜀事多，故著于篇。

黄李吕马王张传

黄权，字公衡，巴西阆中人也。少为郡吏，州牧刘璋召为主簿。时别驾张松建议，宜迎先主，使伐张鲁。权谏曰："左将军有骁名，今请到，欲以部曲遇之，则不满其心，欲以宾客礼待，则一国不容二君。若容有泰山之安，则主有累卵之危。可但闭境，以待河清。"璋不听，竟遣使迎先生，出权为广汉长，及先主袭取益州，将帅分下郡县。郡县风景附，权闭城坚守，须刘璋稽服，乃诣降先主。先主假权偏将军。及曹公破张鲁，鲁走入巴中，权进曰："若失汉中，则三巴不振，此为割蜀之股臂也。"于是先主以权为护军，率诸将迎鲁，鲁已还南郑，北降曹公。然卒破杜濩、朴胡，杀夏候渊，据汉中，皆权本谋也。

先主为汉中王，犹领益州牧，以权为治中从事，及称尊号，将东伐吴，权谏曰："吴人悍战，又水军顺流，进易退难，臣请为先驱以当寇，陛下宜为后镇。"先主不从，以权为镇北将军，督江北军以防魏师。先主自在江南。及吴将军陆议乘流断围，南军败绩，先主引退。而道隔绝，权不得还，故率将所领降于魏。有司执法，白收权妻子。先主曰："孤负黄权，权不负孤也。"待之如初。魏文帝谓权曰："君舍逆效顺，欲追从陈、韩邪?"权对曰："臣过受刘主殊遇，降吴不可。还蜀无路，是以归命。且败军之将，免死为幸，何古人之可慕也!"文帝善之，拜为镇南将军，封育阳侯，加侍中，使之陪乘。蜀降人或云诛权妻子，权知其虚言，未便发丧，后得审问，果如所言。及先主薨问至，魏群臣咸贺而权独否。文帝察权有局量，欲试惊之，遣左右诏权，未至之间，累催相属，马使奔驰，交错于道，官属侍从莫碎魄，而权举止颜色自若。

后领益州刺史，徙占河南。大将军司马宣王深器之，问权曰："蜀中有卿辈几人?"权笑而答曰："不图明公见顾之重也!"宣王与诸葛亮书曰："黄公衡，快士也，每坐起叹述足下，不去口实。"景初三年，蜀延熙二年，权迁车骑将军、仪同三司。明年卒，谥曰景侯。子邕嗣、邕无子，绝。权留蜀子崇，为尚书郎，随卫将军诸葛瞻拒邓艾。到涪县，瞻盘桓未近，崇屡劝瞻宜速行据险，无令敌得入平地。瞻犹与未纳，崇至于流涕。会艾长驱而前，瞻却战绵竹，崇帅厉军士，期于必死，临阵见杀。

李恢字德昂，建宁俞元人也，仕郡督邮，姑夫爨习为建伶令，有违犯之事，恢坐习免官。太守董和以习方土大姓，寝而不许。后贡恢于州，涉道未至，闻先主自葭萌还攻刘璋。恢知璋之必败，先主必成也，乃托名郡使，北诣先主，遇于绵竹。

先主嘉之，从至洛城，遣恢至汉中交好马超，超遂从命。成都既定，先主领益州牧，以恢为功曹书佐、主簿。后为亡虏所诬，引恢谋反，有司执送。先主明其不然，更迁恢为别驾从事。章武元年，庲降都督邓方卒，先主问恢："谁可代者?"恢对曰："人之才能，各有长短，故孔子曰'其使人也器之'。且夫明主在上，则臣下尽情，是以先零之役，赵充国曰'莫若老臣'。臣窃不自量，惟陛下察之"。先主笑曰："孤之本意，亦已在卿矣!"遂以恢为庲降都督，使持节领交州刺史，住平夷县。

先主薨，高定恣睢于越巂，雍闿跋扈于建宁，朱褒反叛于牂牁。丞相亮南征，先由越巂，而恢案道向建宁。诸县大相纠合，围恢军于昆明。时恢众少敌倍，又未得亮声息，绐谓南人曰："官军粮尽，欲规退还，吾中间久斥乡里，乃今得旋，不能复北，欲还与汝等同计谋，故以诚相告。"南人信之，故围守怠缓。于是恢出击，大破之，追奔逐北，南至槃江，东接牂牁，与亮声势相连。

南土平定，恢军功居多。封汉兴亭侯，加安汉将军。后军还，南夷复叛，杀害守将。恢身往扑讨，锄尽恶类，徙其豪帅于成都，赋出叟、濮耕牛战马金银犀革，充继军资，于时费用不乏。建兴七年，以交州属吴，解恢刺史。更领建宁太守，以还居本郡。徙居汉中，九年卒。子遗嗣，恢弟子球，羽林右部督，随诸葛瞻拒邓艾，临阵授命，死于绵竹。

吕凯字季平，永昌不韦人也，仕郡五官掾、功曹。时雍闿等闻先主薨于永安，骄黠滋甚。都护李严与闿书六纸，解喻利害，闿但答一纸曰：“盖闻天无二日，土无二王，今天下鼎立，正朔有三，是以远人惶惑，不知所归也。”其桀慢如此。闿又降于吴，吴遥署凯为永昌太守。永昌既在益州郡之西，道路壅塞，与蜀隔绝，而郡太守改易。凯与府丞蜀郡王伉帅厉吏民，闭境拒闿。闿数移檄永昌，称说云云。凯答檄曰：“天降丧乱，奸雄乘衅，天下切齿，万国悲悼，臣妾大小，莫不思竭筋力，肝脑涂地，以除国难。伏惟将军世受汉恩，以为当躬聚党众，率先启行，上以报国家，下不负先人，书功竹帛，遗名千载。何期臣仆吴越，背本就末乎？昔舜勤民事，陨于苍梧，书籍嘉之，流声无穷。崩于江浦，何足可悲！文、武受命，成王乃平。先帝龙兴，海内望风，宰臣聪睿，自天降康。而将军不睹盛衰之纪，成败之符。譬如野火在原，蹈覆河冰，火灭水泮，将何所依附？曩者将军先君雍侯，造怨而封，窦融知兴，归志世祖，皆流名后叶，世歌其美。今诸葛丞相英才挺出，深睹未萌，受遗托孤，翊赞季兴，与众无忌，录功忘瑕。将军若能翻然改图，易迹更步，古人不难追，鄙土何足宰哉！盖闻楚国不恭，齐桓是责，夫差僭号，晋人不长。况臣与非主，谁肯归之邪？窃惟古义，臣无越境之交，是以前后有来无往。重承告示，发愤忘食，故略陈所怀，惟将军察焉。”凯威恩内著，为郡中所信，故能全其节。

及丞相亮南征讨闿，既发在道，而闿已为高定部曲所杀。亮至南，上表曰：“永昌郡吏吕凯、府丞王伉等，执忠绝域，十有余年，雍闿、高定逼其东北，而凯等守义不与交通。臣不意永昌风俗敦直乃尔！”以凯为云南太守，封阳迁亭侯，会为叛夷所害，子祥嗣。而王伉亦封亭侯，为永昌太守。马忠字德信，巴西阆中人也。少养外家，姓狐，名笃，后乃复姓，改名忠。为郡吏，建安末举孝廉，除汉昌长。先主东征，败绩猇亭，巴西太守阎芝发诸县兵五千人以补遣阙，遣忠送往。先主已还永安，见忠与语，谓尚书令刘巴曰：“虽亡黄权，复得狐笃，此为世不乏贤也。”建兴元年，丞相亮开府，以忠为下督。三年，亮入南，拜忠牂牁太守。郡丞朱褒反。叛乱之后，忠抚育恤理，甚有威惠。八年，召为丞相参军，副长史蒋琬署留府事。又领州治中从事。明年，亮出祁山，忠诣亮所，经营戎事。军还，督将军张嶷等讨汶山郡叛羌。十一年，南夷豪帅刘胄反，扰乱诸郡。征庲降都督张冀还，以忠代冀。忠遂斩胄，平南土。加忠监军、奋威将军，封博阳亭侯。初，建宁郡杀太守正昂，缚太守张裔于吴，故都督常驻平夷县。至忠，乃移治味县，处民夷之间。又越嶲郡亦久失土地，忠率将太守张嶷开复旧郡，由此就加安南将军，进封彭乡亭侯。延熙五年还朝，因至汉中，见大司马蒋琬，宣传诏旨，加拜镇面大将军。七年春，大将军费韦北御魏敌，留忠成都，平尚书事。祎还，忠乃归南。十二年卒，子脩嗣。忠为人宽济有度量，但恢啁大笑，忿怒不形于色。然处事能断，威思并立，是以蛮夷畏而爱之。及卒，莫不自致丧庭，流涕尽哀，为之立庙祀，迄今犹在。张表，时名士，清望逾忠。阎宇宿有功干，于事精勤。继踵在忠后，其威风称绩，皆不及忠。

王平字子均，巴西宕渠人也。本养外家何氏。后复姓王。

随杜濩、朴胡诣洛阳，假校尉，从曹公征汉中，因降先主，拜牙门将、裨将军。建兴六年，属参军马谡先锋。谡舍水上山，举措烦扰，平连规谏谡，谡不能用，大败于街亭。众尽星散，惟平所领千人鸣鼓自持，魏将张郃疑其伏兵，不往逼也。于是平徐徐收合诸营遗迸，率将士而还。丞相亮既诛马谡及将军张休、李盛，夺将军黄袭等兵。平特见崇显，加拜参军，统五部兼当营事，进位讨寇将军，封亭侯。九年，亮围祁山，平别守南围。魏大将军司马宣王攻亮，张郃攻平，平坚守不动，郃不能克。

十二年，亮卒于武功，军退还，魏延作乱，一战而败，平之功也。迁后典军、安汉将军，副车骑将军吴壹住汉中，又领军汉中太守。十五年，进封安汉侯，代壹督汉中。延熙元年，大将军蒋琬住沔阳，平更为前护军，署琬府事。六年，琬还住涪，拜平前监军、镇北大将军，统汉中。

七年春，魏大将军曹爽率步骑十余万向汉川，前锋已在骆谷。时汉中守兵不满三万，诸将大惊。或曰："今力不足以拒敌，听当固守汉、乐二城，遇贼令入，比尔间，涪军足得救关。"平曰："不然。汉中去涪垂千里。贼若得关，便为祸也。今宜先遣刘护军、杜参军据兴势，平为后拒。若贼分向黄金，平率千人下自临之，比尔间，涪军行至，此计之上也。"惟护军刘敏与平意同，即便施行。涪诸军及费祎自成都相继而至，魏军退还，如平本策。是时，邓芝在东，马忠在南，平在北境，咸著名迹。

平生长戎旅，手不能书，其所识不过十字，而口授作书，皆有意理。使人读《史》、《汉》诸纪传，听之，备知其大义，往往论说不失其指。遵履法度，言不戏谚，从朝至夕，端坐彻日，怀无武将之体。然性狭侵疑，为人自轻，以此为损焉。十一年卒，子训嗣。初，平同郡汉昌句忠勇宽厚，数有战功，功名爵位亚平，官至左将军，封宕渠侯。

张嶷字伯岐，巴郡南充国人也。弱冠为县功曹。先主定蜀之际，山寇攻县，县长捐家逃亡，嶷冒白刃，携负夫人，夫人得免。由是显名，州召为从事。时郡内士人龚禄、姚伷位二千石，当世有声名，皆与嶷友善。建兴五年，丞相亮北住汉中，广汉绵竹山贼张慕等钞盗军资，劫略吏民，嶷以都尉将兵讨之。嶷度其鸟散，难以战禽。乃诈与和亲，克期置酒。酒酣，嶷身率左右，因斩慕等五十余级，渠帅悉珍。寻其余类，旬日清泰。后得疾病困笃，家素贫匮。广汉太守蜀郡何祇，名为通厚，嶷宿与疏阔，乃自舆诣祇，托以治疾。祇倾托医疗，数年除愈。其党道信义皆此类也。拜为牙门将，属马忠，北讨汶山叛羌，南平四郡蛮夷，辄有筹画战克之功。

十四年，武都氐王苻健请降，遣将军张尉往迎，过期不到，大将军蒋琬深以为念。嶷平之曰："苻健求附款至，必无他变。素闻健弟狡黠，又夷狄不能同功，将有乖离，是以稽留耳。"数日，问至，健弟果将四百户就魏，独健来从。初，越巂郡自丞相亮讨高定之后，叟夷数反，杀太守龚禄、焦璜，是后太守不敢之郡，只住安定县，去郡八百余里，其郡徒有名而已。时论欲复旧郡，除嶷为越巂太守，嶷将所领往之郡，诱以恩情，蛮夷皆服，颇来降附。北徼捉马最骁劲，不承节度，嶷乃往讨，生缚其帅魏狼。又解纵告喻，使招怀余类。表拜狼为邑侯，种落三千余户皆安土供职。诸种闻之，多渐降服。嶷以功赐爵关内侯。

苏祁邑君冬逢、逢弟魄渠等，已降复反。嶷诛逢。逢妻，旄牛王女，嶷以计原之。而渠逃入西徼。渠刚猛捷悍，为诸种深所畏惮，遣所亲二人诈降嶷，实取消息。嶷觉之，许以重赏，使为反间，二人遂合谋杀渠。渠死，诸种皆安。又斯都耆帅李求承昔手杀龚禄，嶷求募捕得，数其宿恶而诛之。始嶷以郡郛宇颓坏，更筑小坞。在官三年，徙还故郡，缮治城郭，夷种男女莫不致力。'

定莋、台登、卑水三县去郡三百余里，旧出盐铁及漆，而夷徼久自固食。嶷率所领夺取，署长吏焉。嶷之到定莋，定莋率豪狼岑，盘木王舅，甚为蛮夷所信任，忿嶷自侵，不自来诣。嶷使壮士数十直往收致，挞而杀之，持尸还种，厚加赏赐。喻以狼岑之恶，且曰："无得妄动，动即殄矣！"种类咸面缚谢过。嶷杀牛飨宴，重申恩信。遂获盐铁，器用周赡。

汉嘉郡界旄牛夷种类四千余户，其率狼路，欲为姑婿冬逢报怨。遣叔父离将，逢众相度形势。嶷逆遣亲近赍牛酒劳赐，又令离姊逆逢妻宣畅意旨。离既受赐，并见其姊，姊弟欢悦，悉率所领将诣嶷，嶷厚加赏待，遣还。旄牛由是辄不为患。

郡有旧道，经旄牛中至成都，既平且近。自旄牛绝道，已百余年，更由安上，既险且远。疑遣左右资货币赐路，重令路姑喻意，路乃率兄弟妻子悉诣疑，疑与盟誓，开通旧道，千里肃清，复古亭绎。奏封路为旄牛毗王，遣使将路朝贡。后主于是加嶷抚戎将军，领郡如故。嶷初见费祎为大将军，恣性泛爱，待信新附不过，嶷书戒之曰："昔岑彭率师，来歙杖节，咸见害于刺客，今明将军位尊权重，宜鉴前事，少以为警。"后祎果为魏降人郭脩所害。

吴太傅诸葛恪以初破魏军，大兴兵众以图攻取。侍中诸葛瞻，丞相亮之子，恪从弟也。嶷与书曰："东主初崩，帝实幼弱，太傅受寄托之重，亦何容易！亲以周公之才，犹有管、蔡流言之变，霍光受任，亦有燕、盖、上官逆乱之谋，赖成、昭之明，以免斯难耳。昔每闻东主杀生赏罚，不任下人，又今以垂没之命，卒召太傅，属以后事，诚实可虑。加吴、楚剽急，乃昔所记，而太傅离少主，履敌庭，恐非良计长算之术也。虽云东家纲纪肃然，上下辑睦，百有一失，非明者之虑邪？取古则今，今则古也，自非郎君进忠言于太傅，谁复有尽言者也！旋军广农，务行德惠，数年之中，东西并举，实为不晚，愿深采察。"恪竟以此夷族。嶷识见多如是类。

在郡十五年，邦域安穆。屡乞求还，乃征诣成都。夷民恋慕，扶毂泣涕，过旄牛邑，邑君襁负来迎，及追寻至蜀郡界，其督相率随嶷朝贡者百余人。嶷至，拜荡寇将军，慷慨壮烈，士人咸多贵之。然放荡少礼，人亦以此讥焉，是岁延熙十七年也。魏狄道长李简密书请降，卫将军姜维率嶷等因简之资以出陇西。既到狄道，简悉率城中吏民出迎军。军前与魏将徐质交锋，嶷临阵陨身，然其所杀伤亦过倍。既亡，封长子瑛西乡侯，次子护雄袭爵。南土越巂民夷闻嶷死，无不悲泣，为嶷立庙，四时水旱辄祀之。

【评曰】

黄权弘雅思量，李恢公亮志业，吕凯守节不回，马忠扰而能毅，王平忠勇而严整，张嶷识断明果，咸以所长，显名发迹，遇其时也。

蒋琬费祎传

蒋琬字公琰，零陵湘乡人也。弱冠与外弟泉陵刘敏俱知名。琬以州书佐随先主入蜀，除广都长。先主尝因游观奄至广都，见琬众事不理，时又沉醉，先主大怒，将加罪戮。军师将军诸葛亮请曰："蒋琬，社稷之器，非百里之才也。其为政以安民为本，不以修饰为先，愿主公重加察之。"先主雅敬亮，乃不加罪，仓卒但免官而已。琬见推之后，夜梦有一牛头在门前，流血滂沱，意甚恶之，呼问占梦赵直。直曰："夫见血者，事分明也。牛角及鼻，'公'字之象，君位必当至公，大吉之征也。"顷之，为什邡令。先主为汉中王，琬入为尚书郎。

建兴元年，丞相亮开府，辟琬为东曹掾。举茂才，琬固让刘邕、阴化、庞延、廖淳，亮教答曰："思惟背亲舍德，以殄百姓，众人既不隐于心，实又使远近不解其义，是以君宜显其功举，以明此选之清重也。"迁为参军。五年，亮住汉中，琬与长史张裔统留府事。八年，代裔为长史，加抚军将军。亮数外出，琬常足食足兵以相供给。亮每言："公琰托志忠雅，当与吾共赞王业者也。”密表后主曰：“臣若不幸，后事宜以付琬。”

亮卒，以琬为尚书令，俄而加行都护、假节、领益州刺史、迁大将军、录尚书事、封安阳亭侯。时新丧元帅，远近危悚。琬出类拔萃，处群僚之右，既无戚容，又无喜色，神守举止，有如平日，由是众望渐服。延熙元年，诏琬曰：“寇难未弭，曹睿骄凶，辽东三郡劳其暴虐，遂相纠结，与之离隔。睿大兴众役，还相攻伐。曩秦之亡，胜、广首难，今有此变，斯乃天时。君其治严，总帅诸军屯住汉中，须吴举动，东西掎角，以乘其衅。”又命琬开府，明年就加为大司马。

东曹掾杨戏素性简略，琬与言论，时不应答。或欲构戏于琬，曰：“公与戏语而不见应，戏之慢上，不亦甚乎！”琬曰：“人心不同，各如其面；面从后言，古人之所诫也。戏欲赞吾是耶，则非其本心，欲反吾言，则显吾之非，是以默然，是戏之快也。”又督农杨敏曾毁琬，曰：“作事愦愦；诚非及前人。”或以白琬，主者请推治敏。琬曰：“吾实不如前人，无可推也。”主者重据听不推，则乞问其愦愦之状。琬曰：“苟其不如，则事不当理，事不当理，则愦愦矣。复何问邪？”后敏坐事系狱，众人犹惧其必死。琬心无适莫，得免重罪。其好恶存道，皆此类也。

琬以为昔诸葛亮数窥秦川，道险运艰，竟不能克，不若乘水东下。乃多作舟船，欲由汉、沔袭魏兴、上庸。会旧疾连动，未时得行。而众论咸谓如不克捷，还路甚难，非长策也。于是遣尚书令费祎、中监军姜维等喻指。琬承命上疏曰：“芟秽弭难，臣职是掌。自臣奉辞汉中，已经六年，臣既暗弱，加婴疾疢，规方无成，夙夜忧惨。今魏跨带九州，根蒂滋蔓，平除未易。若东西并力，首尾掎角。虽未能速得如志，且当分裂蚕食，先摧其支党。然吴期二三，连不克果，俯仰惟艰，实忘寝食。辄与费祎等议，以凉州胡塞之要，进退有资，贼之所惜；且羌、胡乃心思汉如渴。又昔偏军人羌，郭淮破走，算其长短，以为事首，宜以姜维为凉州刺史。若维征行，衔持河右，臣当帅军为维镇继。今涪水陆四通，惟急是应。若东北有虞，赴之不难。”由是琬遂还住涪。疾转增剧，至九年卒，谥曰恭。

子斌嗣，为绥武将军、汉城护军。魏大将军钟会至汉城，与斌书曰：“巴蜀贤智文武之士多矣，至于足下、诸葛思远，譬诸草木，吾气类也。桑梓之敬，古今所敦。西到，欲奉瞻尊大君公侯墓，当洒扫坟茔，奉祠致敬。愿告其所在！”斌答书曰：“知惟臭味意眷之隆，雅托通流，未拒来谓也。亡考昔遭疾疢，亡于涪县，卜云其吉，遂安厝之。知君西迈，乃欲屈驾修敬坟墓。视予犹父，颜子之仁也，闻命感怆，以增情思。”会得斌书报，嘉叹意义，及至涪如其书云。后主既降邓艾，斌诣会于涪，待以交友之礼。随会至成都，为乱兵所杀。斌弟显，为太子仆。会亦爱其才学，与斌同时死。

刘敏，左护军、扬威将军，与镇北大将军王平俱镇汉中。魏遣大将军曹爽袭蜀时，时议者或谓但可守城，不出拒敌，必自引退。敏以为男女布野，农谷栖亩，若听敌人，则大事去矣。遂帅所领与平据兴势，多张旗帜，弥亘百余里。会大将军费祎从成都至，魏军即退。敏以功封云亭侯。

费祎字文伟，江夏鄳人也。少孤，依族父伯仁。伯仁姑，益州牧刘璋之母也。璋遣使迎仁，仁将祎游学入蜀。会先主定蜀，祎遂留益土，与汝南许叔龙、南郡董允齐名。时许靖丧子，允与韦欲共会其葬所。允白父和请车，和遣开后鹿车给之。允有难载之色．祎便从前先上。及于丧所，诸葛亮及诸贵人悉集，车乘甚鲜，允犹神色未泰，而韦晏然自若。持车人还，和问之，知其如此，乃谓允曰："吾常疑汝于文伟优劣未别也。而今而后，吾意了矣。"

先主立太子，祎与允为舍人，迁庶子。后主践位，为黄门侍郎。丞相亮南征还，群僚于数十里逢迎，年位多在祎右，而亮特命祎同载，由是众人莫不易观。亮以初从南归，以祎为昭信校尉使吴。孙权性既滑稽，嘲啁无方，诸葛恪、羊茞等才博果辩，论难锋至，祎辞顺义笃，据理以答，终不能屈。权甚器之，谓祎曰："君天下淑德，必当股肱蜀朝，恐不能数来也。"还，迁为侍中。亮住北住汉中，请祎为参军。以奉使称旨，频烦至吴。建兴八年，转为中护军，后又为司马。值军师魏延与长史杨仪相憎恶。每至并坐争论，延或举刀拟仪，仪泣涕横集。祎常入其坐间，谏喻分别，终亮之世。各尽延、仪之用者，祎匡救之力也。亮卒，祎为后军师。顷之，代蒋琬为尚书令。琬自汉中还涪，祎迁大将军，录尚书事。

延熙七年，魏军次于兴势，假祎节，率众往御之。光禄大夫来敏至祎许别，求共围棋。于时羽檄交驰，人马擐甲，严驾已讫。祎与敏留意对戏，色无厌倦。敏曰："向聊观试君耳！

君信可人，必能办贼者也。”祎至，敌遂退，封成乡侯。琬固让州职，祎复领益州刺史。祎当国功名，略与琬比。十一年，出住汉中，自琬及祎，虽自身在外，庆赏刑威，皆遥先咨断然，后乃行。其推任如此。后十四年夏，还成都，成都望气者云都邑无宰相位，故冬复北屯汉寿。延熙十五年，命祎开府。十六年岁首大会，魏降人郭循在坐。祎欢饮沉醉，为循手刃所害，谥曰敬侯。子承嗣，为黄门侍郎，承弟恭，尚公主。祎长女配太子璿为妃。

姜维，字伯约，天水冀人也。少孤，与母居，好郑氏学。仕郡上计掾，州辟为从事。以父冏昔为郡功曹，值羌、戎叛乱，身卫郡将，没于战场，赐维官中郎，参本郡军事。建兴六年，丞相诸葛亮军向祁山，时天水太守适出案行。维及功曹梁绪、主簿尹赏、主记梁虔等从行。太守闻蜀军垂至而诸县响应，疑维等皆有异心，于是夜亡保上邽。维等觉太守去，追迟，至城门，城门已闭，不纳。维等相率还冀，冀亦不入维。维等乃俱诣诸葛亮。会马谡败于街亭。亮拔将西县千余家及维等还，故维遂与母相失。亮辟维为仓曹掾，加奉义将军，封当阳亭侯，时年二十七。亮与留府长史张裔、参军蒋琬书曰：“姜伯约忠勤时事，思虑精密，考其所有，永南、季常诸人不如也。其人，凉州上士也。”又曰：“须先教中虎步兵五六千人。姜伯约甚敏于军事，既有胆义，深解兵意。此人心存汉室而才兼于人，毕教军事，当遣诣宫，觐见主上。”后迁中监军、征西将军。

十二年，亮卒，维还成都，为右监军、辅汉将军，统诸军，进封平襄侯。延熙元年，随大将军蒋琬住汉中。琬既迁大司马。以维为司马，数率偏军西入。六年，迁镇西大将军，领凉州刺史。十年，迁卫将军，与大将军费祎共录尚书事。是岁，汉山平康夷反，维率众讨定之。又出陇西、南安、金城界，与魏大将军郭淮、夏侯霸等战于洮西。胡王治无戴等举部落降，维将还安处之。十二年，假维节复出西平，不克而还。维自以练西方风俗，兼负其才武，欲诱诸羌、胡以为羽翼，谓自陇以西可断而有也。每欲兴军大举，费祎常裁制不从，与其兵不过万人。

十六年春，祎卒。夏，维率数万人出石营，经董亭，围南安。魏雍州刺史陈泰解围至洛门，维粮尽退还。明年，加督中外军事。复出陇西，守狄道长李简举城降。进围襄武，与魏将徐质交锋，斩首破敌，魏军败退。维乘胜多所降下，拔河间狄道、临洮三县民还。后十八年，复与车骑将军夏侯霸等俱出狄道，大破魏雍州刺史王经于洮西，经众死者数万人。经退保狄道城，维围之。魏征西将军陈泰进兵解围，维却住钟题。

十九年春，就迁维为大将军。更整勒戎马，与镇西大将军胡济期会上邽。济失誓不至，故维为魏大将邓艾所破于段谷，星散流离，死者甚众。众庶由是怨讟，而陇已西亦骚动不宁。维谢过引负，求自贬削。为后将军，行大将军事。

二十年，魏征东大将军诸葛诞反于淮南，分关中兵东下。维欲乘虚向秦川，复率数万人出骆谷，径至沈岭。时长城积谷甚多而守兵乃少，闻维方到众皆惶惧。魏大将军司马望拒之，邓艾亦自陇右，皆军于长城。维前住芒水，皆倚山为营。望、艾傍渭坚围，维数下挑战，望、艾不应。景耀元年，维闻诞破败，乃还成都。复拜大将军。

初，先主留魏延镇汉中，皆实兵诸围以御外敌。敌若来攻，使不得人。及兴势之役，王平捍拒曹爽，皆承此制。维建议，以为错守诸围，虽合《周易》“重门”之义，然适可御敌，不获大利。不若使闻敌至，诸围皆敛兵聚谷，退就汉、乐二城。使敌不得入平，臣重关镇守以捍之。有事之日，令游军并进以伺其虚。敌攻关不克，野无散谷，千里县粮，自然疲乏。引退之日，然后诸城并出，与游军并力搏之，此殄敌之术也。于是令督汉中胡济却住汉寿，监军王含守乐城，护军蒋斌守汉城，又于西安、建威、武卫、石门、武城、建昌、临远皆立围守。

五年，维率众出汉。侯和为邓艾所破，还住沓中。维本羁旅托国，累年攻战，功绩不立。而宦官黄皓等弄权于内，右大将军阎宇与皓协比，而皓阴欲废维树宇。维亦疑之，故自危惧，不复还成都。六年，维表后主：“闻钟会治兵关中，欲规进取，宜并遣张翼、廖化诣督堵军分护阳安关口、阴平桥头，以防未然。”皓征信鬼巫，谓故终不自致。启后主寝其事，而群臣不知。及钟会将向骆谷，邓艾将人沓中。然后乃遣右车骑廖化诣沓中为维援，左车骑张翼、辅国大将军董厥等诣阳安关口以为诸围外助。比至阴平，闻魏将诸葛绪向建威，故住待之。月余，维为邓艾所摧，还住阴平。钟会攻围汉、乐二城，遣别将进攻关口，蒋舒开城出降，傅佥格斗而死。会攻乐城，不能克。闻关口已下，长驱而前，翼、厥甫至汉寿，维、化亦舍阴平而退。适与翼、厥合，皆退保剑阁以拒会。会与维书曰：“公侯以文武之德，怀迈世之略，功济巴、汉，声畅华夏，远近莫不归名。每惟畴昔，尝同大化，吴札、郑乔，能喻斯好。”维不答书，列营守险。会不能克，粮运县远，将议还归。而邓艾自阴平由景谷道傍入，遂破诸葛瞻于绵竹。后主请降于艾，艾前据成都。维等初闻瞻破，或闻后主欲固守成都，或闻欲东入吴，或闻欲南人建宁。于是引军由广汉、郪道以审虚实。寻被后主敕令乃投戈放甲，诣会于涪军前，将士咸怒，拔刀斫石。

会厚待维等，皆权还其印号节盖。会与维出则同舆，坐则同席，谓长史杜预曰：“以伯约比中土名士，公休、太初不能胜也。”会既构邓艾，艾槛车征，因将维等诣成都，自称益州牧以叛。欲授维兵五万人，使为前驱。魏将士愤发，杀会及维，维妻子皆伏诛。

郤正著论论维曰：“姜伯约据上将之重，处群臣之右。宅舍弊薄，资财无余，侧室无妾媵之亵，后庭无声乐之娱。衣服取供，舆马取备，饮食节制，不奢不约，官给费用，随手消尽；察其所以然者，非以激贪厉浊，抑情自割也。直谓如是为足，不在多求。凡人之谈，常誉成毁败，扶高抑下，咸以姜维投厝无所，身死宗灭，以是贬削，不复料擿，异乎《春秋》褒贬之义矣。如姜维之乐学不倦，清素节约，自一时之仪表也。”维昔所俱至蜀，梁绪官至大鸿胪，尹赏执金吾，梁虔大长秋，皆先蜀亡没。

【评曰】

蒋琬方整有威重，费祎宽济而博爱，咸承诸葛之成规，因循而不革，是以边境无虞，邦家和一，然犹未尽治小之宜，居静之理也。姜维粗有文武，志立功名，而玩众黩旅，明断不周，终致陨毙。《老子》有云："治大国者犹烹小鲜。"况于区区蕞尔，而可屡扰乎哉？

张宗杨传

邓芝，字伯苗，义阳新野人。汉司徒禹之后也。汉末人蜀，未见知待。时益州从事张裕善相，芝往从之，裕谓芝曰："君年过七十，位至大将军，封侯。"芝闻巴西太守庞羲好士，往依焉。先主定益州，芝为郫邸阁督。先主出至郫，与语大奇之，擢为郫令，迁广汉太守。所在清严有治绩，人为尚书。

先主薨于永安。先是，吴王孙权请和，先主累遣宋玮、费祎等与相报答。丞相诸葛亮深虑权闻先主殂陨，恐有异计，未知所如。芝见亮曰："今主上幼弱，初在位，宜遣大使重申吴好。"亮答之曰："吾思之久矣，未得其人耳，今日始得之"。芝问："其人为谁?"亮曰："即使君也。"乃遣芝修好于权。

权果狐疑，不时见芝，芝乃自表请见权曰："臣今来亦欲为吴，非但为蜀也"。权乃见之，语芝曰："孤诚愿与蜀和亲，然恐蜀主幼弱，国小势逼，为魏所乘，不自保全，以此犹豫耳。"芝对曰："吴、蜀二国四州之地，大王命世之英，诸葛亮亦一时之杰也。蜀有重险之固，吴有三江之阻，合此二长。共为唇齿，进可并兼天下，退可鼎足而立，此理之自然也。大王今若委质于魏，魏必上望大王之入朝，下求太子之内侍。若不从命，则未辞伐叛，蜀必顺流见可而进。如此，江南之地非复大王之有也。”权默然良久曰：“君言是也。”遂自绝魏，与蜀连和，遣张温报聘于蜀。

蜀复令芝重往，权谓芝曰：“若天下太平，二主分治，不亦乐乎！”芝对曰：“夫天无二日，土无二王，如并魏之后，大王未深识天命者也，君各茂其德，臣各尽其忠，将提枹鼓，则战争方始耳。”权大笑曰：“君之诚款，乃当尔邪！”权与亮书曰：“丁友掞张，阴化不尽；和合二国，唯有邓芝。”及亮北住汉中，以芝为中监军、杨武将军。亮卒，迁前军师、前将军，领兖州刺史，封阳武亭侯，顷之，为督江州。权数与芝相闻，馈遗优渥。延熙六年，就迁为车骑将军，后假节。十一年，涪陵国人杀都尉反叛，芝串军征讨，即枭其渠帅，百姓安堵。十四年卒。

芝为大将军二十余年，赏罚明断，善恤卒伍。身之衣食资仰于官，不苟素俭，然终不治私产，妻子不免饥寒，死之日家无余财。性刚简。不饰意气，不得士类之和。于时人少所敬贵，唯器异姜维云。子良，袭爵，景耀中为尚书左选郎。晋朝广汉大守。

张翼，字伯恭，犍为武阳人也。高祖父司空浩。曾父广陵太守纲，皆有名有迹。先主定益州，领牧，翼为书佐。建安末，举孝廉，为江阳长，徙涪陵令，迁梓潼太守，累迁至广汉、蜀郡太守。建兴九年，为庲降都督、绥南中郎将。翼性持法严，不得殊俗之欢心。耆率刘胄北叛作乱，嶷举兵讨胄。胄未破，会被征当还，群下咸宜便驰骑即罪，嶷曰："不然。吾以蛮夷蠢动，不称职故还耳，然代人未至，吾方临战场，当运粮积谷，为灭贼之资，岂可以黜退之故而废公家之务乎？"于是统摄不懈，代到乃发。马忠因其成基以破殄胄，丞相亮闻而善之。亮出武功，以翼为前军都督。领扶风太守。亮卒，拜前领军，追论讨刘胄功，赐爵关内侯。延熙元年，入为尚书，稍迁督建威、假节、近封都亭侯、征西大将军。

十八年，与卫将军姜维俱还城都。维议复出军，唯翼廷争以为国小民劳，不宜黩武。维不听，将冀等行，进冀位镇南大将军。维至狄道，大破魏雍州刺史王经，经众死于洮水者以万计。翼曰："可止矣，不宜复近，进或毁此大功。"维大怒，曰："为蛇画足。"维竟围经于狄道城，不能克。自冀建异论，维心与翼不善。然常牵率同行，翼亦不得已而往。景耀二年，迁左车骑将军，领冀州刺史。六年，与维咸在剑阁，共诣降钟会于涪。明年正月，随会至成都，为乱兵所杀。

宗预，字德艳，南阳安众人也。建安中，随张飞入蜀。建兴初，丞相亮以为主簿，迁参军、右中郎将。及亮卒，吴虑魏或承衰取蜀，增巴丘守兵万人，一欲以为救援，二欲以事分割也。蜀闻之，亦益永安之守，以防非常。预将命使吴。孙权问预曰："东之与西，譬犹一家，而闻西更增自帝之守，何也？"预对曰："臣以为东益马丘之戍，西增白帝之守，皆事势宜然，俱不足以相问也。"权大笑，嘉其抗尽，甚爱待之，见敬亚于邓芝、费祎。迁为侍中，徙尚书。延熙十年，为屯骑校尉。时车骑将军邓芝自江州还，来朝，谓预曰：“礼，六十不服戎而卿甫受兵，何也？”预答曰：“卿七十不还兵，我六十何为不受邪？”芝性骄傲，自大将军费祎等皆避下之，而预独不为屈。预复东聘吴，孙权捉预手，涕泣而别曰：“君每衔命结二国之好。今君年长，孤亦衰老，恐不复相见！”遗预大珠一斛，乃还。迁后将军，督永安，就拜征西大将军，赐爵关内侯。景耀元年，以疾征还成都。后为镇军大将军，领兖州刺史。时都护诸葛瞻初统朝事，廖化过预，欲与预共诣瞻许。预曰：“吾等年逾七十，所窃已过，但少一死耳，何求于年少辈而屑屑造门邪？”遂不往。

廖化，字元俭，本名淳，襄阳人也。为前将军关羽主簿，羽败，属吴。思归先主，乃诈死。时人谓为信然，因携持老母昼夜西行。会先主东征。遇于秭归。先主大悦，以化为宜都太守。先主薨，为丞相参军。后为督广武，稍迁至右车骑将军。假节，领并州刺史，封中乡侯，以果烈称。官位与张翼齐，而在宗预之右。咸熙元年春，化、预俱内徙洛阳道病卒。

杨戏，字文然，犍为武阳人也。小与巴西程祁公弘、巴郡杨汰季儒、蜀郡张表伯达并知名。戏每推祁以为冠首，丞相亮深识之。戏年二十余，从州书佐为督军从事，职典刑狱，论法决疑，号为平当，府辟为属主簿。亮卒，为尚书右选部郎，刺史蒋琬请为治中从事史。琬以大将军开府，又辟为东曹掾，迁南中郎参军，副贰庲降都督，领建宁太守。以疾征还成都，拜护军、监军，出领梓潼太守，入为射声校尉，所在清约不烦。延熙二十年，随大将军姜维出军至芒水。戏素心不服维，酒后言笑，每有傲弄之辞。维外宽内忌，意不能堪，军还，有司承旨奏戏，免为庶人。后景耀四年卒。戏性虽简隋省略，未常以甘言加入、过情接物，书符指事，杀有盈纸；然笃于旧故，居诚存厚。与巴西韩俨、黎韬童幼相亲厚，后俨痼疾废顿，韬无行见捐。戏经纪振恤，恩好如初。又时人谓谯周无当世才，少归敬者，唯戏重之，常称曰："吾等后世，终自不如此长儿也。"有识以此贵戏。

张表有威仪风观，始名位与戏齐，后至尚书，督庲降、后将军，先戏没。祁、汰各早死。

戏以延熙四的著《季汉辅臣赞》。其所颂述，今多载于《蜀书》，是以记之于左。自此之后卒者，则不追谥，故或有应见称纪而不在乎篇者也。其戏之所赞而今不作传者，余皆注疏本末于其辞下，可以犕知其仿佛云尔。

昔文王歌德，武王歌兴。夫命世之主，树身行道，非唯一时，亦由开基植绪，光于来世者也。自我中汉之末，王纲弃柄，雄豪并起，役殷难结，生人涂地。于是世主感而虑之，初自燕、代则仁声洽著，行自齐、鲁则英风播流，寄业荆、郢则臣主归心，顾援吴、越则贤愚赖风，奋威巴、蜀则万里肃震。厉师庸、汉则元寇敛迹，故能承高祖之始兆，复皇汉之宗祀也。然而奸凶怼险，天征未加，犹孟律之翔师，复须战于鸣条也。天禄有终，奄忽不豫。虽摄归一统，万国合从者，当时俊乂扶的摧冀戴，明德之所怀致也。盖济济有可观焉。

遂乃并述休风，动于后听。其辞曰：皇帝遗植，爰滋八方，别自中山，灵精是钟，顺期挺生，杰起龙骧。始于燕、代，伯豫君荆，吴、越凭赖，望风请盟，挟巴跨蜀，庸汉以并。乾坤复秩，宗祀惟宁，蹑履覆迹，播德芳声。华夏思美，西伯其音，开庆来世，历载攸兴。赞昭烈皇帝

忠武英高，献策江滨，攀吴连蜀，权我世真。受遗阿衡，整武齐文，敷陈德教，理物移风，贤愚竞心，佥忘其身。诞静邦内，四裔以绥，屡临敌庭，实耀其威，研精大国，恨于未夷。赞诸葛丞相

司徒清风，是咨是臧，识爱人伦，孔音锵锵。

赞许司徒

关、张赳赳，出身匡世，扶翼携上，雄壮虎烈。藩屏左右，翻飞电发，济于艰难，赞主洪业，侔迹韩、耿，齐声双德。交待无礼，并致奸慝，悼惟轻虑，陨身匡国。

赞关云长、张益德

骠骑奋起，连横合从，首事三秦，保据河、潼。宗计于朝，或异或同，敌以乘衅，家破军亡。乖道反德，托凤攀龙。

赞马孟起

翼侯良谋，料世兴衰，委质于主，是训是谘，暂思经算，睹事知机。

赞法孝直

军师美至，雅气晔晔，致命明主，忠情发臆，惟此义宗，亡身报德。

赞庞士元

将军敦壮，摧锋登难，立功立事，于时之干。

赞黄汉升

掌军情节，亢然恒常，谠言惟司，民思其纲。

赞董幼宰

安远强志，允休允烈，轻财果壮，当难不惑，以少御多，殊方保业。

赞邓孔山

孔山名方，南郡人也。以荆州从事随先主入蜀。蜀既定，为犍为属国都尉，因易郡名，为朱提太守，迁为安远将军、庲降都督，住南昌县。章武二年卒。失其行事，故不为传。

扬威才干，欷歔文武，当官理任，衎衎辩举，图殖财施，有义有叙。

赞费宾伯

宾伯名观。江夏鄳人也。刘璋母。观之族姑，璋又女妻子观。观建安十八年参李严军，拒先主于绵竹，与严俱降。先主既定益州，拜为裨将军，后为巴郡太守、江州都督。建兴元年封都亭侯，加振威将军。观为人善于交接，都护李严性自矜高，护军辅匡等年位与相次，而严不与亲亵。观年少严二十余岁，而与严通狎如时辈云。年三十七卒。失其行事，故不为传。屯骑主旧，固节不移，既就初命，尽心世规，军资所恃，是辨是裨。

赞王文仪

尚书清尚，敕行整身，抗志存义；味览典文，倚其高风，好侔古人。

赞刘子初

安汉雍容，或婚或宾，见礼当时，是谓循臣。

赞麇子仲

少府修慎，鸿胪明真，谏义隐行，儒林天文，宣班大化，或首或林。

赞王元泰、何彦英、杜辅国、周仲直

王元泰名谋，汉嘉人也。有容止操行。刘璋时，为巴郡太守，还为州治中从事。先主定益州，领牧，以为别驾。先主为汉中王，用荆楚宿士零陵赖恭为太常，南阳黄柱为光禄勋，谋为少府。建兴初，赐爵关内侯，后代赖恭为太常。恭、柱、谋皆失其行事，故不为传。恭子厷为丞相西曹令史，随诸葛亮于汉中，早夭。亮甚惜之，与留府长史参军张裔、蒋琬书曰："令史失赖厷，据属丧杨颙，为朝中损益多矣。"颙亦荆州人也。后大将军蒋琬问张休曰："汉嘉前辈有王元泰。今谁继者?"休对曰："至于元泰，州里无继，况鄙郡乎?"其见重如此。

何彦英，名宗，蜀郡郫人也。事广汉任安学，精究安术。与杜琼同师而名问过之。刘璋时，为犍为太守。先主定益州，领牧，辟为从事祭酒。后援引图、谶，劝先主即尊号，践阼之后，迁为大鸿胪。建兴中卒。失其行事，故不为传，子双，安汉偶。滑稽谈笑，有淳于髡、东方朔之风。为双柏长。早卒。

车骑高劲，惟其泛爱，以弱制强，不陷危坠。

赞吴子远

子远，名壹。陈留人也。随刘焉入蜀。刘璋时为中郎将，将兵拒先主于涪，诣降。先主定益州，以益为护军、讨逆将军，纳壹妹为夫人。章武元年，为关中都督。建兴八年，与魏延入南安界，破魏将费瑶。徙亭侯，进封高阳乡侯，迁左将军。十二年，丞相亮卒，以壹督汉中，车骑将军，假节，和雍州刺史，进封济阳侯。十五年卒。失其行事，故不为传。壹族弟班，字元雄，大将军何进官属吴匡之子也。以豪侠称，官位常与壹相亚。先主时，为领军。后主世，稍迁至骠骑将军，假节，封绵竹侯。安汉宰南，奋击旧乡，翦除芜秽，惟刑以张，广迁变、濮，国用用强。

赞李德昂

辅汉惟聪，既机且惠，因言远思，切问近对，赞时休美，和我业世。

赞张君嗣

镇北敏思，筹画有方，导师禳秽，遂事成章。偏任东隅，末命不祥，哀悲本志，放流殊疆。

赞黄公衡

越骑惟忠，历志自祗，职于内外，念公忘私。

赞扬季休

征南厚重，征西忠克，统时选士，猛将之烈。

赞赵子龙、陈叔至

叔至名到，汝南人也。自豫州随先主，名位常亚赵云，俱以忠勇称。建兴初，官至永安都督、征西将军，封亭侯。镇南粗强，监军尚笃，并豫戎任。任自封裔。

赞辅元弼、刘南和

辅元弼名匡，襄阳人也。随先主入蜀。益州既定，为巴郡太守。建兴中，徙镇南，为右将军，封中乡侯。

刘南和名邕，义阳人也。随先主入蜀。益州既定，为江阳太守。建兴中，稍迁至监军、后将军，赐爵关内侯，卒。子式嗣。少子武，有文，与樊建齐名，官亦至尚书。司农性才，敷述允章，藻丽辞理，斐斐有光。

赞秦子勑

正方受遗，豫闻后纲，不陈不佥。造此异端，斥逐当时，任业以丧。

赞李正方

文长刚粗，临难受命，折冲外御，镇保国境。不协不和，忘节言乱，疾终惜始，实惟厥性。

赞魏文长

威公狷狭，取异众人；闲则及理，逼则伤侵，舍顺入凶，《大易》之云。

赞杨威公

季常良实，文经勤类，士元言规，处仁闻计。孔休、文祥，或才或臧，播播述志，楚之兰芳。

赞马季常、卫文经、韩士远、张处仁、殷孔休、习文祥

文经、士元，皆失其名实、行事、郡县。处仁本名存，南阳人也。以荆州从事随先主入蜀，南次至雒，以为广汉太守。存素不服庞统，统中矢卒。先主发言嘉叹，存曰："统虽尽忠可惜，然违大雅之义。"先主怒曰："统杀身成仁，更为非也？"免存官。顷之，病卒。失其行事，故不为传。

孔休名观。为荆州主簿、别驾从事，见《先主传》。失其郡县。文祥名祯，襄阳人也。随先主入蜀，历雒、郫令，南广

汉太守。失其行事。子忠，官至尚书郎。

国山休风，永南耽思；盛衡、承伯，言藏言时；孙德果锐，伟南笃常。德绪，义强，志壮气刚。济济修志，蜀之芬香。

赞王国山，李永南，马盛衡，马承伯，李孙德，李伟南，龚德绪，王义强

国山名甫，广汉郪人也。好人流言议。刘璋时为州书佐。先主定蜀后，为绵竹令，还为荆州议曹从事。随先主征吴，军败于秭归，遇害。子祐有父风，官至尚书右选郎。永南名邵，广汉郪人也。先主定蜀后，为州书佐部从事。建兴元年，丞相亮辟为西曹掾。亮南征，留邵为治中从事，是岁卒。

盛衡名勋，承伯名齐，皆巴西阆中人也。勋，刘璋时为州书佐，先主定蜀，辟为左将军属，后转州别驾从事，卒。齐为太守张飞功曹。飞贡之先主，为尚书郎。建兴中，从事丞相掾，迁广汉太守，复为飞参军。亮卒，为尚书。勋、齐皆以才干自显见；归信于州党，不如姚伷，伷字子绪，亦阆中人。先主定益州后，为功曹书佐。建兴元年，为广汉太守。丞相亮北驻汉中，辟为掾。并进文武之士，亮称曰："忠益者莫大于进人，进人者各务其所尚；今姚掾并存刚柔，以广文武之用，可谓博雅矣。愿诸掾各希此事，以属其望。"迁为参军。亮卒，稍迁为尚书仆射。时人服其真诚笃粹。延熙五年卒，在作赞之后。

孙德，名福，梓潼涪人也。先主定益州后，为书佐、西充国长、成都令。建兴元年，徙巴西太守，为江州督、扬威将

军，入为尚书仆射，封平阳候。延熙初，大将军蒋琬出征汉中，福以前监军领司马，卒。

伟南名朝，永南兄。郡功曹，举孝廉，临邛令，入为别驾从事，随先主东征吴。章武二年卒于永安。

德绪名禄，巴西安汉人也。先主定益州，为郡从事牙门将。建兴三年，为越巂太守，随丞相亮南征，为蛮夷所害，时年三十一。弟衡，景耀中为领军。义强名士，广汉郪人，国山从兄也。从先主入蜀后，举孝廉，为符节长，迁牙门将，出为宕渠太守，徙在犍为。会丞相亮南征，转为益州太守，将南行，为蛮夷所害。

休元轻寇，损时致害，文进奋身，同此颠沛。患生一人，至于弘大。

赞冯休元、张文进

休元名习，南郡人。随先主入蜀。先主东征吴，习为领军，统诸军，大败于猇亭。

文进名南，亦自荆州随先主入蜀，领兵从先主征吴，与习俱死。时又有义阳傅肜，先主退军，断后拒战，兵人死尽。吴将语肜令降，肜骂曰："吴狗！何有汉将军降者？"遂战死。拜子佥为左中郎，后为关中都督，景耀六年，又临危授命。论者嘉其父子奕世忠义。江阳刚烈，立节明君，兵合遇寇，不屈其身，单夫只役，陨命于军。

赞程季然

季然，名畿，巴西阆中人也。刘璋时为汉昌长。县有賨人，种类刚猛。昔高祖以定关中，巴西太守宠羲以天下扰乱，郡宜有武卫，颇招合部曲。有谗于璋，说羲欲叛者，璋阴疑之。羲闻，甚惧，将谋自守，遣畿子郁宣旨，索兵自助。畿报曰：“郡合部曲，本不为叛，虽有交构，要在尽城；若必以惧，遂怀异志，非畿之所闻。”并敕郁曰：“我受州恩，当为州牧尽节。汝为郡吏，当为太守效力，不得以吾故有异志也。”羲使人告畿曰：“尔子在郡，不从太守，家将及祸！”畿曰：“昔乐羊为将，饮子之羹，非父子无恩，大义然也。今虽复羹子，吾必饮之。”羲知畿必不为己，厚陈谢于璋以致无咎。璋闻之，迁畿江阳太守。先主领益州牧，辟为从事祭酒。后随先主征吴，遇大军败绩，溯江而还。或告之曰：“后追已至，解船轻去，乃可以免。”畿曰：“吾在军，未曾为敌走，况从天子而见危哉！”追人遂及畿船，畿身执戟战。敌船有覆者。众大至，共击之，乃死。

公弘后生，卓尔奇精，天命二十，悼恨未呈。

赞程公弘

公弘，名祁，季然之子也。古之奔臣，礼有来逼，怨兴司官，不顾大德。靡自匡救，倍成奔北，自绝于人，作笑二国。

赞糜芳、士仁、郝普、潘浚

糜芳字子方，东海人也，为南郡太守。士仁字君义，广阳人也。为将军，住公安，统属关羽。与羽有隙，叛迎孙权。郝普，字子太，义阳人。先主自荆州入蜀，以普为零陵太守。为吴将吕蒙所谲，开城诣蒙。潘浚字承明，武陵人也。先主入蜀，以为荆州治中，典留州事，亦与关羽不穆。孙权袭羽，遂入吴。普至廷尉，浚至太常，封侯。

【评曰】

“邓芝坚贞简亮，临官忘家，张翼亢姜维之锐，宗预御孙权之严，咸有可称。杨戏商略，意在不群，然智度有短，殆罹世难云。

吴书

孙破虏讨逆传

孙坚字文台，吴郡富春人，盖孙武之后也。

少为县吏。年十七，与父共载船至钱唐，会海贼胡玉等从匏里上掠取贾人财物，方于岸上分之，行旅皆住，船不敢进。坚谓父曰："此贼可击，请讨之。"父日："非尔所图也。"坚行操刀上岸，以手东西指麾，若分部人兵以罗遮贼状。贼望见，以为官兵捕之，即委财物散走。坚追，斩得一级以还。父大惊。由是显闻，府召署假尉。会稽妖贼许昌起于句章，自称阳明皇帝，与其子韶扇动诸县，众以万数。坚以郡司马募召精勇，得千余人，与州郡合讨破之。是岁，嘉平元年也。刺史臧旻列上功状，诏书除坚监渎丞，数岁徙盱眙丞，又徙下邳丞。

中平元年，黄巾贼师张角起于魏郡。托有神灵，遣八使以善道教化天下，而潜相连结，自称黄天泰平。三月甲子，三十六（万）一旦俱发，天下响应，燔烧郡县，杀害长吏。汉遣车骑将军皇甫嵩、中郎将朱俊将兵讨击之。俊表请坚为佐军司马，乡里少年随在下邳者皆愿从。坚又募诸商旅及淮、泗精兵，合千许人，与俊并力奋击，所向无前。汝、颍贼困迫，走保宛城。坚身当一面，登城先入，众乃蚁附，遂大破之。俊具以状闻上，拜坚别部司马。

边章、韩遂作乱凉州，中郎将董卓拒讨无功。中平三年，遣司空张温行车骑将军，西讨章等。温表请坚与参军事，屯长安。温以诏书召卓，卓良久乃诣温。温责让卓，卓应对不顺。坚时在坐，前耳语谓温曰："卓不怖罪而鸱张大语，宜以召不时至，陈军法斩之。"温曰："卓素著威名于陇蜀之间，今日杀之，西行无依。"坚曰："明公亲率王兵，威震天下，何赖于卓？观卓所言，不假明公，轻上无礼，一罪也。章、遂跋扈经年，当以时进讨，而卓云未可，沮军疑众，二罪也。卓受任无功，应召稽留，而轩昂自高，三罪也。古之名将，仗钺临众，未有不断斩以示威者也。是以穰苴斩庄贾，魏绛戮杨干。今明公垂意于卓，不即加诛，亏损威刑。于是在矣。"温不忍发举，乃曰："君且还，卓将疑人。"坚因起出。章、遂闻大兵向至，党众离散，皆乞降。军还，议者以军未临敌，不断功赏。然闻坚数卓三罪，劝温斩之，无不叹息。拜坚议郎。时长沙贼区星自称将军，众万余人攻围城邑，乃以坚为长沙太守。到郡亲率将士，施设方略，旬月之间，克破星等。周朝、郭石亦帅徒众起于零、桂，与星相应。遂越境寻讨，三郡肃然。汉朝录前后功，封坚为乌程侯。

灵帝崩，卓擅朝政，横恣京城。诸州郡并兴义兵，欲以讨卓。坚亦举兵。荆州刺史王睿素遇坚无礼，坚过杀之。比至南阳，众数万人。南阳太守张咨闻军至，晏然自若。坚以牛酒礼咨，咨明日亦答诣坚。酒酣，长沙主簿入白坚：“前移南阳，而道路不治，军资不具，请收主簿推问意故。”咨大惧欲去，兵陈四周不得出。有顷，主簿复入白坚：“南阳太守稽停义兵，使贼不时讨，请收出案军法从事。”便牵咨于军门斩之。郡中震慄，无求不获。

前到鲁阳，与袁术相见。术表坚行破虏将军，领豫州刺史。遂治兵于鲁阳城。当进军讨卓，遣长史公仇称将兵从事还州督促军粮。施帐幔于城东门外，祖道送称，官属并会。卓遣步骑数万人逆坚，轻骑数十先到。坚方行酒谈笑，敕部曲整顿行陈，无得妄动。后骑渐益，坚徐罢坐，导引入城。乃谓左右曰：“向坚所以不即起者，恐兵相蹈藉，诸君不得入耳。”卓兵见坚士众甚整，不敢攻城，乃引还。坚移屯梁东，大为卓军所攻，坚与数十骑溃围而出。坚常著赤罽帻，乃脱帻令亲近将祖茂著之。卓骑争逐茂，故坚从间道得免。茂困迫，下马，以帻冠冢闲烧柱，因伏草中。卓骑望见，围绕数重，定近觉是柱，乃去。坚复相收兵，合战于阳人，大破卓军，枭其都督华雄等。是时，或间坚于术，术怀疑，不运军粮。阳人去鲁阳百余里，坚夜驰见术，画地计校，曰：“所以出身不顾，上为国家讨贼，下慰将军家门之私仇。坚与卓非有骨肉之怨也，而将军受谮润之言，还相嫌疑！”术踧踖，即调发军粮。坚还屯。卓惮坚猛壮，乃遣将军李傕等来求和亲。令坚列疏子弟任刺史、郡守者，许表用之。坚曰：“卓逆天无道，荡覆王室。今不夷汝三族，悬示四海，则吾死不瞑目。岂将与乃和亲邪？”复进军大谷。拒雒九十里。卓寻徙都西入关，焚烧雒邑。坚乃前入至雒，修诸陵，平塞卓所发掘。讫，引军还，住鲁阳。

初平三年，术使坚征荆州，击刘表。表遣黄祖逆于樊、邓之间。坚击破之，追渡汉水，遂围襄阳，单马行岘山，为祖军士所射杀。兄子贲，帅将士众就术。术复表贲为豫州刺史。

坚四子：策、权、翊、匡。权既称尊号，谥坚曰武烈皇帝。

策字伯符。坚初兴义兵，策将母徙居舒。与周瑜相友，收合士大夫，江、淮间人咸向之。坚薨，还葬曲阿。已乃渡江居江都。

徐州牧陶谦深忌策。策舅吴景，时为丹杨太守，策乃载母徙曲阿，与吕范，孙河俱就景。因缘召募得数百人。兴平元年，从袁术。术甚奇之，以坚部曲还策。太傅马日磾杖节安集关东，在寿春以礼辟策，表拜怀义校尉，术大将乔蕤、张勋皆倾心敬焉。术常叹曰："使术有子如孙郎，死复何恨！"策骑士有罪，逃入术营，隐于内厩。策指使人就斩之，讫，诣术谢。术曰："兵人好叛，当共疾之，何为谢也？"由是军中益畏惮之。术初许策为九江太守，已而更用丹杨陈纪。后术欲攻徐州，从庐江太守陆康求米三万斛。康不与，术大怒。策昔曾诣康，康不见，使主簿接之。策常衔恨。术遣策攻康，谓曰："前错用陈纪，每恨本意不遂。今若得康，庐江真卿有也。"策攻康，拔之。术复用其故吏刘勋为太守，策益失望。先是，刘繇为扬州刺史，州旧治寿春。

寿春，术已据之，繇乃渡江治曲阿。时吴景尚在丹杨，策从兄贲又为丹扬都尉，繇至，皆迫逐之。景、贲退舍历阳。繇遣樊能、于麋东屯横江津，张英屯当利口，以距术。术自用故吏琅邪惠衢为扬州刺史，更以景为督军中郎将，与贲共将兵击英等，连年不克。策乃说术，乞助景等平定江东。术表策为折冲校尉，行殄寇将军，兵财千余，骑数十匹，宾客愿从者数百人。比至历阳，众五六千。策母先自曲阿徙于历阳，策又徙母阜陵，渡江转斗，所向皆破。莫敢当其锋，而军令整肃，百姓怀之。

策为人，美姿颜，好笑语，性阔达听受，善于用人。是以士民见者，莫不尽心，乐为致死。刘繇弃军遁逃，诸郡守皆捐城郭奔走。吴人严白虎等众各万余人，处处屯聚。吴景等欲先击破虎等，乃至会稽。策曰："虎等群盗，非有大志，此成禽耳。"遂引兵渡浙江，据会稽，屠东冶，乃攻破虎等。尽更置长吏，策自领会稽太守，复以吴景为丹杨太守，以孙贲为豫章太守，分豫章为庐陵郡，以贲弟辅为庐陵太守，丹扬朱治为吴郡太守。彭城张昭、广陵张纮、秦松、陈端等，为谋主。

时袁术僭号，策以书责而绝之。曹公表策为讨逆将军，封为吴侯。后术死，长史杨弘、大将张勋等将其众欲就策，庐江太守刘勋要击，悉虏之，收其珍宝以归。策闻之，伪与勋好盟。勋新得术众，时豫章上缭宗民万余家在江东。策劝勋攻取之。勋既行，策轻军晨夜袭拔庐江，勋众尽降，勋独与麾下数百人自归曹公。是时袁绍方强，而策并江东，曹公力未能逞，且欲抚之。乃以弟女配策小弟匡，又为子章取贲女，皆礼辟策弟权、翊，又命扬州刺史严象举权茂才。

建安五年，曹公与袁绍相拒于安渡，策阴欲袭许。迎汉帝，密治兵，部署诸将。未发，会为故吴郡太守许贡客所杀。先是，策杀贡，贡小子与客亡匿江边。策单骑出，卒与客遇，客击伤策。创甚，请张昭等谓曰："中国方乱，夫以吴、越之众，三江之固，足以观成败。公等善相吾弟！"呼权佩以印绶，谓曰："举江东之众，决机于两陈之间，与天下争衡，卿不如我。举贤任能，各尽其心，以保江东，我不如卿。"至夜卒，时年二十六。

权称尊号，追谥策曰长沙桓王，封子绍为吴侯，后改封上虞侯。绍卒，子奉嗣。孙皓时，讹言谓奉当立，诛死。

【评曰】

"孙坚勇挚刚毅，孤微发迹，导温戮卓，山陵杜塞，有忠壮之烈。策英气杰济，猛锐冠世，览奇取异，志陵中夏。然皆轻佻果躁，陨身致败。且割据江东，策之基兆也。而权尊崇未至，子止侯爵，于义俭矣。

吴主传（一）

【原文】

孙权字仲谋。兄策既定诸郡，时权年十五，以为阳羡长。郡察孝廉，州举茂才，行奉义校尉。汉以策远修职贡，遣使者刘琬加锡命。琬语人曰："吾观孙氏兄弟虽各才秀明达，然皆禄祚[1]不终，惟中弟孝廉，形貌奇伟，骨体不恒，有大贵之表，年又最寿，尔试识之"。

【注释】

〔1〕禄（lù）祚（zuò）：亦作"禄胙"，福禄。

【译文】

孙权字仲谋。长兄孙策平定江东诸郡时，他年仅十五岁，试用为阳羡县县长。曾被郡里举荐为孝廉，州里推举为茂才，奉义校尉。汉朝因为孙策远在江东还依然尽臣子的职责，交纳贡物，就派遣使者刘琬赐给他爵位和官服。刘琬对人说："我看孙家兄弟都才华出众，深明事理，但都寿命不长，只有老二孙权，体态魁伟，相貌不凡，不同于凡人，有大贵的表相，寿命又是最长的，你们可以记住我说的这些话"。

【原文】

建安四年，从策征庐江太守刘勋。勋破，进讨黄祖于沙羡。

五年，策薨，以事授权，权哭未及息。策长史张昭谓权曰："孝廉，此宁哭时邪？且周公立法而伯禽不师，非欲违父，时不得行也。况今奸宄[1]竞逐，豺狼满道，乃欲哀亲戚，顾礼制，是犹开门而揖[2]盗，未可以为仁也"。乃改易权服，扶令上马，使出巡军。是时惟有会稽、吴郡、丹阳、豫章、庐陵，然深险之地犹未尽从，而天下英豪布在州郡，宾旅寄寓之士以安危去就为意，未有君臣之固。张昭、周瑜等谓权可与共成大业，故委心而辅事焉。曹公表权为讨虏将军，领会稽太守，屯吴，使丞之郡行文书事。待张昭以师傅之礼，而周瑜、程普、吕范等为将率。招延俊秀，聘求名士，鲁肃、诸葛瑾等始为宾客。分部诸将，镇抚山越，讨不从命。七年，权母吴氏薨。

八年，权西伐黄祖，破其舟军，惟城未克，而山寇复动。还过豫章，使吕范平鄱阳，程普讨乐安，太史慈领海昏，韩当、周泰、吕蒙等为剧县令长。

九年，权弟丹杨太守翊为左右所害，以从兄瑜代翊。

十年，权使贺齐讨上饶，分为建平县。

十二年，西征黄祖，虏其人民而还。

【注释】

〔1〕奸宄（guǐ）：指违法作乱的人。

〔2〕揖：招惹。

【译文】

建安四年，孙权跟从孙策征讨庐江太守刘勋。刘勋被打败后，又进军沙羡征讨黄祖。

建安五年，孙策去世，把军国大事交给孙权，孙权的悲痛还没有停止。孙策的长史张昭对孙权说："孝廉，这难道是哭泣的时候吗？古时周公立的丧礼就连他儿子伯禽也没遵守，并不是他违逆父训，只是由于当时不能按丧礼办事罢了。况且现在奸诈之徒竞相角逐争斗，像豺狼那样的人充满道路，你却哀痛死去的兄长，顾念丧礼，这就像打开门户招引盗贼一样，这种行为不能算是仁德啊"。于是让孙权脱下丧服，扶他上马，外出巡视军队。这时，孙权只占据会稽、吴郡、丹杨、豫章、庐陵五郡，而边远险要地方还未完全归附，并且天下的英雄豪杰散布在各州郡，做客的士人往往以个人的安危决定去留，君臣之间还没有建立起牢固的关系。张昭、周瑜等人认为可以与孙权一起成就大事业，所以尽心辅佐他。曹操上表奏封孙权为讨虏将军，兼任会稽太守，驻扎在吴郡，孙权派使丞到会稽郡处理日常事务。对待张昭以太师太傅之礼，而周瑜、程普、吕范等人都被任命为将军。广招有才能的人，有名望的士人，鲁肃、诸葛瑾等人这时开始做了他的宾客。分派众将，镇守并安抚山越族，讨伐那些不服从命令的人。建安七年，孙权的母亲吴氏去世。

建安八年，孙权西征黄祖，击败了他的水军，但城池还未能攻克，而这时后方的山贼又作乱。孙权撤兵经过豫章，派吕范平定鄱阳，程普讨伐乐安，太史慈统领海昏，韩当、周泰、吕蒙都做了军政任务繁重的各县县令或县长。

建安九年，孙权的弟弟丹杨太守孙翊被随从杀害，孙权任堂兄孙瑜接替孙翊的职位。

建安十年，孙权派贺齐讨伐上饶，分上饶部分地区为建平县。

建安十二年，孙权西征黄祖，俘获了他的民众后撤军。

【原文】

十三年春，权复征黄祖，祖先遣舟兵拒军，都尉吕蒙破其前锋，而凌统、董袭等尽锐攻之，遂屠其城。祖挺身亡走，骑士冯则追枭其首，虏其男女数万口。是岁，使贺齐讨黟、歙，分歙为始新、新定、犁阳、休阳县，以六县为新都郡。荆州牧刘表死，鲁肃乞奉命吊表二子，且以观变。肃未到，而曹公已临其境，表子琮举众以降。刘备欲南济江，肃与相见，因传权旨，为陈成败。备进住夏口，使诸葛亮诣权，权遣周瑜、程普等行。是时曹公新得表众，形势甚盛，诸议者皆望风畏惧，多劝权迎之。惟瑜、肃执拒之议，意与权同。瑜、普为左右督，各领万人，与备俱进，遇于赤壁，大破曹公军。公烧其余船引退，士卒饥疫，死者大半。备、瑜等复追至南郡，曹公遂北还，留曹仁、徐晃于江陵，使乐进守襄阳。时甘宁在夷陵，为仁党所围，用吕蒙计，留凌统以拒仁，以其半救宁，军以胜反。权自率众围合肥，使张昭攻九江之当涂。昭兵不利，权攻城逾月[1]不能下。曹公自荆州还，遣张喜将骑赴合肥。未至，权退。

十四年，瑜、仁相守岁余，所杀伤甚众。仁委城走。权以瑜为南郡太守。刘备表权行车骑将军，领徐州牧。备领荆州牧，屯公安。

十五年，分豫章为鄱阳郡；分长沙为汉昌郡，以鲁肃为太守，屯陆口。

十六年，权徙治秣陵。明年，城石头[2]，改秣陵为建业。闻曹公将来侵，作濡须坞。

【注释】

〔1〕逾月：一个多月。

〔2〕城石头：修筑石头城。

【译文】

建安十三年春天，孙权再次征讨黄祖，黄祖先派水军抗击，都尉吕蒙打败了黄祖军队的先锋，凌统、董袭等人更是全力强攻，于是血洗该城。黄祖脱身逃跑，骑士冯则追上他砍下他的脑袋，俘虏了男女几万人。这一年，孙权派贺齐讨伐黟县和歙县，分歙县为始新、新定、犁阳、休阳四县，以六县设置新都郡。荆州刺史刘表死后，鲁肃请求接受使命去慰问刘表的两个儿子，借机观察荆州的变化。鲁肃还没有到荆州，曹操已率军来到荆州境内，刘表的小儿子刘琮率众投降。刘备准备南渡长江，鲁肃与他相见，向他转达了孙权的打算和计划，分析摆在他们面前的失败与成功的两种前途。刘备进驻夏口，派诸葛亮去拜见孙权，孙权派周瑜、程普等人率军行动，配合刘备。这时，曹操刚得到刘表的人马，气势很盛，孙权的谋士们都深感畏惧，大多劝孙权迎降曹操，只有周瑜、鲁肃主张坚决抗击曹军，意见刚好与孙权相同。周瑜、程普任左右都督，各自率军一万多人，与刘备同时进军，在赤壁与曹军遭遇，大败曹操的军队。曹操烧毁了剩下的船只，领兵撤退，士兵们饥饿难当，再加上瘟疫流行，死了一大半。刘备、周瑜等人又追击到南郡，于是曹操撤军北还，留下曹仁、徐晃守江陵，派乐进镇守襄阳。这时甘宁在夷陵被曹仁的部队包围，孙权便用了吕蒙的计策，留下凌统抵御曹仁，用凌统的一半兵力解救甘宁，吴军胜利返回。孙权亲自率军包围合肥，派张昭攻打九江郡的当涂县。张昭进军不顺利，孙权攻打合肥城一个多月也未能攻克。曹操从荆州回来，派张喜率领骑兵奔赴合肥攻打，还没到达合肥，孙权已经撤退。

建安十四年，周瑜和曹仁相互进攻防守，对峙了一年多，双方伤亡很大。曹仁弃城而逃。孙权任命周瑜为南郡太守。刘备上表奏封孙权代理车骑将军，兼任徐州牧。刘备兼任荆州牧，驻扎在公安。

建安十五年，孙权分豫章郡设置鄱阳郡；分长沙郡设置汉昌郡，任命鲁肃为太守，驻扎在陆口。

建安十六年，孙权将官署迁到秣陵。第二年，修筑石头城，改称秣陵为建业。听到曹操将要向南来侵犯，修筑了濡须坞。

【原文】

十八年正月，曹公攻濡须，权与相拒月余。曹公望权军，叹其齐肃[1]，乃退。初，曹公恐江滨郡县为权所略，征令内移[2]。民转相惊，自庐江、九江、蕲春、广陵户十余万皆东渡江，江西遂虚，合肥以南惟有皖城。

【注释】

〔1〕肃：严正，认真。

〔2〕内移：往内地迁移。

【译文】

建安十八年正月，曹操攻打濡须坞，孙权与曹操相持了一个多月。曹操远远看见孙权的军队，感叹他们军容严整，于是就撤退了。起初，曹操担心长江北岸的郡县被孙权夺取，下令百姓往内地迁移。百姓们反而因此惊恐，从庐江、九江、蕲春、广陵一带东渡长江的有十多万户，长江西岸因此空虚，合肥以南只有皖城。

【原文】

十九年五月，权征皖城。闰月，克之，获庐江太守朱光及参军董和，男女数万口。是岁，刘备定蜀。权以备已得益州，令诸葛瑾从求荆州诸郡。备不许，曰：“吾方图凉州，凉州定，乃尽以荆州与吴耳”。权曰：“此假而不反，而欲以虚辞引岁”。遂置南三郡长吏，关羽尽逐之。权大怒，乃遣吕蒙督鲜于丹、徐忠、孙规等兵二万，取长沙、零陵、桂阳三郡，使鲁肃以万人屯巴丘以御关羽。权住陆口，为诸军节度〔1〕。蒙到，二郡皆服，惟零陵太守郝普未下。会备到公安，使关羽将三万兵至益阳，权乃召蒙等使还助肃。蒙使人诱普，普降，尽得三郡将守，因引军还，与孙皎、潘璋并鲁肃兵并进，拒羽于益阳。未战，会曹公入汉中，备惧失益州，使使〔2〕求和。权令诸葛瑾报，更寻盟好，遂分荆州、长沙、江夏、桂阳以东属权，南郡、零陵、武陵以西属备。备归，而曹公已还。权反自陆口，遂征合肥。合肥未下，撤军还。兵皆就路，权与凌统、甘宁等在津北为魏将张辽所袭，统等以死扞权，权乘骏马越津桥得去。

【注释】

〔1〕节度：调度。

〔2〕使使：派使节。

【译文】

建安十九年五月，孙权征讨皖城。四五月间，攻克了皖城，活捉庐江太守朱光及参军董和，男女百姓数万人。这一年，刘备平定了蜀地。孙权因为刘备已得到益州，就派诸葛瑾去向刘备讨回荆州各郡。刘备不答应，说：“我正在图谋凉州，如果凉州平定，就把荆州全部归还给吴国”。孙权说：“这是借而不还，想用这些空话来拖延时间”。于是就设置了荆州南部三郡的主要官员，结果关羽把他们全部赶走。孙权大怒，就派吕蒙指挥鲜于丹、徐忠、孙规等人的军队二万余人，攻取长沙、零陵、桂阳三郡，派鲁肃率军一万驻扎在巴丘，防御关羽。孙权驻扎在陆口，指挥调度各路军队。吕蒙率兵一到，长沙、桂阳二郡都归附，只有零陵太守郝普不愿投降。正好刘备来到公安，派关羽率军三万进兵到益阳，孙权就召回吕蒙等人，让他们援助鲁肃。吕蒙派人诱降郝普，郝普投降，三郡的将领和太守便全部得到了，于是领兵回返。孙权和孙皎、潘璋、鲁肃的军队一同进兵，到益阳抗击关羽。还未曾交战，恰巧曹操进攻汉中，刘备害怕失去益州，便派使节求和。孙权派诸葛瑾回复刘备，答应重新结为盟友。于是分荆州、长沙、江夏、桂阳以东地区属于孙权，南郡、零陵、武陵以西地区属于刘备。刘备返回去后，曹操撤退了。孙权从陆口返回，就征讨合肥。没有攻下，准备撤军回去。撤退的士兵全部上路后，孙权与凌统、甘宁等人却在逍遥津北面突然遭到魏将张辽袭击，凌统等人拼死保护孙权，孙权骑骏马冲过津桥才得以逃脱。

【原文】

二十一年冬，曹公次于居巢，遂攻濡须。

二十二年春，权令都尉徐详诣曹公请降，公报使修好，誓重[1]结婚。

二十三年十月，权将如吴，亲乘马射虎于庱亭。马为虎所伤，权投以双戟，虎却废，常从张世击以戈，获之。

二十四年，关羽围曹仁于襄阳，曹公遣左将军于禁救之。会汉水暴起，羽以舟兵尽生虏禁等步骑三万送江陵，惟城未拔。权内惮羽，外欲以为己功，笺与曹公，乞以讨羽自效。曹公且欲使羽与权相持以斗之，驿传权书，使曹仁以弩射示羽。羽犹豫不能去。闰月，权征羽，先遣吕蒙袭公安，获将军士仁。蒙到南郡，南郡太守麋芳以城降。蒙据江陵，抚其老弱，释于禁之囚。陆逊别取宜都，获秭归、枝江、夷道，还屯夷陵，守峡口以备蜀。关羽还当阳，西保麦城。权使诱之。羽伪降，立幡旗为象人[2]于城上，因遁走，兵皆解散，尚十余骑。权先使朱然、潘璋断其径路。十二月，璋司马马忠获羽及其子平、都督赵累等于章乡，遂定荆州，是岁大疫，尽除荆州民租税。曹公表权为骠骑将军，假节领荆州牧，封南昌侯。权遣校尉梁寓奉贡于汉及令王市马，又遣朱光等归。

【注释】

〔1〕重：重新。

〔2〕象人：稻草人。

【译文】

建安二十一年冬天，曹操驻军居巢，攻打濡须坞。

建安二十二年春天，孙权命令都尉徐详拜访曹操，请求归降。曹操派使者回复孙权，同意和好，决心重新结为姻亲。

建安二十三年十月，孙权将要去吴郡，亲自骑马在庱亭射虎。他的马被虎咬伤，孙权用双戟向老虎刺去，虎受伤后退，经常的随从张世又用戈击打虎，将老虎捕获。

建安二十四年，关羽在襄阳包围了曹仁，曹操派左将军于禁去援救。正巧汉水暴涨，关羽用水军俘虏了于禁的全部步骑兵三万多人，押送到了江陵，只有襄阳城未能攻克。孙权内心畏惧关羽，表面上却想要为自己表功，写信给曹操，请求出兵讨伐关羽来效力。曹操想让关羽与孙权长期相互争斗，就让驿站传递孙权的信给曹仁，让曹仁用强弓将信射出城外让关羽看。关羽看信后拿不定主意，没能立即撤军。十月，孙权征讨关羽，先派吕蒙偷袭公安，俘虏守将士仁。吕蒙到南郡，南郡太守麋芳献城投降。吕蒙占据江陵，抚恤当地的老弱百姓，释放被囚禁的于禁等人。陆逊率另外一支军队攻占了宜都郡，得到了秭归、枝江、夷道，回师驻扎夷陵，扼守峡，以防御蜀军的进攻。关羽返回当阳，向西退保麦城。孙权派人诱降他。关羽假装投降，在城楼上树旗帜和草人迷惑孙权，自己乘机逃跑，兵士们都散离了，只有十几个骑兵跟随他。孙权先派朱然、潘璋在必经之路阻截他。十二月，潘璋的司马马忠在章乡抓获了关羽和他的儿子关平，以及都督赵累等人，孙权于是平定了荆州，这年流行瘟疫，孙权免除了荆州百姓的全部租税。曹操表奏孙权为骠骑将军，授予符节，兼任荆州牧，封南昌侯。孙权派校尉梁寓向汉廷敬奉贡品，并让王购买马匹，遣送朱光等人返回北方。

【原文】

二十五年春正月，曹公薨，太子丕代为丞相魏王，改年为延康。秋，魏将梅敷使张俭求见抚纳。南阳阴、酂、筑阳、山都、中庐五县民五千家来附。冬，魏嗣王称尊号，改元为黄初。二年四月，刘备称帝于蜀。权自公安都鄂，改名武昌，以武昌、下雉、寻阳、阳新、柴桑、沙羡六县为武昌郡。五月，建业言甘露降。八月，城武昌，下令诸将曰："夫存不忘亡，安必虑危，古之善教。昔隽不疑汉之名臣，于安平之世而刀剑不离于身，盖君子之于武备，不可以已。况今处身疆畔，豺狼交接，而可轻忽不思变难哉？顷闻诸将出入，各尚谦约，不从人兵，甚非备虑爱身之谓。夫保己遗名，以安君亲，孰与危辱？宜深警戒，务崇其大，副孤意焉"。自魏文帝践阼，权使命称藩，及遣于禁等还。十一月，策命权曰："盖圣王之法，以德设爵，以功制禄；劳大者禄厚，德盛者礼丰。故叔旦有夹辅之勋，太公有鹰扬之功，并启土宇，并受备物，所以表彰元功，殊异贤哲也。近汉高祖受命之初，分裂膏腴以王八姓，斯则前世之懿事，后王之元龟也。朕以不德，承运革命，君临万国，秉统天机，思齐先代，坐而待旦。惟君天资忠亮，命世作佐，深睹历数，达见废兴，远遣行人，浮于潜汉。望风影附，抗疏[1]称藩，兼纳纤絺南方之贡，普遣诸将来还本朝，忠肃内发，款诚外昭，信著金石，义盖山河，朕甚嘉焉。今封君为吴王，使使持节太常高平侯邢贞，授君玺绶策书、金虎符第一至第五、左竹使符第一至第十，以大将军使持节督交州，领荆州牧事，锡君青土，苴以白茅，对扬朕命，以尹东夏。其上故骠骑将军南昌侯印绶符策。今又加君九锡，其敬听后命。以君绥安东南，纲纪江外，民夷安业，无或携贰，是用锡君大辂、戎辂各一，玄牡二驷。君务财劝农，仓库盈积，是用锡君衮冕之服，赤舄副焉。君化民以德，礼教兴行，是用锡君轩县之乐。君宣导休风，怀柔百越，是用锡君朱户以居。君运其才谋，官方任贤，是用锡君纳陛以登。君忠勇并奋，清除奸慝，是用锡君虎贲之士百人。君振威陵迈，宣力荆南，枭灭凶丑，罪人斯得，是用锡君鈇钺各一。君文和于内，武信于外，是用锡君彤弓一、彤矢百、玈弓十、玈矢千。君以忠肃为基，恭勤为德，是用锡君秬鬯一卣，圭瓒副焉。钦哉！敬敷训典，以服朕命，以勖相我国家，永终尔显烈”。是岁，刘备帅军来伐，至巫山、秭归，使使诱导武陵蛮夷，假与印传，许之封赏。于是诸县及五溪民皆反为蜀。权以陆逊为督，督朱然、潘璋等以拒之。遣都尉赵咨使魏。魏帝问曰：“吴王何等主也”？咨对曰：“聪明仁智，雄略之主也”。帝问其状，咨曰：“纳鲁肃于凡品，是其聪也；拔吕蒙于行阵，是其明也；获于禁而不害，是其仁也；取荆州而兵不血刃，是其智也；据三州而虎视于天下，是其雄也；屈身于陛下，是其略也”。帝欲封权子登，权以登年幼，上书辞封，重遣西曹掾沈珩陈谢，并献方物。立登为王太子。

【注释】

〔1〕抗疏：谓向皇帝上书直言。

【译文】

建安二十五年正月，曹操去世。太子曹丕接替曹操做了丞相和魏王，改年号为延康。秋天，魏将梅敷派张俭来求见孙权，请求安抚接纳。南阳郡的阴、酂、筑阳、山都、中庐五县的五千多户老百姓前来归附孙权。冬天，新继位的魏王曹丕称帝，改年号为黄初。黄初二年四月，刘备在蜀称帝。孙权从公安迁都鄂城，改名为武昌，以武昌、下雉、寻阳、阳新、柴桑、沙羡六县为武昌郡。五月，建业宣称，喜降甘露。八月，修筑武昌城，并下令给诸将说：“生存时不忘灭亡，安逸时一定要考虑危险，这是古人有益的教导。从前，隽不疑是汉代的名臣，在太平的日子里还刀剑不离身，这说明君子认为武备是不能松懈的。何况我们现在正处在国境的边沿，像豺狼一样凶恶的敌人可以通过多种渠道向我们接近，怎么能够轻率而不考虑到突然的事变呢？近来我听说诸将出入时，都崇尚谦虚简约，不带侍从和兵器，可以说这是考虑欠周，不爱护自己。保全自己而留名后世，使君主和家人安心，这与崇尚谦虚简约相比，为什么要使自己处于危险和受辱的境地呢？应该深深地警戒，务必重视这个重大问题，符合我的意见办事”。自从魏文帝曹丕即位后，孙权派使者去请求做魏国的藩属，并送于禁等人回去。十一月，曹丕册封孙权说：“圣明君主的法度，是根据德行设立爵位，以功劳制定俸禄；功劳大的俸禄就丰厚，德行高的礼遇就隆重。所以周公有辅佐武王成王的功勋，姜太公有消灭商朝，使周朝强大的功业，他们分封土地，接受各种赐物，这是为了表彰大的功勋，使贤明的大臣有别于一般的人。近代，汉高祖称帝时，也把肥沃的土地分封给八个异姓王，让他们做诸侯，这是前代的美事，也是后世帝王最好的借鉴。我以无德承受天命而变革汉室的皇统，统治全国，执掌大政，想效法先代圣明的君主，处理政务思考问题常常通宵达旦。您天性忠诚聪明，上天让你降世辅佐帝王，洞明历代皇朝更替的次序，能远见汉废魏兴，从遥远的地方派遣使者渡过潜水、汉水，来求见我。得知我称帝的消息后立即归附我，上疏要做我魏朝的藩属，并敬献丝绸等南方的贡物，把我的将领全部送回，忠诚肃敬发自于内心，诚恳显露在外表，信义铭刻在金石之上，道义普盖山河，我表示赞赏。现在封您为吴王，派遣使者太常卿高平侯邢贞持节，授予您印玺、绶带、册封文书、金虎符第一到第五枚、左竹使符第一到第十枚，任命你以大将军、使持节的身份监督交州，兼任荆州牧，赐给您用白茅草包着的青土，你要报答称扬我的任命，治理好东部中国。要上缴过去骠骑将军南昌侯的印玺、绶带、符节和册封文书。现在又加赏给你九锡之礼，请您敬听下面的命令：要安定东南，治理好长江下游南岸地区，老百姓安居乐业，没有人怀有叛逆之心，所以赏给你大兵车两辆，枣红色公马八匹；您重视生财，鼓励农民从事生产，仓库盈满，所以赏给你王侯穿的礼帽和礼服，并配上一双红色的鞋子；因为您用德政教化人民，使礼教盛行，所以赏给你一套钟磬乐器；因为您倡导良好的社会风习，笼络安抚了百越夷民，所以赏给你有红色大门的房子居住；因为您运用才干和谋略，任用贤良方正之士为官，所以赏给你可以纳于屋檐下的殿坛台阶，以便登殿理事；因为您忠诚勇猛，清除奸恶，所以赏给您卫士一百人；因为您振威势于远方，宣扬武力于荆州以南，消灭了奸恶之人，使罪人得到应有惩罚，所以赏给您铡刀、铜钺各一具；因为您的文臣在内和睦，武将在外信从，所以赏给您红色的弓一张、红色的箭一百支、黑色的弓十张、黑色的箭一千支；因为您以忠顺为做人的原则，把恭敬俭让作为美好的品德，所以赏给你美酒一罐，并配上玉制的酒勺。要恭敬地对待你的职务啊！要切实遵行训言，以服从我的命令，努力辅佐我治理国家，以便永久地保存您显赫的功业”！这一年，刘备率军假说讨伐孙权，到了巫山、秭归，派使者去诱降武陵的夷民部落，假说授给他们印信，答应给他们封赏。于是各县及五溪一带的百姓都反吴降蜀。孙权任命陆逊为都督，率领朱然、潘璋等人迎战，派遣都尉赵咨出使魏国。魏文帝曹丕问赵咨："吴王是个怎么样的君主"？赵咨回答说："他聪明仁爱又有智慧，是个有雄才大略的君主"。曹丕问具体怎么解释，赵咨又回答说："从凡人中起用鲁肃，是他的聪明；在一般兵士中提拔吕蒙，是他的明智；俘获了于禁而不杀，是他的仁爱；攻以荆州而兵士没有死一个人，是他的智慧；占据三州虎视天下，是他的雄才；屈身向陛下称臣，是他的谋略"。魏文帝想封赏孙权的长子孙登，孙权认为孙登年纪太小，上书辞谢，重新派遣西曹掾沈珩前去表示感谢，并献上江南特产，又自己立孙登为吴王太子。